[개정판]

이혼소송준비부터
가압류 강제집행까지

법학박사 김동근 · 변호사 최나리 共著

법률출판사

개정판 머리말

개정판을 출간할 때마다 느끼는 점은 참으로 최신성을 유지하기가 힘들다는 점인 것 같습니다. 때론 출간 후 얼마 지나지 아니하여 법개정 또는 사소한 송달료의 변경 등으로 곧바로 현실하고 약간의 괴리가 있는 책이 되곤 하기 때문입니다.

이번 개정판 또한 그 사이 송달료가 인상(1회분 5,100원)되어 이를 기준으로 관련된 부분(서식 하단 등의 송달료 계산 부분)을 모두 수정하였음은 물론 증거수집부분 중 상대방의 동의 없는 녹음행위에 대한 변경된 판례 그리고 이혼소송을 진행하는 분들이 가장 중요한 요소 중 하나로 생각하는 증거수집방법을 비롯하여 친권 및 양육권, 유아인도, 친권변경, 양육비산정방법 등 부분에 관한 내용을 조금씩 증보하였고 가사조정조치에 관한 사항 그리고 증거보전신청 이론 및 서식, 협의이혼신청절차와 관련된 이혼(특히 협의이혼단축사유 등), 재판상 이혼사유에 대한 사례 및 판례의 경향을 추가하는 등 여러 부분에 대한 내용을 보강하여, 초판에 비하여 보다 쉽고 이 한권의 책으로 이혼과 관련된 필요한 전반적인 지식을 모두 담으려고 하였다는 데 그 특징이 있습니다.

아무쪼록 가사이혼분쟁에 처한 소송당사자나 로펌 등 관련 실무종사자 또는 가사법 실무를 연구하려는 독자 분들께 본서가 충실한 길라잡이 역할을 할 수 있기를 바랍니다. 다만, 본서의 내용 중에 다소 미흡하거나 부족한 부분이 있을 경우 그 부분에 대하여는

독자 분들의 계속된 지도편달을 바라며, 그에 대하여는 판을 거듭하면서 보완하는 방법으로 늘 최신성을 유지할 것을 약속드립니다.

　끝으로 여러 어려운 여건 속에서 본서의 출판을 위하여 불철주야 노력하신 법률출판사 김용성 사장님을 비롯하여 편집자 및 임직원분들께 깊은 감사를 드리는 바입니다.

2022. 1.

저자 김동근 씀

차 례

제1장 가사소송의 준비

Ⅰ. 서설 ···16

  1. 이혼 관련 소송의 전체적인 절차 ································16

  1. 인적 사항의 파악 ···17

  2. 사실관계의 정리 ···17

  3. 증거의 확보 ··17

  4. 법률의 검토 ··17

  5. 처리 방법의 선택 ··18

  6. 부수적 조치의 검토 ··18

Ⅱ. 증거수집 방법 ···19

  1. 개요 ··19

  2. 소송절차를 통한 증거수집방법 ·······························19

  3. 기타의 증거수집방법 ·······································21

  4. 형사처벌이 문제되는 증거수집방법 ···························23

Ⅲ. 증거수집을 위한 각종 증거신청절차 ························23

  1. 개 설 ··23

2. 재산명시제도 ·· 24

3. 재산조회제도 ·· 33

4. 사실조회신청 ·· 44

5. 증거보전신청 ·· 65

6. 금융거래정보, 과세정보 등 제출명령 ······························· 69

제2장 이혼소송을 위한 사전절차

Ⅰ. 서설 ·· 94

Ⅱ. 가압류, 가처분 등 보전처분 ·· 94

1. 의의 ·· 94

2. 관 할 ·· 96

3. 가압류 ··· 97

4. 가처분 ··· 98

5 절차 ·· 100

6. 효력, 불법방법 및 집행취소 ·· 103

7. 서식 ·· 106

Ⅲ. 사전처분 ··· 144

1. 개 설 ·· 144

2. 보전처분과의 구별 ··· 144

3. 요건 및 절차 ··· 145

4. 신청할 수 있는 처분유형 ·· 146

5. 효력 ·· 147

6. 서식 ·· 148

제3장 가사조사절차

Ⅰ. 서설 ···182

   1. 가사조사관 ···182

   2. 가사조사관의 특성 ···183

   3. 가사조사관의 지정 ···183

   4. 가사조사관의 직무 ···183

Ⅱ. 사실의 조사 ···184

   1. 조사명령 ···184

   2. 조사기간 ···185

   3. 조사의 착수 ··185

   4. 구체적인 조사사항 ···186

   5. 조사의 방법 ··187

   6. 조사보고서의 작성 ···189

Ⅲ. 사실조사 이외의 가사조사관의 직무 ·······································190

   1. 기일출석과 의견진술 ···190

   2. 조정을 위한 조치(가사조정조치) ··190

   3. 의무이행상태의 점검과 권고 ···190

제4장 가사조정

Ⅰ. 서 설 ···204

   1. 개 요 ···204

   2. 조정기관과 보조기관 ···204

   3. 관련사건(재산분할, 위자료, 양육자 및 친권자 지정청구)의 병합 ········204

4. 가사조사관의 사전조사 ……………………………………………205

Ⅱ. 가사조정의 절차 ………………………………………………205

1. 관할 ………………………………………………………………205
2. 가사조정의 신청 ………………………………………………206
3. 수소법원의 조정회부 …………………………………………207

Ⅲ. 조정기일 및 장소·절차 ……………………………………208

1. 조정기일 및 조정장소 …………………………………………208
2. 조정기일의 세부절차 …………………………………………208
3. 조정에서의 진술원용금지 철폐 ……………………………215

Ⅳ. 조정의 종료(조정결정의 유형) …………………………216

1. 개 설 ……………………………………………………………216
2. 취 하 ……………………………………………………………216
3. 각 하 ……………………………………………………………216
4. 부조정(조정을 하지 아니하는 결정) ………………………216
5. 강제조정(조정에 갈음하는 결정) ……………………………217
6. 조정의 불성립(조정에 갈음하는 결정을 하지 않은 때) ……………217
7. 조정성립 ………………………………………………………217

Ⅴ. 조정의 효력 …………………………………………………218

1. 효력 일반 ………………………………………………………218
2. 조정성립 후의 사무처리 ………………………………………218

Ⅵ. 소송 · 심판에의 이행, 회부 ………………………………219

1. 소송 · 심판에의 이행 …………………………………………219
2. 소송 · 심판에의 회부 …………………………………………219

Ⅶ. 서식 ··222
  1. 신청취지 사례 ···222
  2. 서식례 ··222

제5장 이혼 등 관련 소송

Ⅰ. 서설 ···240

Ⅱ. 이혼관련 소송 ···240
  1. 재판상 이혼의 청구 - 위자료청구 포함 ····················240
  2. 사실혼 ··325
  3. 혼인의 무효와 취소 ···364
  4. 이혼의 무효와 취소 ···407
  5. 협의이혼 ···424
  6. 북한이탈주민의 이혼 ··440

Ⅲ. 자녀와 관련한 청구 - 친권, 양육권, 면접교섭권 ···········442
  1. 서설 ··442
  2. 친권행사자 ···442
  3. 양육권 및 양육비 ··486
  4. 면접교섭권 ···529

Ⅳ. 재산분할청구 ···544
  1. 서론 ··544
  2. 관 할 ···547
  3. 정당한 당사자 ··547
  4. 심리 ··547

5. 재산별 재산분할의 대상 정리 ·······················549

6. 분할대상 재산과 액수산정의 시기 ·················563

7. 재산분할에 있어 가사노동의 평가 ·················564

8. 재산분할대상 부동산 허위양도시 강제집행면탈제 성부 ·····················564

9. 재산분할의 비율 ·····································565

10. 심판 ···565

11. 서식 ···566

V. 기타의 청구 ··583

1. 약혼 해제로 인한 손해배상청구 및 원상회복청구 ·····················583

2. 혼인의 무효·취소, 이혼의 무효·취소 등을 원인으로 하는 손해배상청구 또는 원상회복청구 ·····································588

3. 재산분할청구권 보전을 위한 사해행위 취소 및 원상회복의 청구 ········592

4. 유아인도소송 ·······································599

5. 부양료청구 ···613

제6장 국제이혼

I. 서설 ···624

1. 의 의 ···624

2. 관 할 ···624

II. 유형별 국제이혼 ·······································625

1. 협의상 국제이혼 ·····································625

2. 재판상 국제이혼 ·····································627

3. 실 무 례 ···628

III. 서식 ··629

1. 청구취지 기재례 ……………………………………………………… 629

2. 서식례 …………………………………………………………………… 629

제7장 상소

Ⅰ. 서설 ……………………………………………………………………… 632

1. 의 의 ……………………………………………………………………… 632

2. 구 별 ……………………………………………………………………… 633

3. 상소의 목적과 상급심의 성격 ……………………………………… 634

Ⅱ. 항소 ……………………………………………………………………… 634

1. 의의 및 구조 …………………………………………………………… 634

2. 요건 ……………………………………………………………………… 635

3. 항소의 제기 …………………………………………………………… 635

4. 부대항소 ………………………………………………………………… 638

5. 추완항소 ………………………………………………………………… 641

6. 서식 ……………………………………………………………………… 641

Ⅲ. 상고 ……………………………………………………………………… 654

1. 개 설 ……………………………………………………………………… 654

2. 상고심의 절차 ………………………………………………………… 654

3. 상고이유 ………………………………………………………………… 657

4. 상고심의 심리 ………………………………………………………… 660

5. 상고심의 재판 ………………………………………………………… 661

6. 환송판결의 기속력 …………………………………………………… 662

7. 부대상고 ………………………………………………………………… 664

8. 서식 ……………………………………………………………………… 664

제8장 이혼소송 후 강제집행절차

Ⅰ. 가사사건 소송비용액 확정절차 ································674

　1. 소송비용의 범위 ···································674

　2. 소송비용의 부담 ···································677

　3. 소송비용 부담의 재판 ·····························679

　4. 소송비용액 확정절차 ·····························679

　5. 소송비용의 담보 ···································682

　6. 서식 ···683

Ⅱ. 양육비 미지급에 대한 의무이행확보수단 ················689

　1. 양육비 직접지급명령 ·····························689

　2. 담보제공명령 ·······································705

　3. 일시금 지급명령 ···································712

　4. 이행명령 ···715

　5. 금전의 임치 ·······································734

　6. 양육비이행관리원 ·································738

　7. 새로운 양육비이행 확보수단 ·····················761

Ⅲ. 금전채권에 대한 압류 및 추심·전부명령 ················769

　1. 압 류 ···769

　2. 추심명령 ···785

　3. 전부명령 ···818

Ⅳ. 동산·부동산에 대한 경매신청 ·························829

　1. 의 의 ···829

　2. 동산에 대한 강제경매 ·····························829

　3. 부동산에 대한 강제경매 ·························851

Ⅴ. 채무불이행자명부 등재절차 ······················869

   1. 의의 ···869

   2. 절차 ···869

   3. 서식 ···870

제9장 이혼의 신고

Ⅰ. 서설 ···876

Ⅱ. 협의이혼의 신고 ································876

   1. 의 의 ···876

   2. 협의이혼 신고 ······························876

   3. 효 과 ···877

   4. 서식례 ···877

Ⅲ. 재판상 이혼의 신고 ··························880

   1. 의 의 ···880

   2. 신고의무자 및 신고적격자 ···········880

   3. 신고기간 및 방법 ·························880

   4. 신고장소 ·····································880

   5. 재판상 국제이혼 ·························880

   6. 서식례 ···881

제10장 가사소송에서 자주 묻는 질문 정리

제1절 가사조사 ······································886

제2절 혼인관계 소송 ······························889

제3절 협의이혼 ……………………………………………………… 902

제4절 가사신청 ……………………………………………………… 911

부록 재판실무자료

1. 가족관계등록(호적)신고안내 ……………………………………… 916

2. 자의 양육과 친권자결정에 관한 협의서 작성요령 ……………… 917

3. 협의이혼제도 안내 ………………………………………………… 918

4. 협의이혼제도안내(재외국민용) ………………………………… 921

5. 가압류신청 진술서 ………………………………………………… 924

6. 가압류신청진술서 관련 유의사항 ……………………………… 927

7. 자의 양육과 친권자결정에 관한 협의서 작성요령 ……………… 928

8. 자의 양육과 친권자결정에 관한 협의서 작성요령 ……………… 930

9. 재산명시절차 안내 및 재산목록 작성요령 ……………………… 931

10. 다류 가사소송사건의 인지계산 ………………………………… 937

11. 가사사건의 송달료 예납기준 …………………………………… 938

12. 가정법원과 그 지원의 관할구역 ………………………………… 939

찾아보기 / 941
서식색인 / 943

제1장
가사소송의 준비

1. 이혼 관련 소송의 전체적인 절차

법률상 또는 사실상 혼인관계에 있는 당사자 간에는 이혼 또는 파기 등을 통하여 혼인관계를 해소할 수 있는데. 이 중 법률상 혼인관계의 경우 법원의 결정 또는 판결 등 이혼소송에 의하여야만 하는데, 이러한 이혼소송의 전반적인 흐름은 아래의 그림과 같다.

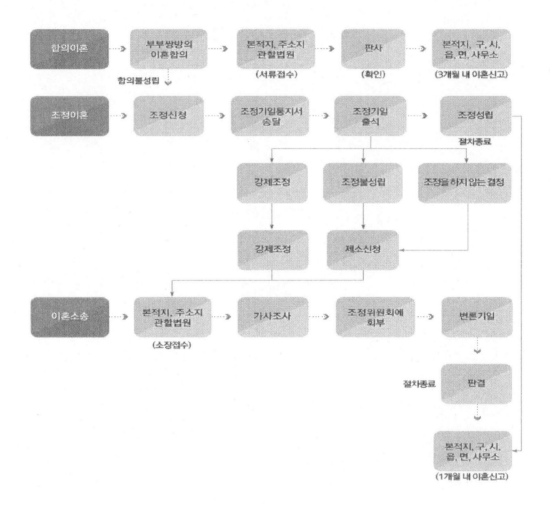

이러한 흐름의 이혼소송을 하기 위하여는 사전에 미리 준비하여야 하는 것들이 있는 바 본 장에서는 이에 대한 자세한 설명을 하기로 한다.

1. 인적 사항의 파악

소장을 제출하기 전에 상대방의 인적 사항을 주민등록증, 등기사항증명서 등에 의하여 정확하게 확인하여야 한다. 소송의 진행 과정에서 소장의 송달을 위해서 우편물의 송달 주소나 전화번호 등을 알아 둘 필요가 있기 때문이다. 상대방이 개인사업자라면 그 사업자등록증을 통해, 법인이라면 등기사항전부증명원에 의해 그 기업의 중요 사항을 알 수가 있다.

2. 사실관계의 정리

소송을 진행하기 전에 당사자 간의 사실관계를 세밀히 정리한 후 어떤 사실이 법률적으로 의미를 갖는지를 검토하여 주요 법률사실을 놓치는 일이 없도록 하여야 한다. 또한 소송 진행 중에도 이 같은 노력을 지속하여야 한다.

3. 증거의 확보

당사자 사이에 관련된 증거자료를 모두 확보한 다음 자기에게 유리한 증거와 불리한 증거를 검토한 후 소에서 상대방에게 주장하려는 주장과 증거들이 모순되는 점은 없는지 확인하고, 나아가서는 증인이 될 만한 사람의 말을 미리 들어 보고, 현장 등 계쟁 목적물을 직접 확인하여야 한다. 증거가 되는 문서는 원본을 열람하고 증인의 진술은 후일 기억의 소실이나 진술의 번복을 대비하여 내용의 확인서를 받아 두거나 녹음을 하여 둘 필요가 있다[1].

4. 법률의 검토

파악한 사실관계에 터 잡아 이에 적용될 실체법을 면밀히 검토하여야 한다. 사회 경제의 복잡화에 따라 양산된 각종 특별법은 많은 경우 민법이나 상법과 같은 기본적 실체법의 규정을 제한하거나 변경하고 있으므로 사안에 적용될 특별법이 있는지 그 내용이 무엇인

---

[1] 통신비밀보호법 제3조는 공개되지 아니한 타인간의 대화를 녹음 또는 청취하지 못하게 하고 있으므로 진술자의 의사에 반하여 녹음을 하여야 하는 경우에 대화의 당사자가 직접 녹음을 하여야 한다. 한편 3인간의 대화에 있어서 그 중 한 사람이 그 대화를 녹음하는 경우는 통신비밀보호법 제3조 1항에 위배되지 않는다(대판 2006. 10. 12. 2006도4981).

지를 확인하여야 한다. 법률규정에 대한 해석에 다른 견해가 있을 수 있는 경우에는 실무에서는 판례가 우선적으로 적용되고 있으므로 특히 대법원 판례를 찾아보고 대법원 판례가 없으면 하급심 판례도 선례가 될 수 있으므로 찾아보아야 한다.

5. 처리 방법의 선택

가. 사건에 있어서 목적을 달성하는 데 시간, 비용, 효과 면에서 가장 적합한 방법이 무엇인지 생각해 보아야 한다.

분쟁 초기나 금액이 크지 않는 경우에는 쉽게 화해할 여지가 있으므로 임의적 화해 가능성도 고려 해 볼 수 있다. 그러나 대부분의 민사 분쟁의 경우 소의 제기 등을 통해 강제 수단을 동원할 수 있는 집행권원의 획득을 필요로 한다. 그러나 비록 강제적 수단에 호소한다 하더라도 상대방의 다투는 정도가 미약한 때에는 소의 제기 외에 제소전화해의 신청(법 385조), 지급명령신청(법 462조) 또는 조정신청을 하여 비용을 절감할 수 있다. 조정 등이 성립하지 아니한 경우 통상의 소로 전환될 수 있으므로 시간상으로 급박한 사건이 아니라면 적극 시도하여 볼 필요가 있다.

나. 소를 제기하는 것은 특별한 사정이 없는 한 승소판결을 받아 강제집행으로 목적을 달성하려고 하는 것이므로 기각 될 청구를 하여서는 아니 될 것이다.

다. 또한 승소가능성이 있다 하더라도 당사자의 무능력 등으로 강제집행이 불가능하면 당사자의 목적은 달성할 수 없으므로 승소 후에 강제집행을 할 수 있는 방법 즉 보전처분을 미리 검토해 두어야 한다.

6. 부수적 조치의 검토

가. 사건의 처리 방법이 정하여진 경우 이를 실행하기에 앞서 부수적 또는 잠정적으로 반드시 취하여야 할 실체법 또는 절차법상의 조치가 있는 경우가 있다. 많은 경우 제소 전에 이행의 제공, 최고, 해제, 취소통지 등 실체법상의 의사표시 또는 관념의 통지를 하여 놓을 필요가 있다. 이러한 의사표시의 방법으로 가장 일반적으로 사용되고 있는 것이 내용증명의 방법이다.

나. 또한 소송이후 강제집행의 실효성을 위해 가압류, 가처분 등의 필요한 조치를 하여야 한다. 이러한 조치는 시일이 급박한 경우가 많고 그 조치를 취하여 두지 아니하면 승소하더라도 집행을 못하게 될 수 있으며 강제집행 관련 소송에서 소송 중에 집행이 종료된 경우처럼 소의 이익이 없어져 승소할 사건을 패소하는 경우도 있으므로 본안 소송의 수행 이상으로 유념할 필요가 있다.

II. 증거수집 방법

1. 개요

이혼소송절차에서 가장 핵심적인 사항중의 하나는 상대의 유책성을 어떻게 입증하느냐의 여부이다. 이는 이혼 및 위자료의 액수와도 바로 직결된 문제이기도 하고 이러한 증거가 부족할 경우 자칫 이혼조차 하지 못하는 상황에 놓일 수도 있기 때문이다. 그럼에도 통상적인 경우 이혼을 하겠다고 결심한 당사자 중 대부분은 배우자의 유책성을 입증할 증거조차 확보하지 못하거나 확보한 증거조차 유책성을 입증하기에는 턱없이 부족한 경우가 많다. 이 때문에 다소 불법적인 방법(홍신소를 통하여 증거수집 등)을 통해서라도 증거를 수집하게 되면서 오히려 그에 따른 형사처벌을 받게 되기도 하고 또 상대방에게 불필요한 분쟁꺼리를 제공하는 등의 예기치 않은 상황에 놓이기도 한다. 따라서 이하에서는 이처럼 증거수집시 발생할 수도 있는 형사처벌 등을 회피하면서 안전하게 소송절차에서 유용하게 사용할 증거를 수집할 수 있는 방법을 설명하고자 한다.

2. 소송절차를 통한 증거수집방법

가. 금융거래내역(신용카드, 금융거래내역 등)

증거수집의 방법 중 가장 보편적인 수단으로서 이혼소송에서 법원을 통하여 상대방의 금융거래내역, 신용카드 사용내역, 보험계약 및 해약환급금, 증권회사의 주식거래내역 등을 제출하도록 신청하여 그 내역을 확인하는 방법이 있다. 이때 특별히 상대방이 거래하는 은행 및 지점, 계좌번호 등까지 정확히 특정할 필요는 없고, 다만 상대방이 거래를 하고 있다고 의심이 되는 곳은 어느 곳이나 사실조회는 가능하다. 이러한 금융거래내역 등의 신청을 통하여 확인된 상대방의 보유재산 등은 재산분할 시 매우 중요한 자료로 사용될 만큼 금융거래내역신청 등은 재산분할을 위한 정보수집 시 매우 중요한 역할을 하고 있다.

뿐만 아니라 이러한 금융거래내역조회(카드사용내역 등 포함)를 통하여 간혹 상대방이 상간녀에게 지급한 생활비 및 모텔사용료 그리고 유흥업소 등 퇴폐업소에 출입한 내용 등 상대방의 불륜사실을 확인할 수 있는 증거까지 확인되는 경우도 있기 때문에 이혼소송을 준비할 때 상대방이 어떤 은행과 거래하고, 어떤 종류의 카드를 사용하고 있는지 등을 정확히 확인해 둘 필요가 있다.

나. CCTV 동영상 등의 제출명령

요즘은 건물이나 시내 어느 곳에 가더라도 CCTV(차량용 블랙박스 포함)를 흔히 볼 수 있고, 그 결과 상대방의 움직임이 자신의 의도와는 무관하게 CCTV 등에 담길 가능성 또한 높다. 이러한 현상을 감안하여 배우자의 유책성 입증 즉, 불륜행각이나 폭행 등의 장면이 담긴 개인소유 건물의 CCTV, 관공서의 CCTV, 병원의 CCTV, 모텔·호텔 등의 CCTV 등에 대하여 그에 대한 제출명령을 법원에 신청하여 상대방의 유책성을 입증하기에 용이하게 활용할 수 있게 되어 있다.

다만, CCTV의 보존기간이 보통의 경우 1개월 정도로 아주 짧기 때문에, 가능하면 개인이 빨리 입수를 하거나 그것이 어렵다고 판단될 경우 신속히 이혼소송을 제기하고 법원에 제출명령(증거보전)을 신청하여 확보할 필요가 있다.

다. 증인신청(진술서), 사실조회신청 등

상대방의 불륜행각 또는 폭행행각 등에 대한 물증은 없으나, 다행히 그러한 사실을 직접 목격한 목격자가 있을 경우 그 사실을 입증하기 위하여 목격자를 증인으로 신청하거나 또는 여러 사정으로 직접 법정에 출석하여 진술하는 것이 어려울 경우 그로부터 증인진술을 받아서 제출할 수 있고 나아가 그자에게 사실조회신청을 하여 당시의 상황에 대한 입증을 할 수도 있다.

대부분의 경우 법정에 서서 증인선서를 하고 증언을 하는 것에 대한 부담감이 크기 때문에 인적사항을 알고 있다면 사실조회나 증인진술서를 제출하는 방법으로 증인의 부담감을 줄이면서 진술을 확보하는 것도 하나의 방법이다.

라. 가사조사절차 활용

가사사건은 사건 해결을 위해 당사자들의 경력 및 학력, 재산상태, 가정환경 및 분쟁상황에 대한 사실관계뿐만 아니라 갈등이 빚어진 원인 등을 전반적으로 조사해야 하는데, 이러한 것을 조사하는 절차를 가사조사절차라 한다. 가사조사는 가정법원의 가사조사관이 위에서 열거한 사실들에 대한 당사자들의 주장을 직접 듣고 각각의 주장사실의 정리 및 각각의 주장사실들에 대한 조사관의 의견을 정리한 후 재판부에 그에 관한 보고서를 제출하도록 되어있다. 이렇듯 가사조사관은 당사자들과의 직접 대면을 통하여 여러 사실관계를 확인하기 때문에 그 절차에서 논리적으로 상대방의 주장을 반박할 경우 상대방 주장에 대한 신빙성이 많이 탄핵될 수 있다.

3. 기타의 증거수집방법

가. 소송 전 증거수집
1) 진단서 및 112신고내역 등의 준비
이혼소송의 경우 일반적으로 상대방과의 갈등이 고조되어 이혼소장이 접수될 정도에 있으면 기존에 흔하게 수집할 수 있었던 증거조차 수집하는 것이 매우 어려운 상황에 놓일 수도 있다. 또 일부는 도저히 증거를 수집하기 어려운 경우(예를 들어 혼인기간 내내 있었던 가정폭력에 진단서 한 장도 발급받아 두지 아니하였거나 112신고 내역 및 주변에 창피하여 하소연 한번 한 사실이 없을 경우 또는 상대방이 외도를 하였음에도 반성문 한 장 받아두지 아니하고 그냥 용서하고 지나쳤을 경우 등)도 있을 수 있다. 그렇기 때문에 만일 이혼을 결심한 상황이라면 그러한 의사를 상대방에게 표시하지 아니하고 상대방이 무방비 상태에 있을 때, 상대방과의 화해를 유도하는 척 대화를 이끌어 내어 증거수집이 어려운 혼인생활 중 발생한 여러 사실들을 녹취해 둘 필요가 있다. 또한, 폭행이 주된 이혼사유일 경우 미리 112 신고내역(경찰서 민원실에서 정보공개신청을 통하여 발급 받아야 함), 경찰출동기록, 진단서 등의 증거를 준비해 둘 필요가 있으며, 불륜행각일 경우 상대방이 모텔에 드나드는 사진 또는 동영상, 상간자와 주고받은 메시지 등을 확보해 둘 필요가 있다.

2) 핸드폰, 컴퓨터 등 분석 - 디지털 포렌식
이혼소송을 준비하기 전 증거들을 수집해서 유리하게 이끌어 가기위한 수단으로 디지털 카메라, 휴대폰, CCTV, 서버 등과 같은 디지털기기에서 데이터를 수집, 복구, 분석을 하여 법적증거로 활용할 수 있는 서비스가 있는데 그것이 바로 디지털 포렌식이다. 간혹 이혼소송 전에 컴퓨터, 휴대폰 등에 보관하여 두었던 자료들이 상대방에 의하여 악의적으로 삭제되어 발만 동동 구르는 경우가 있는데, 이럴 때는 너무 걱정만 하지 말고 컴퓨터나 휴대폰 등을 가지고 가까운 디지털 포렌식업체에 방문하여 삭제되었던 자료들을 모두 복구한 후 이를 법원에 제출하면 된다.

나. 배우자의 E-MAIL, 스마트폰 확인
정보통신망 침해행위 등의 금지에 관한 법률 제48조 제1항에 따르면, "누구든지 정당한 접근권한 없이 또는 허용된 접근권한을 넘어 정보통신망에 침입하여서는 아니된다."라고 규정하고 있고, 같은 법 제49조에서는 "누구든지 정보통신망에 의하여 처리·보관 또는 전송되는 타인의 정보를 훼손하거나 타인의 비밀을 침해·도용 또는 누설하여서는 아니된다."고 규정하고 있으며, 같은 법 제72조에서는 "제48조 제1항을 위반하여 정보통신망에 침입한 자는 3년 이하의 징역 또는 3천만 원의 벌금에 처한다"고 규정하고 있다.

따라서 배우자의 유책성에 관한 증거를 수집한다는 미명하에 배우자 모르게 배우자가 비밀번호를 설정해 놓은 스마트폰의 비밀번호 및 패턴을 알아내거나 또는 E-MAIL의 비밀번호를 알아내어 그 곳에 있는 메신저, E-MAIL, 카톡 등 배우자의 사생활을 알 수 있는 내용들을 훔쳐보는 행위는 위 법률에 의거하여 처벌을 받을 수 있고, 나아가 이를 통하여 알게 된 내용을 전송 또는 타에 누설할 경우 가중 처벌을 받을 수 있음을 유의하여야 한다. 다만, 근래에 배우자와 비밀번호 등을 공유하고 있는 경우도 흔하게 볼 수 있는데, 이처럼 배우자와 비밀번호 및 패턴 등을 공유하고 있어 언제든지 상대방의 E-MAIL 등을 열어 볼 수 있도록 용인된 상황이었다면 위 법률에 저촉될 여지 및 위 법률에 의거한 처벌의 대상도 아니다.

다. 타인간의 대화 녹음

통신비밀법 제3조 제1항에 따르면, "누구든지 이 법과 형사소송법 또는 군사법원법의 규정에 의하지 아니하고는 우편물의 검열·전기통신의 감청 또는 통신사실확인자료의 제공을 하거나 공개되지 아니한 타인간의 대화를 녹음 또는 청취하지 못한다."고 규정하고 있고, 같은 법16조에서는 "위 규정에 위반하여 우편물의 검열 또는 전기통신의 감청을 하거나 공개되지 아니한 타인간의 대화를 녹음 또는 청취한 자는 1년 이상 10년 이하의 징역과 5년 이하의 자격정지에 처한다."고 규정하고 있다.
따라서 타인의 허락없이 타인간의 대화를 몰래 녹음하는 행위는 위 규정에 의하여 명백한 불법행위로서 처벌의 대상이 될 수 있다.

라. 대화자간 대화녹음

이혼소송시 증거수집의 방법으로 가장 흔하게 사용하는 방법 중 하나가 녹음자가 주체가 되어 상대방에게 어떠한 사실을 유도하고 그러한 사실을 녹음하는 것이다. 이러한 경우에는 위 다.항의 경우와 달리 몰래 녹음을 하더라도 불법이 되지는 아니한다. 다만, 동의없이 전화통화 상대방의 통화내용을 녹음하고, 이를 재생하여 녹취서를 작성하는 것은 녹음을 당한자의 승낙이 추정되거나 정당방위 또는 사회상규에 위배되지 아니하는 등의 다른 사정이 없는 한 헌법이 보장하는 음성권은 물론 사생활의 비밀과 자유를 침해하는 행위에 해당하여 불법행위를 구성한다. 그리고 그것이 통신비밀보호법상 감청에 해당하지 않는다거나 민사소송의 증거를 수집할 목적으로 녹음하였다는 사유만으로는 정당화되지 않는다고 판시하면서 손해배상책임을 인정한 하급심판례가 있다(수원지방법원 2013.8.2.선고2013나8981판결). 따라서 타인간의 대화녹음은 각별한 주의가 필요하다.

4. 형사처벌이 문제되는 증거수집방법

가. 위치정보기 설치

위치정보의 보호 및 이용 등에 관한 법률 제15조 제1항에 따르면, "누구든지 개인 또는 소유자의 동의를 얻지 아니하고 당해 개인 또는 이동성이 있는 물건의 위치정보를 수집·이용 또는 제공하여서는 아니된다."고 규정하고 있고, 같은 법 제40조에서는 "위 규정을 위반하여 개인의 동의를 얻지 아니하고 당해 개인의 위치정보를 수집·이용 또는 제공한 자는 3년 이하의 징역 또는 3천만 원 이하의 벌금에 처한다."고 규정하고 있다.

따라서 배우자의 유책성, 예를 들어 배우자의 부정한 행위가 의심스러워 단지 그에 관한 증거를 수집하기 위한 목적으로 배우자 소유의 자동차나 스마트 폰 등에 몰래 위치추적 장치를 설치한 경우 자칫 위치정보의 보호 및 이용 등에 관한 법률에 의거 형사처벌의 대상이 될 수 있으니 특별한 주의할 필요하다.

나. 심부름센터(흥신소)를 통한 미행추적행위

상대방의 유책성 특히 불륜사실을 입증하기 위한 증거를 수집하기 위한 목적으로 거액의 비용을 주고 심부름센터 속칭 흥신소에 사건을 의뢰해서 상대방의 움직임을 추적하고 관련 사진 등을 촬영하는 경우가 많다. 이렇게 하여 수집된 증거의 증명력 여하는 별론으로 하더라도(형사사건의 경우에는 불법수집 증거로서 증거능력이 없음), 자칫 그러한 행위는 신용정보의 이용 및 보호에 관한 법률 제16조(수집·조사 및 처리의 제한) 제1항 제3호 "개인의 정치적 사상, 종교적 신념, 그 밖에 신용정보와 관계없는 사생활에 관한 정보를 수집·조사하여서는 아니된다."라는 규정에 위배되어, 같은 법 제50조 제2항에 따라 심부름센터의 직원과 함께 공범으로 5년 이하의 징역 또는 5천만 원 이하의 벌금에 처해질 수 있음에 주의하여야 한다.

Ⅲ. 증거수집을 위한 각종 증거신청절차

1. 개 설

이혼에 따른 재산분할 청구 사건이나 부양료 양육비 청구사건에서 당사자의 재산을 파악하는 것은 가장 중요한 심리대상인데 당사자들의 협조가 없으면 가정법원이 이를 파악하기 어려워서 재판이 지연되는 경우가 적지 않았다. 따라서 가사소송법은 재산명시, 재산조회제도를 두어 이를 해결함으로써 효율적인 심판을 할 수 있도록 하고 있다.

2. 재산명시제도

> **제48조의2(재산 명시)** ① 가정법원은 재산분할, 부양료 및 미성년자인 자녀의 양육비 청구사건을 위하여 특히 필요하다고 인정하는 경우에는 직권으로 또는 당사자의 신청에 의하여 당사자에게 재산상태를 구체적으로 밝힌 재산목록을 제출하도록 명할 수 있다.
> ② 제1항의 재산 명시 절차, 방법 등에 대하여 필요한 사항은 대법원규칙으로 정한다.

가. 의 의

재산분할, 부양료, 양육비 사건에서 특히 필요하다고 인정하는 경우 가정법원이 직권으로 또는 당사자의 신청에 의해 당사자에게 재산목록의 제출을 명할 수 있도록 하고, 그 명령을 받은 당사자가 정당한 사유 없이 거부하거나 거짓재산목록을 제출하면 1천만 원 이하의 과태료를 부과하고 있다(법 제48조의2). 이는 본안사건 진행과정에서 당사자로 하여금 성실하게 재산목록을 제출하도록 유도함으로써 가정법원이 사건을 효율적으로 심리할 수 있게 한 것으로, 이미 집행권원을 확보한 당사자가 제기하는 민사집행법상의 재산명시절차와는 그 법적 성격이 다른 것이다.

나. 신청에 의한 재산명시명령

1) 신 청

재산분할, 부양료 및 미성년자인 자녀의 양육비 청구사건이 가정법원에 계속 중인 경우에 한하여 당사자가 재산명시신청을 할 수 있다. 즉 본안사건이 계속되기 이전에 재산명시신청을 할 수는 없다. 신청은 서면으로 하고 인지를 붙이지 않는다.

2) 심 리

법원은 서면심사만으로 할 수 있지만 필요한 경우 본안사건의 심문기일이나 변론기일에서 그 사유를 심리할 수도 있다.

3) 결 정

가) 재산명시 대상 당사자는 가정법원이 정한 상당한 기간 내에 자신이 보유하고 있는 재산과 과거 일정한 기간 동안 처분한 재산의 내역을 명시한 재산목록을 제출하여야 한다(규칙 제95조의4).

나) 재산명시 대상자가 정당한 사유 없이 재산목록의 제출을 거부하거나 거짓 목록을 제출하면 1천만 원 이하의 과태료를 부과할 수 있다(법 제67조의2). 과태료 재판은 재산명시명령을 한 가정법원이 관할한다(규칙 제95조의8).

다) 재산명시신청을 기각, 각하하는 결정은 중간적 재판의 성격을 가지기 때문에 이에

대해 독립적으로 이의신청이나 항고를 할 수는 없고 본안에 관한 종국 재판에 대한 불복절차에서 당부를 다툴 수 있을 뿐이다.

다. 직권에 의한 재산명시명령

1) 요 건

가정법원은 재산분할, 부양료, 양육비 청구사건의 해결을 위하여 재산목록의 제출이 특히 필요한 경우 직권으로 재산명시명령을 할 수 있다 이 경우 가정법원은 당사자에게 상당한 기간을 정하여 자신의 재산상태를 명시한 재산목록을 제출하도록 명한다(규칙 제95조의3 제1항).

2) 결 정

가) 가정법원은 본안사건이 진행 중인 경우에는 언제든지 당사자에게 재산명시명령을 할 수 있다. 명령은 당사자에게 송달하고 상대방에게도 상당한 방법으로 고지하여야 한다.

나) 재산명시 대상 당사자는 가정법원이 정한 상당한 기간 내에 자신이 보유하고 있는 재산과 과거 일정한 기간 동안 처분한 재산의 내역을 명시한 재산목록을 제출하여야 한다(규칙 제95조의4).

다) 재산명시 대상자가 정당한 사유 없이 재산목록의 제출을 거부하거나 거짓 목록을 제출하면 1천만 원 이하의 과태료를 부과할 수 있다(법 제67조의2). 과태료 재판은 재산명시명령을 한 가정법원이 관할한다(규칙 제95조의8).

라. 서식

1) 신청취지 사례

> 피신청인은 재산상태를 명시한 재산목록을 제출하라.
> 라는 결정을 구합니다.

2) 서식례

[서식] 재산명시신청서

재 산 명 시 신 청

사   건   20○○ 느단 1234 양육비
신 청 인   ○ ○ ○ (주민번호)
　　　　　　　서울 ○○구 ○○동 ○○번지

피신청인   ○ ○ ○ (주민번호)
　　　　　　　19 ○○. ○. ○. 생
　　　　　　　서울 ○○구 ○○동 ○○번지

신 청 취 지

피신청인은 재산상태를 명시한 재산목록을 제출하라
라는 결정을 구합니다.

신 청 사 유

1. 신청인(원고)은 피신청인(피고)를 상대로 귀원 20○○ 느단 1234 양육비 심판
   청구를 진행하고 있는 바, 피신청인(피고)의 재산을 파악하기가 쉽지 않아 이
   사건의 해결을 위하여 피신청인(피고)의 재산목록 제출이 특히 필요합니다.
2. 따라서 가사소송법 제48조의2 제1항에 따라 피신청인(피고)에 대한 재산명시명
   령을 신청합니다.

20 . . .
위 신청인(원고)   (날인 또는 서명)
(연락처 :   )

○○법원   귀중

■ 작성 · 접수방법

1. 인지는 첨부하지 않고 송달료만 51,000원(=당사자수×5,100(송달료)×5회분)을 납부하면 된다.
2. 관할 : 재산분할, 양육비 청구등 사건이 진행중인 가정법원에 신청서를 제출한다
3. 신청서 1부를 제출한다.

[서식] 재산명시신청서

재 산 명 시 신 청

사건번호　　20　느(드)　[담당재판부 : 제　가사(단독)부]
청구인(원고)
상대방(피고)

신 청 취 지

상대방(피고)은 재산상태를 명시한 재산목록을 제출하라.
라는 결정을 구합니다.

신 청 이 유

1. 상대방(피고)의 재산을 파악하기가 쉽지 않아 이 사건의 해결을 위하여 상대방(피고)의 재산목록 제출이 특히 필요합니다.
2. 따라서 가사소송법 제48조의2 제1항에 따라 상대방(피고)에 대한 재산명시명령을 신청합니다.

20　 .　 .　 .
위 청구인(원고)　　（날인 또는 서명）
（연락처 :　　　）

○○법원　귀중

[참조] 재산명시절차 안내 및 재산목록 작성요령 [법원용]

제1. 절차 안내

　귀하는 재산명시명령을 송달받은 날부터 정해지 기간 내에 귀하의 재산목록을 작성하여 제출하여야 합니다(별지 양식 사용). 다만, 법원의 허가를 받아 위 기간을 연장할 수 있습니다. 만일 귀하가 정당한 사유 없이 재산목록의 제출을 거부하거나 거짓의 재산목록을 제출한 때에는 1천만 원 이하의 과태료에 처할 수 있습니다. 이미 제출한 재산목록에 형식적인 흠이 있거나 불명확한 점이 있으면 법원의 허가를 얻어 재산목록을 정정할 수 있습니다. 법원은 필요한 경우 귀하에게 제출하는 재산목록의 기재사항에 관하여 참고자료의 제출을 요구할 수 있습니다.

제2. 재산목록 작성요령

1. 일반적 주의사항

가. 첨부된 재산목록은 만년필이나 볼펜을 사용하거나 컴퓨터 등의 기계적 수단을 이용하는 등의 방법으로 명백하게 해당사항을 기입·작성하여야 합니다.

나. 양식의 해당란이 부족할 때에는 별도의 별지에 기입하고, 양식의 해당란과 귀하가 작성한 별지 사이의 관계를 분명하게 표시하여야 합니다(예: 양식의 해당란에는 "별지 1에 기재"라고 표시하고, 별지 1에는 "양식의 1번 항목에 관한 것"이라고 부기함).

다. 각 항목에 기재하여야 할 것인지 또는 기재하지 아니할 것인지에 관하여 의문이 있는 때에는 별지를 사용하여 그 사실관계를 가능한 한 상세히 기재하여 주십시오.

라. 재산목록에 기재할 재산으로서 제3자에게 명의신탁되어 있거나 신탁재산으로 등기 또는 등록이나 명의개서 되어 있는 재산은 그 명의자의 이름·주소·주민등록번호를 기재하여야 합니다.

마. 재산명시결정에서 재산목록에 기재할 재산의 종류와 하한이 되는 액수가 아래 2.의 각항에 기재와 달리 정해진 경우에는 재산명시결정에서 정해진 종류와 금액을 기준으로 하여 재산목록을 작성하여야 합니다(예: 결정문에 "재산목록에 기재할 재산의 하한이 되는 액수는 1,000만 원으로 한다"고 기재되어 있고, 당사자가 보유한 예금채권의 합계액이 900만 원인 경우에 예금 채권은 기재하지 않음).

2. 각 항목의 기재요령

아래의 설명을 참조하여 각 항목별로 해당란에 귀하의 재산을 기재하십시오.(본안사건 상대방과 공동으로 소유한 재산이면 그 취지를 비고란에 기재하고, 재산분할 청구사건에서는 특유재산(혼인 전부터 보유하고 있던 재산, 혼인 후 증여·상속받은 재산 등)인지 여부를 비고란에 기재하십시오).

I. 동 산

귀하 및 귀하와 같이 사는 친족(사실상 관계에 따른 친족 및 본안사건 상대방을 포함)의 생활필수품, 의류, 가구, 가전제품 등 일상생활에 필요한 공동생활용품은 기재하지 아니하여도 됩니다.

1. 현 금 : 외화를 포함하여 합계액 100만 원 이상인 금전의 총액을 기재하고 비고란에 그 보관장소를 기재

2. 어음·수표 : 합계액 100만 원 이상의 어음·수표의 발행인, 지급인, 지급기

일, 지급지, 액면금, 수량, 보관장소를 종류별로 구분하여 기재{가액은 액면금액에 의하고, 어음과 수표의 각 액면금이 100만 원 이상인 것 외에 그 합계액이 100만 원 이상인 것도 기재할 것(예: 어음의 액면금은 60만 원, 수표의 액면금은 80만 원인 경우에도 각각 기재)}

3. 주권·국채·공채·회사채 등 : 합계액 100만 원 이상의 주권·국채·공채·회사채 등의 유가증권의 종류, 발행인, 가액, 수량, 만기일, 보관장소를 구분하여 기재(가액은 액면금액을 기준으로 하되, 시장가격이 있는 증권의 가액은 이 재산목록을 작성할 당시의 거래가격에 의하여 산정하고, 합계액의 산정방법은 2번 항목의 설명을 참조)

4. 금·은·백금류 : 합계액 100만 원 이상의 금·은·백금과 금은제품 및 백금제품을 품명, 중량, 제품의 종류, 가액, 보관장소를 구분하여 기재(가액의 산정은 이 재산목록 작성 당시의 시가에 의하되, 시가를 알기 어려운 경우에는 취득가액에 의하고, 합계액의 산정은 2번 항목의 설명을 참조)

5. 시계·보석류·골동품·예술품·악기: 품목당 100만 원 이상의 시계·보석류·골동품·예술품과 악기를 품명, 크기, 수량, 가액, 보관장소를 구분하여 기재{가액의 산정은 4번 항목의 설명을 참조하고, 여러 개의 품목의 합계액이 100만 원 이상인 것은 기재하지 아니하여도 되나, 여러 개가 집합되어 하나의 구조물을 이룬 경우(예: 진주목걸이)에 그 가액이 100만 원 이상인 것은 기재할 것}

6. 사무기구 : 합계액 100만 원 이상의 사무기구를 종류, 수량, 가액, 소재장소를 구분하여 기재(가액의 산정은 2번 및 4번 항목의 설명을 참조)

7. 가축 및 기계류 : 품목당 100만 원 이사의 가축과 농기계를 포함한 각종 기계류의 품명, 수량, 가액, 소재장소를 구분하여 기재(가액의 산정은 2번 및 4번 항목의 설명을 참조)

8. 농·축·어업·공업생산품 및 재고상품 : 합계액 100만 원 이상의 농·축·어업 생산품(1월 안에 수확할 수 있는 과실을 포함), 공업생산품과 재고상품을 종류, 수량, 단가, 보관장소를 구분하여 기재(가액의 산정은 2번 및 4번 항목의 설명을 참조)

9. 기타의 동산 : 4번부터 8번까지 항목에 해당되지 아니하는 기타의 유체동산으로서 품목당 100만 원 이상인 것을 기재(그 기재요령과 가액의 산정방법은 5번 항목의 설명을 참조)

Ⅱ. 부동산 및 이에 준하는 권리와 자동차 등

10. 부동산 소유권 : 소유하고 있는 토지와 건물을 소재지, 지목(건물의 경우에는 구조와 용도), 면적, 가액을 구분하여 기재(가액의 산정방법은 5번

항목의 설명을 참조하고, 공동소유하고 있는 부동산은 그 소유관계를 표시하고 지분이 있는 경우에는 이를 기재)

11. 용익물권(지상권·전세권·임차권 등) : 부동산의 지상권, 전세권, 임차권을 그 목적 부동산의 소재지, 지목 또는 구조와 용도, 전세금 또는 임차보증금과 차임 또는 지료, 계약 체결일과 만료일, 목적 부동산의 소유자 등을 구분하여 기재

12. 부동산에 관한 청구권 : 부동산에 관한 인도청구권과 그에 관한 권리이전청구권(예 : 부동산을 매수하고 대금의 전부 또는 일부를 지급하여 이 재산목록을 작성할 당시 이전등기를 청구할 수 있는 경우, 재개발·재건축·환경정비사업에서 조합원으로서의 권리 등)을 그 목적 부동산의 소재지, 종류, 지목, 또는 구조와 용도, 계약일자, 대금액, 계약 상대방의 이름·주소를 구분하여 기재

13. 자동차·건설기계·선박·항공기에 관한 권리(소유권, 인도청구권 및 권리이전청구권) : 소유하고 있는 자동차·건설기계·선박·항공기의 종류, 수량, 소재지, 또는 보관 장소를 구분하여 기재(자동차·건설기계·선박·항공기의 인도청구권과 그에 관한 권리이전청구권에 관하여는 12번 항목의 설명을 참조)

14. 광업권·어업권, 기타 부동산에 관한 규정이 준용되는 권리 및 그에 관한 권리이전청구권 : 위 각 권리의 종류, 광물 또는 어업의 종류(예 : 금, 근해선망어업), 그 권리가 설정된 토지 또는 수면의 위치, 그 권리의 범위를 구분하여 기재(그에 관한 권리이전청구권에 관하여는 12번 항목의 설명을 참조)

Ⅲ. 채권 기타의 청구권

15. 금전채권 : 100만 원 이상의 금전채권을 채권의 종류, 근거 또는 내용(예: 2005. 1. 1.자 대여), 금액, 변제기일, 계약 상대방의 이름·주소를 구분하여 기재(동일 채무자에 대한 금전채권은 개개의 채권액이 100만 원에 미달하더라도 그 합계액이 100만 원 이상인 때에는 각각의 채권을 모두 기재하고, 저당권, 유치권, 질권 또는 양도담보 등의 담보물권에 의하여 담보되는 금전채권에 대하여는 그 담보물권의 내용도 아울러 기재)

16. 대체물의 인도채권 : 100만 원 이상의 대체물인도채권을 기재(15번 항목의 기재요령에 따라 기재)

17. 예금 및 보험금 등 채권 : 합계액 100만 원 이상의 각종 예금과 보험금 및 보험해약환급금을 예금 또는 보험계약의 종류, 예금액 또는 보험금액 및 보험해약환급금액, 예탁한 은행 또는 보험계약을 체결한 보험회사의

명칭과 소재지, 계좌번호를 구분하여 기재(합계액의 산정은 2번 항목의 설명을 참조하고, 보험해약환급금의 산정은 이 재산목록 작성 당시를 기준으로 함)

18. 기타의 청구권(앞의 3번부터 8번까지 항목에 해당하는 동산의 인도청구권, 권리이전청구권 기타의 청구권) : 9번 항목에 해당하는 동산의 인도청구권 또는 그에 관한 권리이전청구권을 목적물의 종류, 수량, 대금액, 근거, 상대방의 이름과 주소를 구분하여 기재(9번 항목의 설명 참조)

Ⅳ 특허권·회원권 등의 권리

19. 회원권 기타 이에 준하는 권리 및 그 이전청구권 : 권당 가액 100만 원 이상의 회원권, 그 밖에 이에 준하는 권리를 종류, 발행인, 수량, 가액을 구분하여 기재(그 이전청구권의 경우에는 청구권의 근거와 상대방의 이름·주소를 아울러 기재하고, 가액의 산정은 4번 및 5번 항목의 설명을 참조)

20. 특허권 및 그 이전청구권 : 각 권리의 종류, 내용, 등록일자를 구분하여 기재(그 이전청구권에 대하여는 19번 항목의 설명을 참조)

21.~24. : 위 20번의 작성요령과 동일

Ⅴ. 과거의 재산처분에 관한 사항

귀하가 이 법원으로부터 ① 재산명시결정을 송달받은 날부터 역산하여 2년 이내에 양도한 모든 부동산과 ② 같은 기간 내에 귀하의 배우자, 직계혈족 및 4촌 이내의 방계혈족과 그 배우자, 배우자의 직계혈족과 형제자매에게 양도한 부동산외의 재산으로서 권리의 이전이나 행사에 등기·등록 또는 명의개서가 필요한 재산, ③ 그 밖에 법원이 정하는 처분행위 일체를 기재(거래 상대방의 이름·주소·주민등록번호, 귀하와의 관계, 거래내역과 일시, 대가를 받은 경우 그 내용과 가액을 비고란에 기재하고, 시가란에는 거래 당시의 시가를 기재)

Ⅵ. 채 무

28. 금융기관에 대한 채무 : 금융기관에 대한 합계액 100만 원 이상의 금전채무와 합계액 100만 원 이상인 목적물에 대한 인도, 권리 이전 채무를 채무의 종류, 근거 또는 내용(예: 2005.1.1.자 대출), 금액, 변제기일, 금융기관의 명칭·지점, 계좌번호 등으로 구분하여 기재(동일 금융기관에 대한 채무는 개개의 채무액이 100만 원에 미달하더라도 그 합계액이 100만 원 이상인 때에는 각각의 채무를 기재하고, 저당권, 유치권, 질권 또는 양도담

보 등의 담보물권에 의하여 담보되는 금전채무에 대하여는 그 담보물권의 내용도 아울러 기재)

29. 그 밖의 채무 : 금융기관에 대한 채무를 제외하고, 100만 원 이상의 금전채무와 합계액 100만 원 이상인 목적물에 대한 인도, 권리 이전 채무를 채무의 종류, 근거 또는 내용(예: 2005.1.1.자 차용), 금액, 변제기일, 상대방의 이름·주소·주민등록번호 등을 구분하여 기재(기재요령은 28번 항목의 설명 참조)

Ⅶ. 고정적 수입 등

30. 정기적으로 받을 보수 및 부양료 : 고용관계 또는 근로관계에 의하여 정기적으로 받을 보수 및 정기적으로 받을 부양료를 보수 또는 부양료의 종류와 금액, 고용관계 또는 근로관계와 부양관계의 성립일자, 고용주 또는 상대의 이름과 주소(법인인 경우에는 그 명칭과 주된 사무소의 소재지), 보수 또는 부양을 지급받는 일자를 구분하여 기재

31. 그 밖의 소득(소득세법상의 소득으로서 30번 항목에 해당하지 아니하는 것): 소득세의 부과대상이 되는 이자소득·배당소득·사업소득·퇴직소득·양도소득·산림소득 기타의 소득으로서 각 소득의 연간 합계액이 100만 원 이상인 소득을 소득의 종류, 금액, 근거 또는 내용을 기재(이자소득·배당소득·퇴직소득의 경우에는 그 상대방의 이름·주소를 아울러 기재하고, 합계액의 산정방법은 2번 항목의 설명을 참조)

Ⅷ. 고정적 지출

재산명시결정을 송달받은 날부터 6개월이 경과한 날 이후까지 정기적으로 지출이 예상되는 비용(예: 월세, 대출금 이자, 양육비, 근로자 급여)을 그 종류와 금액, 상대방의 이름과 주소, 지출 주기 및 일자(예: 매월 말일, 매주 월요일), 지출의 시기와 종기가 있는 경우 그 날짜를 구분하여 기재

Ⅸ. 기 타

가정법원이 법위를 정하여 적을 것을 명한 재산을 기재

제3. 작 성 례

번호	구분	재산의 종류	
1	동산	☐ 1.현금	☐ 2.어음·수표

		☑ 3.주권·국채·공채·회사채 등 □ 4.금·은·백금류
		□ 5.시계·보석류·골동품·예술품·악기
		□ 6.사무기구　　　　　　　□ 7. 가축 및 기계류
		□ 8. 농·축·어업·공업생산품 및 재고상품
		□ 9.기타의 동산

앞면

뒷면

재산의 종류	내역	재산의 종류	내역
3. 주권	발행인 : 삼성전자 주식회사 1주의 액면가액 : 10,000원 1주의 시장가격 : 700,000원 주식의 종류 : 보통주 수　량 : 100주 예탁기관 : 삼성증권 주식회사		

3. 재산조회제도

> **제48조의3(재산조회)** ① 가정법원은 제48조의2의 재산 명시 절차에 따라 제출된 재산목록만으로는 재산분할, 부양료 및 미성년자인 자녀의 양육비 청구사건의 해결이 곤란하다고 인정할 경우에 직권으로 또는 당사자의 신청에 의하여 당사자 명의의 재산에 관하여 조회할 수 있다.
> ② 제1항의 재산조회에 관하여는 그 성질에 반하지 아니하는 범위에서 「민사집행법」 제74조를 준용한다.
> ③ 재산조회를 할 공공기관, 금융기관, 단체 등의 범위 및 조회절차, 당사자가 내야 할 비용, 조회결과의 관리에 관한 사항, 과태료의 부과절차 등은 대법원규칙으로 정한다.
> ④ 누구든지 재산조회의 결과를 심판 외의 목적으로 사용하여서는 아니 된다.

가. 의 의

본안사건에서 이미 재산명시절차를 거쳤음에도 당사자가 거부하거나 제출된 목록만으로 사건 해결이 곤란한 경우 가정법원이 직권 또는 당사자의 신청에 의해 당사자의 재산과 신용정보에 관한 전산망을 관리하는 공공기관, 금융기관, 단체 등에 대해 당사자 명의의 재산을 조회할 수 있도록 하고(법 제48조의3), 조회를 받은 기관 등의 장이 정당한 사유 없이 거짓자료를 제출하거나 자료를 제출할 것을 거부하면 1천만 원 이하의 과태료를 부과할 수 있도록 하는 제도이다(법 제67조의3).

〈민사집행법상 재산조회와의 구별〉

	가사소송법상 재산조회	민사집행법상 재산조회
본안사건	가정법원에 계속 중임을 전제	계속 중임을 전제하지 않음
성격	가정법원이 본안사건 당사자의 재산내역을 파악하는 것이 가능하도록 하는 심리 방법 중 하나	집행권원을 확보한 당사자가 강제집행의 실효성을 확보하기 위해 집행법원에 제기하는 독립한 신청사건

나. 신청에 의한 재산조회

1) 신 청

재산분할, 부양료 및 미성년자인 자녀의 양육비 청구사건이 계속 중인 가정법원에 서면으로 신청한다. 신청서에 인지를 붙이지 않지만, 재산조회에 필요한 비용으로서 가정법원이 정하는 금액을 예납해야 한다.

2) 신청사유

가) 재산명시절차에 제출된 재산목록만으로는 사건의 해결이 곤란하다고 인정되는 경우(법 제48조의3 제1항).

나) 재산명시절차에서 재산명시 대상 당사자의 상대방이 주소보정명령을 받고도 민사소송법 194조 1항의 규정(공시송달)에 의한 사유로 인하여 이를 이행할 수 없었던 경우(법 제48조의3 제2항).

다) 재산명시 대상 당사자가 재산목록의 제출을 거부하거나 거짓의 재산목록을 제출한 경우(법 제48조의3 제2항).

[공시송달신청서]

공 시 송 달 신 청

사 건   20○○드단 ○○○호 이혼 등

원 고   ○   ○   ○

피 고   △   △   △

위 사건에 관하여 피고는 19○○년경 집을 나가 지금까지 소재불명으로 주민등록지에
도 거주하지 않고 있어 통상의 방법으로는 피고에 대한 이 건 소장 부본 및 변론기일
소환장의 송달이 불가능하므로 공시송달의 방법으로 송달하여 줄 것을 신청합니다.

첨 부 서 류

1. 피고 주민등록등본   1통
1. 통장 불거주확인서 및 통장 위촉장   각 1통
1. 친족 소재불명확인서 및 인감증명   각 1통
1. 가족관계증명서 (피고와 위 친족과의 친족관계 입증)   1통

20○○년 ○월 ○일
위 원 고   ○   ○   ○ (인)

○ ○ 가 정 법 원(가사○단독) 귀 중

불 거 주 확 인 서

성   명   △ △ △ (△ △ △)
　　　　　19○○년 ○월 ○일생
　　　　　최후주소 : ○○시 ○○구 ○○길 ○○

위 사람은 위 최후주소지에서 주민등록 전입신고 없이 19○○. ○. ○.경 가출하여 현재까지 위 최후주소지에 거주하고 있지 아니하며 그 새로운 주소지도 알 수 없는 상태에 있음을 확인합니다.

20○○년   ○월   ○일

확 인 자(통장)   □ □ □ (인)
주소 : ○○시 ○○구 ○○길 ○○

○ ○ 가 정 법 원(가사○단독) 귀 중

---

3) 심 리

재판은 서면심리만으로 결정할 수 있으나 필요한 경우 본안사건의 심문기일이나 변론기일에서 이해관계인과 그 밖의 참고인을 심문할 수 있다.

4) 결 정

가) 조회대상기관의 회보 : 가정법원으로부터 재산조회를 요구받은 기관 등은 정당한 사유 없이 조회를 거부하지 못한다(규칙 제95조의4). 그럼에도 거부하거나 거짓 자료

를 제출하면 1천만 원 이하의 과태료를 부과할 수 있다(법 제67조의 3).

나) 재조회 : 가정법원은 조회회보나 자료에 흠이 있거나 불명확한 점이 있는 때에는 다시 조회하거나 재체출을 요구할 수 있다(규칙 제95조의5).

다) 재산조회신청을 기각, 각하하는 결정은 중간적 재판의 성격을 가지기 때문에 당사자가 이에 대해 독립적으로 이의신청이나 항고를 할 수는 없고 본안에 관한 종국 재판에 대한 불복절차에서 당부를 다툴 수 있을 뿐이다.

다. 직권에 의한 재산조회

1) 재산조회 요건

이혼에 따른 재산분할, 부양료 및 미성년자인 자녀의 양육비 청구사건이 계속 중인 가정법원은 신청사유가 있는 경우 직권으로 당사자 명의의 재산에 관하여 조회 할 수 있다(법 제48조의3 제1항).

2) 신청사유

위 신청에 의한 재산조회에서의 신청사유와 같다.

3) 결 정

재산조회 결정과 그에 따른 조회회보 및 벌칙 등은 신청에 의한 경우와 같다

라. 재산조회 결과의 열람복사 및 심판 외 사용금지.

본안사건 당사자나 제3자는 가사소송법 제10조의2 제1항에 따라 재판장의 허가를 받아 기록의 열람 복사를 법원에 신청할 수 있다. 그러나 누구든지 재산조회의 결과를 심판외의 목적으로 사용해서는 안되고 이를 위반한 사람은 2년 이하의 징역 또는 500만 원 이하의 벌금에 처한다(법 제73조).

마. 서식

1) 신청취지 사례

> 위 기관의 장에게 조회대상자 명의의 별지 기재 재산을 조회 한다.

2) 서식례

[서식] 재산조회 신청서

<table>
<tr><td colspan="2" align="center">재 산 조 회 신 청 서</td></tr>
<tr><td>사 건</td><td>20○○느합 1234 재산분할</td></tr>
<tr><td>신청인</td><td>○ ○ ○(주민번호)
서울 ○○구 ○○동 ○○번지
010-1234-5678</td></tr>
<tr><td>조회대상자</td><td>김 ○ ○(주민번호)
서울 ○○구 ○○동 ○○번지 ○○아파트 ○○동 ○○호</td></tr>
<tr><td>조회대상기관
조회대상재산</td><td>별지와 같음</td></tr>
<tr><td>신청취지</td><td>위 기관의 장에게 조회대상자 명의의 별지 기재 재산을 조회 한다.</td></tr>
<tr><td>신청사유</td><td>아래와 같은 사유가 있으므로 가사소송법 제48조의3 제1항에 의하여 조회대상자 명의의 재산에 대한 조회를 신청합니다(해당란 □에 ∨표시)
□ 재산명시절차에서 제출한 재산목록만으로는 사건의 해결이 곤란
□ 주소불명으로 인하여 재산명시절차를 거치지 못함
□ 재산목록의 제출 거부
□ 거짓의 재산목록 제출</td></tr>
<tr><td>비용환급용
예금계좌</td><td>금융기관 : 신한은행 계좌번호 : 012-34-56789</td></tr>
<tr><td>첨부서류</td><td></td></tr>
<tr><td colspan="2">2015. ○. ○.
위 신청인 ○ ○ ○ (인)

서울가정법원 귀중</td></tr>
</table>

1. 인지는 1,000원을 납부하고, 송달료는 조회하고자 하는 기관수에 2를 더한 수의 송달료를 납부한다. 따라서 조회하고자 하는 기관수가 4개이면 30,600원(=5,100(송달료)×6회분)을 송달료취급은행에 납부하고 첨부하여야 한다.
2. 별지 조회비용의 합계액을 법원보관금으로 납부한다.
3. 신청서 1부만 제출하면 된다.

재산조회신청서

채 권 자	이름 : 주민등록번호 : 주소 : 전화번호 : 팩스번호: 이메일 주소 : 대리인 :
채 무 자	이름 : (한자 :) 주민등록 번호 : 주소 :
조회대상기관 조회대상재산	별지와 같음
재산명시사건	지방법원 20 카명 호
집행권원	
불이행 채권액	
신청취지	위 기관의 장에게 채무자 명의의 위 재산에 대하여 조회를 실시한다.
신청사유	채권자는 아래와 같은 사유가 있으므로 민사집행법 제74조 제1항의 규정에 의하여 채무자에 대한 재산조회를 신청합니다. (해당란 □에 ∨표시) □ 명시기일 불출석 □ 재산목록 제출거부 □ 선서 거부 □ 거짓 재산목록 제출 □ 집행채권의 만족을 얻기에 부족함 □ 주소불명으로 인하여 명시절차를 거치지 못함
비용환급용 예금계좌	
첨부서류	
(인지 첨부란)	20 . . . 신청인 (날인 또는 서명) 지방법원 귀중

주 ① 신청서에는 1,000원의 수입인지를 붙여야 합니다.
　② 신청인은 별지 조회비용의 합계액과 송달필요기관수에 2를 더한 횟수의 송달료를 예납하여야
　　합니다.
　③ "불이행 채권액"란에는 채무자가 재산조회신청 당시까지 갚지 아니한 금액을 기재합니다.
　참조 : 민집규 35, 25, 재산조회규칙 7, 8

〈별지〉

순번	기관분류	재산종류	조회대상 재산 / 조회대상기관의 구분	갯수	기관별/재산별 조회비용	예납액
1	법원행정처	토지.건물의 소유권	☐ 현재조회		20,000원	
			☐ 현재조회와 소급조회 ※소급조회는 재산명시명령이 송달되기 전 2년 안에 채무자가 보유한 재산을 조회합니다.		40,000원	
	과거주소 1. 　　　　2. 　　　　3. ※ 부동산조회는 채무자의 주소가 반드시 필요하고, 현재주소 이외에 채무자의 과거주소를 기재하면 보다 정확한 조회를 할 수 있습니다.					
2	국토교통부	건물의 소유권	☐국토교통부		10,000원	
3	특허청	특허권,실용신안권,디자인권,상표권	☐특허청		20,000원	
4	특별시 광역시 또는 도	자동차.건설기계의 소유권	☐서울특별시　☐대전광역시　☐대구광역시 ☐부산광역시　☐광주광역시　☐울산광역시 ☐경기도　☐충청남도　☐충청북도 ☐경상북도　☐경상남도　☐전라북도 ☐강원도　☐제주특별자치도 제주시 ☐제주특별자치도 서귀포시 ☐전라남도　☐세종특별자치시 ☐인천광역시 중구청　☐인천광역시 동구청 ☐인천광역시 남구청　☐인천광역시 연수구청 ☐인천광역시 남동구청　☐인천광역시 부평구청 ☐인천광역시 계양구청　☐인천광역시 서구청 ☐인천광역시 강화군청　☐인천광역시 옹진군청 *인천시 차량등록사업소가 없어지고, 각 구청에서 담당함		기관별 5,000원	

순번	기관분류	재산종류	조회대상 재산 / 조회대상기관의 구분	갯수	기관별/재산별 조회비용	예납액
5	은행법에 의한 금융기관	금융자산 중 계좌별로 시가합계액이 50만원 이상인 것	□경남은행　□우리은행　□기업은행 □광주은행　□전북은행　□하나은행 □국민은행　□SC제일은행　□한국산업은행 □대구은행　□제주은행　□한국외환은행 □부산은행　□신한은행　□농협은행 □한국씨티은행　□뱅크오브아메리카 □아랍은행　□뉴욕멜론은행　□야마구찌은행 □도쿄미쓰비시UFJ은행　□제이피모간 체이스은행 □메트로은행　□파키스탄국립은행 □크레디아그리콜코퍼레이트앤인베스트먼트뱅크서울지점 (구, 칼리온은행)		기관별 5,000원	
			□중국은행　□멜라트은행　□암로은행 □노바스코셔은행　□대화은행　□유바프은행 □도이치은행　□유비에스은행 □미쓰이스미토모은행　□미즈호코퍼레이트은행 □인도해외은행　□바클레이즈은행　□중국건설은행 □중국공상은행　□비엔피 파리바은행 □소시에테제네랄은행　□호주뉴질랜드은행　□ING은행 □크레디트스위스은행(구,크레디트스위스퍼스트보스톤은행) □스테이트스트리트은행　□OCBC은행 □싱가폴개발은행(DBS은행) □홍콩상하이은행(HSBC)		기관별 5,000원	
6	자본시장과 금융투자업에 관한 법률에 의한 투자매매업자, 투자중개업자, 집합투자업자, 신탁업자, 증권금융회사, 종합금융회사, 자금중개회사, 단기금융회사, 명의개서대행회사	금융자산 중 계좌별로 시가합계액이 50만원 이상인 것	□우리종합금융(구, 금호종합금융)　□교보증권 □신한금융투자　□대신증권　□유화증권 □대우증권　□이트레이드증권　□증권예탁원 □하나대투증권(하나IB증권과 합병)　□동부증권 □코리아RB증권중개　□키움증권 □리딩투자증권 □동양종합금융증권　□한양증권 □흥국증권(구,흥국증권중개)　□미래에셋증권 □리먼브러더스인터내셔널증권　□KB투자증권 □한국투자증권(구, 동원증권)　□부국증권 □골든브릿지투자증권　□현대증권 □애플투자증권중개 (구,브릿지증권)　□비엔지증권 □씨티그룹글로벌마켓증권　□삼성증권 □하이투자증권(구,CJ투자신탁증권)　□신영증권 □유진투자증권 □NH투자증권　□SK증권 □HMC투자증권(구, 현대차IB증권)　□IBK투자증권 □아이엠투자증권(구.솔로몬투자증권) □우리투자증권(구,LG투자증권) (구, 굿모닝신한증권) □한화투자증권(구,푸르덴셜투자증권, 한화증권) □메리츠종금증권(구, 메리츠종금, 메리츠증권) □크레디트스위스증권(구, Credit Suisse First Boston)		기관별 5,000원	
			□도이치증권　□Goldman Sachs □맥쿼리증권 □한국증권금융(주)　□J.P Morgan □ABN AMRO　□KIDB채권중개 □Barclays Capital　□Morgan Stanley Dean Witter □BNP파리바페레그린 증권중개 □Nomura □CLSA　□SG □다이와증권캐피탈마켓코리아　□UBS Warburg □홍콩상하이증권(HSBC)　□Merrill Lynch □뉴엣지파이낸셜증권(구, Indosuez Cheuvreux)		기관별 5,000원	

순번	기관분류	재산종류	조회대상 재산 / 조회대상기관의 구분	갯수	기관별/재산별 조회비용	예납액
7	상호저축 은행법에 의한 상호저축 은행과 그 중앙회	금융자산 중 계좌별로 시가 합계액이 50만 원 이상인 것	□상호저축은행중앙회 □ (　　　　　) □ (　　　　　) □ (　　　　　) ※ 중앙회에 조회신청을 하면 전국 모든 상호저축은행에 대하여 조회됩니다. ※ 개별상호저축은행에 대한 조회를 원하는 경우에는 그 명칭을 별도로 기재하여야 합니다. ※ (　)속에 조회대상기관 명부에 기재된 순번을 기재합니다.		20,000원 기관별 5,000원	
8	농업협동 조합법 제2조에 1에 의한 조합	금융자산 중 계좌별로 시가 합계액이 50만 원 이상인 것	□ 지역조합(지역농협, 지역축협)과 품목조합 □ (　　　　　) □ (　　　　　) □ (　　　　　) ※ 개별 단위지역조합에 대한 조회를 원하는 경우에는 그 명칭을 별도로 기재하여야 합니다. ※ (　)속에 조회대상기관 명부에 기재된 순번을 기재합니다.		20,000원 기관별 5,000원	
9	수산업협 동조합법 에 의한 수협 중앙회	금융자산 중 계좌별로 시가 합계액이 50만 원 이상인 것	□ 수협중앙회 및 전국단위지역조합 □수협중앙회 □ (　　　　　) □ (　　　　　) □ (　　　　　) ※ 개별 단위지역조합에 대한 조회를 원하는 경우에는 그 명칭을 별도로 기재하여야 합니다. ※ (　)속에 조회대상기관 명부에 기재된 순번을 기재합니다.		20,000원 5,000원 기관별 5,000원	
10	신용협동 조합법에 의한 신용협동 조합	금융자산 중 계좌별로 시가 합계액이 50만 원 이상인 것	□ (　　　　　) □ (　　　　　) □ (　　　　　) ※ 개별 신용협동조합에 대한 조회를 원하는 경우에는 그 명칭을 별도로 기재하여야 합니다. ※ (　)속에 조회대상기관 명부에 기재된 순번을 기재합니다.		기관별 5,000원	
11	산림조합 법에 의한 산림조합 중앙회	금융자산 중 계좌별로 시가 합계액이 50만 원 이상인 것	□산림조합중앙회 □ (　　　　　) □ (　　　　　) □ (　　　　　) ※ 중앙회에 조회신청을 하면 전국 모든 산림조합에 대하여 조회됩니다. ※ 개별 산림조합중앙회에 대한 조회를 원하는 경우에는 그 명칭을 별도로 기재하여야 합니다. ※ (　)속에 조회대상기관 명부에 기재된 순번을 기재합니다.		20,000원 기관별 5,000원	
12	새마을금 고법에 의한 새마을금 고중앙회	금융자산 중 계좌별로 시가 합계액이 50만 원 이상인 것	□새마을금고중앙회 □ (　　　　　) □ (　　　　　) □ (　　　　　) ※ 중앙회에 조회신청을 하면 전국 모든 새마을금고에 대하여 조회됩니다. ※ 개별 새마을금고에 대한 조회를 원하는 경우에는 그 명칭을 별도로 기재하여야 합니다. ※ (　)속에 조회대상기관 명부에 기재된 순번을 기재합니다.		20,000원 기관별 5,000원	

순번	기관분류	재산종류	조회대상 재산 / 조회대상기관의 구분	갯수	기관별/재산별 조회비용	예납액
13	보험업법에 의한 보험사업자	해약환급금이 50만 원 이상인 것	□악사손해보험(주)(구,교보악사손해보험(주)) □흥국쌍용화재해상보험(주)　□한화손해보험(주) □그린손해(구, 그린화재해상)보험 주식회사 (MG손해보험으로 계약 이전 되었습니다.) □MG손해보험주식회사　□미래에셋생명보험주식회사 □롯데손해보험(주)　□퍼스트어메리칸 권원보험(주) □동부화재해상보험(주)　□현대해상화재보험(주) □메리츠화재해상보험(주)　□FEDERAL □삼성화재해상보험(주)　□LIG손해보험 □서울보증보험(주)　□삼성생명보험주식회사 □교보생명보험주식회사　□신한생명보험주식회사 **KDB생명보험주식회사**　□알리안츠생명보험주식회사 (구 금호생명보험주식회사)　□뉴욕생명보험주식회사 □푸르덴셜생명보험주식회사　□하나생명보험주식회사 □한화(구, 대한)생명보험주식회사 □흥국생명보험주식회사　□동부생명보험주식회사 □AIA생명보험주식회사　□동양생명보험주식회사 □ING생명보험주식회사　□라이나생명보험주식회사 □PCA생명보험주식회사 □우리아비바생명보험주식회사(구,LIG생명보험주식회사) □메트라이프생명보험주식회사 □AIG손해보험 □농협생명보험　□농협손해보험 □에이스아메리칸재해상보험(주)(구,ACE AMERICAN) □현대라이프(구, 녹십자)생명보험주식회사		기관별 5,000원	
			□더케이손해보험(구. 교원나라자동차보험) □에르고다음다이렉트손해보험 □동경해상일동화재보험 □미쓰이스미모토해상화재보험 □KB생명보험 □카디프생명보험(구,SH&C 생명보험)		기관별 5,000원	
14	미래창조과학부	금융자산 중 계좌별로 시가 합계액이 50만 원 이상인 것	□미래창조과학부		5,000원	
			송달필요기관수		합계	

※ 「송달필요기관수」란에는 음영으로 기재된 란에 표시된 조회대상기관 수의 합계를 기재함
※ 크레디트스위스은행, KIDB채권중개, SG : 법인에 대해서만 조회 가능 ※ 국토해양부 : 개인에 대해서만 조회 가능

4. 사실조회신청

> **민사소송법 제294조(조사의 촉탁)**
> 법원은 공공기관·학교, 그 밖의 단체·개인 또는 외국의 공공기관에게 그 업무에 속하는 사항에 관하여 필요한 조사 또는 보관중인 문서의 등본·사본의 송부를 촉탁할 수 있다.

가. 서설

1) 의 의

사실조회란 공공기관, 학교, 그 밖의 단체, 개인, 또는 외국의 공공기관에게 그 업무에 속하는 특정사항에 관한 조사 또는 보관중인 문서의 등본, 사본의 송부를 촉탁함으로써 증거를 수집하는 절차를 말한다(민소 제294조). 실질은 증인신문 등과 마찬가지의 독립한 증거방법이다. 충분한 물적·인적 설비나 자료를 가지고 있는 국가 또는 공공단체의 기관이나 회사 등 공사의 단체에 소송상 다툼이 된 사실의 진부를 판단하는데 필요한 자료에 대한 조사나 보고를 촉탁하여 결과를 회신케 하는 것이 훨씬 능률적이므로 실무에서는 당사자의 신청 또는 직권에 의한 증거결정에 의하여 활발하게 이용되고 있다.

2) 사실조회의 대상

가) 2002년 개정법은 전문적이고 특수한 분야에 관한 지식이나 정보를 갖고 있는 개인에게도 사실조회를 할 수 있도록 확대하였는데 직무와 관련된 것으로 간단히 확인해 줄 수 있는 사항을 굳이 증인이나 감정인으로 불러 신문할 필요가 없기 때문이다. 또 개정법은 사실조회의 한 방법으로 '대상자가 보관중인 문서의 등본, 사본의 송부를 촉탁할 수 있다'라고 하여 조사를 하면서 그 근거문서나 참고서류를 같이 보내게 할 수 있도록 하였다.

나) 사실조회는 촉탁의 상대방이 용이하게 조사할 수 있는 사실에 대하여 조회하고 조사할 내용이 촉탁의 상대방의 특별한 지식과 경험을 필요로 하는 것이거나 촉탁의 상대방의 전문적인 의견을 구하는 것일 때에는 감정촉탁의 방법으로 함이 상당하다.

나. 사실조회절차

1) 신 청

사실조회도 당사자의 신청 또는 직권으로 할 수 있다. 사실조회촉탁 신청서의 내용에는 ① 조회할 기관(촉탁처), ② 조회할 사항(촉탁사항), ③ 사실조회의 목적(촉탁의 목적)을 기재하여야 한다. 사실조회는 촉탁의 상대방이 용이하게 조사할 수 있는 사실에 대하여 조회하고 조사할 내용이 촉탁의 상대방의 특별한 지식과 경험을 필요로 하는 것이거나 촉탁의 상대방의 전문적인 의견을 구하는 것일 때에는 감정촉탁의 방법으로 한다.

2) 결 정

사실조회를 하기로 하는 증거결정을 한 때에는 재판장 명의로 사실조회서를 작성하여 발송한다. 즉 법원은 사실조회를 하기로 하는 증거결정을 한 때에는 재판장 명의로 사실조회서를 작성하여 촉탁처에 발송한다.

3) 비용지급

법원은 신청인 또는 조사로 인하여 이익을 받을 당사자에게 조사에 소요되는 비용의 예납을 명할 수 있고, 그 이익을 받을 당사자가 불명한 때에는 원고에게 그 예납을 명할 수 있다.

다. 사실조회의 결과

회신이 도착 된 경우에는 담당 재판부에 기록 열람(복사)신청을 하여 이를 복사 한 다음 이것이 자신에게 유리한 것이라면 변론기일에서 이익으로써 원용하겠다고 진술하면 되고 따로 서증으로 제출할 필요는 없다. 왜냐하면 촉탁의 결과를 증거로 하기 위하여 당사자의 원용은 필요 없고 법원이 이를 변론에 현출하여 당사자에게 의견진술의 기회를 주면 족하기 때문이다(대판 1982. 8. 24. 81누270). 유리한 당사자는 이를 원용하면 족하고 서증으로 제출할 필요는 없으나 조사회보서에 첨부서류로 보내온 문서에 대하여는 서증으로 제출할 필요가 있는 경우도 있다. 조사회보서의 내용이 불분명한 경우에는 다시 조사촉탁을 할 수도 있고 관련자로 하여금 직접 법원에 나와서 설명하게 할 수도 있다.
여기서의 문서의 등본, 사본의 송부촉탁은 조사촉탁의 한 방법으로 이용되는 것이므로 서증의 한 방법으로서의 문서송부의 촉탁과 다르다. 따라서 조사, 송부촉탁결과를 서증으로 제출할 필요가 없다.

라. 서식
1) 신청취지 사례

OOO 사실조회를 신청합니다.

2) 서식례

[서식] 사실조회촉탁신청서 - 은행

사실조회촉탁신청서

사　　건　2013느합 1234호 상속재산분할

원　　고　박 ○ ○

피　　고　김 ○ ○

　　위 사건에 관하여 원고들은 다음과 같이 사실조회촉탁을 신청합니다.

다　　음

1. 조회할 기관
   　우리은행

2. 조회할 사항
   　상속인 박00의 2015부터 2016년 사이의 거래내역

3. 사실조회의 목적

　　　　　　　　　　　　20○○.　　○.　　.

　　　　　　　　　　　　　　　　위 피고 박 ○ ○　(인)

　○○지방법원　○○지원　귀중

■ 작성 · 접수방법
1. 신청서는 1부를 법원에 제출한다. 2. 인지 등 별도의 비용을 첨부하지 않는다. 4. 5. 6.

사실조회신청서

사 건　2007드합0000　　이혼 등

원 고　박 00

피 고　이 00

　위 사건에 관하여 **원고** 소송대리인은 주장사실을 입증하기 위하여 다음과 같이 사실조회를 신청합니다. [**이동전화회사의 경우 현재로부터 소급하여 일정기간만 통화내역을 보관하기 때문에 조속한 조회를 요청드립니다**]

다　음

[1] 사실조회할 곳

1. 주식회사 엘지유플러스

　서울 강남구 논현동 267-14번지 (우편번호:135-010, 전화:3416-8270)

2. SK텔레콤 주식회사

　서울 중구 남대문로5가 267번지 SK남산빌딩 5층

　(우편번호:100-711, 전화:3709-0088)

3. KTF

　서울 송파구 신천동 7-18번지 롯데캐슬플라자 오피스타워 3~7층

　　　　　(우편번호: 138-727)

4. KT

　경기도 성남시 분당구 정자동 206번지 (우편번호: 463-711)

5. 관할 세무서

　서울　　　　　　　(우편번호:100-　　　　, 전화:3455-　　　　)

[2] 사실조회할 내용

별첨합니다.

　　　　　　　　　　　　　　　　　2007.　8.　　.

　　　　　　　　　　　　　　　　　원고의 소송대리인

법무법인　00
담당변호사　00

서울가정법원 가사4부 귀중

[별지]

LG유플러스에 대한 사실조회 내용

1. 이00(720918-0000000)가 가입자로 개설한 핸드폰들의 번호는 무엇이고, 사용요금은 누구의 무슨 은행, 어느 계좌번호에서 인출되는지(과거에 가입하였다가 해지한 번호 포함)
2. 주00(670710-0000000)가 가입자로 개설한 핸드폰들의 번호는 무엇이고, 사용요금은 누구의 무슨 은행, 어느 계좌번호에서 인출되는지(과거에 가입하였다가 해지한 번호 포함)
3. 017-722-0000000번의 가입자는 누구이고, 사용요금은 누구의 무슨 은행, 어느 계좌번호에서 인출되는지
4. 위1, 2, 3번의 모든 핸드폰 번호의 2004.1.1.부터 2007. 8.　31.까지의 통화내역, 폰메일내역, SMS 및 문자 송수신 내역의 전체 자료(상대방 번호, 통화시간, <u>발신지 위치 및 기지국</u> 등이 표시되어야 함)
5. 위 1, 2, 3번의 모든 핸드폰 번호의 SMS 및 문자메시지의 모든 <u>내용</u>

SK텔레콤에 대한 사실조회 내용

1. 이00(720918-0000000)가 가입자로 개설한 핸드폰들의 번호는 무엇이고, 사용요금은 누구의 무슨 은행, 어느 계좌번호에서 인출되는지(과거에 가입하였다가 해지한 번호 포함)
2. 주00(670710-0000000)가 가입자로 개설한 핸드폰들의 번호는 무엇이고, 사용요금은 누구의 무슨 은행, 어느 계좌번호에서 인출되는지(과커에 가입하였다가 해지한 번호 포함)
3. 017-722-0000000번의 가입자는 누구이고, 사용요금은 누구의 무슨 은행, 어느 계좌번호에서 인출되는지

4. 위1, 2, 3번의 모든 핸드폰 번호의 2004.1.1.부터 2007. 8. 31.까지의 통화내역, 폰메일내역, SMS 및 문자 송수신 내역의 전체 자료(상대방 번호, 통화시간, <u>발신지 위치 및 기지국</u> 등이 표시되어야 함)

5. 위 1, 2, 3번의 모든 핸드폰 번호의 SMS 및 문자메시지의 모든 <u>내용</u>

KTF 대한 사실조회 내용

1. 이00(720918-0000000)가 가입자로 개설한 핸드폰들의 번호는 무엇이고, 사용요금은 누구의 무슨 은행, 어느 계좌번호에서 인출되는지(과거에 가입하였다가 해지한 번호 포함)

2. 주00(670710-0000000)가 가입자로 개설한 핸드폰들의 번호는 무엇이고, 사용요금은 누구의 무슨 은행, 어느 계좌번호에서 인출되는지(과거에 가입하였다가 해지한 번호 포함)

3. 017-722-0000000번의 가입자는 누구이고, 사용요금은 누구의 무슨 은행, 어느 계좌번호에서 인출되는지

4. 위1, 2, 3번의 모든 핸드폰 번호의 2004.1.1.부터 2007. 8. 31.까지의 통화내역, 폰메일내역, SMS 및 문자 송수신 내역의 전체 자료(상대방 번호, 통화시간, <u>발신지 위치 및 기지국</u> 등이 표시되어야 함)

5. 위 1, 2, 3번의 모든 핸드폰 번호의 SMS 및 문자메시지의 모든 <u>내용</u>

사실조회신청서

사　　건　　　　　2015드합00　이혼 등

원　　고　　　　　조00

피　　고　　　　　이00

　위 사건에 관하여 원고의 소송대리인은 주장사실을 입증하기 위하여 다음과 같이 사실조회를 신청합니다.

다　　음

1. 사실조회의 목적

　피고 이00은 피고 이00과 부정행위를 저지르면서 본인 명의의 카드를 사용한 것으로 보입니다. 이에 원고는 카드사용에 대한 사실조회를 통하여 피고 이00 이 혼인파탄에 원인을 제공하였음을 밝히고 나아가 재산분할액 산정에 참작하기 위하여 아래와 같은 사실조회를 신청합니다.

2. 사실조회기관의 명칭 및 주소

　가. 농협카드
　　　서울 중구 통일로 120 (충정로 1가)
　　　(우편번호: 04517, 전화번호: 02-1644-4000)

　나. 삼성카드 주식회사
　　　서울 중구 세종대로 67
　　　(우편번호: 04514, 전화번호: 02-1588-8700)

　다. 주식회사 KB국민카드

서울 종로구 새문안로3길 30 대우빌딩 1, 2층

(우편번호: 03173, 전화번호: 02-1588-1688)

라. 씨티카드

서울 중구 청계천로 24

(우편번호: 04521, 전화번호: 02-3455-2114)

3. 사실조회사항

별지 기재와 같습니다.

2015.   10.   .

원고의 소송대리인

법무법인 00

담당변호사   00

수원지방법원   귀중

[별지]

농협카드에 대한 사실조회사항

이00이 2013. 1. 1.부터 현재까지 사용한 카드사용내역 및 사용
금액, 카드대출유무 및 그 금액, 상환내역 등 일체. 끝.

삼성카드 주식회사에 대한 사실조회사항

이00이 2013. 1. 1.부터 현재까지 사용한 카드사용내역 및 사용
금액, 카드대출유무 및 그 금액, 상환내역 등 일체. 끝.

주식회사 KB국민카드에 대한 사실조회사항

이00이 2013. 1. 1.부터 현재까지 사용한 카드사용내역 및 사용

금액, 카드대출유무 및 그 금액, 상환내역 등 일체. 끝.

씨티카드에 대한 사실조회사항

이00이 2013. 1. 1.부터 현재까지 사용한 카드사용내역 및 사용

금액, 카드대출유무 및 그 금액, 상환내역 등 일체. 끝.

[서식] 사실조회신청서 – 퇴직금

사실조회신청

사 건   2015드합00 이혼 등
원 고   이00
피 고   김00

위 사건에 관하여 원고의 소송대리인은 주장사실을 입증하기 위하여 다음과 같이 사실조회를 신청합니다.

다   음

사실조회할 곳

00 주식회사
(우편번호 00) 서울 서초구 00

2. 사실조회 대상자 및 내용

가. 사실조회대상자

성   명: 김00
주민등록번호: 000000-0000000
주   소: 서울 관악구 00

나. 사실조회할 내용

1) 피고 김00의 입사 및 퇴사 시기,
2) 퇴사 당시 피고 김00에게 지급된 퇴직금 지급내역 일체 및 현재 지급되는 연금 내역
   일체.

3. 사실조회 목적

원고와 피고는 법률상 부부이나, 현재 이혼 소송 계속 중(2015드합00 이혼 등 사건)입니다.
원고는 00 주식회사에서 피고에게 지급한 퇴직금 및 연금 내역에 대하여 전혀 알지 못하므로
이를 확인하여 재산분할 대상에 포함시키고자 하나, 피고는 현재 가출하여 피고에게 직접
이를 확인하는 것이 불가능하므로 귀원에 대한 사실조회를 통하여 정확한 재산분할 대상을
특정하려고 합니다.

2016. 0.   .

원고의 소송대리인

법무법인 00

담당변호사　00

서울가정법원　귀중

[서식] 사실조회신청서 – 병원

사실조회신청

사　건　　　2015드단00　이혼 등
원　고　　　이00
피　고　　　김00

　위 사건에 관하여 피고소송대리인은 주장사실을 입증코자 다음과 같이 사실조회를 신청합
니다.

다　음

1. 사실조회할 곳

우편번호 00
서울 마포구 공덕동 00
00비뇨기과　(전화번호 000)

2. 사실조회할 대상자 및 내용

가. 사실조회할 대상자
　성명: 이00
　주민등록번호: 000000-0000000

나. 사실조회할 내용
　: 혼인기간 동안 위 사실조회 대상자는 귀 병원에서 조루증 및 비뇨기과적 치료를
받아 왔는 바, 치료기간 및 치료병명 등 의무기록 일체.

다. 사실조회기간
　: 2012. 2.1.부터 2015. 3. 1.까지

3. 사실조회하는 목적

원고는 조루증과 정자활동량이 적었으나, 이를 피고에게 숨기고 부부관계를 기피하였으므
로 이를 입증하여 혼인파탄원인이 원고에게 있음을 입증하기 위함입니다.

　　　　　　　　　　2015.　4.
　　　　　　　　　　피고의 소송대리인
　　　　　　　　　　법무법인 00
　　　　　　　　　　　　담당변호사 00

서울가정법원　귀중

[별지]

사실조회할 대상자 및 내용

가. 사실조회할 대상자
　　성명: 이OO
　　주민등록번호: 000000-0000000

나. 사실조회할 내용
　　: 혼인기간 동안 위 사실조회 대상자는 귀 병원에서 조루증 및 비뇨기과적 치료를
받아 왔는 바, 치료기간 및 치료병명 등 의무기록 일체.

다. 사실조회기간
　　: 2012. 2.1.부터 2015. 3. 1.까지

[서식] 사실조회신청서 - 근무 중인 회사

사실조회신청

사　　　건　　2015드단OO 이혼 및 위자료 등
원　　　고　　강OO
피　　　고　　임OO

　위 사건에 관하여 피고 소송대리인은 주장사실을 입증코자 다음과 같이 사실조회를 신청합
니다.

다　　음

1. 사실조회할 곳

　　경기 용인시 처인구 OO
　　OO회사

---

2. 사실조회대상자 및 내용

　가.　조회대상자:　강00
　나.　사실조회할 내용
　　귀사에 근무 중인 위 조회대상자의 직위 및 근로소득원천징수영수증

3. 사실조회할 목적

원고는 혼인기간 중 피고에게 자신의 수입을 전혀 밝히지 않고 은닉하였는바, 피고는 이를 밝혀 수원지방법원 여주지원에 계류중인 이혼 소송에서 재산분할 및 양육비 산정에 반영하여 피고의 주장사실을 입증코자 합니다.

2015.　　4.
위 피고 소송대리인
법무법인 00
담당변호사 00

수원지방법원　　　귀중

[서식] 사실조회신청서 - 자동차등록원부

사실조회신청

사　　건　　　　　2014너00　이혼 등
　　　　　　　　　　2014너00(병합)　이혼 및 위자료 등
원　　고(병합피고)　　　　오00
피　　고(병합원고)　　　　손00

위 사건에 관하여 피고 소송대리인은 주장사실을 입증코자 다음과 같이 사실조회를 신청합니다.

다　　음

1. 사실조회할 곳

　(우편번호 00)

서울 송파구 00
송파구청
전화 (02)2147-2000

2. 사실조회대상자 및 내용

가. 조회대상자: 오00
나. 사실조회할 내용
　　위 사실조회대상자 명의의 자동차등록원부

3. 사실조회할 목적

위 사실조회대상자인 원고의 자동차에 대하여 피고는 전혀 알지 못하므로 자동차등록원부를 보고 파악하여 서울가정법원에서 계류중인 이혼 및 위자료 등 청구사건에서 정확한 재산분할을 청구하고자 합니다.

2015.　　1.
위 피고소송대리인
법무법인 00
담당변호사 00

서울가정법원　　　귀중

[서식] 사실조회신청서 - 국토교통부

사실조회신청

사 　 건	2014너00 이혼 등
	2014너00(병합) 이혼 및 위자료 등
원 　 고(병합피고)	오00
피 　 고(병합원고)	손00

위 사건에 관하여 피고 소송대리인은 주장사실을 입증코자 다음과 같이 사실조회를 신청합니다.

다 음

1. 사실조회할 곳

가. 토지
국토교통부 국가공간정보센터
세종특별자치시 도움 6로 11 (어진동)
[우편번호 : 30103, 전화번호 : 1599-0001]

나. 건물
국토교통부 녹색건축과
세종특별자치시 도움 6로 11 (어진동)
[우편번호 : 30103, 전화번호 : 1599-0001]

2. 사실조회대상자 및 내용

가. 조회대상자: 오OO
나. 사실조회할 내용
위 사실조회대상자 명의의 서울시 및 기타 지방 부동산 목록 일체

3. 사실조회할 목적

위 사실조회대상자인 원고의 부동산에 대하여 피고는 전혀 알지 못하므로 서울시 및 기타 지방 부동산을 파악하여 서울가정법원에서 계류중인 이혼 및 위자료 등 청구사건에서 정확한 재산분할을 청구하고자 합니다.

2016.   0.
위 피고 소송대리인
법무법인 OO
담당변호사 OO

서울가정법원   귀중

사실조회신청

사　　건　　2014 드합00 이혼 등
원　　고　　김00
피　　고　　신00

위 사건에 관하여 원고 소송대리인은 주장사실을 입증코자 다음과 같이 사실조회를 신청합니다.

다　　음

1. 사실조회할 장소

인천공항 출입국관리사무소 도심공항출장소
서울 강남구 삼성동 159
(우편번호 135-975, 전화 02-551-6922)

2. 사실조회할 사항

가. 사실조회할 대상자
성　　　　　명: 신00
주민등록번호: 0000000-0000000
나. 사실조회할 내용
위 사실조회대상자가 2005년부터 해외로 출입국한 날짜 및 기간, 회수 등 일체

3. 사실조회하는 목적

위 사실조회 대상자가 혼인기간 중 사업을 핑계로 해외로 골프를 치러 가는 등으로 여행이 많았음을 입증하여 가장으로서 아버지로서 의무에 불성실하였고, 많은 시간과 수익의 상당 부분을 자신만을 위하여 지출하였음을 입증하기 위함.

2015.　　　1.
원고 소송대리인
법무법인 00
담당변호사 00

서울가정법원　　귀중

[별지]

사실조회 할 내용

가. 사실조회할 대상자

    성   명: 신OO

    주민등록번호: 000000-0000000

나. 사실조회할 내용

    위 사실조회대상자가 2005년부터 해외로 출입국한 날짜 및 기간, 회수 등 일체

[서식] 사실조회신청서 - 군인공제회

사실조회신청

사   건   2014드합OO 이혼 등

원   고   고OO

피   고   문OO

    위 사건에 관하여 원고 소송대리인은 주장사실을 입증코자 다음과 같이 사실조회를 신청합니다.

다 음

1. 사실조회할 장소

    군인공제회

    서울 강남구 남부순환로 2806

    (우편번호:135-700, 전화번호 1599-9090)

2. 사실조회할 대상자 및 내용

가. 사실조회할 대상자

    성   명: 고OO

    주민등록번호: 000000-0000000

나. 사실조회할 내용

위 조회대상자는 육군사관학교를 졸업한 후 군생활로 퇴직하였는바, 입사 및 퇴직시기. 또한 <u>퇴직당시 지급된 퇴직금 지급내역 일체 및 현재 지급되는 연금 내역 일체</u>.

3. 사실조회 목적

피고는 피고 명의의 재산이 자신의 친정아버지 도움으로 형성되었다고 주장하면서 원고의 퇴직금을 낮추어 주장하고 있는바, 이에 원고의 재산형성기여도를 주장하기 위함.

2014.   12.
위 원고소송대리인
법무법인 00
담당변호사 00

서울가정법원   귀 중

[별지]

사실조회할 대상자 및 내용

가. 사실조회할 대상자
성   명: 고00
주민등록번호: 000000-0000000

나. 사실조회할 내용
위 조회대상자는 육군사관학교를 졸업한 후 군생활로 퇴직하였는바, 입사 및 퇴직시기. 또한 <u>퇴직당시 지급된 퇴직금 지급내역 일체 및 현재 지급되는 연금 내역 일체</u>.

사실조회신청서

사   건   2013르00(본소)   이혼 및 위자료
                        2013르00(반소)   이혼 및 위자료 등
원고(반소피고, 피항소인 및 부대항소인)   이00
피고(반소원고, 항소인 및 부대피항소인)   박00

위 사건에 관하여 원고(반소피고, 피항소인 및 부대항소인, 이하 '원고'라 합니다)의 소송대리인은 주장사실을 입증하기 위하여 다음과 같이 사실조회를 신청합니다.

다 음

1. 사실조회 할 곳

동작세무서
주 소 :   서울특별시 영등포구 대방천로 259 동작세무서
                  (우편번호 150-842)
연락처 :   02-840-9200

2. 사실조회 할 사항

별첨과 같습니다.

3. 입증취지

피고(반소원고, 항소인 및 부대피항소인, 이하 '피고'라 합니다)는 이 사건 재판과정에서 동작세무서를 상대로 두차례에 걸쳐 ① 2014. 1. 23. 사실조회신청과 ② 2014. 6. 18. 과세정보제출명령신청을 하였고, 동작세무서는 ① 2014. 2. 14.자 사실조회회신(갑 제19호증의 2)과 ② 2014. 8. 7.자 사설조회 회신(을 제46호증)을 하였습니다.

그런데, 동작세무서에서 보낸 위 두 사실조회 회신의 내용에 차이가 있고, 피고는 이를 근거로 하여 원고가 의도적으로 재산을 은닉하였다고 비난하며 00치과의원과 관련한 자료의 제출을 요구하고 있습니다.

동작세무서에 대한 사실조회를 통하여 ① 위 두 사실조회 회신의 내용에 차이가 발생한 점에 관하여 확인하고, ② 피고가 2014. 8. 18.자 준비서면 각주 1)에서 주장한 내용이 허위에 기초한 주장이라는 것을 입증함으로써, 원고가 재산을 은닉한 사실이 없다는 것을

입증하려고 합니다.

첨 부 서 류

1. 피고의 2014. 1. 23.자 사실조회신청서   1부
1. 피고의 2014. 6. 18.자 과세정보제출명령신청   1부
1. 2014. 2. 14.자 동작세무서 사실조회 회신   1부
1. 2014. 8. 7.자 동작세무서 사실조회 회신   1부

2014. 9. .
원고의 소송대리인
법무법인 OO
담당변호사 OO

서울가정법원 제1부(항소) 귀중

[별지]

동작세무서에 대한 사실조회 내용

1. 피고는 이 사건 재판과정에서 동작세무서를 상대로 두차례에 걸쳐 ① 2014. 1. 23. 사실조회신청과 ② 2014. 6. 18. 과세정보제출명령신청을 하였고, 동작세무서는 ① 2014. 2. 14.자 사실조회회신과 ② 2014. 8. 7.자 사실조회 회신을 하였습니다.

그런데, 2014. 2. 14.자 사실조회회신에는 '2011년의 사업소득'과 '2012년의 사업소득'의 소득금액과 납부세액이 모두 '0원'으로 기재되어 있으나, 2014. 8. 7.자 사실조회 회신에는 이와 달리 '2011년의 사업소득 -000,000,000원, 납부세액 0원', '2012년 사업소득 100,000,000원, 납부세액 3,921,460원'이 기재되어 있습니다.

이와 관련하여,
가. 위 두 사실조회 사이에 위와 같은 차이가 발생한 것이 원고 이용재가 사업소득을 신고기한까지 전부 신고하지 않았기 때문인지,
나. 만약 원고 이OO가 사업소득을 신고기한까지 제대로 신고하였다면, 위와 같은 차이가 발생한 이유는 무엇인지,
에 관하여 답변하여 주시고, 이에 관하여 일체의 자료를 제출하여 주시기 바랍니다.

2. 현재 피고는 원고가 동작세무서에 세금관련 신고를 하면서 제대로 신고를 하지 않았다는 주장을 하면서, 세무서는 제출받은 자료에 관하여 별도의 검토를 하지 않으므로 이러한 사실이 확인이 되지 않았다는 주장을 하고 있습니다.

이와 관련하여,

가. 원고가 세금관련 자료들을 제출한 것에 대하여 동작세무서에서는 어떠한 절차를 거치는지,

나. 원고가 제출한 자료들에 대하여 어떠한 검토가 이루어지는지,

다. 원고가 제출한 자료들과 관련하여 불성실 제출이나 허위제출의 판단 기준은 무엇인지,

라. 원고가 제출한 자료들과 관련하여 불성실한 제출이나 허위 기재가 있었는지, 만약 불성실 제출이나 허위기재가 있었다면 이에 관하여 어떠한 조치를 취하였는지,

에 관하여 답변하여 주시고, 이에 관하여 일체의 자료를 제출하여 주시기 바랍니다. 끝.

[서식] 사실조회독촉신청서

사실조회독촉신청서

사   건   2015드단00   이혼 등
                 2015드단00   (반소)이혼 등
원   고   장00
피   고   김00

위 사건에 관한 귀원의 2015. 4. 1.자 사실조회에 대하여 엄마사랑 어린이집은 아직까지 귀원에 회신을 제출하지 않고 있습니다. 위 일자 별지 사실조회 사항은 재산분할 청구의 기초가 되는 원고의 급여 및 퇴직금 수령액으로 반소 재산분할청구 금액을 확정하는데 반드시 필요한 사항들이므로, 엄마사랑 어린이집에 대하여 회신 제출을 독촉하여 주시기 바랍니다.

2015. 8.   .
원고의 소송대리인
법무법인 00
담당변호사   00

수원지방법원   귀중

5. 증거보전신청

가. 의의

증거보전이란 소송계속 전 또는 소송계속 중에 특정의 증거를 미리 조사해 두었다가 본안소송에서 사실을 인정하는 데 사용하기 위한 증거조사방법이다, 이는 정상적인 증거조사를 할 때까지 기다려서는 그 증거를 본래의 사용가치대로 사용하는 것이 불가능하게 되거나 곤란하게 될 염려가 있는 증거를 미리 조사하여 그 결과를 보전하여 두려는 판결의 부수절차이다.

나. 요건

증거가 멸실되어 증거조사가 불가능하게 되어 가는 경우는 물론 시간의 경과에 따라 조사가 점점 더 어렵게 된다든지 현상변경 염려가 있는 등 미리 증거보전을 하지 아니하면 그 증거를 사용하기 곤란한 사유가 존재하여야 한다.

다. 신청

소제기 후 증거보전신청을 하는 경우에는 관할법원은 그 증거를 사용할 심급법원이 되며, 소제기 후에는 신문을 받고자 하는 증인 등 및 검증을 하고자 하는 목적물이 있는 곳을 관할하는 법원의 관할이다. 급박한 경우에는 소를 제기한 후 관할법원에 증거보전신청 또한 가능하다.

신청서에는 1,000원의 인지를 첩부하며, 소송구조를 받은 경우가 아니면 그 증거조사비용을 예납하여야 한다.

라. 결정

증거보전의 신청에 대하여 법원은 그 허부의 재판을 하여야 하며, 이 재판은 변론없이 결정으로 한다.

증거보전신청서

신 청 인   김 ○ ○
            서울 송○○ ○○로 ○○호

피신청인   전 ○ ○
            서울 강○○ ○○로 ○○호

증거소지인   ㈜ ○○개발
            서울 ○○○○구 ○○○로 ○○호

신청인은 피신청인과 신청외 조○○(이하 '조○○'이라 합니다) 사이의 부정한 행위를 원인으로 하는 손해배상청구소송을 제기하고자 준비 중에 있습니다. 이에 증거를 보전하기 위하여 민사소송법 제375조 및 제376조에 따라 검증목적물이 있는 곳을 관할하는 귀원에 다음과 같이 검증을 신청합니다.

신 청 취 지

1. 서울 ○○ ○○길 ○○-○○ CCTV 조정실 등에 임하여 2000. 11. 21.부터 검증일시까지 건물 입구, 로비, 엘리베이터, ○○호 복도 등이 녹화된 CCTV 영상녹화물을 검증하고 증거로 보전한다.
2. CCTV 영상녹화물 중 신청인이 지정하는 부분(소외 ○○○의 행동이 확인되는 부분)은 이를 복사하여 법원에 제출하라.
3. 증거보전 비용은 피신청인이 부담한다.

신 청 이 유

당사자 관계

신청인과 ○○○은 회사(○○생명) 직장동료였다가 2013. 8. 3. 혼인신고를 마친 법률상 부부사이고, 슬하에 자녀 1명이 있습니다. 피신청인은 ○○○과 회사 입사동기 사이이며, 현재 ○○생명에서 ○○○과 함께 근무하는 사람입니다(소갑 제1호증 혼인관계증명서, 서울서부지방법원 2018가단221860 판결문)

피신청인의 손해배상책임 인정 판결

피신청인은 2018. 5.경부터 000과 개인적으로 연락을 주고받으며 만남을 가지고, 2018. 6.경 무렵에는 함께 회사 근처의 모텔에 투숙하기도 한 사실이 밝혀져, 신청인과 000의 부부공동생활을 침해하거나 그 유지를 방해하는 한편 신청인의 배우자로서의 권리를 침해하는 불법행위에 해당한다며 1,500만 원의 손해배상책임이 인정되었습니다(서울서부지방법원 2000가단000 판결). 이 판결은 2000. 00. 00. 사실심(1심) 변론 종결 후 2000. 00. 00. 선고되고 양 당사가가 모두 항소하지 않음으로써 2000. 00. 00. 확정되었습니다.

부정한 행위 반복

피신청인은 위 소송이 진행중이던 2000. 00. 00.경 부터는 아예 000의 근무지 근처인 서울 구로구 공원로6길 16-22 소재 하나세인스톤 3차 오피스
텔로 거처를 옮기고 그 곳에서 부정한 행위를 지속하고 있습니다.

대법원 1980. 11. 25. 선고 80다1671 판결은 "적극적 손해의 배상을 청구한 전소송의 변론종결후에 새로 어떤 적극적 손해가 발생한 경우에 그 전소송의 변론종결당시 그 손해의 발생이 예견할 수 없었고 또 그 부분청구를 포기하였다고는 볼 수 없는등 특단의 사정이 있다면 비록 그 전소송에서 그에 관한 청구의 유보가 되어 있지 아니하였다 하더라도 그 부분에 대한 손해배상의 청구는 위 전소송의 소송물과 동일성이 없는 별개의 소송물로서 그 소의 이익이 없다고 할 수 없어 전소송의 기판력에 저촉되어 부적법한 것이라고는 할 수 없다"라고 판시하여, 전소송 이후 새로운 손해가 발생할 경우 그에 대한 손해배상청구를 부정하고 있지 않습니다.

이 사건에서도 피신청인과 000은 신청인과 000의 혼인관계가 파탄되지 않은 상황에서(신청인은 000이 제기한 이혼소송-에서 줄곧 이혼의 기각을 구하고 있습니다), 부정행위가 계속되고 있는바 신청인은 피신청인에 대하여 다시금 그 손해의 배상을 구하는 소송을 제기하려고 준비중입니다.

증명할 사실

피신청인이 거주하는 서울 00구 00길 00 00 오피스텔의 건물 입구, 로비, 엘리베이터, 7층 복도 등 장소에 각 설치된 CCTV로 녹화된 영상물을 검증하여 피신청인과 000의 부정행위를 확인하고자 합니다.

증거의 표시

증거보전하고자 하는 대상은 2000. 11. 21.경부터 검증기일 현재 피신청인과 000의 동행 사실이 현출되는 서울 00구 00길 00 소재 00 오피스텔 건물 입구, 로비, 엘리베이터, 7층 복도 등에 설치된 CCTC를 통해 녹화된 영상녹화물입니다.

증거보전 신청의 이유

증거소지인 운영의 오피스텔 여러 곳에 CCTV가 설치되어 있습니다만, CCTV는 그 보관기관이 따로 법령에 정해진 것이 아닌데다가 관리시설의 저장용량의 한계로 단기간(약 1~3개월 정도)만 영상녹화물을 보관하고 있는 실정입니다. 이 사건 오피스텔의 CCTV 영상녹화물 또한 그 보존기간이 매우 짧을 것으로 예상되는바, 본안소송이 진행될 때까지 기다릴 수 없는 급박성으로 인해 이 사건 증거보전신청에 이르게 되었습니다.

결론

신청인의 증거보전신청을 받아주시기 바랍니다.

소 명 방 법

1. 소갑 제1호증   혼인관계증명서(000)

첨 부 서 류

1. 위 소명방법   각 1부
2. 판결문(서울서부지방법원 2000가단000)
3. 나의사건검색(서울서부지방법원 2000가단0000)

2020. 2.
신청인 000 (인)

서울남부지방법원 귀중

■ 작성·접수방법

1. 증거보전신청서에는 ① 상대방의 표기, ② 증명할 사실, ③ 증거보전의 사유 등을 기재하여야 한다..
2. 신청서는 1부를 법원에 제출한다.
3. 인지는 1,000원을 첨부하며, 별도의 송달료는 납부하지 아니한다.

6. 금융거래정보, 과세정보 등 제출명령

민사소송법 제343조(서증신청의 방식) 당사자가 서증을 신청하고자 하는 때에는 문서를 제출하는 방식 또는 문서를 가진 사람에게 그것을 제출하도록 명할 것을 신청하는 방식으로 한다.

제344조(문서의 제출의무) ① 다음 각호의 경우에 문서를 가지고 있는 사람은 그 제출을 거부하지 못한다.
1. 당사자가 소송에서 인용한 문서를 가지고 있는 때
2. 신청자가 문서를 가지고 있는 사람에게 그것을 넘겨 달라고 하거나 보겠다고 요구할 수 있는 사법상의 권리를 가지고 있는 때
3. 문서가 신청자의 이익을 위하여 작성되었거나, 신청자와 문서를 가지고 있는 사람 사이의 법률관계에 관하여 작성된 것인 때. 다만, 다음 각목의 사유 가운데 어느 하나에 해당하는 경우에는 그러하지 아니 하다.
   가. 제304조 내지 제306조에 규정된 사항이 적혀있는 문서로서 같은 조문들에 규정된 동의를 받지 아 니한 문서
   나. 문서를 가진 사람 또는 그와 제314조 각호 가운데 어느 하나의 관계에 있는 사람에 관하여 같은 조에서 규정된 사항이 적혀 있는 문서
   다. 제315조제1항 각호에 규정된 사항중 어느 하나에 규정된 사항이 적혀 있고 비밀을 지킬 의무가 면제되지 아니한 문서
② 제1항의 경우 외에도 문서(공무원 또는 공무원이었던 사람이 그 직무와 관련하여 보관하거나 가지고 있는 문서를 제외한다)가 다음 각호의 어느 하나에도 해당하지 아니하는 경우에는 문서를 가지고 있는 사 람은 그 제출을 거부하지 못한다.
1. 제1항 제3호 나목 및 다목에 규정된 문서
2. 오로지 문서를 가진 사람이 이용하기 위한 문서

제345조(문서제출신청의 방식)
문서제출신청에는 다음 각호의 사항을 밝혀야 한다.
1. 문서의 표시
2. 문서의 취지
3. 문서를 가진 사람
4. 증명할 사실
5. 문서를 제출하여야 하는 의무의 원인

제346조(문서목록의 제출)
제345조의 신청을 위하여 필요하다고 인정하는 경우에는, 법원은 신청대상이 되는 문서의 취지나 그 문서 로 증명할 사실을 개괄적으로 표시한 당사자의 신청에 따라, 상대방 당사자에게 신청내용과 관련하여 가지 고 있는 문서 또는 신청내용과 관련하여 서증으로 제출할 문서에 관하여 그 표시와 취지 등을 적어 내도록 명할 수 있다.

제347조(제출신청의 허가여부에 대한 재판) ① 법원은 문서제출신청에 정당한 이유가 있다고 인정한 때에 는 결정으로 문서를 가진 사람에게 그 제출을 명할 수 있다.
② 문서제출의 신청이 문서의 일부에 대하여만 이유 있다고 인정한 때에는 그 부분만의 제출을 명하여야 한다.
③ 제3자에 대하여 문서의 제출을 명하는 경우에는 제3자 또는 그가 지정하는 자를 심문하여야 한다.
④ 법원은 문서가 제344조에 해당하는지를 판단하기 위하여 필요하다고 인정하는 때에는 문서를 가지고 있는 사람에게 그 문서를 제시하도록 명할 수 있다. 이 경우 법원은 그 문서를 다른 사람이 보도록 하여서 는 안된다.

제348조(불복신청)
문서제출의 신청에 관한 결정에 대하여는 즉시항고를 할 수 있다.

제349조(당사자가 문서를 제출하지 아니한 때의 효과)
당사자가 제347조제1항·제2항 및 제4항의 규정에 의한 명령에 따르지 아니한 때에는 법원은 문서의 기재에 대한 상대방의 주장을 진실한 것으로 인정할 수 있다.

제350조(당사자가 사용을 방해한 때의 효과)
당사자가 상대방의 사용을 방해할 목적으로 제출의무가 있는 문서를 훼손하여 버리거나 이를 사용할 수 없게 한 때에는, 법원은 그 문서의 기재에 대한 상대방의 주장을 진실한 것으로 인정할 수 있다.

제351조(제3자가 문서를 제출하지 아니한 때의 제재)
제3자가 제347조제1항·제2항 및 제4항의 규정에 의한 명령에 따르지 아니한 때에는 제318조의 규정을 준용한다.

제318조(증언거부에 대한 제재)
증언의 거부에 정당한 이유가 없다고 한 재판이 확정된 뒤에 증인이 증언을 거부한 때에는 제311조제1항, 제8항 및 제9항의 규정을 준용한다.

제311조(증인이 출석하지 아니한 경우의 과태료 등) ① 증인이 정당한 사유 없이 출석하지 아니한 때에 법원은 결정으로 증인에게 이로 말미암은 소송비용을 부담하도록 명하고 500만 원 이하의 과태료에 처한다.
⑧ 제1항과 제2항의 결정에 대하여는 즉시항고를 할 수 있다. 다만, 제447조의 규정은 적용하지 아니한다.
⑨ 제2항 내지 제8항의 규정에 따른 재판절차 및 그 집행 그 밖에 필요한 사항은 대법원규칙으로 정한다.

제352조(문서송부의 촉탁)
서증의 신청은 제343조의 규정에 불구하고 문서를 가지고 있는 사람에게 그 문서를 보내도록 촉탁할 것을 신청함으로써도 할 수 있다. 다만, 당사자가 법령에 의하여 문서의 정본 또는 등본을 청구할 수 있는 경우에는 그러하지 아니하다.

제352조의2(협력의무)
① 제352조에 따라 법원으로부터 문서의 송부를 촉탁받은 사람 또는 제297조에 따른 증거조사의 대상인 문서를 가지고 있는 사람은 정당한 사유가 없는 한 이에 협력하여야 한다.
② 문서의 송부를 촉탁받은 사람이 그 문서를 보관하고 있지 아니하거나 그 밖에 송부촉탁에 따를 수 없는 사정이 있는 때에는 법원에 그 사유를 통지하여야 한다.

제353조(제출문서의 보관)
법원은 필요하다고 인정하는 때에는 제출되거나 보내 온 문서를 맡아 둘 수 있다.

제354조(수명법관·수탁판사에 의한 조사)
① 법원은 제297조의 규정에 따라 수명법관 또는 수탁판사에게 문서에 대한 증거조사를 하게 하는 경우에 그 조서에 적을 사항을 정할 수 있다.
② 제1항의 조서에는 문서의 등본 또는 초본을 붙여야 한다.

제355조(문서제출의 방법 등)
① 법원에 문서를 제출하거나 보낼 때에는 원본, 정본 또는 인증이 있는

등본으로 하여야 한다.
② 법원은 필요하다고 인정하는 때에는 원본을 제출하도록 명하거나 이를 보내도록 촉탁할 수 있다.
③ 법원은 당사자로 하여금 그 인용한 문서의 등본 또는 초본을 제출하게 할 수 있다.
④ 문서가 증거로 채택되지 아니한 때에는 법원은 당사자의 의견을 들어 제출된 문서의 원본·정본·등본
·초본 등을 돌려주거나 폐기할 수 있다.

가. 의 의

제출명령신청은 상대방 또는 제3자가 가지고 있는 제출의무 있는 문서에 대하여 그 문서의 제출명령을 구하는 신청이다(민소 제343조). 이는 어느 문서를 서증으로 제출하고자 하나 이를 상대방 또는 제3자가 소지하고 있기 때문에 직접 제출할 수 없는 당사자가 그에 대한 문서제출명령을 구하는 신청을 함으로써 서증의 신청을 할 수 있게 하고, 문서제출의무자의 범위를 일반적으로 넓게 규정하여 본인의 입증을 위하여 필요하다면 문서제출명령신청을 적극적으로 활용할 수 있게 한 것이다.

나. 신청

1) 문서제출명령신청은 문서의 표시와 취지, 가진 사람, 증명할 사실, 문서를 제출하여야 하는 의무의 원인을 밝혀 서면으로 하여야 한다(민소 제345조, 규칙 제110조). 상대방은 이에 관하여 의견이 있는 때에는 이를 적은 서면을 법원에 제출할 수 있다(규칙 제110조 제2항). 문서제출명령 신청서에는 문서의 표시, 문서의 취지, 문서의 소지자, 증명할 사실, 문서제출의무의 원인을 명시하여야 한다. 실무에서는 상대방 당사자가 문서제출의무자인 경우에 그 당사자로 하여금 임의제출을 하게 하고 이에 불응하는 경우 문서제출명령을 발한다.

2) 신청자가 문서의 표시와 증명할 사실을 특정하여 신청하기 어려울 때는 법원은 신청 대상이 되는 문서의 취지나 문서로 증명할 사실을 개괄적으로 표시한 당사자의 신청에 따라 상대방 당사자에게 신청내용과 관련하여 가지고 있는 문서 또는 신청내용과 관련하여 서증으로 제출할 문서에 관해 그 표시와 취지 등을 적어 내도록 명할 수 있다(문서정보공개제도). 이러한 문서목록의 제출신청은 실질적으로 문서제출신청의 일부로 볼 수 있으므로 서면으로 신청하여야 하고 상대방은 그 신청에 의견이 있는 때에는 이를 적은 서면으로 제출할 수 있다(규칙 110조 제3항).

다. 부제출 또는 사용방해의 효과

당사자가 문서제출명령을 받고도 불응한 경우 또는 상대방의 사용을 방해할 목적으로 제출의무 있는 문서를 훼손하여 버리거나 이를 사용할 수 없게 한 때에는 법원은 문서기재에 대한 상대방의 주장을 진실한 것으로 인정할 수 있다(법 349조). 다만 이는 진짜 문

서가 존재하였다는 존재 자체에 관한 진실을 의미하는 것이지 상대방이 입증하려는 사실 (요증사실)까지 진실이라는 것을 의미하지는 않지만 대개 재판장이 진실한 사실이었을 것이라고 믿는 심증을 갖게 되는 것은 어쩔 수 없는 것이므로 불응한 경우 사실적 불이익을 감수해야 한다. 그러나 제3자가 제출명령을 받고서도 불응한 경우에는 원고주장사실이 진실한 것으로 인정할 수 없으며 500만 원 이하의 과태료 제재가 따른다. 이에 대해 즉시항고 할 수 있다(민소 제351조).

라. 서식

1) 신청취지 사례

OO 문서제출명령을 신청합니다.

2) 서식례

[서식] 문서제출명령신청서

문서제출명령신청서

사   건   2016느 1234호 0000

원   고   박 ○ ○

피   고   이 ○ ○

   위 사건에 관하여 원고의 소송대리인은 다음과 같이 문서제출명령을 하여 줄 것을 신청합니다.

다   음

1. 문서의 표시 및 소지자

   피고가 소지하고 있는

   가. 원고와 피고 사이에 20○○. ○. ○. 체결한 증여계약서 1통

   나. 원고와 피고 사이에 20○○. ○. ○. 체결한 서울 ○○구 ○○동 123
       대지 ○○㎡에 관한 매도증서 1통

---

2. 문서의 취지

원고가 20○○. ○. ○. 상속인으로부터 사전증여를 받았는데 그 증여에 관대한 특약이 기재되어 있는 문서입니다.

3. 입증취지

이 사건 부동산은 원고의 주장과 같이 사전증여로 소유권 이전한 사실을 입증하고자 합니다.

20○○.　　○.　　　○.

위 원고　박 ○ ○　(인)

서울○○지방법원　귀중

■ 작성·접수방법

1. 신청서는 1부를 법원에 제출한다.
2. 인지 등 별도의 비용을 첨부하지 않는다.

[서식] 문서제출명령신청서 — 국민건강보험공단

문서제출명령신청

사　건　　2015너00(본소), 2015너00(반소) 손해배상(사실혼파기)
　　　　　2014드단00(본소), 2015드단00(반소)
원　고　　유00
피　고　　양00 외 1

　위 사건에 관하여 피고들의 소송대리인은 주장사실을 입증하기 위하여 다음과 같이 문서제출명령을 신청합니다.

다   음

1. 문서 또는 정보의 소지자

국민건강보험공단 도봉지사

주   소 : (01334) 서울 도봉구 도봉로 684(방학동 707-6)

2. 제출명령 신청의 대상자

성   명 : 유00

주민등록번호 : 000000-0000000

주   소 : 서울 도봉구 이하 주소 불명

3. 제출할 문서 또는 정보의 표시 및 취지

별지와 같습니다.

4. 증명할 사실

원고는 피고 양00와의 사실혼파탄 요인이 마치 피고 양00에게 있는 양 전가하면서 이로 인하여 자신의 원형탈모증 및 수포증상이 발생된양 주장하고 있는 바, 이에 피고 양00는 위 원고의 질병이 피고 양00와 사실혼관계가 파탄나기 훨씬 전부터 발생되었음을 입증하고자 합니다.

5. 문서제출명령의 법적 근거

민사소송법 제344조 제2항, 제347조

별지

【별지】

제출할 문서 또는 정보의 표시

귀 공단이 보유하고 있는 다음과 같은 요양급여 내역을 회신하여 주시기 바랍니다.

다 음

1. 제출할 문서

원고 유00(주민등록번호 : 000000-0000000)에 대한 요양급여 내역 중 아래 3.항의 기간 동안 아래 2.항의 진료과목(피부과, 의원)에 해당하는 <u>상병명, 급여개시일, 입내원일수, 요양기관명 및 요양기관 전화번호</u>

2. 진료과목

피부과 등

3. 기간

2010. 8. 1.부터 2015. 8. 1.까지

4. 문서제출 사유

이 사건에서 원고는 피고 양00의 외도로 인하여 그 충격으로 자신이 원형탈모증 및 수포증상이 발생하였다고 주장하고 있습니다.

그러나 사실은 원고가 피고 양00와 사실혼파탄이 나기 훨씬 전부터 위 증상으로 인하여 치료를 받았습니다.

이에 이 사건에서 피고 양00는 <u>원고가 사실혼파탄이 되기 훨씬 전부터 위 질병으로 치료를 받았음을 입증하기 위하여</u> 위 3.항의 기간 동안 원고가 위 2.항 기재 각 진료과목에 해당되는 위 질병 및 기타 성병으로 요양급여를 적용받은 내용을 확인하고자 합니다.

이와 같은 사정을 감안하여 귀 공단이 보유하고 있는 위와 같은 요양급여 내역을 제출하여 주시기 바랍니다. 끝.

문서제출명령신청서

사 건 번 호   2011드합00 이혼 및 위자료 등(본소)
　　　　　　　2011드합00 이혼 및 위자료 등(반소)
원고(반소피고)   진00
피고(반소원고)   남00

　위 사건에 관하여 피고의 소송대리인은 다음과 같이 문서제출명령을 신청합니다.
다　　음

1. 문서의 표시(이 사건의 쟁점, 과세정보의 필요성 등 포함)

별첨합니다.

2. 문서의 취지

　원고의 대한민국(관리청: 삼성세무서)에 대한 체납 또는 채무내역

3. 문서의 소지자

　삼성세무서(담당: 재산세과)
　서울 강남구 테헤란로 114번지(역삼동824)
　(우편번호: 135-753) (전화번호: 02-3011-7200)

4. 증명할 사실

　원고가 대한민국(관리청: 삼성세무서)에 대해 체납 또는 채무가 없다는 사실

　　　　　　　　　　　　2012. 2.   .
　　　　　　　　　　　　피고의 소송대리인
　　　　　　　　　　　　법무법인 00
　　　　　　　　　　　　담당변호사 00

서울가정법원　귀중

별지

별지

세무서에 제출을 명하는 내용

1. 이 사건의 쟁점

원고(진OO)와 피고(남OO)사이의 이혼 및 재산분할청구소송(서울가정법원2011드합OO)에서 원고(진OO)와 피고(남OO)의 재산분할대상재산 및 그 가액

2. 과세정보의 필요성

원고(진OO)는 서울가정법원 가사5부 재판부에 원고(진OO)가 현재 대한민국(관리청: 삼성세무서)에 대해 215,000,000원의 체납 또는 채무가 현존하고 있다고 주장하면서, 이에 대한 증거로 서울 서초구 서초동 1670-14 소재 건물 중 원고(진OO)지분에 대해 근저당권자를 대한민국(관리청: 삼성세무서)으로 한 근저당권설정등기가 경료된 부동산등기부등본을 제출하였습니다. 원·피고의 재산분할대상재산 및 그 가액을 확정하기 위하여 원고(진OO)의 대한민국(관리청: 삼성세무서)에 대한 현존 체납액 또는 채무액을 확인할 필요가 있습니다.

3. 제출이 필요한 문서의 표시

진OO와 관련하여,

(1) 서울 서초구 서초동 OO 건물의 부동산등기부 을구 순위번호 1번 접수일 2007년5월14일 접수번호 제30000호 근저당권자 대한민국(관리청 삼성세무서) 채무자 진OO 채권최고액 000,000,000원으로 한 근저당권설정등기 당시의 체납 또는 채무의 종류, 성격, 금액

(2) 진OO가 위 근저당권설정등기 당시의 체납 또는 채무를 변제한 내역(변제일 및 변제금액 포함)

(3) 진OO가 위 근저당권설정등기 당시의 체납 또는 채무를 변제한 후 대한민국(관리청: 삼성세무서)에 대한 현존 체납액 또는 채무액 끝.

문서제출명령신청에 대한 의견서

사   건   2013르00(본소)   이혼 및 위자료
                  2013르00(반소)   이혼 및 위자료 등
원고(반소피고, 피항소인 및 부대항소인)   이 00
피고(반소원고, 항소인 및 부대피항소인)   박 00

위 사건에 관하여 원고(반소피고, 피항소인 및 부대항소인, 이하 '원고'라 합니다)의 소송대리인은 피고(반소원고, 항소인 및 부대피항소인, 이하 '피고'라 합니다)의 문서제출명령 신청에 대하여 다음과 같이 의견을 밝힙니다.

다 음

1. 문서제출거부사유

가. 피고가 원고에게 제출을 요구하는 문서의 경우, 이 사건과의 관련성 여부에 관하여 아무런 입증도 없이, 오로지 피고의 단순 추측만을 근거로 하여 자료제출을 요구하고 있는 것입니다.

피고가 문서제출명령신청에서 주장하는 내용은 피고가 신청한 각 세무서에 대한 사실조회 회신을 근거로 하고 있음에도, 피고는 각 세무서에서 제출한 회신내용에도 존재하지 않는 내용을 주장하면서, '랑더블유 치과'와 관련한 모든 회계관련 자료들을 요구하고 있습니다.

나. 피고가 요구하는 문서는 브랜치 치과인 '00 치과'와 관련한 모든 영업비밀이 담겨있는 자료로서, 이 사건 이혼과는 전혀 관련이 없는 문서입니다(아래에서 말씀드리는 바와 같이, 00 치과와 관련한 원고의 소득을 파악하기 위하여는 원고가 랑더블유 치과로부터 지급받은 금원을 확인하는 것으로 족합니다).

2. 피고에 대한 입증촉구

가. 피고는 이 사건 진행과정에서 이 사건의 본질과 관련없는 내용을 주장하거나 각종 왜곡된 주장을 하였는데, 피고는 원고를 비방하고 괴롭히며, 나아가 원고의 유일한 생계수단인 치과진료행위 등을 방해하기 위한 목적으로 이러한 행위를 하고 있으며, 피고의 이번 문서제출명령신청도 동일한 목적으로 이루어진 것으로 보입니다.

나. 피고는 막연한 추측만으로 원고가 소득을 은닉하였다는 주장을 반복하고 있을 뿐, 이에 관하여 어떠한 객관적인 증거나 자료를 제출한 사실이 없습니다. 오히려, <u>피고는 자신이 신청한 각 세무서의 사실조회회신에 존재하지도 않는 내용을 주장하면서(원고의 2014. 9. 24.자 준비서면에서 자세히 말씀드린 바와 같이, 피고가 주장하는 필요경비에 대한 내용은 어느 사실조회에도 드러나 있지 않습니다)</u>, 무리하게 원고에게 랑더블유 치과와 관련한 모든 자료제출을 요구하고 있습니다.

다. <u>피고가 요청하는 자료들은 결국 각 세무서에 대한 회신내용을 통하여 그 내용을 확인할 수 있는 것</u>이고, 무엇보다 랑더블유 치과의 수입 가운데 일부만이 원고에게 배당금 형식으로 지급되는 상황에서, <u>원고의 소득을 파악하기 위하여는 원고가 랑더블유 치과로부터 지급받은 금원을 확인하면 될 것</u>이지, 무리하게 랑더블유 치과의 모든 회계관련 자료들을 검토할 필요가 없습니다.

라. 따라서, <u>피고는 문서제출명령신청과 관련하여 자신이 요구하는 자료에 관하여 이 사건과 어떠한 연관이 있는지에 관하여 우선 입증하여야 할 것입니다.</u>

2014. 10. .
원고의 소송대리인
법무법인 00
담당변호사 00

서울가정법원   귀중

[서식] 금융거래정보 제출명령신청서

금융거래정보 제출명령신청서

사   건   2015드합00 이혼 등
원   고   김00
피   고   이00

위 사건에 관하여 원고의 소송대리인은 주장사실을 입증하기 위하여 금융실명거래 및 비밀보장에 관한 법률 제4조 제1항 제1호에 의하여 다음과 같이 금융거래정보 제출명령을 신청합니다.

다 음

1. 대상기관의 명칭 및 주소

        주식회사 신한은행

        서울 중구 세종대로9길 20

        [우편번호 : 04513]

2. 입증취지

원고는 현재 피고의 금융자산현황에 대하여 자세히 알고 있지 못하는 바, 재산분할액 및 위자료 산정의 자료로 활용하기 위하여 피고의 재산을 명확히 파악하고자 본 건 금융거래정보 제출명령을 신청합니다.

3. 제출할 금융기관정보

별지 기재와 같습니다.

2016. 3. .

원고의 소송대리인

법무법인 00

담당변호사   00

의정부지방법원   귀중

[별지]

주식회사 신한은행에 대한 금융거래정보 제출명령 내용

<u>이00</u> 명의로 귀사에 개설된(해지된 것 포함) 모든 계좌(예금, 펀드, 보험 포함)의 <u>2012. 7. 14.</u>부터 현재까지의 입출금거래내역 일체(입금자, 송금상대방, 입출금 내역, 현재 잔고 액 등이 표시되어야 함) 또는 보험금융거래내역 일체(보험대출액, 보험납입금, 연금, 저축, 보험계약 해지시 예상환급금, 해약일 등이 표시되어야 함). 끝.

금융거래정보 제출명령신청서

사   건   2016드단00 이혼 등
원   고   최00
피   고   김00

위 사건에 관하여 원고의 소송대리인은 주장사실을 입증하기 위하여 금융실명거래 및 비밀보
장에 관한 법률 제4조 제1항 제1호에 의하여 다음과 같이 금융거래정보 제출명령을 신청합니
다.

다   음

1. 대상기관의 명칭 및 주소

가.   주식회사 국민은행
          서울 중구 남대문로 84(을지로2가)
          [우편번호 : 04534]

나.   주식회사 우리은행
          서울 중구 소공로 51(회현동 1가)
          [우편번호 : 04534]

다.   주식회사 하나은행
          서울 중구 을지로 66
          [우편번호 : 04538]

라.   주식회사 IBK기업은행
          서울 중구 을지로 79
          [우편번호 : 04541]

마.   주식회사 신한은행
          서울 중구 세종대로9길 20
          [우편번호 : 04513]

2. 입증취지

원고는 현재 피고의 금융자산현황에 대하여 자세히 알고 있지 못하는 바, 재산분할액 및 위자료 산정의 자료로 활용하기 위하여 피고의 재산을 명확히 파악하고자 본 건 금융거래정보 제출명령을 신청합니다.

3. 제출할 금융기관정보

별지 기재와 같습니다.

2016. 3. .
원고의 소송대리인
법무법인 00
담당변호사 00

서울가정법원 귀중

[별지]

주식회사 국민은행에 대한 금융거래정보 제출명령 내용

김00명의로 귀사에 개설된(해지된 것 포함) 모든 계좌(예금, 펀드, 보험 포함)의 2010. 2. 1.부터 현재까지의 입출금거래내역 일체(입금자, 송금상대방, 입출금 내역, 현재 잔고액 등이 표시되어야 함) 또는 보험금융거래내역 일체(보험대출액, 보험납입금, 연금, 저축, 보험계약 해지시 예상환급금, 해약일 등이 표시되어야 함). 끝.

주식회사 우리은행에 대한 금융거래정보 제출명령 내용

김소연(831109-2074714)명의로 귀사에 개설된(해지된 것 포함) 모든 계좌(예금, 펀드, 보험 포함)의 2010. 2. 1.부터 현재까지의 입출금거래내역 일체(입금자, 송금상대방, 입출금 내역, 현재 잔고액 등이 표시되어야 함) 또는 보험금융거래내역 일체(보험대출액, 보험납입금, 연금, 저축, 보험계약 해지시 예상환급금, 해약일 등이 표시되어야 함). 끝.

주식회사 하나은행에 대한 금융거래정보 제출명령 내용

김소연(831109-2074714)명의로 귀사에 개설된(해지된 것 포함) 모든 계좌(예금, 펀드, 보험 포함)의 2010. 2. 1.부터 현재까지의 입출금거래내역 일체(입금자, 송금상대방, 입출금 내역, 현재 잔고액 등이 표시되어야 함) 또는 보험금융거래내역 일체(보험대출액, 보험납입금, 연금, 저축, 보험계약 해지시 예상환급금, 해약일 등이 표시되어야 함). 끝.

주식회사 IBK기업은행에 대한 금융거래정보 제출명령 내용

김소연(831109-2074714)명의로 귀사에 개설된(해지된 것 포함) 모든 계좌(예금, 펀드, 보험 포함)의 2010. 2. 1.부터 현재까지의 입출금거래내역 일체(입금자, 송금상대방, 입출금 내역, 현재 잔고액 등이 표시되어야 함) 또는 보험금융거래내역 일체(보험대출액, 보험납입금, 연금, 저축, 보험계약 해지시 예상환급금, 해약일 등이 표시되어야 함). 끝.

주식회사 신한은행에 대한 금융거래정보 제출명령 내용

김소연(831109-2074714)명의로 귀사에 개설된(해지된 것 포함) 모든 계좌(예금, 펀드, 보험 포함)의 2010. 2. 1.부터 현재까지의 입출금거래내역 일체(입금자, 송금상대방, 입출금 내역, 현재 잔고액 등이 표시되어야 함) 또는 보험금융거래내역 일체(보험대출액, 보험납입금, 연금, 저축, 보험계약 해지시 예상환급금, 해약일 등이 표시되어야 함). 끝.

[서식] 금융거래정보 제출명령신청서

금융거래정보 제출명령신청

사　　　건　　　　2014드단00 이혼 등
원　　　고　　　　김00
피　　　고　　　　정00

위 사건에 관하여 원고는 주장사실(**재산분할의 전제로 피고의 금융자산현황**)을 입증하기 위하여, 다음과 같이 금융거래정보의 제출명령을 신청합니다.

원고는 피고의 금융자산현황에 대하여 전혀 알고 있지 않습니다. 결혼생활 내내 경제권을 가지고 있던 피고가, 원고에게 돈의 사용내역 등에 대한 내용을 일체 알려 주지 않았기 때문입니다. 이와 같은 사정으로 원고는 부득이하게 시중의 주요 금융기관에 대하여 금융거래정보 제출명령을 신청하오니 허락하여 주시기 바랍니다.

다　　음

1. 대상금융기관

　가. 주식회사 신한은행

　　　서울 중구 태평로 2가 120

　　　(우편번호 : 100-865, 전화번호 : 02-756-0505)

　나. 주식회사 우리은행

　　　서울 중구 회현동 1가 203

　　　(우편번호 : 100-792, 전화번호 : 02-2002-3000)

　다. 주식회사 한국외환은행

　　　서울 중구 을지로 2가 181

　　　(우편번호 : 100-793, 전화번호 : 02-729-8000)

　라.　농협은행, 농협중앙위원회

　　　서울 중구 새문안길 16(충정로1가 75)

　　　(우편번호 : 100-707, 전화번호 : 02-2080-5114)

　마. 한화생명보험(주)

　　　서울 영등포구 63로 50(여의도동, 한화금융센터)

　　　(우편번호 : 150-763, 전화번호 : 1588-6363)

　바. 한화손해보험(주)

　　　서울 영등포구 여의대로 56(여의도동, 한화증권빌딩)

　　　(우편번호 : 150-717, 전화번호 : 1566-8000)

2. 제출할 금융거래정보

　별첨과 같습니다.

2015.　6.

위 원고 소송대리인

법무법인 00

담당변호사　00

인천지방법원　　귀 중

[별지]

주식회사 신한은행에 대한 금융거래 정보

제출명령 내용

1. 정00명의로 귀 행에 개설한(해지된 것 포함) <u>2010. 1. 1.</u>부터 현재까지의 모든 계좌(예금, 펀드, 보험 포함)의 입출금거래내역 일체(입금자, 송금상대방, 계좌번호 등 거래상대방이 표시되어야 함) 및 현재 잔고액.   끝.

주식회사 우리은행에 대한 금융거래 정보

제출명령 내용

1. 정00명의로 귀 행에 개설한(해지된 것 포함) <u>2010. 1. 1.</u>부터 현재까지의 모든 계좌(예금, 펀드, 보험 포함)의 입출금거래내역 일체(입금자, 송금상대방, 계좌번호 등 거래상대방이 표시되어야 함) 및 현재 잔고액.   끝.

주식회사 한국외환은행에 대한 금융거래 정보

제출명령 내용

1. 정00명의로 귀 행에 개설한(해지된 것 포함) <u>2010. 1. 1.</u>부터 현재까지의 모든 계좌(예금, 펀드, 보험 포함)의 입출금거래내역 일체(입금자, 송금상대방, 계좌번호 등 거래상대방이 표시되어야 함) 및 현재 잔고액.   끝.

주식회사 농협은행, 농협중앙회에 대한 금융거래 정보

제출명령 내용

1. 정00명의로 귀 행에 개설한(해지된 것 포함) <u>2010. 1. 1.</u>부터 현재까지의 모든 계좌(예금, 펀드, 보험 포함)의 입출금거래내역 일체(입금자, 송금상대방, 계좌번호 등 거래상대방이 표시되어야 함) 및 현재 잔고액.   끝.

한화생명보험(주)에 대한 금융거래 정보

제출명령 내용

1. 정00명의로 귀 행에 개설한(해지된 것 포함) 2010. 1. 1.부터 현재까지 가입한 모든 보험상품의 불입금 및 해지환급 예상금액.
  혹, 해지하였다면 해지시기 및 해지환급금 일체. 끝

제출명령 내용

1. 정00명의로 귀 행에 개설한(해지된 것 포함) <u>2010. 1. 1.부터 현재까지</u> 가입한 모든 보험상품의 불입금 및 해지환급 예상금액.

혹, 해지하였다면 해지시기 및 해지환급금 일체. 끝

[서식] 과세정보 제출명령신청서

과세정보제출명령신청

사　건	2011드합00	이혼 및 위자료, 재산분할 등
원　고	윤00	
피　고	김00	

위 사건에 관하여 피고 김진하의 소송대리인은 주장사실을 입증하기 위하여 다음과 같이 과세정보제출명령을 신청합니다.

다　　음

1. 문서 혹은 정보의 소지자

의정부세무서장

주　소 : 경기도 의정부시 의정로77 우) 480-705

전화번호: 031)870-4200

2. 제출명령 신청의 대상자

서울신세계치과

사업자등록번호 : 000

주소 : 경기도 의정부시 00

대표자: 윤00

3. 제출할 문서(혹은 정보)의 표시 및 취지

별지와 같습니다.

4. 증명할 사실

원고 윤OO의 소득금액을 입증하여, 재산분할에 있어 증거자료로 사용하기 위하여 서울신세계치과의원의 부가가치세면세사업자수입금액 내역 및 피고의 종합소득금액을 조회하고자 합니다.

5. 과세정보제출명령의 법적 근거

국세기본법 제81조의 13 제1항 제3호

2012. 3.   .
피고   소송대리인
법무법인 OO
담당변호사 OO

서울가정법원   귀중

[별지]

별지

제출할 문서 혹은 정보의 표시

1. 요구하는 정보의 내용
① 서울OO의원(사업자등록번호 : OO)의 개업일이후부터 2011. 12. 31. 까지의 부가가치세
   면세사업자수입금액 내역

② 피고 윤OO의
   종합소득세 과세표준확정신고 및 납부계산 내역서(2008년, 2009년, 2010년 각 귀속분)
   사업소득명세서(2008년, 2009년, 2010년 각 귀속분)
   종합소득금액명세서(2008년, 2009년, 2010년 각 귀속분)
   소득금액증명(2008년, 2009년, 2010년 각 귀속분)

끝.

과세정보 제출명령신청

사   건   2011 드단00 위자료 등
원   고   허00
피   고   하00

위 사건에 관하여 원고의 소송대리인은 원고의 주장사실을 입증하기 위하여, 다음과 같이
제출명령을 신청합니다.

다   음

1. 과세정보 보관기관

종로세무서

        서울 종로구 삼일대로 451(경운동 70번지) 라이온스 회관

        (우편번호: 110-310, 전화: 02-760-9200, 팩스: 02-744-4939)

2. 제출명령할 사항

별첨과 같습니다.

3. 입증취지

피고 하00은 2008.경부터 닥터코리아 여행사를 운영하면서{태국에 여행사 설립, 한국 내
위 여행사 사무소(서울 종로구 내수동 75 용비어천가 빌딩 1114호)를 운영} 사업소득을
계속적으로 취하여 왔으므로, 피고 명의의 국내 사업자등록여부 및 그 사업소득 내역(과세내
역) 등을 조회하여 재산분할청구의 전제로서 피고의 재산상황을 입증하기 위함입니다.

2012. 2. .
원고의 소송대리인
법무법인 00
담당변호사 00

서울가정법원   귀중

종로세무서에 대하여 제출명령할 사항

1. 하00의 명의로 귀 세무서에 ① <u>사업자등록이 되어 있는지 여부</u>, ② <u>만일 위 명의로 사업자</u>
   <u>등록이 되어 있다면, 그 사업장의 명칭 및 사업자등록번호</u>를 알려주시기 바랍니다.

2. 위 사항과 별도로 귀 세무서에 ① <u>'00 여행사'라는 사업체의 사업자등록이 되어 있는지</u>
   <u>여부</u>, ② <u>위 사업체가 사업자등록 되어 있다면, 그 대표자의 성명, 주민등록번호 및</u>
   <u>주소(인적사항)</u>를 알려주시기 바랍니다.
   (※위 1.항의 답변과 중복되면 같은 항목에서 언급하여 주셔도 무방합니다)

3. 위 <u>00의 명의로 사업자 등록되어 있는 사업체</u>의 <u>2006년도부터 현재까지의 과세납부내</u>
   <u>역</u>을 알려주시기 바랍니다.

   다만 과세납부내역은 구체적으로,
   가. <u>2006년도부터 현재까지의 연도별 과세납부내역</u>을 각각 특정하여 알려주시기 바라
      며,
   나. 위 각 연도별로 ① <u>부가가치세</u>, ② <u>갑근세</u>, ③ <u>사업소득원천징수세액</u> 등의 각 항목별
      납부내역을 모두 알려주시기 바랍니다.

4. 위 하00의 명의로 사업자등록 신청 당시(개인사업자등록신청서 제출 당시) 그 사업장의
   현황에 관하여 작성한 부분이 있다면 사업장의 현황이 어떠한지 알려주시되,
   ① <u>사업장의 소재지</u>, ② <u>사업장이 전세 또는 임대차 형태인지 여부</u> 및 ③ <u>그 전세보증금</u>
   <u>또는 임대보증금의 구체적인 액수</u>를 알려주시기 바랍니다.   끝.

과세정보제출명령신청

사   건   2012 드단00   이혼 등
원   고   임00
피   고   김00

위 사건에 관하여 원고는 재산분할신청의 자료로 삼기 위하여 다음과 같이 과세정보제출명령을 신청합니다.

다   음

1. 문서 혹은 정보의 소지자

인천세무서장
주   소 : 경기도 인천광역시 동구 우각로 75 우)401-707
전화번호 : 032-770-0200

2. 제출할 문서(혹은 정보)의 표시 및 취지

별지와 같습니다.

3. 증명할 사실

피고 김00의 소득금액을 입증하여, 재산분할에 있어 증거자료로 사용하기 위하여 의 부가가치세면세사업자수입금액 내역 및 피고의 종합소득금액을 조회하고자 합니다.

4. 과세정보제출명령의 법적 근거

국세기본법 제81조의 13 제1항 제3호

2012. 7.   .
원고의 소송대리인
법무법인 00
담당변호사 00

인천지방법원   귀중

별지

제출할 문서 혹은 정보의 표시

1. 김OO의 명의로 귀 세무서에

① 사업자등록이 되어 있는지 여부,

② 만일 위 명의로 사업자등록이 되어 있다면, 그 사업장의 명칭 및 사업자등록번호를 알려주시기 바랍니다.

2. 위 사항과 별도로 귀 세무서에

① 사업자 번호 00000000의 사업자등록이 현재에도 유효하게 등록 되어 있는지 여부,

② 사업자 번호 00000000가 유효하게 사업자등록 되어 있다면,

그 대표자의 성명, 주민등록번호가

김OO 이거나

김OO의 아버지 김OO인지 여부

3. 위 김OO의 명의로 사업자 등록되어 있는 사업체의 개업시부터 현재까지의 과세납부내역

① 종합소득세 과세표준확정신고 및 납부계산 내역서(2009년, 2010년 ,2011년 각 귀속분)

② 사업소득명세서(2009년, 2010년, 2011년 각 귀속분)

③ 종합소득금액명세서(2009년, 2010년, 2011년 각 귀속분)

④ 소득금액증명(2009년, 2010년, 2011년 각 귀속분)

4. 위 김OO의 명의로 사업자등록 신청 당시 사업장의 현황이 어떠한지 알려주시되,

① 사업장의 소재지,

② 사업장이 전세 또는 임대차 형태인지 여부 및

③ 그 전세보증금 또는 임대보증금의 구체적인 액수를 알려주시기 바랍니다.   끝.

제2장
이혼소송을 위한 사전절차
(가압류, 가처분, 각종 사전처분)

I. 서설

이혼소송의 절차를 규정하고 있는 가사소송법은 이혼소송의 확정에 의하여 형성, 변경될 법률관계를 실현하고 확보하기 위한 방법으로 사전적 이행확보 제도인 가압류, 가처분 및 사전처분과 사후적 이행확보제도인 양육비 직접지급명령, 담보제공명령, 일시금지급명령, 이행명령, 금전의 임치제도 등을 규정하고 있다. 이는 이혼사건이 민사사건과는 달리 당사자간에 이해와 감정이 복잡하게 얽혀 있어서 재판의 확정시까지 상당한 장기간의 시간이 소요되는 경우가 많아 만약 이행에 따른 확보를 미리 해 두지 않으면 사실상 재판 이후에 해결을 할 수 없는 경우가 많을 뿐만 아니라, 강제집행을 하는 경우에도 가사사건의 특성상 윤리적 감정적인 이유 등으로 인해 강제집행을 하기 곤란한 경우가 많으며 더구나 강제집행으로 인해 상호간에 불화의 정도를 심하게 할 우려가 있어서 가정법원이 후견적 입장에서 그 집행에 관여할 필요성이 크기 때문이다.

II. 가압류, 가처분 등 보전처분

1. 의의

이중 가압류 및 가처분 등 보전처분은 권리 또는 법률관계에 관한 쟁송이 있을 것을 전제로 하여 이에 대한 판결의 집행을 용이하게 하거나 확정판결이 있을 때까지 손해가 발생하는 것을 방지할 목적으로 일시적으로 현상을 동결하거나 임시적 법률관계를 형성하게 하는 재판이다. 한마디로 말해서 집행보전 또는 손해방지를 위하여 잠정적 조치를 명하는 재판으로서 보전재판이라고 부르고 이러한 처분을 얻기 위한 절차와 그 당부를 다투는 쟁송절차 및 그 처분의 집행절차를 가리켜 보전 소송절차 또는 보전절차라고 부른다.

가사소송에 있어서도 민사소송과 같이 집행권원을 얻을 때까지 상대방의 일반재산의 감소를 막기 위해 그 재산을 가압류 해 놓거나 확정판결 또는 심판의 효력을 얻을 때까지 현상을 변경할 수 없도록 하는 가처분을 할 필요성이 있어, 가정법원은 가사소송사건 또는 마류 가사비송 사건을 본안사건으로 하여 가압류 또는 가처분을 할 수 있다. 이 경우 민사집행법상의 가압류, 가처분 규정을 준용하고 있는데 이를 사전처분과 구별하여 가사소송법상의 가처분, 가압류라고 한다.

가. 필요성

우리 법제는 원칙적으로 자력구제를 허용하지 아니하므로 권리자가 그 권리를 실현하기 위해서는 가사소송절차를 거쳐서 집행권원을 얻고 다시 강제집행절차를 밟아 권리의 종국적 실현을 얻을 수밖에 없다. 그런데 가사소송절차는 많은 시일이 소요되므로 그 사이에 재산상태가 변하거나 다툼의 대상(계쟁물)이 멸실·처분되는 등 사실상 또는 법률상 변경이 생기게 되면 채권자는 가사소송에서 승소하고도 많은 시간과 노력과 비용을 소비하였을 뿐 권리의 실질적 만족을 얻지 못할 수가 있다. 이러한 결과를 방지하기 위해서는 확정판결을 받기 전에 미리 채무자의 일반재산이나 다툼의 대상(계쟁물)의 현상을 동결시켜 두거나 임시로 잠정적인 법률관계를 형성시켜 두는 조치를 취함으로써 나중에 확정판결을 얻었을 때 그 판결의 집행을 용이하게 하고 그때까지 채권자가 입게 될지도 모르는 손해를 예방할 수 있는 수단이 필요하게 된다.

나. 특 징

1) 잠정성

보전처분은 확정판결의 집행보전을 위하여 다툼이 있는 법률관계를 잠정적으로 규율하기 위한 처분이므로 잠정적 처분이 된다. 다툼이 있는 권리 또는 법률관계의 존부를 확정적으로 판단하는 것이 아니며 또 보전처분의 집행도 권리의 종국적 실현을 가져오는 것이 아니다.

2) 긴급성

보전처분은 가사소송절차를 거치기 위한 시일의 경과에서 오는 파행을 방지하는 것이 목적이므로 당연히 그 재판절차와 집행절차에서 신속성이 요구된다. 가압류와 다툼의 대상이 되는 가처분 신청에 대한 재판은 변론 없이 할 수 있도록 되어 있고 임시의 지위를 정하기 위한 가처분의 경우만 원칙적으로 변론기일 또는 채무자가 참석할 수 있는 심문기일을 열어야 하는 것으로 되어 있다. 집행절차의 경우에도 본 집행의 경우와 달리 원칙적으로 집행문을 부여 받지 않고 곧 바로 집행을 할 수 있고 채무자에게 보전처분을 송달하기 전에 집행할 수 있으나 그 대신 집행기간은 단기로 제한하여 채권자에게 재판을 고지한 날부터 2주를 넘긴 때에는 집행하지 못하도록 하여 신속한 집행을 꾀하고 있다.

3) 밀행성

보전처분은 채무자의 재산 상태나 다툼의 대상에 관하여 사실상, 법률상 변경이 생기는 것을 막으려는 데 목적이 있으므로 이를 미리 상대방에게 알리게 하면 그 효과를 얻을 수 없으므로 절차는 원칙적으로 상대방이 알 수 없는 상태에서 비밀리에 심리되고 발령되며 그 처분이 송달되기 전에 미리 집행에 착수하게 하는 것이 보통이다.

4) 자유재량성

보전절차에 있어서 긴급성, 밀행성과 재판의 적정이라는 상충되는 이익을 위해 심리방법에 관하여 법원에 많은 재량을 주고 있다. 변론을 거칠 것인가, 서면심리에 의할 것인가, 소명만으로 발령할 것인가, 담보를 제공하게 할 것인가 등이 모두 법원의 자유재량에 속한다.

2. 관 할

가. 전속관할

보전처분은 가정법원의 전속관할에 속하여(법 제63조 제1항), 일반 지방법원에 사건이 접수된 경우 이를 관할 가정법원에 이송하여야 하고, 관할권을 간과하고 그 지방법원에서 보전처분을 하였을 경우 이는 상소나 이의로 취소되지 않는 한 유효하며 재심사유도 아니므로 확정되면 관할위반의 흠은 치유된다.2)

나. 토지관할

보전처분의 관할 법원은 민사집행법의 규정에 의하여 정하여 진다. 따라서 가압류는 가압류할 물건의 소재지를 관할하는 가정법원이나, 본안의 관할가정법원이 관할하고(민집 제278조), 가처분은 본안의 관할 가정법원 또는 다툼의 대상이 있는 곳을 관할하는 가정법원이 관할한다(민집 제303조).

물건의 소재지 관할 가정법원 또는 다툼의 대상이 있는 곳을 관할하는 가정법원 외에 본안의 관할 가정법원에 가압류, 가처분을 신청할 수 있게 한 이유는 피보전권리와 본안소송물인 권리는 엄격하게 일치할 필요가 없고, 청구의 기초 동일성이 인정되면 충분하기 때문이다.3) 본안의 관할 가정법원은 소송이 계속 중이면 1심법원이든, 항소심법원이든 상관없고, 판결이 선고되어 상소를 한 경우라도 그 기록이 상급심법원으로 송부되기 전이면 기록이 있는 법원이 본안의 법원이 되나4), 상고심에 기록이 송부된 경우에는 제1심법원이 가압류, 가처분의 관할 법원이 된다5). 또한 가압류 등 보전처분 당시 본안법원이 본안사건에 대한 관할권이 없었다고 하더라도 그 보전처분은 제대로 신청된 것이고6), 관할권이 없는 법원에 보전처분을 신청하였다고 그 신청의 이송결정 전에 그 법원에 본안을 제기하면 관할위반의 흠은 치유되며, 본안이 제기될 법원이 여러 곳일 경우 그 중 어느 한 법원을 선택하여 신청할 수 있다.

그러나 상고 또는 재항고로 인하여 본안기록이 상고심 또는 재항고심에 송부되고 본안이

---

2) 대법원 1964. 4. 11. 64마66 결정.
3) 대법원 2001. 3. 13. 99다11328 판결.
4) 대법원 1971. 9. 28. 71다1532 판결.
5) 대법원 2002. 4. 24. 2002즈합4 결정.
6) 대법원 1963. 12. 12. 4293민상824 판결.

상고심 또는 재항고심에 계속 중일 때에는, 상고심 또는 재항고심은 사실심리를 하기에 적당하지 아니하고 가사소송법 제67조 소정의 의무불이행에 대한 제재를 가하거나 집행 법원이 되기도 적당하지 아니하므로 제1심 가정법원이 가사소송법에 의한 사전처분사건 이나 가압류·가처분사건의 관할법원이 된다[7].

다. 사물관할

소송목적의 값이 5,000만 원을 초과하는 경우 이를 본안으로 하는 보전처분사건은 합의 부 관할이고, 그 외의 사건은 단독판사의 관할에 속한다(사물관할규칙 제3조).

3. 가압류

> **제63조(가압류, 가처분)** ① 가정법원은 제62조에도 불구하고 가사소송사건 또는 마류 가사비송사건을 본 안(본안) 사건으로 하여 가압류 또는 가처분을 할 수 있다. 이 경우 「민사집행법」 제276조부터 제312조까 지의 규정을 준용한다.
> ② 제1항의 재판은 담보를 제공하게 하지 아니하고 할 수 있다.
> ③ 「민사집행법」 제287조를 준용하는 경우 이 법에 따른 조정신청이 있으면 본안의 제소가 있는 것으로 본다.

가. 의의

가압류는 금전채권이나 금전으로 환산할 수 있는 채권의 집행을 보전할 목적으로 미리 채무자의 재산을 동결시켜 채무자로부터 그 재산에 대한 처분권을 잠정적으로 빼앗는 집 행보전제도이다. 이는 채무자의 일반재산의 감소를 방지하기 위한 것으로서 금전채권이 나 금전으로 환산할 수 있는 채권에 대한 보전수단이라는 점에서 다툼의 대상(계쟁물)에 대한 청구권보전을 위해 그 현상변경을 금지하는 가처분과 구별되며 단순히 현상을 동결 하는데 그 친다는 점에서 단행적 가처분과 다르다.

실무상 집행의 대상이 되는 재산의 종류에 따라 부동산가압류, 선박·항공기·자동차· 건설기계에 대한 가압류, 채권가압류, 유체동산가압류, 그 밖의 재산권에 대한 가압류로 구분하고 있다.

나. 피보전권리의 유형

1) 손해배상청구권 기타 재산상 반환청구권을 피보전권리로 하는 경우

실무상 손해배상청구는 위자료에 대한 청구가 대부분이며, 결혼예물[8], 신혼주택구입보조 비[9], 혼인비용[10] 등에 대한 반환청구권을 보전하기 위하여 가압류나 가처분을 하는 경

---

7) 대법원 1971. 9. 28. 71다1532 판결
8) 대법원 1996.05.14. 선고 96다5506 판결.
9) 대법원 2003.11.14. 선고 2000므1257 판결.

우가 있는데, 이 때 그 청구가 과다한 경우 법원에서는 위자료 청구금액 속에 재산분할 청구금액이 포함되어 있는 것인지, 만일 포함되었다면 양자를 분리하여 특정하라고 보정하거나 과다한 위자료청구 중 일부만 인용하고 있는 것이 실무이다.

제3자에 대한 손해배상청구는 가사소송법상 다류 가사소송사건에 포함되어있지만, 이혼 등을 청구하지 않고 그 신분관계를 유지하면서 제3자(특히 부정행위 상대방)를 상대로 한 위자료청구권을 피보전권리로 하는 것은 민사사건일 뿐이며, 이혼을 전후하여 상대방과 위자료에 대한 약정이 있었던 경우 이 역시 민사사건이므로 관할 지방법원에 이송할 것이다.

2) 재산분할청구권을 피보전권리로 하는 경우

이혼, 혼인취소 또는 사실혼부당파기 등을 원인으로 재산분할청구를 할 수 있고, 이를 피보전권리로 하여 가압류는 물론 가처분도 할 수 있다는 것이 실무이며, 이혼소송의 피고와 이혼에 불응하면서도 예비적으로 이혼청구가 인용될 것을 대비하여 재산분할을 청구할 수도 있다.

3) 양육비청구권을 보전하기 위한 가압류

양육비청구권은 물론 부부간의 부양료청구권(마류 제1호), 가족간의 부양료청구권(마류 제8호), 약정에 의한 양육비청구권[11], 과거의 양육비청구권[12], 기한이나 조건이 있는 장래의 양육비청구권 등을 보전하기 위한 가압류를 할 수 있다.

4. 가처분

> **제63조(가압류, 가처분)** ① 가정법원은 제62조에도 불구하고 가사소송사건 또는 마류 가사비송사건을 본안(본안) 사건으로 하여 가압류 또는 가처분을 할 수 있다. 이 경우 「민사집행법」 제276조부터 제312조까지의 규정을 준용한다.
> ② 제1항의 재판은 담보를 제공하게 하지 아니하고 할 수 있다.
> ③ 「민사집행법」 제287조를 준용하는 경우 이 법에 따른 조정신청이 있으면 본안의 제소가 있는 것으로 본다.

민사집행법 제4편의 가처분(협의의 가처분)은 금전채권 이외의 권리 또는 법률관계에 관한 확정판결의 집행을 보전하기 위한 집행보전제도로서 다음 두 가지로 나뉜다.

---

10) 대법원 1984.09.25. 선고 84므77 판결.
11) 대법원 1991.06.25. 선고 90므699 판결.
12) 대법원 1994.05.13. 자 92스21 전원합의체 결정.

가. 다툼의 대상에 관한 가처분

채권자가 금전채권 이외의 특정 물건이나 권리를 대상으로 하는 청구권을 가지고 있을 때 그 강제집행 시까지 다툼의 대상(계쟁물)이 멸실·처분되는 등 사실상·법률상 변경이 생기는 것을 막기 위하여 다툼의 대상의 현상을 동결시키는 보전처분이다. 청구권을 보전하기 위한 제도임에는 가압류와 같으나 그 청구권이 금전채권이 아니라는 점과 그 대상이 채무자의 일반재산이 아닌 특정 물건이나 권리라는 점에서 가압류와 구별된다. 가처분 후 본안소송에 관한 확정판결이 있게 되면 그대로 본 집행으로 이전되는 것이 아니고 가처분된 상태에서 따로 청구권 실현을 위한 강제집행을 하게 된다.

나. 임시의 지위를 정하기 위한 가처분

당사자 사이에 현재 다툼이 있는 권리 또는 법률관계가 존재하고 그에 대한 확정판결이 있기까지 현상의 진행을 그대로 방치한다면 권리자가 현저한 손해를 입거나 급박한 위험에 처하는 등 소송의 목적을 달성하기 어려운 경우에 그로인한 위험을 방지하기 위해 잠정적으로 권리 또는 법률관계에 관하여 임시의 지위를 주어 그와 같은 손해를 피하거나 위험을 막을 수 있도록 하는 보전처분이다. 가압류 또는 다툼의 대상에 관한 가처분과는 달리 보전하는 권리 또는 법률관계의 종류는 묻지 아니한다.

단순히 현상을 동결하는 것이 아니라 적극적으로 현상을 변경하여 잠정적으로 나마 새로운 법률관계를 형성하는 점에서 가압류나 다툼의 대상에 관한 가처분과 구별된다. 이와 같이 단순히 현상을 동결함에 그치지 않고 법률관계에 관하여 임시의 조치를 행하는 것이므로 그 집행을 용이하게 하고 그때까지의 손해를 방지하기 위한 임시적인 조치에 그친다.

이 종류의 가처분 중에는 본안판결을 통하여 얻고자 하는 내용과 실질적으로는 동일한 내용의 권리 또는 법률관계를 형성하는 것이 있다. 이를 단행적 가처분 또는 만족적 가처분이라고 부른다. 예컨대 건물의 인도청구권을 본안의 권리로 가지고 있는 자에게 임시로 그 건물점유자의 지위를 준다든지, 해고의 무효를 주장하는 자에게 임금의 계속지급을 명하는 따위의 가처분에 있어서는 권리자는 가처분의 집행만으로도 실질적인 만족을 얻게 되고 구태여 본안소송을 제기할 필요를 느끼지 않게 된다. 그러나 이 경우에도 권리자의 지위는 임시적인 것이므로 채무자의 제소명령이 있는 경우에는 본안의 소를 제기하여야 하고 가처분 신청인이 본안소송에서 패소하면 가처분집행전의 상태로 원상회복시켜야 한다.

다. 특수한 가처분

협의의 보전처분에는 포함되지 않으나 권리자의 권리보전을 위하여 잠정적인 처분을 명하는 제도로서 가사소송법 62조에 의한 판결·심판 또는 조정 전의 사전처분, 가사소송법 63조에 의한 가압류·가처분 등이 있다.

5 절차

[표] 가압류·가처분 절차 도해

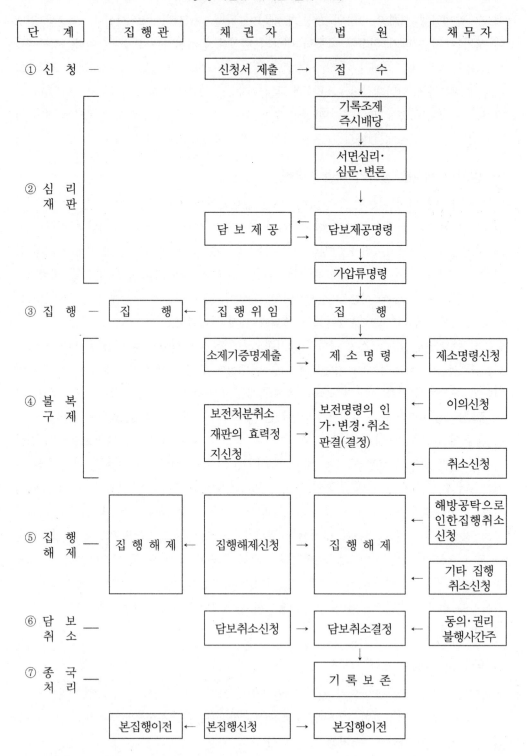

[표] 부동산가압류의 집행절차

| 가압류신청 | 2~3일후 → | 담보제공명령서 수령(공탁명령) | 5일내 → | 보증보험사와 지급보증위탁계약체결

※ 지참서류 등
1. 가압류신청서사본
2. 주민등록표등본
3. 담보제공명령서
4. 도장 | → |

보험증권을 법원신청과에 제출
(보험증권앞면 사본 수통과 등록면허세 및 지방교육세납부서를 함께 제출)

[표] 채권가압류의 집행절차

| 가압류신청 | 2~3일후 → | 담보제공명령서 수령(공탁명령) | 5일내 → | 보증보험사와 지급보증위탁계약체결

※ 지참서류 등
1. 가압류신청서사본
2. 주민등록표등본
3. 담보제공명령서
4. 도장 | → |

보험증권을 법원신청과에 제출
(보험증권앞면 사본 수통을 함께 제출)

[표] 유체동산가압류의 집행절차

| 가압류신청 | 2~3일후 → | 담보제공명령서 수령(공탁명령) | 5일내 → | 보증보험사와 지급보증위탁계약체결
 ·지참서류등
1. 가압류신청서사본
2. 주민등록표등본
3. 담보제공명령서
4. 도장
※현금공탁명령이 있는 경우에는 공탁서를 작성하여 관할법원공탁공무원에게 공탁하여야 함. | → |

보험증권을 법원 신청과에 제출 (보험증권앞면 사본수통첨부) ※현금공탁의 경우에는 공탁서를 법원신청과에 제출	→	결정문 2부 수령 (채권자, 채무자각1부)	→	1. 목적물소재지 관할 집행관에 집행위임 (집행관실에 비치된 집행위임장 및 약도작성) 2. 수수료 납부 및 부배정 3. 담당부 집행일시지정	→

1. 집행장소에 도착하여 채무자에게 결정문 전달
2. 집행관 공시서부착
3. 집행관 집행조서작성

[표] 자동차가압류의 집행절차

가압류신청	2~3일후 →	담보제공명령서 수령(공탁명령)	5일내 →	보증보험사와 지급보증위탁계약체결 ※ 지참서류 등 1. 가압류신청서사본 2. 주민등록표등본 3. 담보제공명령서 4. 도장	→

보험증권을 법원신청과에 제출
(보험증권앞면 사본 수통을 함께 제출)

가. 신청서 제출

신청취지와 이유를 적은 서면으로 한다. 신청서에는 ① 인지 10,000원, ② 송달료 3회분, ③ 가압류신청진술서 또는 가처분신청진술서를 첨부하여 접수하고, 이후 법원에서 담보제공명령을 내리면 이에 담보제공을 하면 된다.

나. 심리

심리에 대해서도 민사집행법상 보전처분절차에서의 원칙이 그대로 적용되므로 피보전권리 및 보전의 필요성에 대한 소명이 있어야 한다(민집 279조 제2항). 다만 가사사건에서의 피보전권리는 장래에 형성될 것을 전제로 하는 것인 점에 비추어 그 소명에 엄격성을 요구 할 것은 아니다.

다. 담보

가사소송법상의 가압류, 가처분은 담보를 제공하게 하지 아니하고 할 수 있으나(법 63조 2항) 실무상 무담보를 명하는 경우는 드물고 다만 채무자가 유책배우자임이 명백하고 피보전권리의 존재가 충분히 소명된 경우에는 담보액을 낮추어 적용하고 있다. 이러한 담보제공명령에 대하여 채권자는 담보제공명령은 보전재판에 대한 중간재판에 해당하여 불복할 수 없고, 단지 '담보제공명령 변경신청' 등을 통하여 그 담보액의 감축이나 공탁보증보험증권으로 대체하여 달라고 할 수 있을 뿐이다. 담보제공명령에 대하여 기간 내 제공을 하지 않는 등 불이행이 있는 경우 각하할 수 있는데, 만약 그 제공 기간이 경과하였다고 하더라도 결정 전에 담보의 제공이 있는 경우에는 각하하여서는 아니 되고(민소 제124조, 민집 제19조·제23조), 채권자가 가압류, 가처분의 목적 등이 소멸한 경우[13] 담보취소결정을 받아 담보를 찾을 수 있다.

라. 재판

재판의 형식은 결정으로 하고, 이에 대한 불복방법은 즉시항고이다.

6. 효력, 불법방법 및 집행취소

가. 효력

민사집행법상의 효력과 같아 형성력뿐만 아니라 집행력도 있다 이점에서 사전처분과 다르다.

나. 불복방법

가처분신청이 전부인용된 경우 피신청인은 가처분결정에 대한 이의신청서를 제출할 수 있고(민사집행법 제301조, 제283조 제1항), 전부기각 내지 각하된 경우 신청인은 결정을 고지받은 날부터 1주 이내에 즉시항고장을 제출할 수 있다(민사집행법 제301조 제281조 제2항, 민사소송법 제444조 제1항). 반대로 가처분신청이 일부인용, 일부기각(각하)된 경우 신청인은 일부기각(각하) 부분에 대하여 결정을 고지받은 날부터 1주일 이

---

13) 담보취소사유 등에 대하여는 민사소송법 제125조에서 아래와 같이 규정하고 있다.

> **민사소송법 제125조(담보의 취소)** ① 담보제공자가 담보하여야 할 사유가 소멸되었음을 증명하면서 취소신청을 하면, 법원은 담보취소결정을 하여야 한다.
> ② 담보제공자가 담보취소에 대한 담보권리자의 동의를 받았음을 증명한 때에도 제1항과 같다.
> ③ 소송이 완결된 뒤 담보제공자가 신청하면, 법원은 담보권리자에게 일정한 기간 이내에 그 권리를 행사하도록 최고하고, 담보권리자가 그 행사를 하지 아니하는 때에는 담보취소에 대하여 동의한 것으로 본다.
> ④ 제1항과 제2항의 규정에 따른 결정에 대하여는 즉시항고를 할 수 있다.

내에 즉시항고장을 제출할 수 있고, 피신청인은 일부인용 부분에 대하여 이의신청서를 제출할 수 있다.

가처분이의(취소)신청에 대한 결정의 경우 이의(취소)신청이 인용되어 기존 가처분결정이 취소된 부분에 대하여는 이의(취소)신청의 상대방(가처분 신청인)이, 이의(취소)신청이 각하(기각)되거나 기존 가처분결정이 인가된 부분에 대하여는 이의(취소)신청인(가처분 피신청인)이 각 결정을 고지받은 날부터 1주일 이내에 즉시항고장을 제출할 수 있다(민사집행법 제301조, 제286조 제7항, 민사소송법 제444조 제1항).

다. 집행취소

1) 채권자의 집행취소신청

채권자의 집행취소신청이 있는 경우, 채권자가 집행기관에 비용 등을 예납하여 신청하면 되고 별도로 채무자의 동의를 얻을 필요는 없다.

2) 채무자의 집행취소신청

가) 해방공탁에 의한 집행취소신청

공탁서를 첨부하여, 채권가압류나 부동산가압류는 집행법원에, 동산가압류는 발령법원에 비용 등을 예납하여 신청한다. 공탁은 현금에 의한 공탁만 허용되고 실질적 통용가치가 있는 유가증권이더라도 공탁할 수 없으며14), 일부공탁에 의한 일부취소신청도 아니 된다. 해방공탁으로 가압류집행이 취소되었더라도 이는 가압류명령 자체의 효력은 소멸되지 아니하는 것으로, 집행이 취소되면 해방공탁금이 가압류 집행의 목적물이 되고, 가압류의 효력은 공탁금 자체가 아닌 해방공탁금회수청구권에 미치게 된다. 가압류집행취소명령에는 가압류의 집행을 정지시키거나 집행한 가압류를 취소시키기 위하여 채무자가 공탁할 금액을 적어야 하고(민사집행법 제282조), 가압류명령에 정한 금액을 공탁한 때에는 법원은 집행한 가압류를 취소하여야 한다(민사집행법 제299조 제1항). 금전채권이나 금전으로 환산할 수 있는 채권의 보전을 목적으로 하는 가압류와 달리 가처분은 금전채권을 제외한 특정물에 대한 이행청구권 또는 다툼이 있는 권리관계의 보전에 그 본래의 목적이 있다는 점과 민사집행법 제307조에서 특별사정으로 인한 가처분의 취소를 별도로 규정한 법 등에 비추어 볼 때 해방공탁금에 관한 민사집행법 제282조의 규정은 가처분에는 준용할 수 없다고 해석함이 타당할 것이다(대법원 2002. 9. 25.자 2000마282 결정).

해방금액의 공탁에 의한 가압류집행취소제도의 취지에 비추어 볼 때, 가압류 채권자의 가압류에 의하여 누릴 수 있는 이익이 가압류집행취소에 의하여 침해되어서는 안 되므로, 가압류채무자에게 해방공탁금의 용도로 금원을 대여하여 가압류집행을 취소할 수 있도록 한 자는 비록 가압류 채무자에 대한 채권자라 할지라도 특별한 사정이 없는 한 가압류 채권자에 대한 관계에서

---

14) 대법원 1996.10.01.자 96마162 전원합의체 결정.

가압류 해방공탁금회수청구권에 대하여 위 대여금채권에 의한 압류 또는 가압류의 효력을 주장할 수는 없다(대법원 1998. 6. 26. 선고 97다30820 판결). 가압류집행의 목적물에 갈음하여 가압류해방금이 공탁된 경우에 그 가압류의 효력은 공탁금자체가 아니라 공탁자인 채무자의 공탁금회수청구권에 대하여 미치는 것이므로 채무자의 다른 채권자가 가압류해방공탁 금회수청구권에 대하여 압류명령을 받은 경우에는 가압류채권자의 가압류와 다른 채권자의 압류는 그 집행대상이 같아 서로 경합하게 된다. 가압류채권자가 가압류목적물에 대하여 우선변 제를 받을 권리가 없는 것과 마찬가지로 가압류해방공탁금에 대하여도 우선변제권이 없다(대법 원 1996. 11. 11.자 95마252 결정).

【판시사항】
가압류해방금을 유가증권으로 공탁할 수 있는지 여부(소극) (대법원 1996.10.01. 자 96마162 전원합 의체 결정)

【결정요지】
민사소송법 제702조의 가압류해방금액은, 채무자가 입을 수 있는 손해를 담보하는 취지의 이른바 소 송상의 담보와는 달리 가압류의 목적물에 갈음하는 것으로서, 금전에 의한 공탁만이 허용되고, 유가증 권에 의한 공탁은 그 유가증권이 실질적 통용가치가 있는 것이라고 하더라도 허용되지 않는다.

나) 그 외 채무자는 가압류 등 보전처분의 취하, 보전처분취소결정 또는 판결, 조정조서나 화해조서 등에 근거하여 집행취소신청을 할 수 있다.

7. 서식

가. 신청취지 기재례

1) 가압류

채권자가 채무자에 대하여 가지는 위 청구채권의 집행을 보전하기 위하여 채무자 소유의 별지목록기재 부동산을 가압류한다.

1. 채권자가 채무자에 대하여 가지고 있는 위 청구채권의 집행을 보전하기 위하여 채무자의 제3채무자에 대한 별지목록기재 채권을 가압류한다.
2. 제3채무자는 채무자에 대하여 위의 지급을 하여서는 아니 된다.
3. 채무자는 위 채권의 처분과 영수를 하여서는 아니 된다.
라는 재판을 구합니다.

2) 가처분

1. 채권자가 채무자에 대하여 가지고 있는 위 청구채권의 집행을 보전하기 위하여 채무자의 제3채무자에 대한 별지목록기재 채권을 가압류한다.
2. 제3채무자는 채무자에 대하여 위의 지급을 하여서는 아니된다.
3. 채무자는 위 채권의 처분과 영수를 하여서는 아니된다.
라는 재판을 구합니다.

3) 가압류(가처분) 결정에 대한 이의신청

1. 위 당사자간 00법원 2013카 1235호 신청사건에 관하여 2016. 0. 0.동원에서 결정한 가압류(가처분)결정을 취소한다.
2. 채권자의 이 사건 가압류(가처분)신청을 기각한다.
3. 소송비용은 채권자의 부담으로 한다.
4. 위 제1항은 가집행할 수 있다.
라는 재판을 구합니다.

4) 부동산가압류 취소신청

1. 피신청인의 신청인에 대한 귀원 20○○카단○○○○호 부동산가압류신청사건에 관하여 귀원이 20○○. ○○. ○○. 신청인 소유의 별지목록 기재 부동산에 대하여 한 가압류결정은 이를 취소한다.
2. 소송비용은 피신청인의 부담으로 한다.
3. 위 제1항은 가집행할 수 있다.
라는 재판을 구합니다.

나. 첨부서류 등

사건	첨부서류	인지액	송달료	관할법원
가압류	* 가족관계등록부의 증명서 　(본안소송 관련서류 첨부) 1통 * 주민등록표등(초)본 1통 * 부동산목록 1부 * 소명자료	10,000원	당사자별 3회	본안/물건소재지
가처분	* 가족관계등록부의 증명서(본안소송 관련서류첨부) 1통 * 주민등록표등(초)본, 　공시지가확인원, 토지대장, 　건축물관리대장, 소명자료, 　부동산목록 각 1통	10,000원	당사자별 3회	본안/물건소재지
가압류 이의	* 가압류결정문, 소명자료	10,000원	당사자별 8회	가압류 법원
가압류 취소	* 원인이 된 판결문 등 * 기타 확정증명원, 소명자료	10,000원	당사자별 8회	가압류 법원
해방공탁 에 의한 가압류집 행취소	* 가압류결정등본 　(가압류집행조서등본) 1통 * 공탁서(대조필) 1통	1,000원	당사자별 3회	가압류 법원

다. 서식례

[서식] 부동산가압류 신청서(부당한 대우, 기타 중대한 사유)

부 동 산 가 압 류 신 청 서

채권자   이 ○ ○ (000000-000000)
             서울 서초구 방배동 000000

채무자   김 ○ ○ (000000-000000)
             서울 서초구 방배동 0000000

청구하는 채권의 표시
청구금액 금50,000,000원(재산분할 청구채권 금80,950,737원 중 일부금)

가압류할 부동산의 표시
별지목록표시와 같습니다.

신 청 취 지

채권자가 채무자에 대하여 가지는 위 청구채권의 집행을 보전하기 위하여 채무자 소유의 별지 목록기재 부동산을 가압류한다.
라는 재판을 구합니다.

신 청 이 유

1. 당사자의 관계

채권자와 채무자는 20○○. ○. ○. 혼인신고를 필한 법률상 부부로서 슬하에 2남을 두고 있습니다.

2. 채권자와 채무자의 결혼생활 및 파탄경위

가. 채권자는 20○○. ○.경 채무자를 처음 만나 교제를 하던 중 원치 않는 임신을 하는 바람에 20○○. ○. 서둘러 결혼식을 올리고 20○○. ○. 혼인신고를 하였습니다.

나. 신혼생활은 시댁에서 시작하였고, 비록 생각지도 않은 임신에 결혼까지 하였지만 채무자의 배우자로서 최선을 다하며 시부모를 모시고 오순도순 살아가겠다고 마음먹었으나 현실은 채권자의 바람대로 되지 않았습니다.

다. 20○○. ○.경 채무자는 시어머니와 심하게 다투고 무작정 만삭이 된 채권자를 끌다시피 하여 집을 나와 간신히 지하 원룸을 구하여 첫아이를 출산하게 되었던바, 이러한 어려운 상황에서도 채무자는 생활비도 거의 주지 않은 채 바쁘다는 핑계로 한달에 고작 3-4일 집에 들어오는게 전부였고, 채무자의 이러한 생활은 현재까지도 계속되고 있습니다.

---

3. 이혼 청구

위와 같은 이유로 채권자는 더 이상 채무자와의 결혼생활을 유지할 수 없게 되었는 바, 이는 민법 제840조 제3호, 제6호 소정의 각 이혼 사유에 해당한다 할 것이므로 이혼을 청구하게 된 것입니다.

4. 위자료 청구

채권자와 채무자의 혼인관계는 위와 같은 채무자와 시부모의 부당한 대우로 인하여 파탄지경에 이르렀습니다. 그렇다면 채권자와 채무자간의 결혼생활기간 및 파탄의 경위, 그에 대한 채무자의 귀책정도, 재산상태 등 제반사정을 참작하여 채무자는 채권자에게 위자료로 금50,000,000원을 지급함이 상당하다 할 것입니다.

5. 재산분할 청구

채권자와 채무자는 결혼 당시 시댁에 들어가서 생활을 하던 중 채무자와 시어머니의 다툼 끝에 시댁을 나와 가지고 있던 2,000여만 원과 시부모의 도움으로 지하 원룸을 얻어 생활하다가 몇차례 이사를 한 후 시댁에 들어가면서 그 전세보증금과 대출을 통해 현재 채무자 명의로 분양받은 서울 00동 소재 아파트를 소유하고 있는바, 위 아파트는 현재 KB시세 일반거래가 기준으로 3억 6,000만 원에 이릅니다. 또한 소극재산은 채권자가 자녀 양육 및 생활비 등으로 사용하기 위해 대출받은 대출금이 합계 금28,098,525원이고 채무자는 위 아파트의 분양대금으로 사용한 약 1억 7,000만 원의 대출금이 있는바, 위 재산의 형성과정 및 결혼기간, 파경에 이른 배경, 채권자가 채무자 없이 홀로 10년간 자녀를 양육한 점 등을 감안하면 적어도 채권자의 기여도는 50%에 이른다 할 것입니다. 현재 채권자의 순재산은 없고 채무만 금28,098,525원이 있으며, 채무자의 순재산은 위 아파트가 있으므로 채무자는 채권자에게 재산분할로 금 80,950,737원[3억 6,000만 원-1억 7,000만 원-28,098,525원)/2]을 지급하여야 할 것입니다.

6. 결론

채권자는 그동안의 세월을 돌이켜 보면, 마치 무언가에 홀려서 살아 온 것 같습니다. 이제라도 채무자와 그의 가족들로부터 벗어나 새로운 삶을 살고자 이혼 청구를 하고자 하나 채무자가 유일한 재산인 별지 목록 기재 부동산을 처분할 경우 후일 채권자가 본안소송에서 승소판결을 얻는다 하여도 강제집행의 목적을 달성하기에 어려움이 예견되어 본 신청에 이른 것입니다.

7. 지급보증위탁계약체결문서의 제출에 의한 담보제공의 허가신청

민사소송규칙 제22조에 의하여 채권자는 지급보증위탁계약체결문서의 제출에 의한 담보제공을 병행하여 신청합니다.

소 명 자 료

1. 소갑제1호증　　　　　　　　　혼인관계증명서
1. 소갑제2호증　　　　　　　　　가족관계증명서
1. 소갑제3호증　　　　　　　　　주민등록등본
1. 소갑제4호증　　　　　　　　　편지
1. 소갑제5호증　　　　　　　　　각서
1. 소갑제6호증　　　　　　　　　방문 부재 통보서
1. 소갑제7호증　　　　　　　　　금전소비대차계약에 대한
　　　　　　　　　　　　　　　　해약통고서
1. 소갑제8호증　　　　　　　　　부동산 등기부등본
1. 소갑제9호증　　　　　　　　　아파트 시세표

첨 부 서 류

1. 위 소명자료　　　　　　　　　각 1 통
1. 납 부 서　　　　　　　　　　　1 통
1. 가압류진술서　　　　　　　　　1 통
1. 위임장　　　　　　　　　　　　1 통

2016.　○.　.
채권자의 대리인
변호사 ○ ○ ○

서울가정법원　귀중

■ 작성·접수방법

1. 청구서에는 수입인지 10,000원을 붙여야 한다.
2. 증지는 대상 부동산 1개당 3,000원(토지와 건물을 같이 가압류하는 경우에는 6,000원, 아파트나 빌라의 경우에는 1개로 보아서 3,000원이다)을 청구서에 붙이지 않고 호치킷이나 클립으로 신청서 상단에 고정해서 제출해야 하는데 이는 법원에서 가압류 결정이 나면 가압류등기집행을 위해 등기소에 촉탁할시 촉탁서에 첨부하여 사용하기 위해서이다.
3. 송달료는 30,600원(=당사자수(2)×5,100(송달료)×3회분)을 송달료취급은행에 납부하고 첨부하여야 한다.
4. 등록세는 지방세이므로 부동산소재지 시, 군, 구청 등록세과를 방문하여 등록세 신고서를 작성해서(부동산가압류신청서 사본을 첨부), 등록세납부고지서를 발급받아 은행 등에 등록세를 납부한 후 영수증을 신청서에 첨부한다. 등록세 세율은 채권금액×0.0024이다
5. 신청서는 1부만 제출한다. 다만 가압류신청진술서 1부와 별지목록 4~6부를 신청서에 첨부 한다.
6. 선담보제공을 하지 않은 경우라면 법원은 일정액의 담보를 제공하라는 담보제공명령을 내리는데 이에 따라 보증보험증권 이나 또는 현금을 공탁한 후 그 이행증서를 제출한다.

가압류신청 진술서

채권자는 가압류 신청과 관련하여 다음 사실을 진술합니다. 다음의 진술과 관련하여 고의로 누락하거나 허위로 진술한 내용이 발견된 경우에는, 그로 인하여 보정명령 없이 신청이 기각되거나 가압류이의절차에서 불이익을 받을 것임을 잘 알고 있습니다.

2016.   ○.   .

채권자(소송대리인)   변호사 ○ ○ ○ (날인 또는 서명)

※ 채무자가 여럿인 경우에는 각 채무자별로 따로 작성하여야 합니다.

◇ 다 음 ◇

1. 피보전권리(청구채권)와 관련하여

가. 채무자가 신청서에 기재한 청구채권을 인정하고 있습니까?

　　□ 예

　　□ 아니오 → 채무자 주장의 요지 :

　　☑ 기타 : **청구채권은 인정하나 공제할 지체상금등이 있다고 하고 있습니다**

나. 채무자의 의사를 언제, 어떠한 방법으로 확인하였습니까? (소명자료 첨부)
　2012. 4. 19. 채무자가 발송한 내용증명(소갑제3호증의5)

다. 채권자가 신청서에 기재한 청구금액은 본안소송에서 승소할 수 있는 금액으로 적정하게 산출된 것입니까? (과도한 가압류로 인해 채무자가 손해를 입으면 배상하여야 함)

　　☑ 예　　　　□ 아니오

2. 보전의 필요성과 관련하여

가. 채권자가 채무자의 재산에 대하여 가압류하지 않으면 향후 강제집행이 불가능하거나 매우 곤란해질 사유의 내용은 무엇입니까?

채무자 회사는 별지목록 기재 채권 이외에는 별다른 담보가치 있는 재산이 없어 제3채무자에 대한 채권을 가압류하여 두지 않으면 공사금 청구소송 중에 채무자 회사가 이를 인출할 우려가 있어 후일 강제집행에 어려움이 예견됩니다.

나. 채권자는 신청서에 기재한 청구채권과 관련하여 공정증서 또는 제소전화해조서가 있습니까? **없습니다**

다. 채권자는 신청서에 기재한 청구채권과 관련하여 취득한 담보가 있습니까

   없습니다

   있다면 이 사건 가압류를 신청한 이유는 무엇입니까?

라. [채무자가 (연대)보증인인 경우] 채권자는 주채무자에 대하여 어떠한 보전조치를 취하였습니까?

마. [다수의 부동산에 대한 가압류신청인 경우] 각 부동산의 가액은 얼마입니까? (소명자료 첨부)

바. [유체동산 또는 채권 가압류신청인 경우] 채무자에게는 가압류할 부동산이 있습니까?
   ☑ 예   □ 아니오 → 채무자의 주소지 소재 부동산등기부등본 첨부

사. ["예"로 대답한 경우] 가압류할 부동산이 있다면, 부동산이 아닌 유체동산 또는 채권 가압류신청을 하는 이유는 무엇입니까?
   ☑ 이미 부동산상의 선순위 담보 등이 부동산가액을 초과함 → 부동산등기부등본 및 가액소명자료 첨부
   □ 기타 사유 → 내용 :

아. [유체동산가압류 신청인 경우]
   ① 가압류할 유체동산의 품목, 가액은?
   ② 채무자의 다른 재산에 대하여 어떠한 보전조치를 취하였습니까? 그 결과는?

3. 본안소송과 관련하여

가. 채권자는 신청서에 기재한 청구채권과 관련하여 채무자를 상대로 본안소송을 제기한 사실이 있습니까?
   □ 예   ☑ 아니오

나. ["예"로 대답한 경우]

① 본안소송을 제기한 법원·사건번호·사건명은?

② 현재 진행상황 또는 소송결과는?

다. ["아니오"로 대답한 경우] 채권자는 본안소송을 제기할 예정입니까?

    ☑ 예 → **본안소송 제기 예정일 : 2012. 5월중으로 제기할 예정입니다**

    □ 아니오 → 사유 :

4. 중복가압류와 관련하여

가. 채권자는 신청서에 기재한 청구채권(금액 불문)을 원인으로, 이 신청 외에 채무자를 상대로 하여 가압류를 신청한 사실이 있습니까? (과거 및 현재 포함)

    □ 예   ☑ 아니오

나. ["예"로 대답한 경우]

① 가압류를 신청한 법원·사건번호·사건명은?

② 현재 진행상황 또는 결과(취하/각하/인용/기각 등)는? (소명자료 첨부)

다. [다른 가압류가 인용된 경우] 추가로 이 사건 가압류를 신청하는 이유는 무엇입니까? (소명자료 첨부)

채 권 가 압 류 신 청 서

채 권 자　이　○　○(00000-00000)
　　　　　　　서울 서초구 0000
　　　　　　　위 채권자의 대리인　변호사　0000
　　　　　　　서울 서초구 서초동 0000

채 무 자　전　○　○(000000-000000)
　　　　　　서울 성동구 00000

제3채무자　케이비부동산신탁
　　　　　　서울 강남구 역삼동 000
　　　　　　대표이사　○　○　○

청구하는 채권의 표시
청구금액 금50,000,000원
(이혼으로 인한 위자료 금30,000,000원 및 재산분할 금20,000,000원의 청구채권)

가압류할 채권의 표시
별지목록표시와 같습니다.

신 청 취 지

1. 채권자가 채무자에 대하여 가지고 있는 위 청구채권의 집행을 보전하기 위하여 채무자의 제3채무자에 대한 별지목록기재 채권을 가압류한다.
2. 제3채무자는 채무자에 대하여 위의 지급을 하여서는 아니된다.
3. 채무자는 위 채권의 처분과 영수를 하여서는 아니된다.
라는 재판을 구합니다.

신 청 원 인

1. 신분관계

채권자와 채무자는 20○○. ○. ○. 혼인신고를 필한 법률상 부부입니다.

2. 파경에 이르게 된 원인

가. 채권자와 채무자는 신혼초부터 채무자의 과다한 음주와 그로 인한 주벽으로 자주 다투기 시작하였습니다.

이에 채권자는 채무자의 술버릇을 고쳐보고자 화도 내보고, 달래도 보았으나 도저히 고쳐지지가 않았고, 결국 술버릇을 고치지 못할 경우에는 이혼에 동의한다는 각서까지 작성하게 한 후, 전문적인 치료를 위하여 가톨릭대학교 강남00병원에서 신경정신과 진료까지 받기도 하였으나 채무자는 조금도 나아지지 않고 오히려 그 정도가 더해 갔습니다.

나. 채무자는 200 0. 0. 0. 왕십리에 사는 친구가 아프다는 이유로 친구 병문안을 가서 하룻 밤을 자고 오겠다고 한 적이 있습니다. 그런데 채무자는 저녁 늦은 시간에 친구 집에서 나와 술을 마셨고, 신청외 ○○○라는 사람과 다음날 새벽 1시 50분부터 2시 30분까지 6통의 통화를 한 후 결국 외박까지 하였습니다.

다. 채무자는 200 0. 0. 0.에도 술을 마시고 외박을 하였고, 채권자가 도대체 어디서 잤냐고 묻자 직장 동료들과 술을 마신 후 자신만 혼자서 술과 커피를 파는 가게에서 잠이 들었는데 그 가게 이름은 기억이 나지않고, 빨간색 간판에 노란색 글씨가 써져 있는 가게였다고 둘러대기에 급급했습니다.

라. 이러한 채무자의 행동들은 배우자로서는 도저히 상상도 못할 일이며, 더구나 외박까지 서슴치 않는 것은 채권자에 대한 배려나 존중이 결여된 것이라 할 것이므로, 채권자와 채무자의 파경은 전적으로 채무자에게 귀책이 있다 할 것입니다.

3. 협의이혼의 신청 및 채무자의 일방적인 취하

채권자와 채무자는 위와 같은 이유로 더 이상은 결혼생활을 유지할 수 없다고 판단하여 200 0. 0. 0. 서울가정법원에 협의이혼을 신청하였고, 채권자는 채무자로 인하여 파경에 이르게 된 점에 너무도 화가 났으나 부부로서 살아온 것을 생각하여 채무자가 거처할 집의 보증금 중 일부인 20,000,000원을 부담하여 주었습니다. 그런데 갑자기 채무자는 자신의 부모님을 만난 후 200 0. 0. 0. 위 협의이혼신청을 취하하였습니다.

4. 결혼생활의 파탄 및 이혼 청구

채권자는 위와 같이 혼인한 이후 현재까지 채무자의 잘못된 음주습관과 주벽으로 인하여 고통속에서 살아왔습니다. 그럼에도 불구하고 채무자는 자신의 잘못된 습관을 알면서도 이를 극복하지 못하고, 잦은 외박 등으로 인하여 배우자로서의 역할을 하지 못하고 있으므로 더 이상 결혼생활을 유지 할 수 없는 상태입니다.

따라서 채무자의 위와 같은 행위는 민법 제840조 제3호, 제6호 소정의 각 이혼 사유에 해당한다 할 것이므로 이혼을 청구하게 된 것입니다.

5. 위자료 청구

채권자와 채무자의 혼인관계는 채무자의 잘못된 술버릇과 주벽으로 인한 잦은   외박 등으로 인하여 파탄지경에 이르렀고, 이로 인하여 채권자는 이루 말할 수 없는 심한 정신적 고통을 입었습니다.

그렇다면 채권자와 채무자간의 결혼생활기간 및 파탄의 경위, 그에 대한 채무자의 귀책정도, 재산상태 등 제반사정을 참작하여 채무자는 채권자에게 위자료로 금 30,000,000원을 지급함이 상당하다 할 것입니다.

6. 재산분할 청구

채권자와 채무자는 20○○. ○. ○.경 결혼한 이후 현재까지 증식된 재산이 전혀 없습니다. 다만, 위 4항과 같이 채권자는 서울가정법원에 협의이혼 신청 당시 채무자가 거처할 집의 보증금 중 20,000,000원을 부담하였던 바, 이는 채권자의 고유재산이므로 채권자에게 분할되어야 할 것입니다.

7. 결론

그러므로 채권자는 채무자를 상대로 이혼 등 청구소송을 제기하였으나, 본안 소송은 많은 시간이 소요되므로 채무자의 유일한 재산인 별지 목록 기재 채권을 가압류하여 두지 않으면 후일 채권자가 본안에서 승소판결을 얻는다 하여도 강제집행의 목적을 달성하기에 어려움이 예견되어 본 신청에 이른 것입니다.

8. 지급보증위탁계약체결문서의 제출에 의한 담보제공의 허가신청.

민사소송규칙 제22조에 의하여 채권자는 지급보증위탁계약체결문서의 제출에 의한 담보제공을 병행하여 신청합니다.

소 명 방 법

1. 소갑제1호증	호적등본
1. 소갑제2호증의 1, 2	주민등록초본
1. 소갑제3호증	일기장(채무자)
1. 소갑제4호증	통원/진료확인서
1. 소갑제5호증	접수증명원
1. 소갑제6호증	영수증
1. 소갑제7호증의 1, 2	진술서
1. 소갑제8호증	소장

1. 소갑제9호증   소제기증명원

첨 부 서 류

    1. 위 소명자료   각 1 통
    1. 납부서   1 통
    1. 위임장   1 통
    1. 부동산등기부등본   1 통
    1. 법인등기부등본   1 통

                                 20○○.   ○.   .
                                 채권자의 대리인
                                 변호사 ○ ○ ○

서울가정법원   **귀중**

————————————————————————————

목   록

청구금액   금50,000,000원

채무자가 제3채무자 케이비부동산신탁○○○의 소유인 서울 성동구 하왕십리동 ○○○오피스텔 ○○○호를 임차함에 있어 제3채무자에게 지급한 임대차보증금 반환 청구채권중 위 청구금액에 이르기까지의 금원.

                                      – 이 상 –

■ 작성 · 접수방법

1. 신청서에는 수입인지 10,000원을 붙여야 한다.
2. 송달료는 45,900원(=당사자수(3)×5,100(송달료)×3회분)을 송달료취급은행에 납부하고 첨부하여야 한다.
3. 기타 등록교육세와 증지비용은 없다 단 전세권부 채권가압류 또는 저당권부채권가압류는 등기부상 공시를 위해 부동산 1건당 등록교육세 3,600원 및 증지 3,000원을 제출한다.
4. 신청서는 1부만 제출한다. 다만 가압류신청진술서 1부와 별지목록 4~6부를 신청서에 첨부해서 제출한다.
5. 선담보제공을 하지 않은 경우라면 법원은 일정액의 담보를 제공하라는 담보제공명령을 내리는데 이에 따라 보증보험증권 이나 또는 현금을 공탁한 후 그 이행증서를 제출한다.
7. 채권가압류는 제3자에게 송달되어야 그 효력이 발생한다.

예탁유가증권 가압류신청

채 권 자   이00

           서울 관악구 00

           소송대리인 법무법인 00

           서울 서초구 00

           담당변호사 00

채 무 자   김00

           서울 관악구 00

제3채무자   1. 키움증권 주식회사 (110111-1867948)

             서울 영등포구 여의나루로4길 18(여의도동)

             대표이사 권용원

       2. 미래에셋증권 주식회사 (110111-1821423)

             서울 중구 수하동 67 미래에셋 센터원 빌딩 이스트타워

             대표이사 최현만, 변재상, 조웅기

청구채권의 표시   **100,000,000원**(이혼으로 인한 위자료 30,000,000원 및 재산분할 559,177,569원 총 589,177,569원 청구채권 중 일부금)

가압류할 채권의 표시   별지 기재와 같음

신청취지

1. 채권자가 채무자에 대하여 가지는 위 청구채권의 집행을 보전하기 위하여 채무자의 제3채무자들에 대한 별지 목록 기재 예탁유가증권에 대한 공유지분을 가압류한다.
2. 채무자는 위 예탁유가증권에 관한 공유지분에 대하여 계좌대체의 청구나 증권반환의 청구 그 밖의 일체의 처분행위를 하여서는 아니 된다.
3. 제3채무자들은 위 예탁유가증권에 관한 공유지분에 대하여 계좌대체를 하거나 채무자에게 이를 반환하여서는 아니된다.

라는 재판을 구합니다.

신청원인

1. 당사자들의 관계

채권자와 채무자는 2009. 2. 3. 혼인신고를 마친 법률상 배우자이고, 두 사람 사이에는 미성년의 자녀 이00과 이00이 있습니다[소갑제1호증의1,2(각 가족관계증명서), 소갑제2호증의1,2(각 혼인관계증명서), 소갑제3호증의1,2(각 기본증명서), 소갑제4호증(주민등록표등본), 소갑제9호증(주민등록초본) 참조].

2. 피보전권리의 존재

가. 혼인생활의 경과 및 재산의 형성과정

채권자와 채무자는 직장인 00 주식회사에 다니면서 알게 되었고 약 10개월 정도 사귀면서 2009. 3.경 결혼하게 되었습니다. 결혼 당시 채권자는 선임연구원으로 연봉이 약 3,600만 원 정도였고, 채무자의 연봉은 2,900만 원 정도였습니다[소갑제5호증(재직증명서) 참조].

채권자와 채무자는 결혼 후 서울 강남구 개포동에 전셋집을 얻었고, 전세보증금 240,000,000원은 채권자가 6,000만 원 정도를, 채무자는 6,500만 원 정도를 부담하였고 나머지는 채권자 명의의 대출금으로 충당하였습니다.

그리고, 결혼 이후 아이가 생기기 전까지 약 1년 6개월 정도는 한달에 100~200만 원 정도 채무자 명의로 저축을 하였고, 그 후로는 공동의 가계 관리는 별도로 하지 않았습니다. 그 와중에도, 채무자는 가끔 채권자의 카드대금이 많이 나오는 경우(모두 두 사람이 외식을 하거나 집에 필요한 물건을 구입한 것이고 채권자가 따로 물건 구입이나 유흥비 등에 사용한 것은 거의 없습니다.) 채권자에게 '왜 기억을 못하냐'고 하면서 매우 화를 내었고, 반대로 자신의 카드대금에 대하여는 채권자가 물어 보면 짜증만 낼 뿐 제대로 알려 준 적은 한 번도 없습니다.

한편, 결혼 당시 두 사람이 다니던 회사가 나스닥에 상장하면서 사원들에게 주식을 나누어 주었는바, 채무자는 주식을 받지 못하였지만 채권자는 회사로부터 지속적으로 주식을 계속 받았고, 2010. 10. 첫째아이가 태어난 직후 주식의 일부를 팔아서 그 대금 약 2,000만 원 정도를 빌라(매매가격 229,000,000원)를 구입하는데 사용하였습니다.

그후 2012. 11.경 둘째아이가 태어난 이후 위 빌라는 전세를 주고 채권자 가족은 아파트 전세를 얻어 이사를 가게 되었는데, 이때 채권자는 다시 주식의 일부를 팔아 약 8,000만 원 정도를 마련하여 대출금을 갚았습니다.

그러던 중, 채권자는 2014. 10.경 채무자의 요구로 전셋집에 대하여 채무자의 명의로 변경하여 다시 계약을 하도록 해 주고, 채권자가 보유하고 있던 주식 중 당시 권리 행사가 가능한 주식 600,000,000원 상당을 모두 채무자에게 증여하여 채무자로 하여금 재산을 관리할 수 있도록 해 주었습니다[소갑제6호증(증여세과세표준신고 및 자진납부계산서) 참조].

나. 채무자의 유책사유에 의한 혼인생활의 파탄

회사의 연구 개발부서에 근무하던 채권자는 결혼을 전후로도 과중한 회사 업무와 일정하지 않은 퇴근시간으로 인하여 늦게 귀가하는 경우가 종종 있었고, 반면 채무자는 사무직으로 대부분 정시에 퇴근하였지만, 그 때마다 채무자는 가사일이나 자녀들을 돌보는 대신 회사 사람들과 술을 마시거나 집에서 술을 마시는 경우가 많았습니다. 심지어는, 술에 취하여 잠이 들어 새벽에 퇴근한 채권자에게 3시간 동안이나 문을 열어 주지 않은 적도 있었고, 술에 취하여 라면을 끓이다가 잠들어 집에 화재가 발생할 뻔 한 적도 여러 번 있습니다.

이와 같은 채무자의 주벽으로 과중한 업무에 시달리던 채권자는 가정생활에서 큰 고통을 받았으나, 채무자는 오히려 '내가 바람 피워도 당신은 할 말 없어.'라고 말하는 등 적반하장격인 모습을 보일 뿐이었습니다.

또한, 결혼 이후 채무자는 채권자가 친구를 만나거나 친척의 제사 등 집안 행사에 가는 것조차도 매번 반대를 하여 정상적인 직장 및 사회생활을 방해하였고, 아이들을 대신 돌보아 주신 채권자의 부모님에 대하여도 오히려 '어머니 제가 회사에서 여기까지 올라오는데 얼마나 힘들었는지 아세요?'라고 하거나 아이를 맡겨둔 채 새벽 6시에 집에 들어오는 등 채권자 가족들과의 갈등을 유발하기도 하였습니다[소갑제7호증(사실확인서) 참조].

아이들이 태어난 이후 채무자는 2015. 2.경 퇴사를 하여 시간적으로 여유가 충분히 있었음에도 불구하고 기본적으로 해야 할 집안일을 거의 하지 않고 아이들을 돌봐 주러 오는 채권자의 어머니에게 맡겨 두기만 하였고, 훈육을 핑계로 아이들을 추운 베란다에 세워 두는 등 지나치게 가혹한 양육 방식으로 인하여 아이들도 아빠에게 '더러우니까 만지지마'라는 말을 하게 될 정도로 나쁜 영향을 지속적으로 받아 왔습니다.

이와 같이 혼인관계와 가정생활이 파탄에 이르던 와중에, 2015. 6. 2.경 채무자는 전세보증금 240,000,000원을 임대인으로부터 회수하고 집안에 있던 물품 등을 모두 물품보관소에 맡겨 둔 채 무단으로 집을 나가기까지 하였습니다[소갑제8호증(문자메시지) 참조].

결국, 이와 같은 채무자의 주벽, 채권자와 자녀들 및 부모님에 대한 부당한 대우 및 무단가출 행위는 민법 제840조 제2호(악의의 유기), 제4호(직계존속에 대한 부당한 대우) 및 제6호(기타 중대한 사유)의 각 이혼원인에 해당된다고 할 것입니다.

다. 위자료 및 재산분할청구권의 발생

이와 같이 채무자의 유책사유로 인하여 혼인관계가 파탄에 이르렀고, 이로 인하여 채권자는 정신적 고통을 받았거나 앞으로 받을 것임이 경험칙상 명백하므로 채무자는 금전지급으로써 나마 이를 위자할 의무가 있다 할 것인바, 채무자의 가정생활의 방기와 가족들에 대한 부당한 대우가 혼인기간 내내 지속된 점, 두 사람의 나이, 가족관계, 재산 정도, 혼인에 이르게 된 경위, 혼인생활의 과정과 파탄의 원인 및 이에 대한 채무자의 책임 정도 기타 제반사정을 참작하여 채무자는 채권자에게 위자료로 적어도 30,000,000원 및 이에 대한 지연손해금을 지급하여야 할 것입니다.

또한, 앞서 본 재산형성 과정에 비추어 볼 때, 최소한 채무자가 반환받은 전세보증금 240,000,000원 및 채권자로부터 증여받은 주식 691,962,615원 상당은 거의 대부분 채권자의 기여로 이룩한 재산이라고 할 것인바, 두 사람의 나이, 혼인기간, 재산형성 및 유지의 경위, 두 사람의 기여 정도 기타 제반사정을 참작하면, 채권자는 적어도 위 재산 가액의 60%에 해당되는 559,177,569원[= (240,000,000원+691,962,615원) X 60%] 및 이에 대한 지연손해금에 해당되는 재산분할청구권을 가진다고 할 것입니다.

라. 소결

결국, 채권자는 채무자에 대하여 위와 같은 위자료 및 재산분할로 인한 피보전권리가 있는 바, 채권자는 우선 위 금액의 일부인 100,000,000원의 청구권을 보전하기 위하여 이 사건 신청을 하고자 합니다.

3. 보전의 필요성

앞서 본 바와 같이, 현재 채무자는 전세보증금을 반환받아 무단 가출한 상태이고, 채권자와 자녀들은 거주하던 집에서 나와 친가의 부모님 댁에 함께 살 수 밖에 없는 상황입니다.

이와 같은 상황에서, 채권자는 채무자에게 이혼 등 청구소송을 준비하고 있는바, 채무자가 그 판결이 확정되기 전에 자신의 명의로 된 예금채권 및 주식을 처분할 가능성이 다분하므로, 채권자에게는 보전의 필요성도 인정된다고 할 것입니다.

4. 담보의 제공

이상과 같은 이유로 채권자는 이 사건 신청에 이르렀습니다. 다만, 채권자는 혼인생활 내내 급여의 거의 대부분을 가정생활을 위하여 사용하였고, 채권자 소유의 주식까지 모두 증여해 주었으나, 채무자는 채권자와 자녀들을 버려둔 채 전세금 및 모든 현금을 가지고 행방을 감춘 상태입니다. 이에 채권자는 현금재산이 전혀 없이 거주하던 집에서 쫓겨날 수밖에 없고 앞으로 어린 자녀들과 생계를 유지하는 것조차 어려워질 위기에 처해 있습니다. 이와 같은 채권자의 어려운 사정을 참작하시어 담보의 제공은 보증보험회사와 지급보증위탁계약을 체결한 문서를 제출하는 방법으로 갈음하는 것을 허가하여 주시고 조속한 결정을 내려 주시기를 바랍니다.

소명방법

1. 소갑제1호증의1,2   각 가족관계증명서
2. 소갑제2호증의1,2   각 혼인관계증명서
3. 소갑제3호증의1,2   각 기본증명서
4. 소갑제4호증   주민등록표 등본
5. 소갑제5호증   재직증명서
6. 소갑제6호증   증여세과세표준신고 및 자진납부계산서
7. 소갑제7호증   사실확인서
8. 소갑제8호증   문자메시지
9. 소갑제9호증   주민등록초본(채무자)

첨부서류

1. 위 소명자료   각 1통
2. 소송위임장 및 변호인지정신고서
3. 법인등기부등본
4. 가압류신청 진술서

2016.　　0.　　　.
채권자의 소송대리인
법무법인 00
담당변호사 　00

서울가정법원 귀중

[별지]

[별지]

가압류 목적물의 표시

청구금액 : 금 100,000,000원

연번	제3채무자	제3채무자별 청구금액
1	키움증권 주식회사	금 50,000,000원
2	미래에셋증권 주식회사	금 50,000,000원
합 계		금 100,000,000원

1. 압류의 목적물 및 한도

채무자 김00가 제3채무자에 개설한 위탁계좌에 의해 가지는 예탁유가증권(채무증권, 수익증권, 투자계약증권, 파생결합증권, 증권예탁증권 등)에 관한 공유지분 및 예수금채권과 장래 취득할 예탁유가증권에 관한 공유지분 및 예수금채권 중 아래 2.에 기재한 순서에 따라 위 청구금액에 이를 때까지의 금액. 다만, 위 예탁유가증권의 가격은 가압류결정 송달일 전날(그 날이 휴일인 경우에는 그 이전에 가까운 거래일)의 나스닥 거래소의 종가에 의하여 환산한다.

2. 압류의 순서

복수의 예탁유가증권이 있는 때에는 다음 순서에 의한다.

가. (1) 선행하는, ①가처분의 집행, ②체납처분에 의한 압류, ③담보권실행에 의한 압류, ④강제집행에 의한 압류, ⑤가압류의 집행 등이 없는 주식.
   (2) 위 ①이 이루어지지 않은 주식(위 ② 내지 ⑤의 전부 또는 그 중 일부가 이루어진 주식).
   (3) 위 ①이 이루어진 주식.
나. 종류를 달리하는 주식이 있을 때에는 다음 순서에 의한다.
   (1) 우선주, (2) 보통주

3. 압류된 예탁주권의 주식에 관하여 압류 후에 주식의 병합 또는 분할, 회사의 합병, 무상증자(주식배당) 등이 이루어져 새로운 주식이 발행된 때에는 그 새로이 발행된 주식을 대상으로 한 예탁주권도 압류의 대상이 된다. 끝.

【 별지목록 】 참조

가압류할 주권의 표시

채무자가 예탁자 ㅇㅇ증권(주)(취급점 : ㅇㅇ지점)의 고객으로서 가지는 다음 주식을 대상으로
하는 예탁주권에 관한 공유지분

- 다　음 -

1. ㅇㅇ(주) 보통주식 ㅇㅇㅇ주
2. 제1항의 주식에 관하여 압류후에 주식의 병합 또는 분할, 회사의 합병, 무상증자(주식배상)
   등이 이루어져 새로이 주식이 발행된 때에는 그 새로이 발행된 주식
3. 제2항의 주식에 관하여 다시 제2항에 든 사유에 의하여 새로이 주식이 발행된 때에는
   그 새로이 발행된 주식

【 별지목록 】 참조

가압류할 주권의 표시

1. 가압류할 목적물
   채무자가 예탁자 ㅇㅇ증권(주)(취급점 : ㅇㅇ지점)의 고객으로서 가지는 다음 주식을 대상
   으로 하는 예탁주권에 관한 공유지분
   가. ㅇㅇ예스(주) 보통주식
   나. △△기업(주) 우선주식
2. 가압류의 한도
   금 ㅇㅇㅇ원에 이를 때까지의 금액
   다만 제1항의 가. 주식에 대하여는 1주당 금ㅇㅇ원, 나. 주식에 대하여는 1주당 금ㅇㅇ원
   으로 환산한다.
3. 가압류의 순서
   가. 제1항의 예탁주권 중 선행하는, ㉠ 가처분의 집행, ㉡ 체납처분에 의한 압류, ㉢
      담보권실행에 의한 압류, ㉣ 강제집행에 의한 압류, ㉤ 가압류의 집행 등이 이루어진
      것이 있을 때에는 제1항의 가., 나.의 주식종류에 관계없이 다음 순서에 의한다.
      (1) 위 ㉠ 내지 ㉤이 전혀 이루어지지 않은 주식
      (2) 위 ㉠ 내지 ㉣이 이루어지지 않은 주식
      (3) 위 ㉠ 내지 ㉢이 이루어지지 않은 주식
      (4) 위 ㉠과 ㉡ 이루어지지 않은 주식예스폼

(5) 위 (1) 내지 (4)이외의 주식

나. 위 가.항에 기재된 가압류순서 중에서 동일한 순서에 속하는 주식상호간에는, 먼저
1.의 가.항 예탁주권을 가압류하고, 다음으로 1.의 가.항 예탁주권을 가압류한다.

【별지목록】

가압류할 주권의 표시

1. 가압류의 목적물 및 한도

채무자가 예탁자 ○○증권(주)(취급점:○○지점)의 고객으로서 가지는 주식을 대상으로
하는 예탁주권에 관한 공유지분 중 아래 2의 순서에 따라 금 ○○○원에 이를 때까지의
금액. 다만 1주의 가격은 가압류명령 송달일 전날(그 날이 휴일인 경우에는 그 이전 가장
가까운 거래일)의 증권선물거래소의 종가에 의하여 환산한다.

2. 가압류의 순서

복수의 예탁주권이 있는 때에는 다음 순서에 의한다.
가. (1) 선행하는, ㉠가처분의 집행, ㉡체납처분에 의한 압류, ㉢담보권실행에 의한 압류,
㉣강제집행에 의한 압류, ㉤가압류의 집행 등이 없는 주식
(2) 위 ㉠이 이루어지지 않은 주식(위 ㉡ 내지 ㉤의 전부 또는 그 중 일부가 이루어진
주식)
(3) 위 ㉠이 이루어진 주식
나. 종류를 달리하는 주식이 있을 때에는 다음 순서에 의한다.
(1) 우선주
(2) 보통주

3. 압류된 예탁주권의 주식에 관하여 압류후에 주식의 병합 또는 분할, 회사의 합병, 무상증
자(주식배당)등이 이루어져 새로이 주식이 발행된 때에는 그 새로이 발행된 주식을 대상
으로 한 예탁주권도 가압류의 대상이 된다.

[서식] 유체동산가압류(부정한 행위, 악의유기, 부당한 대우, 기타 중대한 사유) 신청서

유체동산가압류신청

채권자   임 ㅇ ㅇ (800000-2000000)
             경기 ㅇㅇ시 ㅇㅇ구 ㅇㅇ동 ㅇㅇ아파트 ㅇㅇㅇ-ㅇㅇㅇ

             신청인의 소송대리인 법무법인 ㅇㅇ
             담당변호사 정 ㅇ ㅇ
             서울 ㅇㅇ구 ㅇㅇ동 ㅇㅇㅇ ㅇㅇ빌딩 5층
             (우: 137-885, 전화: 02-500-5000, 팩스: 02-500-4000)

채무자   전 ㅇ ㅇ (800000-1000000)
             채권자와 같은 곳

청구채권의 표시
 금10,000,000원(재산분할청구권 금25,500,000원 중 일부금)

피보전권리의 요지
 이혼에 따른 재산분할청구권

가압류할 유체동산의 표시
 별지 기재 목록과 같습니다.

신 청 취 지

   채권자가 채무자에 대하여 가지고 있는 위 청구채권의 집행을 보전하기 위하여 위 청구금액에 달할 때까지 채무자 소유의 별지목록 기재 유체동산을 가압류한다.
라는 결정을 구합니다.

신 청 원 인

1. 당사자의 관계

채권자와 채무자는 사내연애로 만나 2006. 9. 8. 혼인신고를 필한 법률상의 부부(소갑 제1호 증의 1 내지 2: 각 가족관계증명서, 3 내지 4: 각 혼인관계증명서, 5 내지 6: 각 기본증명서, 7: 주민등록표등본, 8 내지 9: 각 주민등록표초본)로서, 그 슬하에 임00(2007. 0. 00.생), 임00(2011. 0. 00.생)을 두고 있으며, 채권자는 현재 셋째 아이를 임신한 상태입니다.

2. 피보전권리

가. 혼인의 파탄경위

1) 채권자는 채무자가 권고사직을 당하게 되면서 이직을 하였다가 다시 퇴사하여 경제적으로 어려운 상태에서 시댁에서 신혼살림을 시작하였습니다. 그 후 채권자의 이모님의 도움으로 겨우 분가를 하였으나, 채권자가 첫 아이를 임신한 상태였음에도 불구하고 채무자는 적극적인 구직의욕을 보이지 않고 늘 게임만 하는 등 가정을 등한시하는 태도를 보였습니다.

2) 2007. 첫 아이를 출산하였으나 당시 경제적으로 어려워 병원비를 지불하지 못하여 병원에서 하루 더 머물러야 했습니다. 당시 불안해하던 채권자에게 친정어머니가 산후조리원비용으로 100만 원을 해주시고 시댁에서 마지못해 100만 원을 보태주어서 겨우 퇴원할 수 있었습니다.

3) 2007. 8. 10. 채권자의 생일에는 생일을 맞이하여 낮에 외식을 하고 저녁에 들어와서 <u>케익상을 채권자가 차려오지 않는다는 이유로 채무자는 채권자의 머리채를 잡고 끌며 침대로 내동댕이치고 폭력을 행사하였습니다.</u>

4) 그 후 2008. 9.경 당시 직장을 다니던 채무자가 너무 힘들다는 이유로 채권자에게 영어학원을 운영하길 권하였고, 채무자 본인은 차량운영을 돕고 잡무를 보겠다고 하여 성남에 어학원을 운영하게 되었는데, 밤늦게 끝나는 학원의 특성상 당시 2세이던 아이의 양육의 도움을 시댁에 부탁드렸으나 시어머니는 모임에 나가지 못한다고 하시며 단호히 거절하였기때문에 할 수 없이 큰 언니를 투병으로 잃고 우울증에 시달리던 친정어머니가 계신 대구집에 아이를 맡길 수 밖에 없었으며, 이로 인해 아이와 떨어져 살아야하는 힘든 생활을 하여야만 했고, 또한 이로 인하여 아이는 분리불안과 이상증세를 보이고 있습니다.

5) 채무자는 2년간 어학원을 운영하는 중에도 채권자에게 운영협조를 거부하였으며 차량운영 외에는 안내데스크에 앉아 여자나체사진을보는 등 남편으로서 전혀 존경할 수 있는 태도를 보이지 않았으며, 채권자에 대한 폭행사실과 함께 짜증스러운 말투와 다혈질로 인해 주변 사람들로부터도 좋은 평가를 받지못했습니다(소갑 제2호증 이00의 증인진술서 참조)

6) 둘째를 출산하고 나서는 시댁과의 관계가 호전되는 듯하였으나, <u>채무자는 2011. 5.경 딸아이의 동요CD를 만들어달라는 채권자의 말에 격분하여 "니가 만들어라"라고 소리치며 젖병을 얼굴에 집어던져 피가 나고 1주일 이상 입술이 붓고 멍이 들었습니다. 당시 채무자는 무섭고 화가 나 집을 나가려는 채권자를 강제로 못나가게 강제로 때리고 내동댕이쳤으며,</u> 이를 베란다에 숨어서 목격한 딸아이 신청외 최보나는 불안한 가정환경 탓에 각종 퇴행행동과 정서장애를 보여 정신과진료와 놀이치료를 받게 되었습니다(소

갑 제3호증 김OO의 증인진술서, 소갑 제4호증 상해부위사진 각 참조), 이후 채무자는 자신의 폭력행사에 대한 후회와 반성으로 각서를 스스로 작성하여주었으며(소갑 제5호 증 채무자 자필 각서 사본 참조) 딸아이의 당시 상태에 대해 채무자와 나눈 문자도 있었습니다(소갑 제6호증 문자사진 참조)

7) 채무자는 한 가지 일을 꾸준히 하지 못하였습니다. 사업을 하면서도 1년을 못 채우고 몇 개월만에 다른 데로 수개월 만에 옮기는 일을 되풀이하여 결혼 7년 동안 채무자의 직장 이직에 따라 이사만 10번을 넘게 다녀야만 했고, 경제적으로 고통 받는 와중에도 채무자의 사치스러운 성격때문에 자동차를 7번이나 바꾸었습니다. 셋째 아이 임신을 하고 경제적 압박과 육아에 대한 부담으로 시달리는 채권자를 아랑곳하지 않고 무관심으로 일관하던 채무자는 갑자기 2012. 10. 중순부터 이유없이 짜증을 내면서 사사건건 시비를 걸었습니다. 채무자는 마치 계획적으로 싸움을 걸어 이혼을 기다린 사람처럼 동년 11. 초순 부부싸움을 계기로 별거를 요구했으며, 무조건 아이 둘을 데리고 나가서 친정으로 가라고 했습니다. 채권자는 부부싸움 한 번에 극단적으로 무조건 이혼하자고 하는 채무자의 마음을 돌리고자 채무자에게 "아이들을 생각하자"라며 "채권자가 모든 걸 다 맞추고 더 노력하겠다"고 설득하여도 소용이 없었습니다.

8) 채무자는 동년 11년 초순경 이혼이야기가 나오며 갑자기 채권자가 너무 싫어 집에 오기 싫다고 하면서 이불과 밥솥, 옷가지들을 챙겨 나갔습니다. 채권자가 채무자를 만나기 위하여 헬스장 영업시간이 끝날 무렵에 헬스장에 가보면, 헬스장의 주차장에 차도 없고 헬스장에서 생활한 흔적이 전혀 없어 이상하게 생각하고, 채무자의 영업시간이 끝날 시간에 추격해 보았더니 헬스장으로부터 멀지않은 오피스텔에서 여자와함께 나란히 나와 아이의 카시트와 기저귀가 그대로 남아있는 채무자의 차를 타고 있는 장면을 목격하게 되었습니다(소갑 제7호증 간통현장사진 참조), 현재 채무자는 상간녀와 부부인 것처럼 행세를 하면서 당 오피스텔에 월세를 얻어 살림을 하고 있는 상태입니다(소갑 제8호증 녹취록 참조).

9) 한 여자의 남편이자, 한 가정의 가장이며, 또한 현재 임신중인 아이를 포함하여 세 아이의 아빠인 채무자가 행한 결혼기간 계속된 폭행과 간통으로 인해 산부인과 의사선생님으로부터 정신과치료를 받아보라는 권유까지 듣게 되었으며(소갑 제9호증 진료기록부 참조), 가정폭력상담실에까지 상담을 받아야만 했습니다(소갑 제10호증 가정폭력피해상담 사실확인서 참조).

나. 채무자의 위와 같은 행위는 채권자와의 법률상의 부부로서의 의무를 위반한 것으로 민법 제840조 제1호, 제2호, 제3호 및 제6호에 각 해당한다 할 것입니다. 이로 인해 현재 채권자는 채무자를 상대로 이혼소송을 이미 제기하였습니다(서울가정법원 2016드단 0000 이혼 등, 소갑 제11호증 대법원인터넷사이트 나의사건검색자료 참조).

3. 채무자의 위자료 지급의무 발생(손해배상책임의 범위)

채무자 및 위 신청외인들은 위 제2항에 나타난 바와 같이 고의로 채권자를 유기 및 폭행하고, 혼외정사를 하였으므로, 이로 인하여 채권자가 엄청난 정신적 고통을 받았음은 자명하다 할 것이므로 피고들은 채권자가 받은 정신적 고통에 대하여 채권자에게 금전적으로나마 위자해 주어야 할 것인바, 이를 금전으로 환산을 하면 손해배상책임의 발생 경위, 원 피고들 간의 재산상태, 기타 제반 사정을 참작할 때, 채무자 및 신청외인들은 채권자에게 연대하여 위자료로서 적어도 50,000,000원을 지급함이 상당하다 할 것입니다.

4. 재산분할 청구에 관하여

가. 재산내역
1) 채권자의 적극재산
없습니다.
2) 채권자의 소극재산
없습니다.
3) 채무자의 적극재산
- 서울 00구 00동 000-00 소재 건물 3층의 임대차 보증금 3,000만 원(임대차계약서는 현재 채무자가 은밀하게 보관 중에 있는 터라 이를 제출할 수가 없는 상황입니다)
- 자동차 2007년식 베라크루즈(00러0000) : 시가 2,100만 원
4) 채무자의 소극재산
없습니다.

나. 순자산의 합계액
부부의 총 순재산 합계액 = 5,100만 원

다. 채권자의 재산분할청구액
채무자는 잦은 이직과 무직생활로 인해 혼인생활 중 안정적인 생활을 못했으며, 전설한 바와 같이 채권자는 채무자의 무관심 속에서 가사와 육아를 전담하는 등 가정생활의 대부분의 책임을 감당해야만 했습니다. 채권자의 도움과 가정을 위한 헌신이 없었다면 현재 채권자의 재산 형성 및 유지는 사실상 불가능하였습니다. 이러한 사실을 기초로 부부 재산의 형성 및 유지에 대한 채권자의 기여도는 최소 50% 이상이라고 할 것입니다.

이와 같은 기여도에 따라 계산할 경우 채권자는 최소한 2,550만 원의 재산분할 청구채권이 있습니다.

5. 긴급한 보전의 필요성

채권자가 확인한 바로는 채무자가 채권자에 대한 채무를 면탈하기 위하여 현재 별지목록 기재 유체동산이 있는 헬스장을 타에 처분하려고 인터넷사이트 네이버의 '중고나라'라는 카페에 급매로 올려놓은 상태입니다(소갑 제12호증 인터넷 네이버카페 중고나라 헬스클럽 급매 자료 참조). 또한 채무자의 다른 재산인 자동차도 동일한 방법으로 급매처분하려고 하고 있습니다(소갑 제13호증 인터넷 네이버카페 중고나라 자동차급매 자료 참조). 즉 채무자는 본인 소유의 모든 재산을 급매로 처분하여 채권자에 대한 채권행사를 무력화하려는 시도를 하고 있다 할 것입니다. 이를 지금 긴급히 가압류하지 않으면 후일 채권자가 본안소송에서 승소를 하더라도 그 청구 채권을 집행하지 못할 처지에 이를 수 있는 바, 부득이 이를 보전하고자 본 신청에 이른 것입니다.

6. 담보제공에 대하여

이미 서울가정법원 2016드단0000 이혼 등 사건으로 본안소송을 제기한 채권자가 채무자에 대한 손해담보를 위하여 귀 법원에 공탁을 함에 있어서 채권자의 경제적으로 어려운 형편을 적의 살피시어 보증보험증권회사와 지급보증위탁계약을 체결한 지급보증보험증권으로 대신할 수 있도록 허가하여 주시기를 바랍니다. 현금 담보제공은 경제형편상 불가능한 상황입니다.

소 명 방 법

1. 소갑 제1호증의	1 내지 2	각 가족관계증명서
	3 내지 4	각 혼인관계증명서
	5 내지 6	각 기본증명서
	7 내지 8	주민등록표등본
	9 내지 10	각 주민등록표초본
2. 소갑 제2호증		이00의 증인진술서
3. 소갑 제3호증		김00의 증인진술서
4. 소갑 제4호증		상해부위사진
5. 소갑 제5호증		채무자 자필 각서 사본
6. 소갑 제6호증		문자사진
7. 소갑 제7호증		간통현장사진
8. 소갑 제8호증		녹취록
9. 소갑 제9호증		진료기록부
10. 소갑 제10호증		가정폭력피해상담 사실확인서
11. 소갑 제11호증		대법원인터넷사이트 나의사건검색자료
12. 소갑 제12호증		인터넷 네이버카페 중고나라 헬스급매 자료
13. 소갑 제13호증		인터넷 네이버카페 중고나라 자동차급매 자료

첨 부 서 류

1. 위 소명방법   각 1통
1. 부동산등기부등본   1부
1. 가압류진술서   1부
1. 납부서   1부
1. 위임장   1부

2016. 0.
위 신청인의 대리인
법무법인 00
담당변호사 정00

서울가정법원   귀중

[별지] 별지목록

별 지 목 록

청구금액: 5,000,000원
(재산분할청구권 금25,500,000원 중 일부금)

채무자가 현재 운영하고 있는 '서울 00구 00동 000-00'소재 건물의 3층 '00헬스클럽' 내에 설치 또는 비치되어 있는 유산소기구(런닝머신, 싸이클, 스탭퍼, 싸이클론, 기타 등)ㆍ 마사지기구(로라마사지, 벨트마사지, 거꾸리, 기타 등)ㆍ머신기구(레그프레스, 레그익스 텐션, 레그컬, 이너타이, 토탈힙, 기타 등)ㆍ체지방측정기ㆍ인바디 등의 헬스기구류, TV, 에어콘, 냉장고, 세탁기, 오디오 등을 포함한 유체동산 일체. 끝.

[별지] 가압류할 자동차의 표시

가압류할 자동차의 표시

1. 차명: 제네시스 쿠페(GENESIS Coupe)
1. 자동차등록번호: 00로0000
1. 제원관리번호: A081-00000-0000-0000
1. 차대번호: KMHHT00DAAU000000
1. 연식: 2010
1. 최초등록일: 2009-09-01
1. 최초 접수번호: 0000-0000-000000
1. 사용본거지의 위치: 서울특별시 00구 000동 **-******
1. 원동기의 형식: G4KF
1. 최종소유자: 임00
끝.

[서식] 부동산처분금지가처분 신청서(부당한 대우, 기타 중대한 사유)

부동산처분금지가처분신청서

채 권 자   이 ㅇ ㅇ(00000-00000)
           등록기준지 : 경기도 ㅇㅇ군 ㅇㅇ면 ㅇㅇ리
           주   소 : 서울 서초구 서초동 ㅇㅇ번지

채 무 자   전 ㅇ ㅇ(000000-000000)
           등록기준지 : 경기도 ㅇㅇ군 ㅇㅇ면 ㅇㅇ리
           주   소 : 서울 서초구 서초동 ㅇㅇ번지

목적물의 가액 : 금50,000,000원
(이혼에 따른 재산분할을 원인으로 한 소유권이전등기청구권)

가처분할 부동산의 표시
별지목록 기재와 같습니다.

신 청 취 지

채무자는 별지목록 기재 부동산에 대하여 양도, 전세권, 저당권, 임차권의 설정 및 기타 일체의 처분행위를 하여서는 아니된다.

라는 재판을 구합니다.

신 청 원 인

1. 당사자관계

채권자와 채무자는 20○○. ○. ○. 혼인신고를 필한 법률상 부부입니다.

2. 파경에 이르게 된 원인

가. 채권자와 채무자는 신혼초부터 채무자의 과다한 음주와 그로 인한 주벽으로 자주 다투기 시작하였습니다.

　이에 채권자는 채무자의 술버릇을 고쳐보고자 화도 내보고, 달래도 보았으나 도저히 고쳐지지가 않았고, 결국 술버릇을 고치지 못할 경우에는 이혼에 동의한다는 각서까지 작성하게 한 후, 전문적인 치료를 위하여 가톨릭대학교 강남00병원에서 신경정신과 진료까지 받기도 하였으나 채무자는 조금도 나아지지 않고 오히려 그 정도가 더해 갔습니다.

나. 채무자는 20○○. ○. ○. 왕십리에 사는 친구가 아프다는 이유로 병문안을 가서 하룻 밤을 자고 오겠다고 한 적이 있습니다. 그런데 채무자는 저녁 늦은 시간에 병원에서 나와 술을 마셨고, 신청외 000라는 사람과 다음날 새벽 1시 50분부터 2시 30분까지 6통의 통화를 한 후 결국 외박까지 하였습니다.

다. 채무자는 20○○. ○. ○.에도 술을 마시고 외박을 하였고, 채권자가 도대체 어디서 잤냐고 묻자 직장 동료들과 술을 마신 후 자신만 혼자서 술과 커피를 파는 가게에서 잠이 들었는데 그 가게 이름은 기억이 나지않고, 빨간색 간판에 노란색 글씨가 써져 있는 가게였다고 둘러대기에 급급했습니다.

라. 이러한 채무자의 행동들은 정상적인 가장으로서는 도저히 상상도 못할 일이며 더구나 외박까지 서슴치 않는 것은 채권자에 대한 배려나 존중이 결여 된 것이라 할 것이므로, 채권자와 채무자의 파경은 전적으로 채무자에게 귀책이 있다 할 것입니다.

3. 결혼생활의 파탄 및 이혼 사유

채권자는 위와 같이 혼인한 이후 현재까지 채무자의 잘못된 음주습관과 주벽으로 인하여 고통 속에서 살아왔습니다. 그럼에도 불구하고 채무자는 자신의 잘못된 습관을 알면서도 이를 극복하지 못하고, 잦은 외박 등으로 인하여 배우자로서의 역할을 하지 못하고 있으므로 더 이상 결혼생활을 유지 할 수 없는 상태입니다.

따라서 채무자의 위와 같은 행위는 민법 제840조 제3호, 제6호 소정의 각 이혼 사유에 해당한다 할 것입니다.

4. 재산내역

채무자는 현재 채권자 가족들이 살고 있는 주택을 채무자의 부모로부터 상속받았으며 그 외에도 상당한 재산이 있는 듯 하지만 현재 그 정확한 내역을 알지는 못한 상황입니다.

5. 보전의 필요성

따라서 채권자는 채무자를 상대로 이혼 소송을 제기하면서 위자료 및 재산분할, 양육비 등의 청구를 구하려고 하나 별다른 재산을 알 수 없는 상태에서 이혼 후 특별한 주거가 없게될 채권자의 자녀들이 생활을 영위할 최소한의 공간을 확보하고자 이혼에 따른 재산분할을 원인으로 한 별지목록 기재 부동산에 대한 소유권이전등기 청구권을 행사고자 하나 만일 채무자가 이를 알게 된다면 위 부동산에 대한 가장채권을 원인으로 근저당권 설정 및 매매 등의 방법으로 이를 처분, 은익하려 할 우려가 있는 바, 그 보전의 필요성이 있다 할 것입니다.

6. 결론

따라서 채권자는 채무자를 상대로 이혼 등 청구소송을 제기하고자 하나 본안소송은 많은 시간이 소요될 뿐만 아니라 채무자의 유일한 재산인 별지 목록기재 부동산을 가압류하여 두지 않으면 후일 채권자가 본안에서 승소판결을 얻는다 하여도 강제집행의 목적을 달성하기에 어려움이 예견되어 본 신청에 이른 것입니다.

7. 지급보증위탁계약체결문서의 제출에 의한 담보제공의 허가신청

민사소송규칙 제22조에 의하여 채권자는 지급보증위탁계약체결문서의 제출에 의한 담보제공을 병행하여 신청합니다.

소 명 방 법

1. 소갑제1호증 　　　　　　　　　　　　　　　　호적등본

1. 소갑제2호증의 1, 2   주민등록초본
1. 소갑제3호증   사실확인서
1. 소갑제4호증   통원/진료확인서
1. 소갑제5호증   접수증명원
1. 소갑제6호증   영수증
1. 소갑제7호증의 1, 2   진술서
1. 소갑제8호증   부동산등기부등본

첨 부 서 류

1.위 소명자료   각 1 통
1.납부서   1 통
1.위임장   1 통
1.가처분진술서   1 통
1.토지 및 건물관리대장   각 1 통

20○○.   ○.   .

채권자의 대리인

변호사 ○ ○ ○

서울가정법원   귀중

목   록

가처분할 부동산의 표시

1. 서울특별시 ○○구 ○○동 ○○번지 대 ○○㎡
2. 위 지상 철근콘크리트조 및 벽돌조 슬래브지붕
   1층 주택
   1층 56. 45㎡

- 이 상 -

1. 신청서에는 수입인지 10,000원을 붙여야 한다.
2. 증지는 대상 부동산 1개당 3,000원(토지와 건물을 같이 가압류하는 경우에는 6,000원, 아파트나 빌라의 경우에는 1개로 보아서 3,000원이다)을 청구서에 붙이지 않고 호치킷이나 클립으로 신청서 상단에 고정해서 제출해야 하는데 이는 법원에서 가압류 결정이 나면 가압류등기집행을 위해 등기소에 촉탁할시 촉탁서에 첨부하여 사용하기 위해서이다.
3. 송달료는 45,900원(=당사자수(3)×5,100(송달료)×3회분)을 송달료취급은행에 납부하고 첨부하여야 한다.
4. 등록세는 지방세이므로 부동산소재지 시, 군, 구청 등록세과를 방문하여 등록세 신고서를 작성해서(부동산가처분신청서 사본을 첨부), 등록세납부고지서를 발급받아 은행 등에 등록세를 납부한 후 영수증을 신청서에 첨부한다. 등록세 세율은 주택 공시가 또는 건물 시가표준액(토지는 개별공시지가)×0.0024이다.
5. 신청서는 1부만 제출한다. 다만 가처분신청진술서 1부와 별지목록 4~6부를 신청서에 첨부해서 제출한다.
6. 선담보제공을 하지 않은 경우라면 법원은 일정액의 담보를 제공하라는 담보제공명령을 내리는데 이에 따라 보증보험증권 이나 또는 현금을 공탁한 후 그 이행증서를 제출한다.
7. 가처분은 법원에 의한 가처분기입등기 촉탁이 이루어져 등기가 될 때 압류의 효력이 발생한다

[서식] 가압류(가처분)에 대한 이의신청

가압류(가처분)결정에 대한 이의신청

신 청 인   김 ○ ○ (주민등록번호 :   ) 연락처 :
　　　　　 주　　　 소 : ○○시 ○구 ○동 ○번지

피신청인   이 ○ ○ (주민등록번호 :   ) 연락처 :
　　　　　 주　　　 소 : ○○시 ○구 ○동 ○번지

신 청 취 지

1. 위 당사자간 00법원 2013카 1235호 신청사건에 관하여 2016. 0. 0.동원에서 결정한 가압류(가처분)결정을 취소한다.
2. 채권자의 이 사건 가압류(가처분)신청을 기각한다.
3. 소송비용은 채권자의 부담으로 한다.
4. 위 제1항은 가집행할 수 있다.
라는 재판을 구합니다.

신 청 원 인

1. 채권자는 채무자에 대한 공사대금 채권 1억원을 이유로 2010. 0. 0. 채무자 소유의

별지목록 기재 부동산에 가압류 결정을 받았습니다.

2. 그러나 채무자는 채권자에 대한 위 공사대금 채권은 이미 채권자에 대한 채무자의 보증금으로 이미 상계하였기 때문에 이에 관한 채권자 주장의 공사대금 채권 1억원은 소멸한 상태입니다.

3. 따라서 채권자가 이미 소멸한 위 채권을 여전히 존재하고 있다는 듯이 법원을 기망하여 신청취지와 같은 가압류 결정을 받았지만 이 같은 행위는 마땅히 취소되어야 할 것인 바, 이에 채무자는 이 사건 신청에 이르게 된 것입니다.

소 명 방 법

1. 소을 제1호증   공사계약서
2. 소을 제2호증   상계통지서
3. 소을 제3호증   가압류결정문

2016. ○. .

위 신청인 김○ ○ (인)

○○지방법원 귀중

■ 작성·접수방법

1. 인지 10,000원을 납부하여야 한다.
2. 송달료는 81,600원(=당사자수(2)×5,100(송달료)×8회분)을 송달료취급은행에 납부하고 첨부하여야 한다.
3. 신청서는 법원용 1부와 상대방수의 부본을 제출한다.

담보제공명령 변경신청서

사　　　건　　2016카단 1236 가압류
채 권 자　　이 순 자
채 무 자　　김 동 길

피보전청구권의 종류와 금액
이혼에 따르는 재산분할청구 1억원과 위자료 5천만 원

　위 사건에 관하여 채권자는 2016. ○. ○. 귀원에 가압류 명령신청을 하였던 바, 귀원에서는 이에 대한 담보제공명령으로 채권자는 7일 이내에 담보공탁으로 현금 3천만 원을 공탁하라는 명령을 받았습니다.
그러나 채권자는 현재 거의 무자력 상태에 있고 채무자는 상당한 자력을 보유하고 있으면서 채권자를 유기하고 있는 상태에 있고 재산분할 청구액수를 금5천만 원으로, 위자료청구액수를 3천만 원으로 감액 청구하고자 하오니, 위 현금공탁을 공탁보증보험증권으로 대체하여 제공할 수 있도록 허가하여 주시기 바랍니다.

첨 부 서 류

　1. 소변경신청서사본　　　　　　　　　　　　1통

2016. ○. ○.
위 채권자　이 순 자(인)

○○가정법원　귀중

[서식] 채권가압류집행해제신청서(채권만족을 원인으로 채권자가 신청)

채권가압류집행해제신청

사   건   20○○카단○○○○○호 채권가압류

신청인(채권자)   ○ ○ ○
                    ○○시 ○○구 ○○길 ○○(우편번호 ○○○-○○○)
                    전화·휴대폰번호:
                    팩스번호, 전자우편(e-mail)주소:

피신청인(채무자)   ◇ ◇ ◇
                    ○○시 ○○구 ○○길 ○○(우편번호 ○○○-○○○)
                    전화·휴대폰번호:
                    팩스번호, 전자우편(e-mail)주소:

제3채무자 ◉◉◉
                    ○○시 ○○구 ○○길 ○○(우편번호 ○○○-○○○)
                    전화·휴대폰번호:
                    팩스번호, 전자우편(e-mail)주소:

위 당사자 사이의 귀원 20○○카단○○○○호 사건에 관하여 신청인 소유의 별지 목록
기재 채권에 대한 가압류 집행의 해제를 신청합니다.

20○○. ○. ○.
위 신청인(채권자) ○ ○ ○ (서명 또는 날인)

○○지방법원 귀중

[별지]

[별 지]

가압류채권의 표시

금 5,000,000원
채무자가 제3채무자에게 지급 받을 대여금 5,000,000원의 채권. 끝.

가압류집행취소신청

신청인(채무자)　　◇◇◇
　　　　　　　　　○○시 ○○구 ○○길 ○○(우편번호 ○○○-○○○)
　　　　　　　　　전화·휴대폰번호:
　　　　　　　　　팩스번호, 전자우편(e-mail)주소:

피신청인(채권자)　　○○○
　　　　　　　　　○○시 ○○구 ○○길 ○○(우편번호 ○○○-○○○)
　　　　　　　　　전화·휴대폰번호:
　　　　　　　　　팩스번호, 전자우편(e-mail)주소:

제3채무자 ◉◉◉
　　　　　　　　　○○시 ○○구 ○○길 ○○(우편번호 ○○○-○○○)
　　　　　　　　　전화·휴대폰번호:
　　　　　　　　　팩스번호, 전자우편(e-mail)주소:

신 청 취 지

위 당사자 사이의 ○○지방법원 20○○카단○○○○호 채권가압류사건에 관하여, 신청인 소유의 별지목록 기재 채권에 대한 가압류 집행은 이를 취소한다.
라는 재판을 구합니다.

신 청 이 유

1. 채권자는 채무자에 대하여 손해배상금 ○○○원을 청구금액으로 하여 채무자가 제3채무자에 대하여 가지는 별지목록 기재의 채권을 귀원 20○○카단○○○○호로 채권가압류결정를 받고, 위 결정이 제3채무자에게 20○○. ○. ○. 송달되어 가압류집행이 되었습니다.
2. 그런데 신청인은 위 결정에서 정한 해방금 ○○○원을 20○○. ○. ○. 공탁하였으므로, 위 채권자에 의한 가압류집행의 취소를 신청합니다.

첨 부 서 류

　　1. 해방공탁서　　　　　　　　　　　　　　　1통
　　1. 가압류결정등본　　　　　　　　　　　　　1통
　　1. 가압류채권의 표시목록　　　　　　　　　1통

```
   1. 송달료납부서                              1통


                        200  .   .   .
                   위 신청인(채무자)  ◇◇◇  (서명 또는 날인)


○○지방법원    귀중
```

[별지]

```
[별  지]

                    가압류채권의 표시

금 5,000,000원
채무자가 제3채무자에게 지급 받을 대여금 5,000,000원의 채권. 끝.
```

[서식] 부동산가압류해제신청서(합의에 의하여)

```
                    부동산가압류해제신청

채 권 자 ○○○
         ○○시 ○○구 ○○길 ○○(우편번호 ○○○-○○○)
         전화·휴대폰번호:
         팩스번호, 전자우편(e-mail)주소:
채 무 자 ◇◇◇
         ○○시 ○○구 ○○길 ○○(우편번호 ○○○-○○○)
         전화·휴대폰번호:
         팩스번호, 전자우편(e-mail)주소:


위 당사자 사이의 ○○지방법원 200○카단○○○호 부동산가압류신청사건에 관하여 같은
법원에서 200○.  ○.  ○. 결정한 가압류결정에 기초하여 채무자 소유의 별지목록 기재
부동산에 대하여 200○.  ○.  ○○.  ○○지방법원 ○○등기소 등기접수 제○○호로서 가압
류집행을 하였으나, 위 당사자 사이에 원만한 합의가 성립되었으므로 위 가압류를 해제하여
주시기 바랍니다.

                        200○.  ○.  ○.
                   위 채권자 ○○○ (서명 또는 날인)


○○지방법원    귀중
```

[별지]

> **[별 지]**
>
> ## 가압류부동산의 표시
>
> 　　1. ○○시 ○○구 ○○동 ○○-○○
> 　　　　대 157.4㎡
>
> 　　1. 위 지상
> 　　　　벽돌조 평슬래브지붕 2층주택
> 　　　　　　　1층 74.82㎡
> 　　　　　　　2층 74.82㎡
> 　　　　　　　지층 97.89㎡. 끝.

[서식] 부동산가압류 취소신청서(채무변제를 원인으로)

> ## 부동산가압류취소신청
>
> 신청인(채무자)　　◇◇◇
> 　　　　　　　　○○시 ○○구 ○○길 ○○(우편번호 ○○○-○○○)
> 　　　　　　　　전화·휴대폰번호:
> 　　　　　　　　팩스번호, 전자우편(e-mail)주소:
> 피신청인(채권자)　○○○
> 　　　　　　　　○○시 ○○구 ○○길 ○○(우편번호 ○○○-○○○)
> 　　　　　　　　전화·휴대폰번호:
> 　　　　　　　　팩스번호, 전자우편(e-mail)주소:
>
> ### 신 청 취 지
>
> 1. 피신청인의 신청인에 대한 귀원 20○○카단○○○○호 부동산가압류신청사건에 관하여 귀원이 20○○. ○○. ○○. 신청인 소유의 별지목록 기재 부동산에 대하여 한 가압류결정은 이를 취소한다.
> 2. 소송비용은 피신청인의 부담으로 한다.

3. 위 제1항은 가집행할 수 있다.

라는 재판을 구합니다.

신 청 이 유

1. 피신청인(채권자)은 신청인(채무자)에 대한 대여금청구채권의 집행보전을 위하여 귀원으로부터 20○○카○○○○호 부동산가압류결정을 받아 신청인 소유의 별지목록 기재 부동산을 가압류하였습니다.

2. 그러나 신청인은 피신청인으로부터 차용한 금 ○○○원 및 이에 대한 이자를 20○○. ○○. ○○.에 모두 변제하였습니다.

3. 따라서 피보전채권이 모두 소멸되었으므로, 신청인 소유의 부동산에 대한 위 가압류결정은 마땅히 취소되어야 하나, 아직까지도 위 가압류결정이 취소되지 않고 있어 신청인의 재산권행사에 막대한 지장을 주고 있으므로 부득이 신청취지와 같은 재판을 구하고자 이 사건 신청에 이르게 되었습니다.

첨 부 서 류

1. 변제영수증   1통
1. 부동산가압류결정문   1통
1. 부동산등기사항증명서   1통
1. 송달료납부서   1통

20○○. ○. ○.

위 신청인(채무자) ◇◇◇ (서명 또는 날인)

○○지방법원 ○○지원 귀중

[별지]

[별 지]

부동산의 표시

1. ○○시 ○○구 ○○동 ○○ 대 ○○○㎡
2. ○○시 ○○구 ○○동 ○○ 임야 ○○○㎡. 끝.

III. 사전처분

> **제62조(사전처분)** ① 가사사건의 소의 제기, 심판청구 또는 조정의 신청이 있는 경우에 가정법원, 조정위원회 또는 조정담당판사는 사건을 해결하기 위하여 특히 필요하다고 인정하면 직권으로 또는 당사자의 신청에 의하여 상대방이나 그 밖의 관계인에게 현상(現狀)을 변경하거나 물건을 처분하는 행위의 금지를 명할 수 있고, 사건에 관련된 재산의 보존을 위한 처분, 관계인의 감호(監護)와 양육을 위한 처분 등 적당하다고 인정되는 처분을 할 수 있다.
> ② 제1항의 처분을 할 때에는 제67조제1항에 따른 제재를 고지하여야 한다.
> ③ 급박한 경우에는 재판장이나 조정장은 단독으로 제1항의 처분을 할 수 있다.
> ④ 제1항과 제3항의 처분에 대하여는 즉시항고를 할 수 있다.
> ⑤ 제1항의 처분은 집행력을 갖지 아니한다.

1. 개 설

가. 의 의

가사사건의 조정 또는 재판 중 임시처분을 하여야 할 급박한 필요가 있는 경우에 적당한 처분을 할 수 있는 제도가 사전처분이다. 즉 가사사건의 소 제기, 심판청구, 조정의 신청 등이 있는 경우에 법원은 사건의 해결을 위하여 특히 필요하다고 인정한 때에는 직권 또는 당사자의 신청에 의하여 상대방 기타 관계인에 대하여 현상을 변경하거나 물건을 처분하는 행위의 금지를 명할 수 있고, 사건에 관련된 재산의 보존을 위한 처분, 관계인의 감호와 양육을 위한 처분 등 적당하다고 인정되는 처분을 할 수 있다(법 제62조 제1항).

예컨대 이혼소송이 진행되고 있는 도중에 자녀에 대한 상대방의 친권행사를 정지시키고자 한다거나, 재산분할을 대비하여 상대방 명의의 재산을 처분할 수 없도록 하거나, 양육비 청구를 위하여 재산의 보전이 필요한 경우 등에는 당사자는 법원에 선고 전 처분신청서를 제출할 수 있는 것이다.

나. 필 요 성

사전처분은 가사사건의 해결을 위하여 특히 필요하다고 인정되는 경우, 즉 급박한 사정이 있어 적당한 처분을 하여야 필요성이 있는 경우에 하는 것이다.

2. 보전처분과의 구별

가. 의 의

가사소송법상의 사전처분은 가사사건의 전반에 걸쳐 재판 또는 조정 전에 어떤 임시적 처분을 해야 할 급박한 필요가 있는 경우에 적당한 처분을 할 수 있는 제도인데, 이는 미리 재산상태의 변경을 방지하기 위하여 가사소송 전·후 보전적 조치(법 제63조)를 취하는 가압류(금전채권이나 금전으로 환산할 수 있는 채권의 집행보전) 또는 가처분(금전채권 이외의 권리 또는 법률관계에 관한 확정판결의 집행보전)과는 다른 제도이다.

나. 구 분

구 분	사전처분(제62조)	보전처분(가압류·가처분)(제63조)
① 시 기	본안의 소제기 후 사건 종료 전에만 가능하다	본안의 소제기 전·후 관계없이 가능
② 주장여부	신청 없어도 법원 직권으로도 가능함	신청에 의하여만 가능함
③ 관할법원	가사사건이 계속되고있는 가정법원	본안관할법원 또는 물건 소재지관할법원
④ 대상자	상대방, 이해관계인	상대방
⑤ 본안사건 대상	가사소송사건·가사비송사건·조정신청사건 등	가사소송사건·마류가사비송사건·다류가사비송사건은 불가
⑥ 집행력	집행력 없음, 단 과태료제재 등 간접강제가 가능함	집행력 있음
⑦ 담 보	손해의 담보공탁이 없다	손해의 담보공탁이 있다
⑧ 내 용	소극적 처분(처분금지 등) 적극적 처분(감호, 보호, 양육 기타 적당한 처분 등)	소극적 처분(처분금지 등)이 주된 내용임
⑨ 불복방법	즉시항고	이의신청과 기타 절차

3. 요건 및 절차

가. 요건

1) 적용범위

모든 가사사건을 대상으로 하여 인정된다. 다만 다류 가사소송 사건은 성질상 인정할 실익이 크지 않다.

2) 대상자

사건의 대상자에 한하지 않고 상대방 그 밖의 관계인을 대상으로 한다(법 제62조 제1항). 가사비송사건에서 당사자의 개념이 반드시 명확한 것은 아니고 가사비송이나 조정절차에서 이해관계인의 참가가 허용되는 점을 고려한 것이다.

3) 시적한계

가사사건의 소의 제기, 심판의 청구, 조정의 신청이 있는 경우에 한하여 할 수 있다(법 제62조 제1항). 즉 가사사건이 가정법원에 접수된 후 그 종료전에 한하여 할 수 있다.

4) 필요성

사전처분이 필요하다고 인정되는 경우여야 하므로 청구 등이 어느정도 인용될 가능성이 있음을 전제로 한다. 다만 실무에서는 가압류 가처분과 같은 정도의 보전의 필요성이 필요하지는 않고 상대적으로 완화된 기준을 적용한다.

나. 절차

1) 관할

가사사건이 계속되어 있는 가정법원, 조정위원회, 조정담당판사의 관할에 속한다(법 제62조 제1항). 항소심 법원에서도 할 수 있으며, 상고심은 사실심리를 하기 적당하지 않아 제1심 가정법원이 관할 법원이 된다(대법원 2002. 4. 24. 즈합4 결정).

2) 개시

직권 또는 당사자의 신청에 의하여 하고(법 제62조 제1항), 신청은 서면 또는 말로 할 수 있으며 그 신청에는 1,000원의 인지를 붙여야 한다.

3) 심리

심리는 임의적 변론에 의하며, 변론하지 아니하는 경우에도 당사자, 이해관계인 기타 참고인을 심문할 수 있으며 그 심문에는 직권주의가 적용된다. 사전처분에서는 담보의 제공이 요건이 아니어서 사전처분은 담보의 제공을 명함이 없이 하는 것이 원칙이다.

4) 재판

재판은 결정의 형식으로 하고 그 결정에 대해 즉시 항고를 할 수 있으나(법 62조 4항) 기각되거나 각하된 경우에는 불복할 수 없고 이에 대한 불복은 특별항고로 처리한다.

4. 신청할 수 있는 처분유형

가. 감호와 양육을 위한 처분

친권행사 정지 및 친권대행자 선임, 그 대행자로 하여금 자를 양육하게 하는 것, 면접교섭을 허용, 제한 혹은 배제하거나 자녀양육비를 지급하도록 하는 것 등이 이에 해당한다.

나. 재산보존을 위한 처분

이혼 등에 따르는 부부재산분할 사건에서 분할대상 재산의 보존을 위하여 재산관리인을 선임하거나 관계인에게 재산의 처분을 금지하는 것이 있다.

다. 현상변경 또는 물건처분행위의 금지

부부의 부양, 협조, 생활비용의 부담에 관한 처분, 재산관리자의 변경청구사건에서 부부재산에서 나오는 수입금의 소비를 금하고 보관을 명하거나 현재의 재산관리자에게 재산의 일반적인 처분을 금지하는 것이 있고, 물건의 처분을 금지하는 취지에서 처분금지, 점유이전금지, 또는 임시의 지위를 정하는 것이 있다.

라. 기타 적당한 처분

원고에의 접근금지(퇴거, 출입금지 포함)등을 명하는 것 등이 있다.

5. 효력

1) 형성력

사전처분에는 형성력이 있다 따라서 후견인의 직무집행을 정지하고 대행자를 선임하는 사전처분이 있으면 그 처분에는 대세적 효력이 있어 후견인의 권한행사가 정지되고 그 처분에 반하여 후견인이 한 법률행위는 무권대리행위로 된다.

2) 집행력

사전처분에는 집행력이 없다(법 제62조 제5항). 따라서 그 실효성 확보를 위해 당사자 또는 관계인이 정당한 이유 없이 사전처분을 위반한 때, 가정법원·조정위원회 또는 조정담당판사는 직권 또는 권리자의 신청에 따른 결정으로 1,000만 원 이하의 과태료를 부과할 수 있다(법 제67조 제1항). 과태료의 부과절차는 직권으로 또는 권리자의 신청에 의하여 개시한다. 이때 과태료의 부과는 사전처분을 명한 가정법원·조정위원회 또는 조정담당판사의 관할에 속한다. 따라서 재판장 또는 조정장이 사전처분을 명한 경우(법 제62조 제3항)에도 과태료는 그 재판장·조정장이 속한 가정법원·조정위원회가 관할에 속하고, 사전처분 결정을 할 때는 미리 위 제재를 고지하여야 한다(법 제62조 제2항).

6. 서식

가. 신청취지 기재례

1) 친권행사정지 사전처분

> 귀원 2008너20 친권상실조정신청사건이 종결될 때까지 피신청인의 사건본인에 대한 친권자로서의 직무집행을 정지하고 다음의 사람을 그 대행자로 선임한다.
> 라는 결정을 구합니다.

2) 유아인도 사전처분

> 귀원 2008느15 양육자변경심판청구사건의 심판확정시까지 피청구인은 청구인에게 사건본인을 인도하라.
> 라는 결정을 구합니다.

3) 면접교섭 사전처분

> 피신청인은 신청인에게 ○○가정법원 이혼사건(20○○드단○○)의 판결이 선고될 때까지 매주 토요일 10:00부터 다음날 22:00까지 사건본인을 면접교섭하게 한다.
> 라는 재판을 구합니다.

4) 양육비, 부양료 지급 사전처분

> 피신청인은 신청인에게 사건본인의 양육비(또는 신청인의 생활비나 부양료) 일부로서 2016. ○. ○.부터 ○○가정법원에서 진행 중인 이혼사건(20○○드단 1234 또는 조정사건)이 종료될 때까지 매월 금 ○○만 원을 그 달 ○일까지 신청인의 주소지에 지참하거나 통장으로 송금하여 지급하라.
> 라는 재판을 구합니다.

5) 양육자임시지정 및 양육비 사전처분

1. 신청인은 서울가정법원 2016드단000 이혼 등 사건 판결 선고시까지 사건본인을 양육한다.
2. 피신청인은 위 사건의 판결 선고시까지 신청인이 사건본인을 양육함에 있어 어떠한 방법으로도 방해 행위를 하여서는 아니 된다.
3. 피신청인은 신청인에게 사건본인들의 양육비로 금 300만 원을, 양육비로 금 100만 원을 매월 말일에 각 지급하라.
4. 피신청인은 위 신청취지 1회 위반시마다 금 100만 원을 신청인에게 지급한다.
라는 결정을 구합니다.

6) 접근금지가처분

피신청인은 신청인의 주거지 및 직장 등에 100m이내의 접근을 금지한다.
라는 결정을 구합니다.

7) 친권행사정지가처분

1. 피신청인은 사건본인 미성년자 ○○○에 대한 친권행사를 귀원 200○드0000호 친권상실 선고시까지 이를 정지한다.
2. 신청인을 사건본인 ○○○에 대한 친권행사대행자로 선임한다.
라는 판결을 구합니다.

나. 첨부서류 등

첨부서류	인지액	송달료	관할법원
* 가족관계증명서(신청인, 피신청인) 각 1통 * 혼인관계증명서(신청인, 피신청인) 각 1통 * 주민등록표등(초)본(신청인, 피신청인) 각 1통	1,000원	당사자별 3회	본안소송이 계속 중인 법원

다. 서식례

[서식] 친권행사정지 사전처분신청서

친권행사정지 사전처분신청

신 청 인 　김 갑 돌 (주민등록번호 : 　　　　) 연락처 :
　　　　　　　등록기준지 : ○○시 ○구 ○동 ○번지
　　　　　　　주　　　소 : ○○시 ○구 ○동 ○번지

피신청인 　이 순 자 (주민등록번호 : 　　　　) 연락처 :
　　　　　　　등록기준지 : ○○시 ○구 ○동 ○번지
　　　　　　　주　　　소 : ○○시 ○구 ○동 ○번지

사건본인 　김 동 길 (주민등록번호 : 　　　　)
　　　　　　　등록기준지 : ○○시 ○구 ○동 ○번지
　　　　　　　주　　　소 : ○○시 ○구 ○동 ○번지

신 청 취 지

귀원 2016너20 친권상실조정신청사건이 종결될 때까지 피신청인의 사건본인에 대한 친권자로서의 직무집행을 정지하고 다음의 사람을 그 대행자로 선임한다.
라는 결정을 구합니다.

신 청 원 인

1. 신청인은 사건본인 김동길의 백부로서 사건본인을 양육하고 있습니다.
2. 피신청인은 사건본인의 부가 사망 후 재혼한 모로서 사건본인의 친권자이나 재혼한 후부(後夫) 사이에 자가 출생한 후부터는 사건본인의 양육비 지급을 소홀히 할 뿐 아니라 사건본인과의 공동상속재산인 별지 목록기재의 부동산을 처분하여 후부(後夫)의 사업자금으로 사용하려고 인근 부동산중개소에 내놓고 있습니다.
3. 그러므로 사건본인을 위하여 신청인은 피신청인을 상대로 귀원에 2008너 20 친권상실조정신청을 한 바 있으나, 위 조정사건이 종결될 때까지 기다려서는 사건본인에게 회복할 수 없는 손해를 줄 급박한 사정이 있으므로 동 조정사건이 종결될 때까지 피신

청인의 사건본인에 대한 친권자로서의 직무집행을 정지하고, 사건본인의 망부와 생전에 친밀한 관계가 있었던 다음의 사람을 그 대행자로 선임하고자 본 신청에 이르게 되었습니다.

다　　음

성　명　　　김 일 남
주　소　　　○○시 ○구 ○동 ○번지
직　업　　　변 호 사

첨 부 서 류

1. 가족관계증명서		1통
1. 등기부등본		1통
1. 주민등록표등본		2통
1. 소명서류		1통
1. 친권상실조정사건의 접수증명원		1통

2016. ○. ○.

위 신청인 김 갑 돌 (인)

○○가정법원　귀중

■ 작성 · 접수방법

1. 신청인은 당사자이다.
2. 사전처분은 담보제공 없이 함이 원칙이다.
3. 비용은 인지대 500원과 5,100(송달료)×5회분의 송달료를 취급은행에 납부하고 영수증을 첨부하여야 합니다.
4. 관할법원은 본안을 담당하고 있는 가정법원, 조정위원회 또는 조정담당판사의 관할이다

유아인도 사전처분신청

청 구 인   김 ○ ○(생년월일) 연락처 :
            등록기준지 : ○○시 ○구 ○동 ○번지
            주   소 : ○○시 ○구 ○동 ○번지

피청구인   이 ○ ○ (생년월일) 연락처 :
            등록기준지 : ○○시 ○구 ○동 ○번지
            주   소 : ○○시 ○구 ○동 ○번지

사건본인   김 ○ ○ (생년월일)
            등록기준지 : ○○시 ○구 ○동 ○번지
            주   소 : ○○시 ○구 ○동 ○번지

신 청 취 지

귀원 2016느15 양육자변경심판청구사건의 심판확정시까지 피청구인은 청구인에게 사건
본인을 인도하라.
라는 결정을 구합니다.

신 청 원 인

1. 사건본인은 청구인과 피청구인사이에 혼인중 출생자입니다.
2. 청구인과 피청구인은 2016년 1월 4일 협의이혼하고 사건본인의 친권자는 청구인으로,
   양육자는 피청구인을 정하고 청구인은 피청구인에게 양육비로 매월 200,000원을 지
   급하였습니다.
3. 그런데 피청구인은 얼마 전부터 술집 종업원으로 근무하게 되면서 밤늦게 귀가함은
   물론이고 외박하는 날이 잦아 사건본인의 정상적인 양육이 불가능한 상태입니다.
4. 따라서 사건본인의 양육자를 변경하여 신청인이 양육하고자 귀원 2016 느 15호 양육
   자변경신청을 하였으나 그 심판확정시까지 사건본인의 보호와 양육이 시급하고 이를
   위하여서는 사건본인을 청구인에게 임시로 인도함이 필요하므로 본 신청에 이른 것입

니다.

첨 부 서 류

1. 가족관계증명서   1통
1. 주민등록표등본   1통
1. 진술서   1통
1. 진술인의 주민등록표등본   1통

2016. ○. ○○.
위 신청인 김 ○ ○ (인)

○○가정법원   귀중

■ 작성 · 접수방법

1. 신청인은 심판사건의 당사자이다.
2. 사전처분은 담보제공 없이 함이 원칙이다.
3. 비용은 인지대 500원과 5,100(송달료)×5회분의 송달료를 취급은행에 납부하고 영수증을 첨부하여야
   합니다.
4. 관할법원은 심판사건계속 중인 가정법원이다.

[서식] 유아인도신청서

유 아 인 도 신 청

신 청 인   1.   이 ○ ○ (李 ○ ○)

생년월일   19 년 월 일생(주민등록번호 :   )

등록기준지 : ○○시 ○구 ○○동 ○○번지

주   소 : 위 같은 동 ○○번지

2.   모 ○ ○ (牟 ○ ○)

생년월일   19 년 월 일생(주민등록번호 :   )

등록기준지 및 주소 : 신청인 1.과 같은 곳

사건본인(유아)   이 유 아 (李 ○ ○)

등록기준지 및 주소 : 신청인 1.과 같은 곳

신청인들의 소송대리인 변호사 임 ○ ○

○○시 ○○구 ○○동 ○○번지(우편번호 :   )

(전화번호 :   팩스 :   )

피신청인 1.   안 ○ ○ (安 ○ ○)

생년월일   19 년 월 일생

등록기준지 : ○○시 ○구 ○동 ○번지

주   소 : ○○시 ○구 ○동 ○번지

송달장소   ○○시 ○구 ○동 ○번지

2.   마 ○ ○ (馬 ○ ○)

생년월일   19 년 월 일생

등록기준지, 주소, 송달주소 : 피신청인 1.과 같은 곳

신 청 취 지

피신청인들은 신청인들에게 사건본인이 유아를 인도한다.

라는 재판을 구합니다.

신 청 원 인

1. 신청인 이○○와 신청인 모○○는 2014. 2. 16. 혼인신고를 필한 부부로서 슬하에
자녀로 이유식과 사건본인 이유아를 낳았는데, 위 이유아가 생후 16개월 될 무렵인
2016. 4. 경 신청인들의 가정불화로 신청인 모○○가 친정으로 돌아가 버리자 신청인
이○○가 2명의 자녀를 양육하기가 어려워 위 이유아를 이웃 사람의 소개로 신청인
모○○의 승낙도 없이 피신청인들에게 양녀로 주었던 것입니다.

2. 그 후 신청인 모○○가 6개월 만에 친정에서 돌아와 보니 위와 같은 사실을 뒤늦게
알게 되었고, 이에 신청인들이 피신청인들에게 수차례 찾아가 유아(사건본인)를 인도

해 줄 것을 요청하니 피신청인들은 9개월 동안의 양육비로 상당한 금액을 요구하고 있고, 더욱이 피신청인 안○○는 막노동판에서 잡역인부로 일하는 형편이라 이곳저곳으로 이주를 자주하고 사건본인을 잘 양육시킬 형편도 되지 않는 실정입니다.

3. 그렇다면 피신청인들은 신청인들에게 사건본인 이유아를 마땅히 인도해 주어야 할 것입니다.

첨 부 서 류

1. 가족관계증명서	2통
1. 주민등록표등본	2통
1. 출생증명서	1통
1. 위임장	1통

2016. ○. ○.

신청인들의 소송대리인

변호사 임 ○ ○

○○ 지방법원 귀중

■ 작성 · 접수방법

1. 신청인은 부부 중 일방이고, 상대방은 다른 일방 또는 자를 양육하는 자이다
2. 비용은 인지대 10,000원과 송달료 5,100원×5회분＝51,000원을 납부하고 영수증을 첨부하여야 한다.

접근금지가처분신청서

신 청 인 홍 ○ ○ (000000-0000000) 연락처 :
　　　　　서울 ○○구 ○○동 ○○번지
　　　　　송달장소 서울 ○○구 ○○동 ○○번지 ○○○아파트 ○동 ○호

피신청인 성 ○ ○ (000000-0000000) 연락처 :
　　　　　서울 ○○구 ○○동 ○○번지

피보전권리 접근금지이행청구

신 청 취 지

1. 피신청인은 신청인의 의사에 반하여 신청인에게 접근하여서는 아니 된다.
2. 피신청인은 신청인에 대하여 면접 교섭을 강요하거나 폭언 또는 폭력을 행사하는 등의 방법 및 불안을 느끼게 하는 전화 등으로 신청인의 평온한 생활 및 업무를 방해하여서는 아니된다.
3. 위 명령을 위반한 피신청인은 위반행위 1회당 금 200만 원씩을 신청인에게 지급한다.
라는 재판을 구합니다.

신 청 이 유

1. 신청인과 피신청인의 관계

　신청인과 피신청인은 혼인신고를 마친 법률상 부부로 슬하에 ○○○(2005년 9월 9일생)과 ○○○(20007년 2월 1일생)을 출생한 부모인바, 상호 뜻이 맞지 아니하여 ○○○○년 ○월 ○일 서울남부지방법원에서 협의이혼 의사확인을 받아 동년 5. 2. 관할구청에 이혼신고를 하여 수리된 바 있고, 양인은 이미 ○○○○년 ○월 ○일부터 별거생활을 하고 있습니다.

2. 이건 신청에 이른 경위

　가. 피신청인은 협의이혼을 한 다음날 신청인을 찾아와서 서류상엔 도장을 찍었지만 사실은 이혼한 게 아니라고 엉뚱한 소리를 일삼고 수시로 신청인이 경영하는 서울

○○구 ○○동 ○○○소재 ○○회사에 찾아와서 "얘기 좀 하자, 술 마시자"라는 등 접근을 하고 인근에 사람이 없는 틈을 노려 몸을 끌어안고 키스를 요구하는 등 신청인은 전신에 소름이 끼치고 창피한 생각이 들어 그때마다 완강히 반항을 하고 있습니다.

나. 신청인이 화가나 있지만 욕설과 폭언을 일삼고 입에 담을 수 없는 험담을 하기도 합니다.

다. 신청인은 피신청인의 모습이 한없이 저주스러워 피하게 되면, 신청인의 가족에게 전화를 하여 심한 욕설과 협박을 하여 신청인은 물론 신청인의 가족들도 더 이상 참을 수 없을 정도로 괴로움을 당하고 있습니다.

라. 아울러 피신청인은 신청인이 만나주지 않는다고 신청인이 재직하는 회사로 방문하여 난동을 부리므로 말미암아 신청인은 할 수 없이 피신청인의 손에 이끌리어 나갔는데, 피신청인은 신청인을 끌고 가 폭력을 행사하고 호텔로 끌고 가려고 수작을 부렸으나 신청인의 강력한 반항으로 뜻을 이루지 못하였습니다.

마. 최근 피신청인은 신청인의 거주지를 밤 12시가 지난 시간에 술을 잔뜩 마시고 방문하여 소란을 피우고 문을 열지 아니하면 문을 부셔 버리겠다고 고함을 하기도 하였으나 경찰에 신고하기까지 하였습니다.

3. 결 어

가. 현재 피신청인은 일반인들이 생각할 수 없는 차원을 넘어서 언제 어떠한 불미스러운 행동을 저지를지 모르고 기습적으로 신청인을 찾아와 위와 같은 방법으로 괴롭힐 것이 분명함으로 신청인은 하루하루 불안한 가운데 공포와 두려움에 떨고 있습니다. 그러므로 신청인은 피신청인에 대하여 신청취지 기재와 같은 재판을 받음으로써 직장생활은 물론 마음 놓고 평온한 사생활을 누리면서 살아갈 수 있을 것임으로 이건 신청을 합니다.

나. 본 가처분에 대한 손해담보조로 제공할 공탁금은 지급보증위탁계약을 체결한 문서를 제출하는 방법에 의하여 담보를 제공할 것을 허가하여 주시기 바랍니다.

첨 부 서 류

1. 소갑제1호증	가족관계증명서	1통
2. 소갑제2호증	주민등록등본	1통
3. 소갑제3호증	혼인관계증명서	1통

4. 소갑제4호증　　피해사실에 대한 소명자료　　　　1통

　　　　　　　　　　　2016.　　○.　　○.
　　　　　　　　　　　신청인　○　○　○

서울가정법원　귀중

접근금지가처분신청

신 청 인   박 ○ ○ (주민등록번호)
　　　　　서울 서초구 ○○동 216-6 ○○아파트 10동 401호
　　　　　연락처 :

피신청인   이 ○ ○ (주민등록번호)
　　　　　서울 서초구 ○○동 356번지 ○○아파트 7동 606호
　　　　　송달장소 : 경기도 ○○시 ○○면 ○○리 26, ○○아파트 1동 101호

피보전권리

　인격권에 기하여 평온한 사생활을 추구할 권리

신 청 취 지

피신청인은 신청인의 주거지 및 직장 등에 100m 이내의 접근을 금지한다.
라는 결정을 구합니다.

신 청 원 인

1. 당사자관계

　신청인과 피신청인은 1999. 4. 6. 혼인신고를 하여 2015. 5. 6. 협의 이혼한 바 있습니다.

2. 혼인의 파탄에 이르게 된 경위

　피신청인은 신청인과 같이 일식집을 하며 단란하게 살던 중 피신청인은 주식에 빠져 많은 돈을 날리고 또 일식집 운영에는 신경을 쓰지 않고 하여 점차 손님이 줄고 하였습니다. 그러자 피신청인은 신청인과 친정식구들에게 돈을 요구하기 시작하였고, 상습적으로 1주일에 3회 정도 외박을 하면서 다른 여자와 불륜관계를 가진 바 있으며, 피신청인은 오히려 신청인에게 억지를 부리면서 툭하면 "어떤 손님하고 바람났느냐"며 자식이 보는 앞에서 막말을 하여 신청인을 모욕하여 협의이혼을 하였습니다. 그러

나 이혼 후에도 피신청인은 신청인을 찾아와 이유 없이 상습적으로 신청인의 온몸을 폭행을 하고 난동을 부리는 등 행패를 저지르고 있습니다. 이와 같이 피신청인은 신청인을 찾아와 폭력을 행사하고 난동을 부리게 될 경우 신청인으로서는 유일한 생계수단인 일식집을 운영하여 얻은 수입으로 자녀를 양육해야 하는 신청인으로서는 엄청난 피해를 감당할 수 없음이 명백하므로 피 신청인의 신청인에 대한 주거 및 사업장(○○일식당)에 접근금지의 결정을 받기 위하여 이 건 신청에 이른 것입니다.

소 명 방 법

1. 소갑 제1호증   가족관계증명서
1. 소갑 제2호증 1 내지 3   각 진단서
1. 소갑 제3호증 1 내지 3   입원동의서 및 입퇴원 확인서
1. 소갑 제4호증   주민등록등본

첨 부 서 류

1. 위 소명방법   각 1통
1. 위임장   1통
1. 납부서   1통

2016. ○. .
위 신청인 ○ ○ ○   (인)

서울중앙지방법원   귀중

[서식] 사전처분(면접교섭)

사전처분(면접교섭)신청

신 청 인 김 갑 돌 (주민등록번호 :   ) 연락처 :
　　　　　주 　 　 소 : ○○시 ○구 ○동 ○번지

피신청인 이 순 자 (주민등록번호 :   ) 연락처 :
　　　　　주 　 　 소 : ○○시 ○구 ○동 ○번지

사건본인 김 동 길 (주민등록번호 :   )

신 청 취 지

피신청인은 신청인에게 ○○가정법원 이혼사건(20○○드단○○)의 판결이 선고될 때까지 매주 토요일 10:00부터 다음날 22:00까지 사건본인을 면접교섭하게 한다.
라는 재판을 구합니다.

신 청 원 인

1. 신청인과 피신청인은 현재 귀원에 이혼소송중에 있으며 사건본인은 현재 같은 거주지에서 신청인, 피신청인과 함께 생활 하고있습니다. 그러나 피신청인은 같은 집에서 함께 거주하고 있음에도 불구하고 신청인이 귀가하면 방문을 걸어 잠그고 사건본인을 일체 만나지 못하게 하고 있습니다.
2. 사건본인의 건전한 성장과 발달을 위해서는 사건본인이 어머니뿐만 아니라 아버지도 만나야 하며 이 사건의 판결이 선고될 때까지는 상당한 기간이 걸릴 것으로 예상되므로 이 사건 신청에 이르게 되었습니다.

첨 부 서 류

　　1. 인우보증서 　　　　　　　　　　　　　1통
　　1. 위임장 　　　　　　　　　　　　　　　　1통

2016. ○. ○.
위 신청인 　김 ○ ○ (인)

○○가정법원　귀중

1. 신청서에 인지대와 송달료를 납부하여야 한다.
2. 관할법원은 가사사건이 계속되고 있는 가정법원이다

[서식] 사전처분(면접교섭)

면접교섭사전처분신청

본안사건   2015드단00   이혼 등
신 청 인   홍00
                  서울 영등포구 00
                  등록기준지   서울 영등포구 00
                  소송대리인 법무법인 00
                  서울 서초구 00
                  담당변호사 00

피신청인   박00
                  서울 영등포구 00
                  등록기준지 서울 중구 00
                  송달장소   서울 서초구 00

사건본인   홍00
                  주소   위 피고(반소원고)와 같음
                  등록기준지   위 피고(반소원고)와 같음

신청취지

1. 신청인은 귀원 2015드단00 이혼 등 심판청구사건이 종결될 때까지 매월 2회, 둘째 주 및 넷째 주 수요일 10:00부터 그 다음날 18:00까지 신청인이 원하는 장소에서 사건본인 들을 만나 함께 지낼 수 있고 신청인의 주소지로 사건본인을 데려가 숙박할 수 있다.
2. 피신청인은 신청인과 사건본인의 면접이 원만하게 실시될 수 있도록 적극 협조하여야 한다.
3. 신청비용은 피신청인이 부담한다.
라는 결정을 구합니다.

신청원인

1. 당사자의 관계

신청인과 피신청인은 2015. 1. 3. 결혼식을 하고 같은 달 19. 혼인신고를 마친 법률상 부부이고, 사건본인은 신청인과 피신청인 사이에서 2015. 10. 2. 출생한 미성년의 자녀입니다(소갑 제1호증의 1, 2 각 혼인관계증명서, 소갑 제2호증의 1 내지 3 각 가족관계증명서, 소갑 제3호증의 1 내지 3 각 기본증명서, 소갑 제4호증 주민등록표등본, 소갑 제5호증의 1, 2 각 주민등록표초본 참조).

2. 혼인파탄의 과정

가. 신청인과 피신청인은 2011. 12.경 SNS를 통하여 처음 만난 이후 교제를 시작하였고, 직장동료를 통한 소개팅을 계기로 친해져 연애를 시작하였으며, 2015. 1. 3.경 결혼식을 올리고 신혼생활을 시작하였습니다.

그러나, 결혼 이후 피신청인은 집안 일을 거의 하지 않고, 신청인에게 밥한끼를 차려주지 않는 등 집안살림에 무관심 하였으며, 혼자 망상에 빠져서는 신청인이 바람을 피운다고 확신하고 이를 이유로 신청인에게 폭언과 폭행을 하였습니다. 또한, 피신청인은 신청인의 부모님에게도 막말을 서슴지 않는 등 무시하였습니다.

나. 피신청인은 사건본인을 출산한 이후 2015. 10. 17.경 산후조리원에서 퇴원을 하였는데, 자신의 기분내키는 대로 신청인에게 짜증을 부리고 화를 내다가, 아이 용품 전부와 원고의 옷 및 명품가방 등을 챙겨들고는 집을 나가버렸습니다. 이후 현재까지 피신청인은 신청인에게 어디에서 어떻게 지내고 있는지 연락을 하지 않고 있으며, 신청인을 상대로 이혼 등 소를 제기하였습니다.

3. 사전처분의 필요성

가. 피신청인이 사건본인을 출산한 이후 산후조리원을 퇴원하는 과정에서 갑자기 사건본인을 데리고 가출을 하였기에, 신청인은 사건본인의 아버지이면서도 사건본인을 전혀 만나지 못하고 있습니다.

나. 신청인과 피신청인이 이혼 소송을 진행 중에 있다고 하더라도, 사건본인과 신청인은 부자지간으로 맺어져 있으므로, 신청인이 사건본인을 만나서 유대관계를 맺어야 할 것인데, 현재는 피신청인이 신청인에게 괴로움을 주기 위한 목적으로 신청인과 사건본인의 면접을 허락하지 않고 방해하고 있으므로 면접교섭이 전혀 이루어지고 있지 않습니다.

4. 결론

신청인과 사건본인이 만남을 통하여 유대관계를 맺는 것은 향후 사건본인의 행복과 복지를 위하여도 필수적이라 할 것입니다. 신청인은 현재 어린 사건본인이 보고 싶어 하루하루를 걱정으로 보내고 있는 바, 이 사건 이혼소송이 끝날 때까지 신청취지와 같이 면접교섭을 허가하는 결정을 구하고자 이 건 신청에 이른 것이므로 허가하여 주시기 바랍니다.

소명방법

1. 소갑 제1호증의 1, 2   각 혼인관계증명서
1. 소갑 제2호증의 1 내지 3   각 가족관계증명서
1. 소갑 제3호증의 1 내지 3   각 기본증명서
1. 소갑 제4호증   주민등록표등본
1. 소갑 제5호증의 1, 2   각 주민등록표 초본

첨부서류

1. 위 각 소명방법   각 1통
2. 소송위임장 및 담당변호사지정서
3. 납부서

2016. 3.   .
신청인의 소송대리인
법무법인 00
담당변호사   00

서울가정법원 귀중

[서식] 사전처분(면접교섭)

면접교섭사전처분신청

본안사건   2016드단00   이혼 등
신 청 인   최00
         서울 강서구 00
         등록기준지   경상북도 경주시 00
         소송대리인 법무법인 00
         서울 서초구 00
         담당변호사 00

피신청인	김00
	주소 위 신청인과 같음
	등록기준지 서울 마포구 00

사건본인	최00
	주소 위 신청인과 같음
	등록기준지 서울 강서구 00

신청취지

1. 신청인은 귀원 2016드단00 이혼 등 심판청구사건이 종결될 때까지 매월 2회, 둘째 주 및 넷째 주 토요일 14:00부터 그 다음날 18:00까지 신청인이 원하는 장소에서 사건본인 들을 만나 함께 지낼 수 있고 신청인의 주소지로 사건본인을 데려가 숙박할 수 있다.
2. 피신청인은 신청인과 사건본인의 면접이 원만하게 실시될 수 있도록 적극 협조하여야 한다.
3. 신청비용은 피신청인이 부담한다.

라는 결정을 구합니다.

신청원인

1. 당사자의 관계

신청인과 피신청인은 2010. 2. 경 결혼식을 올리고 2010. 11. 15. 혼인신고를 마친 법률상 부부이고, 사건본인은 신청인과 피신청인 사이에서 2013. 9. 23. 태어난 미성년의 자녀입니 다(소갑 제1호증의 1, 2 각 혼인관계증명서, 소갑 제2호증의 1 내지 3 각 가족관계증명서, 소갑 제3호증의 1 내지 3 각 기본증명서, 소갑 제4호증 주민등록표등본, 소갑 제5호증의 1, 2 각 주민등록표초본 참조).

2. 혼인파탄의 과정

가. 신청인과 피신청인은 2007년경 직장동료를 통한 소개팅을 계기로 친해져 연애를 시작하 였고, 2010. 2.경 결혼식을 올리고, 신혼생활을 시작하였으나, 결혼 이후 피신청인은 집안 일을 거의 하지 않고, 신청인에게 밥한끼를 차려주지 않는 등 집안살림에 무관심 하였습니다. 피고는 신청인의 부모님에게도 막말을 서슴지 않는 등 무시하였고, 사건본인 의 양육에도 무관심하였습니다.

나. 피신청인은 2015. 6.경 대만으로 출장을 가게 되었고, 대만에서 성명불상의 한국인 남자를 만났고(신청인은 성명 불상의 한국인 남자가 하나투어의 현지 채용인인으로

알고 있습니다), 이후 같은 해 7.경 다시 대만으로 가는 등, 여행을 핑계로 외박이 잦아지기 시작하였습니다. 피신청인은 외박이 잦아졌을 뿐 아니라, 퇴근 시간도 예전에 비하면 많이 늦어졌고, 새벽에 들어오는 경우가 많았습니다.

신청인 이러한 피신청인의 행동을 이상하게 생각하고 있었는데, 2015. 11. 29.경 우연히 보게 된 피신청인의 휴대폰 문자메시지에서 "지금 무슨 생각해?", "자기 품으로 안기는 생각하지"와 같이 피신청인이 성명불상의 남자와 외도를 하는 것을 의심할 수밖에 없는 문자메시지를 확인하게 되었습니다.

신청인은 위와 같은 문자메시지를 확인하자마자 피신청인에게 이를 확인하였습니다. 피신청인은 자신이 외도를 하고 있다는 사실을 인정하면서도, 아무런 사과 한마디가 없었습니다. 피신청인은 오히려 신청인에게 신청인이 2013년경 업소 측이 영업 목적으로 일방적으로 보내왔던 문자메시지 이야기를 꺼내며(당시 피신청인은 이를 자세히 확인하여 신청인이 외도를 하지 않았다는 사실을 확인하였습니다), "오빠도 예전에 그랬었잖아"라고 말하며 자신의 외도를 합리화하였고, 오히려 신청인이 잘못하였다는 식으로 이야기하며, 더 이상 신청인과 대화하는 것을 거부하였습니다.

다. 신청인은 피신청인의 그동안의 행위와 신청인과의 대화를 거부하는 태도를 보고 혼인관계가 이미 파탄되었다는 사실을 깨닫게 되었습니다. 신청인과 피신청인은 곧 별거를 시작하였습니다.

3. 사전처분의 필요성

가. 피신청인이 사건본인의 양육에 별로 관심이 없었기에, 혼인기간 동안 신청인이 사건본인과 놀아주는 등 사건본인과 많은 시간을 보냈습니다. 그런데, 신청인은 피신청인과 별거를 시작한 이후에는 사건본인을 전혀 만나지 못하고 있는데, 피신청인은 신청인에게 괴로움을 주기 위한 목적으로 신청인과 사건본인의 면접을 허락하지 않고 방해하고 있습니다.

4. 결론

혼인기간 내내 사건본인은 신청인과 함께 하는 시간이 많았고, 아버지인 신청인을 따르고 좋아하였습니다. 이에 신청인 또한 어린 사건본인이 보고 싶어 하루하루 눈물로 보내고 있는 바, 이 사건 이혼소송이 끝날 때까지 신청취지와 같이 면접교섭을 허가하는 결정을 구하고자 이 건 신청에 이른 것이므로 허가하여 주시기 바랍니다.

소명방법

1. 소갑 제1호증의 1, 2   각 혼인관계증명서

1. 소갑 제2호증의 1 내지 3   각 가족관계증명서
1. 소갑 제3호증의 1 내지 3   각 기본증명서
1. 소갑 제4호증   주민등록표등본
1. 소갑 제5호증의 1, 2   각 주민등록표 초본

첨부서류

1. 위 각 소명방법   각 1통
2. 소송위임장 및 담당변호사지정서
3. 납부서

                              2016. 2.   .
                              신청인의 소송대리인
                              법무법인 OO
                              담당변호사   OO

서울가정법원 귀중

[서식] 사전처분(양육비, 부양료지급)

사전처분(양육비 또는 부양료지급)신청

신 청 인   이 ○ ○ (주민등록번호 :   )   연락처 :
           주   소 : ○○시 ○구 ○동 ○번지

피신청인   김 ○ ○ (주민등록번호 :   )   연락처 :
           주   소 : ○○시 ○구 ○동 ○번지

사건본인   김 ○ ○ (주민등록번호 :   )

신 청 취 지

피신청인은 신청인에게 사건본인의 양육비(또는 신청인의 생활비나 부양료) 일부로서 2015.
○. ○.부터 ○○가정법원에서 진행 중인 이혼사건(20○○드단 1234 또는 조정사건)이 종료
될 때까지 매월 금 ○○만 원을 그 달 ○일까지 신청인의 주소지에 지참하거나 통장으로
송금하여 지급하라.
라는 재판을 구합니다.

1. 신청인과 피신청인은 현재 귀원에 이혼소송중에 있으며 사건본인은 현재 같은 거주지에서 신청인이 양육하고 있습니다.
2. 그런데 현재 피신청인은 가출한 상태이며 신청인에게 사건본인의 양육비와 신청인의 생활비 일체를 지급하지 않고 있습니다. 이 사건의 판결이 선고될 때까지는 상당한 기간이 걸릴 것으로 예상되고 신청인은 일정한 직업이 없어서 하루 하루 생계를 이어가기도 막연하므로 이 사건 신청을 하기에 이르렀습니다.

첨 부 서 류

1. 인우보증서   1통
1. 위임장   1통

                        2015. ○. ○.
                        위 신청인   이 ○ ○ (인)

○○가정법원   귀중

[서식] 사전처분(양육비, 부양료지급)

사 전 처 분 신 청

본 안 사 건   2015드합00   이혼 등

신 청 인   김00

                        경기 남양주시 00
                        등록기준지   경남 밀양시 00
                        소송대리인 법무법인 00
                        서울 서초구 00
                        담당변호사 00

피 신 청 인   이00

                        경기 남양주시 00
                        등록기준지   경기 동두천시 00
                        송달장소   서울 송파구 00

사 건 본 인   1. 이00

                2. 이00

           사건본인들 주소   신청인과 같음

           사건본인들 등록기준지   경기남양주시 진접읍00

양육비 및 부양료 지급청구

신 청 취 지

1. 피신청인은 신청인에게 이 사건 사전처분 결정일로부터 본안 소송사건이 종료될 때까지 사건본인들을 위한 양육비로 각 1,000,000원을 매월 말일에 지급하라.
2. 신청비용은 피신청인이 부담한다.

라는 결정을 구합니다.

신 청 원 인

1. 당사자의 관계

신청인과 피신청인은 2012. 7. 14. 결혼식을 올리고 2012. 8. 3. 혼인신고를 마친 법률상 부부이고, 사건본인들은 신청인과 피신청인 사이에서 2012. 11. 13.과 2014. 6. 13. 각 태어난 미성년의 자녀입니다(소갑 제1호증의 1, 2 각 혼인관계증명서, 소갑 제2호증의 1 내지 4 각 가족관계증명서, 소갑 제3호증의 1 내지 4 각 기본증명서, 소갑 제4호증 주민등록표 등본, 소갑 제5호증의 1, 2 각 주민등록표초본 참조).

2. 이혼 소송의 제기

신청인은 혼인생활 내내 계속된 피신청인의 부정행위, 폭음, 외박, 가정과 사건본인에 대한 무관심 등으로 더 이상 혼인관계를 유지할 수 없는 지경에 이르렀기에 피신청인을 상대로 귀원에 이혼소장을 제출하였습니다.

3. 양육비지급 청구권의 발생 및 사전처분의 필요성

가. 신청인은 2015. 11. 초경 피신청인과 별거를 시작하였고, 현재까지 사건본인들과 함께 친정으로 몸을 옮겨 사건본인들을 양육하고 있습니다. 신청인은 피신청인과 결혼한 이후 가사와 육아를 전담하였고, 현재도 수입이 없는 상황에서 신청인의 부모로부터 도움을 받아 사건본인들을 전적으로 양육하고 있는 실정입니다.

나. 피신청인은 첫째인 사건본인 이00의 출산 때부터 사건본인들의 육아에는 거의 관심이

없었습니다. 특히 피신청인은 둘째인 사건본인 이OO가 아플 때 집안에 다른 여자를 끌어들였고, 그 일을 원인으로 신청인이 피신청인과 다툰 후 두 시간 정도 집을 비우자 그 사이에 첫째 사건본인 이지우를 때렸으며, 신청인이 연락을 받지 않는다며 사건본인들만 두고 집을 나가 버린 적도 있습니다. 당시 신청인은 시누이로부터 피신청인이 아이들만 두고 집을 나갔다는 소식을 듣고 놀라 황급히 집으로 돌아갔습니다. 이처럼 피신청인은 사건본인들에 대하여 무책임한 행동을 보여왔습니다(소갑 제6호증의 1, 2 각 문자메시지 캡처 사진 참조).

피신청인은 중식당 등에서 일을 하며 수입이 있습니다. 피신청인은 신청인과의 혼인기간 동안에도 자신의 술값이나 부정행위를 하는 것에는 많은 금원을 지출하면서도, 생활비나 사건본인들의 양육비는 제대로 지급해 준적이 없습니다. 피신청인은 신청인이 이혼 소송을 제기한 이후에도 생계비는 물론 사건본인들의 아버지로서 최소한의 의무라고 할 수 있는 사건본인들의 양육비를 지급하지 않고 있습니다.

다. 신청인과 피신청인이 이혼 소송 중에 있다고 하더라도, 사건 본인들과 같은 미성숙 자녀의 양육의무는 부모와 자녀의 관계에서 당연히 발생하는 의무로서 신청인과 피신청인의 부부 관계의 중단 여부와 무관하므로, 신청인이 직접 사건 본인들의 양육행위를 하고 있는 이상 피신청인은 사건본인들의 양육비를 부담하여야 할 의무가 여전히 존재한다고 할 것입니다.

또한 피신청인은 앞서 말씀드린 바와 같이 부부공동생활 종료 후 정상적인 경제활동을 하고 있음에도 양육비를 전혀 지급하지 않고 있어, 앞으로도 피신청인이 임의로 양육비를 지급할 가능성이 없습니다. 따라서, 피신청인에 대하여 사건본인들의 양육비에 관한 사전처분의 신청을 구할 필요성이 크다고 할 것입니다.

4. 결론

이에 신청인은 가사소송법 제62조에 의거 한 사전처분으로 본안판결이 선고될 때까지 신청취지와 같은 결정을 구하기 위하여 이 건 신청에 이르렀습니다.

소 명 방 법

1. 소갑 제1호증의 1, 2   각 혼인관계증명서
1. 소갑 제2호증의 1 내지 4   각 가족관계증명서
1. 소갑 제3호증의 1 내지 4   각 기본증명서
1. 소갑 제4호증   주민등록표등본
1. 소갑 제5호증의 1, 2   각 주민등록표초본
1. 소갑 제6호증의 1, 2   각 문자메시지 캡처 사진

첨 부 서 류

1. 위 각 소명방법

2016. 1. .
신청인의 소송대리인
법무법인 00
담당변호사 00

의정부지방법원 귀중

[서식] 사전처분(임시양육자지정, 양육비)

사전처분(임시양육자지정 및 양육비청구)신청

본안사건	서울가정법원 2015드합00(본소)
	서울가정법원 2015드합00(반소)
신 청 인	이00
	서울 동작구 00
	등록기준지 서울 영등포구 00
	소송대리인 법무법인 00
	담당변호사 00
	서울 서초구 00
피신청인	엄00
	서울 동작구 00
	등록기준지 서울 영등포구 00
사건본인	엄00
	사건본인의 등록기준지 및 주소 신청인과 같음

신청취지

1. 이 법원 2015드합00(본소), 2015드합00(반소) 사건이 조정성립이나 판결확정으로 종국될 때까지 사건본인들의 임시양육자로 신청인을 지정한다.

2. 피신청인은 신청인 및 사건본인들에게 접근(집, 직장, 친구 등)하여 그 평온한 생활을 방해하여서는 아니된다.

3. 피신청인은 신청인에게 이 사건 사전처분 결정일로부터 이 법원 2015드합00(본소), 2015드합00(반소) 사건이 조정성립이나 판결확정으로 종국될 때까지 사건본인들의 양육비로 각 매월 금 1,000,000원을 매월 말일까지 신청인의 주소지에 지참하거나 송금하여 지급하라.

4. 신청비용은 피신청인이 부담한다.

라는 결정을 구합니다.

신청원인

1. 당사자 간의 관계

신청인과 피신청인은 2004. 7. 22. 혼인신고를 마친 법률상 배우자이고, 사건본인은 신청인과 피신청인 사이에서 태어난 미성년의 자녀입니다[소갑 제1호증의 1, 2(각 혼인관계증명서), 소갑 제2호증의 1, 2(각 가족관계증명서), 소갑 제3호증(기본증명서), 소갑 제4호증(주민등록표 등본) 참조].

2. 혼인생활의 파탄 및 이혼 소송의 계속

신청인은 피신청인의 폭언 및 폭행, 지나친 의처증 등 신청인에 대한 부당한 대우를 인내하며 가정을 지키기 위하여 노력하여 왔음에도 불구하고, 피신청인은 적반하장격으로 2015. 5. 21. 신청인에 대하여 귀원 2015드단00호(이 사건은 재정합의결정으로 신청취지 기재 본소 사건이 되었습니다.)로 이혼 및 위자료 등 청구의 소를 제기하였고, 이후 2015. 7.경 피신청인이 가출하여 별거 상태에서 현재 이혼 소송 계속 중입니다.

3. 임시양육자 지정 및 양육비 지급 처분의 필요성

가. 임시양육자의 지정

피신청인은 혼인 기간 중 집에서만 생활하면서도 사건본인과 놀아주지도 않고, 만화방, 비디오방만을 드나들거나, 핸드폰 게임에 빠져 있거나, 또는 밤늦게까지 주식에만 몰두하여 사건본인에게 교육상 좋지 않은 영향을 미쳤습니다. 사건본인도 이러한 피신청인의 모습을 보며 자라왔기 때문에 아빠로써 피신청인을 부끄러워할 지경이며, 신청인과 함께 생활하기를 원하고 있습니다.

피신청인은 이혼 소송 계속 중인 현재도 사건본인에 대한 양육의사가 전혀 없으므로, 위와 같이 피신청인의 성행 및 사건본인의 의사 등 제반 사정을 고려하면, 사건본인의 복리를 위하여는 신청인이 사건본인의 친권자 및 양육자로 지정되는 것이 마땅하다 할 것입니다.

나. 양육비 청구

앞서 본 바와 같이, 피신청인은 2015. 7.경 가출한 상태로, 이후 신청인이 사건본인을 혼자 양육하고 있습니다. 그러나, 피신청인이 직접 사건본인들의 양육을 담당하지 않더라도 신청인과 공동으로 양육에 대한 책임이 있으므로, 피신청인은 신청인에게 본안사건이 조정성립이나 판결확정으로 종국될 때까지 사건본인의 양육비로 월 100만 원을 지급할 의무가 있다 할 것입니다.

4. 결론

이상과 같은 사정을 감안하시어 신청취지와 같은 처분을 하여 주시기 바랍니다.

소명방법

1. 소갑 제1호증의 1, 2	각 혼인관계증명서
2. 소갑 제2호증의 1, 2	각 가족관계증명서
3. 소갑 제3호증	기본증명서
4. 소갑 제4호증	주민등록표 등본

2015.   9.   .
신청인의 대리인
법무법인 00
담당변호사   00

서울가정법원   귀중

[서식] 사전처분(양육비감액)

사전처분 신청

본안사건　　2012 드합00본소)　　이혼 및 친권자지정 등
　　　　　　2012 드합00(반소)　　이혼 및 친권자지정 등
신 청 인　　이00
　　　　　　신청인의 소송대리인 법무법인 00
　　　　　　담당변호사 00
　　　　　　서울 서초구 00

피신청인	유00
	서울 동대문구 00
사건본인	이00

신 청 취 지

1. 신청인은 피신청인에게 사건본인의 양육비로 2013. 2. 1.부터 서울가정법원 2012드합00 이혼 및 친권자지정 등(반소 2012드합00 이혼 및 친권자지정 등) 사건의 제1심절차종결시까지 월 30만 원씩을 매월 말일에 지급한다.

라는 결정을 구합니다.

신 청 원 인

1. 사전처분(면접교섭 및 양육비)에 관한 조정의 성립 및 조정조서의 내용

2012. 4. 19. 이 사건 본안사건의 사전처분에 관하여 당사자 사이에 조정이 성립되었고, 그 내용은 아래와 같습니다(첨부서류 1. 사전처분 조정조서)

> 1. 신청인은 피신청인에게 사건본인의 양육비로, 2012. 4. 1.부터 서울가정법원 2012드합00 이혼 및 친권자지정 등(반소 2012드합00 이혼 및 친권자 지정 등, 이하 '이 사건 본안사건'이라 함)사건의 제1심절차종결시까지 월 100만 원씩을 매월 말일에 지급한다(조정조서 1항 이하는 생략하겠습니다).

2. 월 지급 양육비 감액의 필요성(사정변경 등의 사유 발생)

가. 신청인의 양육비(월 100만 원) 지급

신청인은, 위 조정조항에 따라 피신청인에게 월 100만 원씩 사건본인의 양육비를 지급해왔습니다.

그러나, 이후 아래와 같은 사정변경 등의 사유로 인하여 월 100만 원의 금액은 심히 과다하므로 월 지급 양육비를 적절한 수준으로 변경할 필요성이 상당히 크다 할 것입니다.

나. 신청인과 피신청인의 월 소득

신청인은 본안소송 시작부터 현재까지 구직 중인 상황이기 때문에 월 소득이 없습니다. 월 소득이 없는 신청인이 오랜 기간 동안 양육비로 매월 100만 원씩 지급하는 것은 경제적으로 상당히 무리가 따르는 일이라 할 것입니다.

반면 피신청인은 경제활동을 하여 월 160만 원 가량의 수입을 얻고 있습니다. 따라서 신청인과 피신청인의 월 소득을 고려할 때 양육비가 감액되는 것이 타당하다 할 것입니다.

다. 이 사건 본안소송의 장기화

이 사건 본안소송은 2011. 12. 소장이 접수된 이후 현재까지 진행 중이고, 일반가사조사명령이 다시 내려져 현재 상담절차가 진행 중이므로 제1심 판결이 선고되기까지는 앞으로도 상당한 기간이 소요될 것으로 예상됩니다.

라. 소결

따라서 이 사건 본안사건이 종결될 때까지 양육비가 감액되어야 할 필요성이 상당히 크다 할 것입니다.

3. 적정 양육비 수준

2012. 5. 31. 서울가정법원에서 제정·공포한 도시 거주 자녀의 양육비 산정기준표에 따르면 이 사건 표준 양육비는 482,000원입니다(사건본인의 나이(만 4세)와, 부모 합산소득(~ 199만 원)을 기준). 위 표준 양육비에 대해 당사자의 소득 비율을 기초로 분담 비율을 결정한다면, 신청인이 부담해야할 양육비는 20~30만 원 수준이 적정하다 할 것입니다.

4. 결 론

이상과 같이 양육비 월 100만 원은 심히 과다하여 부당하므로 위와 같은 사정을 헤아리시어 양육비를 월 30만 원으로 감액하는 결정을 내려 주시기 바랍니다.

첨부서류

1. 사전처분 조정조서
2. 양육비 산정기준표
3. 신청서 부본
4. 납부서

2013. 2.   .
신청인의 소송대리인
법무법인 OO
담당변호사 OO

서울가정법원   귀중

사전처분(접근금지) 신청

신 청 인   장00
          서울 은평구 00
          등록기준지 : 서울 은평구 00
          신청인의 소송대리인 법무법인 00
          담당변호사 00
          서울 서초구 00

피신청인   김00
          주소 및 등록기준지 : 위 신청인과 같음

본안소송의 표시 : 귀원 2011 드단   이혼 등 청구의 소

신청취지

1. 피신청인은 신청인의 의사에 반하여 신청인의 100미터 이내에 접근하여서는 아니 된다.
2. 피신청인은 신청인에 대하여 면담을 강요하거나, 신청인의 평온한 생활을 침해할 수 있는 내용의 전화를 걸거나, 이메일 또는 핸드폰 문자메세지를 보내는 등의 방법으로 신청인들의 평온한 생활 및 업무를 방해하여서는 아니 된다.
3. 위 명령을 위반할 경우, 피신청인은 신청인에게 위반행위 1회당 금500,000원을 신청인에게 지급하라.
4. 신청비용은 피신청인이 부담한다.
라는 결정을 구합니다.

신청이유

1. 당사자의 신분관계

신청인은 피신청인과 1977. 2. 11.에 혼인신고를 마친 법률상 배우자입니다. 신청인과 피신청인 사이에는 큰딸 김00(1978. 생)과 작은 딸 김00(1981. 생)가 있습니다.

2. 혼인생활 동안 계속된 피신청인의 폭행 등

가. 신청인 및 자녀들에 대한 폭행

(1) 피신청인은 결혼 후 얼마 되지도 않은 1977. 5. 군화 신은 발로 신청인을 폭행하였습니다. 허리를 걷어차인 신청인은 자빠지면서 허리를 심하게 다치고 아래턱까지 떨어지는

상해를 입었습니다.

피신청인은 1979. 3. 돌이 갓 지난 큰딸이 울어댄다는 이유로 뺨을 후려쳐서 피멍이 들게 만들기도 하였습니다. 신청인은 다치고 놀란 큰딸을 데리고 서울 약수동에 있던 시댁으로 피신하였는데, 찾아온 피신청인을 본 큰딸이 크게 놀라 울며 자지러졌습니다. 이로 인해 큰딸은 초등학교 3학년때까지 병원치료를 계속 받아야했고, 당시 1회 두통검사비가 피신청인의 월급35만 원을 초과했기 때문에 경제적으로 더 곤궁해졌습니다.

피신청인의 폭행으로 허리를 다친 후 자주 아프고 힘들었던 신청인은, 결국 1985. 허리 디스크가 심해져 수술직전까지의 단계에 이르러 춘천의료원에서 보름간 입원해야 했고, 이후 힘쓰는 일은 하기가 어렵게 되었습니다.

결혼 후 현재까지 피신청인의 폭행은 수백회가 넘고, 그로 인한 신청인의 병원치료 역시 무수합니다. 2009. 9. 13. 신청인이 피신청인의 주먹에 맞아 뇌진탕과 다발성좌상으로 치료받은 증거만 일단 제출하겠습니다.

(2) 피신청인은 두 딸이 어렸을 때부터 늘상 엄포를 놓고 매를 들이댔습니다. 두 딸은 아빠를 매우 무서워했습니다. 신청인에 대한 피신청인의 폭력과 폭언도 힘들었지만, 두 딸에 대한 폭력과 폭언이 신청인을 더욱 고통스럽게 하였습니다.

피신청인의 폭력과 폭언에 시달린 끝에 큰딸은 10년 전 24살의 어린 나이에 일찌감치 시집가서 출가하였습니다. 피신청인은, 시부모님을 모시고 함께 살고 있는 큰딸에게, 늦은 밤에 술 취한 채 전화해서 괴롭히기를 지금까지도 멈추지 않고 있습니다.

출가하지 않은 작은딸은, 피신청인의 술주정행패와 폭력 때면 늘상 공포에 시달렸습니다. 작은 딸은 2004. 10. 10. 피신청인이 신청인을 폭행하는 것을 견디다 못해 말리다가, 피신청인이 집어던진 술마시던 유리잔에 손을 다쳐 서부병원 응급실에서 다친 손을 꿰매고 기브스를 하기도 하였습니다.

작은딸은 당시 임용고사를 준비하는 수험생이었는데, 시험보기 불과 두 달 전에 손을 다쳐 공부하는데 많은 지장을 받았고, 결국 그 해 12.에 치러진 서술형시험에서 글씨를 빨리 쓰지 못해 떨어지고 말았습니다. 후에 알고 보니 합격점수보다 1점정도가 모자란 아까운 점수를 받은 터라, 그 안타까움은 이루 말할 수 없었습니다.

피신청인이 "아빠 말은 듣지 않고, 엄마 편만 든다"며 부엌에 있던 식칼을 꺼내 작은딸에게 들이대고 "죽여버리겠다!"한 것도 2차례나 됩니다. 현재 작은딸은 미혼인데도 따로 방을 얻어 생활하면서 대학원에 다니고 있습니다.

나. 음주 후의 폭행 및 폭언

피신청인은 술을 너무 좋아해서 젊어서부터 밤새워 술을 마시고 새벽에 귀가하기 일쑤였고, 그 때마다 군화 신은 발로 집안으로 들이닥쳐서 난장판으로 만들었습니다.

피신청인은 지금도 거의 매일 술을 마십니다. 640㎖플라스틱병 소주(360㎖유리병 소주 2병 상당)를 집으로 사와서 마시고 폭언과 폭행을 일삼습니다.

피신청인은 술을 마시면 억지소리와 폭언, 술주정행패를 일삼았고, 어린 아이를 등에 업은 신청인을 무릎 꿇린 채 벌을 세우며 밤새 잠을 재우지 않은 적도 한두 번이 아닙니다.

피신청인의 술주정행패에 시달린 신청인은, 자주 놀라고 툭하면 실신하는 일이 잦아서 집에 청심환을 사다놓고 생활하게 되었습니다. 어느 날부터 피신청인이 직접 청심환을 사다놓기에, 신청인은 '아! 이제 조금씩 변하는구나!'하고 안도하였습니다. 하지만 술주정행패에 시달린 신청인이 쓰러지면, 피신청인 자신이 사놓은 청심환을 먹여 정신이 들도록 한 다음 또다시 술주정행패를 반복하는게 피신청인의 잔악한 실상이었습니다.

피신청인은 술주정행패 끝에 신청인과 두 딸을 집 밖으로 내쫓기도 했습니다. 한밤중에 두 딸과 맨발로 쫓겨나, 집 옥상에서 밤을 꼬박 새우기거나 이웃집에 피신한 것이 셀 수 없이 많습니다.

7년 전인 2004. 쫓겨난 신청인이 친척집에 숨어지내며 치료를 받았는데, 피신청인은 홀로 계시던 신청인의 친정어머니에게 전화하여 "장모! 네 딸 찾아내! 네 딸 어디있어? 내가 네 딸 찾으면, 개처럼 목에 줄을 매서 질질 끌고 다닐거야!"라고 엄포놓고 협박하였습니다. 신청인이 쉬쉬하며 참고 살았기 때문에, 실상을 전혀 모른 채 시집 간 딸이 잘 살고 있는 줄로만 아시던 연로한 친정어머니는, 그로 인해 큰 충격을 받으셨습니다. 결국 신청인의 친정어머니는 1년 후 '내가 너무 오래 살아 못 볼 것을 보고 있다'며 향년 85세에 농약을 드시고 자살하고 말았습니다.

다. 의처증에 따른 사생활의 자유 침해

피신청인은 심한 의처증을 보여 왔습니다. 불시에 집에 전화를 걸어 신청인과 통화가 되지 않을 때가 있으면, "어디에 있었느냐? 어떤 놈을 만나고 오느냐?"며 캐묻고 다그치며 의심했고 술을 마시며 "재미좋았느냐?"며 억지소리와 폭언을 퍼부었습니다.

피신청인이 술에 취한 채 묻는 말에 신청인이 대답하지 않으면 "남편을 무시한다"며 때리고, 대답하면 "말대꾸한다"고 폭언을 해댔습니다. 이런 식으로 시달리던 끝에, 신청인의 심장이 약해져서 호흡곤란 증세로 응급실에 실려가고 병원에 입원한 것이 수십차례입니다.

신청인은 고통 뿐인 결혼생활을 신앙의 힘으로 버텼습니다. 그러나 피신청인은, 자신이 일하러 가지 않는 날에는 신청인을 나가지 못하게 하여 예배에 참석할 수 없도록 하였습니다. 더구나 결국 의처증이 극에 달한 피신청인 때문에, 벌써 한 달째 교회에 나가지 못하는 신청인의 답답한 심경은 말로 표현할 수조차 없습니다.

큰딸이 6세, 작은딸이 3세였던 1983. 어느날, 피신청인은 신청인의 성경책을 불태워 부엌에 걸어두었고, 그것으로는 성에 차지 않는지 잠시 후에 불태운 성경을 공용화장실(당시 살고 있던 관사는 한울타리 안에 군인교회를 중심으로 군목가족과 더불어 6여세대가 함께 살면서 공용화장실을 사용했습니다)에 옮겨서 걸어두었습니다. 다음날 아침 불에 탄 성경을 발견한 이웃들이 마침내 신청인에게 다른 곳으로 이사 갈 것을 요구하였고, 그로인해 신청인의 고통을 배가되었으며, 너무도 신앙생활을 하고 싶었던 신청인이었지만 이 일로 인해 교회를 나갈 수 없었습니다.

한참 후 작은딸이 대학교에 다닐 무렵부터 간신히 피신청인의 허락을 구해 교회에 다시 나가기 시작했지만, 피신청인은 교회를 다닌다는 이유로 걸핏하면 술을 먹고 신청인을 핍박해왔습니다. 피신청인의 눈치가 보여 신앙생활의 흔적을 지우려 애썼으나, 어느날인가 무의식중에 버릇처럼 식사기도를 했고 신청인의 그 모습을 본 피신청인은 그날도 어김없이 술을 먹고 폭언을 하며 신청인을 괴롭혔습니다. 아직도 피신청인은 술 먹고 툭하면 성격책을 가져오라하고 신청인이 보는 앞에서 불태워 버리겠다고 위협하기도 합니다.

라. 부당한 대우
신청인은 하루에 7번씩 대변을 보면서 남들보다 심하게 자주 화장실을 다니게 되었습니다. 병원 진료 결과, 신경성으로 장이 내려앉아서 장기능을 원활하게 하는 수술을 받아야 했습니다. 피신청인이 "안해도 되는 수술을 왜 해! 하지마!"라 하여, 신청인은 피신청인 모르게 서울 송도병원에서 수술받고 9일간 입원한 다음, 완전히 회복될 때까지 작은딸 집에서 숨어 지내야만 했습니다.

요즈음 피신청인은, 신청인이 출가한 큰딸과 사위 및 손주들을 만나지 못하게 할 뿐만 아니라, 전화통화조차 하지 못하게 하면서 신청인의 삶을 옥죄어 속박하는 지경입니다.

3. 접근금지 사전처분의 필요성 – 피신청인의 폭력성과 위험성

신청인은 잠을 잘 때도 잠옷을 입지 못하고 평상복을 입고 잡니다. 피신청인이 술주정행패를 부리며 언제 쫓아낼지 모르기 때문에, 급히 뛰어나가기 위해서 언제나 준비된 상태여야만 하기에 평상복을 입은 채 잠자리에 들었던 것입니다.

신청인은 술 취한 피신청인의 모습을 대하면 더 무섭고 살기가 느껴지며, 아무런 죄가 없음에도 불구하고 죄인마냥 항상 움츠려듭니다. 맨 정신인 피신청인 앞에서도 대화가 안 될 정도로 말을 제대로 못하고 가슴이 아파오면서 심장이 뻐근해집니다.

계속되는 불안과 공포로 인하여 신청인은 혈압이 높아지고 심장이 약해져서 매일 약을 먹어야만 하는 지경에 이르렀습니다. 신경이 예민해지고 불면증까지 생겨 약을 먹지 않으면 잠도 이루지 못합니다. 일상생활 중에도 종종 정신이 혼미해지는 때도 잦아지고 있습니다.

이처럼 피신청인의 폭력성은 심히 잔인하고, 지속적이어서 그 위험성은 매우 심각하다 할 것이므로, 신청인에 대한 피신청인의 접근을 금지시켜야 할 필요성이 명백하다 할 것입니다.

4. 결 론

따라서 신청인은, 피신청인에 대하여 신청 취지 기재와 같은 사전처분을 귀원이 명하여 주실 것을 희망하여, 이 건 신청에 이르렀습니다.

소명방법

1. 소갑제1호증	의무기록, 진단서
1. 소갑제2호증	김별희 진단서 및 의무기록지
1. 소갑제3호증의 1	의무기록(2007. 5. 7.)
1. 소갑제3호증의 2	간호기록(2011. 3. 27.)
1. 소갑제4호증	2011. 5. 23.자 진단서

2011. 6. 17.
신청인들의 소송대리인
법무법인 00
담당변호사 00

서울가정법원   귀중

제3장
가사조사절차

I. 서설

1. 가사조사관

가. 의의

사법보좌관과 별도로 법관의 명을 받아 법률이나 대법원규칙에서 정한 사건의 심판에 필요한 자료의 수집, 조사, 그 밖에 필요한 업무를 담당하는 자를 가사조사관이라 한다(법 제6조).

나. 취 지

1) 가사소송법이 가사사건의 범위를 제한하여 가정법원의 관할에 전속하게 한 것은, 가사사건은 가정과 친족 간의 평화와 사회생활의 안정에 직접적으로 영향을 미치는 것이기 때문에 전문적인 법원으로 하여금 가정의 평화 및 친족 간에 서로 돕는 미풍양속을 보존하고 발전시키도록 후견적 기능을 발휘하게 하려는 데 그 목적이 있다(법 제1조). 이를 위하여 순수한 민사소송사건으로서의 성질을 가지는 다류 가사소송사건을 제외한 나머지 사건(가류, 나류, 라류, 마류)에 있어서는, 민사소송에서와는 달리 절차의 진행을 당사자의 사적 자치에만 맡겨두지 아니하고, 가정법원이 주도적인 입장에서 직권으로 필요한 사실 및 증거조사를 하며(법 제17조, 제34조, 비송 제11조), 당사자의 임의처분이 가능한 범위 내의 사항에 대하여는 심리에 앞서 반드시 조정을 거치도록 하는(법 제50조) 등의 제도적 장치가 마련되어 있다.

2) 가사사건은 당사자의 가족이나 친족 등의 인간관계에서의 감정이나 갈등에서 비롯되면서도 그 분쟁이나 갈등의 진상과 원인은 사건의 배후에 숨은 채 표면에 나타나지 않는 경우가 많다. 가사사건의 처리에 있어서는 과거로부터 현재에 이르기까지 사안의 진상을 파악하여 이를 과학적으로 검토하고, 배후에 있는 분쟁의 원인을 제거, 해소함으로써 분쟁이 재발하는 것을 방지할 필요가 있고, 그와 같은 사안의 진상파악을 위해서는 사건관계인의 학력, 경력, 생활상태, 재산상태와 성격, 건강, 가정환경 등에 대하여 심리학, 사회학, 경제학, 교육학, 그 밖에 전문적인 지식을 활용하여 조사하여야 한다. 그러나 가정법원의 법관이 언제나 이러한 전문적 지식을 가지고 있는 것은 아니고, 또 그러한 지식을 가지고 있다고 하더라도 법관이 직접 조사하는 것이 적절하지 않은 점도 있으므로 이들 여러 분야에 관하여 비교적 전문적인 지식과 식견을 가지고 사실을 조사함을 직책으로 하는 독립된 공무원을 둘 필요가 있어 설치된 것이 가사조사관제도이다.[15]

2. 가사조사관의 특성

가사조사관은 조사를 위한 전문적인 지식을(전문성) 갖고서 독립하여 조사하며(독립성), 가사사건의 공평한 처리(중립성)를 위해 법관을 보좌하는(보조성) 법원 공무원이고 당사자 중 한편을 보조하거나 지원하는 사람은 아니다 따라서 그 중립성을 보장하기위해 민사소송법 중 법원사무관등에 관한 제척, 기피, 회피에 관한 규정을 조사관에게도 준용하고 있다(법 제4조).

3. 가사조사관의 지정

가사조사관은 법관의 명으로 원칙적으로 조사사무직렬의 조사서기관, 조사사무관, 조사주사, 조사주사보 또는 이에 상당하는 계약직공무원 중에서 지정한다. 다만, 특별한 사정이 있는 경우에는 법원사무직렬의 법원서기관, 법원사무관, 법원주사, 법원주사보 중에서 지정할 수 있다(법원조사관등규칙 제2조 제2항).

4. 가사조사관의 직무

가사조사관은 심판에 필요한 자료의 수집, 기타 사건의 처리에 필요한 조사업무 등, 가사소송법에 따른 조사업무를 행한다(법조 제54조 제2항 제3호). 이 조사업무에는 사실의 조사, 의무이행상태의 점검과 권고, 당사자 또는 사건관계인의 가정 기타 주위환경의 조정을 위한 조치(규칙 제8조, 제11조, 제122조), 가사사건의 기일에의 출석과 의견진술(규칙 제13조)이 포함된다.

---

15) 법원행정처. 실무제요 가사(Ⅰ). P.113.

1. 조사명령

가. 의 의

가사조사관은 재판장, 조정장 또는 조정담당판사의 명을 받아 그 명령받은 사항에 관해 조사한다(법 6조, 규칙 8조, 9조). 이와 같이 재판장, 조정장, 또는 조정판사가 사건처리에 필요한 사실을 조사하도록 가사조사관에게 지시하는 것을 조사명령이라고 한다. 조사명령은 재판장, 조정장 또는 조정담당판사의 권한일 뿐 의무는 아니므로 조사명령을 할 것인지 여부는 그 재량에 달려 있다.

나. 종류

1) 조사명령의 시기에 따른 구분

① 1회 재판기일에 앞서 그 사건의 내용 등을 파악하기 위한 사전조사명령 ② 제1회 이상의 기일을 실시한 후 다음 기일 사이에 행하는 것을 진행 중의 조사명령 또는 기일간 조사명령, ③ 사건종결 후 이행명령을 발하기 위한 전제로서 의무이행상태를 점검하는 것과 같은 사후조사명령이 있다.

2) 조사명령의 범위에 따른 구분

가사조사관은 재판장의 조사명령을 받아 조사를 하는데 조사의 대상에 대해서는 제한이 없어 대상이나 방법 등을 특정하지 아니하고 조사관에게 일임하는 것을 포괄조사명령이라 하고, 특정하여 한정된 범위에서 하는 것을 개별조사명령이라 한다.

[서식] 조사명령

○ ○ **가 정 법 원**

제 0 가사부

조 사 명 령

사 건	20○○드단 1234호
원고(신 청 인)	김 ○ ○
피고(피신청인)	이 ○ ○

위 사건에 관하여 조사관은 다음 사항을 조사하여 빠른 시일 내
(20○○. . .까지) 서면으로 보고할 것을 명한다.

조 사 사 항

1. 이혼 : 혼인관계 파탄여부, 재결합 가능성, 파탄원인, 이혼에 관한 당사자의 의사, 당사자의 화해의사 및 화해가능성 여부, 부부상담이 필요한지 여부
2. 재산분할 : 재산형성과정, 현재의 경제상황, 재산분할에 관한 당사자의 의사
3. 친권 및 양육 : 친권자 및 양육자의 결정, 양육환경, 양육비용의 부담(현재 및 향후), 면접교섭의 여부 및 방법, 부모 교육의 필요성 유무
4. 기타(   )

2020. ○월 ○일

재판장 판사 ○ ○ ○   (인)

2. 조사기간

가사조사관은 조사명령에 조사기간이 정하여져 있는 경우에는 그 기간 내에, 정해져 있지 않은 경우에는 그 조사명령을 받은 때로부터 2월내에 조사를 완료하여야 한다.

3. 조사의 착수

가. 기록검토와 조사목표의 설정

조사명령을 받은 가사조사관은 먼저 기록을 자세히 검토하여 조사방향을 설정하여야 한다. 가사사건은 사건의 종류에 따라 해결방안이 다를 수 있을 뿐 아니라 같은 종류의 사건일지라도 분쟁의 원인은 천차만별이므로 소장, 청구서 또는 신청서와 답변서 등을 검토하여 사건의 유형과 분쟁의 원인을 나름대로 파악하여 이에 맞는 조사방법을 강구하여야 한다.

나. 조사비용의 확보

가사조사관이 조사를 위하여 지출하는 비용은 소송비용, 심판비용 또는 조정비용에 당연히 포함된다. 단순히 면접조사로 그칠 경우에는 송달료 이외에 달리 비용이 문제될 것은 없으나, 심리검사 등 비용소요가 예상되는 경우에는 그 비용을 예납 받아야 한다. 그러나 이 조사비용의 예납명령은 가사조사관이 할 수 있는 것은 아니고 가정법원, 즉 재판장, 조정장 또는 조정담당판사가 하여야 하며(법 제12조, 민소 제116조, 민소규 제18조 내지 제21조, 가사 제49조, 민조규 제13조 등). 예납금의 보관, 관리는 참여 법원사무관 등이 한다.

4. 구체적인 조사사항

가사조사관은 필요에 따라 사건관계인의 학력, 경력, 생활상태, 재산상태와 성격, 건강 및 가정환경 등에 대하여 조사하여야 한다(규칙 제9조 제2항). 여기의 '사건관계인'은 실질적 의미의 당사자로서의 절차에 관여하는 사람뿐만 아니라 사안의 실정의 조사에 필요하다고 인정되는 모든 사람을 가리킨다고 할 수 있다. 일반적인 조사사항을 구체적으로 살펴보면 다음과 같다.

가. 사실관계

가사조사관은 먼저 당사자를 면접하여 양쪽의 주장과 답변을 들어 사안의 실정, 즉 사건의 배후에 숨은 진실한 분쟁의 원인이 무엇인지를 조사하여야 한다.

나. 학력·경력

학력이나 경력은 당사자의 사회적 경력을 포함한 생활사를 말한다. 사람의 과거생활은 현재의 인격형성에 중대한 영향을 미치는 것이며, 양쪽 배우자간의 학력의 차이에 따른 갈등이 재판상 이혼청구의 원인으로 되는 경우와 같이 사건에 따라서는 과거의 어떤 사실이 현재의 분쟁의 실질적인 원인을 이루는 일도 흔히 있을 수 있으므로 이를 염두에 두고 조사하는 것이다.

다. 생활 및 재산상태

생활상태와 재산상태는 현재의 생활에 관한 주관적, 객관적인 모든 상황을 가리키는 것으로서 생활수준, 가계담당자, 생활비, 수입의 수단, 경제적 신용도, 동거 여부, 직장, 거주환경, 현재의 보유재산의 내역과 그 형성과정, 생활 만족도 등 모든 사정을 포함하는 것이다. 이에 관한 조사 역시 당사자의 면접, 문서송부촉탁, 출장조사 등의 방법에 의하여 한다.

라. 성격·건강

성격은 이상성격과 같은 성격적 결함은 물론, 분쟁이나 사안의 실정에 작용한 당사자 그 밖의 관계인의 전인격적인 사항을 포함하는 것이고, 건강은 육체적 건강상태는 물론 정신질환과 같은 정신적 건강상태를 포함하는 개념이다. 이들 사항은 주로 당사자의 면접을 통한 가사조사관의 판단, 생활사의 조사, 일상생활에서의 행동경향 등에 의하여 조사하고, 병력이 있는 경우에는 병원 등에 조회하여 확인한다.

마. 가정환경 등

가정환경은 주로 가정을 둘러싼 인간관계에서 비롯되는 환경을 말한다. 따라서 자녀의 수, 부모의 유무와 같은 가족관계와 그 화목 여부, 친족관계, 가정결손의 원인 등의 내면적인 사항을 포함한다. 그 밖에 교우관계, 종교, 취미 등의 주변 사정도 여기의 조사사항에 속한다. 이들 사항은 당사자 및 참고인의 면접, 문서송부촉탁, 출장조사 등에 의하여 조사한다.

5. 조사의 방법

가. 과학적 조사의 원칙

1) 가사조사관은 조사할 사항에 대하여 심리학, 사회학, 경제학, 교육학, 그 밖의 전문적인 지식을 활용하여 조사하여야 한다(규칙 제9조 제2항). 이를 과학적 조사의 원칙이라고 한다.

2) 가사사건은 진실한 분쟁의 원인이 이면에 숨어 있는 경우가 많고, 그 분쟁의 원인이 당사자의 심리적 요인이나 감정적 요인에 결부되어 있는 경우가 많다. 따라서 사안의 실상 등을 파악하고 대응책을 강구함에 있어서는, 단순히 법률적 관점이나 상식적인 사회통념만으로는 부족하고 당사자 등이 처한 상황이나 문제점 등을 파악하기위하여 인간심리에 대한 과학적 분석과 전문적 식견에 기한 객관적 검토가 필수적이다. 재산분할이나 양육비 청구사건 등에서는 재산상황이나 수입 등에 관하여 경제학, 회계학, 통계학 등의 전문적 지식을 활용하여 객관적, 합리적으로 확인, 산정할 필요가 있다. 가사조사관에게 전문적 지식과 소양이 요구되는 이유도 여기에 있다.

나. 면접조사

1) 가사조사관이 당사자 그 밖의 관계인을 직접 대면하여 문답을 통하여 사실을 조사하는 것을 면접조사라고 한다. 가사조사관의 조사방법 중 가장 기본적인 것으로 대부분의 사건에서 반드시 행하여지는 조사방법이다. 면접조사는 대화의 방법을 사용하므로

당사자의 주장을 분명하고 자세히 들을 수 있고 그 태도를 직접 관찰하면서 질문을 통하여 사안의 실정에 접근할 수 있는 장점이 있는 반면, 가사조사관의 주관적 편견이 강하게 작용할 수 있다는 단점도 있다.

2) 면접조사에는 한 사람의 가사조사관이 당사자의 한쪽만 조사하는 단독면접, 2인 이상의 가사조사관이 조사하는 공동면접, 당사자 양쪽을 동시에 조사하는 양쪽면접(또는 합동면접)이 있고, 면접 장소에 따라 당사자를 소환하여 하는 소환면접과 가사조사관이 법원 외의 장소에 출장하여 조사하는 임상면접으로 나뉜다.

당사자 양쪽을 동시에 또는 시차를 두고 소환하여 그 중 한쪽을 순차로 단독면접하고, 필요가 있으면 양쪽을 합동 면접하는 방법을 쓰는 것이 일반적이다.

[심판례] 조사기일소환장

○ ○ 법 원

조사기일소환장

사 　 　 건 　 　 　 20○○드단 1234호 이혼 및 재산분할
원고(신 청 인) 　 　 김 ○ ○
피고(피신청인) 　 　 이 ○ ○

위 사건에 관하여 조사할 사항이 있으니 20○○. . . : 이 법원 제○○호 　 에
출석하시기 바랍니다.

2013. ○월 ○일

가사조사관 　 ○ ○ ○ 　 　 (인)

◇유의사항◇

1. 출석할 때에는 신분증을 가져오시고 이 사건에 관하여 제출하는 서면에는 사건번호를 기재하시기 바랍니다.
2. 소송대리인이 선임되어 있더라도 당사자 본인은 반드시 출석하여야 합니다.
3. 대법원 홈페이지(www.scourt.go.kr)를 이용하시면 재판기일 등 각종 정보를 편리하게 열람할 수 있습니다.

다. 출장조사

1) 출장조사는 조사관이 분쟁의 배경인 현장에 직접 방문하여 조사하거나 당사자의 와병, 수감, 불응 등으로 인해 법원이외의 장소에 출장하여 조사하는 방식이다.

2) 보통의 조사명령 이외에 별도로 재판장 등의 출장조사명령을 받는데 재판장 등은 출장 조사명령을 명함과 동시에 당사자에게 출장비용의 예납을 명한다. 다만 출장조사의 필요성이 긴박함에도 당사자가 소정 기간내에 출장조사비용을 예납하지 않는 경우에는 출장비용을 국고에서 대납받아 지출한다(규칙4조1항).

라. 심리검사

가사조사관이 면접조사만으로는 당사자의 인격이나 사안을 이해하기 어려운 경우에 당사자의 심리를 조사하여 성격상의 이상을 조사하는 것이다. 검사의 대상에는 성격, 적성, 지능, 흥미, 지식, 태도 등이 포함된다.

마. 사실조사의 촉탁과 문서의 송부촉탁

1) 가사조사관은 필요한 때에 경찰 등 행정기관, 은행, 회사, 학교, 관계인의 고용주 기타 상당하다고 인정되는 단체 또는 개인에게 관계인의 예금, 재산, 수입 기타 사항에 관한 사실조사를 촉탁하고 보고를 요구할 수 있다(법8조).

2) 공무소, 학교, 병원, 기타의 단체 또는 개인에게 그의 관리, 보관하에 있는 문서의 등·초본을 보내줄 것을 촉탁할 수 있다(규칙10조).

6. 조사보고서의 작성

가사조사관이 사실조사를 마친 때에는 조사보고서를 작성하여 재판장에게 보고 하여야 하며(규칙 11조1항), 보고서에는 조사 방법과 결과 및 조사관의 의견을 기재하여야 한다(규칙 11조2항). 조사보고서는 공무원이 작성한 공문서이므로 판결, 심판, 조정의 기초자료가 되고 사실인정을 위한 증거자료가 되므로 굳이 증거목록에 기재하거나 변론에 현출하지 않더라도 증거자료로 쓸수 있고 판결이나 심판에서 가사조사관의 조사보고서로 인용한다.

1. 기일출석과 의견진술

가. 의의

가정법원, 조정위원회 또는 조정담당판사는 가사조사관을 기일에 출석시켜 의견을 진술하게 할 수 있다(규칙 13조). 이는 일반적으로 조사보고서에 기재되어 있는 결과만으로는 불충분하다고 인정되는 경우에 가사조사관을 기일에 출석케하여 의견을 듣는 것이다.

나. 방법 및 효과

가사조사관의 의견진술은 의견의 진술에 불과하므로 진술의 방법에 제한이 없으며 서면으로도 무방하다. 이는 어디까지나 참고의견에 그치기 때문에 가정법원, 조정위원회 또는 조정담당판사가 구속되는 것도 아니다.

2. 조정을 위한 조치(가사조정조치)

재판장, 조정장 또는 조정담당판사는 사건처리를 위하여 당사자 또는 사건관계인의 가정 그밖의 환경을 조정할 필요가 있는 때에는 가사조사관으로 하여금 사회복지기관과의 연락 그밖의 조정조치를 하게 할 수 있고(규칙 12조). 이 경우 가사조사관은 조정의 방법과 결과및 의견을 기재한 보고서를 작성하여 보고하여야 한다(규칙12조). 이를 조정을 위한 조치또는 조정조치라 한다. 이는 가정법원의 사건처리가 단순히 법적인 조치만으로 해결되는 경우도있지만 사안에 따라서는 당사자와 사건관계인의 대인관계를 중심으로 한 인간관계의 원만한조정과 그들을 둘러싼 외부적인 환경 그 자체를 바로잡기 위한 조치가 필요한 경우가 많기때문에 인정되는 절차이다.

3. 의무이행상태의 점검과 권고

가. 점 검

재판장, 조정장 또는 조정담당판사는 가사조사관에게 의무이행상태의 점검을 명할 수 있다(규칙8조). 피후견인의 복리를 위해 후견인을 변경할 필요가 있다고 인정되는 경우가정법원이 직권으로 후견인을 변경할 수 있는 바(민940조1항), 이를 위해 가사조사관에게 후견인의 의무이행상태를 점검하도록 명령하는 것 등이 이에 해당한다.

나. 의무이행실태 조사 및 이행권고

이행명령사건을 관할하는 가정법원은 권리자의 신청이 있는 때에는 이행명령 전이나 후에 가사조사관으로 하여금 의무자의 재산상황과 의무이행의 실태에 관하여 조사하고 의무이행을 권고하게 할 수 있다(규칙 122조). 가사조사관은 명령에 기재된 사항에 대해 의무자에게 전화로 의무이행을 권고, 설득하고, 권고서를 송달하며, 송달만으로 이행되지 않은 경우 의무자를 가정법원에 소환하거나 출장하여 조사한 후 결과를 서면으로 보고한다.

[서식] 가사조사관의 조사보고서 사례

<table>
<tr><td colspan="3" align="center">서 울 가 정 법 원
조 사 보 고 서</td></tr>
<tr><td colspan="3">재판장 판사
조정장   귀하
판 사

          2011. . .

        조사관   (인)</td></tr>
<tr><td>사   건</td><td colspan="2" align="center">2011드합 11234 이혼 및 재산분할 등
(반소 : 2011드합54321)</td></tr>
<tr><td>당 사 자
성   명</td><td align="center">원고(반소피고, 이하 '원고')
○ ○ ○</td><td align="center">피고(반소원고, 이하 '피고')
○ ○ ○</td></tr>
<tr><td>수명 연월일</td><td colspan="2" align="center">2011. . .</td></tr>
<tr><td>조 사 사 항</td><td colspan="2">1. 기본조사 및 자료수집
2. 당사자의 화해 의사 및 화해 가능성 여부 등</td></tr>
</table>

1. 조사요건

조사일시	조사 대상자	조사 장소 및 방법
2011. 1. 7. 09:30	원고, 피고	
2011. 1. 10. 09:30	원고, 피고	
2011. 1. 17. 14:00	원고	가사조사실 소환 면접조사
2011. 2. 11. 09:30	피고	
2011. 2. 15. 13:00	원고, 피고, 사건본인 등	

2. 당사자 인적사항 등

구 분 \ 당사자	원 고			피 고		
성별/연령/국적	여	38세	대한민국	남	41세	대한민국
직 업	무직, 아르바이트			○○회사 ○○팀 차장		
교 육 정 도	○○소재 ○○대학교 같은 대학원 ○○과 1년 중퇴			○○소재 ○○대학교 ○○과 졸업		
혼 수 별	재 혼			초 혼		
결 연 별	중 매			왼쪽과 같음		
동 거 기 간	2000. 12. ~ 2005. 4. 29. (2002년 12월 혼인신고)			2004년 7월 말까지		
별 거 기 간	2005. 4. 30. ~ 현재			2004년 8월 초부터 ~ 현재		
사건발생 원 인	피고의 부정행위와 폭력행동			반대원인	원고의 가출	
발단의 먼 원인	피고의 경제적 무능력			반대원인	원고의 폭력행동	
재 산 정 도	경제상황란 참조			경제상황란 참조		
재 산 청 구 액	위자료 ○○원 재산분할 ○○원 양육비 매월 ○○원			위자료 ○○원 재산분할 ○○원 양육비 매월 ○○원		
직 계 존 속	부(67세) 모(67세)			부(80세) 모(사망)		
직 계 비 속	남 1명	여 1명		남 1명	여 ○명	
부 양 가 족 수	1명(사건본인)			○ 명		
기타 특기사항						

가. 원고가 사건본인을 양육하고 있다. 원고는 전남편인 ○○○ 사이에서 1녀를 출산하고 1996년 협의이혼 하였으며, 1녀는 전남편이 양육하고 있다.

나. 조사 중 쌍방 고성이 심하여 대면조사를 하기 어려워, 1차 조사 이후 각각 일방 소환하여 일방조사를 하였다.

다. 관련사건 : 서울가정법원 2000즈단 ○○○ 채권가압류

3. 당사자의 주장, 소명자료

(원고)

본소 청구취지에서 이혼, 위자료 ○○원, 재산분할 ○○원, 사건본인의 친권자 및 양육자로 원고를 지정하고 양육비로 매월 ○○원을 청구하였다. 원고는 현재 자신이 사건본인을 양육

하고 있으므로 향후에도 계속 자신이 양육해야 한다고 강하게 주장하였고, 조사를 종결할 무렵 위자료는 최소한 ○○원을 받고 싶고 양육비는 금액을 조정할 수 있다고 주장하였다.

(피고)
반소 청구취지에서 이혼, 위자료 ○○원, 재산분할 ○○원, 사건본인의 친권자 및 양육자로 피고를 지정하고 양육비로 매월 ○○원을 청구하였다. 특히 피고는 자신이 사건본인을 양육하고 싶다고 강력하게 주장하였다. 면접조사 시 피고가 양육계획서를 조사관에게 직접 제출하여 이를 조사보고서 뒤에 첨부하였다.

4. 결혼 전의 생활내력 및 결혼의 사정
(원고)
가. ○○도 ○○군에서 교사인 부와 주부인 모 사이에서 ○남 ○녀 중 ○째로 출생하여 학교 졸업 때까지 같은 곳에서 생활하였다.
나. ○○소재 ○○대학교 같은 대학원 ○○과를 1년 중퇴하고 연애로 ○○○와 초혼으로 1녀를 출산하였다. 1996년에 협의이혼 하였고 1녀는 전남편이 양육하고 있다.
다. ○○회사에서 2년간 ○○일을 하다가 결혼 중매업체 소개로 피고를 만나 2000년 12월경에 동거하였고 2001년 12월에 결혼식을 하였으며 2002년 12월에 혼인신고를 하였다.

(피고)
가. ○○도 ○○군에서 회사원인 부와 식당을 운영하던 모 사이에서 ○남 ○녀 중 ○째로 출생하였다. 중학교 2학년 때부터 ○○에서 자취하여 생활하였고, ○○소재 ○○대학교 ○○과를 졸업하였다.
나. 졸업 후 ○○부터 ○○까지 ○○회사에서 ○○일을 하다가 대리로 퇴직하였고, ○○까지 무직으로 있다가 ○○회사에서 2년간 비정규직으로 일을 하였다.
다. 결혼 중매업체 소개로 원고를 만나 동거하다가 결혼식을 하였다. 이후 1남을 출산하면서 혼인신고를 하였다.

5. 결혼 후의 생활내력 및 분쟁의 과정과 현상
가. 결혼 후위 생활내력
(원고)
(1) 서울 ○○구 ○○아파트에서 동거를 시작하였는데, 원고의 부로부터 2,000만 원을 지원받아 집을 임차하였다. 피고와 ○○구에서 한식당을 1년간 운영하다가 수입이 좋지 않아 처분하였다. 그 후 원고는 무직으로 있으면서 주 1~2일 정도 식당에서 아르바이트를 하였다.
(2) 결혼 초, 피고가 술을 마시고 때린 적이 있어 심하게 싸운 적은 있으나 그 외에는 특별한 갈등 없이 지냈다. 단, 피고가 자주 직장을 옮겨 다니고 수입이 좋지 않아 경제적으로 어려움이 있었다.

(피고)

    (1) 원고와 한식당을 운영하다가 처분하고 ○○공장에서 1개월간 일을 하다가 6개월 간 영업용 택시 운전을 하였으며, 음주운전으로 면허가 취소되어 6개월간 무직으로 있었다. 그 후 과일 노점상을 2개월간 하다가 ○○소재 ○○회사에 취업하여 영업직에 근무하다가 3개월 후 구조조정 되었다. 2003년 7월부터 현재까지 ○○소재 ○○회사에서 마케팅 업무를 담당하고 있으며 현재 직급은 차장이다.

    (2) 결혼 초, 피고는 단란하지는 않았으나 그렇다고 원고와 심하게 싸운 적도 없는, 평범한 결혼 생활을 했다. 단, 원고가 이혼 경력이 있었기 때문에, 피고는 원고가 이혼을 쉽게 생각할지 모른다는 생각에 가끔 불안하기는 했다.

나. 분쟁의 과정과 현상

(원고)

    (1) 동거한 지 1~2년 후, 피고는 술을 마시고 직장 사람들과 싸우고 결근하는 일이 빈번하였으며, 직장을 자주 옮겨 다녔다.

    (2) 피고는 생활비를 주지 않고 낚시, 경마 등을 하느라 수입을 탕진하여, 원고는 경제적으로 매우 어려운 생활을 하였으며, 주말에 사건본인을 맡기고 식당에서 아르바이트를 할 수밖에 없었다.

    (※ 피고 : 경마장에 몇 번 구경을 하러 갔을 뿐, 탕진할 정도로 도박을 하지는 않았다.)

    (3) 친정 부모의 경제적 도움을 받아 어렵게 생활하며, 이혼을 결심하기도 했으나 사건본인을 생각하고 부모의 만류로 계속 살아보기로 하였다.

(피고)

    (1) 피고는 회사 사정으로 직장을 오래 다니지 못했는데, 사건본인 출산 후 원고는 계속해서 피고에게 '무능력하다'라면서 모욕적인 말을 하여 기분이 좋지 않았고 '무능력한 시댁'이라면서 부모를 욕하는 말을 하여 자주 싸움을 하였다.

    (2) 원고는 부업을 한다고 하면서 사건본인을 친정에 맡기고 양육을 등한시하였고, 수입은 전남편에게 양육비를 보내어 생활이 매우 어려웠다.

    (※ 원고 : 부업을 하지 않았다면 생활을 유지하기 어려웠다.)

    (3) 원고는 부업을 하고 나서는 피곤하다면서 집안일을 하지 않으려고 했고, 특히 성관계를 거부하여 피고는 불만이 많았다.

다. 별거에 이르게 된 경위 및 별거 후 생활

(원고)

    (1) 피고가 2003년 7월부터 회사에 취업하여 원고는 경제적으로 안정될 것을 기대했

으나, 계속해서 생활비를 주지 않았고 회사 여사원과 여행을 가서 모텔에 투숙한 것을 신용카드 영수증을 통해 알게 되었다.

(2) 원고는 회사에 찾아가 여사원을 만났는데, 피고는 회사 사람들 앞에서 원고를 때리고 계단 밖으로 밀어서 원고는 3주의 치료를 요하는 상해를 입었다.

(※ 피고 : 원고를 밀지 않았으며, 원고가 흥분하며 계단을 내려가다가 스스로 굴러 떨어진 것이다.)

(3) 이에 원고는 피고와 잠시 떨어져 부부관계에 대해 생각을 하고자 2004년 여름에 친정에 기거하면서 자주 집에 가서 잠을 잤는데, 피고가 반성하는 모습이 없어 결국 본 소송을 제기하게 되었다.

(4) 원고는 2005. 4. 30. 이후 집에 들어가지 않았으며 현재까지 친정 부모 집에서 생활하고 있다. 2005. 5. 15.부터 ○○소재 ○○백화점에서 판매원으로 일을 하다가 2000. ○. ○.부터 현재까지 무직으로 있으면서 친정 부모의 경제적 도움을 받고 있다.

(피고)

(1) 직장 여사원이 어려운 일이 있어 함께 바람 쐬러 갔다가 자동차가 고장이 나는 바람에, 차량을 고치는 동안 모텔에서 기다리고 있다가 집에 돌아왔는데, 원고는 이를 오해하고 바람을 피운다면서 회사에 찾아와 여사원을 폭행하였다.

(2) 그 후 원고는 이혼을 통보하고 2004년 8월, 사건본인을 데리고 친정에서 생활하다가 주말에만 집에 오는 식으로 별거생활을 하였는데, 날짜는 정확하지 않으나 2005년 봄부터는 아예 집에 오지 않았다.

(3) 원고는 친정에서 지내면서 사건본인을 만나지 못하게 하였다. 피고는 소장 부본을 받은 후 '집 나간 사람이 소송을 제기하더니 부당하다'라고 생각하여 결국 반소를 제기하였다.

(※ 원고 : 사건본인을 만나지 못하게 한 적은 없다. 피고는 보고 싶다는 전화를 한 번도 한 적이 없다.)

(※ 피고 : 사건본인이 보고 싶어 수차례 전화 연락하였으나, 원고가 전화를 받지 않았다. 딱 한번 원고와 전화 연결이 되었는데 사건본인에 관하여 물을 틈도 주지 않고 바쁘다며 일방적으로 전화를 끊어 버렸다.)

6. 경제상황

가. 재산상태

(원고 명의)

(1) 적극재산

(가) ○○은행 예금 50만 원 : 생활비 통장

(나) ○○은행 정기예금 3,000만 원

(다) ○○생명 변액보험 2,000만 원 (라) 2000년식 ○○ 승용차

(2) 소극재산 : ○○○(동생)으로부터 빌린 900만 원

　(※ 피고 : 이 채무는 원고가 집을 나간 후에 발생한 것이다. 모르는 채무다.)

(3) 월수입 : 120~130만 원(식당 아르바이트)

(피고 명의)

　(1) 적극재산

　　(가) ○○시 ○○구 ○동 ○○아파트 ○도 ○호 임대차보증금 7,000만 원(거주지
　　　　보증금)

　　(나) ○○시 ○○구 ○○동 ○○지구 ○○아파트 ○동 ○호(분양권) : 총 납입금액
　　　　1억 5,000만 원

　　(다) ○○은행 ○동 지점 2,000만 원 : 장기주택마련저축으로 2000년부터 납입

　　(라) 2000년식 ○○ 승용차

　(2) 소극재산 : ○○은행 ○○지점 1억 원(아파트 중도금 대출)

　(3) 월수입 : 250~300만 원(회사 월급)

나. 재산형성의 과정

(원고)

　(1) 원고의 부친 도움으로 보증금 2,000만 원 하는 집을 임차하여 생활하다가, 원고
　　　부친이 추가로 5,000만 원을 보태주어 별거 전 임차보증금 7,000만 원 하는 집에
　　　서 생활하였다. 피고가 바람을 피우는 것 같아 안정을 찾게 하기 위하여 처음에는
　　　원고 이름으로 임차하였으나, 2000년 ○월에 피고 이름으로 임대차계약을 다시
　　　하였다.

　(2) ○○은행 적금은 식당 아르바이트를 하면서 계를 부어 2007년에 받은 곗돈을
　　　정기예금으로 예치한 것이다.

(피고)

　(1) 원고가 자발적으로, 살고 있는 집 임대차계약을 피고 이름으로 재계약을 해 준
　　　것은 사실인데, 피고는 "내가 이 집을 보존하기 위해 회사 상사의 모욕을 참아가면
　　　서 열심히 일을 하였다. 그러니 내 노력이 있었기 때문에 이 집을 유지할 수 있었
　　　다."라고 주장하였다.

　(2) ○○시 ○○구 ○○동 ○○지구 ○○아파트 ○동 ○호 분양권에 당첨이 되었는데
　　　2000년 8월 계약금 5,000만 원을 내고, 2000년 1월과 2000년 7월에 각 중도금
　　　5,000만 원씩을 대출받아 납입을 했다. 2000년 1월분 공사가 지체되어 아직
　　　납입하지 않고 있다.

　(3) ○○은행 ○동 지점에 납입한 장기주택마련저축 2,000만 원은 피고가 회사 월급
　　　으로 납입한 것이다. 피고는 원고가 이혼 경력이 있어 자신과 또 이혼을 할 가능성
　　　이 있다고 생각하고, 이를 원고에게 알리지 않았다고 한다.

7. 가족상황

(원고)

	성명	연령	직업	학력	동거여부	비고
부	○ ○ ○	67세	무직	중졸	동거	-
모	○ ○ ○	67세	무직	초졸	동거	-
오빠	○ ○ ○	○ ○세	회사원	고졸	비동거	처와 별거중
남동생	○ ○ ○	○ ○세	무직	고졸	비동거	기혼
여동생	○ ○ ○	○ ○세	회사원	고졸	비동거	미혼

(피고)

	성명	연령	직업	학력	동거여부	비고
부	○ ○ ○	80세	무직	중졸	비동거	-
모	○ ○ ○	사망 (당 시 70세)	-	초졸	비동거	-
형	○ ○ ○	47세	회사원	고졸	비동거	기혼
동생	○ ○ ○	○ ○세	자영업	고졸	비동거	기혼

8. 양육환경

가. 사건본인 인적사항

　　(1) 2002년 4월생인 남아로서, 키는 ○ ○㎝이고, 몸무게는 ○ ○ ㎏이며 약간 마르고 왜소한 편이다. 조사관에게 큰 목소리로 인사를 하는 등 비교적 활발한 모습을 보였고, 조사관의 질문에 적극적으로 대답하였다.

　　(2) 사건본인은 ○ ○학교 ○학년 ○반에 재학 중이다. 방과 후 ○시부터 ○시까지 ○ ○학원에 다니고 있다. 학원 수강료는 월 20만 원이며, 주로 원고의 부친이 지원을 해 주고 있다.

　　(3) 사건본인은 원고와 함께 살고 싶다고 하였고, 그 이유로 '엄마가 불쌍해서 그렇다' 라고 진술하였다.

나. 양육태도

　　(1) 원고는 사건본인의 학년, 반, 담임교사의 이름 등 기본 정보에 대해 잘 알고 있었으며, 담임교사와도 주기적으로 상담을 하는 등 사건본인의 교육에 대해 많은 관심을 가지고 있었다.

　　(2) 원고는 사건본인과 눈 맞춤을 잘하였고, 사건본인도 원고와의 친밀한 스킨십

(skinship)을 보였다.
(3) 피고는 사건본인을 만나고 싶어 했으나, 사건본인의 생일 등에 전화를 하거나 선물을 보내려는 시도를 한 적은 없었다.
(4) 피고는 사건본인이 초등학교에 다니는 사실은 알고 있었으나, 학교 이름은 모르고 있었고, 그 이유를 원고가 알려주지 않았기 때문이라고 하였다.
(※ 원고 : 원고는 피고가 전화로 물어보았다면 학교를 알려주었을 것이나, 피고로부터 전화를 받은 적이 없다.)

다. 주거환경
(1) 원고는 친정부모의 소유인 ○○구 ○○아파트에 거주하고 있는데 114㎡ 면적에 방이 3개 있다. 사건본인이 혼자 사용하는 방이 따로 있으며, 나머지 방은 원고 및 원고 부모가 각각 사용하고 있다. 사건본인의 방에는 책상과 침대가 마련되어 있고 비교적 잘 정돈되어 있는 상태이다.
(2) 피고는 피고 이름으로 임차한 ○○구 ○○아파트에 혼자 거주하고 있다. 피고가 사건본인을 양육할 것을 확신하여 별거 전 사건본인의 방 비품을 그대로 유지하고 있다. 원고가 책 등을 요구하였으나 보내주지 않고 있다고 하였다. 혼자 살고 있으나 청결하고 비교적 잘 정돈돼 있는 상태이다.

라. 양육 보조자
(1) 원고 부모가 무직으로 집에 있으면서 임대수익으로 생활하고 있기 때문에, 사건본인 양육에 부모가 도움을 줄 수 있다고 하였다. 부모 모두 67세로 비교적 건강한 상태이다.
(2) 피고는 집 근처에 형 내외가 살고 있어, 출근 시 사건본인을 전업 주부인 형수에게 맡길 수 있다고 하였다. 출장조사 시 피고 형수를 면접한바, 형수는 44세이고 과거 어린이집 교사였다고 한다. 형은 47세이고 현재 회사원이다.

마. 별거 후 면접교섭 상황
(1) 별거 후 면접교섭은 이루어지지 않았는데, 그 이유로 원고는 피고가 만나자는 연락을 하지 않았고 양육비를 주지 않기 때문이라고 진술하였고, 피고는 전화를 해도 원고가 받지 않는다고 진술하였다.
(2) 사건본인은 피고가 강제로 자신을 데리고 가지만 않는다면 피고를 만나고 싶다고 하였다.

9. 당사자 심신상태

신체조건	키(cm)	몸무게(kg)	주량	흡연	종교

원고	○○	○○	소주 반 병	비흡연	○○교
피고	○○	○○	소주 한 병	하루 한 갑	○○교

가. 원고는 피고와의 별거 및 이 사건 이혼소송 등으로 인한 스트레스로 2000년 위궤양 진단을 받고 현재 ○○병원에서 치료를 받고 있다.

1차 조사 기일에서 원고는 초혼에 실패하였는데 다시 이혼소송을 하게 된 것에 대하여 자신을 한탄하고 피고를 원망하였다. 특히 원고는 피고가 안정적인 직장생활을 시작하게 되자마자 다른 여성과 모텔에 투숙하는 등 바람을 피운 것에 대하여 심한 분노와 배신감을 표출하였다. 이러한 원고의 모습에서, 아직도 피고에 대한 분노감정이 정리된 것으로 보이지 않았다.

나. 피고는 2000년 ○○병원에서 우울증 진단을 받고 월 1회 진찰을 받고 있다. 약물치료 및 상담치료를 병행하고 있고 약물은 일 1회 오전에 투약하고 상담치료는 월 1회 진찰 시 받고 있다. 피고는 조사 중 매우 심한 감정의 기복을 보였으며, 특히 원고에게 폭력적인 언행을 하기도 하였다. 피고는 원고의 가출로 인해 혼인인 파탄되었다고 주장하며, 사건본인을 만나지 못하고 있는 현실에 대해 강한 분노감을 표출하였다.

10. 조사관 의견

가. 원고와 피고 모두 이혼에는 동의하고 있으나, 위자료 및 재산분할의 지급 여부와 액수에서 차이가 있다. 특히 사건본인을 서로 자신이 양육하겠다고 강하게 주장하고 있어 원만한 화해 가능성은 희박하다고 생각한다.

나. 사건본인은 외모는 왜소해 보이지만 적극적이고 밝은 모습을 보였고, 모와 함께 살고 싶다고 진술하였다. 양육환경은 비슷한 상황이나, 원고는 부모와 함께 거주하면서 안정적인 양육지원을 받고 있었다. 특히 원고는 사건본인에 대해 관심이 많았고 자세한 정보를 알고 있었으며, 사건본인과 친밀하게 상호작용하는 것을 관찰할 수 있었다. 이에 비해 피고는 사건본인에 대해서 많은 정보를 가지고 있지는 않았으나 사건본인을 양육하고자 하는 의지가 강했고 안정적인 경제활동을 하고 있었다.

다. 당사자 간 분노감정이 심하여 조사 절차 중 고성과 싸움을 하여 각각 일방조사를 할 수밖에 없었으며, 이러한 당사자의 감정 상태를 고려할 때 이혼 후 면접교섭 등에 있어서 갈등이 계속될 것이 우려되므로 조정조치를 통해 당사자들이 상담을 받으면서 분노감정을 없애고 부모교육을 받을 필요가 있으며, 시범적으로 면접교섭을 하도록 하는 절차가 필요하다고 생각한다.

　※ 별지 : 1. 출장조사 시 촬영한 사진들
　　　　　　2. 피고가 제출한 양육 계획서
　(별지생략) 끝.

제4장
가사조정

제49조(준용법률)

가사조정에 관하여는 이 법에 특별한 규정이 있는 경우를 제외하고는 「민사조정법」을 준용한다. 다만, 「민사조정법」 제18조 및 제23조는 준용하지 아니한다.

제50조(조정 전치주의) ① 나류 및 다류 가사소송사건과 마류 가사비송사건에 대하여 가정법원에 소를 제기하거나 심판을 청구하려는 사람은 먼저 조정을 신청하여야 한다.

② 제1항의 사건에 관하여 조정을 신청하지 아니하고 소를 제기하거나 심판을 청구한 경우에는 가정법원은 그 사건을 조정에 회부하여야 한다. 다만, 공시송달의 방법이 아니면 당사자의 어느 한쪽 또는 양쪽을 소환할 수 없거나 그 사건을 조정에 회부하더라도 조정이 성립될 수 없다고 인정하는 경우에는 그러하지 아니하다.

제51조(관할) ① 가사조정사건은 그에 상응하는 가사소송사건이나 가사비송사건을 관할하는 가정법원 또는 당사자가 합의로 정한 가정법원이 관할한다.

② 가사조정사건에 관하여는 제13조 제3항부터 제5항까지의 규정을 준용한다.

제52조(조정기관) ① 가사조정사건은 조정장 1명과 2명 이상의 조정위원으로 구성된 조정위원회가 처리한다.

② 조정담당판사는 상당한 이유가 있는 경우에는 당사자가 반대의 의사를 명백하게 표시하지 아니하면 단독으로 조정할 수 있다.

제53조(조정장 등 및 조정위원의 지정) ① 조정장이나 조정담당판사는 가정법원장 또는 가정법원지원장이 그 관할법원의 판사 중에서 지정한다.

② 조정위원회를 구성하는 조정위원은 학식과 덕망이 있는 사람으로서 매년 미리 가정법원장이나 가정법원지원장이 위촉한 사람 또는 당사자가 합의하여 선정한 사람 중에서 각 사건마다 조정장이 지정한다.

제54조(조정위원)

조정위원은 조정위원회에서 하는 조정에 관여할 뿐 아니라 가정법원, 조정위원회 또는 조정담당판사의 촉탁에 따라 다른 조정사건에 관하여 전문적 지식에 따른 의견을 진술하거나 분쟁의 해결을 위하여 사건 관계인의 의견을 듣는다.

제55조(조정의 신청)

조정의 신청에 관하여는 제36조 제2항부터 제5항까지의 규정을 준용한다.

제56조(사실의 사전 조사)

조정장이나 조정담당판사는 특별한 사정이 없으면 조정을 하기 전에 기한을 정하여 가사조사관에게 사건에 관한 사실을 조사하게 하여야 한다.

제57조(관련 사건의 병합신청) ① 조정의 목적인 청구와 제14조에 규정된 관련 관계에 있는 나류, 다류 및 마류 가사사건의 청구는 병합하여 조정신청할 수 있다.
② 당사자 간의 분쟁을 일시에 해결하기 위하여 필요하면 당사자는 조정위원회 또는 조정담당판사의 허가를 받아 조정의 목적인 청구와 관련 있는 민사사건의 청구를 병합하여 조정신청할 수 있다.

제58조(조정의 원칙) ① 조정위원회는 조정을 할 때 당사자의 이익뿐 아니라 조정으로 인하여 영향받게 되는 모든 이해관계인의 이익을 고려하고 분쟁을 평화적·종국적으로 해결할 수 있는 방안을 마련하여 당사자를 설득하여야 한다.
② 자녀의 친권을 행사할 사람의 지정과 변경, 양육 방법의 결정 등 미성년자인 자녀의 이해에 직접적인 관련이 있는 사항을 조정할 때에는 미성년자인 자녀의 복지를 우선적으로 고려하여야 한다.

제59조(조정의 성립) ① 조정은 당사자 사이에 합의된 사항을 조서에 적음으로써 성립한다.
② 조정이나 확정된 조정을 갈음하는 결정은 재판상 화해와 동일한 효력이 있다. 다만, 당사자가 임의로 처분할 수 없는 사항에 대하여는 그러하지 아니하다.

제60조(이의신청 등에 의한 소송으로의 이행)
제57조 제2항에 따라 조정신청된 민사사건의 청구에 관하여는 「민사조정법」 제36조를 준용한다. 이 경우 가정법원은 결정으로 그 민사사건을 관할법원에 이송하여야 한다.

제61조(조정장 등의 의견 첨부)
조정의 목적인 가사사건의 청구에 관하여 「민사조정법」 제36조에 따라 소가 제기된 것으로 의제(의제)되거나, 제50조 제2항에 따라 조정에 회부된 사건을 다시 가정법원에 회부할 때에는 조정장이나 조정담당판사는 의견을 첨부하여 기록을 관할가정법원에 보내야 한다.

1. 개 요

가. 의의

가사조정이란 넓은 의미에서는 가사사건 및 관련 민사사건의 청구에 관하여 당사자의 합의를 유도하기 위한 절차 전반을 가리키고, 좁은 의미로는 당사자 사이에 이루어진 합의 자체를 의미하는데 일반적으로 가사조정이라고 할 때는 넓은 의미로 사용되고 있다.

나. 필요성

가정내부의 문제 및 친족 사이에 분쟁을 주된 대상으로 하는 가사사건은 관계인의 감정 내지 심리적 갈등에서 비롯되는 비합리성을 그 특징으로 하기 때문에 가정법원이 객관적인 입장에서 당사자 사이에 서로의 인격을 존중하면서 대립된 감정과 모순된 환경의 조정을 통하여 합의를 유도하여 분쟁을 해결함으로서 현재뿐 아니라 장래에도 원만한 인간관관계를 유지하고 새로운 분쟁이 재발하지 않도록 하여야 하므로 가사조정의 필요성이 있다.

2. 조정기관과 보조기관

가정법원에 설치된 조정위원회(조정장 1인과 2인 이상의 조정위원으로 구성)의 조정위원은 학식과 덕망을 갖춘 사회 인사들로 구성되어 있는데, 이들은 가사사건의 분쟁 당사자들의 이익을 고려하고 설득과 타협으로 합리적이고 공평한 조정자 역할을 다하여 가능한 당사자 간의 자주적인 분쟁해결을 도모할 수 있도록 제도의 취지를 살려야 한다고 본다.

3. 관련사건(재산분할, 위자료, 양육자 및 친권자 지정청구)의 병합

조정의 목적인 이혼청구와 동일한 사실관계에 기초하거나 그 당부의 전제가 되는 손해배상청구(재산상 손해, 위자료 등), 재산분할 청구, 친권자 및 양육자 지정 청구를 병합하여 조정 신청할 수 있다. 또한, 당사자 간 분쟁해결을 위하여 필요한 때에는 당사자의 청구로 조정위원회 또는 조정담당판사의 허가를 얻어 조정의 목적인 청구와 관련 있는 민사사건의 청구를 병합하여 조정 신청할 수 있다(법 제57조, 제14조).

4. 가사조사관의 사전조사

조정장 또는 조정담당판사는 특별한 사정이 없는 한 조정을 행하기 전에 기한을 정하여 가사조사관으로 하여금 사건에 관한 사실의 조사를 하게 하여야 한다(법 제56조). 그리고 조정장 또는 조정담당판사 및 가사조사관은 사실의 조사를 위하여 필요한 때에는 경찰 기타 관공서, 은행, 학교 기타 상당하다고 인정되는 단체 또는 개인에게 사실의 조사를 촉탁하고 필요한 사항의 보고를 요구할 수 있다(법 제8조).

II. 가사조정의 절차

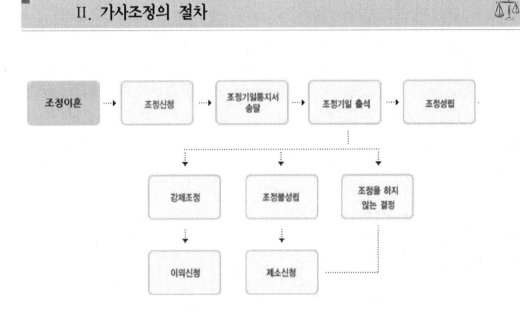

1. 관할

가사조정사건은 그에 상응하는 가사소송사건이나 가사비송사건을 관할하는 가정법원 또는 당사자가 합의로 정한 가정법원의 관할에 속한다(법 제51조1항). 가정법원은 가사조정사건의 전부 또는 일부에 대해 관할권이 없음을 인정한 경우에는 결정으로 관할법원에 이송하여야 한다(법 제51조 제2항, 제13조 제3항) 토지관할에 위반한 경우뿐만 아니라 가사청구와 관련없이 가사조정의 대상으로 되지 아니하는 민사사건의 청구에 관하여 가사조정의 신청을 한 경우를 포함한다(법 57조 2항 참조). 또한 가정법원은 가사조정사건이 그 관할에 속하는 경우에도 현저한 손해 또는 지연을 피하기 위하여 필요한 경우에는 직권 또는 신청에 의하여 사건을 다른 관할 가정법원에 이송할 수 있다(재량이송).

2. 가사조정의 신청

가. 신청 방식

1) 가사조정의 신청은 신청인적격을 가지는 사람이 서면 또는 구두로 한다(법 제55조, 제36조 제2항). 구두로 신청하는 때에는 가정법원의 법원사무관 등의 앞에서 진술하여야 하고(법 제36조 제4항), 법원사무관 등은 조정신청조서를 작성하고 기명날인하여야 한다(같은 조 제5항). 당사자 양쪽이 함께 가정법원에 출석하여 구술로 가사조정신청을 할 수도 있는 바, 이 경우에는 신청당일에 바로 조정기일을 열어야 한다(민조 제15조 제3항).

가사조정의 신청서 또는 신청조서에는 ① 당사자의 등록기준지·주소·성명·생년월일, 대리인이 청구할 때에는 대리인의 주소와 성명, ② 신청인의 취지와 원인, ③ 신청의 연월일, ④ 가정법원의 표시를 적고, 신청인 또는 대리인이 기명날인하여야 한다. 증거서류가 있는 경우에는 신청과 동시에 이를 제출하여야 한다(민조규 제2조 제1항). 또 가사조정신청서를 제출하는 경우에는 상대방의 수에 상응하는 부본을 제출하여야 한다(같은 조 제2항). 그 밖에 당사자적격, 관할, 신분관계 등의 판단자료로 당사자의 가족관계증명서, 주민등록표등본을 첨부하여야 한다.

2) 가사조정의 신청에는 5,000원의 수수료를 인지로 납부하여야 한다(가수규 제6조 제1항). 여러 개의 가사사건의 청구를 병합하여 가사조정신청을 하더라도 수수료에는 영향이 없다. 다만, 민사사건의 청구를 병합하여 가사조정신청을 하는 경우에는 그 민사사건의 청구에 대하여 민사소송 등 인지법 제2조에 따라 산출한 액의 1/5과 5,000원 중 다액을 수수료로 납부하여야 한다(같은 조 제2항).

나. 신청의 효과

1) 조정신청서 및 조정신청의 각하

가) 조정신청서 각하명령

신청인이 수수료를 납부하지 아니한 때에는 상당한 기간을 정하여 그 기간 내에 납부할 것을 명하여야 한다. 신청인이 위 명령을 이행하지 아니한 때에는 조정장 또는 조정담당판사는 명령으로 조정신청서를 각하하여야 한다.

나) 조정신청 각하결정

조정절차에서 당사자에게 기일을 통지할 수 없는 때에는 조정장 또는 조정담당판사는 결정으로 조정신청을 각하할 수 있다(민조 제25조 제1항). 여기에서 '기일을 통지할 수 없는 때'란 공시송달에 의하지 않고는 송달이 불가능한 경우를 의미하는 것으로 해석된다.

민사조정법 제38조 제2항의 문언에도 불구하고 등기우편에 의한 발송송달로 하는 기일통지는 조정절차에서도 가능하다고 보기 때문이다. 결국, 조정당사자에 대한 기일의 통지가 공시송달 이외의 방법으로 불가능하면 조정신청을 각하할 수 있다는 것이 된다.

조정신청 각하결정에 대하여는 불복하지 못한다(민조 제25조 제2항). 그러나 조정에 회부된 사건에서 당사자에게 공시송달에 의하지 아니하고는 가사조정기일통지를 할 수 없는 때에는 조정신청을 각하할 여지는 없으므로 사건을 다시 수소법원에 회부하여야 한다(조정예규 제25조 제3항 제1호).

2) 조정계속

조정신청이 각하된 경우를 제외하고, 가사조정신청에 의하여 사건이 가정법원의 조정절차에 계속되게 되므로 당사자는 조정을 받을 권리가 생기고 가정법원은 조정절차를 진행하여 조정을 성립·불성립시키거나 조정을 갈음하는 결정을 하는 등으로 조정절차를 종료시킬 의무를 지게 된다.

3. 수소법원의 조정회부

가. 조정 전치주의

가사조정의 대상인 가사사건에 관하여는 조정 전치주의가 적용되므로, 나류 및 다류 가사소송사건과 마류 가사비송사건에 관하여 당사자가 가사조정을 신청하지 아니하고 소를 제기하거나 심판청구를 한 때에는, 가정법원은 조정성립의 가능성이 없다고 인정되는 예외적인 경우를 제외하고는 직권으로 그 사건을 가사조정에 회부하여야 한다(법 제50조 제2항).

나. 조정회부의 방식 등

수소법원의 조정회부는 직권에 의한 결정으로 한다. 이 결정에 대하여는 불복할 수 없다. 위 조정회부결정은 사건의 변론종결 또는 심리종결 후에도 할 수 있다(조정예규 제32조).

III. 조정기일 및 장소·절차

1. 조정기일 및 조정장소

가. 조정장 또는 조정담당판사는 조정기일을 정한 다음 당사자와 이해관계인에게 「조정기일 소환장」을 송달함으로써 통지하되, 소환을 받고도 정당한 이유 없이 불출석하면 결정으로 50만 원 이하의 과태료에 처할 수 있고 구인할 수 있다(동법 제66조).

나. 조정은 가정법원 내 조정실에서 행하되 비공개로 할 수 있다(민사조정법 제20조), 사건의 실정에 따라 법원 외의 적당한 장소에서 현지조정 할 수도 있다(가사소송규칙 제118조, 민사조정법 제19조). 즉 조정은 조정실, 심문실, 판사실 또는 분쟁에 관련된 현장 기타 적당한 장소이면 어디서든 할 수 있다(민사조정 및 가사조정에 관한 사무처리요령 제18조).

2. 조정기일의 세부절차

가. 가사조정사건은 조정위원회가 처리하는 것이 원칙이지만, 조정담당판사는 상당한 이유가 있을 때에는 당사자가 반대의 의사를 명백하게 표시하지 않는 한 단독으로 조정할 수 있다(법 제52조 제2항).
조정은 본인 또는 법정대리인이 출석하는 것을 원칙으로 하지만, 특별한 사정이 있을 때에는 조정장 또는 조정담당판사의 허가를 얻어 대리인을 출석하게 하거나 보조인을 동반할 수 있다. 이때에 변호사 아닌 자가 대리인 또는 보조인이 되기 위해서는 조정장 또는 조정담당판사의 허가를 얻어야 한다(법 제7조). 그리고 조정절차는 비공개로 할 수 있으며(법 제49조, 민조법 제20조), 조정의 성립은 양당사자(신청인과 피신청인)의 합의를 기초로 한다.

나. 조정위원회가 조정을 함에 있어서는 당사자의 이익 외에 조정으로 인하여 영향을 받게 되는 모든 이해관계인의 이익을 고려하고, 분쟁의 평화적·종국적 해결을 이룩할 수 있는 방안을 마련하여 당사자를 설득하여야 한다(법 제58조 제1항). 특히 자(子)의 친권을 행사할 자의 지정과 변경, 양육방법의 결정 등 미성년자인 자(子)의 이해와 직접 관련되는 사항을 조정함에 있어서는 미성년자인 자(子)의 복지가 우선적으로 고려되어야 한다(법 제58조 제2항).

다. 조정위원회의 의결은 과반수의 의견에 의하되, 가부동수인 경우에는 조정장의 결정에 따른다(민조규칙 제14조). 조정위원회의 합의는 공개하지 아니한다(동규칙 제15조). 실무상 조정은 일반적으로 1회의 기일만을 열어 조정이 성립되지 않으면 조정불성립으로 처리하여 절차를 종료시키는 것이 관례이지만, 때로는 계속적인 조정시도를 위하여 기일을 속행하는 수도 있다.

[서식 - 기초조사표(조정신청서용 - 신청인)]

기초조사표(조정신청서용)

※ 이 표는 상대방에게 송달되지 않고, 조정 또는 심판 진행 시 조기 개입을 위한 참고자료이오니 해당란에 체크하시고, 아시는 범위 내에서 가능한 한 자세히 기재하여 주시기 바랍니다.

사건번호	이름	나이	성별	학력	직업	연락처

기본분류항목	완벽합의	협의 중	완전대립
■ 상대방과 이혼에 합의하였다			
■ 상대방과 위자료, 재산분할 등 금전문제에 대해 합의하였다			
■ 상대방과 자녀양육(친권 및 양육자 지정, 면접교섭, 양육비 등) 사항에 대해 합의하였다			

Ⅰ 기본정보

1. 신청한 내용에 대해, 이전에 조정이나 심판을 받은 적이 있습니까?
ㅁ 있다(법원명·사건번호:_____)   ㅁ 없다

2. 현재 본 사건 외에 상대방을 상대로 진행 중인 소송이 있습니까?(사전처분 포함)
ㅁ 있다(____건, 법원명·사건번호:_____)
ㅁ 없다

3. 현재 상대방과 어떻게 지내고 있습니까?
ㅁ 함께 살고 있다   ㅁ 함께 살지만 각방생활을 한다

□ 함께 살지만 집에 가끔 들어온다　　□ 별거 중이다

4. 현재 당신의 이혼의사는 어느 정도인가요?(이혼의사가 없으면 0, 확고하면 100)

(＿＿＿%) ☞ 상대방의 이혼의사는 어느 정도라고 생각하십니까? (＿＿＿%)

5. 이 사건 신청 이전에 상대방과 대화나 협의를 한 적이 있습니까?

□ 있다(그 결과는 ＿＿＿＿＿＿＿＿＿＿＿＿＿＿＿＿＿＿＿＿)

□ 없다(그 이유는 ＿＿＿＿＿＿＿＿＿＿＿＿＿＿＿＿＿＿＿＿)

6. 상대방이 법원에서 폭력행사를 할 우려가 있습니까?

□ 있다　　　　　　　　　　□ 없다

□ 상대방은 법원 직원 등이 있는 곳에서

(□ 폭력을 행사할 것이다 □ 폭력을 행사하지 않을 것이다)라고 생각한다.

□ 상대방은 (□ 흉기 등을 사용한 폭력 행사 □ 욕설, 협박 등 언어폭력 □ 자해행위)의 위험성이

있다.

□ 기타(＿＿＿＿＿＿＿＿＿＿＿＿＿＿＿＿＿＿＿＿＿＿＿＿＿＿＿)

7. 상대방이 가정폭력을 행사한 적이 있습니까? 있다면, 해당란에 체크하세요.(복수응답 가능)

□ 있다　　　　　　　　　　□ 없다(☞ 9번 문항으로)

□ 경미한 폭행16)　□ 중한 폭행17)　□ 심한 욕설이나 모욕

□ 상대방의 폭행으로 상처를 입어 치료받은 적이 있다(＿＿＿＿＿＿＿＿년경)

□ 가정폭력으로 경찰에 신고한 적이 있다(＿＿＿＿＿＿＿＿년경)

□ 가정폭력으로 상대방이 형사처벌이나 공적인 제재를 받은 적이 있다(＿＿＿＿＿＿＿＿년경)

8. 상대방이 가정폭력을 행사한 적이 있다면, 그 대상은 누구였습니까?(복수응답 가능)

□ 배우자

□ 자녀

□ 신청인의 부모 또는 형제

□ 기타(＿＿＿＿＿＿＿)

□ 해당 없음

9. 상대방에게 다음과 같은 문제가 있습니까?

□ 음주 및 주사　□ 알코올중독　□ 마약 복용　□ 기타 약물남용 및 중독　□ 해당 없음

10. 앞으로 소송이 어떻게 진행되기를 원하십니까?(복수응답 가능)

□ 상대방과 적극적인 조율이나 조정을 통해 사건을 조속히 해결하기를 바란다

□ 다소 시간이 걸리더라도 재판을 통해 억울한 심정을 충분히 해소하기를 바란다

□ 부부상담 및 치료를 통해 문제해결에 도움을 받기를 바란다

□ 이혼과 관련된 자녀문제해결에 도움을 받기를 바란다

□ 기타(＿＿＿＿＿＿＿＿＿＿＿＿＿＿＿＿＿＿＿＿＿＿＿＿＿＿＿)

11. 신청인이 혼인을 계속하기 어렵다고 생각하는 주된 이유는 무엇입니까?(복수응답 가능)

　□ 배우자 아닌 이성과 동거·출산　□ 배우자 아닌 자와 성관계　□ 기타 부정행위

　□ 장기간 별거　□ 가출　□ 잦은 외박　□ 폭행　□ 폭언/욕설　□ 무시/모욕

　□ 시가/처가와의 갈등　□ 시가/처가에 대한 지나친 의존　□ 마약/약물 중독

　□ 알코올 중독　□ 도박　□ 경제적 무책임　□ 정당한 이유 없는 과도한 채무부담

　□ 정당한 이유 없는 생활비 미지급　□ 가정에 대한 무관심　□ 애정 상실

　□ 대화단절　□ 배우자에 대한 지나친 의심　□ 극복할 수 없는 성격차이

　□ 이혼 강요　□ 과다한 음주　□ 강제적 성관계 요구　□ 성관계 거부

　□ 회복하기 어려운 성기능 장애　□ 회복하기 어려운 정신질환　□ 범죄/구속

　□ 전혼자녀와 갈등　□ 자녀 학대　□ 국내 미입국　□ 해외 거주

　□ 기타(_____)

☞ 미성년 자녀가 없는 경우 Ⅲ. 재산사항으로 이동하여 주시기 바랍니다.

Ⅱ 양육사항

12. 친권 및 양육권에 대해 상대방과 합의하였습니까?

　□ 합의하였다

　□ 합의하지 못하였다(그 이유는 _____)

13. 이혼조정신청으로 오기 전까지 누가 주로 자녀를 양육하였습니까?

　□ 신청인　　　　　□ 상대방　　　　　□ 기타(_____)

14. 그동안 자녀가 정기적으로 병원검진을 받거나 치료를 필요로 할 때 누가 주로 데리고 다녔습니까?

　□ 신청인　　　　　□ 상대방　　　　　□ 기타(_____)

15. 그동안 자녀의 학교생활이나 학습적인 부분을 누가 주로 도왔습니까?

　(예: 체험활동, 학부모상담, 숙제, 시험 등)

　□ 신청인　　　　　□ 상대방　　　　　□ 기타(_____)

16. 현재 자녀가 누구와 함께 생활하고 있습니까?

　□ 신청인　　　　　□ 상대방　　　　　□ 기타(_____)

17. 현재 자녀와 함께 살고 있지 않다면, 자녀와의 면접교섭은 어떻게 하고 있습니까?

　□ 쌍방 협의하여 자유롭게 만나고 있다

---

16) 예컨대, 물건을 집어던지는 행위, 어깨나 목 등을 움켜잡는 행위, 손바닥으로 뺨이나 신체를 툭툭 때리는 행위 등

17) 예컨대, 목을 조르는 행위, 칼이나 흉기 등으로 위협하거나 다치게 하는 행위, 도구나 몽둥이를 이용하여 때리는 행위, 사정없이 마구 때리는 행위 등

□ 정기적으로 월_____회 만나고 있다

□ 면접교섭을 하기로 약속했으나 (□상대방의 방해로 □자녀의 거부로) 지켜지지 않는다

□ 면접교섭에 대해 협의한 사항이 없다(그 이유는 _____)

□ 기타(_____)

18. 자녀의 양육비가 지급되고 있습니까?

□ 이혼조정신청 전과 다름없이 지급되고 있다

(지급되는 양육비 평균 금액: 월_____원)

□ 부정기적으로 지급되고 있다

(지급되는 양육비 평균 금액: 월_____원)

□ _____년 ____월부터 전혀 지급되지 않고 있다

□ 기타(_____)

19. 신청인과 상대방의 주거상황에 대해 기재하여 주시기 바랍니다.

■ 신청인 □ 자택 □ 임대(보증금/월세___원) □ 본가 □ 기타(_____)
■ 상대방 □ 자택 □ 임대(보증금/월세 ___원) □ 본가 □ 기타(_____)

20. 공공기관이나 친족으로부터 도움을 받고 있습니까?

■ 신청인 □ 받고 있다 → □ _____로부터 _____를 지급·보조받고 있다
　　　　　 □ 받고 있지 않다

■ 상대방 □ 받고 있다 → □ _____로부터 _____를 지급·보조받고 있다
　　　　　 □ 받고 있지 않다

21. 현재 상대방이 양육하는 경우, 자녀에 대해 걱정되는 부분이 있습니까?

□ 있다　　　　　　　　　　　　　　　□ 없다

□ 자녀의 식사, 위생, 생활습관 등이 걱정된다

□ 자녀의 학업 및 학습적인 부분이 걱정된다

□ 자녀가 장시간 혼자 있는 것이 걱정된다

□ 술이나 약물복용으로 자녀를 제대로 돌보지 않는 것이 걱정된다

□ 자녀가 폭언 및 폭력에 노출되는 것이 걱정된다

□ 기타(_____)

22. 현재 신청인이 양육하는 경우, 상대방이 자녀를 강제로 데려갈 것이라는 우려가 있습니까?

□ 있다　　　　　　　　　　　　　　　□ 없다

□ 자녀와 단둘이 있을 경우 강제로 데려갈 우려가 있다(그 이유는 _____)

□ 법원 직원 등이 있는 곳에서도 강제로 데려갈 우려가 있다

□ 자녀를 강제로 데려가려고 시도한 적이 있다(_____년 _____월경)

□ 기타 (_____)

23. 현재 자녀가 부모의 이혼문제로 어려움을 겪고 있다고 생각하십니까?

- □ 그렇다
- □ 그렇지 않다
- □ 말수가 적어짐 □ 대화기피 □ 학교생활에 어려움 □ 학업성적 저하
- □ 우울증상 □ 공격적 행동 □ 청소년비행 □ 자살시도
- □ 기타 (_____)

☞ 위자료 및 재산에 관한 청구가 없는 경우 Ⅳ. 기타 항목으로 이동하여 주시기 바랍니다.

Ⅲ 재산사항

24. 위자료에 대한 의견

- □ 반드시 받아야 한다
- □ 다른 협의사항이 원만하게 합의된다면 청구하지 않을 생각이다
- □ 기타(_____)

25. 상대방과 재산분할에 관한 합의가 이루어졌습니까?

- □ 합의하였다
- □ 합의하지 못하였다(그 이유는 _____)

26. 현재 생활비가 지급되고 있습니까?

- □ 정기적으로 지급되고 있다(지급되는 생활비 평균 금액: 월   원)
- □ 부정기적으로 지급되고 있다(지급되는 생활비 평균 금액: 월   원)
- □   년   월부터 지급되지 않고 있다
- □ 기타(_____)

Ⅳ 기타

27. 현재 본 소송과 관련하여 긴박한 사정이나 위기상황이 있습니까?

- □ 있다(구체적으로 _____)
- □ 없다

28. 가정문제의 해결을 위해 법원에서 어떤 도움을 받기를 원하십니까?(복수응답 가능)

- □ 보호나 원조 제공 → □ 원조제공 유관기관 연계 □ 쉼터 연계 □ 기타(_____)
- □ 사실조사 → □ 파탄원인 □ 양육환경 □ 재산형성과정 □ 기타(_____)
- □ 자녀양육에 관한 안내(부모교육)
- □ 전문가와의 상담 → □ 부부상담 □ 자녀상담 □ 가족상담 □ 기타(_____)
- □ 심리치료(심리치료 대상자:_____)
- □ 기타(_____)

29. 재판 중 어떤 임시적 조치를 희망하십니까?

　　□ 임시적 조치는 필요 없다

　　□ 상대방의 접근금지 결정(이유: _____)

　　□ 자녀와 면접교섭 권고 또는 결정

　　□ 양육비 지급 권고 또는 결정

　　□ 기타(_____)

30. 상대방에게 우편물을 보내면 받아볼 수 있을 것으로 생각하십니까?

　　□ 있다

　　□ 없다(그 이유는 _____)

31. 마지막으로, 판사 및 조정위원에게 전달되기 원하는 사항이 있으면 기재하여 주시기 바랍니다.

_____

_____

_____

_____

_____

_____

_____

_____

_____

_____

_____

_____

_____

_____

_____

_____

_____

_____

_____

_____

_____

◆ 미성년 자녀가 있는 경우 자녀양육안내[18])를 미리 받아야 절차가 신속하게 진행됩니다. ◆

3. 조정에서의 진술원용금지 철폐

민사조정에서의 진술은 소송에서 원용하지 못하도록 하고 있다(민사조정법 제23조). 이는 당사자 등이 조정절차에서 조정의 성립을 목표로 주장과 양보를 한 것을 조정이 불성립된 후 상대방이 소송에서 원용하지 못하게 하려는 것이다. 그러나 가사조사에서는 이러한 제한이 없다. ○○에서는 쌍방 당사자가 화해를 위한 협상과정에서 진술한 내용(사실관계에 대한 자백을 포함한다)을 소송절차에서 원용할 수 없도록 제한하는 증거법칙이 정착되어 있는데, 이는 쌍방 당사자가 협상과정에서는 아무런 걱정 없이 자유롭게 의견을 교환할 수 있도록 제도적으로 보장하는 것이 궁극적으로 화해를 촉진시킬 수 있다는 정책적인 고려에서 비롯된 것이라고 한다. 따라서 현행법상 가사조정절차에서는 민사조정법 제23조의 규정이 준용되지 않지만, 실무적으로 가사조정절차에서 당사자가 진술한 모든 내용을 그대로 소송절차에서

---

18) 재판상 이혼을 청구한 당사자 중에 미성년 자녀가 있는 부모들은 반드시 '자녀양육안내'를 받아야 합니다. 자녀양육안내는 소송 중에 있는 부모들에게 부모의 이혼과정과 지속적인 갈등이 자녀에게 미치는 영향을 알려주고, 가능하면 감정적인 대립을 자제하여 자녀 문제를 원만하게 해결할 수 있도록 돕는데 그 목적이 있습니다.

원용하는 것을 허용할 수 없고, 조정의 목적과 성질에 반하지 않는 범위 내에서 당사자의 진술을 부분적으로 소송절차에 원용할 수 있도록 하는 것이 바람직하다는 의견이 있다. 김시철, 가사조정실무, 실무연구Ⅷ(2002. 10), 442쪽 이하.

오히려 조정을 하지 않기로 하는 결정을 하거나 조정이 불성립된 경우, 직권으로 한 조정을 갈음하는 결정에 대하여 이의신청이 있는 등으로 소송절차로 이행될 때에는, 조정장 또는 조정담당판사는 의견을 첨부하여 소송 또는 심판절차에서의 재판에 참고자료가 되도록 하고 있다(가소소송법 제61조).

IV. 조정의 종료(조정결정의 유형)

1. 개 설

가사조정절차는 당사자 사이의 합의를 유도하기 위한 절차이므로 합의의 유도가 불가능 또는 불필요한 상태에 이르거나, 합의에 이르면 목적을 달성하여 종료하게 된다. 따라서 가사조정절차는 합의에 의한 조정의 성립, 조정에 갈음하는 결정, 조정의 불성립, 취하, 각하 등에 의하여 종료 된다.

2. 취 하

조정신청의 취하 또는 소 취하를 하면 조정절차는 종료한다. 또한 조정 신청인이 조정기일에 통산 2회 불출석하는 경우에도 조정신청이 취하된 것으로 간주되어 조정절차는 종료한다(민조법 제31조).

3. 각 하

당사자에 대하여 기일을 통지할 수 없는 때에는 결국 당사자의 소환이 불능하여 조정도 진행할 수 없으므로 조정담당판사는 결정으로 조정신청을 각하할 수 있다(동법 제25조 제1항).

4. 부조정(조정을 하지 아니하는 결정)

조정담당판사는 사건이 성질상 조정을 함에 적당하지 아니하다고 인정하거나, 당사자가 부당한 목적으로 조정의 신청을 한 것임을 인정하는 때에는 조정을 하지 아니하는 결정으로 사건을 종결시킬 수 있다(동법 제26조 제1항).

5. 강제조정(조정에 갈음하는 결정)

가. 당사자 간에 조정이 성립되지 않더라도, 조정담당판사가 상당하다고 인정하는 때 및 조정장이 조정위원회의 의견을 들은 후 직권으로 당사자의 이익 기타 모든 사정을 참작하여 신청인의 신청취지에 반하지 아니하는 한도 내에서 사건의 공평한 해결을 위한 결정을 할 수 있다(동법 제30조).
조정의 피신청인이 조정기일에 연속 2회 불출석하는 경우에도 조정담당 판사 및 조정장은 직권으로써 위와 같은 결정을 할 수 있다(동법 제32조).

나. 당사자가 2주일 이내에 이의신청을 하면 위 결정은 효력을 상실하지만, 이의신청을 하지 않으면 위 결정은 확정되어 재판상 화해와 동일한 효력을 가진다(동법 제34조, 법 제59조 제2항).

6. 조정의 불성립(조정에 갈음하는 결정을 하지 않은 때)

조정담당판사는 당사자 사이에 합의가 성립될 가능성이 없거나, 성립된 합의의 내용이 상당하지 아니하다고 인정하는 경우에, 직권으로 조정에 갈음하는 결정(강제조정)을 하지 아니할 때에는 조정이 성립되지 아니한 것으로 사건을 종결시킬 수 있다(동법 제27조).

7. 조정성립

가. 의의

1) 가사조정은 당사자 사이에 합의가 이루어지고 조정기관이 그 합의가 상당하다고 인정하여 조서에 적음으로써 성립한다(동법 제28조, 법 제59조 제1항). 즉 조정은 당사자의 합의와 조서의 기재로서 이루어진다. 따라서 단순히 합의가 이루어진 것만으로는 조정이 성립되었다고 할 수 없고 조서에 적기 전에는 언제든지 철회, 취소 할 수 있는 반면 조서에 적은 후에는 임의로 철회, 취소 할 수 없다.

2) 조정은 당사자의 합의를 전제로 하여 그 합의를 조서에 적음으로써 공증되는 사법상의 계약이고 거기에 재판상 화해와 동일한 효력이 인정되는 것이라고 할 수 있다.

나. 가사조정의 성립요건

1) 당사자의 합의

당사자의 합의는 원칙적으로 조정기일에 당사자 양쪽이 출석하여 그 의사표시가 합치함으로써 성립한다.

2) 합의내용의 심사

당사자의 합의는 상당하다고 인정되는 것이어야 한다(민조 27조). 따라서 합의 내용이 법률상 무효이거나 방식에 위배된 경우, 당사자가 임의로 처분할 수 없는 사항에 대한 것인 경우, 당사자가 부당한 목적으로 조정신청한 것은 조정을 하지 아니하는 결정을 하거나 상당한 내용으로 변경하여 조정을 갈음하는 결정을 하거나 조정불성립으로 처리한다.

3) 조서의 기재

당사자의 합의와 조정의 성립은 별개의 개념으로 조정은 조서에 적음으로써 재판상 화해와 동일한 효력을 가지게 된다. 따라서 조서의 기재는 조정의 성립요건이자 효력발생요건이다.

V. 조정의 효력

1. 효력 일반

가. 조정조서는 당사자가 임의로 처분할 수 없는 사항을 제외하고는 재판상 화해와 같은 효력이 있고(법 59조 2항) 재판상 화해는 확정판결과 같은 효력이 있으므로 결국 조정조서에는 일응 기판력, 형성력, 집행력이 있다.

나. 조정은 재판상 화해와 같은 효력이 있고 재판상 화해는 확정판결과 같은 효력이 있을 뿐이므로 조정조서에 기한 집행에 있어서는 집행문을 부여받아야 한다. 조정조서의 집행에 관한 사항은 집행법원인 지방법원의 관할에 속한다.

다. 조정조항이 당사자의 신분관계의 형성, 변경을 내용으로 하는 것인 경우에는 그에 따른 형성력이 생긴다. 다만 조정은 재판상화해와 같은 효력이 인정되는 것이므로 당사자가 임의로 처분할 수 있는 사항에 한정하기 때문에 그 외의 사항에 대해서는 조정이 성립하더라도 형성력이 인정되지 않는다.

2. 조정성립 후의 사무처리

가. 조정조서는 화해조서 등에 준하여 조정이 성립된 날 즉 조정조서 작성일로부터 7일 이내에 당사자 및 조정철차에 참가한 이해관계인에게 송달 된다(민소규 56조).

나. 조정조항 중에 가족관계등록부에 기록할 것을 촉탁하여야 할 사항이 포함되어 있는 경우에는 그 기록을 촉탁하여야 한다. 따라서 당사자 간에 이혼하기로 조정이 성립 되면, 법원은 지체 없이 당사자 또는 사건본인의 가족관계등록사무관장자에게 그 뜻을 통지하여야 하고(법 제9조, 동규칙 제7조), 조정신청인은 조정조서 성립일로부터 1개월 이내에 조정조서등본과 송달증명을 첨부하여 가족관계등록사무관장자에게 이혼신고를 하여야 한다(가족관계등록법 제81조, 제63조). 물론 상대방도 독자적으로 이혼신고를 할 수 있다(가족관계등록법 제63조 제3항). 이 신고는 보고적 신고로써 1월 이후에 관할관청에 이혼 신청하더라도 과태료가 나올지언정 이혼이 무효로 되지는 않는다.

VI. 소송 · 심판에의 이행, 회부

1. 소송 · 심판에의 이행

가사조정절차가 ① 조정을 하지 아니하기로 하는 결정이 있는 때, ② 조정불성립으로 종결 될 때, ③ 조정을 갈음하는 결정이 이의신청에 의해 효력이 없어져 종료된 때 등에는 조정신청을 한 때에 소의 제기 또는 심판 청구가 있는 것으로 간주되므로 사건은 당연히 소송 또는 심판절차로 이송 된다(민조 36조).

2. 소송 · 심판에의 회부

가사조정절차가 수소법원의 조정회부에 의하여 개시된 경우에 ① 공시송달에 의하지 않고는 기일을 통지할 수 없는 때, ② 당사자 불출석으로 조정기일 2회이상 진행하지 못한 경우에 조정을 갈음하는 결정을 하지 않은 때, ③ 조정을 하지 아니하는 결정 또는 조정의 불성립으로 종결 된 때, ④ 조정을 갈음하는 결정에 대해 적법한 이의신청이 있는 때, ⑤ 공시송달 이외의 방법으로는 조정을 갈음하는 결정서 정본을 송달할 수 없어 조정을 갈음하는 결정을 취소한 때 등에는 가사조정절차를 종결하고 사건을 수소법원에 다시 회부하여야 하는데 이를 소송 또는 심판에의 복귀라 한다.

■ 조정조항 사례 ■

(1) 이혼·위자료·재산분할·양육자지정 등의 경우

『1. 신청인과 피신청인은 이혼한다.

2. 피신청인은 신청인에게 위자료로 2010. 12. 31.까지 1,000만 원을 지급한다.

3. 신청인은 나머지 청구를 포기한다.

4. 조정비용은 각자 부담한다.』

『1. 신청인과 피신청인은 이혼한다.

2. 피신청인은 신청인에게 위자료로 1,000만 원을 지급하되, 2010. 6. 30.부터 2011. 3. 31.까지 매월 말일에 100만 원씩을 10회에 걸쳐 분할하여 지급한다. 피신청인이 위 분할지급을 1회라도 지체할 때에는 기한의 이익을 상실한다.

3. 신청인은 나머지 청구를 포기한다.

4. 조정비용은 각자 부담한다.』

『1. 신청인과 피신청인은 지금까지의 불화를 해소하고 혼인관계를 유지하여 부부로서 동거하기로 한다.

2. 신청인은 나머지 청구를 포기한다.

3. 조정비용은 각자 부담한다.』

『1. 신청인과 피신청인은 이혼한다.

2. 사건본인 000(신청인과 피신청인 사이의 미성년자인 자녀)의 친권자 및 양육자로 피신청인을 지정한다.

3. 피신청인은 신청인에게 별지 목록 기재 부동산에 관하여 재산분할을 원인으로 한 소유권이전등기절차를 이행한다.

4. 신청인은 나머지 청구를 포기한다.

5. 조정비용은 각자 부담한다.』

『1. 신청인과 피신청인은 이혼한다.

2. 사건본인 ○○○(신청인과 피신청인 사이의 미성년자인 자녀)의 친권자 및 양육자로 신청인을 지정한다.

3. 피신청인은 신청인에게 사건본인의 양육비로 이 조정성립일부터 사건본인이 성년이 될 때까지 매월 말일에 50만 원씩을 지급한다.

4. ① ㉮ 피신청인은 매월 둘째, 넷째 토요일 15:00부터 그 다음날 17:00까지 피신청인이 원하는 장소에서 사건본인을 면접교섭할 수 있다.

㉯ 신청인(양육자)은 사건본인을 위 토요일 15:00 00에서 피신청인에게 인도하고, 피신청인은 그 다음날 17:00 같은 장소에서 사건본인을 신청인에게 다시 인도한다.

ⓓ 만일 신청인이 ⓑ항의 의무를 이행하지 않는 경우에는 그 의무불이행의 회수마다 100만 원의 손해배상금을 피신청인에게 지급한다.

② 사건본인이 유치원 또는 초등학교에 취학하기 이전에는, 피신청인은 신청인과 합의하여 1년에 2회씩 피신청인의 휴가기간 중 피신청인이 희망하는 각 7일간 피신청인의 주소지 또는 피신청인이 책임질 수 있는 장소에서 사건본인과 함께 지낼 수 있다.

③ 사건본인이 취학한 이후에는, 피신청인은 매년 1월과 2월 사이 및 7월과 8월 사이 사건본인의 방학기간 중 각 1회씩 피신청인이 지정하는 7일 동안 피신청인의 주거지 또는 피신청인이 책임질 수 있는 장소에서 사건본인과 함께 지낼 수 있다.

④ 피신청인은 설·추석 연휴기간 동안 사건본인과 함께 지낼 수 있다.

5. 신청인은 나머지 청구를 포기한다.

6. 조정비용은 각자 부담한다.』

(2) 사실혼해소 등의 경우

『1. 신청인과 피신청인 사이의 사실혼관계를 해소한다.

2. 피신청인은 신청인에게 피신청인의 주거지에 보관되어 있는 별지 목록 기재 물건을 인도하고, 2010. 6. 30.가지 위 자료로 1,000만 원을 지급한다.

3. 신청인은 나머지 청구를 포기한다.

4. 조정비용은 각자 부담한다.』

『1. 피신청인은 2010. 8. 31.까지 신청인으로부터 별지 목록 기재 물건(약혼예물로 교부하였던 시계, 반지 등)을 인도받음과 동시에 신청인에게 2,000만 원을 지급한다.

2. 신청인은 2010. 8. 31.까지 피신청인으로부터 2,000만 원을 지급받음과 동시에 별지 목록 기재 물건(약혼예물로 교부받은 시계, 반지 등)을 피신청인에게 인도한다.

3. 신청인은 나머지 청구를 포기한다.

4. 조정비용은 각자 부담한다.』

(3) 그 밖의 경우

『1. 신청인과 피신청인은 2010. 6. 30.까지 별거하기로 한다.

2. 위 기간 동안 신청인이 사건본인(신청인과 피신청인 사이의 미성년자인 자녀)을 양육한다.

3. 위 기간 동안 피신청인은 신청인에게 매월 말일에 150만 원씩을 부양료로 지급한다.

4. 신청인은 나머지 청구를 포기한다.

5. 조정비용은 각자 부담한다.』

1. 신청취지 사례

> 1. 원고와 피고는 이혼한다.
> 2. 사건본인의 친권행사자 및 양육자로 원고를 지정한다.
> 3. 피고는 원고에게 위자료로 금 40,000,000원을 지급하라.
> 4. 피고는 원고에게 위 사건본인에 대한 장래의 양육비로 ○○○○. ○. ○.부터 ○○○○. ○. ○.까지(성년이 될 때까지 등) 매월 금500,000원씩을 매월 말일에 지급하라.
> 5. 위 제 3항은 가집행할 수 있다.
> 라는 조정을 구합니다.

2. 서식례

[서식] 이혼 등 조정신청서(이혼, 친권행사자·양육자지정, 위자료)

소 장

신 청 인   홍 길 동 (洪 ○ ○)
                19 년 월 일생(주민등록번호 :   )
                등록기준지 : ○○시 ○구 ○○동 ○○번지
                주   소 : ○○시 ○구 ○○동 ○○번지
                소송대리인 변호사 김 ○ ○
                ○○시 ○구 ○○동 ○○번지(우편번호 :   )
                (전화번호 : 02-525-1007 팩스 : 02-525-2433)

피신청인   신 ○ ○ (申 ○ ○)
                19 년 월 일생(주민등록번호 :   )
                등록기준지 및 주소 : 원고와 같은 곳

사건본인   홍 마 리 (洪 ○ ○)
                20 년 월 일생(주민등록번호 :   )
                등록기준지 및 주소 : 원고와 같은 곳

이혼 및 위자료 등 청구의 소

청 구 취 지

1. 원고와 피고는 이혼한다.
2. 사건본인의 친권행사자 및 양육자로 원고를 지정한다.
3. 피고는 원고에게 위자료로 금 40,000,000원을 지급하라.
4. 피고는 원고에게 위 사건본인에 대한 장래의 양육비로 ○○○○. ○. ○.부터 ○○○○. ○. ○.까지(성년이 될 때까지 등) 매월 금500,000원씩을 매월 말일에 지급하라.
5. 위 제 3항은 가집행할 수 있다.

라는 조정을 구합니다.

청 구 원 인

1. 혼인생활 경위 및 혼인파탄 경위

가. 원고는 ○○년 ○월 경 ○○시 ○구 ○○동 소재 '○○호텔에서 피고와 맞선을 보고 교제 끝에 ○○○○년 ○월 ○일 서울 서초구에 소재한 ○○웨딩홀에서 결혼식을 올리고 2006. 6. 6. 혼인신고를 마친 법률상 부부이며, 슬하에 딸 '홍마리'를 두고 있습니다.

나. 원고와 피고가 교제를 할 당시 원고는 ○○주식회사에 과장으로 재직하면서 성실하게 직장 생활을 하게 되었고, 6년간의 수고로움으로 인하여 작지만 현재 거주하는 주택도 마련하게 되었습니다.

다. 피고는 원고와 결혼한 후 집에서 쉬고 있는 것이 미안하다고 하면서 미용실을 운영하고 싶다고 주장하였고, 원고가 거주하는 위 주택을 마련하는데 그동안 저축하였던 금원을 모두 투자하였고, 이도 부족하여 은행에서 부동산 담보대출을 받는 과정에서 현재 경제적인 여력이 없기에 미용실을 하고 싶다면 우선 몇 년간 미용기술을 익히면서 배우고 그 이후에 다시 미용실 운영은 원고와 상의를 하기로 하고 미용기술을 익히기로 한 것입니다.

라. 피고가 미용기술을 익히기 시작하면서 가끔 집에 오지 못하는 일이 발생하게 되었고, 월 2회 내지 4회 미용실에서 숙식을 해결한다고 하면서 외박하는 날이 늘어 갔습니다.

마. 또한 미용실을 시작하고 약1년이 지난 시점에서 은행에서 독촉장이 왔는데 원고에게 금 5천만 원, 피고에게 금 8천만 원이 연체되었으므로 원금과 그 이자를 변제하라는 것입니다. 피고는 원고의 인감도장을 가지고 있는 점을 계기로 인감증명서를 발급받고 ○○은행 ○○지점에서 채무자를 원고로 하여 금 5천만 원을 차용하였고, 피고를 채무자로 하여 금 8천만 원을 대출받으면서 원고를 보증인으로 기재 한 이후 도합 1억 3천만 원 대출을 받아서 미용실을 시작하였던 것입니다.

바. 후일에 알게 되었지만 피고는 원고 모르게 아무런 미용 기술도 없으면서 미용실을 개업하고도 마치 직장생활을 하는 것처럼 원고를 속이고, 이도 부족하여 미용기술이 부족하므

로 직원을 채용하여 미용실 운영을 맡겨 놓고 미용실을 운영하면서 알게 된 남성과 가까이 지내면서 피고가 외박하는 날은 다른 남자의집에서 외박을 하고 집에 오지 않았던 것입니다.

피고의 친구들에게 피고가 결혼 전에 생활이 어떠했는지 궁금하여 질문을 하였더니 원고와 만나기 전에 수많은 남성들과 교제를 하였으며, 결혼 이후에도 혼인 전에 사귀었던 남자와 계속 만남을 유지하면서 대출받은 돈과 원고의 급여를 가지고 유흥비로 탕진하였던 것입니다.

2. 친권자 및 양육자 지정 및 양육비

원고와 피고 간에 출생한 딸 '홍마리'는 이제 3살이 되었고, 피고가 위와 같은 방탕생활과 외도 등을 계속하고 있는 이상 유책 배우자인 피고로서는 딸의 보호, 양육을 잘할 수 없다 할 것이 분명하고, 그리고 '자녀의 복리' 원칙에서 살펴보더라도 피고는 현재 또는 장래에 딸의 정서나 심리에 나쁜 영향을 미치게 할 것이 예상되므로 딸의 원만한 성장과 복지를 보장할 수 없다고 할 것이고, 딸의 직접적 보호, 양육을 위하여 어떤 면에서는 피고가 여성이므로 적당하다는 사회적인 시각이 존재하나 원고는 보모를 구하여 돌보면서 원고의 주택 근처에 원고의 친부모님이 기거하고 있는 관계로 딸의 정서나 심리에도 안정을 줄 수 있다 하겠습니다. 피고의 혼인생활 경위 등을 볼 때 피고는 미용실을 운영한다고 딸의 양육도 신경 쓰지 못하였기에 그동안 원고의 친부모님께서 돌봐주고 있었기에 아이의 양육은 피고보다 원고가 적합하다 할 것입니다.

또한 사건본인의 양육비로서 장래 발생할 비용에 대하여 공동 부담을 하여야 하므로 현재부터 사건본인이 성년이 될 때까지 매월 금 500,000원을 지급하여야 할 것입니다.

3. 위자료의 산정

피고의 부정한 행위와 혼인의 파탄 책임이 민법 제840조 제1, 3호 소정의 재판상 이혼사유에 해당된다고 할 것이므로, 원고는 피고에게 마땅히 이혼을 청구할 수 있다 할 것이며, 원, 피고 사이의 혼인이 위와 같이 파탄됨으로써 원고가 상당한 정신적 고통을 받게 되었음은 경험칙상 인정할 수 있다 할 것이므로 피고는 금전으로서 이를 위자할 책임이 있다 할 것인바, 그 액수는 원, 피고의 나이, 혼인기간, 생활정도와 혼인파탄 경위 등 제반사정을 참작하여 금 4,000,000원으로 정함이 상당하다 할 것입니다.

4. 결 론

그렇다면 원고와 피고는 이혼하고, 피고는 원고에게 위자료로 금 4,000,000원을 지급하고, 위 사건본인에 대한 장래의 양육비로 ○○○○. ○. ○.부터 ○○○○. ○. ○.까지(성년이 될 때까지 등) 매월 금 500,000원씩을 지급하여야 할 것입니다.

입 증 방 법

1. 갑제 1호증   가족관계증명서
1. 갑제 2호증   주민등록등본
1. 갑제 3호증   임대차계약서 사본(미용실)
1. 갑제 4호증   은행 연체통보서 사본
1. 기타 변론 시 자료를 제출하겠습니다.

첨 부 서 류

1. 위 입증서류   각 1통
1. 소장부본   1통
1. 소송 위임장   1통

2016.   ㅇ.   ㅇ.
원고 소송대리인
변호사 김 ㅇ ㅇ (인)

ㅇㅇ 가정법원   귀중

■ 작성 · 접수방법

1. 이혼당사자가 신청인 및 피신청인이고 비용은 인지료 5,000원 및 송달료는 5회분(51,000원)이며, 만일 조정불성립으로 소송으로 이행시에는 인지 180,000원(청구취지에서 위자료 4,000만 원에 대한 인지는 185,000원이다.) 송달료 51,800원의 추가 납부하여야 한다.
2. 관할법원은 피신청인의 주소지를 관할하는 가정법원이다.
3. 조정불성립시 인지 18만 원을 추납하는 이유는 위자료 청구액 4,000만 원에 대한 인지대가 185,000원(4,000만 원×0.004+5,000원)인데, 조정 신청 시 인지대 5,000원을 납부 하였으므로 부족한 18만 원을 추가 납부하는 것이다.

[참조] 조정에 갈음하는 결정조서 양식

○ ○ 법 원

조정에 갈음하는 결정조서

사 건: 200 드단(또는)너 ○○호
원 고: (신청인): 홍 ○ ○ (주민등록번호)
          (주 소)
피 고: (피신청인): 신 ○ ○ (주민등록번호)
          (주 소)

판   사: 기   일: 200 . . .
장   소: 공개여부: 공개
원고(신청인) 출석   피고(피신청인) 출석

(재판장)판사
다음과 같이 조정에 갈음하는 결정을 하고 이를 고지

청구의 표시(신청인의 표시)

청구취지(신청취지):
청구원인(신청원인):

결 정 사 항

1. 피고는 원고에게 금 000원을 200 . . .까지 지급한다.
2. 원고는 나머지 청구를 포기한다.
3. 소송비용 및 조정비용은 각자의 부담으로 한다.
                      법원사무관   (인)
                      재판장판사   (인)
----
* 참조: ( ) 는 신청에 의할 경우의 예시임

이혼 등 조정신청

신 청 인   홍 ○ ○ (洪 ○ ○)
19 년 ○월 ○일생 (000000-0000000)
등록기준지 : ○○○○도 ○○군 ○○읍 ○○리 ○○번지
주   소 : 서울 ○○구 ○○동 ○○번지
송달 장소 : ○○도 ○○시 ○○동 ○○번지
연 락 처 : 02-525-1007

피신청인   한 ○ ○ (韓 ○ ○)
19 년 ○월 ○일생(000000-0000000)
등록기준지 : 위와 같음
주   소 : 위와 같음

사건본인(미성년자) 1. 한 ○ 일(韓 ○ ○)
○○○○년 ○월 ○일생(000000-0000000)
2. 한 ○ 이(韓 ○ ○)
○○○○년 ○월 ○일생(000000-0000000)
사건본인 1, 2의 등록기준지 및 주소 : 위 원고와 같은 곳

이혼 및 양육자지정 조정신청

청 구 취 지

1. 원고와 피고는 이혼한다.
2. 사건본인(미성년자)들의 친권행사자 및 양육자로 원고를 지정한다.
3. 소송비용은 피고의 부담으로 한다.
라는 판결을 구합니다.

청 구 원 인

1. 원고와 피고는 ○○○○년 ○월 ○일 혼인신고를 한 법률상 부부이고 슬하에 사건본인(미성년인자)들을 출생한 부모인 바, 원고와 피고는 초등학교 동창으로서 시골 같은 동네에서 함께 성장하였으며, 만 20세 이후 서로에게 신뢰가 쌓이게 되자 ○○○○년 ○월 ○일 ○○시 ○○동 소재 ○○웨딩홀에서 혼인을 한 이후 피고는 무역업(오파상)을 하고

원고는 가정주부로서 사건본인들을 양육하던 중 피고가 사업을 실패하자 부채가 쌓이고 경제적으로 파탄에 이르게 되었습니다.

2. 이에 경제적인 어려움을 극복하기 위하여 원고의 명의로 은행에서 금 6천만 원의 대출을 받고 원고의 부(피고의 장인)에게 금 4천만 원의 금전을 차용하여 원고가 식당을 운영하기에 이르렀습니다. 그런데 피고가 사업을 하던 중 사업의 실패로 인하여 발생한 채무에 대하여 채권자들이 식당을 방문하면서 채무를 변제하라고 피고에게 강요하자 피고는 날마다 술을 마시면서 식당운영에는 관여하지 않고, 또한 하루 매출이 발생하여 원고가 금전을 가지고 있으면 야간에 식당에 방문하여 하루 매출액 전액을 갈취하기를 수차례 반복하고 있습니다.

3. 피고는 사업을 실패한 이후 ○○○○년 ○월 경 원고를 폭행을 시작으로 '세상을 살기 싫다'는 등 말을 자주하고, 때와 장소를 가리지 아니하고 수차례 원고를 폭행하다가 최근에 와서 위 사건본인을 폭행하기도 하였습니다.

4. ○○○○년 ○월 경 원고는 피고와 도저히 혼인 생활을 유지하기 어려워서 상호 시간을 가지고 혼인관계를 청산할 것인지 아니면 서로 노력하여 다시 새로운 삶을 살아갈 것인지 결정하기로 하고, 원고가 사건본인들과 함께 서울 외곽에 위한 보증금 300만 원에 월세 15만 원의 단칸방을 구하여 이사를 하게 되었고, 최근에 와서 전세 3000만 원의 보증금을 지급하고 서울시 ○○동 소재 단독주택으로 이사하게 되었습니다.

5. 원고는 원고가 운영하는 식당이 일정정도 매출이 발생하여 유치원에 다니는 아이들(사건본인)을 양육하는 데 어려움이 없고, 생활비를 부담할 수 있는 정도에 이르렀으나 최근에 피고의 생활상을 파악한 결과 아직도 술로 시간을 보내고 피고가 거주하던 주택의 전세금마저 모두 날리고 거리를 방황하고 있는 것으로 파악되고 있습니다.

6. 따라서 현재 피고는 자녀들의 양육을 하기 힘들고 혼인관계를 유지하겠다는 의지도 없고 혼인생활을 파탄으로 이끌었으며, 이혼을 하겠다는 말을 자주 하고 있으므로 청구취지와 같이 청구를 하오니 원고가 새로운 삶을 살아갈 수 있도록 판결을 하여 주시기 바랍니다.

첨 부 서 류

1. 갑제1호증	가족관계증명서	1통
2. 갑제2호증	주민등록등본	1통
3. 갑제3호증	사업자등록증 사본	1통
4. 갑제4호증	원고 납세증명서	1통

2015. ○. ○.

원 고 홍 ○ ○ (인)

서울가정법원 귀중

1. 당사자 및 관할자 신청서 접수 시 인지대·송달료는 앞에서 본 서식(사례)과 같고, 다만 이 사례의 경우에는 「이혼 및 친권·양육자 지정」만 신청하고 있으므로(위자료 청구는 없음).만약 조정불성립으로 사건이 재판에 회부되면 이혼사건 인지대가 20,000만 원 이므로 부족액 15,000원과 송달료 51,800원을 추가 납부하여야 한다.

[서식] 이혼 등 조정신청서(이혼, 친권행사자·양육자지정)

이혼조정 신청서

신 청 인   윤00
               서울 강남구 00
               등록기준지 : 서울 종로구 00

               소송대리인 법무법인 00   담당변호사 00
               서울 서초구 00

피신청인   김00
               서울 강남구 00
               등록기준지 : 신청인과 같음

사건본인   윤00
               주소 및 등록기준지 : 원 · 피고와 같음

이혼, 재산분할 등 신청

신 청 취 지

1. 신청인과 피신청인은 이혼한다.
2. 재산분할로,
     가. 신청인 소유의 '서울 강남구 00(압구정동, 현대아파트)'는 매매할 경우 그 매매가액의 1/2을 피신청인에게 지급하기로 하고, 피신청인이 명의이전을 원할 경우 위 부동산 시세가액의 1/2에 상당한 금액을 신청인에게 지급하기로 한다.
     나. 기타 이 사건 조정성립일 현재 신청인 · 피신청인 명의 적극 · 소극재산은 각자 명의대로 귀속한다.
3. 신청인과 피신청인은 향후 상대방에 대하여 이 사건 이혼과 관련하여 위자료, 재산분할

등 어떠한 명목으로도 금전적 청구를 하지 아니한다.

4. 사건본인 윤00에 대한 친권 및 양육권자로 피신청인을 지정한다.

5. 조정비용은 각자 부담한다.

라는 조정을 구합니다.

신 청 원 인

1. 신청인과 피신청인은 1993. 12. 20. 혼인신고를 마친 법률상 부부이며, 슬하에 1993. 5. 30. 출생한 아들 윤00와 1998. 10. 12. 출생한 딸 윤00가 있습니다(소갑 제1호증의 1,2: 각 가족관계증명서, 소갑 제2호증의 1,2: 각 혼인관계증명서, 소갑 제3호증의 1,2: 각 기본증명서, 소갑 제4호증: 주민등록등본).

2. 그러나 신청인과 피신청인은 결혼 초부터 성격상의 문제로 갈등을 겪어 오다가 현재는 부부관계가 더욱 악화되어 별거상태에 있는바, 더 이상 혼인생활을 지속하기 어려우므로 이 사건 이혼조정신청을 하기에 이르렀습니다.

소 명 방 법

1. 소 갑제1호증의 1,2	각 가족관계증명서
1. 소 갑제2호증의 1,2	각 혼인관계증명서
1. 소 갑제3호증의 1,2	각 기본증명서
1. 소 갑제4호증	주민등록등본
1. 소 갑제5호증의 1	등기사항전부증명서
1. 소 갑제5호증의 2	KB국민은행 시세조회

첨 부 서 류

1. 위 소명자료	각 1통
2. 합의서	1부
3. 소송위임장 및 담당변호사지정서	

2016.   2.

위 신청인의 대리인

법무법인 00

담당변호사 00

서울가정법원 귀중

이혼조정신청

신 청 인   박00

                     등록기준지 : 부산광역시 동래구 00

                     주소 : 강원도 화천군 00

                     신청인의 대리인 법무법인 00

                     담당변호사 00

                     <u>서울 서초구 00</u>

피신청인   전00

                     등록기준지 : 서울특별시 동작구 00

                     주소 : 서울특별시 송파구 00

신청취지

1. 신청인과 피신청인은 이혼한다.
2. 쌍방은 재산분할로 이 사건 조정성립일 현재 쌍방 명의의 적극소극재산은 각 명의인에게 귀속됨을 확인한다.
3. 쌍방은 향후 상대방에 대하여 이 사건 이혼과 관련하여 위자료, 재산분할 등 어떠한 명목으로도 금전적 청구를 하지 아니한다.
4. 조정비용은 각자 부담한다.
는 조정을 바랍니다.

신청원인

1. 당사자 사이의 관계
신청인과 피신청인은 2009. 12. 24. 혼인신고를 마친 법률상 부부이고, 둘 사이에 <u>자녀는 없습니다</u>(소갑제1호증의 1,2 각 혼인관계증명서, 소갑제2호증의 1,2 각 가족관계증명서).

2. 이혼 및 재산분할에 대한 완전한 합의
신청인과 피신청인의 혼인은 파탄되어 회복이 불가능한 지경에 이르렀습니다. 이에 신청인과 피신청인은 <u>법무법인의 조력을 받아,</u> 이혼 및 재산분할에 관하여 완전한 합의를 이루었습니다(소갑제3호증 합의서 및 신분증사본).

3. 결 론
양 당사자의 완전한 의사합치에 따른 위 합의서 내용대로, 신청취지와 같은 이 사건 조정을 신청하는 것입니다.

 이 모든 사정을 헤아리시어, <u>하루빨리 조정기일을 지정</u>하여 주시기 바랍니다. 귀원의 빠른 처결을, 양 당사자 모두 간절히 청원 드립니다.

소명방법

1. 소갑제1호증의 1,2   각 혼인관계증명서
1. 소갑제2호증의 1,2   각 가족관계증명서
1. 소갑제3호증   합의서 및 인감증명서 사본
1. 소갑제4호증의 1,2   각 주민등록초본
1. 소갑제5호증의 1,2   각 주민등록등본

첨부서류

1. 신청서 부본
2. 소송위임장 및 담당변호사지정서

2011. 12.   .

신청인의 대리인

법무법인 OO

담당변호사 OO

서울가정법원 귀중

[서식] 이혼 및 위자료 조정신청

이혼 및 위자료 조정신청

신 청 인   ○   ○   ○(주민등록번호)

         등록기준지   ○○시 ○○구 ○○길 ○○

         주소   ○○시 ○○구 ○○길 ○○(우편번호)

         전화   ○○○ – ○○○○

피신청인   △   △   △(주민등록번호)

         등록기준지   ○○시 ○○구 ○○길 ○○

주소   ○○시 ○○구 ○○길 ○○(우편번호○○○-○○○)
전화   ○○○ - ○○○○

이혼 및 위자료 조정신청

신 청 취 지

1. 신청인과 피신청인은 이혼한다.
2. 피신청인은 신청인에게 위자료 금 ○○○원 및 이에 대하여 이 조정성립일로부터 다 갚는 날까지 연 12%의 비율에 의한 금원을 지급하라.
라는 조정을 구합니다.

신 청 원 인

1. 당사자의 지위
   신청인과 피신청인은 199○. ○. ○. 혼인하여 슬하에 1남을 둔 법률상 부부입니다.

2. 혼인의 파탄
 가. 신청인은 198○. 초경 ○○에 있는 미용실에 근무하면서 손님으로 온 피신청인과 만나 교제하던 중 신청외 자 □□□을 가지게 되었고 할 수 없이 199○. ○. ○. 혼인신고를 하고 가정을 이루게 되었습니다.
 나. 피신청인은 결혼 후 ○○의 구두공장에서 미싱사로 근무를 하다가 혼인신고 후 약 4개월이 지나 ◎◎으로 내려와 같은 일을 하면서 어렵게 생활을 하였는데 술을 너무 좋아하여 다른 사람들과 싸움을 다반사로 하였습니다.
 다. 그러던 중 199○.경부터는 미싱일을 그만 두고 건축현장 등을 전전하며 막노동을 하기 시작한 이후부터는 자주 외박을 하였고 가끔 집에 들어오는 날이면 술에 취해 들어와 신청인과 신청외 자 □□□에 대한 갖은 폭행과 횡포를 일삼아 신청인과 자 □□□은 공포에 떨면서 살아왔습니다.
 라. 피신청인은 200○. ○월경부터 가출까지 하였는데 도박을 좋아하여 피고가 사채업자로부터 돈을 빌렸는지 신청인으로서 전혀 모르는 젊은 남자 2명이 찾아와 전세금을 빼가겠다며 협박을 하다가 피신청인을 잡겠다며 집 근처에서 배회를 하는 등, 200○. ○. ○.경에는 ◎◎경찰서로부터 사기혐의로 고소가 되어 출석요구가 발송되었으나 도망다니는 관계로 현재 기소중지 된 상태입니다.
 마. 신청인은 피신청인만을 의지하며 실수 없어 식당일, 파출부 등으로 생활을 해왔으며 현재 공공근로를 하며 어렵게 생활을 유지해 가고 있기에 피신청인과 더 이상 혼인을 유지하고 싶지 않습니다.

3. 이런 피신청인의 외박 및 도박, 신청인에 대한 악의적 유기, 상습적인 폭행은 재판상 이혼사

유에 해당된다 할 것입니다. 이는 피신청인의 책임 있는 사유에 해당할 수 있어 신청인은 피신청인에 대하여 이혼 및 혼인 파탄에 대한 위자료의 지급을 구하고자 이 신청에 이르게 된 것입니다.

입 증 방 법

1. 갑 제1호증   진단서
1. 갑 제2호증   혼인관계증명서
1. 갑 제3호증   가족관계증명서
1. 갑 제4호증   주민등록등본
1. 갑 제5호증   출석요구서

첨 부 서 류

1. 위 입증방법   각 1통
1. 신청서 부본   1통
1. 납부서   1통

20○○년 ○월 ○일
위 신청인 ○ ○ ○ (인)

○ ○ 지 방 법 원 귀중

[서식] 답변서(이혼 등 사건)

답 변 서

사　　건　　2016너 1234 이혼 등 조정신청
신 청 인　　홍 길 동
피신청인　　너 가 해

위 사건에 관하여 피고 소송대리인은 다음과 같이 답변합니다.

청구취지에 대한 답변

1. 원고의 청구를 기각한다.
2. 소송비용은 원고의 부담으로 한다.
라는 판결을 구합니다.

청구원인에 대한 답변

1. 본안 전 항변
원고는 피고가 주기적으로 폭력을 행사하면서 내연의 관계를 가지고 가정을 돌보지 아니한 것으로 표현하고 있습니다. 그러나 사실관계는 아래와 같은 사유로 인하여 사실과 전혀 다릅니다.

– 중   략–

2. 원고의 유책사유
　　가. 원고의 유책사유 기재– 사례를 중심으로
　　나. 그렇다면 이는 피고가 오히려 민법 제840조 1, 2, 3, 6호의 재판상 이혼 사유를 들어
　　　　원고를 상대로 이혼을 청구하는 것은 부당하며, 피고는 이를 받아들일 수 없다 할 것입니다.
3. 결 론
그러므로 원고의 이 사건 청구를 기각하여 주시기 바랍니다.

첨 부 서 류

2016.　 ○.　 ○.
피신청인 소송대리인
변호사 김 ○ ○ (인)

서울가정법원　귀중

[서식] 조정기일지정신청서

조정기일 지정신청

사   건   2014 너 00   이혼
신 청 인   김00
피신청인   윤00

위 사건에 대한 이혼조정신청서 기재와 같이, 신청인과 피신청인은 이혼 등에 관하여 완전한 합의를 이루었습니다. 또한 신청인은 5월 초경 외국으로 나갈 예정인바, 그전에 이 사건이 종결되기를 앙원합니다.

이에 신청인은, 귀원이 하루빨리 조정기일을 지정하여 주실 것을 신청합니다.

2014. 4.   .
신청인의 대리인
법무법인 00
담당변호사 00

서울가정법원 조정위원회   귀중

[서식] 조정갈음 결정에 대한 이의신청서

이의신청서

사   건   2012 르 00 이혼등
원고(피항소인)   이00
피고(항 소 인)   김00

위 사건에 관하여 원고(피항소인)의 소송대리인은 귀원의 2013. 5. 23.자 조정을 갈음하는 결정조서에 대하여 불복이므로 이에 이의신청을 합니다.
{원고(피항소인)는 위 결정조서 정본을 2013. 5. 29. 송달받았습니다.}

2013. 6.   .

원고의 소송대리인

법무법인 00

담당변호사 00

수원지방법원   귀중

[서식] 조정갈음 결정에 대한 이의신청서

이의신청서

사 건		2012 드단 00(본소) 위자료
		2011 느단 00(반소) 친권자의 지정과 변경,
		2011 느단 00(반소) 재산분할
원고(반소피고)		송00
피 고		1. 임00(반소원고)
		2. 김00

위 사건에 관하여 원고(반소피고)의 소송대리인은 귀원의 2013. 5. 6.자 조정을 갈음하는 결정조서에 대하여 불복이므로 이에 이의신청을 합니다.

{원고(반소피고)는 위 결정조서 정본을 2013. 5. 16. 송달받았습니다.}

2013. 5.   .

원고의 소송대리인

법무법인 00

담당변호사 00

서울가정법원   귀중

제5장
이혼 등 관련 소송

법률혼 내지 사실혼 등을 통하여 혼인관계가 성립된 경우, 당사자간의 혼인관계를 해소하는 방법으로는 당사자의 사망이나 실종선고 등과 함께 법률혼에 대하여는 이혼, 사실혼에 대하여는 파기를 하는 것이 대표적이다. 이외에 혼인에 대한 무효사유 또는 취소사유가 있는 경우 당사자간의 혼인관계를 해소할 수 있다.

이에 아래에서는 법률혼에 의한 당사자관계를 해소할 수 있는 이혼청구와 관련한 사항, 특히 민법상 법정의 이혼사유와 그에 대한 위자료청구에 대하여 서술하고, 법률혼과 대비하여 혼인신고가 되어있지 않은 사실혼에 대한 파기에 대하여 서술한다. 이후 혼인의 취소와 무효, 이와 대비되는 이혼의 취소와 무효를 서술하고, 법률혼에 대하여 이혼청구외 또 다른 해소 방법인 협의이혼에 대하여 서술하기로 한다. 더불어 근래 북한이탈주민의 이혼이 문제되는 바 이에 대하여도 서술한다.

또한 법률혼 및 사실혼의 해소 과정에서 주요 쟁점이 되는 자녀에 대한 양육권 및 친권에 관련한 청구와 부부공동재산에 대한 재산분할의 청구를 항을 바꾸어서 자세히 서술하며, 그 외 혼인관계의 해소에 따라 나타나는 기타의 청구에 대하여 서술하기로 한다.

II. 이혼관련 소송

1. 재판상 이혼의 청구 – 위자료청구 포함

> **민법 제840조(재판상 이혼원인)**
> 부부의 일방은 다음 각호의 사유가 있는 경우에는 가정법원에 이혼을 청구할 수 있다.
> 1. 배우자에 부정한 행위가 있었을 때
> 2. 배우자가 악의로 다른 일방을 유기한 때
> 3. 배우자 또는 그 직계존속으로부터 심히 부당한 대우를 받았을 때
> 4. 자기의 직계존속이 배우자로부터 심히 부당한 대우를 받았을 때
> 5. 배우자의 생사가 3년 이상 분명하지 아니한 때
> 6. 기타 혼인을 계속하기 어려운 중대한 사유가 있을 때
>
> **제841조(부정으로 인한 이혼청구권의 소멸)**

전조 제1호의 사유는 다른 일방이 사전동의나 사후 용서를 한 때 또는 이를 안 날로부터 6월, 그 사유있은 날로부터 2년을 경과한 때에는 이혼을 청구하지 못한다.

제842조(기타 원인으로 인한 이혼청구권의 소멸)
제840조 제6호의 사유는 다른 일방이 이를 안 날로부터 6월, 그 사유있은 날로부터 2년을 경과하면 이혼을 청구하지 못한다.

제843조(준용규정)
재판상 이혼에 따른 손해배상책임에 관하여는 제806조를 준용하고, 재판상 이혼에 따른 자녀의 양육책임 등에 관하여는 제837조를 준용하며, 재판상 이혼에 따른 면접교섭권에 관하여는 제837조의2를 준용하고, 재판상 이혼에 따른 재산분할청구권에 관하여는 제839조의2를 준용하며, 재판상 이혼에 따른 재산분할청구권 보전을 위한 사해행위취소권에 관하여는 제839조의3을 준용한다.

제806조(약혼해제와 손해배상청구권) ① 약혼을 해제한 때에는 당사자 일방은 과실있는 상대방에 대하여 이로 인한 손해의 배상을 청구할 수 있다.
② 전항의 경우에는 재산상 손해외에 정신상 고통에 대하여도 손해배상의 책임이 있다.
③ 정신상 고통에 대한 배상청구권은 양도 또는 승계하지 못한다. 그러나 당사자간에 이미 그 배상에 관한 계약이 성립되거나 소를 제기한 후에는 그러하지 아니하다

가. 의의 및 성질

(1) 의의 등

이혼은 배우자 쌍방이 장래에 향하여 혼인을 종료, 해소시키는 제도이다 우리나라 현행법이 인정하는 이혼의 형태는 협의이혼, 조정이혼, 재판상 이혼 3가지인데 그 중 재판상 이혼은 법이 정한 이혼원인이 있는데도 당사자 사이에 이혼의 합의가 이루어지지 않는 경우에 판결에 의하여 이혼의 효과를 발생시키는 것을 말한다.

재판상 이혼은 소로써만 청구할 수 있고 그 청구인용 판결의 확정에 의하여 당사자 간의 혼인이 해소되는 효과가 발생되는 것으로서 형성의 소이다. 이혼소송은 항상 재판상 이혼이라고 말할 수 있는데 왜냐하면 협의이혼의 경우 당사자가 협의로 하는 이혼이어서 특별히 이혼원인이 없더라도 이혼하기로 당사자끼리 합의만 하면 이혼은 가능하기 때문이다.

<표> 협의이혼과 재판상 이혼의 차이

구분	협의이혼	재판상 이혼
이혼사유 필요여부	불필요	필요
법원의 관여	이혼의사의 존부확인	이혼사유의 존부확인
관할	등록기준지, 주소지	주소지
사건의 종류	가족관계등록비송사건	가사소송사건(나류)
이혼신고	창설적 신고	보고적 신고
불복	이혼무효, 이혼취소	상소, 재심
제소기간	규정없다	6월, 2년(사유별로 규정)
본인출석여부	필요	불필요
이혼철회	가능	불가
재산분할청구기간	신고일부터 2년	확정일부터 2년
이혼신고기간	확인서 교부, 송달일부터 3개월 (제척기간)	판결확정일부터 1개월(훈시기간)
신고기간 위반시	확인서 효력상실(이혼효력상실)	과태료 5만 원(이혼효력 유지)

* 재판상 이혼 절차

```
┌─────────────────────────────────────────────────────────┐
│              ■ 재판상 이혼청구와 관련된 사건 ■              │
│                                                         │
│  1. 재판상 이혼(민 제840조, 나류)+위자료(민 제843조, 다류)    │
│  2. 재판상 이혼(민 제840조, 나류)+재산분할(민 제839조의2, 마류) │
│  3. 재판상 이혼(민 제840조, 나류)+양육비,면접교섭권(민 제837조 마류) │
│  4. 재판상 이혼(민 제840조, 나류)+친권자지정(민 제909조, 마류)  │
└─────────────────────────────────────────────────────────┘
```

(2) 이혼소송의 특칙

가사소송은 특별민사소송에 해당하므로 가사소송절차에는 가사소송법 및 규칙이 민사소송법 및 규칙의 특별법령으로서 우선하여 적용되지만, 그 밖의 사항에는 민사소송관계법령이 적용된다(법 제12조, 규칙 제14조).

가사소송법 및 규칙이 민사소송절차에 대한 관계에서 특례로 규정하고 있는 것은 ① 관할의 전속(법 제2조 제1항, 제22조, 제26조, 제30조), ② 당사자적격의 법정(법 제23조, 제24조, 제27조, 제28조, 제31조), ③ 본인 출석주의(법 제7조, 제66조), ④ 관련사건의 병합(법 제14조), ⑤ 필수적 공동소송인의 추가·피고경정의 시적 제한의 확장(법 제15조), ⑥ 가사조사관에 의한 사실조사(법 제6조), ⑦ 사실조사의 촉탁(법 제8조), ⑧ 사정에 의한 항소기각의 판결(법 제19조 제3항), ⑨ 보도 금지(법 제10조), ⑩ 기록의 열람 등의 제한(법 제10조의2), ⑪ 이행명령과 그 위반에 대한 제재(법 제64조, 제67조, 제68조) 등을 들 수 있다. 또한 가류 및 나류 가사소송사건에만 적용되는 특칙으로는 ① 소송절차의 승계(법 제16조), ② 변론주의의 제한(법 제12조 단서)과 직권조사(법 제17조), ③ 기판력의 주관적 범위의 확장(법 제21조), ④ 부모와 자 관계소송에서의 혈액형 등의 수검 명령(법 제29조, 제67조) 등이 있으며, 나류 및 다류 가사소송사건에만 적용되는 특칙으로는 조정 전치주의(법 제50조)를 들 수 있다.

〈표〉 가사사건의 사건별 부호문자 (위 규칙 별표)

사 건 별	부호문자	사 건 별	부호문자
가사조정사건	너	가사재항고사건	스
가사비송 합의사건	느합	가사특별항고사건	으
가사비송 단독사건	느단	가사신청 합의사건	즈합
가사제1심소송 합의사건	드합	가사신청 단독사건	즈단
가사제1심소송 단독사건	드단	가사공조사건	츠
가사항소사건	르	감치·과태료재판사건	정
가사상고사건	므	감치·과태료항고사건	정로

가사항고사건	브	감치·과태료특별항고사건	정모
가사가압류가처분(합의)	즈합	의무불이행자감치등사건	정드
가사가압류가처분(단독)	즈단	의무불이행자감치등항고사건	정브
가족관계등록(호적)비송	호파	의무불이행자감치재항고사건	정스
기타 가사신청사건	즈기		

나. 재판상 이혼의 사유

(1) 개 설

민법 제840조는 재판상 이혼원인으로 ① 배우자에 부정한 행위가 있었을 때, ② 배우자가 악의로 다른 일방을 유기한 때, ③ 배우자 또는 그 직계존속으로부터 심히 부당한 대우를 받았을 때, ④ 자기의 직계존속이 배우자로부터 심히 부당한 대우를 받았을 때, ⑤ 배우자의 생사가 3년 이상 분명하지 아니한 때, ⑥ 기타 혼인을 계속하기 어려운 중대한 사유가 있을 때 등 6가지를 들고 있다.

재판상 이혼사유를 어떻게 규정할 것인가에 대해서는 유책주의(일방에게 귀책사유가 있어야 이혼을 인정하는)와 파탄주의(객관적인 혼인파탄의 사실이 있으면 이혼을 인정하는)로 나뉘는데 민법 제840조는 제1호 내지 제5호에서 개별적 구체적 이혼사유로서 유책주의적 이혼사유를 규정한 반면, 제6호에서 '혼인을 계속하기 어려운 중대한 사유'를 규정하여 파탄주의 이혼사유를 규정하고 있다. 따라서 이들 상호관계에 대해 견해대립이 있다.

Q

甲의 남편 乙은 혼인한 이후 甲에게 계속적으로 폭력을 행사하고 불륜행위를 하는 등 수차에 걸쳐 각종 범죄행위를 저질러 4년 6월의 징역형을 선고받고 현재 복역 중에 있어 정상적인 혼인관계를 유지할 수 없으므로 혼인을 계속할 수 없는 중대한 사유가 있음을 이유로 한 이혼청구소송을 하려고 합니다. 그런데 甲의 각종 범죄행위가 있었던 때로부터 2년이 훨씬 경과되었는데도 이혼소송을 제기할 수 있는지요?

A

민법 제840조(재판상이혼원인) 제6호에 의하면 '기타 혼인을 계속할 수 없는 중

대한 사유'가 있는 경우에는 부부의 일방은 가정법원에 이혼을 청구할 수 있는 것으로 규정하고 있습니다. 그러나 민법 제842조(기타 원인으로 인한 이혼청구권의 소멸)에 의하면 "제840조 제6호의 사유는 다른 일방이 이를 안 날로부터 6월, 그 사유 있은 날로부터 2년을 경과하면 이혼을 청구하지 못한다."라고 규정하고 있습니다.

그런데 민법 제842조의 제소기간의 적용범위에 관한 판례를 보면, "민법 제840조 제6호 소정의 '기타 혼인을 계속하기 어려운 중대한 사유'가 이혼청구 당시까지도 계속 존재하는 것으로 보아야 할 경우에는 이혼청구권의 제척기간에 관한 민법 제842조가 적용되지 아니한다."라고 규정하고 있습니다(대법원 2001. 2. 23. 선고 2000므1561 판결, 1996. 11. 8. 선고 96므1243 판결).

위 사안에 있어서 甲이 남편 乙의 불륜행위를 용서하였을 뿐만 아니라, 甲의 불륜행위나 각종 범죄행위가 있었던 때로부터 2년이 훨씬 경과한 때에야 이혼청구의 소를 제기하였다고 하여도 甲의 이혼소송은 乙이 혼인 이후 甲에게 폭력을 행사하고 계속적으로 수차에 걸쳐 각종 범죄행위를 저질러 4년여의 징역형을 선고받고 복역 중에 있음으로 인하여 정상적인 혼인관계를 유지할 수 없음을 이유로한 경우에는 민법 제840조 제6호 소정의 '기타 혼인을 계속할 수 없는 중대한 사유'가 현재까지도 계속 존재하는 것으로 보아야 할 것이고, 이와 같은 경우에는 이혼청구권의 제척기간에 관한 민법 제842조(기타 원인으로 인한 이혼청구권의 소멸) '제840조 제6호의 사유는 다른 일방이 이를 안 날로부터 6월, 그 사유 있은 날로부터 2년을 경과하면 이혼을 청구하지 못한다.'라는 규정이 적용되지 않을 것으로 보이므로, 甲은 지금이라도 이혼청구소송을 제기할 수 있을 것으로 보입니다.

(2) 부정한 행위(민 제840조 제1호)

가) 의 의

민법 제840조 제1호 소정의 부정한 행위라 함은 배우자로서 정조의무에 충실치 못한 일체의 행위를 포함하며, 이른바 간통보다는 넓은 개념으로서 부정한 행위인지의 여부는 각 구체적 사안에 따라 그 정도와 상황을 참작하여 평가하여야 한다(대법원 1987. 5. 26. 선고 87므5,6판결). 따라서 가령 고령이고 중풍으로 정교능력이 없어 실제로 정교를 갖지는 못하였다 하더라도 배우자 아닌 자와 동거한 행위는 배우자로서의 정조의무에 충실치 못한 것으로서 부정한 행위에 해당한다.

나) 내 용

① 외형적으로 혼인의 순결성을 해치는 행위가 있어야 하고, 그것이 내심적으로 자유로운 의사에 따라 행하여져야 한다(강간, 강박, 심신상실에서 성적관계를 맺은 경우에는 이혼사유가 되지 않는다)

② 부와 처간에 차이가 있는 것은 아니며, 일회성이든 계속적인 것이든 불문한다. 다만 혼인중의 행위여야 하므로 혼인전의 행위는 그것이 약혼중의 행위라 하더라도 부정한 행위라 할 수 없다(1991. 9. 13. 선고 87므5,6판결).

판례가 부정한 행위로 인정한 사례	. 간통은 물론이고, 간통까지는 이르지 않았으나 이성과 한 방에서 밤을 지낸 행위 . 이성과 껴안고 입맞추면서 심하게 어루만지는 행위 . 사창가를 드나드는 행위 . 배우자가 과실에 의해 자초한 과음으로 인한 탈선행위
판례가 부정한 행위로 인정하지 아니한 사례	. 마음속으로 다른 이성을 생각하거나 꿈꾸는 경우 . 술에 만취된 상태 또는 정신을 잃고 있는 상태에서 자의에 의하여 행해지니 않은 경우 . 강간에 의한 경우 . 혼인 전의 행위

다) 이혼청구권의 소멸

부정에 대해 사전동의나 사후용서를 한때에는 이혼청구를 할 수 없다(민 841조). 다만, 제6호 기타 혼인을 계속하기 어려운 중대한 사유가 있다는 이유로는 이혼청구를 할 수 있는 경우가 있을 수 있다.

라) 제척기간

이혼청구권은 부정을 안날부터 6월, 사유있은 날부터 2년을 경과하면 소멸하며 이는 제척기간이다(민 제841조). 그러나 그 기간이 도과하였다고 하더라도 부정행위로 인한 갈등이 이혼소송 당시까지 계속되고 있다면 부정한 행위 즉 민법 제840조 제1호로는 이혼청구를 할 수 없지만, 840조 제6호인 기타 혼인을 계속하지 어려운 중대한 사유가 있다는 이유로 이혼을 청구할 수 있다(대법원 1996. 11. 8. 선고 96므1243 판결).

甲의 남편 乙은 혼인한 이후 甲에게 계속적으로 폭력을 행사하고 불륜행위를 하는 등 수차에 걸쳐 각종 범죄행위를 저질러 4년 6월의 징역형을 선고받고 현재 복역 중에 있어 정상적인 혼인관계를 유지할 수 없으므로 '혼인을 계속할 수 없는 중대한 사유'가 있음을 이유로 한 이혼청구소송을 하려고 합니다. 그런데 甲의 각종 범죄행위가 있었던 때로부터 2년이 훨씬 경과되었는데도 이혼소송을 제기할 수 있는지요?

「민법」 제840조 제6호는 '기타 혼인을 계속할 수 없는 중대한 사유'가 있는 경우에는 부부의 일방은 가정법원에 이혼을 청구할 수 있는 것으로 규정하고 있습니다. 그러나 같은 법 제842조는 "제840조 제6호의 사유는 다른 일방이 이를 안 날로부터 6월, 그 사유 있는 날로부터 2년을 경과하면 이혼을 청구하지 못한다."라고 규정하고 있습니다.

그런데 같은 법 제842조의 제소기간의 적용범위에 관하여 판례는 "민법 제840조 제6호 소정의 '기타 혼인을 계속하기 어려운 중대한 사유'가 이혼청구 당시까지도 계속 존재하는 것으로 보아야 할 경우에는 이혼청구권의 제척기간에 관한 민법 제842조가 적용되지 아니한다."라고 하였습니다(대법원 1996. 11. 8. 선고 96므1243 판결, 2001. 2. 23. 선고 2000므1561 판결).

위 사안에 있어서 甲이 남편 乙의 불륜행위를 용서하였을 뿐만 아니라, 甲의 불륜행위나 각종 범죄행위가 있었던 때로부터 2년이 훨씬 경과한 뒤에야 이혼청구의 소를 제기하였다고 하여도, 甲의 이혼소송은 乙이 혼인 이후 甲에게 폭력을 행사하고 계속적으로 수차에 걸쳐 각종 범죄행위를 저질러 4년여의 징역형을 선고받고 복역 중에 있음으로 인하여 현재도 정상적인 혼인관계를 유지할 수 없음을 이유로 청구한 것이므로 「민법」 제840조 제6호 소정의 '기타 혼인을 계속할 수 없는 중대한 사유'가 현재까지도 계속 존재하는 것으로 보아야 할 것이고, 이와 같은 경우에는 이혼청구권의 제척기간에 관한 같은 법 제842조의 '제840조 제6호의 사유는 다른 일방이 이를 안 날로부터 6월, 그 사유 있은 날로부터 2년을 경과하면 이혼을 청구하지 못한다.'라는 규정이 적용되지 않을 것으로 보이므로, 甲은 지금이라도 이혼청구소송을 제기할 수 있을 것으로 보입니다.

(3) 배우자의 악의의 유기(민 제840조 제2호)

가) 의 의

악의의 유기란 배우자가 정당한 이유 없이 서로 부양하고 협조하여야 할 민법상 기본적 의무를 포기하고 다른 한쪽을 버린 경우를 뜻한다(대법원 1998. 4. 10. 선고 96므143판결). 그러나 쌍방의 책임 있는 사유로 별거를 하거나 남편의 폭행에 못이겨 가출한 경우 등은 악의적 유기에 해당하지 아니한다. 또한 이혼을 전제로 또는 이혼소송을 진행하기 직전이나 직후에 집을 나오는 경우가 많은데 이 또한 악의적 유기에는 해당하지 않는다.

또한, 가정불화가 심화되어 처 및 자녀들의 냉대가 극심하여지자 가장으로서 이를 피하여 자제케 하고 그 뜻을 꺾기 위하여 일시 집을 나와 별거하고 가정불화가 심히 악화된 기간 이래 생활비를 지급하지 아니한 것뿐이고 달리 부부생활을 폐지하기 위하여 가출한 것이 아니라면 이는 민법 제840조 제2호 소정의 악의의 유기에 해당할 수 없다(대법원 1986. 6. 24. 선고 85므6 판결).

Q

저는 4년 전 甲녀와 결혼하여 남매를 두고 있는데, 직업이 외항선원인 관계로 나가 있는 기간이 많습니다. 작년 겨울 귀국해보니 甲은 가출하였고 자식들은 큰집에서 양육하고 있었습니다. 甲을 찾기 위하여 파출소에 가출신고를 하였는바, 가출신고 후 6개월이 경과되면 자동적으로 이혼이 된다는데 사실인지요?

A

귀하처럼 가출신고 후 6개월이 경과되면 자동적으로 이혼이 되는 것으로 생각하는 사람이 의외로 많으나, 이는 전혀 근거 없는 것으로 사실이 아닙니다.

혼인관계는 오직 배우자의 사망과 이혼에 의해서만 해소되고, 이혼의 경우에는 일정한 형식과 절차를 거치도록 민법은 규정하고 있습니다.

「민법」에 규정된 이혼의 방법에는 협의상 이혼(같은 법 제834조)과 재판상 이혼(같은 법 제840조)이 있으며, 협의이혼은 이혼에 관한 당사자 쌍방의 합의로 법원의 확인을 받아 가족관계의 등록 등에 관한 법률이 정한 바에 따라 신고함으로써 성립하는 방법이며, 재판상 이혼은 이혼원인이 있음에도 합의가 되지 않거나 협의할 수 없는 경우 법원의 재판에 의해서 이혼하는 방법입니다.

재판상 이혼은 같은 법 제840조에 규정된 사유가 있는 경우에 한하여 가능한데,

귀하의 경우 처가 정당한 이유 없이 가출하여 6개월 이상 소식이 없다면 배우자로서의 동거, 부양, 협조의무 등을 포기한 것으로써 재판상 이혼사유 중 배우자의 악의의 유기에 해당된다고 할 수도 있을 것입니다.

따라서 귀하는 甲의 가출로 협의이혼을 할 수 있는 형편이 아니므로 법원에 이혼소송을 제기하여 공시송달방법에 의하여 송달하고 승소판결을 받는다면 그 판결이 확정된 후 1개월 이내에 재판의 등본 및 확정증명서를 첨부하여 이혼신고하면 될 것입니다.

나) 내 용

① '악의'란 적극적으로 그 결과를 의욕하거나 인용하고 있어서 사회적으로 비난 받을 만한 윤리적 요소를 포함한 심리상태를 의미하는 것으로 합의에 의한 별거는 악의가 아니다.

② '유기'란 상대방을 내쫓거나 두고 나가 버리든가 상대방으로 하여금 나가게 만든 다음 돌아오지 못하게 함으로써 동거에 응하지 않는 것을 말한다.

③ 동거, 부양, 협조의무를 모두 위반하여야만 본호가 적용된다고 해석하기 보다는 각 의무가 관념상으로도 별개인 점에 비추어 부양의무의 이행여부를 따질 필요 없이 동거의무의 위반 자체만으로도 악의의 유기가 된다고 보아야 할 것이다.

④ 일시적 가출에 불과하고 부부생활을 폐지하기 위해 가출한 것이 아니라면 악의의 유기가 아니다(대판 1986. 6. 24.85므6).

다) 기간

악의의 유기를 원인으로 하는 재판상 이혼청구권은 법률상 그 행사기간의 제한이 없는 형성권으로서 10년의 제척기간이 걸린다고 하더라도 악의의 유기가 이혼청구 당시까지 존속되고 있는 경우에는 기간경과에 의해 이혼청구권이 소멸할 여지는 없다(대판 1998. 4. 10. 96므1434). 이혼청구의 기간에는 특별한 제한이 없으며 현재 그 사유가 존재하는 한 이혼청구권은 소멸하는 것은 아니다.

(4) 배우자 또는 그 직계존속에 의한 심히 부당한 대우(민 제840조 제3호)

가) 의 의

민법 제840조 제3호에서 말하는 배우자 또는 그 직계존속에 의한 심히 부당한 대우를 받았을 경우란 혼인 당사자의 한쪽이 배우자로부터 혼인관계의 지속을 강요하는 것이 가혹하다고 여겨질 정도의 폭행이나 학대 또는 중대한 모욕을 받았을 경우를 말한다

(2004. 2. 27.선고 2003므1890판결). 다만, 가정불화의 와중에서 서로 격한 감정에서 오고간 몇차례의 폭행 및 모욕적인 언사는 그것이 비교적 경미한 것이라면 이는 민법 제 840조 제3호 소정의 심히 부당한 대우를 받았을 때에 해당하지 않는다 (대법원 1986. 6. 24. 선고 85므6 판결).

나) 내 용

혼인관계의 지속을 강요하는 것이 가혹하다고 여겨질 정도인지는 구체적 사안에 따라 그 정도와 사회통념 신분 지위 등을 참작하여 평가하여야 한다. 판례는 남편이 처에게 지참 금을 가지고 오지 아니하였다는 이유로 불만을 품고 계속 구타하여 상처를 입힌 일이 있을 뿐 아니라 처의 아버지에게까지 행패를 부린 행위는 배우자 및 그 직계존속을 심히 부당하게 대우한 경우에 해당한다(대판 1986. 5. 27.선고 86므14).고 보았다.

[배우자의 가정폭력범죄에 대한 구제절차 및 법원의 가정보호사건의 처리절차 - 피해자보호명령 등]

판례가 배우자로부터 심히 부당한 대우를 받았다고 인정한 사례	• 정신적 고통을 주는 욕설을 하는 경우 • 남편이 처의 전신을 밧줄로 묶어놓고 간통을 자백하라며 구타한 경우 • 이유 없이 폭행 내지 욕설을 일삼다가 전치 10일의 폭행을 가한 경우 • 배우자를 정신병자로 몰아 직장생활을 할 수 없게 한 경우 • 결혼지참금이 적다는 이유로 배우자를 구타하거나 욕설한 경우
판례가 배우자의 직계존속으로부터 심히 부당한 대우를 받았다고 인정하지 아니한 사례	• 시아버지가 주벽이 심해 며느리에게 친정으로 돌아가라며 폭언이나 폭행을 한 경우 • 시어머니가 며느리에게 아들과 같은 방을 쓰지 못하는 하는 경우 • 장인, 장모가 사위를 무능하다고 계속적으로 홀대하고 폭행한 경우

배우자로부터의 폭행은 대표적인 이혼사중 하나이다. 다만 이혼소송에서 실제 존재하였던 폭행에 대한 사실을 입증하지 못하여 곤경에 처하는 경우가 많다. 이는 여러 이유들로 배우자의 폭행이후에도 혼인관계가 지속되면서 관련 증거수집을 포기한 탓이다. 문제는 폭행은 습관이고 중독성이 강하여 혼인생활 중 계속 반복적으로 발생하고 결국 어느 순간에는 폭행을 이유로 이혼을 결심하게 되는 경우가 많다는 것이다. 따라서 배우자로부터 폭행을 다하였을 경우에는 이혼 여하와 무관하게 우선 관련 증거를 수집해 놓는 것이 좋다.

증거확보의 방법으로 가장 보편적인 방법은 폭행을 당한 후 치료목적으로 병원에서 치료를 받으며 기록을 남겨 두는 것이 좋은데, 진료당시 반드시 의사한테 배우자로부터 폭행을 당하였다고 진술하여야 합니다. 그러면 그 진술은 의료기록에 기재가 되며 추후 별도의 진단서가 없더라도 그 의료기록만으로 폭행의 증거로 삼아 이혼소송이나 형사고소가 가능하기 때문이다.

만일, 병원에서 진단 및 치료를 받을 만한 사정이 되지 아니할 경우에는 폭행을 이유로 112에 신고를 해두면 좋다. 그럴 경우 경찰이 출동하게 되는데, 이때 주의할 점은 출동한 경찰관에게 배우자로부터 폭행을 당하였다는 사실을 진술해 두어야 한다는 것이다. 그 이유는 추후 이혼소송이 진행될 경우 당시 출동했던 지구대를 관할하는 경찰서에서 정보공개신청을 통하여 출동내역을 발급받을 수 있게 되는데 그 출동내역에는 언제, 어디로, 누가 무슨 사유로 출동을 했으며 어떻게 조치를 하였는지 그 결과가 기록되어 있어 이를 증거로 사용할 수 있기 때문이다.

그리고 실무상으로는 단 한 차례라도 폭행을 당하였다면 이를 이유로 이혼할 수 있는 길이 있다. 만일 이를 이유로 이혼을 하고자 한다면 그 행위에 대하여 폭행 또는 상해죄로 형사고소를 한 다음 검사로 하여금 가정보호사건으로 처리되도록 노력하면 된다. 그럴 경우 검사는 일반형사사건으로 기소하는 것이 아니라 가정법원에 가정보호사건으로 송치하게 되고, 가정법원에서는 가해자에게 가정폭력범죄의 처벌 등에 관한 특례법 제40조 소정의 접근금지, 수강명령, 사회봉사명령 등과 같은 보호처분을 명하기 때문에 가해자인 배우자는 상당히 곤란한 상황에 놓이게 된다. 일반형사사건으로 기소되면 벌금이 부과되고 벌금만 납부하면 그만이지만 가정보호사건의 경우 수강명령, 사회봉사명령 등을 보호처분을 받게 되므로 이만저만 고역이 아니기 때문이다.

그 외 여성긴급전화 1366을 이용하는 것도 좋다. 이곳은 정부 및 광역예산으로 운영되는 공적기관으로 1년 365일 24시간 언제든지 전화, 면접, 방문, 사이버 상담이 가능하고, 상담원이 상담내용을 상담기록지에 정리해 두기 때문에 추후 그 상담기록지를 이혼소송에서 폭행을 증거로 사용할 수 있는 등 가정폭력에 대응하기 참 좋은 기관이다.

그 외 폭행을 당하였을 경우 위 각 절차와 별도로 폭행부위에 대한 사진을 찍오 놓는 것도 좋고, 배우자의 폭행에 대한 증언을 녹음해 두는 것도 좋다.폭행의 경우 배우자의 직업이 공무원이거나 준공무원, 직업군인, 교사, 대기업사원 등과 같이 윤리의식이 보다 더 강조되는 직업이라면 이를 효과적으로 이용하여 신분상 타격을 줄 수 있을 뿐만 아니라 소송에서 유리한 조건으로 합의를 도출해 낼 수도 있으니 꼼꼼히 준비해 둘 필요가 있다.

가정폭력범죄의 신고·고소

■ 신고

■ 누구든지 가정폭력범죄를 알게 된 경우에는 수사기관(예를 들어 파출소나 경찰서 등)에 신고할 수 있습니다(「가정폭력범죄의 처벌 등에 관한 특례법」 제4조제1항).

■ 이 외에도 다음 어느 하나에 해당하는 사람이 직무를 수행하면서 가정폭력범죄를 알게 된 경우에는 정당한 사유가 없으면 즉시 수사기관에 신고해야 합니다(「가정폭력범죄의 처벌 등에 관한 특례법」 제4조제2항).

1. 아동의 교육과 보호를 담당하는 기관의 종사자와 그 기관장
2. 아동, 60세 이상의 노인, 그 밖에 정상적인 판단능력이 결여된 사람의 치료 등을 담당하는 의료인 및 의료기관의 기관장
3. 「노인복지법」에 따른 노인복지시설, 「아동복지법」에 따른 아동복지시설, 「장애인복지법」에 따른 장애인복지시설의 종사자와 그 기관장
4. 「다문화가족지원법」에 따른 다문화가족지원센터의 전문인력과 그 장
5. 「결혼중개업의 관리에 관한 법률」에 따른 국제결혼중개업자와 그 종사자
6. 「소방기본법」에 따른 구조대.구급대의 대원
7. 「사회복지사업법」에 따른 사회복지 전담공무원
8. 「건강가정기본법」에 따른 건강가정지원센터의 종사자와 그 센터의 장

※ 위의 항목 중 어느 하나에 해당하는 사람으로서 그 직무를 수행하면서 가정폭력범죄를 알게 된 경우에도 신고를 하지 아니한 사람에게는 300만원 이하의 과태료를 부과합니다(「가정폭력범죄의 처벌 등에 관한 특례법」 제66조제1호).

■ 또한 「아동복지법」에 따른 아동상담소, 「가정폭력방지 및 피해자보호 등에 관한 법률」에 따른 가정폭력 관련 상담소 및 보호시설, 「성폭력방지 및 피해자보호 등에 관한 법률」에 따른 성폭력 피해상담소 및 보호시설에 근무하는 상담원과 그 기관장은 피해자 또는 피해자의 법정대리인 등과의 상담을 통하여 가정폭력범죄를 알게 된 경우에는 가정폭력피해자의 명시적인 반대의견이 없으면 즉시 신고해야 합니다(「가정폭력범죄의 처벌 등에 관한 특례법」 제4조제3항).

■ 고소

■ 피해자 또는 그 법정대리인은 가정폭력범죄를 범한 사람 및 가정구성원인 공범(이하 "가정폭력행위자"라 함)을 고소할 수 있습니다. 이 때 피해자의 법정대리인이 가정폭력행위자인 경우 또는 가정폭력행위자와 공동으로 가정폭력범죄를 범한 경우에는 피해자의 친족이 고소할 수 있습니다(「가정폭력범죄의 처벌 등에 관한 특례법」 제6조제1항).

■ 피해자는 가정폭력행위자가 자기의 직계존속(아버지, 어머니 등) 또는 배우자의 직계존속(시부모, 장인·장모 등)인 경우에도 고소할 수 있습니다(「가정폭력범죄의 처벌 등에 관한 특례법」 제6조제2항).

■ 한편, 피해자에게 고소할 법정대리인이나 친족이 없는 경우에 이해관계인이 신청하면 검사는

10일 이내에 고소권자를 지정해야 합니다(「가정폭력범죄의 처벌 등에 관한 특례법」 제6조제3항).

가정폭력범죄의 처리절차

■ **경찰단계**

■ **응급조치**

» 진행 중인 가정폭력범죄에 대해 신고를 받은 사법경찰관리는 즉시 현장에 나가서 다음 어느 하나에 해당하는 조치를 해야 합니다(「가정폭력범죄의 처벌 등에 관한 특례법」 제5조).

1. 폭력행위의 제지, 가정폭력행위자·피해자의 분리 및 범죄수사
2. 피해자를 가정폭력관련상담소 또는 보호시설로 인도(피해자가 동의한 경우만 해당함)
3. 긴급치료가 필요한 피해자를 의료기관으로 인도
4. 폭력행위 재발 시 임시조치(「가정폭력범죄의 처벌 등에 관한 특례법」 제8조)를 신청할 수 있음을 통보

■ **긴급임시조치**

» 사법경찰관은 응급조치에도 불구하고 가정폭력범죄가 재발될 우려가 있고, 긴급을 요하여 법원의 임시조치 결정을 받을 수 없을 때에는 직권 또는 피해자나 그 법정대리인의 신청에 따라 다음의 어느 하나에 해당하는 조치(이하 "긴급임시조치"라 함)를 할 수 있습니다(「가정폭력범죄의 처벌 등에 관한 특례법」 제8조의2제1항 및 제29조제1항제1호·제2호·제3호).

√ 피해자 또는 가정구성원의 주거 또는 점유하는 방실(房室)로부터의 퇴거 등 격리

√ 피해자 또는 가정구성원의 주거, 직장 등에서 100미터 이내의 접근 금지

√ 피해자 또는 가정구성원에 대한 전기통신(「전기통신기본법」 제2조제1호)을 이용한 접근 금지

» 사법경찰관은 긴급임시조치를 한 때에는 즉시 범죄사실의 요지, 긴급임시조치가 필요한 사유 등을 기재한 긴급임시조치결정서를 작성해야 합니다(「가정폭력범죄의 처벌 등에 관한 특례법」 제8조의2제2항 및 제3항).

■ **사건송치**

» 사법경찰관은 가정폭력범죄를 신속히 수사해서 사건을 검사에게 송치해야 합니다(「가정폭력범죄의 처벌 등에 관한 특례법」 제7조 전단).

■ **검찰단계**

■ **임시조치의 청구**

» 검사는 가정폭력범죄가 재발될 우려가 있다고 인정하는 경우에는 직권으로 또는 사법경찰관의 신청에 의해 다음의 임시조치를 해 줄 것을 법원에 청구할 수 있습니다(「가정폭력범죄의 처벌

등에 관한 특례법」 제8조제1항 및 제29조제1항제1호 · 제2호 · 제3호).

1. 피해자 또는 가정구성원의 주거 또는 점유하는 방실(房室)로부터의 퇴거 등 격리
2. 피해자 또는 가정구성원의 주거, 직장 등에서 100미터 이내의 접근금지
3. 피해자 또는 가정구성원에 대한 전기통신(「전기통신기본법」 제2조제1호)을 이용한 접근금지

※ 검사는 가정폭력행위자가 위의 임시조치를 위반해서 가정폭력범죄가 재발될 우려가 있다고 인정하는 경우에는 직권으로 그 가정폭력행위자를 국가경찰관서의 유치장 또는 구치소에 유치하는 임시조치를 법원에 청구할 수 있습니다(「가정폭력범죄의 처벌 등에 관한 특례법」 제8조제2항).

■ 사법경찰관의 긴급임시조치에 따른 임시조치 청구

※ 사법경찰관이 긴급임시조치를 한 때에는 지체 없이 검사에게 임시조치를 신청해야 합니다(「가정폭력범죄의 처벌 등에 관한 특례법」 제8조의3제1항).

※ 사법경찰관으로부터 임시조치의 신청을 받은 검사는 사법경찰관이 긴급임시조치를 한 때부터 48시간 이내에 긴급임시조치결정서를 첨부하여 법원에 임시조치를 청구해야 합니다(「가정폭력범죄의 처벌 등에 관한 특례법」 제8조의3제1항).

√ 검사가 임시조치를 청구하지 않거나 법원이 임시조치의 결정을 하지 않은 때에는 즉시 긴급임시조치를 취소해야 합니다(「가정폭력범죄의 처벌 등에 관한 특례법」 제8조의3제2항).

■ 수사종결 및 기소 등

※ 검사는 가정폭력범죄 사건의 성질, 동기 및 결과, 가정폭력행위자의 성행(性行) 등을 고려해서 사건을 다음과 같이 처리합니다.

상담조건부 기소유예	가정폭력범죄사실은 인정되지만 형사처벌을 받을 정도는 아니며, 가정폭력행위자의 성행(性行)교정을 위해 필요하다고 인정하는 경우(「가정폭력범죄의 처벌 등에 관한 특례법」 제9조의2).
형사기소	형사처벌을 받아야 할 사안인 경우(「형사소송법」 제246조) ※ 사안의 중대성에 따라 벌금형 등 약식명령을 청구할 수 있음(「형사소송법」 제448조 및 제449조)
가정 보호 사건 처리	다음 사안에서 사건의 성질 · 동기 및 결과, 가정폭력행위자의 성행 등을 고려해서 「가정폭력범죄의 처벌 등에 관한 특례법」에 따른 보호처분을 하는 것이 적절하다고 인정하는 경우(「가정폭력범죄의 처벌 등에 관한 특례법」 제9조). 1. 피해자의 고소가 있어야 공소를 제기할 수 있는 가정폭력범죄에서 피해

	자의 고소가 없거나 취소된 경우
	2. 피해자의 명시적인 의사에 반해 공소를 제기할 수 없는 가정폭력범죄에서 피해자가 처벌을 희망하지 않는다는 명시적 의사표시를 하였거나 처벌을 희망하는 의사표시를 철회한 경우

▫ 법원단계: 가정보호사건의 처리

※ 형사기소가 되면 법원에서 「형사소송법」상 절차에 따라 사건을 진행한 후 집행유예, 벌금형, 징역형 등의 처벌을 받게 됩니다. 아래에서는 「가정폭력범죄의 처벌 등에 관한 특례법」에 따라 가정법원에서 가정보호사건을 처리하는 절차에 대해 알아보겠습니다.

▫ 조사 · 심리

» 판사는 가정보호사건의 조사 · 심리에 필요하다고 인정하는 경우에는 기일을 정해 가정폭력행위자, 피해자, 가정구성원이나 그 밖의 참고인을 소환할 수 있으며, 행위자가 정당한 이유 없이 소환에 응하지 않으면 동행영장을 발부할 수 있습니다(「가정폭력범죄의 처벌 등에 관한 특례법」 제24조).

» 가정보호사건의 심리는 비공개로 진행될 수 있으며(「가정폭력범죄의 처벌 등에 관한 특례법」 제32조), 특별한 사유가 없으면 송치받거나 이송받은 날부터 3개월 이내에 처분을 결정해야 합니다(「가정폭력범죄의 처벌 등에 관한 특례법」 제38조).

▫ 임시조치

» 판사는 가정보호사건의 원활한 조사 · 심리 또는 피해자 보호를 위해 필요하다고 인정하는 경우에는 결정으로 가정폭력행위자에게 다음의 어느 하나에 해당하는 임시조치를 할 수 있습니다(「가정폭력범죄의 처벌 등에 관한 특례법」 제29조제1항).

1. 피해자 또는 가정구성원의 주거 또는 점유하는 방실(房室)로부터의 퇴거 등 격리
2. 피해자 또는 가정구성원의 주거, 직장 등에서 100미터 이내의 접근 금지
3. 피해자 또는 가정구성원에 대한 전기통신(「전기통신기본법」 제2조제1호)을 이용한 접근금지
4. 의료기관이나 그 밖의 요양소에의 위탁
5. 국가경찰관서의 유치장 또는 구치소에의 유치

※ 위 1.부터 3.까지의 임시조치기간은 2개월(2회 연장, 최장 6개월까지 가능), 4. 및 5.의 임시조치기간은 1개월(1회 연장, 최장 2개월까지 가능)을 초과할 수 없습니다(「가정폭력범죄의 처벌 등에 관한 특례법」 제29조제5항 본문).

▫ 불처분 결정

» 판사는 심리 결과 다음 어느 하나에 해당하는 경우 처분을 하지 않는다는 결정을 해야 합니다(「가정폭력범죄의 처벌 등에 관한 특례법」 제37조제1항).

1. 보호처분을 할 수 없거나 할 필요가 없다고 인정하는 경우
2. 사건의 성질·동기 및 결과, 행위자의 성행·습벽(習癖) 등에 비추어 가정보호사건으로 처리하는 것이 적당하지 않다고 인정하는 경우

▪ 보호처분

▸ 판사는 심리 결과 보호처분이 필요하다고 인정하는 경우에는 결정으로 다음의 어느 하나 또는 둘 이상에 해당하는 처분을 할 수 있습니다(「가정폭력범죄의 처벌 등에 관한 특례법」 제40조).

1. 가정폭력행위자가 피해자 또는 가정구성원에게 접근하는 행위의 제한
2. 가정폭력행위자가 피해자 또는 가정구성원에게 전기통신(「전기통신기본법」 제2조제1호)을 이용해서 접근하는 행위의 제한
3. 가정폭력행위자가 피해자의 친권자인 경우 피해자에 대한 친권 행사의 제한(이 경우에는 피해자를 다른 친권자나 친족 또는 적당한 시설로 인도할 수 있음)
4. 「보호관찰 등에 관한 법률」에 따른 사회봉사·수강명령
5. 「보호관찰 등에 관한 법률」에 따른 보호관찰
6. 「가정폭력방지 및 피해자 보호 등에 관한 법률」에서 정하는 보호시설에의 위탁감호
7. 의료기관에의 치료위탁
8. 상담소등에의 상담위탁

※ 위 4.를 제외한 나머지 보호처분의 기간은 6개월(1회 연장, 최장 1년까지 가능)을 초과할 수 없으며, 위 4.의 사회봉사·수강명령의 시간은 각각 200시간(1회 연장, 최장 400시간까지 가능)을 초과할 수 없습니다(「가정폭력범죄의 처벌 등에 관한 특례법」 제41조 및 제45조).

▸ 위 1.부터 3.에 해당하는 보호처분을 받고도 이를 이행하지 않으면 2년 이하의 징역이나 2천만원 이하의 벌금 또는 구류에 처해집니다(「가정폭력범죄의 처벌 등에 관한 특례법」 제63조제1항 제1호).

▪ 항고·재항고

▸ 다음의 경우에는 가정법원 본원합의부(가정법원이 설치되지 않은 지역은 지방법원 본원합의부를 말함. 이하 같음)를 항고할 수 있습니다(「가정폭력범죄의 처벌 등에 관한 특례법」 제49조).

항고 사유	항고인
임시조치, 보호처분, 보호처분의 변경·취소에 있어 그 결정에 영향을 미칠 법령 위반이 있거나 중대한 사실 오인(誤認)이 있거나 그 결정이 현저히 부당한 경우	검사, 가정폭력행위자, 법정대리인 또는 보조인
법원의 불처분 결정이 현저히 부당한 경우	검사, 피해자 또는 그 법정대리인

▸ 항고의 기각 결정에 대해서는 그 결정이 법령에 위반된 경우에만 대법원에 재항고할 수 있습니

다(「가정폭력범죄의 처벌 등에 관한 특례법」 제52조제1항).

▪ 배상신청

» 피해자는 가정보호사건이 계속(繫屬)된 제1심 법원에 다음의 금전 지급이나 배상명령을 신청할 수 있고, 피해자의 신청이 없더라도 법원이 직권으로 위 배상명령을 내릴 수도 있습니다(「가정폭력범죄의 처벌 등에 관한 특례법」 제56조 및 제57조).

1. 피해자 또는 가정구성원의 부양에 필요한 금전의 지급

2. 가정보호사건으로 인해 발생한 직접적인 물적 피해 및 치료비 손해의 배상

» 배상명령은 보호처분의 결정과 동시에 해야 하며, 가집행(假執行)할 수 있음을 선고할 수 있습니다(「가정폭력범죄의 처벌 등에 관한 특례법」 제58조).

» 확정된 배상명령 또는 가집행선고 있는 배상명령이 기재된 보호처분결정서의 정본은 「민사집행법」에 따른 강제집행에 관해 집행력 있는 민사판결의 정본과 동일한 효력을 가지므로(「가정폭력범죄의 처벌 등에 관한 특례법」 제61조제1항), 가정폭력행위자가 배상명령을 이행하지 않으면 강제집행을 통해 권리를 실현할 수 있습니다.

참고: 가정폭력과 민사상 손해배상

가정폭력으로 인해 정신상 고통을 입은 피해자는 「가정폭력범죄의 처벌 등에 관한 특례법」상의 고소와는 별도로 그 가정폭력행위자에 대해 정신상 고통에 대한 손해배상을 청구할 수 있습니다(「민법」 제750조 및 제751조).

피 해 자 보 호 명 령 청 구 서

피 해 자   성   명 :
          주민등록번호 :
          등 록 기 준 지 :
          주   소 :
          (전화번호 :   )

법정대리인   성   명 :
          (전화번호 :   )

(보 조 인)   주   소 :
          피해자와의 관계 :

행 위 자   성   명 :
          주민등록번호 :   직   업 :
          등 록 기 준 지 :
          주   소 :
          (전화번호 :   )

청 구 취 지(해당란에 √표시)

구 분	구체적 내용(주거·방실·직장·전기통신 등 특정)
□ 주거 또는 점유하는 방실로부터의 퇴거	
□ 주거, 직장 등에서 100미터 이내의 접근금지	
□ 전기통신사업법 제2조제1호의 전기통신을 이용한 접근금지	
□ 친권행사의 제한	사건본인 : (주민등록번호) 등록기준지 :
□ 임시보호명령의 필요성	

라는 결정을 구합니다.

청 구 사 유

(별지 사용가능)

첨 부 서 류

1. 주민등록등본(별도 등재되어 있으면 각 1통)

2. 가족관계증명서

3. 기본증명서(사건본인이 피해자일 경우))

4. 기타 소명자료(진단서, 사진, 진술서 등)

2010. 0. 0.

위 청구인   (날인 또는 서명)

(전화번호 :   )

○○가정법원 귀중

【참조】

관할-가정폭력행위자의 행위지, 거주지 또는 현재지 및 피해자의 거주지 또는 현재지를 관할하는 가정법원

[서식 102] 임시조치결정

○○지방법원 ○○지원
임시조치결정

사 건   2010처○○ 임시조치

청 구 인   ○○지방검찰청 ○○지청 검사 ○○○

행 위 자   김 ○ ○ (000000-0000000)

주거 : ○○시 ○○구 ○○로 00길 000-0

주   문

행위자를 2010. 0. 0.까지 ○○교도소에 유치한다.

2010. 0. 0.

판사 ○ ○ ○

임 시 조 치 취 소 · 변 경 신 청 서

사   건   201○저○○ 임시조치

행 위 자   ○ ○ ○ (000000-0000000)
              서울

취소(변경) 취지

  행위자에 대하여 201○. ○. ○.까지 한 유치처분을 취소(변경)한다.
라는 결정을 구합니다.

취소(변경) 사유

1. 들어가며

  행위자가 피해자에게 휴대폰을 이용하여 문자메시지를 보낸 것은 사실입니다. 그러나 행위자가 문자메시지를 보내게 된 경위, 행위자의 의도 등을 고려할 때 행위자의 문자메시지 발송 행위에 대한 본 건 처분은 너무나 과중하다 할 것인바, 행위자는 피해자와의 관계 및 문자메시지를 발신하게 된 경위, 의도 등에 대해서 설명 드리면서 선처를 구하고자 본 건 항고에 이르렀습니다.

2. 행위자는 피해자가 걱정되어서, 그리고 피해자와의 관계를 어떻게든 개선하고자 하는 마음에 문자 메시지를 보내었습니다.

  행위자가 피해자에게 휴대폰을 이용하여 문자 메시지를 보낸 것은 사실입니다. 그러나 행위자가 피해자를 귀찮게 하거나, 괴롭히고자 하는 의도가 결코 아니었습니다. 행위자는 집을 나간 피해자를 걱정하는 마음에, 그리고 피해자와의 관계를 어떻게든 개선하고자 하는 마음에 문자를 보낸 것입니다.

  피해자가 201○. ○. ○. 행위자와의 다툰 이후 집을 나가 여태 돌아오지 않고 있긴 하나, <u>피해자가 집을 나갈 당시</u> 행위자와의 관계는 결코 파탄에 이르렀거나 파탄을 염두에 두어야 할 정도가 아니었습니다. 오히려 <u>행위자가 피해자에게 "머리라도 좀 식히고 돌아오라."고 하면서, 집을 나가 있는 동안의 경비로 사용하라며 500만 원을 주었을 정도</u>였습니다.

  그러나 피해자가 돌아오지 않고, 또 행위자에게 이혼소장까지 보내오기에 이르자 행위자는 너무나 걱정이 되었으며 또 행위자가 진정 무슨 의도를 가지고 이러는 것인지 궁금하기도 하였습니다. 정말 아들의 부추김 때문에 40년 가까이 지속해 온 혼인관계를 파탄 내려는 것인가 하는 걱정도 들었습니다. <u>행위자는 피해자가 보내온 이혼소장에 대하여 이혼을 결코 원하지 않는다</u>

는 취지의 답변서를 제출하기도 하였으며, 피해자와의 관계를 개선하고 40년 가까이 이어온 혼인관계를 어떻게든 유지하겠다는 의지가 확고합니다(참고 자료 1. 답변서).

행위자는 이와 같은 심리상태에서 어떻게든 피해자와의 관계를 개선해 보겠다는 생각뿐이었으며, 전화는 부담스러워 할 것 같아 문자를 보내게 된 것입니다. 단지 그뿐이었습니다. **행위자에게 피해자를 귀찮게 하거나 괴롭히고자 하는 마음은 추호도 없었음**을 다시 한 번 말씀 드립니다.

3. 행위자는 휴대폰 문자메시지 발송 행위가 금지되는 줄을 전혀 알지 못하였습니다.

행위자는 65세의 고령인데다, 불행히도 배움의 기회가 적어 학식도 많이 쌓지 못하였습니다. 또 용달차로 일용직이나 다름없는 운송업에 종사하다 보니, 임시조치의 내용에 대해서 제대로 이해할 지적 능력을 갖추지 못하였습니다.

행위자가 최초의 접근금지 등 임시조치 취지에 반하여 피해자에게 문자메시지를 보낸 것은, 오로지 최초 임시조치의 내용을 오해하여 문자메시지는 허용되는 것으로 믿었기 때문입니다. 최초 접근금지 임시조치를 받을 당시 경찰관이 행위자에게 임시조치의 내용, 불복방법 등을 이해할 수 있도록 쉽게 설명해 주지 않았기에, 행위자는 경찰관의 설명을 제대로 이해하지 못하였으며, 그저 피해자에 대한 접근만이 금지되는 것으로 이해하였습니다. 행위자는 가정폭력범죄의 처벌 등에 관한 특례법(이하 '법'이라고만 합니다) 제29조 제3호의 "전기통신을 이용한 접근"에 문자메시지 발송행위도 포함될 줄은 꿈에도 알지 못하였습니다.

행위자와 같이 가진 것도 없고 내세울 것도 없는 사람이 무슨 담대한 배짱이 있어, 금지되는 것을 알면서도 당당하게 피해자에게 문자 메시지를 보냈겠습니까. 피해자는 금지되는 행위의 범위에 대한 설명을 제대로 듣지 못하였으며, 또 설령 설명을 들었다 하더라도 그 내용을 정확히 이해하지 못한 상태에서, 그저 피해자와의 관계를 개선해보고자 하는 마음에 문자 메시지를 보낸 것뿐입니다.

행위자가 금지되는 문자 메시지를 발송한 것은 사실입니다. 그러나 그것이 행위자의 무지의 소치였으며, 또한 피해자와의 관계개선을 원했던 소박한 마음의 발로였음을 헤아려 주시기를 바랍니다.

4. 본 건 처분은 행위자에게는 너무나 과중하여 감내하기 어렵습니다.

1) 앞서 설명 드린 바와 같이, 행위자는 용달차를 이용하여 사실상 일용직이나 다름없는 운송업에 종사하고 있습니다. 행위자 소유의 용달차를 이용한다는 것만 다를 뿐 사실상 날품팔이와 다름없으며, 매일 매일 일을 하지 않으면

생활을 지속하기 어려운 그런 어려운 경제적 형편에 있습니다. 따라서 한 달 동안의 노동기회 상실은 행위자에게는 커다란 경제적 타격입니다.

그러나 본 건 처분은 단순히 한 달 동안 행위자가 일을 쉬어야만 하고, 또 그로 인한 수입손실을 감수해야 한다는 의미 외에 행위자에게는 돌이킬 수 없는 경제활동의 기회 상실이라는 치명적 결과를 의미합니다.

영세한 운송업자들 사이의 치열한 경쟁, 그리고 지금이 이삿짐 수요도 거의 없는 1년 중 가장 비수기인 점을 고려할 때, 본 건 처분대로 행위자가 2010. ○. ○.까지 한 달 동안 구치소에 유치될 경우, 그나마 행위자에게 일감을 주던 거래업체들과의 관계는 모두 끊어지고 그 자리는 모두 경쟁자들에게 돌아가게 될 것이기 때문입니다.

2) 또한 행위자가 구치소에 수감되어 수입이 끊어지게 될 경우, 시골에 홀로 계신 행위자의 연로하신 어머님께 드리던 생활비도 드리지 못하게 되어 아무런 잘못도 없는 행위자의 노모까지도 경제적 궁핍에 시달리게 될 형편입니다.

3) 뿐만 아니라 피해자는 2010. ○. ○. 서울가정법원 2010드합○○○○호로 행위자를 상대로 이혼소송을 제기하였으며(참고자료 2. 대법원 나의사건 검색), 위 이혼소송의 변론이 조만간 열릴 예정입니다. 행위자는 위 이혼사건에서 피해자의 이혼청구를 기각하여 줄 것을 구하고 있습니다. 즉 피해자가 제기한 이혼소송에서의 법적 공방을 위해 행위자 또한 피해자와 마찬가지로 소송상의 공격·방어방법을 준비하고 또 경제적으로도 소송을 준비해야 하는 시점에 있는 것입니다.

이러한 상황에서 행위자가 1달 동안 구치소에 유치된다면, 이는 위 이혼소송에서 행위자가 절대적으로 열세인 상황에서 이혼 소송을 시작해야 함을 의미합니다.

4) 본 건 처분으로 인하여 행위자는 한 달 동안의 수입상실과는 비교할 수도 없는 경제적 피해, 즉 직업 자체의 상실을 감수해야 할지도 모릅니다. 뿐만 아니라 피해자가 행위자를 상대로 제기한 이혼소송이 본격 시작하려 하는 상황에서 행위자가 본 건 처분으로 한 달 동안 구치소에 수감되게 된다면, 행위자는 이혼소송에 있어서도 불이익을 받게 될 것입니다.

이상 설명 드린 바와 같이, 본 건 처분은 행위자에게 너무나 과중하여 감내하기 어렵습니다. 이러한 사정을 다시 한 번 살펴 주시기를 부탁드립니다.

5. 무엇보다도 행위자는 자신의 행위를 뼈저리게 반성하며, 재발 방지를 다짐하고 있습니다.

이유와 경위가 어떻든 행위자가 접근금지 등 임시조치를 위반한 것은 사실입니다. 행위자 ○○○은 자신의 임시조치 위반 행위를 뼈저리게 반성하고

있으며, 지금 이 순간에도 앞으로는 어떠한 이유에서든 어떠한 내용으로라도
피해자에게 문자 메시지를 보내거나 어떤 방식으로도 접근하지 않겠노라고
굳게 다짐하고 있습니다(참고자료 3. 반성문).

6. 결 론

행위자가 피해자에게 문자메시지를 보내게 된 경위, 행위자의 의도 등을
고려하면 행위자의 문자메시지 발송 행위에 대한 본 건 처분은 너무나 과중합
니다. 또한 행위자의 영세한 직업, 경제력 등을 고려할 때 본건 처분으로
인하여 행위자가 감당해야 할 불이익이 너무나 크다 사료됩니다.

행위자는 지금 이 순간에도 자신의 행위를 반성하며, 재발 방지를 다짐하고
있습니다. 바라건대 이상 설명 드린 사정들을 헤아리시어, 행위자에 대한
본 건 처분을 재고하여 주시기를 간곡히 청원 드립니다.

첨 부 서 류

1. 위임장   1부
2. 담당변호사지정서   1부

참 고 자 료

1. 답변서
2. 대법원 나의사건 검색
3. 반성문

2010. 0. 0.

행위자의 보조인
법무법인 ○○
담당변호사 김 ○ ○

○○지방법원 귀중

【참 조】
- 직권취소 및 변경
  판사는 직권 또는 피해자 등의 신청에 상당한 이유가 있다고 인정하는 때에는 결정으로
  해당 피해자보호명령을 취소하거나 그 종류를 변경할 수 있다(같은 조 제4항).
- 법원의 임시조치명령에 대하여는 7일 이내에 위 명령을 발한 각 지방법원에 즉시항고할
  수 있는데, 이 경우 위 결정에 대하여 지방법원에 취소신청이 아닌 결정에 대한 항고를
  할 경우 지방법원에서 가정법원으로 이송되어 수개월의 시간이 소요될 수 있음에 주의하

여야 한다.
- **관할** : 가정폭력행위자의 행위지, 거주지 또는 현재지 및 피해자의 거주지 또는 현재지를 관할하는 지방법원

(5) 자기의 직계존속이 배우자로부터 심히 부당한 대우를 받았을 때(민 제840조 제4호)

가) 의 의

민법 제840조 제4호에서 말하는 자기의 직계존속이 배우자로부터 심히부당한 대우를 받았을 경우란 혼인 당사자 한쪽의 직계존속이 상대방 배우자로부터 혼인관계의 지속을 강요하는 것이 가혹하다고 여겨질 정도의 폭행이나 학대 또는 중대한 모욕을 받았을 경우를 말한다.

나) 내 용

남편이 처에게 지참금을 가지고 오지 아니하였다는 이유로 불만을 품고 계속 구타하여 상처를 입힌 일이 있을 뿐 아니라 처의 아버지에게까지 행패를 부린 행위는 배우자 및 그 직계존속을 심히 부당하게 대우한 경우에 해당한다(대판 1986. 5. 27.선고 86므14).

(6) 배우자의 생사가 3년 이상 분명하지 아니한 때(민 제840조 제5호)

가) 의 의

배우자의 생사가 3년 이상 분명하지 아니한 때에는 이미 혼인은 파탄된 것으로 봄이 상당하므로 상대방 배우자는 이혼을 청구 할 수 있다.

나) 내 용

① 배우자가 3년 이상 생사 불명인 것과 동시에 현재도 생사불명이어야 한다.
② 생사불명이란 생존도 사망도 증명할 수 없는 경우로서 원인이나 생사가 불명하게 된 사유가 누구의 책임에 기한 것인지는 묻지 않는다.
③ 3년이란 기간의 기산점은 잔류 배우자에게 알려져 있는 본인 생존의 일자 즉 최후의 소식이 있었을 때이다.

(7) 혼인을 계속하기 어려운 중대한 사유가 있을 때(민 제840조 제6호)

가) 의 의

부부간의 애정과 신뢰가 바탕이 되어야 할 혼인의 본질에 상응하는 부부공동 생활관계가 회복할 수 없을 정도로 파탄되고 그 혼인생활의 계속을 강제하는 것이 한쪽 배우자에게 참을 수 없는 고통이 되는 경우를 말한다(2005.12.23. 선고 96므143판결).이를 판단

할 때 그 파탄의 정도, 혼인계속의사의 유무, 파탄의 원인에 관한 당사자의 책임유무, 혼인생활의 기간, 자녀의 유무 등 제반사정을 두루 고려하여야 한다.

나) 이혼사유에 해당하는 경우

불치의 정신병(95므90), 불치의 조울증(96므608), 과도한 신앙생활(96므851), 성불능, 성교거부(2002므74), 악질적 범죄행위(74므1), 도박 등으로 인한 경제파탄(91므559) 등은 이혼사유가 된다.

Q

신랑의 성기능이 불완전해서 이혼하고 싶은데, 가능합니까?

A

성기능이 불완전한 경우 재판상 이혼 청구가 가능합니다.
성기능이 불완전함에도 불구하고 이를 은폐한 채 혼례식을 거행하고 젊은 부부로서 약 6개월 동안의 신혼생활을 하는 동안 단 한번도 성교관계가 없었다면, 임신이 가능하더라도 정상적인 성생활을 원하는 여자로서는 정신상 고통을 받게 되므로 이는 재판상 이혼 사유에 해당하고 그에 대한 위자료청구도 가능합니다.

Q

아내가 잠자리를 이유 없이 거부하는데, 이혼사유에 해당합니까?

A

그렇습니다. 정당한 이유 없는 잠자리 거부는 이혼사유에 해당합니다.
부부에게는 동거의 의무가 있는데(민법 제826조), 이 동거의 의무 속에는 정교의 의무도 포함됩니다. 그러나 정교의 의무는 강제할 방법이 있는 것이 아니기 때문에 악의의 유기(정당한 이유없이 동거·부양·협조의무를 포기하는 것), 부당한 대우, 혼인을 계속하기 어려운 중대한 사유 등을 들어 재판상 이혼을 청구할 수 있습니다(제840조).

다) 이혼사유에 해당하지 않는 경우

신앙차이(81므26), 임신불능(89므367), 이혼의 합의를 하고 재산을 주었다는 사실자체
(96므226), 치료가 가능한 정신병적 증세(2004므74), 약혼상태의 부정과 임신사
실(91므85)만으로는 이혼사유가 되지 않는다.

Q

아내가 혼수도 빈약하고, 게다가 임신불능입니다. 재판상 이혼이 가능합니까?

A

그렇지 않습니다. 혼수부족이나 임신불능등의 사유는 민법 제840조의 재판상이
혼사유중 「기타 혼인을 계속하기 어려운 중대한 사유가 있는 때」라고 보기 어렵
습니다.
민법 제840조의 재판상 이혼사유중 「기타 혼인을 계속하기 어려운 중대한 사유
가 있을 때」란 혼인관계가 심각하게 파탄되어 다시는 부부생활을 회복하기 힘든
경우로 혼인생활의 계속을 강요하는 것이 고통이 되는 정도여야 합니다.
따라서 혼수가 빈약하거나 지참금이 없다는 이유만으로 이혼할 수는 없습니다.
비록 결혼 전 약속이 있었다하더라도, 그 후 약속을 이행하지 않는 이유로 이혼
을 요구할 수는 없습니다.
혼인은 부부생활을 목적으로 하는 남자와 여자의 결합을 말하는 것이고, 자손 번
식은 그 결과에 불과한 것이기 때문에 여자가 임신불능이라고 하여 이혼할 수는
없습니다

Q

사랑은 식어버렸고, 성격 차이가 심합니다. 재판상 이혼이 가능합니까?
경우에 따라 다르나, 단순한 애정상실·성격차이로는 이혼 청구가 받아들여지지
않습니다.

A

민법 제840조의 재판상 이혼사유중 「기타 혼인을 계속하기 어려운 중대한 사유

가 있을 때」란 혼인관계가 심각하게 파탄되어 다시는 부부생활을 회복하기 힘든 경우로 혼인생활의 계속을 강요하는 것이 고통이 되는 정도여야 합니다.

어느 부부라도 애정상실과 성격차이의 문제는 있습니다. 그러므로 이혼이 받아들여지는지의 여부는 애정상실·성격차이로만 결정되는 것이 아니라, 그것으로 인한 혼인회복의 가능여부에 따라 결정되어야 할 것입니다.

부부간의 애정상실 또는 성격불일치가 「기타 혼인을 계속하기 어려운 중대한 사유가 있을 때」에 해당하는지에 대한 판례의 태도는 이혼사유가 된다는 입장(65드35, 63다740, 85므72)과 이혼사유에 해당하지 않는다는 입장(65므34, 65므16)으로 나누어 집니다. 이는 성격의 불일치나 애정의 상실은 그 자체가 여러가지 내용을 포함할 수 있는 개념이므로 오히려 그 배후에 있는 참다운 이혼원인을 검토하여 결정하기 때문으로 보입니다.

라) 제척기간

혼인을 계속하기 어려운 중대한 사유의 경우 그 사유를 안날부터 6월, 사유있은날부터 2년이 경과하면 이혼을 청구하지 못한다(민 842조).

Q

저는 甲과 혼인하여 남매를 두고 있는데 가정불화가 심해져 3개월 전 이혼하기로 합의하면서 5,000만원을 위자료로 지급받아 별거에 들어갔습니다. 그러나 자녀들을 생각하면 참고 살아야 할 것 같아 甲에게 재결합할 것을 요구하였으나, 甲은 거부하면서 위 합의사실만으로도 이혼사유가 된다며 이혼을 요구하고 있습니다. 甲의 말이 맞는지요?

A

「민법」 제840조에 의하면 재판상 이혼사유를 제한적으로 열거하고 있는데, 위 사안에서와 같이 당사자간에 이혼합의가 있었고 위자료까지 지급하였다는 사실이 민법에 규정된 재판상 이혼사유에 해당되는지가 문제됩니다.

이와 관하여 판례는 "혼인생활 중 부부가 일시 이혼에 합의하고 위자료 명목의 금전을 지급하거나 재산분배를 하였다고 하더라도, 그것으로 인하여 부부관계가 돌이킬 수 없을 정도로 파탄되어 부부쌍방이 이혼의사로 사실상 부부관계의 실체를 해소한 채 생활하여 왔다는 등의 특별한 사정이 없다면, 그러한 이혼합의 사실의 존재만으로는 이를 민법 제840조 제6호의 재판상 이혼사유인 혼인을 계속할 수 없는 중대한 사유에 해당한다고 할 수 없는 것이다."라고 하였습니다(대법원 1996. 4. 26. 선고 96므226 판결).

따라서 귀하의 경우에도 단순히 위와 같은 사유만으로 재판상 이혼사유가 된다고 할 수는 없을 듯하며, 귀하와 甲 중 누구에게 어떠한 귀책사유가 있느냐를 구체적으로 검토해 보아야 재판상 이혼사유 해당 여부가 결정될 것입니다.

다. 당사자

1) 정당한 당사자

재판상 이혼은 부부만이 당사자적격을 가진다. 즉, 부부 중 일방이 원고로 되어 타방을 상대방으로 하여 청구하는 것이고, 제3자는 당사자로 될 수 없다. 당사자가 미성년자일 경우 혼인에 의하여 성년의제가 되므로 독자적인 소송행위를 할 수 있다. 그러나 당사자가 피성년후견인일 경우 단독으로 소를 제기하지는 못하고 법정대리인이 대리하여야 하는데(민소 제55조), 배우자가 법정대리인일 경우 특별대리인을 선임하여야 할 것이지만 현재 이에 대한 근거규정이 없는 상황이다. 이에 대하여 판례는 배우자에서 변경된 성년후견인이 피성년후견인을 대리하여 재판상 이혼을 청구할 수 있다는 판시를 한 바 있다.[19]

2) 일방 당사자의 사망

혼인은 당사자 일방의 사망으로 인하여 해소되는 것이므로 검사를 상대방으로 할 여지는 없다. 다만, 재심에 있어서는 확정판결을 받은 당사자의 일방이 사망한 때에는 검사에게 재심피고적격이 인정된다.

3) 유책배우자의 이혼청구

가) 문 제 점

유책배우자도 이혼을 청구할 수 있는가에 대해 파탄주의 이혼법하에서 유책배우자의 이혼청구를 긍정하게 되면 신의성실의 원칙에 반해 이른 바 축출이혼 등이 가능하게 되어 여성의 지위를 열악하게 만든다는 이유로 원칙적으로 부정하되 예외적으로 긍정하는 견해가 유력하지만, 이를 부정한다면 자유의사를 기초로 하여야 하는 혼인의 계속을 강제하게 된다는 점을 이유로 긍정하는 견해도 있다. 판례는 주된 책임이 있는 배우자의 이

---

19) 대법원 2010.04.29. 선고 2009므639 판결.

혼청구는 신의칙에 어긋난다는 이유로 원칙적으로는 유책배우자의 이혼청구를 배척하고, 다만 예외적으로 다음의 3가지 유형에서 이혼청구를 긍정하는데 이는 판례가 기본적으로 유책주의적 태도를 취하고 있기 때문이다.

나) 판례의 태도

(1) 원 칙

재판상 이혼에 있어서 유책주의적 법제를 취하고 있는 민법의 해석상, 혼인의 파탄에 관하여 유책배우자는 그 파탄을 원인으로 이혼을 청구할 수 없는 바, 이는 혼인의 파탄을 자초한 자에게 재판상 이혼청구권을 인정하는 것은 혼인제도가 요구하고 있는 도덕성에 근본적으로 배치되고 배우자 일방의 의사에 의한 이혼 내지는 축출이 혼을 시인하는 부당한 결과가 되므로 혼인의 파탄에도 불구하고 이혼을 희망하지 않고 있는 상대배우자의 의사에 반하여 이혼을 할 수 없도록 하려는 것일뿐, 상대배우자에게도 그 혼인을 계속할 의사가 없음이 객관적으로 명백한 경우에까지 파탄된 혼인의 계속을 강제하려는 취지는 아니다.[20]

(2) 유책성 판단기준 및 정도

유책배우자라고 하는 경우의 유책성은 혼인파탄의 원인이 된 사실에 기초하여 평가할 일이며 혼인관계가 완전히 파탄된 뒤에 있은 일을 가지고 따질 것은 아니다. 따라서 혼인생활의 파탄을 초래하는 경위는 대체로 복잡 미묘하여 그 책임이 당사자 어느 한 쪽에만 있다고 확정할 수 없는 경우가 많으므로 부부간의 혼인관계가 돌이킬 수 없을 정도로 파탄되었다면 혼인청구인에게 전적으로 또는 주된 책임을 물어야 할 사유로 그 파탄의 원인이 조성된 경우가 아닌 이상 혼인청구는 허용되어야 한다.[21]

(3) 유책배유자의 이혼청구를 배척한 사례

대법원은 이혼원인으로서의 혼인을 계속하기 어려운 중대한 사유란 반드시 상대방 배우자의 귀책사유로 말미암을 필요는 없으나 주로 이혼을 구하는 배우자의 귀책사유로 말미암은 경우는 포함되지 않는다고 해석함이 상당하므로 혼인관계가 파탄되었다고 인정되는 경우에는 법원으로서는 그 파탄이 피청구인의 귀책사유에 기인한 것인가를 심리할 것이 아니라 주된 원인이 청구인의 귀책사유에 있는 것인가를 심리 판단하여 민법 제840조 제6호에의 해당여부를 가려야 한다.[22]고 하였다.

---

20) 대법원 1987.04.14. 선고 86므28 판결.
21) 대법원 1988. 4. 25. 선고 87므9 판결.
22) 대법원 1982. 5. 11. 선고 80므60 판결.

이러한 사례로는 ① 배우자를 버리고 8년간 자식들의 집으로 전전생활해 왔다 하더라도 배우자를 악의로 유기하였거나 혼인관계를 계속할 수 없을 정도로 파경에 이르렀다고 볼 수 없다한 경우[23], ② 축첩 등의 행위를 한 남편의 이혼청구[24], ③ 혼인을 계속하기 어려운 상태에 있다 하더라도, 그 원인과 책임이 청구인에게 있는 경우[25], ④ 부인이 부정행위를 하게 된데 대하여 책임이 있는 남편이 이혼청구한 경우[26] 등이 있다.

(4) 예외적으로 긍정한 사례

혼인생활의 파탄에 대하여 오로지 또는 주로 책임이 있는 배우자는 그 파탄을 사유로 하여 이혼을 청구할 수 없는 것이나, 다만 그 상대방도 혼인생활을 계속할 의사가 없음이 객관적으로 명백하고 다만 오기나 보복적 감정에서 이혼에 응하지 않고 있을 뿐이라는 등 특별한 사정이 있는 경우에는, 예외적으로, 유책배우자에게도 이혼청구권이 인정된다.[27] 즉 ① 상대방도 이혼의 의사가 있는 경우[28], ② 혼인이 완전히 파탄된 후에 부정행위 등의 사유가 있는 경우[29], ③ 이혼청구자가 혼인관계 파탄의 주된 책임자가 아닌 경우[30] 등이 있다.

(5) 최근 판례의 태도

2015년 대법원 전원합의체 판결에서는 원칙적으로 유책배우자의 이혼청구를 허용하지는 아니하였으나, 예외적으로 인정할 수 있는 경우 및 그 기준을 제기하였다.[31]

【판시사항】

민법 제840조 제6호 이혼사유에 관하여 유책배우자의 이혼청구를 허용할 것인지 여부(원칙적 소극) / 예외적으로 유책배우자의 이혼청구를 허용할 수 있는 경우 및 판단 기준 (대법원 2015.09.15. 선고 2013므568 전원합의체 판결)

【판결요지】

---

23) 대법원 1986. 8. 19. 선고 86므75 판결
24) 대법원 1965. 9. 21. 선고 65므37 판결
25) 대법원 1966. 6. 28. 선고 66므9 판결
26) 대법원 1987. 9. 29. 선고 87므22 판결
27) 대법원 1996. 6. 25. 선고 94므741 판결.
28) 대법원 1987.12.08. 선고 87므44 판결
29) 대법원 1987.12.22. 선고 86므90 판결
30) 대법원 1991.07.09. 선고 90므1067 판결
31) 대법원 2015.09.15. 선고 2013므568 전원합의체 판결.

[다수의견] (가) 이혼에 관하여 파탄주의를 채택하고 있는 여러 나라의 이혼법제는 우리나라와 달리 재판상 이혼만을 인정하고 있을 뿐 협의이혼을 인정하지 아니하고 있다. 우리나라에서는 유책배우자라 하더라도 상대방 배우자와 협의를 통하여 이혼을 할 수 있는 길이 열려 있다. 이는 유책배우자라도 진솔한 마음과 충분한 보상으로 상대방을 설득함으로써 이혼할 수 있는 방도가 있음을 뜻하므로, 유책배우자의 행복추구권을 위하여 재판상 이혼원인에 있어서까지 파탄주의를 도입하여야 할 필연적인 이유가 있는 것은 아니다.

우리나라에는 파탄주의의 한계나 기준, 그리고 이혼 후 상대방에 대한 부양적 책임 등에 관해 아무런 법률 조항을 두고 있지 아니하다. 따라서 유책배우자의 상대방을 보호할 입법적인 조치가 마련되어 있지 아니한 현 단계에서 파탄주의를 취하여 유책배우자의 이혼청구를 널리 인정하는 경우 유책배우자의 행복을 위해 상대방이 일방적으로 희생되는 결과가 될 위험이 크다.

유책배우자의 이혼청구를 허용하지 아니하고 있는 데에는 중혼관계에 처하게 된 법률상 배우자의 축출이혼을 방지하려는 의도도 있는데, 여러 나라에서 간통죄를 폐지하는 대신 중혼에 대한 처벌규정을 두고 있는 것에 비추어 보면 이에 대한 아무런 대책 없이 파탄주의를 도입한다면 법률이 금지하는 중혼을 결과적으로 인정하게 될 위험이 있다.

가족과 혼인생활에 관한 우리 사회의 가치관이 크게 변화하였고 여성의 사회 진출이 대폭 증가하였더라도 우리 사회가 취업, 임금, 자녀양육 등 사회경제의 모든 영역에서 양성평등이 실현되었다고 보기에는 아직 미흡한 것이 현실이다. 그리고 우리나라에서 이혼율이 급증하고 이혼에 대한 국민의 인식이 크게 변화한 것이 사실이더라도 이는 역설적으로 혼인과 가정생활에 대한 보호의 필요성이 그만큼 커졌다는 방증이고, 유책배우자의 이혼청구로 인하여 극심한 정신적 고통을 받거나 생계유지가 곤란한 경우가 엄연히 존재하는 현실을 외면해서도 아니 될 것이다.

(나) 이상의 논의를 종합하여 볼 때, 민법 제840조 제6호 이혼사유에 관하여 유책배우자의 이혼청구를 원칙적으로 허용하지 아니하는 종래의 대법원판례를 변경하는 것이 옳다는 주장은 아직은 받아들이기 어렵다.

유책배우자의 이혼청구를 허용하지 아니하는 것은 혼인제도가 요구하는 도덕성에 배치되고 신의성실의 원칙에 반하는 결과를 방지하려는 데 있으므로, 혼인제도가 추구하는 이상과 신의성실의 원칙에 비추어 보더라도 책임이 반드시 이혼청구를 배척해야 할 정도로 남아 있지 아니한 경우에는 그러한 배우자의 이혼청구는 혼인과 가족제도를 형해화할 우려가 없고 사회의 도덕관·윤리관에도 반하지 아니하므로 허용될 수 있다.

그리하여 상대방 배우자도 혼인을 계속할 의사가 없어 일방의 의사에 따른 이혼 내지 축출 이혼의 염려가 없는 경우는 물론, 나아가 이혼을 청구하는 배우자의 유책성을 상쇄할 정도로 상대방 배우자 및 자녀에 대한 보호와 배려가 이루어진 경우, 세월의 경과에 따라 혼인파탄 당시 현저하였던 유책배우자의 유책성과 상대방 배우자가 받은 정신적 고통이 점차 약화되어 쌍방의 책임의 경중을 엄밀히 따지는 것이 더 이상 무의미할 정도가 된 경우 등과 같이 혼인생활의 파탄에 대한 유책성이 이혼청구를 배척해야 할 정도로 남아 있지 아니한 특별한 사정이 있는 경우에는 예외적으로 유책배우자의 이혼청구를 허용할 수 있다.

유책배우자의 이혼청구를 예외적으로 허용할 수 있는지 판단할 때에는, 유책배우자 책임의 태양·정도, 상대방 배우자의 혼인계속의사 및 유책배우자에 대한 감정, 당사자의 연령, 혼인생활의 기간과 혼인 후의 구체적인 생활관계, 별거기간, 부부간의 별거 후에 형성된 생활관계, 혼인생활의 파탄 후 여러 사정의 변경 여부, 이혼이 인정될 경우의 상대방 배우자의 정신적·사회적·경제적 상태와 생활보장의 정도, 미성년 자녀의 양육·교육·복지의 상황, 그 밖의 혼인관계의 여러 사정을 두루 고려하여야 한다.

[대법관 민일영, 대법관 김용덕, 대법관 고영한, 대법관 김창석, 대법관 김신, 대법관 김소영의 반대의견] (가) 이혼에 대한 사회 일반의 인식, 사회·경제적 환경의 변화와 아울러 이혼 법제 및 실무의 변화 등을 함께 종합하여 볼 때, 유책배우자의 이혼청구라는 이유만으로 민법 제840조 제6호 이혼사유에 의한 재판상 이혼청구를 제한하여야 할 필요는 상당히 감소하였다.

상대방 배우자의 혼인계속의사는 부부공동생활관계가 파탄되고 객관적으로 회복할 수 없을 정도에 이르렀는지 등을 판단할 때에 참작하여야 하는 중요한 요소라 할 수 있다. 그렇지만 그러한 의사를 참작하였음에도 부부공동생활관계가 객관적으로 회복할 수 없을 정도로 파탄되었다고 인정되는 경우에, 다시 상대방 배우자의 주관적인 의사만을 가지고 형식에 불과한 혼인관계를 해소하는 이혼청구가 불허되어야 한다고 단정하는 것은 불합리하며, 협의가 이루어지지 아니할 때의 혼인해소 절차를 규정한 재판상 이혼제도의 취지에도 부합하지 아니한다.

간통죄는 과거의 간통행위 자체에 대한 형사적인 제재인 반면 혼인파탄에 따른 이혼은 혼인의 실체가 소멸함에 따른 장래의 혼인 법률관계의 해소로서 제도의 목적과 법적 효과가 다르므로, 간통을 한 유책배우자에 대한 형사적 제재가 없어졌다고 하더라도, 민사상의 불법행위에 해당하는 간통행위로 인한 손해배상책임을 강화하는 것은 별론으로 하고, 혼인의 실체가 소멸한 법률관계를 달리 처우하여야 할 필요는 없다.

(나) 위와 같은 여러 사정들을 종합하여 보면, 혼인관계가 파탄되었음에도 유책배우자가

이혼을 청구하고 상대방이 이를 거부한다는 사정만으로 일률적으로 이혼청구를 배척하는 것은 더 이상 이혼을 둘러싼 갈등 해소에 적절하고 합리적인 해결 방안이라고 보기 어렵다.

부부공동생활관계가 회복할 수 없을 정도로 파탄된 경우에는 원칙적으로 제6호 이혼사유에 해당하지만, 이혼으로 인하여 파탄에 책임 없는 상대방 배우자가 정신적·사회적·경제적으로 심히 가혹한 상태에 놓이는 경우, 부모의 이혼이 자녀의 양육·교육·복지를 심각하게 해치는 경우, 혼인기간 중에 고의로 장기간 부양의무 및 양육의무를 저버린 경우, 이혼에 대비하여 책임재산을 은닉하는 등 재산분할, 위자료의 이행을 의도적으로 회피하여 상대방 배우자를 곤궁에 빠뜨리는 경우 등과 같이, 유책배우자의 이혼청구를 인용한다면 상대방 배우자나 자녀의 이익을 심각하게 해치는 결과를 가져와 정의·공평의 관념에 현저히 반하는 객관적인 사정이 있는 경우에는 헌법이 보장하는 혼인과 가족제도를 형해화할 우려가 있으므로, 그와 같은 객관적인 사정이 부존재하는 경우에 한하여 제6호 이혼사유가 있다고 해석하는 것이 혼인을 제도적으로 보장한 헌법 정신에 부합한다.

그리고 혼인파탄에 책임이 없는 배우자에 대하여 재판상 이혼을 허용할 경우에도, 혼인관계 파탄으로 입은 정신적 고통에 대한 위자료의 액수를 정할 때에 주된 책임이 있는 배우자의 유책성을 충분히 반영함으로써 혼인 해소에 대한 책임을 지우고 상대방 배우자에게 실질적인 손해 배상이 이루어질 수 있도록 하며, 재산분할의 비율·액수를 정할 때에도 혼인 중에 이룩한 재산관계의 청산뿐 아니라 부양적 요소를 충분히 반영하여 상대방 배우자가 이혼 후에도 혼인 중에 못지않은 생활을 보장받을 수 있도록 함으로써, 이혼청구 배우자의 귀책사유와 상대방 배우자를 위한 보호 및 배려 사이에 균형과 조화를 도모하여야 한다.

라. 관 할

1) 토지관할

재판상 이혼청구의 소의 토지관할은 부부생활의 실태에 따라 달라진다. 즉, ① 부부가 같은 가정법원의 관할구역 내에 보통재판적이 있을 때에는 그 가정법원이, ② 부부가 최후의 공통의 주소지를 가졌던 가정법원의 관할구역 내에 부부 중 일방의 보통재판적이 있을 때에는 그 가정법원이, ③ 위의 각 경우에 해당하지 아니하는 때에는 상대방의 보통재판적소재지의 가정법원이 각각 관할법원으로 되고, 그 관할은 전속 관할이다(제22조).

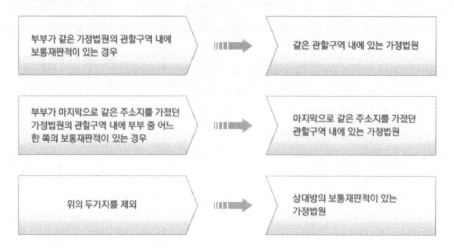

〈이혼재판의 관할 법원〉

부부가 같은 가정법원의 관할구역 내에 보통재판적이 있는 경우	같은 관할구역 내에 있는 가정법원
부부가 마지막으로 같은 주소지를 가졌던 가정법원의 관할구역 내에 부부 중 어느 한 쪽의 보통재판적이 있는 경우	마지막으로 같은 주소지를 가졌던 관할구역 내에 있는 가정법원
위의 두가지를 제외	상대방의 보통재판적이 있는 가정법원

2) 사물관할

재판상 이혼의 소는 단독판사의 사물관할에 속한다(민사 및 가사소송의 사물관할에 관한 규칙 제2조 제2항).

마. 심 리

1) 조정전치

가) 재판상 이혼사건은 나류 가사소송사건으로 조정 전치주의의 적용을 받는다(법 제50조). 따라서 재판상 이혼을 하고자 하는 자는 우선 가정법원에 조정을 신청하여야 하고 만약 조정신청을 하지 않고 이혼의 소를 제기한 때에는 가정법원은 그 사건을 조정에 회부하여야 한다. 하지만 배우자의 생사불명을 이혼원인으로 하는 경우나 그 사건이 조정에 회부되더라도 조정이 성립될 가망이 없다고 인정될 경우에는 조정에 회부하지 아니할 수 있다.

나) 조정에서 당사자간에 이혼의 합의가 성립하여 이 사실이 조서에 기재되면 조정이혼이 성립하고 이 기재는 재판상의 화해와 동일한 효력이 있으며 혼인은 종료된다. 조정을 신청한 자는 조정성립의 날로부터 1월내에 이혼신고를 하여야 하고 이는 보고적 신고이다.

다) 조정절차에서 부부 사이의 의견대립으로 조정이 성립되지 아니 할 경우 조정위원회 조정담당판사는 조정에 갈음하는 결정(강제조정결정)을 할 수 있다. 이 강제조정결정은 송달 후 2주일 내에 이의신청이 없으면 재판상 화해와 동일한 효력이 있다.

라) 당해사건에 대한 조정을 하지 않기로 하는 결정이 있거나 조정이 성립되지 않은 것으로 종결된 경우 또는 조정에 갈음하는 결정이 이의신청에 의해 그 효력을 상실한 경우에 조정신청을 한 때 소가 제기된 것으로 본다(가족등록법 제78조).

2) 제척기간

재판상 이혼원인 중 일부에는 제척기간의 정함이 있다. 즉 ① 배우자의 부정행위가 있었을 때(민법 제840조 제1호)의 경우에는 다른 일방이 사전 동의나 사후 용서를 한 때 또는 이를 안 날로부터 6월, 그 사유 있음을 안 날로부터 2년을 경과한 때에는 이혼을 청구하지 못하고(민법 제841조), ② 기타 혼인을 계속하기 어려운 중대한 사유가 있을 때(민법 제840조 제6호)의 경우에는 다른 일방이 그 사유 있음을 안 날로부터 6월, 그 사유 있는 날로부터 2년을 경과하면 이혼을 청구하지 못한다(민법 제842조), ③ 그 밖의 이혼원인의 경우 제척기간의 규정이 없으나 이혼청구권은 형성권이므로 10년의 제척기간에 걸린다.

3) 당사자의 사망

이혼소송 중 당사자가 사망한 경우에 이혼청구권은 일신전속권이므로 이혼소송은 종료된다. 즉 재판상의 이혼청구권은 부부의 일신전속의 권리이므로 이혼 소송 계속 중 배우자의 일방이 사망한 때에는 상속인이 그 절차를 수계할 수 없음은 물론이고 그러한 경우 검사가 이를 수계할 수 있는 특별한 규정도 없으므로 이혼소송은 종료되고, 이혼소송과 재산분할 청구가 병합된 경우에 배우자 일방이 사망하면 이혼의 성립을 전제로 하여 이혼소송에 부대한 재산분할 청구 역시 이를 유지할 이익이 상실되어 이혼소송의 종료와 동시에 종료된다(대판 1994. 10. 28. 94므246 판결).

4) 친권자 지정 등

가정법원은 미성년자인 자녀가 있는 부부의 재판상 이혼의 청구를 심리할 때에는 그 청구가 인용될 경우를 대비하여 ① 미성년자인 자녀의 친권자로 지정될 사람, ② 미성년자인 자녀에 대한 양육과 면접교섭권에 관하여 부모에게 미리 협의하도록 권고하여야 하고 직권으로 친권자를 정한다(민 제909조 제5항). 이혼을 하는 부부는 그 자녀의 양육에 관한 사항을 협의에 의하여 정하고(민 제843조, 제837조 제1항), 위 협의가 이루어지지 아니하거나 협의할 수 없는 때에는 가정법원은 직권 또는 당사자의 청구에 따라 양육에 관한 사항을 결정하며, 자녀의 복리를 위하여 필요하다고 인정되는 경우에는 부, 모, 자녀 및 검사의 청구 또는 직권에 의하여 자녀의 양육에 관한 사항을 변경하거나 다른 적당한 처분을 할 수 있다(자세한 사항은 'III. 양육권 및 친권에 관한 청구'에서 기술하기로 한다).

5) 관련사건의 병합

재판상 이혼에는 다류 가사소송사건인 손해배상청구와 마류 가사비송사건인 재산분할 및 자녀의 친권자 및 양육자 지정청구 등이 병합될 수 있다. 또한 재판상 이혼청구가 혼인의 무효나 취소의 청구에 선택적 또는 예비적으로 병합되거나 반소로 청구될 수 있다.

바. 확정판결

1) 재판상 이혼청구를 인용한 확정판결은 원고가 내세우는 이혼청구권의 존재를 확정하고 혼인을 장래에 향하여 해소시키는 효력이 있다. 따라서 부부사이의 모든 권리, 의무관계가 소멸하고 혼인으로 배우자의 혈족과의 사이에 발생한 인척관계도 소멸한다(민 제775조 제1항). 소멸하는 시점은 인용판결의 확정시점인데 이점이 가족관계의 등록등에 관한 법률에 따라 신고하여야 효력이 발생하는 협의이혼과 다른 점이다. 따라서 이혼청구를 인용한 판결이 확정되고 나서 이혼신고를 하지 않고 있는 사이에 당사자 일방이 사망하였더라도 상대방은 그 재산을 상속할 수 없다. 그러나 부모자녀관계는 영향이 없어 친자사이의 부양, 상속 등은 모두 인정된다. 반면에 기각한 판결이 확정되면 당사자 사이에 혼인관계는 유지되므로 서로 동거, 부양, 협조하여야 할 부부로서의 의무를 계속 부담하여야 한다.

2) 재판상 이혼청구를 인용한 판결이 확정된 후 다시 이혼청구소송을 제기하면 이미 혼인관계는 해소 되었으므로 다시 이혼소송을 제기한 당사자는 권리보호이익이 없어 각하된다. 반면 기각한 판결이 확정된 후 다시 이혼청구소송이 제기된 경우에는 재판상 이혼마다 소송물이 다르다는 전제에 서는 한 기판력은 다른 사유에는 미치지 못할 뿐만 아니라 새로 발생한 사유가 있을 경우에도 기판력에 의해 확정된 법률효과를 다툴 수 있다.

3) 재판상 이혼청구를 인용한 확정판결은 형성판결로 제3자에게도 효력이 있다. 기각한 판결은 배우자 이외의 다른 제소권자가 없으므로 제3자에 대한 제소금지의 효력이나 기판력은 문제될 여지가 없다.

4) 이혼심판은 선고로 그 효력이 생긴다. 가정법원의 판결에 불복이 있으면 판결정본이 송달된 날부터 14일내에 항소 할 수 있지만 항소법원은 항소가 이유 있더라도 제1심 판결을 취소하거나 변경하는 것이 사회정의나 형평의 이념에 배치되거나 가정의 평화와 미풍양속의 유지에 적합하지 않다고 인정되는 경우에 항소를 기각할 수 있다(법 제19조 제3항). 그리고 항소법원의 판결에 대해 불복이 있으면 판결 정본이 송달된 날부터 14일내에 상고할 수 있다.

5) 판결이 확정된 때 가정법원의 법원사무관등은 바로 이혼된 부부의 등록기준지의 가족 관계등록사무를 처리하는 사람에게 그 뜻을 통지하여야 하고(규칙 제7조 제1항), 이혼의 소를 제기한 자는 이혼판결 확정일로부터 1월 이내에 판결서 등본과 확정증명원을 첨부하여 시, 군, 구에 이혼신고를 하여야 한다. 또한 상대방도 신고할 수 있다(가족등록법 제78조, 제58조).

사. 이혼소송과 위자료청구

1) 개요

이혼소송에 의한 재산상 효과로는 손해배상으로서의 위자료와 부부공동재산에 대한 재산분할이 있는데, 먼저 재산분할의 경우는 협의이혼이나 재판상 이혼의 경우 그 일방은 다른 일방에 대해 이를 청구할 수 있고 이 재산분할에 관하여 협의가 되지 아니하거나 협의할 수 없는 때에는 가정법원은 당사자의 청구에 의해 당사자 쌍방의 협력으로 이룩한 재산의 액수 기타 사정을 참작하여 분할의 액수와 방법을 정한다(민 제839조의2. 이하 자세한 설명은 'IV. 재산분할청구'에서 서술하기로 한다). 다음으로 이혼사유에 대한 제공 또는 주된 책임이 있는 자에 대하여는 정신적인 손해에 대한 위자료를 청구할 수 있는데, 이에 대하여는 아래에서 자세히 서술한다.

2) 위자료(손해배상)

가) 의의

재판상 이혼의 경우 민법 제840조 상의 이혼사유를 제공한 유책배우자에 대하여 이혼하게 된 것에 대한 위자료를 청구할 수 있다(민 제843조). 일반적으로 이혼에 따른 위자료에는 ① 이혼원인인 개별적인 위법, 유책행위로 인한 정신적 고통에 대한 위자료와 ② 이혼 그 자체로 인한 정신적 고통을 위로하기 위한 위자료가 있다.

〈표〉 재산분할과 위자료의 비교

구분	재산분할	위자료
목적	혼인재산의 청산 및 부양	이혼에 의한 정신적 고통 배상
당사자	부부의 일방	부부와 친족 등 제3자
유책배우자	청구가능	불가
사건	가사비송사건(마류 4호)	가사소송사건(다류 2호)
조정	가능	가능
기간	이혼 후 2년(제척기간)	안 날로부터 3년, 행위 시부터 10년
가집행	불가	가능

구분	재산분할	위자료
관할 가정법원	상대방주소지	상대방주소지

Q

저는 남편인 甲의 간통과 폭력 등으로 정상적인 혼인생활을 지속할 수 없어 이혼소송 을 제기하여 법원으로부터 ①원고와 피고는 이혼하며, ②피고는 원고에게 위자료 3,000만원을 지급하라는 판결을 받았습니다. 그런데 甲은 위자료를 지급할 능력이 있 음에도 불구하고 이를 지급하지 않고 있는데, 甲소유의 재산을 찾을 수 없어 강제집행 을 못하고 있습니다. 구제방법이 있는지요?

A

이혼소송 및 위자료청구소송에서 승소하였으나, 위자료를 지급 받지 못하였을 경우에는 상대방 재산에 강제집행 하여 받는 것이 원칙입니다. 그러므로 위 사안에서와 같이 상대방소유의 재산을 파악조차 하지 못하거나 상대방에게 재산이 현재 없거나 향후로도 생겨날 여지가 없다면 판결문상의 위자료를 지급 받기는 어려울 것입니다.

다만, 가정법원은 판결, 심판·조정조서 또는 조정에 갈음하는 결정에 의하여 금전의 지급 등 재산상의 의무를 이행하여야 할 자가 정당한 이유 없이 그 의무를 이행하지 아니할 때에는 당사자의 신청에 의하여 일정한 기간 내에 그 의무를 이행할 것을 명할 수 있는 이행명령을 할 수가 있습니다(가사소송법 제64조 제1항).

또한 당사자 또는 관계인이 정당한 이유 없이 이러한 명령에 위반한 때는 가정법원·조정위원회 또는 조정담당판사는 직권 또는 권리자의 신청에 의하여 결정으로 100만원이하의 과태료에 처할 수 있습니다(가사소송법 제67조 제1항).

따라서 귀하는 甲의 재산을 최대한 찾아보고 더 이상 재산을 찾을 방법이 없다면 甲을 상대로 가사소송법상의 이행명령을 청구해보는 것도 효과적일 수 있을 것입니다.

나) 내 용

(1) 정당한 당사자의 청구

위자료에는 이혼자체로 인해 받은 정신적 고통에 대한 배상도 포함하고, 배우자 뿐만 아니라 제3자가 이혼에 책임이 있을 때 이혼에 책임이 있는 사람에게 위자료 청구를 할 수 있어 배우자와 간통한 사람이나 부당한 대우를 한 배우자의 식구들에게도 위자료를 청구할 수 있다. 또한 여기서 이혼은 정당한 부부간의 관계를 전제로 하는 바, 사실혼을 부당하게 파기한 경우 위자료의 청구는 가능하나[32], 부첩관계의 파기를 이유로 위자료의 청구를 할 수는 없다.[33]

위자료의 청구는 이혼의 방식, 즉 혼인취소, 이혼판결은 물론 협의이혼을 한 경우에도 청구할 수 있고 소송상 화해를 한 경우도 위자료를 청구할 수 있고, 그 청구권자가 위자료청구소송을 제기한 이상 그 청구권을 외부적·객관적으로 명백하게 표시하였으므로 행사상 일신전속권이지 귀속상 일신전속권이 아니므로 양도나 상속 등 승계가 가능하다.[34]

(2) 위자료청구권에 대한 보전

위자료를 확실하게 받아내기 위해서는 상대방이 재산을 도피시키지 못하도록 사전조치로 가압류나 가처분 등 보전처분을 해야 한다.

다) 위자료 액수 산정방법 등

(1) 위자료 액수 산정방법

이혼 등의 불법행위로 인하여 상대방에게 입힌 정신적인 고통을 위자하기 위한 금액의 산정은 재산상의 손해와 달라서 반드시 이를 증거에 의하여 입증할 수 있는 성질의 것이 아니므로, 법원은 여러 가지 사정을 참작하여 직권에 의하여 그 액수를 결정할 수 있는 것인즉, 유책배우자에 대한 위자료수액을 산정함에 있어서도 유책행위에 이르게 된 경위와 정도, 혼인관계 파탄의 원인과 책임, 배우자의 연령과 재산상태 등 변론에 나타나는 모든 사정을 참작하여 법원이 직권으로 결정할 수 밖에 없다.[35] 구제척인 위자료 액수는 이혼사유나 정신적 고통의 크기, 배우자가 가지고 있는 재산의 정도, 능력, 학력, 등을 감안해서 청구하나 실무상 보통 3천만 원에서 5천만 원을 청구하는 것이 일반적이다.

(2) 위자료와 피해자의 과실 참작정도

불법행위를 원인으로 하는 위자료청구에 있어서 법원은 피해자에게 과실이 있는 때에는 손해배상의 금액을 참작하여야 할 뿐만 아니라 피해자에게 과실이 있을 때에는 배상책임까지 같이 처리되어야 한다. 따라서 배우자의 직계존속으로부터 심히 부당한 대우를 받았음을 이유로 한 이혼판결이 없는 한 단순히 그 직계존속으로부터 심히 부당한 대우를

---

32) 대법원 1967.01.24. 선고 66므39 판결
33) 대법원 1966.09.20. 선고 66므14 판결
34) 대법원 1993.05.27. 선고 92므143 판결
35) 대법원 1987. 10. 28. 선고 87므55 판결.

받았다는 것만으로는 위자료를 청구할 수 없다.[36]

(3) 위자료산정 시 참작사유

정신상의 고통에 대한 손해배상청구인 이혼위자료 액수를 결정함에는 다음과 같은 사항이 고려된다.

ⅰ) 혼인파탄의 원인, ⅱ) 정신적 고통의 정도, ⅲ) 재산상태 및 생활수준, ⅳ) 혼인기간, ⅴ) 학력·경력·연령·직업 등의 신분사항, ⅵ) 자녀 및 부양관계, ⅶ) 재혼의 가능성 등. 이 중 ⅰ)~ⅳ)의 사항이 중요하게 고려되나, 가장 중요하게 취급되는 것은 구체적 사례에 따라 달라진다.

또한 이혼을 누가 먼저 제의했는가는 위자료 산정에 있어서 고려되지 않고, 혼인의 파탄에 책임있는 사람이 위자료를 물어야 한다. 그리고 위자료는 모든 경우 남편이 아내에게 지급하는 것은 아니다. 예를 들어, 아내가 바람이 나서 이혼을 한 경우라면 아내가 남편에게 위자료를 지급해야 한다. 그러나 이혼피해자에게도 과실이 있는 경우엔 손해배상금액을 결정함에 있어서 피해자의 과실도 참작해야 하고 오히려 피해자에게 중대한 과실이 있는 경우엔 혼인생활 파탄에 책임이 있는 사람이 배상책임을 면할 수도 있다는 것이 대법원 판례의 태도이다.[37].

(4) 위자료 산정기준표

실무상 인정되고 있는 위자료 액수, 위자료 산정인자(청구인의 나이, 혼인기간, 자녀 수, 이혼원인 등) 등을 알아보기 위하여 2004년부터 2006년까지 서울가정법원에서 선고한 판결 중 이혼을 원인으로 한 위자료가 일부라도 인용된 사건 572건을 분석한 결과 아래의 위자료 산정안이 도출되었다. 위 위자료 산정안에 따라 가장 일반적인 위자료 청구사건(청구인의 나이 45세, 혼인기간 20년, 자녀 수 2명, 이혼원인 1,6호, 기타 사정 및 특별 참작사유 없음)을 상정하여, 그 액수를 계산해보면, 청구인의 나이 10점, 혼인기간 10점, 자녀 수 11점, 이혼원인 12점으로 총점 43점이 되어 위자료 기준액이 2,000만~3,000만 원이고, 이는 과거 판결례 분석을 통하여 얻는 위자료 평균액 25,242,133원에 부합하는 결과이다.[38]

---

36) 대법원 1969. 8. 19. 선고 69므17 판결.
37) 대법원 1994.04.26. 선고 93므1273 판결
38) 대한변호사협회 변호사연수원, "가사사건의 제문제(제51기 특별연수)", 2008, 106면.

위자료 산정표(안)

사건번호			
위자료 산정인자		기준점수	해당점수
청구인의 나이(세)	30미만	6~8	
	30~39	8~10	
	40~49	9~11	
	50~59	10~12	
	60미만	16~20	
혼인기간(년)	5미만	6~8	
	5~14	8~10	
	15~24	9~11	
	25~29	12~14	
	30~34	13~15	
	35이상	18~20	
자녀 수(명)	0	7~9	
	1	8~10	
	2	10~12	
	3이상	13~15	
이혼원인	6호	6~8	
	1,6호	11~13	
	2,6호	8~10	
	3,6호	8~10	
	1,2,6호	14~16	
	2,3,6호	9~11	
	그 밖의 경우	6~20	
기타[39]		-10~10	
총점			

총점별 위자료 기준액(만 원)

25이하	26~35	36~45	46~55	56~65	66~70	71~75	76이상
1,000이하	1~2,000	2~3,000	3~4,000	4~5,000	5~7,000	7~9,000	9~10,000

특별 참작사유				
위자료 산정액	1심		2심	

(5) 구체적인 위자료 액수

구체척인 위자료 액수는 이혼사유나 정신적 고통의 크기, 배우자가 가지고 있는 재산의 정도, 능력, 학력 등을 감안해서 청구하나 실무상 보통 3,000만원에서 5,000만원을 청구하는 것이 일반적이다. 다만, 혼인기간이 5년 이내의 단기인 경우에는 1,000만원 정도로 결정되는 경우도 있음에 주의하여야 한다.

라) 위자료청구권의 소멸

(1) 기 간

민법 제766조 제1항은 "불법행위로 인한 손해배상의 청구권은 피해자나 그 법정대리인이 그 손해 및 가해자를 안 날로부터 3년간 이를 행사하지 아니하면 시효로 인하여 소멸한다."고 규정하고 있다.

(2) 손해를 안 날의 의미

여기서 말하는 '손해를 안 날'이라 함은 손해의 발생, 위법한 가해행위의 존재, 가해행위와 손해의 발생과의 사이에 상당인과관계가 있다는 사실 등 불법행위의 요건사실에 대하여 현실적이고도 구체적으로 인식하였을 때를 의미한다고 할 것이고,[40] 손해의 액수나 정도를 구체적으로 알아야 할 필요까지는 없다고 하더라도 피해자 등이 언제 불법행위의 요건사실을 현실적이고도 구체적으로 인식한 것으로 볼 것인지는 개별적 사건에 있어서의 여러 객관적 사정을 참작하고 손해배상청구가 사실상 가능하게 된 상황을 고려하여 합리적으로 인정하여야할 것이다.[41]

아. 위자료청구권의 상속여부

민법 제806조 제3항에 의하면 "정신상 고통에 대한 배상청구권은 양도 또는 승계하지 못한다. 그러나 당사자 간에 이미 그 배상에 관한 계약이 성립되거나 소를 제기한 후에는 그러하지 아니하다."라고 규정하여 약혼해제로 인한 위자료는 원칙적으로 양도·승계가 되지 않음을 명시하고 있으며, 이 규정을 재판상 이혼, 혼인의 무효·취소, 입양의 무효·취소, 파양을 원인으로 한 위자료에 관하여 준용하고 있다(민법 제825조, 제843조, 제897조, 제908조).

이에 관한 판례를 보면 "이혼위자료청구권은 상대방 배우자의 유책·불법한 행위에 의하

---

39) 위자료 청구인의 파탄의 원인에 대한 책임의 존부, 재산상태 등을 예로 들 수 있다.
40) 대법원 1982. 3. 9. 선고 81다977, 81다카500 판결, 대법원 1994. 4. 26. 선고 93다59304 판결, 대법원 1997. 12. 26. 선고 97다28780 판결 등 참조.
41) 대법원 1989. 9. 26. 선고 89다카6584 판결, 대법원 1995. 2. 10. 선고 94다30263 판결, 대법원 1995. 11. 14. 선고 95다30352 판결, 대법원 1996. 8. 23. 선고 95다33450 판결 등 참조.

여 혼인관계가 파탄상태에 이르러 이혼하게 된 경우 그로 인하여 입게 된 정신적 고통을 위자(慰藉)하기 위한 손해배상청구권으로서 이혼시점에서 확정·평가되고 이혼에 의하여 비로소 창설되는 것이 아니며, 이혼위자료청구권의 양도 내지 승계의 가능여부에 관하여 민법 제806조 제3항은 약혼해제로 인한 손해배상청구권에 관하여 정신상 고통에 대한 손해배상청구권은 양도 또는 승계하지 못하지만 당사자간에 배상에 관한 계약이 성립되거나 소를 제기한 후에는 그러하지 아니하다고 규정하고 민법 제843조가 위 규정을 재판상 이혼의 경우에 준용하고 있으므로 이혼위자료청구권은 원칙적으로 일신전속적 권리로서 양도나 상속 등 승계가 되지 아니하나, 이는 '행사상 일신전속권이고' '귀속상 일신전속권은 아니라'할 것인바, 그 청구권자가 위자료의 지급을 구하는 소송을 제기함으로써 청구권을 행사할 의사가 외부적 객관적으로 명백하게 된 이상 양도나 상속 등 승계가 가능하다."라고 하였다(대법원 1993. 5. 27. 선고 92므143 판결, 1994. 10. 28. 선고 94므246, 94므253 판결).

따라서 위자료에 관한 확정판결문을 받아 둔 상태에서 사망한 경우에는 위자료청구채권을 상속받을 수 있다 할 것이고, 이에 승계집행문을 부여받아 상대방의 재산에 강제집행을 할 수 있을 것이다.

자. 서식

1) 청구취지 기재례

가) 이혼

> 1. 원고와 피고는 이혼한다.
> 2. 소송비용은 피고의 부담으로 한다.
> 라는 판결을 구합니다.

나) 이혼 등

> 1. 원고와 피고는 이혼한다.
> 2. 피고는 원고에게
>   가. 위자료로서 금 30,000,000원을 지급하고,
>   나. 별지목록 기재 각 물건을 인도하라.
> 3. 사건본인의 양육자로 원고를 지정한다.
> 4. 소송비용은 피고의 부담으로 한다.
> 5. 위 제2항은 가집행 할 수 있다.
> 라는 판결을 구합니다.

다) 이혼, 위자료, 재산분할, 양육자지정

1. 원고와 피고는 이혼한다.
2. 피고는 원고에게
   가. 위자료로서 금 50,000,000원 및 이에 대한 이건 소장부본 송달 다음날부터 판결
       선고일 까지는 연5푼 그 다음날부터 완제일까지는 연2할의 각 비율에 의한 금원을
       지급하고,
   나. 재산분할로서 금 100,000,000원 및 이에 대한 이 판결확정일 다음날부터 완제일까지
       연 2할의 비율에 의한 금원을 지급하라.
3. 사건본인의 친권행사자 및 양육자로 원고를 지정한다.
4. 소송비용은 피고의 부담으로 한다.
5. 위 제2항은 가집행 할 수 있다.
라는 판결을 구합니다.

라) 이혼, 위자료, 재산분할, 양육자지정, 양육비

1. 원고와 피고는 이혼한다.
2. 피고는 원고에게 위자료로서 금 50,000,000원 및 이에 대한 이 사건 소장부본 송달 다음날
   부터 완제일까지 연 20%의 비율에 의한 금원을 지급하라.
3. 피고는 원고에게 재산분할로서 금 100,000,000원을 지급하라.
4. 사건본인들의 친권행사자 및 양육자로 원고를 지정한다.
5. 피고는 원고에게 사건본인들의 양육비로서 20○○. ○. ○.부터 각 성년이   될 때까지
   매월 금 400,000원을 지급하라.
6. 위 제2항은 가집행 할 수 있다.
7. 소송비용은 피고의 부담으로 한다.
라는 판결을 구합니다.

마) 이혼, 위자료, 재산분할, 양육자지정, 면접교섭청구

1. 원고와 피고는 이혼한다.
2. 피고는 원고에게 위자료로서 금 50,000,000원 및 이에 대한 이 사건 소장부본 송달 다음날
   부터 완제일까지 연 20%의 비율에 의한 금원을 지급하라.
3. 피고는 원고에게 재산분할로서 금 100,000,000원을 지급하라.
4. 사건본인들의 친권행사자 및 양육자로 원고를 지정한다.
5. 피고는 원고에게 사건본인들을 매월 첫째 주 토요일 12:00부터 그 다음날 18:00 까지
   원고의 집에서 면접할 것을 허락한다.
6. 위 제2항은 가집행 할 수 있다.
7. 소송비용은 피고의 부담으로 한다.

> 라는 판결을 구합니다.

바) 이혼, 위자료, 사건본인 인도, 양육자지정, 양육비

> 1. 원고와 피고는 이혼한다.
> 2. 피고는 원고에게 위자료로서 금 50,000,000원 및 이에 대한 이 사건 소장부본 송달 다음날 부터 완제일까지 연 20%의 비율에 의한 금원을 지급하라.
> 3. 피고는 원고에게 사건본인들을 인도하라
> 4. 사건본인들의 친권행사자 및 양육자로 원고를 지정한다.
> 5. 피고는 원고에게 사건본인들에 대한 양육비로서, 사건본인들을 인도한 날로부터 사건본인 각 1인에 대하여 매월 금 400,000원을 지급하라.
> 6. 위 제2항 및 제3항은 가집행 할 수 있다.
> 7. 소송비용은 피고의 부담으로 한다.
> 라는 판결을 구합니다.

2) 첨부서류 등

첨부서류	신청서	인지액	송달료	관할 법원
기본증명서(원고, 피고) 각 1통 혼인관계증명서(원고, 피고) 각 1통 가족관계증명서(원고, 피고) 각 1통 주민등록표등(초)본(원고, 피고) 각 1통 미성년자녀가 있는 경우-기본증명서, 가족관계증명서(자녀) 각 1통 혼인신고서 사본 1부	2부	20,000원	122,400원	① 쌍방공통 주소지 ② 쌍방최후 공통 주소지 ③ 상대방 주소지 ※ 일방이 서울 이외의 지역에 거주 시엔 쌍방의 주민등록초본(주소이력) 제출

3) 서식례

[서식] 이혼소송청구(이혼만 청구할 경우)

소　장

(이혼)

원　　　고　성명:　　　　　　　　　☎
주민등록번호
주　　　　　소[42]
송 달 장 소[43]
등록 기준지[44]

피　　　고　성명:　　　　　　　　　☎
주민등록번호
주　　　　　소
송 달 장 소
등록 기준지
ㅁ 별지 당사자표시서에 기재 있음[45]

청 구 취 지

1. 원고와 피고는 이혼한다.
2. 소송비용은 피고가 부담한다.

청 구 원 인

유의사항

1. 이혼소송은 가사소송법 제50조 제2항에 따라 재판을 받기 전에 조정절차를 거치는 것이 원칙이고, 많은 사건이 조정절차에서 원만하게 합의되어 조기에 종결됩니다.
2. 서로의 감정을 상하게 하거나 갈등을 고조시켜 원만한 조정에 방해가 되지 않도록 조정기일 전에는 이 소장 외에 준비서면 등을 더 제출하는 것을 삼가주시기 바랍니다.
3. 구체적인 사정은 조정기일에 출석하여 진술할 수 있고, 만일 조정이 성립되지 않아 소송절차로 이행할 경우 준비서면을 제출하여 이 소장에 기재하지 못한 구체적인 청구원인을 주장하거나 추가로 증거를 제출할 수 있습니다.

---

42) 주민등록상 주소를 기재하시기 바랍니다.

1. 원고와 피고는 _____년 __월 __일 혼인신고를 마쳤다.[46)]
   원고와 피고는 (□ 동거 중/□ _____년 __월 __일부터 별거 중/□기타: _____)이
   다.

2. 이혼
   가. 원고는 아래와 같은 재판상 이혼원인이 있어 이 사건 이혼 청구를 하였다(중복 체크
      가능, 민법 제840조 참조).
      □ 피고가 부정한 행위를 하였음(제1호)
      □ 피고가 악의로 원고를 유기하였음(제2호)
      □ 원고가 피고 또는 그 부모로부터 부당한 대우를 받았음(제3호)
      □ 원고의 부모가 피고로부터 부당한 대우를 받았음(제4호)
      □ 피고의 생사가 3년 이상 불분명함(제5호)
      □ 기타 혼인을 계속하기 어려운 중대한 사유가 있음(제6호)

   ☞ 아래 나.항은 이혼에 관하여 상대방과 합의를 기대/예상하는 경우에는 기재하지 않아
      도 됩니다.
   나. 이혼의 계기가 된 결정적인 사정 3~4개는 다음과 같다.
      □ 배우자 아닌 자와 동거/출산 □ 배우자 아닌 자와 성관계 □ 기타 부정행위
      □ 장기간 별거 □ 가출 □ 잦은 외박
      □ 폭행 □ 욕설/폭언 □ 무시/모욕
      □ 시가/처가와의 갈등 □ 시가/처가에 대한 지나친 의존
      □ 마약/약물 중독 □ 알코올 중독 □ 도박 □ 게임 중독
      □ 정당한 이유 없는 과도한 채무 부담 □ 정당한 이유 없는 생활비 미지급
      □ 사치/낭비 □ 기타 경제적 무책임 □ 가정에 대한 무관심 □ 애정 상실
      □ 대화 단절 □ 극복할 수 없는 성격 차이 □ 원치 않는 성관계 요구
      □ 성관계 거부 □ 회복하기 어려운 성적 문제 □ 회복하기 어려운 정신질환
      □ 배우자에 대한 지나친 의심 □ 범죄/구속 □ 과도한 음주
      □ 전혼 자녀와의 갈등 □ 종교적인 갈등 □ 자녀 학대 □ 이혼 강요
      □ 국내 미입국 □ 해외 거주
      □ 기타(배우자 아닌 피고의 책임 있는 사유도 여기에 기재하시기 바랍니다):

      _____

      _____

      _____

첨 부 서 류

1. 원고의 기본증명서, 혼인관계증명서, 가족관계증명서, 주민등록등본 각 1통
2. 피고의 기본증명서, 혼인관계증명서, 가족관계증명서, 주민등록등본 각 1통
3. 원고 및 피고의 각 주소변동 사항이 모두 나타나 있는 주민등록초본 각 1통
   (원, 피고 중 일방의 주소가 서울이 아닌 경우에만 제출하시면 됩니다)
4. 입증자료 (갑 제___호증 ~ 갑 제___호증)
   (입증자료는 "갑 제1호증", "갑 제2호증"과 같이 순서대로 번호를 기재하여 제출하시면
   됩니다)

※ 소장에는 판결문, 진단서 등 객관적이고 명백한 증거만 첨부하여 제출하시고, 특히 증인진
술서는 증거 제출을 삼가주시기 바랍니다. 기타 필요한 나머지 증거는 이후 소송절차에서
제출하시기 바랍니다.

201 . . .

원 고   인 / 서명

서울가정법원 귀중

■ 작성 · 접수방법

상기의 소장은 서울가정법원에서 소를 진행할 경우 활용되어지는 것으로서, 관할을 위반한 경우 이송 등의
절차로 소송이 지연될 수 있다.
  1) 부부가 서울가정법원의 관할구역(서울특별시) 내에 주소지가 있을 때
  2) 부부의 최후 공통의 주소지가 서울이고 부부 중 일방의 주소가 계속하여 서울일 때
  3) 피고의 주소가 외국에 있거나 이를 알 수 없을 때(주로 외국인의 경우)
    → 위의 3가지 경우에는 서울가정법원이 전속관할이 됩니다.
  4) 위에 해당하지 아니하는 때에는 피고의 주소지 소재 (가정)법원이 관할법원입니다.
2. 소송비용: 이혼 청구의 경우 수입인지 20,000원과 송달료 122,400원을 각 납부하셔야 합니다(법원 내
  신한은행에서 납부하고 영수증을 첨부하여야 함)

---

43) 우편물을 받는 곳이 주소와 다를 경우에 기재하시기 바랍니다.
44) 등록기준지는 가족관계증명서 및 혼인관계증명서 맨 앞장 위에 기재되어 있으므로 이를 참고
하여 기재하시고, 외국인일 경우에는 국적을 기재하시면 됩니다.
45) 피고의 수가 많은 경우 별지로 당사자표시서를 작성한 후 첨부하시면 됩니다.
46) 혼인관계증명서에 기재된 혼인신고일 또는 혼인증서제출일을 기재하시면 됩니다.

[서식] 이혼소송청구(이혼, 위자료, 재산분할 청구)

소　장

(이혼, 위자료, 재산분할)

원　　　고　성명:　　　　　　　　　☎
주민등록번호
주　　　　소47)
송 달 장 소48)
등록 기준지49)

피　　　고　성명:　　　　　　　　　☎
주민등록번호
주　　　　소
송 달 장 소
등록 기준지
ㅁ 별지 당사자표시서에 기재 있음50)

청 구 취 지

청구하고자 하는 부분의 ㅁ안에 V표시를 하시고, ＿＿＿＿부분은 필요한 경우 직접 기재하시기
바랍니다.
피고가 여러 명인 경우, 배우자 이외의 피고에 대한 청구취지는 별지로 작성한 후 첨부하시
면 됩니다.

1. 원고와 피고는 이혼한다.
2. ㅁ 피고는 원고에게 위자료51)로 ＿＿＿＿＿＿＿＿원 및 이에 대하여 이 사건 소장 부본
　　송달일 다음날부터 다 갚는 날까지 연 20%의 비율로 계산한 돈을 지급하라.
3. ㅁ 피고는 원고에게 재산분할52)로 다음과 같이 이행하라.
　가. ㅁ ＿＿＿＿＿＿＿＿원 및 이에 대하여 이 판결 확정일 다음날부터 다 갚는 날까지 연
　　　5%의 비율로 계산한 돈을 지급하라.
　나. ㅁ 아래 기재 부동산(ㅁ전부 / ㅁ지분 ＿＿＿＿＿＿＿)에 관하여 이 판결 확정일 재산분
　　　할을 원인으로 한 소유권이전등기절차를 이행하라.

부동산의 표시53) :

_____

다. □ 기타:

_____

4. 소송비용은 피고가 부담한다.

청 구 원 인

유의사항
1. 이혼소송은 가사소송법 제50조 제2항에 따라 재판을 받기 전에 조정절차를 거치는 것이 원칙이고, 많은 사건이 조정절차에서 원만하게 합의되어 조기에 종결됩니다.
2. 서로의 감정을 상하게 하거나 갈등을 고조시켜 원만한 조정에 방해가 되지 않도록 조정기일 전에는 이 소장 외에 준비서면 등을 더 제출하는 것을 삼가주시기 바랍니다.
3. 구체적인 사정은 조정기일에 출석하여 진술할 수 있고, 만일 조정이 성립되지 않아 소송절차로 이행할 경우 준비서면을 제출하여 이 소장에 기재하지 못한 구체적인 청구 원인을 주장하거나 추가로 증거를 제출할 수 있습니다.

1. 원고와 피고는 _____년 ___월 ___일 혼인신고를 마쳤다.54)
   원고와 피고는 (□ 동거 중/□ _____년 __월 __일부터 별거 중/□기타: _____)이 다.

2. 이혼 및 위자료
   가. 원고는 아래와 같은 재판상 이혼원인이 있어 이 사건 이혼 청구를 하였다(중복 체크 가능, 민법 제840조 참조).
      □ 피고가 부정한 행위를 하였음(제1호)
      □ 피고가 악의로 원고를 유기하였음(제2호)
      □ 원고가 피고 또는 그 부모로부터 부당한 대우를 받았음(제3호)
      □ 원고의 부모가 피고로부터 부당한 대우를 받았음(제4호)
      □ 피고의 생사가 3년 이상 불분명함(제5호)
      □ 기타 혼인을 계속하기 어려운 중대한 사유가 있음(제6호)

   ☞ 아래 나.항은 이혼 및 위자료에 관하여 상대방과 합의를 기대/예상하는 경우에는 기재 하지 않아도 됩니다.
   나. 이혼의 계기가 된 결정적인 사정 3~4개는 다음과 같다.

□ 배우자 아닌 자와 동거/출산   □ 배우자 아닌 자와 성관계   □ 기타 부정행위
□ 장기간 별거   □ 가출   □ 잦은 외박
□ 폭행   □ 욕설/폭언   □ 무시/모욕
□ 시가/처가와의 갈등   □ 시가/처가에 대한 지나친 의존
□ 마약/약물 중독   □ 알코올 중독   □ 도박   □ 게임 중독
□ 정당한 이유 없는 과도한 채무 부담   □ 정당한 이유 없는 생활비 미지급
□ 사치/낭비   □ 기타 경제적 무책임
□ 가정에 대한 무관심   □ 애정 상실   □ 대화 단절   □ 극복할 수 없는 성격 차이
□ 원치 않는 성관계 요구   □ 성관계 거부   □ 회복하기 어려운 성적 문제
□ 회복하기 어려운 정신질환   □ 배우자에 대한 지나친 의심   □ 범죄/구속
□ 과도한 음주   □ 전혼 자녀와의 갈등   □ 종교적인 갈등   □ 자녀 학대
□ 이혼 강요   □ 국내 미입국   □ 해외 거주
□ 기타(배우자 아닌 피고의 책임 있는 사유도 여기에 기재하시기 바랍니다): _

_____

3. 재산분할청구

분할하고자 하는, 현재 보유 중인 재산은 별지 "재산내역표"에 기재된 것과 같다.
다음과 같은 사정(중복 체크 가능)을 고려하여 볼 때, 위 재산에 대한 원고의 기여도는
_____%이다.

□ 원고의 소득활동/특별한 수익
□ 원고의 재산관리(가사담당 및 자녀양육 포함)
□ 원고의 혼전 재산/부모의 지원/상속
□ 피고의 혼전 채무 변제
□ 피고의 재산 감소 행위
□ 기타:

_____

첨 부 서 류

1. 원고의 기본증명서, 혼인관계증명서, 가족관계증명서, 주민등록등본 각 1통
2. 피고의 기본증명서, 혼인관계증명서, 가족관계증명서, 주민등록등본 각 1통
3. 원고 및 피고의 각 주소변동 사항이 모두 나타나 있는 주민등록초본 각 1통
   (원, 피고 중 일방의 주소가 서울이 아닌 경우에만 제출하시면 됩니다)
4. 입증자료 (갑 제____호증 ~ 갑 제____호증)
   (입증자료는 "갑 제1호증", "갑 제2호증"과 같이 순서대로 번호를 기재하여 제출하시면
   됩니다)
※ 소장에는 판결문, 진단서 등 객관적이고 명백한 증거만 첨부하여 제출하시고, 특히 증인진

술서는 증거 제출을 삼가주시기 바랍니다. 기타 필요한 나머지 증거는 이후 소송절차에서 제출하시기 바랍니다.

※ 상대방의 재산내역 파악 등을 위해 필요한 경우, 별도로 금융거래정보 제출명령 등을 신청하시기 바랍니다.

201 . . .

원 고   인 / 서명

서울가정법원 귀중

재산내역표

※ 원고와 피고의 현재 재산내역에 대해서 알고 있는 내용만 기재하시기 바랍니다. 다만, 자신의 주거래은행, 보험회사 등은 반드시 밝히시기 바랍니다. 상대방의 재산내역 중 알지 못하는 부분에 대하여는 별도의 증거신청을 통하여 재산내역을 확인하고 보완하시기 바랍니다.

			재산의 표시	시가 또는 잔액(원)
원고	재산	1		
		2		
		3		
		4		
		5		
	소 계			
	채무	1		
		2		
		3		
		4		
		5		
	소 계			
	원고의 순재산 (재산에서 채무를 공제: A)			
피	재산	1		

고		2		
		3		
		4		
		5		
	소 계			
	채무	1		
		2		
		3		
		4		
		5		
	소 계			
피고의 순재산 (재산에서 채무를 공제: B)				
원, 피고의 순재산 합계 (A+B)				

재산내역표 기재요령

현재 보유하고 있는 재산 및 부담하고 있는 채무만 기재하시기 바랍니다.

1. 재　산

가. 부동산: '재산의 표시'란에 소재지번 등을 기재하고, '시가 또는 잔액'란에 원고가 알고 있는 현재 시가를 기재한 후, 부동산등기부 등본 및 시가 입증 자료(가급적 감정서, 인터넷 KB 부동산 시세, 공시지가 등 객관적 자료를 제출하고, 이러한 자료가 없을 경우 공인중개사의 확인서 등을 제출)를 첨부하시기 바랍니다.

나. 예금 채권: '재산의 표시'란에 금융기관의 명칭, 계좌번호를 기재하고, '시가 또는 잔액'란에 현재 예금 잔액을 기재한 후, 예금통장사본, 계좌내역, 잔액조회서 등의 자료를 첨부하시기 바랍니다.

다. 임대차보증금반환 채권: '재산의 표시'란에 부동산의 소재지번을 기재하고, '시가 또는 잔액'란에 임대차보증금 금액을 기재한 후, 임대차계약서 사본을 첨부하시기 바랍니다.

라. 주식: '재산의 표시'란에 회사의 명칭, 주식의 수 등을 기재하고, '시가 또는 잔액'란에 현재 시가를 기재한 후 주식예탁통장 사본 및 시가 입증 자료를 첨부하시기 바랍니다.

마. 특허권 등의 지적재산권: '재산의 표시'란에 다른 특허권 등과 구분이 가능한 정도로 권리를 표시하고, '시가 또는 잔액'란에 원고가 알고 있는 시가를 기재하시기 바랍니다.

바. 동산: '재산의 표시'란에 동산의 종류 및 수량, 현재 있는 장소 등을 기재하고, '시가 또는 잔액'란에 원고가 알고 있는 시가를 기재하시기 바랍니다.

사. 자동차: '재산의 표시'란에 차량번호와 모델명, 출고된 연도 등을 기재하고, '시가 또는

잔액'란에 원고가 알고 있는 현재 시가를 기재한 후, 자동차등록증 사본, 중고차 시세를 알 수 있는 자료를 첨부하시기 바랍니다.

아. 보험: '재산의 표시'란에 보험회사, 보험의 종류 및 명칭 등을 기재하시고, '시가 또는 잔액'란에 현재 예상해약환급금을 기재한 후, 예상해약환급금확인서 등의 자료를 첨부하시기 바랍니다.

2. 채　무

가. 사인 간 채무: '재산의 표시'란에 채권자 성명, 차용 일시 등을 기재하고, '시가 및 잔액'란에 현재 채무액을 기재한 후 차용증 사본 등을 첨부하시기 바랍니다.

나. 금융기관 채무: '재산의 표시'란에 대출 금융기관의 명칭, 대출일 등을 기재하고, '시가 및 잔액'란에 현재 남아 있는 대출액을 기재한 후, 대출확인서 등의 자료를 첨부하시기 바랍니다.

다. 임대차보증금반환 채무: '재산의 표시'란에 부동산의 소재지번을 기재하고, '시가 또는 잔액'란에 임대차보증금 금액을 기재한 후, 임대차계약서 사본을 첨부하시기 바랍니다.

---

47) 주민등록상 주소를 기재하시기 바랍니다.

48) 우편물을 받는 곳이 주소와 다를 경우에 기재하시기 바랍니다.

49) 등록기준지는 가족관계증명서 및 혼인관계증명서 맨 앞장 위에 기재되어 있으므로 이를 참고하여 기재하시고, 외국인일 경우에는 국적을 기재하시면 됩니다.

50) 피고의 수가 많은 경우 별지로 당사자표시서를 작성한 후 첨부하시면 됩니다.

51) 위자료를 청구할 경우, 뒤에 있는 '위자료 금액에 따른 수입인지금액표'를 참조하여 위자료 금액에 따른 인지를 매입하여 소장에 붙여 주시기 바랍니다.

52) 재산분할로 현금의 지급을 청구하는 경우에는 위 3의 가항에, 부동산 소유권의 이전을 청구하는 경우에는 나항에, 그 외의 재산, 예를 들어 지분, 주식, 특허권 등의 지적재산권, 동산 등의 명의이전 또는 인도를 청구하는 경우에는 다항에 각 기재하시고, 기재할 칸이 부족한 경우에는 별지(부동산 목록 등)를 사용하시기 바랍니다. 다만, 부동산 목록을 작성하실 경우에는 부동산등기부 등본의 부동산표시를 기재하셔야 합니다.

53) 부동산의 소재 지번 등

54) 혼인관계증명서에 기재된 혼인신고일 또는 혼인증서제출일을 기재하시면 됩니다.

1. 상기의 소장은 서울가정법원에서 소를 진행할 경우 활용되어지는 것으로서, 관할을 위반한 경우 이송 등의 절차로 소송이 지연될 수 있다.
   1) 부부가 서울가정법원의 관할구역(서울특별시) 내에 주소지가 있을 때
   2) 부부의 최후 공통의 주소지가 서울이고 부부 중 일방의 주소가 계속하여 서울일 때
   3) 피고의 주소가 외국에 있거나 이를 알 수 없을 때(주로 외국인의 경우)
      → 위의 3가지 경우에는 서울가정법원이 전속관할이 된다.
   4) 위에 해당하지 아니하는 때에는 피고의 주소지 소재 (가정)법원이 관할법원
2. 소송비용: 이혼(재산분할 포함) 청구의 경우 수입인지 20,000원과 송달료 122,400원을 각 납부하셔야 한다(법원 내 신한은행에서 납부하고 영수증을 첨부하여야 함). 이 때 위자료 청구가 포함된 경우에는 아래 위자료금액에 따른 수입인지를 납부하여야 한다(이때 이혼 청구의 인지 20,000원은 흡수됨).

소가 500만 원 → 25,000원	소가 5,000만 원 → 230,000원
소가 1,000만 원 → 50,000원	소가 6,000만 원 → 275,000원
소가 1,500만 원 → 72,500원	소가 7,000만 원 → 320,000원
소가 2,000만 원 → 95,000원	소가 8,000만 원 → 365,000원
소가 2,500만 원 → 117,500원	소가 9,000만 원 → 410,000원
소가 3,000만 원 → 140,000원	소가 1억 원 → 455,000원
소가 4,000만 원 → 185,000원	소가 2억 원 → 855,000원

[서식] 이혼소송청구(이혼, 미성년자녀)

소 장

(이혼, 미성년자녀)

원   고 성명: ☎
주민등록번호
주   소55)
송 달 장 소56)
등록 기준지57)

피   고 성명: ☎
주민등록번호
주   소
송 달 장 소
등록 기준지
ㅁ 별지 당사자표시서에 기재 있음58)

사건본인(미성년자녀)59)

1. 성 명: 주민등록번호:

주   소

등록기준지

2. 성 명: 주민등록번호:

주   소

등록기준지

□ 별지 당사자표시서에 기재 있음

청 구 취 지

> 청구하고자 하는 부분의 □안에 V표시를 하시고, _____부분은 필요한 경우 직접 기재하시기 바랍니다.

1. 원고와 피고는 이혼한다.
2. □ 사건본인(들)에 대한 친권자 및 양육자로 (□원고 / □피고)를 지정한다.
   (기타: _____)
3. □ (□원고 / □피고)는 (□원고 / □피고)에게 사건본인(들)에 대한 양육비로 다음과 같이
   지급하라.
   가. □ _____부터 사건본인(들)이 (각) 성년에 이르기 전날까지 매월 _____일
   에 사건본인 1인당 매월 _____원의 비율로 계산한 돈
   나. □ 기타: _____
4. □ (□원고 / □피고)는 다음과 같이 사건본인(들)을 면접교섭한다.

	일 자	시 간
□	매월 _____째 주	_____요일 _____시부터 _____요일 _____시까지
□	매주	_____요일 _____시부터 _____요일 _____시까지
□	기타:	

5. 소송비용은 피고가 부담한다.

청 구 원 인

---

55) 주민등록상 주소를 기재하시기 바랍니다.
56) 우편물을 받는 곳이 주소와 다를 경우에 기재하시기 바랍니다.
57) 등록기준지는 가족관계증명서 및 혼인관계증명서 맨 앞장 위에 기재되어 있으므로 이를 참고
하여 기재하시고, 외국인일 경우에는 국적을 기재하시면 됩니다.
58) 피고나 사건본인의 수가 많은 경우 별지로 당사자표시서를 작성한 후 첨부하시면 됩니다.
59) 원고와 피고 사이에 미성년 자녀(만 19세가 되지 아니한 자)가 있는 경우에 기재하시기 바랍

1. 원고와 피고는 _____년 ___월 ___일 혼인신고를 마쳤다.[60]

   원고와 피고는 (□ 동거 중/□ _____년 __월 __일부터 별거 중/□ 기타: _____)이다.

2. 이혼

   가. 원고는 아래와 같은 재판상 이혼원인이 있어 이 사건 이혼 청구를 하였다(중복 체크 가능, 민법 제840조 참조).

      □ 피고가 부정한 행위를 하였음(제1호)

      □ 피고가 악의로 원고를 유기하였음(제2호)

      □ 원고가 피고 또는 그 부모로부터 부당한 대우를 받았음(제3호)

      □ 원고의 부모가 피고로부터 부당한 대우를 받았음(제4호)

      □ 피고의 생사가 3년 이상 불분명함(제5호)

      □ 기타 혼인을 계속하기 어려운 중대한 사유가 있음(제6호)

   ☞ 아래 나.항은 이혼에 관하여 상대방과 합의를 기대/예상하는 경우에는 기재하지 않아도 됩니다.

   나. 이혼의 계기가 된 결정적인 사정 3~4개는 다음과 같다.

      □ 배우자 아닌 자와 동거/출산 □ 배우자 아닌 자와 성관계 □ 기타 부정행위

      □ 장기간 별거 □ 가출 □ 잦은 외박

      □ 폭행 □ 욕설/폭언 □ 무시/모욕

      □ 시가/처가와의 갈등 □ 시가/처가에 대한 지나친 의존

      □ 마약/약물 중독 □ 알코올 중독 □ 도박 □ 게임 중독

      □ 정당한 이유 없는 과도한 채무 부담 □ 정당한 이유 없는 생활비 미지급

      □ 사치/낭비 □ 기타 경제적 무책임

      □ 가정에 대한 무관심 □ 애정 상실 □ 대화 단절 □ 극복할 수 없는 성격 차이

      □ 원치 않는 성관계 요구 □ 성관계 거부 □ 회복하기 어려운 성적 문제

      □ 회복하기 어려운 정신질환 □ 배우자에 대한 지나친 의심 □ 범죄/구속

      □ 과도한 음주 □ 전혼 자녀와의 갈등 □ 종교적인 갈등 □ 자녀 학대

　　　　□ 이혼 강요　□ 국내 미입국　□ 해외 거주
　　　　□ 기타(배우자 아닌 피고의 책임 있는 사유도 여기에 기재하시기 바랍니다):
　　　　　_____

3. 친권자 및 양육자 지정에 관한 의견
　　사건본인(들)에 대하여 청구취지 기재와 같이 친권자 및 양육자 지정이 필요한 이유는
　　다음과 같다(중복 체크 가능).
　　　　□ 과거부터 현재까지 계속하여 양육하여 왔다.
　　　　□ (현재는 양육하고 있지 않으나) 과거에 주된 양육자였다.
　　　　□ 별거 이후 혼자 양육하고 있다.
　　　　□ 사건본인(들)이 함께 살기를 희망한다.
　　　　□ 양육환경(주거 환경, 보조 양육자, 경제적 안정성 등)이 보다 양호하다.
　　　　□ 사건본인(들)과 보다 친밀한 관계이다.
　　　　□ 기타: _____

4. 양육비 산정에 관한 의견
　　(현재 파악되지 않은 상대방의 직업, 수입 등은 기재하지 않아도 됩니다)
　　　가. 원고의 직업은 _____, 수입은 월_____원(□ 세금 공제 전 / □ 세금 공제
　　　　　후)이고, 피고의 직업은 _____, 수입은 월_____원(□ 세금 공제 전 / □
　　　　　세금 공제 후)이다.
　　　나. (과거 양육비를 청구하는 경우) 과거 양육비 산정 기간은 _____부터 _____까지
　　　　　___년 ___개월이다.
　　　다. 기타 양육비 산정에 고려할 사항: _____

5. 면접교섭에 관한 의견
　　희망 인도 장소: 사건본인(들)을 _____에서 인도하고 인도받기를 희망한다.
　　면접교섭 시 참고사항: _____

첨 부 서 류

1. 원고의 기본증명서, 혼인관계증명서, 가족관계증명서, 주민등록등본 각 1통
2. 피고의 기본증명서, 혼인관계증명서, 가족관계증명서, 주민등록등본 각 1통
3. 원고 및 피고의 각 주소변동 사항이 모두 나타나 있는 주민등록초본 각 1통
　　(원, 피고 중 일방의 주소가 서울이 아닌 경우에만 제출하시면 됩니다)
4. 사건본인(들)에 대한 (각) 기본증명서, 가족관계증명서, 주민등록등본 각 1통
5. 입증자료 (갑 제___호증 ~ 갑 제___호증)
　　(입증자료는 "갑 제1호증", "갑 제2호증"과 같이 순서대로 번호를 기재하여 제출하시면

됩니다)

※ 소장에는 판결문, 진단서 등 객관적이고 명백한 증거만 첨부하여 제출하시고, 특히 증인진술서는 증거 제출을 삼가주시기 바랍니다. 기타 필요한 나머지 증거는 이후 소송절차에서 제출하시기 바랍니다.

201 ． ． ．

원 고　　　　　　　　　인 / 서명

서울가정법원　귀중

■ 작성 · 접수방법

1. 상기의 소장은 서울가정법원에서 소를 진행할 경우 활용되어지는 것으로서, 관할을 위반한 경우 이송 등의 절차로 소송이 지연될 수 있다.
   1) 부부가 서울가정법원의 관할구역(서울특별시) 내에 주소지가 있을 때
   2) 부부의 최후 공통의 주소지가 서울이고 부부 중 일방의 주소가 계속하여 서울일 때
   3) 피고의 주소가 외국에 있거나 이를 알 수 없을 때(주로 외국인의 경우)
      → 위의 3가지 경우에는 서울가정법원이 전속관할이 됩니다.
   4) 위에 해당하지 아니하는 때에는 피고의 주소지 소재 (가정)법원이 관할법원입니다.
2. 소송비용: 이혼 청구의 경우 수입인지 20,000원과 송달료 122,400원을 각 납부하셔야 합니다(법원 내 신한은행에서 납부하고 영수증을 첨부하여야 함)

[서식] 이혼소송청구(이혼, 위자료, 재산분할, 미성년자녀)

소　　장

(이혼, 위자료, 재산분할, 미성년자녀)

원　　　　고 성명:　　　　　　　☎
주민등록번호
주　　　　소61)
송 달 장 소62)

니다.

60) 혼인관계증명서에 기재된 혼인신고일 또는 혼인증서제출일을 기재하시면 됩니다.
61) 주민등록상 주소를 기재하시기 바랍니다.

등록 기준지63)

피   고 성명: ☎

주민등록번호

주   소

송 달 장 소

등록 기준지

□ 별지 당사자표시서에 기재 있음64)

사건본인(미성년자녀)65)

1. 성명: 주민등록번호:

주   소

등록기준지

2. 성명: 주민등록번호:

주   소

등록기준지

□ 별지 당사자표시서에 기재 있음

청 구 취 지

청구하고자 하는 부분의 □안에 V표시를 하시고, _____부분은 필요한 경우 직접 기재하시기 바랍니다.
피고가 여러 명인 경우, 배우자 이외의 피고에 대한 청구취지는 별지로 작성한 후 첨부하시면 됩니다.

1. 원고와 피고는 이혼한다.

2. □ 피고는 원고에게 위자료66)로 _____원 및 이에 대하여 이 사건 소장 부본
   송달일 다음날부터 다 갚는 날까지 연 20%의 비율로 계산한 돈을 지급하라.

3. □ 피고는 원고에게 재산분할67)로 다음과 같이 이행하라.
   가. □ _____원 및 이에 대하여 이 판결 확정일 다음날부터 다 갚는 날까지 연
       5%의 비율로 계산한 돈을 지급하라.
   나. □ 아래 기재 부동산(□전부 / □지분 _____)에 관하여 이 판결 확   정일
       재산분할을 원인으로 한 소유권이전등기절차를 이행하라.
       부동산의 표시68) : _____
   다. □ 기타: _____

4. □ 사건본인(들)에 대한 친권자 및 양육자로 (□원고 / □피고)를 지정한다.

(기타: _____)

5. □ (□원고 / □피고)는 (□원고 / □피고)에게 사건본인(들)에 대한 양육비로 다음과 같이 지급하라.

　가. □ _____부터 사건본인(들)이 (각) 성년에 이르기 전날까지 매월 _____일에 사건본인 1인당 매월 _____원의 비율로 계산한 돈

　나. □ 기타:_____

6. □ (□원고 / □피고)는 다음과 같이 사건본인(들)을 면접교섭한다.

	일　자	시　간
□	매월 _____째 주	_____요일 _____시부터 _____요일 _____시까지
□	매주	_____요일 _____시부터 _____요일 _____시까지
□	기타:	

7. 소송비용은 피고가 부담한다.

청 구 원 인

유의사항
1. 이혼소송은 가사소송법 제50조 제2항에 따라 재판을 받기 전에 조정절차를 거치는 것이 원칙이고, 많은 사건이 조정절차에서 원만하게 합의되어 조기에 종결됩니다.
2. 서로의 감정을 상하게 하거나 갈등을 고조시켜 원만한 조정에 방해가 되지 않도록 조정기일 전에는 이 소장 외에 준비서면 등을 더 제출하는 것을 삼가주시기 바랍니다.
3. 구체적인 사정은 조정기일에 출석하여 진술할 수 있고, 만일 조정이 성립되지 않아 소송절차로 이행할 경우 준비서면을 제출하여 이 소장에 기재하지 못한 구체적인 청구원인을 주장하거나 추가로 증거를 제출할 수 있습니다.

1. 원고와 피고는 _____년 _____월 _____일 혼인신고를 마쳤다.[69]

　원고와 피고는 (□ 동거 중/□ _____년 _____월 _____일부터 별거 중/□기타: _____)이다.

2. 이혼 및 위자료

　가. 원고는 아래와 같은 재판상 이혼원인이 있어 이 사건 이혼 청구를 하였다(중복 체크 가능, 민법 제840조 참조).

　　□ 피고가 부정한 행위를 하였음(제1호)

□ 피고가 악의로 원고를 유기하였음(제2호)

□ 원고가 피고 또는 그 부모로부터 부당한 대우를 받았음(제3호)

□ 원고의 부모가 피고로부터 부당한 대우를 받았음(제4호)

□ 피고의 생사가 3년 이상 불분명함(제5호)

□ 기타 혼인을 계속하기 어려운 중대한 사유가 있음(제6호)

☞ 아래 나.항은 이혼 및 위자료에 관하여 상대방과 합의를 기대/예상하는 경우에는 기재하지 않아도 됩니다.

나. 이혼의 계기가 된 결정적인 사정 3~4개는 다음과 같다.

□ 배우자 아닌 자와 동거/출산 □ 배우자 아닌 자와 성관계 □ 기타 부정행위

□ 장기간 별거 □ 가출 □ 잦은 외박

□ 폭행 □ 욕설/폭언 □ 무시/모욕

□ 시가/처가와의 갈등 □ 시가/처가에 대한 지나친 의존

□ 마약/약물 중독 □ 알코올 중독 □ 도박 □ 게임 중독

□ 정당한 이유 없는 과도한 채무 부담 □ 정당한 이유 없는 생활비 미지급

□ 사치/낭비 □ 기타 경제적 무책임

□ 가정에 대한 무관심 □ 애정 상실 □ 대화 단절 □ 극복할 수 없는 성격 차이

□ 원치 않는 성관계 요구 □ 성관계 거부 □ 회복하기 어려운 성적 문제

□ 회복하기 어려운 정신질환 □ 배우자에 대한 지나친 의심 □ 범죄/구속

□ 과도한 음주 □ 전혼 자녀와의 갈등 □ 종교적인 갈등 □ 자녀 학대

□ 이혼 강요 □ 국내 미입국 □ 해외 거주

□ 기타(배우자 아닌 피고의 책임 있는 사유도 여기에 기재하시기 바랍니다):

_____

☞ 아래 3.항은 재산분할청구를 하는 경우에만 기재하시기 바랍니다.

3. 재산분할청구

분할하고자 하는, 현재 보유 중인 재산은 별지 "재산내역표"에 기재된 것과 같다.

다음과 같은 사정(중복 체크 가능)을 고려하여 볼 때, 위 재산에 대한 원고의 기여도는 ____%이다.

□ 원고의 소득활동/특별한 수익

□ 원고의 재산관리(가사담당 및 자녀양육 포함)

□ 원고의 혼전 재산/부모의 지원/상속

□ 피고의 혼전 채무 변제

□ 피고의 재산 감소 행위

□ 기타: _____

☞ 아래 4.~6.항은 미성년 자녀가 있는 경우에만 기재하시기 바랍니다.

4. 친권자 및 양육자 지정에 관한 의견

사건본인(들)에 대하여 청구취지 기재와 같이 친권자 및 양육자 지정이 필요한 이유는 다음과 같다(중복 체크 가능).

   □ 과거부터 현재까지 계속하여 양육하여 왔다.

   □ (현재는 양육하고 있지 않으나) 과거에 주된 양육자였다.

   □ 별거 이후 혼자 양육하고 있다.

   □ 사건본인(들)이 함께 살기를 희망한다.

   □ 양육환경(주거 환경, 보조 양육자, 경제적 안정성 등)이 보다 양호하다.

   □ 사건본인(들)과 보다 친밀한 관계이다.

   □ 기타: _____

5. 양육비 산정에 관한 의견

(현재 파악되지 않은 상대방의 직업, 수입 등은 기재하지 않아도 됩니다)

   가. 원고의 직업은 _____, 수입은 월_____원(□ 세금 공제 전 / □ 세금 공제 후)이고,
      피고의 직업은 _____, 수입은 월 _____원(□ 세금 공제 전 / □ 세금 공제 후)이다.

   나. (과거 양육비를 청구하는 경우) 과거 양육비 산정 기간은 _____부터 _____까지
      _____년 _____개월이다.

   다. 기타 양육비 산정에 고려할 사항:_____

6. 면접교섭에 관한 의견

희망 인도 장소: 사건본인(들)을 _____에서 인도하고 인도받기를 희망한다.

면접교섭 시 참고사항: _____

첨 부 서 류

1. 원고의 기본증명서, 혼인관계증명서, 가족관계증명서, 주민등록등본 각 1통
2. 피고의 기본증명서, 혼인관계증명서, 가족관계증명서, 주민등록등본 각 1통
3. 원고 및 피고의 각 주소변동 사항이 모두 나타나 있는 주민등록초본 각 1통
   (원, 피고 중 일방의 주소가 서울이 아닌 경우에만 제출하시면 됩니다)
4. 사건본인(들)에 대한 (각) 기본증명서, 가족관계증명서, 주민등록등본 각 1통
5. 입증자료 (갑 제_____호증 ~ 갑 제_____호증)
   (입증자료는 "갑 제1호증", "갑 제2호증"과 같이 순서대로 번호를 기재하여 제출하시면 됩니다)

※ 소장에는 판결문, 진단서 등 객관적이고 명백한 증거만 첨부하여 제출하시고, 특히 증인진술서는 증거 제출을 삼가주시기 바랍니다. 기타 필요한 나머지 증거는 이후 소송절차에서 제출하시기 바랍니다.

※ 상대방의 재산내역 파악 등을 위해 필요한 경우, 별도로 금융거래정보 제출명령 등을 신청하시기 바랍니다.

201 .   .   .

원 고   인 / 서명

서울가정법원   귀중

재산내역표

※ 원고와 피고의 현재 재산내역에 대해서 알고 있는 내용만 기재하시기 바랍니다. 다만, 자신의 주거래은행, 보험회사 등은 반드시 밝히시기 바랍니다. 상대방의 재산내역 중 알지 못하는 부분에 대하여는 별도의 증거신청을 통하여 재산내역을 확인하고 보완하시기 바랍니다.

			재산의 표시	시가 또는 잔액(원)
원 고	재산	1		
		2		
		3		
		4		
		5		
	소 계			
	채무	1		
		2		
		3		
		4		
		5		
	소 계			
원고의 순재산 (재산에서 채무를 공제: A)				
피 고	재산	1		
		2		
		3		
		4		
		5		

			소 계	
채무		1		
		2		
		3		
		4		
		5		
			소 계	
피고의 순재산 (재산에서 채무를 공제: B)				
원, 피고의 순재산 합계 (A+B)				

재산내역표 기재요령

현재 보유하고 있는 재산 및 부담하고 있는 채무만 기재하시기 바랍니다.

1. 재 산
   가. 부동산: '재산의 표시'란에 소재지번 등을 기재하고, '시가 또는 잔액'란에 원고가 알고 있는 현재 시가를 기재한 후, 부동산등기부 등본 및 시가 입증 자료(가급적 감정서, 인터넷 KB 부동산 시세, 공시지가 등 객관적 자료를 제출하고, 이러한 자료가 없을 경우 공인중개사의 확인서 등을 제출)를 첨부하시기 바랍니다.
   나. 예금 채권: '재산의 표시'란에 금융기관의 명칭, 계좌번호를 기재하고, '시가 또는 잔액'란에 현재 예금 잔액을 기재한 후, 예금통장사본, 계좌내역, 잔액조회서 등의 자료를 첨부하시기 바랍니다.
   다. 임대차보증금반환 채권: '재산의 표시'란에 부동산의 소재지번을 기재하고, '시가 또는 잔액'란에 임대차보증금 금액을 기재한 후, 임대차계약서 사본을 첨부하시기 바랍니다.
   라. 주식: '재산의 표시'란에 회사의 명칭, 주식의 수 등을 기재하고, '시가 또는 잔액'란에 현재 시가를 기재한 후 주식예탁통장 사본 및 시가 입증 자료를 첨부하시기 바랍니다.
   마. 특허권 등의 지적재산권: '재산의 표시'란에 다른 특허권 등과 구분이 가능한 정도로 권리를 표시하고, '시가 또는 잔액'란에 원고가 알고 있는 시가를 기재하시기 바랍니다.
   바. 동산: '재산의 표시'란에 동산의 종류 및 수량, 현재 있는 장소 등을 기재하고, '시가 또는 잔액'란에 원고가 알고 있는 시가를 기재하시기 바랍니다.
   사. 자동차: '재산의 표시'란에 차량번호와 모델명, 출고된 연도 등을 기재하고, '시가 또는 잔액'란에 원고가 알고 있는 현재 시가를 기재한 후, 자동차등록증 사본, 중고차 시세를 알 수 있는 자료를 첨부하시기 바랍니다.
   아. 보험: '재산의 표시'란에 보험회사, 보험의 종류 및 명칭 등을 기재하시고, '시가 또는

잔액'란에 현재 예상해약환급금을 기재한 후, 예상해약환급금확인서 등의 자료를 첨부하시기 바랍니다.

2. 채 무

가. 사인 간 채무: '재산의 표시'란에 채권자 성명, 차용 일시 등을 기재하고, '시가 및 잔액'란에 현재 채무액을 기재한 후 차용증 사본 등을 첨부하시기 바랍니다.

나. 금융기관 채무: '재산의 표시'란에 대출 금융기관의 명칭, 대출일 등을 기재하고, '시가 및 잔액'란에 현재 남아 있는 대출액을 기재한 후, 대출확인서 등의 자료를 첨부하시기 바랍니다.

다. 임대차보증금반환 채무: '재산의 표시'란에 부동산의 소재지번을 기재하고, '시가 또는 잔액'란에 임대차보증금 금액을 기재한 후, 임대차계약서 사본을 첨부하시기 바랍니다.

■ 작성·접수방법

1. 상기의 소장은 서울가정법원에서 소를 진행할 경우 활용되어지는 것으로서, 관할을 위반한 경우 이송 등의 절차로 소송이 지연될 수 있다.
   1) 부부가 서울가정법원의 관할구역(서울특별시) 내에 주소지가 있을 때
   2) 부부의 최후 공통의 주소지가 서울이고 부부 중 일방의 주소가 계속하여 서울일 때
   3) 피고의 주소가 외국에 있거나 이를 알 수 없을 때(주로 외국인의 경우)
      → 위의 3가지 경우에는 서울가정법원이 전속관할이 됩니다.
   4) 위에 해당하지 아니하는 때에는 피고의 주소지 소재 (가정)법원이 관할법원입니다.
2. 소송비용: 이혼 청구의 경우 수입인지 20,000원과 송달료 122,400원을 각 납부하셔야 합니다(법원 내 신한은행에서 납부하고 영수증을 첨부하여야 함)

---

62) 우편물을 받는 곳이 주소와 다를 경우에 기재하시기 바랍니다.
63) 등록기준지는 가족관계증명서 및 혼인관계증명서 맨 앞장 위에 기재되어 있으므로 이를 참고하여 기재하시고, 외국인일 경우에는 국적을 기재하시면 됩니다.
64) 피고나 사건본인의 수가 많은 경우 별지로 당사자표시서를 작성한 후 첨부하시면 됩니다.
65) 원고와 피고 사이에 미성년 자녀(만 19세가 되지 아니한 자)가 있는 경우에 기재하시기 바랍니다.
66) 위자료를 청구할 경우, 뒤에 있는 '위자료 금액에 따른 수입인지금액표'를 참조하여 위자료 금액에 따른 인지를 매입하여 소장에 붙여 주시기 바랍니다.
67) 재산분할로 현금의 지급을 청구하는 경우에는 위 3의 가항에, 부동산 소유권의 이전을 청구하는 경우에는 나항에, 그 외의 재산, 예를 들어 지분, 주식, 특허권 등의 지적재산권, 동산 등의 명의이전 또는 인도를 청구하는 경우에는 다항에 각 기재하시고, 기재할 칸이 부족한 경우에는 별지(부동산 목록 등)를 사용하시기 바랍니다. 다만, 부동산 목록을 작성하실 경우에는 부동산등기부 등본의 부동산표시를 기재하셔야 합니다.
68) 부동산의 소재 지번 등
69) 혼인관계증명서에 기재된 혼인신고일 또는 혼인증서제출일을 기재하시면 됩니다.

[서식] 이혼 등 청구의 소(부정한 행위, 부당한 대우)

소 장

원 고　　　홍 길 동 (洪 ○ ○)

　　　　　　19 년 월 일생(주민등록번호 :　　　　　　)

　　　　　　등록기준지 : ○○시 ○구 ○○동 ○○번지

　　　　　　주　　　소 : ○○시 ○구 ○○동 ○○번지

　　　　　　소송대리인 변호사 백 ○ ○

　　　　　　○○시 ○구 ○○동 ○○번지(우편번호 :　　　　)

　　　　　　(전화번호 : 02-525-1007　팩스 : 02-525-2433)

피 고　　　신 ○ ○ (申 ○ ○)

　　　　　　19 년 월 일생(주민등록번호 :　　　　　　)

　　　　　　등록기준지 및 주소 : 원고와 같은 곳

사건본인　　홍 마 리 (洪 ○ ○)

　　　　　　20 년 월 일생(주민등록번호 :　　　　　　)

　　　　　　등록기준지 및 주소 : 원고와 같은 곳

이혼 및 위자료 등 청구의 소

청 구 취 지

1. 원고와 피고는 이혼한다.
2. 사건본인의 친권행사자 및 양육자로 원고를 지정한다.
3. 피고는 원고에게 위자료로 금 40,000,000원을 지급하라.
4. 피고는 원고에게 위 사건본인에 대한 장래의 양육비로 ○○○○. ○. ○.부터 ○○○○. ○. ○.까지(성년이 될 때까지 등) 매월 금500,000원씩을 매월 말일에 지급하라.
5. 위 제 3항은 가집행할 수 있다.

라는 판결을 구합니다.

청 구 원 인

1. 혼인생활 경위 및 혼인파탄 경위

　　가. 원고는 ○○년 ○월 경 ○○시 ○구 ○○동 소재 '○○호텔에서 피고와 맞선을 보고 교제 끝에 ○○○○년 ○월 ○일 서울 서초구에 소재한 ○○웨딩홀에서 결혼식을 올리고 2006. 6. 6. 혼인신고를 마친 법률상 부부이며, 슬하에 딸 '홍마리'를 두고 있습니다.

　　나. 원고와 피고가 교재를 할 당시 원고는 ○○주식회사에 과장으로 재직하면서 성실하게

직장 생활을 하게 되었고, 6년간의 수고로움으로 인하여 작지만 현재 거주하는 주택도 마련하게 되었습니다.

다. 피고는 원고와 결혼한 후 집에서 쉬고 있는 것이 미안하다고 하면서 미용실을 운영하고 싶다고 주장하였고, 원고가 거주하는 위 주택을 마련하는데 그동안 저축하였던 금원을 모두 투자하였고, 이도 부족하여 은행에서 부동산 담보대출을 받는 과정에서 현재 경제적인 여력이 없기에 미용실을 하고 싶다면 우선 몇 년간 미용기술을 익히면서 배우고 그 이후에 다시 미용실 운영은 원고와 상의를 하기로 하고 미용기술을 익히기로 한 것입니다.

라. 피고가 미용기술을 익히기 시작하면서 가끔 집에 오지 못하는 일이 발생하게 되었고, 월 2회 내지 4회 미용실에서 숙식을 해결한다고 하면서 외박하는 날이 늘어 갔습니다.

마. 또한 미용실을 시작하고 약1년이 지난 시점에서 은행에서 독촉장이 왔는데 원고에게 금 5천만 원, 피고에게 금 8천만 원이 연체되었으므로 원금과 그 이자를 변제하라는 것입니다. 피고는 원고의 인감도장을 가지고 있는 점을 계기로 인감증명서를 발급받고 ○○은행 ○○지점에서 채무자를 원고로 하여 금 5천만 원을 차용하였고, 피고를 채무자로 하여 금 8천만 원을 대출받으면서 원고를 보증인으로 기재 한 이후 도합 1억 3천만 원 대출을 받아서 미용실을 시작하였던 것입니다.

바. 후일에 알게 되었지만 피고는 원고 모르게 아무런 미용 기술도 없으면서 미용실을 개업하고도 마치 직장생활을 하는 것처럼 원고를 속이고, 이도 부족하여 미용기술이 부족하므로 직원을 채용하여 미용실 운영을 맡겨 놓고 미용실을 운영하면서 알게 된 남성과 가까이 지내면서 피고가 외박하는 날은 다른 남자의집에서 외박을 하고 집에 오지 않았던 것입니다.

피고의 친구들에게 피고가 결혼 전에 생활이 어떠했는지 궁금하여 질문을 하였더니 원고와 만나기 전에 수많은 남성들과 교제를 하였으며, 결혼 이후에도 혼인 전에 사귀었던 남자와 계속 만남을 유지하면서 대출받은 돈과 원고의 급여를 가지고 유흥비로 탕진하였던 것입니다.

2. 친권자 및 양육자 지정 및 양육비

원고와 피고 간에 출생한 딸 '홍마리'는 이제 3살이 되었고, 피고가 위와 같은 방탕생활과 외도 등을 계속하고 있는 이상 유책 배우자인 피고로서는 딸의 보호, 양육을 잘 할 수 없다 할 것이 분명하고, 그리고 '자녀의 복리' 원칙에서 살펴보더라도 피고는 현재 또는 장래에 딸의 정서나 심리에 나쁜 영향을 미치게 할 것이 예상되므로 딸의 원만한 성장과 복지를 보장할 수 없다고 할 것이고, 딸의 직접적 보호, 양육을 위하여 어떤 면에서는 피고가 여성이므로 적당하다는 사회적인 시각이 존재하나 원고는 보모를 구하여 돌보면서 원고의 주택 근처에 원고의 친부모님이 기거하고 있는 관계로 딸의 정서나 심리에도 안정을 줄 수 있다 하겠습니다. 피고의혼인생활 경위 등을 볼 때 피고는 미용실을 운영한다고 딸의 양육도 신경 쓰지 못하였기에 그동안 원고의 친부모님께서 돌봐주고 있었기에 아이의 양육은 피고보다 원고가 적합하다 할 것입니다.

또한 사건본인의 양육비로서 장래 발생할 비용에 대하여 공동 부담을 하여야 하므로 현재부터 사건본인이 성년이 될 때까지 매월 금 500,000원을 지급하여야 할 것입니다.

3. 위자료의 산정

피고의 부정한 행위와 혼인의 파탄 책임이 민법 제840조 제1, 3호 소정의 재판상 이혼 사유에 해당된다고 할 것이므로, 원고는 피고에게 마땅히 이혼을 청구할 수 있다 할 것이며, 원, 피고 사이의 혼인이 위와 같이 파탄됨으로써 원고가 상당한 정신적 고통을 받게 되었음은 경험칙상 인정할 수 있다 할 것이므로 피고는 금전으로서 이를 위자할 책임이 있다 할 것인바, 그 액수는 원, 피고의 나이, 혼인기간, 생활정도와 혼인파탄 경위 등 제반사정을 참작하여 금 40,000,000원으로 정함이 상당하다 할 것입니다.

4. 결 론

그렇다면 원고와 피고는 이혼하고, 피고는 원고에게 위자료로 금 40,000,000원을 지급하고, 위 사건본인에 대한 장래의 양육비로 ○○○○. ○. ○.부터 ○○○○. ○. ○.까지(성년이 될 때까지 등) 매월 금 500,000원씩을 지급하여야 할 것입니다.

입 증 방 법

1. 갑제 1호증	가족관계증명서
1. 갑제 2호증	주민등록등본
1. 갑제 3호증	임대차계약서 사본(미용실)
1. 갑제 4호증	은행 연체통보서 사본
1. 기타 변론 시 자료를 제출하겠습니다.	

첨 부 서 류

1. 위 입증서류	각 1통
1. 소장부본	1통
1. 소송 위임장	1통

2015. ○. ○.
원고 소송대리인
변호사 백 ○ ○ (인)

서울가정법원 귀중

1. 위 사건은 재판상 이혼(나류), 위자료(다류), 친권자 및 양육자지정(마류), 양육비(마류) 청구가 병합된 사건으로 인지비용은 가사소송과 비송이 병합하는 경우 흡수법칙에 따라 가장 다액에 의한다. 따라서 위자료 4,000만 원에 대한 인지액 185,000원(4,000만 원×0.0045+5,000원)을 인지액으로 첨부하여야 한다.
2. 송달료는 122,400원(=당사자수×5,100원×12회분)을 송달료취급은행에 납부하고 첨부하여야 한다.
3. 소장은 법원용 1부, 상대방수에 맞는 부본수를 제출한다.

[서식] 이혼 등 청구사건의 반소장(부정한 행위)

반 소 장

사   건   2013드합 445호 이혼등 청구사건
원고(반소피고)   홍 길 동
                등록기준지 : ○○시 ○구 ○○동 ○○번지
                주   소 : ○○시 ○구 ○○동 ○○번지

피고(반소원고)   김 갑 순
                등록기준지 : ○○시 ○구 ○○동 ○○번지
                주   소 : ○○시 ○구 ○○동 ○○번지

사 건 본 인   홍 ○ ○(주민등록번호   )
                등록기준지 : ○○시 ○구 ○○동 ○○번지
                주   소 : ○○시 ○구 ○○동 ○○번지

위 당사자간 귀원 2015드합 445호 이혼등 청구사건에 관하여 피고(반소원고)는 아래와 같이 반소를 제기합니다.

반 소 청 구 취 지

1. 반소에 기하여 원고(반소피고)와 피고(반소원고)는 이혼한다.
2. 원고(반소피고)는 피고(반소원고)에게 위자료로 금 5,000만 원 및 이에 대하여 반소장 부본 송달 다음날로부터 완제일까지 연 20%의 비율에 의한 금원을 지급하라.
3. 원고(반소피고)는 피고(반소원고)에게 재산분할로 금 2억원을 지급하라.
4. 피고(반소원고)를 사건본인의 친권자 및 양육권자로 지정한다.

5. 소송비용은 본소, 반소 모두 원고(반소피고)의 부담으로 한다.
6. 제2항은 가집행할 수 있다.
라는 판결을 구합니다.

반 소 청 구 원 인

1. 당사자의 지위
   반소원고(이하 '피고'라 합니다)와 반소피고(이하 '원고'라 합니다)는 20○○. ○. ○. 혼인
   신고를 한 당사자로서 법률상 부부입니다.

2. 이 사건의 경위

   가. 원고는 피고와 결혼 이후에도 별다른 직업없이 지내왔으며 생활비는 피고가 직장을
      다니면서 혼자 부담하며 살아왔습니다.

   나. 그런데 원고는 그 와중에서도 소외 ○○○와 부정행위를 저지르는 등 가정에 불성실
      하였으나 원고는 사건본인을 위하여 열심히 일을 하면서 어떻게 하든지 가정을 유지하
      려고 노력하였습니다.

      그러나 원고는 오히려 피고가 부정행위를 하였다면서 일방적으로 이혼소송을 제기하
      여 피고에게 이루 말로 할 수 없는 고통을 주고 있는 바, 이에 피고는 더 이상 참을
      수 없어 원고를 상대로 이혼을 청구하게 되었습니다.

3. 위자료 청구
   원고는 혼인기간 동안 피고가 부정행위를 하였다면서 피고에게 정신적 육체적 고통을
   계속해서 가하였기 때문에 원고는 이를 위자해야 할 것이므로 피고는 혼인생활의 정도와
   피고와 원고의 지위 및 재산상태 등 여러 정상을 감안하여 위자료 금 50,000,000원이
   상당하다고 할 것입니다.

4. 재산분할
   원고와 피고가 결혼할 당시 아무 재산이 없었기 때문에 현재 원고 명의로 되어있는 빌라에
   대해 피고는 재산분할을 청구 할 수 있는 바, 빌라의 현재 시가인 금 4억원의 절반인
   금 2억원을 재산분할로 청구하도록 하겠습니다.

5. 친권행사자 및 양육자 지정
   사건본인의 나이가 어려 피고인 엄마의 보호가 절대적으로 필요할 뿐만 아니라 위와 같은
   원고의 사정을 보더라도 사건본인의 친권행사 및 양육자로 피고를 지정함이 사건본인의

복지를 위해 타당하다 할 것입니다.

6. 결론

이상에서 본 바와 같이 원고는 피고에게 부정한 행위와 의심으로 피고를 괴롭히고 그것도
모자라 이혼소송을 제기하여 피고에게 상처를 남겼으므로 이에 피고도 원고에 대해 이혼
소송을 제기하는 것입니다.

입 증 방 법

1. 을제1호증	예금거래내역
1. 을제2호증	공동사용계약서
1. 을제3호증	등기부등본
1. 을제4호증	인증서

2015 . ○. ○.

위 피고(반소원고) 김 갑 순   (인)

서울가정법원 귀중 [○○지방법원(지원) 귀중]

■ 작성 · 접수방법

1. 위 사건은 재판상 이혼(나류), 위자료(다류), 친권자 및 양육자지정(마류), 재산분할(마류) 청구가 병합된
   사건으로 인지비용은 가사소송과 비송이 병합하는 경우 흡수법칙에 따라 가장 다액에 의한다. 따라서
   위자료 5,000만 원에 대한 인지액 230,000원(5,000만 원×0.0045+5,000원)을 인지액으로 첨부하여야
   한다.
2. 송달료는 122,400원(=당사자수×5,100원×12회분)을 송달료취급은행에 납부하고 첨부하여야 한다.
3. 반소장은 법원용 1부, 상대방수에 맞는 부본수를 본소진행법원의 접수실에 제출한다.

[서식] 이혼 등 청구 소장(부정행위, 악의유기, 부당한 대우, 기타 중대한 사유)

소 장

원 고   안○○
               등록기준지 경기도 부천시 ○○
               주소 경기도 가평군 ○○

피 고   김○○
               등록기준지 및 주소 위 원고와 같음

사건본인   안○○
               등록기준지 및 주소 위 원고와 같음

이혼등청구의 소

청구취지

1. 원고와 피고는 이혼한다.
2. 피고는 원고에게 위자료로 금 50,000,000원 및 이에 대하여 이 사건 소장 부본 송달 다음날부터 완제일까지 연 20%의 비율에 의한 금원을 지급하라.
3. 사건본인에 대한 친권행사자 및 양육권자로 원고를 지정한다.
4. 소송비용은 피고가 부담한다.

라는 판결을 구합니다.

청구원인

1. 당사자의 지위

원고는 피고와 2000. 6. 18.경 혼인신고를 한 법률상 부부이고, 사건본인 안가람을 두고 있습니다.

2. 이혼청구에 관하여

가. 원고는 결혼 후인 2006. 3.경 피고가 식당을 해 보겠다고 하여 청평으로 이사를 하였으나, 피고는 2006. 10.경 식당운영을 그만두었습니다. 한편 원고부부는 2006. 10.경 피고의 친구가 다니는 회사의 회식자리에서 소외 최승든(성명은 나중에 정확히 알게 됨)을 처음 대면하게 되었는데, 그 이후 피고는 친구를 만난다는 핑계로 위 회사의 회식자리마다

거의 참석을 하였습니다. 그러더니 피고는 2007. 2.경부터 거의 매일 친구들과 술을 마시고 밤늦게 귀가하였고 피곤하다는 핑계를 대며 원고와의 잠자리를 거부하였습니다.

나. 피고는 2007. 5. 30.경 부부간의 말다툼을 한 후 일방적으로 집을 나가 처갓집으로 가버렸습니다. 원고는 대화를 위하여 전화를 하여도 피고가 통화를 피하기만 하여 알아본 결과, 피고가 집을 나가 처갓집에 간다고 하였음에도 처갓집에는 거의 머무르지 않고 외박을 일삼았습니다.

(1) 2007. 6. 10.경 피고가 00를 친정에 두고서 외박을 한 후 다음날 밤 9시경에 귀가하였습니다.

(2) 2007. 6. 18.경 피고가 '아침 6시까지 집에 와서 아이를 본다'고 문자메세지를 보냈으나, 아침 7시경에 옆집에서 '아이가 깨어 우는데 아무도 없어서 왔다. 아이엄마 핸드폰도 연락두절'이라면서 연락이 왔습니다.

(3) 2007. 6. 24.경 피고가 자신의 친구 '00'이라는 사람의 집들이약속이 있다면서 아이를 보라고 하였는데, 원고가 확인하여 보니 거짓이었습니다. 그리하여 원고가 어디 있는 거냐고 연락을 하자, 피고가 친구들과 찜질방에 있다고 하였으나, 나중에 알아보니 이 말 또한 거짓이었습니다. 이에 원고가 피고에게 '가람이가 엄마랑 통화하고 싶어 한다'고 메시지를 보냈는데, 피고의 답장은 "밧데리없다고해"였습니다.

(4) 어쨌든 피고가 2007. 6. 25. 06:00경까지 집에 와서 00를 보겠다고 약속하였으나, 원고는 왠지 불안한 마음에 회사출근을 미루고 집에서 피고를 기다렸습니다. 그런데 피고가 그날 07:20경 집앞에 도착하였는데 "검은색 코란도 밴경기00가00" 차량에서 내리는 것을 목격하였는바, 위 차량은 소외 최승든의 차와 일치하였으며, 원고는 피고의 불륜을 의심하였습니다.

(5) 2007. 6. 28. 20:08경 피고로부터 "왜 별것 두 아닌 것 같구 날 서운하게 하냐 어떨 땐 자기란 사람 알 수가 없어"란 문자메세지가 와서, 원고는 "내가 뭘 서운하게 했는지 통화라도 하자"고 메시지를 보내자, 피고가 그날 20:54경 "문자가 잘못 갔거든 신경 쓰지마"라는 메시지를 보냈습니다. 원고는 피고에 대한 배신감 때문에 심한 스트레스로 잠을 잘 수가 없었으며, 우울증이 오는 것 같았습니다.

(6) 2007. 6. 27.경 피고가 00를 처가에 두고 외박을 하였고, 원고는 피고의 차(00라00)를 '00해물탕'집에서 발견하였습니다.

(7) 2007. 6. 28.경 피고가 아이를 처가에 두고 외박을 하였는데, 원고는 피고의 차를

설악버스터미널 옆 공용주차장에서 발견하였습니다.

(8) 2007. 6. 30.경 원고는 피고와 약속을 하고 '집에 7시경이면 도착해'라는 메시지를 보냈는데, 피고가 "00는 해물탕집에 있고 차는 푸른언덕밑에있으니 데리고가"라는 메시지를 보내면서 약속을 깨버렸습니다. 즉 피고가 그날 오전에 이마트에 갔다가 오후 2~3시경 00를 유치원에 혼자 두고서 외출을 하면서 친구 '00'에게 연락해서는 '00'를 부탁한다, 가람이 아빠가 데리러 갈 거야'라고 하였던 것이었습니다. 피고가 외박을 밥먹듯이 하자, 00가 처가에 있으면서 사람들 눈치만 보면서 소심하게 변하여 갔고 웃음을 잃어갔는바, 00를 바라보는 원고는 가슴이 메어지는 듯 하였습니다.

(9) 2007. 7. 1.경 원고는 00와 함께 원고의 형집에 있었는데, 00가 '엄마가 자주 자기를 외할머니에게 맡겨 두고 밤만 되면 일하러 나가서 다음 날 아침에 온다'고 하였습니다. 00는 전과 달리 사촌형제들과도 어울리지 못하고 소심하고 침울하게만 변해갔습니다.

(10) 피고가 2007. 7. 2. 06:00경까지 00를 보러 오겠다고 하였는데 07:20경에야 도착하였고, 한편 옆집에서 '집사람은 연락두절이고 가람이가 깨어 혼자서 옆집으로 왔다'고 연락이 왔습니다.

(11) 2007. 7. 2. 원고는 출근 후 볼 일이 있어 집에 잠시 들르게 되었는데, 피고의 핸드폰에 이상한 문자가 있어 보게 되었습니다. 즉 '00언니'라고 저장되어 있는 사람(011-00000000)과 "사랑한다. 보고싶다. 자기생각에 일이 안잡힌다"는 문자가 있었으며, '윤정'이란 친구 메시지에 "총무집(소외 00의 집)에 왔는데 신혼이불이 깔려있네?"란 메세지와 6월30일자 '윤정'이란 친구 메세지에 "너 어제 총무집에서 잤지?"란 메시지를 확인하게 되었습니다.

위 윤정이란 피고의 친구 "00"을 가리키는 것이며, 00과 피고의 또 다른 친구 "00" 도 피고와 소외 00이 불륜관계를 맺고 있는 사실을 알고 있는 것으로 추정됩니다.

(12) 2007. 7. 3.경 피고가 00관광호텔에서 외박을 하였습니다.

(13) 2007. 7. 4.경 원고는 피고의 핸드폰에 '00언니'라는 사람과 통화한 결과 그가 바로 소외 00이라는 것을 확인하였습니다.

(14) 2007. 7. 6.경 원고는, 피고와 소외 00 및 00부부가 설악 '00'이란 곳에서 술을 마시고 밤 11시30분경에 나오는 것을 목격하였습니다.

(15) 피고가 2007. 7. 12.자 문자메세지와 통화에서 "2007. 7. 17.~2007. 7. 22.까지

00를 시댁 본가에서 맡아주지 않으면 고아원에 맡겨 버릴테니 알아서 키우라'고 하였습니다.

(16) 2007. 7. 14.경 피고가 자신의 휴가라면서 00가 유치원방학을 한 것도 아닌데도 불구하고 부여에 있는 시아버지 일터로 가 시어머니가 그 곳으로 나오면 00를 맡기겠다고 통보를 하여 와, 원고의 아버지가 나가셔서 가람이를 데리고 오셨다고 하였습니다. 00는 원고의 어머니에게 '이사 가고 아저씨랑 놀러갔다 오고 밥도 같이 먹었다'고 하였습니다.

(17) 2007. 7. 14.경 21:30경 원고는 우연히 피고의 차를 보고서 뒤쫓았는데, 피고가 자신의 차를 설악터미널 옆 주차장에 두고서 소외 00의 차(경기000000검정색코란도)를 타고 설악 00 방향으로 가는 것을 뒤쫓다가 놓쳤습니다.

(18) 2007. 7. 15.경 여전히 피고의 차는 어제와 마찬가지로 00터미널 옆 주차장에 있었습니다.

(19) 2007. 7. 16. 07:18경 피고가 3일간 외박을 한 후 소외 00의 차를 타고 와서 내린 후, 자신의 차를 몰고서 처갓집으로 갔습니다.

(20) 2007. 7. 17.~2007. 7. 22.까지 피고와 소외 00은 함께 여행을 갔습니다.

(21) 원고는 <u>2007. 7. 29.</u> 피고와 소외 00의 간통현장을 목격하였습니다.

다. 소결론
위에서 본 바와 같이 원고의 혼인생활은 피고의 부정한 행위 등으로 인하여 파탄에 이르렀는 바, 원고는 민법 제840조 제1항, 제2항, 제4항, 제6항의 각 사유에 기하여 이혼청구를 하는 바입니다.

3. 친권행사자 및 양육권자에 관하여
따라서 현재 피고에게는 사건본인을 양육할 사람이 전혀 없을 뿐만 아니라 경제적 능력조차 거의 없는 상태이므로, 사건본인의 정상적인 성장을 위하여 사건본인에 대한 친권행사자 및 양육권자로 원고를 지정하여 주시기 바랍니다.

4. 결론
그렇다면 원고와 피고 사이의 혼인생활의 파탄에 관하여는 피고에게 책임이 있다고 할 것인 바, 청구취지 기재와 같이 판결하여 주시기 바랍니다.

입증방법

1. 갑 제1호증	호적등본
1. 갑 제2호증	주민등록등본
1. 갑 제3호증	입증서
1. 갑 제4호증	혼인내역서
1. 갑 제5호증	고소장사본
1. 갑 제6호증	간통증거사진

첨부서류

1. 위 입증방법	각 1통
1. 송달료납부서	1통
1. 소장부본	2통

2007. . .

원고 안OO (인)

의정부지방법원 귀중

[서식] 이혼 등 청구 소장

소 장

원 고   임 OO
주소 서울 송파구 OO
등록기준지 전북 전주시 OO
소송대리인 법무법인 OO
담당변호사 OO
서울 서초구 OO

피 고   김OO
주소 서울 송파구 OO
등록기준지 원고와 같음

이혼 등

청 구 취 지

1. 원고와 피고는 이혼한다.
2. 피고는 원고에게 위자료로서 금 50,000,000원 및 이에 대하여 이 사건 소장부본 송달일 다음 날부터 다 갚는 날까지 연20%의 비율에 의한 금원을 지급하라.
3. 피고는 원고에게 재산분할로서 금326,000,000원 및 이에 대하여 이 사건 판결확정일 다음날부터 다 갚는 날까지 연20%의 비율에 의한 금원을 지급하라.
4. 소송비용은 피고의 부담으로 한다.
5. 제 2항은 가집행 할 수 있다.
라는 판결을 구합니다.

청 구 원 인

1. 당사자들의 관계

원고와 피고는 1979. 12. 8. 혼인신고를 마치고 법률상 부부가 되었습니다(갑 제1호증 : 가족관계증명서, 갑 제2호증 : 혼인관계증명서, 갑 제3호증 : 기본증명서). 그리고 슬하에 김형환, 김다영 2자녀를 두고 있습니다.

2. 피고는 부정행위 등 혼인파탄의 책임이 있습니다.

가. 피고는 원고에게 폭언 및 폭행을 하는 등 심히 부당하게 대우하였습니다.

피고의 이유 없는 폭언 및 폭행은 신혼 초부터 시작되었고, 그때부터 시작된 폭력적인 행동은 습관으로 계속되었으며, 원고가 폭행을 이기지 못하고 별거를 시작한 2001년 까지도 계속되었습니다. 피고는 술을 먹거나 사적인 일이 잘 풀리지 않을 때에 상습적으로 원고를 폭행하였습니다.

특히 1998년 9월경 피고의 외도가 문제된 적이 있었는데, 원고가 피고의 외도를 용인하지 않는다는 점을 빌미로 1998년 10월경 피고는 원고를 딸이 있는 자리에서 주먹으로 머리와 얼굴을 마구 때린 적이 있습니다. 위 폭행때문에 원고는 송파경찰서에 피고를 폭행혐의로 고소하기에 이르렀습니다(원고는 피고를 폭행혐의로 고소하였지만, 당시 담당경찰관들이 이혼을 할 생각이 아니라면 형사고소를 취하하는 것이 적절하다고 하고, 피고도 용서를 빌기에 형사고소를 취하하였습니다). 그리고, 위 폭행으로 인하여 원고는 지금도 눈에 비문증(안구의 유리체의 손상으로 인하여 눈앞에 먼지나 벌레 같은 이물질이 떠다니는 것처럼 보이는 증상)의 장해가 남아있는데 위 장해의 정도에 대해서는 추후 소송을 통하여 자세히 입증할 예정입니다(소갑 제4호증 편지).

나. 피고는 1998년 9월경 이후 외도를 시작하였습니다.

피고는 1998년 8월경부터 서울 송파구 신천동 20-4 진주아파트 주변의 테니스 연습장에서 테니스 교습을 받기 시작하였습니다. 그런데 테니스 교습이 시작된 이후부터 퇴근해 들어오면 전화기 앞에서 계속해서 전화를 기다리고, 전화벨이 울리면 급히 받은 뒤 바로 외출을 하는 등 의심스러운 행동을 하기 시작하였습니다.

그러던 중 피고의 외도가 소문이 나기 시작하였는데, 원고가 확인한 바에 따르면 피고가 외도를 한 상대방은 테니스 연습장의 같은 회원인 신청외 김인순(이하 '김인순'이라 합니다)이었습니다. 그 무렵 피고의 호주머니에서 비아그라와 음주운전으로 인한 벌금고지서가 발각되어 원고는 피고가 외도를 하는지 여부에 대하여 추궁을 하였습니다. 그런데 피고는 김00과 외도한 사실을 부인하지 않았고 나아가 뻔뻔하게도 원고 앞에 데려와 원고와의 부부관계는 더 이상 유지할 생각이 없다고까지 하였습니다.

위와 같이 피고가 외도한 사실이 원고와 아이들에게까지 알려져 이로 인하여 큰 소란이 있었습니다. 아들인 김00이 김00을 찾아가 아버지와의 관계를 정리하라고 요구한 것을 비롯하여, 원고는 피고에게 김00과의 관계를 정리하라고 계속해서 요구하였으나 피고는 이를 무시하고 김00과의 관계를 그대로 유지하였습니다.

피고의 파렴치한 행동을 도저히 참을 수 없어, 원고는 피고와 김00을 간통으로 고소할 것도 생각해 보았으나, 피고가 형사처벌됨으로써 당시 사춘기의 아이들이 충격을 받을까 염려하여 도저히 고소를 하지는 못하고 그대로 참을 수 밖에 없었습니다.

다. 2001년 이후 원고와 피고의 혼인관계는 사실상 파탄에 이르렀습니다.
   원고는 피고의 폭행과 부당한 대우를 견디지 못하여 2001년 이후 집에서 나와 별거를 시작하였고, 위 별거상태는 현재까지도 계속해서 유지중입니다. 따라서 2001년 이후 원고와 피고의 혼인관계는 사실상 파탄에 이른 것입니다(갑 제5호증의 1, 2 각 주민등록 초본).

3. 원고는 피고를 상대로 이혼을 청구합니다.

피고의 위와 같은 행위는 민법 제840조 제3호, 제6호 소정의 배우자로부터 심히 부당한 대우를 받았을 때 및 기타 혼인을 계속하기 어려운 중대한 사유가 있을 때에 해당합니다. 그러므로 원고는 현재와 같은 의미 없는 피고와의 혼인관계에서 벗어나 인간답게 살고자 이혼을 청구합니다.

4. 위자료 및 재산분할청구권의 존재

가. 피고는 원고에게 위자료를 지급할 의무가 있습니다.
   위와 같은 피고의 유책사유로 인하여 원고와 피고의 혼인관계가 파탄에 이르게 됨으로 원고는 이루 말할 수 없는 정신적 고통을 겪었고, 지금도 겪고 있는 바, 피고는 이러한 정신적 피해에 대하여 금전으로나마 위자하여야 할 것이고, 그 위자료의 액수는 위와 같은 피고의 잘못의 크기, 원고와 피고의 혼인생활 기간(약 31년) 기타 앞에서 말씀드린 여러 사정들에 비추어 최소한 금 50,000,000원은 인정되어야 할 것입니다.

나. 재산분할청구

원고는 피고와 약31년여의 혼인관계를 유지하면서 형성, 유지한 재산의 분할청구권을 가지고 있습니다.

현재 피고 명의로 되어 있는 부동산으로서 원고가 알고 있는 재산은 별지 목록 기재 부동산이 있고, 그외에 다른 부동산 또는 금융자산이 있을 것으로 추정하고 있습니다(갑 제6호증 건물등기부등본).

한편 원고는 피고와의 혼인생활 동안 공동재산의 형성 및 유지에 기여한 바가 크므로 적어도 그 기여도는 50%이상이라고 할 것이고 따라서 별지 목록 기재 부동산의 최소한 1/2지분에 관하여 재산분할청구권을 가지고 있습니다(갑 제7호증 공동주택 공시가격). 이에 원고는 별지 목록 기재 부동산의 시가상당액인 금 652,000,000원의 1/2에 해당하는 금 326,000,000원의 재산분할을 청구합니다. 그리고 원고는 피고의 추가 재산을 확인하면 청구금액을 확장할 예정입니다.

5. 결론

원고는 혼인생활 중 위와 같은 사유로 육체적, 정신적으로 너무 힘이 들었지만, 그래도 사건본인을 위해서라도 가정을 지키기 위해 부단한 노력을 다하였습니다. 그럼에도 피고는 원고에게 상습적인 폭언, 모욕, 무시 등을 일삼아 부부 공동생활 관계를 회복할 수 없을 정도로 파탄에 이르게 하였습니다. 그러한 연유로 원고는 더 이상 피고와의 혼인관계를 유지할 수가 없어 부득이 청구취지와 같은 판결을 구하고자 이 사건 소 제기에 이른 것입니다.

입 증 방 법

1. 갑 제1호증	가족관계증명서
1. 갑 제2호증	혼인관계증명서
1. 갑 제3호증	기본증명서
1. 갑 제4호증	편지
1. 갑 제5호증의 1, 2	각 주민등록표 초본
1. 갑 제6호증	건물등기부등본
1. 갑 제7호증	공동주택 공시가격

첨 부 서 류

1. 위 각 입증방법	각 1통
1. 소송위임장	1통
1. 담당변호사지정서	1통

2016.   0.   .
위 원고의 대리인
법무법인 00
담당변호사 00

서울가정법원 귀중

[별지]

별지

부동산 목록

1동의 건물의 표시

서울 송파구 신천동 20-4 진주아파트 제9동
철근콘크리트조 슬래브지붕 10층 아파트

대지권의 목적인 토지의 표시

서울 송파구 신천동 20-4 대 109864.8㎡

전유부분의 건물의 표시

건물번호: 제6층 제613호
구 조: 철근콘크리트조
면 적: 99.34㎡

대지권의 표시

대지권종류: 소유권
대지권비율: 109139분의 61.97. 끝.

소　장

원 고　　유 00
　　　　　주소: 경기도 양주시 00
　　　　　등록기준지: 경상북도 김천시 00

　　　　　소송대리인 법무법인 00
　　　　　담당변호사 00
　　　　　서울 서초구 00

피 고　　김00
　　　　　주소: 원고와 같음.
　　　　　등록기준지: 원고와 같음

사건본인　1. 유-00
　　　　　2. 유-00
　　　　　주소 : 원고와 같음

이혼 등 청구의 소

청 구 취 지

1. 원고와 피고는 이혼한다.
2. 피고는 원고에게 위자료로서 금 10,000,000원 및 이에 대하여 이 사건 소장부본 송달일 다음 날부터 다 갚는 날까지 연20%의 비율에 의한 금원을 지급하라.
3. 피고는 원고에게 재산분할로서 금30,000,000원 및 이에 대하여 이 사건 판결확정일 다음 날부터 다 갚는 날까지 연20%의 비율에 의한 금원을 지급하라.
4. 사건본인들에 대한 친권행사자 및 양육권자로서 원고를 지정한다.
5. 피고는 원고에게 사건본인들의 양육비로서, 사건본인들을 인도한 다음날부터 사건본인 유채린에 대해서는 2028. 3. 24.까지 금500,000원씩을, 사건본인 유채송에 대해서는 2031. 3. 15.까지 금 500,000원씩을 각각 매월 말일에 지급하라.
6. 소송비용은 피고의 부담으로 한다.
7. 제 2항은 가집행 할 수 있다.
라는 판결을 구합니다.

청 구 원 인

1. 당사자의 관계

원고와 피고는 2008. 2. 12.에 혼인신고를 필한 법률상 부부입니다. 슬하에 사건본인 유채린, 유채송을 두고 있습니다(갑 제1호증의 1 기본증명서, 같은 호증의 2 가족관계증명서, 같은 호증의 3 혼인관계증명서).

2. 원고에 대한 피고와 그 직계존속의 심히 부당한 대우.

원고는 2008. 2. 피고와 혼인하던 시점을 전후하여 중소기업인 주식회사 00(건설폐기물처리업)에 취직하여 성실히 근무하면서 많지 않은 월급이지만 매달 받은 월급 167만 원 전액을 피고에게 주었고, 원고는 약간의 부수입으로 용돈을 하되, 그 부수입을 쪼개어 생활비를 보조하였으며, 퇴근 후 가사활동이나 아이 돌보기도 분담하면서 가정생활에도 나름대로 충실하여 왔습니다.

그러나 피고는 전업주부로 살면서 거의 매일 원고에게 "월급이 작다", "능력이 없다", "너랑 못살겠다"라고 말하며 원고에게 모욕을 주었습니다. 피고는 단 한 번도 원고에게 아침밥을 챙겨준 적이 없으며 출근시 배웅을 해준 적도 없습니다. 피고는 자신과 딸들의 속옷은 손으로 세탁하고 원고의 속옷은 더럽다고 세탁기로 세탁하였습니다. 원고는 직업상 운동화가 쉽게 더러워지는데 피고는 단 한 번도 원고의 운동화를 빨아 준 적이 없습니다. 그래서 원고는 늘 시커먼 운동화를 신고 다니다가 운동화가 너무 더러워지면 버리고 새로 사 신어야 했습니다. 피고는 첫째를 출산한 다음부터는 아이와 침대를 독차지하면서 원고가 잠자리를 하려고 올라가면 원고를 짐승 취급하고 발로 걷어차 침대 밑으로 굴러 떨어진 적도 여러 번 있습니다.

장모님은 피고와 함께 틈만 나면 원고에게 "능력 없다"라고 모욕을 주었고, 심지어는 원고의 부(父)앞에서도 서슴없이 원고를 모욕하였습니다. 고철가게를 운영하시는 장인(피고의 새아버지)은 원고가 처가 집을 방문할 때마다 원고에게 일만 시키셨고 밥도 제대로 못 얻어먹고 일만 해야 한 적이 많았습니다.

3. 원고가 혼인을 계속하기 어려운 중대한 사유

혼인은 부부간의 애정과 신뢰가 바탕이 되어야 하나, 피고와 그 직계존속의 원고에 대한 냉대와 모욕, 피고의 정당한 이유 없는 잠자리 거부로 인하여 원고와 피고의 혼인은 혼인의 본질에 상응하는 부부공동생활관계가 이미 파탄이 났고, 원고와 피고는 이혼하기로 합의한 후 2010. 10. 1.부터 별거를 시작하여 현재 사실상 이혼상태에 있습니다. 원고와 원고의 부가 나가는 것으로 합의를 하면서 월세 보증금을 마련하기 위해 700만 원을 대출받아 그 중 500만 원을 월세 보증금으로 사용하고 200만 원을 피고에게 주었습니다. 또한 원고의 보험을 해약하여 그 해약금도 피고에게 주었습니다. 원래 2011. 1.까지 원고가 피고에게 매달 100만 원씩을 준 후 2011. 1.에 이혼하기로 하였으나, 피고가 2011. 1.초 피고 명의의 자동차(엑티언)를 원래 원고의 돈으로 구입하였음에도 불구하고 피고의 명의로 되어 있다는 이유만으로 원고로부터 빼앗아 다른 사람에게 처분하여 그 매각대금을 사용해 버렸기 때문에 부득이 2010. 12.까지만 100만 원씩을 지급하였습니다.

그런데도 피고는 "이혼하기로 합의한 적이 없다", "10억을 주면 이혼해 주겠다"라면 천연덕스럽게 거짓말을 하였고, 원고는 피고의 이러한 모습을 보면서 너무 소름이 끼쳐 도저히 피고와는 혼인생활을 계속할 수 없다는 것을 절실히 느꼈습니다.

4. 원고와 피고는 이미 이혼하기로 합의하였고, 다만 재산분할 정리에 관하여 다툼이 있는 상태입니다.

그러므로 원고는 피고와의 너무나 고통스러운 혼인관계에서 벗어나 인간답게 살고자 민법 제840조 제3호, 제6호에 기해 이혼을 청구하는 바입니다.

5. 위자료 및 재산분할청구권의 존재

가. 위자료청구

위와 같은 피고의 귀책사유로 인하여 원고와 피고의 혼인관계가 파탄에 이르게 됨으로 원고는 이루 말할 수 없는 정신적 고통을 겪었고, 지금도 겪고 있는 바, 피고는 이러한 정신적 피해에 대하여 금전으로나마 위자하여야 할 것이고 그 위자료의 액수는 위와 같은 피고의 잘못의 크기, 원고와 피고의 혼인생활 기간 기타 전설한 여러 사정들에 비추어 최소한금 10,000,000 원은 인정되어야 할 것입니다.

나. 재산분할청구

원고는 피고와 혼인관계를 유지하면서 형성, 유지한 재산의 분할청구권을 가지고 있습니다. 원고는 향후 변론과정에서 이를 정리하도록 하겠습니다.

6. 친권행사자 및 양육권자 지정

이상과 같은 피고와 그 직계존속의 인격적인 행태로 볼 때 아이에 대한 친권행사자와 양육권자로 원고를 지정하는 것이 마땅하기에 아이의 장래를 위해 사건본인들에 대한 친권행사자와 양육권자를 원고로 지정해 주실 것을 신청합니다.

7. 양육비청구권

원고가 사건본인들을 양육하는 데에는 최소한 한 달에 1,000,000원씩이 소요됩니다. 따라서 피고는 사건본인들이 성년이 될 때까지 원고에게 양육비로서 그 50% 비율에 해당하는 사건본인 1인당 각 금 500,000원씩을 매월 말일에 지급할 것을 청구합니다.

입 증 방 법

1. 갑 제1호증의 1   기본증명서
1. 갑 제1호증의 2   가족관계증명서
1. 갑 제1호증의 3   혼인관계증명서

첨 부 서 류

1. 위 각 입증방법   각 1통
1. 소송위임장   1통

2011. 6.   .
원고의 소송대리인 법무법인 00
담당변호사   00

의정부지방법원 가사과   귀중

2. 사실혼

가. 서설

1) 사실혼의 의미

사실혼은 사회적으로 부부관계를 설정하고 또 정당하다고 인정되는 부부일지라도 혼인신고를 하지 않았기 때문에 법률상 부부로 인정받지 못하는 남녀관계를 말한다. 즉 혼인관계의 실질은 존재하나 법률이 정하는 혼인신고가 되어 있지 않은 남녀의 공동생활체를 사실혼이라 한다. 과거에는 사실혼을 혼인의 예약으로 다룬 것이 있으나(대법원 1960. 8. 18. 선고 4292민상955 판결), 현재는 사실혼을 혼인에 준하는 이른바 준혼관계로 다루는 것이 통설이고 판례의 태도이다.

2) 성질

사실혼은 혼인신고가 없다는 점에서 법률혼과 차이가 있을 뿐 실체는 동일하므로 사실혼을 어느 범위에서 보호할 것인지는 입법정책에 달린 문제이지만, 우리 법제 하에서도 일방 당사자가 이를 부당히 파기한 때에는 타방 당사자에 대하여 손해배상의 책임을 지고(대법원 1970. 4. 28. 선고 69므37 판결), 보험이나 연금관계법령에서는 사실혼관계에

있는 배우자를 법률상의 배우자와 동등하게 취급하는 등 일정한 범위 내에서는 법률혼에 준하여 보호를 받는다.

나. 사실혼의 성립요건

1) 혼인의사의 합치

혼인의 의사란 남녀가 영속적으로 결합하여 경제적 생활공동체를 형성하고 혼인이라는 제도에 따른 제도적 효과 즉 권리와 의무를 취득한다는 의사를 말하는데 혼인의 의사에는 혼인신고의 의사도 필요한가에 대해 견해의 대립이 있다. 이에 대하여 판례는 혼인의 사의 존재는 객관적 사실로부터 추정을 받을 수 있다는 기본적 태도 하에 간헐적 정교로 자식이 태어났다 하더라도 서로 혼인의사의 합치가 없는 경우에는 사실혼이 성립할 수 없다[70]거나 상대방의 혼인의사가 불분명한 경우에는 혼인의 관행과 신의성실의 원칙에 따라 사실혼관계를 형성시킨 상대방의 행위에 기초하여 그 혼인의사의 존재를 추정할 수 있으므로, 이와 반대되는 사정 즉 혼인의사를 명백히 철회 하였다거나 당사자 사이에 사실혼관계를 해소하기로 합의 하였다는 등의 사정이 인정되지 아니하는 경우에는 그 혼인을 무효라 할 수 없다[71]라는 판결을 한 바 있다.

2) 혼인생활의 실체

객관적으로 당사자 사이에 사회 관념상 가족질서적인 면에서 부부공동생활이라 인정할 만한 사회적 사실이 존재하여야 한다(94므1379 판결),

3) 사회적 정당성

선량한 풍속 그 밖의 사회질서에 반하는 관계에게까지 혼인에 준하는 효과를 인정해 주는 것은 아니므로 민법 제815조의 혼인무효사유에 해당하는 근친사이의 사실혼은 보호 받을 수 없지만, 혼인 연령 미달자의 사실혼, 동의 받지 않은 미성년자 등의 사실혼은 보호되어야 한다는 것이 통설이고, 판례 역시 법률상 혼인을 한 부부의 일방이 집을 나가 장기간 돌아오지 아니하고, 다른 한쪽이 제3자와 혼인의 의사로 실질적인 혼인생활을 하고 있다고 하더라도 특별한 사정이 없는 한 이를 사실혼으로 인정하여 보호를 허여할 수는 없다(대법원 1996. 9. 20. 선고 96므530 판결)면서 중혼적 사실혼 배우자의 청구를 허용하지 않고 있다.

---

70) 대법원 1986. 3. 11. 선고 85므89 판결
71) 대법원 2000. 4. 11. 선고 99므1329 판결

다. 사실혼 사례

1) 내연혼과 구별

사실혼은 장차 혼인신고를 할 의사가 있거나 없거나 가리지 않는다. 그러나 혼인공동생활, 즉 부부관계를 설정하겠다는 혼인의사는 분명히 있어야 한다. 따라서 내연관계(혼전동거)라고 일컬어지는 내연혼은 법률상 의미의 혼인이 아니기 때문에 원칙적으로 혼인의 효력에 관한 민법규정이 적용되지 않는다. 즉 내연혼은 혼인의사가 없기 때문에 사실혼이 아닌 것이다.

구 분	혼인의사	혼인신고	혼인으로서의 보호여부
혼전동거 (내연혼)	×	×	×
사 실 혼	○	×	△	민법상의 혼인× 특별법상의 혼인 ○
법 률 혼	○	○	○
중혼적 사실혼	×	×	법률혼인 중에 있는 부부의 일방이 제3자와 맺은 사실혼 – 사실혼×

2) 판례

판례는 사실혼을 혼인의 예약(약혼)으로 보고 강제이행의 청구는 할 수 없지만(민법 제803조) 이를 파기하였을 때에는 상대방에 대하여 손해배상의무를 져야 한다고 판시한 바 있다. 그러나 사실혼에 대하여 전혀 보호를 하지 않는 것이 실제로 너무 가혹한 바가 있으므로 그 후 판례는 태도를 고쳐서 점차 법률상 혼인에 준하는 효력을 부여하는 것으로 기울어졌다.

다만 사실혼은 부부간의 상호부조에 관한 효력만이 인정될 뿐 친족관계의 창설이나 이에 부수하는 효력은 인정될 수 없다는 점에서 앞으로 많은 문제점이 남아 있다.

판례를 보면 "사실혼이란 당사자 사이에 혼인의 의사가 있고, 객관적으로 사회 관념상으로 가족질서적인 면에서 부부공동생활을 인정할 만한 혼인생활의 실체가 있는 경우이므로 법률혼에 대한 민법의 규정 중 혼인신고를 전제로 하는 규정은 유추적용 할 수 없으나 부부재산의 청산의 의미를 갖는 재산분할에 관한 점은 부부의 생활공동체라는 실질에 비추어 인정되는 것이므로 사실혼관계에도 준용 또는 유추적용 할 수 있다"라고 하였다(대법원 1995. 3. 28. 선고 93므1584 판결).

사실혼에 인정되지 않는 것	사실혼에도 인정되는 것
1. 친족관계가 발생하지 않는다. 2. 상속권이 없다. 3. 형법상 간통죄의 주체가 되지 않는다. 4. 사실혼 부부사이의 출생자는 혼인 외의 자이다. 5. 사실혼 부부 일방이 다른 사람과 혼인하더라도 중혼이 아니다.	1. 부부간의 의무인 동거·부양·협조·정조의 의무가 있다. 2. 사실혼 해소시 위자료 청구권·재산분할청구권이 있다. 3. 일상가사대리권 및 일사가사채무의 연대책임이 있다. 4. 각종사회보장법(산업재해보상보험법, 공무원연금법, 국가유공자예우법, 근로기준법 등) 상으로 각종 연금 또는 보험금을 수급할 권리가 있다. 5. 주택임대차보호법(제9조)에 사실혼 배우자의 보호규정이 있다.

라. 사실혼의 효과

1) 신분상의 효과

사실혼이 성립된 경우 이를 준혼으로 파악하여 혼인에 관한 효력 중 혼인신고를 전제로 하지 않는 것은 사실혼에도 인정된다(69므37 판결). 즉 사실혼부부 간에도 법률혼과 마찬가지로 동거, 부양, 협조의 의무는 물론 정조의 의무도 인정 되지만 사실혼은 법률혼과 달리 당사자 일방이 임의로 해소할 수 있다. 또한 사실혼의 한쪽 배우자가 사실혼관계를 정당한 사유없이 부당하게 파기한 경우에는 상대방 배우자에 대하여 손해배상책임을 진다. 단, 혼인의 효과 중 신고를 전제로 하는 것에는 적용되지 않는 바, 친족관계가 발생하지 않고, 성년의제도 인정되지 않으며, 사실혼 부부의 자는 혼인 중의 출생자가 아니므로 부친의 인지가 없는 한 모친이 유일한 친권자가 되고, 상속권도 인정되지 않는다(다만 민법 제1057조의2 특별연고자의 재산분여청구권에 의하여 사실상의 상속을 받게 될 수 있다).

2) 재산적 효력

사실혼부부는 일상가사에 대리권이 있고(대법원 1980. 12. 23. 선고 80다2077 판결), 그 대리권의 행사로 인한 채무에 대해 연대책임을 진다.

3) 관계법령 등에 의한 효력

연금이나 보험관계법령에서는 사실혼 배우자를 법률상의 배우자와 같이 취급하고 주택임대차보호법 제9조는 임차권의 승계권자에 일정한 경우 사실상의 혼인관계에 있는 자를 포함시키고 있다.

마. 사실혼의 종료(해소)

1) 사실혼의 해소 사유

가) 일방당사자의 사망

사실혼부부 중 일방의 사망에 의하여 사실혼관계는 종료된다. 사실혼부부는 서로 상속권이 없기 때문에 상속을 할 수 없다. 그러나 상속인이 없는 경우에는 사실혼의 배우자는 특별연고자로서 상속재산분여청구를 할 수 있다(제1057의 2). 또한 주택임대차보호법상에는 동거사실혼배우자에게 임차권의 승계를 인정하고 있다(주택임대차보호법 제9조).

나) 합의에 의한 해소

사실혼 부부는 서로 합의하여 사실혼을 종료시킬 수 있다.

다) 당사자 일방의 파기

사실혼 관계의 해소는 정당한 이유가 없는 한 상대방에 대한 손해배상책임만이 문제될 뿐 자유로이 일방적으로 할 수 있으므로 당사자 한쪽에게 유책사유가 있어도 사실혼관계가 해소될 수 없는 것은 아니다(대법원 1998. 8. 21. 선고 97므544 판결).

2) 사실혼의 해소에 따른 법률효과

가) 위자료 및 재산분할

사실혼의 해소에 대하여 일방의 책임이 있다면 그에 대하여 위자료청구 등의 손해배상을 청구할 수 있고, 사실혼 기간 동안 공동재산이 발생하였다면 그에 대한 재산분할을 청구할 수 있다. 이는 법률혼에 대한 이혼청구 시와 동일하게 취급된다. 특히 위자료와 관련하여 판례는 사실혼관계에 있어서 그 중 한 쪽이 다른 남자 또는 여자와 연애를 하여 혼인관계를 더 계속할 수 없는 부도덕한 행위를 하여서 그것이 일단 객관적으로 사실화되었다면 이것은 그 행위 시를 표준하여 남편 또는 혼인으로서 지켜야 할 혼인의 순결성을 저버린 행위라 할 것이요 상대편은 이러한 사유를 들어 사실혼의 부당 파기에 대한 책임을 묻고 나아가 그 부당 파기로 하여 발생한 위자료를 청구할 수 있다[72]고 하였고, 또한 혼례식 내지 결혼식은 특별한 사정이 없는 한 혼인할 것을 전제로 남녀의 결합이 결혼으로서 사회적으로 공인되기 위한 관습적인 의식이므로 당사자가 거식 후 부부공동체로서 실태를 갖추어 공동생활을 하는 것이라고 사회적으로 인정될 수 없는 단시일 내에 사실혼에 이르지 못하고 그 관계가 해소되어 그 결혼식이 무의미하게 되어 그에 소요된 비용도 무용의 지출이라고 보아지는 경우에는 그 비용을 지출한 당사자는 사실혼관계 파탄의 유책당사자에게 그 배상을 구할 수 있다[73]고 판시한 바 있다.

---

72) 대법원 1967. 1. 24. 선고 66므39 판결.
73) 대법원 1984. 9. 25. 선고 84므77 판결.

나) 자녀의 문제

사실혼 부부 사이에서 출생한 자녀는 법률상 '혼인 외의 자'가 되는데, 아버지가 인지하지 않는 한 사실혼 부부 사이의 자녀는 보통 어머니의 성과 본을 따르게 된다. 만일 아버지가 그 자녀를 자신의 친생자로 인지하지 않는다면, 자녀 등은 그 아버지를 상대로 하여 '인지청구'를 함으로써 아버지와 사이에 법적 친자 관계를 인정받을 수 있으나, 아버지가 그 자녀에 대하여 이미 친생자 출생의 신고를 한 때에는 그 신고는 '인지'를 한 것과 동일한 효력이 있다. 그러나 어머니의 경우는 출산에 의하여 법적 친자관계가 밝혀지므로 인지라는 절차를 거칠 필요가 없다.

이때 사실혼관계가 파기되면, 사실혼 부부는 자녀를 함께 양육할 수 없게 되는데, 이러한 경우에 자녀에 대한 인지가 되었다면 자녀를 양육하고자 하는 일방 당사자는 자신을 그 자녀의 친권행사자 및 양육자로 지정하여 달라고 청구할 수 있고, 그와 함께 양육을 담당하지 않는 상대방에게 자녀의 '양육비'를 청구할 수 있다. 사실혼부부 중 일방이 양육비 청구 등의 소를 제기하기 이전부터 혼자서 자녀를 양육하여 왔다면, 과거의 양육비까지도 청구할 수 있다. 그러나 인지가 되지 않았다면 친권행사자 및 양육자 지정이나 양육비 청구를 아버지에 대하여 할 수가 없으므로 인지가 되어있지 아니하다면 먼저 인지청구와 동시에 위의 청구를 하여야 한다.

바. 사실상 혼인관계 존부확인

1) 의의

사실혼은 주관적으로는 혼인의사를 가지고 객관적으로는 부부공동생활의 실체를 갖추고 있으면서도 혼인신고를 하지 아니하여 법률혼으로 인정받지 못하는 상태에 있는 남녀의 결합관계를 의미하는데 남녀가 사회적으로 부부관계를 공시하면서도 법률상혼인관계가 성립되지 않고 있으면 상대방(주로 여자)의 희생이 클 뿐만 아니라 출생자는 혼인 외의 자로 취급받을 수밖에 없게 된다. 따라서 가사소송법 제2조 제1항에서 나류사건 제1호 로 사실상 혼인관계 존부확인 사건을 규정하고, 가족관계의 등록 등에 관한 법률 제72조 는 사실상 혼인관계 존재확인의 재판이 확정된 경우에 소를 제기한 사람은 혼인신고를 하여야 한다고 규정하여 일정한 경우 사실혼 관계에 있는 당사자의 일방적 신고에 의하여 사실혼이 법률혼으로 격상될 수 있는 길을 열어주고 있다.

[법률혼, 사실혼, 동거 비교]

▶ 법률혼

법률혼이란 남녀가 혼인의사의 합치와 함께 가족관계등록 등에 관한 법률이 정한 바에 따라 신고한 경우를 법률혼이라 한다(민법 제812~814조).

▶ **사실혼**

사실혼이란 객관적으로 부부로서 혼인 생활을 하고 있고 혼인의 의사가 있지만 혼인 신고를 하지 않아 법률혼으로 인정되지 않는 관계를 말한다.

▶ **동거**

성관계를 맺는 남녀가 혼인 의사 없이 주거와 생활을 공유하는 관계를 말한다.

	법률혼	사실혼	동거
친족관계인정	o	x	x
동거, 협조, 부양의무	o	o	x
정조의 의무	o	x	x
배우자 상속권	o	x[74]	x
자녀 출생시	혼인중의 자	혼인외 자	혼인외 자
자녀의 상속, 부양, 양육비 청구	o	o	o
공동생활비 부담책임	o	o	x
연금수급권	o	각 연금법에 따라 다름	x
재산분할 청구권	o	o	x
파경시 상대방이나 제3자에 대한 위자료 청구권	o	o	책임있는 상대에 손해배상 청구 가능

2) 정당한 당사자

가) 사실상 혼인관계 존부확인의 소의 당사자적격에 관하여는 특별한 규정이 없으므로 확인소송의 일반원칙에 따라 사실상 혼인관계의 존부에 관하여 확인의 이익을 가지는 자에게 원고적격이 있고, 반대의 이익을 가지는 자에게 피고적격이 있다.

나) 부부의 일방이 다른 한쪽을 상대로 소를 제기하는 것이 일반적이지만 사실상 혼인관계 존부확인의 소를 확인소송으로 보는 이상 제3자가 사실혼관계에 있는 부부 양쪽을 상대방으로 하거나 부부 양쪽이 제3자를 상대방으로 하여 소를 제기하는 것도 확인의 이익이 있는 한 가능하므로 부부 양쪽과 제3자가 소송의 당사자로 된 때에는

---

74) 주택임대차보호법상 요건에 해당할 경우 임차권 상속인과 공동승계 인정.

부부 양쪽은 필수적 공동소송인으로 된다고 할 것이다.

다) 사실상 혼인관계에 있던 부부 중 일방이 사망한 경우에 생존한 타방이 검사를 상대방으로 하여 소를 제기할 수 있는지에 관하여는, 이를 부정하는 견해와 인지청구나 친생자관계 존부확인청구에 관한 규정을 유추하여 사망사실을 안 날로부터 2년 내에 검사를 상대로 소를 제기할 수 있다는 견해가 대립되어 있다. 판례는 인정하고 있다 (대법원 1995. 3. 28. 선고 94므1447).

3) 관 할
가) 토지관할
사실상 혼인관계 존부확인의 소는 피고의 보통재판적소재지 가정법원의 관할에 속한다(제13조 제1항). 이는 임의관할이다. 따라서 합의관할이나 응소관할에 관한 민소법의 규정이 적용된다.

나) 사물관할
사실상 혼인관계 존부확인의 소는 단독판사의 사물관할에 속한다(민사 및 가사소송의 사물관할에 관한규칙 제3조).

4) 심 리
가) 조정전치
소를 제기하고자 하는 사람은 조정을 먼저 신청해야 하고 조정을 신청하지 아니하고 소를 제기한때에는 공시송달이 아니면 당사자를 소환할 수 없거나 조정이 성립될 수 없다고 인정하는 경우를 제외하고는 직권으로 조정에 회부하여야 한다(법 50조).

나) 확인의 이익
① 사실혼 부부 서로간에
부부의 한쪽이 다른 한쪽을 상대로 하는 경우에는 확인의 이익이 있다고 볼 것이다 그러나 사실상 혼인관계 존재확인청구가 인용되기 위해서는 변론종결시까지 사실혼관계가 유지 존속되어야만 하고 그 도중에 한쪽의 의사에 의해 사실혼관계가 해소되면 과거의 사실혼관계의 존재확인을 구하는 것이 되어 확인의 이익이 부정된다. 다만 과거의 사실혼관계가 당사자 및 제3자사이의 현재 또는 잠재적 분쟁의 전제가 되어 그 존부 확인청구가 분쟁을 일거에 해결하는 유효적절한 수단인 경우에는 예외적으로 확인의 이익이 있다(대법원 1995. 11. 14 선고 95므694 판결).

② 제3자와 사실혼 부부간에

소의 이익이 있는 가에 대해서는 견해대립이 있는데 판례는 부부 양쪽이 모두 사망한 경우 제3자가 그 혼인신고를 할 수 있는 방법이 없으므로 위 사망한 당사자의 혼인신고를 하기 위하여 그들 사이에 과거의 혼인사실의 존재 확인을 구함은 확인의 이익이 없어 부적법하고(대법원 1988. 4. 12. 선고 87므104), 사실상 혼인관계 존재확인의 확정판결을 받았더라도 그에 기한 혼인신고를 하기에 앞서 상대방이 먼저 제3자와 혼인신고를 하여 버리면 그 제3자와의 혼인신고가 유효하다고 하여(대법원 1973. 1. 16. 선고 72므25) 부정하는 견해를 취하고 있는 것으로 보인다.

5) 사실혼의 범위

사실혼의 관계에서도 유책하게 사실혼관계를 파탄시킨 상대방에게는 위자료를 청구할 수 있는바, 사실혼 관계가 성립하였는지 사실혼의 성립 범위가 문제된다고 할 수 있다.

이에 대하여 서울가정법원은 2015. 8. 20. 선고 2014드단20076 판결에서, 사실혼관계에 대한 인정법리를 다음과 같이 판시하였다. "사실혼이란 당사자 사이에 혼인의 의사가 있고 사회적으로 정당시되는 실질적인 혼인생활을 공공연하게 영위하고 있으면서도 그 형식적 요건인 혼인신고를 하지 않았기 때문에 법률상 부부로 인정되지 아니하는 남녀의 결합관계를 의미한다. 따라서 사실혼에 해당하여 법률혼에 준하는 보호를 받기 위하여는 단순한 동거 또는 간헐적인 정교관계를 맺고 있다는 사정만으로는 부족하고, 그 당사자 사이에 주관적으로 혼인의 의사가 있고 객관적으로 사회관념상 가족질서적인 면에서 부부공동생활을 인정할 만한 혼인생활의 실제가 존재하여야 한다." 이러한 재판부의 판시취지에 비추어 볼 때, 상대방과 사이에 비록 동거를 하면서 간헐적인 성관계를 맺었다고 하더라도, 결혼식을 올렸다거나, 부부로 호칭한다거나, 가족들에게 사실혼 관계라고 알린다거나, 서로의 가족모임에 함께 참석하는 등의 사실혼 관계를 인정할 만한 정황도 드러나 있지 아니할 사실혼의 부당파기로 인한 손해배상청구를 할 수 없을 것으로 보인다.

6) 사실혼 중 출생한 미성년 자녀에 대한 양육권지정

사실혼관계에 있는 자들 사이에서 출생한 자(子)는 '혼인 외의 출생자'로서 그 모(母)와의 관계에서는 인지(認知)나 출생신고를 기다리지 않고 자의 출생으로 당연히 법률상의 친자관계가 인정될 수 있지만(대법원 1967. 10. 4. 선고 67다1791 판결), 부자관계는 부(父)의 인지에 의하여서만 발생하게 된다(대법원 1997. 2. 14. 선고 96므738 판결).

그러나 부가 자를 인지한 경우에는 자는 생모뿐만 아니라 부와도 법률상 친자관계가 인정되므로 친권자 및 양육자를 정할 필요가 있게 되며 이러한 경우 친권자 및 양육자의 지정은 원칙적으로 부모사이의 협의로 정하되, 협의할 수 없거나 협의가 이루어지지 않은 경우에는 당사자의 청구를 통해 가정법원이 지정하게 된다(민법 제909조 제4항).

한편 사실혼 관계에 있던 당사자 일방의 상대방과의 사이에서 출산한 자에 대한 과거 및 장래의 양육비 청구에 대해, 인지는 그 자가 출생한 때에 소급하여 효력이 생기고 혼인 외 출생자의 아버지가 인지하는 때에는 부양의무도 그 자가 출생한 때로부터 효력이 있다 할 것이며, 이 경우 어떠한 사정으로 인하여 부모 중 어느 한쪽만이 자녀를 양육하게 된 경우에 그와 같은 일방에 의한 양육이 그 양육자의 일방적이고 이기적인 목적이나 동기에서 비롯한 것이라거나 자녀의 이익을 위하여 도움이 되지 아니하거나 그 양육비를 상대방에게 부담시키는 것이 오히려 형평에 어긋나게 되는 등 특별한 사정이 있는 경우를 제외하고는 양육하는 일방은 상대방에 대하여 현재 및 장래에 있어서의 양육비 중 적정 금액의 분담을 청구할 수 있음은 물론이고, 부모의 자녀양육의무는 특별한 사정이 없는 한 자녀의 출생과 동시에 발생하는 것이므로 과거의 양육비에 대하여도 상대방이 분담함이 상당하다고 인정되는 경우는 그 비용의 상환을 청구할 수 있다고 보아야 할 것이다(서울고등법원 2012. 10. 10. 선고 2012르1641판결).

7) 확정판결의 효력

가) 확정판결은 제3자에게도 효력이 있고 그 청구를 기각한 확정판결은 그 소송의 사실심의 변론종결 전에 참가하지 못한데 대하여 정당한 사유가 있지 아니한 다른 제소권자에게도 효력이 미친다(법 제21조 제1항 제2항).

나) 사실상 혼인관계 존재확인판결이 확정된 때에는 소를 제기한 사람은 상대방의 협력 없이도 단독으로 혼인신고를 할 수 있다(가등 제72조). 원고는 판결확정일로부터 1월 이내에 판결등본과 확정증명원을 첨부하여 아무 가까운 시, 구, 읍, 면사무소에 혼인신고를 하여야 한다.

다) 당사자가 확인판결에 기하여 가족관계의 등록 등에 관한 법률 제72조의 절차에 따라 혼인신고를 함으로써 법률혼으로 되고 직권으로 가족관계등록부에 기록할 성질의 것은 아니다. 따라서 사실상 혼인관계 존부확인의 청구를 인용한 판결이 확정되더라도 가족관계등록사무를 처리하는 사람에게 통지할 필요는 없다(규칙 제7조 제1항 제1호 단서) 확인판결에 의하여 혼인신고가 이루어지면 혼외자는 준정이 되어 혼인중의 친생자가 되고, 당사자가 이혼하기 전에 일방배우자가 사망하면 생존배우자가 법률상 배우자로서 상속권을 가지게 된다.

사. 병합 청구

사실혼이 부당하게 파기된 경우 피해자는 사실상 혼인관계 부존재확인의 소와 그 부당파기로 인한 손해배상청구 또는 원상회복청구를 병합하여 청구할 수 있다. 이 경우 제3자(부당파기에 가담하거나 원인을 제공한 시부모나 장인, 장모 등)에 대한 손해배상청구도 병합하여 1개의 소장에서 청구할 수 있다.

아. 사실혼당사자의 사망과 재산분할청구권

사실혼에 관하여는 법률혼에 대한 「민법」의 규정 중 재산상속 등 혼인신고를 전제로 하는 규정은 유추적용 할 수 없으나, 동거, 부양, 협조, 정조의 의무 등 법률혼에 준하는 일정한 효력이 인정된다. 법률혼에 있어서 혼인 중 일방 배우자가 사망하면 상대방 배우자는 사망한 배우자의 재산을 상속하게 되는 반면, 사실혼관계에 있어서는 사실혼 배우자 일방이 사망한 경우에는 상대방 배우자에게 상속권이 인정되지 않기 때문에 생존한 사실혼 배우자를 보호하기 위하여 생존 배우자에게 상속인을 상대로 하는 재산분할청구권을 인정하여야 한다는 견해가 제기되고 있다.

판례는 "법률상 혼인관계가 일방 당사자의 사망으로 인하여 종료된 경우에도 생존 배우자에게 재산분할청구권이 인정되지 아니하고 단지 상속에 관한 법률 규정에 따라서 망인의 재산에 대한 상속권만이 인정된다는 점 등에 비추어 보면, 사실혼관계가 일방 당사자의 사망으로 인하여 종료된 경우에는 그 상대방에게 재산분할청구권이 인정된다고 할 수 없다."라고 하여 사실혼 관계에 있어 배우자 일방이 사망한 경우 상대방 배우자에게 재산분할청구권을 인정하고 있지 않다(대법원 2006. 3. 24. 선고 2005두15595판결). 따라서 사실혼당사자의 사망의 경우 재산분할을 청구할 수 없다. 다만, 「민법」 제1057조의2에서는 피상속인에 대하여 상속권을 주장하는 자가 없는 때에는 가정법원은 피상속인과 생계를 같이 하고 있던 자, 피상속인의 요양간호를 한 자 기타 피상속인과 특별한 연고가 있던 자의 청구에 의하여 상속재산의 전부 또는 일부를 분여할 수 있다고 규정하고 있는 바, 만일 사망한 사실혼 배우자의 상속권을 주장하는 자가 없는 경우에는 상대방 사실혼 배우자가 민법 제1057조의2에 따라 특별연고자로서 상속재산에 대한 분여청구를 할 수 있다.

자. 서식

1) 청구취지 기재례

가) 사실혼 부당파기

---

1. 피고는 원고에게 금 50,000,000원 및 이에 대해 2008. 5. 27.부터 이건 소장부본 송달일까지는 연5푼의, 그 다음날부터 완제일까지는 연 12%의 각 비율에 의한 금원을 지급하라.

2. 소송비용은 피고의 부담으로 한다.

3. 위 제1항은 가집행할 수 있다.
라는 판결을 구합니다.

---

1. 피고는 원고에게,
  가. 위자료로 금 50,000,000원 및 이에 대하여 이 사건 소장 부본 송달 다음날 부터 다 갚는 날까지 연 20%의 비율에 의한 금원을,
  나. 재산분할을 원인으로 금 186,938,930원 및 이 사건 판결확정일 다음날부터 다 갚는 날까지 연 5%의 비율에 의한 금원을 각 지급하라.

2. 소송비용은 피고의 부담으로 한다.

3. 제1항은 가집행할 수 있다.
라는 판결을 구합니다.

나) 사실상 혼인관계 존재확인의 소

---

1. 원고와 소외 망 신○○과 사이에 2006. 8. 15.부터 2008. 6. 6.까지 사실상 혼인관계가 존재함을 확인한다.

2. 소송비용은 국가의 부담으로 한다.
라는 판결을 구합니다.

---

2) 첨부서류 등

사건	첨부서류	인지액	송달료	관할법원
사실혼관계 부당파기로 인한 손해배상청구	* 가족관계증명서(원고, 피고) 각 1통 * 주민등록표등(초)본(원고, 피고) 각 1통 * 혼인관계증명서(원고, 피고) 각 1통	인지액 산정에 따라	당사자 별 12회	상대방 주소지
사실상 혼인관계 존부확인	* 기본증명서(원고, 피고) 각 1통 * 가족관계증명서(원고, 피고) 각 1통 * 주민등록표등(초)본(원고, 피고) 각 1통	20,000원	당사자 별 12회	피고 주소지

3) 서식례

[서식] 사실혼 부당파기에 따른 손해배상청구소송

소 장

원 고 김 ○ ○ (700000-0000000) 연락처 :
　　　　과천시 ○○동 ○ 주공아파트 ○○○동 ○○○호
　　　　전화·휴대폰번호 : 000-000-0000

피 고 이 ○ ○ (711111-1111111) 연락처 :
　　　　서울 노원구 ○○동 ○○ 아파트 ○단지 ○○○-○○○

손해배상(기) 청구의 소

청 구 취 지

1. 피고는 원고에게 금 50,000,000원 및 이에 대해 2008. 5. 27.부터 이건 소장부본 송달일까지는 연5푼의, 그 다음날부터 완제일까지는 연 12%의 각 비율에 의한 금원을 지급하라.
2. 소송비용은 피고의 부담으로 한다.
3. 위 제1항은 가집행할 수 있다.
라는 판결을 구합니다.

청 구 원 인

1. 당사자 관계

원고는 피고의 부당한 사실혼관계 및 혼인예약(약혼) 파기를 당한 피해자이고, 피고는 원고와 혼인을 전제로 1년 이상 동거관계를 유지하며 혼례식 날짜까지 정해진 상황에서 별다른 사유없이 사실혼관계 및 혼인예약을 중단해버려 원고에게 심한 정신적, 물적 피해를 준 가해자입니다.

2. 혼인을 전제로 한 사실혼관계

가. ○○동 빌라에서 동거를 시작함

(1) 원고는 2007. 3.경 우연히 친구들과 나이트클럽에 놀러갔다가 거기서 피고를 만나 알게 되었는데, 당시 피고가 원고를 배려하는 태도가 너무 마음에 들어 이후 자주 연락하며 교제하기 시작하였습니다.

(2) 6개월여 교제를 하던 중 피고는 원고에게 결혼하자는 말을 하여 이후 혼인을 전제로 2007. 9.경부터 피고는 원고가 사는 서울 강남구 ○○동 빌라(이하 '○○동 빌라'라함)에 들어와 서로 동거하기에 이르렀습니다.

원고와 피고의 관계에 대하여는 원고 와 피고의 각 직장 동료와 친구들 모두가 자연스레 알게 되었으며 곧 결혼할 관계였다는 것은 주변 사람들에게 주지의 사실이 된 상태였습니다(갑제2호증 증인진술서).

(3) 위 피고와의 동거가 시작되면서 원고는 신혼살림을 위하여 새로이 침대, 소파, 컴퓨터, 책상, TV책상, 화장대, 식탁, 식기류일체, 소파테이블, 밥솥, 정수기 등 살림살이 약 1,500만 원 가량을 원고가 돈을 들여 장만해 놓았습니다.

나. 혼례식 일자를 정함

(1) 원고와 피고는 ○○동 빌라에서 동거하다가 2007. 11.경 구체적으로 결혼식 올리는 문제를 논의하게 되면서부터, 동년 11.중순경 성북구 ○○에 사시는 피고 부모님을 찾아뵙고 인사를 드리고, 이어 12. 중순경 경북 ○○에 사시는 원고의 부모님과 피고 부모님과의 상견례를 진행토록 하였으며, 이에 따라 원고와 피고의 혼례식 날짜를 2008. 5. 29.로 정하기에 이른 것입니다.

(2) 이에 따라 원고는 피고와 상의하여 2008. 1. 9. 여행사에 신혼여행 계약을 체결하고, 이어 서초동 ○○뷔페 예식장과 예식장이용계약을 하고, 한복을 맞추고, 모든 결혼을 위한 준비를 했고, 2008. 3. 7. 새로이 신혼살림을 할 아파트로 서울 중랑구 ○○동 ○○○ ○○아파트 ○○○동 ○○○호를 전세보증금 1억 4,000만 원에 임차하는 임대차 계약을 체결하고(계약명의는 원고의 친동생 김○○임) 입주하는 등으로 모든 준비를 완벽히 하였습니다(갑제3호증의1,2 국외여행계약서, 갑4호증 예식장사용계약서, 갑제5호증 한복계약서, 갑제6호증 임대차계약서).

(3) 위 ○○동아파트에 2008. 3. 7. 입주하면서 원고는 자비를 들여 김치냉장고(137만 원), 디지털TV(212만 원), 장롱(203만 원), 세탁기(131만 원), 한복(135만 원), 도합

818만 원 상당도 구입하였습니다(갑제7호증 내지 9호증). 그 때 피고는 이 ○○동아파트에 들어와 원고에게 결혼약정을 일방적으로 파기하고 자신의 짐을 싸서 나가던 2008. 5. 27.까지 동거하였던 것입니다.

3. 결혼식전 부당한 약혼 파기

가. 피고주장의 혼인예약 파기 사유

(1) 원고와 피고는 1년 이상을 동거해 오면서 급기야 양가부모님의 승낙하에 2008. 5. 29.자로 결혼식을 정하고, 이 준비를 위하여 원고는 많은 비용을 감당하며 준비를 한 것이고, 이후 결혼에 대한 부푼 기대를 하여 왔습니다.

그런데 피고는 2008. 4. 중순경부터 5. 27. 헤어지기까지 거의 매일 새벽 4 : 00경 술을 먹고 귀가하였는데, 이로 인하여 원고와 약간의 말다툼이 있었습니다.

(2) 2008. 4. 10. 혼례식을 1달여를 남겨놓은 시기에, 갑자기 피고는 원고에게 향후 결혼 이후의 조건이라며 이 조건이 들어지지 않을시 결혼은 무효로 한다고 엄포를 놓으면서 그 조건을 말하였는데, 그 내용은 첫째, 혼인신고는 결혼식 이후 2년 뒤에 한다. 둘째, 아이는 2년 뒤에 갖는다. 셋째, 생활비는 반반 부담하되 자기 돈은 자기가 관리해야 한다는 것이었는데, 이들은 여자입장에서 받아들일 수 없는 조건이기에 받아들이기 힘들다고 했습니다.

(3) 원고는 일정 시간이 지나면 피고의 생각이 달라지리라 기대하면서도 한편 이래서는 안 되겠다싶어 원고는 다니던 직장도 그만두고 피고와의 관계가 좋아지도록 노력을 하였습니다.

그러나 피고는 5. 27. 원고에게 다시 한 번 위 조건들을 제시하며 수락 여부에 대한 확답을 하라고 추궁하여, 원고가 "너무 심한 것이 아니냐"고 하자 당일 묵동아파트에서 자신의 짐을 싸서 나가 버린 것입니다.

이에 원고가 피고를 붙잡고 매달리며 '왜 그러느냐'며 수차 울며 애원하였지만 붙잡고 매달리는 원고에게 주먹을 휘두르며 "결혼하지 말자"며 끝내 짐을 싸갖고 나간 것입니다.

나. 피고의 의도된 파기

원고의 계속적인 화해적인 태도에도 불구하고 피고는 위 조건들을 이행하지 않을 것이라면 아예 미리 헤어지는 것이 좋다며, 너무도 쉽게 관계 청산을 선언한 것인데, 위 5. 27. 헤어지기 이전에 이미 피고는 다른 곳(현재의 피고주소지)에 들어갈 집을 마련한 상태였던 것과 다른 여자가 생겼다는 사실을 알게 되었습니다.

4. 손해배상의 범위(위자료)

가. 원고의 상처

(1) 원고는 위 이해할 수 없는 피고의 행동으로 인하여 마음의 상처를 깊이 입고, 아무리

생각해도 피고의 행동에 대하여 이해할 수가 없어 심한 분노를 느끼고 있고, 상상할 수 없는 충격을 받았습니다.

피고는 달랑 자신의 짐만을 가지고 들어와서 떠날 때 달랑 자신의 짐만 가지고 떠났고 원고를 이용만 한 것입니다.

(2) 그러나 ① 원고는 초혼인 점,

② 그간 원고는 피고를 신랑이라며 부모님을 비롯 주위 친구, 직장동료들에게 소개까지 하였는데 결혼식이 예정된 상황에서 일방적으로 결혼파기를 당하여 여자로서 도저히 다른 사람과의 관계형성이 정상화되기 어렵게 되어 있고,

③ 무엇보다도 결혼을 전제로 하였지만 성관계를 지속적으로 맺으면서 '동거'를 해온 상황에서 결혼파기는 여자에게 감당할 수 없는 너무도 큰 수치를 느낄 수밖에 없는 점,

④ 신혼집을 위하여 전세금 1억 4,000만 원의 전세아파트를 마련하고 신혼살림 마련하느라 금전적으로 너무도 큰 손실을 봤고,(중간 생략)

⑤ 피고가 내세운 결혼조건이 통상 남녀가 좋아하는 감정과 사랑만으로 결합되는 순수성을 결여한 너무도 비인격적인 조건이라는 점 등을 감안해 볼 때 너무도 감당하기 힘든 큰 고통을 받은 것입니다.

나. 손해배상금액

이와 같이 상호 결혼을 전제로 동거한 경위와 혼례식 날짜가 정하여졌음에도 갑작스럽게 이상한 조건을 내세워 결혼파기요구로 약혼관계가 해지가 되는 상황은 결과적으로 피고가 받는 피해가 거의 없는데 반하여, 원고는 결혼을 꿈꾸며 동거라는 삶속에서 여성이 받는 파혼으로 받는 정신적 충격, 그리고 피고에 비할 데 없이 많은 금전적 손실을 감안하여 보았을 때 이의 위자금은 최소한 5,000만 원 상당이 되어야 할 것입니다.

5. 결 론

그렇다면 피고는 원고에게 위 금 50,000,00원을 이 건 소장 송달 다음날부터 완제일까지 소송촉진등에관한특례법 소정의 연 2할의 각 비율에 의한 지연 손해금을 지급하여야 할 것입니다.

입 증 방 법

1. 갑 제 1 호증	주민등록초본(피고)
1. 갑 제 2 호증	증인진술서(박 ○ ○)
1. 갑 제 3 호증	증인진술서(장 ○ ○)
1. 갑 제 4 호증의 1	국외여행계약서
2	신혼여행일정표
1. 갑 제 5 호증	예식장 사용계약서

1. 갑 제 6 호증		한복계약서
1. 갑 제 7 호증		부동산임대차계약서
1. 갑 제 8 호증의 1		인터넷쇼핑몰 가격표(TV)
	2	사 진
1. 갑 제 9 호증의 1		인터넷쇼핑몰 가격표(김치냉장고)
	2	사 진
1. 갑 제10 호증의 1		인터넷쇼핑몰 가격표(드럼세탁기)
	2	사진(세탁기)
	3	사진(장농)

첨 부 서 류

1. 송달납부서	1부
1. 소장 부본	1부

2016. ○. ○.

위 원고 김 ○ ○

서울가정법원 귀중

소　장

원　고　　　김 ○ ○ (700000 : 0000000)
　　　　　　등록기준지 : 서울 ○○구 ○○동 ○○○호
　　　　　　주　　　　소 : 과천시 ○○동 ○ 주공아파트 ○○○동 ○○○호
　　　　　　전화·휴대폰번호 : ○○○- ○○○- ○○○○

피　고　　　이 ○ ○ (711111 : 1111111)
　　　　　　등록기준지 : 서울 ○○구 ○○동 ○○○호
　　　　　　주　　　　소 : 서울 노원구 ○○동 ○○아파트 ○○동 ○○호

위자료 등 청구의 소

청 구 취 지

1. 피고는 원고에게 금 50,000,000원 및 이에 대해 이 사건 소장부본 송달일 다음날부터 다 갚는 날까지 연 20%의 비율에 의한 금원을 지급하라.
2. 피고는 원고에게 별지목록 기재 부동산 중 2분의 1지분에 관하여 재산분할을 원인으로 하는 소유권이전등기절차를 이행하라.
3. 소송비용은 피고의 부담으로 한다.
4. 위 제1항은 가집행할 수 있다.
라는 판결을 구합니다.

청 구 원 인

1. 당사자 관계

원고는 피고의 부당한 사실혼관계 및 혼인예약(약혼) 파기를 당한 피해자이고, 피고는 원고와 혼인을 전제로 1년 이상 동거관계를 유지하며 혼례식 날짜까지 정해진 상황에서 별다른 사유 없이 사실혼관계 및 혼인예약을 중단해 버려 원고에게 심한 정신적, 물적 피해를 준 가해자입니다.

2. 혼인을 전제로 한 사실혼관계

(1) 원고와 피고는 9개월여 교제를 하던 중 피고는 원고에게 결혼하자는 말을 하여 이후 혼인을 전제로 2006. 12.경부터 피고는 원고가 사는 서울 강남구 ○○동 빌라(이하 '○○동 빌라'라함)에 들어와 서로 동거하기에 이르렀습니다.

(2) 원고와 피고는 ○○동 빌라에서 동거하다가 2007. 11.경 구체적으로 결혼식 올리는 문제를 논의하게 되면서부터, 11.중순경 성북구 ○○에 사시는 피고 부모님을 찾아뵙고 인사를 드리고, 이어 12. 중순경 경북 ○○에 사시는 원고의 부모님과 피고 부모님과의 상견례를 진행토록 하였으며, 이에 따라 원고와 피고의 혼례식 날짜를 2008. 5. 29.로 정하기에 이른 것입니다.

(3) 그러던 중 피고는 200○. ○. ○. 갑자기 집을 나가서는 원고에게 다른 사람이 생겼다고 하면서 이별 통보를 하였는데 그 이전에도 수시로 일을 핑계로 외박을 하였지만 원고는 이를 참고 지내 왔습니다.

3. 재산분할 청구

원고와 피고는 위 사실혼 관계중 별지 부동산을 마련하였고 그 명의는 피고 명의로 하였는 바, 이에 재산분할을 원인으로 하여 별지목록 기재 부동산 중 2분의 1지분에 관한 소유권이전등기를 청구하고자 합니다.

4. 위자료 청구

이상과 같이 피고의 유책사유로 인하여 사실혼관계가 부당파기됨으로서 원고는 이루 말할 수 없는 고통을 겪었습니다. 따라서 피고는 이중 정신적 고통에 대하여 금전으로나마 위자할 의무가 있으므로 사실혼 부당파기의 경위를 감안 하였을 때 금 5천만 원이 위자료로서 상당하다고 할 것입니다.

5. 결론

따라서 피고는 원고에게 위 금 50,000,000원을 이 사건 소장 송달 다음날부터 완제일까지 소송촉진등에관한특례법 소정의 연 2할의 각 비율에 의한 지연 손해금을 지급하고, 별지목록 기재 부동산 중 2분의 1지분에 관하여 소유권이전등기절차를 이행하여야 할 것입니다.

입 증 방 법

1. 갑 제1호증	주민등록초본(피고)
1. 갑 제2호증	증인진술서
1. 갑 제3호증	등기부등본

첨 부 서 류

1. 송달납부서	1부
1. 소장 부본	1부

2016 . ○. ○.
위 원고 김 ○ ○

서울가정법원 귀중

■ 작성 · 접수방법

1. 다류 가사소송사건은 민사소송에 따른 것이므로 민사소송법 등 인지액에 근거한다. 즉 이 사건의 경우는 손해배상청구액이 5,000만 원이므로 5,000만 원×0.0045+5,000원 = 230,000원의 인지를 첨부하여야 한다.
2. 송달료는 122,400원(=당사자수×5,100(송달료)×12회분)을 송달료취급은행에 납부하고 첨부하여야 한다.
3. 관할 : 피고의 보통재판적 소재지 가정법원(가정법원 및 가정지원이 설치되지 않은 지역은 해당 지방법원 및 지방법원 지원)을 관할법원으로 한다.
4. 소장은 법원용 1부, 상대방수에 맞는 부본수를 가사과에 제출한다.

[서식] 사실혼 파탄에 따른 재산분할 등 청구

소　장

원　고　　　　　노OO
　　　　　　　　안양시 만안구 OO
　　　　　　　　소송대리인　　　법무법인 OO
　　　　　　　　담당변호사 OO
　　　　　　　　서울 서초구 OO

피　고　　　　　강OO
　　　　　　　　경기도 고양시 OO

사실혼파탄에 따른 재산분할 등 청구의 소

청 구 취 지

1. 피고는 원고에게,
가. 위자료로 금 50,000,000원 및 이에 대하여 이 사건 소장 부본 송달 다음날 부터 다
　　갚는 날까지 연 20%의 비율에 의한 금원을,
나. 재산분할을 원인으로 금 186,938,930원 및 이 사건 판결확정일 다음날부터 다 갚는
　　날까지 연 5%의 비율에 의한 금원을 각 지급하라.

2. 소송비용은 피고의 부담으로 한다.
3. 제1항은 가집행할 수 있다.
라는 판결을 구합니다.

청 구 원 인

1. 당사자의 관계

원고는 피고와 사실혼 관계입니다. 원고와 피고는 2007. 3.경부터 혼인공동생활을 계속하여
왔으나, 혼인신고는 마치지 않은 사실혼 배우자이며 두 사람 사이에 태어난 자녀는 없습니다
(갑제1호증 1 내지 22 각 사진, 갑제2호증의 1 내지 3 각 사실확인서, 갑제3호증 원고
주민등록초본 참조).

2. 원고와 피고가 동거하게 된 경위

원고는 2006. 8. 건설교통부 10급 기능직 공무원에 채용되어 김포공항에 있는 건설교통부

산하 항공안전본부에서 근무하고 있었습니다. 원고와 피고는 2006. 11.경 인터넷게임동아리 모임에서 피고를 만나게 되었습니다. 당시 피고는 광명시에 있는 에어컨을 설치하는 회사의 직원으로 근무하고 있었으며 피고의 친형과 함께 살고 있었고, 원고는 혼자 살고 있었습니다. 원고와 피고는 그 후로 자주 만나게 되었으며 2007. 3.부터 서울시 개봉동에서 동거를 하게 되었습니다.

3. 사실혼파탄의 경위

가. 피고가 사실혼관계 중 생활비를 준 적이 거의 없어 원고가 생활비를 부담하였습니다.

1) 피고는 2007. 8. 2,500만 원을 자본금으로 하여 에어컨 하청사업을 시작하였으나 얼마 가지 못하여 사기를 당하여 에어컨 하청사업을 그만 두게 되었습니다. 그때부터 일거리가 없어 피고는 거의 매일 술을 마시기 시작하였고 돈을 벌어오지 않아 원고의 월급으로 생활을 하게 되었습니다. 그럼에도 피고는 전에 함께 일했던 사람들을 자주 불러 술접대를 하는 바람에 생활비가 부족하여 현금서비스를 받아 생활을 하였으며 카드 사용액이 누적되어 연체된 카드사용액이 카드 한도액인 400만 원까지 불어나 카드사로부터 수없이 독촉을 받는 상태가 되었습니다. 그 후 1년 정도 지나 피고를 원고의 부모님께 소개해 드리는 자리에서 카드 부채에 대하여 부모님께 말씀 드려 부모님께서 카드빚 400만 원을 해결하여 주었습니다(갑제4호증 카드대출금 입금내역 참조).

2) 그 후 피고는 에어컨 하청사업을 다시 시작해보고 싶다고 하여 전세금 2,500만 원을 빼서 다시 사업을 시작하였으나 또다시 거래처로부터 2,000만 원 정도를 못 받게 되어 사업에 타격을 입게 되었습니다. 원고는 출근하지 않는 주말에는 피고와 함께 현장에 따라가 에어컨을 옮기며 열심히 피고의 일을 도왔습니다.

3) 열심히 일을 하였지만 생각보다 수입이 좋지 않았으며 피고는 돈을 벌면 그 돈으로 중고에어컨을 구입하는 등 재투자의 방법으로 돈을 다 써버리고 생활비를 주지 않았습니다. 원고는 자신의 월급으로 공과금과, TV, 인터넷 이용료 등과 쌀 부식비 등을 충당하였으며, 피고가 사업비가 부족하다고 하여 100만 원을 준 적도 있습니다. 그러나 피고는 그 때까지 원고에게 생활비를 준 적이 한 번도 없었습니다.

4) 2010.부터 에어컨 판매 및 설치사업이 번창하게 되었습니다. 피고는 사업으로 번 돈은 저축을 하여 집을 사고 결혼식을 올리자고 말을 하였습니다. 이에 원고는 원고의 월급으로 생활비를 충당하였고, 원고의 월급으로는 생활비가 부족하여 원고의 부모님이 가끔 10~20만 원 정도를 송금하여 주었습니다. 원고의 옷과 액세서리 등은 원고의 어머니가 사주셔서 원고의 생활비를 원고 개인적인 일로 지출한 적은 거의 없었으며, 원고가 퇴직한

2011. 8.까지의 월급은 거의 생활비로 사용하였으며, 2011. 고양시 풍동 아파트로 이사를 하면서 냉장고를 비롯한 가전제품과 이불 등을 원고의 퇴직금으로 구입하였습니다(갑제5호증 가전제품 구입내역, 갑제6호증 생활비입금내역 참조).

나. 피고는 부부생활을 하는 동안 새벽까지 술을 마시고 들어와 폭력 및 폭언을 수차례 행사하였으며 과도한 음주를 하였고 외박도 잦았습니다.

1) 피고는 2007. 8. 에어컨 하청사업을 시작하면서 같은 업종의 사람들과 술을 마시기 시작했는데 술자리에는 항상 원고가 따라다녔습니다. 피고는 사업하면서 2,000만 원 정도 사기를 당하여 돈이 없는 상태였습니다. 어느 날 피고와 같은 업종 사람들에게 술을 대접하고 노래방에 갔었는데, 원고가 있는 자리에서 피고는 여자도우미를 불러 함께 노래를 부르는 것을 보고 크게 싸웠습니다. 피고는 '사업을 위해 이해해달라'고 하면서 함께 여러 번 노래방(도우미들을 항상 불렀습니다)이나 술집 등 접대 장소에 다니면서 돈이 없어 원고의 카드를 사용하였습니다. 노래방 결제금액은 적게는 20만 원부터 많게는 70만 원까지도 나왔습니다. 원고 없이 노래방에 간 날은 새벽 4~5시 정도 되어서 귀가를 하여 크게 싸움을 하였습니다.

2) 2007. 11. 피고는 오후 2시 경에 술에 잔뜩 취해 들어와서는 잠을 자고 있던 원고를 깨워 이유 없이 욕설을 하며 주먹과 발로 폭행을 하였습니다. 술만 마시고 들어오면 폭행을 하는 것이 반복되자 원고는 피고가 술을 마시는 날은 무서워서 찜질방이나 피시방으로 가서 피고가 잠들 때까지 기다렸다가 집에 들어가곤 하였습니다.

3) 2007. 12. 새벽 2시경 피고가 술을 마시고 들어와 또 폭행을 하려고 하여 피시방에 가서 피고가 잠들기를 기다리고 있는데 피고가 그곳까지 찾아와 소리를 지르며 옆에 있던 물컵에 있던 물을 원고에게 쏟아 붓고 밖에 데리고 나가서 원고에게 주먹과 발로 폭행하였습니다. 피시방 아르바이트생이 나와서 말린 후에야 집으로 돌아갈 수 있었습니다.

4) 2007. 12. 새벽 3시경 피고가 술을 마시고 들어와 집안에서 큰소리를 지르며 행패를 부려 경찰관이 찾아와 주의를 주고 훈계를 한 후 돌아갔습니다.

5) 2009. 8. 새벽 2시경 피고가 술을 마시고 들어와 큰소리를 지르며 소란을 피워 옆집과 아랫집 주인아주머니가 10회 이상 올라와 주의를 주었고 경찰관도 찾아와 주의를 주었습니다.

6) 2010. 1. 새벽3시경 피고가 술을 마시고 들어와 큰소리를 지르며 행패를 부려 원고는 방으로 들어가 숨었는데, 피고는 방문을 주먹으로 마구 쳐 파손하여 이사를 하면서 문짝교

체비용을 지불하였습니다.

7) 2011. 3. 새벽4시경 원고는 피고가 술을 마시고 들어와 행패를 부리는 것을 피하기 위해 안방으로 들어가 문을 잠그고 숨어 있었는데, 피고는 문을 열라면서 주먹으로 문을 파손하여 다음날 피고가 직접 문짝을 사다가 문을 달아 놓았습니다(갑제1호증의 13 내지 16 각 사진 참조).

8) 피고는 술을 좋아하여 거의 매일 술을 마시다시피 하는데, 술만 마시면 밤늦은 시간이나 새벽에 들어와 폭언과 폭행을 일삼았으며, 술에 취하여 행패를 부린 사실에 대하여 아침에 일어나면 기억이 나지 않는다며 다시는 술을 마시고 행패를 부리지 않겠다고 맹세를 하였습니다.

다. 피고는 악의적으로 결혼식 및 혼인신고를 거부하였고, 원고를 축출하여 일방적으로 사실 혼 파기를 통보하였습니다.

1) 원고와 피고는 2011. 1.경 고양시 풍동에 있는 숲속마을 아파트를 경락받았습니다(갑제7 호증 부동산등기부등본 참조). 집들이를 하기 위하여 원고의 부모님을 초청하여 술을 마시며 이야기하는 자리에서 피고는 원고의 부모님께 10살된 아들이 있다고 말을 하였습니다. 부모님이 황당해 하며 원고에게 어떻게 된 것이냐며 물었고 원고는 그전에 알고 있었지만 말씀 못 드렸다고 하였습니다.

2) 원고 부모님의 반대에도 불구하고 원고는 피고와 결혼하는 것이 자신의 운명이라고 생각하고 피고와 결혼한다고 원고 부모님을 설득하였고, 원고의 부모님은 정 그렇다면 결혼식이라도 빨리 올리고 살라고 하였습니다.

3) 그러나 피고는 집을 살 때 융자가 있으니 빚을 갚고 나서 결혼식을 하자며 결혼식을 미루었고, 그러면 혼인신고라도 하자고 하였으나 피고는 결혼식을 올린 후에 혼인신고를 하겠다면 거부하였습니다. 나중에 이 문제에 대하여 물어보면 피고는 자신이 결정할수 없는 문제라며 시골에 계신 부모님께 물어보고 결정을 하겠다는 등 계속 말을 바꾸며, 결혼식 및 혼인신고 이야기는 꺼내지도 못하게 하였습니다. 원고가 답답하여 피고의 어머니에게 혼인신고라도 해야 하지 않냐고 물어보자 피고의 어머니는 나중에 애라도 낳으면 그 때 혼인신고를 하라고 말을 하였습니다.

4) 피고는 원고의 부모님이 결혼과 혼인신고 이야기를 한 때부터 더욱 자주 술을 마시고 새벽에 들어오는 일이 잦아졌고, 일이 끝난 후 원고에게 전화 한번 한 적이 없었습니다. 피고 회사에 직원이 2명 있는데 여러 번 집에 데리고 와 술을 마시는가 하면 외박을 수시로 하여 도저히 가정생활을 유지할 수 없었습니다. 하지만 원고는 가정을 유지하고

싶어 이해하며 살려고 하였습니다.

5) 피고는 외박을 자주 하다가 2012 2. 10~12. 3일 동안 아무런 연락도 없이 전화기를 꺼놓고 외박을 하였습니다. 그러다가 피고는 2012. 2. 13. 오전 12시경에 집에 들어와 화를 내면서 원고에게 헤어지자며 짐을 싸가지고 원고 부모님 집으로 가라고 하여 원고는 어쩔 수 없이 친정집으로 축출됨으로써 일방적으로 사실혼관계가 파기되었습니다.

4. 재산분할 청구권

가. 사실혼 시작 당시의 재산상태

사실혼을 시작할 당시에 원고와 피고의 재산은, 피고가 가지고 있던 2,500만 원이 전부였습니다. 그 중 2,500만 원은 임차보증금으로 사용하였고, 나머지 2,500만 원은 피고의 에어컨 하청사업 자금으로 사용하였습니다.

나. 혼인공동재산의 증가

1) 재산형성 경위

가) 제3의 가항 기재와 같이 원고와 피고가 사실혼관계를 맺은 이후부터 원고가 퇴직한 2011. 8.까지 원고의 월급으로 생활비를 충당하였으며, 원고의 퇴직금으로 고양시 풍동 아파트의 가전제품을 구입하였습니다. 원고는 직장생활을 하면서도 피고를 헌신적으로 내조하였고, 피고와 함께 현장에 따라가 에어컨을 옮기며 열심히 피고의 일을 도왔습니다.

나) 원고의 월급과 원고 부모님이 송금해 준 돈으로 생활비를 충당하였고, 사업으로 번 돈을 모두 저축을 하여 2011. 1. 고양시 풍동에 있는 숲속마을 아파트를 3억3,000만 원에 낙찰 받았고, 피고는 현대자동차 1톤 트럭 2대를 보유하고 있습니다.

2) 혼인공동재산

혼인공동재산 및 분할금				
명의자	주 소	내 역	금 액	입증방법
피고	고양시 일산 동구 풍동 숲속마을 2단지 203동 301호, 면적109.09㎡,전용면적 84.99㎡	시가	337,500,000원	갑제8호증 KB부동산시세
피고	현대 자동차 1톤　트럭	시가	15,900,000원	갑제9호증 SK엔카 중고차시세
피고 아버지	현대 자동차 1톤　트럭	시가	15,900,000원	갑제9호증 SK엔카 중고차시세

가전제품	LG벽걸이형 47인치 LED TV	구매가	1,766,640원	갑제5호증 가전제품 구입내역
가전제품	삼성지펠냉장고	구매가	1,823,440원	갑제5호증 가전제품 구입내역
가전제품	삼성하우젠 버블드럼세탁기	구매가	661,680원	갑제5호증 가전제품 구입내역
가전제품	LG 3D 블루레이 플레이어	구매가	326,100원	갑제5호증 가전제품 구입내역
합　계			373,877,860원	
채권자의 기여도에 따른 분할금		50%	186,938,930원	

3) 재산형성에 대한 원고의 기여도

위와 같은 재산형성 경위와 현재의 재산상태에 따르면, 원고와 피고의 전체혼인공동재산에 대한 원고의 기여도는 최소 50%이상이므로, 피고는 재산분할금으로 186,938,930원을 원고에게 지급하여야 합니다.

5. 위자료 청구권

피고의 폭행과 과도한 음주, 원고의 축출에 의한 일방적인 사실혼 관계 파기 통보에 의하여 원고와 피고의 사실혼관계는 파탄되었습니다. 이처럼 피고의 귀책사유에 의하여 파탄에 이르렀는바, 원고는 정신적 고통을 당하는 손해를 입게 되었습니다. 이와 같은 손해는 최소한 금 50,000,000원의 금전으로 위자함이 타당하다 할 것입니다.

6. 결론

이상과 같이 원·피고의 사실혼은 피고의 전적인 귀책사유에 의하여 파탄에 이르렀으므로, 원고는 피고에 대하여 사실혼파탄에 따른 재산분할 및 위자료 청구채권을 가지고 있습니다. 차후 피고의 재산이 더 밝혀지는 대로 청구취지를 확장할 예정입니다. 원고의 청구를 전부 인용하여 주시기 바랍니다.

입 증 방 법

1. 갑제1호증의 1 내지 21	각 사진
1. 갑제2호증의 1 내지 3	각 사실확인서
1. 갑제3호증	원고 주민등록초본
1. 갑제4호증	카드대출금 입금내역
1. 갑제5호증	가전제품 구입내역
1. 갑제6호증	생활비입금내역

1. 갑제7호증   부동산등기부등본
1. 갑제8호증   KB부동산 시세
1. 갑제9호증   SK엔카 중고차 시세

첨 부 서 류

1. 위 각 입증방법   각1통
1. 소장부본   1통
1. 소송위임장, 담당변호사지정서   1통

2012. 3.   .
원고 소송대리인
법무법인 00
담당변호사   00

의정부지방법원 고양지원 귀중

[서식] 채권가압류 신청 - 사실혼 부당파기에 따른 손해배상청구

채권가압류신청

채 권 자   양00
서울 성동구

채권자의 소송대리인   법무법인 00
담당변호사 00
서울 서초구 00

채 무 자   조00
서울 성동구 00

제3채무자   1. 주식회사 신한은행 (110111-0012809)
은행장 서진원
서울 중구 태평로2가 120 대경빌딩
(우: 100-724, 전화번호: 02-756-0505)

2. 송좌금 (640708-2******)
　　서울 강동구 암사동 509 선사현대아파트 116-1906

청구금액:　　50,000,000원
피보전권리의 요지: 사실혼 부당파기에 따른 손해배상청구
가압류할 채권의 표시: 별지 목록 기재와 같습니다.

신 청 취 지

1. 채무자가 제3채무자들에 대하여 가지는 별지 목록 기재 채권을 가압류한다.
2. 제3채무자들은 채무자에게 위 채권에 관한 지급을 하여서는 아니 된다.
3. 채무자는 위 채권에 관하여 영수하거나 처분을 하여서는 아니 된다.
라는 재판을 구합니다.

신 청 이 유

1. 당사자간의 사실혼관계의 성립

채권자는 채무자를 2007.경 일본 유학생활을 하면서 통역으로 만남을 가졌습니다. 당시 채무자는 I.T.회사인 '00'에서 해외 영업이사로 근무하고 있었고, 채권자를 만나 사실혼관계를 시작하기 전 신청외 송인숙과 이혼경력이 있는 자로서 신청외 조00 동 조00 등 자녀 2명이 있는데, 이혼을 하면서 자녀들은 전 배우자가 양육하고 양육비로 매월 100만 원씩을 지급하고 있었습니다.

채권자는 2008. 귀국하면서 채무자와 사실혼관계를 이루었습니다. 당시 채무자의 경제적인 능력이 되지 않아 결혼식을 다음으로 미루기로 하고, 석촌동에서 살기 시작하였습니다. 이후 이사를 일곱 차례에 걸쳐 하면서 채무자와 사실상의 혼인관계를 유지했습니다(소갑제1호증 사진 참조). 이렇게 이사를 할 때마다 채권자와 채무자가 거주지에 함께 주민등록을 하였던 사실에서도 명확히 확인되는 사실입니다(소갑제2호증 주민등록초본 참조). 현재에도 채권자는 채무자가 임차한 아파트에 주민등록을 전입신고한 상태로 함께 부부로서 거주하고 있습니다.

2. 채무자의 사실혼 부당파기 사실

가. 채무자의 부정행위의 시작
채권자는 채무자와 혼인생활을 시작하면서 채무자 소유의 전화기가 두 대(010-0000, 010-0000)인 것을 알게 되었습니다. 이는 채무자가 외도를 하면서 외도사실을 감추기위해 의도적으로 그리하였던 것입니다. 즉 채무자는 혼인생활을 시작한 후 얼마되지 않아 채무자

소유의 2대의 전화기 중 한 대로 신청외 성불상 민정(전화번호 010-0000)이라는 여자에게 보낼 문자가 채권자에게 잘못 온 사실이 있었고, 이로 인해 부정행위 상대방이 있는 것을 알게 되었습니다. 이러한 채무자의 외도사실의 발각으로 인해 채무자 소유의 전화기 중 한 대인 '010-3393-8518'을 채권자가 받아 지금까지 사용하기로 하였고, 배우자로서 사랑하기 때문에 혼인생활을 계속 유지하면서 그냥 넘기기로 했습니다.

나. 채무자의 더욱 심해지는 부정행위로 채권자는 미국으로 떠났으나, 채무자의 간곡한 연락으로 다시 혼인생활을 시작하였습니다.

그러나 채권자의 이러한 마음을 모른 채 당시 다니던 회사인 '00'을 나와 독립을 하면서 채무자의 부정행위, 즉 외도는 더 심해졌습니다. 그러한 사실을 채권자에게 발각될 때마다 각서를 쓰게 되었고, 채권자는 이런 채무자의 모습을 보면서도 사랑이 뭔지 용서할 수 밖에 없었습니다.

2010. 10.경 채권자에게 어려운 일이 생겼고, 당시 배우자인 채무자의 도움이 절실히 필요하였으나, 채무자의 관심은 <u>신청외 성불상 00과의 외도</u>에만 관심이 있을 뿐 있었고, 또 2011. 초경에는 <u>신청외 00라는 여자와 외도</u>를 하였습니다. 이로 인해 채권자는 2011. 2.경 이별을 결심하고 미국으로 유학을 떠나 새로운 인생을 시작하기로 하였습니다. 그러나 채무자의 하루가 멀다하고 오는 "다시 시작하고 싶다"라는 연락으로 인해 다시금 마음을 가다듬고 2012. 4. 귀국하여 채무자와 다시 사실혼 생활을 시작하였습니다. 다시 혼인생활을 시작하면서 채무자의 각서도 받았습니다.

다. 채무자의 다시 시작된 외도로 인해 현재 채무자와의 혼인생활의 유지가 더 이상 어려워진 상황입니다.

이러한 채무자의 태도는 오래가지 않았습니다. 2012. 10.부터 채무자의 의심이 가는 행동을 하기 시작했습니다. 그러나 채권자는 다시 시작한 혼인생활이니 만큼 '조금 더 참자'는 마음으로 알면서도 모르는 척 넘어갔습니다. 그러나 우연히 채무자의 차량에 탑재되어있는 블랙박스를 보게 되면서 <u>성명불상의 여자(전화번호 010-0000인)와 외도</u> 중임을 알게 되었습니다. 채권자는 이러한 사실을 알게 된 후 외도의 상대방인 성명불상의 여자(전화번호 010-4925-4339)에게 경고를 주기도 하였습니다.

그러나 <u>채무자는 성명불상의 여자(전화번호 010-0000)와 2012. 12. 7. 잠실소재 아이호텔에 들어가 투숙하고 다음날인 동월 8. 나오며(소갑제3호증 00모텔 들어가는 사진, 소갑제4호증 00호텔 나오는 사진) 부정행위를 하였는가 하면,</u> 이 여자 외에 또 다른 여자 즉 <u>신청외 구지영(전화번호 010-0000)과도 같은 시기에 외도</u>를 하고 있는 사실을 알게 되었습니다. 이러한 채무자 였기에 일주일에 5일은 새벽 3시가 넘어 귀가하며, 대낮에도 다른 여자를 만나 여행을 가고 외도를 일삼는 채무자의 행위로 인해 혼인관계를 더 이상 유지할 수 없다는 판단에 의해 채무자에 대한 본 신청과 함께 본안소송을 준비하게 되었습니다.

3. 현재 채권자는 채무자를 상대로 사실혼 부당파기를 원인으로 한 손해배상청구소송을 제기할 예정입니다.

4. 채무자는 채권자에게 위자료를 지급할 의무가 있습니다.

위와 같은 채무자의 부정한 행위 등의 사유로 인하여 채권자와 채무자는 더 이상의 사실혼관계를 유지할 수 없게 됨으로써 채권자는 이루 말할 수 없는 정신적 고통을 겪었고, 지금도 겪고 있는 바, 채무자는 이러한 정신적 피해에 대하여 금전으로나마 위자하여야 할 것이고, 그 위자료의 액수는 위와 같은 채무자의 잘못의 크기, 채권자와 채무자의 혼인생활 기간, 기타 전설한 여러 사정들에 비추어 <u>최소한 금 50,000,000원은 인정되어야 할 것입니다.</u>

5. 긴급한 보전의 필요성

현재 채권자가 알아본 바에 의하면, 채무자 소유의 재산은 별지 목록 기재 채권을 제외하고는 소비·은닉하기 쉬운 현금재산뿐이며 채무자는 현재 채권자가 자신을 상태로 소송을 준비하고 있다는 사실을 익히 알고 있는 상황이기도 하여 이를 면탈할 목적으로 어떠한 형식으로라도 처분해버린다면 채권자가 본안 소송에서 승소하더라도 강제집행이 불가능하거나 현저히 곤란해질 우려가 있어 부득이 신청취지와 같은 결정을 구하기 위하여 이 사건 신청에 이른 것입니다.

6. 담보제공에 대하여

채권자가 채무자에 대한 손해담보를 위하여 귀 법원에 공탁을 함에 있어서 채권자의 경제적으로 어려운 형편을 적의 살피시어 보증보험증권회사와 지급보증위탁계약을 체결한 지급보증보험증권으로 대신할 수 있도록 허가하여 주시기를 바랍니다. 현금 담보제공은 경제형편상 불가능한 상황입니다.

소 명 방 법

1. 소갑제1호증   사실혼 생활 사진(현 거주지 대림강변타운)
2. 소갑제2호증   주민등록초본
3. 소갑제3호증   아이호텔 들어가는 사진
4. 소갑제4호증   아이호텔 나오는 사진
(차량 앞을 지나가는 여자가 부정행위 상대녀)

첨 부 서 류

1. 위 소명방법   각1부
1. 법인등기부등본
1. 부동산등기부등본
1. 송달료 등 납부영수증
1. 소송위임장

2012. 12. .
신청인의 소송대리인   법무법인 OO
담당변호사   OO

서울가정법원   귀중

[별지]

[별지1]

채 권 목 록

청구금액 금 50,000,000원 중

제3채무자 1. 주식회사 신한은행에 대하여   금 25,000,000원

채무자 조OO이 제3채무자에 개설한 계좌에 관한 채권 중 다음에서 기재된 순서에 따라 위 청구금액에 이를 때까지의 금액(다만, 민사집행법 제246조 제1항 제7호, 제8호 및 동법 시행령에 의하여 압류가 금지되는 예금을 제외한다).

다 음

가. 압류되지 않은 예금과 압류된 예금이 있을 때에는 다음 순서에 의하여 압류한다.
(1) 선행 압류·가압류가 되지 않은 예금
(2) 선행 압류·가압류가 된 예금

나. 여러 종류의 예금이 있는 때에는 다음 순서에 의하여 압류한다.
(1) 보통예금 (2) 당좌예금   (3) 정기예금

(4) 정기적금 (5) 별단예금

다. 같은 종류의 예금이 여러 개 있을 때에는 계좌번호가 빠른 예금부터 가압류한다.
　　예금 외의 채권이 있다면 그 모든 채권을 가압류한다. 끝.

[별지]

[별지2]

채 권 목 록

청구금액 금 50,000,000원 중
제3채무자 2. 송좌금에 대하여　　　금 25,000,000원

채무자 조00이 제3채무자가 '서울 성동구 00' 건물의 임대차 계약을 체결하고, 임대보증금으
로 제공한 금원 중 위 임대차계약의 만료, 해지 또는 기타의 등의 사유로 인하여 제3채무자가
채무자에게 반환하게 될 임대차보증금반환 채권 중 위 채권액에 달하는 금액. (다만, 민사집
행법 제246조 제1항의 압류금지채권인 주택임대차보호법 제8조 및 같은 법 시행령의 규정에
따라 우선변제를 받을 수 있는 금액이 있는 경우 이를 제외한 나머지 금액.) 끝.

[별지] 가압류신청 진술서

가압류신청 진술서

채권자는 가압류 신청과 관련하여 다음 사실을 진술합니다. 다음의 진술과 관련하여 고의로
누락하거나 허위로 진술한 내용이 발견된 경우에는, 그로 인하여 보정명령 없이 신청이 기각되
거나 가압류이의절차에서 불이익을 받을 것임을 잘 알고 있습니다.

2012. 12. .
　채권자(대리인)소송대리인　　: 법무법인 00 담당변호사 00　(날인 또는 서명)

◇ 다 음 ◇

1. 신분관계와 관할의 확인, 기타 기본적 사항의 특정을 위하여

가. 채권자와 채무자의 최근에 발급받은 각 호적등본 및 주민등록등본을 첨부하였나요?
□ 예 ■ 아니오

나. 본안사건이 가사소송법상 가정법원에 관할이 있나요? (예를 들어, 이혼에 따른 위자료나 재산분할청구는 가정법원에 관할이 있으나, 협의이혼을 하였는데 협의이혼을 전후하여 위자료나 재산분할에 관하여 약정서가 작성되었다면 민사사안임)

☐ 예 ■ 아니오

다. 신청서에 가압류할 대상을 명백히 특정하고, 그에 관한 자료를 첨부하였나요? (예를 들어, 부동산의 경우 별지 표시를 등기부에 맞게 기재하고 최근의 부동산등기부등본을 첨부, 채권의 경우 제3채무자가 법인이라면 등기부에 맞게 대표자를 표시하고 상업등기부등본을 첨부)

■ 예 ☐ 아니오

라. 피보전권리의 특정과 관련하여

(1) 피보전권리와 청구금액을 명백히 특정하였나요? (예를 들어, '이혼을 원인으로 한 위자료 청구권 등 30,000,000원'이라고 기재하면 피보전권리가 특정되지 않은 것임)

■ 예 ☐ 아니오

(2) 여러 개의 피보전권리를 기재한 경우 피보전권리별로 가압류할 청구금액을 개별적으로 특정하였나요? (예를 들어, '이혼을 원인으로 한 위자료청구권 및 재산분할청구권 50,000,000원'이라고 기재하면 가압류할 청구금액이 피보전권리별로 특정된 것이 아님)

■ 예 ☐ 아니오

2. 피보전권리와 관련하여

가. 피보전권리의 전제사실과 관련하여

(1) [법률혼] 혼인의 파탄사유에 관한 객관적 소명자료(진단서, 각서, 제3자의 진술서 등)을 첨부하였나요?

(이미 본안소송을 제기하고 본안소장사본 및 접수증명을 첨부하였으면 불필요)

■ 예 ☐ 아니오

(2) [사실혼 기타] 채권자와 채무자가 사실혼관계 등에 있었음에 관한 소명자료(결혼사진, 청첩장, 제3자의 진술서 등)를 첨부하였나요?

■ 예 ☐ 아니오

나. 채권자가 신청서에 기재한 청구금액은 채무자의 유책의 정도, 채권자와 채무자의 재산상태 등에 비추어 본안소송에서 승소할 수 있는 금액으로 적정하게 산출된 것입니까? (과도한 가압류로 인해 채무자가 손해를 입으면 배상하여야 함, 위자료청구금 속에 재산분할청

구금도 포함되어 있다면 분리하여 특정하여야 함)
- ■ 예 □ 아니오

다. 피보전권리에 관한 소명자료를 첨부하였나요? (예를 들어, 위자료금 산정에 관련된 진단서, 각서, 제3자의 진술서 등 소명자료, 재산분할금 산정에 관련된 채권자와 채무자의 각 재산내역 및 그 시가 등에 대한 소명자료, 양육비의 산정근거에 관한 소명자료)
- ■ 예 □ 아니오

라. [양육비나 부양료청구권을 피보전권리로 하는 경우] 과거의 양육비나 부양료 이외에 장래의 양육비나 부양료 전부를 일시금으로 청구하고 있나요?
- ■ 예 → 장래의 양육비나 부양료는 3년분에 한하여 청구할 것을 검토할 것
- □ 아니오

3. 보전의 필요성과 관련하여

가. 채권자가 채무자의 재산에 대하여 가압류하지 않으면 향후 강제집행이 불가능하거나 매우 곤란해질 사유의 내용은 무엇입니까? (필요하면 소명자료를 첨부할 것)
　　:가압류신청서 제5.항 기재와 같습니다.

나. [유체동산, 임금채권, 영업상채권, 예금채권 가압류사건인 경우] 채무자에게는 가압류할 부동산이나 다른 채권(임대차보증금반환채권 등)이 있습니까?
- □ 예
- ■ 아니오 → 채무자의 주소지 소재 부동산등기부등본 또는 임대차계약서를 첨부할 것

다. ["예"라고 대답한 경우] 가압류할 부동산이나 다른 채권(임대차보증금반환채권 등)이 있다면, 부동산가압류나 임대차보증금반환채권가압류 이외에 이 사건 가압류신청을 하는 이유는 무엇입니까?

4. 본안소송과 관련하여

가. 채권자는 신청서에 기재한 청구채권(피보전권리)의 내용과 관련하여 채무자를 상대로 본안소송을 제기하였거나 채무자가 채권자를 상대로 소송을 제기한 사실이 있습니까?
- □ 예 ■ 아니오

나. ["예"로 대답한 경우] 본안소송을 제기한 법원·사건번호·사건명과 현재 진행상황은?

다. ["아니오"로 대답한 경우] 채권자는 본안소송을 제기할 예정입니까?
- ■ 예 → 본안소송 제기 예정일 : 가압류결정이 내려진 직후 즉시 본안소송을 제기할 예정입니다.

□ 아니오

5. 중복가압류와 관련하여

가. 채권자는 이 신청 이전에 채무자를 상대로 동일한 가압류를 신청하여 기각된 적이 있습니까?
　□ 예 → 법원·사건번호·사건명은?
　■ 아니오

나. 채권자는 신청서에 기재한 청구채권을 원인으로, 이 신청과 동시에 또는 이 신청 이전에 채무자의 다른 재산에 대하여 가압류나 가처분을 신청한 적이 있습니까?
　□ 예 ■ 아니오

다. [나.항을 "예"로 대답한 경우]
(1) 동시 또는 이전에 가압류나 가처분을 신청한 법원·사건번호·사건명은?
(2) 여러 건의 가압류나 가처분을 신청하는 이유는? (소명이 곤란하면 일부 취하를 검토할 것)
(3) 신청결과(취하/각하/인용/기각 등)는?

6. 과잉가압류와 관련하여

가. 채권자는 이 신청으로 여러 개의 부동산 또는 채권에 대하여 가압류를 신청하고 있나요?
　□ 예 ■ 아니오

나. [가.항을 "예"로 대답한 경우]
(1) 별지에 각 부동산 또는 채권별로 가압류할 피보전권리 및 청구금액을 개별적으로 기재하였나요?
　■예 □ 아니오

(2) 여러 개의 부동산 또는 채권에 대하여 가압류를 신청하는 이유는? (소명이 곤란하면 보전의 필요성이 낮은 재산 부분은 취하를 검토할 것) (끝).

[서식] 사실상 혼인관계 존재확인의 소 (피고의 사망에 의한 경우)

소 　 장

원 　 고 　　　홍 ○ ○ (한문)
　　　　　　　　19 　 년 　 월 　 일생 (주민등록번호: 　　　　　　　　)
　　　　　　　　등록기준지 : ○○시 ○○구 ○○○동 ○○번지
　　　　　　　　주 　　　 소 : 위 같은 곳 ○○번지

　　　　　　　　소송대리인 변호사 　 한 ○ ○
　　　　　　　　○○시 ○○구 ○○동 1가 ○○번지(우편번호 : 　　　　　)
　　　　　　　　(전화번호 : 　　　　　　　　팩스 : 　　　　　　　　)

피 　 고 　　　○○지방검찰청 검사

사실상 혼인관계 존재확인의 소

청 구 취 지

1. 원고와 소외 망 신○○과 사이에 2006. 8. 15.부터 2008. 6. 6.까지 사실상 혼인관계가
   존재함을 확인한다.
2. 소송비용은 국가의 부담으로 한다.
라는 판결을 구합니다.

청 구 원 인

1. 원고는 2005. 5.경 소외 망 신○○(사망 전 본적 　 ○○시 　 ○○구 　 ○○동 852)을 만나
   교제해 오다가, 혼인신고를 하지 않은 채 2006년 8. 중순경부터 혼인생활을 시작하여
   ○○시 ○○구 ○○동 ○○번지에서 시댁식구들과 함께 단란한 가정생활을 영위하여 왔습
   니다.
2. 원고는 위 신○○의 생전에 결혼식을 올리고 혼인신고를 하고자 하였으나 위 신○○의
   친정 오빠인 소외 신○○의 반대로 결혼식을 올리지 못하게 되자, 위 신○○는 후일에
   결혼식을 올리기로 하자면서 뒤로 미루다가 지금까지 결혼식 및 혼인신고를 하지 못하였습
   니다.
3. 그런데 원고와 위 신○○는 2008. 6. 6. 여름휴가 기간 동안 강원도 삼척을 다녀오던
   중 승용차가 가드레일을 추돌하는 사고가 발생하여 신○○는 즉사하게 된 것입니다.
4. 그러므로 원고는 검사를 상대방으로 하여 원고와 위 망 신○○ 사이에 사실상 혼인관계가
   있음의 확인을 구하기 위하여 이 사건 소를 제기합니다.

입 증 방 법

1. 갑제 1호증의 1, 2   가족관계증명서
1. 갑제 2호증의 1, 2   각 기본증명서
1. 갑제 3호증   주민등록등본
1. 갑제 4호증   확인서(사고 증명원)
1. 그 밖의 입증방법은 변론 시 추후 제출하겠습니다.

첨 부 서 류

1. 위 입증방법   각 1통
1. 소장부본   1통
1. 소송위임장   1통
1. 납부서   1통

2016 .   ○.   ○.
원고 소송대리인
변호사 한 ○ ○

가정지방법원   귀중

■ 작성 · 접수방법

1. 소장에는 수입인지 20,000원(나류 가사소송)을 붙여야 한다.
2. 송달료는 122,400원(=당사자수×5,100(송달료)×12회분)을 송달료취급은행에 납부하고 첨부하여야 한다.
3. 당사자 : 당사자 일방이 사망한 경우 사망 사실을 안 날부터 2년 안에 검사를 상대로 소를 제기하여야
   한다.
4. 관할 : 피고의 보통재판적소재지 가정법원이며, 단독판사의 사물관할에 속한다.
5. 소장은 법원용 1부, 상대방수에 맞는 부본수를 제출한다.
6. 접수후 조정전치주의에 따라 조정기일을 진행한 후 재판이 진행된다.

사실상 혼인관계 존부확인청구의 소

원 고   홍 ○ ○ (19   년   월   일생 : 주민등록번호:)
          등록기준지 : ○○시 ○○구 ○○○동 ○○번지
          주   소 : 서울 ○○구 ○○번지

피 고   장 ○ ○ (19   년   월   일생 : 주민등록번호:)
          등록기준지 : ○○시 ○○구 ○○○동 ○○번지
          주   소 : 서울 서대문구 ○○번지

청 구 취 지

1. 원고와 피고 사이에는 사실상 혼인관계가 존재함(존재하지 아니함)을 확인한다.
2. 피고는 원고에게 위자료로 금 ○○원을 지급하고, 재산분할로 금 ○○원을 지급하라.
3. 소송비용은 피고의 부담으로 한다.
4. 위 2항은 가집행할 수 있다.
라는 판결을 구합니다.

청 구 원 인

1. 당사자 관계

원고는 2005. 5.경 소외 민○○의 중매로 서로 알게되어 교제해 오다가, 혼인신고를 하지 않은 채 2006년 8. 중순경부터 혼인생활을 시작하여 ○○시 ○○구 ○○동 ○○번지에서 시댁식구들과 함께 단란한 가정생활을 영위하여 왔습니다.

2. 이 사건의 경위

그런데 피고는 2008. 6. 6.경부터 자기는 아기를 갖지 않는다는 등 트집을 잡의면서 직장을 핑계로 외박을 일삼더니 그 해 5. 15.부터는 가출을 한 후 집에 돌아오지 않은 채 혼인신고에도 협조하지 않고 있습니다.

3. 결론

그러므로 원고는 불안한 마음으로 이 사건 청구를 하기에 이른 것입니다.

입 증 방 법

1. 갑제 1호중의 1, 2   가족관계등로부등본
1. 갑제 2호증   주민등록등본
1. 갑제 3호증   결혼사진
1. 갑제 4호증   사실확인서

첨 부 서 류

1. 위 입증방법   각 1통
1. 소장부본   1통
1. 납부서   1통

2015 . ○. ○.
원고 홍 ○ ○

가정지방법원 귀중

■ 작성 · 접수방법

1. 소장에는 수입인지 20,000원(나류 가사소송)을 붙여야 한다.
2. 송달료는 122,400원(=당사자수×5,100(송달료)×12회분)을 송달료취급은행에 납부하고 첨부하여야 한다.
3. 당사자 : 당사자 일방이 사망한 경우 사망 사실을 안 날부터 2년 안에 검사를 상대로 소를 제기하여야 한다.
4. 관할 : 피고의 보통재판적소재지 가정법원이며, 단독판사의 사물관할에 속한다.
5. 소장은 법원용 1부, 상대방수에 맞는 부본수를 제출한다.
6. 접수후 조정전치주의에 따라 조정기일을 진행한 후 재판이 진행된다.

3. 혼인의 무효와 취소

가. 혼인의 무효

1) 의의

민법 제815조(혼인의 무효)
혼인은 다음 각 호의 어느 하나의 경우에는 무효로 한다.
1. 당사자간에 혼인의 합의가 없는 때
2. 혼인이 제809조 제1항의 규정을 위반한 때
3. 당사자간에 직계인척관계가 있거나 있었던 때
4. 당사자간에 양부모계의 직계혈족관계가 있었던 때

제809조(근친혼 등의 금지) ① 8촌 이내의 혈족(친양자의 입양 전의 혈족을 포함한다) 사이에서는 혼인하지 못한다.

혼인의 무효는 혼인성립 이전의 단계에서 그 성립요건의 하자로 인하여 유효한 혼인이 성립하지 않은 것을 말한다. 무엇이 혼인을 무효로 하는 성립요건의 하자인가에 관하여는 다툼이 있지만 민법 제815조는 혼인무효의 사유로 4가지를 규정하고 있고, 이는 어느 것이나 혼인의 성립에 관한 실체상의 하자라고 할 수 있으며, 크게 당사자 사이에 혼인의 합의가 없는 때(①)와 근친일 때(②~④)로 구분된다. 따라서 혼인신고를 하지 않고 남녀가 동거하는 경우는 혼인의 불성립일 뿐이고 혼인무효사유는 아니다.

2) 혼인 무효사유

이미 성립한 혼인이 무효로 되는 경우는 아래와 같다(민 제815조).

(가) 당사자 간에 혼인의 합의가 없는 때

혼인의 합의는 법률상 유효한 혼인을 성립케 하는 합의를 말한다(대법원 1983. 9. 27 선고 83므22 판결) 따라서 양성간의 정신적 육체적 관계를 맺을 의사와 혼인신고의 의사가 필요하므로, 어떠한 방편을 위해서 하는 것으로 육체적, 정신적 결합을 가질 의사가 전혀 없는 경우, 당사자의 일방 또는 쌍방이 혼인신고 전에 혼인의사를 철회하였을 때, 당사자 일방 또는 쌍방이 혼인신고에 기재된 자와 혼인의사가 없고 동거의 사실도 없는 때, 인장을 위조하고 혼인신고서를 위조하여 혼인한 것처럼 신고한 경우, 외견상

사실혼관계와 같은 관계를 유지하여 왔다하더라도 혼인의사 없는 당사자 모르게 신고한 경우, 혼인의 합의가 없는 가장혼인 등은 무효이나, 이와 달리 혼인의 합의가 있는 이상 대리인이 될 수 없는 미성년자가 혼인신고를 하였거나 절차에 위배하여 신고한 경우, 당사자의 서명날인이 없거나 권원 없이 작성된 혼인시고서가 수리된 경우처럼 다소 절차상의 흠이 있는 혼인신고라도 실체상의 혼인관계와 부합되는 경우라면 혼인의 효력을 부인하지 않고 있다.

Q

저는 3년 전 남편 甲과 협의이혼하였으나, 자녀를 생각하여 계속 동거하며 부부처럼 생활하였습니다. 그리고 甲은 제 동의 없이 일방적으로 혼인신고를 하였으나 甲이 열심히 집안일을 돌보아 문제삼지 않았습니다. 그러나 최근 甲은 다른 여자와 부정행위를 하는 것 같아 저는 甲과 완전히 헤어지려고 하는바, 이런 경우에 이혼을 하여야 하는지, 아니면 위 혼인신고의 무효를 다투어야 하는지요?

A

혼인이 유효하게 성립되기 위해서는 당사자 사이에 혼인의 합의가 있어야 하고, 이 혼인의 합의는 혼인신고가 수리될 당시에도 존재하여야 합니다(대법원 1996. 6. 28. 선고 94므1089 판결).

그러므로 甲이 귀하와 협의이혼 후 실질적으로 부부생활을 계속하였지만, 귀하의 동의 없이 일방적으로 혼인신고를 함으로써 혼인신고 자체가 상대방의 의사에 반하여 이루어진 이상 혼인신고 당시에는 혼인의사의 합치가 없었다고 볼 수 있습니다(서울가정법원 1996. 12. 11. 선고 96드61197 판결).

그러나 위 사안과 유사한 판례를 보면 "협의이혼한 후 배우자일방이 일방적으로 혼인신고를 하였더라도, 그 사실을 알고 혼인생활을 계속한 경우, 상대방에게 혼인할 의사가 있었거나 무효인 혼인을 추인하였다."라고 하였습니다(대법원 1995. 11. 21. 선고 95므731 판결).

따라서 귀하의 경우에도 위 혼인의 무효를 주장하기보다 그 혼인이 유효함을 전제로 甲의 부정행위를 이유로 한 이혼청구소송을 하여야 할 것으로 보입니다.

참고로 혼인의사의 추정 여부에 관하여 판례는 "혼인의 합의란 법률혼주의를 채택하고 있는 우리나라 법제 하에서는 법률상 유효한 혼인을 성립하게 하는 합의를 말하는 것이므로, 비록 사실혼관계에 있는 당사자 일방이 혼인신고를 한 경우에도 상대방에게 혼인의사가 결여되었다고 인정되는 한 그 혼인은 무효라 할 것이나, 상대방의 혼인의사가 불분명한 경우에는 혼인의 관행과 신의성실의 원칙에 따라 사실혼관계를 형성시킨 상대방의 행위에 기초하여 그 혼인의사의 존재를 추정할 수 있으므로 이와 반대되는 사정, 즉 혼인의사를 명백히 철회하였다거나 당사자 사이에 사실혼관계를 해소하기로 합의하였다는 등의 사정이 인정되지 아니하는 경우에는 그 혼인을 무효라고 할 수 없다."라고 하였습니다(대법원 2000. 4. 11. 선고 99므1329 판결).

(나) 당사자 사이가 근친일 때
(1) 당사자간에 8촌 이내의 혈족관계에 있는 경우
혈족(8촌까지)간의 혼인은 무효이다. 혈족은 직계혈족, 방계혈족으로 나누어지고 부계혈족과 모계혈족도 포함한다. 자연혈족 외에 법정혈족도 포함되는데 친양자의 경우 입양이 성립됨으로써 입양전의 친족관계는 종료하지만 혼인의 경우에 있어서는 혈족관계가 있는 것과 동일하게 다루어지므로 친양자의 종전혈족도 포함된다.

(2) 당사자 간에 직계인척관계가 있거나 있었던 때
직계인척이란 배우자의 직계혈족 중 존속을 말한다. 즉 처의 어머니, 남편의 아버지 등이다. 현재 직계인척관계에 있는 경우 외에 과거에 직계인척관계에 있었던 경우를 포함한다.

(3) 당사자 간에 양부모계의 직계혈족관계가 있었던 때
양자는 양부모계의 직계혈족관계에 있었던 때에도 혼인을 무효로 한다. 현재 양친자관계가 존속하는 경우에는 위 (1)에 따라 양부모계의 8촌 이내의 혈족 사이에도 자연혈족과 마찬가지로 혼인이 금지되고(민 제809조 제1항) 그것이 잘못 수리된 경우 혼인무효의 사유가 되지만, 양친자관계가 해소되고 종전의 양가혈족과의 혼인을 하는 경우에는 혼인무효의 범위를 감축시켜 금지범위는 6촌 이내로 축소되며(민 제809조 제3항) 그것이 잘못 수리된 경우 직계혈족관계에 있었던 때에 한하여 무효로 된다.

(다) 민법시행전의 관습상의 혼인
민법 시행 전에 성립된 관습상의 혼인에 대해서도 민법의 규정에 따른 무효의 사유가 있는 때에는 혼인무효의 소를 제기 할 수 있다(제정민법 부칙 2조) 그러나 관습법상의 무효사유가 있더라도 그 사유가 민법이 정한 무효사유에 해당하지 않는 경우에는 그 혼인은 유효하다(대법원 1980. 1. 29. 선고 79므11).

3) 관할

부부가 같은 가정법원의 관할구역 내에 주소가 있을 시 그 가정법원이, 부부가 마지막으로 같은 주소지를 가졌던 법원의 관할 구역 내에 부부 중 일방의 주소가 있을 때 그 가정법원이, 위 각 경우에 해당하지 아니하는 경우로 부부 중 어느 한 쪽이 다른 한쪽을 상대로 하는 경우 상대방 주소지의 가정법원이, 부부 모두를 상대로 하는 경우에는 부부 중 어느 한쪽의 주소지 가정법원이, 부부 중 일방이 사망한 경우 생존한 다른 한쪽의 주소지 가정법원이, 부부가 모두 사망한 경우 부부 중 한쪽의 마지막 주소지의 가정법원이 각각 관할 법원으로 되고 그 관할은 전속관할이며(법 제22조), 혼인 무효의 소는 단독판사의 관할에 속한다(사물관할규칙 제3조).

4) 당사자

가) 원고적격

당사자, 법정대리인 또는 4촌 이내의 친족은 언제든지 혼인무효의 소를 제기할 수 있다(제23조). 법정대리인은 당사자의 법정대리인을 말한다.

나) 피고적격

부부의 일방이 소를 제기할 때에는 배우자가 상대방으로 되고(제24조 제1항), 제3자가 제기할 때에는 부부를 상대방으로 하고, 부부 중 일방이 사망한 때에는 생존자를 상대방으로 한다(동조 제2항).

5) 심리

가) 혼인신고 자체는 당사자 한쪽이 하더라도 가능하기 때문에 혼인무효 소송에서 상대방이 원고의 동의없이 임의로 혼인신고서를 작성해 신고하였다는 주장을 하는 경우가 많으므로 신고자가 사문서위조나 공정증서원본부실기재죄 등으로 처벌을 받았다면 원고의 유력한 증거가 되나, 그런 사실이 없는 경우에는 혼인신고를 접수한 관서에 문서송부촉탁을 하거나 신고서에 기재된 증인에 대한 증인신문 등을 통해 가리는 경우가 많다.

나) 협의이혼 등으로 이미 해소된 혼인관계의 무효확인이 허용되는지 여부에 대해 판례의 태도는 일정하지 않다.

다) 경우에 따라서는 혼인무효의 소를 제기하는 것이 신의칙에 위반되는 것으로 권리남용에 해당될 수도 있다.

6) 혼인무효의 효과

가) 혼인무효를 인용한 확정판결은 제3자에게도 효력이 있어 어느 누구도 혼인의 유효를 주장하지 못하나, 청구를 기각한 확정판결에 대해서는 그 소송의 변론에 참가하지 못한데에 정당한 사유가 있는 사람에게는 미치지 아니하여 그 사람이 다시 소를 제기할 수 있고 그 밖의 사람은 효력이 미쳐 소를 다시 제기할 수 없다

나) 혼인이 무효가 되면 혼인당사자는 처음부터 부부가 아닌 것으로 되기 때문에(소급효) 혼인으로 발생되는 법률관계가 전부 무효로 되어 혼인 중에 출생한 자녀는 혼인 외의 자가 되며 당사자는 무효의 원인을 제공한, 즉 '과실있는 상대방'에 대하여 재산적·정신적 손해배상을 청구할 수 있게 된다. 따라서 실무상으로 위자료청구를 병합 청구하며 이 경우 손해배상청구는 다류 가사소송사건으로 조정전치주의가 적용된다. 그러나 무효인 혼인이더라도 부부공동체로서의 생활관계가 있고, 당사자 간에 혼인의 합의가 있게 되면, 즉 추인(사후동의)에 의하여 혼인당초부터 소급하여 유효한 혼인으로 된다.

다) 혼인무효판결이 확정되면 효력이 처음부터 생기지 않는 경우여서 신고의 대상으로 되지 않고 정정의 대상이 되어 가정법원 사무관 등은 당사자 또는 사건본인의 등록 기준지의 가족관계등록사무를 처리하는 자에게 그 뜻을 통지하여 가족관계등록부를 정정한다(가소규칙 제7조). 당사자(원고)는 판결확정일로부터 1월내에 가족관계등록부 정정신청을 하여야 하고(가등 제107조) 이를 해태한 경우 5만 원 이하의 과태료가 부과되므로, 가족관계등록사무를 처리하는 사람은 신청 의무자에게 정정의 신청을 최고하고(가등 제108조) 통지를 할 수 없거나 통지 하였음에도 신청하지 않을 경우 감독법원의 허가 하에 가족관계등록부 정정을 할 수 있다(가등 제18조).

7) 서식례

가) 청구취지 기재례

(1) 혼인 무효 확인(배우자 상대)

> 1. 원고와 피고 사이에 2008. ○. ○. 서울 ○○구청장에게 신고하여 한 혼인은 무효임을 확인한다.
> 2. 소송비용은 피고의 부담으로 한다.
> 라는 판결을 구합니다.

(2) 혼인 무효 확인(망 배우자 상대)

> 1. 원고와 소외 망 ○○○(71○○○○-1047○○, 등록기준지 : 경기도 ○○군 ○○
>   면 ○○리 ○○번지) 사이에 2010. ○. ○. ○○구청장에게 신고하여 한 혼인은
>   무효임을 확인한다.
> 2. 소송비용은 국가가 부담한다.
> 라는 판결을 구합니다.

(3) 혼인 무효 확인(제3자가 부부일방을 상대로)

> 1. 피고와 소외 망 ○○○(71○○○○-1047○○, 등록기준지 : 경기도 ○○군 ○○면
>   ○○리 ○○번지) 사이에 2010. ○. ○. ○○구청장에게 신고하여 한 혼인은 무효임
>   을 확인한다.
> 2. 소송비용은 피고들의 부담으로 한다.
> 라는 판결을 구합니다.

(4) 혼인 무효 확인(제3자가 부부를 상대로)

> 1. 피고들 사이에 2010. ○. ○. ○○구청장에게 신고하여 한 혼인은 무효임을 확인한
>   다.
> 2. 소송비용은 피고들의 부담으로 한다.
> 라는 판결을 구합니다.

(5) 혼인 무효 확인(제3자가 검사를 상대로)

> 1. 피고와 소외 망 김○○(72○○○○-1048○○, 등록기준지 : 경기도 ○○군 ○○면
>   ○○리 ○○번지)과 같은 망 박○○(76○○○○-2008○○, 등록기준지 : 위와
>   같은곳) 사이에 2010. ○. ○. ○○구청장에게 신고하여 한 혼인은 무효임을 확인
>   한다.
> 2. 소송비용은 국가의 부담으로 한다.
> 라는 판결을 구합니다.

☞ 유의사항

피고란에 '서울○○지방검찰청 검사'라고 기재한다.

(6) 혼인 무효청구(예비적 이혼청구)

1. 주위적 청구
   원고와 피고 사이에 2008. ○. ○. 서울 ○○구청장에게 신고하여 한 혼인은 무효임을 확인한다.
   소송비용은 피고의 부담으로 한다.
2. 예비적 청구
   원고와 피고는 이혼한다.
   소송비용은 피고의 부담으로 한다.

(7) 혼인 무효 확인(국제혼인)

1. 원고와 피고 사이에 2010. ○. ○. 중화인민공화국 흑룡강성 공증처에서 혼인등기를 하고 혼인증서를 받아 2010. ○. ○. 서울 ○○ 구청장에게 그 증서등본을 제출하여 한 혼인은 무효임을 확인한다.
2. 소송비용은 피고의 부담으로 한다.
   라는 판결을 구합니다.

나) 첨부서류 등

첨부서류	신청서	인지액	송달료	관할법원
* 혼인관계증명서(원고, 피고) 각 1통 * 가족관계증명서(원고, 피고) 각 1통 * 주민등록표등(초)본(원고, 피고) 각 1통 혼인신고서 사본 1부	2부	20,000원	당사자별 12회	상대방 주소지

다) 서식례

[서식] 혼인무효 등 청구의 소

소　　장

원　고　　　홍○○
　　　　　　○○○○년　월　일생(주민등록번호 :　　　　　　　)
　　　　　　등록기준지 : 서울 서초구 ○○동 ○○번지
　　　　　　주　　　소 : 서울 서초구 ○○동 ○○번지 ○○아파트 ○○동
　　　　　　　　　○○호(우편번호 :　)

피　고　　　신○○
　　　　　　○○○○년　월　일생(주민등록번호 :　　　　　　　)
　　　　　　주　　　소 : 서울 ○○구 ○○동 ○○번지
　　　　　　　　　(우편번호 :　　　　　　)

혼인무효 등 청구의 소

청 구 취 지

1. 원고와 피고 사이에 20○○년 ○월 ○일 서울 서초구 구청장에서 신고하여 한 혼인은 무효임을 확인한다.
2. 피고는 원고에게 금 30,000,000원 및 소장 부본 송달 다음날부터 완제일까지 연 20%의 비율에 의한 금원을 지급하라.
3. 소송비용은 피고의 부담으로 한다.
4. 제2항은 가집행할 수 있다
라는 판결을 구합니다.

청 구 원 인

1. 원고와 피고는 동일한 직장 선후배로서 회사에서 회식을 하거나 업무관계로 계속 만나게 되었습니다.
2. 자주 피고와 만나게 되면서 피고는 원고에게 결혼을 하자고 결혼을 신청 하였으나 원고는 피고와 혼인을 결정하지 못하여 이를 계속 미루던 차에 원고는 다른 이성을 만나게 되었습니다. 원고가 피고를 만나지 아니하고 다른 남성을 사귄다는 말을 듣게 된 피고는 원고와 피고가 마치 결혼을 한 사이처럼 보이기 위하여 원고 모르게 원고와 피고간의 혼인신고를 하여 두면 어쩔 수 없이 서로 혼인할 것으로 생각하여 일방적으로 ○○○○

년 ○월 ○일 원고의 등록기준지인 서울 서초구 구청장에게 마치 원고와 피고가 혼인한 것처럼 혼인신고를 한 것입니다.

3. 이러한 사실을 전혀 모르던 원고는 소외 ○○○와 결혼을 준비 하던 중에 소외 회사 내부에 원고가 피고와 혼인을 하였다는 소문이 돌고 가족등록정리까지 끝났다는 소문이 있기에 이를 확인하기 위하여 원고의 가족관계등록부를 발급하여 확인한 결과 뜻밖에도 피고와 혼인한 것처럼 혼인신고가 되어 있는 것을 알게 되었고 이로인해 소외 ○○○와의 관계도 끝나게 되었습니다. 이후 원고는 정신적 충격을 받고 심한 우울증에 시달렸을 뿐만 아니라 직장생활을 하는데도 크나큰 어려움을 격고 있는 바, 이러한 피해를 금전으로 산정하기는 어렵지만 우선 금 3천만 원이 상당하다고 할 것입니다.

4. 위와 같이 원고는 ○○○○년 ○월 ○일 서울 서초구 구청장에게 신고 된 피고의 혼인신고는 원고의 의사에 의하지 않고 이루어진 것이므로 혼인무효를 구함은 물론 피고의 불법행위에 기한 손해배상금 3,000만 원을 청구하기 위하여 이 건 소를 제기합니다.

입 증 방 법

갑제 1호증	제적등본
갑제 2호증	주민등록등본
갑제 3호증	가족관계증명서
갑제 4호증	진단서

첨 부 서 류

1. 위 입증방법	각 1통
1. 소장부본	1통
1. 소송위임장	1통
1. 납부서	1통

2016. ○. ○.

원고 소송대리인

변호사 ○ ○ ○

서울가정법원 귀중

1. 소장에는 ① 혼인무효(가류사건) 수입인지 20,000원, ② 위자료(다류사건) 140,000(=3천만 원×4.5/1000+5,000) 모두 가사소송사건으로 병합청구이므로 흡수관계에 따라 다액인 인지액 140,000원을 첨부하면 된다.
2. 송달료는 122,400원(=당사자수×5,100(송달료)×12회분)을 송달료 취급은행에 납부하고 영수증을 첨부한다.
3. 소장은 법원용 1부와 상대방용 1부 합계 2부를 관할 가정법원에 접수한다.

[서식] 혼인무효확인의 소 - 내국인과의 혼인불합의

소　장

원　고　　홍 ○ ○
　　　　　○○○○년　월　일생(주민등록번호 :　　　　　　　)
　　　　　등록기준지 : 서울 서초구 ○○동 ○○번지
　　　　　주　　　소 : 서울 서초구 ○○동 ○○번지 ○○아파트 ○○동
　　　　　　　　　　　○○호(우편번호 :　)

피　고　　신 ○ ○
　　　　　○○○○년　월　일생(주민등록번호 :　　　　　　　)
　　　　　주　　　소 : 서울 ○○구 ○○동 ○○번지
　　　　　　　　　　　(우편번호 :　　　　　　　)

혼인무효 확인청구의 소

청 구 취 지

1. 원고와 피고 사이에 ○○○○년 ○월 ○일 서울 서초구 구청장에서 신고하여 한 혼인은 무효임을 확인한다.
2. 소송비용은 피고의 부담으로 한다.
라는 판결을 구합니다.

청 구 원 인

1. 원고와 피고는 동일한 직장 선후배로서 회사에서 회식을 하거나 업무관계로 계속 만나게 되었습니다.
2. 자주 피고와 만나게 되면서 피고는 원고에게 결혼을 하자고 결혼을 신청 하였으나 원고는

피고와 혼인을 결정하지 못하여 이를 계속 미루던 차에 원고는 다른 이성을 만나게 되었습니다. 원고가 피고를 만나지 아니하고 다른 남성을 사귄다는 말을 듣게 된 피고는 원고와 피고가 마치 결혼을 한 사이처럼 보이기 위하여 원고 모르게 원고와 피고간의 혼인신고를 하여 두면 어쩔 수 없이 서로 혼인할 것으로 생각하여 일방적으로 ㅇㅇㅇㅇ년 ㅇ월 ㅇ일 원고의 등록기준지인 서울 서초구 구청장에게 마치 원고와 피고가 혼인한 것처럼 혼인신고를 한 것입니다.

3. 이러한 사실을 전혀 모르던 원고는 회사 내부에 원고가 피고와 혼인을 하였다는 소문이 돌고 가족등록정리까지 끝났다는 소문이 있기에 이를 확인하기 위하여 원고의 가족관계 등록부를 발급하여 확인한 결과 뜻밖에도 피고와 혼인한 것처럼 혼인신고가 되어 있는 것을 알게 되었습니다.

4. 위와 같이 ㅇㅇㅇㅇ년 ㅇ월 ㅇ일 서울 서초구 구청장에게 신고 된 피고의 혼인신고는 원고의 의사에 의하지 않고 이루어진 것이므로 이를 시정하기 위하여 이 건 소를 제기합니다.

입 증 방 법

갑제 1호증　　　　　　　　　　　　　　혼인관계증명서
갑제 2호증　　　　　　　　　　　　　　주민등록등본

첨 부 서 류

1. 위 입증방법　　　　　　　　　　　　각 1통
1. 소장부본　　　　　　　　　　　　　　1통
1. 소송위임장　　　　　　　　　　　　　1통
1. 납부서　　　　　　　　　　　　　　　1통

2016.　ㅇ.　.
원고 소송대리인
변호사 ㅇ ㅇ ㅇ

서울가정법원　귀중

1. 소장에는 혼인무효(가류사건) 수입인지 20,000원을 붙여야 합니다.
2. 송달료는 122,400원(=당사자수2명×5,100(송달료)×12회분)을 송달료 취급은행에 납부하고 영수증을 첨부하여야 한다.
3. 법원용 1부 상대방용 부본 1부 합계 2부의 소장을 관할 가정법원에 접수한다.

[서식] 혼인무효확인의 소 – 외국인과의 혼인불합의

소 장

원 고   이 ○ ○ (주민등록번호 : 111111 – 1111111)
　　　　　본적 : ○○시 ○○구 ○○동 ○○
　　　　　주소 : ○○시 ○○구 ○○동 ○○
　　　　　소송 대리인 변호사 ○ ○ ○
　　　　　○○시 ○○구 ○○동 ○○(우편번호 : ○○○ – ○○○)

피 고   텐 △△△ (TEN. △△△)
　　　　　19○○년 ○월 ○일생, 여
　　　　　국적 : 카자흐스탄
　　　　　최후 주소 : ○○시 ○○구 ○○동 ○○(우편번호 : ○○○ – ○○○)

혼인무효확인의 소

청구취지

1. 가. 주위적 청구
원고와 피고사이에 20○○. ○. ○. ○○시 ○○구청장에게 신고하여 한 혼인은 무효임을 확인한다.

나. 예비적 청구
원고와 피고는 이혼한다.

2. 소송비용은 피고의 부담으로 한다.

라는 판결을 구합니다.

청구원인

1. 원고는 19ㅇㅇ. ㅇ.경부터 ㅁㅁㅁ 교회에 다니다가 ㅁㅁㅁ에서 주최하는 국제 합동결혼 식절차를 통하여 20ㅇㅇ. ㅇ. ㅇ. 한국 ◎◎회관에서 카자흐스탄 국적의 피고와 결혼식을 거행하고, 20ㅇㅇ. ㅇ. ㅇ. ㅇㅇ시 ㅇㅇ구청장에게 혼인신고를 함으로써 호적상으로는 피고와 부부로 되어 있습니다.

2. 그런데 원고는 위 결혼식 이전에는 피고를 만나 본 사실이 없고 서로 사진만 본 상태에서 ㅁㅁㅁ에서 정해주는 절차에 따라 피고와 결혼식을 올렸습니다. 그리고 결혼식 후에도 즉시 혼인생활을 위한 동거에 들어가지 못하는 ㅁㅁㅁ 교리에 따라 피고는 원고와 떨어져 ㅇㅇ시 ㅇㅇ구 ㅇㅇ동 ㅇㅇ 소재 ㅁㅁㅁ 기숙사에서 40일을 지내야 하였고, 그 기간을 도과한 이후에서야 원·피고는 비로소 정식으로 혼인생활에 들어가도록 예정되어 있었습니다.

   따라서 원고는 피고와 결혼식만 올렸을 뿐, 육체관계나 동거 한번 없이 피고의 국내 체류기간 연장을 위하여 20ㅇㅇ. ㅇ. ㅇ. 피고와 혼인신고를 하였던 것입니다.

3. 그러나 피고는 위 ㅁㅁㅁ의 별거기간을 끝내고 원고와 혼인생활에 들어가기로 예정되어 있던 바로 전날인 20ㅇㅇ. ㅇ. ㅇ. 비자와 여권을 가지고 도망을 가서 지금까지 소재불명 상태인바, 출입국사실을 확인해 본 결과 아직 국내 체류 중으로 되어 있었습니다. 피고의 여권은 원래 원고가 보관하고 있었는데 피고가 ㅁㅁㅁ의 교구장 목사를 통하여 자신의 여권을 돌려 달라고 사정하는 바람에 20ㅇㅇ. ㅇ. ㅇ. 마지못해 피고에게 여권을 주었는데 여권을 받은 바로 다음날 사라진 것입니다.

4. 위와 같은 사실을 종합해 볼 때 피고는 원고와 혼인할 의사 없이 단지 한국에 입국할 목적으로 원고를 기망하여 혼인신고를 한 것으로서 원·피고의 혼인은 혼인 당사자간에 혼인에 관한 실질적 합의가 결여된 상태에서 이루어진 것으로서 무효라 할 것입니다.

   가사 혼인무효가 인정되지 않는다 하더라도, 민법 제840조 제2호 소정의 재판상 이혼사유인 "악의의 유기"에는 해당된다고 할 것입니다.

5. 따라서 원고는 청구취지 기재와 같이 주위적으로는 혼인무효확인을 구하고 예비적으로 재판상 이혼을 구하기 위하여 이 건 소제기에 이르렀습니다.

입증방법

1. 갑 제1호증   호적등본
1. 갑 제2호증   주민등록등본

1. 갑 제3호증   피고여권사본
1. 갑 제4호증   가출인신고 접수증
1. 갑 제5호증   출입국에관한사실증명
1. 갑 제6호증   원고본인진술서

그 밖의 것은 변론시 필요에 따라 제출하겠습니다.

첨부서류

1. 소장 부본	1통
1. 위 각 입증방법	각 1통
1. 위임장	1통
1. 납부서	1통

20○○년 ○월 ○일
위 원고 소송대리인
변호사 ○ ○ ○ (인)

○ ○ 가 정 법 원   귀 중

[서식] 혼인무효확인의 소 - 당사자간 직계혈족

소 장

원 고   ○ ○ ○ (○○○)
                  19○○년 ○월 ○일생
                  등록기준지   ○○시 ○○구 ○○길 ○○
                  주소   ○○시 ○○구 ○○길 ○○
                  전화   ○○○ - ○○○○

피 고   △ △ △ (△△△)
                  19○○년 ○월 ○일생
                  등록기준지   ○○시 ○○구 ○○길 ○○
                  주소   ○○시 ○○구 ○○길 ○○
                  전화   ○○○ - ○○○○

혼인무효확인청구의 소

청구취지

1. 원고와 피고 사이에 20○○. ○. ○. ○○시 ○○구청장에게 신고하여 한 혼인은 무효임을 확인한다.
2. 소송비용은 피고가 부담한다.
라는 판결을 구합니다.

청구원인

1. 피고 △△△은 원고의 이종사촌이었으나 원고의 어머니와 피고의 어머니가 1951년 8월경 피란 도중 헤어지게 되어 이를 알지 못하고 피고와 원고는 같은 대학 같은 학과에 입학하여 서로에게 호감을 갖고 사귀던 중 결혼을 하고 19○○년 ○월 ○일 ○○구청에서 혼인신고를 하였습니다.
2. 이후 원고 어머니와 피고 어머니가 옛날 이야기를 하던 도중 6·25때 헤어진 자매라는 사실을 알게되어 원고는 혼인무효확인을 청구하기에 이른 것입니다.

입증방법

1. 혼인관계증명서	1통
1. 제적등본	1통
(또는, 가족관계기록사항에 관한 증명서)	1통
1. 결혼식 사진	1통
1. 증언서	1통

첨부서류

1. 위 입증방법	각 1통
1. 소장부본	1통
1. 납부서	1통

20○○년 ○월 ○일

원　고　○　○　○　(인)

○ ○ 가 정 법 원　귀 중

소 장

원 고   ○ ○ ○
              1900년 ○월 ○일생
              등록기준지   ○○시 ○○구 ○○길 ○○
              주소   ○○시 ○○구 ○○길 ○○
              전화   ○○○ - ○○○○

피 고   김 △ △
              1900년 ○월 ○일생
              윤 △ △
              1900년 ○월 ○일생
              ○○시 ○○구 ○○길 ○○
          위 피고들의 등록기준지   ○○시 ○○구 ○○길 ○○
              주소   ○○시 ○○구 ○○길 ○○
              전화   ○○○ - ○○○○

혼인무효확인청구의 소

청 구 취 지

1. 피고들 사이에 20○○. ○. ○. ○○시 ○○구청장에게 신고하여 한 혼인은 무효임을 확인한다.
2. 소송비용은 피고들이 부담한다.
라는 판결을 구합니다.

청 구 원 인

1. 피고 김△△은 원고의 차녀이며, 같은 피고 윤△△는 20○○. ○. ○.에 피고 김△△와 혼인신고를 한 법률상 부부로서 원고에게는 둘째 사위입니다.
2. 피고 김△△은 ○○제과 ○○대리점의 영업사원으로 근무하다 대리점 주인이었던 소외 망 윤▲▲와 혼인을 하였던 사실이 있습니다. 그러나 원고는 장성한 자식들이 있는 위 망 윤▲▲와 피고 김△△의 혼인관계를 인정할 수 없어 연락을 두절하고 살았는데, 그 후 몇 년 만에 위 망 윤▲▲가 사망하자 얼마 되지 않아 피고 김△△와 같은 피고 윤△△가 재혼하였다는 소식을 듣게 되었습니다.
3. 피고들은 결혼식을 올리지도 않고 동거에 들어가면서 혼인신고를 마친 후, 법률상 부부로

서 살고 있었는데 이후 집안간 왕래하는 과정에서 피고 윤△△가 위 망 윤▲▲의 자로서 피고들 간에 직계인척 관계가 있었던 사실이 밝혀졌습니다.

4. 원고와 가족들은 위와 같은 청천 벽력같은 소식에 우선 당사자들에게 관계를 정리하고 모든 것을 없었던 상태로 되돌릴 것을 요구하였으나 당사자들은 이미 자신들이 법률상 부부이므로 헤어질 수 없다며 가족들의 요구를 거절하고 있습니다.

5. 원고와 가족들은 피고들이 원만히 이번 일을 해결하기를 바랐으나, 가족들의 거듭된 요구를 거절하고 있고, 당사자들의 혼인이 민법 제815조 제3호에 해당되어 무효인 혼인에 해당되므로 원고가 스스로 피고들의 패륜적인 관계를 종결시키고자 본 소송에 이른 것입니다.

입 증 방 법

1. 갑 제1호증   가족관계증명서(김△△)
1. 갑 제2호증   가족관계증명서(윤△△)
1. 갑 제3호증   혼인관계증명서

첨 부 서 류

1. 위 입증방법   각 1통
1. 소장부본   2통
1. 납부서   1통

20○○년 ○월 ○일
원 고   ○ ○ ○ (인)

○ ○ 가 정 법 원   귀 중

[서식] 혼인무효확인의 소

소 장

원 고   김00
          대구 남구 00

          소송대리인   법무법인 00
          서울 서초구 00
          담당변호사 00

피 고   류00(1900년 00월 00일 생)
          중국 료녕성 철령시 00

혼인무효확인 청구의 소

청 구 취 지

1. 원고와 피고 사이에 2009. 5. 29. 대구광역시 중구청장에게 신고하여서 한 혼인은 무효임을 확인한다.
2. 소송비용은 피고의 부담으로 한다.
라는 판결을 구합니다.

청 구 원 인

1. 신분관계
원고와 피고는 혼인관계증명서 상 2009. 5. 29.자로 혼인신고를 한 법률상의 부부로 등재되어 있습니다(갑제1호증의 1 혼인관계증명서, 2 가족관계증명서, 3 기본증명서, 4 주민등록표등본).

하지만 원고와 피고 사이의 혼인관계는 아래 제2.항 및 제3.항과 같은 사유로 무효입니다.

2. 원고는 불법적인 결혼브로커를 통해 중국에서 한 차례의 만남 후 혼인신고가 되었을 뿐이고, 피고는 오직 영주권취득의 목적으로 원고와 혼인한 것으로서, 참다운 부부관계의 설정을 바라는 의사가 없었습니다.

2009. 3.경 원고의 사촌형인 소외 박성하와 중국으로 여행을 갔다가 중국에서 무허가로 결혼중개업을 하는 소외 김인숙을 만나게 되었습니다. 김인숙은 결혼할 수 있는 여자를 소개시켜준

다기에, 원고는 결혼적령기가 훨씬 넘은 나이에 여자를 소개시켜준다하여 감사한 마음으로 김인숙이 지정하여준 장소로 나갔습니다.

원고는 그 곳에서 피고를 만나게 되었고, 피고와의 결혼을 결심하고 한국으로 돌아왔습니다. 한국으로 돌아온 후 급한 마음에 혼인신고를 마치고(갑제2호증의 1 혼인신고서, 2 무결혼등기록공증서, 3 친속관계공증서, 4 국적공증서),소외 박성하에게 혼인신고한 문서를 보냈으나, 처음에 결혼상대자를 소개만해준다는 약속과 달리 거액의 돈을 요구하였습니다.

순수한 결혼을 목적으로 혼인신고을 한 원고는 피고를 비롯한 상대방이 순수한 결혼목적이 아님을 알게 되었습니다. 즉 피고는 거액의 돈을 원고에게서 받는 것과 동시에 한국국적을 취득할 목적으로 결혼을 하려한다는 사실을 알게 되었습니다. 이와 같은 사실들로 다투던 중 피고와의 결혼을 소개해준 무허가 결혼중개업자인 중국인 김인숙이 사기죄 등으로 중국경찰에 체포되어 구속되었다는 얘기를 듣게 되었습니다. 이후 피고와의 연락이 완전히 두절되었고, 그 간 진행되던 혼사는 완전히 파기되었습니다.

3. 원고는 현재까지 피고와 실제적인 부부생활을 전혀 한 사실이 없습니다.
원고와 피고의 혼인관계는 제2.항과 같이 혼인의사의 합치가 결여된 상태일 뿐만 아니라, 객관적 요소로서의 부부간 혼인생활의 실체 또한 존재하지 않았습니다. 즉 중국에서의 1회의 만남 이후에는 전혀 만남이 없었으며, 전화통화 역시 한 통도 없었습니다.

갑제1호증의 4 주민등록표등본에서 보는 바와 같이 현재 피고는 원고와 거주를 한 바 전혀 없으며, 원·피고 각각 서로 다른 주거지에서 각각 자신의 가족들과 거주하였고, 부부공동생활이라고 인정할 만한 어떠한 실체도 존재하지 않았습니다.

4. 결 론
통상 혼인의 실체를 결정짓는 주관적 요소와 객관적 요소는 혼인의사의 합치가 있었느냐의 여부와 사회관념상 부부공동생활이라고 인정할 만한 사회적 실체의 존재 여부 입니다. 그러나 제2.항과 같이 원고와 피고는 혼인의사의 합치가 결여된 상태일 뿐만 아니라, 제3.항과 같이 부부공동생활의 실체가 전무한 상태입니다.

따라서 원고는 이상과 같은 이유로, 민법 제815조에 의거 피고를 상대로 혼인무효확인을 구하기 위하여 이 사건 청구에 이른 것입니다.

입 증 자 료

1. 갑제1호증의 1   혼인관계증명서
           2   가족관계증명서

	3	기본증명서
	4	주민등록표등본
2. 갑제2호증의	1	혼인신고서
	2	무결혼등기록공증서
	3	친속관계공증서
	4	국적공증서

첨 부 서 류

1. 위 각 입증자료   1통
1. 송달료 등 납부증명서
1. 소송위임장

2013. 11.   .
위 원고의 소송대리인
법무법인 00
담당변호사 00

대구가정법원   귀중

[서식] 혼인무효신고서

[양식 제12호]

<table>
<tr><td colspan="5" rowspan="2">혼 인 무 효 신 고 서
(2011년 12월 일)</td><td colspan="3">※ 아래의 작성방법을 읽고 기재하시되, 선
택항목은 해당번호에 "○"으로 표시하여
주시기 바랍니다.</td></tr>
<tr></tr>
<tr><td colspan="3">구 분</td><td colspan="2">남 편(부)</td><td colspan="3">아 내(처)</td></tr>
<tr><td rowspan="6">①
당
사
자</td><td rowspan="2">성 명</td><td>한글</td><td>김○○</td><td rowspan="2">본
(한자)</td><td rowspan="2">김해
金海</td><td>김○○</td><td>본
(한
자)</td><td>경주
慶州</td></tr>
<tr><td>한자</td><td>金○○</td><td>金○○</td><td></td><td></td></tr>
<tr><td colspan="2">주민등록번호</td><td colspan="3">330315-</td><td colspan="3">520901-</td></tr>
<tr><td colspan="2">출생연월일</td><td colspan="3">33. 3. 15.</td><td colspan="3">52. 9. 1.</td></tr>
<tr><td colspan="2">등록기준지</td><td colspan="3">부산 ○○구 ○○동 171-3</td><td colspan="3">부산 ○○구 ○○동 171-3</td></tr>
<tr><td colspan="2">주 소</td><td colspan="3">충남 ○○시 ○○동 37-15</td><td colspan="3">경기도 ○○시 ○○동 468-1
○○아파트 106-803</td></tr>
<tr><td rowspan="4">②
부
모
︵
양
부
모
︶</td><td colspan="2">부(양부)성명</td><td colspan="3">김○○</td><td colspan="3">김○○</td></tr>
<tr><td colspan="2">주민등록번호</td><td colspan="3"></td><td colspan="3"></td></tr>
<tr><td colspan="2">모(양모)성명</td><td colspan="3">영○○</td><td colspan="3">신○○</td></tr>
<tr><td colspan="2">주민등록번호</td><td colspan="3"></td><td colspan="3"></td></tr>
<tr><td colspan="3">③기 타 사 항</td><td colspan="5"></td></tr>
<tr><td colspan="3">④재판확정일자
(2011. 12. 13.)</td><td colspan="3">2011년 12 월 13일</td><td>법원명</td><td>대전지방법원 논산지원</td></tr>
<tr><td colspan="2" rowspan="2"></td><td>미성년자성명</td><td colspan="3">없음</td><td colspan="2">없음</td></tr>
<tr><td>주민등록번호</td><td colspan="3">-</td><td colspan="2">-</td></tr>
<tr><td rowspan="2">⑤
친권자
지 정</td><td colspan="2" rowspan="2">친권자</td><td rowspan="2">1부
2모
3부모</td><td>지정
일자</td><td>년 월 일</td><td>1부
2모
3부모</td><td>지
정
일
자</td><td>년 월 일</td></tr>
<tr><td>원인</td><td>( )법원의
결정</td><td></td><td>원
인</td><td>( )법원의 결정</td></tr>
<tr><td rowspan="2">⑥
신
고
인</td><td colspan="2">성 명</td><td colspan="3">김○○</td><td>주민등록번호</td><td colspan="2">520901-○○○○○○</td></tr>
<tr><td colspan="2">자 격</td><td colspan="6">1소 제기자(원고) 2 소의상대방 3 기타(자격:)</td></tr>
<tr><td></td><td colspan="2">주 소</td><td colspan="3">경기도 ○○시 ○○동 468-1 ○○아파
트 106-803</td><td>전
화</td><td>010-5027-0000</td></tr>
<tr><td colspan="3">⑦제출인</td><td colspan="2">성 명</td><td></td><td>주민등록
번호</td><td>-</td></tr>
</table>

※ 등록기준지 : 각 란의 해당자가 외국인인 경우에는 그 국적을 기재합니다.
※ 주민등록번호 : 각 란의 해당자가 외국인인 경우에는 외국인등록번호(국내거소신고
　　　　　　　　번호 또는 출생연월일)를 기재합니다.
①란 : 법 제25조제2항에 따라 주민등록번호란에 주민등록번호를 기재한 때에는 출생
　　　연월일의 기재를 생략할 수 있습니다.
②란 : 당사자의 부모가 주민등록번호가 없는 경우에는 등록기준지(본적)를 기재합니
　　　다.
　　　당사자가 양자인 경우 양부모의 성명·주민등록번호를 기재하며, 당사자의 부모
　　　가 외국인인 경우에는 주민등록번호란에 외국인등록번호(또는 출생년월일) 및
　　　국적을 기재합니다.
③란 : 아래의 사항 및 가족관계등록부에 기록을 분명하게 하는데 특히 필요한 사항을 기
　　　재합니다.
　　　－ 신고사건으로 신분의 변경이 있게 되는 자가 있을 경우에는 그 자의 성명, 생
　　　　년월일, 등록기준지 및 신분변경의 사유
⑤란 : 혼인취소재판에서 지정된 친권자를 기재합니다.
⑦란 : 제출자(신고인 여부 불문)의 성명 및 주민등록번호 기재[접수담당공무원은 신분
　　　증과 대조]

1. 혼인취소재판의 등본 및 확정증명서 각 1부.
**※ 아래 2항은 가족관계등록관서에서 전산으로 그 내용을 확인할 수 있는 경우 첨
부를 생략합니다.**
2. 혼인취소 당사자의 가족관계등록부의 기본증명서, 혼인관계증명서 각 1통.
3. 신분확인[가족관계등록예규 제23호에 의함]
　－ 신고인이 출석한 경우 : 신분증명서
　－ 제출인이 출석한 경우 : 제출인의 신분증명서

※ 타인의 서명 또는 인장을 도용하여 허위의 신고서를 제출하거나, 허위신고를 하여 가
족관계등록부에 부실의 사실을 기록하게 하는 경우에는 형법에 의하여 5년 이하의 징역
또는 1천만 원 이하의 벌금에 처해집니다.

나. 혼인의 취소

민법 제816조(혼인취소의 사유)
혼인은 다음 각 호의 어느 하나의 경우에는 법원에 그 취소를 청구할 수 있다.
1. 혼인이 제807조 내지 제809조(제815조의 규정에 의하여 혼인의 무효사유에 해당하는 경우
　를 제외한다. 이하 제817조 및 제820조에서 같다) 또는 제810조의 규정에 위반한 때
2. 혼인당시 당사자 일방에 부부생활을 계속할 수 없는 악질 기타 중대사유있음을 알지 못한 때
3. 사기 또는 강박으로 인하여 혼인의 의사표시를 한 때

제817조(연령위반혼인 등의 취소청구권자)

혼인이 제807조, 제808조의 규정에 위반한 때에는 당사자 또는 그 법정대리인이 그 취소를 청구할 수 있고 제809조의 규정에 위반한 때에는 당사자, 그 직계존속 또는 4촌 이내의 방계혈족이 그 취소를 청구할 수 있다.

제818조(중혼의 취소청구권자)

당사자 및 그 배우자, 직계혈족, 4촌 이내의 방계혈족 또는 검사는 제810조를 위반한 혼인의 취소를 청구할 수 있다.

제819조(동의 없는 혼인의 취소청구권의 소멸)

제808조를 위반한 혼인은 그 당사자가 19세가 된 후 또는 성년후견종료의 심판이 있은 후 3개월이 지나거나 혼인 중에 임신한 경우에는 그 취소를 청구하지 못한다.

제820조(근친혼 등의 취소청구권의 소멸)

제809조의 규정에 위반한 혼인은 그 당사자간에 혼인 중 포태한 때에는 그 취소를 청구하지 못한다.

제821조 삭제 〈2005.3.31〉

제822조(악질 등 사유에 의한 혼인취소청구권의 소멸)

제816조제2호의 규정에 해당하는 사유있는 혼인은 상대방이 그 사유있음을 안 날로부터 6월을 경과한 때에는 그 취소를 청구하지 못한다.

제823조(사기, 강박으로 인한 혼인취소청구권의 소멸)

사기 또는 강박으로 인한 혼인은 사기를 안 날 또는 강박을 면한 날로부터 3월을 경과한 때에는 그 취소를 청구하지 못한다.

제824조(혼인취소의 효력)

혼인의 취소의 효력은 기왕에 소급하지 아니한다.

제824조의2(혼인의 취소와 자의 양육 등)

제837조 및 제837조의2의 규정은 혼인의 취소의 경우에 자의 양육책임과 면접교섭권에 관하여 이를 준용한다.

제825조(혼인취소와 손해배상청구권)

제806조의 규정은 혼인의 무효 또는 취소의 경우에 준용한다.

1) 의의

혼인의 취소는 혼인의 성립과정에 일정한 하자가 있는 경우에 그 혼인의 효력을 장래에 향하여 소멸시키는 것을 말한다. 혼인은 부부생활이라는 사실관계가 매우 중요하기 때문에 취소원인이 존재하더라도 소로 그 효력을 소멸시킬 때까지 여전히 존속한다. 따라서 혼인은 취소의 소의 판결이 없는 이상 유효하게 존속하고 그 청구를 인용하는 판결이 확정되더라도 소급효는 인정되지 않고 장래에 향하여 소멸한다.

혼인의 취소는 법원에 청구하여서만, 즉 소에 의해서만 주장할 수 있는 것으로서 그 법적 성질은 형성의 소이다. 또, 그 취소의 효력은 일반 법률행위의 취소와는 달리 기왕에 소급하지 않고 장래에 향하여서만 효력이 있다(민 제824조). 가사소송법상 나류 제2호 사건으로서 조정의 대상이 되지만 성질상 당사자의 임의처분이 허용되지 아니하므로 조정이나 화해로 처리될 수 없다.

2) 혼인취소의 사유

가) 혼인적령미달자의 혼인(민 제817조, 제807조)

(1) 의의

만 18세가 되지 않은 자의 혼인은 취소할 수 있다(민 제807조, 제816조 제1호).

(2) 취소권자

혼인적령 미달자의 혼인은 각 당사자 또는 그 법정대리인이 취소할 수 있다.

(3) 취소권의 소멸

취소권의 소멸에 대해서는 정면으로 규정하고 있지 않지만 혼인적령 미달자의 혼인도 민법 제819조를 유추 해석하여 혼인적령에 달한 경우 또는 자를 포태하면 취소할 수 없다고 해석하는 견해가 있다.

나) 혼인동의 결여(민 제819조)

(1) 의의

미성년자가 부모 후견인 또는 친족회의 동의를 받지 않고 혼인한 때 취소할 수 있다. 혼인동의권자는 부모, 후견인의 순서로 된다.

(2) 취소권자

당사자 또는 그 법정대리인이 그 취소를 청구할 수 있다(민 제817조). 다만 혼인에 의하여 미성년자는 성년의제가 되어 더 이상 친권자의 친권에 따르지 않으므로 혼인전의 친권자는 취소권이 없다고 해석한다.

(3) 취소권의 소멸

동의권자의 동의없이 혼인한 경우 미성년자가 성년에 달한 때에는 혼인취소를 청구하지 못한다(민 제819조).

다) 무효혼 이외의 근친혼(민 제817조)

(1) 취소혼인 근친혼

무효혼에 해당하는 경우 이외의 근친혼은 혼인취소 사유가 된다. 따라서 인척과의 혼인 중 직계인척과의 혼인은 무효혼이지만 직계인척 이외의 인척과의 혼인은 혼인취소 사유로 된다(민 제816조 제1호). 양자가 양부모계의 8촌 이내의 혈족과 혼인한 경우는 혼인무효이지만 입양 관계가 소멸한 경우 양자가 양부모계의 혈족이었던 자(양친자관계 종료 후 혼인하거나 또는 혼인 후 양친자관계의 해소의 경우)와 혼인을 하는 경우에도 무효혼의 범위를 축소시켜 양부모계의 직계혈족관계에 있었던 경우에는 무효혼이 되나 그 외의 경우에는 혼인취소 사유가 된다. 그러나 혈족(8촌 이내)과의 혼인은 무효이므로 혈족관계가 존속하고 있는 한 혈족과의 혼인은 원칙적으로 취소혼에 해당하는 경우가 없다.

(2) 취소권자

취소혼인 근친혼에 대해서는 당사자, 그 직계존속, 또는 4촌이내의 방계혈족이 그 취소를 청구할 수 있다(민 제817조).

(3) 취소권의 소멸

취소혼에 해당하는 근친혼이라도 자를 포태한 경우 취소를 할 수 없다(민 제820조). 따라서 형부와 처제의 혼인은 취소사유에 해당하는 혼인이지만 혼인 후 자를 포태하면 그 혼인을 취소할 수 없다.

라) 중혼

(1) 의의

배우자 있는 자는 혼인하지 못하며 이를 위반하여 중혼을 하면 후혼이 혼인취소 사유로 된다(민 제816조 제1호).

(2) 취소권자

중혼의 당사자 및 그 배우자, 직계존속, 4촌 이내의 방계혈족 또는 검사가 그 취소를 청구할 수 있다(민 제818조).

(3) 취소권의 소멸

중혼의 취소기간에는 특별한 제한이 없다 그리고 자를 포태하면 취소하지 못한다는 등의 규정도 중혼에는 적용되지 않는다. 판례는 중혼자가 사망한 후에도 생존 배우자가 중혼취소를 하는 것을 허용한다.

마) 사기강박에 의한 혼인

(1) 의의

사기 또는 강박으로 인한 혼인은 사기를 안 날 또는 강박을 면한 날로부터 3월 내에 취소할 수 있다(민 816조 제3호). 이는 민법총칙에 의한 취소가 아니라 가족법 자체에 의한 취소사유이다 따라서 당사자나 제3자의 사기 강박을 불문하며, 재판상 취소해야 하고, 취소하더라도 제3자 보호규정이 없으며, 취소에 소급효가 없는 점(민 제824조)등은 총칙에 의한 취소와는 다르다.

(2) 취소권자 및 취소기간

취소청구권자는 당사자이며 사기를 안날 또는 강박을 면한 날로부터 3개월이 경과하면 취소하지 못한다(민 823조).

바) 악질 등 중대한 사유가 있는 혼인

(1) 의의

혼인당시 당사자 일방에 부부생활을 계속할 수 없는 악질 기타 중대한 사유 있음을 알지 못한 때에는 상대방은 그 사유 있음을 안 날로부터 6월내에 취소할 수 있다(민 816조 제2호).

(2) 취소기간

취소청구권자는 당사자에 한하며, 그 사유 있음을 안 날로부터 6월이 경과하면 취소하지 못한다(민 822조).

3) 정당한 당사자

가) 원고적격

혼인취소의 소의 원고적격은 그 취소사유에 따라 다르다. 그중 원고적격이 법정되어 있는 것은 다음과 같다.

(1) 혼인적령(18세 미만)위반의 경우

당사자 또는 그 법정대리인(민 제819조)

(2) 미성년자 금치산자가 부모 또는 후견인의 동의 없이 혼인한 경우

당사자 또는 그 법정대리인(민 제816조)

(3) 근친혼의 경우

당사자, 그 직계존속 또는 4촌 이내의 방계혈족(민 제817조)

(4) 중혼의 경우

당사자, 그 배우자, 직계존속, 4촌 이내의 방계혈족, 검사(민 제816조)

(5) 당사자 일방에 혼인을 계속할 수 없는 악질 기타 중대한 사유가 있음을 알지 못한
때와 사기 또는 강박으로 인하여 혼인의 의사표시를 한 때의 혼인취소 청구권자에
관하여는 아무런 규정이 없으나, 성질상 그 혼인의 의사표시를 한 자에 한하여 원
고적격이 있다고 할 것이다.

나) 피고적격

부부의 일방이 소를 제기할 때에는 배우자를 상대방으로 하고 제3자, 즉 위 (3) 내지
(5)의 경우에 당사자 이외의 자가 소를 제기할 때에는 부부를 상대방으로 하되, 부부의
일방이 사망한 때에는 검사를 상대방으로 한다(법 제24조 제1항, 제2항, 제3항). 부부
를 상대방으로 한다는 것은 부부 쌍방이 필요적공동소송인으로서 공동피고로 된다는 의
미이다.

4) 관 할

가) 토지관할

혼인취소의 소의 토지관할은 혼인무효의 소의 그것과 같다. 즉, 부부가 같은 가정법원의
관할구역 내에 보통재판적이 있을 때에는 그 가정법원이, 부부가 최후의 공통의 주소지
를 가졌던 가정법원의 관할구역 내에 부부 중 일방의 보통재판적이 있을 때에는 그 가정
법원이, 위의 각 경우에 해당하지 아니하는 경우로서 부부의 일방이 타방을 상대방으로
하는 때에는 상대방의 보통재판적소재지의 가정법원이, 부부의 일방이 사망한 경우에는
생존한 타방의 보통재판적소재지의 가정법원이, 부부 쌍방이 사망한 경우에는 부부 중
일방의 최후의 주소지의 가정법원이, 각각 관할법원으로 되고, 그 관할은 전속관할이다
(법 제22조).

나) 사물관할

혼인취소의 소는 가정법원 합의부의 사물관할에 속한다(민사 및 가사소송의 사물관할에

관한 규칙 제2조 제2항).

5) 심 리

가) 조정전치

혼인취소의 소는 조정전치주의의 적용을 받는다(법 제50조). 그러나 혼인 취소의 소의 소송물에 관하여는 사실상 당사자의 임의처분이 허용되지 아니하므로 조정은 소송물 자체에 관한 것이 아니라 예컨대, 부부의 일방이 타방을 상대방으로 하는 경우에 그들 사이의 인간관계를 조정하여 혼인관계를 유지시키기로 합의하여 소 또는 조정신청을 취하하게 하거나 혼인을 취소하는 대신 일방이 타방에게 위자료를 지급하고 협의이혼 하도록 하는 것과 같이, 간접적이고 우회적인 조정이어야 한다.

나) 제척기간

(1) 혼인취소의 사유에 따라서는 제척기간의 제한을 받는다. 즉, ① 동의 없는 혼인의 경우에는 그 당사자가 성년에 달한 후 또는 금치산선고의 취소가 있은 후 3개월이 경과하거나 혼인 중에 포태한 때, ② 근친혼의 경우에는 당사자가 혼인중의 자를 출산한 때, ③ 혼인을 계속할 수 없는 악질 기타 중대한 사유 있는 경우에는 그 사유 있음을 안 날부터 6월을 경과한 때, ④ 사기, 강박으로 인한 혼인의사표시의 경우에는 사기를 안 날 또는 강박을 면한 날로부터 3월을 경과한 때에는 각각 그 혼인의 취소를 청구하지 못한다.

(2) 혼인적령미달의 경우와 중혼의 경우에는 각각 제척기간의 정함이 없다. 그러나 혼인적령미달의 경우에는 동의 없는 혼인의 경우를 유추 적용하여, 당사자가 혼인적령에 도달한 후 3월이 경과하거나 혼인 중에 포태한 때에는 그 혼인의 취소를 청구하지 못한다고 해석하여야 할 것이다.

〈혼인취소권의 소멸규정 유무〉

혼인취소권 소멸규정이 있는 경우	혼인취소권 소멸규정이 없는 경우
1. 혼인동의 결여(성년에 달한 후 또는 금치산선고의 취소가 있은 후 3월경과, 혼인 중 포태한 때) 2. 취소사유인 근친혼인 경우(자를 포태한 때) 3. 악질 기타 중대한 사유가 있는 혼인(혼인사유를 안 날부터 6월) 4. 사기나 강박에 의한 혼인(사기를 안 날 또는 강박을 면할 날부터 3월경과)	1. 혼인적령 미달자의 혼인(단 이 경우에도 해석론에 의해 혼인적령에 도달하거나 포태한 때 소멸한다고 해석하는 것이 통설이다) 2. 중혼인 경우 취소권의 행사기간에는 제한이 없다. 다만 장기간이 경과한 후의 취소주장은 예외적으로 권리남용이 될 여지는 있다.

다) 소의 이익

  (1) 이혼의 효과와 혼인취소의 효과는 장래에 향하여 혼인의 효력이 소멸한다는 점에서 동일하므로 당사자가 이미 이혼에 의하여 혼인관계를 해소한 때에는 혼인취소의 소를 제기할 이익은 없다고 하여야 할 것이다.

  (2) 중혼자의 사망으로 중혼관계가 해소되었다 하여도 전혼의 배우자는 생존하는 동안 중혼당사자의 한쪽을 상대로 혼인취소를 구할 수 있음은 분명하다(대법원 1986. 6. 24. 선고 86므9) 이는 중혼자가 사망한 후에라도 그 사망에 의하여 중혼으로 인하여 형성된 신분관계가 소멸하는 것은 아니기 때문이다. 또 전술한 바와 같이, 당사자의 일방 또는 쌍방이 사망한 때에는 일정한 범위 내에서 소의 이익이 인정되지 않는 경우가 있다.

라) 손해배상 및 친권자지정 등에 관한 협의의 권고

(1) 손해배상

혼인무효의 경우와 같이 혼인취소의 경우에도 선의의 당사자는 과실있는 상대방 또는 사기, 강박에 가담한 제3자에 대해 손해배상을 청구할 수 있다.

「민법」 제843조 및 제839조의2에서 이혼한 자의 일방은 다른 일방에 대하여 재산분할을 청구할 수 있고, 재산분할에 관하여 협의가 되지 아니하거나 협의할 수 없는 때에는 가정법원은 당사자의 청구에 의하여 당사자 쌍방의 협력으로 이룩한 재산의 액수 기타 사정을 참작하여 분할의 액수와 방법을 정한다고 규정하고 있다. 종전에는 이혼 시 재산분할은 주로 위자료로써 해결해왔으나, 「민법」은 위와 같이 별도의 재산분할청구권에 관한 규정을 두고 있으며, 판례도 "위자료청구권과 재산분할청구권은 그 성질을 달리하기 때문에 위자료청구와 함께 재산분할청구를 할 수도 있고, 혼인 중에 부부가 협력하여 이룩한 재산이 있는 경우에는 혼인관계의 파탄에 책임이 있는 배우자라도 재산의 분할을 청구할 수 있다."라고 하였다(대법원 1993. 5. 11.자 93스6 결정).

또한, 재산분할청구권의 법적 성질에 대하여 판례는 "이혼에 있어서 재산분할은 부부가 혼인 중에 가지고 있었던 실질상의 공동재산을 청산하여 분배함과 동시에 이혼 후에 상대방의 생활유지에 이바지하는 데 있지만, 분할자의 유책행위에 의하여 이혼함으로 인하여 입게 되는 정신적 손해(위자료)를 배상하기 위한 급부로서의 성질까지 포함하여 분할할 수도 있다."라고 하였다(대법원 2005. 1. 28. 2004다58963 판결).

그리고 분할대상 재산은 당사자가 함께 협력하여 이룩한 재산만이 그 대상이 되므로, 혼인 전부터 각자 소유하고 있던 재산이나 일방이 상속·증여 등으로 취득한 재산 등 특유재산은 원칙적으로 분할의 대상이 되지 아니하나, 그 특유재산의 유지에 협력하여 그 감소를 방지하였거나 그 증식에 협력하였다고 인정되는 경우에는 분할의 대상이 될 수 있다(대법원 1996. 2. 9. 선고 94므635, 1998. 2. 13. 97므1486, 1493 등 판결). 청산의 비율이나 방법은 일률적인 기준이 있는 것이 아니고 재산형성에 있어서의 기여도, 혼인의 기간, 혼인 중 생활정도, 혼인파탄의 유책성(有責性), 현재의 생활상황, 장래의 전망, 피부양자 유무, 이혼위자료의 유무 등을 고려하여 정하게 되며, 예컨대, 남편이 가사에 불충실한 행위를 하였다고 하더라도 그 사정은 재산분할액수와 방법을 정함에 있어서 참작사유가 될 수 있을지언정 그 사정만으로 남편이 재산형성에 기여하지 않았다고 단정할 수 없다. 또한, 재산분할액 산정의 기초가 되는 재산의 가액은 반드시 시가감정에 의하여야 하는 것은 아니지만, 객관성과 합리성이 있는 자료에 의하여 평가하여야 한다(대법원 1995. 10. 12. 선고 95므175 판결, 1999. 6. 11. 선고 96므1397 판결).

(2) 친권자지정

혼인의 취소에는 소급효가 없어 자녀와의 관계는 그대로 유지되기 때문에 가정법원은 미성년자인 자녀가 있는 부부의 혼인취소의 청구를 심리할 때에는 청구가 인용될 경우를 대비하여 친권자로 지정될 사람, 양육과 면접교섭권에 대해 미리 협의하도록 권고하거나(법 25조1항), 혼인이 취소된 경우 직권으로 친권자를 정하게 되는데, 당사자는 양육에 관한 청구, 면접교섭권의 청구, 재산분할 청구를 할 수 있다.

마) 관련사건의 병합

혼인취소의 청구에는 흔히 다류 가사소송사건인 위자료 또는 원상회복의 청구가 병합될 수 있고 혼인무효나 재판상 이혼청구가 예비적 또는 선택적으로 병합되거나 반소로 청구될 수도 있다. 마류 가사비송사건인 자녀의 양육에 관한 처분과 변경, 면접교섭권의 제한 또는 배제, 친권자의 지정, 재산분할에 관한 처분 등의 청구가 관련사건으로 병합될 수 있다.

6) 확정판결의 효과

가) 확정판결은 제3자에게도 효력이 있기 때문에(법 제21조 제1항) 혼인은 확정적으로 해소된다.

나) 혼인취소에는 소급효가 없다(민 제824조) 즉 혼인취소는 혼인에 의해 발생하는 신분관계를 장래에 향하여서만 소멸시키고 그때까지 발생한 신분관계에는 영향을 미치지 않기 때문에 혼인취소의 효과는 이혼의 효과에 준한다고 할 수 있다. 따라서 혼인 중 출생자는 혼인이 취소되어도 혼인 중 출생자의 신분이 유지되며, 배우자간의 재산상속도 그 혼인이 취소되더라도 유효하고, 미성년자의 혼인에 따른 성년의제의 효력도 혼인취소로 인해 영향 받지 않는다.

다) 혼인에 의해 형성된 인척관계는 혼인취소에 의해 즉시 소멸한다(민 제775조 제1항).
또한 혼인취소의 경우에도 책임있는 상대방에게 손해배상청구를 할 수 있으며(법 제
2조 제1항 다류사건 제2호), 그 외에 재산분할청구도 할 수 있다.

라) 판결이 확정된 때에는 법원사무관등은 혼인이 취소된 부부의 등록기준지의 가족관계
등록사무를 처리하는 사람에게 그 뜻을 통지하여야 한다(규칙 제7조 제1항). 원고는
혼인취소의 판결확정일로부터 1월 이내에 판결등본과 확정증명원을 첨부하여 시,
구, 읍, 면사무소에 가족관계등록 정정 신고를 하여야 한다. 그 신고가 없는 경우에
는 가족관계등록사무를 처리하는 사람이 신고의무자에게 신고를 최고하고 그 기간경
과 후에는 법원의 허가를 받아 직권으로 등록부에 기록을 하게 된다(가등 제38조,
제18조 제2항).

7) 혼인에서의 상대방에 대한 고지의무

대법원은 "민법 제816조 제3호가 규정하는 '사기'에는 혼인의 당사자 일방 또는 제3
자가 적극적으로 허위의 사실을 고지한 경우뿐만 아니라 소극적으로 고지를 하지 아
니하거나 침묵한 경우도 포함된다. (…) 혼인의 당사자 일방 또는 제3자가 출산의
경력을 고지하지 아니한 경우에 그것이 상대방의 혼인의 의사결정에 영향을 미칠 수
있었을 것이라는 사정만을 들어 일률적으로 고지의무를 인정하고 제3호 혼인취소사
유에 해당한다고 하여서는 아니 되고, 출산의 경위와 출산한 자녀의 생존 여부 및
그에 대한 양육책임이나 부양책임의 존부, 실제 양육이나 교류가 이루어졌는지 여부
와 시기 및 정도, 법률상 또는 사실상으로 양육자가 변경될 가능성이 있는지, 출산 경
력을 고지하지 않은 것이 적극적으로 이루어졌는지 아니면 소극적인 것에 불과하였
는지 등을 면밀하게 살펴봄으로써 출산의 경력이나 경위가 알려질 경우 당사자의 명
예 또는 사생활 비밀의 본질적 부분이 침해될 우려가 있는지, 사회통념상 당사자나
제3자에게 그에 대한 고지를 기대할 수 있는지와 이를 고지하지 아니한 것이 신의성
실 의무에 비추어 비난받을 정도라고 할 수 있는지까지 심리한 다음, 그러한 사정들
을 종합적으로 고려하여 신중하게 고지의무의 인정여부와 위반 여부를 판단함으로써
당사자 일방의 명예 또는 사생활 비밀의 보장과 상대방 당사자의 혼인 의사결정의
자유 사이에 균형과 조화를 도모하여야 한다"(대법원 2016. 2. 18. 선고 2015므
654, 661 판결 참조)라고 하였다.

따라서 당사자가 성장과정에서 본인의 의사와 무관하게 아동성폭력범죄 등의 피해를
당해 임신을 하고 출산까지 하였으나 이후 자녀와의 관계가 단절되고 상당한 기간
동안 양육이나 교류 등이 전혀 이루어지지 않은 경우 등의 사유라면, 출산의 경력이
나 경위는 개인의 내밀한 영역에 속하는 것으로서 당사자의 명예 또는 사생활 비밀

의 본질적 부분에 해당하고, 나아가 사회통념상 당사자나 제3자에게 그에 대한 고지를 기대할 수 있다거나 이를 고지하지 아니한 것이 신의성실 의무에 비추어 비난받을 정도라고 단정할 수도 없으므로, 단순히 출산의 경력을 고지하지 않았다고 하여 그것이 곧바로 민법 제816조 제3호 에서 정한 혼인취소사유에 해당한다고 보아서는 아니 된다.

8) 서식

가) 청구취지 기재례

(1) 혼인취소청구

> 1. 원고와 피고의 혼인신고(20 ○○년 ○월 ○일 ○○시 ○○구청장 접수)는 이를 취소한다.
> 2. 소송비용은 피고의 부담으로 한다.
> 라는 판결을 구합니다.

(2) 이혼무효확인과 혼인취소청구가 병합된 경우의 소

> 1. 원고와 피고 신○○ 사이에 20○○. ○. ○. 서울 동작구청장에게 신고하여 이루어진 이혼은 무효임을 확인한다.
> 2. 피고 신○○과 피고 이○○과 사이에 20○○. ○. ○. 서울 강남구청장에게 신고하여 된 혼인을 취소한다.
> 3. 소송비용은 피고들이 부담하여야 한다.
> 라는 판결을 구합니다.

(3) 당사자에 의한 혼인의 취소

> 1. 원고와 피고 사이의 20○○. ○. ○.자   ○○시장에게 한 혼인신고는 이를 취소한다.
> 2. 소송비용은 피고의 부담으로 한다.
> 라는 판결을 구합니다.

(4) 제3자에 의한 혼인의 취소

> 1. 원고 김○○와 피고 이○○ 사이의 20○○. ○. ○.자 ○○시장에게 한 혼인신고는 이를 취소한다.
> 2. 소송비용은 피고들 부담으로 한다.
> 라는 판결을 구합니다.

나) 첨부서류 등

첨부서류	신청서	인지액	송달료	관할법원
* 혼인관계증명서(원고, 피고) 각 1통 * 가족관계증명서(원고, 피고) 각 1통 * 주민등록표등(초)본(원고, 피고) 각 1통 혼인신고서 사본 1부	2부	20,000원	당사자별 12회	상대방 주소지

다) 서식례

[서식] 혼인의 취소청구 - 당사자가 제기

혼인의 취소청구

원 고   홍 ○ ○ (전화)
         19 ○○년 ○월 ○일생 (주민등록번호 :   )
         등록기준지
         주   소
         (우편번호   )

피 고   신 ○ ○
         19 ○○년 ○월 ○일생 (주민등록번호 :   )
         등록기준지
         주   소
         (우편번호   )

청 구 취 지

1. 원고와 피고의 혼인신고(20 ○○년 ○월 ○일 ○○시 ○○구청장 접수)는 이를 취소한다.
2. 소송비용은 피고의 부담으로 한다.
라는 판결을 구합니다.

청 구 원 인

1. 원고는 피고는 소외 ○○○의 중매로 약 2개월 전(20 ○○년 ○월 ○일) 결혼식을 올리고 20○○년 ○월 ○일 혼인신고를 마친 법률상의 부부입니다.
2. 피고는 20○○년 ○월 ○일 무단가출하여 며칠씩 그 행방을 감추는가 하면 술을 마신 다음날 에는 칼을 들고 가족들을 모두 죽이겠다는 협박을 일삼아서 정신병원에 문의한 결과 정신병 을 가지고 있으며, 후일에 알게 되었지만 결혼 전에는 정신분열증으로 ○○정신병원에 입원 한 사실도 있으며, 갈수록 증세가 심하여 앞으로 결혼생활을 같이 할 수 없는 실정입니다.
3. 위와 같이 피고는 결혼 전부터 악질이 있음에도 불구하고 이를 숨기고 원고와 결혼하였으므 로 청구취지와 같이 할 수 없는 실정입니다.

첨 부 서 류

   1. 혼인관계증명서   1통
   2. 주민등록등본   1통

3. 입원사실증명서   1통
4. 진단서   1통

2015 . ㅇ. ㅇ.
위 원고 홍 길 동(인)

서울가정법원   귀중

■ 작성 · 접수방법

1. 소장에는 수입인지 20,000원(나류사건)을 붙여야 한다.
2. 송달료는 122,400원(=당사자수×5,100(송달료)×12회분)을 송달료취급은행에 납부하고 첨부하여야 한다.
3. 소장은 법원용 1부, 상대방수에 맞는 부본수를 제출한다.
4. 접수 후 조정전치주의에 따라 조정기일 진행한 후 재판이 진행된다.

[서식] 혼인의 취소청구 - 제3자가 제기

소 장

원 고   이 ㅇ ㅇ (주민등록번호 :   )
            등록기준지: 경기도 ㅇㅇ군 ㅇㅇ면 ㅇㅇ리 ㅇㅇ번지
            주   소: 서울 ㅇㅇ구 ㅇㅇ동 ㅇㅇ번지
            전   화:

피 고   1. 신 ㅇ ㅇ(주민등록번호 :   )
            등록기준지: 강원도 ㅇㅇ군 ㅇㅇ면 ㅇㅇ리 ㅇㅇ번지
            주   소: 서울 ㅇㅇ구 ㅇㅇ동 ㅇㅇ아파트 ㅇㅇ동 ㅇㅇ호

            2. 이 ㅇ ㅇ(주민등록번호 :   )
            등록기준지: 경기도 ㅇㅇ군 ㅇㅇ면 ㅇㅇ리 ㅇㅇ번지
            주   소: 서울 ㅇㅇ구 ㅇㅇ동 ㅇㅇ아파트 ㅇㅇ동 ㅇㅇ호

청 구 취 지

1. 피고 신○○과 피고 이○○ 사이의 혼인신고(20 ○○년 ○월 ○일 ○○시 ○○구청장 접수)는 이를 취소한다.
2. 소송비용은 피고들의 부담으로 한다.
라는 판결을 구합니다.

청 구 원 인

1. 당사자의 지위
원고는 피고 이○○의 친부이고, 피고 신○○는 20○○년 ○월 ○일 피고 이○○과 혼인신고를 마친 법률상의 부부입니다.

2. 이 사건의 경위
피고 신○○는 원고의 딸인 이○○과 20○○년 ○월 ○일 혼인신고를 하였지만 피고 이○○는 아직 미성년자로서 원고의 동의 없이 혼인신고를 한 것입니다.

3. 결론
이에 원고는 20○○년 ○월 ○일자로 신고된 피고들간의 위 혼인신고가 민법 제808조에 위반하였음을 이유로 피고들 사이의 혼인의 취소를 구하기 위하여 이 사건 청구에 이른 것입니다.

입 증 방 법

1. 갑제1호증	혼인관계증명서
1. 갑제2호증	제적등본
1. 갑제3호증	가족관계증명서
1. 갑제4호증	주민등록초본

2015 . ○. ○.
위 원고 이 ○ ○ (인)

서울가정법원 귀중

1. 소장에는 수입인지 20,000원(나류사건)을 붙여야 한다.
2. 송달료는 122,400원(=당사자수×5,100(송달료)×12회분)을 송달료취급은행에 납부하고 첨부하여야 한다.
3. 소장은 법원용 1부, 상대방수에 맞는 부본수를 제출한다.
6. 접수 후 조정전치주의에 따라 조정기일 진행한 후 재판이 진행된다.

[서식] 혼인의 취소청구 - 미성년자 혼인에 대한 법정대리인 부동의

혼인취소청구의 소

원 고   ○ ○ ○(○○○)
             19○○년 ○월 ○일생
             본적 ○○도 ○○군 ○○면 ○○리 ○번지
             주소 ○○시 ○○구 ○○동 산○번지

피 고 1.   김 △ △(△△△)
             19○○년 ○월 ○일생
             본적 ○○도 ○○군 ○○면 ○○리 ○번지
             주소 ○○시 ○○구 ○○동 ○번지 ○호

       2.   최 △ △(△△△)
             19○○년 ○월 ○일생
             본적 ○○도 ○○군 ○○면 ○○리 ○번지
             주소 ○○시 ○○구 ○○동 ○번지 ○호

혼인취소청구의 소

청 구 취 지

1. 피고 김△△과 피고 최△△ 사이의 20○○. ○. ○.자 ○○구청장에게 한 혼인신고는 이를
   취소한다.
2. 소송비용은 피고들의 부담으로 한다.
라는 판결을 구합니다.

청 구 원 인

1. 피고 김△△는 원고의 친딸로 현재 고등학교 재학중인 만 17세의 미성년자이고, 피고 최△△는 20○○. ○. ○. 피고 김△△과 혼인신고를 필한 법률상 배우자로 되어 있습니다.
2. 피고 최△△은 처와 이혼한 후 직업 없이 방황하고 있는 자로 아직 미성년자인 원고의 딸을 유혹하여 원고의 동의도 없이 혼인신고까지 마치고 교제를 계속하고 있는 사실을 뒤늦게 알게 되었습니다.
3. 이에 원고는 20○○. ○. ○.자 신고된 피고들 사이의 혼인은 민법 제808조를 위반하므로 피고들 사이의 혼인의 취소를 구하기 위하여 본 청구를 하기에 이른 것입니다.

첨 부 서 류

1. 호적등본	1통
1. 주민등록표등본	1통
1. 소장부본	2통
1. 납부서	1통

20○○. ○. ○.

원   고   ○   ○   ○ (인)

○ ○ 가 정 법 원   귀 중

[서식] 혼인의 취소청구 – 사기

혼인취소청구의 소

원   고   ○   ○   ○(○○○)
              19○○년 ○월 ○일생
              본 적 ○○도 ○○군 ○○면 ○○리 ○번지
              주 소 ○○시 ○○구 ○○동 산○번지

피   고   △   △   △(△△△)
              19○○년 ○월 ○일생
              본 적 ○○도 ○○군 ○○면 ○○리 ○번지
              주 소 ○○시 ○○구 ○○동 산○번지

혼인취소청구의 소

청 구 취 지

1. 원고 ○○○과 피고 △△△ 사이의 20○○. ○. ○.자 ○○구청장에게 한 혼인신고는 이를 취소한다.
2. 소송비용은 피고의 부담으로 한다.
라는 판결을 구합니다.

청 구 원 인

1. 원고는 친구의 소개로 피고를 알게되어 약 5개월 정도 교제한 후 피고와 결혼하고 20○○. ○. ○. 혼인신고를 필하였습니다.
2. 원고의 처 피고 △△△은 원고보다 연상의 나이이지만 별 의심 없이 결혼을 하였으나 혼인 후 6개월이 지난 최근에 와서야 피고에게 3세 된 사생아가 있고 혼인 전 다른 남자와 상당기간 사실혼관계를 유지한 사실을 알게 되었습니다.
3. 원고로서는 혼인 전에 피고로부터 전혀 그러한 사실을 들은바 없고 소개한 친구나 피고측 가족들로부터도 어떠한 이야기도 듣지 못하여 알 수 없었으므로 이는 상상도 하지 못한 일로서 그러한 사실을 숨기고 혼인을 한 피고가 도저히 용납되지 않습니다.
4. 이에 원고는 20○○. ○. ○.자 신고된 원피고 사이의 혼인은 피고의 사기에 의한 것이므로 민법 제816조에 따라 혼인의 취소를 구하기 위하여 본 청구를 하기에 이른 것입니다.

첨 부 서 류

1. 가족관계증명서	1통
1. 주민등록표등본	1통
1. 확인서(입증서류)	1통
1. 소장부본	1통
1. 납부서	1통

20○○. ○. ○.

원 고 ○ ○ ○ (인)

○ ○ 가 정 법 원 귀 중

혼인취소청구의 소

원 고   ㅇ ㅇ ㅇ(ㅇㅇㅇ)
                    19ㅇㅇ년 ㅇ월 ㅇ일생
                    본적   ㅇㅇ시 ㅇㅇ구 ㅇㅇ동 ㅇㅇ
                    주소   ㅇㅇ시 ㅇㅇ구 ㅇㅇ동 ㅇㅇ(우편번호ㅇㅇㅇ-ㅇㅇㅇ)
                    전화   ㅇㅇㅇ - ㅇㅇㅇㅇ

피 고 1.   정 △ △(△△△)
                    19ㅇㅇ년 ㅇ월 ㅇ일생
                    본적   ㅇㅇ시 ㅇㅇ구 ㅇㅇ동 ㅇㅇ
                    주소   ㅇㅇ시 ㅇㅇ구 ㅇㅇ동 ㅇㅇ(우편번호ㅇㅇㅇ-ㅇㅇㅇ)
                    전화   ㅇㅇㅇ - ㅇㅇㅇㅇ

      2.   박 △ △(△△△)
                    19ㅇㅇ년 ㅇ월 ㅇ일생
                    본적   ㅇㅇ시 ㅇㅇ구 ㅇㅇ동 ㅇㅇ
                    주소   ㅇㅇ시 ㅇㅇ구 ㅇㅇ동 ㅇㅇ(우편번호ㅇㅇㅇ-ㅇㅇㅇ)
                    전화   ㅇㅇㅇ - ㅇㅇㅇㅇ

혼인취소청구의 소

청 구 취 지

1. 피고 정△△과 피고 박△△ 사이에 20ㅇㅇ. ㅇ. ㅇ.자 ㅇㅇ구청장에게 한 혼인신고는 이를 취소한다.
2. 소송비용은 피고들의 부담으로 한다.
라는 판결을 구합니다.

청 구 원 인

1. 원고와 피고 정△△은 19ㅇㅇ. ㅇ. ㅇ. 혼인신고를 필한 법률상 부부인데, 결혼 후 얼마 지나지 아니하여 피고 및 소외 피고의 어머니에 의하여 일방적으로 쫓겨나 친정에 의탁하여 살고 있었습니다.
2. 그런데 피고는 원고가 ㅇㅇ시 ㅇㅇ구 ㅇㅇ동 ㅇㅇ에 거주하고 있음을 잘 알고 있었음에도 불구하고 원고가 무단 가출하여 행방불명된 것처럼 하여 공시송달에 의한 방법으로 이혼심

판을 제기, 승소심판을 받아 이혼 신고한 후 피고 박△△와 혼인신고를 하였습니다.

3. 원고는 위 사실을 우연히 알게되어 재심을 청구하게 되었고, 재심의 소에서 원고가 승소하여 원고와 피고 정△△은 이혼한다는 원심판이 취소됨으로써 피고 정△△와 피고 박△△의 혼인신고는 민법 제816조의 규정에 따라 중혼이므로 피고들 사이의 혼인의 취소를 구하기 위하여 본 소송청구를 하기에 이르렀습니다.

입 증 방 법

1. 갑 제1호증	가족관계증명서
1. 갑 제2호증	혼인관계증명서
1. 갑 제3호증	판결정본
1. 갑 제4호증	주민등록등본

첨 부 서 류

1. 위 입증방법	각 1통
1. 소장부본	2통
1. 납부서	1통

20○○. ○. ○.

위 원고   ○ ○ ○ (인)

○ ○ 가 정 법 원 귀 중

[서식] 혼인의 취소청구

소   장

원 고   한○기 (520617-)

　　　　등록기준지 :

　　　　주　　　소 :

　　위 송 달 장 소 :

　　　　연락처:

피 고   허○녀 (중화인민공화국인, 620728-6　　　)

체류지 :

현 거주지 불명

혼인취소청구의 소

청 구 취 지

1. 원고와 피고 사이에 2009. 8. 31. 양평군수에게 한 혼인신고는 이를 취소한다.
2. 소송비용은 피고의 부담으로 한다.

라는 판결을 구합니다.

청 구 원 인

1. 갑작스레 혼인신고를 함

원고는 선친 대대로 살던 현재의 주소지에서 농사만을 짓다보니, 형제들은 모두 출가하였지만 외로이 농촌을 지키며 노총각으로 살아오던 중 2009. 8.경 동네 지인에 의하여 중국 국적 길림성 출신의 조선족인 피고를 소개받고, 바로 원고 거주지에서 함께 동거하면서 2009. 8. 31. 혼인신고를 필하였습니다.

2. 혼인비용은 중국으로 송금함

원고는 피고에게 결혼은 인륜지대사인데, 콩볶듯이 혼인신고부터 하는 것에 대하여 천천히 가족들과 의논하여 결혼식 일정을 잡고 이후 혼인신고할 것을 요구하였지만, 당시 피고는 중국에 전남편 소생 아들이 있어 추운데 돈이 없어 고생하고 있는데, 결혼식에 들어갈 돈을 쓰지말고 대신 중국에 그 돈을 부치게 도와달라고 하여, 원고는 당시 피고에게 300만 원을 선뜻 내 준 일이 있습니다.

3. 냉랭한 부부관계

가. 결국 결혼식도 못하고, 동거부터 하게 되었는데, 이후 피고는 식사를 준비하는 것 외에는 전혀 집안일이며, 농사일에 관하여는 신경을 쓰지 않고, 단지 수시로 돈을 달라고 하면서 돈이 없으면 "돈도 없는게 결혼했냐"는 식의 태도를 취하여, 진실한 애정이 싹틀 수가 없는 냉랭한 관계를 형성하여 온 것이며, 그래도 피고는 주위 친지, 형제들에게 내색을 하지 못하여 온 것입니다.

나. 피고는 동네 어르신들이 말동무겸 원고 집에 찾아 오는 것을 싫어하여, 고래 고래 소리를 지르듯 타박하며 내쫓듯하여 동네 사람들의 인심을 잃기 시작하였습니다. 그러나 그런 것은 안중에도 없었습니다. 지금에서야 깨닫지만 피고는 전혀 결혼생활에 관심이 없고 오로지 원고로부터 얼마나 돈을 뜯을 수 있는지에만 관심이 있던 것입니다.

4. 무단으로 가출함

그런데 피고는 원고와 동거한지 4개월되던 2010. 1. 16.경 원고에게 말도 없이 가출하여 버린 것입니다. 그리고 경찰에 가출신고하여 수소문하고 있지만 피고는 경기도 화성시 어딘가에 몰래 살고 있다고 합니다.

5. 피고의 기망에 의한 결혼

가. 피고가 가출하고 나서야 원고는 그간 4개월간의 부부생활이 결코 마음 편한 날이 없을 정도로 꽥꽥거리는 목소리로부터의 고통의 나날이어서, 비로소 해방된 기분을 느끼고 있으며, 얼마나 홀가분한지 모릅니다.

나. 그런데 2010. 1. 16.경 피고가 가출할 즈음에 알고 보니, 피고는 원고와 혼인신고할 당시인 2009. 8.경 국내 체류기간을 넘겨 강제추방당할 위기였다고 하는 것인 바, 당시 피고는 추방위기로부터 벗어나기 위하여 주위 지인들을 통하여 시골 노총각이라도 알아보게 하여 결국 이러한 사실을 숨긴채 원고와 서둘러 혼인신고를 하고자 하였다는 것입니다.

다. 이렇게 추방위기로부터 벗어나자, 이제는 원고로부터 돈을 뜯어낼 생각이었는지, 원고가 농작물을 수확하여 시장에 내다판 돈들을 중간에서 모두 받아 챙기기도 한 것입니다. 그러나 더 이상 원고에게 금전적으로 크게 기대할 것이 없다고 생각하였는지, 가출을 결심한 것으로 봅니다.

라. 따라서 피고와의 혼인신고는 전적으로 피고의 국내체류를 위한 방편으로만 원고는 철저히 피고에 의하여 기망을 당하여 혼인신고를 한 것으로, 이건 기망에 의한 혼인신고에 대하여 그 취소를 구하기 위하여 이건 소제기에 이른 것입니다.

입 증 방 법

1. 갑 제 1 호증	가족관계증명서
1. 갑 제 2 호증	혼인관계증명서
1. 갑 제 3 호증	주민등록등본
1. 갑 제 4 호증	외국인등록증
1. 갑 제 5 호증	여권
1. 갑 제 6 호증	사실확인서
1. 갑 제 7 호증	가출신고접수증

첨 부 서 류

1. 위 입증방법	각 1통

```
1.  소장부본                                    1통
1.  납부서                                       1통


                     2010.  3.    .
                  위 원고    한 ○ 기


수원지방법원 여주지원   가사과 귀중
```

4. 이혼의 무효와 취소

가. 이혼의 무효

1) 의의 및 성질

혼인이 이혼에 의하여 해소된 것으로 가족관계등록부의 기재가 이루어져 있으나, 그 이혼이 성립요건의 하자로 인하여 혼인해소의 효력이 발생하지 않는 것을 말하는데 예를 들면 부적법한 이혼신고, 이혼의 의사가 없이 이혼신고만을 한 경우 등이 있다. 이혼무효의 소에 관하여는 민법에는 규정이 없고 가사소송법에 규정을 두고 있다(법 제2조 제1항 가류 제2호). 재판상 이혼의 무효는 있을 수 없으며 이혼무효는 항상 협의이혼의 무효만을 의미한다.

2) 이혼무효의 사유

가) 협의이혼 무효

혼인의 무효와는 달리, 이혼의 무효에 관하여는 민법에 아무 규정이 없어 무엇이 이혼무효의 사유로 되는지가 문제 되는데, 협의이혼(민 제834조)과 재판상 이혼(민 제840조) 중 재판상 이혼은 청구인용의 판결이 확정되면 가족관계등록부 기재와는 관계없이 그 자체로써 이혼의 효력이 발생하기 때문에 당사자의 이혼신고는 단순히 보고적인 것에 불과하고 다만 사망한 자를 상대로 한 확정판결이나 확정되지 아니한 판결에 기하여 가족관계등록부 기재가 이루어진 경우와 같이 극히 예외적인 경우에만 이혼의 무효가 문제될 수 있을 뿐이다. 이에 비해 협의이혼은 가정법원의 확인을 받아 가족관계의 등록 등에 관한 법률에 정한 바에 따라 당사자 양쪽과 성년자인 증인 두 명이 연서한 서면으로 신고 하면 효력이 생기고 이 신고는 창설적인 것이므로 당사자 사이에 이혼의 합의를 당연히 전제 하기 때문에 이혼의 무효는 실질적 요건으로서의 이혼의 합의가 없는 경우와 형식적 요건으로서의 신고가 없거나 흠이 있는 경우 등이 있다.

나) 구체적인 이혼의 무효 사유

(1) 이혼신고가 되었지만 합의가 없거나 합의가 사기 강박에 의한 경우

이혼의 신고가 있었지만 이혼의 합의가 없었던 경우에는 그 이혼이 무효임은 명백하다 (대법원 1961. 4. 27.선고 4293민상536). 이혼의사는 이혼의사의 확인 후에도 신고 서 작성 시는 물론 신고서 제출 시에도 존재하여야 하고, 제3자가 제출한 이혼신고, 의 사무능력자의 이혼의 합의등도 무효이다. 그러나 이혼의 합의가 있었으나 그 합의가 사 기, 강박으로 인한 것인 때에는 이혼취소사유로 될 뿐이다(민 838조).

(2) 가장이혼

당사자가 혼인생활을 폐기하려는 의사없이 강제집행면탈이나 해외이주 등의 수단으로 통 모하여 이혼하는 경우에 이혼의사를 이혼신고서의 제출에 관한 합의로 보는 형식의사설 과 부부공동생활을 해소하려는 의사로 보는 실질의사설 사이에 그 효력에 대해 차이가 있는데 판례는 가장이혼이라도 당사자 간에 일시적으로나마 법률상 부부관계를 해소 할 의사는 있었다는 이유로 이혼신고가 유효하다고 하고 있다.

Q

저는 10년 전 남편 甲과 결혼하여 혼인신고를 하고 자녀 2명을 두고 있습니다. 그런데 甲은 몇 년 전 사업에 실패하면서 채권자들로부터 변제독촉이 심하게 되자 저에게 사태가 진정될 때까지만 이혼한 것으로 가장하자고 하였습니다. 그래서 저는 이에 동의하고 관할법원에서 협의이혼의사확인을 받은 후 이혼신고를 마쳤습니다. 그러나 甲은 다른 여자와 혼인신고를 하고 저와 아이들을 돌보지 않고 있는데, 이 경우 제가 위 이혼을 무효화시킬 수 있는지요?

A

부부는 협의에 의하여 이혼할 수 있으나(민법 제834조), 이혼의 합의가 부부 사이에 진정으로 성립하고 있어야 합니다. 즉, 이혼신고가 수리되었더라도 당사자 사이에 이혼의 합의가 없는 경우 즉, 가장이혼(假裝離婚)의 경우에는 그 협의이혼은 당연 무효입니다. 그런데 가장이혼(假裝離婚)의 경우 이혼의 합의(이혼의사의 합치)가 없다 고 할 수 있을 것인지에 관하여 판례를 살펴보면 "혼인 및 이혼의 효력발생여부에 관하여 형식주의를 취하는 법제하에서는 이혼신고의 법률상 중대성에 비추어 볼 때 협의이혼의 이혼의사는 법률상 부부관계를 해소하려는 의사를 말하므로 일시적으로나마

법률상 부부관계를 해소하려는 당사자간의 합의하에 협의이혼신고가 된 이상 협의이혼에 다른 목적이 있더라도 양자간에 이혼의사가 없다고는 말할 수 없고, 이와 같은 협의이혼은 무효로 되지 아니한다."라고 하였으며(대법원 1976. 9. 14. 선고 76도107 판결, 1981. 7. 28. 선고 80므77 판결, 1993. 6. 11. 선고 93므171 판결), "법률상 부부가 협의이혼계를 제출하였는데도 당사자간에 혼인생활을 실질상 폐기하려는 의사 없이 단지 강제집행회피 기타 어떤 다른 목적을 위한 방편으로 일시적으로 이혼신고를 하기로 하는 합의가 있었음에 불과하다고 인정하려면 누구나 납득할 만한 충분한 증거가 있어야 하고 그렇지 않으면 이혼당사자간에 일시나마 법률상 적법한 이혼을 할 의사가 있었다고 인정함이 이혼신고의 법률상 및 사실상의 중대성에 비추어 상당하다."라고 하였습니다(대법원 1975. 8. 19. 선고 75도1712 판결). 또한 "협의상 이혼이 가장이혼으로서 무효로 인정되려면 누구나 납득할 만한 특별한 사정이 인정되어야 하고, 그렇지 않으면 이혼당사자 간에 일시적으로나마 법률상 적법한 이혼을 할 의사가 있었다고 보는 것이 이혼신고의 법률상 및 사실상의 중대성에 비추어 상당하다 할 것이다."(대법원 1996. 11. 22. 선고 96도2049 판결, 1997. 1. 24. 선고 95도448 판결 등)라고 하여 가장이혼도 일응 이혼의사의 합치가 있었으므로 원칙적으로는 무효인 이혼은 아니라는 취지로 판시하고 있습니다.

또한, 남편의 감언이설에 속아서 위와 같은 이혼신고를 하게 되었다는 이유로 이혼을 취소할 수 있는지 문제될 수 있는데(민법 제838조), 이 경우에는 협의이혼 당시 남편이 귀하를 속이고 협의이혼하여 다른 여자와 혼인할 의도로 위와 같이 협의이혼을 하였을 경우에 사기가 문제될 것으로 보이고, 만약 남편이 이혼을 하고 난 후에 새로운 여자관계가 계속되어 재혼을 하게 되었다면 사기에 의한 이혼이라고는 할 수 없을 것입니다. 참고로 사기로 인하여 이혼의 취소가 인정된다면 원래의 혼인은 부활되고 재혼은 중혼으로 되지만 중혼은 금지되고 있으므로 후혼(後婚)의 취소를 청구할 수 있게 될 것입니다(대법원 1984. 3. 27. 선고 84므9 판결).

따라서 위 사안의 경우 귀하는 이혼의사가 없었음을 누구나 납득할만한 충분한 증거로 입증하여 위 이혼을 무효화시키거나, 그렇지 않으면 이혼 당시 甲에게 사기를 할 의사가 있었음을 입증하여야 위 이혼을 취소시킬 수 있다고 할 것입니다.

(3) 이혼신고서의 증인의 서명이 위조된 경우

초기에는 신고가 수리된 이상 효력이 있다고 하였으나(대법원 1962. 11. 15. 62다610) 그 후에는 이혼신고서의 진정성립 여부를 확임함이 없이 한 쪽만에 의한 이혼신고를 수리한 것은 무효라고 하였다(대법원 1975. 9. 23. 선고75므11판결) 그러나 가정법원에서 당사자의 출석과 진술(가등규 제74조), 확인신청서에 이혼신고서 첨부(가등규 73

조4항), 이혼신고와 확인서등본을 당사자에게 교부(가등규 제78조 제3항) 등 규정으로 인하여 현재는 일방신고로 인한 문제가 발생할 여지가 거의 없게 되었다.

(4) 외국에서 이혼판결을 받아서 한 이혼
부부 중 일방이 취업차 미국에 가서 상대방을 상대로 이혼소송을 제기하면서 상대방이 마치 미국인 변호사를 선임하여 응소한 것처럼 조작하여 이혼판결이 확정되어 이를 기초로 호적에 기재된 경우 이런 이혼판결은 우리나라에서 효력이 없어 이혼은 무효이다(서울가판 1993. 12. 9. 92드68848).

(5) 무효이혼의 추인
무효인 이혼의 추인을 인정할 것인지에 관하여는 견해의 대립이 있지만 혼인무효의 추인을 인정한다면 이혼무효의 추인도 인정할 수 있어야 할 것이다.

3) 관할
혼인무효의 소와 같다 즉 부부가 같은 가정법원의 관할구역 내에 주소가 있을 시 그 가정법원이, 부부가 마지막으로 같은 주소지를 가졌던 법원의 관할 구역 내에 부부 중 일방의 주소가 있을 때 그 가정법원이, 위 각 경우에 해당하지 아니하는 경우로 부부 중 어느 한쪽이 다른 한쪽을 상대로 하는 경우, 상대방 주소지의 가정법원이, 부부 모두를 상대로 하는 경우에는 부부 중 어느 한쪽의 주소지 가정법원이, 부부 중 일방이 사망한 경우에는 생존한 다른 한쪽의 주소지 가정법원이, 부부가 모두 사망한 경우에는 부부 중 한쪽의 마지막 주소지의 가정법원이 각각 관할 법원으로 된다.

4) 당 사 자
이혼무효의 소의 원고는 이혼당사자, 그 법정대리인, 4촌 이내의 친족이다(법 제23조). 피고는 부부일방이 제소 시 그 배우자를 피고로 하고, 제3자가 제소 시 부부가 피고들이 되며, 기타의 경우(사망)에는 검사이다.

5) 심 리
기본적으로 혼인무효의 소에서와 같다

6) 확정판결의 효과
이혼의 무효는 당연무효이며, 가정법원에 이혼무효확인의 소송을 제기할 수 있다. 협의이혼 무효청구를 인용하는 확정판결은 제3자에게도 효력이 있다. 이혼무효가 판결로 확정되었을 때에는 소를 제기한 자가 판결확정일로부터 1개월 이내에 판결의 등본 및 확정증명원을 첨부하여 등록부의 정정을 신청하여야 한다(가족등록법 제107조). 이를 해태한 경우 5만 원 이하의 과태료가 부과된다(동법 제122조).

7) 서식

가) 청구취지 기재례

(1) 이혼무효 등 청구의 소(타방배우자를 상대로)

> 1. 원고와 피고사이에 20○○. ○. ○. ○○구청장에게 신고한 협의이혼신고는 무효임을 확인한다.
> 2. 소송비용은 피고의 부담으로 한다.
> 라는 판결을 구합니다.

(2) 이혼무효 등 청구의 소(국제이혼)

> 1. 미합중국 캘리포니아주 로스엔젤레스시 상급법원이 원고와 피고 사이에 이혼 청구사건(사건번호 D-758079호)에 관한 2002년 1월 13일에 한 "원고와 피고는 이혼한다"라는 판결은 대한민국에 있어서는 효력이 없음을 확인한다.
> 2. 소송비용은 피고의 부담으로 한다.
> 라는 판결을 구합니다.

나) 첨부서류 등

첨부서류	인지액	송달료	관할법원	비고
* 혼인관계증명서(원고, 피고) 각 1통 * 가족관계증명서(원고, 피고) 각 1통 * 주민등록표등(초)본(원고, 피고) 각 1통 * 소명자료(판결문 등) * 혼인신고서 사본 1부	20,000원	당사자별 12회	① 쌍방공통주소지 ② 쌍방최후공통주소지 ③ 상대방주소지	일방이 서울 이외의 지역에 거주시엔 쌍방의 주민등록초본(주소이력) 제출

다) 서식례

[서식] 이혼무효확인

이 혼 무 효 확 인

원 고   홍 ○ ○(전화 :   )
         19○○년 ○월 ○일생
         등록기준지
         주   소
         (우편번호 :   )
피 고   김 ○ ○
         19○○년 ○월 ○일생
         등록기준지
         주   소
         (우편번호 :   )

청 구 취 지

1. 원고와 피고의 이혼신고(20○○년 ○월 ○일 ○○시 ○○구청장 접수)는 무효임을 확인한다.
라는 판결을 구합니다.

청 구 원 인

1. 원고와 피고는 20○○년 ○월 ○일 혼인하여 그 후 계속하여 오늘에 이르기까지 동거하고 있습니다.
2. 원고는 피고와 협의이혼에 관한 협의를 한 바 없고, 협의이혼을 위하여 법원에 다녀온 적도 없습니다.
3. 그런데 원고도 모르는 사이에 피고는 20○○년 ○월 ○일 ○○시에 ○○구청장에게 원고와 피고의 협의이혼신고를 하였습니다.
4. 원고와 피고의 협의이혼은 원고가 전혀 모르는 사실이고 또한 원고는 이혼할 의사가 없기 때문에 위 협의이혼은 무효이므로 이건 청구에 이른 것입니다.

첨 부 서 류

   1. 가족관계증명서(부의 것, 처의 것)   각 1통
   2. 주민등록등본(부의 것, 처의 것)   각 1통

2016. ○. ○.
위 원고 홍 ○ ○ (인)

서울가정법원 귀중 [○○지방법원(지원) 귀중]

■ 작성·접수방법

1. 소장에는 수입인지 20,000원(가류사건)을 붙여야 한다.
2. 송달료는 122,400원(=당사자수×5,100(송달료)×12회분)을 송달료취급은행에 납부하고 첨부하여야 한다.
3. 법원용 1부, 상대방 1부 합계 2부를 관할 가정법원에 접수한다.

[서식] 이혼무효확인

소 장

원 고   박 순   자(朴順子) (－   )
　　　　　본 적 :
　　　　　주 소 :
　　　　　☎

피 고   이 갑   돌(李甲乭) (－   )
　　　　　본 적 :
　　　　　주 소 :
　　　　　☎

이혼무효확인의 소

청 구 취 지

1. 미합중국 캘리포니아주 로스엔젤레스시 상급법원이 원고와 피고 사이에 이혼 청구사건
   (사건번호 D－758079호)에 관한 2002년 1월 13일에 한 "원고와 피고는 이혼한다"라는
   판결은 대한민국에 있어서는 효력이 없음을 확인한다.
2. 소송비용은 피고의 부담으로 한다.
라는 판결을 구함.

청 구 원 인

1. 원고와 피고는 1996년 5월 1일 결혼하여 자 일동(日童, 1997. 12. 10.생)이 출생하였습
   니다.
   2000년 5월 피고는 소속 ○○주식회사의 해외근무명령을 받고 단신으로 도미하여 근무하
   게 되었습니다.

2. 피고는 2002년 1월 13일 미합중국 캘리포니아주 로스엔젤레스시 상급법원에서
   D－758079호 사건(이하 본건 이혼소송이라 함)에 관하여 "원고와 피고는 이혼한다"라는
   판결을 받고 동 판결을 그 때 확정되었습니다.

3. 피고는 본건이혼확정판결증서를 첨부하여 2002년 2월 10일 원고와 이혼신고를 한 후
   동년 2월 15일에 소외 김부남(金富男, ○○년 ○월 ○일생)과 다시 혼인신고를 하였습니다.

4. 그러나 본건 소송의 개시, 심리가 본소 청구인에 대한 공시송달에 기한 것이므로 민사소송
    법 제203조 제2호의 요건을 구비하지 못하였습니다.
    따라서 본건 이혼판결은 대한민국 내에서는 효력없다는 판결을 구하는 바 입니다.

입 증 방 법

  1. 갑제1호증　　　　　　　　　　外국이혼판결등본 및 번역문

첨 부 서 류

  1. 위 입증서류　　　　　　　　　　　　　　　　1통
  2. 가족관계증명서(원고, 피고)　　　　　　　　　각1통
  3. 주민등록표등본(원고, 피고)　　　　　　　　　각1통
  4. 소장부본　　　　　　　　　　　　　　　　　　1통

년　　월　　일
위 원고　 박순자 (인)

○○가정법원　　　귀 중

나. 이혼의 취소

> 민법 제838조(사기, 강박으로 인한 이혼의 취소청구권)
> 사기 또는 강박으로 인하여 이혼의 의사표시를 한 자는 그 취소를 가정법원에 청구할 수
> 있다.

1) 의의

이혼의 취소는 협의이혼의 성립과정에 하자가 있는 경우에 그 이혼의 효력을 소급하여
소멸시키는 것을 말한다. 재판상 이혼은 재판절차를 거쳐 판결로 선고된 것이므로 상소
나 재심에 의하지 않고는 그 취소를 요구할 수 없으므로 여기서 이혼취소는 항상 협의이
혼의 취소만을 의미한다. 가사소송법상 나류 제3호 소송사건으로서 조정의 대상이 되나
임의처분이 허용되지는 않는다.
이혼의 취소는 가정법원에 청구하여서만, 즉 소에 의하여서만 주장할 수 있는 것으로서

형성의 소이다. 이혼의 취소는 혼인의 취소와는 달리, 그 소급효를 제한하는 규정은 없으므로 이혼취소의 판결이 확정되면 이혼은 당초부터 그 효력이 없었던 것으로 된다.

2) 이혼의 취소 사유

이혼취소의 사유는 사기 또는 강박으로 인하여 이혼의 의사표시를 한 때 뿐이다(민 제838조). 그 밖의 협의이혼 성립요건상의 흠은 경우에 따라 이혼무효의 사유로 될 수 있을 뿐 이혼취소의 사유로는 되지 않는다.

Q

시부모의 강압과 협박을 견디지 못해 이혼했습니다. 이혼을 취소할 수 있을까요?

A

취소할 수 있습니다. 강압과 협박으로 공포에 빠져 이혼을 결정한 경우라면 가능합니다. 협의이혼은 당사자의 의사의 합치에 의해 성립되는 이혼입니다(민법 제834조). 이때의 이혼의사는 자유로운 의사로서 진정한 내심으로부터 비롯된 의사여야 합니다. 따라서 민법은 타인의 강박이나 사기에 의해 이혼한 경우 그 이혼을 취소할 수 있도록 규정하고 있습니다(동법 제838조). 이혼이 취소되면 처음부터 이혼을 하지 않은 상태로 돌아가게 됩니다.

이혼을 취소하기 위해선 우선 가정법원에 조정을 신청해야 하며 조정이 성립되지 않으면 제소신청을 할 수 있습니다(제838조, 가사소송법 제2조, 제49조, 민사조정법 제36조). 주의할 것은 자신이 한 이혼이 사기에 의한 것임을 안 날 또는 강박에서 벗어난 날로부터 3개월을 경과할 때에는 취소를 청구하지 못하므로, 그 전에 소를 제기해야 한다는 점입니다(민법 제839조, 제823조).

---

3) 정당한 당사자

가) 원고적격

사기 또는 강박으로 인하여 이혼의 의사표시를 한 당사자가 원고적격자이고, 그 밖의 제3자는 이혼취소의 소를 제기할 수 없다.

나) 피고적격

이혼의 타방 당사자가 피고적격을 가진다(법 제24조 제4항, 제1항). 다만, 상대방으로 될 자가 사망한 때에는 검사가 상대방으로 된다(동조 제4항, 제3항).

4) 관 할

가) 토지관할

이혼취소의 소의 당사자적격이 이혼당사자 및 검사에 한정되므로 가사소송법 제22조의 규정은 제한적으로만 적용된다. 즉, 부부가 같은 가정법원의 관할구역 내에 보통재판적이 있을 때에는 상대방의 보통재판적소재지의 가정법원이, 부부가 최후의 공통의 주소지를 가졌던 가정법원의 관할구역 내에 부부 중 일방의 보통재판적이 있을 때에는 그 가정법원이, 위의 각 경우에 해당하지 아니하는 때에는 상대방의 보통재판적소재지의 가정법원이, 부부의 일방이 사망한 경우에는 생존한 타방의 보통재판적소재지의 가정법원이, 각각 관할법원으로 되고, 그 관할은 전속관할이다(법 제22조).

나) 사물관할

이혼취소의 소는 가정법원 합의부의 사물관할에 속한다(민사 및 가사소송의 사물관할에 관한규칙 제2조 제2항).

5) 심 리

가) 조정전치

이혼취소의 소는 조정전치주의 적용을 받는다(법 제50조) 그러나 이혼취소의 소의 소송물에 대해서도 당사자의 임의처분이 허용되지 않는다고 해석되므로 조정은 혼인취소에서와 같이 소송물 자체에 관한 것이 아니라, 당사자가 취하하여 이혼의 효력을 유지하기로 한다거나 반대로 이혼이 유효하게 성립된 것을 전제로 새로이 혼인신고를 하여 혼인관계를 회복하도록 하는 것 같이 간접적이고 우회적인 조정이어야 한다.

나) 제척기간

당사자가 사기를 안 날 또는 강박을 면한 날로부터 3월을 경과한 때에는 이혼취소청구권은 소멸한다(민 제839조, 제823조). 이는 제척기간이다.

다) 관련사건의 병합

이혼무효의 청구가 선택적으로 병합하거나 이혼취소의 청구가 인용될 것을 전제로 하여 부부간의 동거, 부양, 협조, 생활비용의 분담에 관한 처분의 청구를 병합한다.

6) 확정판결의 효과

가) 청구를 인용한 확정판결은 제3자에게도 효력이 있다(법 제21조 제1항), 그 청구를 기각한 판결은 이혼취소의 소에 다른 제소권자가 있을 수 없으므로 그 확정과 동시에 대세적 효력을 가지는 결과로 된다.

나) 판결이 확정된 때에는 가정법원의 법원 사무관등은 바로 이혼이 취소된 부부의 등록기준지 가족관계등록사무를 처리하는 사람에게 그 뜻을 통지하여야 한다(규칙 제7조 제1항).

7) 서식례

가) 청구취지 기재례

(1) 이혼취소청구의 소

> 1. 원고와 피고 사이에 2008. 4. 15. 서울 ○○구청장에게 신고하여 한 이혼은 이를 취소한다.
> 2. 소송비용은 피고의 부담으로 한다.
> 라는 판결을 구합니다.

(2) 이혼취소청구의 소 - 조정

> 신청인과 피신청인 사이에 ○○년 ○월 ○일 서울특별시 종로구청장에게 신고하여 한 이혼은 이를 취소한다.
> 라는 조정을 구합니다.

나) 첨부서류 등

첨부서류	인지액	송달료	관할법원	비고
* 혼인관계증명서(원고, 피고) 각 1통 * 가족관계증명서(원고, 피고) 각 1통 * 주민등록표등(초)본(원고, 피고) 각 1통 * 미성년자녀가 있는 경우-기본증명서, 가족관계증명서(자녀) 각 1통 * 혼인신고서 사본 1부	20,000원	당사자별 12회	① 쌍방공통주소지 ② 쌍방최후공통주소지 ③ 상대방주소지	일방이 서울이외의 지역에 거주시엔 쌍방의 주민등록초본(주소이력) 제출

다) 서식례

[서식] 이혼취소청구의 소

소　장

원　고　　　　이 ○ ○ (주민등록번호　　　　　)
　　　　　　　1967년 2월 1일생 (연락처　　　　　)
　　　　　　　등록기준지
　　　　　　　주　　　　소

피　고　　　　김 ○ ○ (주민등록번호　　　　　)
　　　　　　　1965년 3월 10일생 (연락처　　　　　)
　　　　　　　등록기준지
　　　　　　　주　　　　소

이혼취소청구의 소

청 구 취 지

1. 원고와 피고 사이에 2008. 4. 15. 서울 ○○구청장에게 신고하여 한 이혼은 이를 취소한다.
2. 소송비용은 피고의 부담으로 한다.
라는 판결을 구합니다.

청 구 원 인

1. 당사자의 혼인과 이혼
2. 구체적 사유는 중략 ……
3. 위와 같은 제반사정에 따라 원고는 피고에게 완전히 속아 마음에도 없는 협의이혼을 하였습니다. 따라서 서울 ○○구청장에게 2008. . .자에 한 이혼신고는 원고가 피고로부터 기망을 당하여 이혼의 의사표시를 한 것이므로 이를 취소하여 주시기 바랍니다.

입 증 방 법

　　1. 갑제 1호증 1, 2　　　　　　　　　각 가족관계증명서
　　1. 갑제 2호증　　　　　　　　　　　기본증명서
　　1. 갑제 3호증　　　　　　　　　　　합의서

첨 부 서 류

    1. 위 입증방법   각 1통

    1. 소장부본   1통

    1. 납부서   1통

2015 . ○. ○.
위 원고 ○ ○ ○

서울가정법원　귀중

■ 작성 · 접수방법

1. 소장에는 인지 20,000원을 납부한다
2. 송달료 122,400원[당사자수(2명)×5,100원(송달료)×12회분]을 납부하여야 한다.

소 장

원   고   김 미 자(金美子) (-   )
              본   적 :
              주   소 :
              ☎

피   고   이 삼 수(李三修) (-   )
              본   적 :
              주   소 :
              ☎

혼인취소의 소

청 구 취 지

1. 원고와 피고 사이에 ○○년 ○월 ○일 서울특별시 중구청장에게 신고하여 한 이혼은 이를 취소한다.
2. 소송비용은 피고의 부담으로 한다.
라는 판결을 구함.

청 구 원 인

1. 원고와 피고는 ○○년 ○월 ○일 혼인한 부부로서 슬하에 1남 1녀를 두고 경제적으로 비록 넉넉하지 못하였으나 화목한 가정생활을 하여 왔습니다.
2. 원고는 집안살림에 보태고자 ○○년 ○월경부터 직물장사를 하였으나 경험부족으로 실패하여 그로 인한 빚이 약 5천만 원에 달하여 많은 채권자들로부터 그 빚 독촉에 몹시 시달리게 되었습니다.
3. 피고는 이와 같은 심한 성화를 면하기 위하여서는 일시적이나마 가장이혼을 하였다가 사태를 수습한 뒤 다시 혼인신고를 하면 된다고 원고를 꾀여 원고는 그 말을 믿고 ○○년 ○월 ○일 관할법원에 원고와 피고가 같이 출두하여 협의이혼의사확인을 받고 같은 달 ○일에 본적지 구청에 이혼신고   를 한 것입니다.
4. 그런데 피고는 그 후 위 채무관계가 전부 정리되었음에도 불구하고 혼인신고를 미루고 있기에 원고가 수차례 걸쳐 혼인신고를 할 것을 독촉한 바 있으나 끝내 이를 거절하고 말았습니다. 이에 원고는 이를 수상이 여긴 나머지 조사하여 본 결과 피고는 이혼 전에 벌써 다른 여자와 사귀고 있었으   며 원고와 이혼한 것도 그 여자와 혼인할 의사로서

원고를 기망하였던 것입니다.

5. 위와 같이 피고의 사기행위로 인하여 협의이혼신고한 것은 민법 제838조에 의하여 취소사
   유에 해당되므로 청구취지와 같이 판결을 구하는 바입니다.

첨 부 서 류

    1. 가족관계증명서(원고, 피고)   각1통
    2. 주민등록표등본(원고, 피고)   각1통
    3. 소장부본   1통

년   월   일

위 원고 김미자 (인)

○○가정법원   귀 중

[서식] 이혼취소 조정신청서

조 정 신 청 서

신 청 인   이 갑 순(李甲順) (–   )
                본   적 :
                주   소 :
                ☎

피 신청인   박 일 남(朴日男) (–   )
                본   적 :
                주   소 :
                ☎

이혼취소조정신청

신 청 취 지

신청인과 피신청인 사이에 ○○년 ○월 ○일 서울특별시 종로구청장에게 신고하여 한 이혼은
이를 취소한다.
라는 조정을 구함.

신 청 원 인

1. 신청인과 피신청인은 ○○년 ○월 ○일 혼인한 부부로서 1남 2녀를 두고 있으며 비록 경제적으로는 넉넉하지 못하였으나 화목한 가정생활을 하여 왔습니다.

2. 신청인은 결혼 후 하루속히 내집 마련을 하기 위하여 1998년 3월경부터 동대문시장에서 포목상회를 경영하였으나 경험부족과 자금난으로 실패하고 그로 인하여 약 5천만 원의 채무를 부담하게 되었고 많은 채권자로부터 빚독촉에 몹시 시달리게 되었습니다.

3. 피신청인은 이와 같은 심한 성화를 면하고 가정을 지키기 위하여서는 일시적이나마 가장 이혼을 하고 사태가 수습된 후 다시 혼인신고를 하자고 신청인을 꾀여 신청인은 그 말을 믿고 ○○년 ○월 ○일 관할법원에 같이 출두하여 협의이혼의사확인를 받은 후 같은 달 ○일에 이혼신고를 하고 별거하였던 것입니다.

4. 그런데 신청인은 그 후 위 채무를 전부 정리한 후 피신청인에게 혼인신고와 동거할 것을 수차례 독촉하였으나 이에 응하지 아니하므로 이를 수상히 여겨 조사한 결과 피신청인은 이혼신고 전에 벌써 다른 여자와 사귀고 있었으며 신청인과 이혼즉시 혼인신고를 하였던 것입니다. 따라서 신청인   과 가장 이혼할 것을 강력히 권유한 것도 실은 그 여자와 혼인할 의사로서 신청인을 기망하였던 것이므로 이와 같은 사기에 의한 이혼을 취소하고자 본 조정신청을 하는 바입니다.

첨 부 서 류

1. 가족관계증명서(신청인, 피신청인)　　　　　　　각1통
2. 주민등록표등본(신청인, 피신청인)　　　　　　　각1통
3. 신청서부본　　　　　　　　　　　　　　　　　　1통

년　　월　　일

위 신청인　이　갑　순　(인)

○○가정법원　　귀중

5. 협의이혼

민법 제834조(협의이혼)
부부는 협의에 의하여 이혼할 수 있다.

제835조(성년후견과 협의이혼)
피성년후견인의 협의이혼에 관하여는 제808조 제2항을 준용한다.

제836조(이혼의 성립과 신고방식) ① 협의이혼은 가정법원의 확인을 받아 「가족관계의 등록 등에 관한 법률」의 정한 바에 의하여 신고함으로써 그 효력이 생긴다.
② 전항의 신고는 당사자 쌍방과 성년자인 증인 2인의 연서한 서면으로 하여야 한다.

제836조의2(이혼의 절차) ① 협의이혼을 하려는 자는 가정법원이 제공하는 이혼에 관한 안내를 받아야 하고, 가정법원은 필요한 경우 당사자에게 상담에 관하여 전문적인 지식과 경험을 갖춘 전문상담인의 상담을 받을 것을 권고할 수 있다.
② 가정법원에 이혼의사의 확인을 신청한 당사자는 제1항의 안내를 받은 날부터 다음 각 호의 기간이 지난 후에 이혼의사의 확인을 받을 수 있다.
1. 양육하여야 할 자(포태 중인 자를 포함한다. 이하 이 조에서 같다)가 있는 경우에는 3개월
2. 제1호에 해당하지 아니하는 경우에는 1개월
③ 가정법원은 폭력으로 인하여 당사자 일방에게 참을 수 없는 고통이 예상되는 등 이혼을 하여야 할 급박한 사정이 있는 경우에는 제2항의 기간을 단축 또는 면제할 수 있다.
④ 양육하여야 할 자가 있는 경우 당사자는 제837조에 따른 자의 양육과 제909조 제4항에 따른 자의 친권자결정에 관한 협의서 또는 제837조 및 제909조 제4항에 따른 가정법원의 심판정본을 제출하여야 한다.
⑤ 가정법원은 당사자가 협의한 양육비부담에 관한 내용을 확인하는 양육비부담조서를 작성하여야 한다. 이 경우 양육비부담조서의 효력에 대하여는 「가사소송법」 제41조를 준용한다.

제837조(이혼과 자의 양육책임) ① 당사자는 그 자의 양육에 관한 사항을 협의에 의하여 정한다.
② 제1항의 협의는 다음의 사항을 포함하여야 한다. 〈개정 2007.12.21〉
1. 양육자의 결정
2. 양육비용의 부담
3. 면접교섭권의 행사 여부 및 그 방법
③ 제1항에 따른 협의가 자의 복리에 반하는 경우에는 가정법원은 보정을 명하거나 직권으로 그 자의 의사·연령과 부모의 재산상황, 그 밖의 사정을 참작하여 양육에 필요한 사항을 정한

다.

④ 양육에 관한 사항의 협의가 이루어지지 아니하거나 협의할 수 없는 때에는 가정법원은 직권으로 또는 당사자의 청구에 따라 이에 관하여 결정한다. 이 경우 가정법원은 제3항의 사정을 참작하여야 한다.

⑤ 가정법원은 자(자)의 복리를 위하여 필요하다고 인정하는 경우에는 부·모·자(자) 및 검사의 청구 또는 직권으로 자(자)의 양육에 관한 사항을 변경하거나 다른 적당한 처분을 할 수 있다.

⑥ 제3항부터 제5항까지의 규정은 양육에 관한 사항 외에는 부모의 권리의무에 변경을 가져오지 아니한다.

제837조의2(면접교섭권) ① 자를 직접 양육하지 아니하는 부모의 일방과 자는 상호 면접교섭할 수 있는 권리를 가진다.

② 가정법원은 자의 복리를 위하여 필요한 때에는 당사자의 청구 또는 직권에 의하여 면접교섭을 제한하거나 배제할 수 있다.

제838조(사기, 강박으로 인한 이혼의 취소청구권)
사기 또는 강박으로 인하여 이혼의 의사표시를 한 자는 그 취소를 가정법원에 청구할 수 있다.

제839조(준용규정)
제823조의 규정은 협의이혼에 준용한다.

제839조의2(재산분할청구권) ① 협의이혼한 자의 일방은 다른 일방에 대하여 재산분할을 청구할 수 있다.

② 제1항의 재산분할에 관하여 협의가 되지 아니하거나 협의할 수 없는 때에는 가정법원은 당사자의 청구에 의하여 당사자 쌍방의 협력으로 이룩한 재산의 액수 기타 사정을 참작하여 분할의 액수와 방법을 정한다.

③ 제1항의 재산분할청구권은 이혼한 날부터 2년을 경과한 때에는 소멸한다.

제839조의3(재산분할청구권 보전을 위한 사해행위취소권) ① 부부의 일방이 다른 일방의 재산분할청구권 행사를 해함을 알면서도 재산권을 목적으로 하는 법률행위를 한 때에는 다른 일방은 제406조 제1항을 준용하여 그 취소 및 원상회복을 가정법원에 청구할 수 있다.

② 제1항의 소는 제406조 제2항의 기간 내에 제기하여야 한다.

가. 의의

부부가 자유로운 이혼합의에 의하여 혼인관계를 해소시키는 제도로 협의이혼이 성립하려면 부부가 이혼의사의 합치 하에(실질적 요건), 이혼의사확인절차를 거쳐 이혼신고를 하여야 한다(형식적 요건). 재외국민으로 등록된 국민이 재외공관장에게 협의이혼의사확인 신청을 하여 서울가정법원으로부터 이혼의사확인을 받은 후 쌍방이 서명 또는 날인한 이혼신고서에 그 확인서등본을 첨부하여 재외공관장 등에게 신고함으로써 이혼의 효력이 발생한다.

* 협의이혼 절차

협의이혼 의사확인 신청서 작성 → 법원에접수 → 협의이혼의사확인을 위한 기일 출석

이혼숙려기간 → 이혼신고

Q

남편이 같은 회사의 여사원과 불륜관계를 맺고 있습니다. 그래서 저는 남편에게 이혼을 제의했으나, 남편은 이혼을 못하겠다고 합니다. 어떻게 하면 이혼할 수 있는지요?

A

「민법」 제840조에 의하면 부부일방은 ①배우자의 부정한 행위가 있었을 때, ②배우자가 악의로 다른 일방을 유기한 때, ③배우자 또는 그 직계존속으로부터 심히 부당한 대우를 받았을 때, ④자기의 직계존속이 배우자로부터 심히 부당한 대우를 받았을 때, ⑤배우자의 생사가 3년 이상 분명하지 아니한 때, ⑥기타 혼인을 계속하기 어려운 중대한 사유가 있을 때에는 가정법원에 이혼을 청구할 수 있다고 규정하고 있습니다.

이와 같이 부부는 동거하면서 서로 부양하고 협조하여야 하며(같은 법 제826조 제1항) 정조를 지킬 의무가 있는데, 다른 여자와 불륜관계를 맺은 것은 부정한 행위로서 재판상 이혼사유가 되므로 남편이 협의이혼에 불응하면 남편의 부정한 행위를 원인으로 하는 이혼소송을 관할 가정법원에 하면 될 것입니다.

그리고 부정행위를 안 날로부터 6개월, 그 사실이 있은 날로부터 2년 내에 이혼청구소송을 제기하여야 합니다(같은 법 제841조).

나. 협의이혼의사 확인신청

1) 이혼의사 확인

협의이혼을 하려고 하는 사람은 등록기준지 또는 주소지를 관할하는 가정법원의 확인을 받아 신고하여야 한다. 부부의 주소가 각기 다르거나 등록기준지와 주소가 다른 경우에는 그 중 편리한 곳에 신고하면 된다. 다만 국내에 거주하지 아니하는 경우에 그 확인은 서울가정법원의 관할로 한다(가족등록법 제75조 제1항). 이러한 이혼의사 확인은 협의이혼에 관한 실질적 심사의 의미가 있는데 이혼하려는 부부가 함께 출석하여 신청서를 제출하여야 하며 다만 부부 한쪽이 재외국민이거나 수감자로서 출석하기 어려운 경우에는 다른 쪽이 출석하여 제출할 수 있다(동법 규칙 제73조).

2) 협의이혼의 관할

부부의 등록기준지 또는 주소지 관할 법원에 부부가 함께 출석하여 협의이혼의사확인 신청서를 제출하는데, 재판상 이혼과 달리 협의이혼은 그 지역에 시군법원이 있는 경우 그 시군법원에 제출할 수 있다. 또한 서울의 경우 서울가정법원만이 아니라 그 관할구역에 따라 협의이혼 절차를 진행할 수 있는 그 관할구역은 아래와 같다.

법원	관할구역
서울가정법원	종로구, 중구, 성북구, 강남구, 서초구, 관악구, 동작구
서울동부지방법원	성동구, 광진구, 강동구, 송파구
서울남부지방법원	금천구, 영등포구, 강서구, 양천구, 구로구
서울북부지방법원	동대문구, 중랑구, 도봉구, 강북구, 노원구
서울서부지방법원	서대문구, 마포구, 은평구, 용산구

다만, 부부의 주소가 다르거나 본적지와 주소가 다른 경우 그 중 편리한 곳에 신청서를 제출하면 되고, 부부 중 일방이 외국에 있거나 교도소에 수감 중인 경우에는 다른 일방이 혼자 출석하여 신청서를 제출할 수 있다. 재외국민인 당사자가 협의이혼을 하고자 하는 경우에는 그 거주지를 관할하는 재외공관의 장에게 협의이혼의사 확인신청을 할 수 있다.

3) 협의이혼 신청 시 준비서류

먼저 협의이혼의사 확인을 신청해야 하며, 신청시 제출해야 하는 서류는 다음과 같다.

가) 협의이혼의사확인신청서 1통

부부가 함께 작성하며, 신청서 양식은 법원의 신청서 접수창구에 있다. 기일의 고지는 전화 등으로 할 수 있으므로, 신청서에 전화연락처를 정확히 기재하고, 연락처 변경 시에는 즉시 법원에 신고하여야 한다.

나) 당사자의 가족관계증명서와 혼인관계증명서 각 1통

시(구), 읍, 면, 동사무소에서 발급받을 수 있다.

다) 주민등록등본 1통

주소지 관할법원에 이혼의사확인신청을 하는 경우에만 첨부한다.

라) 양육과 친권자결정에 관한 협의서 1통과 사본 2통 또는 가정법원의 심판정본 및 확정증명서 각 3통

미성년인 자녀가 있는 부부는 이혼에 관한 안내를 받은 후 그 자녀의 양육과 친권자 결정에 관한 협의서 1통과 사본 2통 또는 가정법원의 심판정본 및 확정증명서 각 3통을 제출하되, 부부가 함께 출석하여 신청하고 이혼에 관한 안내를 받은 경우에는 협의서는 확인기일 1개월 전까지 제출할 수 있고, 심판정본 및 확정증명서는 확인기일까지 제출할 수 있다. 자녀의 양육과 친권자 결정에 관한 협의가 원활하게 이루어지지 않는 경우에는 신속하게 가정법원에 심판을 청구하여 심판정본 및 확정증명서를 제출하여야 한다. 미제출 또는 제출지연 시 협의이혼 확인이 지연되거나 불확인 될 수 있다. 특히 이혼신고 다음날부터 미성년인 자녀가 성년에 이르기 전 날까지의 기간에 해당하는 양육비에 관하여 협의서를 작성한 경우 양육비 부담조서가 작성되어 별도의 재판 없이 강제집행을 할 수 있으므로 양육비 부담에 관하여 신중한 협의를 하여야 한다.

마) 이혼신고서

이혼신고서는 법원에 제출하는 서류가 아니고 시(구), 읍, 면사무소에 이혼신고 할 때 제출하는 서류이나, 법원에 신청할 때 미리 이혼신고서 뒷면에 기재된 작성방법에 따라 부부가 함께 작성하여 서명 또는 날인한 후 각자 1통을 보관하고 있다가 이혼신고 할 때 제출하면 편리하다. 신고서 양식은 법원의 신청서 접수창구 및 시(구), 읍, 면사무소에 있다.

바) 부부 중 일방이 외국에 있거나 교도소(구치소)에 수감 중인 경우에는 재외국민등록부 등본 1통 또는 수용증명서 1통을 첨부한다.

4) 이혼에 관한 안내

협의이혼의사의 확인을 신청한 부부는 가정법원이 제공하는 이혼에 관한 안내를 받아야 한다. 즉 협의이혼을 하려는 자는 가정법원이 제공하는 이혼에 관한 안내를 받아야 하고 가정법원은 필요한 경우 당사자에게 상담에 관하여 전문적인 지식과 경험을 갖춘 전문상 담인의 상담을 받을 것을 권고할 수 있다.

5) 이혼의사 확인기간(숙려기간)

협의이혼을 신청한 부부가 함께 본인의 신분증(주민등록증, 운전면허증, 여권 중 하나)과 도장을 가지고 통지받은 확인기일(시간)에 법원에 출석하여야 한다. 첫 번째 확인기일에 불출석하였을 경우에는 두 번째 확인기일에 출석하면 되나, 두 번째 확인기일에도 불출 석한 경우에는 확인신청을 취하한 것으로 간주한다. 부부 모두 이혼의사가 있음이 확인 되면 법원에서 부부에게 확인서등본 1통씩을 교부한다.

부부 중 일방이 외국에 있거나 교도소에 수감 중인 경우에만 다른 일방이 혼자 출석하여 신청서를 제출할 수 있고, 이 때 법원에서 그 재외공관 또는 수감된 교도소로 이혼의사 확인을 요청하는 촉탁서를 보내 이혼의사가 있다는 회신이 오면, 상대방을 법원에 출석 하도록 하여 이혼의사확인을 한다.

이후 가정법원에서 안내를 받은 날부터 다음의 기간(이혼숙려기간)이 경과한 후에 이혼 의사의 확인을 받을 수 있다.

가) 미성년인 자녀(임신 중인 자를 포함)가 있는 경우에는 3개월

나) 성년 도달 전 1개월 후 3개월 이내 사이의 미성년인 자녀가 있는 경우에는 성년이 된 날

다) 성년 도달 전 1개월 이내의 미성년인 자녀가 있는 경우에는 1개월

라) 자녀가 없거나 성년인 자녀만 있는 경우에는 1개월

단, 가정폭력 등 급박한 사정이 있어 위 기간의 단축 또는 면제가 필요한 사유가 있는 경우 이를 소명하여 사유서를 제출할 수 있는데, 이 경우 특히 상담위원의 상담을 통하 여 사유서를 제출할 수 있다. 사유서 제출 후 7일 이내에 확인기일의 재지정 연락이 없 으면 최초에 지정한 확인기일이 유지되며, 이에 대하여는 이의를 할 수 없다.

6) 당사자의 법원출석

당사자는 확인기일을 법원으로 통지 받고서 출석하게 되는데 확인기일에는 반드시 부부 가 함께 본인의 신분증 등과 도장을 가지고 법원에 출석하여야 한다. 이때 확인기일에 불출석하였을 경우에는 2회 확인기일에 출석하면 되나, 2회 확인기일에도 출석하지 않으 면 확인신청을 취하 한 것으로 본다. 확인기일에 부부의 이혼의사가 확인되면 법원에서

부부에게 확인서 등본을 1통씩 교부한다.

7) 자에 대한 양육사항 및 친권자 결정에 관한 협의서나 심판정본 제출

양육하여야 할 자가 있는 당사자는 양육사항 및 친권자 결정에 관한 협의서 또는 가정법원의 심판정본을 제출하여야 한다(민 836조의2) 이는 의무적인 것으로 자녀에 대한 양육사항이나 친권자 등에 관한 사항이 정해지지 않으면 이혼의 확인을 받을 수 없게 된다.

다. 협의이혼 신고

이혼을 하고자 하는 사람은 가정법원으로부터 확인서 등본을 교부 또는 송달받은 날부터 3개월 이내에 그 등본을 첨부하여 신고를 해야 하고 3개월의 기간이 경과한 때에는 그 가정법원의 확인은 효력을 상실한다(가족등록법 제75조 제2, 3항). 그리고 협의이혼신고서에 가정법원의 이혼의사확인서등본을 첨부한 경우에는 증인 2인의 연서가 있는 것으로 본다(동법 제76조).

Q

저는 혼인한지 10년 만에 남편 甲과 합의이혼을 하기로 하고 법원에 출석하여 '협의이혼의사확인서등본'을 교부받았습니다. 그러나 쌍방 모두 이혼신고를 하지 않은 채 3개월이 지났는데, 이 경우 위 협의이혼의사확인의 효력과 자녀에 대한 친권행사관계는 어떻게 되는지요?

A

「가족관계의 등록 등에 관한 법률」 제75조는 "①협의상 이혼을 하고자 하는 사람은 등록기준지 또는 주소지를 관할하는 가정법원의 확인을 받아 신고하여야 한다. 다만, 국내에 거주하지 아니하는 경우에 그 확인은 서울가정법원의 관할로 한다. ②제1항의 신고는 협의상 이혼을 하고자 하는 사람이 가정법원으로부터 확인서등본을 교부 또는 송달받은 날부터 3개월 이내에 그 등본을 첨부하여 행하여야 한다. ③제2항의 기간이 경과한 때에는 그 가정법원의 확인은 효력을 상실한다. ④가정법원의 확인의 절차와 신고에 관하여 필요한 사항은 대법원규칙으로 정한다."라고 규정하고 있습니다. 그러므로 귀하가 받은 협의이혼의사확인등본은 3개월이 경과하여 그 효력을 잃었다 할 것이고, 만약 계속 이혼할 의사가 있다면 법원의 협의이혼의사확인을 다시 받아야 할 것입니다(대법원 1983. 7. 12. 선고 83므11 판결).

그리고 자녀에 대한 친권행사에 관하여 「가족관계의 등록 등에 관한 규칙」 제74조 제1항은 "제73조의 이혼의사확인신청이 있는 때에는 가정법원은 부부 양쪽이 이혼에 관한 안내를 받은 날부터 「민법」 제836조의2 제2항 또는 제3항에서 정한 기간이 지난 후에 부부 양쪽을 출석시켜 그 진술을 듣고 이혼의사의 유무 및 부부 사이에 미성년인 자녀가 있는지 여부와 미성년인 자녀가 있는 경우 그 자녀에 대한 양육과 친권자결정에 관한 협의서 또는 가정법원의 심판정본 및 확정증명서(다음부터 이 장에서 "이혼의사 등"이라 한다)를 확인하여야 한다."라고 규정하고 있으므로, 미성년인 자녀가 있을 경우에는 미리 甲과 협의하여 친권자를 정해두는 것이 좋습니다.

친권행사자에 관한 협의를 할 수 없거나 이루어지지 않는 경우에 가정법원은 직권으로 또는 당사자의 청구에 따라 친권자를 지정하도록 하고 있습니다(민법 제909조 제4항).

라. 협의이혼의 철회

「가족관계의 등록 등에 관한 법률」 시행으로 폐지된 구 「호적법」상의 판례도 "부부가 이혼하기로 협의하고 가정법원의 협의이혼의사확인을 받았다고 하더라도 호적법에 정한 바에 의하여 신고함으로써 협의이혼의 효력이 생기기 전에는 부부의 일방이 언제든지 등록기준지, 주소지 또는 현재지 시, 구, 읍, 면의 장에게 협의이혼의사를 철회할 수 있는 것이어서, 협의이혼신고서가 수리되기 전에 협의이혼의사의 철회신고서가 제출되면 협의이혼신고서는 수리할 수 없는 것이므로, 설사 호적공무원이 착오로 협의이혼의사철회신고서가 제출된 사실을 간과한 나머지 그 후에 제출된 협의이혼신고서를 수리하였다고 하더라도 협의상 이혼의 효력이 생길 수 없다."라고 하였다(대법원 1994. 2. 8. 선고 93도2869 판결). 그러나 이혼신고서가 이혼의사철회서보다 먼저 접수되면 철회서를 제출하였더라도 이혼의 효력이 발생한다.

마. 효과

이혼신고는 창설적 신고로 본다. 따라서 이혼의사 확인을 받았더라도 이혼신고를 하지 않는 한 이혼이 성립하지 않는다. 불확인 처리를 받은 경우에는 가정법원에 별도로 재판상 이혼 또는 재판상 친권자지정 등을 청구할 수 있다.

바. 협의이혼을 전제한 재산분할약정의 재판이혼시 적용여부

판례는 "재산분할에 관한 협의는 혼인 중 당사자 쌍방의 협력으로 이룩한 재산의 분할에 관하여 이미 이혼을 마친 당사자 또는 아직 이혼하지 않은 당사자 사이에 행하여지는 협의를 가리키는 것인바, 그 중 아직 이혼하지 않은 당사자가 장차 협의상 이혼할 것을 약정하면서 이를 전제로 하여 위 재산분할에 관한 협의를 하는 경우에 있어서는, 특별한 사정이 없는 한 장차 당사자 사이에 협의상 이혼이 이루어질 것을 조건으로 하여 조건부 의사표시가 행하여지는 것이라

할 것이므로, 그 협의 후 당사자가 약정한 대로 협의상 이혼이 이루어진 경우에 한하여 그 협의의 효력이 발생하는 것이지, 어떠한 원인으로든지 협의상 이혼이 이루어지지 아니하고 혼인관계가 존속하게 되거나 당사자 일방이 제기한 이혼청구의 소에 의하여 재판상 이혼(화해 또는 조정에 의한 이혼을 포함)이 이루어진 경우에 그 협의는 조건의 불성취로 인하여 효력이 발생하지 않는다."라고 하였다(대법원 2000. 10. 24. 선고 99다33458 판결, 2003. 8. 19. 선고 2001다14061 판결).

그리고 "협의이혼을 전제로 재산분할의 약정을 한 후 재판상 이혼이 이루어진 경우, 재판상 이혼 후 또는 재판상 이혼과 함께 재산분할을 원하는 당사자로서는, 이혼성립 후 새로운 협의가 이루어지지 아니하는 한, 이혼소송과 별도의 절차로 또는 이혼소송절차에 병합하여 가정법원에 재산분할에 관한 심판을 청구하여야 하는 것이지(이에 따라 가정법원이 재산분할의 액수와 방법을 정함에 있어서는 그 협의의 내용과 협의가 이루어진 경위 등을 민법 제839조의2 제2항 소정 '기타 사정'의 하나로서 참작하게 될 것임), 당초의 재산분할에 관한 협의의 효력이 유지됨을 전제로 하여 민사소송으로써 그 협의내용 자체의 이행을 구할 수는 없다."라고 하였다 (대법원 1995. 10. 12. 선고 95다23156 판결).

사. 협의이혼 합의에 따른 금원수령 후, 불성립되어 재판상이혼 청구시 위자료청구 가능성

서울가정법원 1997. 4. 3. 선고 96드27609 판결에서는 "협의이혼을 하기로 하면서 일정 금원을 수령하고 이후 어떠한 이의도 제기하지 않기로 약정하였으나 협의이혼이 이루어지지 않고 재판상 이혼에 이르게 된 경우, 그와 같은 약정은 특별한 사정이 없는 한 협의이혼이 이루어질 것을 전제로 하여 한 조건부 의사표시로서 협의이혼이 이루어지지 않은 이상 그 합의는 조건의 불성취로 인하여 효력이 발생되지 아니하므로, 이로써 재판상 이혼함으로 인하여 발생하는 위자료 청구권 및 재산분할 청구권이 당연히 소멸된다고 할 수 없다."고 판시하고 있다.

아. 협의이혼 당시 위자료, 재산분할 등에 관한 합의가 성립되어야 하는지

협의이혼을 할 당시 위자료, 재산분할 등 재산문제가 합의되지 아니한 경우에도 이혼은 가능하다. 위자료 청구의 경우, 배우자의 책임 있는 사유로 이혼에 이른 경우에 그로 인해 입은 정신적 고통에 대한 배상, 즉 위자료를 상대 배우자에게 청구할 수 있다(민법 제843조 및 제806조). 협의이혼을 할 때 부부간 재산문제 합의 여부는 법원의 확인사항이 아니므로 협의이혼 시 위자료에 관한 합의가 성립되지 아니한 경우라도 협의이혼은 가능하다. 이혼 후 법원에 위자료청 구소송을 별도로 제기하여 위자료 문제를 다룰 수 있기 때문이다(가사소송법 제2조 제1항 제1호 다목 2). 이러한 위자료 청구권은 통상 이혼한 때부터 3년 이내에 행사하지 않으면

시효로 인해 소멸한다(민법 제839조의2).

재산분할의 경우 또한 이혼으로 인해 부부공동생활이 해소되는 경우에 혼인 중 부부간 재산문제 합의 여부는 법원의 확인사항이 아니다. 따라서 협의이혼 시 재산분할에 관해 합의되지 않더라도 이혼하는 것은 가능하다. 이혼 후 법원에 재산분할청구심판을 청구해서 재산분할 문제를 다툴 수 있다(가사소송법 제2조 제1항 제2호 나목 4). 이러한 재산분할청구권은 이혼한 날부터 2년을 경과하면 소멸한다.

자. 협의이혼 시 자녀들에 대한 양육비 등에 대한 약정의 효력

일반적으로 이혼자인 부모가 그 자녀들에 대한 부양의무의 하나로서 지게 되는 양육책임은 자녀가 성년이 되는 경우에는 이를 부담하지 않게 된다고 할 것이나, 부부가 이혼하면서 자녀들의 양육을 모가 맡아서 하되 부가 자녀들의 취업 또는 결혼시까지 양육비와 생활비를 지급하기로 약정하였다면 자녀들이 성년이 된 이후에도 취업 내지 결혼하기 전까지는 양육비 등을 지급하여야 한다 라는 하급심 판례가 있다(서울민사지방법원 1993. 2. 4. 선고 92가합44812 판결). 그리고 위 판례와 유사한 대법원 판례에 의하면 "부부간에 이혼하면서 당초에는 남편이 자녀의 양육을 맡기로 협정하였으나 사정이 바뀌어 처가 자녀의 양육을 맡기로 양육에 관한 협정을 변경하면서 자녀들에 대한 부양료로써 남편은 자녀들에게 그가 받는 봉급의 80퍼센트와 700퍼센트의 상여금을 막내인 자녀가 대학을 졸업할 때까지 매월 지급하기로 한 협정이 현저히 형평을 잃은 불공정한 것이어서 무효이거나 그 이행을 강요함이 형평에 반한다고 할 수 없다."라고 하면서 "부양권리자와 부양의무자 사이에 부양의 방법과 정도에 관하여 협정이 이루어지면 당사자 사이에 다시 협의에 의하여 이를 변경하거나, 법원의 심판에 의하여 위 협정이 변경, 취소되지 않는 한 부양의무자는 그 협정에 따른 의무를 이행하여야 하는 것이고, 법원이 그 협정을 변경, 취소하려면 그럴 만한 사정의 변경이 있어야 하는 것이므로 부양권리자들이 위 협정의 이행을 구하는 사건에서 법원이 임의로 협정의 내용을 가감하여 부양의무자의 부양의무를 조절할 수는 없다."라고 하였다(대법원 1992. 3. 31. 선고 90므651, 668 판결).

따라서 협의이혼시 자녀들에 대한 양육비의 지급에 관한 약정이 존재할 경우 그 약정의 취소, 변경에 대한 별도의 합의가 존재하지 아니하거나 그 외 약정한 사실을 변경, 취소할 만한 사정변경이 없는 한 그 효력은 유지된다.

차. 협의이혼절차 단축, 면제사유

(1) 단축 등 절차

가정폭력으로 인하여 당사자 일방에게 참을 수 없는 고통이 예상되는 등 신속히 이혼을 하여야할 급박한 사정이 있는 경우 이혼의사확인까지 필요한 기간의 단축 또는 면제사유를 소명하여 사유서를 제출할 수 있으며, 이 경우 법원사무관 등 또는 가사조사관은 상담위원의 상담을 통하여 사유서를 제출하도록 권고하고 담당판사는 상담위원의 의견을 참고하여 이혼의사확인기일을 지정할 수 있다. 상담받은 날부터 7일(상담을 받은 경우) 또는 사유서를 제출한 날로부터 7일(상담을 받지 아니한 경우) 이내에 새로운 확인기일의 지정 통지가 없으면 최초에 지정된 확인기일이 유지된다. 또한 이에 따라 이혼의사확인기일을 다시 정한 경우에는 신청서의 확인기일란에 삭선을 긋고 통지한다(협의이혼의 의사확인사뭄 및 가족관계사무 처리지침 제6조)

(2) 실무상 단축사유

실무상 인정되는 이혼숙려기간 단축사유는 다음과 같다. 이러한 숙려기간 단축 면제결정에는 정해진 방식이 따로 있는 것은 아니며, 보통은 이혼의사 확인기일을 조기에 정하고 그 확인기일을 당사자에게 전화 등으로 통해 통보하는 방식으로 진행된다. 참고로 부부 중 일방이 외국에 있거나 교도소(구치소)에 수감중인 경우에는 재외국민등록부등본 1통(재외공관 및 외교통상부 발급) 또는 수용증명서(교도소 또는 구치소) 1통을 첨부하여야 한다.

(가) 가정 폭력으로 인하여 당사자 일방에게 참을 수 없는 고통이 예상되는 경우
(나) 일방이 해외장기체류를 목적으로 즉시 출국하여야 하는 사정이 있는 경우
(다) 쌍방 또는 일방이 재외국민이므로 이혼의사확인에 장기간 소요되는 경우
(라) 신청 당시 1년 이내에 이혼의사환인신청을 하여 민법 제836조의2 제2항의 기간 경과 후 인혼의사 불확인을 받은 사정이 있는 경우

카. 서식

1) 첨부서류 등

〈표〉 협의이혼의사확인신청 첨부서류 등

첨부서류	신청서	인지액	송달료	관할 법원
부부 각자의 가족관계증명서, 혼인관계증명서 각 1통 주민등록표등(초)본(주소지 법원에 신청하는 경우) 1통 미성년자녀가 있는 경우 양육과 친권자결정에 관한 협의서 1통과 사본 2통 또는 가정법원의 심판정본 및 확정증명서 각 3통 재외국민등록부등본(재외국민) 1통 수용증명서(재소자) 1통	1부	없음	일반적인 경우 – 없음 일방이 재외국민, 수감인 경우 송달료 2회분 상당액	주소지 또는 등록 기준지

2) 서식례

[서식] 협의이혼의사 확인신청서

<table>
<tr><td colspan="2" align="center">**협의이혼의사 확인신청서**</td></tr>
</table>

당 사 자　　(부) ○ ○ ○ (주민번호) :
　　　　　　등록기준지 :
　　　　　　주　　　소 :

　　　　　　(처) ○ ○ ○ (주민번호) :
　　　　　　등록기준지 :
　　　　　　주　　　소 :

신 청 취 지

위 당사자 사이에는 진의에 따라 서로 이혼하기로 합의하였다.
위와 같이 이혼의사가 확인되었다.
라는 확인을 구함.

첨 부 서 류

1. 남편의 혼인관계증명서와 가족관계증명서　　　　　　　　　각 1통
　　처의 혼인관계증명서와 가족관계증명서　　　　　　　　　각 1통

2. 미성년자가 있는 경우 양육 및 친권자결정에 관한 협의서 1통과 사본 2통 또는 가정법원의 심판정본 및 확정증명서 각 3통 (제출＿＿＿, 미제출＿＿＿)

3. 주민등록표등본(주소지 관할법원에 신청하는 경우)　　　　1통

4. 진술요지서(재외공관에 접수한 경우)　　　　　　　　　1통　끝.

년　　　월　　　일
신청인 부 ○ ○ ○　㉔
처 ○ ○ ○　㉔

<table>
<tr><td colspan="3">확인기일</td><td>담당자</td><td rowspan="3">서울가정법원　귀중</td></tr>
<tr><td>1회</td><td>년 월 일 시</td><td></td><td rowspan="2">법원주사(보)
○○○　　㉔</td></tr>
<tr><td>2회</td><td>년 월 일 시</td><td></td></tr>
</table>

확인서등본 및 양육비부담 조서정본 교부		교부일
부　○○○　　　㊞		
처　○○○　　　㊞		

■ 작성 · 접수방법

※ 해당하는 란에 ○ 표기할 것. 협의하는 부부 양쪽이 이혼에 관한 안내를 받은 후에 협의서는 확인기일 1개월 전까지, 심판정본 및 확정증명서는 확인기일까지 제출할 수 있습니다.

※ 이혼에 관한 안내를 받지 아니한 경우에는 접수한 날부터 3개월이 경과하면 취하한 것으로 봅니다.

☞ 유의사항

이혼당사자의 등록기준지 또는 주소지를 관할하는 가정법원이나 시, 군법원에 출석하여 제출하여야 하며 대리접수는 할 수 없다. 이때 부부가 같이 출석하여야 한다.

신청서 접수 후 지정된 확인기일에 출석하여야 하는데 2회 불출석하면 취하한 것으로 본다.

[서식] 자의 양육과 친권자결정에 관한 협의서

자의 양육과 친권자결정에 관한 협의서

사　　건　　20○○호　　협의이혼의사확인신청

당 사 자　　(부) 성　　명 : ○ ○ ○
　　　　　　　주민등록번호 :

　　　　　　　(모) 성　　명 : ○ ○ ○
　　　　　　　주민등록번호 :

협 의 내 용

1. 친권자 및 양육자의 결정 (□에 ✔표시를 하거나 해당 사항을 기재하십시오)

자녀 이름	성별	생년월일(주민등록번호)	친권자	양육자
	□ 남 □ 여	년　　월　　일 (　　　－　　　)	□ 부　□ 모 □ 부모공동	□ 부　□ 모 □ 부모공동
	□ 남 □ 여	년　　월　　일 (　　　－　　　)	□ 부　□ 모 □ 부모공동	□ 부　□ 모 □ 부모공동
	□ 남	년　　월　　일	□ 부　□ 모	□ 부　□ 모

	□ 여	(-)	□ 부모공동	□ 부모공동
	□ 남 □ 여	년 월 일 (-)	□ 부 □ 모 □ 부모공동	□ 부 □ 모 □ 부모공동

2. 양육비용의 부담 (□에 ✔표시를 하거나 해당 사항을 기재 하십시오)

지급인	□ 부 □ 모	지급받는 사람	□ 부 □ 모
지급방식	□ 정기금		□ 일시금
지급액	이혼신고 다음날부터 자녀들이 각성년에 이르기 전날까지 미성년자1인당매월 금 원 (한글병기: 원)		이혼신고 다음날부터자녀들이 각 성년에 이르기 전날까지의 양육비에 관하여 금 원 (한글병기: 원)
지급일	매월 일		년 월 일
기타			
지급받는 계좌	( ) 은행 예금주 :		계좌번호 :

3. 면접교섭권의 행사 여부 및 그 방법 (□에 ✔표시를 하거나 해당 사항을 기재하십시오.)

일 자	시 간	인도 장소	면접 장소	기타(면접교섭시 주의사항)
□ 매월 ___째주 ___요일	시 분부터 시 분까지			
□ 매주 ___요일	시 분부터 시 분까지			
□ 기타				

첨 부 서 류

1. 근로소득세 원천징수영수증, 사업자등록증 및 사업자소득금액 증명원 등 소득금액을 증명하기 위한 자료 - 부, 모별로   각 1통
2. 위 1항의 소명자료를 첨부할 수 없는 경우에는 부·모 소유 부동산등기부등본 또는 부·모 명의의 임대차계약서, 재산세 납세영수증(증명)
3. 위자료나 재산분할에 관한 합의서가 있는 경우 그 합의서   사본 1통
4. 자의 양육과 친권자결정에 관한 협의서   사본 2통

협의일자 :   년   월   일

부 :   ㊞ (서명   )   모 :   ㊞ (서명   )

○ ○ 가정(지방)법원		판사 확인인
확인일자	. . .	

■ 작성 · 접수방법

※ 미성년인 자녀(임신 중인 자를 포함하되, 이혼에 관한 안내를 받은 날부터 3개월 또는 법원이 별도로 정한 기간 내에 성년이 되는 자는 제외)가 있는 부부가 협의이혼을 할 때는 자녀의 양육과 친권자결정에 관한 협의서를 확인기일 1개월 전까지 제출하여야 합니다.

※ 이혼의사 확인신청후 양육과 친권자결정에 관한 협의가 원활하게 이루어 지지 않는 경우에는 신속하게 가정법원에 그 심판을 청구하여야 합니다.

※ 확인기일까지 협의서를 제출하지 아니한 경우 이혼의사확인이 지연되거나 불확인 처리될 수 있고, 협의한 내용이 자녀의 복리에 반하는 경우 가정법원은 보정을 명할 수 있으며 보정에 응하지 않는 경우 불확인 처리됩니다.

※ 이혼신고일 다음날부터 미성년인 자녀들이 각 성년에 이르기 전날까지의 기간에 해당하는 양육비에 관하여는 양육비부담조서가 작성되며, 이혼 후 양육비부담조서에 따른 양육비를 지급하지 않으면 양육비부담조서에 의하여 강제집행 할 수 있습니다. 그 외 협의사항은 '별도의 재판절차'를 통하여 과태료, 감치 등의 제재를 받을 수 있고, 강제집행을 할 수 있습니다.

협 의 이 혼 의 사 철 회 서

당사자　부 ○ ○ ○
　　　　19○○년 ○월 ○일생
　　　　등록기준지 ○○시 ○○구 ○○길 ○○
　　　　주소 ○○시 ○○구 ○○길 ○○(우편번호)
　　　　전화 ○○○ ─ ○○○○

　　　　처 ○ ○ ○
　　　　19○○년 ○월 ○일생
　　　　등록기준지 ○○시 ○○구 ○○길 ○○
　　　　주소 ○○시 ○○구 ○○길 ○○(우편번호)
　　　　전화 ○○○ ─ ○○○○

위 당사자 간 ○○가정법원에서 200○. ○. ○. 200○호 제○○○○호 협의이혼의사확인서 등본을 발급받았으나, 위 합의에 이의가 있으므로 이혼의사를 철회하고자 협의이혼의사확인서 등본을 첨부하여 가족관계 등록 등에 관한 규칙 제80조에 따라서 이혼의사철회신고를 합니다.

첨　부　서　류

1. 협의이혼확인서등본　　　　　　　　　　　　　　1통

　　　　　　　　　　200○. ○. ○○.

　　　　　　　　　　위 신청인 부(또는 처) ○ ○ ○ (인)

○ ○ 시 장　　귀 하

제출기관	이혼철회의사를 표시하려는 사람의 등록기준지, 주소지 또는 현재지 시(구), 읍, 면의 장에게 제출		
제출부수	신청서 1부	관련법규	가족관계의 등록 등에 관한 규칙 제80조
주의사항	·협의이혼신고서가 협의이혼의사철회서보다 먼저 접수된 경우에는 철회서를 제출하였더라도 이혼의 효력이 발생함. ·협의이혼신고서와 협의이혼의사철회서면의 접수시각이 같은 경우 이혼의사철회서면이 먼저 접수된 것으로 처리함. (호적예규 제696호 협의이혼의 의사확인사무 및 호적사무의 처리요령)		

6. 북한이탈주민의 이혼

북한이탈주민의 보호 및 정착지원에 관한 법률 제19조(가족관계 등록 창설의 특례) ① 통일부장관은 보호대상자로서 군사분계선 이남지역(이하 "남한"이라 한다)에 가족관계 등록이 되어 있지 아니한 사람에 대하여는 본인의 의사에 따라 등록기준지를 정하여 서울가정법원에 가족관계 등록 창설허가 신청서를 제출하여야 한다.

② 제1항의 가족관계 등록 창설허가 신청서에는 제12조 제1항에 따라 작성된 보호대상자의 등록대장 등본과 가족관계등록부의 기록방법에 준하여 작성한 신분표를 붙여야 한다.

③ 서울가정법원은 제1항에 따라 가족관계 등록 창설허가 신청서를 받은 때에는 지체 없이 허가 여부를 결정하고, 가족관계 등록 창설허가를 한 때에는 해당 등록기준지의 시(구를 두지 아니한 시를 말한다. 이하 이 조에서 같다)·구·읍·면의 장에게 가족관계 등록 창설 허가 등본을 송부하여야 한다.

④ 시·구·읍·면의 장은 제3항에 따른 가족관계 등록 창설허가 등본을 받은 때에는 지체 없이 가족관계등록부를 작성하여야 하고, 주소지 시장(특별시장·광역시장은 제외한다. 이하 같다)·군수·구청장(자치구의 구청장을 말한다. 이하 같다) 또는 특별자치도지사에게 가족관계 기록사항에 관한 증명서를 첨부하여 가족관계 등록 신고사항을 통보하여야 한다.

제19조의2(이혼의 특례) ① 제19조에 따라 가족관계 등록을 창설한 사람 중 북한에 배우자를 둔 사람은 그 배우자가 남한에 거주하는지 불명확한 경우 이혼을 청구할 수 있다.

② 제19조에 따라 가족관계 등록을 창설한 사람의 가족관계등록부에 배우자로 기록된 사람은 재판상 이혼의 당사자가 될 수 있다.

③ 제1항에 따라 이혼을 청구하려는 사람은 배우자가 보호대상자에 해당하지 아니함을 증명하는 통일부장관의 서면을 첨부하여 서울가정법원에 재판상 이혼청구를 하여야 한다.

④ 서울가정법원이 제2항에 따른 재판상 이혼의 당사자에게 송달을 할 때에는 「민사소송법」 제195조에 따른 공시송달(공시송달)로 할 수 있다. 이 경우 첫 공시송달은 실시한 날부터

2개월이 지나야 효력이 생긴다. 다만, 같은 당사자에게 첫 공시송달 후에 하는 공시송달은 실시한 다음 날부터 효력이 생긴다.
⑤ 제4항의 기간은 줄일 수 없다.

종래 북한이탈주민이 북한에 남아 있는 배우자를 상대로 이혼소송을 제기하는 경우 여러 문제점이 있어 어려움이 있어 왔는데 북한이탈주민의 보호 및 정착지원에 관한 법률이 개정됨에 따라 이러한 문제들이 해결되었다.

북한이탈주민보호법 제19조에 따라 가족관계등록을 창설한 사람 중에 북한에 배우자를 둔 사람은 그 배우자가 남한지역에 거주하는지 여부가 불명확한 경우 그 배우자를 상대로 서울가정법원에 이혼을 청구할 수 있고, 법원은 그 배우자에 대한 송달을 민사소송법 제195조에 따른 공시송달로 할 수 있다(제1항, 제2항, 제4항).

이혼을 청구하려는 사람은 그 배우자가 보호대상자에 해당하지 아니함을 증명하는 통일부장관의 서면을 첨부하여야 하며, 그 배우자에 대한 첫 공시송달은 실시한 날로부터 2개월이 지나야 효력이 발생한다. 북한이탈주민 이혼사건도 일반 이혼사건과 마찬가지로 민법상 이혼사유가 존재하는지 여부에 관하여 판단하여야 하므로 북한이탈주민이 북한에 배우자를 두고 탈북한 경우에는 북한에서의 혼인생활 경위나 탈북 경위, 헤어지게 된 경위 등 혼인관계가 파탄에 이르게 된 경위에 관하여 심리한다.

1. 서설

부부가 이혼을 한 경우 당사자 간 혼인의 존속을 전제로 하던 권리와 의무는 모두 소멸되나, 그 사이에서 태어난 자녀가 있는 경우 혼인 중의 출생자의 지위에는 변함이 없다. 그러나 이혼한 부부 사이에서 그 자녀에 대한 공동양육이나 공동친권의 행사가 어려워 그 자녀의 친권행사자와 양육권자의 지정이 필요하다. 그 지정을 함에 있어서의 판단에 대하여 대법원은 "자의 양육을 포함한 친권은 부모의 권리이자 의무로서 미성년인 자의 복지에 직접적인 영향을 미치므로 부모가 이혼하는 경우에 부모 중 누구를 미성년인 자의 친권을 행사할 자 및 양육자로 지정할 것인가를 정함에 있어서는, 미성년인 자의 성별과 연령, 그에 대한 부모의 애정과 양육의사의 유무는 물론, 양육에 필요한 경제적 능력의 유무, 부 또는 모와 미성년인 자 사이의 친밀도, 미성년인 자의 의사 등의 모든 요소를 종합적으로 고려하여 미성년인 자의 성장과 복지에 가장 도움이 되고 적합한 방향으로 판단하여야 한다."라고 판시한 바 있다[75]. 또한 양육권자와 대비되게 양육하지 않는 일방 당사자의 경우 면접교섭권이 인정된다. 이하에서는 이에 대해 자세히 서술한다.

2. 친권행사자

민법 제909조(친권자) ① 부모는 미성년자인 자의 친권자가 된다. 양자의 경우에는 양부모가 친권자가 된다.

② 친권은 부모가 혼인중인 때에는 부모가 공동으로 이를 행사한다. 그러나 부모의 의견이 일치하지 아니하는 경우에는 당사자의 청구에 의하여 가정법원이 이를 정한다.

③ 부모의 일방이 친권을 행사할 수 없을 때에는 다른 일방이 이를 행사한다.

④ 혼인외의 자가 인지된 경우와 부모가 이혼하는 경우에는 부모의 협의로 친권자를 정하여야 하고, 협의할 수 없거나 협의가 이루어지지 아니하는 경우에는 가정법원은 직권으로 또는 당사자의 청구에 따라 친권자를 지정하여야 한다. 다만, 부모의 협의가 자의 복리에 반하는 경우에는 가정법원은 보정을 명하거나 직권으로 친권자를 정한다.

⑤ 가정법원은 혼인의 취소, 재판상 이혼 또는 인지청구의 소의 경우에는 직권으로 친권자를 정한다.

⑥ 가정법원은 자의 복리를 위하여 필요하다고 인정되는 경우에는 자의 4촌 이내의 친족의 청구에 의하여 정하여진 친권자를 다른 일방으로 변경할 수 있다.

---

75) 대법원 2010. 5. 13. 선고 20091458판결

제909조의2(친권자의 지정 등) ① 제909조 제4항부터 제6항까지의 규정에 따라 단독 친권자로 정하여진 부모의 일방이 사망한 경우 생존하는 부 또는 모, 미성년자, 미성년자의 친족은 그 사실을 안 날부터 1개월, 사망한 날부터 6개월 내에 가정법원에 생존하는 부 또는 모를 친권자로 지정할 것을 청구할 수 있다.

② 입양이 취소되거나 파양된 경우 또는 양부모가 모두 사망한 경우 친생부모 일방 또는 쌍방, 미성년자, 미성년자의 친족은 그 사실을 안 날부터 1개월, 입양이 취소되거나 파양된 날 또는 양부모가 모두 사망한 날부터 6개월 내에 가정법원에 친생부모 일방 또는 쌍방을 친권자로 지정할 것을 청구할 수 있다. 다만, 친양자의 양부모가 사망한 경우에는 그러하지 아니하다.

③ 제1항 또는 제2항의 기간 내에 친권자 지정의 청구가 없을 때에는 가정법원은 직권으로 또는 미성년자, 미성년자의 친족, 이해관계인, 검사, 지방자치단체의 장의 청구에 의하여 미성년후견인을 선임할 수 있다. 이 경우 생존하는 부 또는 모, 친생부모 일방 또는 쌍방의 소재를 모르거나 그가 정당한 사유 없이 소환에 응하지 아니하는 경우를 제외하고 그에게 의견을 진술할 기회를 주어야 한다.

④ 가정법원은 제1항 또는 제2항에 따른 친권자 지정 청구나 제3항에 따른 후견인 선임 청구가 생존하는 부 또는 모, 친생부모 일방 또는 쌍방의 양육의사 및 양육능력, 청구 동기, 미성년자의 의사, 그 밖의 사정을 고려하여 미성년자의 복리를 위하여 적절하지 아니하다고 인정하면 청구를 기각할 수 있다. 이 경우 가정법원은 직권으로 미성년후견인을 선임하거나 생존하는 부 또는 모, 친생부모 일방 또는 쌍방을 친권자로 지정하여야 한다.

⑤ 가정법원은 다음 각 호의 어느 하나에 해당하는 경우에 직권으로 또는 미성년자, 미성년자의 친족, 이해관계인, 검사, 지방자치단체의 장의 청구에 의하여 제1항부터 제4항까지의 규정에 따라 친권자가 지정되거나 미성년후견인이 선임될 때까지 그 임무를 대행할 사람을 선임할 수 있다. 이 경우 그 임무를 대행할 사람에 대하여는 제25조 및 제954조를 준용한다.

1. 단독 친권자가 사망한 경우
2. 입양이 취소되거나 파양된 경우
3. 양부모가 모두 사망한 경우

⑥ 가정법원은 제3항 또는 제4항에 따라 미성년후견인이 선임된 경우라도 미성년후견인 선임 후 양육상황이나 양육능력의 변동, 미성년자의 의사, 그 밖의 사정을 고려하여 미성년자의 복리를 위하여 필요하면 생존하는 부 또는 모, 친생부모 일방 또는 쌍방, 미성년자의 청구에 의하여 후견을 종료하고 생존하는 부 또는 모, 친생부모 일방 또는 쌍방을 친권자로 지정할 수 있다.

제910조(자의 친권의 대행)
친권자는 그 친권에 따르는 자에 갈음하여 그 자에 대한 친권을 행사한다.

제911조(미성년자인 자의 법정대리인)

친권을 행사하는 부 또는 모는 미성년자인 자의 법정대리인이 된다.

제912조(친권 행사와 친권자 지정의 기준) ① 친권을 행사함에 있어서는 자의 복리를 우선적으로 고려하여야 한다.
② 가정법원이 친권자를 지정함에 있어서는 자(자)의 복리를 우선적으로 고려하여야 한다. 이를 위하여 가정법원은 관련 분야의 전문가나 사회복지기관으로부터 자문을 받을 수 있다.

제913조(보호, 교양의 권리의무)
친권자는 자를 보호하고 교양할 권리의무가 있다.

제914조(거소지정권)
자는 친권자의 지정한 장소에 거주하여야 한다.

제915조(징계권)
친권자는 그 자를 보호 또는 교양하기 위하여 필요한 징계를 할 수 있고 법원의 허가를 얻어 감화 또는 교정기관에 위탁할 수 있다.

제916조(자의 특유재산과 그 관리)
자가 자기의 명의로 취득한 재산은 그 특유재산으로 하고 법정대리인인 친권자가 이를 관리한다.

제917조 삭제 〈1990.1.13〉

제918조(제삼자가 무상으로 자에게 수여한 재산의 관리) ① 무상으로 자에게 재산을 수여한 제삼자가 친권자의 관리에 반대하는 의사를 표시한 때에는 친권자는 그 재산을 관리하지 못한다.
② 전항의 경우에 제삼자가 그 재산관리인을 지정하지 아니한 때에는 법원은 재산의 수여를 받은 자 또는 제777조의 규정에 의한 친족의 청구에 의하여 관리인을 선임한다.
③ 제삼자의 지정한 관리인의 권한이 소멸하거나 관리인을 개임할 필요있는 경우에 제삼자가 다시 관리인을 지정하지 아니한 때에도 전항과 같다.
④ 제24조 제1항, 제2항, 제4항, 제25조 전단 및 제26조 제1항, 제2항의 규정은 전2항의 경우에 준용한다.

제919조(위임에 관한 규정의 준용)
제691조, 제692조의 규정은 전3조의 재산관리에 준용한다.

제920조(자의 재산에 관한 친권자의 대리권)

법정대리인인 친권자는 자의 재산에 관한 법률행위에 대하여 그 자를 대리한다. 그러나 그 자의 행위를 목적으로 하는 채무를 부담할 경우에는 본인의 동의를 얻어야 한다.

제920조의2(공동친권자의 일방이 공동명의로 한 행위의 효력)
부모가 공동으로 친권을 행사하는 경우 부모의 일방이 공동명의로 자를 대리하거나 자의 법률행위에 동의한 때에는 다른 일방의 의사에 반하는 때에도 그 효력이 있다. 그러나 상대방이 악의인 때에는 그러하지 아니한다.

제921조(친권자와 그 자간 또는 수인의 자간의 이해상반행위)
① 법정대리인인 친권자와 그 자 사이에 이해상반되는 행위를 함에는 친권자는 법원에 그 자의 특별대리인의 선임을 청구하여야 한다. ② 법정대리인인 친권자가 그 친권에 따르는 수인의 자 사이에 이해상반되는 행위를 함에는 법원에 그 자 일방의 특별대리인의 선임을 청구하여야 한다. 〈개정 2005.3.31〉

제922조(친권자의 주의의무)
친권자가 그 자에 대한 법률행위의 대리권 또는 재산관리권을 행사함에는 자기의 재산에 관한 행위와 동일한 주의를 하여야 한다.

제922조의2(친권자의 동의를 갈음하는 재판)
가정법원은 친권자의 동의가 필요한 행위에 대하여 친권자가 정당한 이유 없이 동의하지 아니함으로써 자녀의 생명, 신체 또는 재산에 중대한 손해가 발생할 위험이 있는 경우에는 자녀, 자녀의 친족, 검사 또는 지방자치단체의 장의 청구에 의하여 친권자의 동의를 갈음하는 재판을 할 수 있다.

제923조(재산관리의 계산)
① 법정대리인인 친권자의 권한이 소멸한 때에는 그 자의 재산에 대한 관리의 계산을 하여야 한다.
② 전항의 경우에 그 자의 재산으로부터 수취한 과실은 그 자의 양육, 재산관리의 비용과 상계한 것으로 본다. 그러나 무상으로 자에게 재산을 수여한 제삼자가 반대의 의사를 표시한 때에는 그 재산에 관하여는 그러하지 아니하다.

제924조(친권의 상실 또는 일시 정지의 선고)
① 가정법원은 부 또는 모가 친권을 남용하여 자녀의 복리를 현저히 해치거나 해칠 우려가 있는 경우에는 자녀, 자녀의 친족, 검사 또는 지방자치단체의 장의 청구에 의하여 그 친권의 상실 또는 일시 정지를 선고할 수 있다.
② 가정법원은 친권의 일시 정지를 선고할 때에는 자녀의 상태, 양육상황, 그 밖의 사정을 고려하여 그 기간을 정하여야 한다. 이 경우 그 기간은 2년을 넘을 수 없다.
③ 가정법원은 자녀의 복리를 위하여 친권의 일시 정지 기간의 연장이 필요하다고 인정하는 경우에는 자녀, 자녀의 친족, 검사, 지방자치단체의 장, 미성년후견인 또는 미성년후견감독인

의 청구에 의하여 2년의 범위에서 그 기간을 한 차례만 연장할 수 있다.

제924조의2(친권의 일부 제한의 선고)

가정법원은 거소의 지정이나 징계, 그 밖의 신상에 관한 결정 등 특정한 사항에 관하여 친권자가 친권을 행사하는 것이 곤란하거나 부적당한 사유가 있어 자녀의 복리를 해치거나 해칠 우려가 있는 경우에는 자녀, 자녀의 친족, 검사 또는 지방자치단체의 장의 청구에 의하여 구체적인 범위를 정하여 친권의 일부 제한을 선고할 수 있다.

제925조(대리권, 재산관리권 상실의 선고)

가정법원은 법정대리인인 친권자가 부적당한 관리로 인하여 자녀의 재산을 위태롭게 한 경우에는 자녀의 친족, 검사 또는 지방자치단체의 장의 청구에 의하여 그 법률행위의 대리권과 재산관리권의 상실을 선고할 수 있다.

제925조의2(친권 상실 선고 등의 판단 기준)

① 제924조에 따른 친권 상실의 선고는 같은 조에 따른 친권의 일시 정지, 제924조의2에 따른 친권의 일부 제한, 제925조에 따른 대리권·재산관리권의 상실 선고 또는 그 밖의 다른 조치에 의해서는 자녀의 복리를 충분히 보호할 수 없는 경우에만 할 수 있다.

② 제924조에 따른 친권의 일시 정지, 제924조의2에 따른 친권의 일부 제한 또는 제925조에 따른 대리권·재산관리권의 상실 선고는 제922조의2에 따른 동의를 갈음하는 재판 또는 그 밖의 다른 조치에 의해서는 자녀의 복리를 충분히 보호할 수 없는 경우에만 할 수 있다.

제925조의3(부모의 권리와 의무)

제924조와 제924조의2, 제925조에 따라 친권의 상실, 일시 정지, 일부 제한 또는 대리권과 재산관리권의 상실이 선고된 경우에도 부모의 자녀에 대한 그 밖의 권리와 의무는 변경되지 아니한다.

제926조(실권 회복의 선고)

가정법원은 제924조, 제924조의2 또는 제925조에 따른 선고의 원인이 소멸된 경우에는 본인, 자녀, 자녀의 친족, 검사 또는 지방자치단체의 장의 청구에 의하여 실권(실권)의 회복을 선고할 수 있다.

제927조(대리권, 관리권의 사퇴와 회복)

① 법정대리인인 친권자는 정당한 사유가 있는 때에는 법원의 허가를 얻어 그 법률행위의 대리권과 재산관리권을 사퇴할 수 있다.

② 전항의 사유가 소멸한 때에는 그 친권자는 법원의 허가를 얻어 사퇴한 권리를 회복할 수 있다.

제927조의2(친권의 상실, 일시 정지 또는 일부 제한과 친권자의 지정 등) ① 제909조제4항부터 제6항까지의 규정에 따라 단독 친권자가 된 부 또는 모, 양부모(친양자의 양부모를 제외한다) 쌍방에게 다음 각 호의 어느 하나에 해당하는 사유가 있는 경우에는 제909조의2제1항 및 제3항부터 제5항까지의 규정을 준용한다. 다만, 제1호의3·제2호 및 제3호의 경우 새로 정하여진 친권자 또는 미성년후견인의 임무는 제한된 친권의 범위에 속하는 행위에 한정된다.

1. 제924조에 따른 친권상실의 선고가 있는 경우

1의 2. 제924조에 따른 친권 일시 정지의 선고가 있는 경우

1의 3. 제924조의2에 따른 친권 일부 제한의 선고가 있는 경우

2. 제925조에 따른 대리권과 재산관리권 상실의 선고가 있는 경우

3. 제927조제1항에 따라 대리권과 재산관리권을 사퇴한 경우

4. 소재불명 등 친권을 행사할 수 없는 중대한 사유가 있는 경우

② 가정법원은 제1항에 따라 친권자가 지정되거나 미성년후견인이 선임된 후 단독 친권자이었던 부 또는 모, 양부모 일방 또는 쌍방에게 다음 각 호의 어느 하나에 해당하는 사유가 있는 경우에는 그 부모 일방 또는 쌍방, 미성년자, 미성년자의 친족의 청구에 의하여 친권자를 새로 지정할 수 있다.

1. 제926조에 따라 실권의 회복이 선고된 경우

2. 제927조제2항에 따라 사퇴한 권리를 회복한 경우

3. 소재불명이던 부 또는 모가 발견되는 등 친권을 행사할 수 있게 된 경우

가. 서설

1) 의의

혼인외의 자가 인지된 경우와 부모가 이혼하는 경우에는 부모의 협의로 친권자를 정하고, 협의할 수 없거나 협의가 이루어지지 아니하는 경우에는 가정법원은 직권으로 또는 당사자의 청구에 따라 친권자를 정한다. 다만 부모의 협의가 자녀의 복리에 반하는 경우 가정법원은 보정을 명하거나 직권으로 친권자를 정한다(민 제909조 제4항). 반면 재판상 이혼의 경우는 가정법원이 직권으로 친권자를 지정한다(민 제909조 제5항).

2) 취지

친권은 부모와 자녀가 공동생활을 영위하기 위해 원칙적으로 부모가 혼인 중에는 공동으로 행사함이 원칙이다 그런데 부모가 이혼하거나 혼인외의 자가 인지되는 경우에는 그와 같은 취지가 유지될 수 없으므로 자녀의 복리를 위해 부모의 협의 또는 가정법원이 직권이나 당사자의 청구에 의해 친권자를 정하도록 한 것이다.

3) 성질

친권은 부모의 고유한 권리이자 의무이므로 당사자의 협의나 심판 등으로 이를 소멸시키거나 당사자가 임의로 이를 포기할 수 있는 성질의 것이 아니다. 다만 법률행위대리권과 재산관리권은 법원의 허가를 받아 사퇴할 수 있을 뿐이다. 따라서 부모의 한쪽을 친권자로 지정하거나 이를 변경하는 것은 친권 그 자체의 귀속을 변경하는 것이 아니라 다른 한쪽의 친권행사를 정지시키는 것일 뿐 그 친권을 소멸시키는 것은 아니다.

4) 친권과 양육권의 관계

친권의 내용은 친권자가 미성년자인 자를 보호, 양육할 권리의무 등 신분에 관한 사항과 자의 법률행위 대리를 비롯한 재산에 관한 사항을 포함하므로, 일반적으로 양육권은 친권에 포함되는 구성요소이다. 단 양육에 관한 가정법원의 처분에 의하여 친권행사자와 양육자가 분리될 수 있다.

5) 재혼한 부모의 친권행사 가부

재혼한 부모의 경우에도 친권행사는 가능하다. 다만, 부 또는 모가 친권을 남용하거나 현저한 비행 기타 친권을 행사시킬 수 없는 중대한 사유가 있을 때에는 법원은 민법 제777조의 규정에 의한 자(子)의 친족 또는 검사의 청구에 의하여 그 친권의 상실을 선고할 수 있고, 법정대리인인 친권자가 부적당한 관리로 인하여 자의 재산을 위태하게 한 때에는 법원은 민법 제777조의 규정에 의한 자의 친족의 청구에 의하여 그 법률행위의 대리권과 재산관리권의 상실을 선고할 수 있다(민법 제924조, 제925조).

Q

3년 전 부모님이 이혼한 후 어머니는 재혼하였고, 저는 18세의 학생으로서 아버지, 할 머니와 함께 살고 있었습니다. 그러던 6개월 전 아버지가 교통사고로 사망하자 어머니 는 저의 친권자임을 주장하며 제 앞으로 나온 아버지의 사망보상금을 수령·관리 할 권 한이 있다고 합니다. 할머니는 저의 앞날을 걱정하며 어찌할 줄 모르고 있는데, 대처 할 방법이 없는지요?

A

아버지의 사망으로 인한 손해배상금은 귀하에게 귀속되는 것이나, 귀하는 아직 미성년자이므로 그 재산을 관리할 친권자 또는 후견인이 있어야 합니다. 현행 민법에 의하면 이 경우 귀하에 대한 친권자는 어머니가 되므로 재혼한 어머니이더라도 손해배상금을 수령·관리하겠다는 주장은 일응 하자가 없다고 할 것입니다.

그러나 부 또는 모가 친권을 남용하거나 현저한 비행 기타 친권을 행사시킬 수 없는 중대한 사유가 있을 때에는 법원은 민법 제777조의 규정에 의한 자(子)의 친족 또는 검사의 청구에 의하여 그 친권의 상실을 선고할 수 있고, 법정대리인인 친권자가 부적당한 관리로 인하여 자의 재산을 위태하게 한 때에는 법원은 민법 제777조의 규정에 의한 자의 친족의 청구에 의하여 그 법률행위의 대리권과 재산관리권의 상실을 선고할 수 있습니다(민법 제924조, 제925조).

그런데 어떤 행위가 '친권의 남용' 혹은 '현저한 비행'이 되느냐 하는 것은 구체적 사안에 따라 판단되어야 할 구체적인 문제이고, 획일적인 기준이 있는 것은 아닙니다. 친권의 남용은 친권자로서의 양육, 재산관리 등의 권리의무를 부당하게 행사하여 자의 복지를 해하는 것입니다. 즉, 외관상 친권자가 자의 재산을 부당하게 처분하는 것으로 보이더라도 친권자의 그 동기가 병을 치료하기 위한 것이나, 자의 적당한 생활 및 교육을 위한 것이었다면 친권남용이라고 보지 않습니다. 현저한 비행에 해당하는 경우로는 성적 품행(性的品行)이 나쁘거나, 음주·도박 등으로 인하여 자의 보호·교육에 해(害)가 되고, 자에게 불이익을 주는 경우라고 할 수 있습니다. 기타 친권을 행사시킬 수 없는 중대한 사유로는 장기간 자녀를 보호·양육하지 않고 방치한 경우나, 장기간 행방불명인 경우가 이에 해당될 수 있습니다.

친권상실선고에 있어 고려하여야 할 요소에 관한 판례를 보면, "친권은 미성년인 자의 양육과 감호 및 재산관리를 적절히 함으로써 그의 복리를 확보하도록 하기 위한 부모의 권리이자 의무의 성격을 갖는 것으로서, 민법 제924조에 의한 친권상실선고사유의 해당여부를 판단함에 있어서도 친권의 목적이 자녀의 복리보호에 있다는 점이 판단의 기초가 되어야 하고, 설사 친권자에게 간통 등의 비행이 있어 자녀들의 정서나 교육 등에 악영향을 줄 여지가 있다 하더라도 친권의 대상인 자녀의 나이나 건강상태를 비롯하여 관계인들이 처해 있는 여러 구체적 사정을 고려하여 비행을 저지른 친권자를 대신하여 다른 사람으로 하여금 친권을 행사하거나 후견을 하게 하는 것이 자녀의 복리를 위하여 보다 낫다고 인정되는 경우가 아니라면 섣불리 친권상실을 인정하여서는 안되고, 자녀들의 양육과 보호에 관한 의무를 소홀히 하지 아니한 모의 간통행위로 말미암아 부가 사망하는 결과가 초래된 사실만으로서는 모에 대한 친권상실선고사유에 해당한다고 볼 수 없다."라고 하였습니다(대법원 1993. 3. 4.자 93스3 결정).

또한 과거에 다른 남자들과 불의의 관계를 맺은 일이 있었으나 현재는 이를 끊고 그 자녀의 감호·양육에 힘쓰고 있는 경우에는 그러한 사실만으로 현저한 비행 또는 친권남용이라 할 수 없다고 하였습니다(대법원 1959. 4. 16. 선고 4291민상659 판결).

친권상실청구의 소송을 제기한 경우 판결이 있을 때까지는 상당한 시일을 요하므로 자의 이익을 위하여 필요한 경우 법원은 신청에 의하여 친권자의 친권행사를 정지시키거나, 친권대행자를 선임하는 사전처분을 할 수 있습니다.

친권상실의 선고가 있으면, 후견이 개시되는데, 귀하의 할머니가 유일한 직계존속이거나 아니면 직계존속 중 가장 연장자라면 귀하의 법정후견인이 됩니다(민법 제932조, 제935조).

참고로 친권상실에 이르지 않은 친권남용의 경우에 관한 판례를 보면, "친권자인 모(母)가 미성년자인 자(子)의 법정대리인으로서 자의 유일한 재산을 아무런 대가도 받지 않고 증여하였고 상대방이 그 사실을 알고 있었던 경우, 그 증여행위는 친권의 남용에 의한 것이므로 그 효과는 자(子)에게 미치지 않고, 이러한 경우 친권자의 법정대리권의 남용으로 인한 법률행위의 효과가 미성년인 자(子)에게 미치지 아니한다고 하여 그 친권자의 친권이 상실되어야 하는 것은 아니며, 친권자가 자(子)의 법정대리인으로서 소송대리인을 선임하여 그 증여에 기하여 이루어진 소유권이전등기의 말소를 구하는 소를 제기하였다고 하여 이를 금반언의 원칙에 어긋난 것으로 볼 수도 없다."라고 한 바 있습니다(대법원 1997. 1. 24. 선고 96다43928 판결).

나. 친권자의 지정

1) 개 설

2011년의 개정법률은 이혼 등으로 단독친권자로 정해진 부모의 일방이 사망하거나 친권을 상실하는 등 친권을 행사할 수 없는 경우에 가정법원의 심리를 거쳐 친권자로 정해지지 않았던 부모의 다른 일방을 친권자로 지정하거나 후견이 개시되도록 하고 입양이 취소되거나 파양된 경우 또는 양부모가 사망한 경우에도 가정법원의 심리를 거쳐 친생부모 또는 모가 당연히 친권자가 됨으로써 미성년자의 복리에 악영향을 미치는 것을 방지하고 이혼 등으로 단독친권자로 정해진 부모의 일방이 유언으로 미성년자의 후견인을 지정한 경우라도 미성년자의 복리를 위하여 필요하다고 인정되면 후견을 종료하고 친권자로 정해지지 않았던 부모의 다른 일방을 친권자로 지정할 수 있게 하여 미성년자의 복리를 증진시키려는 취지에 기한 것이다.

친권자로 정해진 부나 모가 법정대리인이 되고, 친권자로 지정되지 못한 부나 모는 법정대리인이 되지는 못하지만 자와의 관계에서 상속이나 부양의 권리의무에는 영향이 없다.

2) 단독친권자의 사망, 입양취소, 파양 또는 양부모의 사망의 경우에 가정법원이 미성년

자의 법정대리인을 선임한다(민 제909조의2).

가) 인지나 이혼 후 단독친권자로 지정된 친(親)이 사망한 경우

종래 친권자 지정에 의하여 다른 일방의 친권이 소멸하였으므로 후견이 개시된다는 견해와 부모의 다른 일방이 친권자로 된다는 견해가 나뉘었는데, 2011년 개정에 의해 단독친권자로 정하여진 부모의 일방이 사망한 경우 생존하는 부 또는 모, 미성년자, 미성년자의 친족은 그 사실을 안날부터 1개월, 사망한 날부터 6개월 내에 가정법원에 생존하는 부 또는 모를 친권자로 지정할 것을 청구할 수 있다(민 제909조의1 제1항).

나) 입양 취소, 파양 또는 양부모 쌍방이 사망한 경우

후견이 개시될 것인지 아니면 파양에 준하여 친생부모의 친권이 부활한다고 볼 것인지에 대해 종래 논란이 있었지만, 2011년 개정에 의해 입양이 취소되거나 파양된 경우, 또는 양부모가 모두 사망한 경우, 친생부모 일방 또는 쌍방, 미성년자, 미성년자의 친족은 그 사실을 안날부터 1개월, 입양이 취소되거나 파양된 날 또는 양부모가 모두 사망한 날부터 6개월 내에 가정법원에 친생부모 일방 또는 쌍방을 친권자로 지정할 것을 청구 할 수 있다. 다만 친양자의 양부모가 사망한 경우에는 그러하지 아니하다(민 제909조의2 제2항).

다) 기간 내 친권자 지정의 청구가 없는 경우의 미성년후견인 선임

민법 제909조의2 제1항과 제2항의 기간 내에 친권자 지정의 청구가 없을 때에는 가정법원은 직권으로 또는 미성년자, 미성년자의 친족, 이해관계인, 검사, 지방자치단체의 장의 청구에 의하여 미성년후견인을 선임할 수 있는데, 이 경우 생존하는 부 또는 모, 친생부모 일방 또는 쌍방의 소재를 모르거나 그가 정당한 사유 없이 소환에 응하지 아니하는 경우를 제외하고 그에게 의견을 진술할 기회를 주어야 한다(민 제909조의2 제3항).

라) 가정법원이 친권자 지정청구 또는 후견인 선임청구를 기각 할 때

이 경우 가정법원은 직권으로 미성년후견인을 선임하거나 생존하는 부 또는 모, 친생부모 일방 또는 쌍방을 친권자로 지정하여야 한다(민 제909조의2 제4항).

마) 단독친권자 사망, 입양이 취소 또는 파양, 양부모 모두가 사망한 경우

가정법원은 직권으로 또는 미성년자, 미성년자의 친족, 이해관계인, 검사, 지방자치단체 장의 청구에 의해 친권자가 지정되거나 미성년후견인이 선임될 때까지 그 의무를 대행할 사람을 선임할 수 있는데 이 경우 그 의무를 대행할 사람에 대해 제25조 및 제954조를 준용한다.

바) 미성년후견인이 선임된 경우

가정법원은 미성년후견인이 선임된 경우라도 양육상황이나 그 밖의 사정을 고려하여 미성년자의 복리를 위하여 필요하면 생존하는 부 또는 모, 친생부모 일방 또는 쌍

방, 미성년자의 청구에 의해 후견을 종료하고 생존하는 부 또는 모, 친생부모 일방 또는 쌍방을 친권자로 지정할 수 있다(민 제909조의2 제6항).

사) 친권자 지정의 기준에 관한 조항 신설

가정법원이 친권자를 지정함에 있어서는 자의 복리를 우선적으로 고려하여야 한다. 이를 위하여 가정법원은 관련 분야의 전문가나 사회복지기관으로부터 자문을 받을 수 있다(민 제912조 제2항).

3) 단독친권자에게 친권의 상실, 소재불명 등 친권을 행사할 수 없는 중대한 사유가 있는 경우에 가정법원이 미성년자 법정대리인을 선임한다(민 제927조의2)

가) 인지나 이혼 등으로 단독친권자로 된 부 또는 모 양부모 쌍방에게 친권상실의 선고 또는 대리권과 재산관리권 상실의 선고가 있거나 대리권과 재산관리권을 사퇴한 경우 또는 소재불명 등 친권을 행사할 수 없는 중대한 사유가 있는 경우, 단독친권자 사망한 경우에 민법 제909조의2가 준용된다.

나) 위에 따라 친권자가 지정되거나 미성년후견인이 선임된 후 단독친권자이었던 부 또는 모, 양부모 일방 또는 쌍방에게 실권의 회복, 사퇴한 권리의 회복 또는 소재불명 이던 부 또는 모가 발견되는 등 친권을 행사할 수 있게 된 경우에 가정법원은 그 부모 일방 또는 쌍방, 미성년자, 미성년자의 친족의 청구에 의해 친권자를 새로 지정할 수 있다(민 제927조의2 제2항).

4) 단독친권자가 유언으로 지정한 미성년자의 후견인이 선임된 경우라도 가정법원이 미성년자의 복리를 위하여 필요하다고 인정하면 생존하는 부 또는 모, 미성년자의 청구에 의하여 후견을 종료하고 생존하는 부 또는 모를 친권자로 지정할 수 있다(민 제931조 제2항).

다. 친권자의 변경

1) 의의 및 성질

친권자 등 지정 청구사건은 가사비송사건이므로 심판이 내려졌다고 하여도 그 심판에는 기판력이 없어 향후 상황변동에 따라 변경가능하다. 즉 당사자의 협의나 심판으로 친권자가 지정된 경우에도 자녀의 복리를 위해 필요하다고 인정되는 경우에는 자녀의 4촌 이내의 친족의 청구에 따라 가정법원이 정하여진 친권자를 다른 한쪽으로 변경할 수 있다(민 제909조 제6항). 자녀의 4촌 이내의 친족의 청구가 있어야 하는 점에서 직권으로도 변경할 수 있는 양육에 관한 처분과 다르다. 따라서 지정된 친권자를 변경하고자 하는 경우에는 가정법원의 친권자변경심판서의 등본과 확정증명서를 첨부하여 신고하여야 하고 협의에 의한 친권자변경신고를 할 수는 없다.

친권자의 변경은 앞에 한 친권자지정의 취소와 새로운 친권자지정으로서의 성질을 갖는다. 친권자 변경은 횟수의 제한이 없지만 친권자를 자주 변경하는 것은 불가피한 사정이 없는 한 바람직하지 않을 것이다.

2) 정당한 당사자

가) 친권자지정청구는 부모의 한쪽이 다른 한쪽을 상대방으로 하여 청구하여야 하고(규칙 제99조 제1항), 친권자 변경청구는 부모의 한쪽이 친권자로 정하여진 다른 한쪽을 상대방으로 청구하거나(규칙 제99조 제1항) 자녀의 4촌 이내의 친족이 부모 중 친권자로 정하여진 한쪽을 상대로 청구하여야 한다(민 제909조 제6항).

나) 친권자지정, 변경청구와 아울러 제3자에 대한 자녀의 인도를 구하는 경우에는 부모 아닌 제3자에게도 상대방적격이 인정된다(규칙 제99조 제2항).

3) 관 할

상대방의 보통재판적 소재지의 가정법원의 관할에 속하며(법 제46조 본문), 가정법원 단독판사의 사물관할에 속한다.

4) 심 리

가) 조정전치

마류 가사비송사건은 조정 전치주의의 적용을 받는다(법 50조). 따라서 당사자는 심판청구에 앞서 가사조정을 신청하여야 하고 당사자가 조정을 신청하지 않고 심판청구를 하면 가정법원이 직권으로 조정에 회부하여야 한다.

나) 자녀 의견의 청취

자녀가 15세 이상인 경우에는 자녀의 의견을 들을 수 없거나 자녀의 의견을 듣는 것이 오히려 자녀의 복지를 해할 만한 특별한 사정이 있다고 인정되는 때를 제외하고는 심판에 앞서 그 자녀의 의견을 들어야 한다(가소규칙 제100조).

다) 친권자 지정 및 변경의 기준

친권은 부모의 권리이자 의무이고 자녀의 복지에 직접적인 영향을 미치는 것이므로 친권자의 지정, 변경에는 부모보다 자녀의 복리를 우선하게 되고 그 밖에 자녀의 성별, 연령과 부모의 애정, 양육의사의 유무, 양육에 필요한 경제적 능력의 유무, 모와 자녀 사이의 친밀도, 자녀의 의사 등 모든 요소를 종합적으로 고려하여야 한다(대법원 2010. 5. 13. 2009으1458).

5) 심판

한쪽이 친권자로 지정되면 다른 한쪽의 친권은 소멸된다는 견해와 소멸되지 않고 정지될 뿐이고 잠재적인 친권자임에는 변함이 없다는 견해가 있으나 친권자 지정심판은 친권을 창설하거나 소멸시키는 것이 아니라 지정되지 않은 자의 친권행사를 정지시키고 지정된 자 단독으로 친권을 행사는 것을 허용하는 것으로 보아야 한다.

지정 또는 변경심판이 확정되면 청구인 또는 친권자로 지정된 자가 1월 이내에 가족관계등록신고를 할 의무가 있지만(가등 제79조) 가족관계등록등부 기록의 촉탁이 있는 때에는 가족관계등록사무를 처리하는 공무원은 당사자의 신고를 기다릴 필요없이 바로 기록을 하여야 한다.

라. 친권상실 선고 등의 심판

1) 개 설

친권의 상실 등에 관한 사건은 친권, 법률행위 대리권, 재산관리권의 상실선고 및 실권회복의 선고를 말하는데 이들 사건은 친권자의 지정, 변경이나 양육자의 지정과 같이 부모의 친권과 관련된 분쟁이기는 하나 부모 이외에 친족이나 검사 등 제3자의 개입이 전제되어 있고 부모의 혼인이 계속 중인지가 문제되지 않으며, 당사자의 협의에 따른 처리가 허용되지 않고 반드시 심판에 따라야만 한다는 점에서 차이가 있다.

2) 의 의

가) 부 또는 모가 친권을 남용하거나 현저한 비행 기타 친권을 행사할 수 없는 중대한 사유가 있는 때에는 법원은 청구에 의하여 친권상실을 선고할 수 있다(민법 제924조). 친권은 자녀에 대한 권리일 뿐만 아니라 의무이므로 자녀의 복리를 우선해야 한다. 따라서 이 같은 의무에 위반할 경우 친권의 배제가 허용되는 것이다.

나) 친권자가 부적당한 관리로 인하여 자녀의 재산을 위태하게 한 때에는 가정법원이 자녀의 친족의 청구에 따라 법률행위의 대리권과 재산관리권의 상실을 선고할 수 있다(민 제925조).

3) 상실사유

가) 친권상실사유

(1) 친권의 남용이 있는 경우인데, 이는 친권자가 친권의 내용인 권리를 행사함에 있어서 그 본래의 취지 및 목적을 일탈하거나(적극적 남용), 혹은 의도적으로 이를 행사하지 않음으로써(소극적 남용) 자녀의 복리를 현저하게 침해하는 것을 의미한다. 자녀를 학대하는 등의 신상에 관한 남용 외에 자녀의 재산을 불이익하게 처분하는 것도 이에 해당한다. 친권남용에 의해 재산을 처분하는 경우 이는 친권상실사유가 될

뿐만 아니라 이미 행한 처분행위를 상대방이 사정을 알고 있는 경우에는 무효로 될 수 있지만 그러한 친권남용이 있다 하더라도 친권상실선고를 청구하여 법원의 친권상실선고가 있어야만 친권상실이 된다.

(2) 친권자의 현저한 비행이 있는 경우인데, 이는 친권자의 심각한 소행불량을 의미한다. 즉 부정행위 등으로 인하여 구체적으로 사건본인의 신상에 현저하게 나쁜 영향을 미쳐야 할 것이다. 구체적으로 도박이나 범죄행위 등이 이에 해당할 수 있으며 친권자의 간통도 이에 해당할 수 있으나 판례는 간통이 당연히 친권상실사유가 되는 것은 아니라고 하고 있다(판결).

(3) 기타 친권을 행사할 수 없는 중대한 사유가 있는 경우이다. 중대한 사유란 친권자의 행방불명이나 생사불명, 정신병 등의 중병 또는 장기입원, 심신상실, 복역 등이 있을 것이며 그 외에 자를 유기하는 것 등도 이에 해당할 것이다.

나) 재혼한 부모의 친권행사가능성
(1) 문제의 소재
부모가 이혼한 후 어머니는 재혼하였고, 슬하에 자녀는 미성년자로서 아버지, 할머니와 함께 살고 있던 중 아버지가 교통사고로 사망하자 어머니가 미성년자녀의 친권자임을 주장하며 미성년 자녀 앞으로 나온 아버지의 사망보상금을 수령·관리할 권한이 있다고 주장할 경우 그에 어떻게 대처를 해야 하는지 등이 문제가 되는 경우가 많다.

(2) 판례의 태도
아버지의 사망으로 인한 손해배상금은 미성년인 자녀에게 상속되지만, 아직 미성년 자이므로 그 재산을 관리할 친권자 또는 후견인이 있어야 한다. 현행 민법에 의하면 이 경우 친권자는 어머니가 되므로 재혼한 어머니이더라도 손해배상금을 수령·관리하겠다는 주장은 일응 하자가 없는 듯 보인다.
그러나 부 또는 모가 친권을 남용하거나 현저한 비행 기타 친권을 행사할 수 없는 중대한 사유가 있을 때에는 법원은 민법 제777조의 규정에 의한 자(子)의 친족 또는 검사의 청구에 의하여 그 친권의 상실을 선고할 수 있고, 법정대리인인 친권자가 부적당한 관리로 인하여 자의 재산을 위태하게 한 때에는 법원은 민법 제777조의 규정에 의한 자의 친족의 청구에 의하여 그 법률행위의 대리권과 재산관리권의 상실을 선고 할 수 있다(민법 제924조, 제925조). 그런데 어떤 행위가 '친권의 남용' 혹은 '현저한 비행'이 되느냐 하는 것은 구체적 사안에 따라 판단되어야 할 구체적인 문제이고, 획일적인 기준이 있는 것은 아니다.
친권의 남용은 친권자로서의 양육, 재산관리 등의 권리의무를 부당하게 행사하여 자의 복지를 해하는 것이다. 즉, 외관상 친권자가 자의 재산을 부당하게 처분하는 것으로 보이더라도 친권자의 그 동기가 병을 치료하기 위한 것이나, 자의 적당한 생활 및 교육을 위한 것이었다면 친권남용이라고 보지 않는다. 현저한 비행에 해당하는 경우로는 성적 품행(性的品行)이 나쁘거나, 음주·도박 등으로 인하여 자의 보호·교육에 해(害)가 되고, 자에게 불이익을 주는 경우라고 할 수 있다. 기타 친권을 행사할 수 없는 중대한 사유로는 장기간 자녀를 보호·양육하지 않고 방치한 경우나, 장기간 행방불명인 경우가 이에 해당될 수 있다.

친권상실선고에 있어 고려하여야 할 요소에 관한 판례를 보면, "친권은 미성년인 자의 양육과 감호 및 재산관리를 적절히 함으로써 그의 복리를 확보하도록 하기 위한 부모의 권리이자 의무의 성격을 갖는 것으로서, 민법 제924조에 의한 친권상실선고사유의 해당여부를 판단함에 있어서도 친권의 목적이 자녀의 복리보호에 있다는 점이 판단의 기초가 되어야 하고, 설사 친권자에게 간통 등의 비행이 있어 자녀들의 정서나 교육 등에 악영향을 줄 여지가 있다 하더라도 친권의 대상인 자녀의 나이나 건강상태를 비롯하여 관계인들이 처해 있는 여러 구체적 사정을 고려하여 비행을 저지른 친권자를 대신하여 다른 사람으로 하여금 친권을 행사하거나 후견을 하게 하는 것이 자녀의 복리를 위하여 보다 낫다고 인정되는 경우가 아니라면 섣불리 친권상실을 인정하여서는 안되고, 자녀들의 양육과 보호에 관한 의무를 소홀히 하지 아니한 모의 간통행위로 말미암아 부가 사망하는 결과가 초래된 사실만으로서는 모에 대한 친권상실선고 사유에 해당한다고 볼 수 없다."라고 하였다(대법원 1993. 3. 4.자 93스3 결정).

또한 과거에 다른 남자들과 불의의 관계를 맺은 일이 있었으나 현재는 이를 끊고 그 자녀의 감호·양육에 힘쓰고 있는 경우에는 그러한 사실만으로 현저한 비행 또는 친권남용이라 할 수 없다고 하였다(대법원 1959. 4. 16. 선고 4291민상659 판결).

한편, 친권상실청구의 소송을 제기한 경우 판결이 있을 때까지는 상당한 시일을 요하므로 자의 이익을 위하여 필요한 경우 법원은 신청에 의하여 친권자의 친권행사를 정지시키거나, 친권대행자를 선임하는 사전처분을 할 수 있으며, 친권상실의 선고가 있으면, 후견이 개시되는데, 귀하의 할머니가 유일한 직계존속이거나 아니면 직계존속 중 가장 연장자라면 미성년 자녀의 법정후견인이 된다(민법 제932조, 제935조).

다) 법률행위대리권, 재산관리권 상실사유
부적당한 관리로 자녀의 재산을 위태하게 한 때, 즉 적극적으로 부당한 행위를 하거나 소극적으로 적당한 조치를 취하지 아니하여 자녀의 재산을 멸실 또는 감소시켰거나 그러한 위험이 있는 것을 말한다.

Q

이혼 후 다른 남자와 교제하자, 남편이 저의 친권을 상실시키려고 소를 제기하였습니다. 정말로 친권이 상실되나요?

반드시 그렇지만은 않습니다. 다른 남자와 교제한다는 이유만으로 친권이 상실되지는 않습니다.

A

친권이란 어버이로서 자녀를 보호하고 교양할 권리의무를 뜻합니다(민법 제913조). 만 20세 미만의 미성년자인 자녀는 부모의 친권에 복종해야 하고, 부모가 혼인 중인 경우엔 부모가 친권을 공동으로 행사해야 합니다. 그렇지만 부모가 이혼한 경우나 혼인외의 출생자가 인지된 경우엔 친권자를 부모의 협의로 정하고 협의가 이루어지지 않는 경우엔 당사자의 청구에 의해 가정법원이 정하게 됩니다(민법 제909조).

친권은 부모의 권리로서의 측면뿐만 아니라 자녀의 복리을 위한 의무적 성격도 갖기에 친권자가 친권행사에 부적당하여 자녀의 이익을 해하는 경우 친권을 박탈하는 제도가 친권상실제도 입니다. 친권상실은 일정한 사유가 있으면 자녀의 친족 또는 검사의 청구에 의한 법원의 선고에 의해 이루어 집니다(제924조).

친권이 상실되는 경우는 ①친권을 남용한다든지, ②현저한 비행이 있는 경우입니다. 단순히 다른 남자와 교제했다는 이유만으로 친권이 상실되지는 않습니다. 그러나 다른 남자와의 교제에만 몰두하여 자녀의 보호·교육 등의 친권자로서의 의무를 내팽개치거나 부당하게 행사한다면, 이는 친권 상실의 이유가 됩니다.

4) 당 사 자

가) 청구인적격

(1) 친권상실에 대해 민법 제924조는 민법 제777조 소정의 친족 또는 검사에게 친권상실선고사건의 청구적격을 인정하고 있다 이중 아동, 청소년 대상 성범죄 사건을 수사하는 검사는 그 사건의 가해자가 피해아동, 청소년의 친권자인 경우에 친권상실선고를 하여서는 아니 될 특별한 사정이 있는 경우 이외에는 가정법원에 친권상실선고를 청구하여야 하며(아동,청소년 성보호에 관한 법률 제14조), 아동복지법 제12조는 시·도지사, 시장·군수·구청장에게도 그 청구적격을 인정하고 있다. 반면 자녀 자신에게는 청구인 적격이 인정되지 않으며, 친권상실선고의 청구권을 포기하는 계약은 무효인 바, 이를 포기하더라도 청구인적격에는 문제가 되지 않는다.

(2) 법률행위 대리권, 재산관리권의 상실선고는 민법 제777조에 따른 자의 친족이 청구할 수 있다.

나) 상대방적격
문제가 된 당해 친권자가 상대방적격자이다(규칙 제101조 제1항). 부모가 공동으로 친권을 행사하는 경우에도 친권 등의 상실은 개별적으로 하여야 하므로 부모 모두의 친권이나 법률행위 대리권, 재산관리권의 상실선고를 청구하는 것은 단지 두 개의 사건이 병합된 것에 불과하다.

5) 관 할
친권상실선고사건은 상대방이 되는 친권자의 주소지의 가정법원의 관할에 속하고(법 제46조), 가정법원 합의부의 사물관할에 속한다(민사 및 가사소송의 사물관할에 관한 규칙 제3조 제2호).

6) 심 리
가) 조정전치
친권 등의 상실선고청구권의 포기는 허용되지 않는 것이어서 친권, 법률행위 대리권, 재산관리권의 상실선고는 당사자가 임의로 처분할 수 없는 사항에 해당하므로 친권상실선고청구권의 포기를 내용으로 하는 조정은 허용되지 않는다. 따라서 조정은 친권행사의 적정을 위한 수단의 마련을 위한 간접적이고 우회적인 것에 불과하다.

나) 사전처분과 대행자의 선임
친권, 법률행위 대리권, 재산관리권의 상실선고의 심판청구가 있는 경우 가정법원은 직권으로 또는 당사자의 신청에 의해 사전처분으로 상대방의 친권, 법률행위 대리권, 재산관리권의 행사를 정지시킬 수 있다(법 제62조 제1항) 그 행사정지의 사전처분에 의해 친권을 행사할 자가 없을 경우 대행자를 사전처분에서 동시에 지정하여야 한다(규칙 제102조 제1항). 이는 친권에 따르는 자녀의 보호에 공백이 생기지 않도록 하기 위한 것이다.

7) 심 판
가) 심판이 확정되면 친권자는 그 권한이나 의무를 상실한다. 따라서 공동친권자 중의 한쪽의 친권이 상실되면 다른 쪽이 단독친권자로 되고 공동친권자 모두의 친권이 상실되거나 단독친권자의 친권이 상실되고 다른 아버지 또는 어머니가 없어 친권을 행사할 자가 없게 되면 후견이 개시된다.

나) 친권자의 권리의무는 실권회복선고의 심판에 의하지 아니하고는 당연히 회복되는 것이 아니라는 점에서 친권자지정의 심판에 의해 친권자로 지정되지 아니한 자의 친권행사가 정지되는 것과 비교된다.

다) 청구를 기각한 심판에 대해 청구인이 즉시항고를 할 수 있다(규칙 제94조 제1항). 인용한 심판에 대해서는 상대방 또는 민법 제925조에 규정한 자(자녀의 친족)는 즉시항고 할 수 있다(규칙 제103조). 자녀의 친족에게는 심판이 고지되지 아니하므로 자녀의 친족이 하는 즉시항고는 청구인 또는 상대방이 최후로 심판을 고지받은 날부터 14일 이내에 하여야 한다(법 제43조 제5항).

라) 심판이 확정되면 가정법원의 법원사무관 등은 자녀의 등록기준지의 가족관계등록사무를 처리하는 사람에게 그 가족관계등록부에 기록할 것을 촉탁하여야 한다(규칙 제5조 제1항).

마. 실권회복의 심판

1) 의 의

실권회복은 친권상실선고 또는 법률행위 대리권, 재산관리권의 상실선고로 상실된 친권자로서의 권한을 회복시키는 것을 말한다. 이는 상실선고의 원인이 소멸한 것을 요건으로 한다(민법 제926조). 원인이 소멸하였다는 것은 단순히 현재의 사정만을 가리키는 것이 아니라 다시 친권 등을 행사하게 하더라도 향후에는 친권을 남용하거나 비행을 저지르지 아니하고 자녀의 재산을 위태하게 하지도 않을 것으로 인정되는 것을 의미한다.

친권 등의 상실선고의 심판으로 상실된 친권자로서의 권리는 실권회복선고의 심판에 의하지 아니하고는 회복되지 않기 때문에 친권 등을 상실한 당사자는 회복의 심판을 받아야만 한다.

2) 당 사 자

친권 등이 상실된 본인 또는 그의 친족이 청구인 적격자이고(민 제926조), 그 청구 당시 친권이나 법률행위 대리권, 재산관리권을 행사하거나 대행하고 있는 자가 상대방 적격자이다(규칙 제101조 제2항). 상대방으로 되어야 할 자가 없는 경우에는 검사를 상대로 청구할 수 있다.

3) 관 할

친권회복선고사건은 상대방이 되는 친권자의 주소지의 가정법원의 관할에 속하고(법 제46조), 가정법원 합의부의 사물관할에 속한다(민사 및 가사소송의 사물관할에 관한 규칙 제3조 제2호).

4) 심 리

실권회복선고는 당사자가 임의로 처분할 수 없는 사항에 해당하므로 조정은 허용되지 않는다.

5) 심 판

가) 심판이 확정되면 실권자는 그때부터 친권 또는 법률행위 대리권, 관리권을 회복하며, 후견이 개시되어 있는 경우에는 후견이 종료한다.

나) 기각한 심판에 대하여는 청구인이(규칙 제94조), 인용한 심판에는 상대방 또는 민법 제925조에 규정한 자, 즉 자녀의 친족이 즉시항고를 할 수 있다(규칙 제103조).

바. 친권의 일시정지와 일부제한

1) 서 론

친권은 자녀의 복리를 우선적으로 고려하여 행사되어야 하는데 이에 반하는 부적절한 친권행사에 대한 법적 대응으로 종래에는 친권의 전면적 또는 부분적 제한이 인정될 뿐이었다. 그러나 2014년 민법 개정에서 부모의 학대나 개인적 신념으로 자녀의 생명, 신체 등에 위해가 발생하는 경우에 개개의 사안별로 자녀의 생명 등을 보호하기 위하여 필요한 최소한의 친권제한 조치가 가능하도록 하기 위하여 친권제한의 유형으로 기존의 전면적 제한인 친권의 상실과 부분적 제한인 대리권, 재산관리권의 상실에 친권의 일시정지 및 일부제한이 추가 되었다

2) 친권의 일시정지

가) 의 의

친권의 일시정지란 친권을 일정기간 동안 행사할 수 없게 하는 것으로 친권자로서의 법적 지위를 전면적으로 그러나 한시적으로 배제하는 조치이다. 친권제한사유가 단기간 내에 소멸할 개연성이 있는 경우에 필요한 최소한의 제한조치이다.

나) 청구인

자녀, 자녀의 친족, 검사, 지방자치단체의 장, 미성년후견인 또는 미성연후견감독인이 청구할 수 있다.

다) 요 건

거소의 지정이나 징계, 그 밖의 신상에 관한 결정 등 특정한 사항에 관하여 친권자가 친권을 행사하는 것이 곤란하거나 부적당한 사유가 있어 자녀의 복리를 해치거나 해칠 우려가 있는 경우에 할 수 있다(민법 제924조 제1항).

라) 심 판

(1) 친권의 일시정지가 선고되면 친권자는 법원이 정한 기간 동안 친권을 행사하지 못하지만 그 기간이 지나면 당연히 친권을 다시 행사 할 수 있다.

(2) 공동친권자 중 1인에 대하여 친권의 일시정지가 선고되면 다른 친권자가 단독친권자로 되며(민 제909조 제3항), 부모 모두에 대하여 친권의 일시정지가 선고되면 미성년후견이 개시되는데 후견인의 임무는 제한된 기간에 한정된다.

3) 친권의 일부제한

가) 의 의

친권의 일부제한이란 문제가 되는 개별적인 사항에 한하여 친권을 행사할 수 없게 하는 것으로 친권자로서의 법적지위를 부분적으로 배제하는 조치이다. 친권을 전부 상실시킬 필요가 없이 일정한 사항에 관한 제한만으로 자녀의 복리를 충분히 보호할 수 있는 경우에 필요한 최소한의 제한조치로 기능할 수 있는데 대리권, 재산관리권의 상실과는 선택적 관계에 있는 반면, 친권자의 동의를 갈음하는 재판에 대해서는 보충적이다.

나) 청구인

자녀, 자녀의 친족, 검사, 지방자치단체의 장이 청구할 수 있다(민 제924조의2).

다) 요 건

거소의 지정이나 징계, 그 밖의 신상에 관한 결정 등 특정한 사항에 관하여 친권자가 친권을 행사하는 것이 곤란하거나 부적당한 사유가 있어 자녀의 복리를 해치거나 해칠 우려가 있는 경우에 할 수 있다(민법 제924조 제1항).

라) 심 판

친권자는 가정법원의 선고에 의하여 제한된 범위에서 친권을 행사할 수 없지만, 제한되지 않는 사항에 대해서 친권을 행사할 수 있음은 물론이다.

라. 서식

1) 청구취지 기재례

가) 친권자 지정

사건본인의 친권자로 청구인을 지정한다.

> 사건본인의 친권자로 청구인과 피청구인을 공동으로 지정한다.

나) 친권자변경

> 사건본인의 친권자를 청구인으로 변경한다

> 사건본인의 친권자를 청구인에서 청구인과 피청구인이 공동친권자로 되는 것으로 변경
> 한다.

다) 친권 상실 청구

> 1. 피청구인의 사건본인에 대한 친권을 상실한다.
> 2. 심판비용은 피청구인의 부담으로 한다.
> 라는 심판을 구합니다.

라) 법률행위대리권, 재산관리권 상실 청구

> 1. 피청구인의 사건본인에 대한 법률행위대리권 및 재산관리권을 상실한다.
> 2. 심판비용은 피청구인의 부담으로 한다.
> 라는 심판을 구합니다.

마) 친권 회복청구

> 1. 피청구인의 사건본인에 대한 친권을 회복한다.
> 2. 심판비용은 피청구인의 부담으로 한다.
> 라는 심판을 구합니다.

바) 법률행위대리권, 재산관리권 회복 청구

> 1. 피청구인의 사건본인에 대한 법률행위대리권 및 재산관리권을 회복한다.
> 2. 심판비용은 피청구인의 부담으로 한다.
> 라는 심판을 구합니다.

사) 실권회복심판청구

> 청구인의 사건본인 OOO에 대한 친권을 회복한다.
> 라는 심판을 구합니다.

아) 친권 일시정지 심판청구

> '상대방에게 20OO. OO. OO.까지 사건본인에 대한 친권 행사의 정지를 명한다.
> 심판비용은 상대방이 부담한다.' 라는 심판을 구합니다.

자) 친권 일부제한 심판청구

> '상대방에게 사건본인에 대한 친권 중 거소의 지정에 관한 권한 (징계권의 행사, 신상에
> 관한 결정 등 기타 사항) 행사의 정지를 명한다. 심판비용은 상대방이 부담한다.' 라는
> 심판을 구합니다.

2) 첨부서류 등

사건	첨부서류	신청서	인지액	송달료	관할법원
친권자 지정	* 기본증명서(사건본인) 1통 * 가족관계증명서(사건본인, 청구인, 상대방) 각 1통 * 혼인관계증명서(청구인) 1통 −혼인사유 기재가 없으면 제적등본 * 주민등록표등(초)본(사건본인, 청구인, 상대방) 각1통	2부	사건본인 1인당 10,000원 ※ 양육청구병합시 20,000원	당사자 별 12회	상대방 주소지
친권자 변경	* 기본증명서(사건본인) 1통 * 가족관계증명서(사건본인, 청구인, 상대방) 각1통 * 혼인관계증명서(청구인) 1통 −혼인사유 기재가 없으면 제적등본	2부	사건본인 1인당 10,000원 ※ 양육청구병합시 20,000원	당사자 별 12회	상대방 주소지

	* 주민등록표등(초)본(사건본인, 청구인, 상대방) 각1통					
친권 상실	* 가족관계증명서(청구인, 상대방, 사건본인) 각 1통 * 주민등록표등(초)본(청구인, 상대방, 사건본인) 각 1통 * 기본증명서(사건본인) 1통	2부	10,000원	당사자 별 12회	상대방 주소지

3) 서식례

[서식] 친권자 및 양육자 지정심판 청구서

친권자 및 양육자 지정심판청구서

청 구 인   김 ○ ○ (주민번호)
           등록기준지 :
           주   소 :
           연 락 처 :

피청구인   이 ○ ○ (주민번호)
           등록기준지 :
           주   소 :

사건본인   김 ○ ○ (주민번호, 당○세)
           등록기준지 및 주소 : 피청구인과 같다

친권자 및 양육자지정 심판청구

청 구 취 지

1. 사건본인에 대한 친권자 및 양육자로 청구인을 지정한다.
2. 소송비용은 피청구인의 부담으로 한다.
라는 판결을 구합니다.

청 구 원 인

1. 당사자의 관계
청구인과 피청구인은 20○○. ○. ○. 혼인신고를 하고 20○○. ○. ○. 사건본인을 출산하였고 이후 20○○. ○. ○. 재판상 이혼을 한 당사자들 입니다.

2. 피청구인과의 재판상 이혼

피청구인은 매일 새벽까지 술을 마시고 늦게 귀가를 하다가 급기야 다른 여자를 사귀어서는 가출을 하였습니다. 청구인은 혼인생활을 지속하기 위해 노력을 하였지만 더 이상 피청구인과의 혼인생활이 의미가 없게 되어서 20○○. ○. ○. 이혼소송을 제기하여 이혼판결을 받았습니다.

3. 친권행사자 지정청구

그런데 청구인은 위 재판상 이혼과정에서 사건본인들의 친권행사를 청구인으로 지정해 달라는 청구를 하여야 했지만 법을 잘몰라 청구하지 않아 친권행사자가 지정되지 않은 상태로 지내 왔습니다. 따라서 청구인은 사건본인의 친권행사자 및 양육자로 지정받기 위해 이 사건 심판청구에 이른 것입니다.

입 증 방 법

1. 갑제1호증	가족관계증명서
1. 갑제2호증	주민등록등본
1. 갑제3호증	제적등본
1. 갑제4호증	혼인관계증명서
1. 갑제5호증	사실확인서

20○○. ○. .

위 청구인 김 ○ ○ (인)

서울가정법원 귀중

■ 작성 · 접수방법

1. 청구서에는 수입인지 20,000원(=친권자 지정(마류5호) 1만 원+양육자지정(마류3호) 1만 원)을 붙여야 한다.
2. 송달료는 122,400원(=당사자수(2)×5,100(송달료)×12회분)을 송달료취급은행에 납부하고 첨부하여야 한다.
3. 관할 : 상대방 주소지를 관할하는 가정법원을 관할법원으로 한다.
4. 청구서 법원용 1부, 상대방수에 맞는 부본수를 제출한다.

친권자 및 양육자 지정 심판청구

청구인   서00
        등록기준지
        주   소
        소송대리인   법무법인 00
                담당변호사 00
                서울 서초구 00

상대방   한00
        등록기준지
        주   소

사건본인   한00
        사건본인의 등록기준지
        사건본인의 주소

청 구 취 지

1. 청구인과 상대방 사이에서 출생한 사건본인 한00의 친권자 및 양육자로 청구인을 지정한다.
2. 재판비용은 상대방의 부담으로 한다.
는 심판을 구합니다.

청 구 이 유

1. 청구인은 상대방과 0000년에 법률상 혼인을 하였습니다. 이 당시 청구인 본인의 나이는 갓 성년이 된 상태였습니다. 어린 나이에 결혼을 하여 남편과 행복한 가정생활을 꿈꾸었지만, 2000년 경 상대방과 협의이혼을 하였습니다.

2. 이혼사유는 남편에게서 심히 부당한 대우를 받았기 때문입니다. 남편의 잦은 폭행과 알콜 중독증상, 알콜 섭취 후의 잦은 운전 등으로 인해 청구인은 항상 불안한 상태였습니다.

3. 많은 이혼사유 중에 하나를 들면, 청구인이 임신 7개월이 되던 때 남편은 갑자기 자신을 무시한다는 이유를 들며 청구인의 머리채를 잡아 집 밖으로 끌어내며 임신으로 불러온 배를 주먹으로 가격한 적도 있습니다.

4. 이러한 폭행과 부당한 대우 등을 참아가며 사건본인 한강현을 위해서라도 결혼생활을 유지하려 하였으나, 더 이상 견딜 수 없어 2000......에 청구인의 친 어머니인 ......의 중재로 협의이혼을 하였습니다.

5. 협의이혼 당시 저는 전 남편인 상대방이 너무나 무서웠기에 그를 피하였고, 결국 이혼을 함에 필요한 사항은 친 어머님께서 합의를 보셨습니다. 즉 위자료로 금 2,000,000원과 친권과 양육권은 상대방에게 넘기기로 한 것입니다.

6. 이혼 후 청구인은 모성애에 이끌려 사건본인을 잊을 수 없었습니다. 그러하기에 연락가능한 모든 방편을 이용하여 사건본인을 보았습니다. 사건본인의 주소지인 충남 서산에 내려가 사건본인이 커가는 모습을 간간히 보았습니다.

7. 그러나 시간이 갈수록, 특히 초등학교를 입학한 후의 사건본인의 교육환경이나 가정환경 등을 보면서 너무나도 안타까운 마음이 들었습니다.

8. 사건본인의 생활환경은 현재 전 남편과는 동떨어져 부모의 정은 느낄 수 없이 사건본인의 할아버지, 할머니의 보호 하에 자라고 있습니다. 또한 현재 거주하는 장소에는 사건본인의 큰 아버지와 같이 살고 있는데, 이 큰 아버지는 가정생활을 파괴할 만큼의 도박으로 인해 이혼을 당했으며, 이로 인해 그 자식들에 대한 친권과 양육권도 빼앗긴 상태입니다.

9. 또한 조부모님 슬하에서 자라는 이유때문인지 방과후의 생활지도가 전혀 되고 있지 않습니다. 사건본인은 늦은 시간에도 본인보다도 훨씬 나이가 많은 중학생 형들과 어울리면서 초등학교 3학년 수준에서 들을 수 없는 성에 관련된 이야기들을 무절제하게 경험하고 있는 것입니다.

10. 상대방과 사건본인과의 관계도 매우 좋지 않은 상황입니다. 청구인이 충남 서산에 내려가 사건본인을 만나면서 직접 들은 얘기입니다. 사건본인이 방과후 집에서 닌텐도를 사용하여 게임을 하고 있었습니다. 게임에 열중하던 중 상대방이 집에 들어왔는데, 사건본인이 인사를 건성으로 했던 것입니다. 이를 본 상대방이 자신을 무시한다면서 아이인 사건본인에게 "씨발 놈, 날 무시해!"라며, 사건본인을 폭행하고, 게임기를 산산히 부수었다고 합니다.

11. 청구인과 사건본인이 충남 서산에서 만난 후 상대방이 찾아와 헤어지려는 순간, 사건본인의 입에서 "씨발 놈, 왜 이리 빨리 온 거야? 엄마, 나 조금 더 있으면 안되?"라면서 저를 바라보았습니다. 현재 초등학교 3학년 밖에 안된 아이의 입에서, 그것도 아버지라는 사람에 대한 칭호가 욕부터 나오는 것을 본 청구인은 아이의 양육환경이 너무나도 불우함을 다시 느끼게 되었습니다.

12. 사건본인은 야구를 무척 좋아합니다. 또한 운동신경도 뛰어나서 스노우보드 타는 것을 좋아하며, 컴퓨터 게임을 좋아합니다. 그러나, 현재 양육권을 가지고 있는 상대방은 사건본인과 일절 야구를 같이 하거나 운동을 같이 하질 않습니다. 또한 고졸임에도 현재 컴퓨터 사용을 전혀 할 수 없어 사건본인과 교감할 수 있는 부분이 전혀 없습니다.

13. 현재 청구인은 결혼 등으로 인해 못다 마친 학업과정, 즉 고교과정까지 검정고시로 졸업 자격을 갖추었습니다. 내년에는 용산 군부대 안에 설치되어있는 메릴린 대학교에 입학예 정입니다.

14. 또한 청구인은 미대사관에서 무기수입 및 비자 관련 업무를 담당하고 있는 Bruce Davis 와 사실혼관계에 있으며, 사건본인과의 친권 및 양육권 문제가 순조롭게 해결되어지면 정식 절차를 밟아 결혼을 할 예정입니다.

15. B00는 월수입 5,000달러 이상의 고소득을 하며 안정된 직장생활을 하고 있으며, 현재 청구인이 사건본인에 대해 친권 및 양육권 지정심판청구를 하는 것에 대하여 적극적으로 찬성을 하고 있습니다. 또한 B00 역시 이혼을 하여 현재 4세인 C00과 6세인 X00를 양육하고 있으며, 사건본인이 청구인의 집에 와있는 동안 서로 친하게, 마치 친형제처럼 지냈습니다.

첨 부 서 류

1. 청구인 김00의 가족관계증명서	1통
1. 사건본인 00의 가족관계증명서	각 1통
1. 혼인관계증명서	1통
1. 주민등록표등본	1통
1. 진술서	1통

2009. 7.
청구인   서00 (인)

서울가정법원 귀중

친권자 및 양육자변경 청구

청구인   은00
              등록기준지 서울 금천구 00
              주   소 경기 광명시 00

상대방   남00
              등록기준지 충남 공주시 00
              주   소 경기 금천구 00

사건본인 1. 남00
          2. 남00
       사건본인들의 등록기준지 및 주소 : 상대방과 같음

청 구 취 지

1. 청구인과 상대방 사이에서 출생한 사건본인 남동엽, 동 남다은의 친권자 및 양육자를
   상대방으로부터 청구인으로 변경한다.
2. 재판비용은 상대방의 부담으로 한다.
라는 재판을 구합니다.

청 구 이 유

1. 청구인과 상대방은 1992. 00. 혼인한 법률상의 부부로서 그 사이에 사건본인 남00, 남00
   을 두었습니다.

2. 상대방은 혼인생활 중에 특별한 직업도 없이 상습적인 도박증세로(화투, 바다이야기 등)
   인하여 혼인파탄을 야기하였고, 이로 인해 청구인 및 청구인의 친정의 도움으로 생계를
   유지하여 왔습니다.

3. 청구인과 상대방은 2007. 11. 15. 상대방의 무능력과 도박증세로 인하여 부득이 협의이혼
   에 이르렀고, 사건본인들에 대한 친권자 및 양육자의 지정에 있어 상대방의 억지, 고집으로
   인하여 부득이 상대방을 지정하였습니다.

4. 그러나 상대방은 2009. 9.경부터 어떠한 이유에서인지 사건본인들에 대한 친권자 및
   양육자를 변경을 요구하였고, 이에 사건본인들을 청구인에게 맡겼습니다.

5. 청구인도 사건본인들의 복지를 위하여 친권자 및 양육자가 청구인으로 변경되는 것에 대하여 동의하여 이 사건에 이른 것입니다.

6. 따라서 청구인과 상대방 사이에 사건본인들에 대한 친권자 및 양육자 변경에 대하여 다툼이 없는바, 변경을 허가하여 주시기 바랍니다.

첨 부 서 류

1. 가족관계증명서, 혼인관계증명서, 주민등록등본   각1부
1. 가족관계증명서, 기본증명서, 주민등록등본(사건본인1. 남동협)   각1부
1. 가족관계증명서, 기본증명서, 주민등록등본(사건본인2. 남다은)   각1부
1. 주민등록등본(상대방)   1부
1. 포기각서(상대방)   1부
1. 인감증명서(상대방)   1부

2009. 12. .
위 신청인 겸 사건본인 은○○

서울가정법원   귀중

[서식] 친권상실선고의 심판청구서

친권상실심판청구

청 구 인   김 ○ ○ (주민번호)   연락처 :
             19 ○○. ○. ○. 생
             등록기준지 :
             주   소 :

피청구인   박 ○ ○ (주민번호)   연락처 :
             19 ○○. ○. ○. 생
             등록기준지 :
             주   소 :

사건본인   김 ○ ○ (주민번호)

1999. 2. 6. 생

등록기준지 및 주소 : 피청구인과 같다.

청 구 취 지

1. 피청구인의 사건본인에 대한 친권을 상실한다.
2. 사건본인의 후견인으로 ○○시 ○구 ○동 ○○에 박○○을 선임한다.
3. 심판비용은 피청구인의 부담으로 한다.

라는 심판을 구합니다.

청 구 원 인

1. 당사자의 지위

청구인의 자인 청구외 망 김◇◇는 19○○. ○. ○. 피청구인과 결혼하고 동거 중 20○○.
○. ○. 사건본인 김○○을 출산하고 양육해온 자입니다.

2. 이 사건의 경위

그런데 20○○. ○. ○. 위 김◇◇이 교통사고로 사망하자 피청구인은 남편의 보상금을
전부 수령하여서는 다른 남자와 가출하여 버리고 사건본인을 남겨 두어서 청구인이 현재
사건 본인을 키우고 있는 바, 피청구인은 자녀의 양육에 관해 일체 관여를 하지 않고 있으며
자녀도 모를 불신하여 할아버지인 청구인 밑에서 양육받기를 바라고 있는 상황입니다. 더구나
사건본인이 20○○. ○. ○. 교통사고를 당하여 병원에 입원하게 되었는데도 피청구인은
사건본인을 간호도 하지 않은 채 보험사 직원과 마음대로 합의하고 손해배상금으로 나온
금 500만 원을 수령해 갔습니다.

3. 결론

따라서 상대방의 위와같은 사정은 친권을 행사할 수 없는 중대한 사유에 해당하고 피청구인이
사건본인에 대한 친권, 법률행위대리권, 재산관리권을 상실할 경우 현재까지 사건본인을
양육해온 청구인이 후견인이 되어 그 권리를 행사 함이 타당 한 바, 청구인은 청구취지와
같이 피청구인의 사건본인에 대한 친권, 법률행위대리권 및 재산관리권의 상실선고를 구하고
청구인이 사건본인의 후견인으로 선임되고자 이 사건 청구에 이른 것입니다.

입 증 방 법

1. 갑제1호증   가족관계증명서
1. 갑제2호증   주민등록등본
1. 갑제3호증   제적등본

1. 갑제4호증   혼인관계증명서
1. 갑제5호증   보험금수령내역서
1. 갑제6호증   진술서

2013.　○.　.
위 청구인　김 ○ ○　(인)

서울가정법원　귀중

■ 작성 · 접수방법

1. 청구서에는 수입인지 10,000원(마류6호사건)을 붙여야 한다.
2. 송달료는 122,400원(=당사자수(2)×5,100(송달료)×12회분)을 송달료취급은행에 납부하고 첨부하여야 한다.
3. 관할 : 상대방 주소지를 관할하는 가정법원을 관할 법원으로 한다.
4. 청구서는 법원용 1부, 상대방수에 맞는 부본수를 제출한다.

[서식] 친권상실선고 심판청구

친권상실선고 심판청구

청 구 인   김 ○ ○ (주민번호)
                     등록기준지
                     주   소

상 대 방   이 ○ ○ (주민번호)
                     등록기준지
                     주   소

청 구 취 지

상대방은 청구 외 김 △ △(. . . 생)에 대한 친권을 상실한다.
는 심판을 구합니다.

청 구 원 인

1. 당사자의 지위

청구 외 망 김◇◇는 19○○. ○. ○. 상대방과 결혼하고 동거 중 20○○. ○. ○. 청구외 김△△을 출산하고 양육해온 자입니다.

2. 이 사건의 경위

그런데 20○○. ○. ○. 위 김◇◇이 교통사고로 사망하자 상대방은 자녀도 만나지 않고 남편의 보상금을 전부 수령하여 거의 다 소비하는 등 자녀의 양육에 관해 전혀 노력하지 않고 있으며 자녀도 모를 불신하여 할아버지인 청구인 밑에서 양육받기를 바라고 있는 상황입니다.

3. 결론

따라서 상대방의 위와같은 사정은 친권을 행사할 수 없는 중대한 사유에 해당하는 바, 청구인은 이 사건 청구에 이른 것입니다.

첨 부 서 류

1. 기족관계등록부등본	2통
1. 주민등록표등본	1통
1. 제적등본	1통
1. 진술서	1통

2013. ○. ○.

위 청구인 김 ○ ○   (인)

서울가정법원 귀중

■ 작성·접수방법

1. 청구서에는 수입인지 10,000원(마류6호사건)을 붙여야 한다.
2. 송달료는 122,400원(=당사자수(2)×5,100원(송달료)×12회분)을 송달료취급은행에 납부하고 첨부하여야 한다.
3. 청구서는 법원용 1부, 상대방수에 맞는 부본수를 제출한다.

친권상실선고 심판청구

청 구 인   이00
                  주소   용인시 00
                  본적   서울 동대문구 00

상대방   이00
                  주소   서울 노원구 00
                  본적   삼척시 00

사건본인   강00
                  주소   용인시 00
                  본적   서울 동대문구 00

청 구 취 지

1. 상대방은 친권에 복종하는 자 강00에 대하여 친권을 상실한다.
2. 심판비용은 상대방의 부담으로 한다.
라는 재판을 구합니다.

청 구 원 인

1. 당사자들의 관계
청구인은 사건본인의 조모이고, 상대방은 사건본인의 친모로서 친권자입니다(갑 제1호증의 1, 2 호적등본, 제적등본).

2. 친권을 행사시킬 수 없는 중대한 사유
가. 상대방은 청구인의 아들인 청구 외 망 강00와 1988. 00. 혼인신고를 하고, 위 강희와의 사이에서 사건본인을 낳은 후 1994. 00. 위 강00와 이혼하여(청구외 망 강00는 상대방이 공장을 다니면서 남자 직원과 불륜을 저질러 이혼하게 되었음) 현재 서울 노원구 00에서 살고 있습니다.

나. 청구 외 망 강00는 상대방과 이혼 후 그 모인 청구인과 동거하면서 상대방과의 사이에서 출생한 사건본인에 대하여 친권을 행사하며 양육하여 오다가 2003. 7. 22. 용인시 00

차량등록소앞에서 청구 외 조00이 운전하는 차량에 치어 사망하였고(갑 제2호 증 교통사
고사실확인원, 갑 제3호 증 사망진단서), 그 후 청구인이 용인시 00에서 사건본인을 계속
하여 돌보아 오고 있습니다(갑 제4호증 주민등록표등본).

다. 상대방은 위 강00와 이혼한 후로 10여년 동안 사건본인을 양육하지 아니하고 장기간
방치하였을 뿐만 아니라 친권행사자인 위 강희의 사망으로 인하여 <u>사건본인의 유일한
친권자가 되었음에도 불구하고 사건본인을 돌보지 아니하고 있습니다.</u>

라. 심지어 상대방은, 청구인과 사건본인이 사고차량 운전자인 청구외 조00의 손해보험사
인 삼성생명을 상대로 손해배상청구소송을 준비 중에 있었는데, 삼성생명이 위 강00의
사망으로 상대방이 친권자가 된 것을 알고 연락하여 합의를 요구하자 <u>청구인 및 사건본
인과 한마디 상의도 없이 예상되는 손해배상액보다 아주 적은 금액인 9,575만 원에
합의</u>하여 청구인 및 사건본인에게 <u>막대한 피해</u>를 입혔습니다.

* 청구외 망 강00는 교통사고 당시 나이가 만 39년 10개월로 도시일용노임을 기준으로
계산하더라도 예상되는 손해배상액은 1억 8,000만 원 이상이라 할 것입니다.

마. 그리고 <u>사건본인</u>은 상대방과 함께 살고 싶지 않다고 하면서 현재와 같이 조모인 청구인
과 함께 살면서 <u>청구인의 보호 하에서 양육되기를 희망</u>하고 있습니다.

3. 결론
그렇다면, 상대방은 사건본인을 양육하지도 아니하고 장기간 방치하였으며 향후에도 사건본
인을 양육할 의사가 없다고 할 것이므로, 향후 상대방에게 사건본인에 대한 양육이나 재산관리
를 맡기는 것이 심히 부적당하다고 인정되고, 이는 민법 제924조 소정의 친권을 행사시킬
수 없는 중대한 사유로서 친권상실사유에 해당하므로 이를 이유로 이 사건 청구에 이르렀습니
다.

입 증 방 법

1. 갑 제1호증   가족관계증명서
1. 갑 제2호증   교통사고사실확인원
1. 갑 제3호증   사망진단서
1. 갑 제4호증   주민등록표등본

첨 부 서 류

1. 위 입증방법   각 1부
2. 납부서   1부

2016. 9. .
위 청구인의 소송대리인
법무법인 00
담당변호사 00

서울가정법원 귀중

[서식] 친권자의 법률행위대리권 및 재산관리권상실선고의 심판청구

친권자의 법률행위대리권 및 재산관리권상실선고의 심판청구

청 구 인   김 ○ ○ (주민번호) 연락처 :
          19 ○○년 ○월 ○ 일생
          등록기준지 :
          주   소 :

피청구인   박 ○ ○ (주민번호) 연락처 :
          19 ○○년 ○월 ○ 일생
          등록기준지 :
          주   소 :

사건본인   1. 박 ○ ○ (주민번호)
          2. 박 ○ ○ (주민번호)
          3. 박 ○ ○ (주민번호)
          등록기준지 : ○○시 ○○구 ○○동 ○○
          주   소 : ○○시 ○○구 ○○동 ○○
          전   화 : ○○○ - ○○○○

청 구 취 지

1. 피청구인의 사건본인들에 대한 친권 중 법률행위 대리권 및 재산관리권을 상실한다.
2. 심판비용은 피청구인의 부담으로 한다.
라는 심판을 구합니다.

청 구 원 인

1. 당사자들의 신분관계
   청구인은 사건본인들의 외조부이며, 피청구인은 사건본인들의 법률상 부입니다.
2. 법률행위 대리권 및 재산관리권 상실선고의 원인
   (피청구인이 사건본인들에 대한 대리권 및 재산관리권이 상실되어야 상당한 이유를 자세하게 서술함)
3. 결 어

입 증 방 법

1. 갑제 1호증 1내지 2	각 가족관계증명서
1. 갑제 2호증 1,2	각 주민등록등본
1. 갑제 3호증의 1내지 5	각 등기부등본
1. 갑제 4호증	확인서
1. 갑제 5호증	진술서

첨 부 서 류

1. 위 입증방법	각1통
1. 청구서 부본	1통
1. 납부서	1통

2015 ○. .

위 청구인 김 ○ ○ (인)

○○법원 귀중

■ 작성 · 접수방법

1. 청구서에는 수입인지 10,000원(마류6호사건)을 붙여야 한다.
2. 송달료는122,400원(=당사자수(2)×5,100(송달료)×12회분)을 송달료취급은행에 납부하고 첨부하여야 한다.
3. 관할 : 상대방 주소지를 관할하는 가정법원을 관할 법원으로 한다.
4. 청구서는 법원용 1부, 상대방수에 맞는 부본수를 제출한다.

심 판 청 구 서

청 구 인   정00
                             등록기준지 :
                             주   소 :

사건본인(미성년자)   김00
                             등록기준지 :
                             주   소 :

상 대 방(후 견 인)   박00
                             등록기준지 :
                             주   소 :

실권회복심판청구

청 구 취 지

청구인의 사건본인 김00에 대한 친권을 회복한다.
라는 심판을 구합니다.

청 구 원 인

1. 청구인 사건본인(미성년자)의 모로서 친권을 행사하였습니다만 2002년 2월 5일 귀원에서 친권을 남용하고 현저한 비행이 있다는 이유로 친권상실의 선고를 받았습니다.

2. 청구인은 과거의 잘못을 반성하고 앞으로는 건전한 생활로 사건본인의 보호와 양육의 전념 할 것을 굳게 결심한 바 있습니다.
   따라서 상실된 친권을 회복하고자 청구취지와 같이 심판을 구하는 바입니다.

첨 부 서 류

  1. 가족관계증명서(청구인, 사건본인, 상대방)   각1통
  2. 주민등록표등본   각1통
  3. 친권상실의 선고심판등본   1통
  4. 친권상실의 원인이 소멸되었음을 증명 하는 서면(인우보증서 등) 1통

    5. 청구서부본   1통

                                2016. 0.
                          위 청구인   정OO   (인)

서울가정법원   귀 하

[서식] 친권행사정지 사전처분신청서

친권행사정지 사전처분신청

신 청 인   김 갑 돌 (주민등록번호 :   )
            등록기준지 : OO시 O구 O동 O번지
            주   소 : OO시 O구 O동 O번지

피신청인   이 순 자 (주민등록번호 :   )
            등록기준지 : OO시 O구 O동 O번지
            주   소 : OO시 O구 O동 O번지

사건본인   김 동 길 (주민등록번호 :   )
            등록기준지 : OO시 O구 O동 O번지
            주   소 : OO시 O구 O동 O번지

신 청 취 지

귀원 2008너20 친권상실조정신청사건이 종결될 때까지 피신청인의 사건본인에 대한 친권자
로서의 직무집행을 정지하고 다음의 사람을 그 대행자로 선임한다.
라는 결정을 구합니다.

신 청 원 인

1. 신청인은 사건본인 김동길의 백부로서 사건본인을 양육하고 있습니다.
2. 피신청인은 사건본인의 부가 사망 후 재혼한 모로서 사건본인의 친권자이나 재혼한 후부
   (後夫) 사이에 자가 출생한 후부터는 사건본인의 양육비 지급을 소홀히 할 뿐 아니라
   사건본인과의 공동상속재산인 별지 목록기재의 부동산을 처분하여 후부(後夫)의 사업자금
   으로 사용하려고 인근 부동산중개소에 내놓고 있습니다.

3. 그러므로 사건본인을 위하여 신청인은 피신청인을 상대로 귀원에 2008너20 친권상실조정 신청을 한 바 있으나, 위 조정사건이 종결될 때까지 기다려서는 사건본인에게 회복할 수 없는 손해를 줄 급박한 사정이 있으므로 동 조정사건이 종결될 때까지 피신청인의 사건본인에 대한 친권자로서의 직무집행을 정지하고, 사건본인의 망부와 생전에 친밀한 관계가 있었던 다음의 사람을 그 대행자로 선임하고자 본 신청에 이르게 되었습니다.

다　　음

성 명 김 일 남
주 소 ○○시 ○구 ○동 ○번지
직 업 변 호 사

첨 부 서 류

1. 가족관계증명서	1통
1. 등기부등본	1통
1. 주민등록표등본	2통
1. 소명서류	1통
1. 친권상실조정사건의 접수증명원	1통

○○. ○○. ○○.
위 신청인　김 갑 돌　(인)

○○가정법원　귀중

■ 작성·접수방법

1. 신청인은 당사자이다
   사전처분은 담보제공 없이 함이 원칙이다.
   비용은 인지대 500원과 5,100원(송달료)×5회분의 송달료를 취급은행에 납부하고 영수증을 첨부하여야 한다.
   관할법원은 본안을 담당하고 있는 가정법원, 조정위원회 또는 조정담당판사의 관할이다.

[심판례] 사전처분과 대행자의 선임

서울가정법원
결   정

사   건   20○○즈기 1234호 사전처분
               (20○○느합 1234호 친권상실선고)
신청인(청구인)   ○ ○ ○ (0000000 - 00000000)
               서울 ○ ○ ○ 아파트 ○ ○ ○
               대리인 변호사 ○ ○ ○
피신청인(자녀)   ○ ○ ○ (0000000 - 00000000)
               서울 ○○구 ○○동 ○○번지

주   문

이 법원 20○○ 느합 ○○사건의 심판 고지 시까지, 피신청인의 사건본인에 대한 친권행사를
정지하고 다음의 사람을 그 대행자로 선임한다.

다   음

성   명   ○ ○ ○
주   소   서울 ○○구 ○○동 ○○번지
직   업   ○ ○ ○

이   유

이 사건의 해결을 위하여 특히 필요하다고 인정되므로, 가사소송법 제62조 제1항에 따라
주문과 같이 결정한다.

2015. ○월 ○일

재판장   판사 ○ ○ ○   (인)
              판사 ○ ○ ○   (인)
              판사 ○ ○ ○   (인)

주의 : 이 결정에 대하여는 고지받은 날로부터 1주일 이내에 즉시항고를 할 수 있고, 이
결정이 확정되어 효력이 생긴 후에 이 결정에서 정한 처분에 위반한 때에는 결정으로 1천만
원 이하의 과태료를 부과할 수 있다.

친권 일시정지 심판 청구

청 구 인   ○ ○ ○
주민등록번호
주소
등록기준지
☎ : (휴대전화)   (집전화)

상 대 방   ○ ○ ○
주민등록번호
주소
등록기준지

사건본인   ○ ○ ○
주민등록번호
주소
등록기준지

청 구 취 지

'상대방에게 20○○. ○○. ○○.까지 사건본인에 대한 친권 행사의 정지를 명한다. 심판비용은 상대방이 부담한다.' 라는 심판을 구합니다.

청 구 이 유

(청구사유를 구체적으로 기재해 주십시오.)

첨 부 서 류

1. 청구인의 가족관계증명서, 주민등록등본   각 1통
2. 상대방의 가족관계증명서, 주민등록등본   각 1통
3. 사건본인의 기본증명서, 가족관계증명서, 주민등록등본   각 1통
4. 기타(소명자료)   1통
5. 청구서 부본   1통

20   .   .   .
위 청구인   (인)

○○가정법원   귀중

1. 관할법원은 상대방의 주소지 가정(지방, 지원)법원입니다.
2. 청구서에는 사건본인의 수를 기준으로 1명 당 수입인지 10,000원을 붙여야 합니다. 다만, 부모 쌍방에 대한 청구는 그 2배의 수입인지를 붙여야 합니다.
3. 송달료는 '당사자수×5,100원(송달료)×12회분'을 송달료취급은행에 납부하고 납부서를 첨부하여야 합니다.

[서식] 친권 일시정지 기간연장 심판청구

친권 일시정지 기간연장 심판 청구

청 구 인 　○ ○ ○
　　　　　 주민등록번호
　　　　　 주소
　　　　　 등록기준지
　　　　　 ☎ : (휴대전화)　　　　　　　　(집전화)

상 대 방 　○ ○ ○
　　　　　 주민등록번호
　　　　　 주소
　　　　　 등록기준지

사건본인 　○ ○ ○
　　　　　 주민등록번호
　　　　　 주소
　　　　　 등록기준지

청 구 취 지

상대방에 대하여 20○○. ○○. ○○.까지 한 사건본인에 대한 친권 행사의 정지기간을 20○○. ○○. ○○.까지 연장한다.　심판비용은 상대방이 부담한다.' 라는 심판을 구합니다.

청 구 이 유

(청구사유를 구체적으로 기재해 주십시오.)

첨 부 서 류

1. 청구인의 가족관계증명서, 주민등록등본   각1통
2. 상대방의 가족관계증명서, 주민등록등본   각1통
3. 사건본인의 기본증명서, 가족관계증명서, 주민등록등본   각1통
4. 기타(소명자료)   1통
5. 청구서 부본   1통

20 . . .
위 청구인   (인)

○○가정법원   귀중

[서식] 실권회복 심판청구

친권 일부제한 심판 청구

청 구 인   ○ ○ ○
주민등록번호
주소
등록기준지
☎ : (휴대전화)   (집전화)

상 대 방   ○ ○ ○
주민등록번호
주소
등록기준지

사건본인   ○ ○ ○
주민등록번호

주소
등록기준지

청 구 취 지

'상대방에게 사건본인에 대한 친권 중 거소의 지정에 관한 권한 (징계권의 행사, 신상에 관한 결정 등 기타 사항) 행사의 정지를 명한다. 심판비용은 상대방이 부담한다.' 라는 심판을 구합니다.

청 구 이 유

(청구사유를 구체적으로 기재해 주십시오.)

첨 부 서 류

1. 청구인의 가족관계증명서, 주민등록등본   각 1통
2. 상대방의 가족관계증명서, 주민등록등본   각 1통
3. 사건본인의 기본증명서, 가족관계증명서, 주민등록등본   각 1통
4. 기타(소명자료)   1통
5. 청구서 부본   1통

20   .   .   .
위 청구인   (인)

○○가정법원   귀중

■ 작성 · 접수방법

1. 관할법원은 상대방의 주소지 가정(지방, 지원)법원이다.
2. 청구서에는 사건본인의 수를 기준으로 1명 당 수입인지 10,000원을 붙여야 합니다. 다만, 부모 쌍방에 대한 청구는 그 2배의 수입인지를 붙여야 한다.
3. 송달료는 당사자수×5,100원(송달료)×12회분을 송달료취급은행에 납부하고 납부서를 첨부하여야 한다.

3. 양육권 및 양육비

민법 제837조(이혼과 자의 양육책임) ① 당사자는 그 자의 양육에 관한 사항을 협의에 의하여 정한다.
② 제1항의 협의는 다음의 사항을 포함하여야 한다.
1. 양육자의 결정
2. 양육비용의 부담
3. 면접교섭권의 행사 여부 및 그 방법
③ 제1항에 따른 협의가 자의 복리에 반하는 경우에는 가정법원은 보정을 명하거나 직권으로 그 자의 의사·연령과 부모의 재산상황, 그 밖의 사정을 참작하여 양육에 필요한 사항을 정한다.
④ 양육에 관한 사항의 협의가 이루어지지 아니하거나 협의할 수 없는 때에는 가정법원은 직권으로 또는 당사자의 청구에 따라 이에 관하여 결정한다. 이 경우 가정법원은 제3항의 사정을 참작하여야 한다.
⑤ 가정법원은 자의 복리를 위하여 필요하다고 인정하는 경우에는 부·모·자 및 검사의 청구 또는 직권으로 자의 양육에 관한 사항을 변경하거나 다른 적당한 처분을 할 수 있다.
⑥ 제3항부터 제5항까지의 규정은 양육에 관한 사항 외에는 부모의 권리의무에 변경을 가져오지 아니한다.

가. 서 설

1) 의 의

이혼 후의 자녀의 양육자가 누가 될 것인가 또는 양육을 어떻게 할 것인가 등 양육에 관한 사항은 우선 부모의 협의로 정한다. 그 협의에는 양육자의 결정, 양육비용의 부담, 면접교섭권의 행사 여부 및 그 방법 등이 포함되어야 한다(민 제837조 제2항). 이혼시 자의 양육에 대한 협정이 없어 법원에 그 사항을 정할 것을 청구한 때에는, 친권자가 누구인가에 관계없이 법원은 자의 연령, 부모의 재산상황 기타 모든 사정을 고려하여 부모 중 누구 한편을 양육자로 지정하거나 또는 쌍방 모두에게 양육사항을 나누어 부담케 할 수 있다고 할 것이고, 이때에 제일 우선적으로 고려되어야 할 사항은 부모의 권리가 아니라 자의 복지이다.[76]

---

76) 대법원 1991. 7. 23. 선고 90므828 판결.

Q

甲은 남편 乙과 재판상 이혼을 하면서 미성년 자(子)인 丙을 이혼 후 2년 간은 乙이 양육비의 일부를 부담하면서 甲이 양육하기로 하고, 그 이후는 乙이 양육하도록 인도하기로 하는 의무를 부담하는 소송상의 화해가 있었습니다. 그런데 甲은 이혼 후 2년이 지나서도 3년 간 丙을 양육하였는데, 乙은 甲이 위 화해조항을 위반하였다는 이유로 양육비를 전혀 지급하지 않았습니다. 이 경우 甲이 다시 丙의 양육자지정청구를 하면서, 이혼 후 2년이 지나 乙이 양육비를
지급하지 않은 기간의 양육비를 함께 청구할 수 있는지요?

A

이혼한 후 미성년인 자녀의 양육비에 관하여 판례는 "실제로 양육을 담당하는 이혼한 모에게 전혀 수입이 없어 자녀들의 양육비를 분담할 형편이 못되는 것이 아닌 이상, 이혼한 부와 함께 모도 양육비의 일부를 부담하도록 하였다 하여도 경험칙과 논리칙에 어긋나는 것은 아니다."라고 하였으며, "청구인과 피청구인 사이에 자녀의 양육에 관하여 특정 시점까지는 피청구인이 양육비의 일부를 부담하면서 청구인이 양육하기로 하고 그 이후는 피청구인이 양육하도록 인도하기로 하는 의무를 부담하는 소송상의 화해가 있었다면, 이 화해조항상의 양육방법이 그 후 다른 협정이나 재판에 의하여 변경되지 않는 한 위 특정시점 이후에는 청구인에게는 사건본인들을 양육할 권리가 없고 그럼에도 불구하고 이들을 피청구인에게 인도함이 없이 스스로 양육하였다면 이는 피청구인에 대한 관계에서는 위법한 양육이라고 할 것이니, 위 화해에 갈음하여 새로운 양육방법이 정하여 지기 전에는 피청구인은 청구인에게 그 위법한 양육에 대한 양육비를 지급할 의무가 있다고 할 수 없다."라고 하였습니다(대법원 1992. 1. 21. 선고 91므689 판결).

따라서 위 사안에서도 甲은 乙에 대하여 이혼 후 2년이 지난 시점부터 甲이 청구한 양육자지정청구에서 양육의 방법이 정해지기 이전까지의 양육비는 청구할 수 없을 것으로 보입니다.

2) 절 차

가) 협의이혼의 경우

당사자간에 양육사항에 대해 협의를 하여야 하고 협의가 이루어지지 아니하거나 협의할 수 없는 때에는 가정법원이 직권 또는 당사자의 청구에 의해 이를 정하며 이혼의사 확인 절차에서 양육에 관한 협의서나 심판정본을 제출해야 한다.

나) 재판상이혼의 경우

먼저 당사자간에 양육사항에 대해 협의를 하고 협의가 이루어지지 아니하거나 협의할 수 없는 때에는 가정법원이 직권으로 또는 당사자의 청구에 의해 정한다(민 제837조).

3) 내 용

가) 양육자는 부모의 일방으로 정할 수도 있고 부모의 공동양육으로 할 수도 있다. 양육권자로 지정되지 못한 부모도 양육에 관한 것 이외의 부모로서의 권리·의무에 변경이 생기는 것은 아니므로 양육권이 없는 부 또는 모와 자녀간에도 부양 청구권이나 상속권, 미성년자녀에 대한 혼인동의권 등은 여전히 인정된다. 또한 친권자와 양육자가 다른 경우 양육과 관련된 사항의 범위 내에서는 친권자의 친권이 제한된다. 예를 들어 친권자로 지정받지 못하였으나 양육권을 가지고 있는 부모 일방은 타방에 대해 유아인도청구권을 행사 할 수 있다.

나) 혼인 외의 자로서 생부로부터 인지되지 않은 경우에 그 자는 모의 단독친권에 복종하게 되므로 공동친권을 전제로 한 친권행사자 지정청구는 부적법하다. 따라서 사실혼 해소의 경우에 인지되지 아니한 자에 대한 양육에 관한 청구는 근거규정이 없어 부적법하다.[77] 더불어 혼인중의 부부가 혼인생활이 파탄에 이르러 별거상태에 있는 경우 그 사이에 출생한 미성숙자녀의 양육문제는 부부가 이혼한 경우와 크게 다를 바 없고 자녀의 복지를 위하여 부부 중 어느 일방을 양육자로 지정하여 두는 것이 바람직할 때가 많으며, 부부사이에 자녀의 양육에 관한 분쟁이 생길 여지를 미리 방지한다는 측면에서도 별거중인 부부의 자녀에 관하여는 그 양육자를 지정할 필요성이 있고, 민법 제826조에 의하면 부부는 서로 부양하고 협력하여야 할 의무가 있으며 미성숙자녀는 부부와 함께 부부공동체의 본질적 구성부분을 이루는 것이어서, 부부와 쌍방은 자녀의 거처 등의 제반문제에 관하여 서로 협조할 의무가 있다고 보아야 하므로, 혼인중이라 하더라도 별거중인 부부의 미성숙자녀에 대한 양육비지정청구는 부부의 부양, 협조에 관한 처분(법 제2조 제1항 나호 (2) 1.)의 일종으로 받아들여야 한다.[78]

---

77) 서울가정법원 1994.05.20. 선고 93드74635 제4부판결 : 확정.
78) 서울가정법원 1991.10.07. 자 90드59208

다) 양육자 결정의 구체적 기준

(1) 제3자에 대한 양육의 위임 가능성

이혼 후 친권자로 지정된 부모의 일방이 직접 자녀를 양육할 수 있는지, 직장생활로 인하여 제3자에게 양육을 위임 해야만 할 것인지가 판단되어야 한다. 하루 종일 취업활동에 종사해야 하기 때문에 스스로 자녀를 돌볼 수 없는 부모의 일방은 예외적인 경우를 제외하고는 양육에 적합하지 못한 것으로 추정된다. 이러한 판단은 부모에 의한 직접적인 자녀양육이 제3자에 의한 양육에 비하여 자녀의 복리에 보다 적합하다는 일반적인 확신에 근거하는 것이다.

(2) 부모의 기회균등

양육자로서의 적합성을 판단함에 있어서 일반적으로 어머니가 아버지에 비하여 적합한 양육자라는 과거의 지배적인 원칙은 학문적으로 증명되지 못했으며, 그 결과 오늘날 폐기되기에 이르렀다. 보다 중요한 것은 부모의 구체적인 인격과 가정 내에서의 역할 분담이다. 또한 자녀의 성별도 친권자를 정함에 있어서 더 이상 결정적인 기준이 되지는 못한다. 왜냐하면 자녀는 건강한 인격의 발달을 위하여 같은 성을 가진 부모뿐만 아니라 다른 성을 가진 부모도 필요하기 때문이다. 하지만 실제에 있어서는 어머니가 양육자(친권자)로 지정되는 경우가 대부분이다. 이는 가정 내에서 성별에 근거한 부모의 역할 분담 구조를 반영하는 것인데, 어머니가 가정에서 전적으로 자녀를 돌보는 경우, 자녀는 일반적으로 어머니에 대해서 보다 강한 유대관계를 발전시키게 될 것이기 때문이다. 이러한 가정 내에서의 고정된 역할분담이 양육자(친권자) 결정에 있어서 어머니가 우선적으로 지정되는 결과를 낳은 것이다.

(3) 유책배우자의 양육적합성

유책배우자가 반드시 자녀의 양육자로서 부적합하다고 추정되지는 않으나, 혼인을 파탄시킨 유책행위가 자녀에게도 해로운 영향을 미칠 수 있다고 판단되는 경우(배우자에 대한 폭력행사 등)에는 자녀복리의 관점에서 고려되어야 할 것이다.

(4) 부모의 건강상태

부모의 정신적, 신체적 건강상태가 자녀에게 위해를 끼칠 수 있는 정도에 이르렀다면, 그러한 부모에게는 양육권이 주어져서는 안 될 것이다.

(5) 자녀의 이익을 위태롭게 할 인격적 요소

만일 부모의 일방이 자녀의 복리를 해칠만한 인격적 요소(알코올 중독, 마약 중독, 폭력성, 범죄성향)을 가지고 있다면 양육자로서의 적합성이 배제되어 어떤 경우에도 양육자로 지정되어서는 안 될 것이다.

(6) 자녀와 비양육친과의 관계촉진

자녀를 직접 양육하지 않는 다른 부모의 일방과 자녀와의 관계가 유지될 수 있도록 도와주고 필요한 경우 지원할 수 있는 자세를 갖추고 있는지의 문제가 판단되어야 한다. 이 기준은 부모의 이혼 후 자녀가 비양육친과 직접적인 관계(면접교섭권 등을 통한)를 유지할 때, 이혼으로 인한 위기상황을 보다 무리 없이 극복할 수 있다는 인식에 근거한 것이다.

(7) 부모의 경제상황

부모의 경제적 능력은 양육의 적합성이나 양육의 자세 등에 비추어 부수적인 판단에 지나지 않으며, 최저생계가 보장되지 않는 심각한 상황에서만 문제될 수 있다.

(8) 유대관계의 존중

부모의 이혼 전까지 자녀의 주위에 형성된 다양한 관계, 즉 각각의 부모에 대하여 자녀가 느끼는 친밀감의 정도, 형제자매 사이에 형성된 관계, 친구관계, 학교에 대한 관계 등 사회적 관계가 최대한 유지될 수 있도록 배려해야 한다. 자녀의 복리는 이혼 시 양육자(친권자) 결정이라는 일회적인 판단에 의해서 실현될 수 있는 것이 아니라 그 이후 이혼부모와 자녀 사이의 조화로운 관계의 발전 속에서 장기적으로 실현될 수 있는 성질의 것이다. 장기적인 안목에서 자녀의 복리를 실현시키고자 할 때, 양 부모와 자녀와의 관계뿐만 아니라 가능한 한 넓은 범위에서 이제까지의 관계를 유지시키는 것이 자녀의 이혼 후 정서안정과 인격발달에 유리하다는 것을 반영한 것이다.

(9) 자녀의 의사

자녀의 의사는, 이혼에 의하여 직접적인 영향을 받는 아동이 자신의 결정을 표시할 수 있어야 한다는 면과 더불어 이는 곧 아동이 이제까지 형성해 온 친밀한 관계를 반영한다는 점에서 무시되어서는 안 될 중요한 기준이다. 이 기준은 자녀들이 더 이상 부모의 권리객체로서 인식되어서는 안 된다는 점과 더불어 양육자(친권자) 결정에 있어서 자녀의 심리적인 측면에서의 복리를 중요시 하는 최근의 경향에 의해서 지지되고 있다.

(10) 계속성의 원칙

이혼 후 자녀양육의 통일성과 안정적으로 지속적으로 보장될 수 있는 방안이 강구되어야 한다. 그러나 이 계속성의 원칙을 지나치게 강조하여 누가 이혼 전에 양육을 담당하였는가의 문제에만 초점을 맞춘다면 다른 중요한 기준들을 간과할 수 있다. 계속성의 원칙은 하나의 부수적인 기준으로서 부모 쌍방이 다른 부분에서 비슷한 조건을 갖추고 있는 경우에 한하여 중요한 판단기준이 되어야 한다. 판례를 살펴보면 계속성의 원칙에 근거하여 양육자를 지정하는 경향이 있음을 알 수 있다.

(11) 실무상 양육자 지정기준

판례 또는 재판실무상 채용되는 기준을 살펴보면,

① 자의 현상을 존중하고 현실적으로 자를 보호, 교양하는 자를 우선시킨다.

② 수유아에 대하여는 모를 우선시킨다.

③ 자가 철이 들어 있으면(가사소송규칙상에는 15세 이상) 자의 의향을 존중하여 준다.

④ 자의 정신적인 면과 정서적인 면을 물질적인 면과 경제적인 면보다 우선시킨다.

⑤ 자에 대한 부모의 애정, 부모의 성격, 부모의 보호, 교양능력, 자를 둘 경우 인적, 물적 환경 및 생활상황, 부모의 양육실적 등 자의 보호, 교양관련 제반 요인을 비교 교량한다.

⑥ 유책배우자라고 하여 양육자로 지정되지 않는 것은 아니다.

등의 기준이 채용되고 있다.

Q

저는 남편과 이혼하면서 독자인 아이(5세)를 제가 키우고 싶습니다. 그런데 제가 양육권자로 지정받을 수 있으려면 어떻게 하면 되는지요?

A

「민법」은 이혼 시 자녀의 양육 및 친권에 관하여 어머니에게도 동등한 권리를 부여하고 있는바, 이혼 시 자녀의 양육 및 친권에 관한 사항은 이혼당사자가 협의하여 정하고, 협의가 되지 않거나 협의할 수 없는 때에는 당사자의 청구 또는 직권에 의하여 가정법원이 정하도록 규정하였습니다(민법 제837조).

가정법원은 당사자의 청구 또는 직권에 의하여 자녀의 연령, 부모의 재산상황, 자녀에 대한 부모의 애정정도, 자녀의 의사 등 여러 가지 사정을 참작하여 친권자 및 양육에 관한 사항을 정하게 됩니다.

따라서 귀하가 남편과의 협의이혼을 하는 경우에는 아이의 친권자 및 양육권자에 관한 사항도 협의에 의하여 정하고, 재판상이혼을 하는 경우에는 친권자 및 양육자의 지정도 함께 재판상으로 청구할 수 있습니다. 친권자 및 양육자를 당사자의 협의에 의하여 정한 경우에는 그 합의서를, 재판에 의하여 정한 경우에는 재판확정일로부터 1월 이내에 재판의 등본 및 그 확정서를 첨부하여 관할관청에 신고하여야 합니다(가족관계의 등록 등에 관한 법률 제79조).

또한, 귀하가 아이를 키우게 될 경우에도 아이의 아버지에게는 부양의무가 있기 때문에 귀하의 남편에게 아이의 양육비를 청구할 수 있습니다. 양육비에 관하여도 당사자의 협의에 의하여 정할 수 있으면 협의에 의하여 정하되 협의가 이루어지지 않는 경우에는 재판상 청구할 수밖에 없습니다. 양육비에 관하여 합의한 경우에는 나중에 분쟁을 방지하기 위하여 합의사항을 서면으로 작성하는 것이 바람직하다고 할 것입니다. 참고로 양육비에 관하여 판례는 "실제로 양육을 담당하는 이혼한 모에게 전혀 수입이 없어 자녀들의 양육비를 분담할 형편이 못되는 것이 아닌 이상, 이혼한 부와 함께 모도 양육비의 일부를 부담하도록 하였다 하여도 경험칙과 논리칙에 어긋나는 것은 아니며, 이혼한 부모 사이에 미성년의 3자녀에 대한 양육자로 모를 지정하고 부가 부담해야 할 양육비는 도시가구의 평균소비지출액과 당사자들의 각 재산정도와 수입 등 제반 사정을 참작하여 양육비로 예상되는 금액의 3분지 2 정도인 월 329,810원이 상당하다."라고 하였으며(대법원 1992. 1. 21. 선고 91므689 판결), "원고가 사건본인을 양육한 것이 일방적이고 이기적인 목적이나 동기에서 비롯된 것이라거나 사건본인의 이익을 위하여 도움이 되지 아니하거나, 그 양육비를 피고에게 부담시키는 것이 오히려 형평에 어긋나게 되는 등의 특별한 사정이 있다고 볼 아무런 자료가 없다면, 피고에게 사건본인의 양육비를 분담하게 한 것은 정당하다."라고 하였습니다(대법원 1995. 4. 25. 선고 94므536 판결).

나. 자녀 양육비 문제

1) 의 의

양육비 부담에 대해서도 이혼 시에 당사자간에 정해야 한다. 그 절차나 비용은 양육사항의 결정에 관한 것과 동일하다. 양육비는 양육자가 단독으로 부담하는 것이 아니다. 양육비는 부양이므로 부양의무자가 부담하므로 원칙적으로 부모가 공동부담한다(양육자가 노동력을 제공한 것도 양육비를 부담한 것으로 된다). 따라서 부모의 일방만이 양육비를 부담한 경우 그 타방에 대해 양육비를 청구할 수 있다.

자녀들의 성년 후 대학졸업시까지의 양육비를 양육자인 모가 부양의무자인 부에게 직접 청구할 수 있는지 여부에 관하여 이혼한 당사자 사이의 성년자녀들에 대한 양육비는 양육책임자인 부가 자녀들의 성년후까지도 양육비를 양육자인 모에게 지급하기로 하였다고 볼 만한 특별한 사정이 없는 한, 양육자인 모가 성년 후까지도 양육할 것이라는 사정만을 내세워 이를 직접 양육책임자인 부에게 청구할 수는 없다는 것이 판례이다.[79] 또한 자녀의 혼인비용을 부모가 부담하는 것은 인륜의 자연일 뿐 이를 부모에게 법적으로 청구할 수 없다는 것이 판례이다.[80]

---

79) 서울가정법원 1988.09.13. 자 87드7320 제3부심판 : 항소.
80) 서울고등법원 1979. 6. 12. 선고 79다249 판결.

Q

저는 甲과 결혼하여 아들 하나를 두고 있으나, 甲이 다른 여자와 내연의 관계를 맺는 등 결혼생활에 충실하지 않아 이혼하였고, 甲은 그 여자와 재혼한 후 혼인신고를 하였습니다. 그런데 甲이 키우기로 한 아들이 저를 찾아와 계모에게 학대당하고 있다고 하여 저는 甲에게 아들의 전학에 필요한 친권행사포기서를 작성해 달라고 요구하였고, 甲은 아들을 키우는데 드는 양육비용을 자신에게 지우지 않겠다는 취지의 각서를 저에게 요구하였습니다. 저는 甲의 요구대로 그러한 내용의 각서를 작성하여 교부해주었고, 甲으로부터 친권행사포기서를 받았습니다. 그러나 막상 혼자서 자식을 키우려고 하니 경제적으로 너무 힘든 상황인데 제가 쓴 위 각서에도 불구하고 甲에게 양육비를 청구할 수는 없는지요?

A

「민법」은 이혼 시 자녀의 양육에 관한 사항을 협의에 의하여 정하도록 하면서 자녀의 양육에 관한 사항의 협의가 이루어지지 아니하거나 협의할 수 없는 때에는 가정법원은 직권으로 또는 당사자의 청구에 따라 이에 관하여 결정하며, 이 경우 가정법원은 그 자(子)의 의사(意思) · 연령과 부모의 재산상황, 그 밖의 사정을 참작하여 양육에 필요한 사항을 정하도록 하고 있습니다(민법 제837조 제1항, 제4항, 제3항).

우선 귀하가 작성한 위 각서의 취지를 해석해보면 귀하와 甲은 귀하가 양육자가 되어 그 양육비도 귀하가 부담하기로 하는 취지의 자의 양육에 관한 협의가 이루어졌다고 할 수 있습니다.

그러나 협의 당시 그러한 협의가 제반 사정에 비추어 부당하다고 인정된다면 가정법원에 위 양육비부담부분의 변경을 청구할 수 있어야 할 것입니다.

위 사안과 관련하여 판례는 "민법 제837조의 제1, 2항(현행민법 제837조 제1항, 제4항, 제3항)의 규정에 의하여 가정법원이 일단 결정한 양육에 필요한 사항을 그 후 변경하는 것은 당초의 결정 후에 특별한 사정변경이 있는 경우뿐만 아니라, 당초의 결정이 위 법조 소정의 제반 사정에 비추어 부당하게 되었다고 인정될 경우에도 가능한 것이며, 당사자가 협의하여 그 자의 양육에 관한 사항을 정한 후 가정법원에 그 사항의 변경을 청구한 경우에 있어서도 가정법원은 당사자가 협의하여 정한 사항이 위 법조 소정의 제반 사정에 비추어 부당하다고 인정되는 경우에는 그 사항을 변경할 수 있고 협의 후에 특별한 사정변경이 있는 때에 한하여 변경할 수 있는 것은 아니다."라고 하였습니다(대법원 1991. 6. 25. 선고 90므699 판결, 2006. 4. 17.자 2005스18, 19 결정).

그러므로 비록 양육비부담을 청구인이 하기로 협의하였다 하더라도 가정법원은 특별한 사정변경이 없어도 「민법」 제837조 제1항, 제4항, 제3항 소정의 제반 사정에 비추어 그러한 협의가 부당하다고 인정되는 경우 가정법원은 그 사항을 변경할 수 있다고 할 것입니다.

귀하의 경우 아들이 계모의 학대를 피하여 귀하를 찾아온 점, 귀하가 아들을 양육하기 위해서는 전학절차상 전남편으로부터 친권포기서를 받아야만 하는 처지였다는 점, 전남편이 이에 응하는 조건으로 귀하에게 양육비부담에 관한 각서를 쓰도록 강제했다는 점 등을 고려하면 위 협의 당시 귀하는 자식을 위하여 어떻게 해서든지 직접 양육하여야 할 필요를 느끼는 상황이었다고 볼 수 있습니다.

따라서 남편의 경제력이 귀하보다 더 나은 사정을 입증하여 가정법원에 양육비부담부분의 변경을 구하는 청구를 해볼 수 있으리라 생각됩니다.

2) 청구권자

자녀의 양육비는 이혼하는 부부 중 양육자로 지정된 일방이 다른 일방을 상대로 청구할 수 있고, 또한 미성년자녀 스스로 친권자에게 직접 부양료를 청구할 수 있다. 제3자가 자를 양육한 경우 그 부모 쌍방에게 양육비를 청구할 수 있으나, 만약 제3자가 생부의 혼인 외의 자를 양육 등을 하면서 그 비용을 지출하였다 하더라도 생부가 그 혼인 외의 자에 대한 인지 등을 하지 않았다면 그 부양의무가 없어 부당이득으로 양육비를 지급할 의무가 없다.[81]

3) 과거의 양육비 상환

부모의 일방이 자녀양육비를 부담한 경우 대법원은 "어떠한 사정으로 인하여 부모 중 어느 한 쪽만이 자녀를 양육하게 된 경우에, 그와 같은 일방에 의한 양육이 그 양육자의 일방적이고 이기적인 목적이나 동기에서 비롯한 것이라거나 자녀의 이익을 위하여 도움이 되지 아니하거나 그 양육비를 상대방에게 부담시키는 것이 오히려 형평에 어긋나게 되는 등 특별한 사정이 있는 경우를 제외하고는, 양육하는 일방은 상대방에 대하여 현재 및 장래에 있어서의 양육비 중 적정 금액의 분담을 청구할 수 있음은 물론이고, 부모의 자녀양육의무는 특별한 사정이 없는 한 자녀의 출생과 동시에 발생하는 것이므로 과거의 양육비에 대하여도 상대방이 분담함이 상당하다고 인정되는 경우에는 그 비용의 상환을 청구할 수 있다"고 판시하여 타방에 대해 과거의 양육비를 청구할 수 있다는 태도를 취하고 있다[82]. 또한 부양에 관한 협의가 있었다면

---

81) 대법원 1981.05.26. 선고 80다2515 판결.
82) 대법원 1994.05.13. 자 92스21 전원합의체 결정

이를 기초로 과거의 양육비를 상환 청구할 수 있다.

다만, 과거의 양육비의 산정에 있어서는 부모 중 한 쪽이 자녀를 양육하게 된 경위와 그에 소요된 비용의 액수, 양육에 소요된 통상의 생활비인지 아니면 이례적이고 불가피하게 소요된 다액의 특별한 비용(치료비 등)인지 여부와 당사자들의 재산 상황이나 경제적 능력에 따라 판단해야 한다. 따라서 과거의 양육비는 여러 정황을 참작하여 산정되므로 혹 특별하게 지출된 비용, 예컨데 자녀가 병원에 입원하여 지출된 비용이라든지 통상적으로 학교생활이나 교육과 관련되어 지출된 비용 등의 관련자료를 산정하여 자녀를 양육하는데 지출된 비용도 청구할 수 있다.[83]

4) 양육비 청구권

대법원의 판례를 보면,

가) 자가 사망한 경우 사망 전까지 양육비는 상환청구 할 수가 있으나 사망 이후의 양육비는 상환 청구할 수 없고,[84]

나) 이혼 시 양육자로 지정되지 않은 일방이 임의로 양육한 경우, 그 조정조항상의 양육방법이 그 후 다른 협정이나 재판에 의하여 변경되지 않는 한 그 일방에게 자녀를 양육할 권리가 없고, 그럼에도 불구하고 그 일방이 법원으로부터 위 조정조항을 임시로 변경하는 가사소송법 제62조 소정의 사전처분 등을 받지 아니한 채 임의로 자녀를 양육하였다면 이는 양육자에 대한 관계에서는 상대적으로 위법한 양육이라고 할 것이니, 이러한 그 일방의 임의적 양육에 관하여 양육자가 그 일방에게 양육비를 지급할 의무가 있다고 할 수는 없으며,[85]

다) 또한 이혼한 부부 사이에서 자에 대한 양육비의 지급을 구할 권리는 당사자의 협의 또는 가정법원의 심판에 의하여 구체적인 청구권의 내용과 범위가 확정되기 전에는 '상대방에 대하여 양육비의 분담액을 구할 권리를 가진다'라는 추상적인 청구권에 불과하고 당사자의 협의나 가정법원이 당해 양육비의 범위 등을 재량적·형성적으로 정하는 심판에 의하여 비로소 구체적인 액수만큼의 지급청구권이 발생한다고 보아야 하므로, 당사자의 협의 또는 가정법원의 심판에 의하여 구체적인 청구권의 내용과 범위가 확정되기 전에는 그 내용이 극히 불확정하여 상계할 수 없지만, 가정법원의 심판에 의하여 구체적인 청구권의 내용과 범위가 확정된 후의 양육비채권 중 이미 이행기에 도달한 후의 양육비채권은 완전한 재산권(손해배상청구권)으로서 친족법상의 신분으로부터 독립하여 처분이 가능하고, 권리자의 의사에 따라 포기, 양도 또는 상계의 자동채권으로 하는 것도 가능함을 전제한 후

---

83) 대법원 1994.05.13. 자 92스21 전원합의체 결정.
84) 대법원 1995. 4. 25. 선고 94므536 판결.
85) 대법원 2006. 4. 17.자 2005스18 결정.

이혼한 부부 사이에 자의 양육자인 일방이 상대방에 대하여 가지는 양육비채권을 상대방의 양육자에 대한 위자료 및 재산분할청구권과 상계한다고 주장한 사안에서, 가정법원의 심판에 의하여 구체적으로 확정된 양육비채권 중 이미 이행기가 도달한 부분에 한하여 이를 자동채권으로 하는 상계가 허용되는 것으로 판시하였다.[86]

5) 양육비의 산정기준

가) 서울가정법원 양육비산정기준표

서울가정법원은 2012. 5. 30. 양육비 산정기준표를 제정·공표한 이래 2014. 5. 30.과 2017. 11. 17. 두 차례 개정을 한바 있다. 그 동안 양육비 산정기준표는 서울가정법원뿐만 아니라, 전국 가정법원의 재판실무에서 양육비 산정의 중요한 기준으로 정착되었다. 한편, 양육비 산정기준표가 개정된 지 4년이 경과하였고 그 동안 물가 및 국민 소득의 상승, 영유아 보육지원제도의 개선 등 변화된 사회·경제적 사정들을 반영하여 양육비 산정기준표를 개정할 필요성이 생겼다.

이에 서울가정법원은 2020년부터 기존 비상설 양육비위원회를 서울가정법원 가사소년재판연구회 산하 '양육비산정기준연구분과'로 상설화하여 새로운 양육비 산정기준을 연구해왔고, 공청회 등을 통해 법원 안팎의 의견을 폭넓게 수렴하여 보다 적정하고 내실 있는 양육비 산정기준표를 마련하였다. 서울가정법원은 개정된 양육비 산정기준표를 2021. 12. 22. 공표하고 2022. 3. 1.부터 시행하고 있다.

개정된 양육비 산정기준표는 자녀에게 이혼 전과 동일한 수준의 양육환경을 유지하고 소득이 없더라도 필요 최소한의 양육비 책임은 분담한다는 기존 양육비 산정의 기본원칙은 유지하였고, 여기에 사회 전반의 물가 상승률을 반영하여 전체적인 양육비 액수를 증액하였고,[87] 부모의 합산 소득구간 중 고소득층 구간과 자녀의 나이 구간을 보다 세분화하였으며, 양육비 가중 및 감산 요소를 보완하여 더욱 내실 있는 양육비 산정이 이루어지도록 하였다. 자녀의 나이 구간 역시 초등학교 저학년과 고학년의 돌봄 비용, 사교육비 등의 차이를 고려해 변경됐다. 기존 '만 6세 이상 만 11세 이하' 구간은 '만 6세 이상 만 8세 이하', '만 9세 이상 만 11세 이하'로 나뉘어 현실을 반영할 수 있도록 수정되었다.

---

86) 대법원 2006. 7. 13. 선고 2006므751 판결.
87) 2017년 양육비 산정기준표에 따른 최저 표준양육비는 53만2000원이었다. 하지만 개정된 2021년 기준표에서는 최저 표준양육비가 62만1000원으로 8만9000원 상승했다. 이에 따라 0~2세 자녀를 둔, 합산소득 0~199만원 미만 부모의 경우, 평균 양육비는 62만1000원이 된다. 한편, 고소득층의 평균 양육비 구간도 달라졌다. 기존에 '990만원 이상'으로 명시됐던 부모 합산 소득 기준이 '900만~999만원', '1000만~1199만원', 그리고 '1200만원 이상' 등으로 세분화됐고 그에 따른 양육비 기준도 높였다.

[2021 양육비 산정기준표]

자녀 만 나이 \ 부모합산소득	0~199만 원	200~299만 원	300~399만 원	400~499만 원	500~599만 원	600~699만 원	700~799만 원	800~899만 원	900~999만 원	1,000~1,199만 원	1,200만 원 이상
	평균양육비(원) / 양육비 구간	평균양육비(원) / 양육비 구간	평균양육비(원) / 양육비 구간	평균양육비(원) / 양육비 구간	평균양육비(원) / 양육비 구간	평균양육비(원) / 양육비 구간	평균양육비(원) / 양육비 구간	평균양육비(원) / 양육비 구간	평균양육비(원) / 양육비 구간	평균양육비(원) / 양육비 구간	평균양육비(원) / 양육비 구간
0~2세	621,000 / 264,000~686,000	752,000 / 687,000~848,000	945,000 / 849,000~1,021,000	1,098,000 / 1,022,000~1,171,000	1,245,000 / 1,172,000~1,323,000	1,401,000 / 1,324,000~1,491,000	1,582,000 / 1,492,000~1,685,000	1,789,000 / 1,686,000~1,893,000	1,997,000 / 1,894,000~2,046,000	2,095,000 / 2,047,000~2,151,000	2,207,000 / 2,152,000 이상
3~5세	631,000 / 268,000~695,000	759,000 / 696,000~854,000	949,000 / 855,000~1,031,000	1,113,000 / 1,032,000~1,189,000	1,266,000 / 1,190,000~1,344,000	1,422,000 / 1,345,000~1,510,000	1,598,000 / 1,511,000~1,702,000	1,807,000 / 1,703,000~1,912,000	2,017,000 / 1,913,000~2,066,000	2,116,000 / 2,067,000~2,180,000	2,245,000 / 2,181,000 이상
6~8세	648,000 / 272,000~707,000	767,000 / 708,000~863,000	959,000 / 864,000~1,049,000	1,140,000 / 1,050,000~1,216,000	1,292,000 / 1,217,000~1,385,000	1,479,000 / 1,386,000~1,546,000	1,614,000 / 1,547,000~1,732,000	1,850,000 / 1,733,000~1,957,000	2,065,000 / 1,958,000~2,101,000	2,137,000 / 2,102,000~2,224,000	2,312,000 / 2,225,000 이상
9~11세	667,000 / 281,000~724,000	782,000 / 725,000~885,000	988,000 / 886,000~1,075,000	1,163,000 / 1,076,000~1,240,000	1,318,000 / 1,241,000~1,406,000	1,494,000 / 1,407,000~1,562,000	1,630,000 / 1,563,000~1,758,000	1,887,000 / 1,759,000~2,012,000	2,137,000 / 2,013,000~2,158,000	2,180,000 / 2,159,000~2,292,000	2,405,000 / 2,293,000 이상
12~14세	679,000 / 295,000~734,000	790,000 / 735,000~894,000	998,000 / 895,000~1,139,000	1,280,000 / 1,140,000~1,351,000	1,423,000 / 1,352,000~1,510,000	1,598,000 / 1,511,000~1,654,000	1,711,000 / 1,655,000~1,847,000	1,984,000 / 1,848,000~2,071,000	2,159,000 / 2,072,000~2,191,000	2,223,000 / 2,192,000~2,349,000	2,476,000 / 2,350,000 이상
15~18세	703,000 / 319,000~830,000	957,000 / 831,000~1,092,000	1,227,000 / 1,093,000~1,314,000	1,402,000 / 1,315,000~1,503,000	1,604,000 / 1,504,000~1,699,000	1,794,000 / 1,700,000~1,879,000	1,964,000 / 1,880,000~2,063,000	2,163,000 / 2,064,000~2,204,000	2,246,000 / 2,205,000~2,393,000	2,540,000 / 2,394,000~2,711,000	2,883,000 / 2,712,000 이상

▶ 기본원칙

1. 자녀에게 이혼 전과 동일한 수준의 양육환경을 유지하여 주는 것이 바람직함
2. 부모는 현재 소득이 없더라도 최소한의 자녀 양육비에 대하여 책임을 분담한다.

▶ 산정기준표 설명

1. 산정기준표의 표준양비는 양육자녀가 2인인 4인 가구 기준 자녀 1인당 평균양육비임
2. 부모합산소득은 세전소득으로 근로소득, 사업소득, 부동산 임대소득, 이자수입, 정부보조금, 연금 등을 모두 합한 순수입의 총액이다
3. 표준양육비에 아래 가산, 감산요소 등을 고려하여 양육비 총액을 확정할 수 있음
   1) 부모의 재산상황(가산 또는 감산)
   2) 자녀의 거주지역(도시지역은 가산, 농어촌지역 등은 감산)
   3) 자녀의 수(자녀가 1인인 경우 가산, 3안 이상인 경우 감산)
   4) 고액의 치료비
   5) 고액의 교육비(부모가 합의하였거나 사건본인의 복리를 위하여 합리적으로 필요한 범위)
   6) 비양육자의 개인회생(회생절차 진행 중 감산, 종료 후 가산 고려)

위 기준표의 가로축은 부부합산소득을 말한다. 이때의 소득은 위 산정기준표 설명에서 보듯 세후소득이 아닌 세전 소득을 의미하며, 그 소득에는 근로소득, 영업소득, 부동산임대소득, 이자소득, 정부보조금, 연금은 물론 불법으로 생기는 소득까지도 모두 포함하는 개념이다(양육비 산정기준표는 부부의 소득비율로 계산하여 적용하는 것이 원칙). 그리고 세로축은 미성년자의 만 나이를 의미한다. 가로축과 세포축이 만나는 구간은 그 부모의 합산소득에 해당하는 가정에서 해당 나이대의 자녀 1명에 들어가는 통상 양육비를 가리킨다.

[양육비 산정절차 흐름도]

> ### 표준양육비 결정
> (양육비 산정기준표상 자녀 나이, 부모 합산 소득의 교차점)

> ### 양육비 총액 확정
> (표준양육비에 개별 사정에 의한 가산, 감산요소를 적용)

> ### 양육비 분담비율 결정
> (부모 합산 소득 중 양육자와 비양육자의 소득비율)

> ### 비양육자가 지급할 양육비 산정
> (양육비 총액 × 비양육자의 양육비 분담비율)

[표준양육비 결정 예시]

양육비 산정기준표에서 각 자녀에 상응하는 나이 구간(세로축)과 부모의 합산 소득 구간(가로축)의 교차점이 각 자녀의 표준양육비 구간이다. 2021년 양육비 산정기준표의 표준양육비는 양육 자녀 2인인 4인 가구를 기준으로 자녀 1인당 평균양육비를 나타낸다. 양육비 산정기준표의 소득은 근로소득, 사업소득, 부동산 임대수입, 이자수입, 정부보조금, 연금 등을 모두 포함한 순수입 총액으로서 세전소득을 기준으로 하여 산출한다. 예를 들어 양육자녀 2인 중 1인의 나이가 7세이며, 양육자의 근로소득이 월 150만원(세전), 비양육자의 근로소득이 월 200만 원(세전), 임대수입이 월 100만 원(세전)인 경우, 양육비 산정기준표의 세로축에서 6~8세 구간을, 가로축에서 400~499만 원구간(=150만 원 + 200만 원 + 100만 원)을 적용하여 자녀 나이 구간과 부모 합산 소득 구간의 교차점인 105,000~121,600원의 범위에서 표준양육 비를 정한다.

▶ 가족구성원 : 양육자, 비양육자, 만 15세인 딸 1인, 만 8세인 아들 1인인 4인 가구
▶ 부모의 월평균 세전소득 : 양육자 180만원, 비양육자 270만원, 합산소득 450만 원

부모합산 소득 자녀 만 나이	0~199만 원	200~299만 원	300~399만 원	400~499만 원	500~599만 원	600~699만 원	700~799만 원	800~899만 원	900~999만 원	1,000~1,199만 원	1,200만 원 이상
0~2세 평균양육비(원)	621,000	752,000	945,000	1,?78,?00	1,245,000	1,401,000	1,582,000	1,789,000	1,997,000	2,095,000	2,207,000
양육비 구간	264,000~686,000	687,000~848,000	849,000~1,021,000	1,?2?,000~1,171,?00	1,172,000~1,323,000	1,324,000~1,491,000	1,492,000~1,685,000	1,686,000~1,893,000	1,894,000~2,046,000	2,047,000~2,151,000	2,152,000 이상
3~5세 평균양육비(원)	631,000	759,000	949,000	1,?13,?00	1,266,000	1,422,000	1,598,000	1,807,000	2,017,000	2,116,000	2,245,000
양육비 구간	268,000~695,000	696,000~854,000	855,000~1,031,000	1,?2?,000~1,689,000	1,190,000~1,345,000	1,345,000~1,511,000	1,511,000~1,702,000	1,703,000~1,912,000	1,913,000~2,066,000	2,067,000~2,180,000	2,181,000 이상
6~8세 평균양육비(원)				1,140,000	1,292,000	1,479,000	1,614,000	1,850,000	2,065,000	2,137,000	2,312,000
양육비 구간	272,000~707,000	708,000~863,000	864,000~1,049,000	1,050,000~1,216,?00	1,217,000~1,385,000	1,386,000~1,546,000	1,547,000~1,732,000	1,733,000~1,957,000	1,958,000~2,101,000	2,102,000~2,224,000	2,225,000 이상
9~11세 평균양육비(원)	667,000	782,000	988,000	1,163,?00	1,318,000	1,494,000	1,630,000	1,887,000	2,137,000	2,180,000	2,405,000
양육비 구간	281,000~724,000	725,000~885,000	886,000~1,075,000	1,076,0?0~1,240,?00	1,241,000~1,406,000	1,407,000~1,582,000	1,583,000~1,758,000	1,759,000~2,012,000	2,013,000~2,158,000	2,159,000~2,292,000	2,293,000 이상
12~14세 평균양육비(원)	679,000	790,000	998,000	1,280,?00	1,423,000	1,598,000	1,711,000	1,984,000	2,159,000	2,223,000	2,476,000
양육비 구간	295,000~734,000	735,000~894,000	895,000~1,139,000	1,140,000~1,36?,000	1,352,000~1,511,000	1,511,000~1,655,000	1,655,000~1,847,000	1,848,000~2,071,000	2,072,000~2,191,000	2,192,000~2,349,000	2,350,000 이상
15~18세 평균양육비(원)				1,402,000	1,604,000	1,794,000	1,964,000	2,163,000	2,246,000	2,540,000	2,883,000
양육비 구간	319,000~830,000	831,000~1,092,000	1,093,000~1,314,000	1,315,000~1,503,000	1,504,000~1,699,000	1,700,000~1,879,000	1,880,000~2,063,000	2,064,000~2,204,000	2,205,000~2,393,000	2,394,000~2,711,000	2,712,000 이상

아들의 표준양육비 1,140,000

딸의 표준양육비 1,402,000

🌱 전국의 양육자녀 2인 가구 기준

1. 표준양육비 결정
    가. 딸의 표준양육비 : 1,402,000원
        (자녀 나이 15~18세 및 부모합산소득 400만원 ~ 499만원 교차구간)
    나. 아들의 표준양육비 : 1,140,000원
        (자녀 나이 6~8세 및 부모합산소득 400만원 ~ 499만원의 교차구간)
    다. 딸, 아들의 표준양육비 합계 : 2,542,000원(=1,402,000원 + 1,140,000원)

2. 양육비 총액확정
    가산, 감산요소가 있다면 결정된 표준양육비에 이를 고려하여 양육비 총액 확정
    ‒ 가산, 감산 요소가 없다면 2,542,000원

3. 양육비 분담비율 결정
    비양육자의 양육비 분담비율 : 60%(=270만원/(180만원+270만원)

4. 비양육자가 지급할 양육비 산정
    양육비 총액 × 비양육자의 양육비 분담비율의 방식으로 산정
    ‒ 비양육바가 지급할 양육비 : 1,525,200원(2,542,000원 × 60%)

적용예시 1)

양육비 산정기준표 상의 양육비를 가산·감산하는 요소에 대하여 ① 부모의 재산 상황, ② 거주지역(도시는 가산, 농어촌은 감산), ③ 자녀 수(자녀 1명인 경우 가산, 자녀 3명 이상인 경우 감산), ④ 고액의 치료비(중증 질환, 장애, 특이체질 등으로 인한 치료비)가 소요되는 경우, ⑤ 고액의 교육비(유학비, 예체능 등 특기교습비 등)가 소요되는 경우(부모가 합의하였거나 사건본인의 복리를 위하여 합리적으로 필요한 범위 내인 경우), ⑥ 부모의 일방이 개인회생절차에 있는 경우 등이 그 요소로 확정되었다.

가감산 요소

1. 재산상황

부모의 재산상황을 고려할 때 기준표가 불합리하다고 판단되는 경우에는 양육비를 조정할 수 있다.

2. 자녀 수

2021년 양육비 산정기준표는 통계자료 표본의 절반을 넘는 가구가 양육자녀 2인인 점을 고려하여 양육자녀 2인 가구의 자녀 1인당 평균 양육비를 기준으로 삼았으−20−므로, 자녀의 수가 이와 달라지는 경우 양육비 산정기준표에 따른 양육비 산정시 가산 또는 감산 절차가 필요하다. 양육자녀 수별 평균 양육비 차이에 관한 통계자료에 의하면, 양육비 산정기준표상 표준양육비를 1로 보았을 때, 양육자녀가 1인인 경우는 1.065, 3인 이상인 경우는0.783의 비율을 각 적용하여 양육비를 산출할 수 있음은 앞서 본 바와 같다.

3. 자녀의 거주지역

2017년 양육비 산정기준표와 마찬가지로 자녀의 거주지역이 도시인지 농어촌인지 구별하지 않고 하나의 산정기준표로 작성하여 공표하되, 자녀의 거주지역이라는개별 요소를 양육비의 가산감산 요소로 적시하였다. 지역별 평균 양육비 차이에 관한 통계자료에 의하면, 양육비 산정기준표상 표준양육비를 1로 보았을 때, 자녀의 거주지역이 도시인 경우는 1.079, 농어촌인 경우는0.835의 비율을 적용하여 양육비를 일응 산출할 수 있는데, 거주지역을 도시와 농어촌으로 단순화한 위 가감 비율을 그대로 적용하기보다 구체적인 사건에서 자녀의거주지역의 물가 등 경제 여건을 가늠할 수 있는 자료가 드러난다면, 이를 기초로양육비를 가감하는 것이 바람직할 것이다.

4. 고액의 치료비가 드는 경우

양육비 산정기준표의 표준양육비는 통상적인 교육비를 포함하고 있으므로, 사교육비를 지출한다는 사정만을 들어 양육비의 가산을 주장하긴 어려울 것이다. 그러나 부모가 이혼 전에 통상적인 교육비를 초과하는 고액의 교육비를 지출하기로 합의한 경우에는 이를 양육비 가산 요소로 삼을 수 있다. 이혼을 하면서 양육자로 지정받은 부모 일방이 비양육친의 동의 없이 고액의 교육비, 예컨대 외국 유학비−21−나 예체능 등 특기 교육비를 지출하고 있거나 지출하려고 하는 경우에도 그 교육이자녀의 적성과 재능 등에 비추어 볼 때 자녀의 복리를 위하여 합리적인 범위에서필요한 교육에 해당한다고 인정할 수 있다면, 이를 양육비 가산 요소로 참작할 수있다.

5. 고액의 교육비가 드는 경우(부모가 합의하였거나 자녀의 복리를 위하여 합리적으로 필요한 범위 내인 경우)

기준표에는 이미 통상적인 교육비가 포함되어 있으므로 사교육비를 지출한다고 하여 가산을 주장하기는 어려우나, 이혼 전 통상적인 교육비를 초과하는 고액의 교육비를 지출하기로 합의한 경우에는 가산 요소로 삼을 수 있다. 다만 이혼을 하면서 양육자 일방이 비양육자의 동의 없이 외국 유학이나 예체능 특기 교육비를 지출하는 경우에도 자녀의 적성과 재능에 비추어 합리적인 범위에서 필요한 교육에 해당하는 경우에는 가산 요소로 참작할 수 있다. 한편, 양육자를 신뢰하지 못한다면서 학원비, 교육비 등을 직접 지급하거나 본인이 지급한 양육비에 대한 사용내역을 요구하는 것도 금지되었다. 비양육자는 양육권을 포기한 상태이기 때문에 더 이상의 부당산 간섭은 양육자와 자녀들에게 혼선만 초래하기 때문이다.

6. 비양육자의 개인회생

비양육자가 회생절차를 진행 중이거나 회생계획인가결정을 받은 상황이라면, 이를 양육비 산정시 감산 요소로 참작할 수 있을 것이다. 왜냐하면 양육비 산정기준표에 의하여 산정한 양육비가 비양육자의 상황에 비추어 과도하여 이를 그대로 회생채권으로 삼을 경우 회생계획 인가결정을 받지 못하거나 회생절차 전체가 폐지된다면, 이는 오히려 결과적으로 양육자에게 불이익이 될 위험이 있기 때문이다. 다만, 위 사정을 양육비 산정의 감산 요소로 삼을 것인지 여부는 회생계획안의 내용, 비양육자의 재산 및 채무 현황, 양육자와 비양육자의 의사 등을 종합적으로 고려하여야 할 것이다. 한편, 회생절차가 종료된 시기부터는 앞서와 같이 감산된 부분을 전보하기 위하여 회생절차 중 양육비를 감산한 사정을 양육비 가산 요소로 참작할 수 있을 것이다.

- 표준양육비 결정(자녀 나이, 부모 합산소득의 교차점)
- 양육비 총약 확정(가감산요소 적용)
- 양육비 분담비율 결정(부부의 소득비율)
- 비양육자가 지급할 양육비 산정(양육비 총액 × 비양육자의 분담비율)

딸 : 만 16세 (단, 희귀질환으로 월 40만 원의 치료비 소요)
아들 : 만 8세
원고 소득 : 월 150만 원 근로소득
피고 소득 : 월 180만 원 근로소득, 월 20만 원 임대소득(상속받은 부동산)

부모 합산 소득 : 150만 원 + 180만 원 + 20만 원 = 350만 원

딸의 표준 양육비 : 1,227,000원 (평균값 적용)
아들의 표준 양육비 : 988,000원 (평균값 적용)
자녀들 표준 양육비 : 위 합계 2,215,000원

원고가 양육할 경우 피고가 분담할 양육비 :
2,215,000원 + 400,000원 − 2,615,000원 (딸 치료비 포함)
2,615,000원 X 200/350 − 약 1,494,000원 (1인당 747,000원)

단, 위 예시는 양육비 산정기준표 해설서에 기재된 예시인데, 위 예시와 같은 상황에서라면 실무에서는 좀 더 복잡한 상황을 고려해야한다.

양육비는 자녀 별로 다르게 산정할 수도 있고 같은 금액으로 산정할 수도 있다. 따라서 해설서에는 나와 있지 않지만 자녀 1인당 747,000원으로 하지 않고 딸의 경우 약 93만 원, 아들의 경우 약 56만 원으로 산정할 수도 있을 것이다.

자녀 2명(3~5세)
아버지 수입 4,000,000원
어머니 수입 3,000,000원
총 양육비 1,598,000원

위 표에서 부모의 총수입은 700만원이고, 자녀가 3~5세 라면 필요한 양육비는 1,598,000원으로 되어있다. 이를 기준으로 양자가 부담해야할 금액을 계산해 보면 다음과 같다.

비양육인 아버지 : 1,598,000원 x 4/7 = 913,140원
양육자인 어머니 : 1,598,000원 x 3/7 _= 684,850원

하지만 위 구간의 괄호 안에 있는 금액이 당사자 간에 가감산방법으로 조정될 수 있다.

적용예시 2)

자녀 1인(만 11세)
아버지 수입 : 500만원

어머니 수입 : 300만원

만 11세 자녀를 둔 아내의 월 소득이 세전 300만원, 남편의 월 소득이 세전 500만
원인 부부의 양육비는 아래와 같은 방식으로 책정된다.

양육비 산정기준표에 따라 부모 합산 소득이 800만원 이상인 만 11세 자녀에게는
188만 7000원의 양육비가 필요하다.

아내가 양육을 담당한다고 가정했을 때, 남편의 양육비 부담률은 부부의 월 소득 합
산 금액인 800만원 중 500만원으로 62.5%가 됩니다. 따라서 남편은 188만 7000
원의 62.5%인 117만 9375원을 아내에게 지급해야 하며, 이를 제외한 나머지 비용
은 아내가 부담해야 한다.

적용예시 3)

가족관계 : 원고, 피고, 만 10세 딸 1인
소득 : 1) 원고는 혼인 기간 동안 자녀 양육과 가사노동을 하였고, 이혼을 결정하고
　　　　　 구직활동 중
　　　　 2) 피고는 월 평균 200만 원의 세전소득
양육자 : 원고

가. 표준양육비 결정
- 부모 합산 소득 : 200만 원
- 표준양육비 : 725,000원

자녀 나이 9~11세, 부모 합산 소득 200~299만 원의 교차점인 725,000~885,000
원 구간에 해당. 부모 합산 소득이 200만 원으로 해당 소득 구간 중 최소액이므로
구간의 최저값인 725,000원으로 결정

나. 양육비 총액 확정
자녀가 1인이라는 가산요소를 고려하여 725,000원 이상에서 양육비가 정하여질것이
다. 앞서 가산요소 항목에서 보았듯이, 통계자료에 의하면 자녀가 1인인 경우에는
자녀 2인 기준인 양육비 산정기준표의 표준양육비를 1로 보았을 때 1.065의 비율로
양육비가 증가하므로, 위 표준양육비에서 약 6.5% 가산한 772,000원 가량에서 양

> 육비가 확정될 것이다.
>
> **다. 양육비 분담비율 결정**
> 한편 양육자인 원고가 정당한 사정으로 인하여 수입을 얻지 못하고 있으므로, 피고는 자녀의 최저양육비 281,000만 원의 1/2을 제외한 나머지 금액의 양육비를 부담한다.라. 비양육자가 지급할 양육비 산정 따라서 피고의 양육비 분담액은 다른 특별한 사정이 없는 한 631,000원{= 772,000원 - (281,000원 × 1/2)} 가량의 금액에서 법관이 재량으로 정한다.
>
> **라. 비양육자가 지급할 양육비 산정**
> 따라서 피고의 양육비 분담액은 다른 특별한 사정이 없는 한 631,000원{= 772,000원 - (281,000원 × 1/2)} 가량의 금액에서 법관이 재량으로 정한다.

나) 양육비 산정시 고려사항
[2021년 양육비 산정기준표에서 종전 양육비 산정기준표와 달라진 사항]
2021년 양육비 산정기준표에서는 종전 2017년 양육비 산정기준표와 비교하여 부모 합산 소득 구간의 조정, 자녀의 나이 구간 조정, 가구소득 대비 양육비 비율표의 추가, 양육비의 증가, 가산·감산 요소의 수정의 변화가 있다.

① 부모 합산 소득 구간의 조정
종전 양육비 산정기준표에서는 부모 합산 소득 구간 중 최고 소득 구간이 900만 원 이상으로 설정되어 있었지만, 2021년 양육비 산정기준표에서는 이를 좀 더 세분화하여 900~999만원, 1,000~1,199만원, 1,200만원 이상 구간이 설정되었다. 이는 그 동안은 이혼 소송 전 고소득 가정에서 자녀 양육비(특히 교육비)로 상당한 금원을 지출하다가 이혼 소송 중에 비양육 일방부모가 양육비 산정기준표상의 양육비를 분담하는 것을 주장하는 경우가 많았는데, '부모가 이혼하더라도 자녀에게는 이혼 전과 동일한 수준의 양육환경을 유지하여 주는 것'이라는 양육비 산정의 기본원칙에 보다 충실하고자 한 것으로 볼 수 있다. 또한, 1200만원 이상의 부부 합산 소득에 대해서는 가구소득 대비 양육비 비율표를 추가 적용하여 적정한 양육비 산출이 이루어질 수 있도록 하였다.

② 자녀의 나이 구간 조정
기존 양육비 산정 기준표는 초등학교 재학 기간에 해당하는 6세 이상 11세 이하를 한 구간으로 설정하였으나, 개정된 2021년 양육비 산정기준표에서는 6세 이상 8세 이하, 9세 이상 11세 이하로 나누어 설정하였다. 그 이유는 초등학교 저학년과 고학년의 사교육비, 돌봄비용의

차이를 반영하기 위함이다.

③ 가구소득 대비 양육비 비율표의 추가

각 가구 소득구간에서 양육비가 차지하는 비중을 쉽게 확인할 수 있도록 이를 비율로 표시한 비율표가 따로 작성되었다. 특히 부부 합산 소득 구간이 1,200만 원 이상인 경우에 해당 비율에 따라 양육비를 산출할 경우, 양육비가 상당히 상승할 것이므로, '이혼 전과 동일한 수준의 양육환경 유지'에 도움이 될 것으로 보인다.

④ 양육비의 증가

사회 전반의 물가상승률 등이 반영 되어 종전 양육비 산정기준표에 비하여 2021년 양육비 산정기준표상 자녀 1인당 월평균 양육비가 전체적으로 조금씩 증가하였다.

⑤ 가산 · 감산 요소의 수정

양육비 산정기준표 상의 양육비를 가산 · 감산하는 요소에 대하여 부모의 재산 상황, 거주지역(도시는 가산, 농어촌은 감산), 자녀 수(자녀 1명인 경우 가산, 자녀 3명 이상인 경우 감산), 고액의 치료비(중증 질환, 장애, 특이체질 등으로 인한 치료비)가 소요되는 경우, 고액의 교육비(유학비, 예체능 등 특기교습비 등)가 소요되는 경우(부모가 합의하였거나 사건본인의 복리를 위하여 합리적으로 필요한 범위 내인 경우), 부모의 일방이 개인회생절차에 있는 경우 등이 그 요소로 확정되었다.

다) 양육비 산정기준표의 법적구속력

양육비 산정기준표는 가이드라인에 불과하여 법적인 구속력이 없다. 따라서 당사자는 위 기준표와 관계없이 합의할 수도 있고, 재산분할을 많이 주는 대신 양육비는 소액으로 합의할 수도 있다. 법원에서도 양육비산정시 반드시 꼭 위 양육비산정기준에 따라 산정해야하는 것은 아니며, 참고의 기준이 될 뿐이다. 따라서 이전에 판결이나 심판으로 인정된 양육비가 개정된 양육비 산정기준보다 적거나 많다고 하더라도, 양육비 산정기준이 변경되었다는 이유만으로는 양육비 변경 사유라고 주장하기 어렵다.

6) 양육비 분담을 인정하지 아니할 특별한 사정

원고가 사건본인을 양육한 것이 일방적이고 이기적인 목적이나 동기에서 비롯된 것이라거나 사건본인의 이익을 위하여 도움이 되지 아니하거나, 그 양육비를 피고에게 부담시키는 것이 오히려 형평에 어긋나게 되는 등의 특별한 사정이 있다고 볼 아무런 자료가 없다면, 피고에게 사건본인의 양육비를 분담하게 한 것은 정당하다.[88]

7) 장래부양료 청구요건

부양을 받은 미성년자 본인이 아닌 그 생모가 소생자의 생부에 대하여 미성년자의 장래의 부양료를 청구하기 위해서는 미성년자의 양육에 관한 약정이 있다는 등의 구체적인 청구권원이 있어야 하고, 단순히 생모가 생부의 인도요구에 불응하는 등 의사에 반하여 미성년자인 소생자를 양육하였고 또 장래에 있어서도 계속 양육할 의도임이 분명하다 하더라도 그러한 사유만으로 생모에게 자활능력이 있건 없건 또 그것이 과거의 것이든 장래의 것이든 소생자의 생부에게 그 부양료를 직접 청구할 수 없다.[89]

8) 양육비지급기간

일반적으로 양육비를 부담해야 하는 기간은 자녀가 성년(만 19세)이 되기 전까지가 일반적이다.

9) 양육비청구권 소멸시효 및 종료시점

(가) 소멸시효

양육자가 상대방에 대하여 자녀 양육비의 지급을 구할 권리는 당초에는 기본적으로 친족관계를 바탕으로 하여 인정되는 하나의 추상적인 법적 지위이었던 것이 당사자 사이의 협의 또는 당해 양육비의 내용 등을 재량적·형성적으로 정하는 가정법원의 심판에 의하여 구체적인 청구권으로 전환됨으로써 비로소 보다 뚜렷하게 독립한 재산적 권리로서의 성질을 가지게 된다. 이와 같이 당사자의 협의 또는 가정법원의 심판에 의하여 구체적인 지급청구권으로서 성립하기 전에는 과거의 양육비에 관한 권리는 양육자가 그 권리를 행사할 수 있는 재산권에 해당한다고 할 수 없고, 따라서 이에 대하여는 소멸시효가 진행할 여지가 없다고 보아야 한다.[90]

(나) 종료시점

가) 양육비청구권

① 자가 사망한 경우 사망 전까지 양육비는 상환청구 할 수가 있으나 사망이후의 양육비는 상환청구할 수 없으며(대법원 1995. 4. 25. 94므536), ② 이혼시 양육자로 지정되지 않은 부모 일방이 임의로 양육한 경우 상대방에게 양육비를 청구할 수 없다(대결 2006. 4. 17. 2005스18). ③ 가정법원의 심판에 의해 구체적으로 확정된 양육비 채권 중 이미 이행기가 도달한 부분에 관하여 이를 상계하는 방법으로 처분하는 것은 허용된다(대판 2006. 7. 13. 2006므751).

---

88) 대법원 1995. 4. 25. 선고 94므536 판결.
89) 대법원 1986. 3. 25. 선고 86므17 판결.
90) 대법원 2011. 7. 29.자 2008스113 결정.

나) 양육비청구권의 종료시점

민법 제4조는 2011. 3. 7. 법률 제10429호로 개정되어 2013. 7. 1.부터 시행되었으며, 그 내용은 성년의 연령을 19세로 변경하였다. 이 경우 2013. 7. 1. 이전에 양육비 지급 재판이 확정되었다면 자에 대한 양육비를 19세까지 받을 수 있을 것인지, 20세까지 받을 수 있을 것인지 문제가 된다.

이에 대하여 판례는 "이혼한 부부 중 일방이 미성년자의 자녀에 대한 양육자 지정청구와 함께 장래의 이행을 청구하는 소로서 양육비 지급을 동시에 청구할 수 있고, 위와 같은 청구에 따라 장래의 양육비 지급을 명한 확정판결이나 이와 동일한 효력이 있는 조정조서나 화해권고결정 등에서 사건본인이 성년에 이르는 전날까지 양육비 지급을 명한 경우 재판의 확정 후 사건본인이 성년에 도달하기 전에 법률의 개정으로 성년에 이르는 연령이 변경되었다면 변경된 성년 연령이 양육비를 지급하는 종료 기준시점이 된다. 따라서 2011. 3. 7. 법률 제10429호로 개정되어 2013.7.1.부터 시행된 민법 제4조에 의하여 성년에 이르는 연령이 종전 20세에서 19세로 변경되었으므로 법 시행 이전에 장래의 양육비 지급을 명하는 재판이 확정되었더라도 법 시행 당시 사건본인이 아직 성년에 도달하지 아니한 이상 양육비 종료 시점은 개정된 민법 규정에 따라 사건본인이 19세에 이르기 전날까지로 봄이 타당하다."고 판단한 바 있다(대결 2016. 4. 22. 2016으2), 따라서 법 시행 이전에 확정된 재판이더라도, 개정된 규정의 적용을 받아 만 19세에 이르기 전날까지의 양육비를 지급 받을 수 있다.

10) 양육비청구권 포기각서 작성 교부 후 양육비청구

민법은 이혼시 자녀의 양육에 관한 사항을 협의에 의하여 정하도록 하면서 자녀의 양육에 관한 사항의 협의가 되지 아니하였거나 협의할 수 없는 때에는 가정법원이 당사자의 청구 또는 직권에 의하여 양육에 필요한 사항을 정하며, 언제든지 그 양육에 관한 사항을 변경 또는 다른 적당한 처분을 할 수 있도록 하고 있다(민법 제837조 제1항, 제2항). 그러나 협의당시 그러한 협의가 제반 사정에 비추어 부당하다고 인정된다면 가정법원에 양육비부담부분의 변경을 청구할 수 있어야 할 것이다.

관련된 판례를 보면, "민법 제837조의 제1, 2항의 규정에 의하여 가정법원이 일단 결정한 양육에 필요한 사항을 그 후 변경하는 것은 당초의 결정 후에 특별한 사정변경이 있는 경우뿐만 아니라, 당초의 결정이 위 법조 소정의 제반 사정에 비추어 부당하게 되었다고 인정될 경우에도 가능한 것이며, 당사자가 협의하여 그 자의 양육에 관한 사항을 정한 후 가정법원에 그 사항의 변경을 청구한 경우에 있어서도 가정법원은 당사자가 협의하여 정한 사항이 위 법조 소정의 제반 사정에 비추어 부당하다고 인정되는 경우에는 그 사항을 변경할 수 있고 협의 후에 특별한 사정변경이 있는 때에 한하여 변경할 수 있는 것은 아니다."라고 하였다(대법원 1991. 6. 25. 선고 90므699 판결, 1992. 12. 30.자 92스17, 18 결정).

그러므로 비록 양육비부담을 청구인이 하기로 협의하였다 하더라도 가정법원은 특별한 사정변경이 없어도 민법 제837조 제1, 2항 소정의 제반 사정에 비추어 그러한 협의가 부당하다고 인정되는 경우 가정법원은 그 사항을 변경할 수 있다고 할 것이다.

11) 파산시 양육비채권의 면책가능성

양육비채권은 재산채권임과 동시에 비면책채권이므로 면책되지 않는다. 단, 개인파산절차에서는 현실적으로 환가와 배당이라는 절차가 진행되지 않으므로 파산관재인이 선임되더라도 재산이 없어 재산채권인 양육비채권에 대한 수시변제는 이루어지지 않을 것이다.[91]

12) 협의이혼을 전제로 한 양육비지급약정의 효력

판례는 위와 같은 사안에서 "이에 대하여 원고는, 피고와 사이에 사건본인에 대한 양육비 일시금 지급 약정이 있었고, 이와 별도의 양육비 청구 소송을 제기하지 않기로 하였으므로 이 부분 청구가 부제소합의에 반하거나 부당하다고 주장하나, 원고와 피고 사이에 선행하여야 하는 협의 이혼이 이루어지지 않았을 뿐만 아니라 원고와 피고 사이의 양육비 일시금 지급 약정이 원고와 피고의 재산 및 소득상황, 사건본인이 처한 사정과 일시금의 액수 등을 고려해 보면 사건본인의 복리에 현저히 반하므로 위 약정은 효력이 없다."고 판시하였다(부산가정법원 2015. 10. 16. 선고 2014드단201540, 11709). 즉, 양육비에 관한 협정이 있더라도 자녀의 복리에 비추어 사정변경 등을 이유로 이를 변경할 필요성이 있을 때에는 기존 협정과 달리 정할 수도 있으며, 또한 본 사안의 경우 협의 이혼을 전제로 한 것이었으므로, 선행하여야 하는 협의 이혼이 이루어지지 않은 경우 더더욱 양육비 지급에 대한 약정은 구속력이 없다고 볼 수 있다.

---

91) 채무자 회생 및 파산에 관한 법률
　　제566조 (면책의 효력)
　　면책을 받은 채무자는 파산절차에 의한 배당을 제외하고는 파산채권자에 대한 채무의 전부에 관하여 그 책임이 면제된다. 다만, 다음 각호의 청구권에 대하여는 책임이 면제되지 아니한다.
　　[개정 2010.1.22 제9935호(취업 후 학자금 상환 특별법)]
　　1. 조세
　　2. 벌금·과료·형사소송비용·추징금 및 과태료
　　3. 채무자가 고의로 가한 불법행위로 인한 손해배상
　　4. 채무자가 중대한 과실로 타인의 생명 또는 신체를 침해한 불법행위로 인하여 발생한 손해배상
　　5. 채무자의 근로자의 임금·퇴직금 및 재해보상금
　　6. 채무자의 근로자의 임치금 및 신원보증금
　　7. 채무자가 악의로 채권자목록에 기재하지 아니한 청구권. 다만, 채권자가 파산선고가 있음을 안 때에는 그러하지 아니하다.
　　8. 채무자가 양육자 또는 부양의무자로서 부담하여야 하는 비용
　　9.「취업 후 학자금 상환 특별법」에 따른 취업 후 상환 학자금대출 원리금

13) 한부모가족에 대한 양육비지원제도

한부모가족지원법 제11조, 제12조에 의하여 최저생계비, 소득수준 등에 따라 복지 급여 신청이 가능하다. 이러한 복지 급여에는 아동양육비가 포함된다. 한부모가족 지원대상자로서 복지 급여 등 지원을 받기 위해서는 지원대상자 또는 그 친족, 한부모가족 복지시설의 종사자, 사회복지 전담 공무원, 지원대상자의 자녀가 재학하는 학교의 교사 중 해당하는 사람이 거주지역 주민센터에 관련 서류를 구비하여 신청하여야 한다(한부모가족지원법 제11조 제1항, 제3항, 동법 시행령 제12조 제2항).

복지급여의 종류에는 아동양육비로 만12세 미만 아동을 양육하는 한부모가족 아동 1인당 월 10만원, 추가 아동양육비로 만5세 이하 아동을 양육하는 조손가족 및 만25세 이상 미혼 한부모가족 아동 1인당 월5만원, 아동교육지원비로 중고등학생 자녀를 양육하는 한부모가족 아동 1인당 월5만원, 생활보조금으로 한부모가족 복지시설 입소 한부모가족 월 5만원의 급여를 지원받을 수 있다(한부모가족지원법 제5조, 제5조의2 제2항 및 제12조 및 동법 시행규칙 제3조, 제3조의2 및 제6조에 의한 여성가족부 고시 제2015-74호).

다. 양육자의 지정 및 변경 심판

1) 개설

가) 양육에 관한 사항

이혼 및 혼인취소, 자녀가 인지된 경우에 그 자녀의 양육자가 누구가 될 것인가 또는 양육을 어떻게 할 것인가 등 양육에 관한 사항은 부모의 협의에 따라 정하는 것을 원칙으로 하고(민 제837조 제1항) 그 협의에는 양육자의 결정, 양육비용의 부담, 면접교섭권의 행사 여부 및 그 방법 등이 반드시 포함되어야 한다(민 837조 2항). 다만 위 협의가 자녀의 복리에 반하는 때에는 가정법원은 보정을 명하거나 직권으로 그 자녀의 의사, 연령과 부모의 재산상황, 그 밖의 사정을 참작하여 양육에 필요한 사항을 정할 수 있다(민 제837조 제3항). 그리고 당사자 간의 협의가 이루어지지 아니하거나 협의할 수 없는 때에는 당사자가 가정법원에 청구하여 정하거나 또는 청구가 없더라도 가정법원이 직권으로 양육에 관한 사항을 지정할 수 있다(민 제837조 제4항 전단). 직권으로 정하는 경우 자의 의사, 연령과 부모의 재산상황 그 밖의 사정을 참작하여야 한다(민 제837조 제4항 후단).

나) 양육자 지정

미성년자 자녀의 양육자를 지정하는 방법은 경우에 따라 다른데, 부모의 한쪽을 지정하는 경우, 부모의 양쪽을 지정하는 경우, 제3자를 지정하는 경우가 있다. 다만 부모 중 한쪽을 양육자로 지정하는 경우에도 친권자로 지정하는 자를 동시에 양육자로 지정하는 경우가 일반적이나 부모 중 한쪽이 친권자로 지정되고 다른 쪽을 양육자로 지정하는 경우도 있다.

다) 양육자 변경

일단 정해진 양육사항이나 양육자의 변경청구도 가능하다. 즉 가정법원은 자의 복리를 위해 필요하다고 인정하는 경우에는 부, 모, 자, 및 검사의 청구 또는 직권으로 자의 양육에 관한 사항을 변경하거나 다른 적당한 처분을 할 수 있다. 가사소송법 제62조 제1항에 따른 자의 양육에 관한 현상을 변경하는 사전처분은 자의 복리를 우선적으로 고려하고, 자의 연령, 부모의 재산상황 기타 사정을 참작하여 사건의 해결을 위하여 특히 필요하다고 인정되는 경우에 한하여야 한다[92].

Q

저는 이혼할 때 경제적인 여유가 없어 남편을 친권자 및 양육자로 지정해 주었는데, 남편이 자녀를 너무나 학대하여 더 이상 두고 볼 수 없어 남편으로 되어 있는 친권자와 양육자를 저로 변경하고자 합니다. 이러한 변경이 가능한지요?

A

미성년자녀의 양육 및 친권에 관하여 「민법」 제837조는 "① 당사자는 그 자의 양육에 관한 사항을 협의에 의하여 정한다. ② 제1항의 협의는 다음의 사항을 포함하여야 한다. 1. 양육자의 결정 2. 양육비용의 부담 3. 면접교섭권의 행사 여부 및 그 방법 ③ 제1항에 따른 협의가 자(子)의 복리에 반하는 경우에는 가정법원은 보정을 명하거나 직권으로 그 자(子)의 의사(意思)·연령과 부모의 재산상황, 그 밖의 사정을 참작하여 양육에 필요한 사항을 정한다. ④ 양육에 관한 사항의 협의가 이루어지지 아니하거나 협의할 수 없는 때에는 가정법원은 직권으로 또는 당사자의 청구에 따라 이에 관하여 결정한다. 이 경우 가정법원은 제3항의 사정을 참작하여야 한다. ⑤ 가정법원은 자(子)의 복리를 위하여 필요하다고 인정하는 경우에는 부·모·자(子) 및 검사의 청구 또는 직권으로 자(子)의 양육에 관한 사항을 변경하거나 다른 적당한 처분을 할 수 있다. ⑥ 제3항부터 제5항까지의 규정은 양육에 관한 사항 외에는 부모의 권리의무에 변경을 가져오지 아니한다."라고 규정하고 있습니다.

그리고 민법 제909조 제6항은 "가정법원은 자의 복리를 위하여 필요하다고 인정되는 경우에는 자의 4촌 이내의 친족의 청구에 의하여 정하여진 친권자를 다른 일방으로 변경할 수 있다."라고 규정하고 있습니다.

---

92) 대법원 2008.11.24. 자 2008스104 결정

> 따라서 법원의 결정이나 당사자간의 협의에 의하여 자의 양육에 관한 사항이 정해진 후 특별한 사정변경이 없더라도 필요한 경우 가정법원은 당사자의 청구에 의하여 언제든지 그 사항을 변경할 수 있는 것입니다(대법원 1991. 6. 25. 선고 90므699 판결, 1992. 12. 30.자 92스17, 18 결정).
>
> 그러므로 당사자의 협의나 심판 등에 의하여 친권자 및 양육권자가 지정된 경우에도 상당한 이유가 있는 경우에는 관할가정법원에 친권자 및 양육자변경심판을 청구하는 방법으로 친권자와 양육권자를 변경할 수 있을 것입니다.

라) 양육사항의 변경

또한 민법 제837조 제2항의 규정에 의하여 가정법원이 일단 결정한 양육에 필요한 사항을 그 후 변경하는 것은 당초의 결정 후에 특별한 사정변경이 있는 경우뿐만 아니라, 당초의 결정이 위 법률규정 소정의 제반 사정에 비추어 부당하게 되었다고 인정될 경우에도 가능한 것이며, 당사자가 조정을 통하여 그 자의 양육에 관한 사항을 정한 후 가정법원에 그 사항의 변경을 청구한 경우에 있어서도 가정법원은 심리를 거쳐서 그 조정조항에서 정한 사항이 위 법률규정 소정의 제반 사정에 비추어 부당하다고 인정되는 경우에는 언제든지 그 사항을 변경할 수 있고 조정의 성립 이후에 특별한 사정변경이 있는 때에 한하여 이를 변경할 수 있는 것은 아니다[93]. 검사가 변경청구를 할 수 있는 점과 가정법원의 직권으로도 가능한 점이 특징이다.

2) 관 할

상대방의 보통재판적 소재지의 가정법원의 관할에 속하며(법 제46조 본문), 가정법원 단독판사의 사물관할에 속한다.

3) 정당한 당사자

가) 양육자지정

부모 중 일방이 다른 일방을 상대로 하여 청구할 수 있다(규칙 제99조 제1항). 청구인이 자신을 양육자로 지정하여 줄 것을 바라는 것이 일반적이지만 상대방 또는 제3자를 양육자로 지정해줄 것을 구하는 경우도 있다. 부모 외에 제3자를 양육자로 정하는 경우에는 제3자에게 특별한 의무를 지우게 되는 것이므로 양쪽 당사자는 원칙적으로 부모이고 제3자는 이해관계인으로 참가시켜서 그의 동의를 구하거나 의사를 확인한 후 지정하게 된다.

나) 양육자 변경

부, 모, 자녀 및 검사가 청구할 수 있다(민 제837조 제5항).

---

93) 대법원 2006.04.17. 자 2005스18 결정

4) 심 리

가) 자녀 의견의 청취

자녀가 15세 이상인 경우에는 자녀의 의견을 들을 수 없거나 자녀의 의견을 듣는 것이 오히려 자녀의 복지를 해할 만한 특별한 사정이 있다고 인정되는 때를 제외하고는 심리에 앞서 그 자녀의 의견을 들어야 한다(가소규칙 제100조).

나) 양육자 지정의 기준

양육자를 지정함에 있어 제일 우선적으로 고려되어야 할 사항은 부모의 권리가 아닌 자녀의 복리이므로(대법원 1991. 7. 23. 90므828) 양육자를 지정함에 있어 자녀의 복리를 최우선적으로 고려하게 된다.

5) 심 판

가) 부모의 한쪽이나, 양쪽, 또는 제3자를 양육자로 지정할 수 있다. 양육은 친권의 일부이고 친권에 따르는 것은 미성년의 자녀이므로 양육기간에 특별한 정함이 없으면 (성년에 달하기까지 적당한 기간을 정해 양육에 관한 처분할 수도 있다) 양육기간은 자녀가 성년에 달할 때까지로 된다.

나) 양육자가 심판에 따라 지정된 후에도 가정법원은 위 협의가 자녀의 복리에 반하거나 자녀의 복리를 위하여 필요하다고 인정하는 경우 양육자를 변경하거나 다른 적당한 처분을 할 수 있고 부모가 협의하여 변경할 수도 있다.

다) 양육권은 미성년 자녀에 대한 권리이자 의무이므로 권리자인 부모라 하더라도 이를 포기할 수 없다. 포기한다는 각서를 작성하는 등의 포기의사를 표시하였더라도 무효라 본다.

라) 청구권자는 선고심판에 대해 고지받은 날로부터 14일이내에 즉시항고 할 수 있고(법 제43조, 가소규 제36조) 청구인은 기각심판에 대해 즉시항고할 수 있다(가소규 제 27조). 항고법원은 1심 재판절차에 따라 심판하되 이에 대해 대법원에 재항고 할 수 있다.

라. 사실혼 중 출생한 자녀에 대한 양육권자지정

사실혼관계에 있는 자들 사이에서 출생한 자(子)는 '혼인 외의 출생자'로서 그 모(母)와의 관계에서는 인지(認知)나 출생신고를 기다리지 않고 자의 출생으로 당연히 법률상의 친자관계가 인정될 수 있지만(대법원 1967. 10. 4. 선고 67다1791 판결), 부자관계는 부(父)의 인지에 의하여서만 발생하게 되므로(대법원 1997. 2. 14. 선고 96므738 판결), 부가 '혼인 외의 출생자'를 인지하기 전까지는 오직 모만이 그 자에 대한 유일한 법률상 친권자로서 양육권자에 해당한다.

따라서 친권자가 복수임을 전제로 하여 공동으로 친권 및 양육권의 행사가 불가능한 경우에 제기되는 양육권지정에 관한 문제는 논리적으로 발생할 여지가 없다. 무엇보다 사실혼 관계의 해소를 이유로 양육자 지정을 청구를 하게 되면 「민법」 및 「가사소송법」상의 규정상 이혼당사자(협의이혼 및 재판상의 이혼)의 신청에 의하거나, 혼인의 무효 또는 취소의 판결을 하는 경우에 그 당사자의 신청에 의하여 자의 양육자 지정이나 양육에 관한 사항을 정하도록 허용되어 있을 뿐, 그 이외의 경우에는 이를 신청할 수 있는 법률상 근거규정이 없음이 명백한 관계로 부적법각하를 면할 수 없게 된다(대법원 1979. 5. 8. 선고 79므3 판결).

그러나 부가 자를 인지한 경우에는 자는 생모뿐만 아니라 부와도 법률상 친자관계가 인정되므로 친권자 및 양육자를 정할 필요가 있게 되며 이러한 경우 친권자 및 양육자의 지정은 원칙적으로 부모사이의 협의로 정하되, 협의할 수 없거나 협의가 이루어지지 않은 경우에는 당사자의 청구를 통해 가정법원이 지정하게 된다(민법 제909조 제4항).

한편, 부가 스스로 위 자를 인지하지 아니하는 경우에는 인지청구의 소를 제기할 수 있고 이 경우에는 법원이 직권으로 친권자 및 양육자를 정할 수 있게 된다(민법 제909조 제5항). 한편 사실혼 관계에 있던 당사자 일방의 상대방과의 사이에서 출산한 자에 대한 과거 및 장래의 양육비 청구에 대해, 인지는 그 자가 출생한 때에 소급하여 효력이 생기고 혼인 외 출생자의 아버지가 인지하는 때에는 부양의무도 그 자가 출생한 때로부터 효력이 있다 할 것이며, 이 경우 어떠한 사정으로 인하여 부모 중 어느 한쪽만이 자녀를 양육하게 된 경우에 그와 같은 일방에 의한 양육이 그 양육자의 일방적이고 이기적인 목적이나 동기에서 비롯한 것이라거나 자녀의 이익을 위하여 도움이 되지 아니하거나 그 양육비를 상대방에게 부담시키는 것이 오히려 형평에 어긋나게 되는 등 특별한 사정이 있는 경우를 제외하고는 양육하는 일방은 상대방에 대하여 현재 및 장래에 있어서의 양육비 중 적정 금액의 분담을 청구할 수 있음은 물론이고, 부모의 자녀양육의무는 특별한 사정이 없는 한 자녀의 출생과 동시에 발생하는 것이므로 과거의 양육비에 대하여도 상대방이 분담함이 상당하다고 인정되는 경우는 그 비용의 상환을 청구할 수 있다고 보아야 할 것이다(서울고등법원 2012. 10. 10. 선고 2012르1641판결).

마. 서식

1) 청구취지 기재례

가) 양육자 지정 및 변경청구

> 사건본인의 양육자로 청구인을 지정한다.
> 라는 판결을 구합니다.

1. 사건본인의 양육자를 피청구인에서 청구인으로 변경한다.
2. 피청구인은 청구인에게 사건본인을 인도하라.
라는 판결을 구합니다.

1. 사건본인의 양육자로 청구인과 피청구인을 공동으로 지정한다.
2. 사건본인에 대한 공동양육의 방법은 다음과 같다
  가. 월요일 09:00부터 금요일 17:00까지(평일양육, 숙박 4일간) : 청구인
  나. 금요일 17:00부터 그 다음주 월요일 09:00까지(주말양육, 숙박 3일간) : 상대방
라는 판결을 구합니다.

나) 이혼 및 양육자지정

1. 원고와 피고는 이혼한다.
2. 원고를 사건본인 김○○의 양육자로 지정한다.
3. 소송비용은 피고의 부담으로 한다.
라는 판결을 구합니다.

다) 친권행사자 및 양육자지정

1. 사건본인의 친권행사자 및 양육자로 청구인을 지정한다.
2. 상대방은 사건본인을 청구인에게 인도한다.
3. 상대방은 사건본인의 양육비로서 청구인에게 20○○. . .부터 사건본인이 만 20세에
   이를 때까지 매월 말일에 금 500,000원씩을 지급한다.
4. 소송비용은 상대방의 부담으로 한다.
라는 심판을 구합니다.

라) 양육자지정 및 유아인도 - 조정신청

1. 사건본인의 양육자로 신청인을 지정하고, 피신청인은 사건본인을 신청인에게 인도한다.
2. 신청비용은 각자가 부담한다.
는 조정을 구합니다.

마) 양육자변경 및 양육비

1. 사건본인의 양육자로 피청구인 이○○을 청구인으로 변경한다.
2. 피청구인 이○○은 사건본인을 청구인에게 인도하라.
3. 피청구인 이○○은 사건본인의 양육비로서 청구인에게 20○○. . .부터 사건본인이 만 20세에 이를 때까지 매월 금 500,000원씩을 지급하라.
4. 심판비용은 피청구인의 부담으로 한다.
5. 제2항 및 제3항은 가집행 할 수 있다.
라는 판결을 구합니다.

바) 양육비

1. 상대방은 청구인에게 사건본인의 과거양육비로서 금 30,000,000원 및 이에 대하여 이 사건 심판 확정일 다음날부터 연 5%의 비율로 계산한 돈을 지급하라.
2. 소송비용은 상대방이 부담한다.
라는 심판을 구합니다.

2) 서식례

[서식] 이혼 및 양육자지정청구

소   장

원   고   김 ○ ○ (주민번호) 연락처 :
                19 ○○. ○. ○. 생
                등록기준지 :
                주   소 :

피   고   이 ○ ○ (주민번호) 연락처 :
                19 ○○. ○. ○. 생
                등록기준지 :
                주   소 :

사건본인   김 ○ ○ (주민번호, 당○세)
                20 ○○. ○. ○. 생

등록기준지 및 주소 : 원고와 같다

이혼 및 양육자지정 청구의 소

청 구 취 지

1. 원고와 피고는 이혼한다.
2. 원고를 사건본인 김○○의 양육자로 지정한다.
3. 소송비용은 피고의 부담으로 한다.
라는 판결을 구합니다.

청 구 원 인

1. 당사자의 관계
원고와 피고는 20○○. ○. ○. 처음 만나 동거를 시작하다가 피고는 20○○. ○. ○. 사건본인을 출산하였고 이후 20○○. ○. ○. 혼인신고를 하였습니다.

2. 이혼사유
그런데 피고는 이후 새벽까지 술을 마시고 늦게 귀가를 하다가 급기야 다른 남자를 사귀어서는 가출을 하였습니다. 원고는 그 동안 혼인생활을 지속하기 위해 노력을 하였지만 이제는 더 이상 피고와의 혼인생활이 의미가 없게 되었습니다.

3. 결 어
따라서 위와같은 사유는 민법 제840조 제1호 제6호의 혼인을 계속하기 어려운 중대한 사유에 해당한다 할 것이고 원고는 피고와 이혼하고 사건본인을 키우면서 살고자 청구취지와 같은 판결을 구하고자 이 사건 청구에 이르게 된 것입니다.

입 증 방 법

1. 갑제1호증	가족관계증명서
1. 갑제2호증	주민등록등본
1. 갑제3호증	제적등본
1. 갑제4호증	혼인관계증명서
1. 갑제5호증	사실확인서

20○○.   ○.   .
위 청구인 김 ○ ○ (인)

서울가정법원   귀중

1. 위 사건은 재판상 이혼(나류), 양육자지정,변경,양육비청구(마류)가 병합된 사건으로 인지비용은 가사소송과 비송이 병합하는 경우 흡수법칙에 따라 나류 20,000원과 마류 10,000원 중 가장 다액에 의한다. 따라서 소장에는 수입인지 20,000원(나류사건)을 붙여야 한다.
2. 송달료는 122,400원(=당사자수(2)×5,100(송달료)×12회분)을 송달료취급은행에 납부하고 첨부하여야 한다.
3. 관할 : 사례의 경우 가사소송 나류 재판상 이혼청구와 병합이므로 관할은 재판상 이혼청구가 전속관할이 된다. 따라서 ① 부부가 같은 가정법원의 관할구역 내에 보통재판적이 있을 때에는 그 가정법원이, ② 부부가 최후의 공통의 주소지를 가졌던 가정법원의 관할구역 내에 부부 중 일방의 보통재판적이 있을 때에는 그 가정법원이, ③ 위의 각 경우에 해당하지 아니하는 때에는 상대방의 보통재판적소재지의 가정법원이, 각각 관할법원으로 된다
4. 소장은 법원용 1부, 상대방수에 맞는 부본수를 제출한다. 가사비송(라류, 마류)에서는 청구인과 피청구인으로 칭하는 반면, 가사소송(가류, 나류, 다류)과 병합청구하는 경우에는 원고, 피고로 칭한다.

[서식] 친권행사자 및 양육자지정심판청구서

친권행사자 및 양육자지정심판청구

청 구 인   김 ○ ○ (주민번호) 연락처 :
            19 ○○. ○. ○. 생
            등록기준지 :
            주   소 :

상 대 방   이 ○ ○ (주민번호) 연락처 :
            19 ○○. ○. ○. 생
            등록기준지 :
            주   소 :

사건본인   이 ○ ○ (주민번호) 연락처 :
            20 ○○. ○. ○. 생
            등록기준지 및 주소 : 상대방과 같다

청 구 취 지

1. 사건본인의 친권행사자 및 양육자로 청구인을 지정한다.
2. 상대방은 사건본인을 청구인에게 인도한다.
3. 상대방은 사건본인의 양육비로서 청구인에게 20○○.   . .부터 사건본인이 만 20세에

이를 때까지 매월 말일에 금 500,000원씩을 지급한다.

4. 소송비용은 상대방의 부담으로 한다.

라는 심판을 구합니다.

청 구 원 인

1. 당사자의 관계

(혼인 및 자녀 출산 관계와 이혼 경위를 자세하게 서술한다.)

2. 친권자 및 양육자 지정의 이유

(구체적으로 청구인이 사건본인에 대한 친권자 및 양육자로 지정되어야 할 정당한 이유에 대하여 서술한다.)

3. 결   어

첨 부 서 류

1. 가족관계증명서	각1통
1. 주민등록등본	각1통
1. 재직증명서	1통
1. 진술서	1통
1. 납부서	1통

2015.   ○.   .

위 청구인 김 ○ ○ (인)

서울가정법원 귀중

■ 작성 · 접수방법

1. 청구서에는 수입인지 20,000원(= 친권자지정(마류5호) 1만 원+양육자지정, 유아인도, 양육비청구는 모두 (마류3호) 양육에 관한 처분의 내용이므로 청구는 1건으로 수입인지 10,000원을 붙여야 한다).

2. 송달료는 122,400원(=당사자수(2)×5,100(송달료)×12회분)을 송달료취급은행에 납부하고 첨부하여야 한다.

3. 관할 : 상대방 주소지를 관할하는 가정법원을 관할법원으로 한다.

4. 청구서는 법원용 1부, 상대방수에 맞는 부본수를 제출한다.

양육자지정 및 유아인도 조정신청

신 청 인　　　　○ ○ ○ (주민번호)
　　　　　　　　등록기준지 :
　　　　　　　　주　　　소 :

피신청인(상대방)　이 ○ ○ (주민번호)
　　　　　　　　등록기준지 :
　　　　　　　　주　　　소 :

사 건 본 인　　　이 ○ ○ (주민번호)
　　　　　　　　등록기준지 및 주소 : 상대방과 같다

청 구 취 지

1. 사건본인의 양육자로 신청인을 지정하고, 피신청인은 사건본인을 신청인에게 인도한다.
2. 신청비용은 각자가 부담한다.
는 조정을 구합니다.

청 구 원 인

1. 당사자의 관계

　신청인은 20○○ ○. ○. 피신청인과 혼인하여 20○○ ○. ○. 사건본인을 출생하였습니다.

2. 양육자지정 및 유아인도 신청의 이유

　남편은 결혼생활을 하던 중 가족의 부양의무를 제대로 이행하지 않아 신청인이 생계유지를 위해 지방에 내려가 일을 하여 사건본인의 양육비를 송금하여 왔고 양육은 남편이 하여 왔습니다. 그후 신청인은 남편과 이혼하고 20○○ ○. ○. 신청외 ○○○와 재혼하였고 사건본인은 남편과 협의하여 신청인이 양육하기로 하였는데 20○○ ○. ○. 남편이 갑자기 사건본인을 데리고 가버렸습니다.

3. 결　어

　이에 신청인은 사건본인을 정상적으로 양육하기 위하여 이 사건 신청을 하기에 이른 것입니다.

첨 부 서 류

1. 가족관계등록부	각1통
1. 주민등록표등본	각1통
1. 진술서	1통
1. 납부서	1통

2015.   ○. .

위 청구인 ○ ○ ○ (인)

서울가정법원 귀중

■ 작성·접수방법

1. 양육자지정, 유아인도, 양육비청구는 모두 마류3호 양육에 관한 처분의 내용이므로 청구는 1건으로 수입인지 10,000원(마류사건)을 붙여야 한다.
2. 송달료는 122,400원(=당사자수(2)×5,100(송달료)×12회분)을 송달료취급은행에 납부하고 첨부하여야 한다.
3. 관할 : 상대방 주소지를 관할하는 가정법원을 관할법원으로 한다.
4. 청구서는 법원용 1부, 상대방수에 맞는 부본수를 제출한다.

[서식] 양육자변경 및 양육비심판청구서

양육자변경 및 양육비 심판청구

청 구 인   김 ○ ○ (주민번호) 연락처 :
　　　　　등록기준지 :
　　　　　주   소 :

피청구인   이 ○ ○ (주민번호) 연락처 :
　　　　　등록기준지 :
　　　　　주   소 :

사건본인   이 ○ ○ (주민번호, 당○세)
　　　　　등록기준지 및 주소 : 위 피청구인과 같음

<h1>청 구 취 지</h1>

1. 사건본인의 양육자로 피청구인 이○○을 청구인으로 변경한다.
2. 피청구인 이○○은 사건본인을 청구인에게 인도하라.
3. 피청구인 이○○은 사건본인의 양육비로서 청구인에게 20○○. . .부터 사건본인이 만 20세에 이를 때까지 매월 금 500,000원씩을 지급하라.
4. 심판비용은 피청구인의 부담으로 한다.
5. 제2항 및 제3항은 가집행 할 수 있다.
라는 판결을 구합니다.

<h1>청 구 원 인</h1>

1. 당사자의 관계

청구인과 피청구인은 20○○. ○. ○. 20○○. ○. ○. 혼인신고를 마친 부부로서 20○○. ○. ○. 아들인 사건본인을 출산하였습니다.

2. 양육자 변경 및 양육비 청구의 이유

사건본인을 출산한 이후 피청구인은 회사일을 핑계로 외박이 많았을 뿐만 아니라 폭언과 폭행을 일삼았습니다. 따라서 청구인은 피청구인과 20○○. ○. ○. 협의이혼을 하면서 사건본인의 양육자를 피청구인으로 정하였지만 이혼이후 피청구인은 재혼을 하면서 사건본인을 자신의 모친에게 맞겨서 현재 사건본인을 피청구인의 모친이 보살피고 있지만 연로한데다 노환까지 있어 손자를 돌보는데 적합하지 않은 상황입니다.

3. 결 어

따라서 사건본인의 장래를 위하여 청구인이 사건본인을 양육하는 것이 타당하며 아울러 사건본인이 성년에 이를 때까지의 생활비를 청구취지와 같이 지급받고자 이 사건 청구에 이른 것입니다.

<h1>입 증 방 법</h1>

1. 갑제1호증	가족관계증명서
1. 갑제2호증	주민등록등본
1. 갑제3호증	제적등본
1. 갑제4호증	혼인관계증명서
1. 갑제5호증	사실확인서

20○○. ○. .

위 청구인 김 ○ ○ (인)

서울가정법원 귀중

1. 양육자지정, 유아인도, 양육비청구는 모두 마류3호 양육에 관한 처분의 내용이므로 청구는 1건으로 수입인지 10,000원(마류사건)을 붙여야 한다.
2. 송달료는 122,400원(=당사자수(2)×5,100(송달료)×12회분)을 송달료취급은행에 납부하고 첨부하여야 한다.
3. 관할 : 상대방 주소지를 관할하는 가정법원을 관할법원으로 한다.
4. 청구서는 법원용 1부, 상대방수에 맞는 부본수를 제출한다.

[서식] 친권행사 및 양육자변경 청구의 소

친권행사 및 양육자변경청구

청구인   홍 ○ ○ (19 . . .생)
           등록기준지 : ○○도 ○○군 ○○읍 ○○리 ○○번지
           주   소 : 서울 ○○시 ○○동 ○○번지 (우편번호 :   )
           전화(휴대폰)번호 : (02) 525-1007, (010)   −
           팩스번호 : (02) 525-2433, 이메일 주소 :

상대방   신 ○ ○ (19 . . .생)
           등록기준지 : ○○○○도 ○○군 ○○읍 ○○리 ○○번지
           주   소 : 서울시 ○○구 ○○동 ○○번지

사건본인   1. 홍 동 일 (19 . . .생)
           2. 홍 승 일 (19 . . .생)
           사전본인들의 등록기준지 및 주소 : 상대방과 같음.

청 구 취 지

1. 청구인과 상대방 사이에서 출생한 사건본인 홍동일, 동 홍승일의 친권을 행사할 자 및 양육자를 상대방으로부터 청구인으로 변경한다.
2. 재판비용은 상대방의 부담으로 한다.
라는 심판을 구합니다.

청 구 이 유

1. 청구인과 상대방은 ○○○○년 ○월 ○일 혼인신고를 마치고 법률상의 부부로서 그 사이에 자인 사건본인 홍동일, 홍승일을 두었습니다.
2. 상대방은 혼인행활 중에 청구인이 사업에 실패하여 수입이 없다고 구박을 하면서도 청구인 몰래 다른 남자를 만나면서 사실상의 혼인생활을 유지하였습니다.
  그러나 청구인은 가장으로서 가장의 역할을 다하지 못하게 되자 이에 상대방은 청구인에

게 협의 이혼을 요구하였고, 상대방의 뜻에 따라서 협의 이혼과 위 사건본인들의 친권과 양육권을 모두 피청구인으로 합의하였습니다.

3. 위 사건본인들의 친권행사자 및 양육권자를 상대방을 지정하기로 협의하면서 청구인은 위 사건본인들과 정기적인 만남을 가지게 하겠다고 상대방이 약속하였으나 이 약속은 상대방의 방해로 현재 지켜지지 않고 있으며, 상대방은 청구인과 협의 이혼을 한 이후 바로 다른 남자와 동거를 시작하였고, 동거 6개월이 지난 시점에서는 재혼을 하고 위 사건본 인들에게는 아빠라고 호칭하도록 하였습니다.

4. 문제는 상대방이 재혼을 하면서 남자(소외 김개동)측에서 아이들이 있었는데 이 아이들과 위 사건본인들은 나이가 서로 비슷하여 매일 다투게 되었고, 아이들이 다투게 되면 위 소외 김개동은 위 사건본인들에게 회초리로 매를 때리고 '밥 먹는 것이 아깝다' 또는 '차라 리 집을 나가라'라는 등의 폭언을 서슴치 아니하고 있으나 상대방은 아무런 대응을 하지 못하고 있습니다.

5. ○○○○년 ○월 어느 날 위 사건본인 홍동일이 청구인을 찾아와서 청구인과 함께 살고 싶다는 말을 남기고 돌아가면서 사건본인의 엉덩이를 보았는데 아직도 선명하게 시퍼런 멍 자국이 남아있어서 그 이유를 물어보니 소외 김개동이 위 사건본인 홍동일에게 회초리 로 이유 없이 구타하였다는 것입니다.

6. 청구인은 상대방과 이혼 이후 약 2년 동안 열심히 직장생활을 하여 현재 월 200만 원의 수입이 있고, 작지만 주택을 마련하였기에 위 사건본인들과 함께 생활을 하는 데에는 어려움이 없으며 이들을 양육하는데 사용되는 비용도 무리가 없는 상태입니다.

7. 결론적으로 상대방은 위 사건본인들의 친생모이지만 사건본인들 이외에 두 명의 아이들이 있고, 상대방이 사건본인들에 대한 소외 김개동의 폭력에 대응하지 못하고 있으며, 무엇보 다도 사건본인들이 청구인과 함께 생활을 희망하고 있으며, 청구인은 사건본인의 양육을 하는 데에는 경제적인 어려움이 없다 할 것입니다.
   따라서 청구인은 청구취지와 같은 심판을 구하기 위하여 이 청구를 합니다.

첨 부 서 류

1. 가족관계증명서	2통
1. 주민등록등본	2통
1. 진단서사본	1통
1. 납부서	1통
1. 위임장	1통

2015. 1. .

청구인 홍 ○ ○ (인)

서울가정법원 귀중

1. 청구서에는 수입인지 20,000원(= 친권행사자변경(마류5호) 1만 원+양육자 변경(마류 3호)을 붙여야 한다.
2. 송달료는 122,400원(=당사자수(2)×5,100(송달료)×12회분)을 송달료취급은행에 납부하고 첨부하여야 한다.
3. 관할 : 상대방 주소지를 관할하는 가정법원을 관할법원으로 한다.
4. 청구서는 법원용 1부, 상대방수에 맞는 부본수를 제출한다.

[서식] 양육비심판청구

양 육 비 심 판 청 구

청 구 인   송ㅇㅇ(주민등록번호)
        주 소 서울 마포구
        등록기준지 정읍시

상 대 방   하ㅇㅇ(주민등록번호)
        주 소
        등록기준지

사건본인   하ㅇㅇ(주민등록번호)
        사건본인 주소 및 등록기준지 청구인과 같음

양육비심판청구

청 구 취 지

1. 상대방은 청구인에게 사건본인의 과거양육비로서 금 30,000,000원 및 이에 대하여 이 사건 심판 확정일 다음날부터 연 5%의 비율로 계산한 돈을 지급하라.
2. 소송비용은 상대방이 부담한다.
라는 심판을 구합니다.

청 구 원 인

1. 양육의 경위
청구인과 상대방은 법률상 부부였으며 그 사이에 자녀로 사건본인 하ㅇㅇ(94. 2. 25.생)을 두었으나 2000. 1. 7. 협의이혼신고를 경료하였습니다. 이때 사건본인의의 친권자 및 양육자로 청구인이 지정되어, 그때부터 청구인이 전적으로 사건본인을 양육하기 시작하였습니다(주민등록표 등본상 전입일 참조).

2. 소득 수준 및 재산상황에 관하여

청구인은 이혼 후 식당일을 하며 월 120만 원 정도의 소득을 얻어 겨우 생계를 유지하여 왔습니다. 반면, 상대방은 이혼 당시 주식회사 00에서 근무하여 월 350만 원 정도의 소득이 있었으며 청구인이 상대방과 이혼한지 오래되어 정확한 소득은 알지 못하나 현재에도 위 주식회사 00에 재직 중인 것으로 알고 있습니다. 또한, 상대방에게는 청구인과의 이혼 직전 부의 사망으로 인하여 상속받은 토지가 있었습니다(추후 정확한 소득 및 재산현황은 각종 사실조회 등을 통하여 소명하도록 하겠습니다).

3. 과거양육비에 관하여

가. 상대방은 사건본인의 아버지로서, 양육에 소요되는 비용을 청구인과 공동으로 분담해야 할 의무가 있다고 할 것임에도 불구하고 청구인이 사건본인을 양육한 시점부터 성년에 이르기까지 약 15여년 동안 한차례도 양육비 명목의 금원을 지급한 사실이 없습니다.

나. 이에 청구인은 상대방에 대하여 사건본인을 양육한 기간에 대한 과거 양육비를 구하고 자 하는바, 월 50만 원을 기준으로 하여 그동안의 양육비를 산정하여 보면 9,000만 원(50만 원×180개월[94])에 이릅니다. 다만 상대방에게 일시에 거액을 구할 경우 불측의 손해를 가할 우려가 있다는 점에서 그중 30,000,000원만을 구하고자 합니다.

4. 결어

그렇다면 상대방은 청구인에게 사건본인의 과거양육비로서 금 30,000,000원 및 이에 대하여 이 사건 심판 확정일 다음날부터 다 갚는 날까지 민법이 정한 연 5%의 비율로 계산한 지연손해금을 지급할 의무가 있다고 할 것입니다. 이상과 같은 이유로 양육비심판청구를 하였으니 전부 인용하여 주실 것을 희망합니다.

소 명 방 법

1. 소갑 제1호증	혼인관계증명서
1. 소갑 제2호증	가족관계증명서
1. 소갑 제3호증의 1, 2	각 기본증명서
1. 소갑 제4호증	주민등록표등본
1. 소갑 제5호증	주민등록표초본

첨 부 서 류

1. 위 소명방법	각 1통
1. 심판청구서 부본	1통

```
        1. 소송 위임장                              1통
        1. 송달료납부서                             1통


                        2016.  0.   .
                        위 청구인          (인)

  ○ ○ 가 정 법 원          귀 중
```

[서식] 양육권자지정 및 양육비 심판청구

양육권자지정 및 양육비 심판청구

청 구 인   김OO (690813-)
                생년월일   1969. 8. 13.
                본   적   충남 서산시 00읍 00리 000
                주   소   서울 관악구 00동 00

피 청 구 인1.   김OO (670923-)
                본   적   충북 청주시 00동 000
                주   소   서울 관악구 00동 00

        2. 이OO (330712-)
                본   적   서울 서초구 00동 00
                주   소   서울 서초구 00동 00

사 건 본 인   김OO (860916-   , 당17세)

─────────────────────
94) 2000. 1월부터 2014. 12월까지

본적 및 주소는 위 청구인과 같음

청 구 취 지

1. 사건본인의 양육자로 청구인을 지정한다.
2. 상대방 이OO은 사건본인을 청구인에게 인도하라.
3. 상대방 김OO은 사건본인의 양육비로서 청구인에게 2000년 7월 1일부터 사건본인이 만20세에 이를 때까지 매월 금 300,000원씩을 지급하라.
4. 심판비용은 상대방들의 부담으로 한다.
5. 제2항은 가집행 할 수 있다.
라는 판결을 구합니다.

청 구 원 인

1. 청구인과 상대방 김OO은 1982. 6. 3. 혼인신고를 마친 부부로서 1986. 9. 16. 아들인 사건본인을 출산하였습니다.

2. 상대방 김OO과 청구인은 대학 선·후배간으로 4년 가량 교제하던 중 서로의 성격에 호감을 가져 혼인을 하게 되었고, 결혼 초에는 어느 가정 못지 않게 행복한 가정을 꾸려나갔으며 남부러울 것 없었습니다.

3. 그러나, 사건본인을 출산한 이후부터는 회사일 핑계로 늦은 귀가와 외박이 잦았고, 청구인은 회사일 때문에 그런 것이라 믿었기에 참고 살았습니다. 하지만 상대방 김OO의 생활습관은 개선되지 않았고 밤늦은 시간까지 모르는 여자들로부터 전화가 걸려 오기도 하여 사유를 물으면 폭언과 폭행으로 무마하려 하였습니다.

4. 결국 청구인과 상대방 김OO은 2000. 6. 20. 자로 협의 이혼하면서 사건본인의 친권자를 상대방으로 정하였습니다. 이혼이후 상대방 김OO은 재혼을 하면서 사건본인을 상대방 김OO의 어머니인 이OO에게 맡겼으며, 청구인은 회사에 취직하여 현재까지 직장생활을 하고 있습니다.

5. 현재 사건본인 김OO은 할머니인 이OO이 보살피고 있다 하나 이OO은 연로한데다 노환까지 겹쳐 어린 손자를 돌본다는 것이 적합하지 않은 것으로 보입니다.

6. 따라서, 사건본인의 장래를 위하여 청구인이 사건본인을 양육하는 것이 타당하며 아울러 사건본인이 성년에 이를 때까지의 생활비를 청구취지와 같이 지급받고자 이 사건 청구에 이른 것입니다.

첨 부 서 류

1. 호적등본   1통
1. 재직증명서   1통
1. 납 부 서   1통

2016. 0.   .

위 청구인   김OO

서울가정법원   귀중

■ **작성 · 접수방법**

1. 비용 등은 위 서식 참조.

---

4. 면접교섭권

> **민법 제837조의2(면접교섭권)** ① 자(子)를 직접 양육하지 아니하는 부모의 일방과 자(子)는 상호 면접교섭할 수 있는 권리를 가진다.
> ② 가정법원은 자의 복리를 위하여 필요한 때에는 당사자의 청구 또는 직권에 의하여 면접교섭을 제한하거나 배제할 수 있다.

가. 의 의

자를 직접 양육하지 아니하는 부모의 일방과 자(子)에게 부여한 상호면접, 서신교환, 또는 접촉하는 권리이다(민 제837조의2). 종전에는 자를 양육하지 않는 부모 중 일방은 면접교섭권을 갖는다고 규정하여 이를 부모의 권리로 규정하였으나, 2007년 개정에 의해 자를 직접 양육하지 않는 부모의 일방과 자는 상호 면접교섭할 수 있는 권리를 갖는다고 규정함으로써 부모의 권리임과 동시에 자녀의 권리라는 점을 분명히 하고 있다. 서울가정법원의 결정례에서는 당사자가 부부이지만 이혼하지 않은 상태에서 이혼소송을 제기하였다가 기각당하는 등 서로에 대한 감정이 악화되어 별거하는 경우에, 자녀를 양육하지 않는 어머니는 그 자녀를 면접교섭 하는데 현실적으로 어려움이 있다고 보아 부부 간의 협조의무를 규정한 민법 제826조를 적용하거나 민법 제837조의2를 유추적용하여

그 자녀들을 면접교섭할 수 있는 권리를 행사할 수 있도록 하였다.

나. 행사방법

협의이혼의 경우 당사자는 면접교섭권의 행사 여부 및 그 방법에 관해 협의를 하여 이혼 의사 확인 시까지 가정법원에 그 협의서를 제출하여야 한다. 재판상 이혼의 경우도 협의 이혼과 같이 당사자의 협의로 정하고 협의가 이루어지지 않거나 협의 할 수 없을 때에는 가정법원은 직권 또는 당사자의 청구에 따라 결정한다.

다. 내 용

자녀를 상면하고 대화할 수 있는 권리를 포함하며, 구체적으로 서신, 사진의 교환, 전화, 주말의 숙박, 휴가 중의 일정기간의 체류 등이 있다. 다만 가정법원은 자의 복리를 위해 필요한 때에는 당사자의 청구 또는 직권에 의해 면접교섭권을 제한하거나 배제할 수 있다(민 제837조의2 제2항).

이러한 면접교섭권의 주문형식은 다양한데, 그 예로 「청구인은 주 1회의 범위 안에서 사건본인과 편지교환할 수 있다」는 주문부터 「청구인은 매주 토요일 오전 10부터 오후 6시까지 중 당사자들이 합의한 시간에 15분을 넘지 아니하는 시간범위 내에서 사건본인과 전화통화를 할 수 있다」, 「청구인은 매년 설날과 추석날에 사건본인을 청구인의 집으로 데려가서 차례와 성묘에 참례하게 할 수 있다」, 「청구인은 매월 셋째 일요일 오전 9시부터 오후 6시까지 상대방의 주소지로 사건본인을 방문할 수 있다」, 「청구인은 사건본인의 방학기간 중 청구인이 희망하는 각 7일간 사건본인과 동거할 수 있다. 동거장소는 청구인의 주소지 또는 청구인이 책임질 수 있는 장소로 한다」, 「청구인은 사건본인이 만 18세가 될 때까지 매월 첫째 일요일 오전 9시부터 오후 6시 사이에 1회 만날 수 있다. 만나는 장소는 청구인의 주소지로 하고, 만나는 시간은 2시간 동안으로 한다」 등 자유로이 정할 수 있다.

라. 면접교섭 시 고려사항

1) 규칙적이고 계획적으로 실시하는 것이 자녀의 심리적 안정과 건강한 부모-자녀관계를 유지하는데 좋다.
2) 면접교섭의 일시, 장소, 방법 등은 자녀를 우선적으로 고려하며 구체적으로 결정하는 것이 바람직하다. 이렇게 하면 불필요한 감정싸움을 줄이고, 자녀와 부모 모두 미리 마음의 준비를 할 수 있어서 좋다.
3) 누가, 언제, 어디로, 어떻게, 자녀를 데려다 주고, 데려올 것인지 명확하게 정한다.
4) 자녀가 아주 어리지 않거나 청소년의 경우라면 자녀의 의견도 고려하여 면접교섭계획을 세운다. 그리고 면접교섭 내용을 자녀에게 알려주도록 한다.
5) 면접교섭 계획은 자녀와 부모의 사정에 따라 변화가능하다는 것을 인정하고, 변화가

생기면 반드시 상대방 부모에게 미리 알려 준다. 단 자녀의 복리가 우선적으로 고려되었는지 충분히 숙고하여야 한다.

마. 침해에 대한 구제

가사소송법 제64조(이행 명령)
① 가정법원은 판결, 심판, 조정조서, 조정을 갈음하는 결정 또는 양육비부담조서에 의하여 다음 각 호의 어느 하나에 해당하는 의무를 이행하여야 할 사람이 정당한 이유 없이 그 의무를 이행하지 아니하는 경우에는 당사자의 신청에 의하여 일정한 기간 내에 그 의무를 이행할 것을 명할 수 있다.
1. 금전의 지급 등 재산상의 의무
2. 유아의 인도 의무
3. 자녀와의 면접교섭 허용 의무
② 제1항의 명령을 할 때에는 특별한 사정이 없으면 미리 당사자를 심문하고 그 의무를 이행하도록 권고하여야 하며, 제67조 제1항 및 제68조에 규정된 제재를 고지하여야 한다.

제67조(의무 불이행에 대한 제재)
① 당사자 또는 관계인이 정당한 이유 없이 제29조, 제63조의2 제1항, 제63조의3 제1항 · 제2항 또는 제64조의 명령이나 제62조의 처분을 위반한 경우에는 가정법원, 조정위원회 또는 조정담당판사는 직권으로 또는 권리자의 신청에 의하여 결정으로 1천만 원 이하의 과태료를 부과할 수 있다.
② 제29조에 따른 수검 명령을 받은 사람이 제1항에 따른 제재를 받고도 정당한 이유 없이 다시 수검 명령을 위반한 경우에는 가정법원은 결정으로 30일의 범위에서 그 의무를 이행할 때까지 위반자에 대한 감치(監置)를 명할 수 있다.
③ 제2항의 결정에 대하여는 즉시항고를 할 수 있다.

면접교섭권을 방해하면 이행명령을 신청할 수 있고(법 제64조), 간접강제의 방법으로 100만 원 이하의 과태료에 처할 수 있는 외에(법 제67조), 자의 복리를 현저하게 해하는 경우에는 양육자의 변경 또는 친권상실사유가 될 수 있다.

바. 면접교섭의 배제

만약 면접교섭을 실행하면서 그 실행 중 피양육자인 자녀에 대하여 면접교섭권자가 위해 또는 양육에 안좋은 영향을 미칠 수 있는 상황인 경우, 그 양육자는 법원에 면접교섭의 배제를 청구하여 그 면접교섭을 막을 수도 있다.

사. 비양육친의 일방의 면접교섭권

민법 제837조 제1항·제2항 및 제4항은 "이혼을 하는 경우 부부가 합의해서 다음과 같은 자녀의 양육에 관한 사항을 결정해야 하고, 합의할 수 없거나 합의가 이루어지지 않는 경우에는 가정법원이 직권으로 또는 당사자의 청구에 따라 양육에 관한 사항을 결정한다."고 규정하고 있다. 본 조에 의하여 면접교섭권의 행사 여부 및 그 방법을 양육권 지정에 있어 그 내용으로 정하게 된다.

따라서 자를 직접 양육하지 않는 부모의 일방과 그 자는 면접교섭권에 근거하여 상호 면접, 서신교환, 또는 접촉을 할 수 있게 된다. 이는 고유권, 절대권, 일신전속적 권리로서 양도할 수 없고 영속적 권리로서 소멸하거나 포기할 수 없으나 가정법원이 자의 복리를 위해 당사자의 청구 또는 직권으로 제한·배제하는 것은 가능하다. 이러한 면접교섭권의 침해가 있을 경우 상대방에게 이행명령 및 과태료 처분이 가능하며, 면접교섭권 침해 사실은 양육권의 변경 또는 친권상실의 사유가 될 수도 있다.

아. 형제간의 면접교섭권 인정여부

종전에는 부모에게만 면접교섭권을 인정하고 있었는데, 이는 자녀를 면접교섭권의 객체로만 인식하는 문제가 있어 2007년 개정 시에 자녀에게도 면접교섭권을 인정하게 되었다. 또한 판례는 "민법상 명문으로 형제에 대한 면접교섭권을 인정하고 있지는 아니하나 형제에 대한 면접교섭권은 헌법상 행복추구권 또는 헌법 제36조 제1항에서 규정한 개인의 존엄을 기반으로 하는 가족생활에서 도출되는 헌법상의 권리로서 특별한 사정이 없는 한 부모가 이혼한 전 배우자에 대한 적대적인 감정을 이유로 자녀들이 서로 면접 교섭하는 것을 막는 것은 부모의 권리남용이고, 병과 정이 서로를 정기적으로 면접 교섭하는 것을 간절히 원하고 있다는 등의 이유로, 병과 정의 면접교섭을 인정한다."고 하였다. (수원지방법원 2013. 6. 28. 2013브33 결정)

자. 서식

1) 청구취지 기재례

가) 면접교섭허가심판청구

> 1. 청구인은 매월 첫째 일요일 오전 ○○시부터 오후 ○○시까지 사이의 시간동안 청구인의 주소지에서 사건본인을 만날 수 있다.
> 2. 상대방은 청구인과 사건본인의 면접이 원만히 이루어지도록 협조하여야 하고 이를 방해해서는 아니 된다.
> 3. 심판비용은 상대방의 부담으로 한다.
> 라는 심판을 구합니다.

나) 면접교섭배제심판청구

> 1. 상대방은 사건본인이 원하여 상대방에게 면접교섭을 요청하기 전까지는 사건본인을 면접
>   교섭하여서는 아니된다.
> 2. 심판비용은 상대방이 부담한다.
> 라는 결정을 구합니다.

다) 면접교섭 이행명령신청

> 피신청인은 신청인에게 ○○지방법원 2013. 10. 28.자 2012드단○○○○
> (본소), 2013드단○○○○(반소) 이혼 등 사건의 조정조서에 기한 의무이행으
> 로서 면접교섭허용의무를 이행하라
> 라는 재판을 구합니다.

2) 서식례

[서식] 면접교섭허가심판청구

면 접 교 섭 허 가 심 판 청 구

청 구 인   ○ ○ ○(주민등록번호)
　　　　　 등록기준지 ○○시 ○○구 ○○길 ○○
　　　　　 주소 ○○시 ○○구 ○○길 ○○(우편번호)
　　　　　 전화 ○○○ － ○○○○

상 대 방   □ □ □ (주민등록번호)
　　　　　 등록기준지 ○○시 ○○구 ○○길 ○○
　　　　　 주소 ○○시 ○○구 ○○길 ○○(우편번호)
　　　　　 전화 ○○○ － ○○○○

사건본인   ◇ ◇ ◇ (주민등록번호)
　　　　　 등록기준지 ○○시 ○○구 ○○길 ○○
　　　　　 주소 ○○시 ○○구 ○○길 ○○(우편번호)
　　　　　 전화 ○○○ － ○○○○

청 구 취 지

1. 청구인은 매월 첫째 일요일 오전 ○○시부터 오후 ○○시까지 사이의 시간동안 청구인의 주소지에서 사건본인을 만날 수 있다.
2. 상대방은 청구인과 사건본인의 면접이 원만히 이루어지도록 협조하여야 하고 이를 방해해서는 아니된다.
3. 심판비용은 상대방의 부담으로 한다.
라는 심판을 구합니다.

청 구 원 인

1. 청구인과 상대방은 20○○. ○. ○. 혼인신고를 마치고 부부로서 20○○. ○. ○. 아들인 사건본인 ◇◇◇을 출산하였습니다.

2. 청구인은 상대방의 부정행위를 원인으로 하여 이혼소송을 제기하여 1심에서 승소하고 상대방이 항소하였으나 재산분할청구부분 이외에는 1심대로 청구인 승소판결이 선고되어 위 판결은 20○○. ○. ○. 확정되었습니다.

3. 청구인은 위 판결 1심에서 양육자지정신청도 같이 하였으나 상대방이 사건본인의 양육을 고집하여 청구인은 양육자지정신청부분은 취하하고 그 부분에 대해서는 상대방과 협의하여 상대방이 친권자 및 양육자로 지정되었습니다.

4. 그런데 청구인이 20○○. ○월 초순경 상대방에게 사건본인을 한 달에 한 번이라도 만나게 해 달라고 간청하였으나 상대방은 청구인이 양육자가 아니라는 이유로 청구인으로 하여금 사건본인을 만나지 못하도록 하여 결국은 사건본인을 만나지 못하고 되돌아오고 말았습니다.

5. 이 후로도 상대방은 청구인이 사건본인을 만나지 못하도록 하고 있습니다. 재혼의사가 없는 청구인은 사건본인이 보고 싶어 잠 못 이루는 나날이 반복되고 있으며, 사건본인 또한 청구인을 상당히 보고 싶어 하고 있습니다.

6. 청구인은 위와 같은 사정으로 한 달에 한 번은 사건본인을 면접교섭 할 수 있기를 바라며 이에 이 심판청구에 이르게 된 것입니다.

첨 부 서 류

    1. 가족관계증명서(청구인)   1통
    1. 주민등록등본(청구인)   1통

1. 판결문(사본)   1통
1. 기타(소명자료)

20○○년 ○월 ○일
위 청구인 ○ ○ ○ (인)

○○ 가 정 법 원   귀중

[서식] 면접교섭배제신청

면접교섭배제 심판청구서

청구인   이 ○ ○(000000 – 0000000)
           등록기준지 : 경○○ ○○시 ○○로 43
           주   소 : ○○시 ○○로 43, ○○동 ○○ (○○아파트)
           신청대리인 법무법인 ○○
           담당변호사 : 김 ○ ○
           서울 서초구 서초중앙로 ○○ ○○빌딩 0층
           (우 : 137-881 / 전화 : 000-0000 / 팩스 : 000-0000)

상대방   박 ○ ○(000000-0000000)
           등록기준지 :
           주   소 : ○○시 ○○구 ○○로○○번길 ○○, ○동 ○○○호(○○빌)

사건본인   박 ○ ○(000000-0000000)
           등록기준지 : 위 청구인과 같음
           주   소 : 위 청구인과 같음

면접교섭권 배제

청 구 취 지

1. 상대방은 사건본인이 원하여 상대방에게 면접교섭을 요청하기 전까지는 사건본인을 면접교섭
   하여서는 아니된다.
2. 심판비용은 상대방이 부담한다.
라는 결정을 구합니다.

청 구 원 인

1. 당사자 사이의 관계
청구인과 상대방은 200○. 00. 00. 혼인신고를 하고 법률상 부부로 지내오다가 200○. 00.
00. 귀원 2000드단0000호 이혼 사건의 조정 성립으로 이혼하였습니다. 청구인과 상대방 사이의
자녀로 사건본인이 있습니다.

2. 상대방의 사건본인에 대한 면접교섭과 사건본인의 현재의 심리상태
가. 상대방의 사건본인에 대한 면접교섭
   청구인과 상대방이 이혼한 이후 상대방은 이혼 조정조서에 정한 바대로 사건본인을 면접교섭
   해왔습니다. 청구인은 면접교섭에 가지 않겠다는 사건본인을 매번 설득하여 면접교섭을 하게
   하는 등 최선의 노력을 다 하였고, 상대방이 여러 차례 청구인에게 면접교섭 일정을 조정해
   달라고 요청할 때마다 상대방의 요청에 응하여 면접교섭 일정을 조정해 주기도 하였습니다.
나. 그러나 상대방은 사건본인을 위하기보다는 자신이 편한대로 그저 형식적으로 사건본인을
   면접교섭 해왔을 뿐입니다.
   1) 상대방은 사건본인을 면접교섭하면서 사건본인과 유대를 강화하기 위한 어떠한 노력도
      하지 않은 채 자신의 부모에게 사건본인을 맡기다시피 하였고, 상대방의 어머니 또한
      함부로 사건본인의 머리를 자르고 사소한 일로 사건본인을 윽박지르는 등 사건본인이
      스트레스를 받을 상황을 조성함으로써 사건본인이 면접교섭에 거부감을 갖게 만들었습니
      다.
   2) 상대방은 사건본인이 상대방의 집에 갔다가 몸 상태가 좋지 않아 열이 오르는 상황에서도
      사건본인을 병원에 데려가거나 해열제를 먹이지 않아 사건본인의 건강이 위협받기도 하였
      으며, 신종플루가 유행했던 해에 사건본인이 신종플루 의심소견이 보여 청구인이 아이를
      위해 다음에 면접교섭을 하면 안되겠느냐고 했을 때에도 돈을 받았으면 돈 값을 하라며
      사건본인을 데려가기까지 했습니다.
   3) 상대방은 사건본인을 면접교섭할 때면 본인이 직접 사건본인과 시간을 보내기 보다는
      대부분 자신의 부모에게 사건본인을 맡기고 혼자 낮잠을 자거나 TV시청만 하기 일쑤였습
      니다. 혹시라도 조부모가 사건본인을 돌볼 수 없을 때면, 상대방은 사건본인의 식사도

제때 챙겨주지 않고 과자나 사탕 같은 간식만 먹였고, 청구인에게는 사건본인이 밥 먹기
싫다고 했다며 변명하곤 하였습니다.

4) 상대방은 사건본인과의 약속도 지키지 않아 어린 사건본인의 마음에 상처를 주었습니다.
상대방이 면접교섭 시에 사건본인을 조부모에게 맡기기에, 사건본인은 기껏 조부모 집
주변 놀이터나 무료로 들어갈 수 있는 어린이대공원, 서울대공원, 보라매공원, 상대방의
외삼촌이 거주하는 시골집에 가는 것이 다입니다. 사건본인이 상대방에게 에버랜드에 가
고 싶다고 하자 상대방은 사건본인을 에버랜드에 데려가겠다고 약속을 하고도, 청구인에
게는 학교에서 소풍답사하면 공짜표가 나오니 공짜표가 나오면 데려가겠다고 한 것이
아직까지도 데려가지 않고 있습니다. 사건본인이 롯데월드나 키즈앤키즈, 에버랜드와 같
은 곳에 데려가 달라 요청해도 다음에 가자고 하거나 예전에 한 번 가봤지 않느냐며 한
번 간 곳은 또 가는 것 아니라는 얘기만 하곤 하였습니다. 이러한 일로 인해 사건본인이
마음에 상처를 받고 상대방에 대해서 실망하는 것은 당연한 일입니다.

5) 또 상대방은 사건본인의 생일 등 기념일도 제대로 챙겨주지 않고 있습니다. 사건본인에게
'엄마에게 돈(양육비)를 보냈으니 선물 같은 것은 엄마에게 받으라'는 말을 하기도 하였고,
초등학교 입학 때에도 연필 한 자루 보낸 일이 없습니다. 사건본인의 초등학교 입학 때
상대방의 친구들이 사건본인에게 가방을 선물한 적이 있는데, 후에 사건본인이 그 가방이
아빠 보낸 것이 아니라 아빠 친구들이 보낸 것이라는 것을 알고 울며 분노를 표하기도
하였습니다.

6) 상대방은 사건본인의 관심사항이나 선호를 고려하기보다는, 상대방과 상대방 어머니의
편의 위주로 면접교섭을 하고 있습니다. 사건본인이 아주 어렸을 때 면접교섭 하던 방식
그대로 면접교섭을 하고 있고, 그로 인해 사건본인이 상대방과의 면접교섭을 기피하는
것입니다. 사건본인은 초등학교에 입학할 만큼 많이 자라, 유아기 때와는 달리 하고 싶은
것도 많고 보고 싶은 것도 많아질 나이가 되었습니다. 그러나 상대방과 상대방의 어머니는
사건본인이 하고 싶어하는 것을 함께 하거나, 가고 싶어하는 곳에 같이 가주거나 하는
것은 전혀 없이, 경제적으로 비용이 들지 않고 또 본인들이 편한 방식으로만 면접교섭을
진행하고 있습니다.

다. 사건본인은 상대방의 어머니의 행동으로 인해 상대방과의 면접교섭 과정에서 큰 스트레스를
받고 있습니다.

1) 상대방의 어머니는 사건본인에게 대놓고 청구인을 비난하는 말을 하기 일쑤였고, 면접교섭
을 위해 사건본인을 인계하는 장소에 따라 나와 사건본인이 보는 앞에서 청구인을 폭행하
기도 하였습니다. 사건본인이 비록 어린 나이지만 할머니가 어머니를 욕하고 때리는 장면
을 볼 때 그 마음에 어떤 상처가 남았을지 생각하면, 청구인은 항상 마음이 답답하고
걱정이 됩니다.

2) 상대방의 어머니는 면접교섭 중 사건본인의 머리 스타일이 자신의 마음에 들지 않는다며
노는 아이를 강제로 붙잡고 가위로 머리를 잘라 사건본인이 크게 놀랐고, 사건본인을
달래고 진정시키느라 큰 애를 먹은 일이 있습니다.

3) 상대방의 어머니의 독단적인 행동은 이에 그치지 않았습니다. 사건본인이 좋아하는 낡은

겨울점퍼가 있는데, 다른 옷들이 있음에도 사건본인이 그 옷만을 입으려 해 어쩔 수 없이 면접교섭 때 그 옷을 입힌 적이 있습니다. 상대방의 어머니는 무슨 이런 옷을 입느냐며 쓰레기통에 버리라고 사건본인을 윽박질렀고 사건본인이 이에 놀라 울면서 청구인에게 전화를 건 일도 있습니다. 당시 상대방 어머니의 행동에 대해서 상대방이 청구인에게 사과를 하기까지 하였습니다.

위와 같은 상대방 어머니의 행동으로 인해 사건본인은 점점 더 상대방과의 면접교섭을 꺼려하게 되고, 상대방 및 상대방의 어머니를 만나는 일에 스트레스를 받고 있습니다. 사건본인이 어린아이이기는 하지만 스스로 선호하는 머리 스타일이나 좋아하는 옷이 있을 것임에도, 사건본인의 의사와는 전혀 상관없이 아이의 머리를 강제로 자르고 옷을 쓰레기통에 버리는 위와 같은 행동을 보면, 상대방과 그 가족들이 사건본인과의 면접교섭에 어떤 자세로 임하고 있는지 알 수 있다 하겠습니다.

라. 무엇보다도 사건본인이 상대방과의 면접교섭을 원하지 않고 있습니다.

　　1) 사건본인은 상대방의 어머니 때문에 심한 스트레스를 받고 있고, 6년 넘게 면접교섭을 하면서도 상대방과 친해지거나 애정을 갖게 되는 것이 아니라 점점 상대방에 대해서도 거부감이 커지고 있는 상태입니다. 면접 교섭 전날부터 극심한 히스테리 증세(계속 짜증을 내거나 엄마와 한 시도 안 떨어지려 한다거나 작은 자극에도 눈물을 보이는 상황)를 보이고 있고, 아파트 1층 현관에 상대방이 도착했다는 연락이 오면 안 가겠다며 울고 매달려 사건본인을 억지로 달래고 화내며 보내는 일이 허다한 상황입니다.

　　2) 사건본인이 초등학교에 입학하면서부터 사건본인이 바빠지기 시작했고, 학원이나 학교생활 외에도 주말에 친구들과의 행사가 많이 잡히게 되면서 사건본인이 상대방을 만나는 것이 부담된다며 계속 면접교섭을 강하게 거부하기 시작했고, 급기야는 사건본인이 직접 상대방에게 전화를 걸어 부탁을 하는 상황까지 생겼습니다.

　　3) 결국 사건본인이 상대방과의 면접교섭을 거부하는 상황에서 앞서 설명 드린 상대방의 어머니와의 겨울점퍼 사건이 발생하였고, 사건본인이 결정적으로 면접교섭 거부 의사를 계속 밝히자, 상대방도 이에 어쩔 수 없이 면접교섭을 월 1회만 하기로 청구인 및 사건본인과 합의하기까지 하였습니다.

3. 상대방의 사건본인에 대한 면접교섭은 사건본인의 복리에 전혀 도움이 되지 않고, 새로운 가정에 적응하고 있는 사건본인의 정서에 해만 끼치고 있습니다. 상대방과의 면접교섭은 사건본인의 복지를 위하여 마땅히 배제되어야 할 것이며, 배제하는 것이 과도하다면 적어도 최소한으로 제한되어야 합니다.

가. 사건본인은 상대방과의 면접교섭에 극심한 스트레스를 받고 있습니다.

　　사건본인은 면접교섭을 하면서도 자신을 전혀 돌보지 않는 상대방에게 실망하였고, 또 할머니인 상대방의 어머니에 대해서 강한 반감을 가지고 있습니다. 또 앞서 설명 드린 바와 같이 사건본인은 면접교섭을 할 때마다 극심한 스트레스를 받아 히스테리 증세까지 보이고 있습니다.

나. 청구인은 현재 재혼한 상태이며, 사건본인은 청구인의 재혼 배우자를 아빠라고 부르며 현재의

가정에 잘 적응하고 있습니다.

청구인은 200ㅇ. 00. 00. 현재의 배우자와 결혼식을 올렸습니다. 청구인은 재혼을 하면서도 재혼 과정에서 사건본인에게 또 다른 상처를 줄까 염려되어 사건본인에게 새로운 가정 환경을 강요하기 보다는 사건본인의 의사를 묻고 존중하며 사건본인이 지금의 계부를 스스로 아빠라 부를 때까지 기다렸으며, 어떠한 강요도 없이 사건본인 스스로 현재의 가정을 받아들였습니다. 혹시나 사건본인이 청구인을 의식하여 자신의 본심에 반하여 상대방과의 면접교섭을 원하지 않는다고 말할까 염려하여, 청구인은 사건본인이 상대방에 관하여 좋은 이미지만 갖도록 사건본인에게 상대방에 관한 좋지 않은 기억은 잘못 기억하는 것이라고 하면서 "언제든지 아빠가 보고 싶으면 말해라. 엄마가 신경 쓰여 그런 것이면 그러지 않아도 된다"고 말하였습니다. 그러나 사건본인은 청구인에게 "엄마 지금 우리 아빠가 ㅇㅇㅇ 아빠처럼 나한테 했으면 조영민 아빠네 간다 했을 텐데, 그러질 않아서 안가고 싶어. 지금 사는 우리 아빠랑 엄마랑 나랑 엄마 뱃속 ㅇㅇㅇ랑 이렇게 지내는 게 좋아."라고 하는가 하면, "엄마 처음부터 ㅇㅇㅇ 아빠 만나지 말고 우리 아빠 만나지. 그럼 나랑 엄마랑 고생 안 했잖아."라고 말하고 있습니다. 이처럼 사건본인은 현재의 가정에 잘 적응하고 있고, 정서적 안정을 찾아가고 있는 상황입니다. 주변에서도 재혼 후 사건본인이 많이 밝아졌다고들 합니다. 그런데 잊을 만하면 닥쳐오는 상대방과의 면접교섭이 사건본인의 마음에 상처를 주고 있어 사건본인의 정서 발달에 장해를 가져오지나 않을지 염려됩니다.

다. 상대방이 청구인을 상대로 제기한 귀원 200ㅇ즈기0000 면접교섭 이행명령 사건에서, 시범면 접교섭을 위하여 위와 같은 사건본인의 심리상태를 파악하기 위한 절차가 진행 중입니다. 사건본인의 현재 심리상태 및 면접교섭이 사건본인의 정서에 미치는 영향을 파악하기 위하여 위 시범면접교섭의 결과를 참고하여 주시고, 또한 별도로 사건본인의 심리파악을 위한 아동심리검사 절차를 진행하여 주시기 바랍니다.

라. 면접교섭의 궁극적인 목표는 자녀의 더 나은 복지를 위한 것이므로, 면접교섭이 오히려 자녀의 복리를 침해한다고 판단되는 경우에는 제한될 필요가 있습니다.

면접교섭권은 부모의 권리이기도 하지만 동시에 자녀의 권리이기도 합니다. 우리 민법 제837의2조는 2007. 12. 21. 개정을 통해 "자를 직접 양육하지 아니하는 부모의 일방과 자는 상호 면접교섭할 수 있는 권리를 가진다"고 함으로써 면접교섭이 부모의 일방적인 권리가 아님을 천명하고 있습니다.

우리 법원도, "자녀를 현실적으로 양육하지 않는 부모 중 일방은 당연히 자녀에 대한 면접교섭권을 가지고, 일반적으로 원활한 면접교섭이 이루어지는 것이 자녀의 복리를 위해서도 바람직하다고 할 것이나, 면접교섭을 실시하는 것이 오히려 자녀의 복리를 침해한다고 판단되는 경우에는 제한할 필요가 있다."고 하여, 단절되었던 자녀와의 관계를 회복할 수 있는 계기를 마련해주기 위하여 마련된 '자녀사랑 가족캠프'에 참가할 것을 법원으로부터 권유 받고도 이에 참가하지 않은 비양육친의 면접교섭을 허용할 수 없다고 판시한 바 있습니다(서울가정법원 2010. 11. 15. 선고 2009브12 결정).

마. 소 결

사건본인은 현재 상대방과의 면접교섭에 심한 스트레스를 받으며, 이를 거부하고 있습니다. 사건본인이 현재의 가정에 잘 적응하고 있는 상황에서 상대방과의 면접교섭이 사건본인의 복리를 오히려 침해하고 있으므로, 상대방의 면접교섭권은 마땅히 제한되어야 합니다.

4. 결 론
면접교섭권은 비양육친의 권리이지만 자녀의 권리이기도 합니다. 또 면접교섭권의 궁극적인 목적은 자녀의 더 나은 복지를 위한 것입니다. 상대방과의 면접교섭은 사건본인의 정서에 오히려 해를 가져와 사건본인의 복리를 침해하고 있어, 청구인은 청구취지와 같은 결정을 구하오니 청구인의 청구를 인용하여 주시기 바랍니다.

소 명 방 법

1. 갑 제1호증의 1 내지 2   각 기본증명서
2. 갑 제2호증의 1 내지 2   각 가족관계증명서
3. 갑 제3호증   혼인관계증명서
4. 갑 제4호증   주민등록등본

첨 부 서 류

1. 위 소명방법   각 1통

2016. ○. ○.
청구인의 소송대리인
법무법인 ○○
담당변호사 ○○○

○○지방법원 ○○지원 귀중

■ 작성 · 접수방법

1. 비용은 인지는 사건본인수×10,000원이고, 송달료는 당사자수×3,720원×12회분을 송달료취급은행에 납부하고 첨부하여야 한다.
2. 관할법원은 상대방의 보통재판적소재지의 가정법원이다.
3. 소장은 법원용 1부, 상대방수에 맞는 부본수를 제출한다.

이 행 명 령 신 청 서

신 청 인   한○○(주민등록번호)

○○시 ○○구 ○○길 ○○(우편번호)

전화·휴대폰번호:

팩스번호, 전자우편(e-mail)주소:

피신청인   박◇◇(주민등록번호)

○○시 ○○구 ○○길 ○○(우편번호)

전화·휴대폰번호:

팩스번호, 전자우편(e-mail)주소:

신 청 취 지

피신청인은 신청인에게 ○○지방법원 2013. 10. 28.자 2012드단○○○○(본소), 2013드단○○○○(반소) 이혼 등 사건의 조정조서에 기한 의무이행으로서 면접교섭허용의무를 이행하라라는 재판을 구합니다.

신 청 원 인

1. 당사자의 관계

신청인과 피신청인은 2004. 12. 13. 혼인신고를 경료한 법률상 부부였는바, 8년에 걸친 혼인생활 끝에 수원지방법원 2012드단○○○○(본소), 2013드단○○○○(반소)호로 재판상 이혼에 이르게 되었습니다. 한편, 신청인과 피신청인 사이에는 자녀로 신청외 한○○(06. 2. 21.생), 한○○(08. 12. 3.생)가 있습니다.

2. 면접교섭허용의무의 발생

신청인과 피신청인은 위 제1항 기재 소송절차 중 2010. 10. 28.자 조정 기일에서 '피고(신청인)는 매월 둘째·넷째 일요일 10:00부터 19:00까지 피고(신청인)가 책임질 수 있는 장소에서 사건본인들을 면접교섭할 수 있고, 추가로 사건본인들의 여름·겨울방학 기간 동안 각 6박 7일씩 사건본인들을 면접교섭할 수 있다. 원고(피신청인)는 면접교섭이 원활하게 이루어질 수 있도록 적극 협조하기로 한다'는 내용이 포함된 합의를 하였으며 위 내용 그대로 조정조서에 기재되었습니다.

3. 피신청인의 의무불이행

그런데 신청인이 위 조정조서 상의 다른 의무를 성실히 이행하고 있는 반면, 피신청인은 위 조정 성립 이후 현재까지 신청인이 전화를 해도 받지 않거나, 자녀들이 바쁘다는 이유를 들며 신청인의 자녀들에 대한 면접교섭에 비협조적인 태도로 일관하고 있어 신청인이 자녀들을 만날 수 없는 상황입니다(피신청인이 신청인과 자녀들의 전화통화 마저 제한하고 있어 신청인으로서는 자녀들의 의사를 확인하기도 어렵습니다). 즉, 피신청인은 위 조정조서에 기재된 면접교섭 허용의무를 이행하여야 함에도 불구하고 정당한 이유없이 그 의무를 이행하지 아니하고 있다고 할 것입니다.

4. 결어
이에 따라 가사소송법 제64조 제1항 제3호에 기하여 이건 이행명령 신청을 하기에 이르렀으니, 인용하여 주실 것을 희망합니다.

소 명 방 법

1. 소갑 제1호증	조정조서
1. 소갑 제2호증	송달증명원
1. 소갑 제3호증	문자메시지 자료

첨 부 서 류

1. 위 소명방법	각 1통
1. 소송 위임장	1통
1. 송달료 납부서	1통

2016. 0.   .
위 신청인   한○○ (인)

서울가정지방법원 귀 중

■ 작성·접수방법

1. 비용은 인지 1,000원이고, 송달료는 당사자수×3,720원×3회분을 송달료취급은행에 납부하고 첨부하여야 한다.
2. 관할법원은 의무이행을 명한 판결, 심판, 조정을 한 가정법원(고등법원이 판결, 결정을 한 경우에는 제1심 가정법원)이다.
3. 소장은 법원용 1부, 상대방수에 맞는 부본수를 제출한다.

[서식] 이음누리(면접교섭센터) 이용신청서

서울가정법원

이음누리(면접교섭센터) 이용신청서

1. 인적사항

사 건 번 호					
소송상지위	원고(신청인)			피고(피신청인)	
이 름(성별)					
생 년 월 일					
연락처(HP)					
직 업					
현 거 주 지					
자 녀	이름	성별	생년월일	취학상태(학년)	현재양육자

2. 이용안내

· 이음누리를 이용하기 전에 반드시 이음누리를 방문하여 사전면담을 받아야 합니다.
  (이음누리 : 서울가정법원 1층, 전화예약 및 문의 02-2055-7490)
· 쌍방이 가능한(합의된) 사전면담 가능 시간을 적어주시기 바랍니다.
  (평일 및 토·일요일 가능, 명절 연휴 및 공유일 제외)

1순위		요일	시간	(오전/오후)	시	분
2순위		요일	시간	(오전/오후)	시	분

(원고/피고 모두 가능한 사전면담 요일과 시간을 순위별로 적어주시기 바랍니다)

· 사전면담결과 면접교섭위원이 부적당하다고 판단하는 경우 및 이음누리 이용규칙을 어길시에는 이음누리의 이용이 엄격히 제한되거나 불가능할 수 있습니다.

서울가정법원 면접교섭센터 이음누리   귀중

1. 서론

가. 의 의

재산분할은 부부가 혼인공동생활 중에 형성된 재산에 대하여 이혼 시 그 기여도에 따라 분할해 달라는 것으로 당사자의 협의로 정하는 것이 원칙이고, 협의가 되지 아니하거나 협의할 수 없는 때 가정법원은 당사자의 청구에 의하여 당사자 쌍방의 협력으로 이룩한 재산의 액수 기타 사정을 참작하여 분할의 액수와 방법을 정한다(민 제839조의2, 제843조).

Q

甲은 그의 처 乙을 상대로 이혼소송을 제기하였고, 乙도 이혼소송과 병합하여 재산분할청구의 반소를 제기하였습니다. 그런데 乙의 반소가 인용될 가능성이 높아졌는바, 이 경우 乙의 반소가 인용되면서 재산분할로서 금전의 지급을 명하는 판결을 하는 경우, 그 금전지급채무의 이행기와 이행지체시에 금전채무불이행으로 인한 손해배상액산정의 기준이 되는 법정이율이 어떻게 되는지요?

A

소송촉진등에관한특례법 제3조에 의하면 "①금전채무의 전부 또는 일부의 이행을 명하는 판결(심판을 포함한다. 이하 같다)을 선고할 경우에 금전채무불이행으로 인한 손해배상액산정의 기준이 되는 법정이율은 그 금전채무의 이행을 구하는 소장 또는 이에 준하는 서면이 채무자에게 송달된 날의 다음날부터는 대통령령으로 정하는 이율(소송촉진등에관한특례법 제3조 제1항 본문 중 "대통령령으로 정하는 이율"을 "연 100분의 40의 범위 안에서 은행법에 의한 금융기관이 적용하는 연체금리 등 경제여건을 감안하여 대통령령이 정하는 이율"로 개정(2003. 5. 10)하였고, 소송촉진등에관한특례법제3조제1항본문의법정이율에관한규정(대통령령 제17981호, 2003. 5. 29.)에는 법정이율을 연 2할로 규정하고 있음)에 의한다. 다만, 민사소송법 제251조(장래의 이행을 청구하는 소)에 규정된 소에 해당하는 경우에는 그러하지 아니하다. ②채무자가 그 이행의무의 존재를 선언하는 사실심판결이 선고되기까지 그 존부나 범위에 관하여 항쟁함이 상당하다고 인정되는 때에는 그 상당한 범위 안에서 제1항의 규정을 적용하지 아니한다."라고 규정하고 있습니다.

그런데 재산분할청구권은 이혼이 성립한 때에 그 법적 효과로서 비로소 발생하는 것이므로 이혼소송과 병합하여 재산분할청구를 하고, 법원이 이혼과 동시에 재산분할로서 금전의 지급을 명하는 판결을 하는 경우, 그 금전지급채무의 이행기와 이행지체시에 금전채무불이행으로 인한 손해배상액산정의 기준이 되는 법정이율이 어떻게 되는지 문제됩니다.

이에 관련된 판례를 보면, "이혼으로 인한 재산분할청구권은 이혼을 한 당사자의 일방이 다른 일방에 대하여 재산분할을 청구할 수 있는 권리로서 이혼이 성립한 때에 그 법적 효과로서 비로소 발생하는 것일 뿐만 아니라, 협의 또는 심판에 의하여 그 구체적 내용이 형성되기까지는 그 범위 및 내용이 불명확·불확정하기 때문에 구체적으로 권리가 발생하였다고 할 수 없으므로, 당사자가 이혼이 성립하기 전에 이혼소송과 병합하여 재산분할의 청구를 하고 법원이 이혼과 동시에 재산분할로서 금전의 지급을 명하는 판결을 하는 경우 그 금전지급채무에 관하여는 그 판결이 확정된 다음날부터 이행지체책임을 지게 되고, 따라서 소송촉진등에관한특례법 제3조 제1항 단서에 의하여 소송촉진등에관한특례법 제3조 제1항 본문에 정한 이율이 적용되지 아니한다."라고 하였습니다(대법원 2001. 9. 25. 선고 2001므725 등 판결, 2002. 10. 25. 선고 2002다43370 판결).

그러므로 위 사안에서 乙의 재산분할청구가 인용되면서 재산분할로서 금전의 지급을 명하는 판결을 하는 경우 그 금전지급채무에 관하여는 그 판결이 확정된 다음날부터 이행지체책임을 지게 되며, 그 적용이율은 소송촉진등에관한특례법 제3조 제1항 단서에 의하여 같은 조항 본문에 정한 이율이 적용되지 아니하므로, 판결확정일 다음날부터 완제일까지 민법에 정한 연 5%의 비율에 의한 지연손해금의 지급을 명하게 될 것으로 보입니다.

나. 성 질

재산분할청구권의 성질에 대해 학설은 ① 혼인중에 취득한 부부재산을 청산하는 것으로서 잠재적 지분의 반환으로 보는 청산설, ② 부부공동재산의 청산을 위하는 것과 함께 이혼 후의 부양을 위한 것으로 보는 청산 및 부양설, ③ 청산과 이혼 후의 부양 외에 이혼위자료의 성질도 갖는다는 청산과 부양 및 위자료지급설 등이 있는데, 판례는 청산적 성질과 부양적 성질을 모두 갖는다고 보고 있다.

다. 재산분할청구권의 발생

재산분할은 협의이혼, 재판상 이혼, 또는 혼인취소에 의해 혼인관계가 해소되는 효과로서 인정되는 것이므로 이혼이 성립되거나 혼인취소의 판결이 확정된 후에 청구하는 것이 원칙이고 혼인관계가 해소되지도 않은 상태에서 청구할 수는 없다. 다만 재판상 이혼 또는 혼인취소의 소에는 마류 가사비송사건의 청구를 병합하여 제기할 수 있으므로(법 제14조 제1항) 재판상 이혼이나 혼인취소의 청구가 인용될 것을 전제로 미리 분할의 청구를 할 수 있고, 상대방도 반소의 형태로 재산분할을 청구할 수 있다.

Q

이혼하면 재산은 어떻게 나누어집니까?

A

합의가 이루어지지 않으면, 가정법원에 재산분할을 청구하여 부부생활 중 협력으로 이룩한 재산 중 자신의 몫을 받을 수 있습니다.

이처럼 협의상 또는 재판상 이혼한 부부 일방이 다른 배우자에 대해 혼인중 취득한 재산의 일부의 분할을 청구할 수 있는 권리를 재산분할청구권이라고 합니다(민법 제839조의2, 제843조). 이는 아내의 가사노동을 정당하게 평가하여 이혼후의 재산관계를 남녀평등하게 청산하기 위한 규정입니다.

①이혼을 하게 되면 누구의 잘못으로 이혼했느냐는 따지지 않고, 부부생활 중 재산형성에 협력한 본인의 몫을 되돌려 받을 수 있습니다. 따라서 이혼에 책임이 있는 사람도 재산분할을 청구할 수 있습니다. ②물론 전업주부도 본인의 몫을 받게 됩니다. 대법원 판례는 가사노동도 재산조성에 대한 협력으로 인정하여 남편일방 명의만으로 된 재산에 대한 재산분할청구를 인정하고 있습니다. ③이런 재산분할은 이혼시 뿐만 아니라 혼인취소, 사실혼해소에도 적용됩니다. ④또한 반드시 이혼시에 결정해야 하는 것은 아니고, 이혼한 날로부터 2년 내에만 청구하면 됩니다.

게다가 이혼의 원인이 상대방에게 있다면 재산상·정신상의 손해배상도 청구할 수 있습니다(제843조, 제806조). 즉 양자는 별개의 것이므로 재산분할과 위자료 모두 받을 수 있습니다

2. 관 할

가. 상대방의 보통재판적 소재지의 가정법원의 토지관할에 속하고(법 제46조 본문), 가정법원 단독판사의 사물관할에 속하게 된다. 다만 소가가 5천만 원을 초과하는 위자료 청구사건은 합의부의 사물관할에 속하므로 만일 이혼, 재산분할 청구와 병합하여 5천만 원을 초과하는 위자료 청구를 하였다면 합의부에서 심리하게 된다.

나. 그러나 이미 이루어진 재산분할에 관한 약정의 이행을 구하는 것이나, 외국에서 재산분할을 명하는 판결을 받고 그 집행판결의 청구를 하는 것은 민사소송으로서 지방법원의 관할에 속한다.

3. 정당한 당사자

가. 부부 중 일방이 다른 일방을 상대방으로 하여 청구하여야 한다(규칙 제96조). 여기서 '부부'라 함은 협의이혼한 당사자, 재판상 이혼한 당사자 또는 재판상 이혼청구가 인용됨으로써 이혼하게 되는 당사자, 혼인이 취소된 당사자 또는 혼인취소의 청구가 인용됨으로써 부부관계가 해소되는 당사자 등을 의미하며, 재산분할에 관한 규정은 사실혼관계에도 준용할 수 있다는 것이 통설과 판례이다(대법원 1995. 3. 28. 선고 94므1584판결).

나. 그러나 중혼적 사실혼 배우자에 대해서는 법률혼이 존속 중인 상태에서 부부의 한쪽이 제3자와 혼인의 의사로 실질적인 혼인생활을 하고 있다면 특별한 사정이 없는 한 법률혼에 준하는 보호를 할 수 없으므로(대법원 1995. 9. 26., 선고 94므1638판결) 원칙적으로 분할청구 할 수 없다고 해석된다.

다. 또한 혼인해소는 당사자의 생존 중의 해소의 경우에만 인정되므로 부부 일방의 사망에 의한 혼인해소의 경우에는 재산분할 청구를 할 수 없고 이 경우 법률상의 부부인 경우 상속으로 다루어야 한다.

4. 심리

가. 조정전치

마류 가사비송사건은 조정 전치주의의 적용을 받는다(법 제50조) 따라서 당사자는 심판청구에 앞서 가사조정을 신청하여야 하고 당사자가 조정을 신청하지 않고 심판청구를 하면 가정법원이 직권으로 조정에 회부하여야 한다.

나. 당사자 사망에 따른 절차의 종료

법률혼이 지속되는 동안(이혼소송이 제기되기 전) 일방이 사망하면 상속이 개시되므로 분할청구 할 여지가 없게 될 것이고, 이혼소송과 재산분할청구가 병합된 경우 소송 중 일방이 사망하면 이혼소송은 종료되고 이를 전제로 한 재산분할청구 역시 상실되어 이혼 소송의 종료와 동시에 종료된다(대법원 1994. 10. 28. 94므246판결).

다. 제척기간

재산분할청구권은 이혼한 날부터 2년이 경과한 때에는 소멸한다(민 제839조의2, 3항) 이는 제척기간이다. 혼인취소의 경우 명문규정이 없으나 이를 유추하여 혼인취소의 판결 이 확정된 후 2년이 경과하면 재산분할청구권은 소멸한다고 본다.

라. 재산명시, 재산조회

법원은 재산분할청구사건을 위하여 특히 필요하다고 인정하는 경우에는 직권 또는 당사 자의 신청에 의해 당사자에게 재산상태를 구체적으로 밝힌 재산목록을 제출하도록 명할 수 있고, 법원이 체출된 목록만으로는 해결이 곤란하다고 인정할 경우에는 직권으로 또 는 당사자의 신청에 의해 재산에 관한 조회를 할 수 있다.

마. 재산분할의 기준 및 대상

1) 가정법원은 당사자의 청구에 의해 당사자 쌍방의 협력으로 이룩한 재산의 액수 기타 사정을 참작하여 분할의 액수와 방법을 정하며(민 제839조의2 제2항), 분할 대상의 결정에는 직권주의가 적용된다.

2) 분할 방법으로는 공유물 분할의 법리에 따라 현물분할을 할 수도 있고 재산가액 중 배우자의 몫에 해당하는 가액을 산정하여 지급하는 금전분할을 할 수도 있다 나아가 부부의 공유로 하는 분할도 현물분할로 가능하다.

3) 재산의 범위와 가액산정의 기준시에 대해서는 여러 견해가 있지만 판례는 재판상 이 혼을 전제로 한 재산분할에 있어서는 이혼소송의 사실심 변론종결일이라고 보고(대법 원 2000. 5. 2.자 2000스13 결정), 협의이혼을 전제로 한 재산분할에 있어서는 협 의이혼이 성립한 날이라고 본다(대법원 2002. 8. 28. 2002스36 결정).

4) 구체적 재산분할 심판의 기준
혼인 중에 부부 공동의 협력에 의해서 취득한 재산은 일방의 명의로 되어 있는 특유재산이라고 해도 분할의 대상이 될 수 있다. 이러한 재산은 형식적으로는 부부 일방의 특유재산이지만, 실질적으로는 부부의 공동재산이라고 보아야 하므로, 혼인관계가 종료될 때에는 재산형성에 대한 기여도에 따라 분할되는 것이 타당하다. 또한 혼인 중에 부부 공동의 협력에 의해서 취득한 재산이 아니더라도(예를 들어 부부 일방이 상속받은 재산, 증여받은 재산 등) 그 재산의 유지와 증가에 기여한 바가 있다면, 위와 같은 취지에서 그 부분에 대해서는 분할을 청구할 수 있다고 보아야 할 것이다. 이러한 취지에서 재산분할 시 고려되어야 하는 구체적 기준은 다음과 같다.

가) 가사노동에 의한 협력

부부의 일방이 가사와 육아를 전담하고, 다른 일방이 소득활동을 담당한 경우에 이혼을 청구한 처는 혼인 중에 남편의 명의로 취득한 재산에 대하여 분할을 청구할 수 있다. 가사와 육아를 전담하는 아내의 노동과 직장에서 소득활동을 하는 남편의 노동은 비록 종류는 다르지만, 그 가치에 있어서는 동일하게 평가되어야 마땅하고, 이 두 가지 종류의 노동은 가족공동체를 유지하는데 있어서 다 같이 필수적인 요소이므로, 그 중 어느 것이 더 우월하다는 판단을 내릴 수 없기 때문이다. 또한 가사노동은 가사사용인(가정부 등)의 노동과도 직접적으로 비교될 수 없는 성질의 것으로, 가사를 돌보고 자녀를 양육하는 가사노동에는 일반노동과 비교될 수 없는 요소, 즉 헌신과 애정이 스며들어 있기 때문이기도 하다. 이처럼 가사노동의 가치를 인정한다면, 혼인기간 동안 증가한 재산에 대해서도 그에 상응하는 지분을 인정하는 것이 당연하고, 판례 역시 재산형성에 대한 가사노동의 기여를 인정하여 재산분할에서 고려해야 할 기준으로 삼고 있다.

나) 혼인파탄의 책임

혼인파탄에 주된 책임이 있는 유책배우자라 할지라도 재산형성에 대하여 기여한 부분이 있다면 재산분할을 청구할 수 있다. 이혼 시 재산분할청구권제도는 혼인 중 부부 공동의 노력으로 이룩한 재산에 대하여 자신이 기여한 부분을 돌려받는다는 취지로 이해되고 있으므로, 유책배우자도 자신의 기여에 따라 재산분할 청구를 할 수 있다.

5. 재산별 재산분할의 대상 정리

(1) 개관

이혼 시 무엇을 재산분할의 대상이 되는지에 관한 논쟁이 많다. 일반적으로 이혼 시 재산분할의 대상의 되는 재산은 첫째 특유재산부분이다. 특유재산은 혼인 전부터 부부 각자가 소유하고 있었거나, 혼인 중 한쪽이 상속, 증여 등으로 취득한 재산으로서 위 재산의 형성에 상대방 배우자의 어떠한 기여가 없는 재산을 지칭한다. 다만 이러한 특유재산이라고 하더라도 부부 한쪽이 그 특유재산의 유지에 적극적으로 기여를 하였거나 그 재산의 감소를 방지하였다거나 나아가 그 증식에 협력하였다는 등의 사실이 인정될 경우 이 또한 재산분할의 대상의 될 수 있음에 유의하여야 한다. 둘째, 부부 중 한쪽 명의로 되어있지만 그 재산이 혼인 중 부부의 공동노력으로 형성된 재산인 경우에는 그 명의가 누구로 되어있는지 여부와 상관없이 당연히 재산분할 대상이 된다는 점 또한 유의하여야 할 것이다. 또한, 연금이나 퇴직금 등, 예를 들어 근로자퇴직급여보장법, 공무원연금법, 군인연금법, 사립학교교직원연금법 등이 각각 규정하고 있는 퇴직급여 또한 일정기간 근무하는데 상대방 배우자의 협력이 기여한 것이 인정된다면 이 또한 재산분할의 대상이 된다는 점에 유의하여야 한다. 그 외 부부의 어느 한쪽이 혼인생활 중 제3자에 대하여 채무를 부담하게 되는 경우 그 채무 중 부부의 일상가사와 관련되어 있거나 또는 부부의 공동재산의 형성에 수반되어 발생한 것이라면 이 또한 재산분할의 대상이 됨에 유의하여야 할 것이다. 이하에서는 각각의 사유에 대한 판례의 태도 등을 각 살펴보기로 한다.

(2) 적극재산

1) 특유재산

이는 분할의 대상에서 제외됨이 원칙이나 예외적으로 다른 일방이 적극적으로 특유재산의 유지에 협력하여 감소를 방지하였거나 증식에 협력하였다고 인정되는 경우에는 대상이 될 수 있다(대법원 1993. 5. 25. 92므501). 또한, 부부일방이 혼인 중 제3자에게 부담한 채무는 일상가사에 관한 것 이외에는 원칙으로 그 개인의 채무로서 청산의 대상이 되지 않으나 그것이 공동재산의 형성에 수반하여 부담한 채무인 경우에는 청산의 대상이 된다."라고 하였다(대법원 1993. 5. 25. 선고 92므501 판결, 1998. 2. 13. 선고 97므1486 판결).

그리고 "가사를 전담하는 외에 가업으로 24시간 개점하는 잡화상연쇄점에서 경리업무를 전담하면서 잡화상경영에 참가하여 가사비용의 조달에 협력하였다면 특유재산의 감소방지에 일정한 기여를 하였다고 할 수 있어 특유재산이 재산분할의 대상이 된다."라고 본 경우가 있다(대법원 1994. 5. 13. 선고 93므1020 판결, 2002. 8. 28.자 2002스36 결정).

2) 가사노동에 의한 기여를 통해 형성한 재산

재산형성에 대한 협력으로 인정하여 재산분할청구의 대상이 된다. 따라서 이는 특유재산의 추정을 번복시키기 위한 요건과는 다르다. 부부 중 일방이 상속받은 재산이거나 이미 처분한 상속재산을 기초로 형성된 부동산이더라도 이를 취득하고 유지함에 있어 상대방의 가사노동 등이 직·간접으로 기여한 것이라면 재산분할의 대상이 된다(대판 1998. 4. 10. 96므1434).

3) 부부 일방의 명의로 되어 있는 재산

재산분할은 혼인기간 중 부부가 공동으로 형성한 재산을 그 기여도에 분할하는 것이다. 따라서 그 명의가 누구로 되어 있든 실제로 부부가 공동으로 형성한 재산이라면 모두 재산분할의 대상이 된다. 따라서 그 소유명의가 부부 중 누구의 명의로 되어 있는지는 중요하지 않다. 즉 부부 중 일방의 명의로만 되어 있더라도 혼인기간 중 취득한 재산이라면 통상 부부공동재산으로 간주된다.

4) 향후 수령할 퇴직금 등

가) 퇴직연금

종전 판례는 "향후 수령할 퇴직연금은 여명을 확정할 수 없으므로, 이를 바로 분할대상재산에 포함시킬 수는 없고, 이를 참작하여 분할액수와 방법을 정함이 상당하다."라고 판단해 왔다(대법원 1997. 3. 14. 선고 96므1533, 1540 판결, 2002. 8. 28.자 2002스36 결정). 그러나 2014년 전원합의체 판결을 통하여 "재산분할제도의 취지에 비추어 허용될 수 없는 경우가 아니라면, 이미 발생한 공무원 퇴직연금수급권도 부동산 등과 마찬가지로 재산분할의 대상에 포함될 수 있다고 봄이 상당하다. 그리고 구체적으로는 연금수급권자인 배우자가 매월 수령할 퇴직연금액 중 일정 비율에 해당하는 금액을 상대방 배우자에게 정기적으로 지급하는 방식의 재산분할도 가능하다."라고 판단하였다(2014. 7. 16. 선고 2012므2888 전원합의체). 따라서 이혼소송의 사실심 변론종결 당시에 부부 일방이 공무원 퇴직연금을 실제 수령하고 있는 경우에는 이미 발생한 공무원 퇴직연금수급권에 대한 재산분할청구도 가능하다고 할 것이다. 참고로 2016. 1. 1.부터 시행되는 개정 공무원연금법에서는 배우자가 공무원으로서 재직한 기간 중의 혼인 기간이 5년 이상인 경우 일정 요건하에 분할연금을 청구할 수 있는 것으로 규정하고 있다(제46조의3 이하).

나) 퇴직금

재직 중인 남편이 장래 수령할 퇴직금도 재산분할의 대상이 된다. 종전 판례는 부부 일방이 아직 퇴직하지 아니한 채 직장에 근무하고 있는 경우에는 그의 퇴직일과 수령할 퇴직금이 확정되었다는 등의 특별한 사정이 없는 한 장래의 퇴직금은 재산분할의 대상이 되지 않고, 단지 민법 제839조의2 제2항 소정의 재산분할의 액수와 방법을 정하는데 필요한 '기타 사정'으로만 참작하면 족하는 것으로 판단해 왔다(대법원 1998. 6. 12. 선고 98므213 판결, 2002. 8. 28.자 2002스36 결정).

그러나 2014년 전원합의체 판결을 통하여 "비록 이혼 당시 부부 일방이 아직 재직 중이어서 실제 퇴직급여를 수령하지 않았더라도 이혼소송의 사실심 변론종결 시에 이미 잠재적으로 존재하여 그 경제적 가치의 현실적 평가가 가능한 재산인 퇴직급여채권은 재산분할의 대상에 포함시킬 수 있으며, 구체적으로는 이혼소송의 사실심 변론종결시를 기준으로 그 시점에서 퇴직할 경우 수령할 수 있을 것으로 예상되는 퇴직급여 상당액의 채권이 그 대상이 된다."라고 하여 종전 판례를 변경하여(대법원 2014. 7. 16. 선고 2013므2250 전원합의체), 이 또한 재산분할의 대상이 되었다는 점에 유의하여야 한다.

다) 명예퇴직금

일반 퇴직금 외에 명예퇴직금까지 재산분할의 대상이 되는지에 대하여 다툼의 여지가 있을 수 있지만, 결론적으로 말하자면 이 또한 재산분할의 대상으로 삼을 수 있다.

저는 남편 甲과 이혼을 하려고 합니다. 그런데 남편 甲이 혼인생활 중 수년간 공무원으로서 근무하였는바, 이혼 시 남편 甲이 향후 수령할 퇴직연금도 재산분할의 대상이 되는지요?

협의이혼의 경우 재산분할청구권에 관하여 「민법」 제839조의2는 "①협의상 이혼한 자의 일방은 다른 일방에 대하여 재산분할을 청구할 수 있다. ②제1항의 재산분할에 관하여 협의가 되지 아니하거나 협의할 수 없는 때에는 가정법원은 당사자의 청구에 의하여 당사자 쌍방의 협력으로 이룩한 재산의 액수 기타 사정을 참작하여 분할의 액수와 방법을 정한다. ③제1항의 재산분할청구권은 이혼한 날부터 2년을 경과한 때에는 소멸한다."라고 규정하고 있습니다. 그리고 재판상 이혼의 경우에도 같은 법 제843조에 의하여 위 규정이 준용됩니다.

위와 같은 재산분할제도는 부부가 혼인 중에 취득한 실질적인 공동재산을 청산·분배하는 것을 주된 목적으로 하는 것이므로, 혼인 중에 부부가 협력하여 이룩한 재산이 있는 경우에는 혼인관계의 파탄에 대하여 책임이 있는 배우자라도 재산의 분할을 청구할 수 있습니다(대법원 1993. 5. 11.자 93스6 결정).

그런데 위 사안에서는 향후 수령할 퇴직연금이 재산분할의 대상이 되는지 문제됩니다. 이에 관하여 최근 판례는, 공무원의 퇴직연금도 이혼할 때 재산분할 대상에 포함된다고 하였습니다(대법원 2014. 7. 16. 선고 2012므2888판결) 따라서 위 사안에 있어서도 귀하가 남편 甲을 상대로 공무원 퇴직연금에 대하여 재산분할청구의 대상으로 삼을 수 있을 것입니다.

5) 영업권

영업권도 분할대상이 되나 독자적 재산가치가 있어야 하고 독자적인 재산가치를 갖는 것이 아닌 영업상의 이익에 대해서는 대상이 되지 않는다(대판 1993. 12. 28. 93므409).

6) 명의신탁재산

재산분할청구권에 관하여 「민법」 제839조의2는 "①협의상 이혼한 자의 일방은 다른 일방에 대하여 재산분할을 청구할 수 있다. ②제1항의 재산분할에 관하여 협의가 되지 아니하거나 협의할 수 없는 때에는 가정법원은 당사자의 청구에 의하여 당사자 쌍방의 협력으로 이룩한 재산의 액수 기타 사정을 참작하여 분할의 액수와 방법을 정한다. ③제1항의 재산분할청구권은 이혼한 날부터 2년을 경과한 때에는 소멸한다."라고 규정하고 있고, 위 규정은 같은 법 제843조에 의하여 재판상 이혼의 경우에도 준용되고 있다.

그런데 부부일방이 제3자에게 명의신탁한 부동산도 재산분할청구의 대상이 되는지에 관하여 판례는 "제3자 명의의 재산이더라도 그것이 부부 중 일방에 의하여 명의신탁된 재산 또는 부부의 일방이 실질적으로 지배하고 있는 재산으로서 부부 쌍방의 협력에 의하여 형성된 것이거나 부부 쌍방의 협력에 의하여 형성된 유형, 무형의 자원에 기한 것이라면 그와 같은 사정도 참작하여야 한다는 의미에서 재산분할의 대상이 된다."라고 하였다(대법원 1998. 4. 10. 선고 96므1434 판결).

이것은 재산분할제도의 목적이 부부 중 누구 명의로 되어 있건 간에 쌍방의 협력으로 이룩한 실질적인 부부의 공동재산을 청산하는데 있다고 할 것이므로, 나아가 부부 이외의 제3자 명의의 재산이라고 하더라도 그것이 부부의 협력으로 이룩한 실질적인 공동재산으로 인정되는 경우에는 재산분할의 대상으로 삼을 수 있다는 취지로 보인다. 다만, 제3자 명의의 재산이 순수한 의미에서 부부의 일방이 명의신탁한 재산이라고 하더라도 그에 대하여 직접 재산분할을 명하는 경우 제3자는 당해 소송의 피고가 아니므로 그 재산을 직접 분할하는 현물분할이나 경매분할을 명하면 집행불능에 이르게 될 것이다. 결국 제3자 명의의 재산도 재산분할의 대상이 된다는 것은 그 재산형성에 대한 부부 일방의 기여도를 「민법」 제839조의2 제2항 소정의 기타의 사정으로 참작하여야 한다는 의미로 이해할 수 있을 듯하다.

7) 재산분할 재판확정 후 재산이 추가로 발견된 경우

재판에서 재산분할 대상인지 여부가 전혀 심리된 바 없는 재산이 재판확정 후 추가로 발견된 경우에는 이에 대하여 추가로 재산분할청구를 할 수 있다고 본다(대판 2003. 2. 28. 2000므582). 다만, 2년의 제척기간이 도과되어서는 아니 된다.

8) 부부의 일방이 별거 후(파탄 후)에 취득한 재산

혼인이 파탄되어 별거하는 중에 부부 일방이 재산을 취득하는 경우가 있다. 이러한 경우 원칙적으로 그 재산은 분할의 대상이 되지 아니한다. 다만, 부부의 일방이 별거 후에 취득한 재산이라도 그것이 별거 전에 쌍방의 협력에 의하여 형성된 무형 유형의 자원에 기초한 것이라면 재산분할의 대상이 된다(대판 2000. 9. 22. 99므906).

9) 장래의 수입, 자격증

부부가 혼인한 후 부부 일방이 상대방을 물심양면으로 지원하여 상대방으로 하여금 전문의나 변호사 등 전문자격을 취득하게 하였는데 그 후 얼마 지나지 아니하여 이혼을 하는 경우가 있다. 이런 경우 전문자격을 취득한 자를 상대로 그가 장래 예상되는 수입을 분할할 수 있는지가 문제될 수 있다. 판례는 이러한 경우 교수로써의 재산취득능력은 재산분할의 액수와 방법을 정하는데 필요한 기타사정으로 참작하고(대판 1998. 6. 12. 98므213) 의사자격증에 대해서도 장래수입증가를 가져올 수 있는 잠재적 재산으로 고려하고 있다(서울가정법원 1991. 6. 13 91드1220)고 판시하고 있어 장래의 수입 또한 일정한 기준에 따라 재산분할의 대상으로 보고 있다.

10) 국민연금, 공무원연금, 군인연금 등

(1) 국민연금

(가) 재산분할의 가능성

국민연금에 대하여는 국민연금법 제64조에 의하여 이혼한 배우자가 일정한 요건 하에 노령연금을 분할하여 수령할 수 있으므로 입법적으로 해결된 셈이다.[95]

(나) 요 건

국민연금에 대해서는 국민연금법이 별도로 규정하고 있다. 즉, 국민연금법 제64조는 "배우자의 가입기간 중의 혼인 기간[96]이 5년 이상 인자가 다음 각 호의 요건을 갖추면 그때부터 그가 생존하는 동안 배우자였던 자의 노령연금을 분할한 일정한 금액의 연금(이하 '분할연금'이라한다)을 받을 수 있다고 규정하고 있다.

① 배우자와 이혼하였을 것

② 배우자였던 사람이 노령연금[97] 수급권자일 것

③ 자신이 나이가 60세가 되었을 것

④ 5년 이내에 국민연금관리공단에 분할연금 신청을 하였을 것(5년이 지나면 받지 못함)

한편, 국민연금제도에서는 다른 공적연금제도에서는 인정하지 아니하는 선청구제도를 인정하고

---

95) 국민연금법 제64조 (분할연금 수급권자 등)
　　① 혼인 기간(배우자의 가입기간 중의 혼인 기간만 해당한다)이 5년 이상인 자가 다음 각 호의 어느 하나에 해당하게 되면 그때부터 그가 생존하는 동안 배우자였던 자의 노령연금을 분할한 일정한 금액의 연금을 받을 수 있다.
　　1. 노령연금 수급권자인 배우자와 이혼한 후 60세가 된 때
　　2. 60세가 된 이후에 노령연금 수급권자인 배우자와 이혼한 때
　　3. 60세가 된 이후에 배우자였던 자가 노령연금 수급권을 취득한 때
　　4. 배우자였던 자가 노령연금 수급권을 취득한 후 본인이 60세가 된 때
　　② 제1항에 따른 분할연금액은 배우자였던 자의 노령연금액(부양가족연금액은 제외한다) 중 혼인 기간에 해당하는 연금액을 균등하게 나눈 금액으로 한다.
96) 여기서 혼인기간과 관련하여서는 별거, 가출 등의 사유로 인하여 실질적인 혼인관계가 존배하지 아니하였던 기간이 존재하였다면 그 기간만큼을 혼인기간에서 제외하여야 한다. 즉, 혼인기간은 실질적인 혼인기간만이 산입된다.
97) 노령연금이란 국민연금 급여 중의 하나로서 기본적인 노후생활을 보장하기 위해 지급되는 연금이다. 가입기간과 납부보험료에 따라 산정되는 기본연금액에 가족수당인 부양가족연금을 더한 금액을 평생 동안 지급하며, 수급자가 연금을 받던 중 사망하면 배우자 등 유족에게 지급된다.

있기 때문에 위 기간이 도래하지 이전이라도 선청구를 할 수 있다. 다시 말행 배우자였던자가 노령연금 수급권자가 되고 본인의 나이가 60세에 이르지 아니하였다 하더라도 협의이혼인 경우에는 이혼신고를 한 날부터 재판이혼의 경우에는 판결이 확정된 날로부터 3년 이내에 분할연금을 국민연금관리공단에 선청구할 수 있다. 그러나 이 경우에도 실제로 분할연금을 지급받는 것은 원래 조건이 충족된 때 즉 배우자였던 자가 노령연금 수급권자가 되고 본인의 나이가 60세에 이른 때이다.

(다) 효과

분할연금신청을 할 경우 연금납부기간 중 혼인기간에 해당하는 연금액의 50%를 지급받을 수 있다. 예컨대, 혼인기간이 20년이고, 상대 배우자가 30년간 국민연금에 가입하여 매달 120만원의 노령연금을 받을 수 있다면 분할연금액은 120(만원)×20/30(년)×1/2(절반)=40만 원이 되는 것이다.

한편 이러한 분할액은 당사자 간의 합의나 재판의 판결에 따라 그 비율을 달리 정할 수 있으므로, 협의이혼 시 협의나 재판에서 재산분할의 기여도를 다투어 국민연금분할비율을5:5와 다르게 정할 수 있다. 따라서 협의이혼이나 재판상이혼에 따라 연금 분할 비율이 따로 결정된 경우에는 그에 따르되, 이를 국민연금공단에 신고하여야 한다.

한편, 분할연금 수급권은 이를 취득한 후에 상대 배우자가 사망 기타 사유로 노령연금 수급권이 소멸·정지되어도 영향을 받지 않는다.

[서식 – 분할연금(선) 청구서]

■ 국민연금법 시행규칙 [별지 제15호서식] <개정 2020. 1. 31.>

분할연금 지급(선)청구서

※ 2쪽의 작성방법 및 유의사항을 읽고 작성하여 주시기 바라며, [ ]에는 해당되는 곳에 √표를 합니다.　(1쪽)

접수번호		접수일시		처리기간	30일

분할연금 수급권자 (선청구자)	성명		주민등록번호 (외국인등록번호 · 국내거소신고 번호)	
	전화번호(자택)		휴대전화번호	
	주소			
	전자우편주소(e-mail)			

노령연금 수급권자	성명	주민등록번호	혼인 유지기간

선청구 분할 비율 별도결정	선청구 여부	분할 비율 별도결정 여부
	[ ] 선청구	[ ] 있음　　[ ] 없음

급여액 결정 · 변 경내역 수신방법	[ ] 문서　　　[ ] 전자우편주소(e-mail)　　　[ ] 문서 및 전자우편주소(e-mail)

지급계좌	일반계좌	금융기관	계좌번호
	전용계좌(압류방지용)	금융기관	계좌번호
	※ 전용계좌는 국민연금 급여 압류방지를 위해 금융기관에 별도로 개설된 계좌를 말합니다. 월 급여액이 입금한도인 월 185만원을 초과할 것으로 예상되는 경우에는 일반계좌도 함께 기재하시기 바랍니다.		

※ 급여 선택	발생급여 (발생일)	① (　/　/　)	② (　/　/　)	③ (　/　/　)	선택급여 (발생일)	(　/　/　)

대리인	성명		주민등록번호	
	전화번호(자택)		휴대전화번호	수급권자(선청구자)와의 관계
	주소			
	수급권자(선청구자) 확인		기관장 확인	

「국민연금법 시행규칙」 제22조제2항에 따라 위와 같이 분할연금의 지급을 청구합니다.

년   월   일

청구인(대리인)

(서명 또는 인)

국민연금공단 이사장 귀하

210mm×297mm[백상지(80g/㎡) 또는 중질지(80g/㎡)]

(2쪽)

청구인
제출서류
	1. 주민등록증 등 청구인의 신분증 사본 1부(주민등록증 등 신분증을 제시함으로써 갈음할
	   수 있습니다)
	2. 분할연금 수급권자(선청구자)의 신분증 사본 1부(대리인이 청구하는 경우에만 해
	   당합니다)
	3. 혼인관계증명서에 대한 상세증명서(주민등록번호를 포함합니다) 1부
		수수료
		없음

작성방법 및 유의사항

※ 분할연금 선청구제도 : 분할연금 수급 연령에 도달하기 이전에 이혼하는 경우, 이혼의 효력이 발생한 때부터 분할연금을 미리 청구하는 제도입니다. 미리 청구하셔도 분할연금은 수급권이 발생한 이후부터 지급해드립니다.

※ 분할 비율 : 원칙적으로 당사자간 50:50으로 균등하여 나누게 되어 있으며, 예외적으로 민법 제839조 의2 또는 제843조에 따라 연금의 분할에 대하여 별도로 결정된 경우에는 분할 비율을 달리합니다. 이 경우에는 별지 제15호의2서식에 따라 혼인 기간·연금 분할 비율 신고서를 제출하셔야 합니다.

1. 색상이 어두운 란과 "※"표시란은 적지 마십시오.
2. 여러 건의 분할연금을 청구하시는 경우에는 청구서를 각각 제출하셔야 합니다.
3. 성명, 주민등록번호, 전화번호, 주민등록표상의 주소를 반드시 적으십시오.
4. "급여액 결정·변경내역 수신방법"란에는 해당 수급권자가 희망하는 방법을 선택합니다.
   ※ 급여액 결정·변경내역은「국민연금법 시행규칙」 제22조제10항에 따라 공단이 지급할 급여액을 결정하거나 이를 변경하면 그 사실을 해당 수급권자에게 통지하는 내용을 말합니다.
5. 지급계좌는 반드시 입출금이 가능한 것이어야 합니다.
6. 서식상의 "노령연금 수급권자"에는 분할연금 선청구에 따라 전 배우자의 노령연금 수급권이 아직 발생하지 않은 자(노령연금 수급 예정자)도 포함합니다.
7. "혼인 유지기간"란은 배우자의 국민연금 가입기간 중의 혼인기간을 적으십시오.
8. "선택급여"란은 「국민연금법 시행규칙」 제25조에 따른 급여 선택의 신고를 해야 하는 경우에 급여의 종류 및 발생일을 적으십시오.
9. "대리인"란은 수급권자(선청구자)의 해외체류, 수감 등으로 대리인이 청구하는 경우에 적으십시오.
   ※ 기관장 확인은 재외공관장, 교도소장 등 그 해당 기관장이 확인하는 경우를 말합니다.
10. 수급권자(선청구자) 또는 유족은 「국민연금법」 제121조제1항에 따라 수급권 소멸 사실 등을 신고하여야 합니다.

처리절차

분할연금 지급 청구는 아래와 같이 처리됩니다.

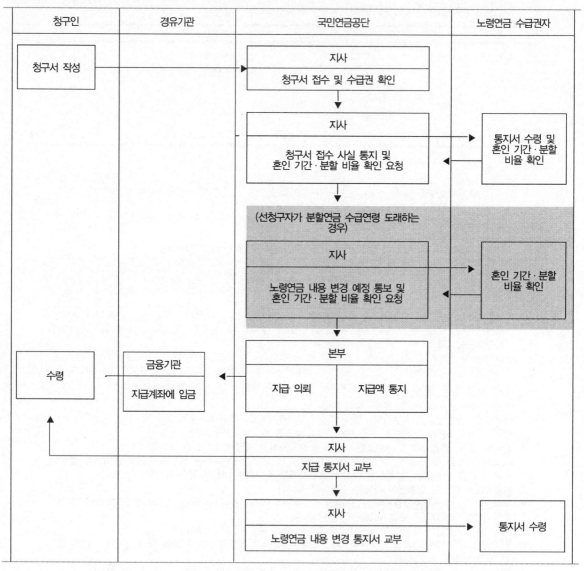

[서식 - 혼인기간 연금분할 비율신고서]

국민연금법 시행규칙 [별지 제15호의2서식] 〈개정 2018. 6. 20.〉

혼인 기간 · 연금분할 비율신고서

뒤쪽의 작성방법 및 유의사항을 읽고 작성하여 주시기 바라며, [ ]에는 해당되는 곳에 √표를 합니다.　　　　　　(앞쪽)

수번호		접수일자		처리기간	30일

신고인 [　] 분할연금 　　수급권자 [　] 노령연금 　　수급권자	성명			주민등록번호 (외국인등록번호 · 국내거소신고번호)	
	전화번호(자택)			휴대전화번호	
	주소				
	전자우편주소(e-mail)				

배우자였던 사람	성명	주민등록번호	혼인 유지기간
			．．．　～　．．．

실질적인 혼인관계 존재하지 아니하 였던 기간	혼인 기간 중　　．．．～　　　．．．까지 실질적인 혼인관계가 존재하지 아니하였음. (사유 : □ 실종　□ 거주불명　□ 합의　□ 재판)

분할 비율 별도결정	유형	[　] 당사자 간 합의		[　] 재판
	별도결정일	년　월　일		
	비율	합계	노령연금 수급권자	분할연금 수급권자
		100%		

대리인	성명		주민등록번호	
	전화번호(자택)	휴대전화번호	신고인과의 관계	
	주소			
	신고인 확인	기관장 확인		
	(인)		(인)	

「국민연금법 시행규칙」 제22조제3항 및 같은 조 제4항에 따라 위와 같이 신고합니다.

　　　　　　　　　　　　　　　　　　　　　　　　　　년　　월　　일

　　　　　　　　　신고인(대리인)　　　　　　　　　(서명 또는 인)

국민연금공단 이사장 귀하

210mm×297mm[백상지(80g/㎡) 또는 중질지(80g/㎡)]

신고인(대리인) 제출서류	1. 신고인의 신분증 사본 1부(주민등록증 등 신분증을 제시함으로써 갈음할 수 있습니다) 2. 대리인이 신고하는 경우에는 대리인의 신분증 사본 1부(주민등록증 등 신분증을 제시함으로써 갈음할 수 있습니다) 3. 이혼 당사자 간의 합의서 사본 등 실질적인 혼인관계가 존재하지 아니하였던 기간을 증명할 수 있는 서류 1부(실질적인 혼인관계가 존재하지 아니하였던 기간이 있음을 신고하는 경우에만 제출합니다) 4. 분할 비율이 별도로 결정되었음을 증명할 수 있는 합의서 사본 또는 재판서 사본 1부(분할 비율이 별도로 결정되었음을 신고하는 경우에만 제출합니다)	수수료 없음

작성방법 및 유의사항

※ 본 신고서는 분할연금 지급 청구 전에 또는 지급 청구서와 함께 제출하셔야 합니다. 다만, 지급 청구서 제출 후에 영 제45조의2제1항 또는 같은 조 제2항에 따른 기간이 결정되거나 분할 비율이 별도로 결정된 경우에는 결정일부터 30일 이내에 한 번만 제출하셔야 합니다.

1. 색상이 어두운 란과 "※"표시 란은 적지 마십시오.
2. 서식상의 "분할연금 수급권자"에는 분할연금 선청구에 따라 분할연금 수급사유가 발생하지 않은 자(분할연금 수급 예정자)도 포함합니다.
3. 서식상의 "노령연금 수급권자"에는 분할연금 선청구에 따라 전 배우자의 노령연금 수급권이 아직 발생하지 않은 자(노령연금 수급 예정자)도 포함합니다.
4. "배우자였던 사람"이란 신고인이 분할연금 수급권자인 경우에는 노령연금 수급권자를, 신고인이 노령연금 수급권자인 경우에는 분할연금 수급권자를 의미합니다.
5. 성명, 주민등록번호, 전화번호, 주민등록표상의 주소를 반드시 적으십시오.
6. "혼인 유지기간"란은 배우자의 국민연금 가입기간 중의 혼인 기간을 적으십시오.
7. 협의서나 재판서에 분할 비율이 아닌 금액이 기재된 경우에는 분할 비율로 환산해서 기재하셔야 합니다.
8. "대리인"란은 수급권자(선청구자)의 해외체류, 수감 등으로 대리인이 청구하는 경우에 적으십시오.
   ※ 기관장 확인은 재외공관장, 교도소장 등 그 해당 기관장이 확인하는 경우를 말합니다.

처리절차

실질적인 혼인관계가 존재하지 아니하였던 기간 및 연금 분할 비율 신고는 아래와 같이 처리됩니다.

신고인	경유기관	국민연금공단	신고인의 배우자였던 사람
신고서 작성		지사 신고서 접수 및 수급권 확인	
통지서 수령		지사 기간 및 분할 비율 확인 요청	기간 및 분할 비율확인
		지사 변경 통지	통지서 수령

(2) 공무원연금

(가) 개관 및 연금수령방법

가) 개관

공무원연금의 경우는 2015년 법 개정을 통하여 2016. 1. 1.부터 시행될 개정안에 분할연금제도가 도입되었다. 그 주요내용으로는 개정법 시행이후 이혼하는 자를 대상으로 하고, 이혼 시 혼인기간에 해당하는 연금액의 1/2[98])를 배우자에게 지급하는 것을 내용으로 한다.

나) 연금수령방법

공무원연금법 등에서 규정하는 연금제도를 살펴보면, 공무원 등으로 10년이상을 봉직한 경우 퇴직급여를 퇴직연금으로 지급받을 것인지 아니면 일시금으로 지급받을 것인지 또는 연금으로 수령하되 10년이 넘는 기간의 일부를 일시금으로 지급받을 지를 선택할 수 있다.

따라서 공무원연금 등의 경우에는 퇴직급여를 일시금으로 수령한다고 할 때 받을 수 있는 일시금의 액수가 언제나 특정 가능하므로, 공무원 등의 배우자는 이혼시 공무원 등이 퇴직한다고 가정할 때 받을 수 있는 일시금 액수를 사실조회신청 등의 방법으로 조회한 다음 그 금액 중에서 혼인기간에 해당하는 기간에 비례하는 금액을 재산분할의 비율에 따라 그 분할을 청구할 수 있다. 또한 공무원연금법 등에서 국민연금법과 같이 분할연금청구제도를 인정하고 있으므로 분할연금청구제도를 통해서 재산분할을 받을 수도 있다.

(나) 요건

공무원 재직 중 혼인기간이 5년 이상인 경우 등 아래의 요건에 해당하는 경우에 한하며, 당사자 간 협의 또는 법원의 결정을 우선 적용한다.

① 공무원이었던 배우자와 이혼했을 것
② 혼인기간 중 연금을 납부한 기간이 5년 이상일 것
③ 이혼한 배우자가 퇴직연금 또는 조기퇴직연금 수급권자가 되고 65세가 이른 날부터
④ 3년 이내에 연금관리공단에 분할연금 지급신청을 할 것

출생년도	61년 이전	61~62년	62~64년	64~66년	66~68년	68년 이후
수급연령	60세	61세	62세	63세	64세	65세

※ 수급연령은 분할연금청구자의 만 나이 기준임

한편, 분할연금의 대상은 개정연금법 시행일 이후(2016. 1. 1.) 이혼을 한 경우 해당되며, 유책

---

98) 계산식 : 분할연금액 = 퇴직연금월액(조기퇴직연금월액) $\times \frac{공무원재직기간중혼인기간}{공무원 전체 재직기간} \times \frac{1}{2}$, 예를들어, 퇴직연금액 300만원, 공무원 전체 재직기간 30년, 공무원 재직기간 중 혼인기간 10년일 경우, 분할연금액은 300만원 $\times \frac{10}{30} \times \frac{1}{2}$ = 50만원이 된다.

사유로 인해 소송 등 별도의 법원 결정이 있을 경우 법원의 결정을 우선하여 적용하게 된다. 또한 분할연금을 수령하던 중 퇴직연금을 수령하던 종전 배우자가 사망하거나 타인과 재혼을 하더라도 분할연금은 계속하여 수령할 수 있다.

(다) 분할비율 등

분할비율과 관련해서는 공무원연금 등의 경우에도 국민연금과 마찬가지로 당사자 간의 합의나 재판의 판결에 따라 그 비율을 달리 정할 수 있다 따라서 협의이혼시 협의나 재판에서 재산분할의 기여도를 다투어 분할연금비율을 5:5와 다르게 정할 수 있다. 한편 연금지급신청 시에는 반드시 본인의 혼인관계증명서 1부와 가족관계증명서 1부, 주민등록등초본 각 1부씩을 첨부하여야 한다.

(라) 수급기간

분할연금 지급 사유가 발생한 날이 속하는 달의 다음달부터 사망일이 속하는 달까지이며, 분할연금수급자가 퇴직연금수급자보다 먼저 사망할 경우 분할됐던 연금은 다시 퇴직연금수급자에게로 이전되고, 분할연금수급 중 퇴직연금수급자가 사망해도 분할연금은 계속 지급되며, 분할연금개시전 퇴직연금수급자 사망 시 분할연금은 부지급된다.

(3) 사학연금, 별정우체국지원연금

사학연금은 사학연금에 대하여 공무원연금법을 그대로 준용하고 있으며, 별정우체국법은 연금에 대하여 공무원연금법과 동일한 내용으로 규정하고 있기 때문에 이 세 연금제도는 내용이 모두 동일하다.

(4) 군인연금
(가) 개관

군인연금은 다른 공적연금과는 다르게 분할연금청구제도가 인정되지 않다가 2019. 11. 19. 군인연금 또한 분할지급이 가능하도록 군인과 이혼한 사람에게 분할연금수급권을 부여하는 내용의 군인연금법이 국회 본회의를 통과하면서 위 법이 시행되는 2010. 6. 11.부터 배우자의 직업이 군인인 경우에도 군인연금에 대하여 분할연금청구제도를 통하여 연금의 일정비율을 연금형태 그대로 재산분할로 받을 수 있게 되었다.

(나) 요건

군인연금을 분할지급받기 위해서는 다음과 같은 요건을 충족하여야 한다.[99]

---

99) 참고로 군인인 배우자가 군인연금을 연금형태로 지급받기 위해서는 재직기간이 만 20년 이상이 되어야 하며, 혼인기간 5년을 계산할 때 종기는 협의이혼의 경우에는 이혼신고를 마친 날

① 상대방 배우자의 직업이 군인일 것

② 별거기간 등을 제외하고 혼인기간이 만 5년 이상일 것

위의 요건을 충족할 경우에는 이혼 후 군인연금에 대하여 분할청구를 하여 상대방 배우자가 퇴직 후 받게 되는 군인연금의 일정비율을 매월 연금형식으로 지급받을 수 있다.

(다) 효과

분할청구는 이혼한 날로부터 5년 내에 선청구를 하거나 선청구기간이 도과된 경우에는 상대방배우자가 퇴직연금 수급권자가 된 날로부터 5년 이내에 청구하여야 한다. 위 기간 내 청구를 할 경우 상대방 배우자가 받을 군인연금에서 별도의 판결 등이 없더라도 50%를 연금형태로 지급받을 수 있다. 다만 별도의 판결이나 합의가 있는 경우 그에 따른 비율을 지급받을 수도 있다. 한편, 분할연금의 청구는 이혼한 후 혼인관계증명서, 가족관계증명서, 주민등록등초본 각 1통씩을 첨부하여 신청서를 작성하여 군인공제회에 제출하면 된다.

11) 소극재산

(1) 일반적인 채무

일반채무가운데 ① 일상가사와 관련된 채무, 공동재산형성을 위해 부담한 채무는 청산의 대상이 된다. ② 채무부담을 통하여 재산을 취득한 경우 그 취득한 특정 적극 재산이 이혼시에는 남아 있지 않더라고 그 채무부담행위가 부부 공동의 이익을 위한 것으로 인정될 때에는 혼인 중의 공동재산의 형성 유지에 수반하는 것으로 보아 청산의 대상으로 하고 있다.

(2) 임차보증금반환채무

임차보증금은 ① 부동산을 구입하면서 이를 타인에게 임차하여 임차보증금으로 구입자금의 일부를 충당한 경우에는 이는 청산의 대상이 되는 채무이지만(대판 1999. 6. 11. 96므1397) ② 타인에게 임차한 주택을 재산분할로 받은 경우 분할 받은 배우자가 임차인에 대한 보증금반환 채무를 승계하느냐는 별개의 문제이다. 따라서 그 부동산이 주택임대차보호법에 따라 임대인의 지위가 당연히 승계하는 등의 특별사정이 없는 한 임차보증금반환채무가 분할 받은 당사자에 면책적으로 인수되는 것은 아니다(대판 1997. 8. 22. 96므912).

6. 분할대상 재산과 액수산정의 시기

재산분할 대상인 부동산의 가액판정 시기와 관련하여 판례는 "재판상 이혼시의 재산분할에 있어 분할의 대상이 되는 재산과 그 액수는 이혼소송의 사실심 변론종결일을 기준으로 하여

까지를 의미하고 재판상이혼의 경우에는 조정조사가 작성된 날 또는 화해권고결정이 확정된 날 그리고 판결에 의하여 종결된 경우에는 판결이 확정된 날을 의미한다.

정하여야 하므로, 법원은 변론종결일까지 기록에 나타난 객관적인 자료에 의하여 개개의 공동재산의 가액을 정하여야 하고, 부부 각자에게 귀속하게 한 재산가액의 비율과 법원이 인정한 그들 각자의 재산분할 비율이 다를 경우에는 그 차액을 금전으로 지급·청산하게 하여야 한다."고 하며, "그럼에도 불구하고 원심이 시가감정 이후에 전반적인 부동산가격이 하락하였다거나 특정 재산의 가격의 하락이 환율의 변동에 기인한다는 등 그 판시와 같은 이유만으로 피고에게 그 스스로 정한 재산분할 비율에 초과하여 귀속받은 재산 상당의 금원을 원고에게 지급·청산할 것을 명할 필요가 없다고 판단한 것은 재산분할에 관한 법리를 오해한 나머지 판결에 영향을 미친 잘못을 저지른 것이라 할 것이고, 원심의 판단취지를 위와 같은 경제사정으로 인하여 원심변론 종결 당시에는 재산분할비율과 각자에게 귀속되는 재산의 가액비율이 근사하게 되었음을 전제로 하고 있는 것으로 본다고 하더라도, 시가감정 등 객관적인 자료에 의하지 아니하고 위와 같은 막연하고 불명확한 사유만을 근거로 귀속되는 재산의 가액비율을 그 같이 인정을 할 수도 없는 것이다."고 판시하였다(대법원 2000. 9. 22. 선고 99므906 판결).

7. 재산분할에 있어 가사노동의 평가

부부 일방의 특유재산은 원칙적으로 재산분할청구의 대상에서 제외된다. 따라서 민법 제839조의2 재산분할청구의 판단 대상이 되는 재산은 당사자 쌍방의 협력으로 이루어진 재산으로 한정된다. 다만 판례는 부부 일방의 특유재산이라 하더라도 "다른 일방이 적극적으로 그 특유재산의 유지에 협력하여 그 감소를 방지하였거나 그 증식에 협력하였다고 인정되는 경우"에는 분할의 대상이 될 수 있다고 하여 일방의 특유재산에 대한 재산분할청구 대상 여부 판단에 있어 다소 개방적인 태도를 취하고 있다(대법원 2002. 8. 28. 2002스36 결정).

이 중 처의 헌신적인 가사노동이 재산 취득, 유지 및 증가에 직접, 간접적으로 기여한 것으로 인정되는지 문제될 수 있다. 판례는 "민법 제839조의2에 규정된 재산분할 제도는 부부가 혼인 중에 취득한 실질적인 공동재산을 청산 분배하는 것을 주된 목적으로 하는 것이므로 부부가 협의에 의하여 이혼할 때 쌍방의 협력으로 이룩한 재산이 있는 한, 처가 가사노동을 분담하는 등으로 내조를 함으로써 부의 재산의 유지 또는 증가에 기여하였다면 쌍방의 협력으로 이룩된 재산은 재산분할의 대상이 된다"고 판시하였다(대법원 1993. 5. 11. 93스6 결정). 따라서 처의 가사노동도 재산분할 과정에서 고려될 수 있다.

8. 재산분할대상 부동산 허위양도시 강제집행면탈죄 성부

「형법」 제327조에는 "강제집행을 면할 목적으로 재산을 은닉, 손괴, 허위양도 또는 허위의 채무를 부담하여 채권자를 해한 자는 3년 이하의 징역 또는 1천만원 이하의 벌금에 처한다"라고 규정하고 있다.

강제집행면탈죄가 성립하기 위해서는 채권자의 권리가 해하여지는 결과가 발생하여야만 하는지 여부와 관련하여 대법원 2008.06.26. 선고 2008도3184 판결[강제집행면탈]에서는 " 형법 제327조의 강제집행면탈죄는 위태범으로서 현실적으로 민사집행법에 의한 강제집행 또는 가압류, 가처분의 집행을 받을 우려가 있는 객관적인 상태 아래, 즉 채권자가 본안 또는 보전소송을 제기하거나 제기할 태세를 보이고 있는 상태에서 주관적으로 강제집행을 면탈하려는 목적으로 재산을 은닉, 손괴, 허위양도하거나 허위의 채무를 부담하여 채권자를 해할 위험이 있으면 성립하는 것이고, 반드시 채권자를 해하는 결과가 야기되거나 행위자가 어떤 이득을 취하여야 범죄가 성립하는 것은 아니며, 현실적으로 강제집행을 받을 우려가 있는 상태에서 강제집행을 면탈할 목적으로 허위의 채무를 부담하는 등의 행위를 하는 경우에는 달리 특별한 사정이 없는 한 채권자를 해할 위험이 있다고 보아야 한다(대법원 1996. 1. 26. 선고 95도2526 판결 등 참조)."라고 판시하였다.

따라서 소유권이전등기를 경료하지 아니하더라도 허위의 외관을 만들어 소유권이전등기를 경료하기 위한 가등기를 경료한다는 등의 행위는 상대방의 재산분할청구권을 해하는 행위에 해당하여 강제집행면탈죄가 성립할 수 있다.

9. 재산분할의 비율

재산을 분할할 때엔 부부 각 명의의 재산 내역, 부부 각자가 재산 형성에 기여한 정도, 혼인을 지속한 기간 등을 감안해 그 분할 비율이 결정된다. 현재 법원은 혼인 기간에 대해 보다 큰 가중치를 두고 있다. 보통 20년 이상 혼인생활을 유지한 가정주부의 경우에는 분할 대상 재산의 50%까지 권리를 인정하고 있다.

또한, 우리 법원은 부부가 맞벌이인데 그 소득수분이 크게 차이가 나지 않은 경우이거나 일방만 경제활동을 하고 다른 일방은 가사와 육아에 전담한 경우 통상 부부 각자의 기여도를 50:50으로 보고 있다

10. 심판

가정법원이 재산분할을 인용하는 심판을 함에 금전의 지급, 그 밖에 의무이행을 동시에 명할 수 있고(규칙 제97조), 확정된 심판에는 일반적으로 형성력과 집행력이 있다. 그러나 기판력은 없다.

11. 서식

가. 청구취지 기재례

1) 재산분할청구

> 피청구인은 청구인에게 별지목록 기재 부동산중 2분의1 지분에 관하여 이 심판 확정일 자 재산분할을 원인으로 한 소유권이전등기절차를 이행하라.

> 별지목록 기재 부동산을 경매에 부쳐 그 대금으로 경매비용을 공제한 나머지 금액을 청구인에게 2분의1, 피청구인에게 2분의1 비율로 분할한다.

> 피청구인은 청구인에게 재산분할로 200,000,000원 및 이에 대한 이 심판확정 다음날 부터 다 갚는 날까지 연 20%의 비율에 의한 금원을 지급하라.

2) 재산분할청구 - 면접교섭과 병합

> 1. 피청구인은 청구인에게 재산분할로서 금 ○○○원 및 이에 대한 이 심판 확정 다음날부터 다 갚는 날까지 연20%의 비율에 의한 금원을 지급하라.
> 2. 피청구인은 청구인에게 청구인과 피청구인 사이에 출생한 사건본인을 매월 첫째주, 셋째주 토요일 12:00부터 그 다음날 18:00까지 청구인의 집에서 면접할 것을 허락한다.
> 3. 소송비용은 피청구인의 부담으로 한다.
> 4. 위 제1항은 가집행할 수 있다.
> 라는 재판을 구합니다.

3) 재산분할청구 - 이혼과 병합

> 1. 원고와 피고는 이혼한다.
> 2. 피고는 원고에게 재산분할로서 금 ○○○원을 지급하라.
> 3. 소송비용은 피고의 부담으로 한다.
> 라는 판결을 구합니다.

나. 서식례

[서식] 재산분할심판청구서

재산분할심판청구

청구인   김 ○ ○ (주민번호) 연락처 :
              등록기준지 :
              주   소 :

상대방   박 ○ ○ (주민번호) 연락처 :
              등록기준지 :
              주   소 :

청 구 취 지

1. 상대방은 청구인에게 재산분할로서 금 ○○○원 및 이에 대하여 2008. ○. ○. 부터 제1심 판결 선고일까지는 연5푼, 그 다음날부터 완제일 까지는 연2할의 각 비율에 의한 금원을 지급한다.
2. 심판비용은 상대방의 부담으로 한다.
라는 심판을 구합니다.

청 구 원 인

1. 당사자 관계 및 협의이혼 경위
   (간단하게 기재합니다).
2. 재산분할청구
  가. 재산상태
     (재산에 대하여 구체적으로 정리)
  나. 재산형성 및 기여도

(청구인의 재산형성과정 및 그 기여도에 대하여 자세한 진술)

3. 결 론

입 증 방 법

1. 갑제 1호증 1,2   각 가족관계증명서
1. 갑제 2호증 1,2   각 주민등록등본
1. 갑제 3호증   이혼합의서
1. 갑제 4호증 1 내지 5   각 부동산등기부등본
1. 갑제 5호증   경력증명서(소득증명서)
1. 기타 유리한 자료

첨 부 서 류

1. 위 각 입증방법   각1통
1. 청구서 부본   1통
1. 납부서   1통

2015. ○. .
위 청구인 김 ○ ○ (인)

서울가정법원 귀중

■ 작성 · 접수방법

1. 수입인지 10,000원(재산분할청구)을 붙여야 한다.
2. 송달료는 122,400원(=당사자수(2)×5,100(송달료)×12회분)을 송달료취급은행에 납부하고 첨부하여야 한다.
3. 관할 : 상대방 주소지를 관할하는 가정법원을 관할법원으로 한다.
4. 청구서는 법원용 1부, 상대방수에 맞는 부본수를 제출한다.

재 산 분 할 심 판 청 구

청 구 인   강OO
             등록기준지 : 전북 남원시OO
             주   소 : 서울 강동구 OO

             청구인의 소송대리인 법무법인 OO
             담당변호사 OO
             서울 서초구 OO

상 대 방   양OO
등록기준지 : 서울 성동구 OO
주   소 : 서울 강동구 OO

재산분할심판청구의 소

청 구 취 지

1. 상대방은 청구인에게 재산분할로서 금1,120,000,000원 및 이에 대하여 이 사건 심판청구서가 송달된 다음날부터 다 갚는 날까지 연 20%의 비율에 의한 각 금원을 지급하라.
2. 심판청구 비용은 상대방의 부담으로 한다.
3. 위 제1항은 가집행할 수 있다.
라는 재판을 구합니다.

청 구 원 인

1. 청구인과 상대방은 재판상 이혼을 하였습니다

청구인과 상대방은 1983. 10. 31. 퇴계로 '행복예식장'에서 결혼식을 올리고 이듬해 1984.1.13.혼인신고를 마친 법률상의 부부로서 슬하에 신청 외 강OO(1984.4.10.생)을 두었지만, 상대방이 혼인기간 동안 청구인을 무시함은 물론 청구인의 모가 뇌출혈로 입원하였음에도 문병조차 가지 아니할 정도로 청구인 쪽의 식구들을 무시하는 등의 행위를 하였습니다.

그러한 이유 등으로 애정과 신뢰가 바탕이 되어야 할 부부관계가 더 이상 영위될 수가 없을 정도로 파탄에 이르러 결국 청구인과 상대방은 2009. 9. 3. 재판상 이혼을 하였습니다(갑 제1호증의 1 : 혼인관계증명서, 2 : 가족관계증명서 각 참조).

2. 재산분할 청구
가. 재산분할의 대상
청구인과 상대방의 혼인 중 형성한 재산으로는 현재 상대방의 명의로 되어 있는 '서울 강동구
00 벽돌조 평슬래브 지붕 2층 단독주택'(이하 '이 사건 부동산'이라고만 합니다)이 있습니다
(갑 제2호증 : 부동산등기부등본 참조).

현재 이 사건 부동산의 시가는 금1,400,000,000원 상당입니다.

나. 재산형성 경위 및 청구인의 기여도
(1) 재산형성 경위
청구인과 상대방의 혼인신고는 1984. 1. 13.자로 되어있지만, 실제 청구인과 상대방은 그보
다 5년여 앞선 1979. 4.경 '서대문구 창전동 소재의 전세 100만원의 단칸방'에서 사실혼
생활을 시작하였습니다. 당시 청구인은 '신촌전자' A/S기사로 일을 하며 가정의 생계를 책임
져 왔는데, 동거생활을 시작한지 불과 2년여만인 1981.6.5.경 상대방 명의로 '서울 강동구
00아파트'를 매입할 정도로 성실하게 살았습니다.

청구인은 위와 같은 특유의 성실함으로 1981. 12.경에는 서울 성동구 00 소재에 가전부품
수리점을 오픈하여 운영할 정도로 자리를 잡았고, 1982. 3.경에는 다시 가게를 확장하여
서울 강동구 00 소재에 '00전자' 라는 상호로 가전부품 수리점을 오픈할 정도로 재산을 모았습
니다.

그러면서 청구인은 1984. 4.경 그 동안 일을 하여 번 돈과 위 아파트를 매도한 돈, 그리고
당시 운영하던 '00전자'를 매도한 돈 등을 합하여 다시 '강동구 00아파트 29평형'을 950만
원에 상당에 매입하게 되었습니다.

그 후로도 청구인은 1985. 5.경 집 근처에 소재한 '경송전자' A/S기사로 입사하여 계속해서
재산을 모았고, 그러면서 1987.경에는 다시 위 아파트를 매도한 후 '강동구 00'를 금
42,000,000원 상당에 매입할 정도로 계속 재산을 늘려 나갔습니다.

그러는 사이 청구인은 다니던 회사(00전자)로부터도 능력을 인정을 받아 1992. 5.경에는
00전자 선사대리점 영업부장으로 승진을 하였고, 1996. 2.경에는 강동구 성내동 소재의
'00가전'으로부터 스카우트 제의를 받고 자리를 옮겨 근무를 하게 되었고, 다시 2000. 3.경에
는 ㈜부흥공조로부터 스카우트 제의를 받고 자리를 옮겨 근무를 하게 될 정도로 일과 수입
면에서 승승장구 하였습니다.

그러던 2001.경 청구인은 위 주택이 소재한 천호동 부근의 재개발로 인하여 이를 매도하고,

그 무렵인 2001.8.1.경 현재 상대방 명의로 되어 있는 이 사건 부동산인 '강동구 00'을 매입하게 된 것입니다.

반면, 상대방은 결혼 전 동거생활 중에 직장생활을 하기도 하였지만, 1984. 1.경 아이 출산일이 다가와 다니던 회사 광장동 소재 모토로라를 퇴사한 후로 지금껏 부업 한 번 한일이 없을 정도로 이 사건 부동산 매입에 있어서 특별히 기여를 한 바가 없습니다. 오히려 위와 같이 악착같이 일만하며 성실히 살아온 청구인의 직업이나 수입 등에 불만을 갖고 동인을 무시함은 물론 청구인의 친가 식구들을 무시하는 등 집안의 큰 며느리로서의 기본적인 소임을 다하지 못하면서 집안의 분란만을 일으키는 행위를 서슴지 않았던 것이 전부였습니다.

(2) 청구인의 기여도
위와 같은 분할대상 재산의 취득 경위, 그 형성 및 유지에 대한 청구인과 상대방의 협력 정도, 혼인기간, 파탄에 이른 경위 등 제반 사정을 모두 종합하여 보면, 이 사건 부동산 재산의 형성에 있어서 청구인의 공이 절대적이라 할 것입니다.

따라서 이 사건 재산분할로 청구인에게 궁극적으로 귀속되어야 할 가액은, 앞서 본 분할대상 재산 중 최소 80% 정도가 되는 것이 적정하다고 할 것입니다.

다. 재산분할 청구금액
그렇다면 청구인에게 이 사건 재산분할로서 위 기여도에 따른 금 1,120,000,000원은 인정되어야 할 것입니다.

라. 재산분할의 방식
청구인은 이 사건 재산분할 청구금액을 금전으로 지급받고자 합니다.

3. 결 론
따라서 청구인은 상대방에 대하여 재산분할로서 금1,120,000,000원 및 이에 대하여 이 사건 심판청구서가 송달된 다음날부터 다 갚는 날까지 소송촉진등에관한특례법 소정의 연 12%의 비율에 지연손해금의 지급을 구하고자 이 사건 청구에 이른 것입니다.

입 증 방 법

1. 갑 제1호증의 1   혼인관계증명서
              - 2   가족관계증명서
1. 갑 제2호증   부동산등기부등본

2016.   0.   .

원고 소송대리인
법무법인 OO
담당변호사   OO

서울가정법원   귀중

[서식] 재산분할심판청구서 - 사실혼해소

소 장

원 고   유OO
          본적
          주소

          소송대리인 법무법인 OOO
          담당변호사 조OO
          서울 OO구 OO동 1693의 3

피 고   유OO
          본적
          주소

사실혼관계해소에 따른 위자료 및 재산분할 등 청구의 소

청 구 취 지

1. 피고는 원고에게
   가. 위자료로 금 100,000,000원을
   나. 재산분할로 금 1,000,000,000원을
      각 지급하라.
2. 소송비용은 피고의 부담으로 한다.
3. 위 제1항은 가집행 할 수 있다.
라는 판결을 구합니다.

청 구 원 인

1. 원·피고의 혼인 관계

가. 원고는 화교로써 한국에서 태어나 고등학교까지 화교학교를 다니고 ○○대 한의대에 입학하여 같은 대학의 1년 선배인 피고를 만나 교제하다가 1981. 2. 20. 졸업과 동시에 한의사 면허를 취득하였고, 같은 해 9. 10. 피고와 혼인하였습니다.

나. 원고는 두자녀 출산시 까지는 가사 일을 보다가 1982.말부터 ○○ 한의원에 출근하여 일하였습니다.

다. 한편 피고는 ○○대 한의대를 졸업하고도 1981.부터 1984.경까지 ○○대 의대에 다녔고 1987. 2. 28.의사 면허증을, 1993. 3. 5.에는 내과 전문의 자격증을 각 취득하였고, 그때부터 현재까지 ○○대 의대 교수로 재직 중입니다.

2. 협의 이혼

가. 피고는 결혼 초부터 외도가 심하였고, 시어머니가 원고의 혼수에 불만을 가지고 구박하였으며, 심지어 아이가 밤에 운다는 이유로 원피고를 같은 방에서 자지 못하게 하고, 피고와 시어머니가 한방을 쓰기도 하였으며, 이에 피고는 1982. 7. 13. 원고에게 각서를 작성하여 교부한바 있습니다.

나. 그후에도 피고의 부정행위가 계속되던 중 피고는 1994. 여름 학회를 핑계로 싱가폴에 갔던바 그때 피고는 박○○란 여자와 동행하였고, 이를 원고가 카메라의 필름을 보고 알았으며, 피고도 이를 시인하고 다시는 박○○를 만나지 않겠다고 각서 한바 있습니다. (갑제 3호증의 1, 2)

다. 그 시경 원고는 피고의 부정행위를 문제삼다가 피고로부터 야구방망이로 오른쪽 머리 윗 부분을 맞아 피가 나고 머리에 혹이 두 개나 나 치료를 받은바 있습니다.

라. 그후에도 피고의 부정행위는 계속되었으나 원고는 아이들 때문에 참고 견디다가 1998. 4.경 더이상 피고와 함께 살기 어려워 피고에게 이혼을 요구하였고, 같은 해 5. 1. 협의 이혼을 하였습니다.

마. 이혼 당시 원고는 위자료와 재산 분할조로 별지2목록 기재 부동산 앞에 있는 작은 빌딩을 매수하여 줄 것을 요구하였으나, 피고는 원고에게 ○○ 한의원을 종전처럼 운영하게 해줄 테니 한의원을 운영하지 아니할 때 즉 병원을 명도 할 때 금 10억원을 주겠다고 하였고 원고로서는 한국 실정에 어두운 데다 병원을 운영하게 되면 수입금을 피고에게 준다 하여도 원고 자신과 아이들의 생활비는 해결 될 것 같아 그렇게 하기로 하였습니다.

3. 사실혼 관계

가. 원고는 협의 이혼이후 아이들과 함께 거처를 홍제동으로 옮겼으나 계속 한의원에 근무하였고, 피고도 재결합을 원하면서 수시로 원고의 집에 와서 자고 가고 원고도 피고의 집에 드나드는 등 사실혼관계를 지속하여왔습니다.

나. 그러던 중 1999. 추석 피고가 코수술로 입원하여 원고는 음식을 싸가지고 병원에 갔다가 박OO라는 여자를 만나 피고가 그 동안 박OO와 계속 만나온 것을 알게 되었습니다.

다. 이에 원고는 더 이상 피고와의 재결합 가능성이 없다고 판단하여 약속한 10억원을 달라고 하였더니 종전처럼 한의원을 그만 둘 때 주겠다는 말만 되풀이하였습니다.

4. 위자료

앞서 본바와 같이 피고의 지속적인 부정행위로 완피고 간의 사실혼 관계 마저 파탄에 이르렀고, 파탄의 책임이 있는 피고는 원고에게 위자료로 금 1억원을 지급하여야 합니다.

5. 재산분할

가. 원고는 1982.말부터 현재까지 OO 한의원을 운영하면서(다만 사업자등록은 1988. 12.까지는 피고 명의로, 1989. 1. 4.부터는 원고 명의로 하였음) 월 3,000~4,000만원 상당의 수입을 얻었으나, 그 수입을 모두 피고 혹은 피고가 개설한 피고나 시어머니 등의 통장에 입금하였고 그 통장들도 모두 피고가 관리하였습니다.

나. 한편 피고 명의 부동산은 별지 목록 기재와 같은바 별지1목록 기재 부동산은 1986. 12. 18. 피고의 어머니로부터 증여 받은 것이고(그곳의 1, 2층에서 원고가 OO 한의원을 하고 있고 6층은 피고와 어머니가 거주하고 있음), 별지2목록기재 부동산은 1995. 7. 3. 피고 명의로 구입하였으나 그 구입대금 2,300,000,000원 중 대부분은 원고가 OO 한의원을 운영한 수입으로 구입하였고, 일부 융자금은 원고가 한의원을 경영하여 그 수입의 일부를 피고가 은행에 적금을 들어 적금을 탄 돈으로 전액 변제하였습니다.

다. 결국 피고는 증여 받은 별지 제1목록 기재 부동산을 제외하더라도 2,300,000,000원 상당의 부동산과 원고가 수년간 입금한 금 1,000,000,000원 상당의 현금이나 예금이 있으며, 그 재산 형성에 있어 원고의 기여도를 감안한다면 재산 분할 비율은 50%가 상당하므로 피고는 재산분할로 원고에게 1,650,000,000원{(2,300,000,000원 +1,000,000,000원)×1/2}을 지급하여야 합니다.

6. 결론

따라서 피고는 원고에게 사실혼관계 해소에 따른 위자료로 금 100,000,000원과 재산 분할로 금 1,650,000,000원을 지급하여야 하나, 원고는 재산분할청구에있어 우선 그 일부로 1,000,000,000원의 지급을 구합니다.

입 증 방 법

1. 갑제 1호증   가족관계증명서
1. 갑제 2호증의 1   주민등록등본
1. 갑제 2호증의 2   외국인등록증
1. 갑제 3호증의 1   각서
1. 갑제 3호증의 2   사진(박OO)
1. 갑제 4호증   사업자등록증
1. 갑제 5호증의 1내지 3   각 면허증
1. 갑제 5호증의 4   자격증
1. 갑제 6호증의 1내지 6   각 등기부등본

첨 부 서 류

1. 위 입증방법   각 1통
1. 소장부본   1통
1. 소송위임장   1부
1. 담당변호인지정서   1부
1. 납부서

2016. 00.   .
위 원고 소송대리인
법무법인 OO
담당변호사 조OO

서 울 가 정 법 원   귀중

[별지]

별 지 1

목 록

1. 서울특별시 OO구 OO6가 121-1(동소 122-3 합병) 대 95.6㎡
2. 위 지상
   철근콩크리트조 슬래브지붕 5층
   점포 및 주택1동
   1층 64.99㎡
   2층 64.99㎡
   3층 64.99㎡
   4층 64.99㎡
   5층 64.99㎡
   지하층 64.99㎡

[별지]

별 지 2

목 록

1. 서울특별시 OO구 OO동 120-1 대 219.5㎡
2. 동소 120-14 대 64.9㎡
3. 동소 120-15 대 60.8㎡
4. 위 지상
   철근콘크리트 라멘조 평슬래브지붕
   5층 근린생활시설
   1층 102.42㎡(소매점)
   2층 158.55㎡(휴계음식점)
   3층 158.55㎡(사무소)
   4층 158.55㎡(기원, 사무소)
   5층 158.55㎡(탁구장)
   지층 215.78㎡(일반음식점)
   옥탑 20.62㎡(연면적제외)

재산분할 및 면접교섭 청구서

청구인   김 ○ ○ (주민번호) 연락처 :
　　　　　　등록기준지 :
　　　　　　주　　　소 :

피청구인   박 ○ ○ (주민번호) 연락처 :
　　　　　　등록기준지 :
　　　　　　주　　　소 :

사건본인   박 △ △ (주민번호) 연락처 :
　　　　　　등록기준지 :
　　　　　　주　　　소 :

재산분할 및 면접교섭 청구

청 구 취 지

1. 피청구인은 청구인에게 재산분할로서 금 ○○○원 및 이에 대한 이 심판 확정 다음날부터 다 갚는 날까지 연20%의 비율에 의한 금원을 지급하라.
2. 피청구인은 청구인에게 청구인과 피청구인 사이에 출생한 사건본인을 매월 첫째주, 셋째주 토요일 12:00부터 그 다음날 18:00까지 청구인의 집에서 면접할 것을 허락한다.
3. 소송비용은 피청구인의 부담으로 한다.
4. 위 제1항은 가집행할 수 있다.
라는 재판을 구합니다.

청 구 원 인

1. 당사자 지위
청구인과 피청구인은 20○○. ○. ○. 혼인을 한 부부로서 20○○. ○. ○. 사건본인 박△△을 출산 하였고 이후 20○○. ○. ○. 협의이혼을 한 당사자들입니다.

2. 협의이혼에 대하여
청구인은 피청구인의 가족들에게 지속적으로 모욕을 당하였을 뿐 만 아니라 청구인으로부터 폭행을 당하는 등 도저히 더 이상 혼인생활을 유지할 수 없어서 20○○. ○. ○. 협의이혼을 하게 되었습니다.

3. 재산분할
가. 전세보증금
청구인과 피청구인이 살던 서울 ○○구 ○○동 ○○번지 주택에 입주 당시 전세보증금으로 지급한 금 ○○만 원은 피청구인의 특유재산입니다.

나. 정기적금
결혼 후 청구인명의로 든 정기적금은 만기에 환급받는 금원이 ○○만 원인 것으로 알고 있습니다.

다. 소결
따라서 피청구인은 청구인에게 청구인 특유재산 ○○만 원 및 공유재산 중 절반 ○○만 원에 해당하는 금 ○○만 원을 지급하여야 합니다.

4. 면접교섭에 관하여
위에서 본 봐와 같이 이 사건에서 청구인과 피청구인이 협의이혼에 이르게 된 이유는 전적으로 피청구인측 귀책에 인한 것이고 더구나 피청구인은 청구인과 사건본인과의 관계를 단절하기 위해 갖은 방법으로 면접교섭을 방해하고 있습니다 따라서 아직 유아인 사건본인의 올바른 생활과 복리를 위해서라도 청구인의 사건본인에 대한 면접교섭을 구하고자 합니다.

5. 결 론

입 증 방 법

1. 갑제 1호증	가족관계증명서
1. 갑제 2호증	주민등록등본
1. 갑제 3호증	합의서
1. 갑제 4호증	부동산등기부등본
1. 갑제 5호증	전세계약서
1. 기타 유리한 자료	

첨 부 서 류

1. 위 각 입증방법	각1통
1. 청구서 부본	1통
1. 납부서	1통

2015. ○. .

위 청구인 김 ○ ○ (인)

서울가정법원 귀중

■ 작성·접수방법

1. 수입인지 20,000원(=재산분할청구 1만 원+면접교섭권 1만 원)을 붙여야 한다.
2. 송달료는122,400원(=당사자수(2)×5,100(송달료)×12회분)을 송달료취급은행에 납부하고 첨부하여야 한다.
3. 관할 : 상대방 주소지를 관할하는 가정법원을 관할법원으로 한다.
4. 청구서는 법원용 1부, 상대방수에 맞는 부본수를 제출한다.

[서식] 재산분할심판 – 이혼과 병합

소   장

원   고   ○ ○ ○(○ ○ ○)
　　　　　　19○○년 ○월 ○일생
　　　　　　등록기준지 : ○○시 ○○구 ○○길 ○○
　　　　　　주소 : ○○시 ○○구 ○○○길 ○○(우편번호)

피   고   △ △ △(△ △ △)
　　　　　　19○○년 ○월 ○일생
　　　　　　등록기준지 : 원고와 같음
　　　　　　주소 : 불명
　　　　　　최후주소 : ○○시 ○○구 ○○길 ○○(우편번호)

이혼 및 재산분할청구의 소

청 구 취 지

1. 원고와 피고는 이혼한다.
2. 피고는 원고에게 재산분할로서 금 ○○○원을 지급하라.
3. 소송비용은 피고의 부담으로 한다.

라는 판결을 구합니다.

청 구 원 인

1. 원고와 피고간의 혼인

원고는 서울에서 직장생활을 하다가 같은 직장동료인 피고를 만나 결혼을 하고 19○○. ○. ○. 혼인신고를 마쳤습니다. 그 후 원고는 피고와의 사이에 □□□과 □□□을 낳고 비교적 평범하게 살아왔습니다.

2. 원고와 피고간의 혼인생활의 파탄경위

가. 피고는 평소 술을 자주 마시고 원고에게 부당한 행동을 하였으며 술에서 깨어난 후에 사과하곤 하였습니다. 피고는 두 자녀가 자라는데도 생활비를 거의 주지 아니하고 가정을 돌보지 않아 하는 수 없이 원고는 생활에 보탬을 주려고 19○○년경부터 친구의 도움으로 미8군의 군납일을 하게 되었습니다.

그런데 피고는 평소 술을 자주 마셨으며, 조그마한 사업(화랑)을 하면서도 싫증을 빨리 느껴 자주 사업을 바꾸었으며, 자주 술을 마시고 아무런 이유도 없이 원고의 트집을 잡고 원고에게 화풀이를 하였습니다. 그럼에도 원고는 자녀들을 생각하여 수없이 참으면서 생활을 해왔습니다.

나. 그러나 피고는 19○○년 이후에는 생활비를 전혀 주지 아니하고 술을 마시고 집에서 소리를 크게 지르고 원고가 잠을 못 자게 방해를 하여 원고가 직장생활을 하는데 막대한 지장을 주었으나 원고는 한 가정의 파탄을 막기위해 혼자서 괴로움을 당하면서도 참고 생활을 유지해 왔습니다.

그런데 19○○. ○.경부터 피고는 원고를 주먹이나 발로 자주 폭행하면서 괴롭혀 원고는 하는 수 없이 위 자녀들을 데리고 직장 가까운 곳에 월세방을 얻어 생활을 하기 시작하였습니다.

피고는 원고가 직장을 한번도 바꾸지 않아 원고의 직장 전화번호를 잘 알면서도 한번도 원고에게 전화한 적이 없었으며, 지금까지도 피고가 원고나 위 자녀들에게 한번도 찾아오지 않으며, 처와 자식들이 어떻게 살아가는지 조차 신경을 쓴 적도 없었습니다.

다. 위에서 본 바와 같이 원고와 피고와의 혼인생활은 피고가 일방적으로 가정을 돌보지 않은 것에 의한 악의의 유기 및 폭행 등으로 인하여 파탄에 이르게 된 것이므로 제840조 제2호 소정의 배우자가 악의로 다른 일방을 유기한 때, 같은 조 제3호 소정의 배우자로부터 심히 부당한 대우를 받았을 때, 같은 조 제6호 소정의 혼인을 계속하기 어려운 중대한 사유가 있는 때에 해당한다 할 것입니다.

3. 재산분할청구에 대하여

가. 원고는 아무런 재산도 없고 경제적인 능력도 없는 반면 피고는 시가 ○억원 상당의 별지1. 기재 아파트를 소유하고 있고, 또한 시가 ○억원 이상인 별지2. 기재 증권들을 소유하고 있습니다.

나. 피고는 19○○. ○. ○.부터 ○○에 근무하면서 미국에서 연수받게 되어, 미국에 체류하게 되자 원고는 피고와 함께 미국에 살면서, 19○○. ○부터 19○○. ○까지 사이에 계속 파출부, 애 돌보기, 식당종업원 등으로 일하면서 돈을 벌어 가계에 보태었습니다. 뿐만 아니라 원고는 가사노동에 충실하며 피고의 재산형성에 많은 기여를 하였습니다.

다. 피고의 위 재산은 원고와의 결혼생활 중에 형성된 것이고 원고는 위 재산형성에 많은 기여를 하였기 때문에, 원고는 재산분할로서 위 재산가액 중 2분의 1에 해당하는 금○○○원을 청구합니다

4. 위와 같은 사유로 청구취지 기재와 같은 판결을 받고자 본 청구에 이른 것입니다.

입 증 방 법

1. 갑 제1호증   혼인관계증명서
1. 갑 제2호증   주민등록등본

첨 부 서 류

1. 위 입증방법   각 1통
1. 소장부본   1통
1. 납부서   1통

20○○. ○. ○.
위 원고 ○ ○ ○ (인)

○ ○ 가 정 법 원 귀 중

[서식] 재산분할명세표 - 예시

소유자 등		순번	재산의 표시	재산의가액 (단위 : 원)	증거	비고
원고	적극재산	1	자동차	970,000	갑 제25호증	
		2	금융자산	89,338	갑 제29, 30호증	
		소 계		1,059,338		
	소극재산	1	자동차세	−767,920	갑 제26호증	
		2	차용금(소외 000)	−23,000,000	갑 제27, 28호증	
		3	대출금(00신용협동조합)	−10,000,000	갑 제33호증, 을 제6호증의 2	
		소 계		−33,767,920		
	원고의 순재산(적극재산−소극재산)			−32,708,582		
피고	적극재산	1−1	사당동 토지, 건물	500,000,000	갑 제11, 21, 22호증	감정평가서 결과는 300,850,000
		1−2	제주도 임야 지분	3,540,585	갑 제36호증	
		2	발전회영농조합법인지분	23,000,000	원·피고 합의	
		3	개인택시	105,000,000	갑 제23호증	
		4	금융자산	12,443,656	갑 제37 내지 39호증	
		소 계		643,984,241		444,834,241
	소극재산	1	대출금(00신용협동조합)	−11,121,072	을 제6호증의 2	
		2	대출금(00농협)	−39,909,662	갑 제40호증	
		소 계		−51,030,734		
	피고의 순재산(적극재산−소극재산)			592,953,507		393,803,507
원·피고의 순재산 합계				560,244,925		361,094,925

V. 기타의 청구

1. 약혼 해제로 인한 손해배상청구 및 원상회복청구

> **민법 제806조(약혼해제와 손해배상청구권)**
> ① 약혼을 해제한 때에는 당사자 일방은 과실있는 상대방에 대하여 이로 인한 손해의 배상을 청구할 수 있다.
> ② 전항의 경우에는 재산상 손해외에 정신상 고통에 대하여도 손해배상의 책임이 있다.
> ③ 정신상 고통에 대한 배상청구권은 양도 또는 승계하지 못한다. 그러나 당사자간에 이미 그 배상에 관한 계약이 성립되거나 소를 제기한 후에는 그러하지 아니하다.

가. 의 의

약혼이 당사자의 일방 또는 제3자의 과실로 인하여 해제된 경우에 상대방이 그로 인한 손해배상을 청구하거나 혼인을 전제로 하여 교부하였던 물건의 반환을 구하는 것을 말한다. 손해배상청구는 제3자에 대한 것을 포함하지만, 원상회복은 당사자 사이의 것에 한정된다.

약혼은 장차 혼인하여 부부가 되기로 하는 남녀 간의 합의로써, 혼인적령에 달하지 못한 자나 금치산자가 적법한 동의 없이 약혼하더라도 그 약혼이 당연히 무효로 되거나 취소할 수 있는 것은 아니며 재산상의 예약과는 달리 약혼당사자는 그 약혼의 강제이행을 청구할 수도 없는 것(민 제802조)이어서 당사자의 일방은 약혼해제사유(민 제804조)의 유무에 관계없이 언제든지 상대방에 대한 의사표시로써 이를 해제할 수 있으나(민 제805조), 그 해제에 과실 있는 때에는 상대방에 대한 손해배상의 책임을 지게 된다(민 제806조). 또 약혼을 할 때는 그 증표로 반지나 시계 등의 예물을 교환하거나 예식을 거행하여 그 의사를 명백히 하는 경우가 많아서 약혼이 해제되면 그 예물의 반환이 문제된다.

나. 손해배상청구

1) 요 건

약혼해제로 인한 손해배상은 상대방에게 과실 있음을 요건으로 한다(민 제806조 제1항). 과실이 있다는 것은 약혼해제에 정당한 사유가 없다는 것을 뜻하는바, 민법 제804조 소정의 약혼해제사유가 있는 때에는 일응 정당한 사유가 있고 따라서 과실이 없는 경우에 해당한다고 할 수 있다.

2) 법적성질

일반불법행위로 인한 손해배상이라는 견해, 채무불이행책임으로서의 손해배상이라는 견해, 민법이 특별히 인정한 법정책임이라는 견해가 대립한다. 채무불이행책임인 경우에는 손해배상을 청구하는 자는 약혼의 성립만을 주장 입증하면 되고, 상대방은 약혼 해제에 과실 없음을 주장 입증하지 못하는 한 손해배상책임을 면할 수 없게 되며, 소멸시효는 10년임에 비하여, 불법행위책임인 경우에는 손해배상을 청구하는 자가 상대방의 과실 있음을 주장 입증하여야 하고, 소멸시효는 원칙적으로 3년이다.

3) 손해배상의 범위

손해배상의 범위에는 어느 경우에나 재산상의 손해 외에 정신적 고통에 대한 위자료가 포함된다(민 제806조 제2항). 특히 정신적 손해는 유책행위에 이르게 된 경위와 정도, 파탄의 원인과 책임, 당사자의 연령, 직업, 가족상황, 재산상태, 동거기간 등 여러 사정을 참작하여 액수를 정하게 된다.

다. 원상회복청구

1) 의의

약혼해제의 경우에는 문자 그대로 약혼의 성립 이전의 상태로의 회복은 있을 수 없으므로 여기에서의 원상회복은 약혼 성립의 증표 내지 수단으로서 상대방에게 교부한 금품 또는 상대방의 점유하에 있는 자기 소유물건의 반환을 의미한다.

2) 약혼예물의 성질

약혼 시에 교환하는 금전을 포함한 약혼예물의 성질에 관하여는 여러 가지 견해가 있으나 통설 및 판례(대법원 1976. 12. 28. 선고 76므41,42 판결 등)는 혼인의 불성립을 해제조건으로 하는 증여의 일종으로 본다. 따라서 약혼이 해제되면 해제조건의 성취에 의하여 증여의 효력이 소멸하므로 그 원상회복으로서 상대방에게 예물의 반환을 청구할 수 있게 되는 반면에, 일단 혼인이 성립되어 상당기간 계속된 경우에는 그 후 혼인이 해소되더라도 그 예물의 반환을 청구할 수 없다(대법원 1994. 12. 27. 선고 94므895 판결).

3) 원상회복의 범위

원상회복청구는 당사자 사이의 청구에 한하여 인정되고 제3자에 대한 청구는 허용되지 않는다. 따라서 제3자가 점유하는 물건의 반환을 청구하는 것은 지방법원의 관할에 속하는 민사사건일 뿐 다류 가사소송사건에는 해당하지 않는다.

라. 정당한 당사자

약혼해제로 인한 손해배상청구나 원상회복청구는 그 본질이 민사소송으로서 이행의 소이므로 일반원칙에 따라 약혼해제로 인하여 그 청구권이 있다고 주장하는 약혼의 일방 당사자가 원고적격자이고, 그 의무자라고 지정된 당사자 및 제3자가 피고적격자이다.

약혼해제로 인한 정신적 고통에 대한 손해배상청구권은 이를 양도하거나 승계하지 못함이 원칙이지만, 당사자 간에 그 배상에 관한 계약이 성립하거나 소를 제기한 후에야 이를 양도 또는 승계할 수 있으므로(민 제806조 제3항) 약혼당사자의 일방이 사망한 경우에 그 상속인이 사망자의 위자료를 청구할 수는 없다. 다만 그 사망 전에 손해배상청구권의 의사표시를 한 때에는 상속인이 당사자가 되어 손해배상청구를 할 수 있다고 할 것이다.

마. 관할법원

관할법원은 피고의 주소지를 관할하는 가정법원이다(법 13조). 다만 판례에 따르면 혼인예약불이행으로 인한 손해배상청구는 재산권상의 청구로서 금전의 급여를 목적으로 하는 것이므로 청구인의 주소지를 관할하는 법원에 제기할 수 있다고 한다(대결 1967. 2. 28. 67스1). 이러한 배상채무는 금전의 급여를 목적으로 하는 지참채무(채권자 주소지에서 지급하는)이기 때문이다.

바. 서식

1) 청구취지 기재례

1. 피고는 원고에 대하여 금 50,000,000원과 이에 대하여 소장부본 송달일의 익일부터 완제일까지 연5푼의 비율에 의한 금원을 지급하라.
2. 소송비용은 피고의 부담으로 한다.
3. 제1항에 대하여서는 가집행할 수 있다.
라는 판결을 구합니다.

2) 첨부서류 등

사건	첨부서류	인지대	송달료	관할법원
약혼 해제로 인한 손해배상청구(위자료 및 제3자에 대한 청구포함) 및 원상회복	* 가족관계증명서 (원고, 피고) 각 1통 * 주민등록표등(초)본(원고, 피고) 각 1통	인지액 산정	당사자별 12회	상대방 주소지

3) 서식례

[서식] 약혼해제로 인한 손해배상 청구의 소

소 장

원 고　　이 ○ ○
　　　　　　○○ 년　월　일생 (주민등록번호 :　　　　　　　)
　　　　　　주 소　　　○시　○구　○동　○번지

피 고　　김 ○ ○
　　　　　　○○ 년　월　일생 (주민등록번호 :　　　　　　　)
　　　　　　주 소　　　○시　○구　○동　○번지

약혼해제로 인한 손해배상청구의 소

청 구 취 지

1. 피고는 원고에 대하여 금 50,000,000원과 이에 대하여 소장부본 송달일의 익일부터 완제일까지 연5푼의 비율에 의한 금원을 지급하라.
2. 소송비용은 피고의 부담으로 한다.
3. 제1항에 대하여서는 가집행할 수 있다.
라는 판결을 구합니다.

청 구 원 인

1. 혼인 외 합의 성립

　원고와 피고는 양가의 친지 되는 김이순의 소개로 2008년 4월 12일 맞선을 보고 교재를 하던 중 서로가 좋아하게 되었고 같은 해 10월 24일에는 서로 선물을 교환하고 친지들 앞에서 약혼식을 거행하였습니다. 그래서 원고는 피고의 가정에 피고는 원고의 집에 때때로 드나들었고, 장래의 설계를 하면서 결혼일을 같은 해 12월 25일로 결정하고 결혼식장을 원·피고와 같이 예약하고 피로연의 준비, 청첩장 등을 매일 같이 바쁘게 준비하게 되었습니다.

2. 약혼의 해제

　그러나 원고와 피고와의 결혼에 대하여 처음부터 별로 적극적이 아니었던 피고의 어머니는 결혼식 날이 다가옴에 따라서 원고의 용모와 옷차림 등에 흥을 보면서 점차 반대의 태도를 나타나게 되었습니다.
　홀어머니 밑에 자라난 피고는 어머니의 강력한 태도에 눌려 망설이고 있다가 결국 결혼식

일주일 남짓 앞둔 같은 날 12월 17일 원고에 대하여 약혼의 해제를 제의하여 왔습니다만 원고는 이를 번의(飜意)할 것을 강력히 요구하였습니다.

그러나 피고는 이에 응하지 아니하고 원고 가(家)에서 준 선물을 원고에게 일방적으로 반환하고 약혼을 파기하였습니다.

3. 정신적 손해

원고는 결혼일자를 정하여 친척이나 친구들에게 알리고, 11월말에는 다니던 회사를 퇴직하고 결혼식 초청장을 발송하고 신혼살림도구 등을 구입하는 등 결혼준비가 거의 완료된 때에 돌연 피고의 일방적인 약혼의 부당파기에 의하여 원고는 심대한 정신적 피해를 입었습니다.

결혼식직전에 약혼을 파기당한 원고의 정신적 고통은 말로 헤아릴 수 없지만 그것을 금전으로 평가하면 금 50,000,000원으로도 부족할 것입니다.

따라서 원고는 청구취지와 같은 판결을 구하는 바입니다.

첨 부 서 류

1. 약혼사진	1통
2. 결혼초청장	1통
3. 결혼예식장계약서 사본	1통
4. 주민등록표등본(원, 피고)	각 1통

○○ . ○ . ○ .

위 원고　이 ○ ○ (인)

서울가정법원　귀중

■ 작성 · 접수방법

1. 다류 가사소송사건은 민사소송에 따른 것이므로 민사소송법 등 인지액에 근거한다. 즉 이 사건의 경우는 손해배상청구액이 5,000만 원이므로 5,000만 원×0.0045+5,000원＝230,000원의 인지를 첨부하여야 한다.
2. 송달료는 122,400원(=당사자수×5,100원(송달료)×12회분)을 송달료취급은행에 납부하고 첨부하여야 한다.
3. 소장은 법원용 1부, 상대방수에 맞는 부본수를 가사과에 제출한다.

2. 혼인의 무효·취소, 이혼의 무효·취소 등을 원인으로 하는 손해배상청구 또는 원상회복청구

가. 의 의

약혼해제로 인한 손해배상청구에 관한 규정(민법 제806조)은 혼인의 무효 또는 취소의 경우(민법 제825조)와 재판이혼의 경우(민법 제843조)에 각각 준용된다. 협의이혼이나 이혼의 무효 또는 취소의 경우에는 명문의 규정이 없으나 마찬가지로 보아야 할 것이고, 원상회복의 청구도 같다.

나. 손해배상청구

1) 혼인 및 이혼의 무효취소를 원인으로 하는 손해배상청구

가) 혼인의 무효, 취소

혼인무효에 있어 당사자간에 일정한 친족관계가 있음을 혼인무효의 원인으로 하는 경우에는 손해배상이 문제될 여지는 없고, 당사자간에 혼인의 합의가 없었음에도 일방이 혼인 신고를 한 경우에 문제 된다. 혼인취소는 소급효가 없으므로 이혼과 다를 바 없어 혼인이 사기나 강박으로 해소된 경우 그 해소가 취소에 의한 것이거나 이혼에 의한 것이거나 불문하고 손해배상 청구를 할 수 있다(대법원 1977. 1. 25. 선고 76다2223 판결).

Q

이혼할 생각이 없었는데 이혼신고가 수리되었습니다. 어떻게 해야 하죠?
가정법원에 그 이혼신고가 무효인 것을 확인 받아 1개월 내에 호적정정의 신청을 하면 됩니다.

A

이혼신고가 호적공무원에 의해 수리되었으나 이혼이 무효로 되는 경우를 구체적으로 살펴보면, ① 당사자 간에 이혼의사의 합치가 없는 경우, ② 이혼신고가 부적법한 경우, ③ 금치산자가 부모·후견인 또는 친족회의 동의 없이 협의상 이혼을 한 경우 등이 있습니다. 이 경우 당사자를 포함하여 4촌 이내의 친족이라면 언제든지 소를 제기할 수 있습니다. 이와 관련된 대법원 판례로는 「혼인의 파탄이란 사실도 없이 부부가 종전과 다름없이 동거생활하면서 형식상으로만 협의이혼신고를 한 것이라면 무효인 협의이혼이라는」 판결과 「서자를 적자로하기 위한 형식상 이혼신고를 하였다 하더라도 신고당시에 당사자 쌍방에게 이혼의 의사가 없는 경우엔 이혼은 효력이 생기지 않는다는 판결」 등이 있습니다.

나) 이혼의 무효, 취소

이혼의 무효, 취소의 경우에도 손해배상청구를 할 수 있지만 이는 정상적인 혼인관계로의 복귀를 구하는 것이므로 상대방에 대한 손해배상청구가 권리의 남용이 될 수도 있다.

다) 제3자에 대한 손해배상청구

혼인의 무효·취소, 이혼의 무효·취소 등의 원인을 제공한 제3자에 대한 손해배상청구는 순수한 불법행위책임이다.

다. 원상회복청구

1) 혼인의 무효

혼인의 무효에서는 당사자가 무효인 혼인기간 중에 부부로서의 공동생활을 영위하여 온 경우에 한하여 원상회복이 문제될 수 있고 법적구성은 사실혼관계에서와 같다고 할 수 있다.

2) 혼인의 취소, 이혼의 무효, 취소

혼인의 취소는 소급효가 없으므로 이혼과 동일하게 해석할 것이고, 이혼의 무효 취소에서는 이혼에 따라 상대방에게 급부한 물건의 반환이 문제 될 것이다.

3) 제3자에 대한 원상회복청구

제3자에 대한 원상회복청구는 민사사건임을 주의해야 한다.

라. 서식

1) 청구취지 기재례

1. 원고와 피고 사이에 ○○년 ○월 ○일 X군 XX면장에게 신고하여 한 혼인은 무효임을 확인한다.
2. 피고는 원고에게 금   원을 지급하라.
3. 소송비용은 피고들의 부담으로 한다.
라는 판결을 구합니다.

1. 피고는 원고에게 위자료로 금 5천만 원 및 이에 대하여 이 사건 소장부본 송달 다음날부터 다 갚는 날까지 연 20%의 비율로 계산한 금원을 지급하라.
2. 소송비용은 피고의 부담으로 한다.
라는 판결을 구합니다.

2) 첨부서류 등

사건	첨부서류	인지대	송달료	관할법원
혼인 무효·취소, 이혼의 무효·취소 등을 원인으로 하는 손해배상 청구(위자료 및 제3자에 대한 청구포함) 및 원상회복	* 가족관계증명서 (원고, 피고) 각 1통 * 주민등록표등 (초)본(원고, 피고) 각 1통	인지액 산정	당사자별 12회	상대방 주소지

3) 서식례

[서식] 혼인무효로 인한 손해배상청구의 소

혼인무효로 인한 손해배상청구의 소

원 고   김 ○ ○(주민등록번호 :   )
                 등록기준지
                 주   소

피 고   왕 ○ ○(주민등록번호 :   )
                 등록기준지
                 주   소
                 연 락 처

청 구 취 지

1. 피고는 원고에게 위자료로 금 5천만 원 및 이에 대하여 이 사건 소장부본 송달 다음날부터 다 갚는 날까지 연 20%의 비율로 계산한 금원을 지급하라.
2. 소송비용은 피고의 부담으로 한다.
라는 판결을 구합니다.

청 구 원 인

1. 원고와 소외 ○○○은 2005. 10. 6. 혼인신고를 마친 법률상 부부이다(2009. 3. 가장이혼).
2. 피고는 조선족으로 원고에게 국적을 취득할 목적으로 접근하여 혼인신고하여 가족관계등록부에 등재해 주면 1,000만 원을 주기로 하고 2009. 10. 5.자 혼인신고하여 법률상

부부가 되었습니다.

3. 그러나 이러한 행위는 범죄행위로 관계기관으로부터 조사를 받고 발각되어 원고와 피고는 형사처벌을 받았습니다.

이로 인하여 원고는 생업은 물론 정신적 피해도 상당하다고 할 수 있으므로 청구취지와 같은 판결을 구합니다.

입 증 방 법

1. 갑 제1호증   가족관계증명서
1. 갑 제2호증   주민등록 등록 및 초본
1. 갑 제3호증   형사판결문
1. 갑 제4호증   혼인관계증명서
1. 갑 제5호증   미성년자가 있는 경우 그 자녀 각자의 기본증명서, 가족관계증명서

첨 부 서 류

1. 위의 입증방법   각 1통
1. 납부서

2016. 1.
위 원고   ○○○

서울가정법원 귀중

■ 작성·접수방법

1. 다류 가사소송사건은 민사소송에 따른 것이므로 민사소송법 등 인지액에 근거한다. 즉 이 사건의 경우는 손해배상청구액이 5,000만 원이므로 5,000만 원×0.0045+5,000원 = 230,000원의 인지를 첨부하여야 한다.
2. 송달료는 122,400원(=당사자수×5,100(송달료)×12회분)을 송달료취급은행에 납부하고 첨부하여야 한다.
3. 소장은 법원용 1부, 상대방수에 맞는 부본수를 가사과에 제출한다.

3. 재산분할청구권 보전을 위한 사해행위 취소 및 원상회복의 청구

> **민법 제839조의3(재산분할청구권 보전을 위한 사해행위취소권)** ① 부부의 일방이 다른 일방의 재산분할청구권 행사를 해함을 알면서도 재산권을 목적으로 하는 법률행위를 한 때에는 다른 일방은 제406조 제1항을 준용하여 그 취소 및 원상회복을 가정법원에 청구할 수 있다.
> ② 제1항의 소는 제406조 제2항의 기간 내에 제기하여야 한다.

가. 서 설

1) 의의

재산 명의자가 아닌 배우자의 부부재산에 대한 잠재적 권리보호 강화를 위하고 재산분할의 적정 및 형평성을 위해, 부부의 일방이 상대방 배우자의 재산분할청구권 행사를 해함을 알고 사해행위를 한 때에는 상대방 배우자가 그 취소 및 원상회복을 법원에 청구할 수 있도록, 민법 제839조의3은 "부부의 일방이 다른 일방의 재산분할청구권 행사를 해함을 알면서도 재산권을 목적으로 하는 법률행위를 한 때에는 다른 일방은 민법 제406조(채권자 취소권) 제1항을 준용하여 그 취소 및 원상회복을 가정법원에 청구할 수 있다"라고 하여 재산분할청구권 보전을 위한 사해행위 취소권을 규정하고 있다. 민법 제839조의3을 준용하는 동법 제843조에 의해, 협의상 이혼뿐만 아니라 재판상 이혼 시에도 가능하다. 또한 가사소송 다류사건으로서 조정전치주의가 적용된다.

Q

갑은 위자료 및 재산분할문제는 거론하지 않고 남편 을과 협의이혼을 하였는데, 이혼 후 2년이 아직 지나지 않았으므로 을을 상대로 재산분할청구를 하여 심판이 계류 중인데, 을이 그의 소유인 부동산을 아버지 병으로 소유권이전등기하여 명의신탁하였는바, 갑이 재산분할청구권을 보전하기 위하여 병명의의 위 부동산에 대하여 을을 대위하여 처분금지가처분을 할 수 있는지 ?

A

채권자대위권에 관하여 민법에서 채권자는 자기의 채권을 보전하기 위하여 채무자의 권리를 행사할 수 있으나, 일신에 전속한 권리는 그렇지 않고, 채권자는 그 채권의 기한이 도래하기 전에는 법원의 허가 없이 위의 권리를 행사하지 못하지만 보존행위는

그렇지 않다고 규정하고 있다(민법 제404조).

채권자대위권은 채권자가 채무자에 대하여 가지는 채권을 보전하기 위하여 필요한 경우 채무자가 제3자에 대한 권리를 대신하여 행사할 수 있는 권리를 말하는 권으로서, 채권자는 이러한 채권자대위권을 행사하기 위해서는 채권자의 채무자에 대한 채권이 존재하여야 함은 물론, 원칙적으로 그 이행기가 도래하였을 것이 필요하고, 그 채권이 금전채권이라면 보전의 필요성, 즉 채무자가 무자력인 사실 또한 인정되어야 한다.

그런데 이혼소송과 병합하여 재산분할청구를 할 경우에 관련된 판례를 살펴보면, 이혼으로 인한 재산분할청구권은 이혼을 한 당사자일방이 다른 일방에 대하여 재산분할을 청구할 수 있는 권리로서 이혼이 성립한 때 그 법적 효과로서 비로소 발생하는 것일 뿐만 아니라, 협의 또는 심판에 의하여 그 구체적 내용이 형성되기까지는 그 범위, 내용이 불명확 불확정하기 때문에 구체적으로 권리가 발생하였다고 할 수 없으므로, 당사자가 이혼설립 전에 이혼소송과 병합하여 재산분할청구를 하고 법원이 이혼과 동시에 재산분할로서 금전 지급을 명하는 판결을 하는 경우 그 금전 지급채구에 관해서는 그 판결이 확정된 다음날부터 이행지체책임을 지게 되고, 소송촉진 등에 관한 특례법 제3조 제1항 단서에 의하여 같은 조항 본문에 정한 이율을 적용되지 않는다고 하였으며(대법원 2001므725, 732 판결), 위와 같은 이유로 당사자가 이혼성립 전에 이혼소송과 병합하여 재산분할청구를 하고 법원이 이혼과 동시에 재산분할을 명하는 판결을 하는 경우에도 이혼판결은 확정되지 아니한 상태이므로, 그 시점에서 가집행을 허용할 수는 없다고 하였습니다(대법원 1998. 11. 13. 선고 98므1193 판결). 그리고 위 사안처럼 이혼으로 인한 재산분할청구권을 보전하기 위하여 채권자대위권을 해사할 수 있는지 판례를 보면, 이혼으로 인한 재산분할청구권은 협의 또는 심판에 의하여 그 구체적 내용이 형성되기까지는 그 범위 내용이 불명확, 불확정하기 때문에 구체적으로 권리가 발생하였다고 할 수 없으므로 이를 보전하기 위하여 채권자대위권을 행사할 수 없다고 하였습니다(대법원 1999. 4. 9. 선고 98다 58016 판결).

따라서 위 사안에서 갑과 을은 현재 재산분할청구심판이 계류 중이므로 아직은 재산분할청구권의 범위 및 내용이 불확정 불명확한 상태에 놓여 있어 이를 보전하기 위하여 채권자대위권을 행사하여 병명의의 위 부동산에 대하여 을을 대위하여 처분금지가처분을 할 수 없을 것으로 보입니다.

2) 취지

부부간에 불화가 생기면 재산을 가진 일방은 앞으로의 이혼소송 등에 대비하기 위해 재산을 빼돌려 두는 경우가 많아 선의의 당사자는 소송을 하여도 실질적으로 재산분할에서 만족을 얻기 곤란한 경우가 있어 이러한 재산회피, 면탈행위를 방지하기 위해 가사소송법에서는 가압류, 가처분 같은 보전처분제도를 인정할 뿐만 아니라 사전처분까지 인정하고 있지만 이러한 보전처분제도는 목적재산의 명의가 일방에 남아 있는 경우에만 가능하고 제3자 명의로 넘어간 경우에는 불가능하기 때문에 이러한 사해행위취소제도가 도입된 것이다.

3) 성질

위 청구의 법률적 성질은 민법의 채권자취소권과 같이 사해행위를 취소하고(형성권) 동시에 일탈된 재산의 회복을 청구하는 것(원상회복청구권)을 내용으로 하는 권리라고 할 것이므로(병합설), 원상회복만을 청구하는 것이 아니라 취소도 함께 소구하여야 한다(대판 2004. 8. 30. 선고 2004다21923).

나. 정당한 당사자

1) 원고적격

부부의 한쪽으로서 재산분할을 청구할 수 있는 당사자에게 원고적격이 있다(협의이혼 또는 재판상 이혼한 배우자, 혼인이 취소된 배우자).

2) 피고적격

사해행위 취소청구는 수익자 또는 전득자에 대한 관계에서 상대적으로 법률행위를 무효로 하는 것이므로 피고적격은 수익자 또는 전득자에게 있고(대법원 2004. 8. 30. 선고 2004다21923 판결), 상대방 배우자에게는 피고적격이 없다. 채권자취소권은 수익자나 전득자에 대한 관계에서만 상대적으로 법률행위를 무효로 하는 제도이기 때문이다.

다. 관 할

1) 토지관할

가) 피고가 되는 수익자 또는 전득자의 보통재판적이 있는 곳의 가정법원에 토지관할이 있다.

나) 재판상 이혼청구에 사해행위 취소청구를 병합하여 제기하는 경우에는 가사소송사건 중 1개의 청구에 대하여 관할권이 있는 가정법원에 병합하여 소를 제기할 수 있고(법 제14조 제2항) 재판상 이혼청구의 토지관할은 전속관할이므로(법 제22조) 사해행위 취소와 이혼청구의 토지관할이 서로 다른 경우에는 전속관할인 이혼사건의 관할법원에 사해행위 취소사건까지 관련사건으로 병합하여 제소할 수 있다.

2) 사물관할

가) 소송목적의 값이 5,000만 원을 초과하는 것은 가정법원의 합의부에 속하고, 그 밖

의 경우에는 가정법원의 단독판사의 사물관할에 속한다(사물관할 규칙 제3조).

나) 민사소송인 사해행위 취소청구의 소송목적의 값은 법률행위의 목적의 값을 한도로 한 원고의 채권액이다(인지규칙 제19조 제2항). 따라서 사해행위 취소만 제기되는 경우에는 취소되는 법률행위의 목적의 가액을 한도로 한 원고의 재산분할청구액을 기준으로 하고, 취소청구와 원상회복청구가 병합되어 제기 될 경우에는 취소되는 법률행위 목적의 가액을 한도로 한 원고의 재산분할청구액과 원상회복청구의 가액을 한도로 한 원고의 재산분할청구액 중 다액을 기준으로 한다(인지규칙 제20조 제12조 제9호).

라. 요 건

1) 피보전권리

가) 보전될 권리

보전될 권리는 원칙적으로 금전채권이어야 한다. 이혼시의 재산분할청구권은 당사자 간의 협의나 법원의 심판으로 그 구체적인 내용이 형성되기 전에는 그 범위나 내용이 불명확, 불확정적이기는 하지만 분할 방법에서 현금지급을 명할 가능성이 항상 내포되어 있으므로 채권의 성질이 불확정적이라는 이유로 피보전권리 적격을 부정할 수는 없다.

나) 성립시기

민법 제839조의3조 규정취지에 비추어 재산분할청구나 이혼 제기가 그 선행요건이 아니기에 아직 이혼의 효과가 발생하지 않았더라도 이혼 및 재산분할청구와 병합하여 그 재산분할청구권을 보전하기 위해 사해행위 취소소송을 제기할 수 있으며, 더 나아가 이혼 또는 재산분할청구를 하지 않았더라도 이혼의 협의단계 또는 재판상 이혼청구와 같이 이혼의 개연성이 인정되고 분할청구권의 행사를 위한 기초가 마련된 경우에도 사해행위 취소 청구를 할 수 있을 것이다.

2) 사해행위

부부의 한쪽이 재산권에 관한 법률행위를 함으로써 다른 한쪽의 재산분할청구권 행사를 해하게 되는 것을 말한다.

3) 채무자의 악의

부부의 한쪽이 상대방을 해함을 알고 하여야 한다. 그러나 그 행위로 이익을 받은 자나 재산을 전득한 자가 채권자를 해함을 알지 못한 경우 취소청구를 할 수 없다. 다만 채무자의 악의가 인정되면 전득자 또는 수익자의 악의는 추정된다(대법원 1991. 2. 12. 선고 90다16279 판결).

4) 취소대상

혼인 중 부부의 협력으로 형성된 재산에 한정되는지 아니면 특유재산도 포함하는지에 대해서는 견해가 나누어진다.

마. 심 리

1) 제척기간

취소소송은 취소원인을 안날로부터 1년, 법률행위가 있은 날로부터 5년 내에 제기하여야 한다(민 제839조의3 제2항). 한편 사해행위 취소청구는 피보전권리를 전제로 하는 것인 바, 이혼 후 2년이 경과하면 재산분할청구권 행사의 제척기간이 도과되어 재산분할 청구권을 행사 할 수 없게 되므로 사해행위 취소권을 행사할 여지도 없을 것이다.

2) 관련사건의 병합

여러 개의 가사소송사건의 청구의 원인이 동일한 사실관계에 기초하거나 1개의 청구의 당부가 다른 청구의 전제가 된 경우에는 1개의 소로 제기할 수 있으므로(법 제14조 제1항). 이혼으로 인한 재산분할청구사건과 재산분할청구권을 보전하기 위한 사해행위 취소청구사건은 당사자가 서로 다르지만 사실상 또는 법률상 같은 원인에서 비롯된 것이므로 관련사건으로 병합할 수 있다 할 것이다.

바. 서식

1) 청구취지 기재례

1. 피고와 소외 ○○○ 사이에 서울 강남구 신사동 1626-2(대 360㎡) 부동산에 관하여 20○
   ○. ○○. ○. 체결한 부동산매매계약을 취소한다.
2. 피고는 원고에게 위 부동산에 관하여 ○○지방법원 ○○등기소 20○○. ○○. ○○. 접수
   제 ○○○호로써 20○○. ○○. ○. 매매를 원인으로 마친 소유권이전등기의 말소등기절차
   를 이행하라.
3. 소송비용은 피고의 부담으로 한다.
라는 판결을 구합니다.

2) 서식례

[서식] 사해행위취소 및 원상회복 청구의 소

소 장

원 고   김 ○ ○ (주민등록번호)
　　　　　　○○시 ○○구 ○○동 ○○ (우편번호 ○○○-○○○)
　　　　　　전화·휴대폰번호 :
　　　　　　팩스번호, (e-mail)주소 :

피 고   이 ○ ○ (주민등록번호 또는 한자)
　　　　　　○○시 ○○구 ○○동 ○○ (우편번호 ○○○-○○○)
　　　　　　전화·휴대폰번호 :
　　　　　　팩스번호, (e-mail)주소 :

재산분할청구권 보전을 위한 사해행위 취소 및 원상회복청구의 소

청 구 취 지

1. 피고와 소외 ○○○ 사이에 서울 강남구 신사동 1626-2(대 360㎡) 부동산에 관하여 20○○. ○○. ○. 체결한 부동산매매계약을 취소한다.
2. 피고는 원고에게 위 부동산에 관하여 ○○지방법원 ○○등기소 20○○. ○○. ○○. 접수 제 ○○○호로써 20○○. ○○. ○. 매매를 원인으로 마친 소유권이전등기의 말소등기절차를 이행하라.
3. 소송비용은 피고의 부담으로 한다.
라는 판결을 구합니다.

청 구 원 인

1. 원고와 소외 ○○○는 2005. 2. 6. 혼인신고를 한 법률상 부부관계인데 남편은 법률상 배우자로서 정조의무를 다하지 못하고 소외 ○○○와 불륜관계를 계속하여 가정생활을 소홀히 할 뿐 아니라 원고를 구타와 폭언으로 학대하면서 사흘이 멀다 하고 외박을 하는 등 원고를 괴롭히고 있습니다.
2. 원고는 남편이 서초동 ○○ 모텔에서 불륜관계에 있던 소외 ○○○와 정사현장을 목격하고 남편과 소외 ○○○를 간통으로 고소를 하였습니다.
3. 그 후 등기소에서 이전등기를 필했다는 우편물이 송달되어 원고는 등기부 등본을 열람해보니 남편명의의 이 사건 부동산이 피고(원고와 피고는 사촌간임)에게 이전되어 있었습니다.
4. 이와 같은 이전등기는 장차 원고와 남편이 이혼시 재산분할을 원고에게 불리하게 하려고

남편은 피고와 짜고 한 것이 명백하오니 이 사건 부동산의 매매계약을 취소하고 이전등기는 말소되어야 하므로 이 소를 청구하기에 이르렀습니다.

입 증 방 법

1. 갑 제1호증   혼인관계증명서
1. 갑 제2호증   부동산등기부등본
1. 갑 제3호증   토지대장등본
1. 갑 제4호증   건출물대장등본
1. 갑 제5호증   간통고소장사본

첨 부 서 류

1. 위 입증방법   각 1통
1. 소장부본   1통
1. 송달료납부서   1통

2015 . 1. 0.
위 원고 ○ ○ ○   (인)

○○가정법원   귀중

■ 작성 · 접수방법

1. 다류 가사소송사건은 민사소송에 따른 것이므로 민사소송법 등 인지액에 근거한다. 즉 인지는 목적물(이전된 부동산, 즉 재산분할대상의 재산)의 과세표준을 근거로 하여 인지계산을 한다.
2. 송달료는 122,400원(=당사자수(2)×5,100(송달료)×12회분)을 송달료취급은행에 납부하고 첨부하여야 한다.
3. 관할 : 피고가 되는 수익자 또는 전득자의 보통재판적 소재지 가정법원(가정법원 및 가정지원이 설치되지 않은 지역은 해당 지방법원 및 지방법원 지원)을 관할법원으로 한다.
4. 소장은 법원용 1부, 상대방수에 맞는 부본수를 가사과에 제출한다.

부동산의 표시

서울 강남구 신사동 1626-2
　　　　　　대 360㎡

---

4. 유아인도소송

> **가사소송법 제64조(이행 명령)** ① 가정법원은 판결, 심판, 조정조서, 조정을 갈음하는 결정 또는 양육비부담조서에 의하여 다음 각 호의 어느 하나에 해당하는 의무를 이행하여야 할 사람이 정당한 이유 없이 그 의무를 이행하지 아니하는 경우에는 당사자의 신청에 의하여 일정한 기간 내에 그 의무를 이행할 것을 명할 수 있다.
> 1. 금전의 지급 등 재산상의 의무
> 2. 유아의 인도 의무
> 3. 자녀와의 면접교섭 허용 의무
> ② 제1항의 명령을 할 때에는 특별한 사정이 없으면 미리 당사자를 심문하고 그 의무를 이행하도록 권고하여야 하며, 제67조 제1항 및 제68조에 규정된 제재를 고지하여야 한다.

가. 서 설

자녀의 양육자는 양육의 권리의무를 다하기 위해서는 자녀를 자기의 지배하에 둘 필요가 있는데 양육자가 아닌 자가 사실상 자녀를 지배하고 있는 때에는 양육권의 방해배제로서 그 인도를 청구할 수 있다. 그러나 미성년자라고 하더라도 민법상 책임능력이 있을 정도의 연령에 달한 경우에는 독립적인 인격주체로서 그 신체의 자유가 보장되어야 하므로 인도청구나 강제집행의 대상이 되지 않기 때문에 가사비송사건의 마류 제3호가 정한 유아인도청구는 위 연령에 달하지 아니한 비교적 어린 나이의 미성년자인 자를 대상으로 한다. 따라서 가사소송법 제64조는 '유아의 인도'라는 별도의 명칭을 사용해서 이를 구분하고 있다.

저는 얼마 전 남편과 재판상 이혼을 하면서 아이의 양육자 및 친권행사자로 지정 받았습니다. 그러나 남편은 아이를 내줄 수 없다고 하는데, 아이를 데려올 수 있는 좋은 방법이 있는지요?

민법은 특별한 경우를 제외하고 자력구제를 금지하고 있으므로 개인의 실력행사에 의하여 아이를 빼앗아 오는 것은 법률적으로 허용되지 않습니다. 따라서 유아의 인도의무를 이행할 판결 등을 받아 강제집행을 실시하여야 하는데 이에는 인도이행의무를 거절하는 상대방에게 일정한 제재를 가하는 간접강제의 방법과 집행관에게 강제집행을 위임하여 아이를 강제로 데려오는 직접강제의 방법이 있습니다.

먼저 간접강제의 방법은 판결, 심판, 조정조서, 조정을 갈음하는 결정 또는 양육비부담조서에 의하여 유아를 인도할 의무를 지는 자로 확정된 자가 정당한 이유 없이 그 의무를 이행하지 아니할 때에는 일정한 기간 내에 그 의무를 그 의무를 이행하라는 이행명령을 가정법원에 신청할 수 있습니다(가사소송법 제64조).

이 명령을 위반하면 1000만원 이하의 과태료에 처할 수 있고, 그 후 30일이 지나도록 유아를 인도하지 않으면 30일의 범위 내에서 유아의 인도의무를 이행할 때까지 가정법원에 그 자를 붙잡아 가두도록 하는 감치처분(監置處分)을 신청할 수 있습니다(가사소송법 제67조 제1항, 제68조 제1항).

위와 같은 제재(制裁)에도 불구하고 유아의 인도를 거부할 경우 집행관에게 강제집행을 위임하여 아이를 강제로 데려오는 직접강제의 방법이 있으나 이 경우 집행관은 그 집행에 있어서 일반동산의 경우와는 달리 수취할 때에 세심한 주의를 하여야 하고 다만, 그 유아가 의사능력이 있어 그 유아 자신이 인도를 거부하는 때에는 집행을 할 수 없도록 하고 있습니다(대법원 재판예규 제917-2호).

따라서 유아를 인도받기 위하여 직접강제를 행사하는 것은 유아에 대하여 바람직하지 못한 결과를 가져올 수도 있고 위와 같은 제한이 있으므로, 「가사소송법」에 의한 간접강제의 방법으로 상대방의 이행을 구해보고 간접강제만으로는 실효성이 없거나 긴급한 사정이 있는 때에 한하여 예외적으로 직접강제에 의한 방법을 택하는 것이 적절할 것으로 보입니다.

나. 정당한 당사자

유아인도청구권 행사의 요건은 부모 중 일방의 불법적인 행위를 요건으로 하기 때문에 부모의 한쪽이 다른 한쪽을 상대로 청구하는 것이 원칙이다(규칙 제99조 제1항). 즉 부모 중 양육자로 지정되지 아니한 상대방이 양육자인 청구인으로부터 자를 불법적으로 탈취한 경우가 유아인도청구권을 행사할 수 있는 경우이다.

다만 부모 이외의 제3자는 예외적으로 상대방이 될 수 있을 뿐인데 즉 제3자를 양육자로 지정하였거나 상대방의 의뢰에 따라서 제3자가 자를 양육하고 있을 때 그 부모의 한쪽을 상대로 다른 한쪽이 양육자의 지정, 변경심판을 청구하면서 그에 부수하여 제3자를 공동상대방으로 하여 인도 청구할 수 있다(규칙 제99조 제2항).

다. 관 할

상대방의 보통재판적이 있는 곳의 가정법원이 관할하고(법 제46조) 가정법원의 단독판사의 사물관할에 속한다(사물관할규칙 제3조). 제3자를 공동상대방으로 하여 자녀의 인도를 구하는 경우에는 민사소송법 중 공동소송에 관한 규정이 준용되므로(법 제47조) 상대방으로 되는 부모의 한쪽과 제3자의 보통재판적이 다를 때에는 관련재판적의 규정에 따라 그 중 1명의 보통재판적이 있는 가정법원에 청구를 할 수 있다.

라. 심 리

인도청구권의 대상은 「유아」이다. 즉 의사능력을 구비하지 못한 비교적 어린 나이의 미성년자인 자만이 유아인도청구권의 대상이 될 수 있다. 따라서 만 15세 이상의 미성년자의 경우에는 의사능력이 있는 것으로 보기 때문에 사실상 제한될 수 있을 것이다.

마. 심 판

1) 법원은 유아의 인도에 관한 심판에는 가집행할 수 있음을 명시하여야 한다(법 제42조 제1항). 따라서 의사능력이 없는 유아의 인도를 명하는 심판에는 집행력이 있고, 이는 민사소송법상의 강제집행절차에 따라 집행할 수 있다. 유아인도의 강제집행은 민사집행법 제257조의 유체동산인도청구권의 집행절차에 준하여 집행관이 이를 강제집행할 수 있다. 이 경우 집행관은 일반 동산의 경우와는 달리 수취할 때에 세심한 주의를 하여 인도에 어긋남이 없도록 하여야 한다. 다만 그 유아가 의사능력이 있는 경우에 그 유아 자신이 인도를 거부하는 때에는 집행할 수 없다.

2) 가사비송절차에 따라서 유아인도청구가 가능한 경우, 법 제62조에 의한 사전처분으로서 인도를 구하거나, 법 제63조에 의한 가처분으로서 인도를 구할 수도 있다. 다만 사전처분의 경우 본안사건을 제기한 경우에만 가능하고 집행력이 없으며 과태료 등에

의한 간접강제만이 허용된다.

3) 청구인의 유아인도청구를 인용하는 심판 등이 이루어진 다음 정당한 이유 없이 유아인도의무 가 이행되지 아니하는 경우, 민법은 특별한 경우를 제외하고 자력구제를 금지하고 있으므로 개인의 실력행사에 의하여 아이를 빼앗아 오는 것은 법률적으로 허용되지 않는다. 따라서 유아의 인도의무를 이행할 판결 등을 받아 강제집행을 실시하여야 하는데 이에는 인도이행의 무를 거절하는 상대방에게 일정한 제재를 가하는 간접강제의 방법과 집행관에게 강제집행을 위임하여 아이를 강제로 데려오는 직접강제의 방법이 있다.

먼저 간접강제의 방법은 판결, 심판, 조정조서, 조정을 갈음하는 결정 또는 양육비부담조서에 의하여 유아를 인도할 의무를 지는 자로 확정된 자가 정당한 이유 없이 그 의무를 이행하지 아니할 때에는 일정한 기간 내에 그 의무를 이행하라는 이행명령을 가정법원에 신청할 수 있다(가사소송법 제64조). 이 명령을 위반하면 1000만원 이하의 과태료에 처할 수 있고, 그 후 30일이 지나도록 유아를 인도하지 않으면 30일의 범위 내에서 유아의 인도의무를 이행할 때까지 가정법원에 그 자를 붙잡아 가두도록 하는 감치처분(監置處分)을 신청할 수 있다(가사소송법 제67조 제1항, 제68조 제1항).

위와 같은 제재(制裁)에도 불구하고 유아의 인도를 거부할 경우 집행관에게 강제집행을 위임하여 아이를 강제로 데려오는 직접강제의 방법이 있으나 이 경우 집행관은 그 집행에 있어서 일반동산의 경우와는 달리 수취할 때에 세심한 주의를 하여야 하고 다만, 그 유아가 의사능력이 있어 그 유아 자신이 인도를 거부하는 때에는 집행을 할 수 없도록 하고 있다(대법 원 재판예규 제917-2호).

4) 청구권자는 선고심판에 대하여 고지받은 날로부터 14일내에 즉시항고 할 수 있고 청구인은 기각심판에 대하여 즉시항고할 수 있다. 항고법원은 1심 재판절차에 따라 심판하되 이에 대하여는 대법원에 항고 할 수 있다.

바. 서식

1) 청구취지 기재례

가) 유아인도 심판청구

> 1. 피신청인은 청구인에게 사건본인을 인도하라.
> 2. 제1항은 가집행할 수 있다.
> 라는 판결을 구합니다.

나) 유아인도 - 사전처분

귀원 2008느15 양육자변경심판청구사건의 심판확정시까지 피청구인은 청구인에게 사건본인을 인도하라.
라는 결정을 구합니다.

다) 양육자, 친권자 지정 및 유아인도

1. 사건본인 김○○, 김△△의 양육자 및 친권자로 청구인을 지정한다.
2. 피청구인은 청구인에게 사건본인들을 인도하라.
3. 심판비용은 피청구인의 부담으로 한다.
4. 제2항은 가집행할 수 있다.

라는 심판을 구합니다.

2) 서식례

[서식] 유아인도 사전처분신청서

유아인도 사전처분신청

청구인   김 갑 돌 (생년월일)
              등록기준지 : ○○시 ○구 ○동 ○번지
              주   소 : ○○시 ○구 ○동 ○번지

피청구인   이 순 이 (생년월일)
              등록기준지 : ○○시 ○구 ○동 ○번지
              주   소 : ○○시 ○구 ○동 ○번지

사건본인   김 일 동 (생년월일)
              등록기준지 : ○○시 ○구 ○동 ○번지
              주   소 : ○○시 ○구 ○동 ○번지

신 청 취 지

귀원 2008느15 양육자변경심판청구사건의 심판확정시까지 피청구인은 청구인에게 사건본인을 인도하라.

라는 결정을 구합니다.

신 청 원 인

1. 사건본인은 청구인과 피청구인사이에 혼인중 출생자입니다.

2. 청구인과 피청구인은 2007년 1월 4일 협의이혼하고 사건본인의 친권자는 청구인으로, 양육자는 피청구인을 정하고 청구인은 피청구인에게 양육비로 매월 200,000원을 지급하였습니다.

3. 그런데 피청구인은 얼마 전부터 술집 종업원으로 근무하게 되면서 밤늦게 귀가함은 물론이고 외박하는 날이 잦아 사건본인의 정상적인 양육이 불가능한 상태입니다.

4. 따라서 사건본인의 양육자를 변경하여 신청인이 양육하고자 귀원 2008느 15호 양육자변경신청을 하였으나 그 심판확정시까지 사건본인의 보호와 양육이 시급하고 이를 위하여서는 사건본인을 청구인에게 임시로 인도함이 필요하므로 본 신청에 이른 것입니다.

첨 부 서 류

1. 가족관계증명서	1통
1. 주민등록표등본	1통
1. 진술서	1통
1. 진술인의 주민등록표등본	1통

2015.   ○.   ○.
위 신청인   김 갑 돌   (인)

○○가정법원   귀중

■ 작성 · 접수방법

1. 신청인은 심판사건의 당사자이다.
사전처분은 담보제공 없이 함이 원칙이다.
비용은 인지대 500원과 5,100(송달료)×5회분의 송달료를 취급은행에 납부하고 영수증을 첨부하여야 합니다.
관할법원은 심판사건계속 중인 가정법원이다.

유 아 인 도 신 청

신 청 인   1. 이 ○ ○ (李 ○ ○)
　　　　　　생년월일 19 년 월 일생 (주민등록번호 :　　　　　)
　　　　　　등록기준지 : ○○시 ○구 ○○동 ○○번지
　　　　　　주　　　소 : 위 같은 동 ○○번지
　　　　　2. 모 ○ ○ (牟 ○ ○)
　　　　　　생년월일 19 년 월 일생 (주민등록번호 :　　　　　)
　　　　　　등록기준지 및 주소 : 신청인 1.과 같은 곳

사건본인   이 유 아 (李 ○ ○)
(유아)   등록기준지 및 주소 : 신청인 1.과 같은 곳
　　　　　신청인들의 소송대리인 변호사 임 ○ ○
　　　　　○○시 ○○ 구 ○○ 동 ○○ 번지(우편번호 :　　　　　)
　　　　　(전화번호 :　　　　　　　　팩스 :　　　　　　　)

피신청인   1. 안 ○ ○ (安 ○ ○)
　　　　　　생년월일 19 년 월 일생
　　　　　　등록기준지 : ○○시 ○구 ○○동 ○○번지
　　　　　　주　　　소 : ○○시 ○구 ○○동 ○○번지
　　　　　　송달장소 : ○○시 ○구 ○○동 ○○번지
　　　　　2. 마 ○ ○ (馬 ○ ○)
　　　　　　생년월일 19 년 월 일생
　　　　　　등록기준지, 주소, 송달주소 : 피신청인 1.과 같은 곳

신 청 취 지

피신청인들은 신청인들에게 사건본인 이유아를 인도한다.
라는 재판을 구합니다.

신 청 원 인

1. 신청인 이○○와 신청인 모○○는 2004. 2. 16. 혼인신고를 필한 부부로서 슬하에 자녀로 이유식과 사건본인 이유아를 낳았는데, 위 이유아가 생후 16개월 될 무렵인 2007. 4. 경 신청인들의 가정불화로 신청인 모○○가 친정으로 돌아가 버리자 신청인 이○○가 2명의 자녀를 양육하기가 어려워 위 이유아를 이웃 사람의 소개로 신청인 모○○의 승낙도

없이 피신청인들에게 양녀로 주었던 것입니다.

2. 그 후 신청인 모○○가 6개월 만에 친정에게 돌아와 보니 위와 같은 사실을 뒤늦게 알게 되었고, 이에 신청인들이 피신청인들에게 수차례 찾아가 유아(사건본인)를 인도해 줄 것을 요청하니 피신청인들은 9개월 동안의 양육비로 상당한 금액을 요구하고 있고, 더욱이 피신청인 안○○는 막노동판에서 잡역인부로 일하는 형편이라 이곳저곳으로 이주를 자주하고 사건본인을 잘 양육시킬 형편도 되지 않는 실정입니다.

3. 그렇다면 피신청인들은 신청인들에게 사건본인 이유아를 마땅히 인도해 주어야 할 것입니다.

첨 부 서 류

1. 가족관계증명서	2통
1. 주민등록표등본	2통
1. 출생증명서	1통
1. 위임장	1통

2015. 2. .

신청인들의 소송대리인

변호사 임 ○ ○

○○지방법원 귀중

유 아 인 도 심 판 청 구

청 구 인   김00
             등록기준지: 서울 강북구 00
             주소: 서울 강북구 00

             대리인 변호사 00
             서울 서초구 00

상 대 방   조00
             등록기준지: 충청북도 음성군 00
             주소: 서울 마포구 00

사건본인   김00
             등록기준지: 청구인과 같음
             주소: 청구인과 같음

청 구 취 지

상대방 조00는 청구인 김00에 대하여 사건본인 김00을 인도하라.
라는 심판을 구합니다.

청 구 원 인

1. 사실혼관계의 성립 및 자의 출생

청구인은 신청외 망 조00와 1997.경부터 혼인의사를 가지고 부부공동생활을 해온 사실상 혼인관계에 있는 자들로서 사이에 1997. 2. 16. 아들인 김00을 출산하였고, 2000. 2. 18.에는 딸인 사건본인을 출산하였습니다. 그리고 청구인은 아들과 사건본인 출생 직후 바로 청구인의 자로 출생신고도 하였습니다.

2. 사건본인을 데리고 가출하기까지의 망 조00의 행적

가. 청구인과 신청외 조00는 1996.경부터 교제를 시작하여 함께 살아왔는데 조00는 큰 아이를 임신하였을 당시 아이를 유산시키겠다며 청구인의 어머니(이하 '할머니'라고 하겠습니다)에게 돈을 받아서 집을 나갔습니다. 그러다가 조00는 큰 아이를 그냥 낳은 후 다시 청구인에게 함께 살자고 찾아왔고 그때부터 다시 함께 살게 되었습니다. 그 당시 조00의

빚쟁이가 찾아와 할머니가 250만 원 가량을 대신 갚아준 적도 있었습니다.

나. 그런데 큰 아이가 백일이 되었을 무렵 조００는 다시 아무런 말도 없이 큰 아이를 데리고 집을 나갔습니다. 얼마 후 조００는 청구인에게 전화를 하여 자신이 사기죄로 청주교도소에 들어가게 되어서 큰 아이를 성남에 있는 아는 사람에게 맡겨 놓았다고 하여 할머니가 가서 큰 아이를 데려왔습니다. 당시 아이를 맡아 기르고 있던 사람이 양육비조로 350만 원을 요구하여 할머니가 그 돈을 주고 아이를 데려왔습니다.

다. 그 후 조００는 사기죄 등으로 청주교도소에서 2년간 복역을 하였습니다. 청구인은 그동안 조００가 나쁜 짓을 많이 하여왔지만 큰 아이의 생모인 까닭에 그냥 모른 척 할 수가 없어서 출소한 조００를 찾아 집으로 데려와서 함께 살았습니다.

라. 그 후로도 조００는 계속 가출을 반복하였지만 둘째인 사건본인을 임신하고 서울 강북구 번동에서 함께 식당도 운영하면서 살아왔습니다. 그런데 식당운영이 어려워지면서 빚을 지게 되자 빚 문제로 청구인과 다투고 조００는 청구인에게 아무런 말도 없이 몰래 2003. 당시 4세인 사건본인을 데리고 집을 나갔습니다.

마. 그 후로 청구인은 조００와 사건본인을 찾기 위해 백방으로 노력하였지만 조００의 주민등록 이 말소되는 바람에 거주지를 알 수 없어 사건본인의 행방을 찾지 못하였습니다.

3. 청구인이 2007.경 사건본인의 소식을 알게 된 경위
가. 2007. 1.경 새로 발급된 의료보험카드에 사건본인의 성명이 빠져있는 것을 알게 된 청구인 은 깜짝 놀라 동사무소에 가서 주민등록을 확인해보았습니다. 그런데 놀랍게도 사건본인 의 주민등록이 퇴거된 상태이고 '서울 마포구 ００'의 주소지로 되어있는 것을 확인하게 되었습니다. 그래서 청구인이 동사무소 공무원에게 어떻게 부의 동의도 없이 함부로 자의 주민등록을 퇴거시킬 수 있냐고 항의를 했더니 공무원은 생모가 아버지의 도장을 가지고 와서 퇴거를 해가서 아버지가 동의한 줄 알았다고 말하였습니다. 조００는 사건본인이 초등 학교에 입학할 시기가 되자 청구인의 도장을 허락 없이 함부로 새겨 몰래 주민등록을 자신이 살고 있는 주소지로 옮기는 행동을 한 것입니다.

나. 상대방은 조００의 자매로 그 당시 조００의 고향인 음성군에 살고 있었습니다. 조００는 언니 인 상대방으로부터 많은 돈을 빌려 빚을 많이 지고 있어서 상대방은 조００가 집을 나간 뒤에도 청구인에게 조００의 행방을 물어보기 위해서 종종 전화를 하곤 하였습니다. 그 무렵 상대방으로부터 청구인에게 연락이 와서 청구인은 위와 같이 주민등록이 말소된 사실을 얘기하고 청구인과 상대방은 함께 새로운 주민등록지로 가서 조００와 사건본인을 찾기로 하였습니다.

다. 청구인과 상대방은 마포구 아현동으로 가서 커피숍에서 같이 커피를 마시면서 얘기를 나눈 뒤에 위 주소지를 찾아갔습니다. 그런데 위 주소지 옆집 사람으로부터 그 주소지에는 좀 전에 청구인이 커피를 마신 커피숍 사장이 살고 있는 집이란 사실을 듣게 되었습니다. 청구인은 깜짝 놀라 커피숍 사장에게 가서 물어보았더니 커피숍 사장은 조00와 딸은 자신의 집에 살지 않고 주소지만 조00의 부탁으로 해준 것이고 조00는 이화여대 근처에 살고 있는 것으로 안다고 하였습니다. 청구인이 커피숍 사장에게 제발 어디 살고 있는지 알려달라고 사정하였지만 커피숍사장은 자신은 잘 모른다며 알려주지 않아 어쩔 수 없이 청구인과 상대방은 각자의 집으로 돌아갔습니다.

4. 2009. 5.경 사건본인의 소식을 알게 된 경위

가. 그런데 2009. 5.경 마포구청에서 청구인의 집으로 한 장의 우편물이 왔습니다. 조00와 사건본인이 구청에 생활보호대상자 신청을 하였는데 사건본인의 법률상의 부로 되어 있는 청구인에게 재산관계 등의 신원조회를 요청한다는 내용이었습니다.

나. 청구인은 깜짝 놀라 마포구청 전화를 하여 조00와 사건본인이 어디에 있느냐고 알려달라고 사정을 하였는데 담당직원은 그것은 알려줄 수 없는 사항이고 현재 조00가 뇌출혈로 아픈 상태이고 가정방문을 갈 예정에 있다는 사실만 청구인에게 알려주었습니다.

다. 그 후 청구인은 다시 마포구청에 전화를 하여 어떻게 되었냐고 물어보았더니 담당직원은 조00가 병원에 입원을 한 상태라 가정방문을 못하였다고 하였습니다.

라. 그런데 4일 뒤쯤에 상대방이 청구인에게 전화를 하여 조00가 보험을 들었는데, 그 보험료를 자신의 딸이 냈으니까 해약을 해야 하니 청구인의 가족관계증명서 좀 떼어달라고 하였습니다. 청구인이 어이가 없어 갑자기 무슨 보험얘기를 하느냐고 조00와 연락이 되었느냐고 따지니까 보험설계사가 옆에 있다며 바꿔주었습니다. 그런데 보험설계사가 "애기 엄마가 죽어서 그래요"라고 말하는 것이었습니다. 그래서 깜짝 놀란 청구인이 상대방을 바꿔달라고 해서 이게 어떻게 된 일이냐고 따지면서 조00가 죽었으면 소영이(사건본인)는 아빠인 청구인이 키워야하니 청구인에게 보내달라고 말하였습니다. 그런데 상대방은 그렇게 할 수는 없다면서 일방적으로 전화를 끊었습니다.

마. 청구인은 너무 당황하고 놀라서 마포구청 담당직원에게 다시 전화를 걸어 조00가 사망한 것이 사실이냐고 물었습니다. 담당직원은 관할 동사무소로부터 조00가 사망하였다는 소식을 들었다고 확인하여 주었습니다.

5. 망 조00와 상대방의 성향

가. 조00는 청구인과 교제할 당시 이미 한 번의 혼인으로 아들이 둘이나 있는 사실을 속였으며 심지어 본인의 나이까지도 속였습니다. 사기죄로 수배중인 사실을 숨기면서 도망다니다가

청구인을 만난 것이었는데 청구인은 조OO가 수배중인 사실을 전혀 몰랐었습니다. 조OO는 가출을 밥 먹듯이 하였으며 술과 담배를 가까이 하였고 큰 아이인 자신의 아들을 두고 나갔으면서도 한 번 찾아오지도 않았습니다. 2003.에 사건본인을 데리고 가출할 때에도 함께 운영하던 가게의 보증금을 빼서 가지고 나갔고 청구인과 함께 생활할 때 청구인 명의로 된 카드를 가지고 함부로 2,000만 원이나 쓰고 가출하는 바람에 청구인은 혼자서 그 돈을 다 갚아야 했습니다.

나. 상대방은 위와 같이 2007.에 청구인과 함께 조OO를 찾은 사실이 있는데도 조OO로부터 빚을 받으려는 속셈으로 조OO와 사건본인을 찾았으면서도 애타게 사건본인을 찾고 있는 청구인에게 그 사실을 숨기고 최근에야 전화를 하여 결국 돈과 관련된 보험문제를 언급하면서 가족관계증명서를 떼어 달라는 말도 안 되는 소리를 하면서 사건본인을 숨겨 청구인을 괴롭히고 있습니다. 상대방 역시 평범한 주부는 아닙니다. 결혼도 여러 번 하였으며 술과 담배를 즐기며 밖으로 도는 사람입니다. 따라서 조OO는 사랑과 관심이 필요한 어린 여자아이를 키울 능력이 안 되는 사람입니다.

6. 결   론

청구인은 2003. 조OO의 가출로 인해 사건본인과 생이별을 해야만 했고 아이들의 친할머니는 사랑과 정성으로 큰 아이인 사건본인의 오빠(현재 만 12세)를 현재까지 잘 양육하여 왔습니다. 아직도 청구인의 기억 속에는 사건본인은 4세때 귀엽고 여린 아이의 기억으로만 존재하고 있습니다. 청구인은 조OO 같은 여성과 만나는 바람에 이렇게 친자식과 생이별해야 하는 힘든 시간을 겪었지만 이제 생모가 사망하였다면 당연히 사건본인은 할아버지와 할머니, 그리고 아버지와 오빠가 있는 곳에서 사랑과 관심을 받으면서 보호받고 양육되어야 할 것입니다. 그렇다면 상대방은 청구인에게 사건본인 김OO을 마땅히 인도해 주어야 할 것입니다.

입 증 방 법

1. 갑제1호증	청구인 가족관계증명서	1부
1. 갑제2호증	사건본인 기본증명서	1부
1. 갑제3호증	청구인의 주민등록등본	1부
1. 갑제4호증	조정례의 주민등록등본	1부
1. 갑제5호증	청구인 작성 진술서	1부

첨 부 서 류

1. 위 입증방법	1부
1. 소송위임장	1부
1. 송달료납부영수증	1부

2016. 3.
청구인의 대리인
변호사 ㅇㅇ

서울가정법원 귀중

[서식] 양육 및 친권자 지정 및 유아인도청구서

양육 및 친권자지정 및 유아인도 청구서

청 구 인   이 ㅇ ㅇ (주민등록번호 :   )
등록기준지 : ㅇㅇ시 ㅇ구 ㅇㅇ동 ㅇㅇ번지
주   소 : 위 같은 동 ㅇㅇ번지
(전화번호 :   팩스 :   )

피청구인   김 유 아 (주민등록번호 :   )
등록기준지 : ㅇㅇ시 ㅇ구 ㅇㅇ동 ㅇㅇ번지
주   소 : 위 같은 동 ㅇㅇ번지

사건본인   1. 김 ㅇ ㅇ (주민등록번호 :   당ㅇ세)
2. 김 △ △ (주민등록번호 :   당ㅇ세)
등록기준지 및 주소는 위 피청구인과 같음

청 구 취 지

1. 사건본인 김ㅇㅇ, 김△△의 양육자 및 친권자로 청구인을 지정한다.
2. 피청구인은 청구인에게 사건본인들을 인도하라.
3. 심판비용은 피청구인의 부담으로 한다.
4. 제2항은 가집행할 수 있다.
라는 심판을 구합니다.

청 구 원 인

1. 청구인과 피청구인은 20ㅇㅇ. 2. 16. 혼인신고를 필한 부부로서 슬하에 자녀로 사건본인들을 두고 있다가 20ㅇㅇ. ㅇ. ㅇ.경 협의이혼을 하였습니다.

2. 이혼 당시 피청구인을 친권자 및 양육자로 정하여 피청구인이 사건본인을 양육하여 왔습니다.

3. 청구인은 그동안 사건본인을 수차례 면접하였지만 최근에 와서 피청구인은 사건본인을 만나는 것을 일체 허용하지 않고 있는 바, 이 같은 피신청인의 행위는 사건본인의 성장과정에도 나쁜 영향을 미칠 뿐만 아니라 청구인에게도 말할 수 없는 고통을 주고 있습니다.

4. 따라서 사건본인의 행복과 복리를 위하여 청구취지와 같은 심판을 청구하오니 이를 허가하여 주시기 바랍니다.

입 증 방 법

1. 갑제1호증	제적등본
1. 갑제2호증	가족관계증명서
1. 갑제3호증	주민등록표등본
1. 갑제4호증	혼인관계증명서
1. 갑제5호증	사실확인서

20○○. ○. .

위 청구인 이 ○ ○

○○지방법원 귀중

■ 작성 · 접수방법

1. 수입인지 40,000원을 붙여야 한다(= 사건본인 2명×〈양육자 지정과 유아인도(마류 3호 양육에 관한 처분) 10,000원+친권자 지정(마류 5호) 10,000원〉)
2. 송달료는 122,400원(=당사자수(2)×5,100(송달료)×12회분)을 송달료취급은행에 납부하고 첨부하여야 한다.
3. 관할 : 상대방 주소지를 관할하는 가정법원을 관할로 한다
4. 청구서 법원용 1부, 상대방수에 맞는 부본수를 제출한다.

5. 부양료청구

민법 제974조(부양의무)
다음 각호의 친족은 서로 부양의 의무가 있다.
1. 직계혈족 및 그 배우자간
2. 삭제 〈1990.1.13〉
3. 기타 친족간(생계를 같이 하는 경우에 한한다.)

제975조(부양의무와 생활능력)
부양의 의무는 부양을 받을 자가 자기의 자력 또는 근로에 의하여 생활을 유지할 수 없는 경우에 한하여 이를 이행할 책임이 있다.

제976조(부양의 순위)
① 부양의 의무 있는 자가 수인인 경우에 부양을 할 자의 순위에 관하여 당사자 간에 협정이 없는 때에는 법원은 당사자의 청구에 의하여 이를 정한다. 부양을 받을 권리자가 수인인 경우에 부양의무자의 자력이 그 전원을 부양할 수 없는 때에도 같다.
② 전항의 경우에 법원은 수인의 부양의무자 또는 권리자를 선정할 수 있다.

제977조(부양의 정도, 방법)
부양의 정도 또는 방법에 관하여 당사자간에 협정이 없는 때에는 법원은 당사자의 청구에 의하여 부양을 받을 자의 생활정도와 부양의무자의 자력 기타 제반사정을 참작하여 이를 정한다.

제978조(부양관계의 변경 또는 취소)
부양을 할 자 또는 부양을 받을 자의 순위, 부양의 정도 또는 방법에 관한 당사자의 협정이나 법원의 판결이 있은 후 이에 관한 사정변경이 있는 때에는 법원은 당사자의 청구에 의하여 그 협정이나 판결을 취소 또는 변경할 수 있다.

제979조(부양청구권처분의 금지)
부양을 받을 권리는 이를 처분하지 못한다.

가. 의의

친족 간의 부양관계에 관한 사건은 부양순위의 결정, 부양의 정도·방법의 결정, 부양관계의 변경·취소에 관한 사건이 이에 해당한다. 직계혈족 및 그 배우자간 또는 기타 생계를 같이 하는 경우에 친족 사이에는 서로 부양의 의무가 있고(민 제973조), 그 부양의 의무 있는 자가 수인인 경우에 부양을 할 자의 순위에 관하여 당사자 간에 협정이 없는 때에는 법원은 당사자의 청구에 의하여 이를 정하며, 부양을 받을 권리자가 수인인 경우에 부양의무자의 자력이 그 전원을 부양할 수 없는 때에도 같다(민 제976조).

나. 부양의무

1) 부부간의 부양의무

가) 부부사이의 부양의무는 일방에게 경제적 여유가 있는 경우에만 인정되는 친족간의 부양과 달리 무조건적인 것이다(민 제826조 제1항). 즉 부부간의 부양은 미성년의 자에 대한 부양에서와 같은 수준이고 친족간의 부양에서보다는 높은 수준의 것이다.

나) 별거중인 부부사이에도 원칙적으로 부양의무가 인정되지만 정당한 이유없이 동거의 무를 저버린 배우자는 상대배우자에게 부양청구를 할 수 없다는 것이 판례이다.

2) 친자간의 부양의무

가) 친권자는 자를 보호하고 교양할 권리 의무를 가지므로(민 제913조) 부양의무가 있다.

나) 혼외자의 경우에 부의 인지가 있기 전에는 생모에게, 부의 인지 후에는 부와 생모 모두에게 부양의무가 있다.

3) 친족간의 부양의무

가) 일정한 범위의 친족사이에는 상호 부조할 권리와 의무가 있다. 부모와 자 사이 및 부부 사이의 1차적 부양의무와 달리 친족간의 2차적 부양의무가 있다.

나) 부양청구권이 발생하려면 부양청구권자가 자기의 자력 또는 근로에 의하여 생활을 유지할 수 없어야 한다. 즉 1차적 부양에서와 달리 친족간의 2차적 부양에서는 부양의 필요성 및 가능성이 요구된다.

4) 성년인 자녀의 부양료청구권

성년의 자녀는 요부양상태, 즉 객관적으로 보아 생활비 수요가 자기의 자력 또는 근로에 의하여 충당할 수 없는 곤궁한 상태인 경우에 한하여, 부모를 상대로 그 부모가 부양할 수 있을 한도 내에서 생활부조로서 생활필요비에 해당하는 부양료를 청구할 수 있을 뿐이다.
나아가 이러한 부양료는 부양을 받을 자의 생활정도와 부양의무자의 자력 기타 제반사정을 참작하여 부양을 받을 자의 통상적인 생활에 필요한 비용의 범위로 한정됨이 원칙이므로, 특별한 사정이 없는 한 통상적인 생활필요비라고 보기 어려운 유학비용의 충당을 위해 성년의 자녀가 부모를 상대로 부양료를 청구할 수는 없다는 것이 판례의 입장이다(대법원 2017. 8. 25.자 2017스5 결정).

다. 부양의 방법

1) 부양의 정도나 방법에 관하여 당사자 간에 협정이 없는 때에는 법원은 당사자의 청구

에 의하여 부양을 받을 자의 생활정도와 부양의무자의 자력 기타 제반사정을 참작하여 이를 정한다(민 제977조).

2) 위와 같은 부양을 할 자 또는 부양을 받을 자의 순위, 부양의 정도 또는 방법에 관한 당사자의 협정이나 법원의 판결이 있은 후 이에 관한 사정변경이 있는 때에는 법원은 당사자의 청구에 의하여 그 협정이나 판결을 취소 또는 변경할 수 있는데 이와같은 사건이 마류 제8호 사건 즉 부양에 관한 사건이다.

라. 당사자

청구인은 부양권리자(부모 또는 자)이고 상대방은 다른 부양의무자이다.

마. 관할

상대방의 보통재판적이 있는 가정법원의 관할에 속하고(법 제46조), 가정법원 단독판사에 속한다(사물관할규칙 제3조 제2호). 상대방이 여러 명인 경우 민사소송법 제25조의 규정이 준용되어 상대방 중 1명의 보통재판적이 있는 곳의 가정법원에 관할이 있게 된다. 사물관할은 가정법원의 단독판사에 속한다.

바. 심리

1) 조정전치

부양처분에 있어서는 당사자의 협의가 우선하는 것이지만 누구도 부양하지 않기로 하는 합의는 부양의 본질에 반하기에 조정이나 합의가 허용되지 않는다.

2) 이해관계인의 참가

부양에 관한 심판이 당사자 이외의 부양권리자 또는 부양의무자의 부양의 순위, 정도, 방법에 직접 관련되는 것인 때에는 그 부양권리자 또는 부양의무자를 절차에 참가하게 하여야 한다(규칙 106조).

사. 심판

1) 심판은 가정의 평화와 사회정의를 위해 가장 합리적인 방법으로 부양관계를 조정할 수 있는 내용이 되도록 한다(규칙 제93조 제1항).

2) 심판에 있어 금전의 지급, 물건의 인도, 등기, 그 밖에 의무이행을 동시에 명할 수 있다(규칙 제108조, 제97조). 다만 이 같은 이행명령은 청구취지를 초과해서 명할 수는 없다(규칙 제93조 제2항).

3) 심판에 대해 당사자 또는 이해관계인(부양의무자가 아니면서 사실상 부양하고 있는 제3자)이 즉시항고 할 수 있으므로(규칙 제109조) 확정되어야 효력이 있다. 확정된

심판에 의하여 당사자의 구체적인 권리의무가 형성, 확정되므로 심판에는 형성력이 있다. 금전의 지급 등을 명하는 심판은 집행권원이 되므로 그 범위 내에서는 집행력도 있다.

4) 심판이 확정되더라도 그 후 사정변경이 있는 때에는 가정법원은 당사자의 청구에 의해 그 심판을 취소 또는 변경할 수 있다(민 제978조).

아. 서식

1) 청구취지 기재례

가) 부양료청구

> 상대방은 청구인에 대하여 부양료로서 매월 금 ○○만 원을 지급하라.
> 라는 심판을 구합니다

> 1. 상대방은 청구인에게 금 12,000,000원 및 이 사건 소장부본 송달일부터 별거해소일까지 월 1,000,000원, 별거해소일부터 혼인관계 종료시까지 월 1,500,000원을 매월 말일에 지급하라.
> 2. 상대방은 청구인이 ○○시 ○○구 ○○동 ○○ ○○아파트 ○○호에 거주하거나 출입하는 것을 방해하여서는 아니된다.
> 3. 심판비용은 상대방의 부담으로 한다.
> 4. 제1항은 가집행할 수 있다.
> 라는 심판을 구합니다.

나) 부양료청구 - 조정

> 피신청인은 신청인에게 이 신청서 송달 다음날부터 월 1,000,000원을 매월 1일에 지급하라.
> 라는 조정을 구합니다.

2) 첨부서류 등

첨부서류	신청서	인지액	송달료	관할법원
* 가족관계증명서(청구인, 상대방) 각 1통 * 주민등록표등(초)본(청구인, 상대방) 각 1통	2부	사건본인 각 10,000원	당사자별 12회	상대방 주소지

3) 서식례

[서식] 부양료 심판청구(마류 제8호사건)

부양료심판청구서

청 구 인   ○ ○ ○ (주민번호)
　　　　　　등록기준지 :
　　　　　　주　　　소 :

상 대 방   ○ ○ ○ (주민번호)
　　　　　　등록기준지 :
　　　　　　주　　　소 :

청 구 취 지

상대방은 청구인에 대하여 부양료로서 매월 금 ○○만 원을 지급하라.
라는 심판을 구합니다.

청 구 원 인

1. 당사자의 지위
청구인과 상대방은 20○○. ○. ○.결혼하여 자인 ○○○를 출생한 부부입니다

2. 이 사건의 경위
청구인은 ○○○의 생모로서 자를 유아 때부터 양육하고 대학교육까지 시켰습니다.

3. 결론
따라서 청구인은 상대방에 대하여 부양의무의 이행을 청구하기 위하여 청구취지와 같이
심판을 구하는 바입니다.

첨 부 서 류

　　1. 가족관계등록부등본　　　　　　　　　　　　　1통
　　1. 주민등록표등본　　　　　　　　　　　각1통
　　1. 납부서　　　　　　　　　　　　　　1통

2013. ○. .
위 청구인 ○ ○ ○ (인)

○○법원 귀중

1. 청구서에는 수입인지 10,000원(마류사건)을 붙여야 한다.
2. 송달료는 108,000원(=당사자수(2)×5,100(송달료)×10회분)을 송달료취급은행에 납부하고 첨부하여야 한다.
3. 관할 : 상대방 주소지를 관할하는 가정법원을 관할 법원으로 한다.
4. 청구서는 법원용 1부, 상대방수에 맞는 부본수를 제출한다.

[서식] 부양료심판청구

부 양 료 심 판 청 구

청 구 인   임OO
        주소: 서울 성북구 OO
        등록기준지: 인천광역시 서구 OO

피청구인   윤OO
        주소: 김포시 양촌면 OO
        등록기준지: 경기도 김포시 OO

청 구 취 지

1. 피청구인은 청구인에게 금90,000,000원을 지급하라.
2. 소송비용은 피청구인의 부담으로 한다.
3. 제1항은 가집행 할 수 있다.
라는 심판을 구합니다.

신 청 원 인

1. 당사자관계
가. 청구인은 윤OO와 1943. 11. 8.경 혼인하여 혼인관계가 종료된 1964. 6.경까지 슬하에 윤OO(피청구인)을 두었습니다.

나. 청구인은 윤OO와 함께 슬하의 자녀들을 정성으로 양육하였고, 특히 큰아들인 피청구인에게 많은 관심과 배려를 하여 주었고, 이로 인하여 형제들 중 유독 피청구인의 경우에만 대학학업을 마칠 수 있었습니다.

2. 피청구인의 부양의무 이행 거절

가. 청구인은 망 윤OO와 혼인관계를 종료 당시 마땅히 생계를 유지할 방법도 없었을 뿐만 아니라 거주할 공간도 없었는바, 피청구인에게 청구인의 부양을 간청하였던 일이 있으나, 피청구인이 그와 같은 제의를 거절하였고, 이후 청구인은 셋째 아들 윤OO의 집에 기거하면서 생계를 유지하고 있습니다.

나. 평생을 피청구인을 위하여 헌신하여 왔으나, 피청구인은 청구인의 부양을 위하여 작은 성의 한번 보여준 일이 없습니다.

다. 청구인을 현재 부양하고 있는 윤영희는 현재 신문보급소일을 하면서 어렵게 생계를 유지하고 있으며, 신문보급소 운영이 어려워 신용불량자로 등재되어 있는 상태입니다. 본인이 직접 신문배달일을 다니며 번 소득으로 하루하루 어렵게 생계를 유지하고 있습니다.

3. 피청구인이 청구인을 부양하여야 하는 이유

가. 반면, 피청구인은 망 윤OO(2003. 4. 1.사망)가 사망하기 이전인 1968년부터 1976년까지 위 윤광호 소유인 김포시 양촌면 학운리 소재 토지들을 피청구인 명의로 단독으로 취득한 사실이 있습니다.

나. 피청구인은 취득 재산 중 일부토지를 금153,300,000원에 매도하였고, 나머지 토지에 대한 수용보상금으로 금935,908,330원, 금133,261,330원을 수령하는 등 망 윤광호의 재산을 처분한 대가로 합계 금1,222,469,660원의 이득을 얻을 사실이 있습니다.

다. 피청구인은 아버지의 재산을 단독으로 처분하여 금12억원 가량의 금원을 취득하였음에도 나아가 윤OO가 어려운 형편 속에서 청구인을 부양하고 있다는 사정을 잘 알면서도 청구인의 부양을 위한 어떠한 노력도 한 사실이 없습니다.

라. 피청구인들을 제외한 나머지 자녀들의 형편 또한 위 윤영희와 다를 바 없습니다. 따라서 청구인에 대한 부양의무자는 피청구인이 되어야 한다고 보아야 하며, 가사 윤OO가 청구인을 부양하는 상태가 지속된다고 하더라도 피청구인이 청구인의 부양료 상당의 금원을 분담하여야 한다고 보아야 합니다.

4. 결 어

청구인은 심장질환으로 인하여 수차례 병원치료를 받아 오고 있으며, 이로 인한 의료비 부담 또한 가중되고 있습니다. 청구인은 평생 안부 전화 한 번 없는 피청구인을 아들이라고 생각해 본 적도 없었고, 피청구인으로부터 부양료를 청구할 의사도 없었습니다. 그러나 아버지의 재산을 취득하여 12억원이 넘는 금원을 취득하여 놓고도 청구인을 실제로 부양하면서 고생하는 윤OO에 대하여 오히려 지속적으로 부당한 대우를 하고 있는 모습을 보고, 이 사건 청구까지 결심하게 된 것입니다. 피청구인의 사회적 지위와 수입액, 청구인에게 필요한 부양의 정도, 피청구인이 단독으로 취득한 재산의 가액을 고려시 청구인은 매월 금200만 원의 치료비와 생계비를 지급하는 것이 상당하다고 보아야 하며, 청구인이 기대여명을 5년으로 고려시 피청구인은 청구인에게 금9,000만 원의 부양료로 지급할 의무가 있다 할 것입니다.

소 명 방 법

1. 소갑제1호증   주민등록등본 1부
1. 소갑제2호증   가족관계증명서 1부
1. 소갑제3호증   제적등본 1부

첨 부 서 류

1. 위 소명방법   1부
1. 송달료납부영수증   1부

2016. 3.
청구인 OO

서울가정법원 귀중

[서식] 부양료 등 청구 조정신청서

조 정 신 청 서

신 청 인   김OO (421318-)
            본적 :
            주소 :
            송달장소 :

피신청인   이OO (440920-)
            본적 :
            주소 :

부양료 청구의 조정

신 청 취 지

피신청인은 신청인에게 이 신청서 송달 다음날부터 월 1,000,000원을 매월 1일에 지급하라.
라는 조정을 구합니다.

신 청 원 인

1. 신청인과 피신청인은 부부로서 슬하에 자식이 없습니다.
2. 피신청인은 평소 자식이 없는 것을 애석히 여기면서 신청인을 구박하길래 궁여지책으로 3년 전에 피신청인에게 재취를 얻어 자식을 낳아 보라고 하였습니다.
3. 이에 피신청인은 청구외 박OO라는 여자를 얻어 동거하면서 1남 1녀를 낳았습니다.
4. 피신청인은 처음엔 신청인과 함께 살면서 박OO에게는 한달에 몇 번 가곤 하였는데 몇 달전부터는 위 박OO의 집에 가서 살면서 신청인의 집에는 오지 않고 있습니다. 뿐만 아니라 지난달 까지는 생활비를 꼬박 보내주었는데 이달부터는 일체 생활비를 보내줄 수 없다며 이혼을 요구하고 있습니다.
5. 신청인은 지금 60세를 거의 바라보고 있는 실정으로 이혼할 수도 없고 재산도 전혀 없어 먹고 살기가 막막합니다. 반면 피신청인은 한달에 임대료만 200만 원씩 받고 있습니다. 이에 신청취지와 같이 조정을 구하는 바입니다.

첨 부 서 류

   1. 가족관계증명서   2통
   2. 주민등록등본   2통

2016. 3.
신청인 김OO

서울가정법원 귀중

제6장
국제이혼

> **국제사법 제39조(이혼)**
>
> 이혼에 관하여는 제37조의 규정을 준용한다. 다만, 부부중 일방이 대한민국에 상거소가 있는 대한민국 국민인 경우에는 이혼은 대한민국 법에 의한다.
>
> **제37조(혼인의 일반적 효력)**
>
> 혼인의 일반적 효력은 다음 각호에 정한 법의 순위에 의한다.
> 1. 부부의 동일한 본국법
> 2. 부부의 동일한 상거소지법
> 3. 부부와 가장 밀접한 관련이 있는 곳의 법

I. 서설

1. 의 의

국제이혼이란 국제결혼, 즉 국적이 다른 사람간의 혼인인 국제결혼을 한 당사자 간에 이혼의 절차를 진행하는 것을 말한다. 국제이혼에서 특히 문제되는 것은 적용되는 법률이 어떤 것인가의 문제로, 우리나라 국제사법 제39조는 '이혼에 관하여는 제37조의 규정을 준용한다. 다만 부부 중 일방이 대한민국에 상거소(상시 거주하는 장소)가 있는 대한민국 국민인 경우에 이혼은 대한민국법에 의한다'라고 규정하고 있다.

2. 관 할

이혼의 국제재판관할권에 관하여 대법원은 "외국인간의 이혼심판청구사건에 대한 재판청구권행사는 소송절차상의 공평 및 정의 관념에 비추어 상대방인 피청구인이 행방불명 기타 이에 준하는 사정이 있거나 상대방이 적극적으로 응소하여 그 이익이 부당하게 침해될 우려가 없다고 보여져 그들에 대한 재판의 거부가 오히려 외국인에 대한 법의 보호를 거부하는 셈이 되어 정의에 반한다고 인정되는 예외적인 경우를 제외하고 상대방인 피고의 주소가 우리나라에 있는 것을 요건으로 한다(대판 1975. 7. 22. 74므22판결)."라고 하여 판례의 태도는 피고의 주소지국을 원칙으로 하고, 예외적(위 예외적인 경우)으로 원고의 주소지국 또는 원고의 본국에도 관할권을 인정하는 것으로 해석된다.

1. 협의상 국제이혼

국제사법은 이혼의 준거법으로 ① 부부의 동일한 본국법, ② 부부의 동일한 상거소지법, ③ 부부와 가장 밀접한 관련이 있는 곳의 법을 순차 적용하도록 하고 있다. 따라서 이혼의 준거법 소속국에 협의이혼제도가 있는 경우에는 협의이혼을 할 수 있다. 또한 국제사법에서는 부부 중 일방이 대한민국에 상거소지가 있는 대한민국 국민인 경우에 대한민국 법을 이혼의 준거법으로 규정하고 있으므로, 이 경우에는 대한민국 법에 의하여 협의이혼신고를 할 수 있다.

가. 재일동포 남녀가 행위지인 일본국 방식에 의하여 협의이혼신고를 일본 당국에 하고 그 수리증명서를 첨부하여 국내에 이혼신고를 하는 경우에는 그 협의이혼은 수리할 수 없다. 다만 2004. 9. 19.까지 일본 호적관서에서 수리된 협의이혼에 대하여 그 수리증명서를 첨부한 때에는 이를 수리한다.

나. 일본에 거주하는 한국인 남자와 일본인 여자가 행위지인 일본법에 의하여 이혼하고 그 증서(이혼수리증명서 또는 이혼기재가 된 호적등본)를 재외공관을 거치지 않고 부(夫)의 등록기준지 시(구)·읍·면의 장에게 직접 송부하였을 때에도 이를 수리하여야 한다.

다. 외국거주 배우자와의 협의이혼
협의이혼의사확인 신청서는 부부 공동으로 법원에 출석해서 제출하여야 하는 것이 원칙이다. 다만, 부부 중 한쪽이 재외국민이거나 수감자로서 법원에 출석하기 어려운 경우에는 그에 관한 소명자료를 첨부하여 어느 일방만 출석해서 협의이혼의사확인 신청을 할 수도 있다. 이 경우 협의이혼을 하는 상대방이 재외국민인 경우에는 신청서에 재외국민등록부등본을, 수감자인 경우에는 수용증명서를 각각 첨부하여야 하고, 2회분 상당의 송달료도 납부하여야 한다.

라. 외국인과의 협의이혼
부부 중 한쪽이 외국인이거나 양쪽 모두 외국인인 경우 국내 법원에 협의이혼의사확인 신청을 할 수 있는지 여부는 국제사법이 정한 바에 따르게 된다. 부부 중 한쪽이 국내에 상거소가 있는 대한민국 국민인 경우에의 이혼은 대한민국 법에 따른다(국제사법 39조 단서). 따라서 국내에 상거소가 있는 대한민국 국민과 외국인이 협의이혼의사확인 신청을 한 경우에는 국내법이 그대로 적용된다. 여기에서 말하는 상거소란 주소와는 구별되는 개념으로 일정기간 계속해서 거주하는 곳을 말하는데, 외국인등록증이 있고 거소신고가 되어 있다면 대한민국에 상거소가 있는 것으로 볼 수 있을 것이다.

부부 양쪽이 외국인인 경우에는 부부의 동일한 본국법, 동일한 상거소지법, 부부와 가장 밀접한 관련이 있는 곳의 법의 순서대로 적용되므로(같은 조 본문, 37조), 부부의 동일한 상거소지법 또는 부부와 가장 밀접한 관련이 있는 곳의 법으로서 대한민국 법이 준거법이 되는 경우(예를 들면 남편이 미국인, 아내가 일본인으로서 각각 대한민국에 상거소를 두고 있는 경우)에는 국내법에 따른 협의이혼의사확인 신청을 할 수 있을 것이다. 그러나, 당사자의 본국법에서 협의이혼제도를 인정하고 있지 않으면 본국 신분관계등록부의 정리를 위하여 본국법에 따라 다시 이혼절차를 밟아야 하는 불편이 있을 뿐 아니라, 우리 법 소정의 숙려기간, 미성년 자녀에 대한 협의서 등 제출이 외국인에게 상당히 까다롭게 느껴질 수 있다.

이에 서울가정법원에서는 부부의 한쪽 또는 양쪽이 외국인인 경우에는 당사자에게 위와 같은 협의이혼의 취지를 설명하고 조정사건으로 접수하기를 권유하며 조정사건으로 접수되면 양쪽이 외국인인 경우 1주일 이내에 신속하게 기일을 지정하여 통지하고 2~3주 후 조정을 실시한다. 또한, 부부의 한쪽이 외국인인 경우 일반 조정신청사건으로 처리하되, 협의이혼 숙려기간을 고려하여 1개월 후로 기일을 지정하여 통지하고 2~3주 후 조정을 실시한다. 외국인이 이와 같은 조정을 신청하기 위해서는 신분증(여권), 혼인증명서 및 번역문, 통역인이 필요하다. 또한, 조정사건이기 때문에 소정의 송달료를 납입하고 5,000원의 인지를 신청서에 첨부하여야 한다. 내외국인간 조정절차도 기본적으로 외국인간 조정절차와 동일하다. 다만 내국인의 혼인관계증명서, 가족관계증명서 및 주민등록등(초)본을 제출하여야 한다.

이와 같이 재외국민 또는 수감자와 협의이혼을 하기 위하여 당사자 일방만 법원에 출석해서 협의이혼의사확인 신청서를 제출한 경우 가정법원은 관할 재외공관 또는 교도소의 장에게 촉탁하여 상대방의 이혼의사를 확인한다.

마. 외국거주자의 협의이혼

재외국민등록법에 따라 등록된 대한민국 국민은 그 거주지 관할 재외공관의 장에게 협의이혼의사 확인 신청을 할 수 있다. 해당 지역을 관할하는 재외공관이 없는 때에는 인접지역관할 재외공관의 장에게 할 수 있다.

부부 양쪽이 재외국민인 경우에는 두 사람이 함께, 한쪽만 재외국민인 경우에는 그 당사자가 관할 재외공관에 신청할 수 있다. 부부 양쪽이 재외국민으로서 서로 다른 국가에 거주하고 있는 경우에도 한쪽 당사자가 자신의 거주지 관할 재외공관에 신청할 수 있다. 신청을 받은 재외공관의 장은 신청당사자를 출석시켜 진술을 듣고 진술요지서를 작성한 다음, 이를 신청서에 첨부하여 서울가정법원으로 송부한다. 서울가정법원은 그 진술요지서에 의하여 신청당사자의 이혼의사의 존부를 확인할 수 있고, 당사자 한쪽이 재외공관에 신청한 경우에는 국내에 거주하는 상대방을 출석하게 하여 상대방의 이혼의사의 존부를 확인하며, 양쪽이 서로 다른 외국에 거주하여 한쪽이 자신의 거주지 관할 재외공관에 신청한 경우에는 상대방 거주지 관할 재외공관에 상대방의 이혼의사의 확인을 촉탁하게 된다.

한편, 외국 영주권을 가지고 있는 대한민국 국민인 부부가 국내에 거소신고를 한 경우 협의이혼 관할 법원이 서울가정법원인지 국내 거소지를 관할하는 법원인지가 문제되는데, 현재 서울가정 법원에서는 관할지역 이외의 곳에 거소신고를 한 영주권자들의 경우에도 협의이혼의사확인을 해 주고 있다.

2. 재판상 국제이혼

외국법원의 이혼판결은 민사소송법 제217조 소정의 조건을 구비하는 한 우리나라에서도 효력이 있다. 따라서 외국법원의 이혼판결에 의하여 이혼신고를 하는 경우에는 이혼판결등본과 확정증 명서 및 각 번역문을 첨부하여야 한다. 또한 외국법원의 이혼판결이 민사소송법 제217조의 조건을 갖추고 있다면 국내에서 집행판결을 받을 필요가 없다(구선례 2-212). 따라서 외국법원 의 이혼판결문이 첨부된 이혼신고를 접수한 가족관계등록관서는 이혼판결 등을 위하여 외국법원 의 이혼판결이 민사소송법 제217조가 규정한 요건을 구비하였는지 여부를 심사하여 이혼신고의 수리여부를 결정하면 족하다.

민사소송법 제217조 (외국판결의 효력)
외국법원의 확정판결은 다음 각 호의 요건을 모두 갖추어야 효력이 인정된다.
(1) 대한민국의 법령 또는 조약에 따른 국제재판관할의 원칙상 그 외국법원의 국제재판관할 권이 인정될 것
(2) 패소한 피고가 소장 또는 이에 준하는 서면 및 기일통지서나 명령을 적법한 방식에 따라 방어에 필요한 시간 여유를 두고 송달받았거나(공시송달이나 이와 비슷한 송달에 의한 경우를 제외한다) 송달받지 아니하였더라도 소송에 응하였을 것
(3) 그 판결의 효력을 인정하는 것이 대한민국의 선량한 풍속이나 그 밖의 사회질서에 어긋 나지 아니할 것
(4) 상호보증이 있을 것

이혼소송의 한쪽이 외국인이고 다른 한쪽이 대한민국 국민인 경우에는 우리나라 법원에 이혼의 소를 제기할 수 있다. 외국인이 국내에 거소를 가지고 있는 때에는 그 거소를 관할하는 가정법원 이, 아직 국내에 입국하지 않은 때에는 서울가정법원이 관할법원이 되며, 후자의 경우에는 소장을 번역·공증 받아 3부를 추가로 제출하여야 한다.

외국인과 이혼소송에서 혼인 당사자가 국내에 들어오지도 못했으므로 혼인자체가 무효에 해당한 다고 주장하여 혼인무효의 소를 제기하려는 경우가 종종 있다. 그러나 혼인의사를 가지고 혼인신고를 한 이상 혼인무효라고 볼 수는 없다. 그러므로 이때에는 이혼의 소를 제기하여야 한다.

3. 실 무 례

가. 외국인 사이의 이혼소송

원고가 유기되었거나, 피고의 행방불명 기타 이에 준하는 사정이 있는 경우, 또는 피고가 응소하여 그 이익이 부당하게 침해될 우려가 없다고 보이는 경우, 우리나라에 거주하고 있는 외국인을 보호하는 것이 국제사법생활에 있어서의 정의·공평의 이념에 부합한다고 보아 원고의 주소만 우리나라에 있어도 우리나라에 재판 관할권을 인정하고 있다. 이것 외에는 피고의 주소가 우리나라에 있을 것을 요건으로 한다. 즉 외국인간의 이혼소송에 있어서는 위에서 열거하는 예외적인 사정이 없는 한 피고의 주소를 중심으로 재판관할권을 인정하고 있다.

서울가정법원에서는 우리나라에 상거소가 있는 외국인 사이의 가사분쟁에 대하여 피고가 국제재판관할을 다투고 있지 않는 한 판결문에 국제재판관할에 대하여 특별히 설시하지 않고 바로 본안의 당부에 관하여 판단하고 있다.

나. 한국인 사이 또는 한국인과 외국인 사이의 이혼소송

피고의 상거소가 국내에 있거나 피고의 최후주소가 우리나라에 있는 경우에는 우리나라에 재판 관할권을 인정하고 있다. 당사자 쌍방이 한국인이라고 하더라도 피고가 혼인할 때부터 계속 외국에 거주하고 있고 그 거주지도 명백한 경우에는 그가 적극적으로 응소하지 않는 한 우리나라 법원에 재판관할권이 없다고 본다.

그러나 재판권의 행사가 국가의 주권행사의 일종이고 우리나라 국민의 신분관계는 우리나라 주권의 영향 아래 있으며, 국민의 신분을 관리하는 가족관계등록부도 우리나라에서 관리하고 있다는 점, 단순히 가족관계등록부 정리를 위한 소송을 외국의 법원에 제기하라는 것은 절차나 비용면에서 비현실적이고 국민의 권리보호를 지나치게 소홀히 하게 되는 결과에 이른다는 점 등을 이유로 당사자 일방이 우리나라 국민인 경우에는 우리나라에 관할권을 인정하고 있다(법 제39조 단서).

III. 서식

1. 청구취지 기재례

1. 원고와 피고는 이혼한다.
2. 소송비용은 피고의 부담으로 한다.
라는 판결을 구합니다.

2. 서식례

[서식] 이혼청구의 소

소   장

원 고   김 ○ ○ (주민등록번호 :   ) 연락처 :
          생년월일 :
          등록기준지 :
          주   소 :

피 고   마크 ○○ (Mark ○○) (가족관계등록부상 기재 : 마크 ○○)
          최후국내주소 : 불 명
          가족관계등록부상 주소 : 미합중국 오하이오주 ○○시 ○로
                          (36st. ○○○, Ohio, USA)

청 구 취 지

1. 원고와 피고는 이혼한다.
2. 소송비용은 피고의 부담으로 한다.
라는 판결을 구합니다.

청 구 원 인

1. 혼인 경위
원고는 한국인으로 식당 종업원으로 일하던 중 주한 미군인 미합중국 국적의 피고를 만나 혼인 후 2003. ○. ○. 혼인신고를 함으로써 법률상 부부가 되었으며 슬하에 자녀는 없습니다.

2. 재판상 이혼 이유

가. 피고는 원고와 혼인한 후 집에도 잘 들어오지 않고 다른 여자들과 부정한 관계를 일삼다가 혼인한 지 약 10개월 정도 지난 2004. ㅇ월경 원고 몰래 미국으로 떠난 후, 지금까지 연락은커녕 그 행방을 알 수가 없습니다.

나. 원고는 피고가 돌아올 날을 기다리고 기다렸으나 피고는 지금까지도 일체의 연락이 없습니다. 따라서 원고는 가족관계등록부정리를 하고자 민법 제840조 제2호 소정의 이유로 이 건 이혼청구를 합니다.

3. 재판관할권 및 준거법

이 건 이혼청구는 국제사법 제39조의 단서조항, 즉 부부 중 일방이 대한민국에 상거소가 있는 대한민국 국민인 경우에는 이혼은 대한민국 법에 의한다. 는 규정에 따라 원고는 출생 이래 지금까지 계속 영주의 의사로 대한민국에 주소를 가지고 있으므로 대한민국 민법이 준거법이 된다 할 것입니다.

4. 공시송달신청 피고는 2004년경 본국인 미합중국으로 귀국한 것으로 원고는 피고의 미국 주소를 알지 못하고 있고, 가족관계등록부에 기재된 피고의 주소는 불명확하여 그 주소로 송달해도 송달이 불가능한 상태이므로 민법 제179조에 의해 공시 송달하여 주실 것을 신청합니다.

입 증 방 법

1. 갑 제1호증   가족관계증명서
1. 갑 제2호증   폐쇄가족관계등록부에 따른 기본증명서
1. 갑 제3호증   주민등록초본
1. 갑 제4호증   사실 확인서(불거주)
1. 갑 제5호증   혼인관계증명서
1. 갑 제6호증   진술서

첨 부 서 류

1. 소장 부본   1통
1. 위 각 입증방법   각1통
1. 납부서   1통

2015.   1   .
위 원고 김 ○ ○ (인)

서울가정법원   귀중

제7장
상소

1. 의 의

상소는 당사자 또는 소송관계인이 하급심의 미확정종국재판에 대하여 그 취소, 변경을 상급법원에 요구하는 불복신청이다. 상소에는 제1심 종국재판에 대한 불복신청인 항소, 제2심 종국판결에 대한 불복신청인 상고, 결정·명령에 대한 불복신청인 항고, 항고법원의 결정에 대한 불복으로 재항고가 있다. 항고에는 항소에 관한 규정이, 재항고에는 상고에 관한 규정이 준용된다(민소 제443조[100]).

제1심의 법원의 종국판결에 대하여 당사자가 상고할 권리를 유보하고 항소를 하지 아니하기로 합의한 때(비약상고합의)에는(민소 제390조 제1항[101]) 제1심 판결 후에 바로 상고심 법원에 상고할 수 있다.

구분	판결에 대한 불복	결정·명령에 대한 불복		
	항소와 상고	일반항고		특별항고
의의	대법원 ↑ 상고(상고이유有) 제2심 ↑ 항소(부당하면가능) 제1심판결	대법원 ↑ 재항고 제2심 ↑ 최초항고 제1심판결		대법원 ↑ 불복할 수 없는 결정·명령(=확정)
대상	판결에 대한 불복 1. 청구기각·인용 2. 소각하	불복할 수 있는 결정과 명령 소장각하명령, 이송명령이송신청기각결정, 보조참가신청허부결정	기일지정신청기각결정, 수계신청기각결정, 특별대리인선임신청기각결정	불복할 수 없는 결정명령 1. 명문상 불복할 수 없는 것 : 기피결정 2. 해석상 불복할 수 없는 것 : 부재자재산관리인 선임결정
기간	판결송달부터 2주일 내	재판고지 후 1주일	항고이익이 있는 한	재판고지 후 1주일
이유	일반적 상고이유 절대적 상고이유 재심사유			재판에 영향이 있는 헙법위반 등을 이유로 한다.

---

100) 민사소송법 제443조(항소 및 상고의 절차규정준용) ① 항고법원의 소송절차에는 제1장의 규정을 준용한다.
　　② 재항고와 이에 관한 소송절차에는 제2장의 규정을 준용한다.
101) 민사소송법 제390조(항소의 대상) ① 항소는 제1심 법원이 선고한 종국판결에 대하여 할 수 있다. 다만, 종국판결 뒤에 양 쪽 당사자가 상고할 권리를 유보하고 항소를 하지 아니하기로 합의한 때에는 그러하지 아니하다.
　　② 제1항 단서의 합의에는 제29조 제2항의 규정을 준용한다.
　　제29조(합의관할) ① 당사자는 합의로 제1심 관할법원을 정할 수 있다.
　　② 제1항의 합의는 일정한 법률관계로 말미암은 소에 관하여 서면으로 하여야 한다.

2. 구 별

상소는 미확정재판에 대한 불복이므로 확정재판에 대한 비상적 불복방법인 재심(민소 제451조[102])이나 준재심의 소(민소 제461조[103]), 불복할 수 없는 결정·명령에 대한 특별항고(민소 제449조[104])와 다르다. 또한 상소는 상급법원에 불복하는 것이므로 동일 심급 안에서의 불복신청인 각종 이의, 예를 들면 재판장·수명법관의 재판에 대한 이의(민소 제138조[105]), 화해권고결정에 대한 이의(민소 제226조[106]), 지급명령에 대한 이의(민소 제469조 제2항[107]), 가압

---

102) 민사소송법 제451조(재심사유) ① 다음 각호 가운데 어느 하나에 해당하면 확정된 종국판결에 대하여 재심의 소를 제기할 수 있다. 다만, 당사자가 상소에 의하여 그 사유를 주장하였거나, 이를 알고도 주장하지 아니한 때에는 그러하지 아니하다.
   1. 법률에 따라 판결법원을 구성하지 아니한 때
   2. 법률상 그 재판에 관여할 수 없는 법관이 관여한 때
   3. 법정대리권·소송대리권 또는 대리인이 소송행위를 하는 데에 필요한 권한의 수여에 흠이 있는 때. 다만, 제60조 또는 제97조의 규정에 따라 추인한 때에는 그러하지 아니하다.
   4. 재판에 관여한 법관이 그 사건에 관하여 직무에 관한 죄를 범한 때
   5. 형사상 처벌을 받을 다른 사람의 행위로 말미암아 자백을 하였거나 판결에 영향을 미칠 공격 또는 방어방법의 제출에 방해를 받은 때
   6. 판결의 증거가 된 문서, 그 밖의 물건이 위조되거나 변조된 것인 때
   7. 증인·감정인·통역인의 거짓 진술 또는 당사자신문에 따른 당사자나 법정대리인의 거짓 진술이 판결의 증거가 된 때
   8. 판결의 기초가 된 민사나 형사의 판결, 그 밖의 재판 또는 행정처분이 다른 재판이나 행정처분에 따라 바뀐 때
   9. 판결에 영향을 미칠 중요한 사항에 관하여 판단을 누락한 때
   10. 재심을 제기할 판결이 전에 선고한 확정판결에 어긋나는 때
   11. 당사자가 상대방의 주소 또는 거소를 알고 있었음에도 있는 곳을 잘 모른다고 하거나 주소나 거소를 거짓으로 하여 소를 제기한 때
   ② 제1항 제4호 내지 제7의 경우에는 처벌받을 행위에 대하여 유죄의 판결이나 과태료부과의 재판이 확정된 때 또는 증거부족 외의 이유로 유죄의 확정판결이나 과태료부과의 확정재판을 할 수 없을 때에만 재심의 소를 제기할 수 있다.
   ③ 항소심에서 사건에 대하여 본안판결을 하였을 때에는 제1심 판결에 대하여 재심의 소를 제기하지 못한다.
103) 민사소송법 제461조(준재심)
   제220조의 조서 또는 즉시항고로 불복할 수 있는 결정이나 명령이 확정된 경우에 제451조 제1항에 규정된 사유가 있는 때에는 확정판결에 대한 제451조 내지 제460조의 규정에 준하여 재심을 제기할 수 있다.
104) 민사소송법 제449조(특별항고)① 불복할 수 없는 결정이나 명령에 대하여는 재판에 영향을 미친 헌법위반이 있거나, 재판의 전제가 된 명령·규칙·처분의 헌법 또는 법률의 위반여부에 대한 판단이 부당하다는 것을 이유로 하는 때에만 대법원에 특별항고를 할 수 있다.
   ② 제1항의 항고는 재판이 고지된 날부터 1주 이내에 하여야 한다.
   ③ 제2항의 기간은 불변기간으로 한다.
105) 민사소송법 제138조(합의부에 의한 감독)
   당사자가 변론의 지휘에 관한 재판장의 명령 또는 제136조 및 제137조의 규정에 따른 재판장이나 합의부원의 조치에 대하여 이의를 신청한 때에는 법원은 결정으로 그 이의신청에 대하여 재판한다.
106) 민사소송법 제226조(결정에 대한 이의신청) ① 당사자는 제225조의 결정에 대하여 그 조서 또는 결정서의 정본을 송달받은 날부터 2주 이내에 이의를 신청할 수 있다. 다만, 그 정본이 송달되기 전에도 이의를 신청할 수 있다.

류·가처분에 대한 이의(민집법 제283조[108], 제301조[109]) 등과 다르다.

3. 상소의 목적과 상급심의 성격

하급심 재판에 오류가 있는 경우 상소를 통하여 상급심 법원의 다른 법관에 의하여 재심사를 받도록 함으로써 오판을 시정하여 적정한 재판을 도모하고 대법원을 정점으로 하여 법령의 해석과 적용의 통일을 달성하려는 것이다. 우리나라의 상소제도는 대륙법계의 제도를 받아들여 제1심과 제2심은 사실심으로, 제3심은 법률심으로 하였다. 즉 항소심은 제1심 재판에 대하여 사실인정과 법률적용의 양면에서 심리하는 사실심이지만 상고심은 법률적용만을 심리하는 법률심이다.

II. 항소

1. 의의 및 구조

가. 의의

항소란 지방법원 단독판사 또는 합의부의 제1심 종국판결에 대하여 사실인정의 부당이나 법령위반을 이유로 하여 제2심 법원(항소법원)에 하는 불복신청이다(민소 제390조). 이 점에서 법령위반만을 상고이유로 하는 상고와 구별된다. 불복신청인은 항소인, 상대방은 피항소인이라고 한다.

나. 우리 민사소송법상 항소심구조(속심제)

제2심에서 제1심의 소송자료와 상관없이 독자적으로 새롭게 소송자료를 수집하여 이를 기초로 하여 다시 심판을 하는 구조인 복심제와 제2심에서는 새롭게 소송자료를 제출할 수 없는 것을 원칙으로 하여 제1심에서 제출된 소송자료만을 기초로 심사하는 사후심사제와 달리 우리 민사소송법상 항소심은 제1심의 소송자료를 기초로 하고 여기에 항소심

---

② 제1항의 기간은 불변기간으로 한다.
107) 민사소송법 제469조(지급명령의 송달) ① 지급명령은 당사자에게 송달하여야 한다.
　　② 채무자는 지급명령에 대하여 이의신청을 할 수 있다.
108) 민사소송법 제283조(가압류결정에 대한 채무자의 이의신청) ① 채무자는 가압류결정에 대하여 이의를 신청할 수 있다.
　　② 제1항의 이의신청에는 가압류의 취소나 변경을 신청하는 이유를 밝혀야 한다.
　　③ 이의신청은 가압류의 집행을 정지하지 아니한다.
109) 민사소송법 제301조(가압류절차의 준용)
　　가처분절차에는 가압류절차에 관한 규정을 준용한다. 다만, 아래의 여러 조문과 같이 차이가 나는 경우에는 그러하지 아니하다.

에서 새롭게 소송자료를 수집하여 항소심 변론종결시를 기준으로 제1심의 판결의 당부를 심사하는 속심제이다.

2. 요건

항소요건이란 항소의 적법요건으로서 항소가 본안심리를 받기위해 갖추어야 할 요건이다. 항소요건으로는

    i) 항소의 대상적격이 있을 것

    ii) 법원의 항소제기 방식을 갖추고 항소기간을 준수 했을 것

    iii) 항소이익이 있을 것

    iv) 항소의 당사자 적격이 있을 것

    v) 항소권포기, 불항소의 합의가 없을 것

등이 필요하다.

3. 항소의 제기

가. 항소제기 방식

1) 항소장 제출

가) 항소는 판결서가 송달된 날부터 2주 이내에 하여야 하지만 판결서가 송달되기 전에도 가능하다(민소 제396조[110]). 2주 기간은 불변기간이다. 따라서 법원이 임의로 기간을 늘이거나 줄일 수는 없고 다만 주소나 거소가 멀리 떨어진 곳에 있는 사람을 위하여 부가기간을 정할 수 있을 뿐이다(민소 제172조 제2항[111]). 그러나 당사자가 책임질 수 없는 사유로 항소기간을 준수할 수 없었을 경우에는 항소의 추후보완 신청이 가능하다(민소 제173조[112]). 위 2주의 기간은 제1심 판결이 송달된 다음날부

---

110) 민사소송법 제396조(항소기간) ① 항소는 판결서가 송달된 날부터 2주 이내에 하여야 한다. 다만, 판결서 송달 전에도 할 수 있다.

    ② 제1항의 기간은 불변기간으로 한다.

111) 민사소송법 제172조(기간의 신축, 부가기간) ① 법원은 법정기간 또는 법원이 정한 기간을 늘이거나 줄일 수 있다. 다만, 불변기간은 그러하지 아니하다.

    ② 법원은 불변기간에 대하여 주소 또는 거소가 멀리 떨어진 곳에 있는 사람을 위하여 부가기간을 정할 수 있다.

    ③ 재판장·수명법관 또는 수탁판사는 제1항 및 제2항의 규정에 따라 법원이 정한 기간 또는 자신이 정한 기간을 늘이거나 줄일 수 있다.

112) 민사소송법 제173조(소송행위의 추후보완) ① 당사자가 책임질 수 없는 사유로 말미암아 불변기간을 지킬 수 없었던 경우에는 그 사유가 없어진 날부터 2주 이내에 게을리 한 소송행위를 보완할 수 있다. 다만, 그 사유가 없어질 당시 외국에 있던 당사자에 대하여는 이 기간을 30일로 한다.

    ② 제1항의 기간에 대하여는 제172조의 규정을 적용하지 아니한다.

터 기산하여 기간의 말일의 종료(그 날 24:00)로써 만료된다. 기간의 말일이 일요일 기타의 휴일 등 공휴일에 해당하는 경우에는 그 다음날의 종료로써 만료된다(민소 제170조[113]).

나) 공동소송에 있어서 항소기간은 통상의 공동소송은 각 당사자 별로 항소기간(2주)의 도과 여부를 판단하지만, 필요적 공동소송 및 공동소송참가에서는 공동소송인은 전원의 항소기간이 도과하여야 하기 때문에 공동소송인 중 가장 나중에 판결문을 송달받은 자를 기준으로 항소기간을 정한다.

다) 청구의 일부에 관한 재판을 유탈한 때에 하는 추가판결의 경우에는 최초의 판결과 추가판결의 항소기간은 각별로 진행한다.

라) 판결의 경정이 있더라도 항소기간은 판결이 송달된 때로부터 기산하고 경정 결정의 송달 시로부터 기산하는 것은 아니다(대판 1982. 10. 12. 82다498).

마) 항소는 항소장을 제출함으로서 한다(민소 제397조 제1항[114]). 우편제출 및 전자문서로도 가능하다. 다만 그 항소장에는 소정의 인지를 첨부하여야 하고 상대방 수의 부본을 제출하여야 한다.

2) 원심법원제출주의

항소는 항소장을 제1심 법원에 제출함으로써 한다(민소 제397조 제1항). 원심법원제출주의를 위반하여 다른 법원(예를 들어 2심법원)에 제출한 경우에 상소가 무효라는 견해도 있지만 통설은 이때도 항소의 효력이 있다고 보고 제34조 제1항에 따라 원심법원에 이송하는 것이 타당하다고 본다. 그러나 판례나 실무에서는 이러한 심급관할 위반의 상소에 대해 이송이 아닌 원심에 기록송부로 처리하는 경우가 많으며 이 경우에 상소기간 준수여부는 통설과 같이 다른 법원(2심법원)에 항소장을 제출할 때가 아니라 다른 법원(2심법원)에서 원심에 기록송부된 때를 기준으로 하기 때문에(대판 1992. 4. 15. 92마146결정) 기간이 도과 하지 않도록 주의 하여야 한다.

3) 항소심의 인지

항소심의 인지액은 제1심 소장의 1.5배이다. 항소장에 붙일 인지액의 산정은 불복신청한 부분의 소송물가액을 표준으로 하여 정한다(예를 들어 1심에서 3억을 청구 했지만 2억

---

113) 민사소송법 제170조(기간의 계산)
    기간의 계산은 민법에 따른다.
114) 민사소송법 제397조(항소의 방식, 항소장의 기재사항) ① 항소는 항소장을 제1심 법원에 제출함으로써 한다.
    ② 항소장에는 다음 각호의 사항을 적어야 한다.
    1. 당사자와 법정대리인
    2. 제1심 판결의 표시와 그 판결에 대한 항소의 취지

원만 인정되고 1억 원은 기각되어 원고가 1억 원에 대해 항소를 하는 경우 1억 원을 기준으로 인지액을 산정한다). 즉 1심에서 일부 패소한 경우 그 패소 부분에 대한 항소 또는 전부 패소한 경우 그 중 일부에 대한 항소에 있어 항소장에 붙일 인지액의 산정은 항소에 의하여 불복을 신청한 부분을 표준으로 한다. 그러나 이자 또는 지연손해금과 같이 부대청구가 되는 부분은 소송목적의 값에 포함되지 않고 다만 이를 독립하여 항소하는 경우에만 독립된 소송물로써 소송 목적의 값에 포함된다(대결 1962. 10. 18. 62라11 결정).

나. 항소장의 기재상항

1) 필요적 기재사항

가) 당사자와 법정대리인

항소장에는 당사자와 그 상대방인 피항소인의 이름과 법정대리인을 적어야 한다. 원고가 항소를 하는 경우에는 원고가 '항소인', 피고가 '피항소인'이 되지만, 피고가 항소를 하는 경우에는 피고가 '항소인' 원고가 '피항소인'이 된다. 다만 이 경우 누가 항소를 하든지 원·피고인의 지위에는 변동이 없다. 항소장의 송달을 위해 주소도 표시하여야 하고 주소가 변경된 경우에는 변경된 주소도 기재하여야 한다.

나) 제1심판결의 표시

제1심판결의 표시는 어떤 판결에 대하여 항소를 하는가를 명백히 하기 위한 것이므로 다른 판결과 구별할 수 있을 정도로 표시하면 된다. 보통 1심 법원명, 사건번호, 사건명, 선고일자, 주문 등을 기재하고 있다.

다) 판결에 대한 항소의 취지

항소장에는 제1심 판결의 표시뿐만 아니라 그 판결에 대한 항소의 취지를 적어야 한다(민소 제397조 제2항). 이러한 불복신청의 범위는 명확히 기재할 필요는 없고 다만 어떤 항소 취지인지를 인식할 수 있는 정도면 충분하다(대판 88다카30214)[115].

2) 임의적 기재사항

가) 항소장에는 항소이유를 기재하여도 좋지만 항소이유가 항소장의 필요적 기재사항은 아니므로 즉 항소이유(불복이유)는 임의적 기재사항이다, 나중에 준비서면으로 항소이유서를 제출하여도 무방하다. 다만 항소이유서 제출기간에 대하여는 별도의 제한이 없지만, 항소이유도 기재하지 아니한 채 항소장만 제출하여 놓고 제때에 항소이

---

115) 실무에서는 인지액 등을 납부해야 하므로 항소장에 불복하는 범위를 명확하게 기재 하도록 하고 있다.

유서를 제출하지 아니하면 항소가 기각되는 불이익이 따를 수 있다.

나) 항소장에는 준비서면에 관한 규정을 준용하므로(민소 제398조[116]), 항소이유를 기재하면 준비서면을 겸하게 된다. 따라서 항소장에 새로운 공격 또는 방어의 방법을 주장할 수도 있고 제1심에서의 상대방의 공격 또는 방어의 방법에 대한 진술을 기재하여 제출할 수도 있다. 보통 이러한 것들을 항소이유라고 기재하고 있으나 이것은 항소장의 필수적 기재사항은 아니므로 소송의 진행 중에 준비서면으로 제출하여도 무방하다. 즉 항소가 제기되면 제1심 판결의 확정이 차단되고 사건이 제2심으로 이심되는 효력이 발생한다. 항소심법원은 항소장에 항소이유가 구체적으로 기제 되어 있으면 이는 준비서면에 해당하므로 준비명령을 피항소인에게 송달하면서 반박 준비서면을 제출하도록 최고하지만 항소장에 항소이유가 기재되어 있지 않으면 기록을 접수 받은 후 지체 없이 항소인에게 석명준비명령을 송달하여 준비서면(항소이유서)을 기한 내 제출하도록 최고한다.

다) 항소인은 항소의 취지를 분명하게 하기 위하여 항소장 또는 항소심에서 처음 제출하는 준비서면에 i) 제1심 판결 중 사실을 잘못 인정한 부분 또는 법리를 잘못 적용한 부분, ii) 항소심에서 새롭게 주장할 사항, iii) 항소심에서 새롭게 신청할 증거와 그 입증취지, iv) 제2호와 제3호에 따른 주장과 증거를 제1심에서 제출하지 못한 이유를 적어야 한다(규칙 126조의2). 다만 이러한 임의적 기재상항은 기재하지 않아도 항소를 각하해서는 안된다.

4. 부대항소

> **민사소송법 제403조(부대항소)**
> 피항소인은 항소권이 소멸된 뒤에도 변론이 종결될 때까지 부대항소를 할 수 있다.
>
> **제404조(부대항소의 종속성)**
> 부대항소는 항소가 취하되거나 부적법하여 각하된 때에는 그 효력을 잃는다. 다만, 항소기간 이내에 한 부대항소는 독립된 항소로 본다.
>
> **제405조(부대항소의 방식)**
> 부대항소에는 항소에 관한 규정을 적용한다.

---

116) 민사소송법 제398조(준비서면규정의 준용)
    항소장에는 준비서면에 관한 규정을 준용한다.

가. 의 의

부대항소는 피항소인이 상대방의 항소에 의하여 개시된 항소심절차에 편승해서 원판결에 대한 불복을 주장하여 항소심의 심판범위를 자기에게 유리하게 확장시키는 신청을 말한다. 이를 인정하는 이유는 항소인의 항소심에서의 항소범위의 확장에 대응하여 항소권이 소멸된 피항소인에게도 부대항소를 허용함이 공평의 원칙에 부합하고, 소송경제를 도모하기 위해서이다.

나. 요건

1) 주된 항소의 적법한 계속

부대항소가 제기되려면 상대방과의 사이에 주된 항소가 적법하게 계속되어 있어야 한다.

2) 부대항소의 당사자

부대항소는 주된 항소의 피항소인으로부터 항소인에 대하여 제기되는 것이 원칙이므로 주된 항소의 피항소인 또는 보조참가인이 항소인을 상대로 제기하여야 한다(민소 제403조).

3) 부대항소의 이익

주된 항소의 상대방도 역시 항소를 제기하였을 경우에는 부대항소의 이익이 없다. 이 경우에는 불복신청의 범위를 확장하여 그 목적을 달상할 수 있으므로 당사자 쌍방이 모두 주된 항소를 제기한 경우에는 그 일방은 상대방의 항소에 대해 부대항소를 할 수 없다.

4) 시기

부대항소는 항소기간(판결문 송달일로부터 14일)의 제한을 받지 않으므로 주된 항소심 변론종결전이면 제기가 가능하다.

5) 부대항소권의 포기가 없을 것

피항소인은 부대항소권을 포기하지 아닌 한 자기의 항소권을 포기하거나 항소기간의 도과로 소멸된 경우에도 부대항소를 제기할 수 있다. 부대항소를 취하하였더라도 변론종결에 이르기까지 거듭 부대항소를 할 수 있다.

다. 부대항소의 제기 방식

1) 부대항소장의 제출

방식은 항소에 관한 규정에 의한다(민소 제405조). 부대항소장은 항소기록이 항소법원에 송부되기 전에는 제1심 법원에, 그 후에는 항소법원에 제출하여야 한다. 원칙적으로 부대항소장을 제출하여야 하지만 그 신청을 변론에서 구술로 진술하여도 상대방이 이의권을 포기하면 적법한 제기로 볼 수 있다.

2) 부대항소장의 기재사항

부대항소장에는 민사소송법 제397조 제2항에 따라 당사자와 법정대리인, 그리고 제1심 판결의 표시 및 그 판결에 대한 항소에 부대하여 항소하는 취지를 기재하여야 하고 항소장에 준하는 인지를 붙여야 한다. 판례는 부대항소장을 제출하지 않고 청구취지확장서, 반소장을 제출한 때에도 그것이 상대방에게 불리하게 되는 한도에서 부대항소를 한 것으로 의제하여야 한다고 판시하고 있다(대판 1979. 8. 31. 79다892).

3) 인지액

부대항소장에도 항소장과 마찬가지로 제1심 판결의 취소를 구하는 한도에서 소장에 붙인 인지액의 1.5배의 인지를 붙인다.

라. 효력

1) 항소심의 심판범위의 확장

부대항소에 의하여 항소심법원의 심판범위가 확장되면 피항소인의 불복의 당부도 심판되게 된다.

2) 부대항소의 종속성

부대항소는 상대방의 항소에 편승한 것이므로 주된 항소가 취하 또는 각하된 때에는 그 효력을 잃는다(민소 제404조) 이를 부대항소의 종속성 또는 부대성이라 한다.

3) 부대항소의 의제

제1심에서 전부승소한 원고가 항소심 계속 중 그 청구취지를 확장·변경할 수 있는 것이고 그것이 피고에게 불리하게 하는 한도 내에서는 부대항소를 한 취지로도 볼 수 있는바(대법원 1995. 6. 30 선고 94다58261), 1심에서 원고가 전부승소하고 피고만이 항소를 제기하였는데, 원고가 청구취지를 확장하는 경우에는 형식적으로 부대항소의 방식을 취하지 않더라도 부대항소한 것으로 의제된다.

5. 추완항소

> **민사소송법 제173조(소송행위의 추후보완)** ① 당사자가 책임질 수 없는 사유로 말미암아 불변기간을 지킬 수 없었던 경우에는 그 사유가 없어진 날부터 2주 이내에 게을리 한 소송행위를 보완할 수 있다. 다만, 그 사유가 없어질 당시 외국에 있던 당사자에 대하여는 이 기간을 30일로 한다.
> ② 제1항의 기간에 대하여는 제172조의 규정을 적용하지 아니한다.

원래 제1심 판결문을 송달받으면 그로부터 2주 이내에 항소를 제기하지 아니하면 그 판결은 확정되어 더 이상 다툴 수 없게 되는 것이 원칙이다. 그런데, 당사자가 외국에 나가 있었다든가, 천재지변의 발생 또는 상대방이 허위의 주소를 기재하여 판결을 편취하는 등으로 말미암아 본인이 책임질 수 없는 사유로 이러한 불변기간을 지키지 못한 경우가 있을 수 있다. 이러한 경우에는 그 사유가 없어진 날부터 2주(외국에 있었던 당사자는 30일)이내에 항소를 제기할 수 있는데, 이를 추완항소라고 한다(민소법 173조).[117]

6. 서식

가. 청구취지 기재례

1) 전부패소의 경우

> 원심판결을 취소한다.

2) 일부패소의 경우

> 원심판결 중 원고가 패소한 부분을 취소한다.

---

117) 제173조(소송행위의 추후보완) ① 당사자가 책임질 수 없는 사유로 말미암아 불변기간을 지킬 수 없었던 경우에는 그 사유가 없어진 날부터 2주 이내에 게을리 한 소송행위를 보완할 수 있다. 다만, 그 사유가 없어질 당시 외국에 있던 당사자에 대하여는 이 기간을 30일로 한다.
②제1항의 기간에 대하여는 제172조의 규정을 적용하지 아니한다.

나. 서식례

[서식] 항소장

항 소 장

원고(항 소 인)   김 ○ ○(761011-1231567)
　　　　　　　　　서울시 ○○구 ○○동 1234-567

피고(피항소인)   정 ○ ○(540631-1627813)
　　　　　　　　　서울 ○○구 ○○동 679-21(T.010-123-4567)

위 당사자간 서울○○법원 2016느단1234 ○○ 청구사건에 관하여 동 법원에서 2016. 1. 10. 원고 패소판결을 선고 하였는 바, 원고는 이에 불복이므로 다음과 같이 항소를 제기합니다(판결 정본은 20○○. ○. ○. 송달 받았습니다).

원판결의 표시

1. 원고와 피고는 이혼한다.
2. 원고의 위자료 청구를 기각한다.
3. 재산분할로,
가. 피고는 원고에게 577,000,000원 및 이에 대하여 이 판결 확정일 다음날부터 다 갚는 날까지 연 5%의 비율로 계산한 금원을 지급하고,
나. 원고는 피고에게 이 판결 확정일 다음날부터 원고 또는 피고가 사망하기 전날까지 원고가 매월 지급받는 군인연금액(퇴역연금 및 상이연금)의 50%에 해당하는 금원을 매월 말일에 지급하라.
4. 소송비용 중 30%는 원고가, 나머지는 피고가 각 부담한다.

항소취지

1. 원판결 중 제1항을 제외한 나머지 부분을 취소한다.
2. 피고는 원고에게 위자료로 금 30,000,000원 및 이에 대하여 이 사건 소장부본 송달일 다음날부터 다 갚는 날까지 연 20%의 비율로 계산한 금원을 지급하라.
3. 피고는 원고에게 재산분할로 1,297,937,109원 및 이에 대하여 이 판결 확정일 다음날부터 다 갚는 날까지 연 20%의 비율로 계산한 금원을 지급하라.
4. 소송비용은 1, 2심 모두 피고가 부담한다.
라는 판결을 구합니다.

항 소 이 유

추후에 준비서면으로 제출하겠습니다.

첨 부 서 류

    1. 영수필확인서   1통
    1. 송달료납부서   1통
    1. 항소장 부본   1통

2016. 1.   .

위 원고(항소인) 김 ○ ○ (인)

서울가정법원 귀중

■ 작성·접수방법

1. 인지액은 불복하는 금액을 기준으로 해서 1심 인지액의 1.5배이다.

[서식 35] 부대항소장

부대항소장

사 건	2013드단000(본소) 이혼 등
	2013드단000(반소) 이혼 등
부대항소인(피고, 피항소인)	박00
	주소: 안양시 만안구 00
	부대항소인소송대리인 법무법인 00
	담당변호사 00
	서울 서초구 00
부대피항소인(원고, 항소인)	전00
	주소: 안양시 만안구 00

위 사건에 관하여 부대항소인(피고, 피항소인)은 위 항소에 부대하여 위 항소사건의 제1심 판결(수원지방법원 안양지원 2015. 1. 2. 선고) 가운데 피고패소부분에 대하여 불복이므로 부대항소를 제기합니다.

원판결의 표시

1. 본소에 의하여 원고(반소피고)와 피고(반소원고)는 이혼한다.

2. 피고(반소원고)는 원고(반소피고)에게 위자료로 15,000,000원 및 이에 대하여 2013. 6. 6.부터 2015. 1. 2.까지는 연 5%의, 그 다음날부터 다 갚는 날까지는 연 20%의 각 비율에 의한 금원을 지급하라.

3. 원고(반소피고)의 본소 나머지 위자료 청구, 피고(반소원고)의 반소 이혼 청구 및 위자료 청구를 모두 기각한다.

4. 피고(반소원고)는 피고(반소피고)에게 재산분할로 79,000,000원 및 이에 대하여 이 판결 확정일 다음날부터 다 갚는 날까지 연 5%의 비율에 의한 금원을 지그하라.

5. 소송비용은 본소와 반소를 합하여 그 중 35%는 원고(반소피고)가, 나머지는 피고(반소원고)가 각 부담한다.

6. 제2항은 가집행할 수 있다.

부대항소취지

1. 원심판결 중 피고의 패소부분을 취소한다.
2. 소송비용은 제1, 2심 모두 원고가 부담한다.
3. 위 제2항은 가집행 할 수 있다.
라는 판결을 구합니다.

부대항소이유

추후 제출하고자 합니다.

2015.   1.
부대항소인(피고, 반소원고) 소송대리인 법무법인 00
담당변호사 00

수원지방법원 가사 항소부   귀 중

부 대 항 소 장

사   건   2014 가단 1234 보증금

부 대 항 소 인   이 ○ ○

(피항소인,원고)   서울 구로구 구로본동 123

부대 피항소인   ○○해상화재보험 주식회사

(항소인, 피고)   서울 종로구 계동 1456

               대표이사 김 ○ ○

위 당사자 간 서울고등법원 2005나 1195 손해배상(자)청구 항소사건에 관하여 원고(피항소인겸 부대항소인)는 위 항소에 부대하여 동 항소사건의 제1심(서울중앙지방법원 2003가단 258207)에서 2004. 12. 8. 선고된 판결 중 원고(피항소인겸 부대항소인)의 패소부분은 불복이므로 항소를 제기합니다.

부 대 항 소 취 지

1. 원판결 중 부대항소인(피항소인, 원고) 패소부분을 취소한다.
2. 부대피항소인은 부대항소인에 대하여 금71,756,404원 및 이에 대한 2003.   2. 17.부터 2004. 12. 8.까지는 연 5%의, 그 다음날부타 완제일까지는 연   20%의 각 비율에 의한 금원을 지급하라.
3. 소송비용은 부대피항소인의 부담으로 한다.
4. 위 제2항은 가집행할 수 있다.
라는 판결을 구합니다.

부 대 항 소 이 유

1. 원심에서 적용한 원고 이○○의 후유장해 및 가동능력 상실률

    원심에서는 원고 이○○의 후유장해 및 가동능력 상실률을 적용함에 있어 요추부 통증 등으로 인한 5년간 32%의 한시 장해로 평가하였습니다.

    그러나 위 원고의 후유장해 및 가동능력 상실률의 평가는 원심에서 최초의 감정기관인 순천향대학교 의과대학 부속병원의 신경외과 전문의 최○○의 감정결과와 재감정기관인 이대목동병원 신경외과 전문의 조○○의 감정결과가 모두 영구장해로 평가되었음에도 불구하고, 위 두 전문기관의 평가를 모두 무시한 원심의 임의적인 적용이었으므로, 원심

판결은 부당하다 하겠습니다.

원심에서 위와 같이 판단한 주요인은, 원고 이ㅇㅇ이 과잉진료로 인하여 병세가 악화된 것이라는 피고측의 주장을 인정한 것이라 할 것입니다. 그러나 상식적으로 보더라도 의학적인 식견을 갖추고 있지 않은 일반환자가 불필요한 진료를 전문의에게 강권할 수는 없는 것이며, 사고부위의 고통이 격심한 원고에게 전문의가 수술을 권유하였고 원고는 조금이라도 고통으로부터 벗어나기 위하여 수술을 받았던 것인 바, 비록 원고 이ㅇㅇ의 후유장해 및 가동능력 상실률에 있어 병세가 악화되는데 과잉진료가 결정적인 역할을 하였다고 하여도 이는 피고와 위 전문의간의 구상에 관한 문제인 것이지 결코 원고 이ㅇㅇ에게 이에 대한 과실을 전가시킬수는 없는 것입니다.

2. 원고 이ㅇㅇ의 손해배상책임의 범위
  가. 일실수익
  (1) 기초사실
  ① 성별: 남자
  ② 생년월일: 1960. 11. 21.
  ③ 사고발생일: 2003. 2. 17.
  ④ 연령(사고당시): 42세 2개월 27일
  ⑤ 기대여명: 32.94년
  ⑥ 직업 및 경력: 5-9년차 자동차운전사(갑제14호증 국민연금정보자료 통지서 참조)

  (2) 기초소득 및 정년
    위 원고가 사고일인 2003. 2. 17.부터 60세가 될 때까지 17년 9개월(213개월)간 위 원고의 거주지에서 택시기사로 근무하였을 것인 바, 2002년 노동부 발행 임금구조 기본통계조사보고서상의 자동차운전사 5-9년의 수입인 매월 금1,605,306원을 가득할 수 있었다 할 것입니다.

  (3) 후유장애 및 가동능력상실율
    위 원고는 이 사건 사고로 인하여 사고일인 2003. 2. 17.부터 동년 3. 26.까지(38일간) 서울 관악구 신림ㅇㅇ동 ㅇㅇ의 ㅇㅇ 소재 ㅇㅇ의원에서, 2003. 3. 26.부터 동년 6. 17.까지(84일간) 서울 ㅇㅇ구 ㅇㅇ동 소재 ㅇㅇ정형외과의원에서, 2003. 6. 17.부터 동년 7. 14.까지(27일간) 서울 ㅇㅇ구 ㅇㅇ동 ㅇㅇ의 2 ㅇㅇ빌딩 5,6층 소재 ㅇㅇ신경외과의원에서, 2003. 7. 14.부터 2004. 2. 14.까지(216일간) 서울 ㅇㅇ구 ㅇㅇ동 706의 2 소재 ㅇㅇ정형외과의원에서 각 입원치료를 받았습니다.
    또한 ㅇㅇ병원 신경외과 전문의 ㅇㅇ재의 위 원고에 대한 최종신체감정서에 의하면, 위 원고는 사고시부터 32%만큼의 가동능력상실이 있다고 하므로 그에 상응한 가동능력상실율은 아래와 같습니다.

① 사고일인 2003. 2. 17.부터 입원치료기간중인 2004. 2. 14.까지는 100%

② 그 이후부터 가동 종료일인 2020. 11. 20.까지는 32%

(4) 기간 및 계산

① 2003. 2. 17.부터 동년 2004. 2. 14.까지

1,605,306원×11.6858×100%= 18,759,284원

② 2004. 2. 14.부터 2020. 11. 20.까지

1,605,306원×(152.2259-11.6858)×32%= 72,195,157원

③ 합계(①+②): 90,954,441원

나. 기왕치료비

원심에서 인정한 금18,988,470원을 그대로 인용합니다.

다. 향후치료비

원심에서 인정한 반흔교정술비용 금3,322,615원, 금속제거술비용 금699,504원, 합계 금4,022,119원을 그대로 인용합니다.

라. 위자료

이 사건 사고로 직접적인 피해자인 원고 이○○은 육체적 고통 이외에도 상당한 정신적 고통을 받았을 것이므로, 이 사건에 나타난 제반사정을 고려하면 위자료로 피고는 원고 이○○에게 금10,000,000원을 지급함이 상당하다 할 것입니다.

마. 소결론

그렇다면 피고는 원고 이○○에게 금123,965,030원(일실수익 금90,954,441원+기왕치료비 금18,988,470원+향후치료비 금4,022,119원+위자료 금10,000,000원)을 지급할 의무가 있다할 것입니다.

3. 원고 이○○에 대하여 원심에서 인정한 금액

원심에서는 원고 이○○에 대한 손해배상금으로 금52,208,626원만을 인정하였습니다.

4. 항소의 범위

그러므로 원 판결중 부대항소인(피항소인겸 원고)의 패부부분을 취소하고, 부대피항소인은 부대항소인에게 금71,756,404원(123,965,030원-52,208,626원) 및 이에 대한 2003. 2. 17.부터 2004. 12. 8.까지는 민법 소정의 연 5%, 그 다음날부터 갚는 날까지는 소송촉진등에관한특례법 소정의 연 20%의 각 비율에 의한 지연손해금을 지급할 의무가 있다 할 것입니다.

첨 부 서 류

1. 부대항소장부본   1 통
1. 납부서   1 통

2014.   1   .

위 부대항소인(피고)   이 ○ ○   (인)

수원지방법원   귀중

■   작성 · 접수방법

1. 방식은 항소에 관한 규정에 의한다(법 405조). 원칙적으로 부대항소장을 제출하여야 하지만 그 신청을 변론에서 구술로 진술하여도 상대방이 이의권을 포기하면 적법한 제기로 볼 수 있다.따라서 부대항소장과 상대방수 만큼의 부본을 법원에 제출한다.

[서식] 추완항소장

추 완 항 소 장

사   건   2014 가단 1234 보증금
항 소 인(피고)   배 ○ ○(760431-1234567)
                  서울시 ○○구 ○○동 1234-56

피항소인(원고)   전 ○ ○(740631-1234567)
                  1234비 네일로드 필라델피아 펜실베니아주 5678 미국
                  거소지, 서울 강남구 삼성동 90-16 (501호)

위 당사자간 수원지방법원 안산지원 2014 가단 1234 보증금 청구사건에 관하여, 동 법원이 2014. 1. 24. 선고한 판결에 대하여 모두 불복하고, 피고는 다음과 같이 책임질 수 없는

부득이한 사유로 항소기간을 도과하였으므로 추완항소를 제기합니다..

원판결의 표시

1. 피고는 원고에게 금 14,000,000원 및 위 금원에 대하여 2012. 9. 22.부터 다 갚는 날까지 연 20%의 비율에 의한 금원을 지급하라.
2. 소송비용은 피고의 부담으로 한다.
3. 제1항은 가집행할 수 있다.

항 소 취 지

1. 원심판결을 취소한다.
2. 원고의 청구를 기각한다.
3. 소송비용은 제1, 2심 모두 원고의 부담으로 한다.
라는 판결을 구합니다.

추 완 사 유

1. 이 사건에 있어서, 피고 전○○는 미국 영주권자로서 이 사건 소 제기전부터 현재까지 미국 주소지에서 거주하고 있습니다.

2. 원고는 피고를 상대로 2013. 5. 10. 수원지방법원 안산지원에 소를 제기하였고, 동 법원은 국외 이주로 인하여 말소된 피고의 최후 주소지인 서울 중구 신당동 1234로 피고에 대한 소장 부본 및 기타서류를 송달함으로써, 송달불능되자 원고의 신청에 의하여 공시송달의 방법으로 위 서류를 송달하고, 소송절차를 진행하여 2013. 10. 24. 판결을 선고하고 2013. 11. 9. 역시 공시송달로 피고에게 판결정본을 송달하였는 바, 피고는 국외에 거주한 관계로 이 사건의 소 제기사실이나 판결선고 사실을 전혀 모르고 있었습니다.

3. 그런데 피고 소유의 다가구주택인 시흥시 정왕동 1234(이하 '이 사건 다가구 주택'이라 한다.)의 임대차관계 정리 및 월세 등을 수령하기 위하여 국내에 입국하여 이 사건 다가구 주택의 부동산등기부등본을 발급받았다가 원고가 가압류를 한 후 이 사건 소송을 제기하여 피고 모르게 확정판결까지 받아 강제경매를 신청하였음을 비로소 알게 되었습니다.

4. 한편, 원고의 모 최○○는 부동산공인중개사사무실에서 근무하면서 피고를 대신하여 이 사건 다가구주택의 임차인들과 임대차계약을 체결하고 보증금과 월세를 수령하여 피고에

게 송금해 주던 자이며 원고의 보증금 반환 채권도 이 사건 다가구주택의 보증금이어서 피고의 연락처를 몰랐을리 없으나 고의로 피고의 주소를 소재불명으로 하여 법원을 기망함으로써 공시송달로 피고에게 소장 부본 및 판결정본을 송달하게 하여 피고로 하여금 불변기간인 항소기간을 준수할수 없게 하였던 것입니다.

5. 따라서 항소기간을 도과한 것은 피고가 책임질 수 없는 사유로 인한 것이 명백하므로 추완항소를 제기합니다.

항 소 이 유

1. 전제사실

피고 소유의 시흥시 정왕동 1234 지상건물(이하 '이 사건 건물'이라 한다.)는 다가구 주택인 바, 피고는 미국 영주권자 이므로 대부분은 미국 주소지에서 거주하였기 때문에 일년에 몇회 정도만 국내로 입국하여 잠시간 머물며 이 사건 건물의 임대차관계를 정리한 후 다시금 미국으로 출국하여야 했습니다.

따라서 피고는 국내에서 이 사건 건물의 임대차 계약 및 임대료를 수령하여 줄 사람이 필요했던 바, 원고의 모인 최○○는 이 사건 건물 주변에서 공인중개사 사무실의 직원으로 있었기 때문에 가장 적합하다 생각되어 이 사건 건물의 모든 임대차계약 및 임대료 수령에 대하여 피고를 대리할 수 있도록 하였던 것입니다.

2. 임대차계약의 체결 및 보증금 반환

위 최○○는 2012.경 이 사건 건물 중 304호를 자신의 딸인 원고 배○○ 명의로 임대차계약을 체결하였다며 작성된 임대차계약서와 2012. 7.경 보증금 14,000,000원 중 일부인 11,000,000원을 피고에게 송금하였습니다.

이후 만기에 이를 때까지 위 최○○는 위 보증금 잔액 3,000,000원을 송금하지 아니하였습니다. 이에 피고는 연체된 관리비 363,000원을 공제하고 합계 금10,651,000원 (2012. 11. 6. 금5,000,000원, 2012. 11. 8. 금5,651,000원을 송금함)을 위 최○○에게 송금하여 주었습니다.

3. 원고의 친권자인 위 최○○의 기망행위에 의한 승소판결

그런데 위 최○○는 2012. 12. 31. 남편인 배○○과 협의이혼을 하면서 원고의 단독 친권자가 되었기 때문에 원고의 법정대리인은 위 최○○가 되어야 함에도 위 배○○을 원고의 법정대리인으로 내세워 피고가 국내에 없는 틈을 타 신고된 거소지(임대차계약서 상 주소지임)도 아닌 최후 주소지(국외 이주로 인하여 말소된 주소지)로 이 사건 소를 제기하였고, 이 점을 모르던 법원은 공시송달에 의하여 원고의 승소판결을 하였던 것입니

다.

위 최○○는 피고를 대리하여 왔기 때문에 모든 관리비와 월세, 보증금에 대하여 피고를 대신하여 수령할 수 있어서 피고가 보증금을 반환하지 않으려 했다고 하더라도 원고의 보증금을 받아내지 못했을리도 없고, 피고가 보증금을 반환할때도 전화 통화로 연체된 관리비를 공제하고 나머지 금10,651,000원만 반환하기로 협의한 후 송금하였던 것입니다.

따라서 원고는 피고로부터 보증금 전액을 반환받았으므로 피고에 대한 이 사건 청구채권은 존재하지 않는다 할 것입니다.

첨 부 서 류

1. 추완항소장 부본	1 통
1. 미국 자동차운전면허증 사본	1 통
1. 국내거소신고사실증명	1 통
1. 주민등록초본	1 통
1. 호적등본	1 통
1. 납부서	1 통
1. 입금증	2 통
1. 위임장	1 통

2014.   1   .

위 항소인(피고)   배 ○ ○   (인)

수원지방법원   귀중

■ 작성 · 접수방법

1. 당사자가 외국에 나가 있었다든가, 천재지변의 발생 또는 상대방이 허위의 주소를 기재하여 판결을 편취하는 등으로 말미암아 본인이 책임질 수 없는 사유로 불변기간을 지키지 못한 경우그 사유가 없어진 날부터 2주(외국에 있었던 당사자는 30일)이내에 항소를 제기한다.
2. 추완항소장과 상대방수 만큼의 부본을 1심 법원에 제출한다.
3. 인지액은 불복하는 금액을 기준으로 해서 1심 인지액의 1.5배이다.

추 완 항 소 장

항 소 인(피고)   김OO
                     등록기준지 : 경기도 안성시 OO
                     주소 : 서울 강서구 OO

                     항소인의 소송대리인 법무법인 OO
                     서울 강북구 OO

피항소인(원고)   최OO
                     등록기준지 : 경기도 안성시 OO
                     주소 : 서울 강서구 OO

위 당사자간 귀원 2008드단OO 등 사건에 관하여 항소인(피고)은 귀원에서 2016. . . 선고된 다음 판결에 대하여 전부 불복하므로 이에 항소를 제기합니다.

원판결의 표시

1. 원고와 피고는 이혼한다.
2. 피고는 원고에게 위자료로 금100,000,000원을 지급하라.
3. 소송비용은 피고의 부담으로 한다.

추 완 항 소 취 지

1. 원판결을 취소한다.
2. 원고의 청구를 기각한다.
3. 소송비용은 원심과 항소심을 합하여 원고의 부담으로 한다.
라는 판결을 구합니다.

추 완 항 소 원 인

1. 위 당사자간 위 사건은 공시송달 절차에 기한 판결의 선고 및 확정이 있었습니다. 항소인 (이하 '피고'라 하겠습니다)은 중화인민공화국 국적자로 주민등록의 요건을 구비하지 못하였고, 일용노동에 종사하는 관계로 지방의 공사현장에서 숙식을 해결하며 주거지에 상주할 수 없었습니다. 이에 위 사건의 소장부본을 송달받지 못한 결과 위 사건이 공시송달에

기한 송달 및 판결의 확정이 있게 되었던 것입니다.

2. 피고는 2016. 00. 체류기간 연장을 위해 필요한 서류인 혼인관계증명서를 발급받은 사실이 있고, 당일에서야 원고가 피고에게 이혼 청구의 소를 제기하여 당해 판결이 확정되었다는 사정을 알게 되었습니다. 피고는 2008. 11. 10. 귀원을 방문하여 판결 정본을 영수하였습니다.

3. 피고는 위 판결에 전부 불복이므로 본 건 추완항소를 제기합니다.

첨 부 서 류

1. 항소장 부본	1부
1. 소송위임장	1부
1. 담당변호사지정서	1부
1. 소송인지등납부영수증	1부
1. 송달료납부영수증	1부

2016. 11.   .

피고 소송대리인

법무법인 00

담당변호사 00

서울가정법원   귀중

III. 상고

1. 개 설

가. 의 의

상고는 고등법원이 선고한 종국판결과 지방법원 합의부가 제2심으로서 선고한 종국판결에 대하여 법령의 위반이 있음을 주장하여 그 판결의 당부에 관하여 심판을 구하는 상소이다(민소 제422조 제1항[118]). 따라서 고등법원이 제1심으로 한 종국판결에 대하여도 바로 상고할 수 있다. 당사자 사이에 제1심의 종국판결에 대하여 비약적 상고의 합의가 있는 경우에도 항소심을 거치지 아니하고 직접 상고할 수 있다(민소 제422조 제2항).

나. 상고심의 성격과 목적

1) 상고는 판결에 영향을 미친 헌법·법률·명령 또는 규칙의 위반이 있다는 것을 이유로 드는 때에만 할 수 있다(민소 제423조[119]). 따라서 원심판결이 적법하게 확정한 사실은 상고법원을 기속(민소 제432조[120])하여 상고심은 그 본안에 관한 사실확정의 당부에 관하여 판단할 수 없다. 이렇게 상고심은 원판결의 당부를 심사함에 있어서 스스로는 사실확정을 하지 않고 원심의 본안과 관련된 사실인정을 전제로 하여 법률적인 측면에서만 심사하므로 항소심과 달리 사후심이며 법률심이다.

2) 이러한 상고제도는 법령의 해석, 적용에 통일을 기하고자 하는데 그 목적이 있다.

2. 상고심의 절차

가. 상고의 제기

1) 상고장의 제출

상고와 상소심의 소송절차는 특별한 규정이 없는 한 항소심에 관한 규정이 적용되므로[121], 상고장은 판결이 송달된 날부터 2주 내에 원심법원(즉 제2심법원 단, 비약적상고의 경우에는 제1심법원)에 제출하여야 하며 상고법원에 직접 제출하면 그 효력이 없

---

118) 민사소송법 제422조(상고의 대상) ① 상고는 고등법원이 선고한 종국판결과 지방법원 합의부가 제2심으로서 선고한 종국판결에 대하여 할 수 있다.
② 제390조 제1항 단서의 경우에는 제1심의 종국판결에 대하여 상고할 수 있다.
119) 민사소송법 제423조(상고이유) 상고는 판결에 영향을 미친 헌법·법률·명령 또는 규칙의 위반이 있다는 것을 이유로 드는 때에만 할 수 있다.
120) 민사소송법 제432조(사실심의 전권) 원심판결이 적법하게 확정한 사실은 상고법원을 기속한다.
121) 민사소송법 제425조(항소심절차의 준용) 상고와 상고심의 소송절차에는 특별한 규정이 없으면 제1장의 규정을 준용한다.

다. 상고장이 대법원에 제출되었다가 원심법원에 송부된 경우에는 상고장이 원심법원에 접수된 때를 기준으로 하여 상고기간의 준수 여부를 판별하여야 한다는 것이 판례이다 (대판 1981. 10. 13. 81누230).

2) 상고장의 기재사항

상고장에는 상고한다는 취지의 기재가 있으면 족하고 불복신청의 범위가 명확하지 않더라도 상고가 부적법한 것은 아니지만 상고법원의 심리범위 및 상고장에 붙일 인지액을 확정하기 위해서도 그 불복신청의 범위를 명확히 할 필요가 있으므로 상고장에 불복신청의 범위가 적혀 있지 아니하면 일단 보정을 권고하여야 할 것이나(규칙 제5조 제3항), 그에 불응하여도 상고장의 각하 사유는 아니다. 이러한 경우에는 상고인이 패소한 부분 전부에 관하여 불복하는 것으로 보아 인지를 붙여야 한다.

3) 상고이유서의 제출

상고장을 처음 제출할 때에는 상고이유를 기재하지 아니하여도 되지만, 상고장에 상고의 이유서를 적지 아니한 때에는 상고인은 소송기록접수의 통지를 받은 날부터 20일 이내에 상고이유서를 제출하여야 하고 위 기간내에 상고이유서를 제출하지 아니한 때에는 변론 없이 판결로 상고를 기각한다(민소 제429조[122]). 상고이유서는 상대방 당사자수에 6을 더한 수의 부본을[123] 첨부하여야 하며, 상고인이 상고이유를 적었더라도 위 20일 이내에는 상고이유서를 추가로 제출할 수 있다. 다만 위 기간을 경과한 후에 추가로 제출한 상고이유서는 기간 내에 제출한 상고이유서에 주장된 사항을 보충하는 의미만 있을 뿐이므로 새로운 주장이 포함되어 있더라도 이는 적법한 상고이유가 될 수 없어 심리되지 않는다. 보조참가인은 피참가인의 제출기간 내에 한하여 이를 제출할 수 있다(통설, 판례). 그러나 상고인이 소액사건에 대한 항소심판결에 대하여는 상고가 제한되어 있다 (소액사건심판법 제3조).

4) 송달료 및 인지액

상고장에 붙일 인지액은 소장에 붙일 인지액의 2배이다. 상고인은 상고장을 제출할 때 원심법원의 수납은행에 송달료(당사자 1인에 대하여 각 8회분에 해당하는 금액을 납부해야 한다.

---

122) 제429조(상고이유서를 제출하지 아니함으로 말미암은 상고기각) 상고인이 제427조의 규정을 어기어 상고이유서를 제출하지 아니한 때에는 상고법원은 변론 없이 판결로 상고를 기각하여야 한다. 다만, 직권으로 조사하여야 할 사유가 있는 때에는 그러하지 아니하다.

123) 재판부를 구성하는 대법관용 2통(재판장 및 주심 각 1통), 담당 재판연구관용 1통, 보존용 1통, 판례편찬용 1통, 예비용 1통 모두 6통이다.

5) 부대상고

부대항소에 관한 규정도 상고심에 준용되므로 피상고인은 상고권이 소멸된 후에도 부대상고를 할 수 있고 부대상고의 방식이나 상고에 대한 종속성도 부대항소의 경우와 같다. 다만 상고심은 법률심이어서 그 절차상 소의 변경이나 반소가 허용되지 아니하므로 부대항소와 달리 전부승소자는 부대상고를 할 수 없다. 또한 사실심의 변론종결일에 대응하는 시점이 상고심에서는 상고이유서 제출기간의 말일이므로 부대상고를 하려는 피상고인은 상고이유서 제출기간 내에 부대상소를 제기하고 부대상고이유서를 제출하여야 한다는 것이 판례이다(대판 2002. 12. 10. 2002다52657).

나. 심리불속행제도

1) 의 의

심리불속행제도는 당사자가 주장한 상고이유에 중대한 법령 위반에 관한 사항 등의 심리속행사유가 포함되어 있지 않으면 더 나아가 상고이유의 당부에 관하여 심리를 하지 아니하고 판결로 상고를 기각하는 제도이다(상고심절차에 관한 특례법 제4조 제1항).

2) 심리속행요건으로서 심리속행사유[124]

가) 원심판결이 헌법에 위반되거나, 헌법을 부당하게 해석한 경우

나) 원심판결이 명령·규칙 또는 처분의 법률위반 여부에 대해 부당하게 판단한 때

다) 원심판결이 법률·명령·규칙 또는 처분에 대하여 대법원 판례와 상반되게 해석한 경우

라) 법률·명령·규칙 또는 처분에 대한 해석에 관하여 대법원 판례가 없거나 대법원 판례를 변경할 필요가 있는 경우

마) 그 외에 중대한 법령위반에 관한 사항이 있는 경우

바) 민사소송법 제424조(절대적 상고이유)[125]의 사유가 있는 때

---

124) 제4조 (심리의 불속행) ① 대법원은 상고이유에 관한 주장이 다음 각 호의 어느 하나의 사유를 포함하지 아니한다고 인정하면 더 나아가 심리(審理)를 하지 아니하고 판결로 상고를 기각(棄却)한다.
　1. 원심판결(原審判決)이 헌법에 위반되거나, 헌법을 부당하게 해석한 경우
　2. 원심판결이 명령·규칙 또는 처분의 법률위반 여부에 대하여 부당하게 판단한 경우
　3. 원심판결이 법률·명령·규칙 또는 처분에 대하여 대법원 판례와 상반되게 해석한 경우
　4. 법률·명령·규칙 또는 처분에 대한 해석에 관하여 대법원 판례가 없거나 대법원 판례를 변경할 필요가 있는 경우
　5. 제1호부터 제4호까지의 규정 외에 중대한 법령위반에 관한 사항이 있는 경우
　6. 「민사소송법」 제424조제1항제1호부터 제5호까지에 규정된 사유가 있는 경우
　② 가압류 및 가처분에 관한 판결에 대하여는 상고이유에 관한 주장이 제1항제1호부터 제3호까지에 규정된 사유를 포함하지 아니한다고 인정되는 경우 제1항의 예에 따른다.
125) 민사소송법 제424조(절대적 상고이유) ① 판결에 다음 각호 가운데 어느 하나의 사유가 있는 때에는 상고에 정당한 이유가 있는 것으로 한다.

사) 가압류 및 가처분에 관한 판결에 대하여는 상고이유에 관한 주장이 위 가, 나, 다의 사유를 포함하지 아니한다고 인정되는 경우

3) 심리불속행 기각판결

상고이유에 심리속행사유가 있는지는 남상소 방지라는 공익적 요청에서 나온 것이므로 소송요건이나 상소요건처럼 직권조사항이다. 상고심법원은 상고이유에 관한 주장이 심리속행 사유를 포함하지 아니한다고 인정하면 더 나아가 심리를 하지 아니하고 판결로 상고를 기각한다(동법 제4조 제1항). 본안심리를 하지 않겠다는 것이므로 내용상으로는 상고각하와 같은 소송판결이지만 형식상 기각의 본안판결로 처리하게 되어 있다.

3. 상고이유

가. 법령위반

1) 일반적 상고이유

상고심은 법률심이므로 상고는 판결에 영향을 미친 헌법·법률·명령 또는 규칙의 위반이 있다는 것을 이유로 드는 때에만 할 수 있다(민소 제423조). 즉 사실인정의 잘못은 상고이유가 되지 않는다. 판결에 영향을 미친 헌법·법률·명령 또는 규칙의 위반이 있다는 것을 이유로 하는 상고의 경우에는 상고이유에 해당하는 법령의 조항 또는 내용과 이에 위반하는 사유를 밝혀서 적어야 한다(규칙 제129조). 그 법령이 소송절차에 관한 것인 때에는 그에 위반하는 사실을 적어야 한다. 상고인이 제출한 상고이유서에 법령 위반에 관하여 구체적인 이유 기재가 없으면 상고이유서를 제출하지 않은 것과 마찬가지로 취급할 수 밖에 없다(대판 2001. 3. 23. 2000다29356).

2) 법 령

헌법·법률·명령 또는 규칙(민소 제423조)이라고 규정하고 있지만 지방자치단체의 조례, 비준가입한 국제조약, 협정 등을 포함한다. 성문법 뿐만 아니라 관습법도, 국내법뿐만 아니라 외국법도 포함한다. 경험칙도 법규에 준하는 것이므로 여기에 포함한다는 것이 판례이며, 또한 대법원판례 위반은 직접적으로 법령위반이 아니지만 법령해석을 잘못

---

1. 법률에 따라 판결법원을 구성하지 아니한 때
2. 법률에 따라 판결에 관여할 수 없는 판사가 판결에 관여한 때
3. 전속관할에 관한 규정에 어긋난 때
4. 법정대리권·소송대리권 또는 대리인의 소송행위에 대한 특별한 권한의 수여에 흠이 있는 때
5. 변론을 공개하는 규정에 어긋난 때
6. 판결의 이유를 밝히지 아니하거나 이유에 모순이 있는 때
② 제60조 또는 제97조의 규정에 따라 추인한 때에는 제1항제4호의 규정을 적용하지 아니한다.

한 것이 되어 결국 법령위반이 될 수 있다.

3) 위 반

가) 법령해석의 과오

법령해석의 과오란 법령의 취지·내용·효력에 관한 잘못을 말하며 상고이유가 된다.

나) 법령적용의 과오

법령적용의 과오란 법령해석은 잘못이 없는데 사건이 법령의 구성요건에 해당하지 않는데 적용하거나 또는 해당하는데 적용하지 않은 잘못을 말하며 모두 상고이유가 된다.

다) 판단 상 과오

원심판결이 실체법을 부당하게 해석하여 청구의 당부를 잘못 판단한 것을 말한다. 실체법의 올바른 적용은 법원의 직책이므로 법원은 당사자의 상고이유에 구속됨이 없이 실체법의 부당적용 여부를 직권으로 조사하여야 한다.

라) 절차상 과오

원심판결이 절차법을 부당하게 해석하여 청구의 당부를 잘못 판단한 것을 말한다. 예를 들어 변론주의 위반, 적법한 기일통지 없이 한 변론 등이다.

4) 판결에 영향을 미친 법령위반

이러한 법령위반과 원심판결주문 사이에 인과관계가 있어야 한다.

나. 절대적 상고이유

절대적 상고이유란 중대한 절차법규 위반으로서 판결주문에 영향을 주었는지를 묻지 않고 상고이유로 삼을 수 있는 것을 말한다. 즉 민사소송법 제424조에 열거된 절차법규 위반은 판결주문에 영향을 미쳤는지의 판단이 어렵기에 주문에 영향을 주었는지를 불문하고 상고이유로 하였다.[126)]

---

126) 민사소송법 제424조(절대적 상고이유) ① 판결에 다음 각호 가운데 어느 하나의 사유가 있는 때에는 상고에 정당한 이유가 있는 것으로 한다.
  1. 법률에 따라 판결법원을 구성하지 아니한 때
  2. 법률에 따라 판결에 관여할 수 없는 판사가 판결에 관여한 때
  3. 전속관할에 관한 규정에 어긋난 때
  4. 법정대리권·소송대리권 또는 대리인의 소송행위에 대한 특별한 권한의 수여에 흠이 있는 때
  5. 변론을 공개하는 규정에 어긋난 때
  6. 판결의 이유를 밝히지 아니하거나 이유에 모순이 있는 때

1) 법률에 따라 판결법원을 구성하지 아니한 때

판결법원이 법원조직법과 민사소송법에 따르지 않고 구성된 것(합의부구성법관이 2명인 경우, 변론에 관여하지 않은 법관이 관여한 경우 등)을 말한다.

2) 법률에 따라 판결에 관여할 수 없는 판사가 판결에 기여할 때

제척이유 있는 법관, 기피결정이 선고된 법관 등이 관여한 것을 말한다. 여기에서 관여란 판결의 합의 및 판결원본 작성에 관여한 것을 말하며 판결의 선고에만 관여한 경우에는 여기에 해당하지 않는다(대판 1962. 5. 24. 4294민상251).

3) 전속관할규정에 어긋난 때

전속관할이 없는 법원이 판결한 경우를 말한다. 따라서 임의관할은 상고이유가 되지 않는다(법 411조).

4) 법정대리권 등에 흠이 있는 때

대리인으로 소송을 수행했지만 대리권이 없는 경우 내지 대리인의 특별한 권한의 흠이 있는 경우를 말한다.

5) 변론을 공개하는 규정에 어긋난 때

헌법이나 법률의 규정에 위반하여 변론 또는 판결의 선고를 공개법정에서 하지 않은 경우를 말한다.

6) 이유불비, 이유모순이 있는 때

이유불비는 판결이유를 전혀 밝히지 않은 것 또는 그와 같은 정도를 말하는 것인데 이러한 사유가 있는지는 직권조사사항이다(대판 2005. 1. 28. 2004다66469). 판결에 영향을 미치는 주요사항에 대하여 판단을 누락한 경우도 포함된다고 할 것이다. 다만 당사자의 주장에 대한 판단유탈의 위법이 있다 하더라도 그 주장이 배척될 경우임이 명백한 때에는 판결 결과에 영향이 없으므로 이에 해당하지 않는다(대판 2002. 12. 26. 2002다56116).

이유모순은 이유를 기재하였으나 이유 자체에 모순이 있어서 판결주문에 이르는 논리의 전개가 명확하지 않은 경우를 말한다. 예를 들면 이유가 두 개인데 서로 모순되는 경우, 한 서증으로 두 개의 양립할 수 없는 사실을 인정한 경우 등이다. 판례는 제1심 판결이유를 인용하는 인용판결을 하면서 제1심보다 원고의 과실을 무겁게 과실상계한 것은 이유모순이라고 한다(대판 1990. 7. 8. 80다997).

다. 심리미진

1) 문제의 소재

심리미진은 규정된 상고이유는 아니나 충분히 심리하지 않은 경우를 말하는데 절차법상 위법을 의미한다. 문제는 심리미진이 독자적인 상고이유가 될 수 있는가 이다.

2) 학 설

부정설은 법률심인 상고심이 심리미진이라는 이름으로 사실심의 사실인정에 간섭하는 것은 좋지 않다고 보는 반면에 긍정설은 법령해석, 적용에 오류가 있는 경우에는 새로운 사실도 심리가 필요하다고 한다.

3) 판 례

판례는 이를 긍정하며 심리미진이라는 표현을 사용하는 경우에도 거의 다른 파기사유인 법령해석, 적용의 위법, 이유불비 등과 중첩적인 형태로 사용한다.

라. 그 밖에 상고이유로서 재심사유

당사자가 상소에 의하여 재심사유를 주장하였거나 이를 알고도 주장하지 아니한 때에는 재심의 소를 제기할 수 없다는 재심의 소의 보충성규정을 보면 재심사유는 비록 절대적 상고이유로 포함되어 있지 않아도 상소할 때도 주장할 수 있는 것이 된다(통설, 판례). 재심사유는 확정판결의 취소사유이므로 판결이 확정되기 전에도 취소사유가 되는 것은 당연하다.

4. 상고심의 심리

가. 심리절차

상고장이 제출되어 상고심이 소송기록을 송부 받으면 소송기록접수통지를 하고, 상고법원은 상고이유서를 송달하여야 하고, 송달받은 피상고인은 10일 이내에 답변서를 제출할 수 있으며, 답변서가 제출되면 사무관은 그 부본을 상고인에게 송달하여야 한다. 상고인이 상고장에 상고이유를 기재하지 아니하고 또 상고기록 접수통지서의 송달을 받은 날부터 20일 이내에 상고이유서를 제출하여야 한다. 제출하지 않은 때에는 변론 없이 판결로 상고를 기각한다. 이 경우 판결이유를 기재하지 아니할 수 있고 그 판결은 선고를 요하지 아니하며 상고인에게 송달됨으로써 그 효력이 생긴다.

상고법원은 상고요건심리, 심리속행사유심리, 상고이유심리의 순서로 심리한다.

나. 심리의 방식

상고심은 직권조사사항을 제외하고 상고이유에 따라 불복신청의 한도 안에서 심리한다(민소 제431조[127]). 상고법원은 상고이유가 적법하다고 인정되더라도 상고장·상고이유서·답변서, 그 밖의 소송기록에 의하여 변론없이 판결할 수 있다(민소 제430조 제1항[128]). 법률심인 상고심에서는 서면심리만으로 충분하기 때문에 특칙을 둔 것이다. 다만 상고법원은 소송관계를 분명하게 하기 위하여 필요한 경우에는 특정한 사항에 관하여 변론을 열어 참고인의 진술을 들을 수 있다(민소 제430조 제2항).

5. 상고심의 재판

가. 상고 각하 및 기각 판결

상고요건이 흠결되어 상고가 부적법하면 판결로 상고를 각하하고, 본안을 심리한 결과 상고이유가 없다고 인정하면 판결로 상고를 기각한다. 원심판결의 판단 이유와 상고심의 판단 이유가 일치하지 않더라도 결과에 있어 원심판결이 정당하다고 인정하면 상고를 기각한다.

나. 상고인용판결(원판결의 파기)

1) 환송 또는 이송판결

가) 원칙

상고법원은 상고에 정당한 이유가 있다고 인정할 때에는 원심판결을 파기하는데, 이 경우에 새롭게 사실과 증거를 조사할 필요가 있기 때문에 재판하지 않고 사건을 원심법원에 환송하거나, 동등한 다른 법원에 이송함이 원칙이다(민소 제436조). 이러한 점이 항소인용 시 재판함이 원칙인 항소심과 비교된다. 비약적 상고인 경우에는 제1심 법원에 환송한다. 이송판결은 원심법원이 제척 등의 사유로 환송심 법원을 구성할 수 없을 때 동등한 다른 법원으로 보내는 것이다.

나) 환송 후 심리절차

(1) 사건을 환송받거나 이송받은 법원은 다시 변론을 거쳐 재판하여야 한다(민소 제436조 제2항). 환송 전 원심판결에 관여한 판사는 환송 후의 재판에 관여하지 못하므로

---

127) 민사소송법 제431조(심리의 범위)
　상고법원은 상고이유에 따라 불복신청의 한도 안에서 심리한다.

128) 민사소송법 제430조(상고심의 심리절차) ① 상고법원은 상고장·상고이유서·답변서, 그 밖의 소송기록에 의하여 변론없이 판결할 수 있다.
　② 상고법원은 소송관계를 분명하게 하기 위하여 필요한 경우에는 특정한 사항에 관하여 변론을 열어 참고인의 진술을 들을 수 있다.

(민소 제436조 제3항) 변론의 갱신절차를 밟아야 한다. 즉 법관이 바뀐 경우에 당사자는 종전의 변론결과를 진술하여야 하고(민소 제204조 제2항). 이렇게 변론의 갱신절차를 밟은 경우에만 환송 전 소송자료가 환송 후 재판의 소송자료가 될 수 있다.

(2) 환송받은 항소심의 변론은 실질적으로 종전 변론의 재개속행에 지나지 않으며 환송 전 판결에 대하여 불복한 범위 내에서만 심리 재판하는 것은 아니다(대판 1969. 12. 23. 67다1644). 따라서 당해 심급에 허용되는 모든 행위, 예를 들어 새로운 공격방어 방법의 제출, 소의 변경, 반소 등을 할 수 있으며(대판 1984. 3. 27. 83다카1135) 그 결과 환송 전 원심판결보다 환송 후 판결주문이 더 불리하게 되는 것도 가능하다(즉 불이익변경금지원칙이 적용되지 않는다).

(3) 그러나 상고심으로부터 사건의 환송을 받은 원심법원의 심판 범위는 환송 받은 부분에 국한된다(대판 1970. 2. 24. 69누59). 즉 상고심에서 상고기각된 부분, 파기 재판한 부분, 상고로 불복하지 않은 부분은 심판하지 못한다.

다) 환송판결의 기판력
상고법원이 파기의 이유로 삼은 사실상 법률상 판단에 기속된다(민소 제436조 제2항).

2) 자판

상고법원은 원심판결이 부당하다고 인정한 때에는 이를 파기하여야 하나 상고심은 법률심이고 사실심이 아니므로 다시 심리를 한 다음에 판결을 하도록 사건을 원심법원에 환송하는 것이 원칙이지만 다음과 같이 ① 확정된 사실에 대하여 법령 적용이 어긋난다 하여 판결을 파기하는 경우에 사건이 그 사실을 바탕으로 재판하기 충분한 때나 ② 사건이 법원의 권한에 속하지 아니한다 하여 판결을 파기한 때에 해당하면 상고법원은 사건에 대하여 종국판결을 하여야 한다(민소 제437조). 그런데 재판할 수 있어도 환송하는 경우가 많아 실제로 재판율은 매우 낮은 편이다.

6. 환송판결의 기속력

가. 의 의

환송받은 법원이 다시 변론에 의하여 재판할 경우 상고법원이 파기 이유로 한 사실상 및 법률상 판단에 기속받는 것을 말한다(민소 제436조 제2항)

나. 기속력의 성질

1) 학 설

중간판결설은 환송받은 하급심 이후의 절차는 상급심절차의 계속이므로 환송판결은 중간 판결이고 그 중간판결의 기속력으로 하급심이 구속된다고 한다. 기판력설은 파기판결이 선고되면 원판결의 위법, 부당한 점에 관하여 기판력이 생기고 하급심을 구속한다고 한다. 특수효력설은 심급제도유지를 위해 상급심의 판결이 하급심을 구속하는 특수한 효력 이라고 한다.

2) 판 례

대법원의 환송판결과 제2심의 환송판결에 대해 중간판결이라는 입장을 폐기하고 종국판 결설을 채택하였는 바(대판 1995. 2. 14. 93재다27), 그 논거로는 당해 사건에 대하여 재판을 마치고 그 심급을 이탈시키는 판결인 점을 들었다. 또 환송판결에는 하급심에 대한 특수한 효력은 인정되지만 기판력, 형성력, 집행력이 생기지 아니한다고 하면서 재심 의 대상이 되지도 않는다고 하여 특수효력설의 입장이다.

다. 기속력의 내용

1) 파기이유로 삼은 판단(객관적 범위)

파기이유로 한 판단에 대해서만 기속력이 있다(민소 제436조 제2항). 명시적으로 파기 이유로 한 부분과 논리적, 필연적 관계가 있어서 상고법원이 파기이유의 전제로서 당연 히 판단하였다고 볼 수 있는 법률상의 판단도 포함된다(대판 1991. 10. 25. 90누 7980). 환송받은 법원은 파기 이유로 삼은 잘못된 견해만 피하면 다른 가능한 견해에 의하여 동일한 결론을 내려도 기속력에 반하는 것이 아니다(대판 1990. 5. 8. 88다카 5560).

2) 기속력의 주관적 범위(기속을 받는 법원)

기속력은 당해사건에 한하여 적용되고 다른 사건에는 미치지 않으므로 다른 사건에서는 달리 판결해도 기속력에는 반하지 않는다. 당해 사건에 관한 한 환송받은 법원과 그 하 급심은 물론 다시 상고를 받은 상고법원도 파기이유로 한 판단에 기속된다(대판 1981. 2. 24. 80다2029). 그러나 재상고사건을 심판하여 종전의 환송판결의 법률상 판단을 변경하려는 전원합의체에 대하여는 환송판결의 기속력이 미치지 않는다(대판 2001. 3. 15. 98두15597).

라. 기속력의 소멸

그러나 상고심의 파기이유가 된 판단의 기속력이 소멸되는 경우가 있다. 즉 환송 후 상고심의 판례의 변경이 있는 경우, 상고법원으로부터 사건을 환송받아 심리하는 과정에서 당사자의 주장입증이 새로이 제출되거나 또는 보강되어 상고법원의 기속적 판단의 기초가 된 사실관계에 변동이 생긴 경우(대판 1989. 6. 27. 87다카 2542), 환송 후 법령의 변경이 있는 경우에는 기속력이 소멸한다.

마. 기속력 위반의 효과

하급심법원이 기속력을 무시하고 판결하면 그 판결은 법령위반으로 항소, 상고이유가 된다.

7. 부대상고

부대항소에 관한 규정도 상고심에 준용되므로(민소 제425조), 피상고인은 상고권이 소멸된 후에도 부대상고를 할 수 있고 부대상고의 방식이나 상고에 대한 종속성도 부대항소의 경우와 같다. 다만 상고심은 법률심이어서 그 절차상 소의 변경이나 반소가 허용되지 아니하므로 부대항소와 달리 전부승소자는 부대상고를 할 수 없다. 또한 사실심의 변론 종결일에 대응하는 시점이 상고심에서는 상고이유서 제출기간의 말일이므로 부대상고를 하려는 피상고인은 상고 이유서 제출기간 내에 부대상고를 제기하고 부대상고이유서를 제출하여야 한다(대결 2002. 12. 10. 2002다52657).

8. 서식

가. 청구취지 기재례

1) 전부패소 시

원판결을 취소하고, 이 사건을 서울가정법원에 환송한다.
라는 판결을 구합니다.

2) 일부패소 시(반소포함 사례)

1. 원판결을 파기하고, 사건을 서울고등법원으로 환송한다.
2. 원고(반소피고)는 피고(반소원고)에게 위자료로 30,000,000원 및 이에 대하여 이 사건 반소장부본 송달 다음날부터 다 갚는 날까지는 연 20%의 비율로 계산한 돈을 지급하라.

3. 원고(반소피고)는 피고(반소원고)에게 재산분할로 55,500,000원 및 이에 대하여 이 사건 판결 확정일 다음날부터 다 갚는 날까지 연 5%의 비율로 계산한 돈을 지급하라.
4. 소송비용은 본소와 반소를 합하여 1, 2심 모두 원고(반소피고)의 부담으로 한다.
5. 제2항, 제 3항은 가집행할 수 있다.
라는 판결을 구합니다.

나. 서식례

[서식] 상 고 장

상 고 장

상 고 인(원고, 항 소 인)   김 00
                                              서울 서초구 00
피상고인(피고, 피항소인)   윤 00
                                              서울 서초구 00

위 당사자 간의 서울가정법원 2014르00 이혼 및 위자료 등 사건에 관하여 상고인(원고, 항소인)은 동원에서 2014. 11. 14. 선고한 판결에 대하여 불복이므로 이에 상고를 제기합니다.
(상고인은 위 판결정본을 같은 달 19. 수령하였습니다.)

제2심 판결의 표시

1. 원고의 항소를 기각한다.
2. 항소비용은 원고가 부담한다.

상 고 취 지

원심판결을 파기하고, 이 사건을 서울가정법원에 환송한다.
라는 판결을 구합니다.

상 고 이 유

자세한 상고이유는 추후 제출하겠습니다.

첨 부 서 류

---

1. 상고장부본

2016. 12.
원고의 소송대리인
법무법인 00
담당변호사 00

서울가정법원 가사항소1부 귀중

■ 작성·접수방법

1. 상고장은 판결이 송달된 날부터 2주 내에 원심법원(즉 제2심법원 단, 비약적상고의 경우에는 제1심법원)에 제출하여야 하며 상고법원에 직접 제출하면 그 효력이 없으므로 주의해야 한다. 다만 마지막 날이 공휴일인 경우에는 그 다음날 까지 제출하면 된다.
2. 상고장에 붙일 인지액은 소장에 붙일 인지액의 2배이다.
3. 상고인은 상고장을 제출할 때 원심법원의 수납은행에 송달료(당사자 1인에 대하여 각 8회분에 해당하는 금액을 납부해야 한다.
4. 상고장이 제출되면 2심법원은 흠결사항이 있는지 여부를 검토한 후 인지액 등 흠결이 있다면 보정명령등을 통해 이를 보완한 다음 대법원에 송부한다.

[서식] 상 고 장

상 고 장

원고(반소피고)　　　　　　　한 00
(피상고인)　　　　　　　　　서울 강북구 00
　　　　　　　　　　　　　　등록기준지 포천시 00

피고(반소원고)　　　　　　　유 00
(상 고 인)　　　　　　　　　주소 및 등록기준지 원고(반소피고)와 같음.

위 당사자간 서울고등법원 2011르00호(본소) 이혼 및 재산분할 등, 2011르00호(반소) 이혼 및 재산분할 등 청구사건에 관하여 동 법원의 2016. 00. 선고한 판결에 대하여 피고(반소원고)는 불복이므로 이에 상고를 제기합니다.

제2심판결의 표시

1. 제1심판결 중 본소 재산분할 청구에 관한 부분을 다음과 같이 변경한다. 피고(반소원고)는 원고(반소피고)에게 재산분할로 22,000,000원을 지급하라.
2. 원고(반소피고)의 나머지 항소 및 피고(반소원고)의 항소를 각 기각한다.
3. 소송총비용은 본소, 반소를 통틀어 각자 부담한다.
(위 피고는 판결정본을 2016. 0. 송달 받았습니다.)

상 고 취 지

1. 원판결을 파기하고, 사건을 서울고등법원으로 환송한다.
2. 원고(반소피고)는 피고(반소원고)에게 위자료로 30,000,000원 및 이에 대하여 이 사건 반소장부본 송달 다음날부터 다 갚는 날까지는 연 20%의 비율로 계산한 돈을 지급하라.
3. 원고(반소피고)는 피고(반소원고)에게 재산분할로 55,500,000원 및 이에 대하여 이 사건 판결 확정일 다음날부터 다 갚는 날까지 연 5%의 비율로 계산한 돈을 지급하라.
4. 소송비용은 본소와 반소를 합하여 1, 2심 모두 원고(반소피고)의 부담으로 한다.
5. 제2항, 제 3항은 가집행할 수 있다.
라는 판결을 구합니다.

상 고 이 유

추후 제출하겠습니다.

첨 부 서 류

1. 상고장 부본 1부
1. 납부서 1부

2016.   0.   .

위 피고(반소원고)의 항소심 소송대리인
법무법인 00
담당변호사 00

대법원   **귀 중**

상고이유서

사　　　　　건　2016므00　　　이혼 등
원　고(피상고인)　　　　　　　김00
피　고(상 고 인)　　　　　　　안00

위 사건에 관하여 피고(상고인, 이하 '피고'라 합니다)의 대리인은 다음과 같이 상고이유를
개진합니다.

다　음

1. 항소심판결의 요지

피고가 2007. 11. 23. 피고의 모 명의로 00캐피탈 주식회사로부터 1108,000,000원을
대출받은 사실은 앞서 본 바와 같고, 피고가 이 사건 아파트를 취득하면서 주식회사 00은행
으로부터 2006. 11. 15. 대출받은 91,080,000원을 00캐피탈 주식회사의 대출일 이전인
2007. 11. 16. 모두 변제한 사실이 인정되므로 피고가 00캐피탈 주식회사로부터의 위 대출
금으로 주식회사 00은행에 대한 위 채무를 변제하였다고 볼 수는 없으므로, 위 금원 상당의
대출금을 재산분할 대상이 되는 피고의 소극재산으로 볼 수 없다(항소심 판결문 4쪽 하단
내지 5쪽 상단).

2. 채증법칙위배 내지 심리미진으로 인한 사실오인 또는 이유불비

가. 2007. 11. 23. 00캐피탈 주식회사로부터 피고의 모 문수필 명의로 1108,000,000원을
　　대출받아 위 주식회사 00은행에 대한 96,000,000원의 대출금채무 및 주식회사 00저
　　축은행에 대한 위 50,000,000원의 대출금채무의 변제비용, 주식투자비용 등으로 사용
　　(제1심 판결문 3쪽 하단 내지 4쪽 상단)

나. 채증법칙위배 내지 심리미진으로 인한 사실오인 또는 이유불비
　　이 사건 항소심 판결은 제1심 판결의 일부 내용을 변경하는 외에는 제1심판결을 그대로
　　인용하고 재산분할 청구에 대한 판단만을 수정하여 새로이 내리면서도, 새로운 증거의
　　채택없이 위와 같은 제1심 판결과 상반되는 판단으로써 제1심에서 인정된 피고의 소극
　　재산 96,000,000원을 불인정하였습니다.
　　제1심 판결의 기초가 된 인정근거를 그대로 인용하면서도, 똑같은 인정근거에 기반하여
　　제1심 판결과 상반되는 판단을 한 것입니다. 항소심 판결이 제1심 판결과 상반되는
　　판결을 하기 위해서는 그 근거가 되는 새로운 증거를 채택하였어야 마땅합니다. 따라서

이 사건 항소심 판단은 채증법칙위배 내지 심리미진으로 인한 사실오인 또는 이유불비의 위법이 있습니다.

3. 이 사건 대출의 경위

피고는 OO캐피탈(현 OO캐피탈)에 이 사건 아파트를 담보로 대출을 신청하였는데, 아파트가격의 85%까지 대출을 받기 위하여 사업자등록이 있는 피고의 어머니 OO을 채무자로 하는 사업자대출을 실행하기로 계획하였습니다.

위와 같은 대출을 실행하기 위해서는 이 사건 아파트에 설정되어있는 근저당채무들(OO은행, OO저축은행)의 변제 및 말소가 선행되어야 하였고(을제6호증 부동산등기부등본), 이를 위하여 법무법인 한올을 개입시키게 되었습니다. 법무법인 한올이 2007. 11. 15. 위 근저당채무들을 선변제하였습니다(을제7호증의 1 OO 확인서,　　　　을제7호증의 2 국민은행 여신 거래내역 사본, 을제7호증의 3 내지 5 입금확인증).

2007. 11. 23. OO캐피탈(현 OO캐피탈)에서 실행된 대출금 1108,000,000원은 법무법인 OO로 송금되었습니다(을제8호증의 1 내지 4 대우캐피탈(현 아주캐피탈) 대출내용 사본).

을제8호증의 2 하단 기재 '대출금 지급 은행 : OO은행, 대출금 지급계좌 : OO, 예금주번호 : OO'와 을제8호증의 3 기재 '사업자번호 : OO, 상호 : 법무법인 OO', 을제8호증의 4 하단 기재 '지급내역, 은행명 : OO은행, 계좌번호 : OO, 실예금주명 : 법무법인 OO'을 종합하여 보면, 법무법인 OO의 개입과 역할을 명확히 확인할 수 있습니다(OO캐피탈(현 OO캐피탈)에서는 법무법인 OO이 개입된 비정상대출이었음을 이유로 '대출금 지급내역서' 발급을 거부하고 있어, 피고가 실갱이 끝에 확보하여 선명하지 못한 '대출금 지급내역서 사진'을 을제8호증의 4로 제출할 수 밖에 없음을 양해하여 주시기 바랍니다).

법무법인 OO이 선변제금과 수수료를 공제하고 남은 돈 34,624,631원을 OO에게 송금하여 주었습니다(을제9호증 본인금융거래 사본 3쪽). 이와 같이 피고가 OO캐피탈로부터 대출받아 OO은행에 대한 채무를 변제한 것입니다.

4. 절차위반 내지 석명권 불행사로 인한 심리미진 내지 채증법칙위배

재산분할액산정의 기초가 되는 재산의 가액을 반드시 시가 감정에 의하여 인정하여야 하는 것은 아니고, 아파트는 보통의 경우 국민은행부동산시세 등 변론종결 당시(또는 판결 선고 직전)의 인터넷시세를 참고하여 가액을 산정하기도 합니다.

그러나 이 사건 아파트와 같이 당사자 사이에 다툼이 큰 경우{제1심판결문 인정한 시가

205,000,000원, 피고 주장한 시가 177,500,000원(피고 항소이유서 3쪽), 차액 27,500,000원(피고 주장 시가의 15.49%)}에는 시가 감정을 거쳤어야 마땅한 것입니다.

더욱이 피고는 항소이유서 3쪽에서 위와 같은 시가 차이를 주장하고 2011. 8. 18. 변론에서 감정신청을 진술하기까지 하였습니다. 따라서 시가 감정없이 내려진 이 사건 항소심 판단은 절차위반의 위법이 있습니다.

또한 피고가 별도의 감정신청서를 제출하지 않았음을 탓할 수는 없다 할 것입니다. 피고는 소송대리변호사 없이 항소심을 직접 수행하였기 때문에, 항소심 재판부는 적극적 석명권 행사로써 감정신청을 이끌어 이 사건 아파트에 대한 시가감정을 거쳤어야 마땅합니다. 이는 석명권 불행사로 인한 심리미진 내지 채증법칙위배라 할 것입니다.

5. 결   어
결국 이 사건 항소심판단은 채증법칙위배 내지 심리미진으로 인한 사실오인 또는 이유불비, 절차위반의 위법이 있으므로, 파기되어야 마땅합니다.

입증방법

1. 을제6호증	부동산등기부등본
1. 을제7호증의 1	00 확인서
2	00은행 여신거래내역 사본
1. 을제7호증의 3 내지 5	입금확인증
1. 을제8호증의 1 내지 4	00캐피탈(현 00캐피탈) 대출내용 사본
1. 을제9호증	본인금융거래 사본

2016. 00.   .
피고의 소송대리인
법무법인 00
담당변호사 00

대법원 특별3부 귀중

1. 상고이유서는 상대방 당사자수에 6을 더한 수의 부본을 첨부하여 대법원에 제출한다. 따라서 상대방이 1인인 경우 합계 7부가 필요하다.

2. 상고장에 상고의 이유서를 적지 아니한 때에는 상고인은 소송기록접수의 통지를 받은 날부터 20일 이내에 상고이유서를 제출하여야 하고 위 기간내에 상고이유서를 제출하지 아니한 때에는 변론 없이 판결로 상고를 기각하므로 주의하여야 한다.

3. 상고이유서를 제출할 때 인지나 송달료등 별도의 비용을 첨부하지 않는다.

4. 상고이유서가 제출되면 법원은 지체없이 그 부본을 상대방에게 송달하며 부본을 송달받은 피상고인은 10일 이내에 답변서를 제출한다.

제8장
이혼소송 후 강제집행절차

1. 소송비용의 범위

가. 재판비용

재판비용이란 당사자 등이 소송 기타 절차를 수행하기 위하여 법원에 납부하는 비용으로서 크게 나누어 인지액 및 민사예납금(송달·증거조사 등 개개의 절차행위를 행함에 소요되는 비용으로서 법원에 납부하여야 하는 비용)으로 분류된다. 재판비용은 그 비용을 요하는 행위를 구한 사람 또는 그 행위에 의해 이익을 받는 당사자가 법원에 일응 출현하지만(인지첩부 또는 예납) 종국적으로는 비용부담의 재판을 받은 사람으로부터 상환받는다.

나. 당사자 비용

당사자비용이란 당사자가 소송수행을 위하여 법원에 납부하는 것이 아니라 직접 제3자에게 지출한 비용을 의미하며 재판 외의 비용이라고도 한다. 예를 들면 법원에 제출하는 서류나 도면을 작성하기 위하여 소요된 서기료 및 그 제출비용, 당사자 또는 대리인이 기일에 출석하기 위하여 지출한 비용(여비, 수당, 숙박료)과 변호사비용이 이에 해당한다.

당사자가 소송수행을 위해서 지출하는 구체적인 비용의 항목이나 그 액수는 경우에 따라 달라질 수 있는데 민사소송비용법과 민사소송비용규칙은 소송비용으로 상환 받을 수 있는 당사자 비용의 항목과 액수를 구체적으로 정하고 있다. 이 비용은 법원의 관여 없이 지출되는 것이므로 법원에 소송비용액 확정결정신청을 하는 때에 그 비용의 지출에 관한 증빙자료를 제출하여야만 이를 상환 받을 수 있다. 법무사에게 지급한 서기료, 대행수수료는 대한법무사협회의 회칙이 정하는 법무사의 보수에관한규정에 정한 금액으로 한다.

법무사보수(법무사협회회칙 제76조 별표)

구 분	기본보수	가 산 액	
1. 소장, 준비서면, 답변서, 증거신청, 화해신청, 항소·상고이유서, 가압류·가처분신청서, 집행신청서	난이도에 따라 30만 원까지	1천만 원 초과~5천만 원	1천만 원 초과액×0.0009
		5천만 원 초과~2억 원	36,000원+ 5천만 원 초과액×0.0008
		2억원 초과~5억 원	156,000원+ 2억원 초과액×0.0007
		5억원 초과~10억 원	366,000원+ 5억원 초과액×0.0006

		10억원 초과~20억 원	666,000원+ 10억원 초과액×0.0002
		20억 원 초과	866,000원+ 20억원 초과액×0.0001
2. 항소장·상고장, 지급명령신청서, 조정신청서, 공시최고신청서	난이도에 따라 10만 원까지	1천만 원 초과~5천만 원	1천만 원 초과액×0.0007
		5천만 원 초과~2억 원	28,000원+ 5천만 원 초과액×0.0006
		2억원 초과~5억 원	118,000원+ 2억원 초과액×0.0005
		5억원 초과~10억 원	268,000원+ 5억원 초과액×0.0004
		10억 원 초과	468,000원+ 10억원 초과액×0.0001

주) 법무사보수는 기본보수에 가산액을 합하여 산정한다.

다. 변호사의 보수

1) 소송비용산입제

소송을 대리한 변호사에게 당사자가 지급하였거나 지급할 보수는 대법원규칙이 정하는 금액의 범위 안에서 소송비용으로 인정된다(민소 제109조 제1항[129]). 당사자가 임의로 변호사를 소송대리인으로 선임한 경우뿐 아니라 법원이 선임을 명한 경우에도 모두 소송비용으로 인정된다.

2) 소송비용산입방법

가) 소송비용에 산입할 변호사의 보수는 변호사에게 지급한 보수전액이 아니라, 소송비용에 산입되는 변호사의 보수는 당사자가 보수계약에 의하여 지급한 또는 지급할 보수액의 범위 내에서 각 심급단위로 소송목적의 값에 따라 별표의 기준에 의하여 산정된다(변호사보수의 소송비용산입에 관한 규칙 제3조).

나) 여러 변호사가 소송을 대리하였더라도 한 변호사가 대리한 것으로 본다(민소 제109조 제2항). 한편 공동으로 변호사를 선임한 여러 사람의 당사자 중 한 사람이 변호사보수를 전액 지급하였다면 동 규칙에서 정한 기준에 의하여 계산한 범위 내에서

---

129) 민사소송법 제109조(변호사의 보수와 소송비용) ① 소송을 대리한 변호사에게 당사자가 지급하였거나 지급할 보수는 대법원규칙이 정하는 금액의 범위 안에서 소송비용으로 인정한다.
② 제1항의 소송비용을 계산할 때에는 여러 변호사가 소송을 대리하였더라도 한 변호사가 대리한 것으로 본다.

그 전액이 소송비용에 산입되는 것이지 이를 균분할 것은 아니다(대결 1992. 12. 28. 92두62). 반면에 여러 사람의 공동소송인이 공동으로 변호사를 선임하여 소송을 수행하게 한 경우에 변호사보수를 산정함에 있어서는 특별한 사정이 없는 한 동일한 변호사를 선임한 공동소송인들의 각 소송목적의 값을 모두 합산한 총액을 기준으로 변호사 보수를 계산한다(대결 2000. 11. 30. 2000마5563).

다) 피고의 전부자백 또는 자백간주에 의한 판결이나 무변론 판결의 경우 소송비용에 산입할 변호사의 보수는 산정기준에 따라 산정한 금액의 1/2로 한다(동규칙 제5조).

변호사보수(변호사보수의 소송비용 산입에 관한 규칙. 2018. 4. 1. 시행)

소송목적의 값	소송비용에 산입되는 비율
2,000만원까지 부분	10%
2,000만원을 초과하여 5,000만원까지 부분 $[200만원+(소송목적의 값-2,000만원) \times \frac{8}{100}]$	8%
5,000만원을 초과하여 1억원까지 부분 $[440만원+(소송목적의 값-5,000만원) \times \frac{6}{100}]$	6%
1억원을 초과하여 1억5천만원까지 부분 $[740만원+(소송목적의 값-1억원) \times \frac{4}{100}]$	4%
1억5천만원을 초과하여 2억원까지 부분 $[940만원+(소송목적의 값-1억5천만원) \times \frac{2}{100}]$	2%
2억원을 초과하여 5억원까지 부분 $[1,040만원+(소송목적의 값-2억원) \times \frac{1}{100}]$	1%
5억원을 초과하는 부분 $[1,340만원+(소송목적의 값-5억원) \times \frac{0.5}{100}]$	0.5%

주) 변호사를 선임할 때 변호사보수(착수금)는 선임계약에 따라 서로 합의하에 정하지만 보통 소송의 난이도에 따라 착수금으로 2백만원~5백만원 정도로 하고 소송에서 승소하였을 경우 성공보수금으로 승소가액의 10%~20%의 선에서 체결하는 것이 일반적이다. 그러나 소송비용으로 상대방에게 청구할 수 있는 변호사보수는 실제로 변호사에게 지급한 변호사보수를 기준으로 청구하는 것이 아니라 위 「변호사보수의 소송비용 산입에 관한 규칙」에 의하여 산정된 변호사보수만을 청구할 수 있음을 주의하여야 한다.

2. 소송비용의 부담

가. 패소자부담원칙

소송비용은 패소한 당사자가 부담한다(민소 제98조[130]). 패소이유, 패소자의 고의, 과실을 묻지 않는 일종의 결과 책임이다. 주문에 '소송비용은 피고가 부담한다'라는 식으로 기재한다(원고가 승소한 경우).

나. 구체적 내용

1) 일부패소의 경우

일부 패소한 경우 소송비용은 각 당사자가 분담하는 것이 원칙이고, 분담 방법은 보통 부대청구를 제외한 청구액과 인용액의 비율에 따라 부담시키지만, 소송 전과정을 통한 당사자의 소송활동을 참작하여 법원이 재량으로 적정하게 정하고 있다(민소 제101조[131]). 따라서 반드시 청구액과 인용액의 비율에 따라 정하여야 하는 것은 아니다(대판 2000. 1. 18. 98다18506). 주문은 '소송비용 중 1/3은 원고가, 나머지는 피고가 부담한다'라는 식으로 한다. 다만 사정에 따라 한 쪽 당사자에게 전부를 부담하게 할 수 있는데(민소 제101조), 예를 들면 일방의 패소부분이 극히 근소한 경우가 이에 해당한다.

2) 공동소송의 경우

공동소송인은 소송비용을 균등하게 부담한다. 다만 법원은 사정에 따라 공동소송인에게 소송비용을 연대하여 부담하게 하거나 다른 방법으로 부담하게 할 수 있다(민소 제102조 제1항[132]). 예를 들면 필수적 공동소송에서 항소하지 않은 당사자에게는 비용을 부담시킬 것이 아니고 실제 항소한 자에게만 비용을 부담시키는 것이 타당하다.

3) 독립당사자참가의 경우

승패에 따라 소송비용을 부담한다. 따라서 주문은 원고승소, 참가인 패소의 경우라면 '소송비용 중 본소로 인한 부분은 피고가 부담하고, 참가로 인한 부분은 독립당사자 참가인이 부담한다'라는 식으로 한다.

---

130) 민사소송법 제98조(소송비용부담의 원칙)
　　소송비용은 패소한 당사자가 부담한다.
131) 민사소송법 제101조(일부패소의 경우)
　　일부패소의 경우에 당사자들이 부담할 소송비용은 법원이 정한다. 다만, 사정에 따라 한 쪽 당사자에게 소송비용의 전부를 부담하게 할 수 있다.
132) 제102조(공동소송의 경우) ① 공동소송인은 소송비용을 균등하게 부담한다. 다만, 법원은 사정에 따라 공동소송인에게 소송비용을 연대하여 부담하게 하거나 다른 방법으로 부담하게 할 수 있다.
　　② 제1항의 규정에 불구하고 법원은 권리를 늘리거나 지키는 데 필요하지 아니한 행위로 생긴 소송비용은 그 행위를 한 당사자에게 부담하게 할 수 있다.

다. 예 외

법원은 사정에 따라 승소한 당사자로 하여금 다음과 같이 발생한 소송비용의 전부나 일부를 전담하게 할 수 있다. 법원은 사정에 따라 승소한 당사자로 하여금 그 권리를 늘리거나 지키는 데 필요하지 아니한 행위로 말미암은 소송비용 또는 상대방의 권리를 늘리거나 지키는 데 필요한 행위로 말미암은 소송비용의 전부나 일부를 부담하게 할 수 있다(민소 제99조133)). 당사자가 적당한 시기에 공격이나 방어의 방법을 제출하지 아니하였거나, 기일이나 기간의 준수를 게을리 하였거나, 그 밖에 당사자가 책임져야 할 사유로 소송이 지연된 때에는 법원은 지연됨으로 말미암은 소송비용의 전부나 일부를 승소한 당사자에게 부담하게 할 수 있다(민소 제100조134)).

라. 제3자에게 소송비용의 상환을 명하는 경우

1) 대리인의 고의, 중과실이 있는 경우

법정대리인·소송대리인·법원사무관 등이나 집행관이 고의 또는 중대한 과실로 쓸데없는 비용을 지급하게 한 경우에는 수소법원은 직권으로 또는 당사자의 신청에 따라 그에게 비용을 갚도록 명할 수 있다(민소 제107조 제1항135)).

2) 무권대리인의 경우

법정대리인 또는 소송대리인으로서 소송행위를 한 사람이 그 대리권 또는 소송행위에 필요한 권한을 받았음을 증명하지 못하거나, 추인을 받지 못한 경우에 그 소송행위로 말미암아 발생한 소송비용에 대하여는 민사소송법 제107조 제1항의 규정을 준용한다(민소 제107조 제2항).즉 소송비용은 그 소송행위를 한 대리인이 부담한다(법 108조). 다만 소외인이 원고로 행사하고 원고의 이름으로 소송대리인을 선임한 것이 판명되어 소송대리권 없음을 이유로 소를 각하하는 경우에 소송대리인이 그 수임에 중대한 과실이 없으

---

133) 민사소송법 제99조(원칙에 대한 예외)
　　법원은 사정에 따라 승소한 당사자로 하여금 그 권리를 늘리거나 지키는 데 필요하지 아니한 행위로 말미암은 소송비용 또는 상대방의 권리를 늘리거나 지키는 데 필요한 행위로 말미암은 소송비용의 전부나 일부를 부담하게 할 수 있다.
134) 민사소송법 제100조(원칙에 대한 예외)
　　당사자가 적당한 시기에 공격이나 방어의 방법을 제출하지 아니하였거나, 기일이나 기간의 준수를 게을리 하였거나, 그 밖에 당사자가 책임져야 할 사유로 소송이 지연된 때에는 법원은 지연됨으로 말미암은 소송비용의 전부나 일부를 승소한 당사자에게 부담하게 할 수 있다.
135) 제107조(제3자의 비용상환) ① 법정대리인·소송대리인·법원사무관 등이나 집행관이 고의 또는 중대한 과실로 쓸데없는 비용을 지급하게 한 경우에는 수소법원은 직권으로 또는 당사자의 신청에 따라 그에게 비용을 갚도록 명할 수 있다.
　　② 법정대리인 또는 소송대리인으로서 소송행위를 한 사람이 그 대리권 또는 소송행위에 필요한 권한을 받았음을 증명하지 못하거나, 추인을 받지 못한 경우에 그 소송행위로 말미암아 발생한 소송비용에 대하여는 제1항의 규정을 준용한다.
　　③ 제1항 및 제2항의 결정에 대하여는 즉시항고를 할 수 있다.

면 소송대리인에게 소제기를 위임한 자에게 소송비용을 부담시키는 것이 옳다(대판 1997. 7. 25. 96다39031).

3. 소송비용 부담의 재판

가. 소송비용불가분원칙

법원은 사건을 완결하는 재판에서 직권으로 그 심급의 소송비용 전부에 대하여 재판하여야 한다(민소 제104조[136]). 소송비용재판은 직권으로 하므로 당사자에게 신청권이 없고 신청은 직권발동을 촉구하는 의미밖에 없다. 심급의 소송비용 전부에 대하여 함이 원칙이다(소송비용불가분원칙). 다만 사정에 따라 사건의 일부나 중간의 다툼에 관한 재판에서 그 비용에 대한 재판을 할 수 있다.

나. 상소심의 경우

상급법원이 상소를 각하하거나 기각하는 경우에는 그 심급에서 생긴 소송비용만을 재판한다. 상급법원이 본안의 재판을 바꾸는 경우 또는 사건을 환송하거나 이송 받은 법원이 그 사건을 완결하는 재판을 하는 경우에는 소송의 총비용에 대하여 재판하여야 한다(민소 제105조[137]).

4. 소송비용액 확정절차

가. 의 의

실무상 소송비용 부담의 재판은 이를 부담할 당사자 및 그 부담의 비율만을 정할 뿐 구체적인 비용액까지 확정하는 예는 거의 없다. 소송비용액 확정결정은 이와 같이 소송비용 부담의 재판에 의하여 정하여진 소송비용액 상환청구권의 액수를 구체적으로 확정하여 강제집행이 가능하도록 하는 절차이다.

나. 신 청

소송비용의 부담을 정하는 재판에서 그 액수가 정하여지지 아니한 경우에 제1심 법원은 그 재판이 확정되거나 소송비용부담의 재판이 집행력을 갖게 된 후에 당사자의 신청을

---

136) 민사소송법 제104조(각 심급의 소송비용의 재판)
　　법원은 사건을 완결하는 재판에서 직권으로 그 심급의 소송비용 전부에 대하여 재판하여야 한다. 다만, 사정에 따라 사건의 일부나 중간의 다툼에 관한 재판에서 그 비용에 대한 재판을 할 수 있다.
137) 민사소송법 제105조(소송의 총비용에 대한 재판)
　　상급법원이 본안의 재판을 바꾸는 경우 또는 사건을 환송받거나 이송받은 법원이 그 사건을 완결하는 재판을 하는 경우에는 소송의 총비용에 대하여 재판하여야 한다.

받아 결정으로 그 소송비용액을 확정한다(민소 제110조 제1항[138]). 2002년 개정법은 소송비용부담의 재판이 집행력을 갖게 된 후 즉 소송비용에 대하여 가집행선고된 경우에도 확정신청을 할 수 있도록 하였다.

다. 상대방의 의견서 제출

법원은 소송비용액을 결정하기 전에 상대방에 대하여 비용계산서 등본을 교부하고 이에 대한 진술을 할 것과 일정한 기간 내에 비용계산서와 비용액이 소명에 필요한 서면을 제출할 것을 최고한다(민소 제111조[139]). 이러한 의견서의 제시는 비용에 대한 적절성을 확보하기 위한 기회를 주는 것이지만 비용액 결정은 법원의 재량으로 결정된다. 따라서 소송비용액 확정결정신청서를 송달받은 당사자(예, 패소한 당사자)가 이에 대하여 이의가 있는 경우에는 '소송비용계산에 대한 진술서'나 '의견서'를 제출함으로써 다투어야 할 것이다.

라. 결 정

소송비용확정 신청이 있는 때에는 법원은 법원사무관등에게 소송비용액을 계산하게 하여야 한다(민소 제115조). 소송이 재판에 의하지 않고 취하, 포기, 인낙 등에 의하여 종료된 경우에 법원은 당사자의 신청에 따라 결정으로 소송비용의 액수를 정하고 이를 부담하도록 명하여야 한다. 다만 재판상 화해의 경우 화해에서 비용부담의 약정까지 하는 경우가 대부분이고 그 약정이 없으면 화해비용과 소송비용은 당사자들이 각자 부담한다(민소 제106조[140]). 따라서 소송비용확정절차가 필요 없다.

---

138) 민사소송법 제110조(소송비용액의 확정결정) ① 소송비용의 부담을 정하는 재판에서 그 액수가 정하여지지 아니한 경우에 제1심 법원은 그 재판이 확정되거나, 소송비용부담의 재판이 집행력을 갖게 된 후에 당사자의 신청을 받아 결정으로 그 소송비용액을 확정한다.
② 제1항의 확정결정을 신청할 때에는 비용계산서, 그 등본과 비용액을 소명하는 데 필요한 서면을 제출하여야 한다.
③ 제1항의 결정에 대하여는 즉시항고를 할 수 있다.
139) 민사소송법 제111조(상대방에 대한 최고) ① 법원은 소송비용액을 결정하기 전에 상대방에게 비용계산서의 등본을 교부하고, 이에 대한 진술을 할 것과 일정한 기간 이내에 비용계산서와 비용액을 소명하는 데 필요한 서면을 제출할 것을 최고하여야 한다.
② 상대방이 제1항의 서면을 기간 이내에 제출하지 아니한 때에는 법원은 신청인의 비용에 대하여서만 결정할 수 있다. 다만, 상대방도 제110조 제1항의 확정결정을 신청할 수 있다.
140) 제106조(화해한 경우의 비용부담)
당사자가 법원에서 화해한 경우(제231조의 경우를 포함한다) 화해비용과 소송비용의 부담에 대하여 특별히 정한 바가 없으면 그 비용은 당사자들이 각자 부담한다.

[결정문] 소송비용액확정 결정문

심청인대리인
서울 서초구 서초중앙로
, 601호 (서초동, 별당)

‖‖‖‖‖‖‖‖‖‖‖‖‖‖‖‖ 137-883
2060236-098567↓
(민사과 보존제(민사과))
2013-411-334-452

수원지방법원 안양지원
결 정

사 건   2013카확3   소송비용액확정

신 청 인   1. 김 (580215-1177
              안양시 동안구   7-1   진흥아파트 나동 603호
           2. 정 (661005-1149
              군포시 산본동 1ᅵ   아파트 858동 1204호
           신청인들의 소송대리인 법무법인 원일 담당변호사 주

피 신 청 인   안업 주식회사
              경기 군포시   (당동)
              대표이사 문

주 문

위 당사자 사이의 이 법원 2012가합64ᅵ [서울고등법원 2013나39ᅵ ᅵ청구이의 사건 판결
에 의하여 피신청인이 신청인들에게 상환하여야 할 소송비용액은 피신청인 1. 김
8,007,300원, 2. 정   4,200,000원 임을 각 확정한다.

이 유

주문기재의 위 사건에 관하여 신청인들이 그 소송비용액의 확정을 구하여온 바, 피신청인이
부담하여야 할 소송비용액은 별지 계산서와 같이 피신청인 1. 김   8,007,300원, 2. 정
    4,200,000원 임이 인정되므로 민사소송법 제110조 제1항, 제112조를 적용하여 주문과 같
이 결정한다.

2014. 2. 14.

정 본 입 니 다.
2014. 2. 1
법원주사 장
[인]

사 법 보 좌 관   안

※ 결정에 대하여 불복이 있을 때에는 이 정본을 송달받은 날(발송송달의 경우에는 발송한
날)부터 7일 이내에 항고장을 이 법원에 제출하여야 합니다.

마. 즉시항고

법원으로부터 소송비용액확정결정을 송달받은 상대방은 7일 이내에 즉시항고 할 수 있으며[141] 만약 7일 이내에 즉시항고를 하지 않으면 사건은 확정된다.

바. 집행

위와 같이 확정된 후에는 결정문은 집행권원이 되므로 집행문 부여 및 송달·확정증명을 받아 상대방을 상대로 집행을 할 수 있다.

5. 소송비용의 담보

원고가 대한민국에 주소, 사무소와 영업소를 두지 아니한 때 또는 소장, 준비서면 그 밖의 소송기록에 의하여 청구가 이유 없음이 명백한 때 등 소송비용에 대한 담보제공이 필요하다고 판단되는 경우에 피고의 신청이 있으면 법원은 원고에게 소송비용에 대한 담보를 제공하도록 명하여야 한다. 담보가 부족한 경우에도 또한 같다(민소 제117조 제1항[142]). 위와 같은 경우에 법원은 직권으로 원고에게 소송비용에 대한 담보를 제공하도록 명할 수 있다. 담보를 제공할 사유가 있다는 것을 알고도 피고가 본안에 관하여 변론하거나 변론준비기일에서 진술한 경우에는 담보제공을 신청하지 못한다(민소 제118조[143]). 담보제공을 신청한 피고는 원고가 담보를 제공할 때까지 소송에 응하지 아니할 수 있다(민소 제119조[144]).

---

141) 항고장에는 인지 2,000원과 송달료 5회분을 납부하고 상대방수에 해당하는 부본을 제출한다.
142) 민사소송법 제117조(담보제공의무) ① 원고가 대한민국에 주소·사무소와 영업소를 두지 아니한 때 또는 소장·준비서면, 그 밖의 소송기록에 의하여 청구가 이유 없음이 명백한 때 등 소송비용에 대한 담보제공이 필요하다고 판단되는 경우에 피고의 신청이 있으면 법원은 원고에게 소송비용에 대한 담보를 제공하도록 명하여야 한다. 담보가 부족한 경우에도 또한 같다.
② 제1항의 경우에 법원은 직권으로 원고에게 소송비용에 대한 담보를 제공하도록 명할 수 있다.
③ 청구의 일부에 대하여 다툼이 없는 경우에는 그 액수가 담보로 충분하면 제1항의 규정을 적용하지 아니한다.
143) 민사소송법 제118조(소송에 응함으로 말미암은 신청권의 상실)
담보를 제공할 사유가 있다는 것을 알고도 피고가 본안에 관하여 변론하거나 변론준비기일에서 진술한 경우에는 담보제공을 신청하지 못한다.
144) 민사소송법 제119조(피고의 거부권)
담보제공을 신청한 피고는 원고가 담보를 제공할 때까지 소송에 응하지 아니할 수 있다.

6. 서식

가. 신청취지 기재례

피신청인은 서울가정법원 2011. 2. 22. 선고 2016느단00 위자료 청구사건의 판결에 의하여 신청인에게 상환하여야 할 소송비용액은 금6,520,600원임을 확정한다.

나. 서식례

[서식] 소송비용액확정결정신청서 - 전부 일방 당사자 부담의 경우

소송비용액확정결정신청서

신 청 인(원 고) 정 ○ ○(76○○○○-123○○○○)
　　　　　　　　서울시 ○○구 ○○동 ○○

피신청인(피 고) 박 ○ ○(75○○○○-123○○○○)
　　　　　　　　서울시 ○○ ○○동 12-971

신 청 취 지

피신청인은 서울가정법원 2011. 2. 22. 선고 2010느단 1234위자료 청구사건의 판결에 의하여 신청인에게 상환하여야 할 소송비용액은 금6,520,600원임을 확정한다.

신 청 이 유

위 당사자간 서울가정법원 2010느단 1234 위자료 청구사건에 관하여 2011. 2. 22. 신청인의 승소판결이 있었고, 이에 피신청인이 항소를 제기하였으나 2011. 9. 23. 항소가 기각되어 2011. 10. 15. 위 판결은 확정되었던바, 피신청인이 부담하여야 할 소송비용액의 확정을 신청하오니 결정하여 주시기 바랍니다.

첨 부 서 류

1. 비용계산서　　　　　　　　　　1통
1. 영수증 사본　　　　　　　　　　3통
1. 판결문　　　　　　　　　　　　3통
1. 확정증명원　　　　　　　　　　3통

2011.　11.　　.

위 신청인　정 ○ ○　(인)

서울가정법원　귀중

[첨부서류] 소송비용계산서

소송비용계산서

1. 제1심　　:　금3,420,600원
   인지대　　금230,000원
   송달료　　금90,600원

   변호사 보수　금3,100,000원[210만 원+(5,000만 원-3,000만 원)x$\frac{5}{100}$]

2. 제2심　　:　금3,100,000원

   변호사 보수　금3,100,000원[210만 원+(5,000만 원-3,000만 원)x$\frac{5}{100}$]

3. 합계　　　:　금6,520,600원

   － 이 상 －

■ 작성 · 접수방법

1. 실무상 소송비용 부담의 재판은 이를 부담할 당사자 및 그 부담의 비율만을 정할 뿐 구체적인 비용액까지 확정하는 예는 거의 없다. 따라서 사건이 확정된 이후에 소송비용확정결정신청서 1부를 작성하여 제1심 법원에 제출한다.
2. 신청서에는 소명자료로 판결문, 확정증명원을 첨부해야 하고, 비용계산서는 별지로 2~3부를 제출한다.
3. 인지는 1,000원과 송달료 2회분 20,400원(=2회분×5,100원×당사자2명)을 납부한다.

소송비용액 확정결정신청

신 청 인(원고)   최00
                                    의정부시 00

피신청인(피고)   강00
                                    평택시 00

신청취지

위 당사자 사이의 수원지방법원 평택지원 2015. 9. 23. 선고 2016드단00호 위자료 청구사건 판결에 의하여 피고가 원고에게 상환하여야 할 소송비용액음 금 1,550,133원임을 확인한다.

신청이유

별지기재와 같습니다.

첨부서류

1. 소송비용 계산서	6통
1. 판결문 사본	1통
1. 송달/확정증명원	1통

2016. 03.
위 신청인 최00

수원지방법원 평택지원(가사1단독)   귀중

[첨부서류] 소송비용계산서

[별지]

소송비용액계산서

1. 원고측 청구금액 30,000,000원 (본소)

   1) 변호사 보수 2,100,000원
   2) 소송인지대   140,000원
   3) 송 달 료   85,200원

   <u>총 합계 금 2,325,200원</u>

2. 소송비용 부담분: 원고 1/3, 피고 2/3

   그러므로 피고가 원고에게 부담하여야 할 금액

   <u>= 1,550,133원</u>

[서식] 피고의 소송비용계산서 등본에 대한 진술서

소송비용계산서등본에 대한 진술서

신 청 인(원 고) 정 ○ ○(76○○○○-123○○○○)
            서울시 ○○구 ○○동 ○○

피신청인(피 고) 박 ○ ○(75○○○○-123○○○○)
            서울시 ○○ ○○동 12-971

 위 당사자간 귀원 20○○카기 1234 소송비용액확정결정 신청사건에 관하여 피신청인(피고)은 다음과 같이 소송비용계산서 등본에 대하여 진술을 합니다.

다   음

1. 소송비용계산서 등본에 대한 의견 진술

금 5,000,000원	변호사보수	부인합니다 (변호사보수의소송비용산입에관한규칙 3조에 의한 금액의 범위 내에서만 인정합니다)
금 500,000원	인지대	인정합니다.
금 150,000원	신체감정비	인정합니다.
금 90,000원	송달료	인정합니다.

2. 피고의 소송비용계산서
   1) 금 1,500,000원(변호사선임비)
   2) 금 35,000원(증인여비)

   이상과 같이 소송비용계산서에 대한 의견진술과 피고의 소송비용계산서 및 소명자료를 제출합니다.

첨 부 서 류

1. 소송비용계산서 등본   1통
1. 영수증 사본   3통

20○○.   ○.   .

위 피신청인(피고) 정 ○ ○ (인)

서울가정법원 귀중

[서식] 소송비용액확정결정신청에 대한 의견서

소송비용액확정결정신청에 대한 의견서

사   건   2014카기 123호 소송비용액확정
신 청 인(원 고)   정 ○ ○ 외 1
피신청인(피 고)   박 ○ ○

위 당사자 간 귀원 2014 카기 123호 소송비용액확정 사건에 관하여 피신청인(피고)은 다음과 같이 의견서를 제출합니다.

다   음

1. 피신청인들은 위 당사자간 ○○지방원 20○○ 느단 위자료 청구 사건에 관한 변호사 보수를 신청인 정○○과 신청인 박○○이 각각 산정하여 신청인 정○○은 ○○만 원, 신청인 박○○은 ○○만 원을 청구하고 있습니다.

2. 그러나 피신청인들은 위 대여금 청구 사건에서 변호사 ○○○를 공동으로 선임한 공동소송인들로서 변호사 보수를 산정할 때 각각 산정하는 것이 아니라 총 소가를 기준으로 신청인들의 변호사 보수를 신청하여야 하므로 신청인들의 소송비용은 모두 ○○만 원이라 할 것입니다.

3. 이와 같이 신청인들의 청구 변호사 비용은 과다하므로 적정한 금액으로 산출하는 것이 타당하다 할 것입니다.

첨 부 서 류

    1. 소송비용계산서 등본   1통

20○○.　　○.　　.

위 피신청인(피고)　박 ○ ○　(인)

서울가정법원　귀중

■ 작성 · 접수방법

1. 소송비용에 대한 신청인의 신청액이 과다하거나 잘못된 경우 피신청인은 이에 대한 의견서를 소송비용액확정 사건을 담당하는 재판부에 제출할 수 있다.
2. 인지등 첩부비용은 없다.

1. 양육비 직접지급명령

> **가사소송법 제63조의2(양육비 직접지급명령)** ① 가정법원은 양육비를 정기적으로 지급할 의무가 있는 사람(이하 "양육비채무자"라 한다)이 정당한 사유 없이 2회 이상 양육비를 지급하지 아니한 경우에 정기금 양육비 채권에 관한 집행권원을 가진 채권자(이하 "양육비채권자"라 한다)의 신청에 따라 양육비채무자에 대하여 정기적 급여채무를 부담하는 소득세원천징수의무자(이하 "소득세원천징수의무자"라 한다)에게 양육비채무자의 급여에서 정기적으로 양육비를 공제하여 양육비채권자에게 직접 지급하도록 명할 수 있다.
> ② 제1항에 따른 지급명령(이하 "양육비 직접지급명령"이라 한다)은 「민사집행법」에 따라 압류명령과 전부명령을 동시에 명한 것과 같은 효력이 있고, 위 지급명령에 관하여는 압류명령과 전부명령에 관한 「민사집행법」을 준용한다. 다만, 「민사집행법」 제40조 제1항과 관계없이 해당 양육비 채권 중 기한이 되지 아니한 것에 대하여도 양육비 직접지급명령을 할 수 있다.
> ③ 가정법원은 양육비 직접지급명령의 목적을 달성하지 못할 우려가 있다고 인정할 만한 사정이 있는 경우에는 양육비채권자의 신청에 의하여 양육비 직접지급명령을 취소할 수 있다. 이 경우 양육비 직접지급명령은 장래에 향하여 그 효력을 잃는다.
> ④ 가정법원은 제1항과 제3항의 명령을 양육비채무자와 소득세원천징수의무자에게 송달하여야 한다.
> ⑤ 제1항과 제3항의 신청에 관한 재판에 대하여는 즉시항고를 할 수 있다.
> ⑥ 소득세원천징수의무자는 양육비채무자의 직장 변경 등 주된 소득원의 변경사유가 발생한 경우에는 그 사유가 발생한 날부터 1주일 이내에 가정법원에 변경사실을 통지하여야 한다.

가. 의의 및 성질

이혼 시 미성년자인 자녀에 대한 양육비 지급책임을 부담하게 된 정기금 양육비지급의무자(양육비채무자)가 정당한 사유 없이 2회 이상 양육비를 지급하지 아니한 경우에 양육비채무자의 고용자(소득세원천징수의무자)로 하여금 양육자(양육비채권자)에게 직접 양육비를 지급하도록 명령하여 양육비를 확보하게 하도록 한 제도이다.

양육비 직접지급명령은 장래의 정기금 양육비 채권을 집행채권으로 하여 장래의 정기적 급여채권에 대하여 압류명령 및 전부명령을 동시에 명한 것과 같은 효력을 인정하는 특수한 제도이다.

나. 관할 및 절차

1) 신청 방법

가) 신 청 인

정기금 양육비 채권자가 신청할 수 있다.

나) 관할 법원

양육비채무자의 보통재판적이 있는 곳의 가정법원, 양육비채무자가 국내에 주소나 거소 등이 없고, 마지막 주소도 판명되지 않을 때와 같이 보통재판적이 없을 경우에는 소득세 원천징수의무자의 보통재판적이 있는 곳의 가정법원이다.

다) 비 용

인지로 2,000원과 송달료로 '당사자수×5,100원(송달료)×2회분'을 송달료취급은행에 납부하고 영수증을 첨부하여야 한다.

2) 신청의 요건

양육비 직접지급명령을 신청하기 위해서는 강제집행의 요건과 강제집행 개시의 요건을 갖추어야 하는데, 양육비 채권 중 아직 기한이 도래하지 않은 것으로 집행 채권으로 하여 발령한다는 점에서 압류명령 및 전부명령의 특수한 제도이다.

신청서에는 신청서 외에 집행력 있는 정본, 소득세원천징수의무자가 법인인 때에는 그 자격증명, 대리인에 의한 신청일 때에는 위임장, 그 밖에 강제집행개시의 요건을 증명하는 서면을 붙여야 한다.

3) 신청서 작성 방법

가) 신청서 양식에 맞춰 기재한다.

신청취지 중 '소득세원천징수의무자가 양육비상당액을 직접 지급하여야 할 일자'는 양육비채무자의 급여일로 기재하는 것이 바람직하다. 다만, 양육비 채무자의 급여일을 알 수 없는 경우에는 집행권원에 양육비지급일로 기재된 일자를 기재하여도 된다.

신청이유에는 2회 이상 양육비가 지급되지 않은 구체적인 내역과 직접지급을 구하고 있는 기한이 도래하지 않은 정기금 양육비 채권의 구체적인 내용을 기재하여야 한다.

나) 양식 기재방법은 다음과 같다.

청구채권목록에는 집행권원에서 지급을 명하고 있는 정기금 양육비채권 중 양육비 직접지급명령으로 지급받고자 하는 장래의 양육비채권의 내역과 양육비 직접지급명령을 신청하면서 소요된 집행비용의 내역을 기재한다. 양육비 직접지급명령에 의하여 지급받을 수 있는 양육비는 양육비 직접지급명령송달 다음날 이후 지급기가 도래하는 양육비채권이다.

압류채권목록은 양육비채무자가 소득세원천징수의무자에게 대하여 가지고 있는 정기적 급여채권의 내역을 기재하여야 하는바, 특별한 사정이 없으면 신청서양식에 있는 전형적인 문구를 그대로 사용하면 된다. 양육비채무자의 소속부서를 상세히 알고 있는 경우에는 양육비채무자의 소속부서를 기재한다.

다. 양육비 직접지급명령의 효과

양육비 직접지급명령이 확정되면 양육비 직접지급명령이 소득세원천징수의무자에게 송달된 때로 소급하여 양육비채무자의 정기적 급여채권이 양육비채권자에게 이전되며, 양육비채무자는 양육비채무를 변제한 것으로 보게 된다.

소득세원천징수의무자는 피전부채권인 정기적 급여채권이 존재하는 한 종전의 채권자인 양육비채무자에 부담하는 채무를 양육비채권자에 대하여 부담하게 되며, 양육비채권자에게 직접 이행하여야 한다. 또한 소득세원천징수의무자는 양육비채권자의 직장변경 등 주된 소득원의 변경사유가 발생한 경우에 그 사유가 발생한 날로부터 1주 이내에 가정법원에 변경사실을 통지할 의무가 있다(법 제63조의2 제6항).

라. 소득세원천징수의무자의 진술

양육비채권자는 소득세원천징수의무자로 하여금 양육비 직접지급명령의 송달을 받은 날로부터 1주일 이내에 서면으로 민사집행법 제237조 제1항에 정해진 사항을 진술하게 하도록 가정법원에 신청할 수 있다. 이는 양육비채권자로 하여금 당해 양육비 직접지급명령의 집행으로 양육비채권의 만족이라는 목적을 달성할 수 있을 것인지 여부에 관한 판단자료를 소득세원천징수의무자로부터 얻도록 하기 위한 제도이다. 신청은 서면으로 하여야 하고, 500원의 인지를 붙이는 외에 최고서의 송달료 및 소득세원천징수의무자의 진술서 제출용 송달료를 예납하여야 한다. 진술최고를 신청하는 시기는 양육비 직접지급명령의 신청과 함께 하거나 적어도 양육비 직접지급명령을 발송하기 전이라야 한다.

소득세원천징수의무자가 고의 또는 과실로 허위의 진술을 함으로 말미암아 양육비채권자에게 손해가 발생한 때에는 그 손해를 배상할 의무가 있다.

또한 양육비 직접지급명령이 확정되면 양육비 직접지급명령을 송달받은 때로 소급하여 양육비채무자의 소득세원천징수의무자에 대한 정기적 급여채권이 이전된다. 이 경우 소득세원천징수의무자는 양육비채무자에게 부담하는 정기적 급여채권이 존재하는 한 집행권원상의 양육비채권 상당액을 직접 양육비채권자에게 지급하여야 한다. 다만, 양육비 직접지급명령의 집행채권은 아직 지급기가 도래하지 않은 양육비채권이므로, 그 지급기가 도래한 후에 지급기(급여지급일)가 도래하는 급여채권에서 양육비 상당액을 지급하여야 한다.

[예 시]

양육비채권자가 2009. 12. 1. 양육비 직접지급명령을 신청하여, 같은 달 10. 소득세원천징수의무자에게 송달되었는데, 양육비직접지급명령에서 소득세원천징수의무자에게 양육비채무자의 급여일인 매월 20일에 양육비상당액을 지급할 것을 명하고, 양육비 직접지급명령을 신청한 집행권원상에는 채무자에게 매월 말일에 양육비를 지급하도록 되어 있는 경우

→ 소득세원천징수의무자는 양육비 직접지급명령이 송달된 후 도래하는 첫 번째 급여지급일인 2009. 12. 20.에는 양육비 직접지급명령이 송달된 다음날(2009. 12. 11.) 이후 지급기가 도래한 양육비채권은 집행권이 없어 소득세원천징수의무자는 양육비채권자에게 양육비 상당액을 직접 지급할 필요가 없고, 그 다음 급여지급일인 2010. 1. 20.에 양육비 직접지급명령 송달 다음날 이후 지급기가 도래한 양육비채권(2009. 12. 31.에 지급하여야 할 양육비)이 있으므로 이를 지급하여야 한다.

→ 집행권원이 미성년자가 성년에 달하는 날의 전날까지의 양육비를 지급하도록 하고 있다면, 집행권원상의 마지막 달의 양육비는 일(日)할 계산하여 지급하면 된다.
소득세 원천징수의무자는 양육비채무자의 직장변경 등 주된 소득원의 변경사유가 발생한 경우에는 그 사유가 발생한 날로부터 1주 이내에 가정법원에 변경사실을 통지하여야 한다(법 제63조의2 제6항).

마. 양육비 직접지급명령 취소신청

양육비 직접지급명령은 심판양육자로 하여금 보다 간편하게 양육비를 확보할 수 있도록 하기 위하여 신설된 특수한 제도이므로, 소득세 원천징수의무자의 자력이 나빠져서 양육비를 변제받지 못할 경우, 양육비 직접지급명령의 토대가 된 집행권원이 실효된 경우, 양육대상인 미성년인 자가 사망한 경우 등 양육비 직접지급명령의 목적을 달성하지 못할 우려가 있다고 인정할 만한 사정이 있는 때에는 양육비채권자의 신청에 따라 양육비 직접지급명령을 취소할 수 있다. 양육비 직접지급명령 취소는 양육비 직접지급명령을 발령한 가정법원의 전속관할이고, 양육비 직접지급명령 취소신청서에는 2,000원의 인지를 붙여야 한다.

바. 서식

1) 신청취지 기재례

가) 양육비 직접지급명령신청

> 1. 채무자의 소득세원천징수의무자에 대한 '별지' 압류채권목록 기재의 채권을 압류한다.
> 2. 소득세원천징수의무자는 채무자에게 위 채권에 관한 지급을 하여서는 아니 된다.
> 3. 채무자는 위 채권의 처분과 영수를 하여서는 아니 된다.
> 4. 소득세원천징수의무자는 매월 25일에 위 채권에서 별지 청구채권목록 기재의 양육비 상당액을 채권자에게 지급하라.
> 라는 결정을 구함

나) 양육비 직접지급명령 취소

> 위 당사자간 ○○법원 즈기 호 신청사건에 관하여 20 . . . 귀원에서 한 양육비 직접지급명령을 취소한다.
> 라는 결정을 구합니다.

2) 첨부서류 등

첨부서류	신청서	인지액	송달료	관할법원
* 집행력 있는 정본 1통 * 송달(확정)증명서 1통 * 채무자의 주민등록표등(초)본 1통 * 소득세 원천징수 의무자의 자격증명서류(법인등기사항전부증명서 등) 1통 * 기타 강제집행개시 요건을 증명하는 서면	1부	2,000원	당사자별 3회분	채무자 주소지

3) 서식례

[서식] 양육비 직접지급명령 신청서

양육비 직접지급명령 신청서

채 권 자   홍 ○ 자 (000000-0000000)   (전화 :   )
서울 영등포구 대림동 701 현대아파트 103-1202

채 무 자   최 ○ 봉 (000000-0000000)
서울 도봉구 도봉동 876 래미안아파트 205-903

소득세원천징수의무자 고 ○ 해 (000000-0000000)
서울 강북구 미아동 343 대한빌딩 707호

청구채권 및 그 금액

별지 청구채권 목록 기재와 같음

신 청 취 지

1. 채무자의 소득세원천징수의무자에 대한 '별지' 압류채권목록 기재의 채권을 압류한다.
2. 소득세원천징수의무자는 채무자에게 위 채권에 관한 지급을 하여서는 아니 된다.
3. 채무자는 위 채권의 처분과 영수를 하여서는 아니 된다.
4. 소득세원천징수의무자는 매월 25일에 위 채권에서 별지 청구채권목록 기재의 양육비 상당액을 채권자에게 지급하라.
라는 결정을 구함

신 청 이 유

1. 채권자는 채무자를 상대로 한 귀원 201○느단 8765호 양육비 심판청구에 따라 매월 25일에 30만 원의 양육비 채권을 가지고 있으며, 채무자는 (주)대한물산에 재직하고 있습니다.

2. 그러나 채무자는 위 양육비심판결정에 따른 금전의 지급이행을 정당한 사유 없이 2개월 이상(2회 이상) 지체하고 있어 채권자가 직접 양육비채권을 확보하고자 이건 신청에 이른 것입니다.

첨 부 서 류

1. 집행력 있는 정본   1통
1. 송달증명서   1통

200○. ○.○.

위 채권자 홍 ○ 자 (인)

○ ○ 가 정 법 원 귀중

■ 작성·접수방법

1. 채권자는 연락처란에 언제든지 연락 가능한 전화번호나 휴대전화번호(팩스번호, 이메일 주소 등도 포함)를 기재하기 바랍니다.
2. 채권자는 2회 이상 양육비가 지급되지 않은 구체적인 내역과 직접지급을 구하고 있는 기한이 도래하지 아니한 정기금 양육비 채권의 구체적인 내용을 기재하여야 합니다.
3. 집행력 있는 집행권원은 "확정된 종국판결(심판), 가집행선고 있는 종국판결(심판), 조정조서, 양육비부담조서" 등이 있습니다.
4. 채무자의 이름과 주소 외에도 소속부서, 직위, 주민등록번호, 군번/순번(군인/군무원의 경우) 등 채무자를 특정할 수 있는 사항을 기재하시기 바랍니다.
5. 이 신청서를 접수할 때에는 당사자 1인당 2회분의 송달료를 송달료수납은행에 예납하여야 합니다.

[별 지]

청구채권목록

(집행권원 : ○○법원 호 사건의 조정조서정본)에 표시된 정기금 양육비채권 중 중 아래 금원 및 집행비용

1. 정기금 양육비채권
   (1) 미성년자   (.   .생)에 대한 양육비 : 20 . . .부터 20 . . .까지
           월 원씩 매월 일에 지급하여야 할 양육비 중 이 사건 양육비 직접지급명령 송달 다음날 이후 지급기가 도래하는 양육비
   (2) 미성년자   (.   .생)에 대한 양육비 : 20 . . .부터 20 . . .까지
           월 원씩 매월 일에 지급하여야 할 양육비 중 이 사건 양육비 직접지급명령 송달 다음날 이후 지급기가 도래하는 양육비

2. **집행비용** : 금   원

　　　　신청수수료　　　　　　　　2,000원

　　　　신청서 작성 및 제출비용　　　원

　　　　송달비용　　　　　　　　　　원

　　　　자격증명서교부수수료　　　　원

　　　　송달증명서신청수수료　　원 -끝-

[별　지]

압류채권목록

양육비채무자(◇◇지점 근무)가 소득세원천징수의무자로부터 지급받는 다음의 채권으로서 별지 청구채권목록 기재 금액에 이르기까지의 금액. 다만, 별지 청구채권목록 기재 1의 (1) 및 (2)의 금액에 대하여는 그 정기금 양육비의 지급기가 도래한 후에 지급기(급여지급일)가 도래하는 다음의 채권에 한함.

다　　음

1. 매월 수령하는 급료(본봉 및 제수당) 중 제세공과금을 뺀 잔액의 1/2씩

2. 기말수당(상여금) 중 제세공과금을 뺀 잔액의 1/2씩

　※「다만, 국민기초생활보장법에 의한 최저생계비를 감안하여 민사집행법 시행령 이 정한 금액에 해당하는 경우에는 이를 제외한 나머지 금액, 표준적인 가구의 생계비를 감안하여 민사집행법 시행령이 정한 금액에 해당하는 경우에는 이를 제외한 나머지 금액』

[서식] 양육비 직접지급명령 신청서

양육비 직접지급명령 신청서

채 권 자　　　　　　이00

　　　　　　　　　　서울 강남구 00

　　　　　　　　　　신청대리인 법무법인 00

<table>
<tr><td>담당변호사 OO</td></tr>
<tr><td>서울 서초구 OO</td></tr>
</table>

채 무 자	이OO
	서울 강남구 OO
	근무지: 삼성생명보험 주식회사 강남지점
	서울 강남구 OO

소득세원천징수의무자	삼성생명보험주식회사(104-81-26688)
	대표이사 OO
	서울시 중구 세종대로 55(태평로 2가)

신 청 취 지

1. 채무자의 소득세원천징수의무자에 대한 별지 압류채권목록 기재의 채권을 압류한다.
2. 소득세원천징수의무자는 채무자에게 위 채권에 관한 지급을 하여서는 아니 된다.
3. 채무자는 위 채권의 처분과 영수를 하여서는 아니 된다.
4. 소득세원천징수의무자는 <u>매월 5일</u>에 위 채권에서 별지 청구채권목록 기재의 양육비 상당 액을 채권자에게 지급하라.

라는 결정을 구합니다.

청구채권 및 그 금액 : 별지 청구채권목록 기재와 같음.

신 청 이 유

1. 채무자의 양육비지급의무의 존재
채무자와 채권자는 2011. 9. 8. 협의이혼하였습니다(소갑제1호증 혼인관계증명서, 소갑제2호증 위자료 및 재산분할 합의사항). 또한 향후 자녀 이OO가 성인이 될 때까지 채권자가 양육하기로 협의하였고, 이에 대하여 채무자는 자녀들이 각 성년에 이르기 전날까지 자녀 1인당 월 40만 원을 매월 5일에 지급하기로 양육비 부담에 관하여 협의가 성립되었습니다(소갑제3호증 양육비부담조서).

이러한 협의에 따라 채권자가 자녀들을 양육하고 있습니다(소갑제4호증 가족관계증명서, 소갑제5호증 주민등록등본).

2. 채무자의 양육비 미지급
위와 같이 채무자는 이OO이 성년이 되는 2019. 09. 20.까지는 매월 120만 원, 이OO이 성년이 되는 2026. 5. 21. 까지는 매월 80만 원, 이OO이 성년이 되는 2027. 11. 25. 까지는 매월

40만 원을 채권자에게 지급하여야 할 의무가 있습니다.

그러나 채무자는 위와 같은 합의에도 불구하고, 2011. 9. 8. 이후 2011. 12. 23. 현재에 이르기까지 단 한 차례도 양육비를 지급하지 아니하였으므로, 현재 미납된 양육비는 금 360만 원에 달합니다.

현재 채무자는 삼성생명보험 주식회사 강남지점(서울 강남구 역삼1동 737 강남파이낸스센터 6층 소재, 02-564-7905)에 FC(Financial Consultant)로 근무하고 있어 월급을 수령하고 있으며, 또한 산본의 교회 합창단의 지휘자로 근무하며 매달 70만의 부수입을 올리고 있는 것으로 알고 있습니다.

소 명 방 법

1.소갑제1호증	혼인관계증명서
1.소갑제2호증	위자료 및 재산분할 합의사항
1.소갑제3호증	양육비부담조서
1.소갑제4호증	가족관계증명서
1.소갑제5호증	주민등록등본

첨 부 서 류

1. 소송위임장 및 담당변호사지정서　　　　　　1통

2011. 12.　.
위 채권자의 소송대리인
법무법인 00
담당변호사 00

서울가정법원 귀중

[별지]

〈별지〉

청구채권 목록

집행권원 : 서울가정법원 2016호00 협의이혼의사확인신청 사건의 양육비부담조서 정본에

표시된 정기금 양육비채권 중 아래 금원 및 집행비용

1. 정기금 양육비채권

(1) 미성년자 이00(1990.생)에 대한 양육비 : 2011. 9. 9.부터 2019. 9. 20.까지 월 400,000
원씩 매월 5일에 지급하여야 할 양육비 중 이 사건 양육비 직접지급명령 송달 다음날
이후 지급기가 도래하는 양육비

(2) 미성년자 이00(2000생)에 대한 양육비 : 2011. 9. 9.부터 2026. 5. 21.까지 월 400,000
원씩 매월 5일에 지급하여야 할 양육비 중 이 사건 양육비 직접지급명령 송달 다음날
이후 지급기가 도래하는 양육비

(3) 미성년자 이0(2000.생)에 대한 양육비 : 2011. 9. 9.부터 2027. 11. 25.까지 월 400,000
원씩 매월 5일에 지급하여야 할 양육비 중 이 사건 양육비 직접지급명령 송달 다음날
이후 지급기가 도래하는 양육비

2. 집행비용 : 금 20,360원

신청수수료(송달료 18,360원+인지 2,000원 = 20,360원)
-끝-

[별지]

〈별지〉

압류채권 목록

양육비채무자(강남지점 근무)가 소득세원천징수의무자로부터 지급받는 다음의 채권으로서
별지 청구채권목록 기재 금액에 이르기까지의 금액. 다만, 별지 청구채권목록 기재 1의 (1)
내지 (3)의 금액에 대하여는 그 정기금 양육비의 지급기가 도래한 후에 지급기(급여지급일)가
도래하는 다음의 채권에 한함.

다   음

1. 매월 수령하는 급료(본봉 및 제수당) 중 제세공과금을 뺀 잔액의 1/2씩
2. 기말수당(상여금) 중 제세공과금을 뺀 잔액의 1/2씩
※『다만, 국민기초생활보장법에 의한 최저생계비를 감안하여 민사집행법 시행령이 정한 금액

에 해당하는 경우에는 이를 제외한 나머지 금액, 표준적인 가구의 생계비를 감안하여 민사집행법 시행령이 정한 금액에 해당하는 경우에는 이를 제외한 나머지 금액』

[서식] 소득세원천징수의무자에 대한 진술최고신청서

소득세원천징수의무자에 대한 진술최고 신청서

신 청 인   김 ○ 희 (주민등록번호)   (전화)
(채권자)   서울 도봉구 우이동 123   (우편번호)

피신청인   이 ○ 철 (주민등록번호)   (전화)
(채무자)   서울 동작구 사당동 234   (우편번호)

소득세원천징수의무자 박 ○ 석 (주민등록번호)   (전화)
                  서울 서초구 서초1동 345   (우편번호)

위 당사자 간 ○○법원 즈기 호 신청사건에 관하여 소득세원천징수의무자에게 가사소송법 제63조의2 제2항, 민사집행법 제237조에 따라 다음 사항을 진술하도록 명하여 주시기 바랍니다.

다   음

1. 채권을 인정하는지 여부 및 인정한다면 그 한도
2. 채권에 대하여 지급할 의사가 있는지 여부 및 의사가 있다면 그 한도
3. 채권에 대하여 다른 사람으로부터 청구가 있는지의 여부 및 청구가 있다면 그 종류
4. 다른 채권자에게 채권을 압류당한 사실이 있는지 여부 및 그 사실이 있다면 그 청구의 종류

20 . . .
위 신청인   (날인 또는 서명)

○○법원 귀중

소득세원천징수의무자 진술서

사   건   20 즈기○○○ 양육비 직접지급
채 권 자
채 무 자
소득세원천징수의무자

소득세원천징수의무자는 위 사건의 양육비 직접지급명령과 관련하여 다음 사실을 진술합니다. 다음의 진술과 관련하여 고의 또는 과실로 허위의 진술을 함으로 말미암아 채권자에게 손해가 발생한 때에는 그 손해를 배상할 의무가 있음을 잘 알고 있습니다.

20   .   .   .

소득세원천징수의무자 ○○○_____(날인 또는 서명)

다 음

1. 채권을 인정하는지의 여부와 관련하여
가. 압류된 채권(채무자의 소득세원천징수의무자에 대한 채권)을 인정하고 있습니까?
　　　　　　　□ 예　　　　　　　　　□ 아니오

나. ["예"라고 대답한 경우] 인정하는 채무액은 얼마입니까?
　　매월 수령하는 급료(본봉 및 제수당) 금　　　　　원
　　기말수당(상여금)　　　　　　금　　　　　원
　　합계 금　　　　　원

다. 기타 참고사항이 있으면 기재하여 주시기 바랍니다.

2. 채권에 대하여 지급할 의사가 있는지의 여부와 관련하여
가. 채권에 대하여 지급할 의사가 있습니까?
　　(여기에서 말하는 지급의사는 채권자에 대한 것을 말하는 것이 아니고 양육비 직접지급명령이 없을 경우 원래의 채무자에 대한 지급의사를 의미함)
　　　　□ 예　　　　　□ 아니오

나. ["예"라고 대답한 경우] 어느 범위에서 지급할 의사가 있습니까?

매월 수령하는 급료(본봉 및 제수당) 금   원

기말수당(상여금)   금   원

합계 금   원

다. 기타 참고사항이 있으면 기재하여 주시기 바랍니다.

3. 채권에 대하여 다른 사람으로부터 청구가 있는지의 여부와 관련하여

가. 채권에 대하여 다른 사람으로부터 청구를 받은 사실이 있습니까?

　　　　　□ 예　　　　　□ 아니오

나. ["예"로 대답한 경우]

① 채권에 대하여 압류한 채권자보다 우선하는 권리자가 있다면, 그 권리자의 성명, 주소 및 청구의 내용을 기재하시기 바랍니다.

(예를 들어, 압류한 채권자보다 우선하는 채권질권자 등이 있는 경우 그 내용을 기재함)

② 채권을 양수하였다고 주장하는 사람이 있다면, 그 청구를 한 사람의 성명, 주소 및 청구의 내용을 기재하시기 바랍니다.

③ 그 밖에 위 채권에 대하여 청구를 받은 사실이 있으면, 그 청구를 한 사람의 성명, 주소 및 청구의 내용을 기재하시기 바랍니다.

4. 다른 채권자에게 채권을 (가)압류당한 사실이 있는지의 여부와 관련하여

가. 소득세원천징수의무자는 이 양육비직접지급명령 이전에 다른 채권자에게 채권을 (가)압류당한 사실이 있습니까?

　　　　　□ 예　　　　　□ 아니오

나. ["예"로 대답한 경우] (가)압류당한 사실이 있다면 그 청구의 종류는 무엇입니까?

(예를 들어, 다른 채권자에 의한 압류 외에 가압류, 채무자 회생 및 파산에 관한 법률상의 보전처분, 국세징수법에 의한 체납처분 등이 있는 때에도 이를 기재하고, 그 압류나 가압류 등의 종류와 압류채권자의 이름, 주소 외에 압류 등을 발령한 법원 내지 행정관청, 압류 등의 날짜 및 사건번호 등을 기재함)

유의사항

※ 이 양식이 부족한 경우에는 별지를 첨부하시기 바랍니다.

※ 소득세원천징수의무자가 진술의무를 게을리하는 때에는 법원은 가사소송법 제63조의2

제2항, 민사집행법 제237조 제3항에 따라 별도의 심문기일을 정하여 심문하는 경우가 있습니다.

[서식] 양육비채무자 소득원 변경사유 통지

양육비채무자 소득원 변경사유 통지

사   건   20○○즈기○○○   양육비 직접지급
채 권 자
채 무 자
소득세원천징수의무자

위 사건의 채무자의 주된 소득원에 아래와 같이 변경사유가 있어 이를 알려드립니다.

변 경 사 유

※ 해당란에 √ 표시

□ 20 . . . 위 사건의 채무자의 이직
□ 기타(   )

20   .   .   .
소득세원천징수의무자 ○○○＿＿＿＿＿＿＿(날인 또는 서명)

[서식] 양육비 직접지급명령 취소신청서

양육비 직접지급명령 취소신청서

| 수입인지 |
| 2,000원 |

채 권 자   김 ○ 희 (주민등록번호)   (전화)
             서울 도봉구 우이동 123   (우편번호)

채 무 자   이 ○ 철 (주민등록번호)   (전화)
　　　　서울 동작구 사당동 234   (우편번호)

소득세원천징수의무자   박 ○ 석 (주민등록번호)   (전화)
　　　　　　서울 서초구 서초1동 345   (우편번호)

신 청 취 지

위 당사자간 ○○법원 즈기 호 신청사건에 관하여 20 . . . 귀원에서 한 양육비 직접지급명령을 취소한다.
라는 결정을 구합니다.

신 청 이 유

별지와 같음

소 명 방 법

1.
2.

20 . . .
위 신청인 (날인 또는 서명)

○○법원 귀중

■ 작성 · 접수방법

1. 신청인은 연락처란에 언제든지 연락 가능한 전화번호나 휴대전화번호(팩스번호, 이메일 주소 등도 포함)를
   기재하기 바랍니다.
2. 이 신청서를 접수할 때에는 당사자 1인당 3회분의 송달료를 송달료 수납은행에 납부하여야 합니다.

[서식] 양육비채무자 소득원 변경사유 통지

양육비채무자 소득원 변경사유 통지

사   건   2016즈기○○○ 양육비 직접지급
채 권 자   김○○
채 무 자   이○○
소득세원천징수의무자   박○○

위 사건의 채무자의 주된 소득원에 아래와 같이 변경사유가 있어 이를 알려드립니다.
변 경 사 유
※ 해당란에 √표시
□ 20 . . . 위 사건의 채무자의 이직
□ 기타( )

20○○. ○○. ○○.
소득세원천징수의무자 ○○○_____(날인 또는 서명)

2. 담보제공명령

가사소송법 제63조의3(담보제공명령 등) ① 가정법원은 양육비를 정기금으로 지급하게 하는 경우에 그 이행을 확보하기 위하여 양육비채무자에게 상당한 담보의 제공을 명할 수 있다.

② 가정법원은 양육비채무자가 정당한 사유 없이 그 이행을 하지 아니하는 경우에는 양육비채권자의 신청에 의하여 양육비채무자에게 상당한 담보의 제공을 명할 수 있다.

③ 제2항의 결정에 대하여는 즉시항고를 할 수 있다.

⑤ 제2항과 제4항의 명령에 관하여는 제64조 제2항을 준용한다.

⑥ 제1항과 제2항의 담보에 관하여는 그 성질에 반하지 아니하는 범위에서 「민사소송법」 제120조 제1항, 제122조, 제123조, 제125조 및 제126조를 준용한다.

가. 의의

미성년자의 자에 대한 양육비 지급책임을 부담하게 된 정기금 양육비채무자가 장래에 이행기가 도래하는 정기금 양육비를 지급하지 않거나 양육비 채무자의 자력이 변동되는 상황에 대비하기 위한 경우, 특히 양육비 채무자가 근로자가 아닌 자영업자 등이어서 양육비 직접지급명령제도를 이용할 수 없는 경우 등에 그 대안으로 마련 된 것으로 가정법원이 직권으로 또는 신청에 의해 담보제공을 명령하는 제도이다.

담보제공명령은 직권으로 하는 경우와 신청에 의해 하는 경우가 있는데, 직권으로 하는 경우는 양육비채무자에게 양육비를 정기금으로 지급하게 하도록 명하는 경우에 발령할 수 있고(법 제63조의3 제1항), 신청에 의하는 경우는 양육비채무자가 정당한 사유 없이 정기금 양육비채무를 이행하지 아니한 경우에 발령할 수 있다(법 제63조의3 제2항).

나. 직권에 의한 담보제공명령

1) 요건

가정법원이 양육비채무자에게 양육비를 정기금으로 지급하게 하도록 명하는 경우에 직권으로 발령할 수 있다. 직권에 의해 발령되므로 당사자가 담보제공명령을 구하는 취지를 구하여도 이는 직권발동을 촉구하는 의미 밖에 없다.

2) 재판

정기금으로 양육비를 지급하게 하는 주문에 부수적 주문 형식으로 발령된다. 부수적 주문으로 발령되므로 본안사건의 불복으로 다투어지게 되고 즉시항고를 할 수는 없다. 결정에 대한 불복이 있을 경우 담보제공명령에 대하여 집행정지력이 인정된다(규칙 제120조의9 제2항).

3) 실효성의 확보

담보제공명령을 받고도 정당한 이유 없이 명령에 위반한 자에 대하여 가정법원은 직권으로 또는 권리자의 신청에 따라 1천만 원 이하의 과태료를 부과할 수 있다(법 제67조 제1항). 과태료사건은 담보제공명령을 한 가정법원의 관할에 속하며 과태료의 부과절차는 비송사건절차법에 따른다.

다. 신청에 의한 담보제공명령

1) 요건

가) 정당한 당사자

가사소송법 제63조의3 제2항에 따른 담보제공명령을 신청할 수 있는 당사자는 정기금 양육비 채권에 관한 집행권원을 가진 채권자(법 제63조의2 제1항)이다.

나) 정당한 사유 없이 정기금 양육비채무를 이행하지 아니할 것
직권에 의한 담보제공명령과 달리 양육비채무의 불이행이 있어야 하고 그 불이행에 정당한 사유가 없어야 한다.

2) 절차

양육비채무자의 보통재판적이 있는 곳의 가정법원에(규칙 제120조의7) 정기금 양육비채권에 관한 집행권원을 가진 채권자가 서면으로 신청 한다.

가) 신 청 인

정기금 양육비 채권에 관한 집행권원을 가진 양육비채권자가 신청할 수 있다.

나) 관할 법원

양육비채무자의 보통재판권이 있는 곳의 가정법원, 양육비채무자가 국내에 주소나 거소 등이 없고, 마지막 주소도 판명되지 않을 때와 같이 보통재판권이 없을 경우에는, 대법원 소재지의 가정법원에 청구하면 된다.

다) 비 용

인지는 1,000원이고, 송달료는 '당사자수×3,700원(송달료)×3회분'을 송달료취급은행에 납부하고 영수증을 첨부하여야 한다.

3) 재판

재판은 결정의 형식으로 하고, 담보제공명령에 대해 즉시항고를 할 수 있다고 규정하고 있으므로 기각이나 각하 결정에 대하여는 불복 할 수 없다고 할 것이며, 즉시항고가 있을 경우 집행을 정지시키는 효력이 있다(규칙 제120조의9 제2항). 즉시항고기간은 1주일 이내이다.
담보제공명령을 인용하는 결정에 대한 즉시항고가 있을 경우 집행을 정지시키는 효력이 있다(규칙 제120조의9 제2항).

4) 실효성의 확보

담보제공명령을 받고도 정당한 이유 없이 명령에 위반한 자에 대하여 가정법원은 직권으로 또는 권리자의 신청에 따라 1천만 원 이하의 과태료를 부과할 수 있다(법 제67조 제1항).

라. 담보제공 및 담보권 실행의 방법

1) 담보제공의 방법

담보의 제공은 금전 또는 법원이 인정하는 유가증권을 공탁하거나 대법원규칙에 정하는 바에 따라 지급을 보증하겠다는 위탁계약을 맺은 문서를 제출하는 방법으로 하되 당사자들 사이의 약정이 있으면 그 약정에 따라 부동산에 관한 근저당권의 설정, 보증인으로 하여금 보증케 하는 방법 등도 가능하다.

2) 담보권 실행방법

담보제공의 방법으로 현금공탁이 주로 명하여 질 것인데 이 경우 담보권리자는 담보물에 대하여 질권자와 같은 권리를 가지기 때문에(법 제63조의3), 담보권 실행 방법은 직접 출급청구를 하는 경우와 질권실행을 위한 압류 등을 하는 경우의 2가지가 있다.

3) 담보의 취소와 담보물 변경

담보제공자는 담보의 사유가 소멸된 것을 증명한 때 또는 담보권리자의 동의가 있음을 증명한 때, 권리행사 최고기간이 만료되어 담보권리자의 동의가 있는 것으로 간주된 때 담보취소의 신청을 할 수 있다(가사소송법 제63조의3 제6항, 민사소송법 제125조). 또는 담보제공자는 공탁한 담보물을 바꾸어 줄 것을 신청할 수 있다(가사소송법 제63조의3 제6항, 민사소송법 제126조).

담보취소와 담보물변경 신청사건은 담보제공명령을 한 법원 또는 그 기록을 보관하고 있는 법원이 관할하며, 1,000원의 인지를 붙여야 한다.

마. 서식

1) 신청취지 기재례

가) 담보제공명령

> 피신청인에 대하여 ○○법원 20 . . . 선고   사건의 확정판결(심판, 조정조서)에 기한 정기금 양육비채무 중 이 사건 결정일 다음날 이후 지급기가 도래하는 정기금 양육비채무를 담보하기 위하여 상당한 담보를 제공할 것을 명한다.
> 라는 결정을 구합니다.

나) 담보취소신청

이 법원 20 즈기○○○ 담보제공명령신청사건에 관하여 신청인이 20 . . . ○○법원
공탁관에게 20 년금제○○○호로 공탁한 금   원의 담보를 취소한다.
라는 결정을 구합니다.

다) 담보변경신청

이 법원 20 . . . 자 20 즈기○○○ 결정 중 담보물 "별지 제1목록 기재 유가증권"을
"별지 제2목록 기재 유가증권"으로 변경할 것을 명한다.
라는 결정을 구합니다.

2) 첨부서류 등

첨부서류	인지액	송달료	관할법원
* 집행력 있는 집행정본 또는 사본 1통 * 혼인관계증명서(집행권원이 양육비부담조서인 경우) 1통 * 확정증명서(집행권원이 판결 또는 심판인 경우) 1통 * 채무자의 주민등록표등(초)본 1통	1,000원	당사자별 3회	채 무 자 주소지

3) 서식례

[서식] 담보제공명령 신청서

담보제공명령 신청서

수입인지
1,000원

신청인   김 ○ 희 (주민등록번호)
         서울 도봉구 우이동 123

피신청인   이 ○ 철 (주민등록번호)
         서울 동작구 사당동 234

신 청 취 지

피신청인에 대하여 ○○법원 20 . . . 선고   사건의 확정판결(심판, 조정조서)에 기한
정기금 양육비채무 중 이 사건 결정일 다음날 이후 지급기가 도래하는 정기금 양육비채무를
담보하기 위하여 상당한 담보를 제공할 것을 명한다.

라는 결정을 구합니다.

신 청 이 유

- 별 지 -

첨 부 서 류

1. 집행력 있는 집행권원 등본 또는 사본　　　　　　　 1통
2. 혼인관계증명서(집행권원이 양육비부담조서인 경우)　 1통
3. 확정증명서(집행권원이 판결 또는 심판인 경우)　　　 1통

20 ． ． ．

신청인　　　　㊞(서명　)

(연락처 :　　)

법원　귀중

■ 작성·접수방법

1. 신청인은 연락처란에 언제든지 연락 가능한 전화번호나 휴대전화번호(팩스번호, 이메일 주소 등도 포함)를 기재하기 바랍니다.
2. 집행력 있는 집행권원은 "확정된 종국판결(심판), 가집행선고 있는 종국판결(심판), 조정조서, 양육비부담조서" 등이 있습니다.
3. 신청인은 피신청인이 이행하지 아니하는 금전채무액 및 그 기간을 기재하여야 합니다.
4. 이 신청서를 접수할 때에는 당사자 1인당 3회분의 송달료를 송달료수납은행에 예납하여야 합니다.

[서식] 담보취소(담보물변경) 신청서

<table>
<tr><td colspan="2" align="center">**담보취소(담보물변경)신청서**</td><td>수입인지
1,000원</td></tr>
</table>

신청인　　　김 ○ 희 (주민등록번호)
　　　　　　서울 도봉구 우이동 123

피신청인　　이 ○ 철 (주민등록번호)
　　　　　　서울 동작구 사당동 234

<h1>신 청 취 지</h1>

(담보취소의 경우)

이 법원 20 즈기○○○ 담보제공명령신청사건에 관하여 신청인이 20 . . .○○법원 공탁관에게 20 년금제○○○호로 공탁한 금   원의 담보를 취소한다.

라는 결정을 구합니다.

(담보물변경의 경우)

이 법원 20 . . . 자 20 즈기○○○ 결정 중 담보물 "별지 제1목록 기재 유가증권"을 "별지 제2목록 기재 유가증권"으로 변경할 것을 명한다.

라는 결정을 구합니다.

<h1>신 청 이 유</h1>

- 별 지 -

<h1>첨 부 서 류</h1>

1. 공탁서 사본   1통

2.

20 . . .

신청인   ㉑ (서명   )

(연락처 :   )

법 원   귀 중

<h2>■ 작성 · 접수방법</h2>

1. 신청인은 연락처란에 언제든지 연락 가능한 전화번호나 휴대전화번호(팩스번호, 이메일 주소 등도 포함)를 기재하기 바랍니다.

2. 이 신청서를 접수할 때에는 당사자 1인당 3회분의 송달료를 송달료수납은행에 예납하여야 합니다.

3. 일시금 지급명령

> **가사소송법 제63조의3(담보제공명령 등)** ④ 제1항이나 제2항에 따라 양육비채무자가 담보를 제공하여야 할 기간 이내에 담보를 제공하지 아니하는 경우에는 가정법원은 양육비채권자의 신청에 의하여 양육비의 전부 또는 일부를 일시금으로 지급하도록 명할 수 있다.

가. 의의

양육비채무자가 담보제공명령을 받고서도 담보를 제공하여야 할 기간 내에 담보를 제공하지 아니할 경우 가정법원이 양육비채권자의 신청에 따라 양육비의 전부 또는 일부를 일시금으로 지급하도록 명할 수 있는 제도이다. 이는 정기금 양육비 채권의 이행을 담보하기 위한 특수한 제도라는 점에서 담보제공명령과 제도의 취지를 같이하며, 담보제공명령 불이행시 제재 중 하나이다.

나. 관할

1) 토지관할

일시금지급명령에 대한 사건은 양육비채무자의 보통재판적이 있는 곳의 가정법원의 전속관할로 한다(규칙 제120조의7 제1항). 양육비채무자가 국내에 주소나 거소 등이 없고 마지막 주소도 판명되지 않을 때와 같이 보통재판적이 없을 경우에는 대법원소재지의 가정법원의 전속관할로 한다.

2) 사물관할

단독판사의 관할에 속한다.

다. 당사자

권리자는 정기금 양육비 채권에 대한 집행권원을 자진 채권자이다. 단순히 이해관계인은 신청할 수 있는 당사자로 될 수 없다. 의무자는 정기금 양육비지급의무를 명령받은 채무자이다.

라. 신 청

1) 신 청 인

정기금 양육비채권에 대한 집행권원을 가진 채권자(다만, 양육비채무자가 담보제공명령에 응하지 않을 경우에 한함)가 신청할 수 있다.

2) 관할 법원

양육비채무자의 보통재판권이 있는 곳의 가정법원, 양육비채무자가 국내에 주소나 거소 등이 없고, 마지막 주소도 판명되지 않을 때와 같이 보통재판권이 없을 경우에는, 대법 원 소재지의 가정법원이다.

3) 비 용

인지는 1,000원이고, 송달료는 '당사자수×5,100원(송달료)×3회분'을 송달료취급은행 에 납부하고 영수증을 첨부하여야 한다.

마. 재판

재판은 결정의 형식으로 한다. 일시금의 액수는 양육비가 지급되는 기간 및 액수에 따라 달라질 것이므로 사건에 따라 재판부가 결정한다. 신청에 의한 담보제공명령에 대해 즉 시항고 할 수 있음에 반해 일시금지급명령에 대한 불복방법에 관해 규정이 없으므로 불 복할 수 없다고 볼 것이다. 다만 일시금지급명령에 위반하여 감치 재판을 받게 되는 경 우 감치에 대한 불복은 가능하다.

바. 실효성의 확보

일시금지급명령을 받은 사람이 30일 이내에 정당한 사유 없이 의무를 이행하지 아니한 경우 가정법원은 권리자의 신청에 따라 30일의 범위에서 감치를 명할 수 있다(법 제68 조 제1항).

사. 서식

1) 신청취지 기재례

> 피신청인은 신청인에게 ○○법원 20 . . . 선고   사건의 확정판결에 기한 정기금 양육비채 무 중 이 사건 결정일 다음날 이후부터 20 . . . 까지 사이에 지급기가 도래하는 정기금 양육비채무의 지급을 위하여 일시금으로 금   원을 지급하라.
> 라는 결정을 구합니다.

2) 첨부서류 등

첨부서류	신청서	인지액	송달료	관할법원
* 집행력 있는 정본 또는 사본 1통 * 확정증명서(집행권원이 판결 또는 심판인 경우) 1통 * 담보제공명령 등본 또는 사본 1통 * 혼인관계증명서(집행권원이 양육비부담조서인 경우) 쌍방 각 1통 * 채무자의 주민등록표등(초)본 1통	2부	1,000원	당사자별 3회	채무자 주소지

3) 서식례

[서식] 일시금지급명령 신청서

일시금지급명령 신청서

┌─────────┐
수입인지
1,000원
└─────────┘

신청인　　　김　○　희 (주민등록번호)
　　　　　　서울 도봉구 우이동 123

피신청인　　이　○　철 (주민등록번호)
　　　　　　서울 동작구 사당동 234

신 청 취 지

피신청인은 신청인에게 ○○법원 20 ． ． ． 선고　　사건의 확정판결에 기한 정기금 양육비채무 중 이 사건 결정일 다음날 이후부터 20 ． ． ． 까지 사이에 지급기가 도래하는 정기금 양육비채무의 지급을 위하여 일시금으로 금　　원을 지급하라.
라는 결정을 구합니다.

신 청 이 유

－ 별　지 －

첨 부 서 류

　　1. 집행력 있는 집행권원 등본 또는 사본　　　　　　　　1통
　　2. 혼인관계증명서(집행권원이 양육비부담조서인 경우) 1통
　　3. 확정증명서(집행권원이 판결 또는 심판인 경우)　　　1통
　　4. 담보제공명령 등본 또는 사본　　　　　　　　　　　1통

```
                            20  .  .  .
            신청인      ㉑ (서명    )
                     (연락처 :       )

○○법원  귀중
```

4. 이행명령

> **가사소송법 제64조(이행 명령)** ① 가정법원은 판결, 심판, 조정조서, 조정을 갈음하는 결정 또는 양육비부담조서에 의하여 다음 각 호의 어느 하나에 해당하는 의무를 이행하여야 할 사람이 정당한 이유 없이 그 의무를 이행하지 아니하는 경우에는 당사자의 신청에 의하여 일정한 기간 내에 그 의무를 이행할 것을 명할 수 있다.
> 1. 금전의 지급 등 재산상의 의무
> 2. 유아의 인도 의무
> 3. 자녀와의 면접교섭 허용 의무
> ② 제1항의 명령을 할 때에는 특별한 사정이 없으면 미리 당사자를 심문하고 그 의무를 이행하도록 권고하여야 하며, 제67조 제1항 및 제68조에 규정된 제재를 고지하여야 한다.
> 가사소송법 제67조(의무 불이행에 대한 제재) ① 당사자 또는 관계인이 정당한 이유 없이 제29조, 제63조의2 제1항, 제63조의3 제1항·제2항 또는 제64조의 명령이나 제62조의 처분을 위반한 경우에는 가정법원, 조정위원회 또는 조정담당판사는 직권으로 또는 권리자의 신청에 의하여 결정으로 1천만 원 이하의 과태료를 부과할 수 있다.
> ② 제29조에 따른 수검 명령을 받은 사람이 제1항에 따른 제재를 받고도 정당한 이유 없이 다시 수검 명령을 위반한 경우에는 가정법원은 결정으로 30일의 범위에서 그 의무를 이행할 때까지 위반자에 대한 감치를 명할 수 있다.
> ③ 제2항의 결정에 대하여는 즉시항고를 할 수 있다.

가. 개념

1) 의의

가사사건에 관한 판결에 따라 금전의 지급 등 재산상의 의무, 유아의 인도의무 또는 자녀와의 면접교섭 허용 의무를 이행하여야 할 사람이 정당한 이유 없이 그 의무를 이행하지 않는 경우에 당사자의 신청에 의하여 일정 기간 내에 의무를 이행할 것을 명할 수 있는데 이를 이행명령이라 한다. 이행명령은 재산상의 의무 등의 일정한 가사채무를 과태료, 감치 등의 간접강제의 수단을 통하여 실현함을 목적으로 한다.

가사비송사건의 심판 중 금전의 지급, 물건의 인도, 등기, 그 밖에 의무의 이행을 명하는 심판에는 집행력이 있어 금전의 지급, 물건의 인도 등에 대해서는 당사자가 민사소송법상의 강제집행방법을 선택하든 이행확보제도를 선택하든 자유로이 할 수 있다.

Q

저는 남편인 甲의 간통과 폭력 등으로 정상적인 혼인생활을 지속할 수 없어 이혼소송을 제기하여 법원으로부터 ①원고와 피고는 이혼하며, ②피고는 원고에게 위자료 3,000만 원을 지급하라는 판결을 받았습니다. 그런데 甲은 위자료를 지급할 능력이 있음에도 불구하고 이를 지급하지 않고 있는데, 甲소유의 재산을 찾을 수 없어 강제집행을 못하고 있습니다. 구제방법이 있는지요?

A

이혼소송 및 위자료청구소송에서 승소하였으나, 위자료를 지급받지 못하였을 경우에는 상대방 재산에 강제집행을 하여 받는 것이 원칙입니다. 그러므로 위 사안에서와 같이 상대방 소유의 재산을 파악조차 하지 못하거나 상대방에게 재산이 현재 없거나 앞으로도 생겨날 여지가 없다면 판결문 상의 위자료를 지급받기는 어려울 것입니다.

다만, 가정법원은 판결, 심판, 조정조서 또는 조정에 갈음하는 결정에 의하여 금전의 지급 등 재산상의 의무를 이행하여야 할 자가 정당한 이유 없이 그 의무를 이행하지 아니할 때에는 당사자의 신청에 의하여 일정한 기간 내에 그 의무를 이행할 것을 명할 수 있는 이행명령을 할 수가 있습니다(가사소송법 제64조 제1항).

또한, 당사자 또는 관계인이 정당한 이유 없이 이러한 명령에 위반한 때는 가정법원, 조정위원회 또는 조정담당판사는 직권 또는 권리자의 신청에 의하여 결정으로 1000만원 이하의 과태료에 처할 수 있습니다(가사소송법 제67조 제1항).

따라서 귀하는 甲의 재산을 최대한 찾아보고 더 이상 재산을 찾을 방법이 없다면 甲을 상대로 가사소송법상의 이행명령을 청구하거나 이명령에 불응하는 경우 과태료 부과신청을 하는 것이 효과적일 수 있을 것입니다.

2) 성질

이행명령은 심판 등으로 성립된 의무의 이행을 촉구하는 것일 뿐이고, 새로운 의무를 창설하는 것은 아니므로, 민법상 이행의 최고와 유사한 성질을 가지고 있지만 최고의 주체가 개인이 아니라 법원이라는 점에서 차이가 있다.

3) 이행권고

이러한 이행명령을 하려면 미리 당사자에게 그 이행을 권고하고, 불이행시 제재를 고지하여야 하는데 이를 이행권고라 한다.

나. 요건

1) 이행명령을 할 수 있는 의무

가) 이행명령을 할 수 있는 가사채무는 금전(양육비, 부양료, 위자료)의 지급 등 재산상의 의무, 유아의 인도의무 또는 자녀의 면접교섭 허용 의무에 한한다. 재산상의 의무여야 하므로 부부의 동거를 명하는 것과 같은 순수한 신분상 의무에 대해서는 이행명령을 할 수 없다. 다만 유아의 인도의무는 유아가 의사능력이 없거나 인도집행에 반대하지 않는 것을 전제로 직접강제가 허용되므로 이행명령의 대상에 포함된다.

나) 이행명령은 권리자의 권리의 실현에 의무자의 적극적인 행위 내지 협력이 필요한 것을 전제로 하므로 단순히 등기 또는 등록절차의 이행을 명하는 것은 이행명령의 대상인 가사채무에 해당하지 않는다.

2) 당사자

이행명령을 신청할 수 있는 당사자, 즉 권리자는 판결, 심판, 조정, 조정을 갈음하는 결정, 양육비부담조서, 재판상 화해 및 화해권고결정에서 정하여진 권리주체 및 그 승계인이고, 이해명령의 상대방 즉 의무자는 판결, 심판, 조정, 조정을 갈음하는 결정, 양육비부담조서, 재판상 화해 및 화해권고결정에서 금전의 지급 등 재산상의 의무, 유아의 인도의무 또는 자녀와의 면접교섭 허용 의무를 명령받은 사람과 그 승계인이다.

3) 정당한 이유 없이 의무를 이행하지 아니할 것

의무자의 의무불이행에 정당한 이유가 없어야 한다. 이행명령의 대상인 의무가 주로 재산상의 의무이므로 정당한 이유로서는 일반적으로 의무자의 경제적 궁핍이나 곤궁을 예상할 수 있으나, 의무자가 의무의 이행을 위하여 얼마나 성실히 노력하였는가라는 점과 권리자의 경제적 궁핍의 정도를 아울러 고려한다.

다. 절차

1) 관할

이행명령에 대한 사건은 의무의 이행을 명한 판결, 심판, 조정을 한 가정법원 또는 양육비부담조서를 작성한 법원 소재지의 가정법원의 전속관할에 속한다. 고등법원의 판결, 심판에 의하여 의무가 성립되는 경우에도 제1심 가정법원이 관할한다(규칙 제121조).

성질상 단독판사의 직분관할에 속하기 때문에 합의부판결이나 조정위원회의 조정에 기한 이행명령도 단독판사가 관할한다.

2) 당사자의 신청

이행명령의 당사자 즉 권리자의 신청에 의한다. 신청은 서면 또는 말로 할 수 있고 1,000원의 수수료를 납부하여야 한다.

3) 심리

법원은 특별한 사정이 없는 한 당사자를 미리 심문하고 그 의무의 이행을 권고하여야 하며, 그 불이행에 대한 과태료 또는 감치의 제재를 고지하여야 한다(법 제64조). 이행명령은 의무자가 정당한 이유 없이 불복종한 때에는 과태료 또는 감치에 처하게 되므로 이 명령에 의해 불리한 입장에 있는 의무자를 보호할 필요가 있기 때문이다. 하지만 심문을 위한 소환에 의무자가 불응한 경우에는 특별한 사정이 있다고 볼 수 있어 그 진술을 듣지 않고 이행명령을 발할 수 있다. 다만 소환장의 송달 불능으로 인한 경우에는 주소보정을 하여야 하지 송달이 되지 않은 채 이행명령을 발할 수는 없다.

4) 재판

가) 이행명령 결정은 그 당시에 남아 있는 잔존의무의 범위 내에서 하여야 하나 반드시 그 의무 전부에 대하여 하여야만 하는 것은 아니고, 의무의 일부에 대하여서만 이행명령을 할 수도 있다(규칙 제123조).

나) 이행명령은 이행의 기간을 정하여야 한다. 법원재량에 맡겨져 있기 때문에 기각 결정은 물론 이행명령에 대해서도 불복할 수 없으며 이에 대한 불복은 특별항고로 처리하여야 한다.

다) 이행명령은 판결 등에 의한 의무에 실체법적으로 어떤 영향도 미치지 않으므로 시효 중단이나 이행지체 등과 같은 사법상 효과를 발생시키지는 않는다.

라. 이행명령에 위반에 대한 제재

1) 과태료

가) 이행명령을 받고도 정당한 이유 없이 그 명령에 위반한 자에 대하여는 가정법원은 직권 또는 권리자의 신청으로 1,000만 원 이하의 과태료를 부과할 수 있다(법 제67조 제1항).

나) 과태료의 부과는 가정법원이 직권으로 또는 권리자의 신청에 의하여 한다. 그러나 의무자의 이행명령 위반 사실을 가정법원에서 스스로 알기 어려우므로 권리자의 신

청에 따라서 이런 처분을 하는 것이 보통이다. 과태료 사건은 이행명령을 한 가정법원의 관할에 속하며, 과태료의 부과절차는 비송사건절차법에 의한다. 다만 검사의 관여에 관한 규정은 적용하지 않는다.

다) 과태료 처분은 이행명령 위반자에 대한 제재로서 행정벌이다. 이 과태료의 결정에 대해서는 불복하지 못한다(동조 제3항)

2) 감치

가) 이행명령에 의하여 금전의 정기적 지급을 명령받은 경우에 의무자가 정당한 이유 없이 그 의무를 3기 이상 이행하지 아니하거나 이행명령의 내용이 유아의 인도의무의 이행을 명하는 것인 경우에 의무자가 이행명령 위반으로 과태료의 제재를 받고도 30일 이내에 그 의무를 이행하지 않는 때에는 가정법원은 권리자의 신청에 의하여 의무자에 대하여 30일의 범위에서 감치를 명할 수 있다(법 제68조 제1항).

나) 감치를 하는 재판은, 법원 직권으로도 가능한 과태료 부과와 달리 권리자의 신청에 의해서만 진행하며, 이행명령을 한 가정법원의 전속관할에 속한다.

다) 감치의 불처벌 결정에 대해서는 불복하지 못하지만(규칙 제135조 제3항) 감치결정에 대해서는 고지일부터 3일안에 즉시항고로 불복할 수 있다(법 제68조 제2항) 이러한 즉시항고는 집행정지의 효력이 없어 감치를 명하는 재판을 한 경우에는 그 확정여부를 기달릴 것 없이 즉시 집행을 명하기 때문에 감치기간이 단기간인 경우 항소심 재판 중에 집행기간이 종료되어 버리기도 한다.

라) 항고심이 원결정을 취소하여 불처벌의 결정을 한 때에는 그 불처벌의 결정에 대해서는 불복하지 못하므로(규칙 제135조 제3항) 고지와 동시에 확정되는 것이어서 항소심 스스로 의무자의 석방을 명하여야 한다.

마) 의무를 이행하고 이를 증명하는 서면을 제출하면 감치의 집행은 당연히 종료되므로 가정법원은 지체 없이 감치시설의 장에게 의무자의 석방을 명하여야 한다(가소규칙 제137조) 의무이행사실의 증명은 권리자의 영수증, 확인서와 같은 서면으로 하여야 하고 단순히 의무자의 주장과 진술만으로는 안 된다.

마. 서식

1) 신청취지 기재례

가) 이행명령 - 위자료

피신청인은 귀원 20ㅇㅇㅇ드단1234호 이혼 청구사건의 확정판결에 기한 의무이행으로서 이 명령이 고지된 날부터 1개월 이내에 신청인에게 금30,000,000원을 지급하라.

나) 이행명령 –재산분할

> 피신청인은 귀원 20○○느단1234호 양육비 심판청구사건의 확정심판에 기한 의무이행으로서 이 명령이 고지된 날부터 1개월 이내에 신청인에게 금5,000,000원을 지급하라.

> 피신청인은 귀원 20○○느합1234호 재산분할 심판청구사건의 조정조서에 기한 금전지급의무를 이 명령이 고지된 날부터 1개월 내에 이행하라.

다) 이행명령 –양육비

> 피신청인은 귀원 20○○느단1234호 양육비 심판청구사건의 확정심판에 기한 의무이행으로서, 신청인에게 양육비 미지급금 18,000,000원을 분할하여 이행명령서 송달받은 달이 속하는 25일부터 20개월간 매월 25일에 900,000원씩 지급하라.

라) 이행명령 – 유아인도

> 피신청인은 서울가정법원 20○○느단1234호 유아인도 심판청구사건의 확정심판에 기한 의무이행으로서, 이 명령이 고지된 날부터 20일 이내에 신청인에게 사건본인 박○○(남, 000000–0000000)을 인도하라.

마) 이행명령 – 면접교섭

> 피신청인은 귀원 20○○느단1234호 면접교섭권 심판청구사건의 확정심판에 기한 의무이행으로서, 신청인에게 사건본인에 대한 면접교섭허용의무를 이행하라.

2) 첨부서류 등

가) 이행명령신청 첨부서류

첨부서류	신청서	인지액	송달료	관할법원
판결(조정·화해조서 등) 정본 또는 사본 1통 확정(송달)증명서 1통	2부	1,000원	10회분	이행명령의 근거가 된 재판을 한 법원 ※ 고등법원판결은 1심 가정법원 전속관할

나) 이행명령 불이행 등에 따른 감치·과태료 재판신청 첨부서류 등

첨부서류	신청서	인지액	송달료	관할법원
이행명령 등 정본 또는 사본 1통	2부	1,000원 (과태료 신청은 인지 불요)	10회분	이행명령을 한 법원

3) 서식례

[서식] 이행명령신청서

이 행 명 령 신 청

신 청 인   이 ○ ○ (주민등록번호 :   ) 연락처 :
         등록기준지 : 경기도 ○○시 ○구 ○동 ○번지
         주   소 : 서울 ○구 ○동 ○번지

피신청인   김 ○ ○ (주민등록번호 :   ) 연락처 :
         등록기준지 : 충북 ○○시 ○구 ○동 ○번지
         주   소 : 경기도 ○○시 ○구 ○동 ○번지

신 청 취 지

피신청인에 대하여 피신청인이 신청인에 대하여 부담하고 있는 201○. ○. ○. 성립한 귀원 20○○너 1234호 이혼조정 사건의 조정조서 제3항에서 정한 의무이행의 명령을 구합니다.

신 청 원 인

1. 피신청인은 201○. ○. ○. 성립한 귀원 20○○너 1234호 이혼조정 사건의 조정조서 제3항에 의하여 신청인에 대하여 당사자간의 자인 ○○○의 양육비로서 매월 50만 원을 지급할 의무가 있습니다.
2. 그러나 피신청인은 귀원의 이행권고에도 불구하고 201○. ○. ○.이후부터 정당한 이유없이 위 양육비를 지급하지 않고 있습니다.
3. 따라서 신청취지와 같이 상대방에 대하여 이행명령을 발하여 주시기 바랍니다.

첨 부 서 류

   1. 조정조서사본   1통
   2. 송달증명원   1통

2015. ○. ○.
위 신청인 이 ○ ○ (인)

○○지방법원   귀중

1. 인지 10,000원을 납부하여야 한다.
2. 송달료는 30,600원(=당사자수(2)×5,100(송달료)×3회분)을 송달료취급은행에 납부하고 첨부하여야 한다.
3. 관할 : 당해 의무를 정한 판결, 심판, 조정 등을 한 가정법원을 전속관할로 한다.
4. 신청서 1부를 제출한다. 신청서에는 판결문(조정조서, 심판서)사본과 송달 및 확정증명원을 첨부한다.

[서식] 이행명령신청서

이 행 명 령 신 청

신 청 인   이 ○ ○ (주민등록번호 :   )   연락처 :
            주   소 : 서울 ○구 ○동 ○번지

피신청인   김 ○ ○ (주민등록번호 :   )   연락처 :
            주   소 : 경기도 ○○시 ○구 ○동 ○번지

신 청 취 지

1. 피신청인은 귀원 20○○. ○. ○. 선고된 20○○드단 1234호 이혼등 청구사건의 확정된
   판결에 기한 의무의 이행으로 신청인에게 신청외 ○○○에 대한 양육비로
   가. 이 명령이 고지된 날로부터 2주이내에 밀린 양육비 금 5,000,000원을 지급하고,
   나. 이 명령이 고지된 다음달부터 201○. ○. ○.까지 매월 500,000원씩을 매월 25일에
        지급하라.
2. 심판비용은 피신청인의 부담으로 한다.
라는 재판을 구합니다.

신 청 원 인

1. 피신청인은 20○○. ○. ○. 귀원 20○○드단 1234호 이혼등 청구사건에서 사건본인의
   부양료로 매월 500,000원씩을 매월 25.에 지급하라는 판결을 받았습니다.
2. 이에 신청인은 위 판결을 받은 직후 피신청인에게 그 지급을 청구하였지만 피신청인은
   정당한 이유없이 위 부양료를 지급하지 않고 있습니다.
3. 따라서 신청인은 자녀 양육을 위한 비용을 감당하기 어려워 신청취지와 같이 이행명령을
   구하고자 이 사건 신청에 이른 것입니다.

첨 부 서 류

   1. 판결문사본   1통

          2. 송달 및 확정증명원   1통

                        2015. ○. ○.
                    위 신청인 이 순 자 (인)

  ○○지방법원   귀중

[서식] 이행명령신청서 - 양육비

이행명령신청

신 청 인   정00
                서울 동작구 00
                등록기준지 서울 종로구 00
                소송대리인 법무법인 00
                담당변호사 00
                서울 서초구 00

피신청인   노00
                서울 동작구 00
                등록기준지 : 상대방(반심판청구인)과 같음

사건본인   노00
                주소 : 상대방(반심판청구인)과 같음
                등록기준지 : 청구인(반심판상대방)과 같음

신청취지

1. 피신청인은 신청인에게 2016드합00(본소), 2016드합 00(반소) 이혼 등 사건의 2016. 0. 성립한 조정조서에 기한 양육비 의무를 이행하라.

2. 신청비용은 피신청인이 부담한다.
라는 재판을 구합니다.

신청원인

1. 위 당사자간 2016드합00(본소), 2016드합00(반소) 이혼 등 사건은 2016. 0. 조정성립 확정되었으며, 피신청인은 사건본인의 양육비로서 2016. 12.부터 사건본인이 성년이 될 때까지 월 70만 원씩을 신청인에게 매월 말일에 지급하기로 하였습니다.

2. 그러나 피신청인은 위 사건이 확정된 이후 2016. 0.까지 매월 말일에 70만 원씩을 지급하 다가 2016. 0월말에 양육비를 지급치 않고 같은 해. 2. 1. 70만 원을 지급하였습니다. 이렇게 피신청인은 같은 해 9. 9. 까지 매월 초 70만 원씩을 지급하다가 2016. 0월초부터 임의로 30 만 원씩을 지급하여 오고 있습니다.

3. 이에 신청인은 더 이상 자녀의 양육을 위한 비용을 혼자서 감당하기 어려워 가사소송법 제64조에 의하여 피신청인에게 이행명령을 구하고자 이 신 청에 이른 것입니다.

소명방법

1. 소갑 제1호증	조정조서
1. 소갑 제2호증	청구인 양육비 입금내역
1. 소갑 제3호증의 1, 2	각 등기부등본
1. 소갑 제4호증	임대차계약서
1. 소갑 제5호증의 1 내지 3	각 사업소득 원천징수 영수증
1. 소갑 제6호증의 1 내지 5	각 교육비 납입증명서
1. 소갑 제7호증의 1 내기 3	각 보험료 및 적금
1. 소갑 제8호증의 1 내지 8	각 진료비 영수증
1. 소갑 제9호증의 1, 2	각 KB 입출금 내역
1. 소갑 제10호증	재원확인서
1. 소갑 제11호증의 1, 2	각 카드이용실적
1. 소갑 제12호증	교재구입 영수증

첨부서류

1. 위 소명자료   각 1통
2. 소송위임장 및 담당변호사 지정서

2016.   2,
위 신청인의 대리인
법무법인 00
담당변호사   00

서울가정법원   귀 중

[서식] 이행명령신청서 - 면접교섭

이행명령신청(면접교섭)

신 청 인   이00
주소:안양시 만안구 00
등록기준지:서울 중랑구 00
소송대리인 법무법인 00
담당변호사 00
<u>서울 서초구 00</u>

피신청인   최00
주소:광주시 00
등록기준지:서울 중랑구 면목동 343
송달장소:경기 광주시 00

사건본인   1. 최00
2. 최00
사건본인들의 주소 및 등록기준지:위 피신청인과 같음

신청취지

1. 위 당사자 간 수원지방법원 성남지원 2016드단00 이혼 등 청구사건의 확정된 화해권고결정에 기한 의무의 이행으로, 결정사항 제3.항(피고는 자유롭게 사건본인들을 면접교섭할 수 있다)에 관하여 아래 항과 같이 이행하라.

2. 신청인은, 매월 둘째 및 넷째 토요일 10시부터 다음날 16시까지, 매년 여름 및 겨울 방학기간 중 신청인이 희망하는 각 7일간, 신청인의 주소지 기타 신청인이 책임질 수 있는 장소에서 사건본인들과 동거할 수 있고, 피신청인은 이를 방해하여서는 아니되고 적극 협조하여야 한다. 면접교섭을 위하여 피신청인은 사건본인들을 경기도 성남시 소재의 00종합터미널까지 데려다주어 신청인을 만나게 하고, 신청인은 면접교섭이 끝난 후 사건본인들을 안양시 소재의 시외버스터미널까지 데려다 주어 피신청인이 데려갈 수 있도록 한다.

라는 결정을 구합니다.

신청원인

1. 당사자 사이의 관계

신청인과 피신청인은 2000. 00. 혼인신고를 마친 법률상 부부였고, 그 사이에 사건본인들을 출산한 바 있습니다(첨부서류 1. 화해권고결정 2쪽).

2. 신청인과 피신청인의 이혼

피신청인의 청구로 시작된 신청인과 피신청인의 이혼 등 소송은, 2009. 00.자 화해권고결정에 의하여 종국 확정되었습니다(첨부서류 1. 화해권고결정).

위 화해권고결정에 따라, 비양육친인 신청인은 사건본인들은 자유롭게 면접교섭할 수 있어야 합니다(첨부서류 1. 화해권고결정 결정사항 제3.항).

3. 피신청인의 면접교섭 불응

신청인은 2000. 이혼 직후 피신청인과 혼인공동생활을 하던 분당집에서 계속 거주하고 있었습니다.

신청인이 피신청인에게 사건본인들의 면접교섭을 요구하면, 피신청인은 2~3달에 1번 꼴로 신청인이 거주하는 분당집 앞으로 데려와 사건본인들을 볼 수 있게 해주는 식으로 불완전한 면접교섭을 이행할 뿐이었습니다.

이후 신청인은 현재 거주하고 있는 안양집을 전세 얻어 2010.에 이사 나왔습니다. 당시 피신청인이 재산분할의 이행의 일부로서 신청인의 안양집 전세보증금 일부를 지급(본래 전세보증금 전부를 지급하기로 약속하였으나, 일방적으로 일부를 불이행한 것입니다)하면서, '앞으로 사건본인들을 면접교섭할 경우, 피신청인도 함께 피신청인이 원하는 시간과 장소에서 실시한다'는 제한을 임의로 설정하였습니다.

그후 신청인이 사건본인들과의 면접교섭을 요청하여도, 피신청인은 '나와 같이 몇시간만 잠깐볼 수 있다'고 하거나 '내 집 근처인 광주 이마트로 와서, 내가 함께 있는 자리에서 보고

가라'며 일방적으로 면접교섭을 제한하고 불응하고 있습니다.

2010. 현재 피신청인의 불응으로, 신청인은 6개월씩이나 사건본인들을 면접교섭하지 못하고 있습니다. 면접교섭은 사건본인들을 위해서도 필요한 것이라는 신청인의 절절한 호소에도 불구하고, 피신청인은 성경문구로 동문서답을 계속하면서 신청인의 애끓는 모정을 짓밟고 면접교섭에 불응하고 있는 상태입니다(첨부서류 3. 문자메시지 사진).

4. 면접교섭 실시방법을 구체화할 필요성
이 사건 신청의 집행권원인 화해권고결정(2016드단00)에 의하면, 신청인에게 무제한의 자유로운 면접교섭이 주어져 있습니다.

하지만 그 실시방법이 구체화되어 있지 않은 관계로, 무도한 피신청인에 의하여 현상태와 같은 면접교섭 불응이 손쉽게 자행되고 있다 할 것입니다.

따라서 신청인은 신청취지 제2항과 같이 구체화된 실시방법에 따라, 피신청인로부터의 일방적 제한이나 임의적 방해 없이, 안정적인 면접교섭을 누리고자 합니다. 이와 같이 한다면, 사건본인들은 생모와의 주기적인 면접교섭을 통하여 정서적 안정과 균형적 성장을 이룰 수 있을 것이고, 피신청인 역시 부정기인 면접교섭에 응하기 위하여 자신의 사생활을 희생하여야 하는 불편을 방지할 수 있을 것이므로, 관계자 모두의 이익을 도모할 수 있을 것입니다.

5. 면접교섭시 사건본인 인도장소의 합리적 선정
신청인은 운전면허가 있지만 운전을 할 수 없고(면허획득 직후 사고위험을 경험하여 운전 자체를 매우 두려워합니다), 차량도 소유하고 있지 않습니다. 신청인이 면접교섭을 개시하기 위하여 피신청인의 주거지 쪽인 '성남 종합터미널'로 이동한다면, 대중교통을 이용하여야 하고 2시간 정도가 소요됩니다. 자가차량을 운행하는 피신청인은 '00종합터미널'까지 30분 정도가 소요됩니다.

면접교섭을 종료한 신청인이 사건본인들을 데리고 신청인의 주거지 쪽인 '00시외버스터미널'로 이동할 때도, 역시 대중교통을 이용하여야 하고 30분 정도가 소요됩니다. 자가차량을 운행하는 피신청인은 '00시외버스터미널'까지 1시간30분 정도가 소요됩니다.

따라서 양측의 소요시간과 노력 및 편익성 등을 감안하여, '00종합터미널'로 신청인이 사건본인들을 데리러 감으로써 면접교섭을 개시하고, '00시외버스터미널'에서 피신청인이 사건본인들을 데려감으로써 면접교섭을 종결함이 타당하다 할 것입니다.

6. 결 론
이상과 같이 신청인의 이 사건 신청은 이유 있으므로, 속히 인용하시어, 서로를 간절히 그리워

하고 있는 사건본인들과 신청인의 면접교섭이 하루빨리 이루어질 수 있도록 하여 주시기 바랍니다.

첨부서류

1. 화해권고결정 정본
2. 송달확정증명
3. 문자메시지 사진
4. 소송위임장 및 담당변호사 지정서
5. 납부서
6. 신청서 부본

2016. .
신청인 소송대리인
법무법인 00
담당변호사 00

수원지방법원 성남지원 귀중

[서식] 이행명령신청서 - 위자료

이 행 명 령 신 청 서

신 청 인   이00
              주   소 : 서울 동작구 00

피신청인   노00
              주   소 : 서울 동작구 00
              송달장소 : 서울 동작구 00

위 당사자간 신청인은 아래와 같은 이유로 이행명령을 신청합니다.

아   래

1. 위 당사자간 귀원 2016너00호(2016드단00)호 이혼등 청구사건에 관하여. 귀원에서 2016.

00.에 강제조정되어(아래 결정내용 참조) '조정기일 및 조정에 갈음하는 결정조서'가 2016. 0.에 확정되었는 바(결정조서상의 주민등록번호기재가 오기되어 피고에게 2016. 0.에 결정문이 송달된 바 있습니다) 있습니다.

(결정내용; 별첨 결정조서 참조)
  1. 원고와 피고는 이혼한다.
  2. 피고는 원고에게 위자료로 금41,000,000원을 2003.7.31.까지 지급한다.
     만약 위 금원의 지급을 지체할 때에는 미지급한 금원에 대하여 위 지급기일 다음날부터 연 20%의 비율에 의한 금원을 가산하여 지급한다.
  3. 원고의 나머지 청구는 포기한다.
  4. 소송비용 및 조정비용은 각자의 부담으로 한다.

2. 그런데 피신청인은 현재까지도 돈을 전혀 주고 있지 않는 상태입니다.

3. 이에 신청인은 피신청인에 대한 위자료금원 지급에 대한 이행명령을 신청하오니 이행을 발하여 주시기 바랍니다.

첨 부 서 류

1. 조정기일 및 조정에 갈음하는 결정조서 사본	1 통
1. 확정증명원 사본	2 통
1. 결정문 사본	1 통
1. 송달증명원 사본	1 통

2016. 0.
위 신청인   이00

서울가정법원   가사신청과   귀중

[결정례] 이행명령결정

○ ○법원
결   정

사   건   20○○즈단 1234호 이행명령
신청인 · 권리자   ○ ○ ○
                서울 ○ ○ ○ 아파트 ○ ○ ○
피신청인 · 의무자 ○ ○ ○
                서울 ○ ○ ○ 아파트 ○ ○ ○

주   문

피신청인은 이 법원 20○○. ○. ○. 선고 20○○드합 1234호 위자료청구사건의 확정판결에 따른 의무의 이행으로서 이 명령이 고지된 날부터 1개월 내에 신청인에게   원을 지급하라.

이   유

신청인의 신청은 이유 있으므로 가사소송법 제64조에 의하여 주문과 같이 결정한다.

2015. ○월 ○일
판사 ○ ○ ○   (인)

[서식] 감치명령 신청서

감치명령신청서

신 청 인   이 ○ ○ (주민등록번호 :   )   연락처 :
(권리자)   주   소 : 서울 ○구 ○동 ○번지

피신청인   김 ○ ○ (주민등록번호 :   )   연락처 :
(의무자)   주   소 : 경기도 ○○시 ○구 ○동 ○번지

이행의무의 내용 : 서울가정법원 20○○. ○. ○.자 20○○느단 1234호 양육비 청구심판
결정에 기한 20○○. ○. ○.부터 20○○. ○. ○.까지 매월 1일 금80만
원씩의 지급의무.
이행명령일 : 20○○. ○. ○. 20○○즈기 123 이행명령결정문에 의한 송달일

신 청 취 지

1. 의무자를 감치 30일에 처한다.
2. 신청비용은 의무자가 부담하여야 한다.
라는 재판을 구합니다.

신 청 원 인

1. 권리자는 20○○. ○. ○. 서울가정법원에서 의무자는 사건본인의 양육비로 매월 1일
금80만 원을 권리자에게 지급하라는 심판(20○○느단 1234호)을 받고, 의무자에게 그
이행을 촉구하였으나 이를 이행하지 아니하므로 권리자는 의무이행 명령신청을 하였고
귀원에서 그러한 의무를 이행하라는 명령을 내렸습니다.
2. 그러나 의무자는 계속 이를 이행하지 아니하므로 권리자는 참다못해 다시 가정법원에
과태료명령신청을 하여 의무자는 귀원으로부터 과태료 금 70만 원의 선고를 받았습니다.
그런데도 의무자는 시종 의무이행을 거부하고 있으므로 이 사건 신청을 하기에 이르렀습니
다.
3. 권리자는 사건본인의 양육을 위하여 양육비의 확보를 긴급히 요구하고 있었으나 이를
이행하지 아니하는 의무자에 대하여 응분의 처분을 내려주시기를 간절히 바랍니다.

첨 부 서 류

1. 심판결정문사본   1통
1. 이행결정문사본   1통
1. 주민등록초본   1통

2015. ○. ○.
위 신청인(권리자)   이 ○ ○ (인)

○○가정법원   귀중

1. 인지 1,000원을 납부하여야 한다.
2. 송달료는 30,600원(=당사자수(2)×5,100(송달료)×3회분)을 송달료취급은행에 납부하고 첨부하여야 한다.
3. 관할 : 이행명령을 내린 가정법원을 전속관할로 한다.
4. 신청서 1부를 제출한다. 신청서에는 판결문(조정조서, 심판서)사본과 이행결정문 사본을 첨부한다.

[서식] 이행명령 불이행에 따른 과태료부과 신청

이행명령 불이행에 따른 과태료부과신청

신 청 인 ○○○ (주민등록번호)
　　　　　○○시 ○○구 ○○길 ○○(우편번호)
　　　　　전화·휴대폰번호:
　　　　　팩스번호, 전자우편(e-mail)주소:

피신청인 ◇◇◇ (주민등록번호)
　　　　　○○시 ○○구 ○○로 ○○(우편번호)
　　　　　전화·휴대폰번호:
　　　　　팩스번호, 전자우편(e-mail)주소:

신 청 취 지

피신청인은 위 당사자간 ○○가정법원 20○○즈기○○ 이행명령 사건의 이행의무를 위반하였
으므로 과태료에 처한다.
라는 결정을 구합니다.

신 청 이 유

1. 신청인은 ○○지방법원 20○○호○○ 협의이혼의사확인신청사건의 집행력 있는 양육비부
담조서정본에 기초하여 「미성년 자녀(들)에 대한 양육비로 이혼신고 다음날부터 자녀(들)
이 각 성년에 이르기 전날까지 1인당 월 800,000원」의 금전 지급을 받기로 하였으나,
20○○. ○.부터 20○○. ○○.까지 매월 800,000원씩 피신청인이 지급할 양육비 합계
4,000,000원 중 1,350,000원을 지급받지 못하여 이에 ○○가정법원 20○○즈기○○호
로 이행명령을 받고, 위 결정은 20○○. ○. ○○. 피신청인에게 송달되었습니다.

2. 위 이행명령에도 불구하고 피신청인은 현재까지 신청인에게 미지급한 양육비를 지급하지 않고 있을 뿐만 아니라, 매월 지급해야할 양육비 800,000원 마저도 지급하지 않고 있습니다. 이에 신청인은 하는 수 없이 가사소송법 제67조 제1항에 의하여 피신청인에 대한 과태료 부과를 신청하는 바입니다.

소 명 방 법

1. 양육비부담조서 사본	1부
1. 이행명령 사본	1부
1. 위 송달증명원	1부
1. 신청서 부본	1부

20○○. ○. ○○.

위 신청인 ○○○ (인)

○○가정법원 귀중

■ 작성 · 접수방법

1. 인지는 없다.
2. 송달료는 30,600원(=당사자수×5,100(송달료)×3회분)을 송달료취급은행에 납부하고 첨부하여야 한다.
3. 신청서 1부를 제출한다. 신청서에는 판결문(조정조서, 심판서)사본과 이행결정문 사본을 첨부한다.

5. 금전의 임치

> **제65조(금전의 임치)** ① 판결, 심판, 조정조서 또는 조정을 갈음하는 결정에 의하여 금전을 지급할 의무가 있는 자는 권리자를 위하여 가정법원에 그 금전을 임치(임치)할 것을 신청할 수 있다.
> ② 가정법원은 제1항의 임치신청이 의무를 이행하기에 적합하다고 인정하는 경우에는 허가하여야 한다. 이 경우 그 허가에 대하여는 불복하지 못한다.
> ③ 제2항의 허가가 있는 경우 그 금전을 임치하면 임치된 금액의 범위에서 의무자(의무자)의 의무가 이행된 것으로 본다.

가. 개 념

1) 의의 및 취지

가사사건의 판결, 심판, 조정, 조정을 갈음하는 결정에 의하여 금전지급 의무가 성립된 경우에 그 의무자는 가정법원의 허가를 받아 가정법원에 금전을 임치함으로써 의무를 면할 수 있는데, 이를 금전의 임치라고 한다. 가사사건에서는 당사자간에 감정적 갈등으로 서로 직접 대면하기 꺼리는 경우가 많아 가정법원이 후견적 입장에서 중계역활을 함으로써 의무자의 임의이행을 쉽게 하려고 둔 제도이다.

2) 성질

금전의 임치는 금전지급의무자와 가정법원 사이에서 체결되는 제3자(권리자)를 위한 임치계약이므로, 비송사건절차에 따를 필요가 없다. 그러나 금전의 임치에 있어서는 의무자가 금전을 임치한 때에 임치된 금액범위 내에서 의무이행이 간주되는 효과가 발생하고(법 제65조 제3항), 그 효력 발생에 있어 제3자인 권리자의 수익의 의사표시를 요하지 아니한다는 점에서 전형적인 제3자를 위한 계약과는 다르다.

나. 대상 및 절차

1) 대상

금전임치의 대상은 가정법원의 판결, 심판, 조정, 조정을 갈음하는 결정에 의하여 지급의무가 성립된 금전이다(법 제65조 제1항). 금전지급의무는 재판이나 조정 등에 의하여 성립된 것이어야 하므로 그에 이르기 전 단계에서의 당사자간의 합의나 계약에 의한 의무 또는 사전처분이나 가처분에 의한 의무는 금전임치 할 수 없다. 금전에 한하므로 유가증권 등 유체물은 임치의 대상이 될 수 없다.

2) 절차

가) 관할

판결, 심판, 조정, 조정을 갈음하는 결정을 한 가정법원(고등법원이 한 경우에는 제1심 가정법원)의 전속관할에 속한다(규칙 제124조 제1항). 금전임치허가에 임치할 가정법원을 따로 정하지 아니한 경우에는 그 금전임치를 허가한 가정법원에 임치한다. 이 역시 가정법원 단독판사의 직분관할에 속한다.

나) 신청

의무자가 가정법원에 신청하여 허가를 받아야 한다. 이때 의무자는 승계인을 포함하나, 제3자가 대위변제 하기 위해 자신의 이름으로 임치신청을 하는 것은 허용되지 않는다. 신청서에는 1,000원의 인지를 붙여야 한다.

다) 허부의 재판

가정법원은 신청내용이 의무를 이행하기에 적합한 것인지의 여부를 심사하여 허부의 재판을 하며 판단은 재량에 맡겨져 있다. 금전임치신청을 허가한 재판에 대해서는 불복할 수 없다(법 제65조 제2항). 신청을 각하하거나 기각한 결정에 대해서도 성질상 불복할 수 없다고 할 것이다.

라) 금전의 납부

법원이 허가를 하면 의무자에게 납부지시서를 발부하는데 의무자는 납부지시서에 따라 임치할 금전을 가정법원 세입세출 외 현금출납공무원에게 납부한다.

마) 권리자에 대한 임치금의 지급

권리자는 임치금지급청구서를 제출하여 신청할 수 있다. 다만 임치금의 수령에 조건이 붙거나 반대의무의 이행이 있는 경우 그 조건의 성취 또는 이행을 증명하는 서면을 제출하여야 한다. 임치금을 수령할 권리자는 승계인을 포함하고 금전의 임치는 강제집행과는 성질이 달라 임치금의 수령에 집행문을 부여받아야 하는 것은 아니다.

다. 금전임치의 효력

1) 임치한 때 금액의 범위에서 금전지급의무가 이행된 것으로 되기에(법 제65조 제3항) 권리자의 수익의 의사표시가 필요한 것은 아니다. 이점이 공탁과 구별된다.

2) 의무자의 임치금 회수에 대해 권리자의 수익의 의사표시가 있기까지 의무자가 자유로이 회수 할 수 있다는 견해와 의무자가 회수 청구 할 수 없다는 견해가 있는데 금전임치는 임치한때 효과가 발생하는 것이기 때문에 회수청구 할 수 없다는 견해가 타당

하다.

3) 임치금은 법원보관금에 준하기 때문에 금전을 임치한 때로부터 5년이 경과하기까지 권리자의 지급청구 또는 의무자의 회수청구가 없는 경우 국고에 귀속된다.

라. 서식례

[서식] 금전임치신청서

<table>
<tr><td colspan="3" style="text-align:center">금전임치신청서</td></tr>
<tr><td>신청인의 주소·성명</td><td colspan="2">김○○
서울 ○○구 ○○동 ○○번지</td></tr>
<tr><td>상대방의 주소·성명</td><td colspan="2">박○○
서울 ○○구 ○○동 ○○번지</td></tr>
<tr><td rowspan="2">집행권원</td><td>표시</td><td>서울가정법원 20○○느단 1234호 양육비 조정조서</td></tr>
<tr><td>내용</td><td>금 15,000,000원
① 원금 : 14,000,000원
② 이자 : 1,000,000원
위 합계 : 15,000,000원</td></tr>
<tr><td>신청인이 이행하여야할 채무액</td><td colspan="2">금 15,000,000원</td></tr>
<tr><td>임치할 금액</td><td colspan="2">금 15,000,000원</td></tr>
<tr><td>임치의 사유</td><td colspan="2">양육비 조정조서에 따른 금전의 지급이행을 전혀하지 않고 있습니다.</td></tr>
<tr><td>반대의무·조건의 내용</td><td colspan="2">없습니다</td></tr>
<tr><td colspan="3">위와 같이 금전의 임치를 신청합니다.

 2015. ○. ○.
위 신청인 김○○ (인)
○○가정법원 귀중</td></tr>
</table>

1. 인지 1,000원을 납부하여야 한다.
2. 송달료는 30,600원(=당사자수(2)×5,100(송달료)×3회분)을 송달료취급은행에 납부하고 첨부하여야 한다.
3. 관할 : 당해 의무를 정한 판결, 심판, 조정 등을 한 가정법원을 전속관할로 한다.
4. 신청서 1부를 제출한다. 신청서에는 판결문(조정조서, 심판서)사본을 첨부한다.
5. 집행권원상의 채무이외에도 이행명령을 받은 경우에도 금전의 임치를 할 수 있고 금전의 임치는 금전에 한한다.

[서식] 임치금지급청구서

<table>
<tr><td colspan="2" align="center">임 치 금 지 급 청 구 서</td></tr>
<tr><td>사　　건</td><td>20　　즈기　　　　금전임치</td></tr>
<tr><td>집행권원</td><td>(예시) ○○법원
　　　20　머　　조정조서</td></tr>
<tr><td>청구 금액</td><td></td></tr>
<tr><td>청구 사유</td><td></td></tr>
<tr><td>첨부 서류
(해당사항에
○표 하십시오)</td><td>1. 임치금수령통지서
2. 인감증명서
3. 조건의 성취 또는 반대의무의 이행사실증명서
4. 예금계좌입금신청서</td></tr>
<tr><td colspan="2">위와 같이 청구합니다.

　　　　　　　　　　　　20　　．　　．　　．
　　　　　　　　　　주 소
　　　　　　　　　　청구인(권리자)　　　　　　　　　㉑

　　　　　○　○　법　원　　귀중</td></tr>
</table>

6. 양육비이행관리원

가. 설립목적 및 설립근거

> **양육비이행법 제7조(양육비이행관리원)** ① 미성년 자녀의 양육비 청구와 이행확보 지원 등에 관한 업무를 수행하기 위하여 「건강가정기본법」에 따라 설립된 한국건강가정진흥원(이하 "한국건강 가정진흥원"이라 한다)에 양육비이행관리원(이하 "이행관리원"이라 한다)을 둔다.
>
> **건강가정기본법 제34조의2(한국건강가정진흥원의 설립 등)** ⑤ 진흥원은 다음 각 호의 사업을 한다. 4. 「양육비 이행확보 및 지원에 관한 법률」에 따른 양육비 이행 전담기관 운영

협의이혼 또는 재판상 이혼 후 양육비에 대한 권리가 발생하였으나, 비양육자로부터의 양육비가 지급이 안될 경우가 다량 발생하고 있는 실태였는데, 최근 '양육비 이행관리원'이라는 기관의 설치로 인해 그 해결을 기대하고 있다. 양육비 이행관리원은 미성년 자녀의 양육비 청구와 이행확보지원 등에 관한 업무를 수행하기 위하여 법률 제12532호로 2014. 3. 24. 공포되고 2015. 3. 25.부터 시행 중인 '양육비이행확보 및 지원에 관한 법률(이하 '양육비이행법')'에 근거하고 있다.

그 주요기능으로는 i) 비양육부·모와 양육부·모의 양육비와 관련한 상담, ii) 양육비 청구 및 이행확보 등을 위한 법률지원, iii) 합의 또는 법원의 판결에 의하여 확정된 양육비 채권 추심지원 및 양육부·모에게 양육비 이전, iv) 양육비 채무 불이행자에 대한 제재조치, v) 한시적 양육비 긴급지원, vi) 양육비 이행의 실효성 확보를 위한 제도 등 연구, vii) 자녀양육비 이행과 관련한 교육 및 홍보, viii) 양육비이행상황 모니터링 등이 있다.

나. 조직의 구성

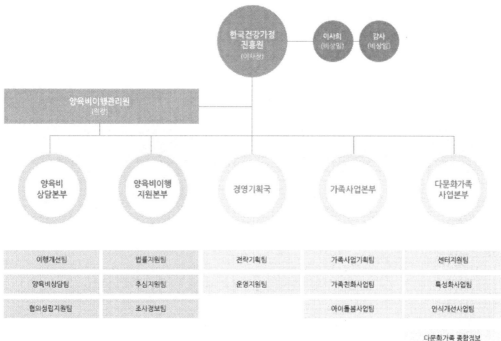

다. 양육비 이행을 위한 양육비이행관리원의 서비스

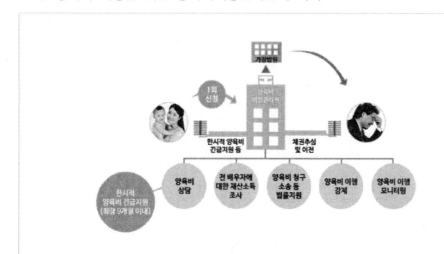

1) 이용대상

가) 신청대상

'양육비이행법'에 따른 만 19세 미만 자녀를 양육하는 한부모·조손가족 및 '한부모가족
지원법'에 따른 자녀를 양육하는 한부모·조손가족, 취학 중인 22세 미만 자녀, 군복무
후 복학한 '22세 미만+군 복무기간' 자녀를 양육하는 한부모·조손가족 등이다.

나) 지원 우선 순위

「표」지원우선순위

구분	자녀 나이	지원대상
1순위	자녀의 연령이 만 19세 미만	「국민기초생활 보장법」 제2조제2호에 따른 수급자, 같은 법 제2호 제11호에 따른 차상위계층, 「한부모 가족지원법」제5조 및 제5조의2에 따른 지원대상자
2순위		가구소득이 전국 가구평균소득의 70% 이하인 사람
3순위		가구소득이 전국 가구평균소득의 100% 이하인 사람
4순위		가구소득이 전국 가구평균소득의 150% 이하인 사람
5순위		자녀의 연령이 만 19세 미만인 가구소득이 전국 가구평균소득의 150% 이상인 사람
	한부모가족 지원대상 연령	「한부모가족지원법」에 따른 한부모·조손 가족

2) 지원서비스

〈그림〉 서비스 이용 지원체계

〈양육비 이행 지원 체계〉   〈한시적 양육비 지원 체계〉

가) 양육비에 관한 상담 및 신청 접수

양육비문제 전반에 관한 전화·온라인·방문 상담 등을 하고, 양육비이행관리원에 직접 방문, 우편접수, 온라인접수 등을 통해 '이행 지원 신청서'를 접수할 수 있다.

(1) 서비스내용

상담은 양육부·모, 양육비채권자, 비양육부·모, 양육비채무자가 주 이용대상으로, 일반인에 대한 양육비 관련 상담, 전국 대표 전화번호를 통한 전화상담, 홈페이지를 이용한 온라인상담, 양육비이행관리원에의 방문을 통한 대면상담 등을 하고 있다.

그러나, 양육비 이행 지원은 양육부·모와 양육비채권자에 한하며, 온라인접수, 우편접수, 직접접수를 통한 '이행 지원 신청서'를 접수하여야 하고, 방문자가 신청서를 스스로 작성하기 힘들다고 판단되는 경우 신청서를 대신 작성하여 준다. 이러한 신청이 있은 후 온라인, 우편 또는 직접 신청접수원을 교부하고 있다.

(2) 업무절차

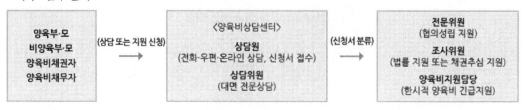

나) 당사자 간 양육비 협의성립 지원

양육부·모와 비양육부·모(또는 양육비채권자와 양육비채무자) 간 양육비 부담 등 협의
가 이루어지도록 지원하고 있다.

(1) 서비스 내용

양 당사자 중 일방으로부터 [양육비 협의 성립 지원 신청서] 접수 받은 후 당사자 간 양
육비 협의를 지원하고, 협의가 원만하게 이루어질 경우 합의서 작성 및 공증을 지원하
며, 협의가 불성립한 경우 사실 통지 및 다른 양육비 이행 절차를 안내하고 있다.

(2) 업무 절차

다) 양육비채무자의 주소, 소득, 재산 등 조사

담당 신청 건의 양육비채무자 관련 소득, 재산 등을 종합적으로 조사한다.

(1) 서비스내용

지자체 시스템 연계와 국민건강보험공단 연계로 양육비채무자의 주소·근무지를 파악하
거나 양육비채무자, 관계인, 법원, 관계기관, 금융기관 등을 통한 양육비채무자의 소득·
재산 파악한다.

(2) 업무절차

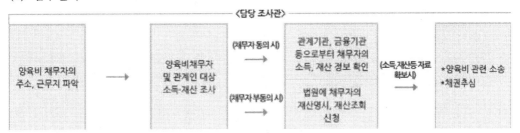

라) 양육비 이행확보를 위한 법률지원

지원신청한 양육부·모(또는 양육비채권자)를 대신하여 양육비 관련 법률지원, 채권추심 지원, 주소 및 소득·재산조사, 양육비 이행상황 모니터링 등을 종합적으로 지원한다.

(1) 서비스 내용

양육부·모의 집행권원 확보를 위한 소송을 지원하고, 미혼 양육부·모인 경우 자녀 인지 청구 소송 및 양육비 청구 소송 지원을 하며, 이혼의 경우 양육비청구소송 지원을 하고 있다. 또한 양육비채권자의 양육비 이행 확보를 위한 소송지원, 가사소송법 상 양육비 이행확보 소송지원, 민사집행법 상 부동산 강제경매, 채권압류, 동산집행 등 양육비 이행확보 소송을 지원하고 있으며, 양육비채무자의 재산에 대한 법적조치 지원, 양육비 청구소송 전·후 또는 동시로 가압류·가처분, 사전처분 진행, 양육비 청구소송 또는 이행확보소송 중 재산명시 및 재산조회를 하고 있다.

(2) 업무절차

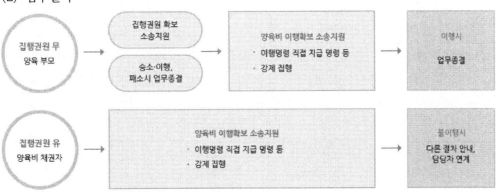

마) 양육비 이행확보를 위한 채권추심 지원

일반적인 채권추심 지원은 '담당조사관'이 직접 수행하고, 받아내기가 어려운 채권은 '전문추심업체(상법상 채권 또는 민사집행법상 집행권원 있는 채권 추심)'에 위탁 수행하고 있다.

(1) 서비스내용

양육비채권자로부터 채권추심 지원신청서를 접수한 후 양육비채무자에게 '양육비 이행 청구서'를 송달하여 채권에 대한 독촉을 하고 있다. 이후 1개월 이내 양육비 미지급 시 양육비채무자의 소득, 재산 등 양육비 지급능력 확인을 위한 조사를 실시하여, 소득, 재산 등 조사 결과를 기초로 양육비채무자에 대한 직접 채권추심를 하고 있으며, 불이행 시, 채권추심전문기관에 채권추심 위탁한다.

(2) 업무절차

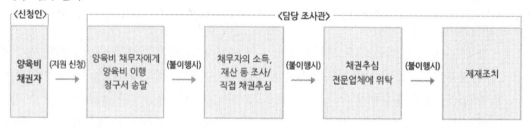

바) 기타 양육비 이행 확보를 위한 조치

(1) 신용정보회사 등에 양육비 체납자료 제공

신용정보집중기관과 업무협약을 맺어 양육비채무자의 양육비 체납자료를 신용정보회사 등에 주기적으로 제공하고 있고, 전국은행연합회, 생명보험협회, 손해보험협회, 여신금융협회, 금융투자협회, 한국정보통신진흥협회 등에도 자료를 제공하여 양육비채무자의 신용도 하락에 영향을 미침으로써 양육비 이행 독려하고 있다. 양육비채무자에게 양육비 연체 시 신용정보회사 등에 양육비 체납 자료를 제공할 것임을 사전 고지한 후 신용정보회사 등에 체납자료 제공을 하고 있으며, 이후 양육비채무자에게 양육비 체납자료 제공 사실을 사후 통보한다.

(2) 양육비채무자의 세금환급예정금액의 압류 및 차감

국세청, 행정자치부와 협조하여 양육비채무자의 국세·지방세 환급 예정금액을 압류, 양육비채권자의 계좌로 이체하고 있다. 양육비채무자 정보를 국세청, 행정자치부로 통보하고, 국세청·행정자치부에서 세금환급예정액이 있는 양육비채무자 명단을 확인하여 이행관리원에 통보하며 그 환급예정액을 압류 조치하고 있다. 이행관리원(조사관)은 양육비채권자 명의의 양육비채권 자료를 첨부하여 국세청 또는 행정자치부에 압류, 이전조치 요청하고, 국세청 또는 행정자치부는 양육비채권자 명의의 계좌로 양육비채권 해당금액의 입금 조치를 한다.

(3) 양육비 이행 실효성 제고를 위한 '현장기동반' 운영

소득·재산 등을 고의로 은닉하는 등 악질적인 양육비채무자의 집을 찾아가 강제집행 등의 활용 가능한 법적 수단을 총 동원하여 양육비 채무를 이행하도록 하는 조치로서, 양육비 이행률 제고 및 양육비 채무는 반드시 이행할 수밖에 없다는 사회적 공감대 조성하고 있다. 채권추심전문가, 법률전문가, 파견경찰관, 파견검찰관 등으로 조를 구성하여 양육비 고액체납 사례, 사회적 파장이 큰 사례, 고질적 양육비 체납 사례 등 특정사안 중심으로 양육비 이행을 위한 현장활동을 기획, 전개하고 있다.

사) 양육비 이행 모니터링

양육비채무자로부터 양육비를 이행받기로 하였거나 양육비 이행을 받고 있는 양육비채권자를 대상으로 자녀가 성인(만 19세)이 될 때까지 양육비 이행 상황을 지속적으로 모니터링 진행한다.

(1) 서비스 내용

양육비채무 이행 여부를 주기적으로 점검하고, 불이행 확인 시 과거 담당 조사위원에게 인계 등을 통해 이행 확보 조치를 연계하고 있다.

(2) 업무절차

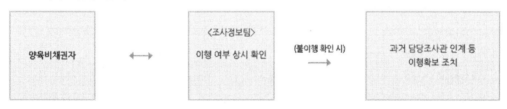

아) 한시적 양육비 긴급지원

(1) 지원 요건

해당 요건을 충족하는 경우에 한하여 심사를 거쳐 한시적 양육비를 긴급지원하고 있는데, 그 요건으로 i) 이혼·미혼 등으로 만 19세 미만의 미성년 자녀를 직접 양육하면서 양육비이행관리원에 먼저 양육비 이행지원을 신청한 양육비 채권자 중 양육비 채무자가 양육비 채무를 이행하지 않고 있는 경우, ii) 〈긴급복지지원법〉에 따른 생계지원을 받은 후에도 위기 상황이 지속되어 자녀의 복리가 위태롭게 되었거나 위태롭게 될 우려가 있는 경우(예:자녀의 질병발생, 주거비 또는 공과금 2개월 이상 체납 등), iii) 가구 소득

이 〈국민기초생활보장법〉 제2조 제6호에 따른 최저생계비 120% 이하인 경우 또는 〈한부모가족지원법〉 제5조 및 제5조의2에 따른 한부모가족지원대상자인 경우, iv) 〈국민기초생활보장법〉에 따른 생계급여를 받지 않고 있는 경우, v) 양육비에 관한 집행권원(양육비부담조서 또는 판결문)이 있는 경우이다.

(2) 지원 금액

자녀 1인당 월20만 원(단, 한부모가족지원법에 따른 양육비를 받고 있는 분은 자녀 1인당 월 10만 원 지원)으로 지원기간은 6개월을 원칙(요건 충족 시 3개월 연장 가능)으로 하고 있다.

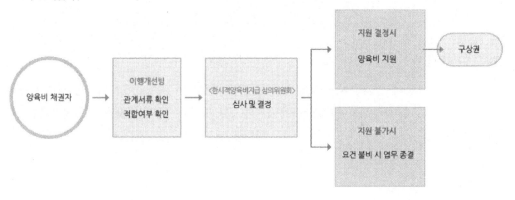

라. 서식

[서식] 양육비 이행확보 지원 신청서

■ 양육비 이행확보 및 지원에 관한 법률 시행규칙 [별지 제1호서식] 〈제정 2015. . .〉

양육비 이행확보 지원 신청서

※ [ ]에는 해당되는 곳에 √표를 합니다.　　　　　　　　　　　　　　　　(앞쪽)

사건번호	접 수 일 자		처리기간	별도안내
신청인 (양육부모	성명	주민등록번호(외국인등록번호)	세대주와의 관계	
	전화번호	휴대전화	전자우편	
	주소			
	가　성 명　신청인과　생년월일　동거여부　학력·재학　특이사항			

등)	족사항	의관계			(미동거 사유)	여부

피신청인 (양육부모 등의 상대방)	혼인관계	성 명	주민등록번호 (외국인등록번호) 또는 생년월일	주 소	현재 가구원수	소득	재산	월평균 양육비	전화번호
	이혼 [ ] 비혼 [ ]								

피신청인에 관한 사항은 신청인이 알고 있는 범위에서 기재 바랍니다.

"월평균 양육비"는 비양육부모가 양육부모에게 양육비 명목으로 정기적으로 지급하는 금품을 의미합니다.

양육비 집행권원(양육비 부담조서 또는 양육비 청구소송 등) 유무	[ ] 유 [ ] 무

지원서비스 선택(복수 선택 가능)	종합지원 서비스 내용
[ ] 양육비이행관리원에 제공 서비스 위임	양육비이행관리원에서 아래의 종합지원 서비스 가운데 신청인이 양육비를 이행받기에 적합하다고 판단되는 지원서비스를 선별하여 순차적으로 지원
[ ] 협의성립 지원	양육부·모와 비양육부·모 당사자 간 협의를 통한 양육비 이행 결정 지원
[ ] 법률 지원	(집행권원이 없는 경우) 자녀인지 청구 소송 / 양육비 청구 소송
[ ] 채권추심 지원 (집행권원이 있는 경우에 한함)	(집행권원이 있는 경우) 이행 확보 소송[직접지급명령 신청, 담보제공명령 신청, 이행명령 신청, 감치명령 신청 등], 강제집행

※ 제출 서류 : 뒤쪽 참조

본인은 이 건 업무처리와 관련하여 「전자정부법」 제36조제1항에 따른 행정정보의 공동이용을 통하여 제출 서류를 확인하는 것에 동의합니다.

신청인(대리 신청인) 성명 :   (서명 또는 인)

신청인과의 관 계 :   (대리 신청의 경우)

위와 같이 양육비 이행확보 지원을 신청합니다.

년   월   일

신청인(대리 신청인) 성명 :　　　　　　　　　　(서명 또는 인)

신청인과의 관 계 :　　　　　(대리 신청

의 경우)

양육비이행관리원장 귀하

210mm×297mm(백상지 80g/㎡(재활용품))

【추가 기재 사항】

⬜ 지원 우선순위
※ **해당되는 칸에 체크** 하시고 **추가 서류**를 함께 보내주시면 더 빠르게 지원을 받으실 수 있습니다.
[　] 1순위 :「국민기초생활 보장법」제2조 제2호에 따른 수급자, 같은 법 제2호제11호에 따른 차상위계층, 「한부모 가족지원법」제5조 및 제5조의2에 따른 지원대상자   [　] 2순위 : 가구소득이 전국 가구평균소득의 70% 이하인 사람   [　] 3순위 : 가구소득이 전국 가구평균소득의 100% 이하인 사람   [　] 4순위 : 가구소득이 전국 가구평균소득의 150% 미만인 사람   [　] 5순위 : 전국 가구평균소득 150% 이상+자녀가 취학 중인 경우 자녀 연령이 19세 이상 22세 미만 　　　　(군 복무 후 복학한 경우 22세 미만+군복무기간)
− 추가서류
▪ 우선 지원 1순위 : 국민기초생활수급자 증명서, 차상위 본인부담경감대상자 증명서, 한부모가족 증명서   ▪ 우선 지원 2순위 이하 : 국민건강보험료 납부확인서

제출서류 안내

지원서비스 구분		제출 서류 목록
⬜ 공통 서류		− 양육비이행확보지원 신청서 　(양육비이행관리원 홈페이지 신청서식에서 다운로드 후 작성) − 개인정보 수집·이용에 관한 동의서 1부(자필서명 필수) − 진술서 1통 − 기본증명서(신청인과 자녀) 각 2통 − 혼인관계증명서(신청인) 2통 　(혼인관계증명서로 이혼사실이 증명되지 않을 경우 제적등본) − 가족관계증명서(신청인과 자녀) 각 2통 − 주민등록등본, 주민등록초본(모두 신청인) 각 2통 − 신분증 앞면 사본(신청인) 2통 − 무료법률지원계약서 1통 − 소송위임장 1통 − 대리인이 신청하는 경우 위임장, 위임인 신분증 앞면 사본 각 1통
⬜	**협의성립 지원**	− 판결문, 양육비 부담조서 등 집행권원

추가 서류		– 양육비 미지급 내역(또는 의무이행 상황을 알 수 있는 통장 거래 내역)
	법률 지원	– 양육비 청구 소송 : 주민등록초본(상대방), 양육비 부담조서('09.08.09이후 협의 이혼한 경우, 양육비 증액 청구 시 필요) 각 1통 – 이행확보 소송 : 양육비 부담조서 등 집행권원 및 송달확정 증명원, 의무이행 상황을 알 수 있는 통장내역 등 각 1통
	채권추심 지원 (집행권원이 있는 경우에 한함)	– 계좌번호가 적힌 통장 사본, 양육비 채무에 관한 서류(집행권원, 송달확정 증명원, 집행문) 각 1통
	한시적 양육비 긴급 지원 (보건복지부 긴급복지지원을 최대 연장하여 받은 후에도 위태로운 상황이 지속될 경우 한시적 양육비 긴급 지원. *기초생활수급자는 중복하여 신청 할 수 없습니다.)	**– 한시적 양육비 긴급지원 신청서 1통(별도 작성)** – 긴급복지지원 결과통보서 1통(지원기간 반영되어야 함) – 위태롭거나 위태롭게 될 우려가 있는 사유에 대한 증빙자료 – 한부모가족증명서 1통 – 건강보험료 납부확인서 1부(한부모가족증명서 있는 경우 생략) – 집행권원(양육비부담조서 또는 판결문) – 계좌번호가 적힌 통장사본 1부

※ **양육비 이행확보 지원을 위해 필요한 경우 안내된 서류 외에 추가 서류를 요청할 수 있습니다.**
※ **행정 정보 제공 동의 등에 따라 양육비이행관리원에서 직접 확보할 수 있는 서류는 제출하지 않아도 무방합니다.**

참고

□ 신청대상자
– 자녀가 만 19세 미만인 이혼 또는 미혼 한부모(소득·재산 무관, 조손가족 포함)
  취학 중인 경우 만 22세 미만, 군복무 후 복학한 경우 만 22세 미만+군복무기간

□ 양육비 이행지원 절차(당사자별 특성에 따라 지원절차가 달라질 수 있음)
  – 자녀 양육 미혼 한부모
■ 양육 부 또는 모 : 협의성립 지원 → 자녀 인지 청구 소송 → 양육비 청구 소송(승소 시 집행권원 확보)
■ 양육비 채권자(집행권원 확보 후) : 양육비 이행확보소송, 강제집행 또는 채권추심 지원
  – 자녀 양육 이혼 한부모
■ 양육 부 또는 모 : 협의성립 지원 → 양육비 청구 소송(승소 시 집행권원 확보)
■ 양육비 채권자(집행권원 확보 후) : 양육비 이행확보 소송, 강제집행 또는 채권추심 지원

무료 법률지원 계약서

신청인을 "갑", 양육비이행관리원을 "을"이라 하여 다음과 같이 계약한다.

1. 수임의 범위
가. 갑은 을에게 인지·양육비청구 소송 등의 사건 처리를 위임하고 을은 이를 수임한다.

나. 을은 소속변호사를 선정하여 위 사건의 소송을 수행하도록 하고, 갑은 을이 선정한 소속변호사에게 별도로 작성하여 교부하는 위임장에 기재한 자격과 권한을 수여한다.

2. 성실의무 등
가. 을은 위임의 본지에 따라 선량한 관리자의 주의로서 위임사무를 처리한다.

나. 갑은 을이 위임사무를 처리함에 있어 필요한 협조(을의 요구에 따른 자료제출, 조회 회신 등)를 하여야 한다.

3. 상소심 등 지원 절차
갑이 상소심 사건의 지원을 원할 때에는 별도로 상소심사건 등 법률지원신청서를 을에게 제출하여야 하고, 본 계약서 위 1. 수임의 범위에 상소심 사건을 추가 기재한다.

4. 지원중단
가. 갑에게 다음 각 호의 사유가 있는 때에는 을은 갑에 대한 법률지원을 중단할 수 있다.
   (1) 을에 대하여 위임자로서 배신적인 행위에 의한 소송의 종결
   (2) 갑이 지원대상자가 아님이 밝혀지는 등 법률지원의 사유가 없음이 판명된 때
   (3) 갑이 법률지원계약을 위반한 때
   (4) 갑이 수임변호사의 소송수행에 필요한 협조요청에 불응한 때
   (5) 기타 사정변경으로 법률지원의 실익이나 타당성이 없게 된 때

나. 을이 위 가항에 의하여 지원중단결정을 한 때에는 갑에게 그 사실을 통지하여야 한다. 다만, 을이 갑의 책임있는 사유로 연락처를 알 수 없는 때에는 신청서 주소지로 우편발송함으로써 지원중단의 효력이 발생한다.

다. 법률지원중단이 되면 을의 갑에 대한 위임사무는 종료되며, 소송진행 중인 때에는 수임변호사는 지원 중단 즉시 법원에 사임계를 제출한다.

6. 자료의 유치 및 폐기

　을은 위임사무의 처리를 위하여 갑으로부터 제공받은 자료 및 소송기록 등을 사건기록의 관리 및 보존에 관한 지침이 정한 보존기간이 경과하면 폐기할 수 있고, 이에 대해 갑은 이의를 제기하지 않는다.

7. 기 타

　사건처리에 관하여 이 계약서에 약정되지 아니한 사항은 양육비이행확보지원에 관한 제 규범에 따르고

　적용규정이 없으면 을이 최종 결정한다.

20 　 . 　 . 　 .

갑 : 신청인　성명　　　　　　　　　　　　　　　　　　(인)

을 : 양육비이행관리원 원장

※ 유의사항 : 을은 위 사건과 관련하여 갑에게 휴대전화, 전자우편, 우편 등의 방법으로 연락 또는 통지한다. 갑은 주소, 전화번호 등이 변경되었을 때에는 즉시 을에게 고지하여야 하고, 을은 갑이 신청·고지한 연락처로 연락·통지하였으나 송달불능, 통화불능 등으로 연락이 되지 않을 때에는 이로 인하여 발생하는 모든 손해에 대하여 을은 책임을 지지 아니한다.

[서식] 진술서

진술서

<table>
<tr><td rowspan="3">진술인
(신청인)
정보</td><td>성명</td><td></td><td>협의조정</td><td>원함□ 원하지 않음□</td></tr>
<tr><td>직장
(현재, 과거
구별하여 기재)</td><td></td><td>신상공개
여부</td><td>상관없음□ 원하지 않음□
(원하지 않음에 표기한 경우 그 사유:
보복 우려 등을 기재해 주십시오.)</td></tr>
<tr><td>월/연소득
(현재, 과거
구별하여 기재)</td><td colspan="3">※ 신청인이 이혼 후 경제적·정신적으로 어려운 상황에서도 자녀를 포기하지 않고 양육하여 왔음을 소장에 기재하기 위해 필요한 내용입니다.</td></tr>
<tr><td rowspan="2">피신청인
정보</td><td>직장
(현재, 과거
구별하여 기재)</td><td colspan="3">※ 소장 작성 시 양육비 액수 책정 등에 필요한 사안이므로 결혼생활 당시 및 이혼 후 현재까지 어떤 직역/직종에 종사하였는지 아는 대로 작성해 주십시오.</td></tr>
<tr><td>월/연소득
(현재, 과거
구별하여 기재)</td><td colspan="3">※ 소장 작성 시 양육비 액수 책정 등에 필요한 사안이므로 결혼생활 당시 및 이혼 후 현재까지 어떤 직역/직종에 종사하였는지 아는 대로 작성해 주십시오.</td></tr>
<tr><td>혼인
신고일</td><td colspan="4">※ 법률혼임을 증명하기 위해 필요하므로 정확한 혼인신고 일자를 기재하여 주십시오.</td></tr>
<tr><td>이혼사유</td><td colspan="4">※ 이혼신고 일자 및 간략한 이혼사유(경제적 무능력, 가정폭력 등)를 기재하여 주십시오.</td></tr>
<tr><td>양육비
협의</td><td colspan="4">※ 이혼 등을 하면서 양육비에 관한 협의사항 유무에 대하여 작성하여 주시고(협의방법을 구두로 하였는지 각서 등을 작성하였는지 등), 협의 있었다면 양육비를 어느 정도 지급하기로 하였는지에 대해 서술하여 주십시오.</td></tr>
<tr><td>양육비
이행사항</td><td colspan="4">※ 이혼(또는 별거이후) 양육비의 지급이 있었는지, 지급이 있었다면 그 금액, 지급시기(횟수), 방법(송금 및 현금 등)은 어떠하였는지에 대하여 서술하여 주십시오.</td></tr>
<tr><td>진술인
(신청인)
현재생활</td><td colspan="4">※ 현재 신청인이 자녀를 어떻게 양육하고 있으며 생활상황은 어떠한지에 대하여 서술하여 주십시오.</td></tr>
<tr><td>청구
양육비</td><td colspan="4">※ (과거 및 현재) 자녀양육에 소요되는 월 양육비의 액수가 얼마인지(학원비 등 평균적으로 소요되는 양육비), 피신청인에게 청구하려는 월 양육비는 얼마인지에 대하여 서술하여 주십시오.</td></tr>
<tr><td>기타</td><td colspan="4">※ 기타 피신청인과이 과거 혼인생활(혹은 동거) 중 생활비나 양육비를 지급해왔는지, 과거 또는 현재 피신청인과 자녀와의 관계, 양육비지급에 관한 피신청인의 태도, 피신청인의 현재 생활상황 등에 관한 정보 또는 양육비이행관리원에 대한 요청사항 등에 대하여 자유롭게 서술하여 주십시오.</td></tr>
</table>

※ <u>진술서상의 기재사항을 누락한 경우, 사실확인을 위해 본원에서 신청인에게 개별연락 과정을 거쳐야 하므로 절차진행이 지연되므로, 대략적으로라도 작성하여 주시기 바랍니다.</u>

※ 서술내용 양에 따라 서식 칸은 자유롭게 조정하셔도 됩니다.

진술서

진술인 (신청인) 정보	성명		협의조정	원함□ 원하지 않음□
	직장 (현재, 과거 구별하여 기재)		신상공개 여부	상관없음□ 원하지 않음□ (원하지 않음에 표기한 경우 그 사 유: 보복 우려 등을 기재해 주십시 오.)
	월/연소득 (현재, 과거 구별하여 기재)			
피신청인 정보	직장 (현재, 과거 구별하여 기재)			
	월/연소득 (현재, 과거 구별하여 기재)			
혼인 신고일				
이혼 사유				
양육비 협의				
양육비 이행사항				
진술인 (신청인) 현재생활				
청구 양육비				
기타				

소 송 위 임 장

원 고

피 고

위 당사자의 _____ 청구사건에 있어서 원고(피고)는 본원의 소속변호사
○ ○ ○ 를 소송대리인으로 선임하고 다음의 권한을 위임합니다.

1. 소송행위
2. 반소의 제기 및 응소
3. 재판상 및 재판 외의 화해, 청구의 포기, 인낙, 소송참가, 탈퇴
4. 복대리인의 선임
5. 소의 취하, 상소의 제기 또는 취하
6. 승소금, 화해금 및 목적물의 수령
7. 공탁물의 납부, 공탁물 및 이자의 반환청구와 수령
8. 공탁금출급청구 및 수령행위 일체
9. 담보권행사최고신청, 담보취소신청, 동 신청에 대한 동의, 담보취소결정정본의
   수령, 동 취소결정에 대한 항고권 포기
10. 소송비용액확정결정신청 및 동 금원의 수령
11. 기타 일체의 소송행위

20 .   .   .

위임인 원(피)고   (인)

주소 :

양육비이행관리원장

한시적 양육비 긴급지원 신청서

접수번호	접수일자	처 리 기 간	10일
성 명		주민등록번호	
주 소		전화번호 1	
		전화번호 2	

신청 사유(자녀의 복리가 위태롭거나 위태롭게 될 우려가 있는 사유) 」

양육비 긴급지원 대상자	가구주와의 관계	성명	주민등록번호	동거여부	건강상태 (장애 · 질병)	비고

「양육비 이행확보 및 지원에 관한 법률」 제14조 및 같은 법 시행규칙 제7조에 따라
위와 같이 신청합니다.

년   월   일

신청인   (서명 또는 인)

양육비이행관리원장 귀하

제출서류	– 소득 · 재산을 증명할 수 있는 자료 1통 – 계좌번호가 적힌 통장사본 1통 등.	수수료 없 음

처 리 절 차				
신청서 작성	접 수	조사확인	결 재	결과통지
신청인	처리기관	처리기관	처리기관	

210mm×297mm(백상지 80g/㎡)

제출서류 안내
- (관할 시/군/구) 긴급복지지원 결과통보서 1통 - 위태롭거나 위태롭게 될 우려가 있는 사유에 대한 증빙자료 1통(의사소견서, 체납   독촉장 등) - 건강보험료 납부확인서 1통(한부모가족증명서 있는 경우에는 생략함) - 한부모가족증명서 1통 - 집행권원 1통 - 계좌번호가 적힌 통장사본 1통 - 주민등록등본 1통

지원요건 상세안내

한시적 양육비 긴급지원을 받기 위해서는 다음의 요건(1~5)을 모두 충족해야 합니다.
 	
1. 이혼·미혼 등으로 만19세 미만의 미성년 자녀를 직접 양육하면서 양육비이행관리원에 먼저 양육비 이행 지원 신청하신 양육비 채권자 중, 양육비 채무자가 양육비 채무를 이행하지 않고 있는 경우
 	
2. 양육비에 관한 집행권원(양육비부담조서 또는 판결문)이 있는 경우
 	
3. 「긴급복지지원법」에 따른 생계지원을 받은 후에도 위기 상황이 지속되어 자녀의 복리가 위태롭게 되었거나 위태롭게 될 우려가 있는 경우로, 다음 중 어느 하나에 해당될 것
  가. 장애로 인정받지 못한 만성질환, 급성질환, 치과치료, 발달문제, 영양부족 등으로 치료와 식생활 개선이 필요한 경우로서, 갑작스런 자녀의 질병 발생으로 인한 수술비·입원비 마련에 어려움을 겪는 경우 또는 발달과정상의 문제로 긴급한 치료를 요하거나 시급한 장애진단이 필요한 경우 또는 영향불균형으로 인한 자녀 성장발달의 장애가 발생한 경우
  나. 학비 미납 등 경제적 이유로 자녀의 학업에 지장이 있는 경우
  다. 월세 또는 난방비가 2개월 이상 연체되어 있거나 전기료, 수도료 등 공과금이 2개월 이상 체납되어 있는 등 위태로운 거주나 생활환경의 위협으로 인해 자녀성장이 불안정한 경우
  라. 양육비 채권자의 취업으로 제3자에 의한 아이돌봄이 급하게 필요한 경우
  마. 양육비 채권자가 만12세 미만의 자녀를 양육하고 있는 경우
  바. 양육비 채권자가 사고나 질병, 입원 등으로 생계활동이 불가능한 경우
  사. 그 밖에 한시적양육비지급심의위원회에서 지원의 필요성을 인정하는 경우
 	
4. 가구 소득이「국민기초생활보장법」제2조제6호에 따른 최저생계비 120% 이하인 경우 또는 「한부모가족지원법」제5조 및 제5조의2에 따른 한부모가족지원대상자인 경우
 	
5. 「국민기초생활보장법」에 따른 생계급여를 받지 않고 있는 경우

【참고 사항】

[별지 제4호 서식]

긴급지원 연장신청서

신청인	성명		생년월일		전화번호1	
	주소				전화번호2	
					전자우편	

※ **한시적 양육비 긴급지원 연장 사유(해당 사항에 ☑ 체크해 주세요)**

☐ 자녀의 질병 발생으로 인한 수술비·입원비 마련에 어려움을 겪는 경우 또는 발달과정 상의 문제로 긴급한 치료를 요하거나 시급한 장애진단이 필요한 경우

☐ 학비 미납 등 경제적 이유로 자녀의 학업에 지장이 있는 경우

☐ 월세 또는 난방비가 2개월 이상 연체되어 있거나 전기료, 수도료 등 공과금이 2개월 이상 체납되어 있는 등, 위태로운 거주나 생활환경의 위협으로 인해 자녀성장이 불안정한 경우

☐ 양육비 채권자의 취업으로 제3자에 의한 아이돌봄이 급하게 필요한 경우

☐ 양육비 채권자가 만12세 미만의 자녀를 양육하고 있는 경우

☐ 양육비 채권자가 사고나 질병, 입원 등으로 생계활동이 불가능한 경우

☐ 기타 사유 :

	가구주(또는 신청인)와의 관계	성명	생년월일	가구주(또는신청인)와의동거 여부	건강상태 (장애·질병)	비고
양육비 긴급지원 대상자						

년   월   일

신청인   (서명 또는 인)

양육비이행관리원장 귀하

제출서류	위태롭거나 위태롭게 될 우려가 있는 사유에 대한 증빙자료 1통 건강보험료 납부확인서 1통(한부모가족증명서가 있는 경우에는 생략함) 한부모가족증명서 1통 등

[서식] 개인정보 수집 · 이용에 관한 동의서

개인정보 수집·이용에 관한 동의서

「양육비이행확보 및 지원에 관한 법률」제7조에 근거한 한국건강가정진흥원(양육비이행관리원)은 한국건강가정진흥원(양육비이행관리원)이 제공하는 양육비 이행확보 지원, 한시적 양육비 긴급지원, 양육비 지원 만족도 조사, 양육비 지원 정책자료 활용을 위하여 아래와 같은 개인정보를 수집하고자 합니다. 이용자가 제공한 모든 정보는 목적에 필요한 용도 이외로는 사용되지 않습니다.

1. 개인정보 수집 이용에 관한 사항 {일반동의}

개인정보 항목	필수사항	선택사항
	성명, 연락처(전화번호, 휴대전화번호, 전자우편주소) 및 주민등록등(초)본, 가족관계증명서, 혼인관계증명서, 기본증명서 등 이에 준하는 증명력을 가진 문서	가족과의 동거여부, 특이사항, 학력 · 재학여부
수집·이용 목적	• 양육비 이행확보 지원 • 한시적 양육비 긴급지원	
보유 및 이용기간	피신청인의 양육비 이행확보 지원 신청 취하시 취하 시점 또는 양육비 지급에 대한 의무가 소멸되는 시점까지	
동의 거부 관리 및 불이익 내용	양육비 이행확보 및 한시적 양육비 긴급지원 제한	

* 본인은 상기 내용을 확인하였으며 위와 같이 개인정보 수집·이용에 동의합니다.
  동의함 ☐   동의하지 않음 ☐

2. 민감정보 수집 이용 동의 {별도동의}

민간정보항목	피신청인과 혼인관계, 월평균 양육비, 건강상태, 계좌번호
수집·이용목적	양육비 이행확보 지원 및 한시적 양육비 긴급지원
보유 및 이용기간	피신청인의 양육비 이행확보 지원 신청 취하시 취하 시점 또는 피신청인의 양육비 지급에 대한 의무가 소멸되는 시점까지
동의 거부 관리 및 불이익 내용	양육비 이행확보 및 한시적 양육비 긴급지원 제한

* 본인은 상기 내용을 확인하였으며 위와 같이 민감정보 수집·이용에 동의합니다.
　동의함 ▢　　동의하지 않음 ▢

3. 고유식별정보 수집 이용 동의 {별도동의}

고유식별정보	주민등록번호(외국인등록번호)
수집·이용목적	양육비 이행확보 및 한시적 양육비 긴급지원
수집근거	양육비 이행확보 및 지원에 관한 법률
보유 및 이용기간	피신청인의 양육비 이행확보 지원 신청 취하시 취하 시점 또는 피신청인의 양육비 지급에 대한 의무가 소멸되는 시점까지
동의 거부 관리 및 불이익 내용	양육비 이행확보 및 한시적 양육비 긴급지원 제한

* 본인은 상기 내용을 확인하였으며 위와 같이 고유식별정보 수집·이용에 동의합니다.
　동의함 ▢　　동의하지 않음 ▢

4. 선택적 정보 수집 이용 동의 {별도동의}

선택적 정보 항목	신청인 가족의 미동거 사유, 학력 · 재학여부
수집·이용목적	양육비 이행확보 및 한시적 양육비 긴급지원
보유 및 이용기간	피신청인의 양육비 이행확보 지원 신청 취하 시 취하 시점 또는 피신청인의 양육비 지급에 대한 의무가 소멸되는 시점까지
동의 거부 관리 및 불이익 내용	양육비 이행확보 및 한시적 양육비 긴급지원 제한

* 본인은 상기 내용을 확인하였으며 위와 같이 선택적 정보 수집·이용에 동의합니다.
　동의함 ▢　　동의하지 않음 ▢

5. 제3자 정보제공 동의 {별도동의}

제공받는 자	개인정보보호법 제2조 제6호에 규정한 공공기관으로 소득, 기타 자격 관련 원천정보 보유기관, 법률구조법 제3조에 따라 등록된 법인 또는 같은 법 제8조에 따른 대한법률구조공단 등 수탁기관, 양육비 지원 만족도 조사 수탁자
제공하는 항목	1 내지 4항에 해당하는 개인정보
이용목적	양육비 이행확보 지원, 양육비 지원 정책자료 활용
보유 및 이용기간	피신청인의 양육비 이행확보 지원 신청 취하시 취하 시점 또는 피신청인의 양육비 지급의무 소멸시까지
동의거부 관리 및 불이익 내용	양육비 이행확보 및 한시적 양육비 긴급지원 제한

* 본인은 상기 내용을 확인하였으며 위와 같이 제3자 정보 제공 및 취급에 동의합니다.
　　동의함 ☐　　동의하지 않음 ☐

6. 행정정보 공동이용 동의

　* 본인은 본 사건의 처리와 관련하여 「전자정부법」제36조 제1항에 따른 행정정보의
공동이용을 통하여 제출서류를 확인하는 것에 동의합니다. 동의함 ☐ 동의하지 않음 ☐

7. 사례제공 동의

　　* 본인은 양육비 이행서비스의 홍보 및 개선·발전 등 기타 이에 부합하는
한국건강가정진흥원(양육비이행관리원)의 사업목적을 위한 사례의 수집·이용에 동의합니다.
　　　　동의함 ☐ 동의하지 않음 ☐

8. 본인은 본 동의서 내용과 개인정보 수집·처리 및 제3자 제공에 관한 본인의
권리에 대하여 이해하고 서명합니다.

　　　　　　성명(주민번호) :　　　　　　　　(서명)

　　　　　　　20　.　　.　　.

한국건강가정진흥원(양육비이행관리원) 이사장 귀하

7. 새로운 양육비이행 확보수단

가. 새로운 양육비이행확보수단 도입배경

양육비이행관리원 출범 이후 양육비 이행 규모는 점차 증가하는 추세이지만, 양육비이행관리원을 이용한 경우에도 양육비 이행률은 낮은 것이 현실인바, 고의적으로 양육비를 지급하지 않는 양육비 채무자에 대해 출국금지, 명단공개, 형사처벌을 통하여 양육비 이행의 실효성을 제고할 필요성이 있다.

이에 「가사소송법」 제68조 제1항 제1호(금전의 정기적 지급을 명령받은 사람이 3기 이상 그 의무를 이행하지 아니한 경우) 또는 제3호(양육비의 일시금 지급명령을 받은 사람이 30일 이내에 그 의무를 이행하지 아니한 경우)에 따른 감치명령 결정을 받았음에도 불구하고 양육비 채무를 이행하지 아니한 양육비 채무자에 대한 출국금지 및 명단 공개 근거와 감치명령 결정을 받은 날부터 1년 이내에 양육비 채무를 이행하지 아니한 경우 처벌할 수 있는 근거를 마련함으로써 양육비 이행의 실효성을 제고하려는 것이다.

가사소송법 제68조(특별한 의무 불이행에 대한 제재)

① 제63조의3제4항 또는 제64조의 명령을 받은 사람이 다음 각 호의 어느 하나에 해당하면 가정법원은 권리자의 신청에 의하여 결정으로 30일의 범위에서 그 의무를 이행할 때까지 의무자에 대한 감치를 명할 수 있다.

1. 금전의 정기적 지급을 명령받은 사람이 정당한 이유 없이 3기(期) 이상 그 의무를 이행하지 아니한 경우
2. 유아의 인도를 명령받은 사람이 제67조제1항에 따른 제재를 받고도 30일 이내에 정당한 이유 없이 그 의무를 이행하지 아니한 경우
3. 양육비의 일시금 지급명령을 받은 사람이 30일 이내에 정당한 사유 없이 그 의무를 이행하지 아니한 경우

② 제1항의 결정에 대하여는 즉시항고를 할 수 있다.

나. 운전면허 정지처분 요청

양육비 이행확보 및 지원에 관한 법률 제21조의3(운전면허 정지처분 요청)

① 여성가족부장관은 양육비 채무자가 양육비 채무 불이행으로 인하여 「가사소송법」 제68조제1항제1호·제3호에 따른 감치명령 결정을 받았음에도 불구하고 양육비 채무를 이행하지 않는 경우에는 위원회의 심의·의결을 거쳐 지방경찰청장(지방경찰청장으로부터 운전면허 정지처분에 관한 권한을 위임받은 자를 포함한다. 이하 이 조에서 같다)에게 해당 양육비 채무자의 운전면허(양육비 채무자가 지방경찰청장으로부터 받은 모든 범위의 운전면허를 포함한다.

이하 이 조에서 같다)의 효력을 정지시킬 것(이하 이 조에서 "운전면허 정지처분"이라 한다)을 요청할 수 있다. 다만, 양육비 채무자가 해당 운전면허를 직접적인 생계유지 목적으로 사용하고 있어 운전면허의 효력을 정지하게 되면 양육비 채무자의 생계유지가 곤란할 것으로 인정되는 경우에는 그러하지 아니하다.

② 제1항에 따른 여성가족부장관의 요청을 받은 지방경찰청장은 정당한 사유가 없으면 이에 협조하여야 한다.

③ 여성가족부장관은 제1항 본문에 따라 운전면허 정지처분 요청을 한 후 해당 양육비 채무자가 양육비를 전부 이행한 때에는 지체 없이 운전면허 정지처분 요청을 철회하여야 한다.

④ 제1항부터 제3항까지에서 규정한 사항 외에 운전면허 정지처분 요청 등에 필요한 사항은 대통령령으로 정한다.

(1) 운전면허 정지처분 요청 - 여성가족부장관

(가) 원칙

여성가족부장관은 양육비 채무자가 양육비 채무 불이행으로 인하여 「가사소송법」 제68조제1항 제1호·제3호에 따른 감치명령 결정을 받았음에도 불구하고 양육비 채무를 이행하지 않는 경우에는 위원회의 심의·의결을 거쳐 지방경찰청장(지방경찰청장으로부터 운전면허 정지처분에 관한 권한을 위임받은 자를 포함한다)에게 해당 양육비 채무자의 운전면허(양육비 채무자가 지방경찰청장으로부터 받은 모든 범위의 운전면허를 포함한다. 이하 이 조에서 같다)의 효력을 정지시킬 것(이하 이 조에서 "운전면허 정지처분"이라 한다)을 요청할 수 있다.

(나) 예외

다만, 양육비 채무자가 해당 운전면허를 직접적인 생계유지 목적으로 사용하고 있어 운전면허의 효력을 정지하게 되면 양육비 채무자의 생계유지가 곤란할 것으로 인정되는 경우에는 그러하지 아니하다(양육비 이행확보 및 지원에 관한 법률 제21조의3).

(2) 지방경찰청장의 협조의무

여성가족부장관의 요청을 받은 지방경찰청장은 정당한 사유가 없으면 이에 협조하여야 한다.

(3) 운전면허 정지처분 철회요청

여성가족부장관은 운전면허 정지처분 요청을 한 후 해당 양육비 채무자가 양육비를 전부 이행한 때에는 지체 없이 운전면허 정지처분 요청을 철회하여야 한다.

(4) 운전면허 정지 또는 철회요청시 제출서류

여성가족부장관이 법 제21조의3 제1항에 따라 운전면허 정지처분을 요청하거나 그 요청을 철회하는 경우에는 운전면허 정지처분 등 요청서에 법원의 감치명령 결정에 관한 서류를 첨부하여 경찰서장에게 제출해야 한다(같은 법 시행규칙 제9조의4).

■ 양육비 이행확보 및 지원에 관한 법률 시행규칙 [별지 제7호서식] 〈신설 2021. 6. 10.〉

여 성 가 족 부

수신자　○○**경찰서장**

(경유)

제 목　　　**운전면허 정지처분 등 요청서**

「양육비 이행확보 및 지원에 관한 법률」 제21조의3 및 같은 법 시행규칙 제9조의4에 따라 아래와 같이 요청합니다.

요청항목	[ ] 운전면허 정지처분(1년 이내)　　[ ] 운전면허 정지처분 철회			
대상자	성명		주민등록번호	
	주소		전화번호	
요청(철회)사유	※ 양육비 의무 위반금액의 불이행 또는 전부 이행 기재			

붙임 : 법원의 감치명령 결정에 관한 서류 1부. 끝.

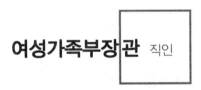

기안자 직위(직급) 서명　　　　검토자 직위(직급) 서명　　　　결재권자 직위(직급) 서명

협조자

시행　　　처리과명-연도별 일련번호(시행일)　접수　　　처리과명-연도별 일련번호(접수일)

우　　　　도로명주소　　　　　　　　　　/ 홈페이지 주소

전화번호( )　　　　팩스번호( )　　　　　/ 공무원의 전자우편주소　　　/공개구분

210mm×297mm[백상지(80g/㎡) 또는 중질지(80g/㎡)]

다. 출국금지 요청 등

> **양육비 이행확보 및 지원에 관한 법률 제21조의4(출국금지 요청 등)**
> ① 여성가족부장관은 양육비 채무 불이행으로 인하여 「가사소송법」 제68조제1항제1호 또는 제3호에 따른 감치명령 결정을 받았음에도 불구하고 양육비 채무를 이행하지 아니하는 양육비 채무자 중 대통령령으로 정하는 사람에 대하여 위원회의 심의·의결을 거쳐 법무부장관에게 「출입국관리법」 제4조제3항에 따라 출국금지를 요청할 수 있다.
> ② 법무부장관은 제1항에 따른 출국금지 요청에 따라 출국금지를 한 경우에는 여성가족부장관에게 그 결과를 정보통신망 등을 통하여 통보하여야 한다.
> ③ 여성가족부장관은 양육비 채무의 이행, 양육비 채무자의 재산에 대한 강제집행 등으로 출국금지 사유가 해소된 경우에는 즉시 법무부장관에게 출국금지의 해제를 요청하여야 한다.
> ④ 제1항부터 제3항까지에서 규정한 사항 외에 출국금지 요청 등에 필요한 사항은 대통령령으로 정한다.

(1) 출국금지 요청 – 여성가족부장관

여성가족부장관은 양육비 채무 불이행으로 인하여 「가사소송법」 제68조제1항제1호 또는 제3호에 따른 감치명령 결정을 받았음에도 불구하고 양육비 채무를 이행하지 아니하는 양육비 채무자 중 대통령령으로 정하는 사람에 대하여 위원회의 심의·의결을 거쳐 법무부장관에게 「출입국관리법」 제4조제3항에 따라 출국금지를 요청할 수 있다(양육비 이행확보 및 지원에 관한 법률 제21조의4).

(2) 출금금지 등 결과 통보 – 법무부장관

법무부장관은 출국금지 요청에 따라 출국금지를 한 경우에는 여성가족부장관에게 그 결과를 정보통신망 등을 통하여 통보하여야 한다.

(3) 츨국해제 요청 및 사유

여성가족부장관은 양육비 채무의 이행, 양육비 채무자의 재산에 대한 강제집행 등으로 출국금지 사유가 해소된 경우에는 즉시 법무부장관에게 출국금지의 해제를 요청하여야 한다.

라. 명단공개

양육비 이행확보 및 지원에 관한 법률 제21조의5(명단 공개)

① 여성가족부장관은 양육비 채무자가 양육비 채무 불이행으로 인하여「가사소송법」제68조 제1항제1호 또는 제3호에 따른 감치명령 결정을 받았음에도 불구하고 양육비 채무를 이행하지 아니하는 경우에는 양육비 채권자의 신청에 의하여 위원회의 심의·의결을 거쳐 다음 각 호의 정보를 공개할 수 있다. 다만, 양육비 채무자의 사망 등 대통령령으로 정하는 사유가 있는 경우에는 그러하지 아니하다.

1. 양육비 채무자의 성명, 나이 및 직업
2. 양육비 채무자의 주소 또는 근무지(「도로명주소법」제2조제5호의 도로명 및 같은 조 제7호의 건물번호까지로 한다)
3. 양육비 채무 불이행기간 및 양육비 채무액

② 여성가족부장관은 제1항에 따라 명단 공개를 할 경우 양육비 채무자에게 3개월 이상의 기간을 정하여 소명 기회를 주어야 한다.

③ 제1항에 따른 공개는 여성가족부 또는 양육비이행관리원의 인터넷 홈페이지에 게시하는 방법이나「언론중재 및 피해구제 등에 관한 법률」제2조제1호에 따른 언론이 요청하는 경우 제1항 각 호의 정보를 제공하는 방법으로 한다.

④ 제1항부터 제3항까지의 규정에 따른 명단 공개 등에 필요한 사항은 대통령령으로 정한다.

---

(1) 명단공개

(가) 원칙

여성가족부장관은 양육비 채무자가 양육비 채무 불이행으로 인하여「가사소송법」제68조제1항 제1호 또는 제3호에 따른 감치명령 결정을 받았음에도 불구하고 양육비 채무를 이행하지 아니하는 경우에는 양육비 채권자의 신청에 의하여 위원회의 심의·의결을 거쳐 다음의 정보를 공개할 수 있다.

1) 양육비 채무자의 성명, 나이 및 직업
2) 양육비 채무자의 주소 또는 근무지(「도로명주소법」제2조 제5호의 도로명 및 같은 조 제7호의 건물번호까지로 한다)
3) 양육비 채무 불이행기간 및 양육비 채무액

(나) 예외

다만, 양육비 채무자의 사망 등 대통령령으로 정하는 사유가 있는 경우에는 그러하지 아니하다(양육비 이행확보 및 지원에 관한 법률 제21조의5).

(2) 채무자에 대한 소명기회 부여

여성가족부장관은 명단 공개를 할 경우 양육비 채무자에게 3개월 이상의 기간을 정하여 소명 기회를 주어야 한다.

(3) 명단공개 방법

명단공개는 여성가족부 또는 양육비이행관리원의 인터넷 홈페이지에 게시하는 방법이나 「언론중 재 및 피해구제 등에 관한 법률」 제2조 제1호에 따른 언론(방송, 신문, 잡지 등 정기간행물, 뉴스통신 및 인터넷신문을 말한다.)이 요청하는 경우 제1항 각 호의 정보를 제공하는 방법으로 한다.

(4) 명단공개 첨부서류

명단 공개를 신청하려는 사람은 명단 공개 신청서에 법원의 감치명령 결정에 관한 서류를 첨부하여 여성가족부장관에게 제출해야 한다(같은 법 시행령 제9조의5).

■ 양육비 이행확보 및 지원에 관한 법률 시행규칙 [별지 제8호서식] 〈신설 2021. 6. 10.〉

명단 공개 신청서

※ 색상이 어두운 칸은 신청인이 적지 아니하며, [ ]에는 해당되는 곳에 √표를 합니다.

접수번호			접수일자	

신청인	성명	생년월일	피신청인과의 관계 이혼 [ ] 비혼 [ ]	
	연락처		전자우편 주소	
	주소			

피신청인	성명	생년월일	직업	
	연락처		전자우편 주소	
	자택 주소 또는 근무지 주소			
	양육비 채무 불이행 기간		양육비 채무금액	

「양육비 이행확보 및 지원에 관한 법률」제21조의5제1항 및 같은 법 시행규칙 제9조의5에 따라 위와 같이 명단 공개를 신청합니다.

년   월   일

신청인   (서명 또는 인)

여성가족부장관 귀하

첨부서류	법원의 감치명령 결정에 관한 서류	수수료 없음

210mm×297mm[백상지(80g/㎡) 또는 중질지(80g/㎡)]

마. 형사처벌

「가사소송법」 제68조제1항 제1호 또는 제3호에 따른 감치명령 결정을 받았음에도 불구하고 정당한 사유 없이 감치명령 결정을 받은 날부터 1년 이내에 양육비 채무를 이행하지 아니한 사람은 1년 이하의 징역 또는 1천 만원 이하의 벌금에 처해질 수 있다. 다만, 피해자의 명시한 의사에 반하여 공소를 제기할 수 없다.

1. 압 류

> **민사집행법 제227조(금전채권의 압류)** ① 금전채권을 압류할 때에는 법원은 제3채무자에게 채무자에 대한 지급을 금지하고 채무자에게 채권의 처분과 영수를 금지하여야 한다.
> ② 압류명령은 제3채무자와 채무자에게 송달하여야 한다.
> ③ 압류명령이 제3채무자에게 송달되면 압류의 효력이 생긴다.
> ④ 압류명령의 신청에 관한 재판에 대하여는 즉시항고를 할 수 있다.
>
> **제228조(저당권이 있는 채권의 압류)** ① 저당권이 있는 채권을 압류할 경우 채권자는 채권압류사실을 등기부에 기입하여 줄 것을 법원사무관 등에게 신청할 수 있다. 이 신청은 채무자의 승낙 없이 법원에 대한 압류명령의 신청과 함께 할 수 있다.
> ② 법원사무관 등은 의무를 지는 부동산 소유자에게 압류명령이 송달된 뒤에 제1항의 신청에 따른 등기를 촉탁하여야 한다.

가. 의 의

압류란 국가권력으로 특정의 물건 또는 권리에 대하여 사인의 사실상의 처분(소비 등) 또는 법률상의 처분(양도 등)을 금지하는 행위를 말한다. 금전채권에 관하여 강제집행의 제1단계로서 집행기관이 먼저 채무자의 재산(물건 또는 권리)의 사실상 또는 법률상의 처분을 금지하고 이를 확보하는 강제행위(압류)를 하고, 다시 2단계로 채권자의 신청에 의해 추심명령 또는 전부명령을 발령하여 현금화 한다.

나. 피압류 적격

1) 독립된 재산권일 것

그 자체가 처분할 수 있는 독립된 재산이어야 한다. 미발생의 이자채권 또는 추심권능 등은 집행의 대상이 될 수 없다.

2) 현금화가 가능한 재산권일 것

현금화가 불가능한 재산(수도·전기를 공급받을 권리)은 집행의 대상이 될 수 없다.

3) 대한민국의 재판권이 미치는 재산권일 것

등기·등록할 권리는 한국에서 할 수 있는 권리이어야 하고, 제3채무자가 한국의 재판권에 복종하는 자이어야 한다.

4) 양도할 수 있는 재산권일 것

양도성이 없는 권리는 현금화 할 수 없으므로 집행의 대상이 되지 못한다. 다만 유체물의 인도 또는 권리이전의 청구권이나 그 밖의 재산권의 경우 그 재산권 자체의 현금화에 의하여 채권자가 직접적으로 만족을 얻게 되거나 제3채무자로부터 인도된 물건 또는 권리의 현금화에 의하여 간접적으로 만족을 얻게 된다.

5) 법률상 압류가 금지된 권리가 아닐 것

압류가 금지된 채권에 대한 압류명령은 강행법규에 위반되어 무효라 할 것이고, 제3채무자는 압류채권자의 전부금 청구나 추심금 청구에 대하여 위와 같은 실체법상의 무효를 들어 항변할 수 있다.

법원은 당사자가 이를 신청하면 채권자와 채무자의 생활형편, 그 밖의 사정을 고려하여 압류명령의 전부 또는 일부를 취소하거나 압류금지채권에 대하여 압류명령을 할 수 있다 (민집 제246조 제3항[145])

압류금지채권은 민사집행법상의 압류금지채권과 특별법상의 압류금지채권이 있는바 이를 정리하면 아래와 같다.

가) 민사집행법상 압류금지채권(민집법 제246조 제1항)

---

145) 민사집행법 제246조(압류금지채권) ① 다음 각호의 채권은 압류하지 못한다.
1. 법령에 규정된 부양료 및 유족부조료
2. 채무자가 구호사업이나 제3자의 도움으로 계속 받는 수입
3. 병사의 급료
4. 급료·연금·봉급·상여금·퇴직연금, 그 밖에 이와 비슷한 성질을 가진 급여채권의 2분의 1에 해당하는 금액. 다만, 그 금액이 국민기초생활보장법에 의한 최저생계비를 감안하여 대통령령이 정하는 금액에 미치지 못하는 경우 또는 표준적인 가구의 생계비를 감안하여 대통령령이 정하는 금액을 초과하는 경우에는 각각 당해 대통령령이 정하는 금액으로 한다.
5. 퇴직금 그 밖에 이와 비슷한 성질을 가진 급여채권의 2분의 1에 해당하는 금액
6. 「주택임대차보호법」 제8조, 같은 법 시행령의 규정에 따라 우선변제를 받을 수 있는 금액
7. 생명, 상해, 질병, 사고 등을 원인으로 채무자가 지급받는 보장성보험의 보험금(해약환급 및 만기환급금을 포함한다). 다만, 압류금지의 범위는 생계유지, 치료 및 장애 회복에 소요될 것으로 예상되는 비용 등을 고려하여 대통령령으로 정한다.
8. 채무자의 1월간 생계유지에 필요한 예금(적금·부금·예탁금과 우편대체를 포함한다). 다만, 그 금액은 「국민기초생활 보장법」에 따른 최저생계비, 제195조제3호에서 정한 금액 등을 고려하여 대통령령으로 정한다.
② 법원은 제1항 제1호부터 제7호까지에 규정된 종류의 금원이 금융기관에 개설된 채무자의 계좌에 이체되는 경우 채무자의 신청에 따라 그에 해당하는 부분의 압류명령을 취소하여야 한다.
③ 법원은 당사자가 신청하면 채권자와 채무자의 생활형편, 그 밖의 사정을 고려하여 압류명령의 전부 또는 일부를 취소하거나 제1항의 압류금지채권에 대하여 압류명령을 할 수 있다. 〈개정 2011.4.5〉

① 법령에 규정된 부양료 및 유족부조료(遺族扶助料)

② 채무자가 구호사업이나 제3자의 도움으로 계속 받는 수입

③ 병사의 급료

④ 급료·연금·봉급·상여금·퇴직연금, 그 밖에 이와 비슷한 성질을 가진 급여채권의 2분의 1에 해당하는 금액. 다만, 그 금액이 국민기초생활보장법에 의한 최저생계비를 감안하여 대통령령이 정하는 금액에 미치지 못하는 경우 또는 표준적인 가구의 생계비를 감안하여 대통령령이 정하는 금액을 초과하는 경우에는 각각 당해 대통령령이 정하는 금액으로 한다.

⑤ 퇴직금 그 밖에 이와 비슷한 성질을 가진 급여채권의 2분의 1에 해당하는 금액

⑥ 「주택임대차보호법」 제8조, 같은 법 시행령의 규정에 따라 우선변제를 받을 수 있는 금액

⑦ 생명, 상해, 질병, 사고 등을 원인으로 채무자가 지급받는 보장성보험의 보험금(해약환급 및 만기환급금을 포함한다). 다만, 압류금지의 범위는 생계유지, 치료 및 장애회복에 소요될 것으로 예상되는 비용 등을 고려하여 대통령령으로 정한다.

⑧ 채무자의 1월간 생계유지에 필요한 예금(적금·부금·예탁금과 우편대체를 포함한다). 다만, 그 금액은 「국민기초생활 보장법」에 따른 최저생계비, 제195조제3호에서 정한 금액 등을 고려하여 대통령령으로 정한다.

법원은 민사집행법 제246조 제1항 제1호부터 제7호까지에 규정된 종류의 금원이 금융기관에 개설된 채무자의 계좌에 이체되는 경우 채무자의 신청에 따라 그에 해당하는 부분의 압류명령을 취소하여야 한다. 또한 법원은 당사자가 신청하면 채권자와 채무자의 생활형편, 그 밖의 사정을 고려하여 압류명령의 전부 또는 일부를 취소하거나 제1항의 압류금지채권에 대하여 압류명령을 할 수 있다. 단 민사집행법 제246조 제1항의 제7호·제8호 및 같은 조 제2항의 개정규정은 2011. 7. 6. 부터 최초로 접수된 압류명령 신청 및 취소사건부터 적용한다.

민사집행법 시행령상의 압류금지범위 (민사집행법 시행령 제2조 ~ 제7조)	
압류금지 생계비 (시행령 제2조)	민사집행법(이하 "법"이라 한다) 제195조 제3호에서 "대통령령이 정하는 액수의 금전"이란 150만 원을 말한다. 다만, 법 제246조 제1항 제8호에 따라 압류하지 못한 예금(적금·부금·예탁금과 우편대체를 포함하며, 이하 "예금 등"이라 한다)이 있으면 150만 원에서 그 예금 등의 금액을 뺀 금액으로 한다.
압류금지 최저금액 (시행령 제3조)	법 제246조 제1항 제4호 단서에서 "「국민기초생활 보장법」에 의한 최저생계비를 감안하여 대통령령이 정하는 금액"이란 월 150만 원을 말한다.

압류금지 최고금액 (시행령 제4조)	법 제246조 제1항 제4호 단서에서 "표준적인 가구의 생계비를 감안하여 대통령령이 정하는 금액"이란 제1호에 규정된 금액 이상으로서 제1호와 제2호의 금액을 합산한 금액을 말한다. 　1. 월 300만 원 　2. 법 제246조 제1항 제4호 본문에 따른 압류금지금액(월액으로 계산한 금액을 말한다)에서 제1호의 금액을 뺀 금액의 2분의 1
급여채권이 중복되거나 여러 종류인 경우의 계산방법(제5조)	제3조 및 제4조의 금액을 계산할 때 채무자가 다수의 직장으로부터 급여를 받거나 여러 종류의 급여를 받는 경우에는 이를 합산한 금액을 급여채권으로 한다.
압류금지 보장성 보험금 등의 범위 (시행령 제6조)	① 법 제246조 제1항 제7호에 따라 다음 각 호에 해당하는 보장성보험의 보험금, 해약환급금 및 만기환급금에 관한 채권은 압류하지 못한다. 　1. 사망보험금 중 1천만 원 이하의 보험금 　2. 상해 · 질병 · 사고 등을 원인으로 채무자가 지급받는 보장성보험의 보험금 중 다음 각 목에 해당하는 보험금 　가. 진료비, 치료비, 수술비, 입원비, 약제비 등 치료 및 장애 회복을 위하여 실제 지출되는 비용을 보장하기 위한 보험금 　나. 치료 및 장애 회복을 위한 보험금 중 가목에 해당하는 보험금을 제외한 보험금의 2분의 1에 해당하는 금액 　3. 보장성보험의 해약환급금 중 다음 각 목에 해당하는 환급금 　가. 민법 제404조에 따라 채권자가 채무자의 보험계약 해지권을 대위행사하거나 추심명령(推尋命令) 또는 전부명령(轉付命令)을 받은 채권자가 해지권을 행사하여 발생하는 해약환급금 　나. 가목에서 규정한 해지사유 외의 사유로 발생하는 해약환급금 중 150만 원 이하의 금액 　4. 보장성보험의 만기환급금 중 150만 원 이하의 금액 ② 채무자가 보장성보험의 보험금, 해약환급금 또는 만기환급금 채권을 취득하는 보험계약이 둘 이상인 경우에는 다음 각 호의 구분에 　따라 제1항 각 호의 금액을 계산한다. 　1. 제1항 제1호, 제3호 나목 및 제4호: 해당하는 보험계약별 사망보험금, 해약환급금, 만기환급금을 각각 합산한 금액에 대하여 해당 압류금지채권의 상한을 계산한다. 　2. 제1항 제2호 나목 및 제3호 가목: 보험계약별로 계산한다.
압류금지 예금 등의 범위(시행령 제7조)	법 제246조 제1항 제8호에 따라 압류하지 못하는 예금 등의 금액은 개인별 잔액이 150만 원 이하인 예금 등으로 한다. 다만, 법 제195조 제3호에 따라 압류하지 못한 금전이 있으면 150만 원에서 그 금액을 뺀 금액으로 한다.

※ 위 규정은 2011. 7. 6.부터 시행한다.
※ 제2조, 제3조의 규정은 이 령 시행 후 최초로 접수되는 압류명령 신청사건부터
　적용한다.

2. 특별법상의 압류금지채권

　ㅇ 공무원연금법에 의하여 급여를 받을 권리(공무원연금법 제32조)

　ㅇ 군인연금법에 의하여 급여를 받을 권리(군인연금법 제7조)

　ㅇ 고용보험법에 의하여 실업급여를 받을 권리(고용보험법 제38조)

o 국가유공자 등 예우 및 지원에 관한 법률에 의하여 지급받는 보상금 (국가유공자 등 예우 및 지원에 관한 법률 제19조)
o 사립학교교직원연금법에 의하여 급여를 받을 권리 (사립학교교직원연금법 제40조)
o 국민연금법상의 각종 급여를 받을 권리(국민연금법 제58조)
o 근로기준법에 의하여 지급 받게 될 보상청구권(근로기준법 제86조)
o 산업재해보상보험법상의 보험급여를 받을 권리
  (산업재해보상보험법 제88조)
o 자동차손해배상보장법에 의한 피해자의 보험회사에 대한 보험금청구권, 피해자의 보상청구권 또는 가불금청구권(자동차손해배상보장법 제40조)
o 국민기초생활보장법상의 수급품을 받을 권리
  (국민기초생활보장법 제35조)
o 국민건강보험법상의 보험급여를 받을 권리(국민건강보험법 제59조)
o 선원법상의 재해보상 등을 받을 권리(선원법 제152조)
o 형사보상 및 명예회복에 관한 법률 의한 보상청구권(형사보상 및 명예회복에 관한 법률 제23조)
o 국가배상법에 의하여 생명·신체의 침해로 인한 국가배상을 받을 권리(국가배상법 제4조) 다만, 피해자를 치료한 의료인이 같은 피해자에 대한 치료비청구권을 보전하기 위하여 피해자의 국가에 대한 국가배상(치료비)청구권을 압류하거나 대위행사 하는 것은 국가배상법 제4조에 위반되지 아니함(대법원 1981. 6. 23. 선고 80다1351 판결).
o 한부모가족지원법에 의하여 금품을 받을 권리(한부모가족지원법 제27조)
o 범죄피해자보호법상의 구조금의 지급을 받을 권리(범죄피해자보호법 제32조)
o 화물자동차운수사업법에 의한 보조금(화물자동차운수사업법 제58조)
o 장애인연금법에 의하여 지급되는 금품 등(장애인연금법 제19조)
o 우편법에 의하여 우편에 공하는 전용물건(우편법 제7조)
o 국세징수법에 의한 압류금지 재산(국세징수법 제31조)
o 부도공공건설임대주택 임차인 보호를 위한 특별법 의한 임대보증금(부도공공건설임대주택 임차인 보호를 위한 특별법 제14조)
o 사회복지사업법에 의하여 지급되는 금품(사회복지사업 제48조)
o 아동복지법에 의하여 지급되는 금품(아동복지법 제64조)

다. 압류절차

1) 압류명령의 신청

금전채권에 대한 강제집행은 채권자의 서면에 의한 압류명령 신청에 따라 개시된다. 압류명령과 추심명령, 전부명령 또는 특별현금화명령의 신청은 병합하여 함께 할 수 있다. 이 때에는 각각 독립된 사건으로 취급하여 4,000원의 인지를 붙인다.

이러한 압류명령신청에는 ① 신청의 취지, ② 채권자·채무자·제3채무자와 그 대리인의 표시, ③ 집행채권의 표시, ④ 집행권원의 표시, ⑤ 압류할 채권의 종류와 액수, ⑥ 집행권원에 표시된 청구권의 일부에 관해서만 압류명령을 신청하거나 목적채권의 일부에 대하여만 압류명령을 신청하는 때에는 그 범위, ⑦ 신청의 이유 등을 명시하여야 한다(민집규 제159조).

2) 관할법원

채권압류명령의 집행법원은 채무자의 보통재판적이 있는 곳의 지방법원으로 한다. 위 지방법원이 없는 경우 집행법원은 압류한 채권의 채무자(제3채무자를 말한다)의 보통재판적이 있는 곳의 지방법원으로 한다. 다만, 이 경우에 물건의 인도를 목적으로 하는 채권과 물적 담보권 있는 채권에 대한 집행법원은 그 물건이 있는 곳의 지방법원으로 한다. 가압류에서 이전되는 채권압류의 경우의 집행법원은 가압류를 명한 법원이 있는 곳을 관할하는 지방법원으로 한다(민집 제224조[146]).

3) 압류명령

채권압류명령의 신청이 접수되면 집행법원은 신청서와 첨부서류만을 토대로 한 서면심사를 통하여 신청의 적식 여부, 관할권의 존부, 집행력 있는 정본의 유무와 그 송달여부, 집행개시요건의 존부, 집행장애의 존부, 목적채권의 피압류적격 여부, 남을 것이 없는 압류인지 여부 등에 관하여 조사한 후 흠이 있는 경우에 보정할 수 없는 것이면 즉시 신청을 기각하고, 보정이 가능한 것이면 보정을 명하여 이에 불응하면 신청을 기각한다.

4) 송달

압류명령은 제3채무자와 채무자에게 송달하여야 한다(민집 제227조 제2항). 제3채무자가 있는 곳을 알 수 없어 송달불능이 된 경우 실무에서는 우선 신청채권자에게 주소보정을 명하고 신청채권자가 주소보정에 따르지 않는 경우에는 압류명령을 취소하고 신청을 각하하고 있다.

---

146) 민사집행법 제224조(집행법원) ① 제223조의 집행법원은 채무자의 보통재판적이 있는 곳의 지방법원으로 한다.
② 제1항의 지방법원이 없는 경우 집행법원은 압류한 채권의 채무자(이하 "제3채무자"라 한다)의 보통재판적이 있는 곳의 지방법원으로 한다. 다만, 이 경우에 물건의 인도를 목적으로 하는 채권과 물적 담보권 있는 채권에 대한 집행법원은 그 물건이 있는 곳의 지방법원으로 한다.
③ 가압류에서 이전되는 채권압류의 경우에 제223조의 집행법원은 가압류를 명한 법원이 있는 곳을 관할하는 지방법원으로 한다.

5) 제3채무자의 진술의무

압류채권자는 제3채무자로 하여금 압류명령을 송달받은 날부터 1주 이내에 서면으로 ① 채권을 인정하는지의 여부 및 인정한다면 그 한도, ② 채권에 대하여 지급할 의사가 있는지의 여부 및 의사가 있다면 그 한도(압류채권자에 대한 지급의사가 아니라 채무자에 대한 지급의사를 말한다. 채무자에 대하여 항변사유가 있을 때에는 이를 진술한다), ③ 채권에 대하여 다른 사람으로부터 청구가 있는지의 여부 및 청구가 있다면 그 종류(피압류채권에 대하여 압류채권자보다 우선하는 권리자 또는 채권양수인이라고 주장하는 자가 제3채무자에게 청구하는 경우를 말한다), ④ 다른 채권자에게 채권을 압류당한 사실이 있는지의 여부 및 그 사실이 있다면 그 청구의 종류(에 대하여 진술하게 하도록 법원에 신청할 수 있다(민집 제237조 제[147]1항).

라. 압류의 효력

압류명령이 제3채무자에게 송달되면 압류의 효력이 생긴다(민집 227조 3항). 저당권부 채권을 압류한 경우 저당권에 대한 압류의 효력은 제3채무자에게 송달된 때에 발생하지만 이를 공시하기 위해서는 등기부상 채권압류의 등기가 되어야 한다.

마. 재판에 의한 압류금지의 확장·축소

압류금지채권의 목적물이 채무자의 예금계좌에 입금된 경우에는 그 예금채권에 대하여 더 이상 압류금지의 효력이 미치지 아니하므로, 이 사건 예금은 압류금지채권에 해당하지 아니한다[148]. 이와 같은 경우에도 원래의 압류금지의 취지는 참작되어야 할 것이므로 민사집행법 제246조 제2항이 정하는 바에 따라 집행법원이 채무자의 신청에 의하여 채무자와 채권자의 생활 상황 기타의 사정을 고려하여 압류명령의 전부 또는 일부를 취소할 수 있다[149].

법원은 당사자가 신청하면 채권자와 채무자의 생활형편, 그 밖의 사정을 고려하여 압류명령의 전부 또는 일부를 취소하거나 압류금지채권에 대하여 압류명령을 할 수 있다. 압

---

147) 민사집행법 제237조(제3채무자의 진술의무) ① 압류채권자는 제3채무자로 하여금 압류명령을 송달받은 날부터 1주 이내에 서면으로 다음 각호의 사항을 진술하게 하도록 법원에 신청할 수 있다.
   1. 채권을 인정하는지의 여부 및 인정한다면 그 한도
   2. 채권에 대하여 지급할 의사가 있는지의 여부 및 의사가 있다면 그 한도
   3. 채권에 대하여 다른 사람으로부터 청구가 있는지의 여부 및 청구가 있다면 그 종류
   4. 다른 채권자에게 채권을 압류당한 사실이 있는지의 여부 및 그 사실이 있다면 그 청구의 종류
   ② 법원은 제1항의 진술을 명하는 서면을 제3채무자에게 송달하여야 한다.
   ③ 제3채무자가 진술을 게을리 한 때에는 법원은 제3채무자에게 제1항의 사항을 심문할 수 있다.
148) 대법원 1996. 12. 24. 96마1302, 1303 결정
149) 대법원 1999. 10. 6. 99마4857 결정

류금지의 확장·축소 결정 후 그 이유가 소멸되거나 사정이 바뀐 때에는 법원은 직권으로 또는 당사자의 신청에 따라 그 결정을 취소하거나 바꿀 수 있다(민집 제246조). 법원이 고려하여야 할 채권자와 채무자의 생활형편이란 채권자가 채무자로부터 그 채권을 변제받지 못함으로써 받고 있는 경제적 곤궁의 정도와 채무자의 경제적 곤궁의 정도를 말한다. 그 밖의 사정이란 압류명령을 취소하거나 압류금지물에 대하여 압류명령을 함으로써 채권자 또는 채무자가 받게 되는 경제적 영향과 채무자가 채무를 성실히 이행할 의사가 있는지 여부 및 이러한 재판의 신청에 이르게 된 경위나 동기 등을 의미한다150).

바. 압류명령의 신청에 관한 재판에 대한 불복

압류명령의 신청에 관한 재판에 대하여는 즉시항고를 할 수 있다(민집 227조). 제3채무자는 압류명령에 대하여 즉시항고를 제기하지 않더라도 압류채권자가 제기한 추심금 또는 전부금청구소송에서 이러한 사유를 주장하여도 무방하나 즉시항고라는 간이한 절차에 의하여 자기의 법적 지위의 불안정을 면할 수도 있다. 그러나 집행채권의 부존재나 압류된 채권의 부존재와 같은 실체상의 이유는 압류명령에 대한 항고사유가 되지 못한다.

---

150) 법원실무제요 민사집행법III

사. 서식

[서식] 압류금지채권의 축소신청서

압류금지채권의 축소신청서

신청인(채권자)   ○ ○ ○(주민등록번호)
                     ○○시 ○○구 ○○길 ○○(우편번호)
                     전화·휴대폰번호:
                     팩스번호, 전자우편(e-mail)주소:

피신청인(채무자)   □ □ □(주민등록번호)
                     ○○시 ○○구 ○○길 ○○(우편번호)
                     전화·휴대폰번호:
                     팩스번호, 전자우편(e-mail)주소:

제3채무자   주식회사 △△은행
                     서울 △△구 △△길 △△번지
                     대표이사 △△△

신 청 취 지

신청인이 신청한 ○○지방법원 2015타채○○○호 채권압류 및 추심명령 신청사건에 관하여 이 법원이 2015. ○○. ○○.자 결정한 채권압류 및 추심명령 결정에서 피신청인이 제3채무자에 대하여 가지는 별지 기재의 예금채권 중 민사집행법 제246조 제1항 제8호 및 같은 법 시행령 제7조에 의하여 압류가 금지되는 예금 상당액을 압류범위에서 제외한다는 부분을 취소한다. 라는 재판을 구합니다.

신 청 이 유

1. 신청인은 피신청인의 제3채무자에 대한 예금채권에 대하여 채권압류 및 추심명령을 신청하여, 귀원은 2015. ○○. ○○.자 결정에 의해 별지 기재 채권에 대하여 2015타채○○○호로 채권압류 및 추심명령을 하였습니다.

2. 그런데 위 결정에서 민사집행법 제246조 제1항 제8호 및 같은 법 시행령 제7조에 의하여 압류가 금지되는 예금에 대한 압류를 금지하였습니다.

3. 민사집행법 제246조 제1항 제8호는 채무자의 1월간 생계유지에 필요한 예금에 대한

압류를 금지함으로써 채무자의 생계를 보장하기 위한 규정인데, 별지 기재 채권은 채무자가 금융사기범들에게 자신의 예금계좌를 양도하였고, 보이스피싱에 속은 피해자인 채권자가 이체한 예금이 다시 이체된 것에 불과하므로(불기소결정서 참조), 민사집행법령 소정 채무자의 1개월간 생계유지에 필요한 예금으로 볼 수 없습니다.

4. 따라서 채권자는 민사집행법 제246조 제3항에 근거하여 이 사건 채권압류 및 추심명령의 일부 취소를 구하고자 본 신청에 이르게 되었습니다.

소 명 자 료

1. 채권압류 추심명령 결정 정본　　　　　　1부
1. 불기소결정서　　　　　　　　　　　　　1부

첨 부 서 면

1. 위 소명자료 각　　　　　　　　　　　　1부
1. 제3채무자의 법인등기사항증명서 1　　　　부

20○○.　○.　○.
신청인 ○○○ (서명 또는 날인)

○○지방법원 귀중

[별지]

(별지)

압류 및 추심할 채권의 표시

청구금액 0000000원

단, 피신청인이 제3채무자에 대하여 가지는 예금채권(기 적립된 예금과 그 이자 및 장래 입금될 예금 포함. 다만, 채무자의 1개월간 생계유지에 필요한 예금으로 민사집행법 시행령이 정한 금액에 해당하는 경우에는 이를 제외한 나머지 금액)과 배당금, 예탁금, 신탁, 간접투자신탁상품(펀드) 등 다음 기재한 순서에 따라 위 청구금액에 이를 때까지의 금원

다　　음

1. 압류 · 가압류되지 않은 예금과 압류 · 가압류된 예금이 있는 때에는 다음 순서에 의하여 압류한다.

　가. 선행 압류 · 가압류가 되어 있지 않은 예금

　나. 선행 압류 · 가압류가 되어 있는 예금

2. 여러 종류의 예금이 있는 때에는 다음 순서에 의하여 압류한다.

가. 자유예금	나. 상호부금	다. 보통예금
라. 정기예금	마. 기업신탁	바. 당좌예금
사. 정기적금	아. 청약예금	자. 간접투자증권
차. 수익증권	카. 시엠에이(CMA)	타. 엠엠에프(MMF)

3. 같은 종류의 예금이 여러 계좌 있는 때에는 계좌번호가 빠른 것부터 압류한다. 끝.

■ 작성 · 접수방법

1. 비용은 인지 1,000원이고, 송달료는 20,400원(=당사자수 2명×5,100원×2회분)을 송달료취급은행에 납부하고 첨부하여야 한다.
2. 관할법원은 채권압류를 명한 집행법원이다.
3. 법원용 1부, 상대방 1부 합계 2부를 법원에 접수한다.

압류금지채권의 범위변경신청

신 청 인   ○ ○ ○
(채무자)   ○○시 ○○로 ○○(○○동)

피신청인   주식회사 ○○○○
(채권자)   서울 ○○구 ○○로 ○○(○○동)
               대표이사 ○○○

제3채무자   주식회사 ○○○○
               서울 ○○구 ○○로 ○○(○○동)
               대표이사 ○○○

신 청 취 지

위 당사자 사이의 ○○지방법원 2015타채○○○○ 채권압류 및 추심명령 사건에 대한 2015. ○. ○○.자 압류 및 추심명령 중 별지 목록 기재 채권에 관한 부분을 취소한다.
  라는 결정을 구합니다.

신 청 이 유

1. 압류결정의 내용
피신청인은 이 사건 예금채권을 포함한 신청인의 채권에 대하여 ○○지방법원 2015타채○○○○호로 채권압류 및 추심명령을 신청하였고, 위 법원은 2015. ○. ○○. 압류 및 추심명령 결정을 하였습니다(소갑 제1호증 채권압류 및 추심명령 결정문).

2. 신청인의 예금현황
신청인은 ○○은행 ***-****-****-** 계좌에 1,382,984원, ○○은행에 3,583원, 우체국에 0원, 합계 1,386,567원의 예금이 있습니다(소갑 제2호증 ○○은행 거래명세표, 소갑 제3호증 ○○은행 거래내역 명세서, 소갑 제4호증 우체국 금융거래명세조회).

3. 압류결정문상의 압류제한 문구에 대하여
물론 이 사건 압류결정문에는 '민사집행법 제246조 제1항 제8호 및 같은 법 시행령이 정한 예금은 압류에서 제외한다'는 문구가 있습니다. 그런데 민사집행법 제246조 제1항

제8호 및 같은 법 시행령이 정한 예금은 금융기관별 150만 원의 예금이 아니라, 채무자의 전체 예금 중 150만 원의 예금으로 해석됩니다. 그 결과 ① 제3채무자는 채무자의 다른 금융기관에 대한 예금액이 얼마인지 알 수 없어 예금지급을 할 수 없고, ② 채무자의 전체 예금액이 150만 원을 초과하는 경우에는 어느 계좌의 예금액이 압류에서 제외되는지도 불분명합니다. 그러므로 <u>위 문구는 피압류채권의 특정을 방해할 뿐입니다.</u>

4. 신청인에게 제246조 제3항에서 정한 사정이 있는지 여부
가. 민사집행법 제246조 제1항 제8호
위 3항에서 살펴보았듯이 피압류채권 목록에 부가된 '민사집행법 제246조 제1항 제8호 및 같은 법 시행령이 정한 예금은 압류에서 제외한다'는 문구는 피압류채권의 특정을 방해할 뿐입니다. 대신 민사집행법 제246조 제1항 제8호 및 같은 법 시행령은 민사집행법 제246조 제3항 소정의 '그 밖의 사정'으로 고려되어야 합니다.

나. 신청인의 소득 및 재산
신청인은 보험모집인으로 일하며 월 7만 원 내외의 급여를 받고 있고, 별다른 재산이 없습니다(소갑 제5호증 소득금액증명서, 소갑 제6호증 재산세 세목별 과세증명서, 소갑 제7호증 ○○은행 거래내역조회).

다. 신청인의 주거형태 및 가족관계
신청인은 지인 ○○○가 임차한 주택에서 무상으로 거주하고 있고, 동거가족은 없습니다(소갑 제8호증 무상거주 사실확인서, 소갑 제9호증 부동산임대차계약서, 소갑 제10호증 주민등록표등본).

라. 생활비 계좌 등의 거래내역
○○은행 ***-***-*** 계좌가 신청인의 생활비 계좌입니다. 소갑 제7호증으로 거내내역을 첨부하였습니다.
압류취소를 구하는 계좌에 관하여서는 소갑 제2호증으로 거래내역을 첨부하였습니다.

마. 소결
위와 같은 사정을 종합하면, 신청인이 별지 기재 예금을 인출하지 아니하면 생계를 유지하기 어렵다고 판단됩니다.

5. 결론
이에 신청인은 민사집행법 제246조 제3항에 따라 신청취지와 같이 압류의 일부취소를 구합니다.

소 명 방 법

1. 소갑 제1호증 　　　　　　　　채권압류 및 추심명령 결정문
1. 소갑 제2호증 　　　　　　　　OO은행 거래명세표
1. 소갑 제3호증 　　　　　　　　OO은행 거래내역 명세서
1. 소갑 제4호증 　　　　　　　　우체국 금융거래명세조회
1. 소갑 제5호증 　　　　　　　　소득금액증명서
1. 소갑 제6호증 　　　　　　　　재산세 세목별 과세증명서
1. 소갑 제7호증 　　　　　　　　OO은행 거래내역조회
1. 소갑 제8호증 　　　　　　　　무상거주 사실확인서
1. 소갑 제9호증 　　　　　　　　부동산임대차계약서
1. 소갑 제10호증 　　　　　　　　주민등록표등본

첨 부 서 류

1. 위 소명방법 　　　　　　　　　　　각 1통
1. 등기사항증명서(피신청인, 제3채무자) 　　각 1통
1. 소송위임장 　　　　　　　　　　　　1통

2015.　 9.　　 .

신청인 O O O

OO지방법원 귀중

[별지]

채권의 표시

신청인 OOO(주민등록번호)이 제3채무자에 대하여 가지는 아래 예금계좌의 예금잔액에 대한 예금반환 청구채권.

아 래

　제3채무자: 주식회사 OO은행
　계좌번호: ***-***-***
　예금잔액: 1,382,984원, 끝.

■ 작성 · 접수방법

1. 비용은 인지 1,000원이고, 송달료는 20,400원(=당사자수 2명×5,100원×2회분)을 송달료취급은행에 납부하고 첨부하여야 한다.
2. 관할법원은 채권압류를 명한 집행법원이다.
3. 법원용 1부, 상대방 1부 합계 2부를 법원에 접수한다.

[서식] 채권압류액의 제한허가신청서

채권압류액의 제한허가신청

채 권 자　OOO(주민등록번호)
　　　　　OO시 OO구 OO길 OO(우편번호)
　　　　　전화·휴대폰번호:
　　　　　팩스번호, 전자우편(e-mail)주소:

채 무 자　◇◇◇(주민등록번호)
　　　　　OO시 OO구 OO길 OO(우편번호)
　　　　　전화·휴대폰번호:
　　　　　팩스번호, 전자우편(e-mail)주소:

제3채무자　　◆◆◆

　　　　　　　○○시　○○구　○○길　○○(우편번호)

　　　　　　　전화·휴대폰번호:

　　　　　　　팩스번호,　전자우편(e-mail)주소:

신 청 취 지

1. ○○지방법원 20○○타채○○○ 채권압류 및 추심명령사건에 관하여, 채권자가 채무자의 제3채무자에 대한 별지목록 기재 채권에 관하여 추심할 한도를 그 청구금액인 금 9,500,000원으로 제한한다.

2. 채무자는 제3채무자에 대하여 가지는 채권 가운데 위 제한액을 초과하는 금액에 관하여 그 처분 또는 영수를 할 수 있다.

라는 재판을 구합니다.

신 청 이 유

1. 위 당사자 사이의 ○○지방법원 20○○타채○○○ 채권압류 및 추심명령사건에 관하여, 채무자가 제3채무자에 대하여 가지는 별지목록 기재 채권에 대하여 채권압류 및 추심명령이 발령되었는바, 위 압류 및 추심할 채권액은 금 15,000,000원이고, 채권자의 집행채권액은 금 6,000,000원 및 이에 대한 20○○. ○. ○.부터 20○○. ○○. ○○.까지 연 ○○%의 이자 금 ○○○○원의 합계 금 7,500,000원이므로 향후 추가 추심소요기간까지의 지연손해금을 고려하더라도 금 9,500,000원 범위 내에서만 채권자가 추심하면 채권자의 채권을 만족하기에 충분합니다.

2. 또한, 채무자에 대하여 위 채권자를 제외하고는 다른 채권자가 있지도 않습니다.

3. 따라서 채권자의 압류 및 추심할 금액을 금 9,500,000원으로 제한하도록 하고, 그 초과부분은 채무자가 추심할 수 있도록 허가하여 주실 것을 민사집행법 제232조 제1항 단서에 의하여 신청합니다.

첨 부 서 류

　　1. 송달료납부서　　　　　　　　　　　　　　　　1통

　　　　　　　　　　　20○○.　○.　○.

　　　　　　　　위 채무자　○○○ (서명 또는 날인)

○○지방법원 ○○지원　귀중

[별지]

[별 지] .

압류 및 추심된 채권의 표시

금 15,000,000원

채무자가 제3채무자로부터 20○○. ○. ○. 제3채무자 소유인 ○○ ○○시 ○○길 ○○-○
점포를 임차하면서 지급한 임차보증금 15,000,000원의 반환청구채권. 끝.

■ 작성 · 접수방법

1. 비용은 인지 1,000원이고, 송달료는 20,400원(=당사자수 2명×5,100원×2회분)을 송달료취급은행에 납부
   하고 첨부하여야 한다.
2. 관할법원은 채권압류를 명한 집행법원이다.
3. 법원용 1부를 법원에 접수한다.

---

2. 추심명령

가. 의의

추심명령이란 압류채권자가 대위의 절차를 거치지 않고 채무자에 갈음하여 제3채무자에
대하여 피압류채권의 이행을 청구하고 이를 수령하여 원칙적으로 자기의 채권의 변제에
충당할 수 있도록 하는 권능을 주는 집행법원의 결정이다.

나. 신청

추심명령은 압류채권자의 신청에 의하고 신청은 집행법원에 서면으로 하여야 한다. 실무
에서는 압류명령의 신청과 동시에 하고 있다. 신청서에 추심의 범위가 명시되지 아니한
경우에는 채권 전액에 대하여 추심을 구하는 취지로 볼 것이다. 압류된 채권의 일부에
관하여 추심명령을 구하는 경우에는 그 취지를 분명하게 하여야 한다.

다. 관할법원

추심명령을 신청하여야 할 관할법원은 압류명령의 집행법원과 동일한 지방법원이다.

라. 재판

집행법원은 추심명령의 신청이 있으면 관할권의 유무, 신청의 적식여부, 강제집행의 요건과 개시요건의 유무, 집행장애의 유무, 압류명령의 효력의 존부, 추심명령발부요건의 유무 등을 조사하여 신청의 허부를 결정한다. 집행채권이나 압류할 채권의 실체적 존부를 심리할 수는 없다.

마. 불복

추심명령의 신청에 관한 재판에 대하여는 즉시항고를 할 수 있다(민집 제229조 제6항[151]). 즉시항고의 사유로서는 대체로 압류명령의 경우와 마찬가지로 압류된 채권이 압류금지채권에 해당한다거나 압류된 채권이 특정되지 않았다는 것이 될 수 있다.

바. 추심권의 범위

채권자는 추심명령에 의하여 채무자가 제3채무자에 대하여 가지는 채권을 직접 추심할 권능을 취득한다. 그 추심권의 범위는 추심명령에 특별한 제한이 없는 한 압류된 채권의 전액에 미치고 집행채권의 범위로 한정되는 것은 아니다. 피압류채권의 전액을 추심하여 집행채권의 변제에 충당하고 남으면 채무자에게 지급한다. 다만 채권자 스스로 압류된 채권의 일부에 한하여 추심명령을 신청하는 것은 무방하다.

사. 추심권의 행사

추심명령을 받은 채권자는 채권의 추심에 필요한 채무자의 일체의 권리를 채무자를 대리하거나 대위하지 아니하고 자기의 이름으로 재판상 또는 재판 외에서 행사할 수 있다.

채권자는 이행을 최고하거나 변제를 수령하고 선택권을 행사하며 정기예금에 대한 추심명령으로 그 만기 전에 해약하는 경우와 같이 해제권, 해지권, 취소권을 행사함은 물론 보증인에 대한 청구를 할 수도 있고, 추심할 채권에 질권, 저당권 등 담보권이 있는 경

---

151) 민사집행법 제229조(금전채권의 현금화방법) ① 압류한 금전채권에 대하여 압류채권자는 추심명령이나 전부명령을 신청할 수 있다.
　　② 추심명령이 있는 때에는 압류채권자는 대위절차(대위절차) 없이 압류채권을 추심할 수 있다.
　　③ 전부명령이 있는 때에는 압류된 채권은 지급에 갈음하여 압류채권자에게 이전된다.
　　④ 추심명령에 대하여는 제227조 제2항 및 제3항의 규정을, 전부명령에 대하여는 제227조 제2항의 규정을 각각 준용한다.
　　⑤ 전부명령이 제3채무자에게 송달될 때까지 그 금전채권에 관하여 다른 채권자가 압류·가압류 또는 배당요구를 한 경우에는 전부명령은 효력을 가지지 아니한다.
　　⑥ 제1항의 신청에 관한 재판에 대하여는 즉시항고를 할 수 있다.
　　⑦ 전부명령은 확정되어야 효력을 가진다.
　　⑧ 전부명령이 있은 뒤에 제49조제2호 또는 제4호의 서류를 제출한 것을 이유로 전부명령에 대한 즉시항고가 제기된 경우에는 항고법원은 다른 이유로 전부명령을 취소하는 경우를 제외하고는 항고에 관한 재판을 정지하여야 한다.

우에는 직접 담보권을 실행할 권능을 취득하게 되므로 자기 이름으로 경매의 신청을 할 수 있다. 또 지시증권상의 권리도 행사할 수 있다. 추심할 채권이 반대의무에 걸려 있는 경우 채권자는 채무자에 갈음하여 그 반대의무를 이행하고 추심할 수 있다. 그러나 추심의 목적을 넘는 행위, 예컨대 면제, 포기, 기한의 유예, 채권양도 등은 할 수 없고, 그러한 내용의 화해도 할 수 없다.

아. 추심의무

채권자가 추심할 채권의 행사를 게을리 한 때에는 이로써 생긴 채무자의 손해를 부담한다(민집 제239조[152]). 압류채권자가 추심절차를 게을리 한 때에는 집행력 있는 정본으로 배당을 요구한 채권자는 일정한 기간 내에 추심하도록 최고하고, 최고에 따르지 아니한 때에는 법원의 허가를 얻어 직접 추심할 수 있다(민집 제250조[153]).

자. 추심권의 포기

채권자는 추심명령에 따라 얻은 권리를 포기할 수 있다. 다만, 기본채권에는 영향이 없다(민집 제240조 제1항[154]). 추심권의 포기는 법원에 서면으로 신고하여야 한다. 법원사무관 등은 그 등본을 제3채무자와 채무자에게 송달하여야 한다(민집 240조 2항). 압류채권자가 추심명령을 얻은 후 다시 동일한 채권에 관하여 전부명령을 얻은 때에는 추심명령은 당연히 소멸하므로 별도로 추심권을 포기할 필요가 없다. 추심권의 포기에 그치지 않고 압류에 따른 권리 자체를 포기하기 위하여는 압류명령의 신청을 취하하면 되고 이 경우 추심권도 당연히 소멸하게 된다.

차. 추심 후의 절차 및 추심의 신고

추심명령을 얻은 채권자가 제3채무자로부터 피압류채권을 추심하면 그 범위 내에서 피압류채권은 소멸한다. 따라서 제3채무자는 채무자에 대하여도 채권자에 대한 변제로 대항할 수 있고, 추심명령이 경합된 경우에도 한 채권자에 대한 변제로 모든 채권자에 대하여 대항할 수 있다.

또한 채권자는 추심한 채권액을 법원에 신고하여야 하는데, 이러한 추심신고 전에 다른

---

152) 민사집행법 제239조(추심의 소홀)
   채권자가 추심할 채권의 행사를 게을리 한 때에는 이로써 생긴 채무자의 손해를 부담한다.
153) 민사집행법 제250조(채권자의 추심최고)
   압류채권자가 추심절차를 게을리 한 때에는 집행력 있는 정본으로 배당을 요구한 채권자는 일정한 기간내에 추심하도록 최고하고, 최고에 따르지 아니한 때에는 법원의 허가를 얻어 직접 추심할 수 있다.
154) 민사집행법 제240조(추심권의 포기) ① 채권자는 추심명령에 따라 얻은 권리를 포기할 수 있다. 다만, 기본채권에는 영향이 없다.
   ② 제1항의 포기는 법원에 서면으로 신고하여야 한다. 법원사무관등은 그 등본을 제3채무자와 채무자에게 송달하여야 한다.

압류, 가압류 또는 배당요구가 있었을 때에는 채권자는 추심한 금액을 바로 공탁하고 그 사유를 신고하여야 한다(민집 제236조[155]). 추심신고의무는 추심명령의 대상인 채권의 일부만이 추심된 경우에도 발생하며, 계속적 수입채권이 압류된 경우에는 매 추심시마다 신고를 하여야 하고, 추심신고가 있으면 다른 채권자들에 의한 배당요구는 더 이상 허용되지 않는다(민집 제247조 제1항 제2호[156]). 따라서 추심신고가 있을 때까지 다른 채권자들의 배당요구가 없으면 추심채권자가 독점적으로 만족을 얻게 된다.

추심의 신고가 있는 때에는 집행법원은 추심금의 충당관계를 조사하여 민사집행법 제159조 제2항, 제3항[157]에 준하여 집행채권 전액이 변제된 경우에는 집행력 있는 정본을 채무자에게 교부하고, 일부가 변제된 경우에는 그 취지를 집행력 있는 정본 등에 적은 다음 채권자에게 돌려주는 등의 조치를 취해야 한다.

카. 서식

1) 신청취지 기재례

> 1. 채무자의 제3채무자에 대한 별지목록 기재의 채권을 압류한다.
> 2. 제3채무자는 채무자에 대하여 위의 지급을 하여서는 아니 된다.
> 3. 채무자는 위의 채권의 처분과 영수를 하여서는 아니 된다.
> 4. 채권자의 신청에 의하여 위 압류된 채권은 이를 지급에 갈음하여 채권자가 추심할 수 있다. 라는 재판을 구합니다.

---

155) 민사집행법 제236조(추심의 신고) ① 채권자는 추심한 채권액을 법원에 신고하여야 한다.
② 제1항의 신고 전에 다른 압류·가압류 또는 배당요구가 있었을 때에는 채권자는 추심한 금액을 바로 공탁하고 그 사유를 신고하여야 한다.

156) 민사집행법 제247조(배당요구) ① 민법·상법, 그 밖의 법률에 의하여 우선변제청구권이 있는 채권자와 집행력 있는 정본을 가진 채권자는 다음 각호의 시기까지 법원에 배당요구를 할 수 있다.
1. 제3채무자가 제248조 제4항에 따른 공탁의 신고를 한 때
2. 채권자가 제236조에 따른 추심의 신고를 한 때
3. 집행관이 현금화한 금전을 법원에 제출한 때
② 전부명령이 제3채무자에게 송달된 뒤에는 배당요구를 하지 못한다.
③ 제1항의 배당요구에는 제218조 및 제219조의 규정을 준용한다.
④ 제1항의 배당요구는 제3채무자에게 통지하여야 한다.

157) 민사집행법 제159조(배당실시절차·배당조서) ① 법원은 배당표에 따라 제2항 및 제3항에 규정된 절차에 의하여 배당을 실시하여야 한다.
② 채권 전부의 배당을 받을 채권자에게는 배당액지급증을 교부하는 동시에 그가 가진 집행력 있는 정본 또는 채권증서를 받아 채무자에게 교부하여야 한다.
③ 채권 일부의 배당을 받을 채권자에게는 집행력 있는 정본 또는 채권증서를 제출하게 한 뒤 배당액을 적어서 돌려주고 배당액지급증을 교부하는 동시에 영수증을 받아 채무자에게 교부하여야 한다.
④ 제1항 내지 제3항의 배당실시절차는 조서에 명확히 적어야 한다.

2) 서식례

[서식] 채권압류 및 추심명령신청서

채권압류 및 추심명령신청서

채 권 자　　　　김 ㅇ ㅇ(6100231-2561812)
　　　　　　　　ㅇㅇ 서구 ㅇㅇ동 갈마아파트 101-1103

채 무 자　　　　이 한 심(580230-1652345)
　　　　　　　　ㅇㅇ ㅇㅇ구 ㅇㅇ동 71-212

제3채무자　　　주식회사 ㅇㅇ
　　　　　　　　ㅇㅇ ㅇㅇ구 ㅇㅇ동 536-923
　　　　　　　　대표이사 황 ㅇ ㅇ

청구채권의 표시　금 5,400,000원(ㅇㅇ지방법원 2016느단1234호 위자료 청구사건의 집행력 있는 판결정본에 기한 채권)
압류 및 추심할 채권의 표시　별지목록 기재와 같음.

신 청 취 지

1. 채무자의 제3채무자에 대한 별지목록 기재의 채권을 압류한다.
2. 제3채무자는 채무자에 대하여 위의 지급을 하여서는 아니된다.
3. 채무자는 위의 채권의 처분과 영수를 하여서는 아니된다.
4. 채권자의 신청에 의하여 위 압류된 채권은 이를 지급에 갈음하여 채권자가 추심할 수 있다. 라는 재판을 구합니다.

신 청 원 인

　채권자는 채무자에 대하여 위자료 청구소송을 제기하여 승소확정판결을 받았으므로, 채무자가 제3채무자에 대하여 가지는 별지 목록 기재의 채권으로 청구금액에 대한 변제에 충당하고자 본 신청에 이른 것입니다.

첨 부 서 류

1. 별지목록　　　　　　　　　　　　　　　　　1통

1. 집행력있는 판결정본   1통
1. 송달증명원   1통
1. 채무자의 주민등록초본   1통

                    2016.   ○.   ○.
              위 채권자 김 ○ ○ (인)

○○지방법원   귀중

[별 지] 압류 및 추심할 채권의 표시

압류 및 추심할 채권의 표시

　압류 및 추심할 채권 금 5,400,000원(원금 5,000,000원, 이자 400,000원)

(○○지방법원 2016느단1234호 위자료 청구사건의 집행력 있는 판결정본에 기한 채권)

　채무자가 제3채무자에 대하여 가지는 임대차보증금 금 10,000,000원의 반환청구채권

중 위 청구금액에 이르기까지의 금액. 끝.

■ 작성 · 접수방법

1. 채무자 주소지 관할법원 기타집행계에 신청서 1부를 제출한다.
2. 인지 4,000원(압류2,000원+추심2,000원)과 송달료 '당사자수×5,100원×2회분'을 납부한다.
3. 집행력 있는 판결정본, 송달증명원, 확정증명원, 채무자주민등록초본(관할소명을 위한)을 첨부한다.

채권압류 및 추심명령 신청

채 권 자   1. ㅇㅇㅇ (주민등록번호)
          2. ㅇㅇㅇ (주민등록번호)
          채권자들 주소   울산 북구 중산동 000 000
          채권자들은 미성년자이므로 법정대리인 친권자 모ㅇㅇㅇ

채 무 자   ㅇㅇㅇ (주민등록번호)
          울산 북구 000

제3채무자   ㅇㅇㅇㅇㅇ 주식회사 (법인등록번호 또는 사업자등록번호)
          부산 금정구 000
          대표이사   ㅇ ㅇ ㅇ

청구채권의 표시 : 금 4,000,000원
[울산지방법원 2011느단000 양육비 사건의 집행력 있는 확정된 심판결정 정본에 기초한
양육비채권]

〈계산 내역〉
채무자는 채권자들에게 2011. 3. 18.부터 매월 말일마다 각 채권자 1인당 월 250,000원(2
명 합계 : 500,000원)을 지급하도록 되어 있으므로, 2011. 11. 기준 현재 8개월분의 양육비
를 지급해야 합니다. 따라서, 현재 기준으로 채무자가 지급해야 할 양육비는 4,000,000원
(= 500,000원×8개월) 을 지급해야 합니다.

압류 및 추심할 채권의 표시   별지목록 기재와 같음.

신 청 취 지

1. 채무자의 제3채무자에 대한 별지목록 기재의 채권을 압류한다.
2. 제3채무자는 채무자에게 위 압류한 채권의 지급을 하여서는 아니된다.
3. 채무자는 위 채권의 처분과 영수를 하여서는 아니된다.
4. 채권자는 압류된 채권을 추심할 수 있다.
라는 재판을 구합니다.

신 청 이 유

1. 집행권원의 성립

채권자들은 채무자를 상대로 하여 울산지방법원 2011느단000 양육비 사건의 심판절차에서 "상대방(채무자)은 각 청구인(채권자)에게 2011. 3. 18.부터 그 청구인이 성년이 될 때까지 각 월 250,000원씩을 매월 말일마다 지급하라"는 내용의 심판결정이 확정된 사실이 있습니다. (확정일 : 2011. 10. 7.)

2. 채무자의 양육비 지급의무 불이행

채권자들은 위와 같이 집행권원(확정된 심판결정)에 기초하여 '청구채권의 표시'와 같이 채무자를 상대로 현재까지 양육비채권 금 4,000,000원을 가지고 있으나, 채무자가 임의변제를 하지 않고 있습니다. (심판결정 이후에 전혀 연락이 없었는바, 임의변제를 할 노력조차도 하지 않고 있습니다.)

따라서, 채무자가 제3채무자에 대하여 가지는 별지 목록 기재의 채권으로 청구금액에 대한 변제에 충당하고자 본건 신청에 이른 것입니다.

3. 압류범위의 확장신청 (민사집행법 제246조 제3항 후단)

한편, 현행 민사집행법 제246조 제1항 제4호, 동법 시행령 제3조에 따르면, 150만 원 이하의 급여는 압류금지채권으로 분류되어 있습니다.

그런데, ① 채무자가 현재 제3채무자로부터 받고 있는 급여(급료대장상의 실지급금 기준)는 147만 원 ~ 149만 원 상당으로 150만 원이 되지 않습니다.

② 본건의 경우, 그 집행채권이 미성년 자녀들의 양육비(또는 부양료)채권으로서, 채무자가 채권자들을 양육하거나 아직 혼인관계 중에 있다면, 급여채권의 일부가 채권자들을 위한 양육비용으로 쓰였을 것입니다.

③ 채무자의 경제적 사정에 따른 양육비의 액수는 이미 양육비 심판결정 단계에서 충분히 심리되어 결정된 것입니다.

④ 채무자에게는 급여채권(사실상, 150만 원 이하) 이외에 특별히 자신의 명의로 된 재산이 발견되지 않아, 사실상 본건 압류가 되지 않으면, 애써 얻은 양육비 심판결정의 실효성을 거의 확보할 수 없습니다.

⑤ 민사집행법 제246조 제1항 제4호에서는 "「국민기초생활 보장법」에 의한 최저생계비를 감안하여 대통령령이 정하는 금액" 이하의 채권을 압류금지채권으로 정한 것이고, 동법 시행령에서 이를 150만 원으로 정한 것인데, 사실 위 금액은 「국민기초생활 보장법」에 의한 4인 가족의 최저생계비를 기준으로 한 것으로 보입니다. 그런데, 채무자는 현재 가족을 따로 이루지 않고 홀로 생활하고 있습니다. [만약, 채무자의 거주관계는 가족관계에 대해 소명이 필요하다면, 그에 대한 보정명령(채무자의 가족관계증명서, 혼인관계증명서, 주민등

록표 등본)을 내려주시기 바랍니다.] 따라서, 홀로 생활하는 채무자에게 있어 그 급여 중 "150만 원 이하" 부분을 압류금지범위로 정하는 것은, 구체적 타당성 측면에서 다소 부당한 면이 있다고 사료됩니다. (참고로, 1인 가족의 경우, 최저생계비는 약 50만 원 상당인 것으로 보입니다.)

⑥ 그리고, 채무자는 심판결정 이후 현재까지 채권자들을 양육하고 있는 모 장명희나 채권자들에게 전혀 연락조차 없어 채무자로부터 임의변제를 기대하기는 어려운 실정입니다.

위와 같은 점들을 종합적으로 감안할 때, 채무자의 급여채권 압류금지의 범위를 150만 원 이하(채무자의 급여 전부입니다.)로 정하는 것은 문제가 있다고 보입니다. 따라서, 민사집행법 제246조 제3항 후단후단에 따라 <u>압류명령의 범위를 별지 기재(기본적 압류금지범위 : 100만 원 이하)와 같이</u> 확장해 주시기 바랍니다.

첨 부 서 류

1. 집행력 있는 심판결정 정본 (송달/확정증명원 포함)   1통.
    1. 재직증명서   1통.
    1. 2011년 OOO 급료대장   1통.
    1. 주민등록표 초본(채무자)   1통.
    1. 등기사항전부증명서(제3채무자 법인등기부)   1통.
    1. 신청대리위임장   1통.
    1. 송달료납부서   1통.

2010. 11. .
채권자 신청대리인 변호사 OOO

OO지방법원   귀 중

〈별 지〉

압류 및 추심할 채권의 표시

<u>청구금액 : 금 4,000,000원</u>

채무자(OOO, 주민번호)가 제3채무자(OOOOO 주식회사)로부터 매월 지급받을 급여(본봉, 각종 수당 및 상여금 등에서 제세공과금을 공제한 금액)에서 다음에 기재한 각 경우에 따른 압류금지금액을 제외한 나머지 금액 중 위 청구금액에 이를 때까지의 금액.

- 다　　음 -

1. 월급여가 100만 원 이하인 경우에는 전액
2. 월급여가 100만 원을 초과하고 200만 원 이하인 경우에는 100만 원
3. 월급여가 200만 원을 초과하고 600만 원 이하인 경우에는 월급여의 2분의 1
4. 월급여가 600만 원을 초과하는 경우에는
　　　　300+[(월급여의 2분의 1 - 300만 원) / 2]
(단, 채무자가 여러 직장을 다니는 경우, 모든 급여를 합산한 금액을 월 급여액으로 함)

단, 위 청구금액에 이르지 아니한 사이에 퇴직, 명예퇴직 또는 퇴직금 중간정산을 할 때에는 그 퇴직금, 명예퇴직금(또는 명예퇴직수당 등) 또는 중간정산금 중 제세공과금을 공제한 잔액의 2분의 1의 한도 내에서 위 청구금액에 이를 때까지의 금액.　　끝.

채권압류 및 추심명령신청

채 권 자   ○○○(주민등록번호)
          ○○시 ○○구 ○○길 ○○(우편번호)
          전화·휴대폰번호:
          팩스번호, 전자우편(e-mail)주소:

채 무 자   ◇◇◇(주민등록번호)
          ○○시 ○○구 ○○길 ○○(우편번호)
          전화·휴대폰번호:
          팩스번호, 전자우편(e-mail)주소:

제3채무자   1. ◆◆농업협동조합
          ○○시 ○○구 ○○길 ○○(우편번호)
          조합장 ◆◆◆
          전화·휴대폰번호:
          팩스번호, 전자우편(e-mail)주소:
          2. ◉◉은행 주식회사
          ○○시 ○○구 ○○길 ○○(우편번호)
          대표이사 ◉◉◉
          전화·휴대폰번호:
          팩스번호, 전자우편(e-mail)주소:

청구금액   별지 1과 같습니다.
압류및추심할 채권의 표시   별지 2와 같습니다.

신 청 취 지

1. 채무자의 제3채무자들에 대한 별지 2 표시의 채권을 압류한다.
2. 제3채무자들은 위 압류된 채권을 채무자에게 각 지급하여서는 아니 된다.
3. 채무자는 위 압류된 채권을 영수하거나 기타 처분을 하여서는 아니 된다.
4. 위 압류된 채권은 채권자가 추심할 수 있다.
라는 재판을 구합니다.

신 청 원 인

1. 채권자는 채무자에 대하여 ○○소송을 제기하여 ◎◎◎◎법원 ◎◎지원 20○○드단○○호로 승소판결이 확정된 바 있습니다.

2. 그러나 채무자는 위 채무를 이행하지 아니하므로, 채무자가 제3채무자에 대하여 가지는 별지 2 목록 기재의 채권으로 청구금액에 대한 변제에 충당하고자 본 신청에 이른 것입니다.

첨 부 서 류

1. 집행력 있는 판결문정본	1통
1. 송달증명원	1통
1. 법인등기사항증명서	2통
1. 송달료납부서	1통
1. 채권표시목록	5통

20○○. ○. ○.

위 채권자   ○○○   (서명 또는 날인)

○○지방법원 귀중

[별지 1] 청구금액

[별지 1]

청 구 금 액

합계 :   원

1. ○○○○법원 ○○지원 ○○○○드단○○○○호 ○○○ 사건의 집행력 있는 판결정본에 의한 원금   원
2. 위 원금에 대한 20○○. ○. ○.부터 이 건 신청일인20○○. ○. ○.까지는 연 ○○%의 각 비율로 계산한 금원 원금   원
3. 집행비용 원(인지   원, 송달료   원)

[별지 2]

압류 및 추심할 채권의 표시

합계 :   원

 채무자가 제3채무자
  1. ○○○○에   금   원정
  2. ○○○○에   금   원정

에 대하여 가지는 다음 예금·보험금 채권 가운데 입금되어 있거나 장래 입금될 다음 예금 및 보험금채권 중 다음에서 기재한 순서에 따라 위 청구금액에 이를 때까지의 금액.

- 다   음 -

1. 압류, 가압류되지 않은 예금·보험금과 압류, 가압류된 예금·보험금이 있는 때에는 다음 순서에 의하여 가압류한다.
  1) 압류. 가압류되지 않은 예금·보험금 2) 압류. 가압류된 예금·보험금
2. 여러 종류의 예금·보험금이 있는 때에는 다음 순서에 의하여 가압류한다.
〈예금〉 1) 보통예금 2) 당좌예금 3) 정기예금 4) 정기적금 5) 별단예금
  6) 저축예금 7) MMF 8) MMDA 9) 적립식펀드예금 10) 신탁예금
  11) 채권형예금 12)청약예금 13) 기타
〈보험금〉 1) 변액보험 2) 저축보험 3) 기업보험 4) 연금보험 5) 건강보험 6) 종신보험 7) 생명상해보험 8) 보장보험 9) 어린이보험 10) 다이렉트보험 11) 공제, 방카슈랑스 등 기타 보험
3. 같은 종류의 예금·보험금이 여러 계좌가 있는 때에는 계좌번호가 빠른 예금·보험금부터 (가)압류한다. 단 채무자가 자동차손해배상보장법상 피해자로서 제3채무자에 대하여 직접 청구권을 행사하여 지급받을 강제보험채권은 제외한다.
4. 채무자가 보험계약에 기하여 의무를 다하던 중 보험기간 만료 전 보험약관에 규정된 사유로 또는 보험계약만료로 인하여 채무자가 제3채무자로부터 지급받을 (만기)보험금 지급청구채권
5. 중도해지로 인하여 채무자가 3채무자로부터 지급받을 해약환급금청구채권.
6. 단, 민사집행법 제246조 제1항 7호, 제8호 및 동법 시행령에 의하여 압류가 금지되는 예금 및 보험금을 제외한다. 끝.

[별 지]

압류 및 추심할 채권의 표시

청구금액 : 금○○○○○원(1+2)

1. 주식회사◆◆은행에 대하여

금○○○○○원

채무자(주민등록번호 : 000000-0000000)가 제3채무자 주식회사◆◆은행 (소관 : ○○지점)에 대하여 가지는 다음의 예금채권중 현재 입금되어 있거나 장래 입금될 예금채권으로서 다음에서 기재한 순서에 따라 위 청구금액에 이를 때까지의 금액

2. ◆◆농업협동조합에 대하여

금○○○○○원

채무자(주민등록번호 : 000000-0000000)가 제3채무자 ◆◆농업협동조합 (소관 : ○○지점)에 대하여 가지는 다음의 예금채권중 현재 입금되어 있거나 장래 입금될 예금채권으로서 다음에서 기재한 순서에 따라 위 청구금액에 이를 때까지의 금액

- 다 음 -

1. 압류·가압류되지 않은 예금과 압류·가압류된 예금이 있는 때에는
    다음 순서에 따라서 압류한다.
        ① 선행 압류·가압류가 되지 않은 예금
        ② 선행 압류·가압류가 된 예금

2. 여러 종류의 예금이 있는 때에는 다음 순서에 의하여 압류한다.
        ① 보통예금 ② 당좌예금 ③ 정기예금 ④ 정기적금 ⑤ 별단예금
        ⑥ 저축예금 ⑦ MMF   ⑧ MMDA   ⑨ 적립식펀드예금 ⑩ 신탁예금
        ⑪ 채권형 예금 ⑫청약예금
3. 같은 종류의 예금이 여러 계좌에 있는 때에는 계좌번호가 빠른 예금부터 압류한다.

4. 다만, 채무자의 1개월간 생계유지에 필요한 예금으로 민사집행법 시행령이 정한 금액에
    해당하는 경우에는 이를 제외한 나머지 금액. 끝.

(가압류에서 본압류로 이전하는)
부동산소유권이전등기청구권 압류 및 추심명령,
보관인선임 및 권리이전명령신청

채 권 자 　○○○(주민등록번호)

　　　　　　○○시 ○○구 ○○길 ○○(우편번호)

　　　　　　전화·휴대폰번호:

　　　　　　팩스번호, 전자우편(e-mail)주소:

채 무 자 　◇◇◇(주민등록번호)

　　　　　　○○시 ○○구 ○○길 ○○(우편번호)

　　　　　　전화·휴대폰번호:

　　　　　　팩스번호, 전자우편(e-mail)주소:

제3채무자 　◈◈◈

　　　　　　○○시 ○○구 ○○길 ○○(우편번호)

　　　　　　전화·휴대폰번호:

　　　　　　팩스번호, 전자우편(e-mail)주소:

청구금액 : 금 ○○○○원정

　　　　○○가정법원 20○○드단○○○호 이혼 및 재산분할청구사건의 집행력 있는 판결원금 가운데 일부금 ○○○원 및 이에 대한 20○○. ○. ○.부터 20○○. ○○. ○○.까지 연 ○○%의 비율에 의한 지연손해금 ○○○원

본압류로 이전하는 압류 및 추심 할 채권의 표시 : 별지목록 기재와 같음.

신 청 취 지

1. 채권자와 채무자 사이의 ○○지방법원 20○○카단○○○ 부동산소유권이전등기청구권 가압류결정에 의하여 한 별지목록 기재 부동산에 대한 소유권이전등기청구권가압류는 이를 본압류로 이전한다.
2. 제3채무자는 채무자에게 위 부동산에 관한 소유권이전등기의 절차를 이행하여서는 아니된다.
3. 채무자는 위 압류된 소유권이전등기청구권을 양도하거나 기타 처분을 하여서는 아니된다.

4. ○○지방법원 소속 집행관을 위 부동산의 보관인으로 선임한다.

5. 제3채무자는 위 부동산에 관하여 이 사건 결정일자를 송달원인으로 채무자명의의 소유권이전등기절차를 위 보관인에게 이행하여야 한다.

라는 결정을 구합니다.

신 청 원 인

1. 위 청구금액은 채권자가 채무자에 대하여 ○○지방법원 20○○드단○○○호 이혼 및 재산분할청구사건의 각 집행력 있는 판결정본에 기초한 판결원금 가운데 일부금 및 이에 대한 20○○. ○. ○.부터 20○○. ○○. ○○.까지 연 ○○%의 비율에 의한 지연손해금의 합계로 채무자가 채권자에게 지급하여야 할 돈입니다.

2. 채무자는 그 동안 채권자의 여러 차례에 걸친 변제최고에도 불구하고 위 채무를 이행하지 않고 있습니다.

3. 그러므로 채권자는 채무자가 제3채무자에게 대하여 가지는 별지목록 기재 채권으로서 위 청구금액의 변제충당을 위하여 부득이 이 사건 신청에 이른 것입니다.

첨 부 서 류

1. 가압류결정문	1통
1. 가압류결정문송달증명원	1통
1. 집행력 있는 판결정본	1통
1. 판결정본송달증명원	1통
1. 송달료납부서	1통

20○○. ○. ○.

위 채권자 ○○○ (서명 또는 날인)

○○지방법원 귀중

[별 지]

[별지]

목 록

채무자가 제3채무자에 대하여 가지는 채무자와 제3채무자 사이의 아래 부동산에 대하여 체결한 부동산매매계약에 기하여 채무자가 매매대금을 완납한 뒤 제3채무자로부터 받을 소유권이전등기청구권.

부동산의 표시

○○시 ○○구 ○○동 ○○ 대 234㎡. 끝.

[서식] 채권압류 및 추심명령신청서 - 잉여금수령권 등

[서식 예] 채권압류 및 추심명령신청서(압류 및 추심할 채권 : 잉여금수령권 등)

채권압류 및 추심명령신청

채 권 자   ○○○(주민등록번호)
　　　　　　○○시 ○○구 ○○길 ○○(우편번호)
　　　　　　전화·휴대폰번호:
　　　　　　팩스번호, 전자우편(e-mail)주소:
채 무 자   주식회사◇◇
　　　　　　○○시 ○○구 ○○길 ○○(우편번호)
　　　　　　대표이사 ◇◇◇
　　　　　　전화·휴대폰번호:
　　　　　　팩스번호, 전자우편(e-mail)주소:
제3채무자   대한민국
　　　　　　위 법률상 대표자 법무부장관 ◉◉◉
　　　　　　(소관 : ○○지방법원 세입세출의 현금출납공무원)

청구채권의 표시 : 금 ○○○○○원
 1. 금 ○○○○○원
　집행력 있는 ○○지방법원 20○느단○○ 판결에 기초한 추심금채권의 원금

2. 금 ○○○○원

　　제1항의 금액에 대한 20○○. ○. ○.부터 20○○. ○. ○.까지 연 ○○%의 비율에
　　의한 지연손해금
3. 금 ○○○원(집행비용)

　　내역 : 금 ○○○원(신청서 첩부인지대)

　　　　　금 ○○○원(송달료)

　　　　　금 ○○○원(집행문부여신청인지대)
4. 합계 금 ○○○○○원(1+2+3)

압류 및 추심할 채권의 표시
　별지목록 기재와 같습니다.

신 청 취 지

1. 채권자가 채무자에 대하여 가지는 위 청구금액의 변제충당을 위하여 채무자의 제3채무자
　에 대한 별지목록 기재 채권은 이를 압류한다.
2. 제3채무자는 위 압류된 채권을 채무자에게 각 지급하여서는 아니 된다.
3. 채무자는 위 압류된 채권을 영수하거나 기타 처분을 하여서는 아니 된다.
4. 위 압류된 채권은 채권자가 추심할 수 있다.
라는 재판을 구합니다.

신 청 이 유

1. 위 청구금액은 채권자가 채무자로부터 가지는 ○○지방법원 20○○느단○○○ 이혼 등
　사건의 집행력 있는 판결정본에 의한 채권인데, 채무자는 이를 변제하지 않고 있습니다.
2. 채무자 소유의 ○○시 ○○구 ○○동 ○○ 부동산은 현재 ○○지방법원 20○○타경○○
　○○호로 근저당권실행을 위한 경매진행 중에 있으므로, 위 경매사건의 종결로 향후 배당기
　일에 채무자의 채권자에게 배당되고 남은 잉여금을 채무자가 지급 받을 채무자의 잉여금
　수령채권에 대하여 추심 하고자 합니다.

첨 부 서 류

　　1. 집행력 있는 판결문정본　　　　　　　　　1통
　　1. 송달증명원　　　　　　　　　　　　　　　1통
　　1. 부동산등기사항증명서　　　　　　　　　　1통
　　1. 송달료납부서　　　　　　　　　　　　　　1통

20○○.　○.　○.
위 채권자　○○○ (서명 또는 날인)

○○지방법원 ○○지원　**귀중**

[별 지] 압류 및 추심할 채권의 표시

[별 지]

압류 및 추심할 채권의 표시

청구금액 금　○○○원

　○○지방법원 20○○타경○○○ 부동산임의경매사건에서 채무자가 제3채무자로부터 수령할 잉여금수령채권 또는 위 경매사건에서 채무자에게 공탁되는 금액이 있을 경우 채무자가 수령할 공탁금청구채권 중 위 금액에 이르기까지 금액. 끝.

(가압류를 본압류로 이전하는)
채권압류 및 추심명령신청

채 권 자   ○○○(주민등록번호)
         ○○시 ○○구 ○○길 ○○(우편번호)
         전화·휴대폰번호:
         팩스번호, 전자우편(e-mail)주소:

채 무 자   ◇◇◇(주민등록번호)
         ○○시 ○○구 ○○길 ○○(우편번호)
         전화·휴대폰번호:
         팩스번호, 전자우편(e-mail)주소:

제3채무자   ◈◈◈
         ○○시 ○○구 ○○길 ○○(우편번호)
         전화·휴대폰번호:
         팩스번호, 전자우편(e-mail)주소:

청구채권의 표시 : 금 ○○○○○원
1. ○○가정법원 20○○드단○○○호 이혼 및 재산분할청구사건의 집행력 있는 판결원금
   가운데 일부금 ○○○원 및 이에 대한 20○○. ○. ○.부터 20○○. ○○. ○○.까지
   연 ○○%의 비율에 의한 지연손해금 ○○○원
2. 금 ○○○원(집행비용)
   내역 : 금 ○○○원(신청서 첨부인지대)
           금 ○○○원(송달료)
           금 ○○○원(집행문부여신청인지대)
3. 합계 금 ○○○○○원(1+2)

본압류로 이전하는 압류 및 추심 할 채권 등의 표시
  별지목록 기재와 같습니다.

신 청 취 지

1. 채권자와 채무자간 귀원 20○○카단○○○ 채권가압류결정에 의하여 가압류된 별지목록

제1기재 채권은 본압류로 이전하고, 별지목록 제2기재 채권은 압류한다.

2. 제3채무자는 채무자에 대하여 위 압류된 채권을 지급을 하여서는 아니 된다.

3. 채무자는 위 압류된 채권의 처분과 영수를 하여서는 아니 된다.

4. 위 압류된 채권은 채권자가 추심할 수 있다.

라는 재판을 구합니다.

신 청 이 유

1. 채권자는 채무자에 대하여 금 ○○○○○원의 재산분할 채권 등이 있어서 채무자에게 여러 차례에 걸쳐 독촉하였음에도 이를 지급하지 아니하여 채권자는 위 채권의 집행보전을 위하여 별지목록 제1기재의 채권을 귀원 20○○카단○○○호로 채권가압류집행을 한 뒤 귀원에 구상금청구를 위한 소(20○○가소○○○호)를 제기하여 이에 대한 판결을 얻고 확정되었습니다.

2. 따라서 채권자는 채무자가 제3채무자에 대하여 가지는 별지목록 제1기재 채권을 본압류로 전이하고, 가압류가 되지 않은 별지목록 제2기재 채권을 압류함과 아울러 별지목록 제1, 제2기재 각 채권에 대하여 추심명령을 구하기 위하여 이 사건 신청에 이르게 된 것입니다.

첨 부 서 류

1. 채권가압류결정문	1통
1. 가압류결정송달증명원	1통
1. 집행력 있는 판결정본	1통
1. 판결정본송달 및 확정증명	1통
1. 송달료납부서	1통

20○○. ○. ○.

위 채권자   ○○○ (서명 또는 날인)

○○지방법원 ○○지원 귀중

[별 지]

본압류로 이전하는 압류 및 추심 할 채권 등의 표시

1. 가압류를 본압류로 이전 및 추심 할 채권
   금 ○○○○원
   채무자가 제3채무자로부터 20○○. ○. ○. ○○시 ○○구 ○○길 ○○에 있는 ○○아파
   트 ○○동 ○○○호를 임차함에 있어 제3채무자에게 지급한 임대차보증금 ○○○○○원
   의 반환채권[다만, 「주택임대차보호법」 제8조, 같은 법 시행령의 규정에 따라 우선변제를
   받을 수 있는 금액에 해당하는 경우에는 이를 제외한 나머지 금액] 가운데 위 금액.

2. 압류 및 추심 할 채권
   금 ○○○○원(청구채권 금 ○○○○○원−본압류전이채권 금 ○○○○원)
   채무자가 제3채무자로부터 20○○. ○. ○. ○○시 ○○구 ○○길 ○○에 있는 ○○아파
   트 ○○동 ○○○호를 임차함에 있어 제3채무자에게 지급한 임대차보증금 ○○○○○원
   의 반환채권[다만, 「주택임대차보호법」 제8조, 같은 법 시행령의 규정에 따라 우선변제를
   받을 수 있는 금액에 해당하는 경우에는 이를 제외한 나머지 금액] 가운데 위 금액.
   끝.

가압류로부터 본압류로 전이하는
채권압류 및 추심명령신청서

채 권 자   문 ○ ○(670431-2455519)
○○시 ○○읍 ○○리 249-2
채 무 자   이 ○ ○(780431-1813614)
○○시 ○○읍 ○○리 1-134
제3채무자 박 ○ ○
○○시 ○동 998-2

청구금액의 표시 금 10,000,000원 (○○지법 ○○지원 2016느단1234호 위자료 사건의
집행력 판결정본에 기한 채권)
전이하는 압류 및 추심할 채권의 표시 별지 목록 기재와 같음.

신 청 취 지

1. 위 청구금액의 변제에 충당하기 위하여 귀원 2016카단1755로 가압류한 위 채권은 귀원
   2016느단1234호 위자료 사건의 집행력있는 판결정본에 의하여 이를 본압류로 전이한다.
2. 이 명령에 의하여 압류한 채권은 이를 채권자가 추심할 수 있다.
라는 재판을 구합니다.

신 청 원 인

1. 채권자는 채무자에 대하여 금 10,000,000원의 위자료 청구채권이 있었고, 그 집행을
   보전하기 위하여 귀원 2016카단 1755호로써 채권가압류를 신청하여 제3채무자에 대하
   여 압류채권표시 기재의 채권을 가압류하였습니다.

2. 그 후 채권자는 채무자를 상대로 하여 귀원 2016느단1234호 위자료 사건의 본안소송을
   제기하여 2009. 8. 26. 승소확정 결정을 받았습니다.

3. 그러므로 채권자는 위 2016카단1755호 채권가압류결정으로 집행보전 한 금
   10,000,000원을 본압류로 전이하고 이를 추심하기 위하여 본 신청에 이르게 된 것입니
   다.

첨 부 서 류

1. 집행력있는 이행권고결정 정본   1통
1. 채권가압류결정 및 동 송달증명원   각 1통
1. 별지목록   1통

2016.   .   .
위 채권자 문 ○ ○   (인)

○○지방법원   ○○지원 귀중

[별 지] 압류 및 추심할 채권의 표시

압류 및 추심할 채권의 표시

압류 및 추심할 채권 금 10,000,000원
(○○지방법원 2016느단1234호 위자료 청구사건의 집행력 있는 판결정본에 기한 채권)

채무자가 제3채무자에 대하여 가지는 대여금 금 10,000,000원의 반환청구채권 중 위 청구
금액에 이르기까지의 금액. 끝.

제3채무자에 대한 진술최고 신청서

채 권 자　문 ○ ○
채 무 자　이 ○ ○
제3채무자　박 ○ ○

위 당사자간 귀원 20○○타채 제123호 채권압류 및 추심명령사건에 관하여, 제3채무자에게 민사집행법 제237조에 의하여 아래 사항을 진술하라는 명령을 하여 주시기 바랍니다

아　래

1. 채권을 인정하는지의 여부 및 인정한다면 그 한도
1. 채권에 대해 지급 의사가 있는지의 여부 및 의사가 있다면 그 한도
1. 채권에 대해 다른 사람으로부터 청구가 있는지의 여부 및 청구가 있다면 그 종류
1. 다른 채권자에게 채권을 압류당한 사실이 있는지의 여부 및 그 사실이 있다면 청구의 종류

20○○.　○.　.
위 채권자　문 ○ ○　(인)

○○지방법원 기타집행계　귀중

■ 작성 · 접수방법

1. 비용은 인지 1,000원이고, 송달료는 20,400원(=당사자수 2명×5,100원×2회분)을 송달료취급은행에 납부하고 첨부하여야 한다.
2. 관할법원은 채권압류를 명한 집행법원이다.
3. 법원용 1부를 법원에 접수한다.

[서식] 채권추심포기 및 압류해제신청서

채권추심포기 및 압류해제신청

사   건   20○○타기 123 채권압류 및 추심명령
채 권 자   문 ○○
채 무 자   이 ○○
제3채무자 박 ○ ○

채권자는 위 사건의 채권추심을 포기하고 압류를 해제합니다.

20○○.   ○.   .
위 채권자   문 ○ ○   (인)

○○지방법원 민사집행과 귀중

■ 작성·접수방법
1. 신청서 2통, 목록 5통을 제출한다 2. 우표 2회분을 제출한다.

[서식] 채권자의 추심신고서

추 심 신 고 서

채 권 자　　　　문 ○○(670431-2455519)
　　　　　　　　○○시 ○○읍 ○○리 249-2
채 무 자　　　　이 ○○(780431-1813614)
　　　　　　　　○○시 ○○읍 ○○리 1-134
제3채무자　　　　박 ○ ○
　　　　　　　　○○시 ○동 998-2

위 당사자간 귀원 20○○타기 제123호 채권압류 및 추심명령사건에 관하여, 채권자는 민사
집행법 제236조에 의하여 다음과 같이 채권추심을 신고합니다.

다　　음

채권자는 제3채무자로부터 별지목록 표시 채권액 금 10,000,000원 중 금 8,000,000원을
2009. 9. 20. 지급받았음을 신고합니다.

첨 부 서 류

　1. 채권표시 목록　　　　　　　　　　　　1통

　　　　　　　　20○○.　○.　.
　　　　　　　　위 채권자 문 ○ ○　(인)

○○지방법원 ○○지원　귀중

추심금 공탁사유신고

채 권 자   문 ○○(670431-2455519)
                  ○○시 ○○읍 ○○리 249-2

채 무 자   이 ○ ○(780431-1813614)
                  ○○시 ○○읍 ○○리 1-134

제3채무자   박 ○ ○
                  ○○시 ○동 998-2

압류채권자   김 ○ ○
                  ○○시 ○○읍 ○○리 765-1

위 당사자간 귀원 2009타기 제98765호 채권압류 및 추심명령사건에 관하여, 채권자는 2009. 9. 10. 채권추심명령을 얻어서 아래와 같이 채무자로부터 채권을 추심하였으나, 추심 신고 전에 다른 압류가 경합되어서 추심금을 공탁하고 그 사유를 민사집행법 제236조 2항에 의하여 신고합니다.

아 래

1. 채권자는 제3채무자로부터 추심명령을 받은 별지목록 표시 채권액 금 10,000,000원 중 금 8,000,000원을 2009. 9. 20. 지급받았습니다.

2. 그런데, 추심신고 전인 2009. 9. 15. 다른 채권자 김길수의 채권압류명령과 경합되었습니다.

3. 따라서 채권자는 대전지법 논산지원 2009년금 제9876호로 공탁공무원에게 추심금 금 8,000,000원을 공탁하고 그 사유를 신고합니다.

첨 부 서 류

1. 채권압류명령 사본   1통
1. 공탁서원본   1통
1. 별지목록   1통

                              2009. 9.   .
                위 채권자(추심채권자) 문 ○ ○   (인)

○○지방법원 ○○지원   귀중

[서식] 채권압류 및 추심명령 정본 환부신청

채권압류 및 추심명령정본 환부신청

사 건   20○○느단○○○호 이혼 등
원 고   ○○○
피 고   ◇◇◇

위 당사자 간 20○○느단○○○호 이혼 등 사건에 관하여 제3채무자인 피고가 청구금액을
민사집행법 제248조에 의하여 공탁하였으므로 20○○. ○. ○.자로 소취하 하여 사건이
종결되었는바, 위 공탁금의 배당절차에 참가하기 위하여 채권압류 및 추심명령결정정본을
회수하고자 하오니 환부하여 주시기 바랍니다.

                        20○○. ○. ○.
                위 원고 ○○○ (서명 또는 날인)

○○지방법원   귀중

―――――――――――――――――――――――――――――――――――
위 채권압류 및 추심명령결정정본을 20○○. ○○. ○○. ○:○○에 틀림없이 영수하였습니다.

                        20○○.   .   .
                영수인 원고 ○○○ (서명 또는 날인)

[서식] 채권압류 및 추심명령 취하서

채권압류 및 추심명령 취하서

채 권 자 　○○○
채 무 자 　◇◇◇
제3채무자 　■■아파트입주자대표회의

귀원 20○○타채○○○ 채권압류 및 추심명령신청사건이 20○○. ○. ○.자로 결정되었는 바, 당사자간에 원만히 합의하였으므로 별지목록 기재 채권에 대하여 집행을 취하합니다.

첨 부 서 류

　1. 취하서부본　　　　　　　　　　　　　　　　2통
　1. 송달료납부서　　　　　　　　　　　　　　　1통

20○○.　　○.　　○.
위 채권자　 ○○○ (서명 또는 날인)

○○지방법원　 귀중

[별 지] 압류 및 추심할 채권의 표시

[별 지]

압류 및 추심채권의 표시

금 ○○○원
채무자가 제3채무자로부터 매월 지급 받는 ○○시 ○○구 ○○길 ○○ ■■아파트관리위탁 수수료채권 가운데 위 청구금액에 이를 때까지의 금액.　끝.

채권추심명령신청

채 권 자 ○○○(주민등록번호)
　　　　　○○시 ○○구 ○○길 ○○(우편번호)
　　　　　전화·휴대폰번호:
　　　　　팩스번호, 전자우편(e-mail)주소:
채 무 자 ◇◇◇(주민등록번호)
　　　　　○○시 ○○구 ○○길 ○○(우편번호)
　　　　　전화·휴대폰번호:
　　　　　팩스번호, 전자우편(e-mail)주소:
제3채무자 ◈◈◈
　　　　　○○시 ○○구 ○○길 ○○(우편번호)
　　　　　전화·휴대폰번호:
　　　　　팩스번호, 전자우편(e-mail)주소:

청구채권의 표시 : 금 ○○○○○원
 1. 금 ○○○○○원
　　○○지방법원 ○○지원 20○○느단○○○ 집행력 있는 판결정본에 의한 금액
 2. 금 ○○○○원
　　위 제1항에 대하여 20○○. ○. ○.부터 20○○. ○. ○.까지 연 ○○%의 비율에 의한
　　이자 및 지연손해금
 3. 금 ○○○원(집행비용)
　　내역 : 금 ○○○원(신청서 첨부인지대)
　　　　　금 ○○○원(송달료)
　　　　　금 ○○○원(집행문부여신청인지대)
 4. 합계 금 ○○○○○원(1+2+3)

추심할 채권의 표시
　별지목록 기재와 같습니다.

신 청 취 지

위 당사자 사이의 ○○지방법원 20○○타채○○○ 채권압류명령에 의하여 압류된 별지목록
기재 채권은 채권자가 대위절차없이 이를 추심할 수 있다.

라는 재판을 구합니다.

신 청 이 유

1. 채권자는 채무자의 제3채무자에 대한 별지목록 기재 채권에 관하여 20○○. ○. ○.
   ○○지방법원 20○○타채○○○ 채권압류명령을 신청하여 20○○. ○. ○○. 별지목록
   기재 채권에 관하여 압류명령을 받았습니다.
2. 그런데 별지목록 기재 채권인 임차보증금반환청구채권의 변제기가 도래하였습니다.
3. 따라서 채권자는 제3채무자로부터 별지목록 기재의 채권을 대위절차 없이 추심하기 위하
   여 이 사건 신청에 이른 것입니다.

첨 부 서 류

1. 송달료납부서   1통

20○○.   ○.   ○.

위 채권자   ○○○ (서명 또는 날인)

○○지방법원 ○○지원   귀중

[별 지] 압류 및 추심할 채권의 표시

[별 지]

추심할 채권의 표시

금 13,250,000원

채무자가 제3채무자로부터 20○○. ○. ○. ○○시 ○○구 ○○길 ○○에 있는 철근콘크리트
조 평슬래브지붕 다세대주택인 ○○빌라 401호를 임차함에 있어서 제3채무자에게 지급한
임대차보증금의 반환채권[다만, 「주택임대차보호법」 제8조, 같은 법 시행령의 규정에
따라 우선변제를 받을 수 있는 금액에 해당하는 경우에는 이를 제외한 나머지 금액]
가운데 위 청구금액에 이르기까지의 금액. 끝.

추심의 소

원   고   조 ○ ○(670431-2455519)
              ○○시 ○○읍 ○○리 249-2
피   고   김 ○ ○
              ○○시 ○동 998-2

청 구 취 지

1. 원고에게 피고는 금 10,000,000원 및 이에 대하여 이 소장부본송달일 다음날부터 완제일까지 연 12%의 비율에 의한 금원을 지급하라.
2. 소송비용은 피고의 부담으로 한다.
3. 제1항은 강제집행할 수 있다. 라는 판결을 구합니다.

청 구 원 인

1. 원고는 소외 정○○에 대하여 ○○지법○○지원 2016느단000호 이혼 등 사건의 집행력 있는 이행권고결정을 받은 사실이 있었습니다.
2. 원고는 위 결정의 강제집행으로 소외 정○○가 피고에 대하여 가지는 2008. 5. 10. 대여금 청구채권 금 10,000,000원에 대하여 ○○지원 2009타기 제98176호로 채권압류 및 추심명령을 받았습니다. 이에 원고는 피고에 대하여 위 추심명령에 따라 위 대여금을 지급할 것을 수차례에 걸쳐 요구하였으나 피고가 이에 응하지 아니하므로 부득이 이 건 소에 이르게 된 것입니다.

첨 부 서 류

1. 채권압류 및 추심명령 사본   1통
1. 채무자에 대한 소송고지서 사본   1통
1. 납부서   1통

20○○. ○. .
위 원고 조 ○ ○ (인)

○○지방법원 ○○지원 귀중

3. 전부명령

가. 의의

전부명령이란 압류된 금전채권을 집행채권의 변제에 갈음하여 권면액으로 압류채권자에게 이전시키는 집행법원의 명령을 말한다. 이러한 전부명령은 아래와 같이 추심명령과의 차이점이 있다.

구분	추심명령	전부명령
집행범위	금전이외의 유체물의 인도를 목적으로 하는 채권	금전채권에 대해서만 할 수 있다.
선택시기	압류하고자 하는 채권에 제3자의 가압류가 경합하는 경우 등에 활용하는 것으로 경합하는 채권자간에 추심된 금액을 배당받는다.	압류하고자 하는 채권을 제3자가 아직 가압류하지 않은 상태에서 독자적으로 확보하고자 할 때 활용한다.
신청방법	서면 또는 구술로서 압류명령신청과 병합하거나 단독으로 신청가능	추심명령과 동일
권리이전	압류명령 자체로는 권리이전이 되지 않고 추심권만 이전	압류명령 자체로 전부채권자에게 이전
위험부담	제3채무자의 무자력으로 인한 손실에 따른 위험은 채무자에 귀속한다.	전부명령을 얻으면 변제의 효력이 발행하며 제3채무자의 변제능력이 없는 경우에도 채무자에게 변제 청구할 수 없다.
배당요구	채권을 추심하여 집행법원에 신고할 때까지 다른 채권자가 배당요구할 수 있다.	명령이 제3채무자에게 송달될 때까지 다른 채권자가 배당요구를 할 수 있지만 송달 후에는 배당요구 불가능
형사책임	일정한 기간 내에 추심권을 행사할 책임이 있고 만일 이를 게을리하면 손해배상 책임 발생	전부채권자는 완전한 자기채권이기 때문에 하등의 의무를 부담하지 않는다.
소멸시기	배당을 받거나 현실로 만족을 얻었을 때에 소멸한다.	전부명령의 확정을 정지조건으로 전부명령 송달 시에 소급하여 소멸한다.
집행의 변경	추심할 가망이 적으면 추심권을 포기하고 다른 집행방법을 행사할 수 있다.	압류한 채권이 부존재라면 몰라도 그렇지 않으면 다른 집행방법을 행사할 수 없다.
신고의무	채권자가 압류한 채권을 추심하였으면 이를 집행법원에 신고하여야 한다.	신고의무가 없다.
자발적 미이행시	추심금 청구의 소 제기	전부금 청구의 소 제기

나. 신청

전부명령은 압류채권자의 신청에 의하고 신청은 집행법원에 서면으로 하여야 한다. 실무에서는 압류명령의 신청과 동시에 하고 있다. 다만 민사집행법 233조[158)]의 증권채권은 집행관의 증권의 점유를 기다려야 하므로 동시신청이 불가능하다.

채권가압류 뒤에 가압류채권자가 집행권원을 취득하더라도 직접 전부명령을 신청할 수는 없고 가압류에서 본압류로 이전하는 압류명령을 신청하면서 전부명령을 신청하여야 한다.

다. 관할법원

전부명령을 신청하여야 할 관할법원은 압류명령의 집행법원과 동일한 지방법원이다.

라. 재판

집행법원은 전부명령의 신청이 있으면 관할권의 유무, 신청의 적식여부, 강제집행의 요건과 개시요건의 유무, 집행장애의 유무, 압류명령의 효력의 존부, 전부명령발부요건의 유무 등을 조사하여 신청의 허부를 결정한다. 집행채권이나 압류할 채권의 실체적 존부를 심리할 수는 없다.

마. 불복

전부명령의 신청에 관한 재판에 대하여는 즉시항고를 할 수 있다(민집 제229조 제6항). 즉시항고의 사유로서는 채권압류 자체의 무효·취소 또는 전부명령발부요건의 흠이다.

전부명령신청을 각하·기각하는 결정은 신청채권자에게 고지하여야 하고(민집규 제7조 제2항), 이에 대하여는 신청채권자가 즉시항고할 수 있다.

바. 효력

1) 피전부채권의 전부채권자에게로의 이전 및 집행채권의 소멸

전부명령의 기본적 효력은 피전부채권의 전부채권자에게로의 이전 및 집행채권의 소멸이다. 피전부채권의 이전은 집행행위에 기초한 것이므로 민법상 채권양도의 대항요건에 관한 규정은 적용되지 않는다. 피전부채권의 이전에는 종된 권리(이자, 지연손해금, 보증채무, 물적담보)도 포함된다.

2) 제3채무자에 대한 효력

가) 전부명령에 의하여 피전부채권은 동일성을 유지한 채로 집행채무자로부터 집행채권자에게 이전되고 제3채무자는 채권압류 전에 피전부채권자에 대하여 가지고 있었던 항변사유로서 전부채권자에게 대항할 수 있다[159].

---

158) 민사집행법 제233조(지시채권의 압류)
　어음·수표 그 밖에 배서로 이전할 수 있는 증권으로서 배서가 금지된 증권채권의 압류는 법원의 압류명령으로 집행관이 그 증권을 점유하여야 한다.

나) 채권압류 및 전부명령에 있어 제3채무자는 그 명령이 송달되기 이전에 채무자에 대하여 상계적상에 있었던 반대채권을 가지고 있었다면 그 명령이 송달된 이후에 상계로서 전부채권자에게 대항할 수 있다[160].

다) 채권압류 및 전부명령이 이미 대항력 있는 채권양도가 이루어진 후에 발하여진 것이어서 무효인 경우, 그러한 무효인 전부명령을 받은 자에 대한 변제라도 그가 피전부채권에 관하여 무권리자라는 사실을 알지 못하거나 과실 없이 그러한 사실을 알지 못하고 변제한 때에는 그 변제는 채권의 준점유자에 대한 변제로서 유효하다[161].

3) 소급효

전부명령의 효력은 전부명령의 확정시, 즉 즉시항고가 제기되지 않은 경우에는 1주의 즉시항고기간이 지난 때, 즉시항고가 제기된 경우에는 그 기각 또는 각하결정이 확정된 때에 발생하지만(민집 제229조 제7항), 그 확정에 따라 발생하는 효력은 전부명령이 제3채무자에게 송달된 때로 소급한다.

사. 집행의 종료

채권집행절차는 전부명령이 확정되어 효력이 발생하면 목적을 달성하고 종료한다.

아. 서식

1) 신청취지 기재례

> 1. 채무자의 제3채무자에 대한 별지목록 기재의 채권을 압류한다.
> 2. 제3채무자는 채무자에 대하여 위의 지급을 하여서는 아니된다.
> 3. 채무자는 위의 채권의 처분과 영수를 하여서는 아니된다.
> 4. 채권자의 신청에 의하여 위 압류된 채권은 이를 지급에 갈음하여 채권자에게 전부한다.
> 라는 재판을 구합니다.

---

159) 대법원 1984.08.14. 선고 84다카545 판결
160) 대법원 1973.11.13. 선고 73다518 전원합의체 판결
161) 대법원 1997.03.11. 선고 96다44747 판결

2) 서식례

[서식] 채권압류 및 전부명령신청서

채권압류 및 전부명령신청서

채 권 자   김 ○ ○(6100231-2561812)

                ○○ 서구 ○○동 ○○아파트 101-1103

채 무 자   이 한 심(580230-1652345)

                ○○ ○○구 장동 71-2

제3채무자   주식회사 ET

                ○○ ○○구 ○○동 536-9

                대표이사 황 ○ ○

청구채권의 표시 금 5,400,000원 (○○지방법원 2016느단1234호 위자료청구사건의 집행력 있는 판결정본에 기한 채권 원금 5,000,000원 및 이자 400,000원)

압류 및 전부할 채권의 표시 별지목록 기재와 같음.

신 청 취 지

1. 채무자의 제3채무자에 대한 별지목록 기재의 채권을 압류한다.
2. 제3채무자는 채무자에 대하여 위의 지급을 하여서는 아니된다.
3. 채무자는 위의 채권의 처분과 영수를 하여서는 아니된다.
4. 채권자의 신청에 의하여 위 압류된 채권은 이를 지급에 갈음하여 채권자에게 전부한다.

라는 재판을 구합니다.

신 청 원 인

채권자는 채무자에 대하여 위자료 청구소송을 제기하여 승소확정판결을 받았으므로, 채무자가 제3채무자에 대하여 가지는 별지목록 기재의 채권으로 청구금액에 대한 변제에 충당하고자 본 신청에 이른 것입니다.

첨 부 서 류

1. 별지목록	1통
1. 집행력있는 판결정본	1통
1. 송달증명원	1통

2016. 2. 2.

위 채권자 김 ○ ○ (인)

○○지방법원 귀중

[별 지] 압류 및 전부할 채권의 표시

압류 및 전부할 채권의 표시

압류 및 전부할 채권 금 5,400,000원(원금 5,000,000원, 이자 400,000원)

(○○지방법원 2016느단1234호 위자료 청구사건의 집행력 있는 판결정본에 기한 채권)

채무자가 제3채무자에 대하여 가지는 임대차보증금 금 10,000,000원의 반환청구채권 중 위 청구금액에 이르기까지의 금액. 끝.

■ 작성 · 접수방법

1. 신청서 1부를 기타집행계에 제출하나.
2. 인지대 4,000원(압류2,000원+전부 2,000원), 송달료 (당사자수×5,100원×2회)를 납부한다.
3. 집행력있는 판결정본, 송달확정증명원, 채무자주민등록초본을 첨부한다.

근저당권 있는 채권압류 및 전부명령신청서

채 권 자   ○○○(주민등록번호)
　　　　　　○○시 ○○구 ○○길 ○○(우편번호)
　　　　　　전화·휴대폰번호:
　　　　　　팩스번호, 전자우편(e-mail)주소:

채 무 자   ◇◇◇(주민등록번호)
　　　　　　○○시 ○○구 ○○길 ○○(우편번호)
　　　　　　전화·휴대폰번호:
　　　　　　팩스번호, 전자우편(e-mail)주소:

제3채무자   ◆◆◆
　　　　　　○○시 ○○구 ○○길 ○○(우편번호)
　　　　　　전화·휴대폰번호:
　　　　　　팩스번호, 전자우편(e-mail)주소:

집행권원의 표시

채권자와 채무자 사이의 집행력 있는 ○○지방법원 20○○. ○. ○. 선고 20○○느단○○○ 이혼 등 사건의 확정판결

청구채권의 표시

금 ○○○○○원
 1. 금 ○○○○○원
    ○○지방법원 20○○느단○○○ 집행력 있는 판결정본에 의한 금액
 2. 금 ○○○○원
    위 제1항의 금액에 대한 19○○. ○. ○.부터 20○○. ○. ○.까지 연 ○○%의 비율에 의한 지연손해금
 3. 금 ○○○원(단, 집행비용)
    내역 : 금 ○○○원(신청서 첨부인지대)
    　　　 금 ○○○원(송달료)
    　　　 금 ○○○원(집행문부여신청인지대)
 4. 합계 금 ○○○○○원(1+2+3)

압류 및 전부 할 채권과 근저당권의 표시

별지목록 기재와 같습니다.

신 청 취 지

1. 채무자가 제3채무자에 대하여 가지고 있는 별지목록 기재 근저당권 있는 채권을 압류한
   다.
2. 제3채무자는 위 압류된 채권을 채무자에게 지급하여서는 아니 된다.
3. 채무자는 위 압류된 채권을 영수하거나 기타 처분을 하여서는 아니 된다.
4. 채권자의 청구채권의 지급에 갈음하여 위 압류된 채권을 채권자에게 전부한다.
라는 재판을 구합니다.

신 청 이 유

1. 채권자는 채무자에 대하여 위 집행권원인 집행력 있는 판결정본에 기초한 위 청구채권표
   시의 채권을 가지고 있고, 채무자는 제3채무자에 대하여 위 압류 및 전부할 채권표시의
   채권을 가지고 있습니다.
2. 그런데 채무자는 채권자의 여러 차례에 걸친 변제독촉에도 불구하고 위 청구채권표시의
   채권을 갚지 않고 있습니다.
3. 따라서 채권자는 채무자의 제3채무자에 대한 위 근저당권 있는 채권을 압류하고, 나아가
   채권자의 위 청구채권의 지급에 갈음하여 위 압류된 근저당권 있는 채권을 채권자에게
   전부한다는 재판을 구하기 위하여 이 사건 신청을 합니다.

첨 부 서 류

1. 집행력 있는 판결정본	1통
1. 송달증명원	1통
1. 부동산등기사항증명서	1통
1. 송달료납부서	1통

20○○. ○. ○.

위 채권자   ○○○ (서명 또는 날인)

○○지방법원   귀중

[별 지] 압류 및 전부할 채권의 표시

[별 지]

목   록

1. 저당목적 부동산의 표시

 1동의 건물의 표시
　　○○시 ○○구 ○○동 ○○ ○○○아파트
　　[도로명주소] ○○시 ○○구 ○○로 ○○
　　철근콘크리트조 슬래브지붕 5층 아파트
　　　1층 ○○○.○○㎡
　　　2층 ○○○.○○㎡
　　　3층 ○○○.○○㎡
　　　4층 ○○○.○○㎡
　　　5층 ○○○.○○㎡
　　　지층 ○○○.○○㎡

 전유부분의 건물의 표시
　　구　　조 철근콘크리트조
　　건물번호 206호
　　면　　적 ○○.○○㎡

 대지권의 표시
　　대지권의 목적인 토지의 표시 : ○○시 ○○구 ○○동 ○○ 대 ○○○㎡
　　대지권의 종류 : 소유권
　　대지권의 비율 : ○○○의 ○○.○○.

2. 압류 및 전부 할 채권과 근저당권의 표시

 위 부동산에 대한 ○○지방법원 ○○등기소 20○○. ○. ○. 접수 제○○○○호 순위 1번, 원인 20○○. ○. ○. 채권최고액 금 ○○○○○○원으로 정하고 근저당권설정등기한 채권 중 금 ○○○○○원의 지급청구채권. 끝.

저당권이전등기의 촉탁신청

채권자(등기권리자)   ○○○(주민등록번호)

○○시 ○○구 ○○길 ○○(우편번호)

전화·휴대폰번호:

팩스번호, 전자우편(e-mail)주소:

채무자(등기의무자)   ◇◇◇(주민등록번호)

○○시 ○○구 ○○길 ○○(우편번호)

전화·휴대폰번호:

팩스번호, 전자우편(e-mail)주소:

제3채무자   ◈◈◈

○○시 ○○구 ○○길 ○○(우편번호)

전화·휴대폰번호:

팩스번호, 전자우편(e-mail)주소:

위 당사자 사이의 ○○지방법원 ○○지원 20○○타채○○○ 저당권 있는 채권압류 및 전부명령신청사건에 관하여 같은 압류 및 전부명령이 20○○. ○. ○. 확정되었으므로 별지목록 기재 부동산에 대한 별지목록 기재 저당권의 이전등기를 관할등기소에 촉탁하여 주실 것을 신청합니다.

첨 부 서 류

1. 채권압류 및 전부명령정본	1통
1. 송달증명원	1통
1. 확정증명원	1통
1. 주민등록표등본	1통
1. 부동산등기사항증명서	1통
1. 등록세·지방교육세납부필증	1통
1. 송달료납부서	1통

20○○. ○. ○.

위 채권자 ○○○ (서명 또는 날인)

○○지방법원 ○○지원 귀중

[서식] 가압류로부터 전이하는 채권압류 및 전부명령신청서

가압류로부터 본압류로 전이하는
채권압류 및 전부명령신청서

채 권 자   문 ○ ○(670431-2455519)
　　　　　　　　○○시 ○○읍 ○○리 249-2
채 무 자   이 ○ ○(780431-1813614)
　　　　　　　　○○시 ○○읍 ○○리 1-134
제3채무자   박 ○ ○
　　　　　　　　○○시 ○동 998-2

청구금액의 표시 금 10,000,000원 (○○지법 ○○지원 2016느단1234호 위자료 사건의 집행력 있는 판결정본에 기한 채권)
전이하는 압류 및 전부할 채권의 표시 별지 목록 기재와 같음.

신 청 취 지

1. 위 청구금액의 변제에 충당하기 위하여 귀원 2016카단1755로 가압류한 위 채권은 귀원 2016느단1234호 위자료 사건의 집행력 있는 판결정본에 의하여 이를 본압류로 전이한다.
2. 이 명령에 의하여 압류한 채권은 지급에 갈음하여 채권자에게 전부한다.
라는 재판을 구합니다.

신 청 원 인

1. 채권자는 채무자에 대하여 금 10,000,000원의 임차보증금반환채권에 기한 약정금 청구채권이 있었고, 그 집행을 보전하기 위하여 귀원 2016카단 1755호로써 채권가압류를 신청하여 제3채무자에 대하여 압류채권표시 기재의 채권을 가압류하였습니다.
2. 그 후 채권자는 채무자를 상대로 하여 귀원 2016느단1234호로 본안소송을 제기하여 2016. 0. 0. 승소확정의 이행권고결정을 받았습니다.

3. 그러므로 채권자는 위 2016카단1755호 채권가압류결정으로 집행보전한 금 10,000,000 원을 본압류로 전이하는 채권압류 및 전부명령을 받고자 본 신청에 이르게 된 것입니다.

첨 부 서 류

1. 별지목록   1통
1. 집행력있는 이행권고결정 정본   1통
1. 채권가압류결정 및 동 송달증명원   각 1통

2016. . .
위 채권자 문 ○ ○ (인)

○○지방법원 ○○지원 귀중

[별 지] 가압류로부터 본압류로 전이하는 채권압류 및 전부채권의 표시

가압류로부터 본압류로 전이하는 채권압류 및 전부할 채권의 표시

 금 10,000,000원정

채무자가 제3채무자에 대하여 가지는 ○○지법 ○○지원 2016느단1234호 위자료 사건의 집행력 있는 판결정본 사건의 집행력 있는 이행권고결정에 기한 채권중 위 청구금액에 이르기까지의 금액.

■ 작성 · 접수방법

1. 신청서 1부를 가압류결정을 내린 법원 기타집행계에 제출한다.
2. 인지대 4,000원(압류2,000원+전부 2,000원), 송달료 (당사자수×5,100원×2회)를 납부한다.
3. 집행력있는 판결정본, 송달확정증명원, 가압류결정문사본을 첨부한다.

IV. 동산·부동산에 대한 경매신청

1. 의 의

강제경매란 집행력 있는 정본에 기하여 채무자 소유의 동산이나 부동산을 압류하여 현금화한 다음 그 매각대금으로 채권자의 금전채권에 만족을 줄 목적으로 하는 강제집행절차를 말한다.

2. 동산에 대한 강제경매

가. 의 의

민사집행법상 유체동산이란 민사집행법상의 동산 중에서 채권 그 밖의 재산권을 제외한 물건 및 유가증권으로 화체된 재산권을 말하고, 여기서 민사집행법상의 동산이란 부동산 및 이에 준하여 취급되는 것 외의 것을 말한다.

나. 절차의 개요

[도표] 동산강제집행절차

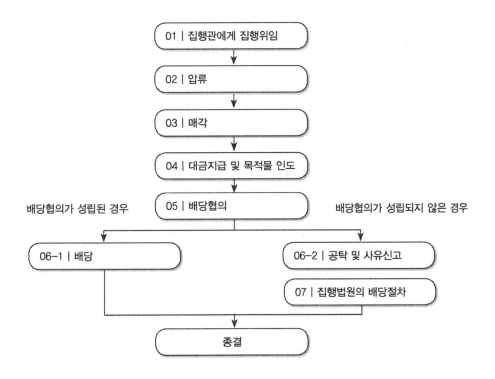

다. 대상

1) 민사집행법상 유체동산

가) 자동차 등

자동차관리법에 따라 등록된 자동차, 건설기계관리법에 따라 등록된 건설기계, 자동차 등 특정동산 저당법에 따른 소형선박, 선박법 및 선박등기법에 따라 선박등기를 할 수 있는 선박, 항공법에 따라 등록된 항공기는 유체동산의 집행에서 제외된다.

나) 공장 등

공장 및 광업재단 저당법에 의한 공장재단 또는 광업재단을 구성하는 기계, 기구, 전봇대, 전선(電線), 배관(配管), 레일, 그 밖의 부속물 등은 유체동산의 집행에서 제외된다(공광 제13조[162]).

다) 입목

입목은 토지의 정착물로서 부동산의 일부 또는 종물에 불과하지만 입목에 관한 법률에 따라 소유권보존등기 된 것은 독립된 부동산으로 취급된다.

라) 유가증권

유가증권 자체는 민사집행법상 유체동산이지만, 배서가 금지된 것은 그 증권에 화체된 권리를 집행대상으로 파악하여 채권 그 밖의 재산권의 집행방법에 의하여야 한다(민집 제189조[163], 제223조).

---

162) 공장 및 광업재단 저당법 제13조(공장재단의 구성물) ① 공장재단은 다음 각 호에 열거하는 것의 전부 또는 일부로 구성할 수 있다.
    1. 공장에 속하는 토지, 건물, 그 밖의 공작물
    2. 기계, 기구, 전봇대, 전선, 배관, 레일, 그 밖의 부속물
    3. 항공기, 선박, 자동차 등 등기나 등록이 가능한 동산
    4. 지상권 및 전세권
    5. 임대인이 동의한 경우에는 물건의 임차권
    6. 지식재산권
    ② 공장에 속하는 토지나 건물로서 미등기된 것이 있으면 공장재단을 설정하기 전에 그 토지나 건물의 소유권보존등기를 하여야 한다.
    ③ 다음 각 호의 물건은 공장재단의 구성물이 될 수 없다.
    1. 타인의 권리의 목적인 물건
    2. 압류, 가압류 또는 가처분의 목적인 물건
163) 민사집행법 제189조(채무자가 점유하고 있는 물건의 압류) ① 채무자가 점유하고 있는 유체동산의 압류는 집행관이 그 물건을 점유함으로써 한다. 다만, 채권자의 승낙이 있거나 운반이 곤란한 때에는 봉인, 그 밖의 방법으로 압류물임을 명확히 하여 채무자에게 보관시킬 수 있다.
    ② 다음 각호 가운데 어느 하나에 해당하는 물건은 이 법에서 유체동산으로 본다.
    1. 등기할 수 없는 토지의 정착물로서 독립하여 거래의 객체가 될 수 있는 것
    2. 토지에서 분리하기 전의 과실로서 1월 이내에 수확할 수 있는 것
    3. 유가증권으로서 배서가 금지되지 아니한 것

마) 종물

부동산이나 선박의 종물 또는 그로부터 분리된 천연과실이나 구성부분도 유체동산집행의 대상이 되나 주물인 부동산 등이 압류된 후에는 독립하여 유체동산압류의 대상이 되지 못한다.

2) 등기할 수 없는 토지의 정착물로서 독립하여 거래의 객체가 될 수 있는 것(민집 제189조 제2항 제1호)

등기할 수 없는 토지의 정착물이란 토지에의 정착성은 있으나 현금화한 후 토지로부터 분리하는 것을 전제로 하여 거래의 대상으로서의 가치를 가지는 것이라고 보아야 한다. 유체동산집행의 대상이 되는 정착물의 예로는 송신용 철탑, 정원석, 정원수, 주유소의 급유기, 입목등기가 되지 아니한 입목, 식재된 수목 등이 있다.

3) 토지에서 분리하기 전의 과실로서 1월 이내에 수확할 수 있는 것(민집 제189조 제2항 제2호)

미분리의 과실은 토지의 정착물로서 독립하여 거래의 객체가 되지 아니하므로 토지에 대한 강제집행에 부수할 수밖에 없으나 근래 미분리과실이라도 독립하여 거래의 객체로 되어 가는 추세를 반영하여 압류의 대상으로 규정한 것이다.

4) 유가증권으로서 배서가 금지되지 아니한 것(민집 제189조 제2항 제3호)

유가증권이란 증권 자체에 권리가 화체되어 있는 증서를 말하고, 이에는 어음, 수표, 화물상환증, 창고증권, 선하증권, 지시증권, 국채, 지방채, 공채, 사채, 무기명주권, 상품권, 승차권, 입장권 등이 있다.

5) 채무자와 그 배우자의 공유로서 채무자가 점유하거나 그 배우자와 공동으로 점유하고 있는 유체동산(민집 제190조[164])

라. 압류절차

1) 강제집행의 신청

유체동산의 집행은 채권자가 집행관에게 서면으로 집행신청을 함으로써 시작된다(민집 제4조[165]). 유체동산에 대한 강제집행신청서에는 ① 채권자·채무자와 그 대리인의 표

---

③ 집행관은 채무자에게 압류의 사유를 통지하여야 한다.
164) 민사집행법 제190조(부부공유 유체동산의 압류)
　채무자와 그 배우자의 공유로서 채무자가 점유하거나 그 배우자와 공동으로 점유하고 있는 유체동산은 제189조의 규정에 따라 압류할 수 있다.
165) 민사집행법 제4조(집행신청의 방식)

시, ② 집행권원의 표시, ③ 강제집행 목적물인 유체동산이 있는 장소, ④ 집행권원에 표시된 청구권의 일부에 관하여 강제집행을 구하는 때에는 그 범위 등을 적고 집행력 있는 정본을 붙여야 한다(민집규 제131조).

집행관은 집행신청을 받은 때에는 신청인에게 수수료 기타 비용의 개산액을 예납시킬 수 있고, 예납을 하지 않으면 위임에 응하지 아니하거나 사무를 행하지 아니할 수 있다. 집행관은 집행신청을 받은 때에는 바로 집행을 개시할 일시를 정하여 신청인에게 통지하여야 하고, 집행일시는 부득이한 사정이 없으면 신청을 받은 날부터 1주 안의 날로 정하여야 한다.

2) 집행관의 목적물 점유 및 보관위탁

채무자가 점유하고 있는 유체동산의 압류는 집행관이 그 물건을 점유함으로써 한다. 여기서 점유는 목적물에 대한 채무자의 점유를 전면적으로 배제하고 집행관이 이를 직접 지배·보관하는 것을 말한다. 다만 채권자의 승낙이 있거나 운반이 곤란한 때에는 봉인 (封印), 그 밖의 방법으로 압류물임을 명확히 하여 채무자에게 보관시킬 수 있다(민집 제189조).

3) 압류물의 보존

가) 압류물의 보존을 위한 처분

압류물을 보존하기 위하여 필요한 때에는 집행관은 적당한 처분을 하여야 한다. 압류물을 그대로 두면 가격폭락이나 과다한 보관비용이 들어 채권의 만족을 위태롭게 할 우려가 있는 때에는 적당한 처분을 하여야 하고, 이 경우 비용이 필요한 때에는 채권자로 하여금 이를 미리 내게 하여야 한다.

나) 긴급매각

강제집행의 일시정지를 명한 취지를 적은 재판의 정본 또는 집행할 판결이 있은 뒤에 채권자가 변제를 받았거나, 의무이행을 미루도록 승낙한 취지를 적은 증서가 제출된 경우에 압류물을 즉시 매각하지 아니하면 값이 크게 내릴 염려가 있거나, 보관에 지나치게 많은 비용이 드는 때에는 집행관은 그 물건을 매각할 수 있고, 이 경우 그 매각대금을 공탁하여 한다(민집 제198조[166]).

민사집행의 신청은 서면으로 하여야 한다.

166) 민사집행법 제198조(압류물의 보존) ① 압류물을 보존하기 위하여 필요한 때에는 집행관은 적당한 처분을 하여야 한다.
　② 제1항의 경우에 비용이 필요한 때에는 채권자로 하여금 이를 미리 내게 하여야 한다. 채권자가 여럿인 때에는 요구하는 액수에 비례하여 미리 내게 한다.
　③ 제49조 제2호 또는 제4호의 문서가 제출된 경우에 압류물을 즉시 매각하지 아니하면 값이

다) 어음·수표 등을 압류한 경우

집행관은 어음·수표 그 밖의 금전의 지급을 목적으로 하는 유가증권으로서 일정한 기간 안에 인수 또는 지급을 위한 제시 또는 지급의 청구를 필요로 하는 것을 압류하였을 경우에 그 기간이 개시되면 채무자에 갈음하여 필요한 행위를 하여야 하고, 미완성 어음 등을 압류한 경우에 채무자에게 기한을 정하여 어음 등에 적을 사항을 보충하도록 최고하여야 한다(민집 212조[167]).

라) 보관압류물의 점검

(1) 집행관은 채무자 또는 채권자나 제3자에게 압류물을 보관시킨 경우에 압류채권자 또는 채무자의 신청이 있거나 그 밖에 필요하다고 인정하는 때에는 압류물의 보관상황을 점검하여야 한다. 그 점검 결과 압류물의 부족 또는 손상의 유무와 정도 및 이에 관하여 집행관이 취한 조치를 적은 점검조서를 작성하고, 부족 또는 손상이 있는 경우에는 보관자가 아닌 채권자 또는 채무자에게 그 취지를 통지하여야 한다(민집규 제137조).

(2) 압류물의 부족 또는 손상의 경우에 부족이나 손상의 원인규명, 부족물의 탐색, 이를 발견한 경우의 회수, 보관자에게 손상부분의 수리를 권고하는 것, 계속 보관이 부적당하다고 인정할 때에는 집행관의 직접 점유로 옮기거나 다른 보관방식을 취하는 것 등을 들 수 있다.

5) 압류물의 회수와 인도명령

가) 압류물의 회수

압류물을 집행관이 점유하는 경우에 제3자가 그 점유를 침탈한 때에는 집행관이 자력구제를 하거나 점유회복의 소를 제기하여 이를 회수할 수 있다. 채무자·채권자·제3자에게 보관 위탁한 압류물이 다른 제3자의 사실적 지배에 넘어간 경우에는 선의취득과 같은 경우를 제외하고는 압류의 효력이 당연히 상실되는 것은 아니므로 집행관은 압류물을 회수하기 위하여 적당한 방법을 강구하여야 한다.

크게 내릴 염려가 있거나, 보관에 지나치게 많은 비용이 드는 때에는 집행관은 그 물건을 매각할 수 있다.

④ 집행관은 제3항의 규정에 따라 압류물을 매각하였을 때에는 그 대금을 공탁하여야 한다.

167) 민사집행법 제212조(어음 등의 제시의무) ① 집행관은 어음·수표 그 밖의 금전의 지급을 목적으로 하는 유가증권(이하 "어음 등"이라 한다)으로서 일정한 기간 안에 인수 또는 지급을 위한 제시 또는 지급의 청구를 필요로 하는 것을 압류하였을 경우에 그 기간이 개시되면 채무자에 갈음하여 필요한 행위를 하여야 한다.

② 집행관은 미완성 어음 등을 압류한 경우에 채무자에게 기한을 정하여 어음등에 적을 사항을 보충하도록 최고하여야 한다.

나) 인도명령

위와 같이 자력구제가 허용되는 경우에도 제3자가 임의반환을 거부하면 인도명령(민집 제193조168))을 받아 이를 회수할 수 있을 뿐이다. 압류물을 제3자가 점유하게 된 경우에는 법원은 채권자의 신청에 따라 그 제3자에 대하여 그 물건을 집행관에게 인도하도록 명할 수 있다. 인도명령의 신청은 압류물을 제3자가 점유하고 있는 것을 안 날부터 1주 이내에 하여야 한다. 인도명령은 상대방에게 송달되기 전에도 집행할 수 있다. 인도명령은 신청인에게 고지된 날부터 2주가 지난 때에는 집행할 수 없다. 인도명령의 집행에 소요된 비용은 이른바 공익비용으로서 압류물의 매각대금으로부터 우선 변제된다(민집 제53조169)).

6) 압류의 효력

가) 국가가 압류물의 처분권을 취득한다. 따라서 국가의 집행기관인 집행관은 채권자의 만족을 위하여 매각 등의 처분을 할 수 있다.

나) 채무자는 압류물의 처분권을 잃는다. 다만 처분권의 상실은 압류의 목적에 의하여 계약을 받음에 그친다. 따라서 압류물의 처분은 압류채권자에 대한 관계에서만 상대적으로 무효이다.

마. 현금화

1) 매각방법

집행관은 압류를 실시한 뒤 입찰 또는 호가경매의 방법으로 압류물을 매각하여야 한다(민집 제199조170)). 집행관은 여러 개의 유체동산의 형태, 이용관계 등을 고려하여 일괄매수하게 하는 것이 알맞다고 인정하는 때에는 직권으로 또는 이해관계인의 신청에 따라 일괄하여 매각할 수 있다(민집 제197조171)).

---

168) 민사집행법 제193조(압류물의 인도) ① 압류물을 제3자가 점유하게 된 경우에는 법원은 채권자의 신청에 따라 그 제3자에 대하여 그 물건을 집행관에게 인도하도록 명할 수 있다.
② 제1항의 신청은 압류물을 제3자가 점유하고 있는 것을 안 날부터 1주 이내에 하여야 한다.
③ 제1항의 재판은 상대방에게 송달되기 전에도 집행할 수 있다.
④ 제1항의 재판은 신청인에게 고지된 날부터 2주가 지난 때에는 집행할 수 없다.
⑤ 제1항의 재판에 대하여는 즉시항고를 할 수 있다.
169) 민사집행법 제53조(집행비용의 부담) ① 강제집행에 필요한 비용은 채무자가 부담하고 그 집행에 의하여 우선적으로 변상을 받는다.
② 강제집행의 기초가 된 판결이 파기된 때에는 채권자는 제1항의 비용을 채무자에게 변상하여야 한다.
170) 민사집행법 제199조(압류물의 매각)
집행관은 압류를 실시한 뒤 입찰 또는 호가경매의 방법으로 압류물을 매각하여야 한다.
171) 민사집행법 제197조(일괄매각) ① 집행관은 여러 개의 유체동산의 형태, 이용관계 등을 고려하여 일괄매수하게 하는 것이 알맞다고 인정하는 때에는 직권으로 또는 이해관계인의 신청에

2) 매각절차

〈유체동산의 매각절차〉

강제집행신청
↓
감정평가
↓
매각기일의 지정
↓
매각일시, 장소통지
↓
매각의 실시
↓
유찰시 재매각

가) 평가

집행관은 매각할 물건 가운데 값이 비싼 물건이 있는 때에는 적당한 감정인에게 이를 평가하게 하여야 한다(민집 제200조172)). 집행관은 필요하다고 인정하는 때에는 적당한 감정인을 선임하여 압류물을 평가하게 할 수 있다(민집규 제144조). 이 경우 물건을 평가한 감정인은 ① 사건의 표시, ② 유체동산의 표시, ③ 유체동산의 평가액과 평가일, ④ 평가액 산출의 과정, ⑤ 그 밖에 집행관이 명한 사항의 사항을 적은 평가서를 정하여진 날까지 집행관에게 제출하여야 한다.

나) 매각일의 지정

압류일과 매각일 사이에는 1주 이상 기간을 두어야 한다. 다만, 압류물을 보관하는 데 지나치게 많은 비용이 들거나, 시일이 지나면 그 물건의 값이 크게 내릴 염려가 있는 때에는 그러하지 아니하다(민집 제202조173)). 상당한 기간이 지나도 집행관이 매각하지 아니하는 때에는 압류채권자는 집행관에게 일정한 기간 이내에 매각하도록 최고할 수 있다. 집행관이 그 최고에 따르지 아니하는 때에는 압류채권자는 법원에 필요한 명령을 신

따라 일괄하여 매각할 수 있다.

② 제1항의 경우에는 제98조 제3항, 제99조, 제100조, 제101조 제2항 내지 제5항의 규정을 준용한다.

172) 민사집행법 제200조(값비싼 물건의 평가)

매각할 물건 가운데 값이 비싼 물건이 있는 때에는 집행관은 적당한 감정인에게 이를 평가하게 하여야 한다.

173) 민사집행법 제202조(매각일)

압류일과 매각일 사이에는 1주 이상 기간을 두어야 한다. 다만, 압류물을 보관하는 데 지나치게 많은 비용이 들거나, 시일이 지나면 그 물건의 값이 크게 내릴 염려가 있는 때에는 그러하지 아니하다.

청할 수 있다(민집 제216조[174]).

다) 매각의 장소

매각은 압류한 유체동산이 있는 시·구·읍·면(도농복합형태의 시의 경우 동지역은 시·구, 읍·면지역은 읍·면)에서 진행한다. 다만, 압류채권자와 채무자가 합의하면 합의된 장소에서 진행한다(민집 제203조[175]).

라) 매각의 공고와 통지

집행관은 매각일자와 장소를 공고하고(민집 제203조, 민집규 제145조, 제146조, 제151조), 매각의 일시와 장소를 압류채권자·배당요구채권자·채무자·압류물보관자에게 통지하여야 한다(민집규 제146조, 제151조).

3) 매각의 실시

호가경매는 집행관이 매각조건을 정하여 매각일에 이를 고지하고(민집규 제147조), 압류물에 대하여 경매신청을 최고하는 방법으로 하고, 입찰은 입찰기일에 입찰시킨 후 개찰을 하는 방법으로 한다(민집규 제151조).

4) 재매각

매수인이 매각조건에 정한 지급기일에 대금의 지급과 물건의 인도청구를 게을리 한 때에는 재매각을 하여야 한다. 지급기일을 정하지 아니한 경우로서 매각기일의 마감에 앞서 대금의 지급과 물건의 인도청구를 게을리 한 때에도 또한 같다. 이 경우 전의 매수인은 재매각절차에 참가하지 못하며, 뒤의 매각대금이 처음의 매각대금보다 적은 때에는 그 부족한 액수를 부담하여야 한다(민집 제205조[176]).

---

174) 민사집행법 제216조(채권자의 매각최고) ① 상당한 기간이 지나도 집행관이 매각하지 아니하는 때에는 압류채권자는 집행관에게 일정한 기간 이내에 매각하도록 최고할 수 있다.
② 집행관이 제1항의 최고에 따르지 아니하는 때에는 압류채권자는 법원에 필요한 명령을 신청할 수 있다.
175) 제203조(매각장소)① 매각은 압류한 유체동산이 있는 시·구·읍·면(도농복합형태의 시의 경우 동지역은 시·구, 읍·면지역은 읍·면)에서 진행한다. 다만, 압류채권자와 채무자가 합의하면 합의된 장소에서 진행한다.
② 매각일자와 장소는 대법원규칙이 정하는 방법으로 공고한다. 공고에는 매각할 물건을 표시하여야 한다.
176) 민사집행법 제205조(매각·재매각) ① 집행관은 최고가매수신고인의 성명과 가격을 말한 뒤 매각을 허가한다.
② 매각물은 대금과 서로 맞바꾸어 인도하여야 한다.
③ 매수인이 매각조건에 정한 지급기일에 대금의 지급과 물건의 인도청구를 게을리 한 때에는 재매각을 하여야 한다. 지급기일을 정하지 아니한 경우로서 매각기일의 마감에 앞서 대금의 지급과 물건의 인도청구를 게을리 한 때에도 또한 같다.

5) 배우자의 우선매수권

부부공유의 유체동산의 경우, 압류 규정에 따라 압류한 유체동산을 매각하는 경우에 배우자는 매각기일에 출석하여 우선매수할 것을 신고할 수 있다(민집 제206조[177]).

6) 특별한 현금화 방법

법원은 필요하다고 인정하면 직권으로 또는 압류채권자, 배당을 요구한 채권자 또는 채무자의 신청에 따라 일반 현금화의 규정에 의하지 아니하고 다른 방법이나 다른 장소에서 압류물을 매각하게 할 수 있다. 또한 집행관에게 위임하지 아니하고 다른 사람으로 하여금 매각하게 하도록 명할 수 있다(민집 제214조[178]).

바. 서식례

1) 신청취지 기재례

가) 유체동산강제경매

집행권원에 기한 집행을 하여 주시기 바랍니다.

나) 자동차강제경매

1. 채권자의 채무자에 대한 위 청구금액의 변제를 받기 위하여 채무자소유의 별지목록 기재 자동차에 대한 강제경매절차를 개시하고, 채권자를 위하여 이를 압류한다.
2. 채무자는 위 자동차를 채권자의 위임을 받은 집행관에게 인도하여야 한다.
라는 재판을 구합니다.

---

④ 제3항의 경우에는 전의 매수인은 재매각절차에 참가하지 못하며, 뒤의 매각대금이 처음의 매각대금보다 적은 때에는 그 부족한 액수를 부담하여야 한다.
177) 민사집행법 제206조(배우자의 우선매수권) ① 제190조의 규정에 따라 압류한 유체동산을 매각하는 경우에 배우자는 매각기일에 출석하여 우선매수할 것을 신고할 수 있다.
② 제1항의 우선매수신고에는 제140조제1항 및 제2항의 규정을 준용한다.
178) 민사집행법 제214조(특별한 현금화 방법) ① 법원은 필요하다고 인정하면 직권으로 또는 압류채권자, 배당을 요구한 채권자 또는 채무자의 신청에 따라 일반 현금화의 규정에 의하지 아니하고 다른 방법이나 다른 장소에서 압류물을 매각하게 할 수 있다. 또한 집행관에게 위임하지 아니하고 다른 사람으로 하여금 매각하게 하도록 명할 수 있다.
② 제1항의 재판에 대하여는 불복할 수 없다.

○ ○ 지 방 법 원
강 제 집 행 신 청 서

○○ 지방법원　　집행관사무소　　집행관　　귀 하

채권자	성 명	박 ○ ○	주민등록번호 (사업자등록번호)	750631- 2558811	전화번호	015-606-5436
					우편번호	□□□ - □□□
	주 소	○○광역시 서구 둔산동(로)　　가 8543-34번지 호(통 반) 아파트　　동　　호				
	대리인	성명(　　　　　　　) 주민등록번호(　　　　　)			전화번호	
채무자	성 명	정 길 상	주민등록번호 (사업자등록번호)	780431- 1627813	전화번호	
					우편번호	□□□ - □□□
	주 소	대전광역시 서구 월평동(로)　　가 8761-43번지 호(통 반)				

집행목적물 소재지	채무자의 주소지와 같음　　(※ 다른 경우는 아래에 기재함) 시 구 동(로) 가 번지 호(통 반)
집 행 권 원	○○지방법원 2009가소제98765호 확정된 이행권고결정정본
집행의 목적물 및 집 행 방 법	동산압류, 동산가압류, 동산가처분, 부동산점유이전금지가처분, 건물명도, 철거, 부동산인도, 자동차인도, 기타(　　　　　　　)
청 구 금 액	10,000,000 원(내역은 뒷면과 같음)

위 집행권원에 기한 집행을 하여 주시기 바랍니다.
※ 첨부서류
1. 집행권원　　　1통　　　　　　　2010. 6. 10.
2. 송달증명서　　1통　　　　　　채권자 박 ○ ○ 　(인)
3. 위임장　　　　1통　　　　　　대리인　　　　　(인)

※ 특약사항
1. 본인이 수령할 예납금잔액을 본인의 비용부담하에
   오른쪽에 표시한 예금계좌에 입금하여 주실 것을
   신청합니다.

   채권자　박 ○ ○ 　(인)

예금계좌	개설은행	농 협
	예 금 주	박 ○ ○
	계좌번호	615-02-987654

2. 집행관이 계산한 수수료 기타 비용의 예납통지 또는 강제집행 속행의사 유무 확인 촉구를
   2회 이상 받고도 채권자가 상당한 기간 내에 그 예납 또는 속행의 의사표시를 하지 아니한
   때에는 본건 강제집행 위임을 취하한 것으로 보고 종결 처분하여도 이의 없습니다. 　채권
   자　박 ○ ○ 　(인)

(뒷면 계속)

청 구 금 액 계 산 서	
내　용	금　액
1. 대여금 원금	금 10,000,000원
합　계	10,000,000 원
집행목적물 소재지 약도	

강제집행 진행에 관한 신청서

○○ 지방법원　　　　집행관사무소　　　　　집행관　　　　　　　귀하

사건번호 :　　　　　본 가　　　　　호 (담당　　　　부)
채 권 자 :
채 무 자 :
집행권원 :

（　　　） 압류물 감정신청서
　　　　　년　　월　　일자로 압류한 위 채무자의 유체동산에 대한 감정을 하여 주시기
　　　　바랍니다.

（　　　） 경매기일 지정신청서
　　　　　년　　　월　　일자로 압류한 위 채무자의 유체동산에 대한 경매기일을 지정하여
　　　　주시기 바랍니다.

（　　　） 경매기일 연기(변경)신청서
　　　　　년　　　월일자로 압류한 위 채무자의 유체동산에 대한 경매기일이　년　월　일
　　：　로 지정되었으나, 채권　에 의하여 동 경매기일을 연기(변경)신청합니다.

（　　　） 압류물 점검신청서
　　　　　년　　월　　일자로 위 채무자의 유체동산을 압류하고 이를 채무자에게 보관시켰던
　　　　바, 채무자가 위 압류물건에 대하여 보관의무를 다하지 못하고 있는 것으로 보이
　　　　므로 위 물건의 손상 및 현존 유무를 점검하여 주시기 바랍니다.

（　　　） 압류물건 장소이전신청서
　　　　　년　　월　　일자로 위 채무자의 유체동산을 압류하고 이를 채무자에게 보관시켰던
　　　　바, 채무자의 주거이전으로 인하여 위 압류물건을 아래 장소로 이전하려 하오니
　　　　승인하여 주시기 바랍니다.
　　이전장소 :
　　첨부서류 : 압류물건목록　1부　　　현장도면　1매

（　　　　） 주소 보정신청서
위 사건에 관하여 채권자(채무자)는 주소를　　　년　　　월　　　일 이사하였으므로 아래와 같이
주소를 보정합니다.
　　보정할 채권자(채무자)의 주소 :
　　첨부서류 : 주민등록표 등·초본 1통

　　　　　　　　　　　　　　　　　2014.　　9.　　　.

　　　　　　　　　　　　　　　신청인　　　　　　　　　　（인）
　　　　　　　　　　　　　　　주민등록번호

[서식] 유체동산경매 취하서 등

<table>
<tr><td colspan="2" align="center">

강제집행신청 취하서 등

</td></tr>
<tr><td colspan="2">○ ○ 지방법원　　집행관사무소　　　　　집행관　　　　　귀하</td></tr>
<tr><td colspan="2">

사건번호 :　　　　본　가　　　　　　호 (담당　　　　부)
채 권 자 :
채 무 자 :
집행권원 :
</td></tr>
<tr><td colspan="2">

1. 강제집행신청취하서
　　위 집행권원에 의하여
　　.　　　.　　　. 자로 한 강제집행신청을 취하합니다.
</td></tr>
<tr><td colspan="2">

2. 정본회수신청서
　　위 집행권원 정본의 회수를 신청합니다.
　　위 집행권원 정본을 영수합니다.
2010.　　　9.　　　.
　　　　　　　영수인　　　　　　　　　　　　　　　(인)
</td></tr>
<tr><td colspan="2">

3. 신청취하접수증명원
　　위 강제집행신청 취하서가 접수되었음을 증명하여 주시기 바랍니다.
2010.　　　9.　　　.
　　　　　　　○ ○ 지방법원 집행관　　　　　　　　(인)
</td></tr>
<tr><td colspan="2" align="center">

2010.　　　9.　　　.

위 (1항, 2항, 3항) 신 청 인　　　　　(인)
</td></tr>
<tr>
<td>

신청인
확 인
</td>
<td>

주민등록번호			확인자

위 본인의 무인임을 증명함.

2010.　　　9.　　　.
담당　　　　　　　　(인)
</td>
</tr>
</table>

강제경매절차정지신청

채　　　권　　　자　○○○

채무자 겸 소유자　◇◇◇

위 당사자 사이의 귀원 20○○타경○○○호 부동산강제경매사건에 관하여 채무자 겸 소유자
인 ◇◇◇는 ○○고등법원으로부터 1심판결(○○지방법원 20○○느단○○호)에 대한 강제
집행정지결정을 받았으므로, 위 결정정본을 첨부하여 신청하니 위 경매절차를 정지하여 주
시기 바랍니다.

첨 부 서 류

1. 강제집행정지결정정본　　　　　　　　　　　　1통
1. 공탁서사본　　　　　　　　　　　　　　　　　1통

20○○.　○.　○.
위 채무자 겸 소유자　○○○ (서명 또는 날인)

○○지방법원　귀중

■ 작성 · 접수방법

제출법원: 집행법원, 매각허가결정에 대한 항고가 제기되어 경매기록이 상급법원에 있는 동안에는 기록이
있는 상급법원
제출기간: ·집행신청 전(예컨대 강제경매신청 전)에 미리 위 서류를 제출할 수는 없음. 부동산강제경매에
있어서 집행정지서류의 제출시한은 그 정지서류의 종류에 따라 다름. ①민사집행법 제49조 제1호·제2호
또는 제5호의 서류는 매수인이 매각대금을 내기 전까지 제출하면 집행이 정지 또는 취소됨(민사집행규칙
제50조 제1항, 1호·5호 서류: 취소, 2호 서류: 정지). 3호·4호 또는 6호의 서류도 매수인이 매각대금을
내기 전까지 제출하면 집행이 정지 또는 취소되지만(3호·6호 서류: 취소, 4호 서류: 정지), 매수신고가
있은 뒤에 위 서류를 제출하는 경우에는 최고가매수신고인 또는 매수인과 민사집행법 제114조의 차순위매수
신고인의 동의를 받아야 그 효력이 생김(민사집행법 제93조 제3항)②매수인이 매각대금을 낸 뒤에 민사집행법
제49조 각호 가운데 어느 서류가 제출된 때에는 절차를 계속하여 진행하여야 함. 배당은 민사집행규칙
제50조 제3항에서 정한 바에 따름.
3. 제출부수: 신청서 1부

자동차인도명령신청

채 권 자   ○○○(주민등록번호)
                              ○○시 ○○구 ○○길 ○○(우편번호)
                              전화·휴대폰번호:
                              팩스번호, 전자우편(e-mail)주소:

채무자 겸 소유자   ◇◇◇(주민등록번호)
                              주소 ○○시 ○○구 ○○길 ○○(우편번호)
                              전화·휴대폰번호:
                              팩스번호, 전자우편(e-mail)주소:

신 청 취 지

채무자(겸 소유자)는 채권자의 위임을 받은 집행관에게 별지목록 표시의 자동차를 인도하여
야 한다.
라는 재판을 구합니다.

신 청 이 유

1. 채권자는 채무자에 대하여 ○○지방법원 20○○느단○○○ 이혼 등 청구사건의 집행력
   있는 판결정본에 기초한 채권을 가지고 있습니다.
2. 그런데 채무자는 위 채권을 지금까지 채권자에게 지급하지 않고 있습니다.
3. 따라서 채권자는 귀원에 별지목록 표시의 자동차에 대한 강제경매신청을 하고자 하는데,
   미리 별지목록 표시의 자동차를 집행관에게 인도시키지 아니하면, 채무자는 현재 부도상
   태이므로 도주의 우려가 있는 등 채권자가 별지목록 표시의 자동차에 대하여 강제경매개
   시결정을 받아도 나중에는 자동차인도집행이 곤란하거나 불가능하게 될 염려가 있으므
   로, 채권자의 위임을 받은 귀원소속 집행관에게 별지목록 표시의 자동차를 인도할 것을
   명하는 재판을 민사집행규칙 제113조에 의하여 신청합니다.

첨 부 서 류

     1. 집행력 있는 판결정본(사본)   1통
     1. 판결정본송달증명원   1통
     1. 자동차등록원부   1통

1. 자동차목록   1통
1. 송달료납부서   1통

                                   20○○. ○. ○.
                          위 채권자   ○○○ (서명 또는 날인)

○○지방법원   귀중

[별지]

[별 지]

경매할 자동차의 표시

1. 자동차등록번호   ○○12가1234
1. 차   명   크레도스
1. 최 초 등 록 일   1999 −01 − 01
1. 년   식   1999
1. 원 동 기 형 식   T8
1. 형식 승인 번호   1-0462-004-003
1. 차 대 번 호   KNAGC2232TA163466
1. 사 용 본 거 지   ○○시 ○○구 ○○길 ○○
1. 소 유 자   ◇◇◇. 끝.

■ 작성 · 접수방법

제출법원 : 자동차가 있는 곳을 관할하는 지방법원
제출부수: 신청서 1부
비용: 인지액 1,000원, 송달료 '당사자수 x 5,100원 x 4회분'

자동차강제경매신청

채 권 자   ○○○(주민등록번호)
　　　　　○○시 ○○구 ○○길 ○○(우편번호)
　　　　　전화·휴대폰번호:
　　　　　팩스번호, 전자우편(e-mail)주소:

채 무 자   ◇◇◇(주민등록번호)
　　　　　주소 ○○시 ○○구 ○○길 ○○(우편번호)
　　　　　등록원부상의 주소 ○○시 ○○구 ○○길 ○○○
　　　　　전화·휴대폰번호:
　　　　　팩스번호, 전자우편(e-mail)주소:

청구채권의 표시

금 ○○○원 및 이에 대한 20○○. ○. ○.부터 다 갚는 날까지 연 ○○%의 비율에 의한 이자 및 지연손해금

집행권원의 표시

채권자의 채무자에 대한 ○○지방법원 20○○느단○○○ 이혼 등 청구사건의 집행력 있는 판결정본

경매할 자동차의 표시 : 별지목록 기재와 같음

신 청 취 지

1. 채권자의 채무자에 대한 위 청구금액의 변제를 받기 위하여 채무자소유의 별지목록 기재 자동차에 대한 강제경매절차를 개시하고, 채권자를 위하여 이를 압류한다.
2. 채무자는 위 자동차를 채권자의 위임을 받은 집행관에게 인도하여야 한다.
라는 재판을 구합니다.

신 청 원 인

1. 채권자는 채무자에 대하여 ○○지방법원에서 20○○. ○. ○. 선고한 20○○느단○○○ 이혼 등 청구사건의 집행력 있는 판결정본에 기초한 위 청구금액의 채권을 가지고 있습니다.

2. 그런데 채무자는 지금까지도 위 청구금액을 채권자에게 변제하지 않고 있습니다.
3. 따라서 채권자는 위 채권을 변제 받기 위하여 채무자소유의 별지목록 기재 자동차를
   강제집행 하고자 이 사건 신청에 이르렀습니다.

첨 부 서 류

1. 집행력 있는 판결정본	1통
1. 판결정본송달증명원	1통
1. 자동차등록원부등본	1통
1. 자동차목록	40통
1. 등록세영수필확인서, 영수필통지서	각1통
1. 집행비용예납서	1통
1. 송달료납부서	1통

20○○. ○. ○.

위 채권자 ○○○ (서명 또는 날인)

○○지방법원 귀중

[별지]

[별 지]

경매할 자동차의 표시

1. 자동차등록번호	○○12가1234
1. 차 명	크레도스
1. 최 초 등 록 일	1999 -01 - 01
1. 년 식	1999
1. 원 동 기 형 식	T8
1. 형 식 승 인 번 호	1-0462-004-003
1. 차 대 번 호	KNAGC2232TA163466
1. 사 용 본 거 지	○○시 ○○구 ○○길 ○○
1. 소 유 자	◇◇◇. 끝.

1. 집행법원 : ·자동차강제집행의 집행법원은 원칙적으로 자동차등록원부에 기재된 사용본거지를 관할하는 지방법원임(사용본거지주의, 민사집행규칙 제109조제1항 본문) 민사집행규칙 제119조 제1항의 규정에 따라 사건을 이송한 때에는 이송을 받은 법원이 관할권을 가지고(민사집행규칙 제109조 제1항 단서), 민사집행규칙 제113조 제1항에 규정된 결정에 따라 집행관이 자동차를 인도 받은 경우에는 자동차가 있는 곳을 관할하는 법원도 관할권을 가짐(소재지주의, 민사집행규칙 제109조 제2항).
2. 제출부수 : 신청서 1부
3. 비용 : 인지액 5,000원, 송달료 '이해관계인수 × 3700원 × 10회분'

[서식] 압류동산의 점검신청서

점 검 신 청 서

사건번호   20○○본 123(5부)

채 권 자   박 ○ ○

　　　　　○○ ○구 ○○동 679-97

채 무 자   정 ○ ○

　　　　　○○ ○구 ○○동 9817-46

위 당사자간의 서울○○지방법원 20○○느단000 이혼 등 청구사건의 집행력 있는 판결정본에 의하여 20○○. ○. ○.자 귀직원으로 하여금 위 채무자의 유체동산을 압류집행하였는바, 압류물의 부족 또는 손상의 유무에 대하여 점검을 하여줄 것을 신청합니다.

20○○. ○.　.

채권자 박 ○ ○　(인)

○○지방법원 집행관　귀하

1. 신청서1부를 집행관사무실에 접수한다.
2. 인지대, 송달료등 비용은 없다.

압류물건 보관장소 이전신고

사건번호 20○○본 123(5부)
채 권 자 박 ○ ○
채 무 자 정 ○ ○

위 당사자간의 서울○○지방법원 20○○느단○○○ 이혼 등 청구사건의 집행력 있는 판결정본에 의하여 20○○. ○. ○.자 귀 직원으로 하여금 위 채무자의 유체동산을 압류집행하였으나, 금번 사정에 의하여 다음 장소로 압류물을 이전하였기에 신고합니다.

1. 이전연월일 : 20○○. ○. ○.
1. 이전장소 : 서울 ○○구 ○○동 ○○ 지하창고
1. 약도 : 별지

20○○. ○. .

채무자 박 ○ ○ (인)

○○지방법원 집행관 귀하

■ 작성·접수방법

1. 신청서 2부를 집행관사무실에 접수한다
2. 인지대, 송달료등 비용은 없다.

매각기일지정신청서

사　　　건　　20○○본 1234호 담당 2부

채 권 자　　김 ○ ○

채 무 자　　이 ○ ○

　　　　　　○○지방법원

위 당사자간 ○○지방검찰청 소속 공증인 작성 ○○가소123 집행력이 있는

　　　　　　공증인가 ○○합동법률사무소 작성

판결정본에 의하여 20○○년 ○월 ○일에 압류한 채무자의 동산은 그 매각기일을 20○○.

○. ○. 9시 이후로 지정하여 주시기를 신청합니다.

　　　　　　　　　　　2013.　　　10.　　　.

　　　　　　　　　위 신청인 ○ ○ ○(인)

○○지방법원 집행관 귀하

○○지방법원

동산경매기일통지서

김 ○ ○ 귀하

사　　　건　　20○○본 1234호

채 권 자　　김 ○ ○

채 무 자　　이 ○ ○

집행권원　　○○지방법원 20○○느단000 이혼 등

위 집행권원에 의하여 20○○년 ○월 ○일에 압류한 물건에 대하여 경매의 일시와 장소를 다음과 같이 정하였으므로 통지합니다.

매각일시 : 20○○년 ○월 ○일 ○○시 ○○분부터
매각장소 : ○○시 ○○동 ○○
최저(일괄)매각가격 : ○○만 원

2013. 10.   .

집행관   이 ○ ○

[서식] 유체동산 특별현금화 명령신청

유체동산 특별현금화 명령신청

압류채권자   서 ○ ○
　　　　　　　 서울 ○○구 ○○동 ○○아파트 109-201

배당요구채권자   김 ○ ○
　　　　　　　　 서울 ○○구 ○○동 ○○

채 　 무 　 자   이 ○ ○
　　　　　　　 서울 ○○구 ○○동 ○○

신 청 취 지

위 당사자간 ○○지방법원 20○○느단○○○ 이혼 등 청구사건의 집행력 있는 판결정본에 기하여 2013. ○. ○. 압류(20○○ 본 123호)한 별지목록 기재 물건을 서울○○지방법원 집행관은 서울 ○○구 ○○동 ○○ 소재 ○○상사로 운반하여 그곳에 거주하는 김○○수에게 매각할 수 있다.
라는 재판을 구합니다.

신 청 이 유

1. 채권자의 채무자에 대한 위 사건에 관하여 압류채권자는 귀원 소속 집행관에 위임하여

20○○. ○. ○. 압류(20○○ 본 123호)한 별지목록 기재의 압류물은 골동품인 바, 이를 동인의 집에서 일반 경매규정에 의한 방법으로 시도하여 보았으나 성공하지 못하였습니다.

2. 그런데 이를 또다시 같은 방법으로 경매한다면 현금화 하기 용이하지 않으므로 보다 현금화가 용이한 서울 ○○구 ○○동 ○○소재 골동품 전문취급상인 ○○상사로 운반하여 그곳에 거주하는 김○○에게 매각할 수 있도록 장소이전 및 매각허가 결정을 하여 주시기를 민사집행법 제214조에 의하여 이에 신청합니다.

첨 부 서 류

1. 동산압류조서등본   1통
1. 납부서   1통

20○○.   10.   ○○.

위 압류채권자 서 ○ ○   (인)

○○ **지방법원   귀중**

■ 작성 · 접수방법

1. 비용: 인지 1,000원. 송달료 '당사자수 × 5,100원 × 2회분'
2. 압류물 소재지를 관할하는 지방법원을 전속관할로 하여 신청서 1부를 제출한다.

3. 부동산에 대한 강제경매

가. 의 의

채무자 소유의 부동산을 대상으로 강제경매, 강제관리절차를 진행하는 것을 말한다. 민사집행법은 부동산에 관한 금전집행, 그 중에서도 강제경매에 관한 절차를 상세히 규정하면서 이를 강제관리와 임의경매, 선박 · 자동차 · 건설기계에 대한 금전집행, 동산에 대한 금전집행에 준용하고 있다.

나. 부동산경매사건의 진행절차 및 진행기간[179]

다음 표와 같다.

종류	기산일	기간	민사집행법 근거조문
경매신청서의 접수		접수당일	80, 264①
개시결정 및 등기촉탁	접수일	2일	83, 94, 268
채무자에게 대한 개시결정의 송달	임의경매: 개시결정일 강제경매: 등기필증접수일	3일	83, 268
공과주관 공공기관에 대한 최고	개시결정일	3일(최고기간은 2주)	84④, 268
채권신고의 최고	배당요구종기결정일	3일(최고기간은 배당요구종기)	84④
현황조사명령	임의경매: 개시결정일 강제경매: 등기필증접수일	3일(조사기간은 2주)	85, 268
평가명령	임의경매: 개시결정일 강제경매: 등기필증접수일	3일(평가기간은 2주)	97,728
매각물건명세서의 작성, 그 사본 및 현황조사보고서, 평가서 사본의 비치		매각기일 1주전까지	105, 268
최초매각기일의 지정, 게시 및 신문공고의뢰, 이해관계인에의 통지	배당요구종기	1월	104, 268
최초매각기일	공고일	2주 후 20일	규칙 56
새매각기일 또는 재매각기일의 지정 및 게시(또는 게시 및 신문공고), 이해관계인에의 통지	사유발생일	1주	119, 138, 268
새매각기일 또는 재매각기일	공고일	2주 후 20일	119, 138, 268
매각결정기일	매각기일	7일	109, 268
배당요구의 통지	배당요구일	3일	89, 268
매각기일의 진행(매각실시)		매각기일	112, 116, 268
매각기일조서 및 보증금 등의 인도	매각기일	3일	117, 268
매각허부결정의 선고		매각결정기일	109, 126, 268

---

179) 부동산경매사건의 진행기간 등에 관한 예규(재민 91-5). 훈시규정임.

다. 절 차

1) 강제경매절차는 채권자의 강제경매신청으로 개시되고, 법원은 요건이 구비되었다고 인정되면 강제경매개시결정을 하여 목적 부동산을 압류한 후 관할 등기소에 경매개시결정 기입등기를 촉탁한 다음 채무자에게 경매개시결정정본을 송달한다.

2) 법원은 집행관에게 부동산의 현상·점유관계·차임·보증금 그 밖의 현황에 관하여 조사를 명하고 감정인에게 부동산을 평가하게 하여 그 평가액을 참작하여 최저매각가격을 정한다.

3) 위 절차가 끝나면 법원은 매각기일 및 매각결정기일을 정하여 이를 공고하고, 호가경매와 기일입찰의 매각기일에는 집행관이 집행보조기관으로서 미리 정해진 장소에서 매각을 실시하여 최고가 매수신고인과 차순위 매수신고인을 정한다. 매각기일에 매수신청인이 없는 경우에는 법원은 최저매각가격을 저감하고 새 매각기일을 정하여 다시 매각을 실시한다.

4) 법원은 매각결정기일에 이해관계인의 의견을 들은 후 매각의 허부를 결정한다. 매각허부의결정에 대하여 이해관계인은 즉시항고할 수 있다. 매각허가결정이 확정되면 법원은 대금지급기한을 정하여 매수인에게 대금지급을 명한다. 매수인이 대금을 정해진 날까지 내지 아니한 경우에 차순위매수신고인이 있는 때에는 그에 대하여 매각의 허부를 결정하고 차순위매수신고인이 없는 때에는 재매각을 명한다. 매수인은 매각허가결정이 선고된 뒤에는 매각부동산의 관리명령을 신청할 수 있고 대금을 다 낸 뒤에는 인도명령을 신청할 수 있다.

5) 매수인이 대금을 완납한 경우 채권자의 경합이 없거나 그 대금으로 각 채권자의 채권 및 비용을 변제하기에 충분한 때에는 각 채권자에게 이를 지급하고, 각 채권자의 채권 및 비용을 변제하기에 부족한 경우에는 배당절차로 진행한다.

[표] 부동산경매절차 도해

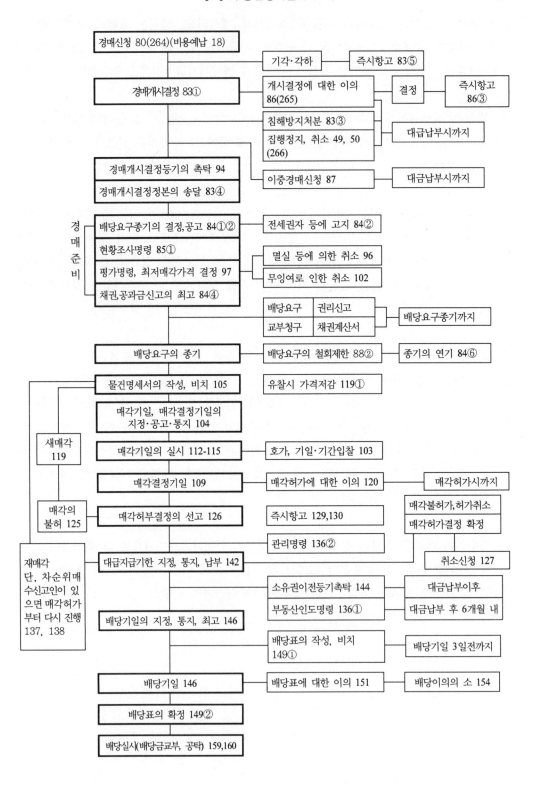

경매신청 80(264)(비용예납 18)

기각·각하 — 즉시항고 83⑤

경매개시결정 83①

개시결정에 대한 이의 86(265) — 결정 — 즉시항고 86③

침해방지처분 83③
집행정지, 취소 49, 50 (266) — 대급납부시까지

경매개시결정등기의 촉탁 94
경매개시결정정본의 송달 83④

이중경매신청 87 — 대금납부시까지

경매준비

배당요구종기의 결정,공고 84①② — 전세권자 등에 고지 84②

현황조사명령 85①
평가명령, 최저매각가격 결정 97 — 멸실 등에 의한 취소 96
채권,공과금신고의 최고 84④ — 무잉여로 인한 취소 102

배당요구 | 권리신고
교부청구 | 채권계산서 — 배당요구종기까지

배당요구의 종기

배당요구의 철회제한 88② — 종기의 연기 84⑥

물건명세서의 작성, 비치 105 — 유찰시 가격저감 119①

매각기일, 매각결정기일의 지정·공고·통지 104

새매각 119

매각기일의 실시 112-115 — 호가, 기일·기간입찰 103

매각결정기일 109 — 매각허가에 대한 이의 120 — 매각허가시까지

매각의 불허 125

매각허부결정의 선고 126 — 즉시항고 129,130

매각불허가,허가취소
매각허가결정 확정

관리명령 136②

재매각 단, 차순위매 수신고인이 있 으면 매각허가 부터 다시 진행 137, 138

대급지급기한 지정, 통지, 납부 142 — 취소신청 127

소유권이전등기촉탁 144 — 대금납부이후
부동산인도명령 136① — 대금납부 후 6개월 내

배당기일의 지정, 통지, 최고 146

배당표의 작성, 비치 149① — 배당기일 3일전까지

배당기일 146 — 배당표에 대한 이의 151 — 배당이의의 소 154

배당표의 확정 149②

배당실시(배당금교부, 공탁) 159,160

라. 강제경매의 신청

신청은 서면으로 하고, 신청서에는 다음 사항을 기재하며, 첨부서류 및 영수증 등과 함께 신청서를 제출하고, 집행비용을 예납한다.

1) 채권자 · 채무자의 표시

채권자와 채무자를 특정할 수 있도록 그 이름과 주소를 기재하여야 한다. 대리인에 의하여 강제경매의 신청을 하는 경우에는 신청서에 대리인의 이름 · 주소를 표시하여야 한다.

2) 부동산의 표시

강제경매의 대상이 될 부동산을 특정하여 표시한다. 여기서 부동산이라 함은 토지 및 그 정착물, 부동산과 동일시되는 권리를 말한다. 등기되어 있는 부동산의 경우에는 동일성이 인정되는 한 등기부의 표제부에 기재되어 있는 대로 표시하여야 한다. 구분소유권의 경우에는 1동의 건물 중 구분소유로 된 부분을 특정할 수 있도록 표시하여야 한다. 미등기 부동산의 경우에는 그 부동산이 채무자의 소유임을 증명할 서류의 표시와 부합되도록 적어야 한다.

3) 채권 및 청구금액의 표시

강제경매에 의하여 변제를 받고자 하는 일정한 채권과 그 청구금액을 표시한다. 채권은 다른 채권과 구별할 수 있을 정도로 특정하여야 하고, 청구금액은 집행권원에 표시된 채권액의 범위 내이어야 한다. 집행권원이 수 개인 경우 각 집행권원의 내용이 된 채권을 모두 특정하여 표시해야 한다. 청구금액은 반드시 정액의 표시가 있어야 하는 것은 아니고 정기금채권, 이자채권과 같이 기간과 액수, 이율 등으로 계산 가능한 표시가 있으면 무방하다.

4) 집행권원의 표시

구체적으로 어떤 집행권원에 의한 강제집행인가를 알아 볼 수 있도록 표시한다. 한 개의 집행권원에 여러 개의 집행채권이 존재하는 경우에는 어느 집행채권에 기하여 강제집행을 구하는 것인가를 명백히 하지 않으면 안된다. 기한미도래나 조건 불성취의 집행권원에 기하여 경매신청을 한 경우에는 그 신청은 부적법하다. 집행권원이란 사법상의 일정한 이행청구권의 존재와 범위를 표시함과 동시에 강제집행으로 그 청구권을 실현할 수 있는 집행력을 인정한 공정의 증서를 말한다.

5) 집행력 있는 정본의 제출

집행력 있는 정본이란 집행문이 있는 집행권원의 정본을 말하고, 집행문이란 집행권원에 집행력 있음과 집행당사자를 공증하기 위하여 법원사무관 등이 공증기관으로서 집행권원의 끝에 덧붙여 적는 공증문언을 말한다. 집행문 제도를 둔 목적은 집행기관으로 하여금 집행권원에 집행력이 있는지 여부와 그 범위를 쉽게 판단하게 하여 신속한 집행을 꾀하려는 데 있다. 그러나 모든 강제집행에 있어서 집행문이 필요한 것은 아니다.

※ 집행문을 필요로 하지 않는 경우

① 확정된 지급명령(민집 제58조)
② 확정된 이행권고결정(소심 제5조의8)
③ 가압류가처분명령(민집 제292조, 제301조)
④ 과태료의 재판에 대한 검사의 집행명령(민집 제60조, 비송 제249조)
⑤ 벌금 등의 형사재판에 대한 검사의 집행명령(형소 제477조)
⑥ 확정된 또는 가집행선고 있는 배상명령이 적힌 유죄판결(소촉 제34조, 가폭 제61조)
⑦ 채권압류명령에 따른 채권증서의 인도집행(민집 제234조)
⑧ 강제관리개시결정에 따른 부동산의 점유집행(민집 제166조)
⑨ 의사의 진술을 명하는 판결(부동산등기절차의 이행을 명하는 판결 등)

6) 집행권원의 송달증명서의 제출

강제집행은 집행권원을 집행개시 전 또는 집행개시와 동시에 집행을 받을 사람(채무자)에게 송달한 때에 한하여 개시할 수 있으므로(민집 제39조), 채권자는 송달사무처리기관인 법원사무관 등 또는 송달실시기관인 집행관의 송달증명서를 제출하여야 한다. 강제경매의 경우에는 법원이 집행기관이므로 동시송달이란 있을 수 없다.

7) 자격증명서의 제출

채권자, 채무자가 행위무능력자인 경우 또는 법인인 경우에는 무능력자의 법정대리인, 법인의 대표자의 자격을 증명하는 서면(가족관계증명서, 법인등기부등본 등)을 붙여야 한다.

8) 위임장의 제출

소송대리인에 의한 경매신청의 경우에는 그 대리권을 증명하기 위하여 소송위임장을 붙여야 한다. 집행권원이 판결인 경우 그 판결의 소송대리인으로 표시된 자가 강제경매신청을 함에 있어서는 위임장을 첨부할 필요가 없다.

9) 기타 증명서의 제출

가) 담보제공증명서

집행이 채권자의 담보제공에 달린 때(담보제공을 조건으로 가집행을 선고한 경우 등)에
는 채권자는 담보를 제공한 증명서류를 제출하여야 하고, 또 그 등본을 집행개시 전 또
는 집행개시와 동시에 채무자에게 송달하여야 한다(민집 제40조[180]).

나) 반대의무의 이행 또는 이행의 제공을 증명하는 서면

동시이행관계에 있는 반대의무의 이행(제공)은 원칙적으로 집행문 부여의 요건이 아니고
집행개시의 요건이다(민집 제41조[181]). 그러나 반대의무의 이행과 상환으로 권리관계의
인낙이나 의사진술을 할 의무에 대하여는 그 판결이 확정된 뒤에 채권자가 그 반대의무
를 이행한 사실을 증명하고 재판장 또는 사법보좌관의 명령에 따라 집행문을 받았을 때
의사표시의 효력이 생기므로(민집 제263조[182]), 이 경우에는 반대의무의 이행(제공)은
집행문 부여의 요건이 된다.

10) 인지 · 송달료 · 증지

집행권원 1개당 5,000원의 수입인지를 신청서에 붙여야 한다. 부동산 등 경매사건의 송
달료는 송달료규칙 및 송달료규칙의 시행에 따른 업무처리요령이 정하는 바에 따라 송달
료 수납은행에 현금[(신청서 상 이해관계인수+3)×10회분×5,100원]을 납부하고, 그 은
행으로부터 송달료납부서, 송달료영수증을 교부받은 다음 그 중 송달료납부서를 신청서에
첨부한다. 부동산 1개당 3,000원의 증지를 클립 혹은 호치킷으로 신청서 상단에 고정한
다. 증지는 경매개시결정 이후 담당 경매계에서 등기소로 촉탁할 시에 떼어서 사용한다.

---

180) 민사집행법 제40조(집행개시의 요건) ① 집행을 받을 사람이 일정한 시일에 이르러야 그 채
  무를 이행하게 되어 있는 때에는 그 시일이 지난 뒤에 강제집행을 개시할 수 있다.
   ② 집행이 채권자의 담보제공에 매인 때에는 채권자는 담보를 제공한 증명서류를 제출하여야
  한다. 이 경우의 집행은 그 증명서류의 등본을 채무자에게 이미 송달하였거나 동시에 송달하
  는 때에만 개시할 수 있다.
181) 민사집행법 제41조(집행개시의 요건)① 반대의무의 이행과 동시에 집행할 수 있다는 것을 내
  용으로 하는 집행권원의 집행은 채권자가 반대의무의 이행 또는 이행의 제공을 하였다는 것을
  증명하여야만 개시할 수 있다.
   ② 다른 의무의 집행이 불가능한 때에 그에 갈음하여 집행할 수 있다는 것을 내용으로 하는
  집행권원의 집행은 채권자가 그 집행이 불가능하다는 것을 증명하여야만 개시할 수 있다.
182) 민사집행법 제263조(의사표시의무의 집행) ① 채무자가 권리관계의 성립을 인낙한 때에는 그
  조서로, 의사의 진술을 명한 판결이 확정된 때에는 그 판결로 권리관계의 성립을 인낙하거나
  의사를 진술한 것으로 본다.
   ② 반대의무가 이행된 뒤에 권리관계의 성립을 인낙하거나 의사를 진술할 것인 경우에는 제30
  조와 제32조의 규정에 따라 집행문을 내어 준 때에 그 효력이 생긴다.

11) 등록세 · 지방교육세

신청인은 등록세(청구채권금액의 2/1,000) 및 지방교육세(청구채권금액의 등록세액의 20/100) 영수필통지서 1통과 영수필확인서 1통을 적어도 법원의 등기촉탁까지는 제출하여야 한다. 실무상으로는 통상 경매신청 시에 위 영수필통지서 등을 함께 제출하고 있다.

12) 집행비용예납

신청인은 아래와 같은 집행비용을 법원보관금규칙이 정하는 바에 따라 예납하여야 한다.

경매수수료	10만 원까지 5,000원
	10만 원 초과 1천만 원까지 5,000원+[(청구금액−10만 원)/10만 원×2,000원]
	1천만 원 초과 5천만 원까지 203,000원+[(청구금액−1천만 원)/10만 원×1,500원]
	5천만 원 초과 1억원까지 803,000원+[(청구금액−5천만 원)/10만 원×1,000원]
	1억원 초과 3억원까지 1,303,000원+[(청구금액−1억원)/10만 원×500원]
	3억원 초과 5억원까지 2,303,000원+[(청구금액−3억원)/10만 원×300원]
	5억원 초과 10억원까지 2,903,000원+[(청구금액−5억원)/10만 원×200원]
	10억원 초과 3,903,000원
감정료	1억 5,500만 원 이하 200,000원
	1억 5,500만 원 초과 50억원까지 청구금액×0.0004+138,000원
	50억 원 초과 청구금액×0.0002+1,138,000원
현황조사료	63,260원
유찰수수료	6,000원
신문공고료	부동산(기본2개당) 220,000원 1개 추가당 110,000원

[서식] 법원보관금납부서

납부당사자사용란	법원명	○○지방법원	사건번호	부동산임의경매	
	납부금액	○○○○원	보관금종류	○민사예납금 ○경매예납금 ○경매보증금 ○경락대금 ○기타	
	납부당사자	박○○	주민등록번호 (사업자등록번호)		
	주소				
	잔액환급 계좌번호	○○은행	○○지점	예금주	
		계좌번호			

13) 부동산목록·등기부등본

경매개시결정과 그 후의 각종 촉탁 등에 필요한 부동산목록은 본래는 집행법원이 이를 작성하여야 할 것이나 법원의 사무처리의 편의를 위하여 실무상 신청인에게 10통을 제출시키고 있다.

채무자 소유로 등기된 부동산에 대하여 등기부등본을 제출하여야 한다. 실무상 경매신청 전 1개월 이내에 발급된 것을 첨부시키고 있다.

마. 서식

1) 신청취지 기재례

가) 부동산강제경매신청서

> 1. 채권자의 채무자에 대한 위 청구금액의 변제에 충당하기 위하여 별지목록 기재 부동산에 대한 강제경매절차를 개시한다.
> 2. 채권자를 위하여 별지목록 기재 부동산을 압류한다.
> 라는 재판을 구합니다.

나) 부동산경매개시결정에 대한 이의신청

1. ○○지방법원   년 월 일자로 별지목록기재 부동산에 대한 매각허가결정을 취소하고,
   이 사건 경매신청을 기각한다.
라는 재판을 구합니다.

다) 부동산인도명령신청

피신청인은 신청인에게 별지목록 기재 부동산을 인도하라.
라는 재판을 구합니다.

라) 부동산인도명령 집행정지신청

   ○○지방법원 ○○지원 타경   호 부동산 인도명령사건에 관하여, 동 법원에서 2001
   년 월 일에 한 별지목록 기재 부동산에 대한 부동산인도명령정본에 기한 인도집행은 ○○지
   방법원(항고부) 라   호 항고심 결정시까지 이를 정지한다.
라는 재판을 구합니다.

마) 부동산인도명령에 대한 즉시항고

피신청인은 신청인에게 별지목록 기재 부동산을 인도하라.
라는 재판을 구합니다.

2) 서식례

부동산강제경매신청서

부동산강제경매신청

채 권 자   박 ○ ○(750○○○-16○○○○)
          서울시 ○○구 ○○동 ○○-○○(T.010-○○○-○○○)

채무자겸   정 ○ ○(760431-1627813)
소 유 자   광주 광산구 장덕동 1490-991

청구금액 : 금 100,000,000
   위 금액에 대하여 20○○. ○. ○.부터 20○○. ○. ○.까지는 연 12%의, 그 다음날부터
다 갚는 날까지는 연 20%의 각 비율에 의한 금원

집행법원의 표시
   채권자가 채무자를 상대로 한 서울가정법원 20○○느단 1234 위자료 판결정본

신 청 취 지

위 금액의 변제에 충당하기 위하여 별지목록 기재 부동산에 대하여 강제경매개시를 한다.
라는 재판을 구합니다.

신 청 이 유

   위 청구금액은 채권자가 채무자를 상대로 제기한 20○○느단 1234 위자료 청구사건의
20○○. ○. ○.자 확정된 판결에 의한 것으로 채무자가 변제하여야 할 것인바, 채무자는
이를 전혀 변제하지 않고 있으므로 채권자는 채무자를 상대로 위 집행법원에 의한 경매개
시결정의 절차를 구하기 위하여 본 신청에 이르렀습니다.

첨 부 서 류

     1. 위 입증방법   1통
     1. 별지목록   1통
     1. 이해관계일람표   1통
     1. 부동산등기부등본   1통
     1. 채무자주민등록초본   1통

                          20○○.   ○. ○.

                  위 채권자 박 ○ ○ (인)

○○ 지방법원   귀중

[별 지] 매각할 부동산의 표시

매각할 부동산의 표시

1동의 건물의 표시

　충청남도 논산시 강경읍 산양리 348-9, 349-2 금강빌리지임대아파트 제104동 철근콘
크리트조 평스라브지붕 5층 아파트

1층	441.78 ㎡
2층	440.66 ㎡
3층	440.66 ㎡
4층	440.66 ㎡
5층	440.66 ㎡
지하1층	384.45 ㎡

대지권의 목적인 토지의 표시

　1. 충남 논산시 강경읍 산양리 348-9　　대 1,679 ㎡
　2. 충남 논산시 강경읍 산양리 349-2　　대 4,287 ㎡

전유부분의 건물의 표시

　건물의 표시 : 제1층 제302호
　구　　　조 : 철근콘크리트조
　면　　　적 : 39.60㎡

대지권의 표시

　대지권의 종류 : 1, 2 소유대지권
　대지권의 비율 : 5,966분의 30.046　 .끝.

1. 신청서는 1부 제출한다.
2. 등록세, 송달료, 인지를 첨부하고 증지는 호치키스로 신청서 상단에 고정해 제출한다.
3. 경매예납금은 법원보관금으로을 납부하는데 대략적 금액으로 예납하여도 무방하고 경매진행중에 부족하면 추가 보정납부하면 된다.
4. 집행권원은 정본을 첨부해야 한다.
5. 채무자 주소가 등기부와 다른 경우 이를 확인하기 위해 주민등록초본을 첨부한다.

[서식] 부동산경매개시결정에 대한 이의신청

부동산경매개시결정에 대한 이의신청

사건번호
신청인(채무자 겸 소유자)
　　　ㅇ시　ㅇ구　ㅇ동　ㅇ번지
피신청인(채권자)
　　　ㅇ시　ㅇ구　ㅇ동　ㅇ번지

신　청　취　지

1. ㅇㅇ지방법원　년　월　일자로 별지목록기재 부동산에 대한 매각허가결정을 취소하고, 이 사건 경매신청을 기각한다.
라는 재판을 구합니다.

신　청　이　유

1. 신청인이 피신청인으로부터　년　월　일 채권 최고액 금　　　원의 근저당권설정계약을 체결하여 피신청인 청구금액의 금원채무를 신청인이 부담하고 있는 사실 및 위 채무불이행으로 인하여 피신청인이 경매를 신청하여　년　월　일자 경매개시결정된 사실은 인정한다.
2. 위 부동산의 경매개시결정된 후 신청인은 변제를 위하여 최선을 다하였으나 매각허가결정 후에야 피신청인에게 원금　　　원에다　년 월 일부터　　　년 월 일(완제일)까지 연　%의 지연이자　　원 및 경매비용　　원 합계금　　　원정을 변제하고 위 경매신청을 취하하였습니다.
3. 그러나 매수인은 위 경매신청 취하에 동의치 않으므로 부득이 본 이의신청으로 신청취지와 같은 재판을 구합니다.

첨 부 서 류

1. 경매취하서   1통
1. 변제증서   1통

　　　년　　　　　월　　　　　　일

　　　　　위 신청인   (인)

　　　　　　　　연락처(☎)

지방법원　　　　　　귀중

■ 작성 · 접수방법

1. 경매개시결정 후 매수인의 동의가 없을 때 사용하는 양식
2. 신청서에는 1,000원의 인지를 붙여 1통을 집행법원에 제출하고, 이의재판정본 송달료를(2회분) 납부하여야
   한다.

[서식] 부동산인도명령 신청

부 동 산 인 도 명 령 신 청

신청인(낙찰인)　　　　　김　낙　찰
　　　　　　　　　　　　　주　소
피신청인(채무자소유자)　이　피　고
　　　　　　　　　　　　　주　소

신 청 취 지

피신청인은 신청인에게 별지목록 기재 부동산을 인도하라.
라는 재판을 구합니다.

신 청 이 유

1. 신청인은 귀원 98타경12345호 부동산임의경매사건에서 199 . . . 낙찰허가를 받아 199 . . . 낙찰잔대금을 완불하고 그 소유권을 취득하였습니다.
2. 그 후 신청인은 채무자겸 소유자인 피신청인에게 동 부동산을 인도해 줄 것을 구하였으나 이에 응하지 않고 있으므로, 위 별지목록 기재 부동산을 인도 받고자 이 건 신청에 이른 것입니다.

2016 . . .

위 신청인(낙찰인)   김 낙 찰 ㉑

○ ○ 지 방 법 원   귀 중

■ 작성 · 접수방법

1. 낙찰인은 대금완납 후 6개월내에 채무자, 소유자 또는 부동산 점유자에 대하여 부동산을 매수인에게 인도할 것을 법원에 신청할 수 있다.
2. 신청서에는 1,000원의 인지를 붙이고 1통을 집행법원에 제출하며 인도명령정본 송달료(2회분)를 납부하셔야 한다.

[서식] 부동산인도명령 신청

부동산 인도명령 집행정지 신청서

신 청 인(채무자)
주   소
피신청인(낙찰인)
주   소

신 청 취 지

○○지방법원 ○○지원 타경   호 부동산 인도명령사건에 관하여, 동 법원에서 2001년 월 일에 한 별지목록 기재 부동산에 대한 부동산인도명령정본에 기한 인도집행은 ○○지방법원(항고부)   라   호 항고심 결정시까지 이를 정지한다.
라는 재판을 구합니다.

신 청 이 유

1. ○○지방법원 ○○지원 타경   호 부동산 강제(임의) 경매사건의 내용과 낙찰인에 대하여 . . .에 부동산인도명령이 발령된 사실을 기재.
2. 신청인이 위 부동산인도명령 라   호에 대하여 즉시항고를 제기한 사실을 기재.
3. 부동산인도명령에 대하여 적법한 항고사유가 존재함을 기재
4. 무공탁 또는 적은 금액의 공탁 주장
   민사소송법 제 418조에 의한 법원의 직권에 의한 집행정지결정을 촉구하는 것이므로 무공탁 또는 소액공탁을 주장한다.
5. 민사소송법 제 418조에 따라서 이 신청을 합니다

첨 부 서 류

1. 즉시항고제기증명	1통
1. 부동산인도명령 사본	1통
1. 임대차계약서	1통
1. 주민등록표등본	1통
1. 송달료납부서	1통

년   월 일

위 신청인(점유자)   (인)

○○지방법원   귀중

[서식] 부동산인도명령결정에 대한 즉시항고장

즉 시 항 고 장

항고인(피신청인)   ○○○(주민등록번호)

○○시 ○○구 ○○길 ○○(우편번호)

전화·휴대폰번호:

팩스번호, 전자우편(e-mail)주소:

피항고인(신청인)   ◇◇◇(주민등록번호)

○○시 ○○구 ○○길 ○○(우편번호)

전화·휴대폰번호:

팩스번호, 전자우편(e-mail)주소:

위 당사자 사이의 ○○지방법원 20○○타기○○○호 부동산인도명령에 대하여 항고인은
불복하므로 즉시 항고합니다.

원재판의 표시

1. 피신청인은 신청인에게 별지목록 기재 부동산을 인도하라.

항 고 취 지

원 결정을 취소하고 다시 상당한 재판을 구합니다.

항 고 이 유

1. 신청인은 ○○지방법원 20○○타경○○○호 부동산담보권실행을 위한 경매사건에서 별
   지목록 기재 부동산을 매수하여 그 정당한 소유자임에 틀림없으나, 항고인이 점유하고
   있는 건물은 지번은 동일하지만 경매에서 제외된 부동산으로 현재 미등기인 상태이기
   때문에 신청인이 매수한 물건이 아닙니다.
2. 따라서 항고인은 신청인으로부터 인도명령을 받을 아무런 이유가 없으므로 이에 불복하여
   항고합니다.

입 증 방 법

1. 갑제 1호증의 1	경매된 벽돌조 슬라브지붕 단층주택 사진
1. 갑제 1호증의 2	경매된 목조기와지붕단층주택 사진
1. 갑제 1호증의 3	항고인이 현재 거주하고 있는 주택 사진

첨 부 서 류

1. 위 입증방법	각 1통
1. 항고장부본	1통
1. 송달료납부서	1통

20○○. ○. ○.

위 항고인   ○○○ (서명 또는 날인)

○○지방법원 귀중

1. 신청서에는 2,000원의 인지를 붙이고, 인도명령정본 송달료(당사자수 x 5,100원(송달료) x 5회분)를 납부하셔야 한다.
2. 제출법원 : 집행법원
3. 제출기간: 재판을 고지받은 날로부터 1주일의 불변기간 이내 제출

민사집행법 제70조(채무불이행자명부 등재신청) ① 채무자가 다음 각호 가운데 어느 하나에 해당하면 채권자는 그 채무자를 채무불이행자명부에 올리도록 신청할 수 있다.

1. 금전의 지급을 명한 집행권원이 확정된 후 또는 집행권원을 작성한 후 6월 이내에 채무를 이행하지 아니하는 때. 다만, 제61조제1항 단서에 규정된 집행권원의 경우를 제외한다.

2. 제68조 제1항 각호의 사유 또는 같은 조제9항의 사유 가운데 어느 하나에 해당하는 때

② 제1항의 신청을 할 때에는 그 사유를 소명하여야 한다.

③ 제1항의 신청에 대한 재판은 제1항 제1호의 경우에는 채무자의 보통재판적이 있는 곳의 법원이 관할하고, 제1항 제2호의 경우에는 재산명시절차를 실시한 법원이 관할한다.

제68조(채무자의 감치 및 벌칙) ① 채무자가 정당한 사유 없이 다음 각호 가운데 어느 하나에 해당하는 행위를 한 경우에는 법원은 결정으로 20일 이내의 감치(감치)에 처한다.

1. 명시기일 불출석

2. 재산목록 제출 거부

3. 선서 거부

⑨ 채무자가 거짓의 재산목록을 낸 때에는 3년 이하의 징역 또는 500만 원 이하의 벌금에 처한다.

1. 의의

채무불이행자명부 등재절차란 재산명시절차에서 감치 또는 벌칙 대상이 되는 행위를 하거나 채무를 일정한 기간 이내에 이행하지 아니한 채무자에 관한 일정한 사항을 법원의 재판에 따라 등재한 후 법원과 주소지 행정관서에 비치하고 일반인에게 공개하는 절차를 말하며, 채무자에 대하여 간접강제의 효과를 거둠과 동시에 일반인으로 하여금 거래 상대방에 대한 신용조사를 쉽게 하여 거래의 안전을 도모하려는 데 그 목적이 있다.

2. 절차

가. 채무불이행자명부 등재신청(민집 제70조)

채무자가 금전의 지급을 명한 집행권원이 확정된 후 또는 집행권원을 작성한 후 6월 이내에 채무를 이행하지 아니하는 때. 채권자는 채무자의 보통재판적이 있는 곳의 법원에 그 채무자를 채무불이행자명부에 등재하도록 신청할 수 있다. 다만 재산명시신청에서 처

럼 가집행선고 있는 판결과 가집행선고 있는 배상명령과 같이 아직 확정되지 아니하여 취소의 가능성이 있는 집행권원은 제외된다.

나. 채무불이행자명부 등재신청에 대한 재판

법원은 필요한 경우 이해관계인 그 밖의 참고인을 심문할 수 있으나, 대법원예규는 채권자가 국가, 지방자치단체, 공법인, 금융기관인 때와 채무자의 불출석, 절차의 현저한 지연, 그 밖의 부득이한 사유가 있는 때를 제외하고는 채무자를 반드시 심문하도록 하고 있다.

다. 채무불이행자명부 작성 · 비치 · 열람 · 복사

채무불이행자명부 등재결정이 내려지면 법원사무관 등은 지체 없이 채무불이행자명부를 작성하고, 등재결정을 한 법원에 비치하며, 이 명부의 부본을 채무자의 주소지(채무자가 법인인 때에는 주된 사무소 소재지) 시 · 구 · 읍 · 면의 장에게 보내고, 전국은행연합회의 장에게도 채무불이행자명부의 부본을 보내거나 전자통신매체를 이용하여 그 내용을 통지한다.

라. 채무불이행자명부 등재의 말소

채무자의 신청에 따라 변제 그 밖의 사유로 채무의 소멸이 증명된 때에는 사법보좌관은 채무자의 이름을 이 명부에서 말소하는 결정을 한다. 그러나 기한의 유예 · 연기, 이행조건의 변경, 채권자의 말소동의 등의 사유는 이에 해당하지 않는다.

3. 서식

가. 신청취지 기재례

1) 채무불이행자명부등재신청

채권자를 채무불이행자 명부에 등재한다.
라는 재판을 구합니다.

2) 채무불이행자명부말소신청

위 당사자간 20○○카불○○○호 채무불이행자 등재신청사건에 관하여, 20○○. ○. ○○.자 결정에 의하여 등재한 채무자의 채무불이행자명부의 등재는 이를 말소한다.
라는 재판을 구합니다.

나. 서식례

[서식] 채무불이행자 명부등재신청서

채무불이행자 명부등재신청

신청인(채권자)　　　　　○○○(○○○○○-○○○○)
　　　　　　　　　　　　서울시 ○○구 ○○동 ○○
　　　　　　　　　　　　010-1234-5678

피신청인(채무자)　　　　○○○(○○○○○-○○○○)
　　　　　　　　　　　　경기도 ○○군 ○○읍 ○○

집행권원의 표시

○○지방법원 20○○느단 1234 이혼 등 사건에 대하여 20○○. ○. ○.에 확정된 지급명령정본

불이행 채무액
금 20,000,000원(집행권원상의 원금) 및 이에 대한 20○○. ○. ○.부터 연 20%의 이자.

신 청 취 지

채권자를 채무불이행자 명부에 등재한다.
라는 재판을 구합니다.

신 청 이 유

채권자는 ○○지방법원 20○○느단 1234 이혼 등 사건에 대하여 20○○. ○. ○.에 확정된 지급명령정본에 의해 위 채무자에게 금원을 지급하도록 고지하였으나 채무자는 이를 전혀 이행하지 않고 있는 바, 이에 채권자는 채무자에 대한 재산을 확인한 결과 강제집행이 가능한 재산이 없어 본 신청에 이르게 된 것입니다.

첨 부 서 류

　　1. 집행령있는 지급명령확정정본　　　　　　1통
　　1. 주민등록초본　　　　　　　　　　　　　　1통

20○○. ○. ○.
위 채권자 ○○○ (인)

○○ 지방법원 귀중

■ 작성 · 접수방법

1. 신청서는 1,000원의 인지를 붙인다.
2. 송달료는 당수자수의 5회분이다.
3. 관할확인을 위한 채무자의 주민증록초본을 첨부한다.

[서식] 채무불이행자 명부말소신청서 – 채권자신청

채무불이행자 명부말소신청

사 건 20○○ 카명 1245 채무불이행자명부등재
채권자 ○○○(○○○○○-○○○○)
서울시 ○○구 ○○동 ○○
010-1234-5678

채무자 ○○○(○○○○○-○○○○)
경기도 ○○군 ○○읍 ○○

신 청 취 지

채무자를 채무불이행자명부에서 말소한다.
라는 재판을 구합니다.

신 청 이 유

1. 채권자는 채무자에 대하여 ○○지방법원 20○○느단 1234 이혼 등 사건에 대하여 20○○. ○. ○.에 확정된 판결정본에 의해 위 채무자에게 금원을 지급하도록 고지하였으나 채무자는 이를 전혀 이행하지 않아, 채무자에 대한 재산을 확인한 결과 강제집행이 가능한 재산이

없어 20○○. ○. ○.경 20○○ 카명 ○○호 채무불이행자명부등재 사건으로 처리한 바 있습니다.

2. 이에 채무자는 채권자에 대해 변제를 하고자 하였으나 채권자가 채무금원금과 법정이자액의 수령을 거절하여 부득이 위 지급명령확정정본상의 채무원금과 이자금을 변제공탁시까지로 계산하여 채무금 전액을 변제공탁을 하였으므로 채무불이행자 명부에서 채무자를 말소하여 주시기 바랍니다.

첨 부 서 류

1. 변제공탁서	1통
1. 납부서	1통

20○○. ○. ○.

위 채무자   ○○○   (인)

○○ **지방법원   귀중**

■ 작성 · 접수방법

1. 신청서는 1,000원의 인지를 붙인다.
2. 신청서 1부, 부본 1부를 채무불이행자명부등재를 결정한 법원에 제출한다.

[서식] 채무불이행자 명부말소신청서 – 변제 – 채무자신청

채무불이행자명부등재말소신청

사   건 20○○카불○○○호 채무불이행자 등재신청사건

신 청 인(채무자) ○ ○ ○ (–   )
서울특별시

피신청인(채권자) ㅇ ㅇ ㅇ (-   )
서울특별시
등재결정   20ㅇㅇ. ㅇ. ㅇㅇ. 자 20ㅇㅇ카불ㅇㅇㅇ 결정

신 청 취 지

위 당사자 간 20ㅇㅇ카불ㅇㅇㅇ호 채무불이행자 등재신청사건에 관하여, 20ㅇㅇ. ㅇ. ㅇㅇ. 자 결정에 의하여 등재한 채무자의 채무불이행자명부의 등재는 이를 말소한다.
라는 재판을 구합니다.

신 청 이 유

1. 신청인은 위 사건의 채무자인 바, 신청인은 피신청인에게 채무 전액을 20ㅇㅇ. ㅇ. ㅇㅇ. 변제하였으며 피신청자로부터 변제증서를 받았습니다.
2. 신청인은 20ㅇㅇ. ㅇ. ㅇㅇ. 채무 전부를 피신청인에게 변제하여 채무가 소멸되었으므로 민사집행법 제73조 제1항에 의하여 신청하오니 채무불이행자명부를 말소하여 주시기 바랍니다.

첨 부 서 류

1. 변제증서   1통

20ㅇㅇ. ㅇ. ㅇㅇ.
위 신청인(채무자) ㅇ ㅇ ㅇ (인, 서명)

ㅇㅇ 지방법원 귀중

■ 작성 · 접수방법

1. 채무불이행자명부등재 결정한 법원에 제출한다.
2. 신청서는 1,000원의 인지와 송달료로 '당사자 × 5,100원 × 5회분'을 납부한 영수증을 붙인다.
3. 신청서 1부를 제출한다.

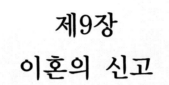

제9장
이혼의 신고

I. 서설

이혼을 하는 방식에는 협의에 의한 이혼과 재판에 의한 이혼이 있는 바, 그 신고방법 및 절차에도 각 이혼의 방식에 따라 진행방식에 약간의 차이가 있다

II. 협의이혼의 신고

1. 의 의

이혼, 사망은 혼인의 해소의 원인이 된다. 그 중 이혼은 당사자가 생존하고 있으면서 혼인을 해소하는 것으로서 민법상 이혼에는 협의이혼과 재판상 이혼이 있는데 부부간 협의에 의하여 이혼하는 협의이혼(민 제834조[183])은 유효한 혼인을 협의에 의하여 해소하는 계약의 일종이다.

협의이혼이 성립하려면 부부가 이혼의사의 합치하에(실질적 요건), 이혼의사확인절차를 거쳐 이혼신고를 하여야 한다(형식적 요건).

2. 협의이혼 신고

이혼을 하고자 하는 사람은 가정법원으로부터 확인서 등본을 교부 또는 송달받은 날부터 3개월 이내에 그 등본을 첨부하여 신고를 행하여야 하고 3개월의 기간이 경과한 때에는 그 가정법원의 확인은 효력을 상실한다(가족등록법 제75조 제2항, 3항). 그리고 협의이혼신고서에 가정법원의 이혼의사확인서등본을 첨부한 경우에는 증인 2인의 연서가 있는 것으로 본다(동법 제76조). 한편, 이혼의 신고서에는 다음 사항을 기재하여야 한다(법 제74조).

> 1. 당사자의 성명·본·출생연월일·주민등록번호 및 등록기준지(당사자가 외국인인 때에는 그 성명·국적 및 외국인등록번호)
> 2. 당사자의 부모와 양부모의 성명·등록기준지 및 주민등록번호
> 3. 「민법」 제909조 제4항 또는 제5항에 따라 친권자가 정하여진 때에는 그 내용

---

183) 민법 제834조(협의상 이혼)
부부는 협의에 의하여 이혼할 수 있다.

외국인 부부 역시 동일한 상거소지 또는 외국인 부부와 가장 밀접한 관련이 있는 곳이 대한민국이라면 대한민국 법에 의한 협의이혼신고를 할 수 있다(국제사법 제39조, 제37조).

3. 효 과

이혼신고는 창설적 신고로 본다. 따라서 이혼의사 확인을 받았더라도 이혼신고를 하지 않는 한 이혼이 성립하지 않는다.

4. 서식례

[서식] 이혼(친권자 지정)신고서

이혼(친권자 지정)신고서 (년 월 일)				※ 뒷면의 작성방법을 읽고 기재하시되, 선택항목은 해당번호에 "○"으로 표시하여 주시기 바랍니다.				
구분			남 편(부)			아 내(처)		
① 이혼당사자 (신고인)	성명	한글	(성) / (명)	㉑ 또는 서명		(성) / (명)		㉑ 또는 서명
		한자	(성) / (명)			(성) / (명)		
	본(한자)		전화			본(한자)		전화
	주민등록번호							
	출생연월일							
	등록기준지							
	주 소							
② 부모 (양부모)	부(양부)성명							
	주민등록번호							
	모(양모)성명							
	주민등록번호							
③ 기 타 사 항								
④ 재판확정일자 ( )			년 월 일	법원명		년 월 일		

아래 친권자란은 협의이혼 시에는 법원의 협의이혼의사확인 후에 기재합니다.

⑤ 친권자 지정	미성년인 자의 성명							
	주민등록번호							
	친권자	1부 2모 3부모	효력 발생일	년 월 일	1부 2모 3부모	효력 발생일	년 월 일	
			원인	1협의 2재판		원인	1협의 2재판	
	미성년인 자의 성명							
	주민등록번호							

	친권자	1 부 2 모 3 부모	효력 발생일	년 월 일	1 부 2 모 3 부모	효력 발생일	년 월 일
			원인	1 협의 2 재판		원인	1 협의 2 재판
⑥ 신고인출석여부	1 남편(夫)			2 아내(婦)			
⑦ 제출인	성 명			주민등록번호			

※ 다음은 국가의 인구정책 수립에 필요한 자료로「통계법」제32조 및 제33조에 따라 성실응답의무가 있으며 개인의 비밀사항이 철저히 보호되므로 사실대로 기입하여 주시기 바랍니다.

⑧ 실제결혼(동거) 생활 시작일	년 월 일부터	⑨ 실제이혼연월일	년 월 일부터
⑩ 20세 미만 자녀 수	명	⑪ 이혼의 종류	1 협의이혼 2 재판에의한이혼
⑫ 이 혼 사 유(택일)	1 배우자 부정 2 정신적·육체적 학대 3 가족간 불화 4 경제문제 5 성격차이 6 건강문제 7 기타		

⑬국 적	남편	1 대한민국 (출생 시 국 적 취 득) 2 대한민국 [귀화 (수반포함)·인지 국적취득, 이전국적 :] 3 외국(국적)	처	1 대한민국 (출생 시 국 적 취 득) 2 대한민국 [귀화 (수반포함)·인지 국적 취득, 이전국적 :] 3 외국(국적)
⑭최 종 졸업학교	남편	1 무학 2 초등학교 3 중학교 4 고등학교 5 대학(교) 6 대학원 이상	처	1 무학 2 초등학교 3 중학교 4 고등학교 5 대학(교) 6 대학원 이상
⑮직 업	남편	1 관리자 2 전문가 및 관련종사자 3 사무종사자 4 서비스종사자 5 판매종사자 6 농림어업 숙련 종사자 7 기능원 및 관련 기능 종사자 8 장치·기계 조작 및 조립 종사자 9 단순노무 종사자 10 학생 11 가사 12 군인 13 무직	처	1 관리자 2 전문가 및 관련종사자 3 사무종사자 4 서비스종사자 5 판매종사자 6 농림어업 숙련 종사자 7 기능원 및 관련 기능종사자 8 장치·기계 조작 및 조립 종사자 9 단순노무 종사자 10 학생 11 가사 12 군인 13 무직

※ 등록기준지 : 각 란의 해당자가 외국인인 경우에는 그 국적을 기재합니다.
※ 주민등록번호 : 각 란의 해당자가 외국인인 경우에는 외국인등록번호(국내거소신고번호 또는 출생연월일)를
   기재합니다.
①란 : 협의이혼신고의 경우 반드시 당사자 쌍방이 서명(또는 기명날인) 하여야 하나, 재판상 이혼신고의 경우에
   는 일방이 서명(또는 기명날인)하여 신고할 수 있습니다.
②란 : 이혼당사자의 부모가 주민등록번호가 없는 경우에는 등록기준지(본적)를 기재합니다. 이혼당사자가 양자
   인 경우 양부모의 인적사항을 기재하며, 이혼당사자의 부모가 외국인인 경우에는 주민등록번호란에 외국
   인등록번호(또는 출생년월일) 및 국적을 기재합니다.
③란 : 아래의 사항 및 가족관계등록부에 기록을 분명하게 하는 데 특히 필요한 사항을 기재합니다.
 － 신고사건으로 인하여 신분의 변경이 있게 되는 사람이 있을 경우에 그 사람의 성명, 생년월일, 등록기준지
   및 신분변경의 사유
 － 피성년후견인이 협의이혼을 하는 경우에는 동의자의 성명, 서명(또는 날인) 및 생년월일
④란 : 이혼판결(화해, 조정)의 경우에만 기재하고, 협의이혼의 경우에는 기재하지 않습니다.
   : 조정성립, 조정에 갈음하는 결정, 화해성립이나 화해권고결정에 따른 이혼신고의 경우에는 "재판확정일
   자"아래의 ( )안에 "조정성립", "조정에 갈음하는 결정확정" 또는 "화해성립", "화해권고결정"이라고 기
   재하고, "연월일"란에 그 성립(확정)일을 기재합니다.
⑤란 : 협의이혼의사확인 신청시에는 기재하지 아니하며, 법원의 이혼의사확인 후에 정하여진 친권자를 기재합
   니다. 지정효력발생일은 협의이혼의 경우 이혼신고일, 재판상 이혼의 경우에는 재판 확정일을 기재합니
   다. 원인은 당사자의 협의에 의해 지정한 때에는 "①협의"에, 직권 또는 신청에 의해 법원이 결정한 때에
   는 "②재판"에 "○"으로 표시하고, 그 내용을 증명하는 서면을 첨부하여야 합니다. 자녀가 3명 이상인
   경우 별지 기재 후 간인하여 첨부합니다. 임신 중인 자의 경우에는 출생신고 시 친권자 지정 신고를 합니
   다.
⑥란 : 출석한 신고인의 해당번호에 ○표시를 합니다.
⑦란 : 제출자(신고인 여부 불문)의 성명 및 주민등록번호 기재[접수담당공무원은 신분증과 대조]
⑧란, ⑨란 : 가족관계등록부상 신고일이나 재판확정일과는 관계없이 실제로 결혼(동거)생활을 시작한 날과 사
   실상 이혼(별거)생활을 시작한 날을 기재합니다.
⑭란 : 교육과학기술부장관이 인정하는 모든 정규교육기관을 기준으로 기재하되 각급 학교의 재학 또는 중퇴자
   는 졸업한 최종 학교의 해당번호에 ○표시를 합니다.
〈예시〉 대학교 3학년 재학(중퇴) → 고등학교에 ○표시
⑮란 : 이혼할 당시의 주된 직업을 기준으로 기재합니다.

III. 재판상 이혼의 신고

1. 의 의

재판상 이혼이라 함은 민법 제840조 각 호에서 정한 이혼사유가 있는 경우에 당사자의 의사와는 관계없이 재판(조정)에 의하여 혼인관계를 해소시키는 것을 말하며, 그 신고가 있어야만 이혼의 효과가 생기게 된다. 단, 인낙조서에 의한 이혼신고는 수리할 수 없다. 가사소송법 제12조는 청구인낙에 관한 규정은 가사소송절차에 적용하지 아니한다고 규정되어 있어 가류, 나류 가사소송사건에서 인낙조서를 작성하였더라도 그것은 무효이다. 따라서 인낙조서에 의한 이혼신고는 수리할 수 없다.

2. 신고의무자 및 신고적격자

그 소를 제기하거나 조정을 신청한 자이다(법 제78조, 제58조).

3. 신고기간 및 방법

재판상 이혼신고는 판결이 확정 또는 조정이 성립된 날로부터 1월 이내에 판결등본 및 확정증명서를 첨부하여 신고하여야 한다.

4. 신고장소

등록신고의 장소에 관한 일반 원칙에 따라 이혼 당사자의 등록기준지 또는 신고인의 주소지나 현재지에서 한다. 대한민국의 국민이 아닌 자에 대한 이혼신고는 그 거주지 또는 신고인의 주소지나 현재지에서 한다(법 제20조).

5. 재판상 국제이혼

외국법원의 이혼판결은 민사소송법 제217조 소정의 조건을 구비하는 한 우리나라에서도 효력이 있다. 따라서 외국법원의 이혼판결에 의하여 이혼신고를 하는 경우에는 이혼판결 등본과 확정증명서 및 각 번역문을 첨부하여야 한다. 또한 외국법원의 이혼판결이 민사소송법 제217조의 조건을 갖추고 있다면 국내에서 집행판결을 받을 필요가 없다(구선례 2-212). 따라서 외국법원의 이혼판결문이 첨부된 이혼신고를 접수한 가족관계등록관서는 이혼판결 등을 위하여 외국법원의 이혼판결이 민사소송법 제217조가 규정한 요건을 구비하였는지 여부를 심사하여 이혼신고의 수리여부를 결정하면 족하다.

> **민사소송법 제217조 (외국판결의 효력)**
> 외국법원의 확정판결은 다음 각 호의 요건을 모두 갖추어야 효력이 인정된다.
> (1) 대한민국의 법령 또는 조약에 따른 국제재판관할의 원칙상 그 외국법원의 국제재판관할권이 인정될 것
> (2) 패소한 피고가 소장 또는 이에 준하는 서면 및 기일통지서나 명령을 적법한 방식에 따라 방어에 필요한 시간 여유를 두고 송달받았거나(공시송달이나 이와 비슷한 송달에 의한 경우를 제외한다) 송달받지 아니하였더라도 소송에 응하였을 것
> (3) 그 판결의 효력을 인정하는 것이 대한민국의 선량한 풍속이나 그 밖의 사회질서에 어긋나지 아니할 것
> (4) 상호보증이 있을 것

6. 서식례

[서식] 이혼신고서

이혼(친권자 지정)신고서 (년 월 일)		※ 뒷면의 작성방법을 읽고 기재하시되, 선택항목은 해당번호에 "○"으로 표시하여 주시기 바랍니다.			

구 분			남 편(부)		아 내(처)	
① 이 혼 신 고 당 사 인 자	성 명	한글	(성) / (명)	㉮ 또는 서명	(성) / (명)	㉮ 또는 서명
		한자	(성) / (명)		(성) / (명)	
	본(한자)		전화		본(한자) 전화	
	주민등록번호		-		-	
	출생연월일					
	등록기준지					
	주 소					
② 부양 부 모모	부(양부)성명					
	주민등록번호		-		-	
	모(양모)성명					
	주민등록번호		-		-	
③기 타 사 항						
④재판확정일자 ( )			년 월 일	법원명		법원
아래 친권자란은 협의이혼 시에는 법원의 협의이혼의사확인 후에 기재합니다.						
⑤ 친 권 자 지 정	미성년인 자의 성명					
	주민등록번호		-		-	
	친권자	1부 2모 3부모	효력발생일	년 월 일	1부 2모 3부모	효력발생일 년 월 일
			원인	1 협의 2 재판		원인 1 협의 2 재판

미성년인 자의 성명						
주민등록번호	–			–		
친권자	①부 ②모 ③부모	효력발생일	년 월 일	①부 ②모 ③부모	효력발생일	년 월 일
		원인	① 협의 ② 재판		원인	① 협의 ② 재판
⑥신고인출석여부	① 남편(夫)			② 아내(婦)		
⑦제출인 성 명			주민등록번호	–		

※ 타인의 서명 또는 인장을 도용하여 허위의 신고서를 제출하거나, 허위신고를 하여 가족관계등록부에 부실의 사실을 기록하게 하는 경우에는 형법에 의하여 5년 이하의 징역 또는 1천만 원 이하의 벌금에 처해집니다.

※ 다음은 국가의 인구정책 수립에 필요한 자료로「통계법」제32조 및 제33조에 따라 성실응답의무가 있으며 개인의 비밀사항이 철저히 보호되므로 사실대로 기입하여 주시기 바랍니다.

⑧실제결혼(동거) 생활 시작일		년 월 일부터	⑨실제이혼연월일		년 월 일부터
⑩19세 미만 자녀 수		명	⑪이혼의 종류		①협의이혼 ②재판에 의한 이혼
⑫이 혼 사 유(택일)		① 배우자 부정 ② 정신적·육체적 학대 ③ 가족간 불화 ④ 경제문제 ⑤ 성격차이 ⑥ 건강문제 ⑦ 기타			
⑬국 적	남편	① 대한민국 (출생 시 국 적 취 득) ② 대한민국 [귀화 (수반포함)· 인지 국적 취득, 이전국적 :] ③ 외국(국적)	처	① 대한민국 (출생 시 국 적 취 득) ② 대한민국 [귀화 (수반포함)·인지 국적취 득, 이전국적 :] ③ 외국(국적)	
⑭최 종 졸업학교	남편	①무학 ②초등학교 ③중학교 ④고등학교 ⑤대학(교) ⑥대학원 이상	처	①무학 ②초등학교 ③중학교 ④고등학교 ⑤대학(교) ⑥대학원 이상	
⑮직 업	남편	① 관리자 ② 전문가 및 관련종사자 ③ 사무종사자 ④ 서비스종사자 ⑤ 판매종사자 ⑥ 농림어업 숙련 종사자 ⑦ 기능원 및 관련 기능 종사자 ⑧ 장치·기계 조작 및 조립 종사자 ⑨ 단순노무 종사자 ⑩ 학생 ⑪ 가사 ⑫ 군인 ⑬ 무직	처	① 관리자 ② 전문가 및 관련종사자 ③ 사무종사자 ④ 서비스종사자 ⑤ 판매종사자 ⑥ 농림어업 숙련 종사자 ⑦ 기능원 및 관련 기능종사자 ⑧ 장치·기계 조작 및 조립 종사자 ⑨ 단순노무 종사자 ⑩ 학생 ⑪ 가사 ⑫ 군인 ⑬ 무직	

※ 등록기준지 : 각 란의 해당자가 외국인인 경우에는 그 국적을 기재합니다.

※ 주민등록번호 : 각 란의 해당자가 외국인인 경우에는 외국인등록번호(국내거소신고번호 또는 출생연월일)를 기재합니다.

①란 : 협의이혼신고의 경우 반드시 당사자 쌍방이 서명(또는 기명날인) 하여야 하나, 재판상 이혼신고의 경우에는 일방이 서명(또는 기명날인)하여 신고할 수 있습니다.

②란 : 이혼당사자의 부모가 주민등록번호가 없는 경우에는 등록기준지(본적)를 기재합니다. 이혼당사자가 양자인 경 우 양부모의 인적사항을 기재하며, 이혼당사자의 부모가 외국인인 경우에는 주민등록번호란에 외국인등록번호(또는 출생년월일) 및 국적을 기재합니다.

③란 : 아래의 사항 및 가족관계등록부에 기록을 분명하게 하는 데 특히 필요한 사항을 기재합니다.
 − 신고사건으로 인하여 신분의 변경이 있게 되는 사람이 있을 경우에 그 사람의 성명, 생년월일, 등록기준지 및 신분변경의 사유
 − 피성년후견인(2018. 6. 30.까지는 피성년후견인 포함)이 협의이혼을 하는 경우에는 동의자의 성명, 서명(또는 날일) 및 생년월일

④란 : 이혼판결(화해, 조정)의 경우에만 기재하고, 협의이혼의 경우에는 기재하지 않습니다.
 : 조정성립, 조정에 갈음하는 결정, 화해성립이나 화해권고결정에 따른 이혼신고의 경우에는 "재판확정일자"아래 의 ( )안에 "조정성립", "조정에 갈음하는 결정확정" 또는 "화해성립", "화해권고결정"이라고 기재하고, "연월 일"란에 그 성립(확정)일을 기재합니다.

⑤란 : 협의이혼의사확인 신청시에는 기재하지 아니하며, 법원의 이혼의사확인 후에 정하여진 친권자를 기재합니다. 지정효력발생일은 협의이혼의 경우 이혼신고일, 재판상 이혼의 경우에는 재판 확정일을 기재합니다. 원인은 당사자 의 협의에 의해 지정한 때에는 "①협의"에, 직권 또는 신청에 의해 법원이 결정한 때에는 "②재판"에 "○"으로 표시하고, 그 내용을 증명하는 서면을 첨부하여야 합니다. 자녀가 3명 이상인 경우 별지 기재 후 간인하여 첨부 합니다. 임신 중인 자의 경우에는 출생신고 시 친권자 지정 신고를 합니다.

⑥란 : 출석한 신고인의 해당번호에 ○표시를 합니다.

⑦란 : 제출자(신고인 여부 불문)의 성명 및 주민등록번호 기재[접수담당공무원은 신분증과 대조]

⑧란, ⑨란 : 가족관계등록부상 신고일이나 재판확정일과는 관계없이 실제로 결혼(동거)생활을 시작한 날과 사실상 이혼(별거)생활을 시작한 날을 기재합니다.

⑭란 : 교육부장관이 인정하는 모든 정규교육기관을 기준으로 기재하되 각급 학교의 재학 또는 중퇴자는 졸업한 최종 학교의 해당번호에 ○표시를 합니다.
 〈예시〉 대학교 3학년 재학(중퇴) → 고등학교에 ○ 표시

⑮란 : 이혼할 당시의 주된 직업을 기준으로 기재합니다.

① 관리자 : 정부, 기업, 단체 또는 그 내부 부서의 정책과 활동을 기획, 지휘 및 조정(공공 및 기업고위직 등)
② 전문가 및 관련종사자 : 전문지식을 활용한 기술적 업무(과학, 의료, 교육, 종교, 법률, 금융, 예술, 스포츠 등)
③ 사무종사자 : 관리자, 전문가 및 관련 종사자를 보조하여 업무 추진(경영, 보험, 감사, 상담안내·통계 등)
④ 서비스종사자 : 공공안전, 신변보호, 의료보조, 이·미용, 혼례 및 장례, 운송, 여가, 조리와 관련된 업무
⑤ 판매종사자 : 영업활동을 통해 상품이나 서비스판매(인터넷, 상점, 공공장소 등), 상품의 광고·홍보 등
⑥ 농림어업 숙련 종사자 : 작물의 재배·수확, 동물의 번식·사육, 산림의 경작 및 개발, 수생 동식물 번식 및 양식 등
⑦ 기능원 및 관련 기능 종사자 : 광업, 제조업, 건설업에서 손과 수공구를 사용하여 기계 설치 및 정비, 제품 가공
⑧ 장치·기계 조작 및 조립 종사자 : 기계를 조작하여 제품 생산조립, 컴퓨터에 의한 기계제어, 운송장비의 운전 등
⑨ 단순노무 종사자 : 주로 간단한 수공구의 사용과 단순하고 일상적이며 육체적 노력이 요구되는 업무
⑪ 가사 : 전업주부 등   ⑫ 군인 : 의무복무 중인 장교 및 사병 제외, 직업군인 해당
⑬ 무직: 특정한 직업이 없음

■ **첨부서류**

1. 협의이혼 : 협의이혼의사확인서 등본 1부
2. 재판이혼 : 판결등본 및 확정증명서 각 1부(조정·화해 성립의 경우는 조서등본 및 송달증명서).
3. 외국법원의 이혼판결에 의한 재판상 이혼
 - 이혼판결의 정본 또는 등본과 판결확정증명서 각 1부.
 - 패소한 피고가 우리나라 국민인 경우에 그 피고가 공시송달에 의하지 아니하고 소송의 개시에 필요한 소환 또는 명령의 송달을 받았거나 또는 이를 받지 아니하고도 응소한 사실을 증명하는 서면 1부(판결에 의하여 이점이 명백하지 아니한 경우에 한한다).
 - 위 각 서류의 번역문 1부.
※ 아래 4항은 가족관계등록관서에서 전산으로 그 내용을 확인할 수 있는 경우 첨부를 생략합니다.
4. 이혼 당사자 각각의 가족관계등록부의 가족관계증명서, 혼인관계증명서 각 1통.
5. 사건본인이 외국인인 경우
 - 한국 방식에 의한 이혼 : 사건본인 쌍방이 외국인인 경우에는 국적을 증명하는 서면(여권 또는 외국인등록증) 사본 첨부
 - 외국 방식에 의한 이혼 : 이혼증서 등본 1부 및 국적을 증명하는 서면(여권 또는 외국인등록증) 사본 1부
6. 친권자지정과 관련한 소명자료
 - 협의에 의한 경우 친권자지정 협의서등본 1부.
 - 법원이 결정한 경우 심판서 정본 및 확정 증명서 1부.
7. 신분확인[가족관계등록예규 제23호에 의함]
① 재판상 이혼신고(증서등본에 의한 이혼신고 포함)
 - 신고인이 출석한 경우 : 신분증명서
 - 제출인이 출석한 경우 : 제출인의 신분증명서
 - 우편제출의 경우 : 신고인의 신분증명서 사본
※ 신고인이 성년후견인인 경우에는 7항의 ① 서류 외에 성년후견인의 자격을 증명하는 서면도 함께 첨부해야 합니다.
② 협의이혼신고
 - 신고인이 출석한 경우 : 신고인 일방의 신분증명서
 - 신고인 불출석, 제출인 출석의 경우 : 제출인의 신분증명서 및 신고인 일방의 신분증명서 또는 서명공증 또는 인감 증명서(신고인의 신분증명서 없이 신고서에 신고인이 서명한 경우 서명공증, 신고서에 인감 날인한 경우 인감증명)
 - 우편제출의 경우 : 신고인 일방의 서명공증 또는 인감증명서(신고서에 서명한 경우 서명공증, 인감을 날인한 경우는 인감증명서)

제10장 가사소송에서 자주 묻는 질문 정리[184]

제1절 가사조사

1. 가사조사 절차가 무엇인가요?

☞ 가사조사는 재판장, 조정장, 또는 조정담당판사의 조사명령(가사소송법 제6조 제1항, 가사소송규칙 제8조, 제12조, 제13조)을 통해 이루어집니다. 주요 분쟁상황에 대한 사실관계뿐만 아니라 현재의 갈등 원인 등을 전반적으로 이해하고 심층적으로 접근하기 위해 기본적인 인적사항, 성장과정, 결혼 전후의 사정, 문제 해결의 가능성 등을 조사하게 됩니다.
조사기일은 일반적으로 한 달에 한 번 정도 지정되며, 보통 2~3회에 걸쳐 진행되지만 사건의 특성에 따라 달라질 수 있습니다.

2. 준비서면 등 소장에 모두 적혀 있는데, 가사조사를 받을 때 똑같은 말을 다시 해야 하나요?

☞ 가사사건의 특성상 감정에 치우쳐 사실보다 과장되거나 사실과 다르게 표현된 부분이 있을 수 있으며, 서면의 제약으로 당사자의 심정이나 문제가 진솔하게 전달되지 않을 수 있습니다.
조사는 사실 조사이외에도 당사자들이 스스로 문제를 해결할 수 있도록 돕고, 문제해결에 대한 의지와 태도를 살펴보는 시간입니다. 특히 자녀의 친권 및 양육자 지정에 있어서는 직접적인 대면과 진술을 통해 객관적인 상황을 이해하는 것이 사건의 해결에 있어서 매우 중요합니다.

3. 가사조사기일에 꼭 출석해야 하나요? 출석하지 않으면 어떻게 되나요?

☞ 가사조사는 담당 판사님이 당사자들에게 재판과정에서 직접 진술할 수 있는 기회를 제공하는 것입니다. 강제적인 의무사항은 아니지만, 불참할 경우에는 본인의 생각이나 입장을 충분히 전달할 기회를 잃는 것이고, 소극적인 대처로 비쳐질 수 있으니 출석을 원칙으로 하는 것이 바람직합니다.

4. 가사조사기일 소환장을 받았는데, 당일 출석할 수 없으면 어떻게 하나요?

☞ 타당한 이유가 있다면 담당조사관에게 조사기일변경을 요청할 수 있습니다. 이 경우, 사유를 기재한 조사기일변경신청서를 제출하시면 당사자의 상황을 이해하는데 도움이 됩니다.

5. 자의 성과 본의 변경허가 사건에서 아버지로서 어떻게 하는 것이 자녀를 위해 바람직합니까?

☞ 이 규정의 입법취지는 이혼율이 급증하고 재혼가정이 증가하고 있는 현실에서 자녀가 이혼 또는 재혼한 어머니와 함께 생활하면서 겪고 있는 어려움을 덜어주기 위해 신설된 것입니다. 무엇보다 자녀의 복리를 위해 필요한 때에만 법원의 허가를 받아 변경할 수 있기 때문에 어른들끼리의 감정싸움이 아니라 자녀의 복지와 미래를 위해 어떻게 하는 것이 바람직한지 고민하는 것이 필요합니다.

6. 친권자와 양육권자는 무엇이 다른가요?

☞ 친권자는 자녀의 재산관리권, 법률행위대리권 등이 있고, 양육권자는 자녀와 공동생활을 하며 각종의 위험으로부터 자녀를 보호하는 역할을 합니다. 친권자 및 양육권자는 자녀의 복리를 우선적으로 고려하여 부 또는 모를 일방으로 정할 수도 있고, 부·모 공동으로 지정할 수도 있으며, 친권자와 양육권자를 분리하여 지정할 수도 있습니다.
부모가 원만하게 이혼에 합의하는 경우에는 크게 문제가 되지 않으나, 가능하면 자녀의 복리를 위해 친권자와 양육권자를 동일한 부모로 지정하는 것이 향후 자녀의 여권발급이나 긴급한 상황등(병원입원 등)에서 보호자를 신속하게 확인하는데 도움이 됩니다.

7. 소년보호사건의 조사는 무엇인가요?

☞ 소년법 제11조, 제16조 제1항, 제23조 제2항, 제25조 제1항의 각 규정에 의해

소년보호조사관은 소년부판사의 명을 받아 소년과 보호자 또는 참고인의 성행, 경력, 가정상황, 기타 환경 등을 조사하게 됩니다. 소년보호사건의 조사는 소년의 건전한 육성 및 보호라는 소년법의 목적을 달성하기 위한 조사로서 경찰, 또는 검찰의 심문과는 다릅니다. 전문적인 지식과 경험을 갖춘 조사관들이 의학, 심리학, 교육학, 사회학 및 기타 전문적인 지식을 활용하여 면접조사, 환경조사, 각종의 심리검사 등을 실시합니다.

8. 아들이 장래 공무원이 되려고 하는데, 소년보호사건이 영향을 미치나요?

☞ 소년보호사건은 적절한 처분을 통해 보호소년의 비행을 예방, 교정, 및 선도하는데 그 목적이 있기 때문에 형사처벌적 의미가 없으므로 장래 신상에 어떠한 영향도 미치지 않습니다(소년법 제32조 제6항).

9. 가정보호사건의 조사는 무엇인가요?

☞ 가정보호사건의 조사관은 판사의 조사명령을 받아 행위자와 피해자, 기타 가족구성원의 성행, 경력, 가정환경과 가정폭력의 동기, 원인, 및 실태 등 심리와 처분에 필요한 사항을 조사합니다(가정폭력범죄의처벌등에관한특례법 제 19조, 제21조, 제22조). 또한 의학, 심리학, 사회복지학 등 기타 전문적인 지식을 활용하여 재범의 위험성과 정도, 가정폭력범죄의 원인에 대한 의견 또는 임시조치에 관하여 판사에게 의견을 진술하기도 합니다.
형사처벌적 의미와 달리, 가정의 평화와 안정을 회복하고 건강한 가정을 가꾸어 피해자와 가족구성원의 인권을 보호하는데 목적이 있기 때문에 적절한 보호 처분을 하기 위해서는 조사절차에 직접 참석하여 진술하는 것이 필요합니다.

제2절 혼인관계 소송

1. 이혼소송의 관할

▣ 우리 부부는 결혼해서 서울 서초구 서초동에 주민등록상 주소지를 두고 살다가 사이가 나빠져 별거를 하고 있습니다. 현재 저는 경기도 수원에, 남편은 인천광역시에 각각 주소를 두고 있는 경우 남편을 상대로 한 이혼청구는 어느 법원에 하여야 합니까?

▣ 남편의 주소지 관할법원인 인천지방법원에 소를 제기하여야 합니다.

【 해 설 】

재판상 이혼청구의 소의 관할은 부부생활의 실태에 따라 아래와 같은 순서로 정해진다. ① 부부가 같은 가정법원의 관할구역 내에 주소를 둔 경우에는 그 가정법원이, ② 부부가 최후의 공통의 주소지를 가졌던 가정법원의 관할구역 내에 부부 중 일방의 주소가 있을 때에는 그 가정법원이, ③ 위의 각 경우에 해당하지 않을 때에는 상대방의 주소지를 관할하는 가정법원이 각각 관할법원이 된다(가사소송법 22조). 위 ②의 최후의 공통주소지에 관해서는 견해가 갈리기는 하나 부부가 최종적으로 부부로서의 공동생활을 영위하던 주소지를 말한다고 할 것이다.

2. 행방불명 배우자에 대한 이혼청구

▣ 남편이 가출하여 현재 어디에 살고 있는지도 모르고 남편의 주민등록 또한 말소된 상태입니다. 소장에 남편의 주소지를 어떻게 표시해야 합니까?

▣ 소장에 남편의 주소지를 주민등록상 최후 주소지로 기재하고 공시송달 신청을 함께 하면 됩니다.

【 해 설 】

공시송달은 당사자가 주민등록상 주소지에 사실상 살지 않고 있으며, 기타 거소 또는 송달하여야 할 장소를 알지 못하여 통상의 방법으로는 소장부본 등을 송달할 수 없을 때에 하는 송달 방법이다.

당사자의 주민등록이 말소된 경우에는 공시송달의 요건에 해당된다고 할 수 있다. 따라서 이 경우에는 소장을 제출하면서 공시송달신청을 함께 하는 것이 좋다.

다만, 공시송달 신청을 했다고 해서 처음부터 바로 공시송달이 되는 것은 아니다. 주민등록이 말소된 경우에는 최후주소지로 송달을 하고 송달불능이 되면 친족사실조회를 통해 거주지를 확인해 본 후 거주지를 알 수 없으면 비로소 공시송달을 실시하는 것이 서울가정법원의 실무이다.

3. 외국인 배우자에 대한 이혼청구

問 해외에서 외국 여자와 만남을 갖고 혼인신고를 하였습니다만, 장기간 국내 입국이 허용되지 않아 혼인을 무효화하고 싶습니다. 어떻게 해야 됩니까?

答 혼인신고 당시 당사자 사이에 혼인의 의사가 있었기 때문에 혼인관계가 성립되고, 따라서 혼인관계를 해소하기 위해서는 이혼절차를 밟아야 합니다.

【해 설】

이혼소송의 한쪽이 외국인이고 다른 한쪽이 대한민국 국민인 경우에는 우리나라 법원에 이혼의 소를 제기할 수 있다. 외국인이 국내에 거소를 가지고 있는 때에는 그 거소를 관할하는 가정법원이, 아직 국내에 입국하지 않은 때에는 서울가정법원이 관할법원이 되며, 후자의 경우에는 소장을 번역·공증 받아 3부를 추가로 제출하여야 한다.

외국인과 이혼소송에서 혼인 당사자가 국내에 들어오지도 못했으므로 혼인자체가 무효에 해당한다고 주장하여 혼인무효의 소를 제기하려는 경우가 종종 있다. 그러나 혼인의사를 가지고 혼인신고를 한 이상 혼인무효라고 볼 수는 없다. 그러므로 이때에는 이혼의 소를 제기하여야 한다.

4. 위장결혼 해소와 가족관계등록부 정리

問 본인은 결혼브로커와 짜고 외국여자와 위장결혼을 하였다가, 공전자기록불실기재죄로 형이 확정되어 처벌받았습니다. 이 경우 혼인무효확인의 소를 통해서만 가족관계등록부상 혼인에 관한 기록을 말소할 수 있습니까?

答 위장결혼을 이유로 공전자기록불실기재죄의 형이 확정된 경우에는 그 사실을 소명하여 가정법원에 가족관계등록부상 혼인에 관한 기록을 말소해 달라는 취지로 가족관계등록정정(말소)허가신청을 할 수 있습니다.

【해 설】

혼인의 합의가 없는 혼인, 예를 들어 혼인의 의사 없이 오로지 외국인을 국내에 입국시키거나 대한민국 국적을 취득하기 위하여 혼인신고를 한 경우에 그 혼인은 무효이다. 이때에는 혼인무효확인의 소를 통하여 가족관계등록부에 기재된 혼인사실을 말소함이 원칙이다.

다만, 위장혼인으로 인하여 공전자기록불실기재죄의 형사판결이 확정되어 법무부에서 가족관계등록관서로 그 사실을 통지한 경우에는 해당 혼인이 무효임이 명백해졌으므로 혼인무효의 소보다 간단한 절차인 가족관계등록정정신청이라는 비송절차를 통하여 혼인사실을 말소할 수 있다.[185] 만일 당사자가 가족관계등록정정신청을 하지 않는 경우에는 해당 가족관계등록관서에서 감독법원의 허가를 얻어 직권으로 혼인사실을 말소할 수도 있다.

5. 간통한 배우자를 상대로 한 이혼청구

問 남편이 다른 여자와 3년 전에 정을 통했다는 사실을 최근에서야 알았습니다. 이 경우에 남편에게 부정한 행위가 있었음을 이유로 이혼청구를 할 수 있습니까?

答 배우자에게 부정한 행위가 있었음을 이유로 한 이혼청구는 그 부정한 행위가 있었던 때로부터 2년, 그 사실을 안 날로부터 6개월 이내에 하여야 합니다. 그러므로 부정한 행위가 3년 전에 있었다면 그 행위를 사유로 한 이혼청구는 할 수 없습니다.

【해 설】

민법이 열거하고 있는 이혼 사유는 ① 배우자에게 부정한 행위가 있었을 때, ② 배우자가 악의로 다른 일방을 유기한 때, ③ 배우자 또는 그 직계존속으로부터 심히 부당한 대우를 받았을 때, ④ 자기의 직계존속이 배우자로부터 심히 부당한 대우를 받았을 때, ⑤ 배우자의 생사가 3년 이상 분명하지 아니한 때, ⑥ 기타 혼인을 계속하기 어려운 중대한 사유가 있을 때 등이다. 위 사유 중 ①, ⑥에 해당하는 경우에는 그 사유를 안 날로부터 6개월, 그 사유가 있는 날로부터 2년 내에 이혼청구를 하여야 한다(민법 840조, 841조, 842조).

위 이혼사유 중에서 ① '부정한 행위'란 배우자로서 정조의무에 충실치 못한 일체의 부정한 행위를 포함하는 것으로 간통보다 넓은 개념이다. 어떤 행위가 부정한 행위인지는 단정적으로 정의하기 어렵고 구체적 사안에 따라 그 정도의 상황을 참작하여 평가할 수밖에 없다.

부정한 행위에 대하여 부부 중 다른 한편이 사전에 동의하였거나 또는 그 부정한 행위를

185) 2002. 8. 28. 호적선례.

알고서 사후에 용서한 경우에는 이혼청구를 할 수 없다(민법 841조).

6. 유책배우자의 이혼청구

☞ 처가 부정행위를 한 후에 잘못을 빌어 용서를 하였는데, 이후 아무런 잘못이 없는 저를 상대로 이혼청구를 한다고 합니다. 그 이혼청구가 인용될 수 있습니까?

☞ 혼인관계의 파탄에 일방적 책임이 있는 한쪽이 아무런 책임도 없고 이혼의사도 없는 다른 한쪽을 상대로 한 이혼청구는 일반적으로 인용되지 않습니다.

【해 설】

혼인의 파탄에 대한 책임이 전적으로 또는 주로 있는 배우자에 의한 이혼청구는 인정될 수 없다는 것이 판례[186]의 주된 입장이다.

다만, 피고에게도 이혼의사가 있는 경우, 혼인관계 파탄에 관하여 원고에게 가벼운 책임이 있고 피고에게 무거운 책임이 있는 경우, 상대방이 파탄 이후 혼인을 계속할 의사가 없음이 객관적으로 명백함에도 오기나 보복적 감정에서 이혼에 응하지 아니하고 있을 뿐인 경우 등에 있어서는 유책배우자의 이혼청구권이 인정되기도 한다.

7. 재산분할청구의 방법

☞ 이혼청구를 하면서 재산분할 청구도 함께 하려고 합니다. 남편 명의로 예금과 부동산이 있는 경우 개개 재산별로 일일이 하지 않고 금전으로 환산하여 청구할 수 있습니까?

☞ 재산분할은 금전분할, 현물분할 모두 가능하기 때문에 공동재산의 형성에 기여한 정도를 금전으로 환산해서 청구하는 것도 가능합니다.

【해 설】

가정법원에 하는 재산분할 청구는 당사자 사이에 재산분할에 관한 합의가 성립되지 아니하거나 협의할 수 없는 경우에만 할 수 있다. 재산분할의 청구가 있는 경우 법원은 당사자 쌍방의 협력으로 이룩한 재산의 액수 기타 사정을 참작하여 분할의 액수와 방법을 정하게 된다.

재산분할의 방법으로는 금전분할이 원칙이다. 금전분할을 할 경우에는 분할액을 일시에

---

186) 2006. 1. 13. 선고 2004므1378 판결.

지급하게 하는 일시불, 분할총액을 정하고 상대방의 자력을 고려하여 분할하여 지급하게 하는 분할불, 분할총액을 정하지 않고 분할할 기간을 정하고 일정한 액수를 지급하게 하는 정기불 등의 다양한 방법이 있다.

현물분할을 할 경우에는 대상이 되는 물건을 특정하여야 한다. 현물분할은 해당 물건이 이혼 후의 생활에 필요불가결한 경우, 상대방의 자력으로 보아 금전지급이 곤란한 경우, 해당 물건의 취득·유지에 청구인의 기여도가 큰 경우 등에서 이용된다.

8. 사실혼관계존재확인 청구

🈺 우리부부는 결혼식도 올리고 같은 집 안에서 함께 살고 있으며 주위에서도 모두 부부로 알고 있습니다. 하지만 남편은 혼인신고를 하지 않으려고 합니다. 저 혼자 혼인신고를 할 수 있는 방법이 있습니까?

🈺 부부 모두에게 혼인의 의사가 있고, 공동생활을 유지하고 있다면 사실상 혼인관계 존재확인의 소를 제기하여 판결을 얻은 후 그 판결에 의하여 단독으로 혼인신고를 할 수 있습니다.

【해 설】

사실혼이란 사회적으로 정당하다고 인정되는 부부이나 아직 혼인신고를 하지 않았기 때문에 법률상으로 정당한 부부로 인정받지 못하는 남녀관계를 말한다. 사실혼으로 인정받기 위해서는 당사자간에 혼인의사의 합치가 있어야 하고 공연성이 있어야 한다. 공연성이란 누가 보아도 그들을 부부로 인정하는 것을 말하며 반드시 혼례식을 거행할 필요는 없다.

당사자 일방이 사망한 경우에도 사실상 혼인관계 존재 확인이 법적 분쟁을 한꺼번에 해결하는 수단이 될 수 있는 때에는 검사를 상대로 법원에 사실혼 관계 존재확인 청구를 할 수 있다.

사실상 혼인관계가 존재한다는 확인판결이 확정되거나, 또는 조정이 성립된 때, 원고는 혼자서 재판의 확정일부터 1개월 안에 재판서의 등본과 확정증명서를 붙여서 가족관계등록관서에 혼인신고를 하여야 한다(가족관계의 등록 등에 관한 법률 72조). 이로써 사실혼은 법률혼으로 전환된다.

9. 근친결혼으로 인한 혼인취소

🗨 저의 아들은 사촌과 이혼한 여자와 혼인신고를 하려고 하여 제가 극구 만류하였지만 기어코 혼인신고를 하였습니다. 혼인을 무효화시킬 수 있는 방법이 없습니까?

🗨 6촌 이내의 혈족의 배우자였던 사람과는 혼인할 수 없으므로 관할법원에 혼인취소의 소를 제기하여 판결을 얻으면 해당 혼인을 취소할 수 있습니다.

【해 설】

민법에 따르면, 8촌 이내의 혈족(친양자의 입양 전의 혈족을 포함한다) 사이에서는 혼인하지 못하고 혼인신고를 했더라도 그 혼인은 무효이다(민법 제815조). 또한 6촌 이내의 혈족의 배우자, 배우자의 6촌 이내의 혈족, 배우자의 4촌 이내의 혈족의 배우자인 인척이거나 이러한 인척이었던 자 사이에도 혼인하지 못하며 이 경우에는 혼인을 취소할 수 있다(민법 제816조).

혼인취소사유가 근친혼인 경우 혼인취소의 소는 당사자뿐만 아니라 직계존속 또는 4촌 이내의 방계혈족이 제기할 수 있다. 다만, 혼인 중에 아이를 출산하거나 임신한 경우에는 그 혼인을 취소할 수 없다.

10. 이혼의 취소

🗨 협의이혼을 할 생각이 전혀 없었는데 남편의 강박으로 법원으로부터 협의이혼의사확인을 받았고 이에 따라 이혼신고가 되었습니다. 이혼을 취소할 수는 없습니까?

🗨 사기나 강박으로 협의이혼을 한 경우에는 이혼취소의 소를 제기할 수 있습니다.

【해 설】

사기나 강박으로 이혼의 의사표시를 한 때에는 당사자가 스스로 속은 것을 안 날 또는 강박을 면한 날로부터 3개월 이내에 이혼취소청구를 할 수 있다(민법 제838, 제839조). 상대방이 사기나 강박을 한 경우는 물론, 제3자가 사기나 강박을 한 경우에도 이혼취소청구가 가능하다.

11. 외국법원에서 받은 이혼판결

☷ 외국법원에서 이혼판결을 받았습니다. 그 판결로 이혼신고를 할 수 있습니까?

☷ 그 외국법원의 판결이 민사소송법 217조가 정하는 요건을 구비한 경우에는 그 판결의 정본 또는 등본과 판결확정증명서, 패소한 피고가 소장 등을 적법하게 송달받았거나(공시송달이나 이와 비슷한 방법의 송달 제외) 송달받지 않았다 하더라도 소송에 응한 서면 및 번역문을 첨부하여 우리나라에서 이혼신고를 할 수 있습니다.

【해 설】

외국법원에서 이혼판결을 받은 경우에는 민사소송법 217조의 요건, 즉 ① 대한민국의 법령 또는 조약에 따른 국제재판관할의 원칙상 그 외국법원의 국제재판관할권이 인정될 것, ② 패소한 피고가 소장 또는 이에 준하는 서면 및 기일통지서나 명령을 적법한 방식에 따라 방어에 필요한 시간여유를 두고 송달받았거나(공시송달이나 이와 비슷한 송달에 의한 경우를 제외한다) 송달받지 아니하였더라도 소송에 응하였을 것, ③ 그 판결의 효력을 인정하는 것이 대한민국의 선량한 풍속이나 그 밖의 사회질서에 어긋나지 아니할 것, ④ 상호보증이 있을 것 등의 요건을 갖추어야 한다.
가족관계등록관서에서 외국판결에 의한 이혼신고를 받은 경우에 민사소송법 217조의 요건을 구비하였는지 여부가 불분명한 때에는 감독법원에 질의하고 그 회답을 받아 처리하게 된다.[187]

12. 이혼소송 제기할 때의 첨부서류

☷ 이혼소송 제기할 때의 첨부서류는 어떻게 되나요?

☷ ① 가족관계증명서(원·피고)
② 주민등록등본(원·피고)
③ 혼인관계증명서(원·피고)
④ 원고와 피고 사이의 미성년자녀가 있는 경우 그 자녀 각자의 기본증명서, 가족관계증명서가 필요합니다.
⑤ 재판상 이혼사유를 증명하는 서면(진단서, 진술서 등)이 필요합니다(개개의 소송에 따라 추가로 필요한 서류가 있을 수 있습니다).

---

187) 가족관계등록예규 제173호.

【해 설】

이혼소송 제기시 소장을 상대방의 수에 1을 더한 부수를 제출해야 하며, 인지액은 20,000원, 송달료는 122,400원(12회분×2)이다.

13. 협의에 의한 자의 양육비지급약정이행청구 사건

🈁 이혼을 하면서 자의 양육비를 약정은 하고 이행을 하지 않는데 어떻게 해야 할까요?

🈂 관할 가정법원에 "양육비 이행청구 신청서"를 작성하여 제출하면 됩니다.

【해 설】

부부가 이혼하면서 협의에 의하여 그 중 일방을 미성년자인 자의 양육자로 정하고 다른 일방은 매월 일정액의 양육비를 지급하기로 약정하였는데, 양육비지급의무자가 그 약정 양육비를 지급하지 아니한다는 이유로 그 약정양육비의 지급을 구하는 경우, 이를 단순한 약정금 청구로 보아 민사사건으로 보는 견해도 있을 수 있으나, 자의 양육에 관한 처분을 구하는 것으로서 마류 가사비송사건에 해당하고, 가정법원이 기존의 약정내용을 참작하여 후견적 입장에서 적절한 처분을 할 수 있을 것이다.

14. 이혼에 부수하여 배우자의 친족이 제3자를 상대로 한 손해배상청구

🈁 배우자가 아닌 배우자의 자녀 등이 간통의 상간자를 상대로 손해배상소송을 가정법원에 제기할 수 있나요?

🈂 배우자가 제소하면 가사사건이 되지만 배우자가 아닌 사람이 제소하면 민사사건이 되므로 민사소송을 제기해야 합니다.

【해 설】

배우자의 부정행위를 원인으로 그 배우자 또는 상간자를 상대로 상대방인 배우자 스스로 손해배상을 청구하거나, 배우자 및 그 직계존속의 부당대우를 원인으로 그들을 공동피고로 하여 손해배상을 청구하는 것은 다류 가사소송에 해당함이 명백하다. 그런데 배우자의 부정행위를 원인으로 자녀들이 그 부정행위의 상대방인 제3자를 상대로 손해배상을 청구하는 것은 그 손해배상청구가 '이혼을 원인으로 하는 것'이라고는 할 수 없고 오히려 순수한 불법행위를 원인으로 하는 손해배상청구에 해당한다고 할 것이어서 가사사건이 아닌 민사사건에 해당된다.

15. 혼인예약불이행으로 인한 손해배상청구사건

문 혼인예약불이행으로 인한 소송이 가사소송에 해당되나요?

답 혼인예약불이행은 약혼해제와 다를 바 없으므로 가사소송(다류사건)에 해당됩니다.

16. 과거의 양육비·부양료 청구사건에 관하여

문 과거의 양육비나 부양료의 청구를 가사소송으로 제기할 수 있나요?

답 가사소송(마류사건)으로 제기하면 됩니다.

【해 설】

과거의 양육비나 부양료의 청구가 허용되는지의 여부 및 그 성질에 관하여는 여러 가지로 견해가 나뉘어 있지만, 최근의 판례는 이미 지출한 과거의 양육비나 부양료에 대하여 상대방이 분담함이 상당하다고 인정되는 범위에서 그 비용의 상환을 청구할 수 있고 이는 가사소송 마류8호의 가사비송사건에 해당한다고 한다(대법원 1994. 6. 2.자 93스11 결정).

17. 가사조정절차

문 가사조정절차는 어떻게 진행되나요?

답 처음부터 조정신청이 된 사건이나 담당재판부인 수소법원이 조정에 회부하면 수소법원이 스스로 조정기관이 될 수도 있고 가사조정위원회에서 사건을 맡을 수도 있다. 가사조정위원회는 조정장(판사) 1인과 일반조정위원 2인 이상으로 구성되며 조정이 성립되면 내용에 따라 "조정조서"가 작성되며 조정조서는 확정판결과 같은 효력을 지니기 때문에 조정내용에 따라 기판력 및 집행력을 가진다.

【해 설】

조정(調停)이란 양 당사자간 처분가능한 신분상 또는 재산상의 이해관계를 조율하여 법률관계를 확정짓는 절차를 말한다. 가사소송에서의 원고는 소장을 바로 제출할 수도 있고 조정신청을 먼저 할 수도 있는데, 가사소송에는 특수하게 '조정전치주의'라는 제도가 있어 가사소송법의 나류 가사소송사건(사실상 혼인관계 존부확인, 혼인의 취소, 이혼의 취소, 재판상 이혼 등) 및 다류 가사소송사건(약혼해제 또는 사실혼관계부당파기로 인한 손해배상청구, 혼인의 무효·취소 또는 재판상 이혼을 원인으로 하는 손해배상청구 등)의 경우 소를 제기하더라도 가정법원은 원칙적으로 사건을 조정절차에 회부하여야 한다(가사소송법 제50조 제2항).

---

18. 북한이탈주민 이혼소송

🔲 북한이탈주민 이혼소송은 어떻게 진행되나요?

🔲 배우자가 남한지역에 거주하는지가 불명확한 경우 그 배우자를 상대로 가정법원에 이혼소송을 청구할 수 있고 법원은 그 배우자에 대한 송달을 민사소송법에 따른 공시송달로 진행합니다.

【해 설】

북한 이탈주민이 남한에서 취적시 혼인사항란에 북한에서의 혼인여부 및 배우자를 기재하게 되어 있어 남한에서의 재혼시 이혼소송을 할 수 밖에 없는 문제가 제기되어 소송이 증가하게 되자 2007. 1. 26. "북한이탈주민의 보호 및 정착지원에 관한 법률"을 개정하여 이혼의 특례를 신설하였다. 그에 따르면 취적 특례에 의해 취적한 자 중 북한에 배우자가 있는 자는 그 배우자가 남한 지역에 거주하는지 여부가 불명한 경우 이혼을 청구할수 있다(제19조의20).

---

19. 재산명시제도

🔲 현재 저는 남편과 이혼 및 재산분할, 양육비 등 소송을 하고 있습니다. 그런데 남편의 재산상황을 알 수 없습니다. 남편의 재산상황을 알려면 어떻게 해야 하나요?

🔲 현재 소송 중인 가정법원에 재산명시신청을 하시면 됩니다. 신청은 반드시 서면으로 제출하여야 하고 부대비용은 없습니다.

【해 설】

재산명시제도는 가사소송법상의 제도로서 재산분할, 부양료 및 미성년 자녀의 양육비 청구사건이 계속 중인 가정법원에 신청하여야 한다(가사소송법 제48조의2).

가사소송법상 재산명시제도는 가정법원에 계속 중인 재산분할, 부양료 및 미성년 자녀의 양육비 청구사건의 부수적인 절차로서 가정법원이 직권 또는 당사자의 신청에 의하여 당사자에게 재산목록의 제출을 명하고, 재산명시명령을 받은 당사자가 정당한 사유 없이 재산목록의 제출을 거부하거나 거짓의 재산목록을 제출한 경우 과태료를 부과함으로써 성실한 재산목록의 제출을 유도하는 제도이다.

20. 양육비 직접지급명령 제도

🈂 저는 가정법원에 이혼 및 양육비 청구 소송을 제기하여 승소확정판결을 받았으나 몇 개월째 양육비를 지급하지 않고 있습니다. 전 남편은 현재 회사에 재직 중이며 봉급을 받고 있습니다. 전 남편으로부터 양육비를 지급받으려면 어떻게 해야 하나요?

🈂 전 남편의 주소지 관할 가정법원에 양육비 직접지급명령신청을 하시면 됩니다. 신청은 반드시 서면으로 제출하여야 하며, 신청서에는 2,000원의 인지를 붙이고 송달료 27,180원을 예납하시고 법원제출용 영수증을 신청서에 첨부하시고, 첨부 서류로서 집행권원(집행력있는 정본)과 송달/확정증명서를 첨부하여야 하고, 집행권원이 양육비부담조서인 경우에는 이혼신고 사실의 소명자료로 혼인관계증명서를 제출하여야 합니다.

【해 설】

양육비 직접지급명령신청제도는 가사소송법상의 제도로서 재산분할, 부양료 및 미성년 자녀의 양육비 청구사건에서 양육비지급의무자(양육비채무자)에게 정기적으로 양육비를 지급하도록 하는 확정 판결[또는 화해권고결정(조서), 조정에 갈음하는 결정(조서), 조정조서, 화해조서, 양육비부담조서 등]이 있었으나, 판결확정 후 양육비채무자가 양육비의 지급을 2회 이상 이행하지 않을 경우, 당사자의 신청에 의하여 서면심리만으로 양육비채무자의 고용자(소득세원천징수의무자)로 하여금 양육자(양육비채권자)에게 직접 양육비를 지급하도록 명령하는 제도이다.

21. 담보제공명령신청령

🈂 이혼 및 양육비 청구의 소를 제기하여 승소 확정 판결을 받았으나, 전남편은 매월 지급하여야 할 양육비를 지급하지 않고 있습니다. 현재 전남편은 자영업자로서 매월 일정한 수입이 있음에도 양육비를 지급하지 않고 있는데 어떻게 하여야 하나요?

☞ 양육비채무자의 주소지를 관할하는 가정법원에 담보제공명령을 신청하시면 됩니다. 신청은 반드시 서면으로 제출하여야 하며, 신청서에는 1,000원의 인지를 붙이고 송달료 18,120원을 예납하고 법원제출용 영수증을 신청서에 첨부하고, 첨부서류로서 집행권원(집행력있는 정본)과 송달/확정증명서를 첨부하여야 하고, 집행권원이 양육비부담조서인 경우에는 이혼신고 사실의 소명자료로 혼인관계증명서를 제출하여야 합니다.

【해 설】

담보제공명령신청제도는 정기금 양육비 채권에 관한 집행권원을 가진 양육비채권자가 정당한 사유 없이 정기금 양육비채무를 이행하지 않을 경우 양육비채무자를 상대로 하여 장래를 향하여 정기적으로 발생하는 양육비채권의 이행을 확보하기 위한 제도이다.

22. 일시금지급명령신청제도

▣ 양육비채무자가 양육비를 지급하지 않아 담보제공명령을 신청하여 그 결정을 받았으나 양육비채무자가 기간 내에 담보제공을 이행하지 않고 있습니다. 이럴 때에는 어떻게 하나요?

☞ 양육비채무자의 주소지 관할 가정법원에 일시금지급명령신청을 하시면 됩니다. 신청은 반드시 서면으로 제출하여야 하며, 신청서에는 1,000원의 인지를 붙이고 송달료 18,120원을 예납하고 법원제출용 영수증을 신청서에 첨부하고, 첨부서류로서 집행권원(집행력있는 정본)과 송달/확정증명서를 첨부하여야 하고, 집행권원이 양육비부담조서인 경우에는 이혼신고 사실의 소명자료로 혼인관계증명서를 제출하여야 합니다.

【해 설】

일시금지급명령신청제도는 양육비채무자가 담보제공명령을 받고서도 담보를 제공하여야 할 기간 내에 이를 제공하지 아니하는 때에 가정법원이 양육비채권자의 신청에 따라 양육비의 전부 또는 일부를 일시금으로 지급하도록 명할 수 있는 제도로서 담보제공명령신청제도와 그 취지를 같이 한다.

23. 재산조회제도

🈂️ 재산명시절차에 따라 남편이 재산목록을 제출하였으나, 그 내용을 믿을 수가 없습니다. 남편의 재산상태를 좀 더 객관적으로 알 수 있는 방법은 없을까요?

🈁 현재 소송 중인 가정법원에 재산조회신청을 하시면 됩니다. 신청은 반드시 서면으로 제출하여야 하고 해당기관에 따른 조회비용은 별도로 납부하여야 합니다.

【 해 설 】

재산조회제도는 가사소송법상의 제도로서 재산분할, 부양료 및 미성년 자녀의 양육비 청구사건이 계속 중인 가정법원에 신청하여야 한다(가사소송법 제48조의3).

재산분할, 부양료 및 미성년 자녀의 양육비 청구사건에서 재산명시절차를 거쳤음에도 불구하고 당사자가 재산목록의 제출을 거부하거나 제출된 재산목록만으로는 사건의 해결이 곤란한 경우와 재산명시절차에서 상대방이 재산명시명령의 송달을 위한 주소보정명령을 받고도 공시송달요건에 해당되는 사유로 인하여 이를 이행할 수 없었던 경우에, 당사자의 신청 또는 직권으로 가정법원이 개인의 재산과 신용정보에 관한 전산망을 관리하는 공공기관·금융기관·단체 등에 대한 당사자 명의의 재산의 조회를 통하여 당사자의 자발적 협조 없이도 당사자의 재산내역을 발견·확인할 수 있도록 함으로써 재산명시제도의 실효성을 확보함과 동시에 효율적인 심리를 할 수 있도록 하기 위한 것이다.

1. 협의이혼의 관할

💬 남편과 현재 별거 중이고 저의 주민등록상 주소는 서울시 서초구 서초동이며 남편의 주민등록상 주소는 경기도 수원시 권선구 ○○○동입니다. 이 경우 본인의 주소지 관할법원인 서울가정법원에 협의이혼의사확인신청을 할 수 있습니까?

💬 협의이혼의사확인신청은 부부 중 어느 일방의 주민등록상 주소지를 관할하는 법원에 할 수 있습니다. 그러므로 처의 주소지 관할법원인 서울가정법원뿐만 아니라 남편의 주소지 관할법원인 수원지방법원에도 남편과 같이 출석하여 신청할 수 있습니다.

【해 설】

협의이혼의사를 확인할 수 있는 관할법원은 부부 일방의 등록기준지 또는 주소지를 관할하는 가정법원(지원)이다(가족관계의 등록 등에 관한 법률 제75조 제1항). 그러므로 협의이혼을 하고자 하는 사람은 남편 또는 처의 등록기준지나 주소지를 관할하는 가정법원 중 어느 한 법원을 선택하여 협의이혼의사확인신청을 할 수 있다. 가정법원이 설치되지 않은 지역에서는 해당 지방법원, 지방법원지원이나 시·군법원이 협의이혼의사를 확인하는 관할법원이 된다.

서울의 경우, 일반 가사사건은 서울 지역에 재판적을 둔 모든 사건이 서울가정법원의 관할에 속함에 비하여, 협의이혼의사확인사건은 성질상 가족관계등록비송사건으로서 종로구·중구·성북구·강남구·서초구·관악구·동작구에 등록기준지 또는 주소지를 둔 부부의 사건만 서울가정법원의 관할에 속하고, 그 외의 사건은 각 해당 구역 법원(동부·남부·북부·서부지방법원)의 관할에 속하는 점에 주의를 요한다.

2. 외국거주 배우자와의 협의이혼

💬 지금 남편이 외국에 거주하고 있어서 남편과 함께 법원에 출석할 수 없는 형편입니다. 남편이 법원에 출석하지 않고서도 협의이혼의사확인신청을 할 수가 있습니까?

💬 남편이 외국에 거주하고 있는 사실이 재외국민등록부 등에 의하여 확인된 경우에는 처 혼자 법원에 출석하여 협의이혼의사확인신청을 할 수 있습니다.

【 해 설 】

협의이혼의사확인신청서는 부부 공동으로 법원에 출석해서 제출하여야 하는 것이 원칙이다. 다만, 부부 중 한쪽이 재외국민이거나 수감자로서 법원에 출석하기 어려운 경우에는 그에 관한 소명자료를 첨부하여 어느 일방만 출석해서 협의이혼의사확인신청을 할 수도 있다. 이 경우 협의이혼을 하는 상대방이 재외국민인 경우에는 신청서에 재외국민등록부등본을, 수감자인 경우에는 수용증명서를 각각 첨부하여야 하고, 2회분 상당의 송달료도 납부하여야 한다.

이와 같이 재외국민 또는 수감자와 협의이혼을 하기 위하여 당사자 일방만 법원에 출석해서 협의이혼의사확인신청서를 제출한 경우 가정법원은 관할 재외공관 또는 교도소의 장에게 촉탁하여 상대방의 이혼의사를 확인한다.

---

3. 외국인과의 협의이혼

문 저는 대한민국 국민이고 남편은 ○○인이며 우리 부부의 상거소는 국내에 있습니다. 협의이혼이 가능합니까?

답 남편이 외국인인 경우에도 국내법에 따른 협의이혼이 가능합니다. 하지만 서울가정법원에서는 부부 중 한쪽이 외국인인 경우 당사자의 편의를 고려하여 즉시조정을 권유하기도 하므로 쌍방이 출석하여 적절한 방법을 선택하시기 바랍니다.

【 해 설 】

부부 중 한쪽이 외국인이거나 양쪽 모두 외국인인 경우 국내 법원에 협의이혼의사확인신청을 할 수 있는지 여부는 국제사법이 정한 바에 따르게 된다.

부부 중 한쪽이 국내에 상거소가 있는 대한민국 국민인 경우에 이혼은 대한민국 법에 따른다(국제사법 제39조 단서). 따라서 국내에 상거소가 있는 대한민국 국민과 외국인이 협의이혼의사확인 신청을 한 경우에는 국내법이 그대로 적용된다. 여기에서 말하는 상거소란 주소와는 구별되는 개념으로 일정기간 계속해서 거주하는 곳을 말하는데, 외국인등록증이 있고 거소신고가 되어 있다면 대한민국에 상거소가 있는 것으로 볼 수 있을 것이다.

부부 양쪽이 외국인인 경우에는 부부의 동일한 본국법, 동일한 상거소지법, 부부와 가장 밀접한 관련이 있는 곳의 법의 순서대로 적용되므로(같은 조 본문, 제37조), 부부의 동일한 상거소지법 또는 부부와 가장 밀접한 관련이 있는 곳의 법으로서 대한민국 법이 준거법이 되는 경우(예를 들면 남편이 ○○인, 아내가 일본인으로서 각각 대한민국에 상거소를 두고 있는 경우)에는 국내법에 따른 협의이혼의사확인 신청을 할 수 있을 것이다.

그러나 당사자의 본국법에서 협의이혼제도를 인정하고 있지 않으면 본국 신분관계등록부의 정리를 위하여 본국법에 따라 다시 이혼절차를 밟아야 하는 불편이 있을 뿐 아니라, 우리 법 소정의 숙려기간, 미성년 자녀에 대한 협의서 등 제출이 외국인에게 상당히 까다롭게 느껴질 수 있다.

이에 서울가정법원에서는 부부의 한쪽 또는 양쪽이 외국인인 경우에는 당사자에게 위와 같은 협의이혼의 취지를 설명하고 조정사건으로 접수하기를 권유하며 조정사건으로 접수되면 접수 당일 바로 조정을 실시한다. 외국인이 이와 같은 조정을 신청하기 위해서는 신분증(여권), 혼인증명서 및 번역문, 통역인이 필요하다. 또한 조정사건이기 때문에 소정의 송달료(20,400원)를 납입하고 5,000원의 인지를 신청서에 첨부하여야 한다. 내·외국인간 조정절차도 기본적으로 외국인간 조정절차와 동일하다. 다만 내국인의 혼인관계증명서, 가족관계증명서 및 주민등록등(초)본이 추가적으로 필요하다.

---

4. 외국거주자의 협의이혼

문 ❶ 저는 외국에 거주하고 있는 재외국민이고, 아내는 대한민국에 거주하고 있습니다. 제가 협의이혼을 하기 위해서는 귀국해야 합니까?

문 ❷ 저희 부부는 외국에 거주하고 있는 재외국민입니다. 귀국하지 않고 협의이혼을 할 수 있는 방법이 있습니까?

답 재외국민이 협의이혼을 하고자 할 때에는 관할 재외공관의 장에게 협의이혼의사확인신청을 할 수 있습니다.

【해 설】

재외국민등록법에 따라 등록된 대한민국 국민은 그 거주지 관할 재외공관의 장에게 협의이혼의사확인신청을 할 수 있다. 해당 지역을 관할하는 재외공관이 없는 때에는 인접지역관할 재외공관의 장에게 할 수 있다.

부부 양쪽이 재외국민인 경우에는 두 사람이 함께, 한쪽만 재외국민인 경우에는 그 당사자가 관할 재외공관에 신청할 수 있다. 부부 양쪽이 재외국민으로서 서로 다른 국가에 거주하고 있는 경우에도 한쪽 당사자가 자신의 거주지 관할 재외공관에 신청할 수 있다. 신청을 받은 재외공관의 장은 신청당사자를 출석시켜 진술을 듣고 진술요지서를 작성한 다음, 이를 신청서에 첨부하여 서울가정법원으로 송부한다. 서울가정법원은 그 진술요지서에 의하여 신청당사자의 이혼의사의 존부를 확인할 수 있고, 당사자 한쪽이 재외공관에 신청한 경우에는 국내에 거주하는 상대방을 출석하게 하여 상대방의 이혼의사의 존부를 확인하며, 양쪽이 서로 다른 외국에 거주하여 한쪽이 자신의 거주지 관할 재외공관에 신청한 경우에는 상대방 거주지 관할 재외공관에 상대방의 이혼의사의 확인을 촉탁하게 된다.

한편 외국 영주권을 가지고 있는 대한민국 국민인 부부가 국내에 거소신고를 한 경우 협의이혼 관할 법원이 서울가정법원인지 국내 거소지를 관할하는 법원인지가 문제되는데, 현재 서울가정법원에서는 관할지역 이외의 곳에 거소신고를 한 영주권자들의 경우에도 협의이혼의사확인을 해 주고 있다.

---

5. 숙려기간의 단축

🗨 남편의 가정폭력이 심해서 견딜 수가 없습니다. 숙려기간을 줄이거나 면제받을 수 있는 방법이 있습니까?

🗨 가정폭력으로 인하여 더 이상 결혼생활을 유지하기 힘들거나 그 밖에 불가피한 사정이 있는 경우에는 법원에 숙려기간을 줄이거나 면제해 달라고 신청할 수 있으며 이와 같은 신청이 받아들여지면 숙려기간이 단축되거나 면제될 수 있습니다.

【 해 설 】

숙려기간은 당사자로 하여금 이혼의사를 재고하도록 하는 기간으로서 가정법원이 제공하는 이혼에 관한 안내를 받은 날부터 미성년 자녀가 없는 경우에는 1개월, 미성년 자녀가 있는 경우에는 3개월이다(민법 제836조의2 제2항). 이에 따라 이혼의사 확인신청을 한 당사자는 안내를 받은 날로부터 숙려기간이 경과한 이후의 날짜를 이혼의사 확인기일로 지정받게 된다. 그러나 가정폭력이나 그 밖에 이혼을 조기에 하여야 할 급박한 사정이 있는 경우에는 숙려기간의 단축 또는 면제가 필요하다. 숙려기간 단축이나 면제사유로는 ① 가정폭력으로 인하여 당사자 일방에게 참을 수 없는 고통이 예상되는 경우, ② 일방이 해외장기체류를 목적으로 즉시 출국하여야 하는 사정이 있는 경우, ③ 쌍방 또는 일방이 재외국민이므로 이혼의사확인에 기간이 오래 걸릴 것으로 예상되는 경우, ④ 신청일 전 1년 이내에 이혼의사확인신청을 하여 위 민법 소정 숙려기간 경과 후 이혼의사 불확인을 받은 사정이 있는 경우 등을 들 수 있다.

서울가정법원에서는 이혼숙려기간 면제나 단축을 희망하는 부부가 있을 경우 상담위원의 상담을 받은 후에 숙려기간 면제(단축) 사유서를 제출하도록 하고 있으며, 담당 판사가 상담위원의 의견과 소명자료(예컨대 진단서 등)를 참고하여 결정한다. 숙려기간의 단축 또는 면제 사유가 있는 것으로 판단되면 이혼의사 확인기일을 조기의 날짜로 변경하고 변경된 기일을 당사자에게 전화 등으로 통보한다. 상담을 받은 날부터 7일(상담을 받은 경우) 또는 사유서를 제출한 날부터 7일(상담을 받지 않은 경우) 이내에 새로운 확인기일의 지정 통지가 없으면 최초에 지정된 확인기일이 유지된다.

6. 미성년인 자가 있는 부부의 협의이혼

📋 협의이혼을 하려고 하는데 미성년인 자의 양육과 친권자결정에 대한 합의가 되지 않고 있습니다. 그래도 협의이혼을 할 수 있습니까?

📑 부부 사이에 자의 양육과 친권자결정에 대한 합의가 이루어지 않는 경우에는 가정법원에 친권과 양육에 관하여 결정해 달라는 심판청구를 하여 법원의 심판을 받아야 협의이혼의사 확인을 받을 수 있습니다.

【해 설】

미성년인 자가 있는 경우 협의이혼을 하기 위해서는 자의 양육과 친권자결정에 관한 협의서를 이혼의사 확인기일 1개월 전까지 제출하여야 한다(민법 제836조의2 제4항 및 관련 예규). 협의서에는 친권자 및 양육자의 결정(부모 중 누구로 할 것인지 또는 공동으로 할 것인지), 양육비용의 부담(지급방식, 지급액, 지급일), 면접교섭권의 행사 여부 및 그 방법(일자, 시간, 인도장소, 면접장소)에 관한 사항이 기재되어야 한다.

자의 양육과 친권자결정에 관하여 협의가 되지 않으면 법원에 심판청구를 하여 이혼의사 확인기일까지 그 심판 정본 및 확정증명서를 제출하여야 한다(위 같은 항 및 관련 예규). 그런데 이혼을 하려는 부부가 협의이혼의사확인 신청을 하면서 이미 확인기일을 고지받은 후 미성년 자녀의 양육과 친권자결정에 관한 협의를 시도하다가 협의가 이루어지지 않아 이에 관한 심판청구를 하였으면서도 이러한 사실을 법원에 알리지 않은 채 이미 고지된 확인기일에 불출석하게 되면, 법원으로서는 확인기일에 협의이혼의사 불확인처리를 할 수밖에 없으므로, 부부는 심판청구를 한 후 이러한 사실을 소명할 자료(심판계속증명 등)를 첨부하여 기일변경신청서를 법원에 제출하거나, 확인기일에 출석하여 위 소명자료를 제출하고 이러한 사실을 진술하여야 한다. 이 때 이혼의사 확인기일은 심판 정본 및 확정증명서의 제출을 위하여 추후지정된다.

부부의 주소지가 서울인 경우 관할법원에 관해서는 주의할 점이 있다. 협의이혼사건은 가족관계등록비송사건에 해당하므로 주소지를 관할하는 법원이 관할법원인데 반해 자의 양육과 친권자결정에 관한 심판청구 사건은 가사비송사건에 해당하여 서울가정법원이 관할법원이 되기 때문이다. 예컨대 서울시 양천구에 등록기준지와 주소를 두고 있는 부부가 있는 경우, 협의이혼의사확인신청은 서울남부지방법원에 하여야 하고, 자의 양육과 친권자결정에 관한 심판청구는 서울가정법원에 하여야 한다.

7. 이혼의사 확인기일 불출석

🔲 협의이혼의사확인신청을 하였으나 1, 2차 확인기일에 모두 출석하지 못하였습니다. 기일을 다시 지정해 줄 수는 없습니까?

🔳 협의이혼의사확인신청을 할 때에 고지받은 두 차례의 확인기일에 모두 불출석한 경우 그 신청은 취하된 것으로 봅니다. 따라서 신청을 다시 하여야 합니다.

【 해 설 】

협의이혼의사확인기일은 당사자가 판사의 면전에서 이혼의사 여부를 확인하는 날이다. 그러므로 협의이혼의사확인기일에는 협의이혼의사확인신청을 할 때와 마찬가지로 부부 쌍방이 법원에 출석하여야 한다. 당사자 일방 또는 쌍방이 2차례의 확인기일에 모두 불출석한 경우에는 취하간주되며, 이로써 해당 사건은 종결된다. 그러므로 이후 다시 협의 이혼을 하고자 할 때에는 협의이혼의사확인신청을 새로 하여야 한다. 다만 지정된 기일에 출석하지 못할 사유가 있는 경우에는 미리 법원에 기일변경 신청을 할 수 있다.

8. 협의이혼의사확인의 효력

🔲 법원으로부터 협의이혼의사확인을 받았습니다. 이제 우리부부는 이혼이 된 것입니까? 만일 아니라면 어떤 절차를 거쳐야 합니까?

🔳 협의이혼의사확인을 받았다고 바로 이혼이 되는 것은 아닙니다. 이혼의사확인서등본을 교부받은 날부터 3개월 이내에 시(구)·읍·면사무소에 확인서등본이 첨부된 이혼신고서를 제출하여야 이혼이 됩니다.

【 해 설 】

협의이혼의사확인을 받아 시(구)·읍·면사무소에 신고를 하면 혼인관계는 해소되며 그 신고는 이혼의사확인서등본을 교부받은 때로부터 3개월 이내에 하여야 한다. 이혼신고는 당사자 일방이 해도 상관이 없고, 당사자의 등록기준지, 주소지 또는 현재지 어느 곳에서도 가능하다.

9. 협의이혼의사확인서 등본의 멸실

⚖ 아직 이혼신고를 하지 않았는데 법원으로부터 교부받은 협의이혼의사확인서등본을 잃어버렸습니다. 다시 교부받을 수 있습니까?

⚖ 확인서등본을 교부받은 날부터 3개월이 경과되지 않았다면 확인서등본을 다시 교부받아 이혼신고를 할 수 있습니다.

【해 설】

확인서등본을 분실한 경우 그 등본을 교부받은 날부터 3개월이 경과하기 전에만 재교부가 가능하다. 그러므로 3개월이 지나면 새로이 협의이혼의사확인신청을 할 수밖에 없다. 재교부받은 등본을 다시 분실한 경우에는 최초로 등본을 교부받은 날부터 3개월이 경과하기 전에만 다시 교부받을 수 있다.

10. 협의이혼의사확인 후 이혼의사의 철회

⚖ 법원으로부터 협의이혼의사확인을 받았습니다만, 이혼하고 싶지 않습니다. 협의이혼의사를 철회할 수 있습니까?

⚖ 아직 이혼신고를 하지 않았다면 철회하려는 사람의 등록기준지, 주소지 또는 현재지 시(구)·읍·면의 장에게 철회서면을 제출하는 방법으로 협의이혼의사를 철회할 수 있습니다.

【해 설】

법원으로부터 이혼의사확인을 받았다 하더라도 그에 따른 이혼신고 전에는 협의이혼의사를 철회할 수 있다. 철회는 부부가 공동으로 할 필요가 없고 단독으로 가능하며 철회서에는 이혼의사확인서등본을 첨부하여야 한다.

이혼의사를 철회한 경우에는 이혼의사확인의 효력이 소멸된다. 그러므로 그 철회의사를 철회하더라도 이혼신고를 수리할 수 없으며, 이 경우 이혼을 하고자 할 때에는 다시 이혼의사확인을 받아야 한다.

다만, 상대방의 이혼신고서가 본인의 이혼의사철회서 보다 먼저 접수되면 철회서를 제출하였더라도 이혼의 효력이 발생한다.

> **11. 협의이혼을 하려고 합니다. 변호사나 대리인에 의한 신청도 가능한지 알고 싶습니다.**
>
> ☞ 변호사 등 대리인에 의한 신청은 할 수 없습니다. 협의이혼을 하려는 부부가 직접 법원을 방문하여 접수 후 협의이혼에 관한 안내를 받아야 협의이혼의사확인기일이 지정됩니다.

> **12. 양육비부담조서의 이행확보 수단**
>
> ▤ 협의이혼시 양육비에 대한 협의를 하여 협의이혼의사확인(접수일 : 2009. 5. 7. 확인일 : 2009. 8. 10.)을 받았는데, 양육비지급의무자가 이 협의내용을 이행하지 않고 있습니다. 이행 받을 수 있는 법적인 절차가 있는지 궁금합니다.
>
> ▤ 협의이혼 의사확인기일에 교부받은 양육비부담조서 정본에 따른 민사집행법상의 강제집행이나 가사소송법상의 직접지급명령제도, 이행명령제도를 이용할 수 있습니다.

【해 설】

2007. 12. 21. 개정 민법에 부부가 이혼할 때에는 미성년 자녀가 있는 경우 양육비용의 부담에 관한 사항을 정하도록 하여 양육비지급에 관한 협의서를 제출하게 하였으나 위 협의서는 집행력 등이 인정되지 않아 단순히 당사자사이의 자율적 이행을 촉구하는 의미밖에 없었다.

이에 협의내용의 집행력 등을 인정하기 위하여 2009. 5. 8. 민법과 가사소송법이 각 개정되어 양육비부담조서 제도, 직접지급명령 및 이행명령제도가 도입되었다.

이 조서는 가사소송법 제41조에 의하여 채무명의가 되며 이를 집행권원으로 한 모든 종류의 강제집행이 가능하다.

또한 개정 가사소송법 제63조의2에 따라 가정법원은 양육비채무자가 정당한 이유없이 2회 이상 양육비를 지급하지 아니한 경우에는 아직 이행일시가 도래하지 않은 것을 포함한 양육비채권을 집행권원으로 하여 소득세원천징수의무자에 대한 정기적 급여채권에 관하여 양육비 직접지급명령을 할 수 있고,

제64조에 따라 가정법원은 양육비지급의무자가 정당한 이유없이 그 의무이행을 이행하지 않을 때에는 당사자의 신청에 의하여 일정한 기간 내에 그 의무를 이행할 것을 명할 수 있다.

위 이행명령에 따른 의무 불이행시의 제재로 과태료부과, 감치처분을 할 수 있다.

	시행일자	관할법원
민법 제836조의2 제5항 (양육비 부담조서의 집행력)	2009. 08. 09.	민사집행법의 관련규정에 따름.
가사소송법 제63조의2 (양육비 직접지급명령)	2009. 11. 09.	가정법원 전속관할
가사소송법 제64조 (양육비부담조서에 의한 이행명령)	2009. 11. 09.	가정법원 전속관할

13. 협의에 의한 자의 양육비지급약정이행청구 사건

問 이혼을 하면서 자의 양육비를 약정은 하고 이행을 하지 않는데 어떻게 해야 할까요?

答 관할 가정법원에 "양육비 이행청구 신청서"를 작성하여 제출하면 됩니다.

【해 설】

부부가 이혼하면서 협의에 의하여 그 중 일방을 미성년자인 자의 양육자로 정하고 다른 일방은 매월 일정액의 양육비를 지급하기로 약정하였는데, 양육비지급의무자가 그 약정 양육비를 지급하지 아니한다는 이유로 그 약정양육비의 지급을 구하는 경우, 이를 단순한 약정금 청구로 보아 민사사건으로 보는 견해도 있을 수 있으나, 자의 양육에 관한 처분을 구하는 것으로서 마류 가사비송사건에 해당하고, 가정법원이 기존의 약정내용을 참작하여 후견적 입장에서 적절한 처분을 할 수 있을 것이다.

1. 제소명령이란 무엇인가요?

☞ 제소명령이란 채권자가 가압류·가처분을 해놓고도 본안소송을 제기하지 않았을 때, 법원이 채무자의 신청에 따라 채권자에 대하여 일정한 기간 내에 본안소송을 제기하고 이를 증명하는 서류를 제출하라는 명령입니다.

2. 그럼 제소명령 절차는 어떻게 되나요?

☞ 채무자가 법원에 제소명령신청을 하면, 법원은 채권자에 대하여 제소명령을 하고 그 결정문을 쌍방 당사자에게 송달합니다. 제소명령을 송달받은 채권자가 법원이 정한 기간 내에 본안소송을 제기하지 않으면, 채무자는 가압류·가처분취소신청을 할 수 있게 됩니다.

3. 채무자와 원만히 합의가 되어 가압류를 해제하였습니다. 그런데 가압류 당시 제가 담보로 걸어두었던 공탁금을 찾으려면 어떻게 해야 하나요?

☞ 상대방과 서로 합의가 되었다면, 상대방의 담보취소동의서와 즉시항고권포기서(인감증명서 첨부)를 첨부하여 법원에 담보취소 신청을 하면 됩니다.

4. 가압류취소신청을 하여 '가압류결정을 취소한다'라는 결정을 받았는데 등기부 등본을 확인해보니, 아직 가압류가 풀리지 않았습니다. 어떻게 하여야 하나요?

☞ 가압류취소결정을 받았다고 해도 그 가압류 등기가 바로 말소되는 것이 아니라, 당사자가 다시 법원에 가압류 집행해제신청을 해야 비로소 가압류 등기가 말소됩니다. 부동산의 경우에는 집행해제를 위하여 등록세(부동산 1개당 3,600원), 증지, 우표 등이 필요하니, 부동산에 대한 가압류취소결정을 받았다면 이러한 것들을 첨부하여 집행해제신청을 하십시오.

5. 채무자와 계약기간이 끝난 제3채무자(부동산 임대인, 전세권설정자 등)는 가압류된 임대차보증금(전세금) 등을 어떻게 처리해야 하는지요?

☞ 가압류된 임대차보증금, 전세금 등을 법원에 공탁하시면 됩니다.

6. 채권가압류에서 가압류결정이 제3채무자에게 송달불능되었을 경우에는 어떻게 하나요?

☞ 결정 정본이 반송된 경우 주소보정명령을 하오니, 특별송달신청을 하거나 주소를 보정하시기 바랍니다. 주소보정명령을 받기 전이라도 송달불능이 확인되었다면 미리 주소를 보정하셔도 됩니다. 2회 송달불능 되면 집행불능으로 처리하오니 유의하시기 바랍니다.

7. 가압류(가처분)할 지분을 잘못 기재했는데 어떻게 처리해야 하는지요?

☞ 결정경정신청을 하시면 됩니다. 결정경정에 대한 등기수수료(정액등록세 3,600) 납부한 후 결정경정신청서에 그 영수증과 증지를 첨부해서 제출하시기 바랍니다.

8. 남편과 오랜 기간 별거 생활을 하다가 이혼을 하려고 합니다. 이혼을 할 때 재산분할청구를 함께 하려고 하는데, 오랜 별거 생활로 인하여 남편 명의의 재산을 정확히 알지 못합니다. 알 수 있는 방법이 없나요?

☞ 2009. 5. 9. 개정된 가사소송법은 재산분할, 부양료 및 미성년 자녀의 양육비 청구사건을 위하여 특히 필요하다고 인정하는 때에는 직권 또는 당사자의 신청에 의하여 당사자에게 재산상태를 명시한 재산목록을 제출하도록 명할 수 있도록 하였습니다. 해당 관할법원에 이혼 및 재산분할 청구소송을 제기하신 후 서면으로 신청취지와 신청사유를 적은 재산명시신청서를 제출하시면 해당법원이 심리 후 소송을 위해 필요하다고 판단하면 재산명시명령을 남편분에게 내리게 됩니다.

9. 이혼 및 재산분할 소송을 하고 있습니다. 재산명시신청으로 인하여 남편이 재산목록을 법원에 제출하여 열람하였으나, 남편이 부부 공동명의로 되어 있는 아파트 외에는 별다른 재산이 없다는 답변을 제출하였습니다. 결혼 후 10여년 동안 남편이 재산관리를 하면서 상당히 많은 재산을 보유하고 있는 것으로 생각되는데, 이를 정확하게 확인해볼 방법이 남편이 재산명시명령으로 제출한 재산목록 외에는 없는 건가요?

☞ 2009. 5. 9. 개정된 가사소송법은 재산분할, 부양료, 미성년 자녀의 양육비 청구사건에서 재산명시절차를 거쳤음에도 불구하고 당사자가 재산목록의 제출을 거부하거나 제출된 재산목록만으로는 사건의 해결이 곤란한 경우, 또는 공시송달로 진행되는 사건과 같이 상대방에게 재산명시명령을 송달할 수 없었던 경우에, 가정법원이 개인의 재산과 신용정보에 관한 전산망을 관리하는 공공기관·금융기관·단체 등에 대한 당사자 명의의 재산의 조회를 통하여 당사자의 자발적 협조 없이도 당사자의 재산내역을 발견·확인할 수 있도록 하고 있습니다. 따라서 해당법원에 서면으로 위의 사유 중 하나를 소명하시어 재산조회신청서를 작성하여 제출하시면 됩니다.

10. 양육비직접지급명령은 언제부터 시행이 됩니까? 그리고 저는 약 2년 전에 이혼과 동시에 상대방으로부터 아이에 대한 양육비로 월 30만 원씩 2017년까지 지급받기로 판결을 받았는데, 이혼판결 확정 후 몇 달간은 양육비를 잘 보내오던 전남편이 특별한 연락이나 이유도 없이 현재까지 양육비를 주지 않고 있습니다. 이런 경우 양육비직접지급명령제도를 이용하게 되면 그동안 밀린 양육비와 앞으로 지급받아야 할 양육비를 모두 받을 수 있게 되나요?

☞ 양육비직접지급명령은 2009. 5. 9. 개정된 가사소송법에 의하여 2009. 11. 9.부터 시행됩니다. 양육비직접지급명령은 정기금 양육비채무자가 정당한 사유 없이 2회 이상 양육비를 지급하지 아니한 경우에 아직 이행일시가 도래하지 않은 양육비채권을 집행채권으로 하여 양육비채무자가 가지고 있는 정기적 급여채권에 대한 강제집행을 할 수 있도록 하여, 소득세 원천징수의무자로 하여금 양육비채무자의 급여에서 정기적으로 양육비를 공제하여 양육비채권자에게 직접 지급하도록 명하는 것입니다. 양육비직접지급명령을 신청하기 위해서는 우선 양육비채무자가 신청 당시를 기준으로 정기적으로 발생되는 급여채권을 가지고 있어야 합니다. 또한

양육비직접지급명령이 소득세원천징수의무자에게 송달된 날부터 효력이 생기므로, 그 이전에 발생되었으나 이행되지 않고 있는 양육비채권에 대하여는 기존의 강제집행 방법에 따라 집행하셔야 합니다. 따라서 전남편분께서 정기적 급여채권을 가지고 계시고, 정당한 사유 없이 2회 이상 양육비를 지급하지 아니하였다면 장래에 발생할 정기금 양육비채권에 관하여 양육비채무자의 주소지 관할 가정법원에 양육비직접지급명령을 신청하시면 됩니다.

---

11. 작년에 이혼을 하였는데, 이혼할 당시 은행에 다녔던 전남편이 이혼 후 양육비를 보내주다가 올해 여름부터 양육비를 보내주지 않아 그 이유를 물으니 은행을 그만두고 나와서 사업을 하게 되었는데 당분간은 사업이 안정을 찾아야 하니 양육비를 보내줄 수 없다고 합니다. 하지만 사정이 여의치 않아 양육비를 받지 않고서는 생활을 할 수가 없는데 혹시 양육비직접지급명령을 신청하면 받을 수 없는 건가요?

☞ 2009. 11. 9. 시행되는 개정 가사소송법은 양육비직접지급명령의 경우, 정기금 양육비채무자가 정당한 사유 없이 2회 이상 양육비를 지급하지 아니한 경우에 아직 이행일시가 도래하지 않은 양육비채무자의 소득세원천징수의무자에 대한 정기적 급여채권에 대하여 양육비직접지급명령을 할 수 있도록 하고 있습니다. 양육비채무자에게 정기적 급여채권이 존재하지 않게 되면 양육비직접지급명령을 신청하실 수 없습니다. 개정된 가사소송법은 양육비채무자가 근로자가 아닌 자영업자라서 양육비직접지급명령을 이용할 수 없는 경우에 대비하여 담보제공명령을 따로 규정하고 있습니다. 그러므로 정기적 양육비채권에 관한 집행권원을 가진 채권자는 양육비채무자가 정당한 사유 없이 정기금 양육비채무를 이행하지 않을 때에는 양육비채무자의 주소지 가정법원에 담보제공명령을 신청하시면 됩니다.

부록
재판실무자료

1. 가족관계등록(호적)신고안내

다음의 재판을 받은 당사는 ① 법원에서 확정증명을 발급받아 ② 호적신고를 하여야 하는데, 자세한 절차는 아래와 같습니다. 이혼, 혼인취소, 혼인무효, 인지, 입양, 파양, 친권에 관한 사건 등(단, 원고가 패소한 경우에는 신고대상이 아님)

1. 판결확정증명을 발급 받으려면 어떻게 해야 합니까?

① 판결문을 받은 날부터 계산하여 20일 후에 담당재판부로 확정여부를 문의한다.

② 판결이 확정되었다고 한다면, 확정일로부터 1개월 이내에 가정법원 종합접수실 7번 '제증명' 담당자에게 확정증명원 신청서를 작성하여 접수한다.

2. 가족관계등록(호적)신고는 어떻게 해야 합니까?

판결확정일로부터 1개월 이내에 주소지 또는 본적지 시, 구, 읍, 면사무소에 하여야 하고, 이를 지체하면 과태료처분을 받을 수 있다.

3. 받은 서류가 '판결문'이 아니고 '화해권고결정' 또는 조정에 갈음하는 결정조서일 경우에도 위와 똑같은 절차로 하면 되고, 조정조서 또는 화해조서일 경우에는 서류를 받은 날로부터 7일 이내에 담당재판부에 송달여부를 문의하고, 송달이 되었다고 한다면 위와 같은 방법으로 법원에 나와 송달증명원을 발급받아 신고를 하면 된다.

---

1. 판결확정은 언제 되나?

원고와 피고가 판결문을 송달받은 날로부터 항소없이 15일이 지나야 확정되는데, 일반 사건의 경우 통상 판결선고일로부터 25일 이후가 된다.

⇒ 그래서 판결문을 받고나서 20일 이전에 전화를 하여 확인하라는 것이다.

2. 법원에 방문할 때는 판결문, 신분증, 도장, 수수료 500원을 준비하여 가급적 본인이 나오고, 본인이 나오지 못할 경우 가족이 나와도 된다.

⇒ 가족이 나올 때 준비할 서류

① 가족임을 알 수 있는 자료(주민등록 또는 호적등본+신분증)

② 위임장(백지에 사건번호, 원고·피고, 대리인의 성명, 주소, 주민등록번호를 적고, '이 사건 확정증명을 위 대리인에게 위임합니다.'라고 기재한 후 서명, 날인하면 된다.

2. 자의 양육과 친권자결정에 관한 협의서 작성요령

자의 양육과 친권자결정에 관한 협의서 작성요령

◆ 미성년인 자녀(임신 중인 자를 포함하되, 이혼에 관한 안내를 받은 날부터 3개월 또는 법원이 별도로 정한 기간 내에 성년이 되는 자는 제외)가 있는 부부가 협의이혼을 할 때는 자녀의 양육(양육자의 결정, 양육비용의 부담, 면접교섭권의 행사 여부 및 그 방법)과 친권자결정에 관한 협의서를 확인기일 1개월 전까지 제출하여야 한다.

◆ 성년의 자녀의 경우에도 예상되는 교육비 등의 부담을 자유롭게 협의하여 기재할 수 있다.

◆ 이혼의사확인신청 후 양육과 친권자결정에 관한 협의가 원활하게 이루어 지지 않는 경우에는 신속하게 가정법원에 심판을 청구하여야 합니다. 확인기일까지 협의서를 제출하지 아니한 경우 이혼의사확인이 지연되거나 불확인 처리될 수 있다.

◆ 만일 양육에 관한 사항이나 친권자결정에 관한 협의가 자녀의 복리에 반하는 경우 가정법원은 보정을 명할 수 있으며 보정에 응하지 않는 경우 불확인 처리된다.

◆ 만일 협의서에 의해 약정한 사항을 부 또는 모가 이행하지 아니한 경우(특히 양육비 부담) 별도의 '재판절차'를 통하여 과태료, 감치 등의 제재를 받을 수 있고, 강제집행을 할 수 있다.

◆ 협의서 작성 전에 가정법원의 상담위원의 상담을 먼저 받아 보실 것을 권고한다.

3. 협의이혼제도 안내

1. 협의이혼이란

부부가 자유로운 이혼합의에 의하여 혼인관계를 해소시키는 제도로, 먼저 관할 법원의 협의이혼의사확인을 받은 후 쌍방이 서명 또는 날인한 이혼신고서에 그 확인서등본을 첨부하여 시(구)·읍·면의 장에게 신고함으로써 이혼의 효력이 발생한다.

2. 협의이혼절차는

가. 협의이혼의사확인의 신청

① 신청시 제출하여야 할 서류

㉮ 협의이혼의사확인신청서 1통

* 부부가 함께 작성하며, 신청서 양식은 법원의 신청서 접수창구에 비치되어 있다.

* 기일의 고지는 전화 등으로 할 수 있으므로, 신청서에 전화연락처를 정확히 기재하여야 하며, 전화연락처는 즉시 법원에 신고하여야 한다.

㉯ 남편의 가족관계증명서와 혼인관계증명서 각 1통
처의 가족관계증명서와 혼인관계증명서 각 1통

* 시(구), 읍, 면, 동사무소에서 발급

㉰ 주민등록등본 1통

* 주소지 관할 법원에 이혼의사확인신청을 하는 경우에만 첨부한다.

㉱ 미성년인 자녀(임신 중인 자를 포함하되, 이혼에 관한 안내를 받은 날부터 3개월 또는 법원이 별도로 정한 기간 이내에 성년에 도달하는 자녀는 제외)가 있는 부부는 이혼에 관한 안내를 받은 후 그 자녀의 양육과 친권자결정에 관한 협의서 1통과 사본 2통 또는 가정법원의 심판정본 및 확정증명서 각 3통을 제출하되, 부부가 함께 출석하여 신청하고 이혼에 관한 안내를 받은 경우에는 협의서는 확인기일 1개월 전까지 제출할 수 있고, 심판정본 및 확정증명서는 확인기일까지 제출할 수 있다. 자녀의 양육과 친권자결정에 관한 협의가 원활하게 이루어지지 않는 경우에는 신속하게 가정법원에 심판을 청구하여 심판정본 및 확정증명서를 제출하여야 한다. 미제출 또는 제출지연 시 협의이혼확인이 지연되거나 불확인될 수 있다.

특히, 이혼신고 다음날부터 미성년인 자녀가 성년에 이르기 전날까지의 기간에 해당하는 양육비에 관하여 협의서를 작성한 경우 양육비부담조서가 작성되어 별도의 재판없이 강제집행을 할 수 있으므로 양육비부담에 관하여 신중한 협의를 하여야 한다.

⑩ 이혼신고서
  * 이혼신고서는 법원에 제출하는 서류가 아니고, 시(구), 읍, 면사무소에 이혼신고할 때 제출하는 서류다. 그러나, 법원에 신청할 때 미리 이혼신고서 뒷면에 기재된 작성방법에 따라 부부가 함께 작성하여 서명 또는 날인한 후 각자 1통을 보관하고 있다가 이혼신고할 때 제출하면 편리하다(신고서 양식은 법원의 신청서 접수창구 및 시, 군, 면사무소에 비치되어 있다.
  ⑪ 부부 중 일방이 외국에 있거나 교도소(구치소)에 수감 중인 경우
    재외국민등록부등본 1통(재외공관 및 외교통상부 발급) 또는 수용증명서(교도소 및 구치소 발급) 1통을 첨부한다.
② 신청서를 제출한 법원
  이혼당사자의 등록기준지 또는 주소지를 관할하는 법원에 부부가 함께 출석하여 신청서를 제출하여야 한다(부부 중 일방이 외국에 있거나 교도소(구치소)에 수감 중인 경우에만 다른 일방이 혼자 출석하여 신청서를 제출하고 안내를 받으며, 첨부서류는 신청서 제출당시에 전부 첨부하여야 한다).
③ 이혼에 관한 안내
  * 법원으로부터 이혼에 관한 안내를 반드시 받아야 하고, 상담위원의 상담을 받을 것을 권고 받을 수 있다. 특히, 미성년자인 자녀의 양육과 친권자결정에 관하여 상담위원의 상담을 받은 후 협의서를 작성할 것을 권고한다.
  * 신청서 접수한 날부터 3개월이 경과하도록 이혼에 관한 안내를 받지 아니하면 협의이혼의사확인신청은 취하한 것으로 본다.
④ 이혼숙려기간의 단축 또는 면제
  안내를 받은 날부터 미성년인 자녀(임신 중인 자를 포함)가 있는 경우에는 3개월, 성년 도달 1개월 후 3개월 이내 사이의 미성년인 자녀가 있는 경우에는 성년이 된 날, 성년 도달 전 1개월 이내의 미성년인 자녀가 있는 경우 및 그 밖의 경우에는 1개월이 경과한 후에 이혼의사의 확인을 받을 수 있으나, 가정폭력 등 급박한 사정이 있어 위 기간의 단축 또는 면제가 필요한 사유가 있는 경우 이를 소명하여 사유서를 제출할 수 있다. 이 경우 특히 상담위원회의 상담을 통하여 사유서를 제출할 수 있다. 사유서 제출 후 7일 이내에 확인기일의 재지정 연락이 없으면 최초에 지정한 확인기일의 유지되며, 이에 대하여는 이의를 할 수 없다.
⑤ 신청서의 취하
  신청서 접수 후에도 이혼의사확인을 받기 전까지 부부 일방 또는 쌍방은 법원에 신청을 취할 수 있다
⑥ 협의이혼의사의 확인
  * 반드시 부부가 함께 본인의 신분증(주민등록증, 운전면허증, 공무원 증 및 여권 중 하나)과 도장을 가지고 통지받은 확인기일에 법원에 출석하여야 한다.

* 확인기일을 2회에 걸쳐 불출석한 경우 확인신청을 취하한 것으로 보므로 협의이혼의사확인신청을 다시 하여야 한다.
* 부분의 이혼의사와 미성년인 자녀가 있는 경우 그 자녀의 양육과 친권자결정에 관한 협의서 또는 가정법원의 심판정본 및 확정증명서가 확인되면 법원에서 부분에게 확인서등본 1통 및 미성년인 자녀가 있는 경우 협의서등본 및 양육비부담조서정본 또는 가정법원의 심판정본 및 확정증명서 1통씩을 교부한다.
* 확인기일까지 협의를 할 수 없어 가정법원에 심판을 청구한 경우에는 확인기일에 출석하여 그 사유를 소명하여야 한다.
* 자녀의 복리를 위해서 법원은 자녀의 양육과 친권자결정에 관한 협의에 대하여 보정을 명할 수 있고, 보정에 불응하면 불확인 처리된다.
* 불확인 처리를 받은 경우에는 가정법원에 별도로 재판상 이혼 또는 재판상 친권자지정 등을 청구할 수 있다.

나. 협의이혼의 신고

* 이혼의사확인서등본은 교부받은 날부터 3개월이 지나면 그 효력이 상실되므로, 신고의사가 있으면 위 기간 내에 당사자 일방 또는 쌍방이 시(구), 읍, 면사무소에 확인서등본이 첨부된 이혼신고서를 제출하여야 한다. 이혼신고가 없으면 이혼된 것이 아니며, 위 기간을 지난 경우에는 다시 법원의 이혼의사확인을 받지 않으면 이혼신고를 할 수 없다.
* 미성년자인 자녀가 있는 경우 이혼신고 시에 협의서등본 또는 심판정본 및 그 확정증명서를 첨부하여 친권자지정 신고를 하여야 하며, 임신 중인 자녀는 이혼신고시가 아니라 그 자녀의 출생신고 시에 협의서등본 또는 심판정본 및 그 확정증명서를 첨부하여 친권자지정 신고를 하여야 한다.
* 확인서등본을 분실한 경우 : 확인서등본을 교부받은 날부터 3개월 이내라면 이혼의사확인신청을 한 법원에서 확인서등본을 다시 교부받을 수 있다.
* 법원은 협의서원본을 2년간 보존한 후 폐기하므로, 법원으로부터 교부받은 협의서등본을 이혼신고 전에 사본하여 보관하여야 한다.

다. 협의이혼의 철회

이혼의사확인을 받고 난 후라도 이혼할 의사가 없는 경우에는 시(구), 읍, 면의 장에게 확인서등본을 첨부하여 이혼의사철회서를 제출하면 된다. 이혼신고가 이혼의사철회서보다 먼저 접수되면 철회서를 제출하였더라도 이혼의 효력이 발생한다.

3. 협의이혼의 효과

가정법원의 이혼의사확인을 받아 신고함으로써 혼인관계는 해소된다. 이혼 후에도 자녀에 대한 부모의 권리와 의무는 협의이혼과 관계없이 그대로 유지되나 미성년자인 자녀(임신 중인 자 포함)가 있는 경우에는 그 자녀의 양육과 친권자

결정에 관한 협의서 또는 가정법원의 심판에 따른다. 특히, 이혼신고 다음날부터 미성년인 자녀가 성년에 이르기 전날까지의 기간에 해당하는 양육비에 관하여 양육비부담조서가 작성되면, 이혼 후 양육비부담조서에 따른 양육비를 지급하지 않으면 양육비부담조서정본에 가정법원이 부여한 집행문을 첨부하여 강제집행할 수 있다.

한편, 이혼하는 남편과 다른 등록기준지를 사용하기를 원하는 처는 별도의 등록기준지변경신고를 함께 하여야 한다.

4. 협의이혼제도안내(재외국민용)

1. 협의이혼이란

부부가 자유로운 이혼합의에 의하여 혼인관계를 해소시키는 제도로, 재외국민으로 등록된 국민이 재외공관장에게 협의이혼의사확인신청을 하여 서울가정법원으로부터 이혼의사확인을 받은 후 쌍방이 서명 또는 날인한 이혼신고서에 그 확인서등본을 첨부하여 재외공관장 등에게 신고함으로써 이혼의 효력이 발생한다.

2. 협의이혼절차는

가. 협의이혼의사확인의 신청

(1) 신청시 제출하여야 할 서류
  (가) 협의이혼의사확인신청서 1통
    – 부부가 함께 작성하며, 신청서 양식은 법원의 신청서 접수창구에 있다.
    – 신청서에 항상 연락 가능한 전화연락처를 정확히 기재하여야 하며, 전화연락처 변경시에는 즉시 재외공관에 신고하여야 한다.
  (나) 남편의 가족관계증명서와 혼인관계증명서 각 1통
      처의 가족관계증명서와 혼인관계증명서 각 1통
    – 시(구)·읍·면·동사무소에서 발급
  (다) 미성년인 자녀(임신 중인 자를 포함하되, 이혼에 관한 안내를 받은 날부터 3개월 또는 법원이 별도로 정한 기간 이내에 성년에 도달하는 자녀는 제외)가 있는 부부는 이혼에 관한 서면 안내를 받은후 그 자녀의 양육과 친권자결정에 관한 협의서 1통과 사본 2통 또는 가정법원의 심판정본 및 확정증명서 각 3통을 제출하여야 합니다. 미제출 또는 제출지연 시

협의이혼확인이 지연되거나 불확인될 수 있다.

  (라) 이혼신고서

    – 이혼신고서는 이혼의사확인신청할 때 제출하는 서류가 아니고 재외공관 장 등에게 이혼신고할 때 비로소 제출하는 서류이다. 그러나, 신청할 때 미리 이혼신고서 뒷면에 기재된 작성방법에 따라 부부가 함께 작성하여 서명 또는 날인한 후 각자 1통을 보관하고 있다가 이혼신고할 때 제출하면 편리하다.

    – 신고서양식은 재외공관의 신청서 접수창구에 있다.

  (마) 부부 중 일방이 다른 외국에 있거나 교도소(구치소)에 수감 중인 경우

    – 재외국민등록부등본 1통(재외공관 및 외교통상부 발급) 또는 수용 증명서 (교도소 및 구치소 발급) 1통을 첨부한다.

(2) 신청서를 제출할 재외공관

  이혼당사자의 거주지를 관할하는 재외공관에 부부가 함께 출석하여 신청서를 제출하여야 한다.

  – 부부 중 일방이 외국에 있거나 교도소(구치소)에 수감 중인 경우에만 다른 일방이 혼자 출석하여 신청서를 제출하고 안내를 받아야 한다.

(3) 이혼에 관한 안내

  재외공관장으로부터 서면으로 안내를 받을 수 있다.

(4) 이혼숙려기간의 단축 또는 면제

  안내를 받은 날부터 미성년인 자녀(임신 중인 자를 포함)가 있는 경우에는 3개월, 성년 도달 전 1개월 후 3개월 이내 사이의 미성년인 자녀가 있는 경우에는 성년이 된 날, 성년 도달 전 1개월 이내의 미성년인 자녀가 있는 경우 및 그 밖의 경우에는 1개월이 경과한 후에 이혼의사의 확인을 받을 수 있으나, 가정폭력 등 급박한 사정이 있어 위 기간의 단축 또는 면제가 필요한 사유가 있는 경우 이를 소명하여 사유서를 제출할 수 있다.

(5) 협의이혼의사의 확인

  – 부부가 함께 본인의 신분증(주민등록증, 운전면허증, 공무원증 및 여권 중 하나)과 도장을 가지고 거주지 관할 재외공관에 출석하여야 한다. 부부 중 일방이 타국에 거주하는 경우 신청당사자만 출석한다.

  – 자녀의 복리를 위해서 법원은 자녀의 양육과 친권자 결정에 관한 협의에 대하여 보정을 명할 수 있고, 보정에 불응하면 불확인 처리된다.

  – 불확인 처리를 받은 경우에는 가정법원에 별도로 재판상 이혼 또는 재판상 친권자지정 등을 청구할 수 있다.

나. 협의이혼의 신고

– 이혼의사확인서등본은 교부받은 날부터 3개월이 지나면 그 효력이 상실되므로, 신고의사가 있으면 위 기간 내에 당사자 일방 또는 쌍방이 재외공관,

등록기준지 또는 현재의 시(구)·읍·면사무소에 확인서등본이 첨부된 이혼신고서를 제출하여야 한다. 여기서 "시"라 함은 "구"가 설치되지 않는 시를 말한다.

- 이혼신고가 없으면 이혼된 것이 아니며, 위 기간이 지난 경우에는 다시 법원의 이혼의사확인을 받지 않으면 이혼신고를 할 수 없다.
- 미성년인 자녀가 있는 경우 이혼신고 시에 협의서등본 또는 심판서정본 및 그 확정증명서를 첨부하여 친권자지정 신고를 하며, 임신 중인 자녀는 이혼신고 시가 아니라 그 자녀의 출생신고 시에 협의서등본 또는 심판정본 및 그 확정증명서를 첨부하여 친권자지정신고를 하여야 한다.
- 확인서등본을 분실한 경우 : 확인서등본을 교부받은 날부터 3개월 이내 라면 이혼의사확인신청을 한 법원에서 확인서등본을 다시 교부받고 이혼 신고서를 다시 작성하여 이혼신고할 수 있고 3개월 지난 경우에는 다시 협의이혼의사확인신청을 하여야 한다.
- 협의서원본은 법원에서 1년간 보존하므로 이혼의사확인 때 법원으로부터 교부받은 협의서등본은 이혼신고 전에 그 복사본을 별도로 보관하도록 한다.

다. 협의이혼의 철회

- 이혼의사확인을 받고 난 후라도 이혼할 의사가 없는 경우에는 등록기준지 또는 현재의 시(구)·읍·면의 장에게 이혼의사철회서를 제출하면 된다.
- 이혼신고서가 이혼의사철회서보다 먼저 접수되면 철회서를 제출하였더라도 이혼의 효력이 발생한다.

3. 협의이혼의 효과

- 가정법원의 이혼의사확인을 받아 신고함으로써 혼인관계는 해소된다. 이혼 후에도 자녀에 대한 부모의 권리와 의무는 협의이혼과 관계없이 그대로 유지되나 미성년인 자녀(임신 중인 자 포함)가 있는 경우에는 그 자녀의 양육과 친권자결정에 관한 협의서 또는 가정법원의 심판에 따른다.
- 이혼하는 남편과 다른 등록기준지를 사용하기를 원하는 처는 별도의 등록 기준지 변경신고를 함께 하여야 한다.

5. 가압류신청 진술서

가 압 류 신 청 진 술 서

　　채권자는 가압류 신청과 관련하여 다음 사실을 진술합니다. 다음의 진술과 관련하여 고의로 누락하거나 허위로 진술한 내용이 발견된 경우에는, 그로 인하여 보정명령 없이 신청이 기각되거나 가압류이의 절차에서 불이익을 받을 것임을 잘 알고 있습니다.

201○.　○.　.

채권자　김 ○ 영　　(인)

1. 신분관계와 관할의 확인, 기타 기본적 사항의 특정을 위하여

　가. 채권자와 채무자의 최근에 발급받은 각 호적등본 및 주민등록등본을 첨부하였나요?

　　　☑ 예　　　　　　　　□ 아니오

　나. 본안사건이 가사소송법상 가정법원에 관할이 있나요?(예를 들어, 이혼에 따른 위자료나 재산분할청구는 가정법원에 관할이 있으나, 협의이혼을 하였는데 협의이혼을 전후하여 위자료나 재산분할에 관하여 약정서가 작성되었다면 민사사안임)

　　　☑ 예　　　　　　　　□ 아니오

　다. 신청서에 가압류할 대상을 명백히 특정하고, 그에 관한 자료를 첨부하였나요? (예를 들어, 부동산의 경우 별지 표시를 등기부에 맞게 기재하고 최근의 부동산등기부등본을 첨부, 최근의 경우 제3채무자가 법인이라면 등기부에 맞게 대표자를 표시하고 상업등기부등본을 첨부)

　　　☑ 예　　　　　　　　□ 아니오

　라. 피보전권리의 특정과 관련하여

　(1) 피보전권리와 청구금액을 명백히 특정하였나요? (예를 들어, '이혼을 원인으로 한 위자료청구권 등 30,000,000원'이라고 기재하면 피보전권리가 특정되지 않은 것임)

　　　☑ 예　　　　　　　　□ 아니오

　(2) 여러 개의 피보전권리를 기재한 경우 피보전권리별로 가압류할 청구금액을 개별적으로 특정하였나요? (예를 들어, '이혼을 원인으로 한 위자료청구권

및 재산분할청구권 50,000,000'이라고 기재하면 가압류할 청구금액이 피보전권리별로 특정된 것이 아님)

☑ 예　　　　　　　□ 아니오

2. 피보전권리와 관련하여

가. 피보전권리 전제사실과 관련하여

(1) [법률혼] 혼인의 파탄사유에 관한 객관적 소명자료(진단서, 각서, 제3자의 진술서 등)를 첨부하였나요? (이미 본안소송을 제기하고 본안소장사본 및 접수증명원을 첨부하였으면 불필요)

☑ 예　　　　　　　□ 아니오

(2) [사실혼 기타] 채권자와 채무자가 사실혼관계 등에 있었음에 관한 소명자료(결혼사진, 청첩장, 제3자의 진술서 등)를 첨부하였나요?

□ 예　　　　　　　□ 아니오

나. 채권자가 신청서에 기재한 청구금액은 채무자의 유책의 정도, 채권자와 채무자의 재산상태 등에 비추어 본안소송에서 승소할 수 있는 금액으로 적정하게 산출된 것입니까? (과도한 가압류로 인해 채무자가 손해를 입으면 배상하여야 함, 위자료청구금 속에 재산분할청구금도 포함되어 있다면 분리하여 특정하여야 함)

☑ 예　　　　　　　□ 아니오

다. 피보전권리에 관한 소명자료를 첨부하였나요? (예를 들어, 위자료금 산정에 관련된 진단서, 각서, 제3자의 진술서 등 소명자료, 재산분할금 산정에 관련된 채권자와 채무자의 각 재산내역 및 그 시가 등에 대한 소명자료, 양육비의 산정근거에 관한 소명자료)

☑ 예　　　　　　　□ 아니오

라. [양육비나 부양료청구권을 피보전권리로 하는 경우] 과거의 양육비나 부양료 이외에 장래의 양육비나 부양료 전부를 일시금으로 청구하고 있나요?

□ 예 : 장래의 양육비나 부양료는 3년분에 한하여 청구할 것을 검토할 것

□ 아니오

3. 보전의 필요성과 관련하여

가. 채권자가 채무자의 재산에 대하여 가압류하지 않으면 향후 강제집행이 불가능하거나 매우 곤란해질 사유의 내용은 무엇입니까? (필요하면 소명자료를 첨부할 것)

: 채무자에게는 이건 부동산외에 달리 재산이 없고, 이마저도 곧 처분하려고 중개업소에 내놓으려고 하는바, 그렇게 되면 후일 재산분할 등의 권리확보가 불가능해짐

나. [유체동산, 임금채권, 영업상채권, 예금채권 가압류사건인 경우] 채무자에게
  는 가압류할 부동산이나 다른 채권(임대차보증금반환채권 등)이 있습니까?
  □ 예
  □ 아니오- 채무자의 주소지 등기부등본 또는 임대차계약서를 첨부

다. ["예"라고 대답한 경우] 가압류할 부동산이나 다른 채권(임대차보증금반환채
  권 등)이 있다면, 부동산가압류나 임대차보증금반환채권가압류 이외에 이
  사건 가압류 신청을 하는 이유는 무엇입니까?

4. 본안소송과 관련하여

가. 채권자는 신청서에 기재한 청구채권(피보전권리)의 내용과 관련하여 채무자
  를 상대로 본안소송을 제기하였거나 채무자가 채권자를 상대로 소송을 제기
  한 사실이 있습니까?
  □ 예   ☑ 아니오

나. ["예"로 대답한 경우] 본안소송을 제기한 법원·사건번호·사건명과 현재 진행
  상황은? (본안소장사본 및 접수증명을 첨부할 것, 채무자가 이미 본안소송을
  제기하였으면 그 소장 사본과 채권자가 제기한 본안반소장사본 및 접수증명
  을 첨부할 것)

다. ["아니오"로 대답한 경우] 채권자는 본안소송을 제기할 예정입니까?
  □ 예 → 본안소송 제기 예정일 : 20○○. ○. ○.경
  □ 아니오

5. 중복보전처분과 관련하여

가. 채권자는 이 신청 이전에 채무자를 상대로 동일한 가압류를 신청하여 기각된
  적이 있습니까?
  □ 예 → 법원·사건번호·사건명은?
  ☑ 아니오

나. 채권자는 신청서에 기재한 청구채권을 원인으로, 이 신청과 동시에 또는
  이 신청 이전에 채무자의 다른 재산에 대하여 가압류나 가처분을 신청한
  적이 있습니까?
  □ 예   ☑ 아니오

다. [나.항을 "예"로 대답한 경우]
 (1) 동시 또는 이전에 가압류나 가처분을 신청한 법원·사건번호·사건명은?
 (2) 여러 건의 가압류나 가처분을 신청하는 이유는? (소명이 곤란하면 일부
    취하를 검토할 것)
 (3) 신청결과(취하/각하/인용/기각 등)는?

6. 과잉가압류와 관련하여

가. 채권자는 이 신청으로 여러 개의 부동산 또는 채권에 대하여 가압류를 신청하고 있나요?

    □ 예   ☑ 아니오

나. [가.항을 "예"로 대답한 경우]

  (1) 별지에 각 부동산 또는 채권별로 가압류할 피보전권리 및 청구금액을 개별적으로 기재하였나요?

      □ 예   □ 아니오

  (2) 여러 개의 부동산 또는 채권에 대하여 가압류를 신청하는 이유는? (소명이 곤란하면 보전의 필요성이 낮은 재산 부분은 취하를 검토할 것)

---

6. 가압류신청진술서 관련 유의사항

가압류신청진술서 관련 유의사항

법원은 가압류신청진술서와 관련하여 그 심사를 실질적으로 하고 있음에 따라 보정명령을 많이 내리고 있는 실정이다. 따라서 다음 아래의 점을 주의하도록 한다.

다 음

1. 진술서 3-나

「유체동산가압류 또는 채권가압류사건의 경우 채무자에게는 가압류할 부동산이 있습니까」라는 물음에 대하여 「아니오」라고 답변한 경우

▶ 반드시 채무자 주소지 소재 〈부동산등기부등본〉을 첨부하여야 한다. 과연 진술대로 부동산가압류를 않은 것인지 확인하기 위함이다.

2. 진술인의 서명, 날인

▶ 진술서에는 반드시 진술하는 채권자 또는 소송대리권한 있는 자의 서명과 날인이 필요하다. 주의할 점은 기명날인이 아닌 〈서명날인〉이라는 점이다.

3. 진술서 4-나

본안소송을 제기한 사실이 있는가의 물음에 대하여 「예」 또는 「아니오」라고

답변한 경우

▶「예」라고 답변한 경우 사건번호등의 기재는 물론 소제기하였음을 증명하는 '소제기증명원' 또는 '소계류증명원' 등을 첨부하여야 한다.

▶본안 소송을 제기할 예정일을 구체적으로 표기하여야 한다. 즉 일자를 특정하거나 가압류결정문 송달받은 후 며칠이내라는 식으로 특정을 해야 한다.

이상과 같은 점에 주의하여 신청서 및 진술서를 작성하여야 하며 그렇지 않은 경우 대부분 보정명령이 내리고 있음을 유의한다.

7. 자의 양육과 친권자결정에 관한 협의서 작성요령

* 미성년인 자녀(임신 중인 자를 포함하되, 이혼에 관한 안내를 받은 날부터 3개월 또는 법원이 별도로 정한 기간 내에 성년이 되는 자는 제외)가 있는 부부가 협의이혼을 할 때는 자녀의 양육과 친권자결정에 관한 협의서를 확인기일 1개월 전까지 제출하여야 한다.

* 이혼의사확인신청후 양육과 친권자결정에 관한 협의가 원활하게 이루어 지지 않는 경우에는 신속하게 가정법원에 그 심판을 청구하여야 한다.

* 확인기일까지 협의서를 제출하지 아니한 경우에는 이혼의사확인이 지연되거나 불확인 처리될 수 있고, 협의한 내용이 자녀의 복리에 반하는 경우 가정법원은 보정을 명할 수 있으며 보정에 응하지 않는 경우 불확인 처리된다.

* 이혼신고일 다음날부터 미성년자인 자녀들이 각 성년에 이르기 전날까지의 기간에 해당하는 양육비에 관하여는 양육비부담조서 작성되며, 이혼 후 양육비부담조서에 따른 양육비를 지급하지 않으면 양육비부담조서에 의하여 강제집행할 수 있다. 그 외 협의사항은 별도의 재판절차를 통하여 과태료, 감치 등의 제재를 받을 수 있고, 강제집행을 할 수 있다.

1. 친권자 및 양육자의 결정

친권자는 자녀의 재산관리권, 법률행위대리권 등이 있고, 양육자는 자녀와 공동생활을 하며 각종 위험으로부터 자녀를 보호하는 역할을 말한다. 협의이혼시 친권자 및 양육자는 자의 복리를 최우선으로 고려하여 부 또는 모 일방, 부모공동으로 지정할 수도 있으며, 친권자와 양육자를 분리하여 지정할 수 있다(공동친권, 공동양육의 경우는 이혼 후에도 부모 사이에 원만한 협의가 가능한 경우에만 바람직하며, 각자의 권리·의무, 역할, 동거기간 등을 별도로 명확히 정해두는 것이 장래의 분쟁을 예방할 수 있다.).

임신 중인 자의 특정은 자녀이름란에 '모가 임신 중인 자'로 기재하고 생년월일란에 '임신 ○개월' 기재함으로 하고, 성별란은 기재할 필요가 없다.

2. 양육비용의 부담

자녀에 대한 양육의무는 친권자나 양육자가 아니어도 부모로서 부담하여야 할 법률상 의무이다. 양육비는 자녀의 연령, 자녀의 수, 부모의 재산상황 등을 고려하여 적정한 금액을 협의하여야 한다. 경제적 능력이 전혀 없는 경우에는 협의에 의해 양육비를 부담하지 않을 수도 있다. 이혼신고 전 양육비 또는 성년 이후의 교육비 등은 부모가 협의하여 '기타'란에 기재할 수 있으나, 양육비부담조서에 기재되지 않으므로, 강제집행을 위해서는 별도의 재판절차가 필요하다.

3. 면접교섭권의 행사 여부 및 그 방법

민법 제837조의2 규정에 다라 이혼 후 자녀를 직접 양육하지 않은 부모(비양육친)의 일방과 자녀는 서로 만날 권리가 있고, 면접교섭은 자녀가 양쪽 부모의 사람을 받고 올바르게 자랄 수 있기 위해 필요하다. 면접교섭 일시는 자녀의 일정을 고려하여 정기적·규칙적으로 정하는 것이 자녀의 안정적인 생활에 도움이 되고, 자녀의 인도장소 및 시간, 면접교섭 장소, 면접교섭시 주의사항(기타란에 기재) 등을 자세하게 정해야 장래의 분쟁을 방지할 수 있다.

4. 첨부서류

협의서가 자녀의 복리에 부합하는지 여부를 판단하기 위해 부, 모의 월 소득액과 재산에 관한 자료 등이 필요하므로 증빙서류를 제출한다.

5. 기타 유의사항

법원은 협의서원본을 2년간 보존한 후 폐기하므로, 법원으로부터 교부받은 협의서등본을 이혼신고 전에 사본하여 보관해야 한다.

8. 자의 양육과 친권자결정에 관한 협의서 작성요령

자의 양육과 친권자결정에 관한 협의서 작성요령

◈ 미성년인 자녀(임신 중인 자를 포함하되, 이혼에 관한 안내를 받은 날부터 3개월 또는 법원이 별도로 정한 기간 내에 성년이 되는 자는 제외)가 있는 부부가 협의이혼을 할 때는 자녀의 양육(양육자의 결정, 양육비용의 부담, 면접교섭권의 행사 여부 및 그 방법)과 친권자결정에 관한 협의서를 확인기일 1개월 전까지 제출하여야 한다.

◈ 성년의 자녀의 경우에도 예상되는 교육비 등의 부담을 자유롭게 협의하여 기재할 수 있다.

◈ 이혼의사확인신청 후 양육과 친권자결정에 관한 협의가 원활하게 이루어 지지 않는 경우에는 신속하게 가정법원에 심판을 청구하여야 한다. 확인기일까지 협의서를 제출하지 아니한 경우 이혼의사확인이 지연되거나 불확인 처리될 수 있다.

◈ 만일 양육에 관한 사항이나 친권자결정에 관한 협의가 자녀의 복리에 반하는 경우 가정법원은 보정을 명할 수 있으며 보정에 응하지 않는 경우 불확인 처리된다.

◈ 만일 협의서에 의해 약정한 사항을 부 또는 모가 이행하지 아니한 경우(특히 양육비 부담) 별도의 '재판절차'를 통하여 과태료, 감치 등의 제재를 받을 수 있고, 강제집행을 할 수 있다.

◈ 협의서 작성 전에 가정법원의 상담위원의 상담을 먼저 받아 보실 것을 권고한다.

9. 재산명시절차 안내 및 재산목록 작성요령

재산명시절차 안내 및 재산목록 작성요령

제1. 절차 안내

귀하는 재산명시명령을 송달받은 날부터 정해진 기간 내에 귀하의 재산목록을 작성하여 제출하여야 한다(별지 양식 사용). 다만, 법원의 허가를 받아 위 기간을 연장할수 있다. 만일 귀하가 정당한 사유 없이 재산목록의 제출을 거부하거나 거짓의재산목록을 제출한 때에는 1천만 원 이하의 과태료에 처할 수 있다. 이미 제출한재산목록에 형식적인 흠이 있거나 불명확한 점이 있으면 법원의 허가를 얻어 재산목록을 정정할 수 있다. 법원은 필요한 경우 귀하에게 제출하는 재산목록의 기재사항에 관하여 참고자료의 제출을 요구할 수 있다.

제2. 재산목록 작성요령

1. 일반적 주의사항
   가. 첨부된 재산목록은 만년필이나 볼펜을 사용하거나 컴퓨터 등의 기계적 수단을 이용하는 등의 방법으로 명백하게 해당사항을 기입·작성하여야 한다.
   나. 양식의 해당란이 부족할 때에는 별도의 별지에 기입하고, 양식의 해당란과귀하가 작성한 별지 사이의 관계를 분명하게 표시하여야 한다(예: 양식의해당란에는 "별지 1에 기재"라고 표시하고, 별지 1에는 "양식의 1번 항목에관한 것"이라고 부기함).
   다. 각 항목에 기재하여야 할 것인지 또는 기재하지 아니할 것인지에 관하여의문이 있는 때에는 별지를 사용하여 그 사실관계를 가능한 한 상세히 기재하여 주기 바란다.
   라. 재산목록에 기재할 재산으로서 제3자에게 명의신탁 되어 있거나 신탁재산으로 등기 또는 등록이나 명의개서 되어 있는 재산은 그 명의자의 이름·주소·주민등록번호를 기재하여야 한다.
   마. 재산명시결정에서 재산목록에 기재할 재산의 종류와 하한이 되는 액수가아래 2.의 각항에 기재와 달리 정해진 경우에는 재산명시결정에서 정해진종류와 금액을 기준으로 하여 재산목록을 작성하여야 한다(예: 결정문에"재산목록에 기재할 재산의 하한이 되는 액수는 1,000만 원으로 한다"고기재되어 있고, 당사자가 보유한 예금채권의 합계액이 900만 원인 경우에예금 채권은 기재하지 않음).
2. 각 항목의 기재요령
   아래의 설명을 참조하여 각 항목별로 해당란에 귀하의 재산을 기재하기 바란다

{본안사건 상대방과 공동으로 소유한 재산이면 그 취지를 비고란에 기재하고, 재산분할 청구사건에서는 특유재산(혼인 전부터 보유하고 있던 재산, 혼인 후 증여·상속받은 재산 등)인지 여부를 비고란에 기재하기 바란다.}.

I. 동 산

귀하 및 귀하와 같이 사는 친족(사실상 관계에 따른 친족 및 본안사건 상대방을 포함)의 생활필수품, 의류, 가구, 가전제품 등 일상생활에 필요한 공동생활용품은 기재하지 아니하여도 된다.

1. 현금 : 외화를 포함하여 합계액 100만 원 이상인 금전의 총액을 기재하고 비고란에 그 보관장소를 기재

2. 어음·수표 : 합계액 100만 원 이상의 어음·수표의 발행인, 지급인, 지급기일, 지급지, 액면금, 수량, 보관장소를 종류별로 구분하여 기재{가액은 액면금액에 의하고, 어음과 수표의 각 액면금이 100만 원 이상인 것 외에 그 합계액이 100만 원 이상인 것도 기재할 것(예: 어음의 액면금은 60만 원, 수표의 액면금은 80만 원인 경우에도 각각 기재)}

3. 주권·국채·공채·회사채 등 : 합계액 100만 원 이상의 주권·국채·공채·회사채 등의 유가증권의 종류, 발행인, 가액, 수량, 만기일, 보관장소를 구분하여 기재(가액은 액면금액을 기준으로 하되, 시장가격이 있는 증권의 가액은 이 재산목록을 작성할 당시의 거래가격에 의하여 산정하고, 합계액의 산정방법은 2번 항목의 설명을 참조)

4. 금·은·백금류 : 합계액 100만 원 이상의 금·은·백금과 금은제품 및 백금제품을 품명, 중량, 제품의 종류, 가액, 보관장소를 구분하여 기재(가액의 산정은 이 재산목록 작성 당시의 시가에 의하되, 시가를 알기 어려운 경우에는 취득가액에 의하고, 합계액의 산정은 2번 항목의 설명을 참조)

5. 시계·보석류·골동품·예술품·악기 : 품목당 100만 원 이상의 시계·보석류·골동품·예술품과 악기를 품명, 크기, 수량, 가액, 보관장소를 구분하여 기재{가액의 산정은 4번 항목의 설명을 참조하고, 여러 개의 품목의 합계액이 100만 원 이상인 것은 기재하지 아니하여도 되나, 여러 개가 집합되어 하나의 구조물을 이룬 경우(예: 진주목걸이)에 그 가액이 100만 원 이상인 것은 기재할 것}

6. 사무기구 : 합계액 100만 원 이상의 사무기구를 종류, 수량, 가액, 소재장소를 구분하여 기재(가액의 산정은 2번 및 4번 항목의 설명을 참조)

7. 가축 및 기계류 : 품목당 100만 원 이상의 가축과 농기계를 포함한 각종 기계류의 품명, 수량, 가액, 소재장소를 구분하여 기재(가액의 산정은 2번 및 4번 항목의 설명을 참조)

8. 농·축·어업·공업생산품 및 재고상품 : 합계액 100만 원 이상의 농·축·어업생산품(1월 안에 수확할 수 있는 과실을 포함), 공업생산품과 재고상품을

종류, 수량, 단가, 보관장소를 구분하여 기재(가액의 산정은 2번 및 4번 항목의 설명을 참조)

9. 기타의 동산 : 4번부터 8번까지 항목에 해당되지 아니하는 기타의 유체동산 으로서 품목당 100만 원 이상인 것을 기재(그 기재요령과 가액의 산정방법 은 5번 항목의 설명을 참조)

II. 부동산 및 이에 준하는 권리와 자동차 등

10. 부동산 소유권 : 소유하고 있는 토지와 건물을 소재지, 지목(건물의 경우에 는 구조와 용도), 면적, 가액을 구분하여 기재(가액의 산정방법은 5번 항목 의 설명을 참조하고, 공동소유하고 있는 부동산은 그 소유관계를 표시하고 지분이 있는 경우에는 이를 기재)

11. 용익물권(지상권·전세권·임차권 등) : 부동산의 지상권, 전세권, 임차권을 그 목적 부동산의 소재지, 지목 또는 구조와 용도, 전세금 또는 임차보증금 과 차임 또는 지료, 계약 체결일과 만료일, 목적 부동산의 소유자 등을 구분하여 기재

12. 부동산에 관한 청구권 : 부동산에 관한 인도청구권과 그에 관한 권리이전 청구권(예: 부동산을 매수하고 대금의 전부 또는 일부를 지급하여 이 재산 목록을 작성할 당시 이전등기를 청구할 수 있는 경우, 재개발·재건축·환경 정비사업에서 조합원으로서의 권리 등)을 그 목적 부동산의 소재지, 종류, 지목 또는 구조와 용도, 계약일자, 대금액, 계약 상대방의 이름·주소를 구분하여 기재

13. 자동차·건설기계·선박·항공기에 관한 권리(소유권, 인도청구권 및 권리이 전청구권) : 소유하고 있는 자동차·건설기계·선박·항공기의 종류, 수량, 소재지 또는 보관장소를 구분하여 기재(자동차·건설기계·선박·항공기의 인도청구권과 그에 관한 권리이전청구권에 관하여는 12번 항목의 설명을 참조)

14. 광업권·어업권, 기타 부동산에 관한 규정이 준용되는 권리 및 그에 관한 권리이전청구권 : 위 각 권리의 종류, 광물 또는 어업의 종류(예: 금, 근해 선망어업), 그 권리가 설정된 토지 또는 수면의 위치, 그 권리의 범위를 구분하여 기재(그에 관한 권리이전청구권에 관하여는 12번 항목의 설명을 참조)

III. 채권 기타의 청구권

15. 금전채권 : 100만 원 이상의 금전채권을 채권의 종류, 근거 또는 내용(예: 2005. 1. 1.자 대여), 금액, 변제기일, 계약 상대방의 이름·주소를 구분하 여 기재(동일 채무자에 대한 금전채권은 개개의 채권액이 100만 원에 미달

하더라도 그 합계액이 100만 원 이상인 때에는 각각의 채권을 모두 기재하고, 저당권, 유치권, 질권 또는 양도담보 등의 담보물권에 의하여 담보되는 금전채권에 대하여는 그 담보물권의 내용도 아울러 기재)

16. 대체물의 인도채권 : 100만 원 이상의 대체물인도채권을 기재(15번 항목의 기재요령에 따라 기재)

17. 예금 및 보험금 등 채권 : 합계액 100만 원 이상의 각종 예금과 보험금 및 보험해약환급금을 예금 또는 보험계약의 종류, 예금액 또는 보험금액 및 보험해약환급금액, 예탁한 은행 또는 보험계약을 체결한 보험회사의 명칭과 소재지, 계좌번호를 구분하여 기재(합계액의 산정은 2번 항목의 설명을 참조하고, 보험해약환급금의 산정은 이 재산목록 작성 당시를 기준으로 함)

18. 기타의 청구권(앞의 3번부터 8번까지 항목에 해당하는 동산의 인도청구권, 권리이전청구권 기타의 청구권) : 9번 항목에 해당하는 동산의 인도청구권 또는 그에 관한 권리이전청구권을 목적물의 종류, 수량, 대금액, 근거, 상대방의 이름과 주소를 구분하여 기재(9번 항목의 설명 참조)

IV. 특허권·회원권 등의 권리

19. 회원권 기타 이에 준하는 권리 및 그 이전청구권 : 권당 가액 100만 원 이상의 회원권, 그 밖에 이에 준하는 권리를 종류, 발행인, 수량, 가액을 구분하여 기재(그 이전청구권의 경우에는 청구권의 근거와 상대방의 이름·주소를 아울러 기재하고, 가액의 산정은 4번 및 5번 항목의 설명을 참조)

20. 특허권 및 그 이전청구권 : 각 권리의 종류, 내용, 등록일자를 구분하여 기재(그 이전청구권에 대하여는 19번 항목의 설명을 참조)

21.~24. : 위 20번의 작성요령과 동일

V. 과거의 재산처분에 관한 사항

귀하가 이 법원으로부터 ① 재산명시결정을 송달받은 날부터 역산하여 2년 이내에 양도한 모든 부동산과 ② 같은 기간 내에 귀하의 배우자, 직계혈족 및 4촌 이내의 방계혈족과 그 배우자, 배우자의 직계혈족과 형제자매에게 양도한 부동산 외의 재산으로서 권리의 이전이나 행사에 등기·등록 또는 명의개서가 필요한 재산, ③ 그 밖에 법원이 정하는 처분행위 일체를 기재(거래 상대방의 이름·주소·주민등록번호, 귀하와의 관계, 거래내역과 일시, 대가를 받은 경우 그 내용과 가액을 비고란에 기재하고, 시가란에는 거래 당시의 시가를 기재)

VI. 채 무

28. 금융기관에 대한 채무 : 금융기관에 대한 합계액 100만 원 이상의 금전채

무와 합계액 100만 원 이상인 목적물에 대한 인도, 권리 이전 채무를 채무의 종류, 근거 또는 내용(예: 2005. 1. 1.자 대출), 금액, 변제기일, 금융기관의 명칭·지점, 계좌번호 등으로 구분하여 기재(동일 금융기관에 대한 채무는 개개의 채무액이 100만 원에 미달하더라도 그 합계액이 100만 원 이상인 때에는 각각의 채무를 기재하고, 저당권, 유치권, 질권 또는 양도담보 등의 담보물권에 의하여 담보되는 금전채무에 대하여는 그 담보물권의 내용도 아울러 기재)

29. 그 밖의 채무 : 금융기관에 대한 채무를 제외하고, 100만 원 이상의 금전채무와 합계액 100만 원 이상인 목적물에 대한 인도, 권리 이전 채무를 채무의 종류, 근거 또는 내용(예: 2005. 1. 1.자 차용), 금액, 변제기일, 상대방의 이름·주소·주민등록번호 등을 구분하여 기재(기재요령은 28번 항목의 설명 참조)

Ⅶ. 고정적 수입 등

30. 정기적으로 받을 보수 및 부양료 : 고용관계 또는 근로관계에 의하여 정기적으로 받을 보수 및 정기적으로 받을 부양료를 보수 또는 부양료의 종류와 금액, 고용관계 또는 근로관계와 부양관계의 성립일자, 고용주 또는 상대방의 이름과 주소(법인인 경우에는 그 명칭과 주된 사무소의 소재지), 보수 또는 부양을 지급받는 일자를 구분하여 기재

31. 그 밖의 소득(소득세법상의 소득으로서 30번 항목에 해당하지 아니하는 것) : 소득세의 부과대상이 되는 이자소득·배당소득·사업소득·퇴직소득·양도소득·산림소득 기타의 소득으로서 각 소득의 연간 합계액이 100만 원 이상인 소득을 소득의 종류, 금액, 근거 또는 내용을 기재(이자소득·배당소득·퇴직소득의 경우에는 그 상대방의 이름·주소를 아울러 기재하고, 합계액의 산정방법은 2번 항목의 설명을 참조)

Ⅷ. 고정적 지출

재산명시결정을 송달받은 날부터 6개월이 경과한 날 이후까지 정기적으로 지출이 예상되는 비용(예: 월세, 대출금 이자, 양육비, 근로자 급여)을 그 종류와 금액, 상대방의 이름과 주소, 지출 주기 및 일자(예: 매월 말일, 매주 월요일), 지출의 시기와 종기가 있는 경우 그 날짜를 구분하여 기재

Ⅸ. 기 타

가정법원이 범위를 정하여 적을 것을 명한 재산을 기재

제3. 작 성 례

앞 면

번호	구 분	재산의 종류
1	동 산	☐ 1.현금　☐ 2.어음·수표　☑ 3.주권·국채·공채·회사채 등 ☐ 4.금·은·백금류　☐ 5.시계·보석류·골동품·예술품·악기 ☐ 6.사무기구　☐ 7.가축 및 기계류 ☐ 8.농·축·어업·공업생산품 및 재고상품　☐ 9.기타의 동산

뒷 면

재산의 종류	내 역	재산의 종류	내 역
3. 주권	발행인 : 삼성전자 주식회사 1주의 액면가액 : 10,000원 1주의 시장가격 : 700,000원 주식의 종류 : 보통주 수량 : 100주 예탁기관 : 삼성증권 주식회사		

10. 다류 가사소송사건의 인지계산

문서의 종류		인지액 계산법	근거규정
소 장	1천만 원 미만	소가×0.005	민사소송등인지법 제2조 가사소송규칙 제2조②
	1억원 이상~10억원 미만	소가×0.0045+5,000원	
	1억원 이상~10억원 미만	소가×0.004+55,000원	
	10억원 이상	소가×0.0035+555,000원	
항 소 장		소장의 1.5배	민사소송등인지법 제3조 가사소송규칙 제2조③
상 고 장		소장의 2배	

※ 위와 같이 계산된 인지액이 1,000원 미만인 때에는 이를 1,000원으로 하고, 1,000원 이상인 경우에 100원 미만의 단수가 있는 때에는 그 단수는 계산하지 않는다.

▶ 다류 가사소송사건 :

1. 약혼해제 또는 사실혼관계부당파기로 인한 손해배상청구(제3자에 대한 청구 포함) 및 원상회복청구
2. 혼인의 무효·취소·이혼의 무효·취소 또는 이혼을 원인으로 하는 손해배상청구(제3자에 대한 청구 포함) 및 원상회복청구
3. 입양의 무효·취소, 파양의 무효·취소 또는 파양을 원인으로 하는 손해배상청구(제3자에 대한 청구 포함) 및 원상회복청구

11. 가사사건의 송달료 예납기준

(당사자 1인당 1회 송달료 5,100원임)

가 사	1심 소송(드단, 드합)		12회×2명 = 122,400원
	항소(르)		10회×2명 = 108,000원
	상고(므)		8회×2명 = 81,600원
	항고(브)		3회×2명 = 30,600원
	재항고(스)		5회×2명 = 51,000원
	특별항고(으)		2회×2명 = 20,400원
	신청(즈합, 즈단, 즈기)		3회×2명 = 22,220원
	조정(너)		5회×2명 = 51,000원
	비송(느합, 느단)	라류	4회×5,100원 = 20,400원
		마류	12회×5,100원 = 61,200원
	공조(츠)		2회×5,100원 = 10,200원

12. 가정법원과 그 지원의 관할구역

(각급 법원의 설치와 관할구역에 관한 법률)

■ 각급 법원의 설치와 관할구역에 관한 법률 [별표 5] 〈개정 2020. 3. 24.〉

가정법원과 그 지원의 관할구역

고등 법원	가정 법원	지원	관 할 구 역		
서 울	서 울		가사 · 소년보호 · 가정보호	가 족 관 계 등 록	
			서울특별시	서울특별시 　종로구 · 중구 · 강남 구 · 서초구 · 관악구 · 동작구	
	인 천		인천광역시. 다만, 소년보호사건은 앞의 광역시 외에 부천시 · 김포시		
		부 천	부천시 · 김포시		
대 전	대 전		대전광역시, 세종특별자치시 · 금산군. 다만, 소년보호사건은 대전광 역시 · 세종특별자치시 · 충청남도		
		홍 성	보령시 · 홍성군 · 예산군 · 서천군		
		공 주	공주시 · 청양군		
		논 산	논산시 · 계룡시 · 부여군		
		서 산	서산시 · 당진시 · 태안군		
		천 안	천안시 · 아산시		
대 구	대 구		대구광역시, 영천시 · 경산시 · 칠곡군 · 성주군 · 고령군 · 청도군. 다만, 소년보호사건은 대구광역시 · 경상북도		
		안 동	안동시 · 영주시 · 봉화군		
		경 주	경주시		
		포 항	포항시 · 울릉군		
		김 천	김천시 · 구미시		
		상 주	상주시 · 문경시 · 예천군		
		의 성	의성군 · 군위군 · 청송군		
		영 덕	영덕군 · 영양군 · 울진군		

	부 산		부산광역시
부 산	울 산		울산광역시 · 양산시
		창 원	창원시 의창구 · 성산구 · 진해구, 김해시. 다만, 소년보호사건은 양산시를 제외한 경상남도
		마 산	창원시 마산합포구 · 마산회원구, 함안군 · 의령군
		통 영	통영시 · 거제시 · 고성군
		밀 양	밀양시 · 창녕군
		거 창	거창군 · 함양군 · 합천군
		진 주	진주시 · 사천시 · 남해군 · 하동군 · 산청군
광 주	광 주		광주광역시, 나주시 · 화순군 · 장성군 · 담양군 · 곡성군 · 영광군. 다만, 소년보호사건은 광주광역시 · 전라남도
		목 포	목포시 · 무안군 · 신안군 · 함평군 · 영암군
		장 흥	장흥군 · 강진군
		순 천	순천시 · 여수시 · 광양시 · 구례군 · 고흥군 · 보성군
		해 남	해남군 · 완도군 · 진도군
수 원	수 원		수원시 · 오산시 · 용인시 · 화성시. 다만, 소년보호사건은 앞의 시 외에 성남시 · 하남시 · 평택시 · 이천시 · 안산시 · 광명시 · 시흥시 · 안성시 · 광주시 · 안양시 · 과천시 · 의왕시 · 군포시 · 여주시 · 양평군
		성 남	성남시 · 하남시 · 광주시
		여 주	이천시 · 여주시 · 양평군
		평 택	평택시 · 안성시
		안 산	안산시 · 광명시 · 시흥시
		안 양	안양시 · 과천시 · 의왕시 · 군포시

찾아보기

ㄱ

가사사건의 송달료 예납기준 / 938
가압류신청 진술서 / 924
가압류신청진술서 관련 유의사항 / 927
가족관계등록(호적)신고안내 / 916
가족의 개념 / 364

ㄴ

내연혼과 구별 / 327

ㄷ

다류 가사소송사건의 인지계산 / 937

ㅁ

면접교섭시 고려사항 / 530

ㅂ

부양에 관한 처분 / 187

ㅅ

사실혼의 성립요건 / 326
사실혼의 종료 / 329
사실혼의 효과 / 328

사해행위취소 / 597
상거소 / 624
손해배상청구 / 583
신고기간 및 방법 / 880

ㅇ

양육비 청구권 / 495
양자제도 / 245, 246, 248, 249, 250,
    264, 265, 266, 267
원상회복청구 / 584
위자료 산정기준표 / 280
위자료 액수산정방법 / 279
위자료청구권의 소멸 / 282
이행의 확보 / 601
이혼숙려기간의 단축 또는 면제 / 922
이혼신고서 / 922
이혼에 관한 안내 / 922
입양 / 245
입양의 무효 / 387, 416

ㅈ

자녀 양육비 문제 / 492
자의 양육과 친권자결정에 관한 협의서
    작성요령 / 917, 928, 930
재산명시절차 안내 및 재산목록 작성요령 /
    931
재산분할과 위자료의 비교 / 277
재판상이혼 / 880

정당한 당사자 / 416

ㅊ

친권자 지정 / 442
침해에 대한 구제 / 531

ㅎ

협의이혼 신고 / 876
협의이혼의 신고 / 922
협의이혼의 철회 / 923
협의이혼의 효과 / 923
협의이혼의사의 확인 / 922
협의이혼제도 안내 / 918
협의이혼제도안내(재외국민용) / 921
혼인무효의 효과 / 367, 368

서식색인

[서식] 가사조사관의 조사보고서 사례 / 191

[서식] 가압류(가처분)에 대한 이의신청 / 136

[서식] 가압류로부터 전이하는 채권압류 및 전부명령신청서 / 827

[서식] 가압류로부터 전이하는 채권압류 및 추심(전부)명령신청서 / 807

[서식] 가압류신청 진술서 / 111

[서식] 감치명령 신청서 / 730

[서식] 강제경매절차 정지신청서 / 842

[서식] 개인정보 수집·이용에 관한 동의서 / 758

[서식] 경매기일 통지서 / 849

[서식] 과세정보 제출명령신청서 / 86

[서식] 과세정보 제출명령신청서 / 88

[서식] 과세정보 제출명령신청서 / 90

[서식] 금융거래정보 제출명령신청서 / 79

[서식] 금융거래정보 제출명령신청서 / 81

[서식] 금융거래정보 제출명령신청서 / 83

[서식] 금전임치신청서 / 736

[서식] 담보제공명령 변경신청서 / 138

[서식] 담보제공명령 신청서 / 709

[서식] 담보취소(담보물변경) 신청서 / 710

[서식] 답변서(이혼 등 사건) / 234

[서식] 면접교섭 이행명령신청서 / 541

[서식] 면접교섭배제신청 / 535

[서식] 면접교섭허가심판청구 / 533

[서식] 무료 법률지원계약서 / 750

[서식] 문서제출명령신청서 - 국민건강보험공단 / 73

[서식] 문서제출명령신청서 - 세무서 / 76

[서식] 문서제출명령신청서 / 72

[서식] 문서제출명령에 대한 의견서 / 78

[서식] 법원보관금납부서 / 859

[서식] 부대항소장 / 643

[서식] 부대항소장 / 645

[서식] 부동산가압류 신청서(부당한 대우, 기타 중대한 사유) / 108

[서식] 부동산가압류 취소신청서(채무변제를 원인으로) / 142

[서식] 부동산가압류해제신청서(합의에 의하여) / 141

[서식] 부동산강제경매 신청서 / 861

[서식] 부동산경매개시결정에 대한 이의신청 / 863

[서식] 부동산인도명령 신청 / 864

[서식] 부동산인도명령 신청 / 865

[서식] 부동산인도명령결정에 대한 즉시항고장 / 866

[서식] 부동산처분금지가처분 신청서(부당한 대우, 기타 중대한 사유) / 132

[서식] 부양료 등 청구 조정신청서 / 620

[서식] 부양료 심판청구(마류 제8호사건) / 617

[서식] 부양료심판청구 / 618

[서식] 사실상 혼인관계 존부확인청구의 소(나류 제1호 사건) / 362

[서식] 사실상 혼인관계 존재확인의 소(피고의 사망에 의한 경우) / 360

[서식] 사실조회독촉신청서 / 64

[서식] 사실조회신청서 - 국토교통부 / 57

[서식] 사실조회신청서 - 군인공제회 / 60

[서식] 사실조회신청서 - 근무 중인 회사 / 55

[서식] 사실조회신청서 - 병원 / 53

[서식] 사실조회신청서 - 세무서 / 62

[서식] 사실조회신청서 - 자동차등록원부 / 56

[서식] 사실조회신청서 - 출입국관리소 / 59

[서식] 사실조회신청서 - 카드사 / 50

[서식] 사실조회신청서 - 통신사 / 47

[서식] 사실조회신청서 - 퇴직금 / 52

[서식] 사실조회촉탁신청서 - 은행 / 46

[서식] 사실혼 부당파기에 따른 손해배상청구소송 / 337

[서식] 사실혼 부당파기에 따른 위자료청구(재산분할 청구 병합) / 342

[서식] 사실혼 파탄에 따른 재산분할 등 청구 / 345

[서식] 사전처분(면접교섭) / 161

[서식] 사전처분(면접교섭) / 162

[서식] 사전처분(면접교섭) / 164

[서식] 사전처분(양육비, 부양료지급) / 167

[서식] 사전처분(양육비, 부양료지급) / 168

[서식] 사전처분(양육비감액) / 173

[서식] 사전처분(임시양육자지정, 양육비) / 171

[서식] 사전처분(접근금지) / 176

[서식] 사해행위취소 및 원상회복 청구의 소 / 597

[서식] 상 고 장 / 665

[서식] 상 고 장 / 666

[서식] 상고이유서 / 668

[서식] 소득세원천징수의무자 진술서 / 701

[서식] 소득세원천징수의무자에 대한 진술최고신청서 / 700

[서식] 소송비용액확정결정신청서 - 당사자별 각 부담이 있는 경우 / 685

[서식] 소송비용액확정결정신청서 - 전부 일방 당사자 부담의 경우 / 683

[서식] 소송비용액확정결정신청에 대한 의견서 / 687

[서식] 소송위임장 / 754

[서식] 실권회복 심판청구 / 484

[서식] 실권회복심판청구 / 478

[서식] 압류금지채권의 범위변경신청 / 780

[서식] 압류금지채권의 축소신청서 / 777

[서식] 압류동산의 점검신청서 / 847

[서식] 압류물건 보관장소 이전 신고서 / 848

[서식] 약혼해제로 인한 손해배상 청구의 소 / 586

[서식] 양육 및 친권자 지정 및 유아인도청구서 / 611

[서식] 양육권자지정 및 양육비 심판청구 / 527

[서식] 양육비 이행확보 지원 신청서 / 746

[서식] 양육비 직접지급명령 신청서 / 694

[서식] 양육비 직접지급명령 신청서 / 696

[서식] 양육비 직접지급명령 취소신청서 / 703

[서식] 양육비심판청구 / 525

[서식] 양육비채무자 소득원 변경사유 통지 / 703

[서식] 양육비채무자 소득원 변경사유 통지 / 705

[서식] 양육자변경 및 양육비심판청구서 / 521

[서식] 양육자지정 및 유아인도 조정신청 / 520

[서식] 유아인도 사전처분신청서 / 152

[서식] 유아인도 사전처분신청서 / 603

[서식] 유아인도 사전처분신청서 / 607

[서식] 유아인도신청서 / 153

[서식] 유아인도신청서 / 605

[서식] 유체동산 특별현금화 명령신청 / 850

[서식] 유체동산가압류(부정한 행위,
악의유기, 부당한 대우, 기타 중대한
사유) 신청서 / 126

[서식] 유체동산강제경매신청서 / 838

[서식] 유체동산경매 취하서 등 / 841

[서식] 유체동산경매기일 지정신청서 등 /
840

[서식] 유체동산매각기일지정신청서 / 849

[서식] 이음누리(면접교섭센터) 이용신청서
/ 543

[서식] 이행명령 불이행에 따른 과태료부과
신청 / 732

[서식] 이행명령신청서 - 면접교섭 / 725

[서식] 이행명령신청서 - 양육비 / 723

[서식] 이행명령신청서 - 위자료 / 728

[서식] 이행명령신청서 / 721

[서식] 이행명령신청서 / 722

[서식] 이혼 등 조정신청서(이혼,
양육자지정) / 227

[서식] 이혼 등 조정신청서(이혼, 재산분한)
/ 231

[서식] 이혼 등 조정신청서(이혼,
친권행사자·양육자지정) / 229

[서식] 이혼 등 조정신청서(이혼,
친권행사자·양육자지정, 위자료) / 222

[서식] 이혼 등 청구 소장(부당한 대우,
기타 중대한 사유) / 322

[서식] 이혼 등 청구 소장(부정행위,
악의유기, 부당한 대우, 기타 중대한
사유) / 313

[서식] 이혼 등 청구 소장 / 317

[서식] 이혼 등 청구사건의 반소장(부정한
행위) / 310

[서식] 이혼 등 청구의 소(부정한 행위,
부당한 대우) / 307

[서식] 이혼 및 양육자지정청구 / 516

[서식] 이혼 및 위자료 조정신청 / 232

[서식] 이혼(친권자 지정)신고서 / 877

[서식] 이혼무효확인 / 412

[서식] 이혼무효확인 / 414

[서식] 이혼소송청구(이혼, 미성년자녀) /
295

[서식] 이혼소송청구(이혼, 위자료, 재산분할
청구) / 289

[서식] 이혼소송청구(이혼, 위자료,
재산분할, 미성년자녀) / 299

[서식] 이혼소송청구(이혼만 청구할 경우) /
286

[서식] 이혼신고서 / 881

[서식] 이혼청구의 소 / 629

[서식] 이혼취소 조정신청서 / 422

[서식] 이혼취소청구의 소 / 419

[서식] 이혼취소청구의 소 / 421

[서식] 일시금지급명령 신청서 / 714

[서식] 임시조치결정 / 259

[서식] 임시조치취소신청서 / 260

[서식] 임치금지급청구서 / 737

[서식] 자동차강제경매신청 / 845

[서식] 자동차인도명령신청 - 강제경매신청
전의 자동차인도명령 / 843

[서식] 자의 양육과 친권자결정에 관한
협의서 / 436

[서식] 재산명시신청서 / 26

[서식] 재산명시신청서 / 27

[서식] 재산분할명세표 - 예시 / 582

[서식] 재산분할심판 - 이혼과 병합 / 579

[서식] 재산분할심판청구서 - 사실혼해소 / 572

[서식] 재산분할심판청구서(면접교섭권과 병합) / 577

[서식] 재산분할심판청구서 / 567

[서식] 재산분할심판청구서 / 569

[서식] 재산조회 신청서 / 38

[서식] 저당권이전등기 촉탁신청 - 근저당권 있는 채권에 대한 압류 및 전부명령에 의해 / 826

[서식] 접근금지가처분신청서 / 156

[서식] 접근금지가처분신청서 / 159

[서식] 제3채무자에 대한 진술최고 신청서 / 809

[서식] 조사명령 / 184

[서식] 조정갈음 결정에 대한 이의신청서 / 236

[서식] 조정갈음 결정에 대한 이의신청서 / 237

[서식] 조정기일지정신청서 / 236

[서식] 증거보전신청서 / 66

[서식] 진술서 / 752

[서식] 채권가압류 신청 - 사실혼 부당파기에 따른 손해배상청구 / 351

[서식] 채권가압류 신청서(부당한 대우, 기타 중대한 사유) - 임대차보증금반환청구권 / 114

[서식] 채권가압류 신청서(악의유기, 부당한 대우, 기타 중대한 사유) - 예탁유가증권 / 118

[서식] 채권가압류집행취소신청서(해방공탁을 이유로) / 140

[서식]

채권가압류집행해제신청서(채권만족을 원인으로 채권자가 신청) / 139

[서식] 채권압류 및 전부명령신청서 - 근저당권 있는 채권 / 823

[서식] 채권압류 및 전부명령신청서 / 821

[서식] 채권압류 및 추심명령 정본 환부신청 / 813

[서식] 채권압류 및 추심명령 취하서 / 814

[서식] 채권압류 및 추심명령신청서 - 가압류를 본압류로 전이. 가압류금액이 적을 경우 / 804

[서식] 채권압류 및 추심명령신청서 - 부동산소유권이전등기청구권 / 799

[서식] 채권압류 및 추심명령신청서 - 압류범위 확장 / 791

[서식] 채권압류 및 추심명령신청서 - 예금 및 보험금 채권 / 795

[서식] 채권압류 및 추심명령신청서 - 잉여금수령권 등 / 801

[서식] 채권압류 및 추심명령신청서 / 789

[서식] 채권압류액의 제한허가신청서 / 783

[서식] 채권자의 추심금공탁사유신고서 / 812

[서식] 채권자의 추심신고서 / 811

[서식] 채권추심명령신청서 - 압류명령을 먼저 받은 뒤 추심명령을 신청하는 경우 / 815

[서식] 채권추심포기 및 압류해제신청서 / 810

[서식] 채무불이행자 명부등재신청서 / 871

[서식] 채무불이행자 명부말소신청서 - 변제 - 채무자신청 / 873

[서식] 채무불이행자 명부말소신청서 - 채권자신청 / 872

[서식] 추심명령에 의한 추심의 소 / 817

[서식] 추완항소장 / 648

[서식] 추완항소장 / 652

[서식] 친권 일시정지 기간연장 심판청구 / 483

[서식] 친권 일시정지 심판청구 / 482

[서식] 친권상실선고 심판청구 / 472

[서식] 친권상실선고 심판청구 / 474

[서식] 친권상실선고의 심판청구서 / 470

[서식] 친권자 및 양육자 변경청구서 / 469

[서식] 친권자 및 양육자 지정심판 청구서 / 464

[서식] 친권자 및 양육자 지정심판 청구서 / 466

[서식] 친권자의 법률행위대리권 및 재산관리권상실선고의 심판청구 / 476

[서식] 친권행사 및 양육자변경 청구의 소 / 523

[서식] 친권행사자 및 양육자지정심판청구서 / 518

[서식] 친권행사정지 사전처분신청서 / 150

[서식] 친권행사정지 사전처분신청서 / 479

[서식] 피고의 소송비용계산서 등본에 대한 진술서 / 686

[서식] 피해자보호명령청구서 / 258

[서식] 항소장 / 642

[서식] 협의이혼의사 확인신청서 / 435

[서식] 협의이혼의사철회서 / 439

[서식] 혼인무효 등 청구의 소 / 371

[서식] 혼인무효로 인한 손해배상청구의 소 / 590

[서식] 혼인무효신고서 / 384

[서식] 혼인무효확인의 소 – 내국인과의 혼인불합의 / 373

[서식] 혼인무효확인의 소 – 당사자간 직계인척 / 379

[서식] 혼인무효확인의 소 – 당사자간 직계혈족 / 377

[서식] 혼인무효확인의 소 – 외국인과의 혼인불합의 / 375

[서식] 혼인무효확인의 소 / 381

[서식] 혼인의 취소청구 – 당사자가 제기 / 397

[서식] 혼인의 취소청구 – 미성년자 혼인에 대한 법정대리인 부동의 / 400

[서식] 혼인의 취소청구 – 사기 / 401

[서식] 혼인의 취소청구 – 제3자가 제기 / 398

[서식] 혼인의 취소청구 – 중혼 / 403

[서식] 혼인의 취소청구 / 404

저자약력

법학박사 김 동 근

— 숭실대학교 법학과 졸업
— 숭실대학교 대학원 법학과 졸업(법학박사)

現) 숭실대학교 초빙교수

중앙법률사무교육원 교수(가사이혼소송)

대한탐정협회 교육원장

국가전문자격시험 출제위원

YMCA병설 월남시민문화연구소 연구원

한국시민문화연구소 이사

한국법무보호복지학회 이사

이혼전문 로앤어스 가사팀 자문위원

〈저 서〉

이혼소송에서 위자료 재산분할까지(진원사)
유형별 가사분쟁실무(진원사)
가사소송법실무(진원사)
나홀로 하는 가사소송실무(진원사)
사속분할과 유류분청구(진원사)
미성년 성년후견소송(진원사)
나홀로 하는 가속관계사건등록절차(진원사)
증거수집 및 증거신청절차(진원사)
가사소송실무 I · II(진원사)

변호사 최 나 리

- 성균관대 법과대학 법학과
- 사법연수원 41기
- 대한변협인증 이혼전문변호사

- (현) 이혼전문 로앤어스 대표변호사
- (현) 대법원, 서울동부지방법원, 서울서부지방법원, 서울남부지방법원 서울북부지방법원 국선변호인
- 인천지방검찰청 부천지청 검사직무대리
- 대한변호사협회 준법지원 아카데미 수료

〈저 서〉

한권으로 끝내는 가사소송실무(법률출판사)

[개정판]
이혼소송 준비부터 가압류 강제집행까지

2022년 3월 20일   개정판 1쇄 인쇄
2022년 3월 30일   개정판 1쇄 발행

저   자   김 동 근
           최 나 리
발 행 인   김 용 성
발 행 처   **법률출판사**
           서울시 동대문구 천장산로 11길17. 204-102
           ☎ 02) 962-9154   팩스 02) 962-9156
등 록 번 호   제1-1982호
ISBN :   978-89-5821-401-4   13360
e-mail :   lawnbook@hanmail.net

Copyright ⓒ 2022
정 가   80,000원